법무사 |
법원승진 |
등기사무직 |

김기찬 부동산등기법

1차 | 기본서

김기찬 편저

박문각 법무사

박문각

초판을 내면서

부동산등기법은 법무사시험, 법원행정고시, 법원사무관승진시험, 법원서기보시험 등에서 핵심과목으로, 법무사시험에 있어서는 제1차 시험과 제2차 시험의 공통과목이므로 특히 중요한 과목입니다. 한편 부동산등기법은 중요 과목임에도 방대한 양으로 인해 많은 수험생들이 시험을 준비하면서 심리적 압박을 크게 느끼는 과목이기도 합니다.

이러한 수험생들의 고충을 저 또한 잘 알고 있기에 본서를 만들면서 수험생이었던 경험을 떠올리며 수험서로서 적합한 기본서를 만들기 위해 실무적인 내용보다 시험에 최단기로 합격하기 위한 최적화된 수험서를 만들기 위해 노력하였습니다.

이 책의 특성

1. 기출지문 표시

객관식 시험에서 기출지문의 중요성은 절대로 무시할 수 없는 부분입니다. 기출지문은 다시 반복되어 출제될 가능성이 높을 뿐만 아니라 기출지문을 자세히 분석하면서 출제자의 출제 의도를 알 수 있기 때문입니다. 따라서 본서에서는 최근에 출제된 기출지문을 표시함으로써 내용의 중요도를 파악할 수 있도록 하였습니다. 이를 활용한다면 수업의 집중도가 보다 향상될 것입니다.

또한 기출지문은 가독성을 해치지 않는 선에서 중요도를 표시하기 위하여 문장 전체보다 키워드를 중심으로 점선 표시를 하였고, 문장 마지막에 출제시험의 종류와 연도를 따로 명시하였습니다.

기출지문으로 표시한 시험은 다음과 같습니다.
① 법무사시험, ② 법원서기보시험, ③ 법원사무관승진시험, ④ 법원주사보시험(2020년 폐지)

다만 법원행정고시의 부동산등기법은 주관식 시험으로만 출제되므로 본서의 기출표시에서는 제외하였습니다.

2. 틀린 지문으로 출제된 기출지문을 별도 BOX로 정리

시험의 출제경향을 보면 '옳지 않은 것을 고르시오.'라는 형식의 문제가 80% 이상을 차지하고 있습니다. 이러한 형식의 문제에서는 옳은 지문보다는 옳지 않은 지문을 정확하게 골라내는 것이 득점을 위한 핵심포인트라고 할 수 있습니다. 따라서 본서에서는 기출문제 중 틀린 지문으로 출제된 지문을 별도의 BOX로 정리하여 실전 감각을 미리 익힐 수 있도록 하였습니다. 또한 해당 파트를 공부한 후 스스로 잘 이해하고 있는지 점검할 수 있는 방법으로 활용하실 수도 있을 것입니다.

3. 총론과 각론에 분산되어 있는 내용을 관련 파트마다 연결하여 서술

배운 내용을 장기적인 기억으로 각인하기 위해서는 원칙과 예외를 잘 구분하고 핵심적인 내용들의 공통점과 차이점을 명확하게 구분하는 것이 중요합니다. 따라서 총론과 각론에서 흩어져 있지만 비슷한 법리로 설명할 수 있는 내용들을 [비교 선례] 등으로 표시하여 수험생들의 이해도를 높일 수 있도록 하였습니다.

4. 각론 목차의 획일화

방대한 내용의 부동산등기법을 최대한 체계적으로 기억할 수 있도록 하기 위하여 각론 파트의 목차를 획일화하여 정리하였습니다. 부동산등기법은 제1차 시험을 보기 위해 배운 과목임에도 불구하고 제2차 시험에서 새로운 과목으로 느껴질 만큼 답안지를 작성하는 데 큰 어려움을 겪습니다. 이러한 목차의 획일화는 논술형 답안작성의 어려움을 최소화하는 데 도움이 될 것입니다.

일러두기

본서는 법원행정처에서 발간한 가장 최신의 「법원실무제요 부동산등기실무」 Ⅰ권~Ⅲ권을 반영하였으며, 공포일 기준 2023년 11월 10일까지의 부동산등기예규 및 부동산등기선례를 반영하였습니다. 본서가 출간된 이후 변경되는 예규 및 선례는 시험 전 추가 자료로 배포하여 시험에 착오가 없도록 하겠습니다.

본서에서 부동산등기법은 "법"으로, 부동산등기규칙은 "규칙"으로 표기하였으며, 그 외 법령명은 그대로 사용하거나 법원실무제요의 약칭을 사용하였습니다.

감사인사

본서가 나오기까지 많은 분들의 도움이 있었습니다. 책을 만드는 과정에서 여러 조언을 아끼지 않으신 서울법학원의 이혁준 교수님, 김승호 실장님, 박남수 실장님께 감사드리며, 출간을 위해 애써주신 박문각 출판팀과 노일구 부장님께 감사드립니다.

마지막으로 항상 격려해 주며 관심을 가지고 힘이 되어주는 가족과 누구보다 사랑하는 아내 강다혜에게 감사의 인사를 드립니다.

제4판을 내면서...

제4개정판은 다음과 같은 내용이 추가 또는 변경되었습니다.

1. 제3개정판이 출간된 이후 2024년에 출제된 법원행정처에서 주관하는 시험(법무사 시험, 등기서기보 공채시험, 법원사무관 승진시험)의 부동산등기법 기출지문을 표시하였습니다. 또한, 해당 지문을 더욱 연습할 수 있도록 2024년 법원행정처에서 주관하는 기출지문을 반영하여 옳지 않은 지문으로 출제된 부분을 별도의 기출지문 BOX로 정리를 하였습니다.

2. 공포일 기준 2024년 10월 31일까지의 재정 또는 개정된 예규ㆍ선례를 반영하였습니다. 특히 최근에 선례의 변경이 많이 이루어진 만큼 그 중요성은 크다고 할 것입니다. 또한, 앞으로의 시험에서도 계속하여 출제 가능성이 높은 부분이니 꼼꼼히 공부하여야 할 부분입니다. 주요 선례는 아래와 같습니다.

   실내 테니스장의 등기능력(적극)(선례 제202402-1호), '제1종근린생활시설(전기차충전소)'의 등기능력(소극)(선례 제202410-3호), 甲-乙-丙 순으로 소유권이전등기가 마쳐진 후 乙명의 소유권이전등기의 말소등기를 신청할 경우 丙이 「부동산등기법」 제57조의 '등기상 이해관계 있는 제3자'에 해당하는지 여부(소극)(선례 제202311-3호), 상속등기 및 가압류등기가 마쳐진 후 공동상속인 전원의 상속포기가 있는 경우 진정한 상속인으로의 등기절차(선례 제202311-2호), 사업시행자가 건축물 등에 대하여 수용을 등기원인으로 하는 소유권이전등기 신청 시 제공하여야 할 재결서의 내용(선례 제202312-2호), 생전수익자를 위탁자로 하고 유일한 사후수익자를 수탁자로 정한 유언대용신탁에 따라 신탁등기 신청 시 등기관의 심사방법 등 제정(선례 제202404-1호), 실종선고취소심판이 「부동산등기법」 제23조 제4항 전단의 '판결'에 해당하는지 여부(소극)(선례 제202405-2호), 실종선고취소심판에 따라 가족관계등록부가 정리된 경우 그 실종선고취소에 따른 등기 시 실종선고취소심판 정본을 첨부하여야 하는지 여부(소극)(선례 제202405-3호), 법인 아닌 사단의 등기신청 시 제공하여야 하는 첨부정보(선례 제202405-4호), 매매를 원인으로 한 소유권이전등기 외의 등기신청에서 발급신청자의 서명이 누락된 부동산매도용 인감증명서가 제출된 경우 등기신청을 수리하여야 하는지 여부(적극)(선례 제202404-2호), 피고에게 소유권 확인 의무를 명한 판결이 「부동산등기법」 제65조 제2호의 판결에 해당하는지 여부(소극)(선례 제202405-1호), 공유자 중 1인이 공유물의 보존행위로서 공유물 전부에 관한 근저당권설정등기의 말소를 신청할 수 있는지 여부(적극)(선례 제202409-1호) 등

3. 또한 부동산등기법이 개정되었으므로 이를 반영하였습니다[법률 제20435호, 2024.9.20, 일부개정]. 법조문이 개정된 만큼 변경되거나 신설되는 조항은 그 자체로도 출제가 유력한 부분이므로 반드시 정리를 하셔야 합니다. 주요 제목은 아래와 같습니다.
   가. 관련 사건의 관할에 관한 특례 신설(제7조의2 신설)
   나. 상속ㆍ유증 사건의 관할에 관한 특례 신설(제7조의3 신설)
   다. 등기사무의 정지 제도 개선(제10조)
   라. 전자신청 방법의 개선(제24조 제1항 제2호)
   마. 등기신청의 각하 사유에 대한 예외 신설(제29조 제7호)
   바. 신탁등기의 등기사항 신설(제81조 제1항, 제81조 제4항 신설)
   사. 이의신청 방법의 개선(제101조)

4. 부동산등기규칙 일부개정규칙안은 현재 기준 입법예고 중에 있으며, 변동될 여지가 있어 본 개정판에는 반영하지 않았습니다. 확정 개정안이 공포되면 수업자료 및 학원 홈페이지에 게재하여 2025년 시험을 대비하시는 수험생들에게 차질이 없도록 하겠습니다.

편저자 김기찬 드림

CONTENTS
이 책의 차례

PART 01 총론

CONTENTS
이 책의 차례

PART 02 각론

CONTENTS
이 책의 차례

PART

01

총론

01 절 기본개념

I. 부동산등기제도

1. 부동산등기제도의 의의 및 목적

민법의 물권편에서 규정하는 **물권**이란 모든 사람에게 주장할 수 있는 배타성을 갖는데, 그러한 **물권의 배타성**이란 하나의 물건 위에 서로 양립할 수 없는 내용의 물권이 동시에 두 개 이상 성립할 수 없다는 것을 의미한다. 따라서 하나의 부동산에 대하여 소유권이 동시에 두 개 이상 성립할 수 없다.

물권은 크게 동산물권과 부동산물권으로 나누어지는바, **동산**은 이동성이 있기 때문에 동산물권은 간편한 공시방법인 점유(사실적 지배)에 의하여 공시되지만, **부동산**은 이동될 수 없으며 권리자가 계속해서 점유로서 권리를 행사하는데 제약이 있고 점유만으로 복잡한 거래관계를 공시하는 것이 불가능하므로 부동산물권은 점유를 대신할 수 있는 공시방법이 필요하게 되었다. 그러한 사정을 고려하여 부동산등기제도가 마련되었다. 즉 **부동산등기제도**는 점유만으로 공시할 수 없는 사항에 대하여 국가기관이 부동산에 관한 일정한 사항을 등기부라는 공적장부에 기록하여 외부에 공시(公示)함으로써 거래의 안전과 신속을 도모하는 제도이다.

결과적으로 부동산등기는 등기소에서 업무를 처리하는 국가기관인 등기관이 등기부라는 공적인 전자적 정보저장매체(전산정보처리조직에 의하여 기록되는 보조기억장치)에 부동산의 현황과 권리에 관한 사항을 부동산등기법 등의 법정절차에 따라 기록하는 것 또는 그러한 기록 자체를 말한다. 등기제도의 목적은 공시이지만, 등기관은 등기를 실행함에 있어서 그 적법여부에 대해 형식적으로 심사하므로 공신력이 인정되지 않는 점은 후술한다.

2. 우리나라 부동산등기제도의 특징

(1) 물적편성주의

등기는 공시방법이기 때문에 공시의 기능을 가장 잘 발휘하도록 등기부를 편성하는 것이 바람직하다. 등기부의 편성방법은 보통 인적 편성주의와 물적 편성주의로 나누어진다.

인적 편성주의란 개개의 부동산 소유자를 중심으로 1소유자에 1등기부를 두는 것인데 동명이인의 경우나 동일인이 많은 부동산을 소유한 경우에 공시기능이 떨어지는 문제가 있다.

물적 편성주의란 권리의 객체가 되는 개개의 부동산을 중심으로 등기부를 편성하는 제도로써 지적 내지 토지대장의 정비가 그 전제요건이 된다.

1부동산 1등기기록주의란 물적편성주의를 기초로 하여 1개의 부동산마다 1개의 등기기록을 개설하여 등기사무를 처리하는 것을 말한다(법 제15조 제1항). [22 등기서기보 / 17 등기주사보 / 15 등기서기보] 우리나라는 부동산등기법 제15조 본문에서 "등기부를 편성할 때에는 1필의 토지 또는 1개의 건물에 대하여 1개의 등기기록을 둔다."고 규정함으로써 물적편성주의 및 1부동산 1등기기록주의를 취하고 있다. 즉 1개의 부동산에 대하여는 1등기기록만을 사용한다.

'물적 편성주의'에는 예외가 없으나 '1부동산 1등기기록주의'에는 예외가 있다.

부동산등기법 제15조 단서에서 "1동의 건물을 구분한 건물에 있어서는 1동의 건물에 속하는 전부에 대하여 1개의 등기기록을 사용한다."고 규정함으로 그 예외를 인정하였다. [23 등기서기보·법무사 / 22 등기서기보] 집합건물의 경우 여러 개의 부동산임에도 1개의 등기기록만 개설하여야 하기 때문이다.

(2) 토지·건물등기부의 이원화

우리나라는 토지와 건물을 별개의 부동산으로 보므로(「민법」 제99조), 등기부도 토지등기부와 건물등기부를 구분하여 두고 있다(법 제14조 제1항). [17 법원사무관]

(3) 등기기록과 대장의 이원화

등기와 대장은 둘 다 국가기관이 관리하지만 그 제도의 목적은 다르다.

등기는 부동산에 관한 권리관계를 기록하여 거래의 안전을 도모하는 제도로써 부동산등기법을 근거로 하여 작성되며 법원(등기소)에서 관장하고 그 종류로는 토지등기부와 건물등기부가 있다.

대장은 부동산에 관한 사실관계를 기록하여 사실적 상태 내지 현황을 파악하여 과세나 그 밖의 행정목적에 제공하기 위한 제도로써 「공간정보의 구축 및 관리 등에 관한 법률」, 「건축법」을 근거로 하여 작성되며 행정부(대장소관청)가 관장하고, 그 종류로는 지적공부(토지대장 등)와 건축물대장이 있다.

등기를 관장하는 곳과 대장을 관장하는 곳이 다르기에 이를 일치시키기 위해 여러 절차가 있는 바, 부동산의 표시를 일치시키기 위하여 지적소관청(특별자치도지사 또는 시장·군수·구청장)은 일정한 사유로 토지(건물)의 표시변경에 관한 등기를 할 필요가 있는 경우에는 지체 없이 관할 등기관서에 그 등기를 촉탁하여야 하며(「공간정보법」 제89조 제1항), 등기관은 소유권에 관한 내용의 등기를 한 경우 등기관이 지적소관청 내지 건축물대장 소관청에 알려야 한다(법 제62조).

또한, 부동산등기법은 등기기록과 대장의 부동산표시를 일치시키기 위하여 등기신청 시 양자가 불일치하는 경우에는 등기신청의 각하사유로 규정하고 있다(법 제29조 제11호). 따라서 먼저 부동산의 표시를 일치시킨 다음 다른 등기를 신청하여야 할 것이다.

위와 같은 조치에도 불구하고 등기된 등기기록과 대장상 표시가 불일치한 경우에는 부동산의 표시는 대장을 기준으로 하고, 권리관계는 등기부를 기준으로 정한다.

구분	대장	등기기록
목적	조세징수	권리관계 공시
대상	토지·건물	토지·건물
소관청	행정부(대장소관청)	사법부(법원 산하의 등기소)

(4) 성립요건주의(형식주의)

등기의 목적은 부동산에 관한 정확한 권리관계의 공시이다. **공시의 원칙**이란 부동산 물권에 관한 거래의 안전을 위하여 물권변동은 언제나 외부에서 인식할 수 있는 표상, 즉 공시방법(등기)을 갖추어야 한다는 원칙이다. 공시의 원칙에 관한 입법주의로는 성립요건주의와 대항요건주의가 있다.

성립요건주의란 공시방법(등기)을 갖추지 않으면 물권행위가 있어도 제3자에 대한 관계에서는 물론 당사자 사이에서도 물권변동이 일어나지 않는다는 입법주의이다. 성립요건주의에 의할 경우 등기한 때에 물권변동이 일어나므로 당사자 사이뿐만 아니라 제3자에 대하여도 물권변동의 시기가 정확하게 공시된다는 장점이 있다.

대항요건주의란 물권행위가 있으면 당사자 사이에서는 공시방법(등기)을 갖추지 않더라도 물권변동의 효력이 일어나지만 그 물권변동을 가지고 제3자에게 대항하려면 공시방법(등기)을 갖추어야 한다는 원칙이다. 대항요건주의에 의할 경우 권리관계가 당사자 사이의 법률관계와 제3자에 대한 법률관계로 분열되어 복잡해지는 문제가 있다.

민법 제186조에서 "부동산에 관한 법률행위로 인한 물권의 득실변경은 등기하여야 그 효력이 생긴다."고 규정함으로써 부동산 물권변동에 관하여 성립요건주의를 채택하였다. 즉 성립요건주의하에서 법률행위에 의한 물권변동에는 물권변동을 목적으로 한 의사표시(물권행위)와 등기의 두 요건을 필요로 한다.

이와 달리 **민법 제187조**에서는 "상속, 공용징수, 판결, 경매 기타 법률의 규정에 의한 부동산에 관한 물권의 취득은 등기를 요하지 아니한다. 그러나 등기를 하지 아니하면 이를 처분하지 못한다."라고 규정하고 있는 바, 이는 성질상 등기명의인의 신청에 따른 등기가 불가능하거나 법정 책적 고려 등의 이유로 등기 없이도 물권변동이 발생한다는 특칙을 둔 것이다. 다만 등기 없이 부동산 물권을 취득하였더라도(「민법」 제187조 본문) 다시 법률행위에 의하여 처분을 하기 위해서는 반드시 등기를 하도록 함으로써(「민법」 제187조 단서) 물권변동의 과정을 공시하고 있다.

(5) 신청주의와 공동신청주의

1) 신청주의

신청주의란 당사자의 신청이 있어야만 등기절차가 개시되는 것을 말한다. 등기란 부동산에 관한 권리관계를 공시하는 것이어서 당사자의 신청에 맡기는 것이 그 권리의 현황을 가장 잘 공시할 수 있기 때문이다. 따라서 신청주의에서는 당사자에게 등기할 것을 강제하거나 등기관이 직권으로 등기하는 등의 경우는 특별히 법률로 정한 경우에만 가능하다. 신청주의에 관한 입법주의로는 공동신청주의와 단독신청주의가 있다.

부동산등기법은 "등기는 **당사자의 신청** 또는 **관공서의 촉탁**에 따라 한다. 다만 법률에 다른 규정이 있는 경우에는 그러하지 아니하다(법 제22조 제1항)."라고 규정함으로써 신청주의를 채택하였다. 즉 등기는 원칙적으로 당사자의 신청으로 하여야 하며, 예외적으로 법률에 다른 규정이 있는 경우에는 **등기관이 직권**으로 하거나(법 제32조 제2항 등) **법원의 명령**(법 제106조)에 의한 등기가 가능하다.

또한 등기절차는 당사자의 신청에 의하는 경우 외에 관공서의 촉탁에 의하여 개시되기도 한다. 관공서의 촉탁에 의한 등기는 실질적으로는 신청의 한 모습에 지나지 않고, 법률에 다른 규정(법 제98조 등)이 있는 경우를 제외하고는 신청절차에 관한 규정을 준용하고 있다(법 제22조 제2항). 따라서 신청이란 당사자에 의한 신청과 관공서의 촉탁을 모두 포함하는 개념이라고 할 수 있다. 관공서가 촉탁등기를 하는 경우는 권리관계의 당사자로서 촉탁하는 경우와 공권력 행사의 주체로서 촉탁하는 경우로 나누어진다.

2) 공동신청주의

가. **공동신청주의**란 어떤 등기로 인하여 불이익을 받는 자(등기의무자)와 이익을 받는 자(등기권리자)가 공동으로 등기를 신청하도록 하는 입법주의로써, **법률에 다른 규정이 없는** 한 당사자의 신청 또는 관공서의 촉탁에 따라 하고, 등기권리자와 등기의무자가 공동으로 신청하는 것을 말한다. [18 등기주사보]

즉 공동신청주의는 등기의무자를 신청인에 포함시킴으로써 등기의 진정을 담보하는 제도이다.

나. 다만 공동신청주의는 모든 등기신청에 적용되는 것은 아니고 권리의 등기에 관한 원칙이며, 부동산표시 변경등기와 등기명의인표시 변경등기에는 단독신청이 원칙이다. 또한 판결에 따른 등기처럼 공동신청에 의하지 않더라도 등기의 진정성을 보장할 수 있거나, 소유권보존등기의 신청과 같이 등기의 성질상 등기의무자의 존재를 상정할 수 없는 경우에는 단독신청이 인정된다.

다. 우리 부동산등기법은 "등기는 법률에 다른 규정이 없는 경우에는 등기권리자와 등기의무자가 공동으로 신청한다(법 제23조 제1항)."고 규정함으로써 공동신청주의를 채택하였다. [17 법원사무관 / 15 등기서기보] 앞서 설명한 바와 같이 등기는 원칙적으로 신청으로 하되 그 등기를 신청할 때에는 원칙적으로 등기의무자와 등기권리자가 공동으로 신청하여야 하며, 예외적으로 법률에 다른 규정이 있는 경우에는 단독신청(법 제23조 제2항 내지 제8항)이 가능하다.

라. 등기신청은 신청인 또는 그 대리인이 등기소에 출석하여 신청정보 및 첨부정보를 적은 서면을 제출하는 방법이 있는데, 이때 대리인이 **변호사나 법무사**인 경우에는 대법원규칙으로 정하는 사무원[20 법무사 / 18 등기서기보]을 등기소에 출석하게 하여 그 서면을 제출할 수 있다(법 제24조, 규칙 제43조, 제46조). 구술신청은 허용되지 않는다.

마. 등기신청서를 제출할 수 있는 **자격자대리인의 사무원**은 자격자대리인의 사무소 소재지를 관할하는 **지방법원장이 허가하는 1명**으로 한다. [21 등기서기보] 지방법원장이 등기소에 출석하여 등기신청서를 제출할 수 있는 자격자대리인의 사무원의 출입허가를 하였을 때에는 자격자대리인에게 **등기소 출입증을 발급하여야 한다.** [21 등기서기보]

바. 정보통신기술이 발달됨에 따라 신청인 등이 직접 등기소에 출석하지 않고 사용자등록 후 전자서명정보를 송신함으로써 전산정보처리조직[이동통신단말장치에서 사용되는 애플리케이션(Application)을 통하여 이용하는 경우를 포함한다]을 이용하여 할 수 있는데(법 제24조, 규칙 제67조 제4항). 이 또한 최초의 사용자등록 시에 등기소에 출석하게 하여 등기관이 신청인의 동일성을 확인할 수 있도록 하여 등기의 진정을 확보한다.

사. 신청주의의 원칙에 따르면 등기를 신청할 것인가의 여부는 당사자의 자유이며 등기신청을 강제하는 것은 사적 자치의 원칙에 위배되는 것이나, 특별법상 또는 부동산등기법상 등기신청의무 등이 부과되는 경우가 있다. 부동산등기법상 신청의무가 있는 것은 토지 또는 건물의 분합, 멸실 등으로 인한 변경등기, 멸실등기로써 표제부와 관련이 있는 등기이며, 특별법상(「부동산등기 특별조치법」 제2조, 「부동산 실권리자명의 등에 관한 법률」 제10조 등) 신청의무가 있는 것은 등기권리와 관련된 소유권이전 등이 있으며 통상 갑구와 관련된 내용이다.

(6) 형식적 심사주의

등기제도의 기본 목적은 부동산에 관한 권리관계의 정확한 공시이므로 진정한 권리관계에 부합하지 않는 허위의 등기를 방지하는 것이 **중요**하다. 여기서 등기신청이 적법한지에 대한 등기관의 심사권이 문제되는 바, 이에 관한 입법주의에는 등기신청의 실질적인 이유 내지 원인의 존부, 효력 유무까지 심사할 수 있도록 하는 실질적 심사주의와 등기절차상의 적법성 여부만 심사하게 하는 형식적 심사주의가 있다.

실질적 심사주의는 등기절차상의 적법성 여부는 물론이고 등기신청의 실질상의 이유 내지 원인의 존재와 효력까지도 심사하는 입법주의이다. 즉 등기관의 심사범위가 등기절차상의 형식적인 요건뿐만 아니라, 그 등기신청이 실체법상 권리관계와 일치하는지 여부(등기원인의 존부, 내용) 또는 실체법상 권리관계의 효력 유무(등기원인의 효력)에까지 미치는 입법주의이다. 장점은 등기의 진정성을 기할 수 있다는 것이고, 단점은 등기절차의 지연을 초래한다는 것이다.

형식적 심사주의는 신청된 등기를 수리할 것인가 또는 각하할 것인가를 결정함에 있어서 절차적 적법성 여부만을 심사할 수 있다는 원칙이다. 즉, 등기관의 심사 범위를 등기절차상의 적법성에 한정하는 입법주의이다. 형식적 심사주의하에서는 등기관은 신청서 및 첨부서면과 등기부만을 심사하고, 그 외의 사실(실체법상 권리관계)을 고려하여서는 안 된다. 장점은 등기사무의 신속한 처리가 가능하다는 것이고, 단점은 부실등기의 발생 가능성이 상대적으로 크므로 등기의 공신력을 인정하기 어렵다는 것이다.

부동산등기법에 명문의 규정은 없으나 법 제29조에서 각하사유를 한정적으로 열거하고 있을 뿐 심사권한에 관한 일반적인 규정이 없는 점 등을 고려할 때 우리 제도는 형식적 심사주의를 채택하고 있다고 할 수 있다. 판례도 마찬가지의 입장이다(대판 2005.2.25, 2003다13048). 즉 우리나라 등기관은 등기신청에 대하여 부동산등기법상 그 등기신청에 필요한 서면이 제출되었는지 여부 및 제출된 서면이 형식적으로 진정한 것인지 여부를 심사할 권한을 갖고 있으나 그 등기신청이 실체법상의 권리관계와 일치하는지 여부를 심사할 실질적인 심사권한은 없으므로, 오직 제출된 서면 자체(신청서 및 첨부서류)를 검토하거나 이를 등기부와 대조하는 등의 방법으로 등기신청의 적법 여부를 심사(신청서 및 첨부서면이 부동산등기법 등 제반 법령에 부합되는지의 여부 및 제출된 서면이 형식적으로 진정한 것인지 여부 등을 심사)하여야 할 것이고, [22 등기서기보(2) / 21 등기서기보·법무사·등기서기보 / 20 법무사 / 18 등기주사보 / 17 법원사무관] 이러한 방법에 의한 심사 결과 형식적으로 부진정한, 즉 위조된 서면에 의한 등기신청이라고 인정될 경우(법 제29조 제9호) 이를 각하하여야 할 직무상의 의무가 있다(대판 2005.2.25, 2003다13048). [21 법무사]

(7) 공시의 원칙과 공신의 원칙

1) 공시의 원칙

등기의 목적은 부동산에 관한 정확한 권리관계의 공시인바, 공시의 원칙이란 부동산 물권에 관한 거래의 안전을 위하여 물권변동은 언제나 외부에서 인식할 수 있는 표상, 즉 공시방법(등기)을 갖추어야 한다는 원칙이다. 공시의 원칙에 관한 입법주의로는 성립요건주의와 대항요건주의가 있는데 앞서 본 바와 같이 우리나라는 성립요건주의를 채택하고 있다.

2) 공신의 원칙

공신의 원칙이란 등기부에 공시된 권리내용이 진정한 권리관계와 다르다 하더라도 그 공시를 신뢰하여 거래한 당사자를 보호하기 위하여 공시된 대로의 권리가 존재하는 것으로 보는 원칙이다.

공신의 원칙을 인정하게 되면 물권 거래의 안전은 보호되지만 진정한 권리자가 희생되는 문제가 발생한다.

우리 부동산등기제도는 공신의 원칙을 채택하지 않고 있다는 것이 통설·판례이다(대판 1980. 3.11, 80다49). [22 등기서기보 / 18 등기주사보] 즉 등기기재에 부합하는 실체상의 권리관계가 존재함을 전제로 그 등기의 유효성이 인정된다.

따라서 등기부의 기록을 믿고 거래하였더라도 그 상대방이 진정한 권리자가 아닌 경우에는 그 물권을 취득하지 못하게 된다. 이와 같이 등기부의 기재가 실체법상의 권리관계를 그대로 공시하지 못하고 양자가 괴리되는 현상을 완전히 배제할 수는 없다. [23 등기서기보]

다만 실체법인 민법은 거래의 안전을 위하여 제107조, 제108조, 제109조, 제110조와 제548조에서 원인행위가 무효, 취소, 해제 등으로 실효된 경우에 선의의 제3자를 보호하는 규정을 두고 있다. 또 절차법인 부동산등기법에서도 등기의 말소를 신청하는 경우에 그 말소에 대하여 등기상 이해관계 있는 제3자가 있을 때에는 그 승낙이 있음을 증명하는 정보 또는 이에 대항할 수 있는 재판이 있음을 증명하는 정보를 제공하여야 한다(법 제57조 제1항, 규칙 제46조 제1항 제3호)고 함으로써 말소대상인 등기를 믿고 거래한 자의 등기상 권리를 보장하고 있다.

(8) 국가배상책임주의

등기관은 국가공무원이므로 등기관의 위법한 처분으로 인해 타인에게 손해를 가한 경우에는 국가가 배상책임을 지며, 등기관에게 고의 또는 중과실이 있는 경우에는 국가가 그 공무원에 대하여 구상할 수 있다(「국가배상법」제2조). 배상책임은 고의·중과실·과실 모두 있으나 구상권행사는 고의·중과실인 경우에만 행사할 수 있다.

> **관련 기출지문**
>
> **1** 우리 법제하에서는 부동산등기에 관하여 공신력이 인정된다. (×) [22 등기서기보]

Ⅱ. 등기의 종류

1. 기능에 따른 분류

(1) 부동산표시에 관한 등기(사실의 등기)

부동산의 물리적 현황에 관한 사항인 부동산의 표시에 관한 사항을 등기부의 표제부에 기록하는 등기를 말한다.

토지의 경우에는 토지의 '소재, 지번, 지목, 면적'을(법 제34조), **건물의 경우**에는 '소재, 지번, 건물명칭, 건물번호, 종류, 구조, 면적, 부속건물의 표시'를(법 제40조 제1항) 표제부에 기록한다. 이를 강학상 '사실의 등기'라고도 한다.

부동산의 표제부의 등기는 권리관계에 관한 등기가 아니므로 물권변동의 효력 등 실체법상의 효력이 인정되지 않는다. 권리에 관한 등기와는 달리 부동산등기법상 당사자에게 신청의무가 부과되는 경우가 있지만 그러한 등기를 해태하였다고 하여 과태료를 부과하지는 않는다.

(2) 권리의 등기

부동산에 관한 권리의 취득·변경·소멸이 있는 경우에 그 권리에 관한 사항을 등기부의 갑구 또는 을구에 기록하여 공시하는 등기를 말한다.

부동산의 표제부의 등기와는 달리 물권변동의 효력 등 실체법상의 효력이 인정된다. 부동산등기법상 당사자에게 신청의무가 부과되는 경우는 없지만, 「부동산등기 특별조치법」, 「부동산실권리자명의등기에 관한 법률」 등 기타 법령상 당사자에게 신청의무가 부과되는 경우가 있으면 그러한 등기를 해태한 경우 과태료를 부과한다.

2. 내용에 따른 분류

(1) 기입등기

기입등기란 새로운 등기원인에 의하여 권리의 발생이 있는 경우에 그 등기사항을 등기부에 새로이 기록하는 등기이다. 소유권보존등기(법 제64조 이하), 소유권이전등기(법 제67조 이하), 지상권 · 지역권 · 전세권 · 임차권 · 저당권설정등기(법 제69조 이하) 등이 이에 해당한다.

(2) 변경등기(경정등기)

1) 변경등기

변경등기는 현재 효력이 있는 등기의 일부가 후발적인 사유로 실체관계와 불일치한 경우에 이를 일치시키는 등기이다. 그 종류로는 부동산표시변경등기(증축, 지목변경 등), 등기명의인표시변경등기(개명, 주소변경 등), 권리변경등기(채권최고액 증감, 전세금의 증감, 존속기간의 연장 · 단축 등)가 있다.

2) 경정등기

경정등기는 현재 효력이 있는 등기의 일부가 원시적인 사유(착오 또는 누락)로 실체관계와 불일치한 경우에 이를 일치시키는 등기이다. 경정등기의 발생원인은 등기관의 착오나 당사자의 신청착오로 인한 경우로 구별된다. 그 종류로는 부동산표시경정등기, 등기명의인표시경정등기, 권리경정등기가 있다.

(3) 말소등기

말소등기는 현재 효력이 있는 등기의 전부가 소멸하여 실체관계와 불일치한 경우에 이를 일치시키는 등기이다. 즉 등기기록상 존재하는 등기에 상응하는 실체법적인 권리가 소멸한 경우 그 내용을 등기기록상에 반영시키는 등기이다. 기존의 등기사항이 소멸하는 원인이 원시적 사유(무효 · 취소 · 해제)인지 후발적 사유(계약의 해지)인지는 불문한다. 등기사항의 일부만이 부적법한 때에는 변경등기나 경정등기의 대상이 되며 말소등기의 대상은 아니다.

(4) 회복등기

회복등기는 등기의 일부 또는 전부가 부적법하게 말소되어 실체관계와 불일치한 경우에 이를 일치시키는 등기이다. 즉 실체법적으로 존재하는 권리에 대해 등기기록상으로 부적법하게 말소된 경우 그 등기를 다시 회복시켜 말소 전의 상태로 되돌리는 등기이다. 예컨대 근저당권의 등기가 위조된 서류에 의하여 부적법하게 말소된 경우에 이를 회복시키는 것이 이에 해당한다.

(5) 멸실등기

멸실등기는 부동산이 전부 물리적으로 멸실된 경우에 하는 등기이며 표제부에 하는 사실의 등기이다. 부동산의 일부가 멸실된 경우에는 멸실등기가 아니라 변경등기를 하여야 한다.

3. 효력에 따른 분류

(1) 종국등기

종국등기란 등기 본래의 효력, 즉 물권변동의 효력(임차권인 경우에는 대항력)을 발생시키는 등기를 말한다. 여기서 물권변동의 효력을 등기 본래의 효력이라고 하는 이유는 우리나라의 등기제도가 공시의 원칙으로서 대항요건이 아닌 성립요건주의를 취하고 있으므로 등기를 하는 기본적 목적이 물권변동을 일으키기 위한 것이기 때문이다.

일반적으로 보통의 등기는 모두 종국등기에 해당하며, 예비등기인 가등기에 대비하여 본등기라고도 한다. 예를 들면, 소유권이전등기, 근저당권설정등기, 채권최고액 증감을 원인으로 하는 근저당권변경등기 등이 있다.

(2) 예비등기

예비등기란 청구권을 보전하기 위하여(가등기) 또는 제3자에게 경고를 하기 위하여(예고등기) 하는 등기로서, 등기 본래의 효력인 물권변동의 효력이나 대항력을 발생시키는 등기가 아니라는 점에서 종국등기와 구별이 된다.

가등기는 부동산물권 또는 임차권 등에 관한 등기를 하기 위한 실체법상 또는 절차법상의 요건이 갖추어지지 아니한 경우에 장래 행할 본등기의 순위를 보전하기 위하여 하는 등기이다. 즉, 부동산등기법 제3조 각 호의 어느 하나에 해당하는 권리의 설정, 이전, 변경 또는 소멸의 청구권을 보전하려 할 때와 이들 청구권이 시기부 또는 정지조건부이거나 기타 장래에 있어서 확정될 것인 때에 그 청구권을 보전하기 위하여 하는 등기를 말한다(법 제88조). 가등기는 대부분이 청구권보전을 위한 가등기이나 채권담보를 목적으로 하는 담보가등기도 존재한다(「가등기담보 등에 관한 법률」 제2조).

예고등기는 등기원인의 무효 또는 취소로 인한 말소등기소송이나 회복소송이 제기된 경우에 이러한 사실을 등기부상으로 제3자에게 알림으로써 그 부동산에 관하여 거래를 하려고 하는 자에게 소송의 결과에 따라서는 손해를 볼지도 모른다는 것을 경고하기 위하여 하는 등기로써 소장을 접수받은 법원에서 등기소에 예고등기를 촉탁하는 절차로 등기부에 기록이 되었다. 이를 예고등기의 경고적 효력이라고 하지만 이는 사실상의 효력에 불과하다. 따라서 예고등기는 처분제한의 효력이나 순위보전의 효력이 없으며, 추정력도 인정되지 아니한다. 이러한 예고등기로 인하여 집행방해의 목적으로 소를 제기하는 사례가 증가함에 따라 그 폐해가 크므로, 개정법에서는 이를 폐지하였다. 또한 최근에 개정된 부동산등기법 부칙에 따르면 아직까지 말소되지 아니한 예고등기는 등기관이 직권으로 말소하는 것으로 변경되었다.

4. 형식에 따른 분류

(1) 주등기

주등기란 독립한 순위번호를 붙여서 하는 등기로서 등기는 원칙적으로 주등기의 형식에 의한다. 표시에 관한 등기를 할 때에는 표시번호란에 번호를 기록하고, 권리에 관한 등기(갑구·을

구)를 할 때에는 순위번호란에 번호를 기록한다. 특히 같은 구에 관한 권리에 관한 등기에서 순위번호란에 있는 주등기번호가 권리의 순위를 파악하는데 중요한 기준이 된다.

(2) 부기등기

1) 의의

부기등기란 주등기에 대비되는 용어로 독립한 순위번호를 갖지 않는 등기이다.

등기관이 부기등기를 할 때에는 그 부기등기가 어느 등기에 기초한 것인지 알 수 있도록 주등기 또는 부기등기의 순위번호에 **가지번호**를 붙여서 한다(법 제5조, 규칙 제2조). [22 등기서기보 / 19 등기서기보 · 등기주사보 / 17 등기서기보 / 16 법무사] 가지번호를 붙이라는 뜻은 1번 등기가 주등기인 경우에 부기등기는 1-1번, 1-2번으로 한다는 것을 말한다.

부기등기의 부기등기도 인정되며 1-1-1번, 1-1-2번으로 기록한다(예컨대 **환매권의 이전등기**). [9 법무사]

2) 취지(목적)

부기등기는 주등기에 종속되어 주등기와 일체성을 이루는 등기로서 주등기와 별개의 등기는 아니다. 즉 ① 어떤 등기로 하여금 기존등기의 순위나 효력를 그대로 보유시킬 필요가 있는 경우(권리의 변경등기), ② 기존등기와 동일성을 가진 등기임을 표시하기 위한 경우(등기명의인표시변경 · 경정등기), ③ 특별법에서 처분제한등기를 부기등기로 할 것을 요구하는 경우(주택법에 따른 금지사항 부기등기 등)에 하게 된다.

3) 요건

부기등기는 법령에 근거규정이 있는 경우에만 허용이 되며 대표적으로 부동산등기법 제52조가 이에 해당한다. 아래에서 설명하도록 한다.

4) 적용범위

가. 법 제52조

> **부동산등기법 제52조(부기로 하는 등기)** [22 등기서기보 / 15 등기서기보]
> 등기관이 다음 각 호의 등기를 할 때에는 부기로 하여야 한다.
> 다만 제5호의 등기는 등기상 이해관계 있는 제3자의 승낙이 없는 경우에는 그러하지 아니하다(⊕ 주등기).
> 1. 등기명의인표시의 변경이나 경정의 등기　　(cf 부동산표시변경 · 경정등기 - 주등기)
> 2. 소유권 외의 권리의 이전등기 (예 전세권이전, 근저당권이전, 가등기상의 권리의 이전)
> 3. 소유권 외의 권리를 목적으로 하는 권리에 관한 등기　　(예 전세권부 근저당권)
> 4. 소유권 외의 권리에 대한 처분제한 등기　　(예 전세권부 가압류)
> 5. 권리의 변경이나 경정의 등기　　(예 전세권변경, 근저당권변경)
> 6. 제53조의 환매특약등기
> 7. 제54조의 권리소멸약정등기
> 8. 제67조 제1항 후단의 공유물 분할금지의 약정등기
> 9. 그 밖에 대법원규칙으로 정하는 등기

나. 기타

환매권의 이전등기, 전세권부저당권의 이전등기, 저당권부권리질권의 이전등기 등과 같이 부기등기에 대한 부기등기도 가능하다[「부동산등기실무Ⅱ」 p.4 참조]. 부기등기 "1-1"에 대한 부기등기는 "1-1-1"로 표시된다.

관련 기출지문

1 등기명의인의 표시의 변경 또는 경정의 등기는 부기에 의하여 한다. (O)　　　　　　　　　[9 법무사]

2 지목변경 등을 원인으로 토지표시변경등기의 신청이 있는 경우 종전의 표시에 관한 등기를 말소하고 변경사항을 반영하여 토지의 표시에 관한 사항을 주등기로 기록한다. (O)
　　　　　　　　　　　　　　　　　　　　　　　[21 법무사 · 등기서기보 / 20 법원사무관 / 17 등기주사보]

3 등기관이 건물표시변경등기를 할 때에는 항상 주등기로 실행하고, 종전의 표시에 관한 등기를 말소하는 표시를 하여야 한다. (O)　　　　　　　　　　　　　　　　　　　[19 등기주사보]

4 소유권 외의 권리의 이전등기, 소유권 외의 권리를 목적으로 하는 권리에 관한 등기, 소유권 외의 권리에 대한 처분제한 등기는 부기로 하여야 한다. (O)　　　　[22 등기서기보 / 17 등기주사보 · 등기서기보]

5 권리의 변경등기을 신청하는 경우 등기상 이해관계인이 있는 때에는 그의 승낙서 또는 그에 대항할 수 있는 재판의 등본을 신청서에 첨부하여야만 부기에 의하여 권리변경등기를 할 수 있다. (O)　[9 법무사]

6 전세권변경등기는 부기등기에 의하나, 등기상 이해관계 있는 제3자의 승낙서 또는 이에 대항할 수 있는 재판의 등본을 첨부하지 못한 때에는 주등기 방법에 의한다. (O)　　　　　　　[19 법무사]

7 을구에 근저당권설정등기, 갑구에 체납처분에 의한 압류등기가 순차로 마쳐진 후에 근저당권의 채권최고액을 증액하는 경우 체납처분에 의한 압류등기의 권리자(처분청)의 승낙서가 제공된 경우에는 을구의 근저당권변경등기를 부기등기로 실행할 수 있다. (O)　　　　　　　　　　　[16 법무사]

8 채권최고액을 증액하는 근저당권변경등기를 신청하는 경우 동일인 명의의 후순위 근저당권자는 등기상 이해관계 있는 제3자가 아니므로, 다른 이해관계인이 없다면 위 후순위 근저당권자의 승낙이 있음을 증명하는 정보 또는 이에 대항할 수 있는 재판이 있음을 증명하는 정보를 제공하지 않더라도 근저당권변경등기를 부기등기로 할 수 있다. (O)　　　　　　　　　　　　　　　　　　[16 법무사]

9 부동산등기법에 따라 환매특약등기나 권리소멸약정등기는 부기등기로 하여야 한다. (O)
　　　　　　　　　　　　　　　　　　　　　　　　　　　　　　　[19 법무사 / 16 법무사]

10 매매로 인한 소유권이전등기와 환매특약등기가 동시에 신청된 경우 환매특약등기를 소유권이전등기에 부기로 기록한다. (O)　　　　　　　　　　　　　　[21 등기서기보 / 20 법원사무관]

11 신탁재산이 수탁자의 고유재산으로 된 경우에 그 뜻의 등기는 주등기로 하여야 한다. (O)
　　　　　　　　　　　　　　　　　　　　　　　　[19 법무사 / 17 등기서기보 · 등기주사보]

---

5) 효과

가. 부기등기의 순위

부기등기는 주등기에 종속되어 주등기와 일체성을 이루는 등기로서 주등기와 별개의 등기는 아니다. [19 법무사] 따라서 부기등기의 순위는 주등기의 순위에 따른다(법 제5조 전단). [19 등기서기보 / 17 등기주사보 / 16 법무사]

"부기등기의 순위는 주등기의 순위에 따른다."라는 규정은 부기등기가 그 순위번호뿐만
아니라 접수번호에 있어서도 그 기초가 되는 주등기에 따른다는 뜻으로 새겨야 한다.
[17 등기서기보 / 16 법무사] 즉 1-1번과 2번이 있는 경우에는 1-1번이 우선한다.

나. 부기등기 상호 간의 순위

같은 주등기에 관한 부기등기 상호 간의 순위는 그 등기순서에 따른다(법 제5조 후단).
[17 등기주사보] 즉 1-1번과 1-2번이 있는 경우에는 1-1번이 우선한다.

6) 부기등기의 말소

가. 원칙(주등기의 말소로 인한 부기등기의 직권말소)

부기등기는 주등기에 종속되어 주등기와 일체성을 이루는 등기로서 주등기를 말소하면
부기등기는 직권말소하게 된다.

즉 근저당권이전의 부기등기가 된 경우 주등기인 근저당권설정등기의 말소신청이 있으
면 부기등기인 근저당권이전등기는 직권으로 말소되며 [18 등기서기보 / 11 법무사] 이때에 말소할
등기의 대상은 주등기인 '근저당권설정등기'를 기재하며, 등기의무자는 근저당권의 양수
인으로 표시하고, 근저당권이전등기필정보를 제공한다. 등기관은 근저당권설정등기를
말소한 다음 그 근저당권이전의 부기등기를 직권 주말한다.

나. 예외(부기등기만의 말소)

다만 예외적으로 부기등기의 원인만이 무효·취소·해제된 경우에는 부기등기만의 말
소신청도 가능하다. [17 법원사무관]

근저당권의 이전원인만이 무효로 되거나 취소 또는 해제된 경우, 즉 근저당권의 주등기 자
체는 유효한 것을 전제로 이와는 별도로 근저당권이전의 부기등기에 한하여 무효사유가
있다는 이유로 부기등기만의 효력을 다투는 경우에는 그 부기등기의 말소를 소구할 필요
가 있으므로 예외적으로 소의 이익이 있고(대판 2005.6.10, 2002다15412·15429),
[9 법무사] 이 경우 부기등기인 근저당권이전등기만을 말소하여야 한다. [23 법무사]

부기등기만의 말소를 신청하는 경우 양수인이 등기의무자, 양도인이 등기권리자가 되어
공동으로 신청하거나, 양도인이 판결을 받아 단독으로 신청할 수 있다.

이때 등기관은 이전에 따른 부기등기만을 말소하고 동시에 종전 권리자를 직권으로 회
복하여야 한다.

관련 기출지문

1 등기관이 부기등기를 할 때에는 그 부기등기가 어느 등기에 기초한 것인지 알 수 있도록 주등기 또는 부기
   등기의 순위번호에 그 다음번호를 붙여서 하여야 한다. (×)   [19 등기서기보]

2 토지 표시에 관한 사항을 변경하는 등기는 부기등기로 하고, 종전의 표시에 관한 등기를 말소하는 표시를
   한다. (×)   [17 등기주사보]

3 신탁재산이 수탁자의 고유재산으로 되었을 때에는 그 뜻의 등기를 부기로 하여야 한다. (×)
                                                                            [17 등기서기보·등기주사보]

4 부기등기의 순위번호에 가지번호를 붙여서 부기등기에 대한 부기등기를 할 수는 없다. (×) [17 등기주사보]

5 부기등기는 순위번호에 있어서는 그 기초가 되는 주등기에 따르나, 접수번호에 있어서는 그 주등기에 따르지 않으므로 별도로 순위를 정해야 한다. (×) [16 법무사]

6 근저당권이전의 부기등기가 된 경우 주등기인 근저당권설정등기를 말소하기 위해서는 근저당권이전의 부기등기에 대한 말소등기신청을 먼저 하여야 한다. (×) [18 등기서기보]

7 저당권의 일부이전등기 또는 저당권부채권가압류등기와 같이 매수인이 인수하지 아니하는 등기의 말소에 관하여 이해관계 있는 제3자 명의의 부기등기가 마쳐진 경우 집행법원은 주등기와 부기등기에 대하여 모두 별도로 각각 말소촉탁하여야 한다. (×) [11 법무사]

8 매각으로 인한 소유권이전등기 촉탁을 할 때에 매수인이 인수하지 아니하는 전세권등기에 이전등기가 부기되어 있는 경우 집행법원은 주등기인 전세권설정등기와 함께 그 이전의 부기등기도 말소 촉탁하여야 한다. (×) [23 법무사]

5. 등기절차의 개시모습에 따른 분류

(1) 신청에 의한 등기

등기절차는 법률에 다른 규정이 없는 경우에는 **당사자의 신청**에 의하여 개시되는 것이 원칙이며(법 제22조 제1항), 또한 법률에 다른 규정이 없는 경우에는 등기의무자와 등기권리자가 공동으로 신청하는 것이 원칙이다(법 제23조 제1항). 다만 예외적으로 단독신청이 인정되는 경우가 있다(법 제23조 제2항 내지 제8항 등). 등기의 공동신청주의 원칙은 사적자치의 원칙이 반영된 내용이며 일정한 경우에 등기신청의무가 부과되는 경우가 있다.

(2) 촉탁에 의한 등기

등기절차는 당사자의 신청에 의하는 경우 외에 **관공서의 촉탁**에 의하여 개시되기도 한다. 촉탁에 의한 등기는 통상적으로 신청주의 범주에 속하므로 신청으로 인한 등기에 관한 규정을 준용한다(법 제22조 제2항). 관공서가 촉탁등기를 하는 경우는 권리관계의 당사자로서 촉탁하는 경우와 공권력 행사의 주체로서 촉탁하는 경우로 나누어진다.

(3) 직권에 의한 등기

등기절차는 신청주의 원칙에 따라 당사자의 신청 또는 관공서의 촉탁에 의하는 것이 원칙이나 법률에 다른 규정에 있는 경우 즉 당사자의 신청을 기다려 그 등기를 실행하게 하는 것이 적절하지 않는 경우 또는 당사자의 신청에 따른 등기에 부수되는 등기는 **등기관**이 직권으로 할 수 있다. 예컨대 등기관의 잘못으로 인한 등기의 직권경정등기(법 제32조), 직권말소등기(법 제58조) 등이 이에 해당한다.

(4) 명령에 의한 등기

등기절차는 신청주의 원칙에 따라 당사자의 신청 또는 관공서의 촉탁에 의하는 것이 원칙이나 법률에 다른 규정에 있는 경우에는 **관할지방법원**의 명령에 따른 등기를 할 수 있다. 등기관의 처분에 대한 이의신청이 있는 경우에, 관할지방법원은 등기관에게 가등기명령 또는 부기등기명령을 할 수 있고, 각하된 등기에 대하여는 기록명령, 실행된 등기에 대하여는 말소명령 등을 할 수 있다. 이러한 원인으로 인한 등기가 바로 명령에 의한 등기이다(법 제106조, 제107조).

III. 등기의 효력

1. 종국등기의 효력

등기의 효력에는 일반적으로 ① 물권변동의 효력, ② 순위확정의 효력, ③ 대항력, ④ 후등기저지력, ⑤ 추정력, ⑥ 점유적 효력 등이 인정되나, ⑦ 공신력은 인정되지 않는다. 아래에서 구체적으로 살펴보도록 한다.

(1) 물권변동의 효력

1) 법률행위로 인한 물권변동의 효력

민법 제186조에서 "부동산에 관한 **법률행위**로 인한 물권의 득실변경은 등기하여야 그 **효력**이 생긴다."고 규정함으로써 부동산 물권변동에 관하여 **성립요건주의**를 채택하였다. [23 등기서기보]

성립요건주의란 공시방법(등기)을 갖추지 않으면 물권행위가 있어도 제3자에 대한 관계에서는 물론 당사자 사이에서도 **물권변동**이 일어나지 않는다는 입법주의로서 성립요건주의하에서 **법률행위**로 인한 부동산의 물권변동은 물권행위가 있고 그에 부합하는 등기가 마쳐져야 **효력**이 있다(「민법」제186조). [22 등기서기보 / 18 등기주사보] 이를 물권변동의 효력이라고 하며 등기의 가장 중요한 효력이다.

2) 법률규정에 의한 물권변동의 효력

민법 제187조에서는 "상속, 공용징수, 판결, 경매 기타 법률의 규정에 의한 부동산에 관한 물권의 취득은 등기를 요하지 아니한다. 그러나 등기를 하지 아니하면 이를 처분하지 못한다."라고 규정하고 있다.

공익사업에 필요한 토지를 수용한 경우 사업시행자의 부동산 소유권 취득[23 법무사], 경매절차에서 매각대금을 완납한 매수인의 소유권 취득[23 법무사], 피상속인의 사망으로 인한 상속인의 상속부동산에 대한 소유권 취득[23 법무사] 모두 등기를 요하지 아니한다.

따라서 상속이 개시되면 상속등기를 마치지 아니한 경우라도 상속인은 상속대상인 **부동산**을 취득하며 6개월 안에 상속등기를 할 의무는 없다. 다만, 처분하기 위해서는 상속등기를 먼저 경료하여야 할 것이다. [23 등기서기보]

또한 협의분할에 의한 상속을 등기원인으로 하여 소유권이전등기를 한 경우 그 소유권의 등기명의인이 소유권을 취득한 시기는 등기를 한 때가 아니고 **상속이 개시된 때**이다. [20 등기서기보 / 11 법무사]

농지대가의 상환을 완료한 수분배자는 구 농지개혁법에 의하여 등기 없이도 완전히 그 분배농지에 관한 **소유권**을 취득하게 된다(대판 2007.10.11, 2007다43856). [23 법무사]

다만 점유에 의한 시효취득의 경우에는 법률의 규정에 의한 물권의 원시취득이면서도 등기를 그 효력발생요건으로 하고 있다(「민법」제245조 제1항). 즉 점유취득시효의 경우 민법 제187조의 예외에 해당한다.

3) 공유물분할에 관한 판례

① 공유물분할의 판결이 확정되면 공유자는 등기하지 않아도 각자 분할된 부분에 대한 단독 소유권을 취득하게 되는 것이므로, 그 소송의 당사자는 그 확정판결을 첨부하여 원·피 고인지 여부에 관계없이 등기권리자 또는 등기의무자가 단독으로 공유물 분할을 원인으로 한 지분이전등기를 신청할 수 있다. [23 법원사무관 / 21 법원사무관·법무사(2) / 20 법무사 / 18 등기주사보·법 무사 / 14 법무사]

② 공유물분할의 소송절차 또는 조정절차에서 공유자 사이에 공유토지에 관한 현물분할의 협의가 성립하여 그 합의사항을 조서에 기재함으로써 조정이 성립하였다고 하더라도, 그와 같은 사정만으로 재판에 의한 공유물분할의 경우와 마찬가지로 그 즉시 공유관계 가 소멸하고 각 공유자에게 그 협의에 따른 새로운 법률관계가 창설되는 것은 아니고, 공유자들이 협의한 바에 따라 토지의 분필절차를 마친 후 각 단독소유로 하기로 한 부분 에 관하여 다른 공유자의 공유지분을 이전받아 등기를 마침으로써 비로소 그 부분에 대 한 대세적 권리로서의 소유권을 취득하게 된다고 보아야 한다(대판(전) 2013.11.21, 2011두1917). [23 법무사 / 18 법무사·등기서기보]

4) 기타

어느 토지에 대하여 소유권보존등기가 경료되어 있는 경우에 특별한 사정이 없는 한 그 원 인과 절차에 있어서 적법하게 경료된 것으로 추정되므로, 지적공부 소관청에는 이에 대한 토지대장이 비치되어 있었다고 보아야 할 것이다. 지적공부에 등록되지 않은 토지(지적공부 멸실로 인한 미복구된 토지는 제외)는 토지로서 존재하지 않거나 특정되지 않은 것으로서 그와 같은 토지에 관한 소유권보존등기는 등기로써 아무런 효력이 없는 것(무효)이라고 할 것이므로[24 법무사], 등기명의인은 어느 토지가 토지조사령에 의한 토지조사부 및 그 이후부터 현재까지의 지적공부에 등록된 사실이 없다는 지적공부 소관청의 확인서면과 등기명의인의 인감증명을 첨부하여 당해 토지에 관한 멸실등기의 신청을 할 수 있다(선례 제5-505호).

(2) 순위확정의 효력

순위확정의 효력이란 같은 부동산에 관하여 등기한 권리의 순위는 법률에 다른 규정이 없으면 등기한 순서에 따른다는 것을 말한다(법 제4조 제1항). [19 등기서기보 / 11 법무사] 즉 등기가 실행되면 부여된 순위번호대로 그 등기의 순위가 확정되는 효력이다.

등기의 순서는 등기기록 중 같은 구에서 한 등기 상호 간에는 순위번호에 따르고 다른 구에서 한 등기 상호 간에는 접수번호에 따른다(법 제4조 제2항). [17 등기주사보 / 16 등기서기보] 부기등기는 주 등기의 순위에 따르고, 부기등기 상호 간의 순위는 그 등기의 순서에 따른다(법 제5조).

이와 같이 등기의 순위는 권리 상호 간의 관계에서 매우 중요한 역할을 하므로 그 등기신청의 접수순위를 언제 인정할 것인가 매우 중요하다.

등기신청의 접수순위는 신청정보가 전산정보처리조직에 저장되었을 때를 기준으로 하며[23 법무사 / 15 등기서기보], 등기관이 등기를 마친 경우 그 등기의 효력은 교합 시가 아닌 접수한 때부터 발생한다(법 제6조 제2항). [21 법원사무관·등기서기보 / 20 등기서기보 / 17 등기주사보 / 16 법무사·등기서기보]

같은 토지 위에 있는 여러 개의 구분건물에 대한 등기를 동시에 신청하는 경우에는 그 건물의 소재 및 지번에 관한 정보가 전산정보처리조직에 저장된 때 등기신청이 접수된 것으로 본다(규칙 제3조 제2항). [23 법무사 / 21 등기서기보 / 17 등기주사보 / 16 법무사]

일반적인 등기순위와는 달리 가등기는 청구권을 보전하기 위한 경우에 하는 예비등기이므로 가등기에 의한 본등기를 한 경우 그 본등기의 순위는 가등기의 순위에 따르게 된다(법 제91조). [19 등기서기보 / 11 법무사]

전자신청의 경우에는 원칙적으로 신청과 동시에 접수가 이루어진다.

즉 전자신청의 경우 접수절차가 전산정보처리조직에 의하여 자동으로 처리되므로, 접수담당자가 별도로 접수절차를 진행하지 않으며(예규 1771), 접수번호는 전산정보처리조직에 의하여 자동적으로 생성된 것을 부여한다. [21 등기서기보 / 17 등기서기보 / 16 법무사]

대지권을 등기한 후에 한 건물의 권리에 관한 등기는 대지권에 대하여 동일한 등기로서 효력이 있다(법 제61조 제1항 본문). 이 경우 대지권에 대한 등기로서의 효력이 있는 등기와 대지권의 목적인 토지의 등기기록 중 해당 구에 한 등기의 순서는 접수번호에 따른다(법 제61조 제2항). 또한 말소회복등기를 하면 말소 당시로 소급하여 말소가 없었던 것과 같은 효과가 생기므로 회복한 등기는 말소된 종전 등기와 동일순위를 가지게 된다(대판 1990.6.26, 89다카5673).

(3) 대항력

대항력이란 어떠한 사항을 등기한 경우에 그 내용을 제3자에게 주장할 수 있는 힘을 말한다. 즉 어떤 사항은 등기하지 않으면 당사자 사이에서 채권적 효력이 있을 뿐이지만 등기한 때에는 제3자에 대하여 그 등기된 사항을 가지고 대항할 수 있는 힘을 가지게 된다.

물권은 아니지만 제3자에게 대한 대항력을 공시하기 위하여 등기능력을 인정하고 있는 권리로는 부동산임차권(「민법」 제621조, 법 제3조 제8호, 제74조)[18 등기서기보 / 15 등기서기보], 부동산환매권(「민법」 제592조, 법 제53조)[15 등기서기보]이 있으며, 신탁(신탁법 제4조 제1항)[18 등기주사보]이 있다.

(4) 후등기저지력

후등기저지력이란 어떤 등기가 존재하는 이상 그것이 비록 실체법상 무효라고 하더라도 형식상의 효력은 있는 것이므로 그것을 말소하지 않고서는 그것과 양립할 수 없는 등기는 할 수 없다는 것을 말한다. [17 등기주사보 / 16 등기서기보]

예컨대 지상권(전세권)의 존속기간이 만료되어 실체법상 소멸되었다 하더라도 등기의 후등기저지력으로 인하여 그 지상권(전세권)설정등기를 말소하지 않는 한 동일한 부분에 대하여 후순위로 중복하여 지상권(전세권)설정등기를 할 수 없다(선례 7-268). [20 등기서기보 / 18 등기주사보 / 14 법무사 / 11 법무사]

마찬가지로 일정한 토지에 대한 소유권보존등기가 경료되어 있으면 진정한 소유자라 하더라도 그 토지에 대한 기존의 소유권보존등기를 말소하지 않고는 그 앞으로의 소유권보존등기를 할 수 없다.

(5) 추정력

1) 의의

추정력이란 어떠한 등기가 있으면 그에 대응하는 실체적 권리관계가 존재하는 것으로 법률상 추정되는 효력을 말한다. 현행법상 점유의 추정력에 관한 규정(「민법」 제200조)만 있을 뿐, **등기의 추정력에 대해서는 명문에 규정이 없지만, 학설·판례는 등기의 추정력을 인정하고 있다.** [20 등기서기보]

등기의 추정력은 권리의 등기에만 인정되며, 부동산 표시를 나타내는 표제부에는 추정력이 미치지 아니한다. 마찬가지로 부동산의 표시(사실관계)를 나타내는 대장 등에는 인정되지 않는다. 가옥세대장은 건물의 소재, 종류, 구조, 소유자 등을 등록하여 가옥의 현상을 명백히 하고 과세자료 등에 사용하기 위하여 행정청의 사무형편상 작성 비치하는 문서로서 그 대장에 기재하는 것은 가옥에 관한 사실관계를 나타내기 위한 것일 뿐 등기부처럼 가옥에 대한 권리관계를 공시하기 위한 것이 아니라 할 것이니 가옥세대장에 다른 사람 소유명의로 등재되었다는 사실만으로 그 다른 사람이 소유권 기타의 권리를 취득하거나 권리자로 추정되는 효력이 없다(대판 1983.2.22, 82도2616).

추정력이 인정되는 근거로는 등기절차가 국가기관에 의하여 관리될 뿐만 아니라 공동신청주의, 서면신청주의(방문신청의 경우), 요건에 맞지 않는 등기신청의 각하 등 등기의 진정성을 담보할 수 있는 여러 가지 제도를 갖추고 있기 때문이다.

2) 적용범위

가. 추정력이 인정되는 경우

(가) 일반론

부동산의 권리변동을 직접 발생케 하는 등기는 모두 추정력이 인정되므로 소유권보존등기, 소유권이전등기, 말소등기 모두 추정력이 인정된다.

(나) 소유권보존등기

소유권보존등기의 경우에는 소유권이 진실하게 보존되어 있다는 사실에 관하여 추정력이 인정되지만, 권리변동에 관하여는 추정력이 미치지 아니한다.

건물보존등기는 그 등기명의자가 신축한 것이 아니라면 그 등기의 권리추정력은 깨어진 것이고 그 명의자가 스스로 적법하게 그 소유권을 양도받게 된 사실을 입증할 책임이 있는 것이다(대판 1966.3.22, 66다64·65).

즉 부동산 소유권보존등기가 경료되어 있는 이상 그 보존등기 명의자에게 소유권이 있음이 추정된다 하더라도 그 **보존등기 명의자가 보존등기하기 이전의 소유자**

로부터 부동산을 양수한 것이라고 주장하고 전 소유자는 양도사실을 부인하는 경우에는 그 보존등기의 추정력은 깨어지고 그 보존등기 명의자 측에서 그 양수사실을 입증할 책임이 있다(대판 1982.9.14, 82다카707).

그러나 부동산등기 특별조치법에 따른 소유권보존등기는 강한 추정력이 인정된다. 임야소유권 이전등기에 관한 특별조치법(법률 제2111호)에 의한 소유권보존등기가 경료된 임야에 관하여서는 그 임야를 사정받은 사람이 따로 있는 것으로 밝혀진 경우라도 그 등기는 동법 소정의 적법한 절차에 따라 마쳐진 것으로서 실체적 권리관계에 부합하는 등기로 추정된다 할 것이므로 위 특별조치법에 의하여 경료된 소유권보존등기의 말소를 소구하려는 자는 그 소유권보존등기 명의자가 임야대장의 명의변경을 함에 있어 첨부한 원인증서인 위 특별조치법 제5조 소정의 보증서와 확인서가 허위 내지 위조되었다던가 그 밖에 다른 어떤 사유로 인하여 그 소유권보존등기가 위 특별조치법에 따라 적법하게 이루어진 것이 아니라는 주장과 입증을 하여야 한다(대판(전) 1987.10.13, 86다카2928).

마찬가지로, 구 임야소유권 이전등기 등에 관한 특별조치법(실효, 이하 '특별조치법'이라 한다)에 따라 등기를 마친 자가 보증서나 확인서에 기재된 취득원인이 사실과 다름을 인정하더라도 그가 다른 취득원인에 따라 권리를 취득하였음을 주장하는 때에는, 특별조치법의 적용을 받을 수 없는 시점의 취득원인 일자를 내세우는 경우와 같이 그 주장 자체에서 특별조치법에 따른 등기를 마칠 수 없음이 명백하거나 그 주장하는 내용이 구체성이 전혀 없다든지 그 자체로서 허구임이 명백한 경우 등의 특별한 사정이 없는 한 위의 사유만으로 특별조치법에 따라 마쳐진 등기의 추정력이 깨어진다고 볼 수는 없으며, 그 밖의 자료에 의하여 새로이 주장된 취득원인 사실에 관하여도 진실이 아님을 의심할 만큼 증명되어야 그 등기의 추정력이 깨어진다고 할 것이다(대판(전) 2001.11.22, 2000다71388·71395).

즉, 구 부동산소유권 이전등기 등에 관한 특별조치법 등 부동산등기에 관한 각종 특별조치법에 의한 보존등기 명의자가 보존등기하기 이전의 소유자로부터 소유권의 양도를 받은 것이라는 주장이 있고, 전소유자가 보존등기명의자에 대한 양도사실을 부인하는 경우라도 보존등기명의자의 소유로 추정할 수 있는 추정력은 깨어지지 않는다. [23 법원사무관]

(다) 말소등기

말소등기도 그 권리가 실체법상 소멸되어 그 권리가 존재하지 않는 것으로 추정된다. 그러나 어떠한 권리의 등기가 원인 없이 불법하게 말소된 경우 그 불법말소등기는 실체관계에 부합하지 않는 것이어서 무효이며, 권리의 소멸 또는 부존재의 추정력이 인정되지 아니한다. [9 법무사]

즉, 불법 말소된 등기의 등기명의인은 회복등기가 마쳐지기 전이라도 적법한 권리자로 추정되며(대판 1997.9.30, 95다39526), 본인의 권리를 잃지 않고 회복등기를 함으로써 부적법한 등기를 시정할 수 있다.

왜냐하면, 등기는 물권의 효력발생요건이고, 그 존속요건은 아니므로 물권에 관한 등기가 원인 없이 말소된 경우에도 그 물권의 효력에는 아무런 변동이 없기 때문이다(대판 1988.12.27, 87다카2431). [23 등기서기보]

나. 추정력이 인정되지 않는 경우

① 사망자 명의의 등기신청에 의해 마쳐진 등기(대판 1983.8.23, 83다카597)[23 법원사무관 / 17 등기주사보 / 16 등기서기보 / 11 법무사], ② 허무인 명의의 등기(대판 1985.11.12, 84다카2494)[11 법무사], ③ 가등기(대판 1979.5.22, 79다239)[23 법원사무관], ④ 동일인 명의의 중복보존등기에서의 후등기(대판 1981.8.25, 80다3259), ⑤ 표제부의 등기에는 등기의 추정력이 인정되지 않는다.

다. 인적범위

부동산에 관하여 소유권이전등기가 마쳐져 있는 경우에는 그 등기명의자는 제3자에 대하여 뿐 아니라 그 전소유자에 대하여서도 적법한 등기원인에 의하여 소유권을 취득한 것으로 추정되는 것이므로 이를 다투는 측에서 그 무효사유를 주장·입증하여야 한다(대판 1994.9.13, 94다10160). 즉 권리변동의 당사자 간에도 추정력이 인정된다.

라. 물적범위

(가) 등기절차의 적법추정

어느 부동산에 관하여 등기가 경료되어 있는 경우 특별한 사정이 없는 한 그 절차에 있어서 적법하게 경료된 것으로 추정된다. 즉 전 등기명의인이 미성년자이고 당해 부동산을 친권자에게 증여하는 행위가 이해상반행위라 하더라도 일단 친권자에게 이전등기가 경료된 이상, 특별한 사정이 없는 한, 그 이전등기에 관하여 필요한 절차를 적법하게 거친 것으로 추정된다(대판 2002.2.5, 2001다72029).

(나) 대리권존재의 적법추정

소유권이전등기가 전 등기명의인의 직접적인 처분행위에 의한 것이 아니라 제3자가 그 처분행위에 개입된 경우 현 등기명의인이 그 제3자가 전 등기명의인의 대리인이라고 주장하더라도 현 소유명의인의 등기가 적법히 이루어진 것으로 추정되므로, 그 등기가 원인무효임을 이유로 그 말소를 청구하는 전 소유명의인으로서는 반대사실, 즉 그 제3자에게 전 소유명의인을 대리할 권한이 없었다든가 또는 제3자가 전 소유명의인의 등기서류를 위조하는 등 등기절차가 적법하게 진행되지 아니한 것으로 의심할 만한 사정이 있다는 등의 무효사실에 대한 증명책임을 진다(대판 2009.9.24, 2009다37831).

(다) 등기권리의 적법추정

등기된 모든 부동산물권에 대하여 적법하게 추정된다. 판례도 저당권과 같은 담보물권의 등기로부터 담보물권의 존재뿐만 아니라 피담보채권의 존재도 추정된다고 하였다.

(라) 등기원인의 적법추정

부동산등기는 현재의 진실한 권리상태를 공시하면 그에 이른 과정이나 태양을 그대로 반영하지 아니하였어도 유효한 것이므로, 등기명의자가 전소유자로부터 부동산을 취득함에 있어 등기부상 기재된 등기원인에 의하지 아니하고 다른 원인으로 적법하게 취득하였다고 하면서 등기원인행위의 태양이나 과정을 다소 다르게 주장한다고 하여 이러한 주장만 가지고 그 등기의 추정력이 깨어진다고 할 수 없다(대판 1994.9.13, 94다10160). [23 법원사무관] 매매를 원인으로 소유권이전등기가 거쳐진 경우 전 소유명의인이 이를 부인하고 그 등기원인의 무효를 주장하여 소유권이전등기의 말소등기절차의 이행을 구하려면 그 무효사실을 주장하고 이를 입증하여야 할 책임이 있다(대판 1977.6.7, 76다3010).

3) 효과

가. 증명책임의 전환

어떠한 권리가 등기된 때에는 등기된 내용의 권리가 존재하는 것으로 추정되므로 그러한 실체관계가 존재하지 않는다고 주장하거나 또는 실제와 다르다고 주장하는 자가 그에 관한 증명책임을 지게 된다(대판 2003.2.28, 2002다46256).

나. 기타 부수적 효과

등기의 내용을 신뢰한 자는 선의·무과실로 추정된다. 예컨대 등기부상의 명의인을 소유자로 믿고서 그 부동산을 매수하여 점유하는 자는 특별한 사정이 없는 한 과실 없는 점유자에 해당한다(대판 1982.5.11, 80다2881). 부동산물권을 취득하려는 자는 등기기록을 조사하는 것이 보통이므로 반증이 없는 한 등기내용을 알고 있었던 것으로(즉 악의로) 추정된다.

(6) 점유적 효력(시효기간 단축의 효력)

20년간 소유의 의사로 평온, 공연하게 부동산을 점유하는 자는 등기함으로써 그 소유권을 취득하며(「민법」 제245조 제1항), 이를 점유취득시효라고 한다.

부동산의 소유자로 등기한 자가 10년간 소유의 의사로 평온, 공연하게 선의이며 과실 없이 그 부동산을 점유한 때에는 소유권을 취득하며(동조 제2항), 이를 등기부취득시효라고 한다.

점유로 인한 부동산의 시효취득 기간은 20년이지만, 등기부에 소유자로 등기된 자는 10년간 자주점유를 한 때에 소유권을 취득한다. 따라서 등기는 부동산에 대한 취득시효 기간을 10년이나 단축하는 효력을 가진다고도 할 수 있으며, 이를 등기의 점유적 효력이라고 한다.

(7) 공신력의 불인정

우리 부동산등기제도가 공신력을 인정하고 있지 않다는 점은 전술한 바와 같다.

2. 가등기의 효력

(1) 소유권이전등기청구권가등기

1) 추정력 – ×

소유권이전청구권 보전을 위한 가등기가 있다 하여, 소유권이전등기를 청구할 어떤 법률관계가 있다고 추정되지 아니한다(대판 1979.5.22, 79다239).

2) 물권변동의 효력 – ×

① 가등기는 부동산등기법 제6조 제2항의 규정에 의하여 그 본등기 시에 본등기의 순위를 가등기의 순위에 의하도록 하는 순위보전적 효력만이 있을 뿐이고, 가등기만으로는 아무런 실체법상 효력을 갖지 아니하고 그 본등기를 명하는 판결이 확정된 경우라도 본등기를 경료하기까지는 마찬가지이므로, 중복된 소유권보존등기가 무효이더라도 가등기권리자는 그 말소를 청구할 권리가 없다(대판 2001.3.23, 2000다51285).

② 즉, 가등기만으로는 아무런 실체법상 효력을 갖지 아니하므로 가등기권자는 물권을 취득할 수 없고 본등기를 한 경우에 물권변동의 효력이 발생한다. 본등기에 의한 물권변동의 효력은 가등기를 한 때로 소급하는 것이 아니라 본등기를 한 때부터 발생하지만 그 순위를 결정하는 기준은 가등기를 한 때라는 것에 주의한다.

3) 처분금지적 효력 – ×

가등기만으로는 청구권상대방이 가진 물권의 처분을 금지하는 효력은 인정되지 아니한다. 따라서 갑 소유의 부동산에 을 명의로 소유권이전청구권보전의 가등기가 되어 있다 하더라도, 갑은 제3자인 병에게 소유권을 양도하거나 저당권 등 제한물권을 설정하는 등의 처분행위를 할 수 있다.

4) 순위보전의 효력 – ○

일반적인 권리의 순위는 그 등기한 순서에 따르지만, 가등기에 의한 본등기를 한 경우 그 본등기의 순위는 가등기의 순위에 따르게 된다(법 제91조). [19 등기서기보 / 11 법무사] 가등기에 의한 본등기를 하게 되면 가등기 후에 마쳐진 제3자의 권리에 관한 등기, 즉 중간처분의 등기는 본등기의 내용과 저촉되는 범위 내에서 실효되거나 후순위로 된다. 따라서 등기관은 본등기를 한 후에 대법원규칙으로 정하는 바에 따라 가등기 이후에 된 등기로서 가등기에 의하여 보전되는 권리를 침해하는 등기를 직권으로 말소하여야 한다(법 제92조, 규칙 제147조, 제148조).

5) 청구권보전의 효력 – ○

가등기는 장차 본등기를 하기 전 순위를 확보하기 위하여 하는 등기가 일반적인데, 소유권이전등기청구권의 가등기가 경료된 이후 부동산의 소유권이 갑에서 을에게로 이전된 경우라도 가등기에 기한 본등기를 할 때의 본등기의무자는 을이 아니라 갑이 된다. 이와 같은 효력을 청구권보전의 효력이라고 한다.

6) 재산성 - ○ (가등기이전등기 가능)

가등기는 원래 장차 하게 될 본등기의 순위를 확보하는데에 그 목적이 있으나, 순위보전의 대상이 되는 물권변동의 청구권은 그 성질상 양도될 수 있는 재산권일 뿐만 아니라 가등기로 인하여 그 권리가 공시되어 결과적으로 공시방법까지 마련된 셈이라고 하며 가등기의 이전등기를 허용하고 있다. 가등기상 권리를 제3자에게 양도한 경우에 양도인과 양수인은 공동신청으로 그 가등기상 권리의 이전등기를 신청할 수 있고, 그 이전등기는 가등기에 대한 부기등기의 형식으로 한다(법 제52조 제2호). [23 법무사 / 20 등기서기보 / 19 법원사무관 / 17 등기서기보] 결과적으로 가등기는 거래의 대상이 될 수 있는 독립된 재산권이므로, 가등기의 양도·압류·가압류도 가능하다.

(2) 담보가등기

담보가등기란 「가등기담보 등에 관한 법률」에 의하여 대물반환예약을 체결하고 가등기를 한 경우에 그 가등기를 말하는데 담보가등기가 경료된 경우 일정한 사항에 대하여 저당권의 설정등기가 행하여진 것으로 본다(「가담법」 제13조). 즉 담보가등기 시에 종국등기인 저당권의 효력을 인정하는 결과가 된다.

담보가등기가 이루어진 경우 목적물이 다른 채권자의 신청에 의하여 경매에 붙여진 경우에 가등기담보권자는 가등기인 채로 그 가등기의 순위를 가지고 우선변제청구권을 행사할 수 있고(「가등기담보법」 제13조), 담보가등기의 목적물에 대하여 경매를 청구(동법 제12조)할 수 있는 등 일정한 실체법적인 효력이 인정된다.

3. 예고등기의 효력

예고등기는 등기원인의 무효 또는 취소로 인한 말소등기소송이나 회복소송이 제기된 경우에 이러한 사실을 등기부상으로 제3자에게 알림으로써 그 부동산에 관하여 거래를 하려고 하는 자에게 소송의 결과에 따라서는 손해를 볼지도 모른다는 것을 경고하기 위하여 하는 등기로써 소장을 접수받은 법원에서 등기소에 예고등기를 촉탁하는 절차로 등기부에 기록이 되었다. 이를 예고등기의 경고적 효력이라고 하지만 이는 사실상의 효력에 불과하다. 따라서 예고등기는 처분제한의 효력이나 순위보전의 효력이 없으며, 추정력도 인정되지 아니한다. 이러한 예고등기로 인하여 집행방해의 목적으로 소를 제기하는 사례가 증가함에 따라 그 폐해가 크므로, 개정법에서는 이를 폐지하였다. 또한 최근에 개정된 부동산등기법 부칙에 따르면 아직까지 말소되지 아니한 예고등기는 등기관이 직권으로 말소하는 것으로 변경되었다.

4. 가압류 및 가처분등기의 효력

(1) 가압류의 효력

1) 처분금지적 효력

가압류가 등기되면 부동산에 대하여 채무자가 매매·증여·근저당권설정, 그 밖에 일체의 처분행위를 금지하는 효력이 생긴다. 따라서 가압류 후의 권리를 취득한자는 매각에 있어서 말소촉탁의 대상이 된다.

2) 상대적 무효

① 가압류의 효력은 상대적 효력에 그치는데, 채무자가 가압류등기 후에 처분행위를 하였더라도 그 처분행위가 절대적으로 무효가 되는 것이 아니다. 처분행위의 당사자, 즉 채무자와 제3취득자(소유권 또는 담보권 등을 취득한 자) 사이에서는 그들 사이의 거래행위가 여전히 유효하고, 단지 그것을 가압류채권자에 대하여 집행보전의 목적을 달성하는데 필요한 범위 안에서 주장할 수 없음에 그친다(대판 1987.6.9, 86다카2570). 가압류의 목적이 장차 목적물을 현금화하여 그로부터 금전적 만족을 얻자는 데 있는 것이므로, 그러한 목적달성에 필요한 범위를 넘어서까지 채무자의 처분행위를 막을 필요는 없기 때문이다.

② 위와 같이 부동산에 대한 가압류는 상대적 효력을 가질 뿐이므로 채무자의 처분행위로 부동산을 취득한 자가 이에 따른 등기를 신청하면 등기관은 가압류집행 중임을 이유로 이를 거부할 수 없고, 취득자가 그 등기를 마치면 가압류채권자 외의 자에 대해서는 그 취득의 효과를 주장할 수 있다.

③ 가압류등기가 근저당권설정등기보다 먼저 마쳐진 경우 가압류권자는 경매절차에서 근저당권자와 동순위로 배당을 받을 수 있다. 가압류등기 후 목적물이 제3자에게 양도되고 그 후에 경매절차가 진행되어 부동산이 매각된 경우 가압류채권자는 매각대금에서 제3취득자에 우선하여 배당을 받게 되고 잉여가 있으면 제3취득자에게 교부된다(대판 1992. 2.11, 91누5228).

④ 가등기 전에 이루어진 가압류등기와 그 가압류에 의한 강제경매개시결정등기는 가등기에 의한 본등기 시 직권말소의 대상이 아니다.

(2) 가처분의 효력

1) 처분금지적 효력

가처분이 등기되면 가처분의 내용에 위배하여 양도, 담보권설정 등의 처분행위를 금지하는 효력이 생긴다. 따라서 가처분채권자는 판결을 받아 위 처분행위의 효력을 부정하여 가처분을 침해하는 등기를 단독으로 말소신청할 수 있다.

2) 상대적 무효

① 가처분의 효력은 상대적 효력에 그치는데, 그 처분행위가 절대적으로 무효가 된다는 것이 아니라 채무자와 제3자 사이에서는 거래행위가 여전히 유효하고, 단지 그것을 가처

분채권자에게 대항할 수 없을 뿐이다.

② 가처분결정에 의하여 매매 기타의 처분행위가 금지된 부동산을 그 소유자로부터 매수한 제3자는 그 소유권취득의 효력을 가처분채권자에게 대항할 수 없으나 그 후 그 가처분의 등기가 적법하게 말소된 경우에는 그 후 그 소유권취득의 효력을 대항할 수 있다(대판 1968.9.30, 68다1117).

관련 기출지문

1 우리 민법은 물권변동에 관하여 원칙적으로 대항요건주의를 취하고 있으므로 당사자 사이에 물권변동에 관한 계약이 유효하게 성립되었더라도 등기를 하지 아니하면 물권변동은 생기지 아니한다. (×)　　　　　　　　　　　　　　　　　　　　　　　　　　　　　　[23 등기서기보]

2 성립요건주의는 부동산에 관한 물권변동은 그 원인이 법률행위이든지 법률의 규정이든지 등기를 하여야 효력이 발생한다는 것이다. (×)　　　　　　　　　　　　　　　　　　　　　　　　　　　[18 등기주사보]

3 협의분할에 의한 상속을 등기원인으로 하여 소유권이전등기를 한 경우 그 소유권의 등기명의인이 소유권을 취득한 시기는 등기를 한 때이다. (×)　　　　　　　　　　　　　　　　　　　　　[20 등기서기보]

4 상속이 개시되면 6개월 안에 피상속인으로부터 상속받은 부동산에 관한 상속등기를 마쳐야 한다. (×)　　　　　　　　　　　　　　　　　　　　　　　　　　　　　　　　　　　　[23 등기서기보]

5 등기관이 등기를 마치면 그 등기는 그 등기가 완료된 시점에 효력이 발생한다. (×)　　[20 등기서기보]

6 어떠한 등기가 있으면 그에 대응하는 실체적 권리관계가 존재하는 것으로 추정되는 효력을 법이 명문으로 규정하고 있으므로 등기된 권리에 대하여 권리의 부존재나 무효를 주장하는 자는 스스로 그것을 입증하여야 한다. (×)　　　　　　　　　　　　　　　　　　　　　　　　　　　　　　　[20 등기서기보]

7 구 부동산소유권 이전등기 등에 관한 특별조치법 등 부동산등기에 관한 각종 특별조치법에 의한 보존등기 명의자라 하더라도 보존등기하기 이전의 소유자로부터 소유권의 양도를 받은 것이라는 주장이 있고, 전소유자가 보존등기명의자에 대한 양도사실을 부인하는 경우에는 보존등기명의자의 소유로 추정할 수 있는 추정력은 깨어진다. (×)　　　　　　　　　　　　　　　　　　　　　　　　　　　　[23 법원사무관]

8 등기는 물권변동의 효력발생요건이자 존속요건이므로 불법하게 말소된 등기의 권리자는 권리를 잃지 않으며 말소된 등기의 회복등기를 신청할 수 있다. (×)　　　　　　　　　　　　　[23 등기서기보]

9 사망자 명의의 등기신청에 의하여 마쳐진 등기라도 그에 대응하는 실체적 권리관계가 존재하는 것으로 추정된다. (×)　　　　　　　　　　　　　　　　　　　　　[17 등기주사보 / 16 등기서기보]

10 허무인 명의의 등기에는 등기의 추정력이 인정되지 않지만 사망자 명의의 등기신청에 의한 등기에는 등기의 추정력이 인정된다. (×)　　　　　　　　　　　　　　　　　　　　　　　　[11 법무사]

Ⅳ. 등기의 유효요건

등기의 목적은 대외적으로 부동산에 관한 권리관계를 정확하게 공시하는 것인바, 등기가 물권변동 혹은 현재의 권리상태의 공시방법으로 유효하려면 그 등기가 실체법상인 권리관계와 부합하는 것이어야 하고(실체적 유효요건), 또한 법이 정한 절차에 따라 행하여져야 한다(절차적 유효요건). 즉 등기가 유효하기 위해서는 실체적 유효요건과 절차적 유효요건을 모두 충족하여야 한다.

1. 실체적 유효요건

(1) 등기에 부합하는 실체관계의 존재

등기에 부합하는 실체관계가 존재한다는 것은 ① 우선 등기에 부합하는 부동산이 현실적으로 존재(객체)하여야 하고 ② 등기명의인이 존재(주체)하여야 하며(허무인이 아니어야 하며) ③ 등기에 부합하는 실체적 권리변동 내지 물권행위가 존재(행위)하여야 한다는 것이다. 문제는 등기와 실체관계가 어느 정도 부합하여야 유효한 등기로 볼 수 있는지를 판단하는 것이다.

(2) 부동산의 표시에 관한 부합

1) 판단기준

부동산등기기록의 표제부는 실체관계와 부합하여야 한다. 부동산의 표시와 등기가 부합하는지의 판단기준은 사회통념상의 동일성으로 판단되는데, **부동산의 실제 물리적 현황과 등기기록상의 표시가 다소 불일치하더라도 그 등기가 해당 부동산을 공시하고 있는 것이라고 할 수 있을 정도의 사회통념상 동일성 내지 유사성이 인정되면 그 등기는 유효하다고 할 수 있다.** [10 법무사] 그 불일치가 원시적 사유라면 부동산표시경정등기를, 후발적 사유라면 부동산표시변경등기로 불일치를 해소할 수 있다. 그러나 표제부에 기록한 부동산이 실체관계와 부합하지 않는 것이 중대하고 명백하여 무효인 경우 그 등기는 무효이다.

2) 토지의 경우

토지에 있어서 부동산의 표시와 등기가 부합하는지의 판단은 지번·지목·면적 등의 기록을 기초로 하여 판단한다. 그중에 가장 중요한 자료가 되는 것은 지번이다. 따라서 지번이 틀린 등기는 원칙적으로 무효라 할 것이지만, 지목·면적 등이 틀린다 할지라도 지번만 틀리지 않으면 동일성을 인정할 여지가 크다.

3) 건물의 경우

건물에 있어서 부동산의 표시와 등기가 부합하는지의 판단은 건물의 소재·지번·종류·구조·면적 등의 기록을 기초로 하여 판단한다. **건물의 경우에는 건물의 소재와 대지 지번의 표시가 다소 다르더라도 건물의 종류·구조·면적 및 인근에 유사한 건물이 있는지 여부 등을 종합적으로 고려하여 등기가 해당 건물을 표시하고 있다고 인정되면 유효한 등기로 보고 있다.** [18 등기서기보 / 9 법무사]

건물에 관한 보존등기상의 표시와 실제건물과의 사이에 건물의 건축시기, 건물 각 부분의 구조, 평수, 소재 지번 등에 관하여 다소의 차이가 있다 할지라도 사회통념상 동일성 혹은 유사성이 인식될 수 있으면 그 등기는 당해 건물에 관한 등기로서 유효하다(대판 1981.12. 8, 80다163).

(3) 물권행위와의 부합

이미 성립한 권리변동 내지 당사자가 물권행위에 의하여 이루려고 하는 물권변동과 등기와의 사이에 동일성을 인정할 수 없는 정도의 불일치가 있으면 그 등기는 무효이다.

1) 질적 불일치

① 권리의 주체(권리자가 갑인데 을로 잘못 등기한 경우), ② 권리의 객체(X 건물에 하여야 할 등기를 Y 건물에 등기한 경우), ③ 권리의 종류(전세권설정계약을 체결하였는데 근저당권을 등기한 경우)가 잘못된 경우에는 그 등기는 무효이다.

다만 권리의 주체가 여러 명인 경우에 일부만에 대하여 불일치가 있는 경우(갑, 을 소유의 부동산을 갑 단독소유로 등기한 경우)에는 무효라고 볼 수는 없고 일부말소 의미의 경정등기를 통하여 불일치한 부분을 시정할 수 있다.

2) 양적 불일치

물권행위와 등기가 질적으로(권리의 주체, 객체, 종류)는 부합하나 그 내용에 양적인 차이가 있는 경우에는 불일치의 정도에 따라 등기의 효력이 달라진다.

등기된 권리내용의 양이 물권행위의 양보다 클 때에는 물권행위의 한도에서 효력이 있고, 반대로 물권행위의 양이 등기된 권리내용의 양보다 클 때에는 법률행위의 일부무효 법리(「민법」 제137조)에 의하여 판단하여야 한다. 따라서 채권담보의 목적으로 소유권이전등기를 한 경우에는 그 채권의 일부가 무효라고 하더라도 나머지 채권이 유효인 이상 채무자는 그 채무를 변제함이 없이 말소등기절차를 구할 수 없다(대판 1970.9.17, 70다1250).

(4) 권리변동의 과정 내지 태양의 불일치

등기기록이 실제의 권리변동 과정과 일치하지 않더라도 등기된 결과가 현재의 진실한 권리상태를 공시하면 그 등기는 유효한 것으로 보고 있다. [18 등기서기보 / 10 법무사]

1) 모두생략등기

본래 등기는 소유권을 기초로 하여 그에 터잡아 이루어지므로, 어떠한 등기를 하기 위해서는 반드시 소유권보존등기를 선행한 후에 그에 터잡아 이전, 설정 등의 등기를 하여야 한다(등기연속의 원칙). 예컨대 갑 소유의 미등기 부동산에 대하여 을이 양도받은 경우에는 먼저 양도인인 갑 명의로 소유권보존등기를 한 다음 양수인인 을 명의로 소유권이전등기를 경료하여야 한다.

그러나 양수인이 직접 소유권보존등기를 신청하여 경료되는 경우가 있다. 이를 모두생략등기라고 한다. 이러한 모두생략등기에 대하여 양수인이 직접 소유권보존등기를 신청하면 이는 법 제29조 제8호의 각하사유에 해당하지만, 등기관의 실수 등의 사유로 양수인 명의로 보존등기가 되어 있는 경우가 있었다. 그러한 등기는 실체관계에 부합하면 유효하다고 보는 것이 판례의 입장이다.

왜냐하면 이러한 모두생략등기는 권리의 변동과정이 등기기록에 왜곡되어 공시되며 등기연속의 원칙에도 위배되지만, 그러한 보존등기를 무효라고 한다면 거래안선에 큰 혼란이 생기므로 그 등기가 실체관계에 부합하는 등기라면 유효하다고 보고 있는 것이다. 판례도 같은 입장이다. 미등기부동산이 전전양도된 경우 최후의 양수인이 소유권보존등기를 한 경우에도 그 등기가 결과적으로 실질적 법률관계에 부합된다면 그 등기는 무효라고 볼 수 없다(대판 1984.1.24, 83다카1152).

부동산등기 특별조치법은 소유권보존등기가 되어 있지 아니한 부동산에 대하여 소유권이전을 내용으로 하는 계약을 체결한 자는 일정한 기간 내에 먼저 소유권보존등기를 완료하고 이어서 양수인에게 이전등기를 하도록 규정하고 있다. 이를 위반한 경우에는 과태료 처분을 받게 되며(「부동산등기 특별조치법」 제11조), 이렇게 과태료를 부과하는 등의 간접적인 방법으로 등기가 실체관계의 변동과정을 그대로 공시하도록 하고 있다.

2) 중간생략등기

가. 의의

중간생략등기란 등기부에는 물권변동의 과정이 순차적으로 공시되어야 함에도 불구하고 중간자의 등기를 생략하여 하는 등기를 말한다. 즉 부동산물권이 최초의 양도인으로부터 중간취득자에게 이전되고 다시 중간취득자로부터 최종취득자에게 전전이전되어야 할 경우에, 그 중간취득자에의 등기를 생략하고 최초의 양도인으로부터 직접 최종취득자 명의로 등기를 하는 것을 말한다.

나. 유효성

(가) 부동산등기 특별조치법에 의한 규제

부동산등기 특별조치법은 "부동산의 소유권이전을 내용으로 하는 계약을 체결한 자는 계약의 당사자가 서로 대가적인 채무를 부담하는 경우에는 반대급부의 이행이 완료된 날 또는 계약당사자의 일방만이 채무를 부담하는 경우에는 그 계약의 효력이 발생한 날부터 60일 이내에 소유권이전등기를 신청하여야 한다(동법 제2조 제1항)." 또한 "부동산의 소유권을 이전받을 것을 내용으로 하는 계약을 체결한 자가 위에 규정된 날 이후 그 부동산에 대하여 다시 제3자와 소유권이전을 내용으로 하는 계약이나 제3자에게 계약당사자의 지위를 이전하는 계약을 체결하고자 할 때에는 그 제3자와 계약을 체결하기 전에 먼저 체결된 계약에 따라 소유권이전등기를 신청하여야 한다(동법 제2조 제2항)."고 규정하여 중간생략등기를 금지하고 있다.

중간생략등기를 함으로써 부동산등기 특별조치법을 위반한 경우에는 징역·벌금(동법 제8조), 과태료(동법 제11조)를 부과하도록 하고 있다.

(나) 판례의 태도

가) 원칙

판례는 이러한 금지규정을 단속규정으로 해석하고 있다. "부동산등기특별조치법상 조세포탈과 부동산투기 등을 방지하기 위하여 위 법률 제2조 제2항 및 제8조 제1호에서 등기하지 아니하고 제3자에게 전매하는 행위를 일정 목적범위 내에서 형사처벌하도록 되어 있으나 이로써 순차매도한 당사자 사이의 중간생략등기합의에 관한 사법상 효력까지 무효로 한다는 취지는 아니다(대판 1993.1.26, 92다39112)."라고 하여 중간생략등기의 유효성을 인정하고 있다.

중간생략등기가 유효하기 위해서는 최종소유자가 소유자로서의 실체법상의 요건은 모두 갖추고 있어야 하지만[9 법무사], 당사자 사이에 적법한 원인행위가 성립되어 일단 중간생략등기가 이루어진 이상 중간생략등기에 관한 합의가 없었다는 이유만으로는 중간생략등기가 무효라고 할 수는 없다(대판 2005.9.29, 2003다40651). [10 법무사]

나) 예외

그러나 **토지거래허가구역 내의 토지**에 관하여 「부동산 거래신고 등에 관한 법률」상의 허가를 받지 아니하고 체결한 토지거래계약은 그 효력이 발생하지 아니한다(법 제11조 제6항). 즉 토지거래계약허가는 계약 체결 전에 받는 사전허가가 원칙이다. 다만 계약 체결 후 토지거래계약허가증을 교부받았다면 이를 첨부하여 소유권이전등기신청을 할 수 있는 것으로 본 선례가 있다(선례 3-319).

토지거래허가구역 내의 토지에 관하여 허가를 받지 아니하고 매매계약을 체결한 경우 그 효력에 대하여, 판례는 허가를 받을 때까지는 법률상 미완성의 법률행위로서 거래의 효력이 전혀 발생하지 않는 확정적 무효의 경우와 다를 바 없지만, 일단 허가를 받으면 그 계약은 소급하여 유효한 계약이 되므로 **허가를 받기까지는 유동적 무효의 상태**에 있다고 보는 입장이다. [21 법무사]

판례에 따르면 토지거래허가구역 내의 토지가 토지거래허가 없이 소유자인 최초 매도인으로부터 중간 매수인에게, 다시 중간 매수인으로부터 최종 매수인에게 **순차로 매도**되었다면 각 매매계약의 당사자는 각각의 매매계약에 관하여 토지거래허가를 받아야 하며, 위 당사자들 사이에 최초의 매도인이 최종 매수인 앞으로 직접 소유권이전등기를 경료하기로 하는 중간생략등기의 합의가 있었다고 하더라도 이러한 중간생략등기의 합의란 부동산이 전전 매도된 경우 각 매매계약이 유효하게 성립함을 전제로 그 이행의 편의상 최초의 매도인으로부터 최종의 매수인 앞으로 소유권이전등기를 경료하기로 한다는 당사자 사이의 합의에 불과할 뿐, 그러한 합의가 있었다고 하여 최초의 매도인과 최종의 매수인 사이에 매매계약이 체결되었다는 것을 의미하는 것은 아니므로 최초의 매도인과 최종 매수인 사이에 매매계약이 체결되었다고 볼 수 없고, 설시 최종 매수인이 자신과 최초 매도인을 매매 당사자로 하는 토지거래허가를 받아 자신 앞으로 소유권이전등기를 경료하였다고 하더라도 이는 적법한 토지거래허가 없이 경료된 등기로서 무효이다(대판 1997.11.11, 97다33218).

3) 실제와 다른 등기원인에 의한 등기

소유권보존등기를 제외하고는 등기기록에는 반드시 등기원인을 기록하게 되어있으므로(법 제48조, 제64조 등), 소유권이전·권리의 설정 등 대부분의 경우 등기원인을 기록하여야 한다.

물권행위와 등기는 부합하나 그 등기원인만 다른 경우, 즉 권리취득의 경위나 방법 등이 사실과 다르더라도 일정한 경우에는 유효하다고 보고 있다. 예컨대 실질적으로는 증여에 의한 소유권이전등기이나 등기기록에는 매매를 원인으로 한 소유권이전등기가 기록되어 있는 경우가 이에 해당한다. 판례에 따르면 이러한 등기도 등기목적은 소유권이전등기로써 당사자 사이의 실체관계에는 부합하기 때문에 유효하다(대판 1980.7.22, 80다791). [118 등기 서기보·등기주사보]

4) 무효등기의 유용(流用)

가. 의의

어떠한 등기가 처음에는 그에 부합하는 실체관계와 부합하지 않아 무효였으나 사후에 그 등기에 부합하는 실체관계를 갖춘 경우에는 그 등기를 유효한 등기로서 그대로 유용할 수 있다. 다만 무효등기의 유용은 권리와 관련한 사항에만 인정된다.

당초 실체관계를 수반한 유효한 등기가 실체관계의 소멸로 후발적으로 무효로 되었으나 그 후 구 실체관계와 같은 내용의 다른 실체관계가 발생한 경우에는 특별한 사유가 없는 한 그 발생한 때부터 후자의 실체관계를 공시하는 등기로써 효력이 있다(대판 1969. 3.4, 67다2910).

이를 인정하는 취지는 원칙적으로 무효인등기를 말소하고 실체관계와 부합하는 등기를 신청하여야 하나 당사자의 의사가 합치하는 경우에도 불필요한 절차를 거칠 필요가 없기 때문이다.

나. 요건

무효등기의 유용이 인정되기 위해서는 ① 물권변동의 요건이 충족되고 ② 유용에 관한 합의(명시적 또는 묵시적)가 있으며 ③ 등기상 이해관계 있는 제3자가 없어야 한다.

다. 적용범위

(가) 적용되는 경우(갑구 또는 을구)

무효등기의 유용은 권리와 관련한 사항에만 인정된다.

가) 소유권

소유권의 유용은 인정된다.

예컨대 갑으로부터 을에게로의 소유권이전등기가 등기원인 없이 된 후 갑과 을 사이에 적법한 매매를 한 경우 그 등기는 유효하다.

나) 저당권

저당권의 유용도 이해관계인이 없는 한 유효하다고 보는 것이 판례의 입장이다.

유효하게 등기된 저당권의 피담보채권이 변제 등으로 인하여 소멸하여 저당권이 소멸하고 저당권설정등기가 무효로 된 후에 동일한 내용의 채권이 새로 성립된 경우에는 그 저당권설정등기의 유용합의 이전에 등기기록상 새로 이해관계를 갖게 된 제3자가 없는 때에 한하여 무효인 저당권설정등기를 새로운 채권을 담보하는 저당권설정등기로 유용할 수 있다(대판 1994.1.28, 93다31702). 채권자가 채무자와 사이에 근저당권설정계약을 체결하였으나 그 계약에 기한 근저당권설정등기가 채권자가 아닌 제3자의 명의로 경료되고 그 후 다시 채권 자가 위 근저당권설정등기에 대한 부기등기의 방법으로 위 근저당권을 이전받 았다면 특별한 사정이 없는 한 그때부터 위 근저당권설정등기는 실체관계에 부합하는 유효한 등기로 볼 수 있다(대판 2007.1.11, 2006다50055). [24 법무사]

다) 가등기

가등기의 유용도 이해관계인이 없는 한 유효하다고 보는 것이 판례의 입장이다. 당사자가 실체적 권리의 소멸로 인하여 무효로 된 가등기를 이용하여 거래를 하 기로 하였다면 그 구등기에 부합하는 가등기설정계약의 합의가 있어 구등기를 유용하기로 하고 거래를 계속하기로 한 취지라고 해석함이 타당하여 위 등기유 용합의 이전에 등기상 이해관계 있는 제3자가 나타나지 않는 한 위 가등기는 원 래의 담보채무소멸 후에도 유효하게 존속한다(대판 1986.12.9, 86다카716).

(나) 적용되지 않는 경우(표제부)

그러나 소유권보존등기 또는 표제부의 유용은 인정되지 않는다. [18 등기서기보 / 9 법무사] 기존건물이 멸실된 후 그곳에 새로이 건축한 건물의 물권변동에 관한 등기를 멸실 된 건물의 등기부에 하여도 이는 진실에 부합하지 아니하는 것이고 비록 당사자가 멸실건물의 등기로서 신축된 건물의 등기에 갈음할 의사를 가졌다 하여도 그 등기 는 무효이다(대판 1976.10.26, 75다2211).

라. 효과

등기의 유용이 인정되면 그 요건을 갖춘 때에 비로소 물권발생의 효과가 나타나며, 무 효등기가 처음 등기부에 기재된 때로 물권발생의 효과가 소급하는 것은 아니다.

2. 형식적 유효요건

(1) 등기의 존재

1) 등기가 존재할 것

등기가 형식적으로 유효하기 위해서는 등기 자체가 존재하여야 하며 적법한 절차에 따라 등 기기록에 기록되어야 한다. 즉 등기는 등기관에 의하여 적법절차에 따라 등기기록에 기록 되어야 그 존재가 인정되며 효력이 발생한다.

어떤 등기신청이 있었으나 등기관의 과오로 등기기록에 기록되지 않았다면 등기가 있다고 볼 수 없다. 예컨대 등기신청이 수리되어 등기필정보가 교부된 경우라 하더라도 등기관의 잘못으로 인하여 등기기록에 일정사항이 기록되어 있지 않은 경우에는 등기가 있다고 할 수 없다(대결 1971.3.24, 71마105 참조).

2) 수작업 등기부의 교합인의 누락

등기의 완성은 등기부에 등기사항을 기입하고 등기공무원이 날인함으로서 완성되는 것이지만 등기기재의 적정여부를 확인하는 등기공무원(등기관)의 교합인이 누락되었다 하여 그것만으로 그 등기가 부존재한다고 할 수 없다(대결 1977.10.31, 77마262). [9 법무사]

3) 등기가 불법말소된 경우

등기는 물권의 효력발생요건이고, 그 존속요건은 아니므로 물권에 관한 등기가 원인 없이 말소된 경우에도 그 물권의 효력에는 아무런 변동이 없다(대판 1988.12.27, 87다카2431). 그러므로 어떠한 권리의 등기가 불법하게 말소된 경우 그 등기는 실체관계에 부합하지 않는 것이어서 무효이다. 따라서 말소된 등기의 권리자는 권리를 잃지 않으며 회복등기를 함으로써 부적법한 등기를 시정할 수 있다. 부적법한 말소등기에 추정력이 인정되지 않는 점은 앞서 본 바와 같다.

4) 등기부의 손상

등기부의 전부 또는 일부가 손상된 경우에 전산운영책임관은 등기부부본자료에 의하여 그 등기부를 복구하여야 한다(규칙 제17조 제2항).

(2) 적법한 절차

1) 일반

등기신청에 법 제29조 각 호의 각하사유 등 형식적 하자가 있는 경우 등기관은 그 등기신청을 각하하여야 한다. 법 제29조 각 호의 각하사유에 해당하는 흠결이 있음에도 불구하고 간과하여 등기가 실행된 경우 등기의 효력이 문제된다.

2) 법 제29조 제1호, 제2호의 하자를 간과하고 등기가 실행된 경우

법 제29조 제1호(관할위반)와 제2호(사건이 등기할 것이 아닌 경우)의 각하사유에 해당하는 등기신청이 있는 경우에는 등기관은 각하하여야 하며, 이를 간과한 등기는 실체관계에 부합하는지 여부를 불문하고 당연무효이다. [10 법무사] 이러한 당연무효등기를 그대로 둔다면 불필요한 혼란과 사고의 원인이 되기 때문에 등기관이 이러한 등기기록을 발견하면 법 제58조의 절차(등기권리자, 등기의무자와 등기상 이해관계 있는 제3자에게 1개월 이내의 기간을 정하여 그 기간에 이의를 진술하지 아니하면 등기를 말소한다는 뜻을 통지하는 등의 절차. 사전통지)를 통해 직권말소하여야 한다(법 제58조, 규칙 제117조). [2] 등기서기보 / 17 등기주사보 · 법원사무관 · 법무사]

만약 등기관이 이를 직권으로 말소하지 않고 있다면 등기신청인과 등기상 이해관계 있는 제3자는 무효인 등기의 말소등기를 실행하라는 취지의 이의신청을 할 수 있다(법 제100조 이하).

3) 법 제29조 제3호 이하의 하자를 간과하고 등기가 실행된 경우

법 제29조 제3호 내지 제11호의 각하사유가 있는 등기신청이 있는 경우에는 등기관은 각하하여야 하며, 이를 간과한 등기는 실체관계에 부합하는 한 효력이 있다고 볼 여지가 있으므로 당연무효라고 볼 수는 없다. 형식적 심사권밖에 없는 등기관으로서는 법 제29조 제3호 이하의 사유를 간과한 등기에 대하여 실체법상 유효한지 여부를 판단할 수 없기 때문이다. 판례도 제29조 제3호 이하의 경우에 있어서 등기공무원이 이를 간과하고 등기신청을 접수하여 그 등기를 완료한 경우에는 그 등기가 실체관계와 부합하는 경우에는 유효하다고 보고 있다(대결 1968.8.23, 68마823).

따라서 이러한 등기기록을 발견한 등기관은 실체관계를 판단할 수 없으므로 그 등기를 직권말소할 수 없고 등기신청인 등도 소송으로 그 등기의 효력을 다투는 것은 별론으로 하고, 법 제100조에 의한 이의신청의 방법으로는 말소를 구할 수 없다(대결 1988.2.24, 87마469).

(3) 중복등기

1) 서설

가. 의의

중복등기기록이란 하나의 부동산에 관하여 둘 이상의 등기기록이 개설되어 있는 것을 말한다. 둘 이상의 등기기록이 개설되어 있으면 그 개설사유는 묻지 않고 모두 중복등기에 해당한다. 따라서 소유권보존등기가 중복하여 마쳐진 경우뿐만 아니라 멸실회복등기에 의하여 중복된 경우에도 모두 중복등기에 해당한다.

우리나라 부동산등기법은 "등기부를 편성할 때에는 1필의 토지 또는 1개의 건물에 대하여 1개의 등기기록을 둔다(법 제15조 제1항)."고 하여 1부동산 1등기기록주의를 취하고 있는데, 이러한 원칙 아래에서 중복등기는 허용되지 않는다.

그러므로 이미 등기가 되어 있는 부동산에 대하여 다시 보존등기를 신청하는 경우 등기관은 법 제29조 제2호 및 규칙 제52조 제9호를 적용하여 그 등기신청을 각하하여야 하는데, **이렇게 허용되지 않는 중복등기**가 등기관의 실수 또는 제도의 미비 등으로 인하여 발생한 경우에 그 정리절차가 문제된다. 정리절차를 보기 전에 우선 중복등기의 효력에 대하여 알아보도록 한다.

나. 일반적인 효력

(가) 소유권보존등기 명의인이 동일인인 경우

'1부동산 1등기기록주의' 원칙상 먼저 한 것이 유효하고 뒤에 한 등기는 무효라는 것이 판례의 태도이다.

동일부동산에 관하여 동일인 명의로 중복보존등기가 경료된 경우 부동산등기법이 1물1용지주의를 채택하고 있는 이상 뒤에 경료된 등기는 무효이고 이 무효인 등기에 터잡아 타인명의로 소유권이전등기가 경료되었다고 하더라도 실체관계에 부합하는 여부를 가릴 것 없이 이 등기 역시 무효이다(대판 1983.12.13, 83다카743).

(나) 소유권보존등기 명의인이 동일인이 아닌 경우

먼저 이루어진 보존등기가 원인무효가 아닌 한 뒤에 된 소유권보존등기는 실체적 권리관계에 부합하는 등기라 할지라도 '1부동산 1등기기록주의'의 원칙상 **무효**라고 한다.

동일 부동산에 관하여 등기명의인을 달리하여 중복된 소유권보존등기가 경료된 경우에는 먼저 이루어진 소유권보존등기가 원인무효가 되지 아니하는 한 뒤에 된 소유권보존등기는 비록 그 부동산의 매수인에 의하여 이루어진 경우뿐만 아니라 그 명의인이 당해 부동산의 소유권을 원시적으로 취득하였다 하더라도 1부동산 1용지주의를 채택하고 있는 부동산등기법 아래에서는 무효라고 해석함이 상당하다 (대판 1999.9.21, 99다29084).

(다) 중복등기 정리절차의 이원화

토지에 대해서는 부동산등기법 및 동 규칙에 규정을 두고 있으나 건물의 경우에는 위 법과 규칙에 따라 규정을 두고 있지 않고, 예규에 의하여 정리한다. [23 법무사 / 11 법무사]
즉 중복등기의 정리에 관한 부동산등기규칙은 토지등기부에만 적용되고 건물등기부에는 적용되지 않는다. [11 법무사]

건물의 중복등기와 토지의 중복등기는 그 성격이 다르다고 보기 때문일 것이다. 이하에서는 토지 중복등기의 정리절차와 건물 중복등기의 정리절차를 구분하여 살펴보기로 하되, 그 전에 법과 규칙에서 정하고 있는 토지 중복등기의 정리 절차의 특성을 우선 간략하게 본다.

1. 토지 중복등기 정리절차를 정하고 있는 법 제21조 및 규칙 제33조 내지 제41조는 실체관계와 부합할 가능성을 기준으로 하여 가능성이 큰 것을 존치시키고 그렇지 않은 것을 폐쇄하도록 하여 실체법설적 관점을 반영하고 있다.
   중복등기를 발견한 경우 등기관은 직권으로 정리할 수 있다. 다만 당사자의 신청이 있는 경우에는 그 신청에 따라 정리한다.

2. 판결에 의한 중복등기의 해소는 중복등기라고 인정되는 어느 한 등기기록의 모든 등기를 말소한 후 그 등기기록을 폐쇄하므로 중복등기가 영구적으로 해소되지만 부동산등기법과 규칙(토지)에 따른 중복등기의 정리는 잠정적 해소에 불과하여 실체의 권리관계에 영향을 미치지 아니한다(규칙 제33조 제2항). [24 등기서기보(2) / 11 법무사]
   따라서 판결에 의한 중복등기 말소등기신청의 경우 부동산등기규칙의 중복등기의 정리에 관한 사무처리 지침에 따른 등기용지 폐쇄방법에 의할 수는 없다. [11 법무사]

3. 중복등기라는 이유로 폐쇄된 등기기록의 등기명의인이 진정한 소유자임이 확인된 경우에는 그 등기기록이 부활하고 다른 등기기록이 중복등기로 인정되어 폐쇄된다.

4. 중복등기의 정리는 중복등기가 되어 있는 등기용지 중 하나는 남겨두고 나머지는 쓰지 못하게 하는 방법에 의한다. [예 법무사]

2) 토지 중복등기기록의 정리

가. 중복등기의 판단기준

(가) 일반적인 기준

중복등기로 인정되기 위해서는 원칙적으로 동일한 지번으로 여러 개의 등기기록이 존재하여야 하며, 같은 토지를 표상하는 것이어야 한다. 토지의 동일성은 부동산의 표시에 관한 사항(지번, 지목, 지적)을 종합하여 판단하여야 한다. 따라서 지번이 일치되더라도 지목과 지적이 전혀 상이한 경우에는 동일한 토지로 볼 수 없다. 지목이 일치하지 않더라도 지번과 지적이 일치하는 경우와 지적이 근소하게 일치하는 등의 사정으로 동일토지로 봄이 상당하다고 인정되는 경우에는 동일토지로 보아야 한다(예규 1431).

(나) 외관상 중복등기인 경우

중복등기는 아니지만 외관상으로는 중복등기처럼 보이는 경우가 있다. 예를 들어 같은 지번으로 2개 이상의 등기가 존재하기는 하나 그 등기기록이 동일한 토지를 표상하는 것이 아니라 각각 다른 토지를 표상한다거나, 어느 한 등기기록을 제외하고 다른 등기기록은 모두 존재하지 않는 토지에 관한 등기기록인 경우가 이에 해당한다.

중복등기는 동일한 토지에 관하여 2개 이상의 등기기록에 중복하여 경료된 소유권보존등기나 멸실회복등기를 의미하므로 등기기재의 착오, 환지등기과정에서의 착오, 존재하지 않는 토지에 대한 소유권보존등기나 멸실회복등기 등으로 인하여 외관상 지번이 동일한 등기기록이 존재하게 되었더라도 그 등기기록상의 등기를 중복등기로 처리하여서는 아니 되며 분필, 합필등기 과정의 착오로 인하여 외관상 중복등기로 보이는 경우도 같다(예규 1431).

외관상 중복등기는 중복등기라고 할 수 없기 때문에 법과 규칙에서 정한 절차에 의하여 정리할 수 없기 때문이다.

따라서 외관상 지번이 동일한 중복등기용지가 존재하게 되었더라도 양 등기의 지목과 지적이 전혀 달라서 동일한 토지에 대한 등기라고 볼 수 없는 경우에는 등기공무원이 부동산등기법 시행규칙 제4장의 규정에 따라 직권으로 정리할 중복등기에는 해당하지 아니하며, 이 경우에 후등기상의 지목 및 면적은 토지대장의 그것과 일치하니 선등기상의 지목 및 면적(대 194평)은 토지대장상의 지목 및 면적(답 1,921 ㎡)과 현저히 달라 그 토지의 동일성이 인정될 수 없고 또한 폐쇄된 등기용지 등을 보더라도 결국 선등기는 부존재하는 토지에 관한 등기로 볼 수밖에 없다면, 선등기상의 소유권의 등기명의인 또는 그 자를 대위하여 진정한 등기상(후등기)의 소유권의 등기명의인이 토지의 멸실등기에 준하는 등기의 신청을 하여 선등기용지를 폐쇄시킬 수 있다(선례 제4-561호). [23 법무사]

나. 직권에 의한 정리

(가) 최종 소유권의 등기명의인이 동일한 경우(규칙 제34조)

가) 동일인의 범위

최종 소유권의 등기명의인이 같다는 것은 반드시 동일한 사람이라는 것만을 의미하는 것은 아니다. 국(國)과 1945.8.9. 이전에 등기된 일본인, 피상속인과 상속인은 중복등기의 정리에 있어서 동일인으로 취급한다(예규 1431). 일제 강점기 일본인 소유의 재산은 군정법령 제33호에 의하여 위 날짜에 대한민국 정부에 귀속되었기 때문이다(예규 1339). 또한 국유재산의 경우에는 관리청이 다른 경우에도 동일인으로 보아야 한다.

나) 정리절차

중복등기기록의 최종 소유권의 등기명의인이 같은 경우에는 **나중에 개설된 등기기록을 폐쇄**하는 것이 원칙이나, 뒤에 개설된 등기기록에 소유권 외의 권리 등에 관한 등기가 있고, 먼저 개설된 등기기록에 그와 같은 등기가 없는 때에는 **먼저 개설된 등기기록을 폐쇄**한다(규칙 제34조). [19 등기주사보 / 18 법무사 / 17 법무사]
원칙적으로 후등기기록을 폐쇄하는 이유는 후등기기록은 1부동산 1등기기록의 원칙에 반하기 때문이다. 그러나 후등기기록에 소유권 외의 권리 등에 관한 등기가 있고 선등기기록에는 그와 같은 등기가 없는 경우라면 후등기기록을 존치하고 선등기기록을 폐쇄한다. 후등기기록이라고 하여 무조건 폐쇄하면 그 토지에 관하여 소유권 외의 권리를 가진 자의 권리가 침해될 우려가 있고 그렇게 해결하는 것이 법률관계를 간명히 해소하여 등기경제에도 부합하기 때문이다. 규칙 제34조에 의한 중복등기의 정리에 있어서, 등기관은 사전에 패쇄될 등기기록의 **최종 소유권의 등기명의인과 등기상 이해관계인에게 통지를 할 필요가 없으며**, 또한 관할 지방법원장의 허가를 받을 필요도 없다(규칙 제37조 제1항, 제38조) 등기관이 바로 직권으로 정리절차를 밟으면 된다. [23 법무사]

(나) 최종 소유권의 등기명의인이 다른 경우(규칙 제35조, 제36조)

가) 한 등기기록의 최종 소유권의 등기명의인이 다른 등기기록의 최종 소유권의 등기명의인의 승계인인 경우(규칙 제35조)

중복등기기록 중 어느 한 등기기록의 **최종 소유권의 등기명의인이 다른 등기기록의 최종 소유권의 등기명의인으로부터 직접 또는 전전하여 소유권을 이전받은 경우로서, 다른 등기기록이 후에 개설된 등기기록이거나 소유권 외의 권리 등에 관한 등기가 없는 먼저 개설된 등기기록**일 때에는 그 다른 등기기록을 **폐쇄**한다(규칙 제35조). [23 법무사 / 19 등기주사보 / 18 법무사]

규칙 제35조의 취지는 당사자들 사이에 권리변동이 있었던 것으로 추정되는 한 그 권리변동을 공시하는 내용의 등기기록이 실체관계에 부합하는 것으로 판단되므로 이를 존치시켜야 한다는 것이다.

규칙 제35조에 의하여 중복등기를 정리함에 있어서, 등기관은 사전에 패쇄될 등기기록의 **최종 소유권의 등기명의인**과 등기상 이해관계인에게 통지를 할 **필요가 없으며**, 또한 관할 지방법원장의 허가를 받을 필요도 없다(규칙 제37조 제1항, 제38조). 등기관이 바로 직권으로 정리절차를 밟으면 된다.

등기기록상 A가 소유명의인인 갑 토지가 대장상 을 토지와 병 토지로 분할되고 나서 그 분필등기가 마쳐지기 전에 「부동산소유권 이전등기 등에 관한 특별조치법」에 의한 소유권보존등기로 B가 소유명의인인 을 토지의 등기기록이 개설되고, 그 후 갑 토지에 대한 분필등기로 을 토지의 등기기록(A가 소유명의인임)이 다시 개설됨으로써 같은 토지에 대하여 서로 소유명의인이 다른 중복등기기록이 존재하게 된 경우, B가 을 토지를 A로부터 직접 또는 전전하여 사실상 양수하였거나 상속받았음이 을 토지의 토지대장이나 「부동산소유권 이전등기 등에 관한 특별조치법」 제11조에 따른 관련 확인서 등에 의하여 인정되는 때에 등기관은 「부동산등기규칙」 제35조에 따라 을 토지의 중복등기기록을 정리할 수 있다(선례 202206-1).

나) 어느 한 등기기록에만 원시취득사유 또는 분배농지의 상환완료를 등기원인으로 한 소유권이전등기가 있는 경우(규칙 제36조)

중복등기기록의 최종 소유권의 등기명의인이 다른 경우로서 어느 한 등기기록에만 **원시취득사유** 또는 **분배농지**의 **상환완료**를 등기원인으로 한 소유권이전등기가 있을 때에는 그 등기기록을 제외한 **나머지 등기기록을 폐쇄**한다(규칙 제36조 제1항). [23 법무사 / 19 등기주사보 / 18 법무사]

원시취득이나 분배농지의 상환완료 등을 원인으로 한 물권변동은 법률의 규정에 의하여 행해지는 것이므로 그러한 사유를 원인으로 하여 등기가 마쳐진 경우에는, 그 이전의 다른 등기기록상 등기는 현재의 권리관계에 부합하지 아니하는 것이 명백하므로 이를 폐쇄하도록 한 것이다.

소유권보존등기가 원시취득사유 또는 분배농지의 상환완료에 따른 것임을 당사자가 소명하는 경우에도 그 등기기록을 존치하고 나머지 등기기록을 폐쇄한다(규칙 제36조 제2항).

2개 이상의 등기기록에 원시취득 또는 분배농지의 상환완료를 원인으로 한 등기가 있는 경우에는 후의 원시취득 또는 분배농지의 상환완료를 원인으로 한 등기가 있는 등기기록을 존치한다. 후의 등기라 함은 점유취득시효 완성으로 인한 경우에는 후에 경료된 등기를, 그 이외의 경우에는 등기원인일자가 후인 등기를 의미한다(예규 1431).

원시취득의 등기로 볼 수 있는 것은 토지등 수용을 원인으로 한 소유권보존등기(또는 소유권이전등기), 농지개혁법에 의한 농지취득을 원인으로 한 국 명의의 소유권보존등기(또는 소유권이전등기), 귀속재산에 관한 국 명의의 소유권보존등기(또는 소유권이전등기), 토지조사령·임야조사령에 의한 토지사정·임야사정을 원인으로 한 소유권보존등기 등을 들 수 있다.

최종 소유권의 등기명의인이 다른 중복등기기록으로서 규칙 제35조와 제36조가 모두 적용될 수 있는 경우에는 제35조를 우선 적용한다(예규 1431). 이는 규칙 제35조에 따른 정리가 더욱 실체관계에 부합하는 등기기록을 존치시킬 개연성이 크고, 정리절차도 더욱 간단하기 때문이다.

다) 규칙 제35조 및 제36조에 해당하지 아니하는 경우(규칙 제37조)

중복등기기록의 최종 소유권의 등기명의인이 다른 경우로서 제35조와 제36조에 해당하지 아니할 때에는 각 등기기록의 최종 소유권의 등기명의인과 등기상 이해관계인에 대하여 1개월 이상의 기간을 정하여 그 기간 내에 이의를 진술하지 아니하면 그 등기기록을 폐쇄할 수 있다는 뜻을 통지하여야 한다(규칙 제37조 제1항).

위 통지를 받고 어느 등기기록의 최종 소유권의 등기명의인과 등기상 이해관계인이 이의를 진술하지 아니하였을 때에는 그 등기기록을 폐쇄한다. 다만 모든 중복등기기록의 최종 소유권의 등기명의인과 등기상 이해관계인이 이의를 진술하지 아니하였을 때에는 그러하지 아니하다(규칙 제37조 제2항).

등기관이 제36조와 제37조에 따라 중복등기기록을 정리하려고 하는 경우에는 지방법원장의 허가를 받아야 한다(규칙 제38조).

다. 당사자의 신청에 의한 정리(규칙 제39조)

(가) 우선적용의 원칙

중복등기기록 중 어느 한 등기기록의 최종 소유권의 등기명의인은 등기상 이해관계인이 있으면 그의 승낙을 얻어 자기 명의의 등기기록을 폐쇄하여 중복등기기록을 정리하도록 신청할 수 있다(규칙 제39조). [18 법무사]

이는 등기기록상 최종 소유권의 등기명의인이 스스로 자기명의의 등기기록이 잘못 편제되어 있거나 효력이 없음을 인정하여 정리하도록 신청을 하여 이에 따라 정리를 하는 것이 가장 실체관계에 부합하는 결과가 된다고 볼 수 있기 때문이다. 따라서 당사자가 중복등기정리신청을 한 경우에는 규칙 제34조부터 제37조까지의 규정에도 불구하고 우선적으로 그 신청에 따라 등기기록을 폐쇄하여야 한다(규칙 제39조 제2항).

(나) 정리의 방법

규칙 제39조에 의한 중복등기 정리신청은 ㉠ 폐쇄될 등기기록의 최종 소유권의 등기명의인과 등기상의 이해관계인이 공동으로 신청하거나, ㉡ 그중 1인이 다른 사람의 승낙서를 첨부하여 신청하거나, ㉢ **존치할 등기기록의 등기명의인 중 1인이 폐쇄될 등기기록의 최종 소유권의 등기명의인과 등기상의 이해관계인의 승낙서**를 첨부하여 그 등기기록을 폐쇄하여 중복등기기록을 정리하도록 신청할 수 있다. [19 등기주사보 / 18 법무사] 위 신청을 함에 있어서는 폐쇄될 등기기록의 최종 소유권의 등기명의인과 등기상의 이해관계인의 인감증명서를 첨부하여야 한다(예규 1431). 최종 소유권의 등기명의인뿐만 아니라 등기상 이해관계인 전원의 승낙을 요하는 것은 이해관계인의 등기상 권리가 부당히 침해되는 것을 방지하기 위한 것이다.

(다) 직권발동을 촉구하는 신청

중복등기의 최종소유권의 등기명의인 또는 등기상 이해관계인은 등기관에게 규칙 제34조 내지 제37조의 규정에 의한 중복등기기록 정리의 직권발동을 촉구하는 의미의 신청을 할 수 있다.

라. 폐쇄된 등기기록의 부활(규칙 제41조)

(가) 중복등기 정리의 효과

부동산등기법·규칙 및 예규에 의한 중복등기의 정리는 실체의 권리관계에 영향을 미치지 아니한다(규칙 제33조 제2항). [11 법무사] 등기가 원인 없이 말소되면 그 말소등기는 원인무효이므로 말소된 등기상 권리의 실체관계에는 아무런 영향이 없는 것과 마찬가지로, 규칙에 따른 중복등기의 정리도 등기의 공시제도의 기능을 확보하기 위한 것으로 실체관계에 영향을 미칠 수는 없기 때문이다. 따라서 규칙에서는 진정한 권리자가 언제든지 폐쇄된 등기기록을 부활할 수 있는 절차를 마련하여 놓고 있다(법 제21조 제2항, 규칙 제41조).

(나) 폐쇄된 등기기록의 부활 신청

폐쇄된 등기기록의 소유권의 등기명의인 또는 등기상 이해관계인은 폐쇄되지 아니한 등기기록의 최종 소유권의 등기명의인과 등기상 이해관계인을 상대로 하여 그 토지가 폐쇄된 등기기록의 소유권의 등기명의인의 소유임을 확정하는 판결(판결과 동일한 효력이 있는 조서를 포함한다)이 있음을 증명하는 정보를 등기소에 제공하여 폐쇄된 등기기록의 부활을 신청할 수 있다(규칙 제41조 제1항).

(다) 부활 방법

위와 같이 판결 정보를 제공한 부활신청이 있을 때에는 폐쇄된 등기기록을 부활하고 다른 등기기록을 폐쇄하여야 한다(규칙 제41조 제2항).

마. 그 밖에 중복등기의 정리와 관련한 사항

(가) 중복등기기록의 해소를 위한 직권 분필 등(규칙 제40조)

등기된 토지의 일부에 관하여 별개의 등기기록이 개설되어 있는 경우에 등기관은 직권으로 분필등기를 한 후 이 절에서 정하는 절차에 따라 정리를 하여야 한다(규칙 제40조 제1항). 위와 같은 분필등기를 하는데 필요할 때에는 등기관은 지적소관청에 지적공부의 내용이나 토지의 분할, 합병 과정에 대한 사실조회를 하거나 등기명의인에게 해당 토지에 대한 지적공부 등본 등을 제출하게 할 수 있다(규칙 제40조 제2항).

(나) 중복등기 중 어느 일방의 등기를 기초로 하여 새로운 등기신청이 있는 경우

그 중복등기가 규칙 제34조와 제35조의 규정에 의하여 정리되어야 할 등기인 경우에는 규칙에 따라 정리한 다음 등기신청의 수리여부를 결정하여야 한다(예규 1431). 그 중복등기가 규칙 제36조와 제37조에 의하여 정리되어야 할 등기인 경우에는 어느 일방의 등기를 기초로 하는 새로운 등기신청도 이를 수리하여 기록한다. 이 경우 규칙에 의한 중복등기 정리절차를 진행 중이었다면 다시 정리절차를 밟아야 한다. 그러나 같은 규칙 조항에 의하여 정리하여야 할 경우에는 이미 통지한 자에게는 통지를 할 필요가 없다(동 예규).

(다) 중복등기가 된 토지의 등기사항증명서의 교부방법

중복등기가 된 토지의 등기기록에는 중복등기라는 뜻을 부전하고, 등기사항증명서의 발급신청이 있는 때에는 중복등기기록 전부를 출력하여 보존등기 순서대로 합철한 후 그 말미에 인증문을 부기해 발급한다(동 예규). [22 등기서기보 / 18 등기주사보]

3) 건물 중복등기기록의 정리

가. 의의

건물의 중복등기란 동일한 건물에 대하여 이중으로 소유권보존등기가 마쳐진 경우를 말한다. 앞서 언급하였듯이 법 제21조 및 규칙 제33조 내지 제41조와 예규 1431호는 토지에만 적용되므로, 건물의 중복등기에 대해 등기관의 업무처리절차를 규정하기 위하여 「건물 중복등기 정리절차에 관한 업무처리지침」을 제정하였다(예규 1374). 이 예규는 동일 건물에 대하여 2중으로 소유권보존등기가 경료된 경우 그 중복등기에 대하여 등기관이 직권으로 정리할 수 있는 범위와 그 정리절차를 규정함을 목적으로 한다.

나. 중복등기 여부의 판단

건물의 동일성은 지번 및 도로명주소, 종류, 구조, 면적과 도면에 나타난 건물의 길이, 위치 등을 종합하여 판단하여야 한다. [21 등기서기보] 따라서 지번이 일치되더라도 도로명주소와 종류 구조, 면적 또는 도면에 나타난 건물의 길이, 위치 등이 다른 경우에는 동일한 건물로 볼 수 없다.

두 개의 등기기록상 건물이 건물의 종류와 구조, 면적 등 일부가 일치하지 않더라도 건축물대장의 변동사항 등에 의하여 동일건물로 봄이 상당하다고 인정되는 경우에는 동일건물로 보아야 한다. 즉 그 두 개의 등기기록은 중복등기에 해당한다고 할 수 있다. [12 법무사] 따라서 선행 보존등기는 증·개축으로 인한 변경등기 전의 부동산표시로 되어 있고 후행 보존등기는 변경 후의 부동산표시로 된 경우에도 양 건물의 동일성이 인정되는 한 두 등기는 중복등기에 해당한다. [10 법무사]

각각 일반건물과 구분건물로 보존등기가 경료되어 있는 경우라도 그 지번 및 도로명주소, 종류, 구조, 면적이 동일하고 도면에 나타난 건물의 길이, 위치 등이 동일하다면 동일건물로 볼 수 있다. [21 등기서기보 / 18 등기주사보 / 15 등기서기보 / 12 법무사 / 10 법무사]

다. 건물의 보존등기명의인이 동일한 경우

(가) 후행 보존등기를 기초로 한 새로운 등기가 없는 경우

건물의 보존등기명의인이 같은 중복등기의 경우 후행 보존등기를 기초로 한 새로운 등기가 없는 때에는 「부동산등기법」 제58조의 절차에 의하여 후행 보존등기를 직권으로 말소한다. [12 법무사]

(나) 선행 보존등기를 기초로 한 새로운 등기는 없으나 후행 보존등기를 기초로 한 새로운 등기가 있는 경우

등기관은 「부동산등기법」 제58조의 절차에 따라 후행 등기기록에 등기된 일체의 등기를 직권말소하여 등기기록을 폐쇄함과 동시에 그 등기기록에 기재된 소유권보존등기 외의 다른 등기를 선행 등기기록에 이기(미처리된 등기의 실행방법의 의미로서)하여야 한다. [12 법무사]

(다) 선행 보존등기 및 후행 보존등기를 기초로 한 새로운 등기가 모두 있는 경우

건물의 보존등기명의인이 동일한 경우라도 선행 보존등기 및 후행 보존등기를 기초로 한 새로운 등기가 모두 있는 경우에는 등기관은 이를 직권으로 정리할 수 없다. [18 등기주사보 / 15 등기서기보 / 10 법무사]

라. 건물의 보존등기명의인이 서로 다른 경우

(가) 원칙

건물의 보존등기명의인이 서로 다른 경우에는 실질적 심사권이 없는 등기관으로서는 등기관이 직권으로 건물의 중복등기를 정리할 수 없다. [21 등기서기보 / 15 등기서기보 / 12 법무사]

(나) 등기명의인의 신청에 의한 중복등기의 해소

건물의 보존등기명의인이 서로 다른 경우에 어느 한 쪽의 등기명의인이 스스로 그 소유권보존등기의 말소등기를 신청할 수 있다. [18 등기주사보 / 10 법무사] 또한 어느 일방 보존등기의 등기명의인이 자신의 보존등기가 유효함을 이유로 다른 일방 보존등기명의인을 상대로 그 소유권보존등기의 말소등기절차이행을 구하는 소를 제기하여 그 승소의 확정판결에 의해 다른 일방 보존등기에 대한 말소등기를 신청할 수 있다. 위 각 경우 말소되는 등기에 대해 이해관계 있는 제3자가 있는 경우에는 신청서에 그 승낙서 또는 이에 대항할 수 있는 재판의 등본을 첨부하여야 한다.

마. 중복등기가 존속하고 있는 동안에 새로운 등기신청이 있는 경우

(가) 보존등기명의인이 동일한 경우

보존등기명의인이 동일한 경우로서 중복등기의 존속 중에 새로운 등기신청이 있는 경우에는 선행 등기기록상의 등기를 기초로 한 새로운 등기신청은 이를 수리하고, 후행 등기기록상의 등기를 기초로 한 새로운 등기신청은 이를 각하한다. [18 등기주사보 / 15 등기서기보 / 10 법무사]

(나) 보존등기명의인이 다른 경우

건물의 보존등기명의인이 서로 다른 경우 중복등기기록의 존속 중에 어느 일방의 등기기록상의 등기를 기초로 하는 새로운 등기신청은 이를 수리한다. [23 법무사 / 21 등기서기보]

관련 기출지문

1 등기는 대외적으로 재산관계 등을 정확하게 공시하는 기능을 수행하므로, 당해 부동산의 물리적 현황과 등기부 표시란의 기재와의 사이에 다소의 차이가 있으면 당해 부동산을 공시하고 있는 것이라 할 수 있을 정도의 동일성이 인정된다고 하더라도 당해 부동산을 공시하고 있다고 할 수 없어 그 등기는 무효이다. (×) [10 법무사]

2 중간생략등기는 최초매도인·중간자·최종매수인의 3자 합의가 있으면 유효하나, 위와 같은 3자의 합의 없이 경료된 중간생략등기는 양도계약 당사자들 사이에 양도계약이 적법하게 성립되어 이행되었다 하더라도 그 등기는 무효라는 것이 판례의 입장이다. (×) [10 법무사]

3 증여로 부동산을 취득하였음에도 등기원인이 매매로 기록된 경우에 판례는 권리변동의 과정이 불일치하므로 그 등기가 실체적 권리관계에 부합하더라도 무효라고 한다. (×) [18 등기주사보]

4 등기는 현재의 정적인 권리관계만 공시하는 것이 아니고 그 변동과정도 공시하는 기능을 수행하는 것이므로 권리의 변동과정 내지 태양도 실제와 일치하여야 한다. 판례 또한 위와 같은 등기의 기능을 고려하여 등기부의 기재가 실제의 권리변동의 과정 내지 태양과 일치하지 않는다면, 등기된 결과가 현재의 진실한 권리상태를 공시하더라도 그 등기는 무효인 것으로 보고 있다. (×) [10 법무사]

5 멸실건물의 보존등기를 멸실 후에 신축한 건물의 보존등기로 유용할 수 있다. (×) [18 등기서기보]

6 건물의 종류와 구조, 면적이 동일한 경우에는 멸실건물의 보존등기를 멸실 후에 신축한 건물의 보존등기로 유용할 수 있다. (×) [9 법무사]

7 채권자가 채무자와 사이에 근저당권설정계약을 체결하였으나 그 계약에 기한 근저당권설정등기가 채권자가 아닌 제3자의 명의로 마쳐지고 그 후 다시 채권자가 위 근저당권설정등기에 대한 부기등기의 방법으로 위 근저당권을 이전받았다고 하더라도 위 근저당권설정등기는 실체관계에 부합하는 유효한 등기로 볼 수 없다. (×) [24 법무사]

8 관할위반의 등기신청은 각하되어야 하나, 일단 등기의 신청이 수리되어 등기가 완료된 때에는 그 등기가 실질적 유효요건을 구비하였으면 유효하다. (×) [10 법무사]

9 부동산등기규칙이 마련한 정리절차에 따라 중복등기기록을 정리하게 되면 판결에 의한 중복등기기록의 정리와 마찬가지로 중복등기가 영구적으로 해소된다. (×) [24 법원사무관]

10 토지 중복등기 정리에 관한 사항은 부동산등기법에는 명문규정이 없고, 대법원규칙과 등기예규 등에서 규율하고 있다. (×) [11 법무사]

11 중복등기기록 중 어느 한 등기기록의 최종 소유권의 등기명의인이 다른 등기기록의 최종 소유권의 등기명 의인으로부터 직접 또는 전전하여 소유권을 이전받은 경우로서, 다른 등기기록이 먼저 개설된 등기기록이 거나 소유권 외의 권리 등에 관한 등기가 없는 나중에 개설된 등기기록일 때에는 그 다른 등기기록을 폐쇄 한다. (×) [18 법무사]

12 중복등기기록 중 어느 한 등기기록의 최종 소유권의 등기명의인은 비록 등기상 이해관계인이 있더라도 그의 승낙을 제공하지 않고도 자기 명의의 등기기록을 폐쇄하여 중복등기기록을 정리하도록 신청할 수 있다. (×) [19 등기주사보]

13 두 건물의 지번 및 종류, 구조, 면적이 동일하고 도면에 나타난 건물의 위치, 길이 등이 동일하다 하더라도 각각 일반건물과 집합건물로 보존등기가 경료되어 있는 경우라면 동일건물로 볼 수 없다. (×) [10 법무사]

14 건물의 보존등기명의인이 같은 중복등기에 해당하기는 하나 선행 보존등기를 기초로 한 새로운 등기는 없고 후행 보존등기를 기초로 한 새로운 등기가 있는 경우에는 선행 보존등기를 직권으로 말소한다. (×) [12 법무사]

15 건물의 보존등기명의인이 동일한 경우로서 선행 보존등기 및 후행 보존등기를 기초로 한 새로운 등기가 모두 있는 경우에는 등기관은 후행 보존등기를 직권으로 말소한다. (×) [18 등기주사보]

16 동일 건물에 대하여 2중으로 소유권보존등기가 경료되었는데 그 보존등기명의인이 서로 다른 경우 등기 관은 후행 보존등기를 직권으로 말소한다. (×) [21 등기서기보]

17 건물의 소유권보존등기 명의인이 서로 다른 경우에 후행 보존등기를 기초로 한 새로운 등기가 없다면 등 기관은 후행 보존등기를 직권으로 말소하여야 한다. (×) [15 등기서기보]

18 건물의 보존등기명의인이 서로 다른 경우 선행해서 개설된 등기기록상의 등기를 기초로 한 새로운 등기신 청은 이를 수리하고, 나중에 개설된 등기기록상의 등기를 기초로 한 새로운 등기신청은 이를 각하한다. (×) [23 법무사]

V. 등기사항

1. 의의

등기사항이란 부동산등기법과 그 밖의 법률에 의하여 등기하는 것이 허용되는 사항을 말한다. 등 기사항을 등기능력이 있는 사항이라고도 한다. 등기부는 물권변동의 공시를 목적으로 하므로 등 기부에 기록할 필요가 있다고 해서 무조건 등기할 수 있는 것이 아니고, 법률에 의하여 등기할 수 있는 사항으로 규정된 사항만 등기할 수 있다. 이러한 원칙을 등기사항 법정주의라고 한다. 등기사항, 즉 등기할 수 있는 물건·권리·권리변동에는 실체법상의 등기사항과 절차법상의 등기 사항이 있다.

등기할 사항을 규정하고 있는 법률이란 형식적 의미의 부동산등기법에 한정되지 않고 등기절차를 규정한 모든 법률, 즉 실질적 의미의 부동산등기법을 의미한다.

부동산등기는 부동산의 물권변동을 공시하기 위한 제도이므로 원칙적으로 부동산 물권의 발생, 변경, 소멸에 관한 사항이 등기사항이 되나 반드시 이에 한정되는 것은 아니다. 즉 부동산의 표시 에 관한 사항과 등기명의인 표시에 관한 사항은 물권변동과 무관하지만 물권의 현황을 정확하게 공시하기 위하여 등기능력이 인정된다. 또한 임차권과 같이 물권은 아니지만 실체법에서 등기능 력을 인정하고 있어(「민법」 제592조, 제621조) 등기사항이 되는 경우도 있다.

아래에서는 법률이 규정하고 있는 등기사항을 등기의 대상인 물건, 등기되어야 할 권리, 등기되어야 할 권리변동의 세 가지 측면에서 설명하기로 한다.

2. 등기할 수 있는 부동산(물건)

등기할 수 있는 물건은 부동산을 말하고, **민법상 부동산은 토지 및 그 정착물을 말한다**(「민법」 제99조). 그러나 부동산등기법상 등기할 수 있는 물건에 토지는 포함되지만, 건물 외의 토지의 정착물은 특별법에서 등기할 수 있다고 규정한 것을 제외하고는 등기의 대상이 되지 않는다. 따라서 **부동산 등기법상 등기의 대상이 되는 부동산은 토지와 건물뿐이다**(법 제14조 제1항).

부동산이라고 하더라도 모두 등기의 대상이 되는 것은 아니며 그중 사권의 목적이 될 수 있는 물건에 한하여 등기를 할 수 있고 사권의 목적이 될 수 없는 물건은 등기할 수 없다. 따라서 <u>도로</u>[10 법무사]나 하천의 부지와 같이 공용제한을 받고 있다 하더라도 사권의 목적이 되는 부동산이라면 등기의 대상이 되고, 그 부동산에 관하여 법률행위를 원인으로 하는 물권변동에는 등기를 필요로 한다.

(1) 토지

토지란 일정 범위의 지면과 정당한 이익이 있는 범위 내에서 그 공중과 지하를 의미한다(「민법」 제212조). 그런데 실제의 토지는 연속되어 있어 물리적으로 구분할 수 없으므로 개수의 관념을 인정할 수 없는 것이지만 인위적으로 지표에 경계선을 그어서 경계를 삼고 구획하여, 이를 1필의 토지로 하여 등기를 한다. 다만 그 단위를 이루는 토지는 지적공부에 등록된 1필의 토지이어야 한다.

지적공부는 토지대장, 임야대장, 대지권등록부, 공유지연명부, 지적도, 임야도, 경계점좌표등록부 등 지적측량 등을 통하여 조사된 토지의 표시와 해당 토지의 소유자 등을 기록한 대장 및 도면을 말하고, 지적소관청은 지적공부를 관리하는 특별자치시장, 시장·군수 또는 구청장 (자치구가 아닌 구의 구청장을 포함한다)을 말한다. 모든 토지는 토지대장이나 임야대장 중 어느 하나에 등록된다. 또 모든 토지에는 그 지목이 정하여진다.

일반적으로 우리나라 영토 내의 육지부분은 모두 등기능력이 있는 토지라고 할 수 있다. 따라서 **대한민국의 행정력이 미치지 않는 군사분계선 이북지역의 토지**(선례 200506-1)[20 등기서기보 / 19 법무사 / 18 등기주사보 / 15 법무사], **대한민국의 영해가 아닌 공해상에 위치한 수중암초나 구조물**(선례 7-4)[19 법무사]은 등기능력이 인정되지 않는다.

또한 사권의 목적이 될 수 없는 것은 등기능력이 인정되지 아니하므로, **육지가 아닌 공유수면** (대판 1991.7.23, 91다14574)[23 법무사 / 18 등기주사보 / 10 법무사], 공유수면 아래의 토지 등은 등기능력이 인정되지 않는다.

종래 국가하천과 지방1급하천은 국유로 하였지만, 하천으로 편입되는 토지의 국유화에 따라 발생하는 사유재산권 침해의 논란과 국가의 재정부담 등의 문제가 있어 이러한 하천의 국유제는 폐지되었다. 따라서 이제는 사유 토지가 하천구역으로 편입되더라도 그 등기기록이 폐쇄되지 않고 제한된 범위에서 사권을 행사할 수 있다.

그러므로 하천법상의 하천에 대하여 소유권·저당권·권리질권에 해당하는 권리의 설정, 보존, 이전, 변경, 처분의 제한 또는 소멸에 대하여 이를 할 수 있고 이에 대한 가등기 및 신탁등기, 부동산표시변경등기, 등기명의인표시변경등기, 부동산등기법, 민법 또는 특별법에 따른 특약 또는 제한 사항의 등기를 할 수 있다(예규 1387). [19 등기주사보 / 15 등기서기보 / 11 법무사]

다만 지상권·지역권·전세권 또는 임차권에 대한 권리의 설정, 이전 또는 변경의 등기는 하천법상의 하천에 대하여는 이를 할 수 없다. [20 등기서기보 / 19 등기주사보·법무사 / 18 등기주사보 / 11 법무사]

굴착한 토굴[15 법무사]에 관하여 소유권보존등기신청을 할 경우 등기관은 그 등기신청을 각하하여야 한다.

방조제(제방)[18 등기주사보 / 10 법무사]는 토지대장에 제방으로 등록한 후 그 대장등본을 첨부하여 토지로서 소유권보존등기를 신청할 수 있다. 다만 방조제 부대시설물(배수갑문, 권양기, 양수기 등)은 등기능력이 없으므로 소유권보존등기를 신청할 수 없다.

지적공부에 등록된 각 필지는 독립성이 인정되어 1필지마다 1개의 토지가 된다. 1필지를 2필지 이상으로 분할하거나 2필지 이상을 1필지로 합병하려면 먼저 분할·합병의 절차를 거쳐야 한다. 1물1권주의의 원칙을 취하는 현행 민법하에서는 분필등기를 하지 않고 1필의 토지의 물리적 일부에 대한 등기를 할 수 없다. 다만 지상권, 지역권, 전세권 및 임차권과 같이 1필의 토지의 일부 위에 성립할 수 있는 용익권은 예외이다. 이 경우 용익권이 성립한 토지의 범위를 도면으로 표시하여 등기기록의 일부로서 공시한다(규칙 제30조 제2항, 예규 1570).

(2) 건물

1) 의의

우리 법제상 건물은 그 대지인 토지와는 별개의 독립한 부동산으로 취급하고 있으나(「민법」 제99조 제1항, 법 제14조 제1항, 제65조), 구체적으로 무엇을 등기할 수 있는 건물로 볼 것인가에 대하여는 명문의 규정이 없다. [13 법무사]

건축법상 건축물이란 토지에 정착하는 공작물 중 지붕과 기둥 또는 벽이 있는 것과 이에 딸린 시설물, 지하나 고가의 공작물에 설치하는 사무소·공연장·점포·차고·창고, 그 밖에 대통령령으로 정하는 것을 말한다(「건축법」 제2조 제2호). 건축물은 건축물대장에 등록하여 관리한다(「건축법」 제38조, 「건축법 시행령」 제25조). 건축법상의 건축물은 등기능력이 있는 건물보다 넓은 개념으로서 건축물대장에 등록되었다고 해서 모두 등기능력이 있는 것은 아니다. [13 법무사] 그렇다면 등기능력이 있는 건물이란 지붕과 주벽 또는 이와 유사한 것을 가지고 토지에 정착한 건조물로서 특정 용도에 공할 수 있는 것을 말한다.

판례는 등기능력 있는 건물에 대하여 "독립된 건물로 보기 위해서는 그 설치된 장소에서 손쉽게 이동시킬 수 있는 구조물이 아니고 그 토지에 견고하게 부착시켜 그 상태로 계속 사용할 목적으로 축조된 것으로 비바람 등 자연력으로부터 보호하기 위하여 벽면과 지붕을 갖추고 있어야 한다."는 기준을 제시하였다(대판 1990.7.27, 90다카6160).

「등기능력 있는 물건 여부의 판단에 관한 업무처리지침」(예규 1086)은 보다 구체적으로 "건축법상 건축물에 관하여 건물로서 소유권보존등기를 신청한 경우, 등기관은 그 건축물이 토지에 견고하게 정착되어 있는지(정착성), 지붕 및 주벽 또는 그에 유사한 설비를 갖추고 있는지(외기분단성), 일정한 용도로 계속 사용할 수 있는 것인지(용도성) 여부를 당사자가 신청서에 첨부한 건축물대장등본 등에 의하여 종합적으로 심사하여야 하고, **건축물대장등본 등에 의하여 건물로서의 요건을 갖추었는지 여부를 알 수 없는 경우, 등기관은 신청인으로 하여금 소명자료로서 당해 건축물에 대한 사진이나 도면을 제출하게 하여 종합적으로 판단하여야 하며**[17] 법무사], 그래도 건물인지 여부를 판단하기 어려운 경우에는 예규의 예시와 기존의 선례 등을 참고하되 그 물건의 이용상태 등을 고려하여(위 소명자료 참조) 등기관이 개별적, 구체적으로 판단하여야 한다."고 규정하였다.

최신선례에 따르면, 건축물대장의 주용도란에 '제1종근린생활시설(전기차충전소)'로 기재된 건축물대장만을 첨부한 소유권보존등기신청이 있는 경우 등기관은 **건축물대장만으로는 건물로서의 요건을 갖추었는지 여부를 알 수 없을 것이므로**, 신청인으로 하여금 당해 건축물에 대한 사진이나 도면을 제출하게 함으로써 **지붕과 주벽 또는 그에 유사한 설비를 갖췄는지 등을 심사하여 외기분단성이 없는 건축물에 대한 소유권보존등기신청이 수리되지 않도록 하여야 한다**(선례 제202410-3호).

2) 요건

가. 정착성

건물은 토지의 정착물이어야 한다. 정착이라고 하기 위해서는 어느 정도 계속해서 토지에 부착되어 이용되어야 한다.

나. 외기분단성

건물은 지붕 및 주벽 또는 그에 유사한 설비를 갖추고 있어야 한다. 즉 지붕과 주벽 등에 의해 외부와 구획되어 있을 것이 필요하다. 따라서 지붕과 기둥만으로는 건물로 인정될 수 없다. 다만 개방형 축사에는 예외가 인정되는바 후술한다.

다. 용도성

건물은 그 목적으로 하는 용도에 제공될 수 있는 상태에 있어야 한다. 따라서 건물로서 어느 정도로 완성되어야 하는지는 건물의 용도에 따라 달라진다. 예컨대 여관으로 사용할 경우에는 마루나 천장이 없다면 그 목적하는 영업의 용도에 제공할 수 있는 단계에 이르렀다고 할 수 없다.

3) 적용범위

예규 1086	등기능력이 인정되는 것 [지붕 및 주벽 또는 그에 유사한 설비를 갖추고 있고, 토지에 견고하게 정착되어 있는 것]	등기능력이 인정되지 않는 것 [지붕 및 주벽 또는 그에 유사한 설비를 갖추지 않고 있거나, 토지에 견고하게 부착되어 있지 않는 것]
정착성	① 원예·농경용의 온상시설로 반영구적인 건조물로 인정될 수 있는 것 ② 유류저장탱크 [19 법무사 / 10 법무사] ③ 농업용 고정식 유리온실·비닐온실 [23 등기서기보 / 21 법무사 / 20 법원사무관 / 19 법무사 · 등기주사보 / 15 법무사]	① 일시 사용을 위한 가설건축물(공사현장의 사무소, 전시용 모델하우스) ② 가스탱크, 석유탱크, 급수탱크 등의 탱크류 ③ 용이하게 운반이 가능한 승차권 판매소 ④ 비닐하우스 [10 법무사] ⑤ 폐유조선 및 플로팅 도크(물 위에 떠 있는 건조용 도크) [13 법무사 / 10 법무사] ⑥ 해저지면에 고정한 선박 [20 등기서기보 / 19 등기주사보 / 15 등기서기보 · 법무사] ⑦ 해상관광호텔용 선박
외기 분단성	① 사일로(silo) ② 비각 ③ 경량철골조 경량패널지붕 건축물 ④ 조적조 및 컨테이너구조 슬레이트지붕 주택 등 ⑤ 개방형 축사 ⑥ 실내 테니스장	① '지붕시설이 별도로 없는' 사일로 ② 지붕과 기둥만으로 된 주유소 캐노피 [10 법무사] ③ 지붕과 기둥만 있는 유희시설 [10 법무사] ④ 벽면과 지붕이 갖추어져 있지 아니한 옥외풀장 ⑤ 지붕이 없이 철제파이프로 연결만 시켜 놓은 수조(양어장) [10 법무사] ⑥ 경량철골조 혹은 조립식 패널 구조의 건축물 등(지붕이 없는) ⑦ 건축물대장에 구조가 컨테이너이고 지붕 또한 컨테이너로 등재되어 있는 건축물 [10 법무사]
용도성		① 연결통로
기타		① 농지개량시설의 공작물(방수문, 잠관 등) ② 건물의 부대설비(승강기, 발전시설, 보일러시설, 냉난방시설, 배전시설 등) ③ 지하상가의 통로
집합 건물의 **공용 부분**	집합건물의 규약상 공용부분, 예컨대 아파트 관리사무소, 노인정 등과 같이 독립된 건물로서의 요건을 갖춘 경우에는 독립하여 건물로서 등기할 수 있다. [23 등기서기보 / 19 등기주사보 / 17 법무사 / 10 법무사]	집합건물의 구조상 공용부분인 것(복도, 계단, 옥상 등)은 전유부분으로 등기할 수 없다. [23 법무사 / 13 법무사 / 10 법무사]

선례

① **유류저장탱크** [19 법무사 / 10 법무사] - ○

유류저장탱크가 지붕과 벽면을 갖추고 토지에 견고하게 부착되어 쉽게 해체·이동할
수 없는 독립된 건물로 볼 수 있다면 그 건물에 대한 소유권보존등기를 할 수 있을
것이다. 이 경우에 시장이 작성한 유류저장탱크에 관한 공작물관리대장등본에 공작물
의 소재, 지번, 종류, 구조, 면적 등이 표시되어 있고 소유자(건축주)의 표시가 기재되
어 있으며 또한 건축공사를 완료한 후 사용검사를 받고 그 사용검사사실이 기재되어 있
다면 이 공작물관리대장에 등재된 자는 부동산등기법 제131조 제2호 후단의 "기타 시
·구·읍·면의 장의 서면에 의하여 자기의 소유권을 증명하는 자"라고 볼 수 있으며
또한 위 등본은 건물의 표시를 증명하는 서면에 해당할 수 있을 것이다(선례 4-311).

② **캐빈하우스** [19 등기주사보] - ○

건축물대장에 "경량철골구조 기타지붕 1층 숙박시설 38.7㎡"로 기재되어 있는 건축물
(캐빈하우스)이 공장에서 완제품 또는 부분제품을 제작하여 건축현장으로 운송한 후
조립하는 방법으로 건축된 것으로서 콘크리트 기초 위에 상·하수도 및 전선관 설비
와 함께 토지에 견고하게 정착되어 쉽게 해체·이동할 수 없으며, 내구성 있는 재료를
사용한 벽면과 지붕을 갖추고 있는 건축물이라면 독립된 건물로 볼 수 있으므로 이
건축물에 대하여 소유권보존등기를 신청할 수 있을 것이나, 구체적인 사건에서 등기
할 수 있는 건물인지 여부는 담당 등기관이 판단할 사항이다(선례 201903-5).

③ **연결통로** - ×

두 동의 건물 사이에 연결통로로 사용하기 위하여 증축된 부분이 단지 두 동 건물
간의 이동원활이라는 기존 건물의 사용편의에 제공된 것일 뿐 분리하여서는 독립된
건물로서의 가치와 기능이 없는 것으로서 부합으로 인하여 기존 건물의 구성부분이
되었다면 증축된 연결통로를 독립된 건물로서 소유권보존등기를 신청할 수 없을 것
인바, 구체적인 사건에서 건축물대장에 등록된 건축물인 연결통로가 건물로서 등기
능력이 있는지 여부는 담당 등기관이 판단할 사항이다(선례 202002-2).

④ **버섯재배사** - △

건축물대장에 "경량철골구조 패널지붕 1층 동·식물관련시설(버섯재배사)"로 기재되
어 있는 건축물이 콘크리트 기초 위에 설치되어 토지에 견고하게 정착되어 있고, 둘
레에 패널로 벽을 설치하여 외부와 차단되어 있다면 이를 독립한 건물로 볼 수 있으
므로 이 건축물에 대하여 소유권보존등기를 신청할 수 있을 것이나, 그 동·식물관
련시설(버섯재배사)이 콘크리트 기초 위에 설치되어 토지에 견고하게 정착되어 있더
라도 둘레에 벽이 없어 외부와 차단되어 있지 않다면 이를 독립한 건물로 볼 수 없으
므로 이 건축물에 대하여는 소유권보존등기를 신청할 수 없을 것인바, 구체적인 사
건에서 해당 건축물이 소유권보존등기를 신청할 수 있는 건물에 해당하는지 여부는
담당 등기관이 판단할 사항이다.

한편 「축사의 부동산등기에 관한 특례법」은 둘레에 벽이 없는 건축물로서 "소"를 사
육할 용도로 계속 사용할 수 있는 건축물에 대하여만 적용되는 것이므로(동법 제3조
제2호), **이 외의 둘레에 벽이 없는 건축물**은 이 특례법에 따라 소유권보존등기를 신
청할 수 없다(선례 202003-1).

⑤ **농업용 고정식 유리온실** [23 등기서기보 / 15 법무사] - ○

가설건축물대장에 등록되어 있는 농업용 고정식 유리온실이 토지에 견고하게 정착되
어 있고, 철골조의 조립식 구조와 내구성 있는 유리에 의한 벽면과 지붕 또는 이와

유사한 설비를 갖추고 있으며, 일정한 용도로 계속 사용할 수 있는 경우에는 대장상의 존속기간과 관계없이 소유권보존등기를 신청할 수 있다(선례 201602-1).

⑥ **농업용 고정식 비닐온실** [21 법무사 / 20 법원사무관 / 19 법무사·등기주사보] - ○

가설건축물대장에 등록된 "농업용 고정식 비닐온실"이 철근콘크리트 기초 위에 설치됨으로써 토지에 견고하게 정착되어 있고, 경량철골구조 및 내구성 10년 이상의 내재해형 장기성 필름(비닐)에 의하여 벽면과 지붕을 구성하고 있다면 독립된 건물로 볼 수 있으므로 이 건축물에 대하여 소유권보존등기를 신청할 수 있을 것이나(등기선례 9-6), "내구성 10년 이상"의 기준은 예시적인 것이므로, 비록 "내구성 10년 이상"의 기준을 충족하지 않더라도 담당 등기관은 가설건축물축조 신고필증에 기재된 존치기간, 구조, 용도 및 존치기간의 연장에 관한 법령(건축법 시행령 제15조, 제15조의2, 제15조의3 등 참조) 등을 종합적으로 심사하여 당해 건축물이 등기능력 있는 물건에 해당하는지 여부를 판단할 수 있을 것이다(선례 202111-1).

⑦ **폐유조선 및 플로팅 도크(물 위에 떠 있는 건조용 도크)** [13 법무사 / 10 법무사] - ✕

건물로서 소유권보존등기의 대상이 되기 위해서는 그 건축물이 토지에 견고하게 정착되어 있고(정착성), 지붕 및 주벽 또는 그에 유사한 설비를 갖추고 있고(외기분단성), 일정한 용도로 계속 사용할 수 있어야(용도성) 하는 바, 폐유조선 및 플로팅 도크(물 위에 떠 있는 건조용 도크)는 호텔 및 상업시설로 수선하고 해안가의 해저지면에 있는 암반에 앵커로 고정하여도 건물소유권보존등기의 대상이 될 수 없을 것이다(선례 8-2).

⑧ **해저 지면에 고정한 선박** [20 등기서기보 / 19 등기주사보 / 15 등기서기보·법무사] - ✕

해수면 위에서 호텔 또는 상가로 사용할 목적으로 선박을 개조하고 해저 지면에 설치한 다수의 'H 빔' 형식의 기둥에 고정시켰더라도 이는 부동산인 토지에 견고하게 정착한 건물로 인정될 수 없으므로 소유권보존등기를 할 수 없다(선례 200901-1).

⑨ **해상관광호텔용 선박** - ✕

소유권보존등기의 대상이 되는 건물은 설치된 장소에서 손쉽게 이동시킬 수 있는 구조물이 아니고 그 토지에 견고하게 부착시켜 그 상태로 계속 사용할 목적으로 축조된 것으로 자연력으로부터 보호하기 위한 벽면과 지붕을 갖추어야 하는바, 공작물관리 대장에 유희시설로 등록된 선박(부두안벽에 고정식으로 계류시킴)은 건물소유권보존등기의 대상이 될 수 없다(선례 7-5).

⑩ **조적조 및 컨테이너구조 슬레이트지붕 주택** [15 법무사] - ○

건축물대장에 조적조 및 컨테이너구조 슬레이트지붕 주택으로 등재된 건축물이 토지에 견고하게 부착되어 있고 내구성 있는 재료를 사용한 벽면과 지붕을 갖추고 있다면 독립된 건물로서 소유권보존등기를 할 수 있다.

⑪ **기타** - △

등기할 수 있는 물건은 부동산을 말하고, **민법상 부동산은 토지 및 그 정착물을 말한다**(「민법」 제99조). 그러나 **부동산등기법상 등기할 수 있는 물건에 토지는 포함되지만, 건물 외의 토지의 정착물은 특별법에서 등기할 수 있다고 규정한 것을 제외하고는 등기의 대상이 되지 않는다.** 따라서 건물 이외의 토지의 정착물은 「입목에 관한 법률」등과 같이 특별법에 의하여 인정된 경우를 제외하고는 독립하여 등기의 대상이 되지 않는다. [23 등기서기보]

⑫ 실내 테니스장 - ○

일반건축물대장에 등록된 제2종근린생활시설(실내 테니스장)이 철근콘크리트 기초 위에 설치됨으로써 토지에 견고하게 부착되어 있고, 내진설계, 하수처리시설, 일반 철골조(H빔) 기둥 및 판넬 지붕을 갖추고 있으며, 네 면 중 두 면(북쪽 및 남쪽) 및 나머지 두 면 중 1/3 가량에 두께 100mm의 판넬이 설치되어 있고 나머지 2/3 가량은 개·폐가 가능하도록 인장강도 250kgf/5cm 및 200kgf/5cm의 천막이 설치되어 운동 시에만 위 천막을 개방하고 야간이나 휴일 등에는 폐쇄하는 경우, 재료의 내구성 및 건축물의 이용 목적 등을 고려하였을 때 위 건축물이 자연력으로부터 보호를 다하였 다고 인정될 수 있으므로 주벽이 갖추어진 건축물로서 등기능력 있는 건물로 인정될 수 있다. 다만 구체적인 사건에서 등기능력 있는 건물인지 여부는 담당 등기관이 판 단할 사항이다(선례 제202402-1호).

⑬ 전기차충전소 - △

건축물대장의 주용도란에 '제1종근린생활시설(전기차충전소)'로 기재된 건축물대장 만을 첨부한 소유권보존등기신청이 있는 경우 등기관은 건축물대장만으로는 건물로 서의 요건을 갖추었는지 여부를 알 수 없을 것이므로, 신청인으로 하여금 당해 건축 물에 대한 사진이나 도면을 제출하게 함으로써 지붕과 주벽 또는 그에 유사한 설비 를 갖췄는지 등을 심사하여 외기분단성이 없는 건축물에 대한 소유권보존등기신청이 수리되지 않도록 하여야 한다(선례 제202410-3호).

4) 개방형축사

가. 서설

(가) 의의

개방형 축사는 소의 질병을 예방하고 통기성을 확보할 수 있도록 둘레에 벽을 갖 추지 아니하고 소를 사육하는 용도로 사용할 수 있는 건축물을 말한다(「축사등기 법」 제2조). [18 법무사]

이러한 개방형 축사는 토지에 견고하게 정착되어 소를 사육하는 용도로 계속 사용 할 수 있고 건축물대장에도 등록되어 과세대상에 해당됨에도 불구하고 둘레에 벽 을 갖추지 않았다는 이유로 소유권보존등기를 할 수 없는 문제점이 있었다. 이에 축산농가의 재산권을 보장하고 민생안정에 기여하기 위해 이러한 개방형 축사를 일정한 요건하에 등기할 수 있도록 하는 특례가 위 축사등기법에 의하여 마련되었 다. 따라서 개방형 축사는 둘레에 벽을 갖추지 않았더라도 일정한 요건을 갖춘 경 우에는 건물로 보고 소유권보존등기를 신청할 수 있다. [17 법무사]

(나) 요건 [23 법무사]

① 토지에 견고하게 정착되어 있을 것, ② 지붕과 견고한 구조를 갖출 것(주벽은 요건으로 하지 아니함)[16 법원사무관], ③ 연면적이 100제곱미터를 초과할 것, ④ 소를 사육할 용도로 계속 사용할 수 있을 것, ⑤ 건축물대장에 축사로 등록되어 있을 것[20 등기서기보]의 요건을 모두 갖춘 개방형 축사는 건물로 보고, 부동산등기법에서 정하는 절차에 따라 건물등기부에 등기할 수 있다(「축사등기법」 제3조, 제4조)

(다) 적용범위

위 요건 중 **연면적(100㎡)** 산정과 관련하여, 1개의 건물로서 건축물대장의 건축물 현황에 **일부 용도**는 축사로, 일부는 퇴비사 또는 착유사 등으로 등록되어 있는 경우에도 그 건물의 연면적이 「축사의 부동산등기에 관한 특례법」상 요건인 100제곱미터를 초과한다면 축사의 소유권보존등기를 신청할 수 있다.

또한 1개의 건축물대장에 **주된** 건물인 축사와 그 축사의 사용에 제공하기 위해 부속하게 한 퇴비사, 착유사 등이 등록되어 있는 경우에도 **축사와 부속건물의 연면적이 100제곱미터를 초과한다면** 축사의 소유권보존등기를 신청할 수 있다. [23 등기 서기보 / 18 등기주사보·법무사 / 16 법원사무관 / 15 등기서기보]

다만 하나의 대지 위에 **2개 이상의 축사**가 건축되어 총괄표제부가 작성되고 건축 물대장도 각각 별개로 작성된 경우에는 각각의 건축물대장별로 축사의 소유권보존등기를 신청하여야 하며, 위 특례법상 **연면적 기준도** 각각의 건축물대장별로 개별적으로 판단하여야 하므로, 개별 건축물대장에 등록된 축사의 연면적이 100제곱미터를 초과하지 못한다면 위 특례법에 의한 축사의 소유권보존등기를 신청할 수 없다(선례 201011-1).

개방형 축사가 건축물대장 생성 당시에는 연면적이 100제곱미터를 초과하지 않아 「축사의 부동산등기에 관한 특례법」에 따른 등기능력이 인정되지 아니하였으나, **이후 대장상 소유권이전등록을 받은 자가 이를 증축하여 연면적이 100제곱미터를 초과하게 되었다면** 이 특례법에 따른 등기능력이 인정되는바, 이 경우에는 그 개방형 축사를 증축하여 등기능력을 갖춘 자를 건물로서의 개방형 축사에 대한 **최초의 소유자로 볼 수 있으므로,** 그는 건축물대장정보를 소유자임을 증명하는 정보로서 제공하여 그 개방형 축사에 대하여 **직접 자신의 명의로 소유권보존등기를 신청**할 수 있다(선례 201906-2).

나. 개시

일반적인 소유권보존등기와 마찬가지로 등기명의인으로 될 자가 단독으로 신청한다(법 제23조 제2항).

다. 신청절차

(가) 신청인

일반적인 소유권보존등기와 마찬가지로 법 제65조의 각 호에 해당하는 사람이 신청인이 된다(법 제65조).

(나) 신청정보

개방형 축사의 소유권보존등기 신청서에는 특례법에 따른 건물소유권보존등기신청을 하는 뜻을 적고, 신청근거규정으로 **특례법 제4조와 「부동산등기법」 제65조 각 호의 어느 하나에 해당하는 규정을 같이 적어야 한다**(예규 1587). [18 등기주사보]

(다) 첨부정보

가) 건물의 표시를 증명하는 정보

건물의 표시를 증명하는 건축물대장등본을 첨부하여야 한다(반드시 건축물대장을 첨부하여야 하고 규칙 제121조 제2항에 규정된 그 밖의 첨부정보를 제공할 수는 없다). [18 등기주사보·법무사 / 16 법원사무관]

나) 소를 사육할 용도로 계속 사용할 수 있을 것을 소명하는 정보

소를 사육할 용도로 계속 사용할 수 있을 것을 소명하기 위하여 다음 각 호의 어느 하나를 제출하여야 한다. 다만 건축물대장등본에 의하여 등기할 건축물의 용도가 개방형 축사임을 알 수 있는 경우에는 그러하지 아니하다(즉 건축물대장등본에 의하여 건축물의 용도가 개방형 축사임을 알 수 없는 경우에만 아래의 첨부정보를 제공한다).

1. 건축허가신청서나 건축신고서의 사본(건축사가 작성한 축사 설계도 또는 「건축법」 제23조 제4항 및 「표준설계도서 등의 운영에 관한 규칙」 제3조에 따른 축사 표준설계도서가 첨부된 것에 한한다).

2. 그 밖에 건축물의 용도가 개방형 축사임을 알 수 있는 시·구·읍·면의 장이 작성한 서면

즉 이 특례법에 따라 소유권보존등기를 신청할 때에 첨부정보로 제공한 건축물대장정보만으로 소를 사육할 용도로 계속 사용할 수 있을 것을 확인할 수 있다면 별도의 서면을 제공할 필요는 없지만, 건축물대장정보만으로는 소를 사육할 용도로 계속 사용할 수 있는 건축물임을 확인할 수 없다면 이를 확인할 수 있는 건축허가신청서나 건축신고서 사본 또는 건축물대장 소관청이 작성한 서면을 추가로 제공하여야 한다(「축사의 부동산등기에 관한 특례규칙」 제3조 제2항)(선례 202003-3). [18 등기주사보]

라. 실행절차(등기실행)

개방형 축사의 소유권보존등기를 할 경우 등기관은 등기기록 중 표제부의 등기원인 및 기타사항란에 특례법에 따른 등기임을 기록한다(예규 1587). [18 등기주사보·법무사 / 16 법원사무관]

5) 건물의 개수

건물의 소유권보존등기를 신청할 때에 제공하는 건축물대장은 1동의 건물을 단위로 하여 각 건축물마다 작성된 것이어야 하는바, 다만 물리적으로 두 동의 건물이라 하더라도 다른 한 동의 건물이 주된 건물의 사용에 제공되는 부속건물로서 주된 건물의 건축물대장에 함께 등재된 경우라면 이를 1개의 건물로 하여 소유권보존등기를 신청할 수 있다. 따라서 하나의 대지에 두 동의 건축물이 있고, 이 건축물에 대하여 건축물대장이 각각 별도로 작성되었다면 이 건물에 대한 소유권보존등기 또한 건물마다 각각 별개로 하여야 한다. 그런데 착오로 이를 1개의 건물로 하여 하나의 등기기록에 소유권보존등기가 마쳐졌다면 신청착

오를 원인으로 이를 소명하는 자료로서 각각 별개로 작성되어 있는 건축물대장정보를 제공하여 경정등기의 의미로서 건물분할등기를 신청할 수 있다.

한편 부동산의 특정 일부에 대한 소유권이전등기는 허용되지 아니하므로, 두 동의 건물이 1개의 건물로서 하나의 등기기록에 소유권보존등기가 마쳐져 있는 상태에서는 두 동의 건물 중 어느 한 동의 건물만에 대한 소유권이전등기를 신청할 수 없으며, 이러한 등기를 신청하기 위해서는 먼저 건물분할등기를 신청하여야 한다(선례 201912-1).

6) 구분점포의 등기에 관한 특례

종래 상가건물의 **구분점포**는 벽으로 구획되지 않아 **별도로 등기할 수 없었고** 전체 건물에 대한 **지분등기만이 허용**되었다. 그러나 이는 구분점포가 독립하여 거래되는 사회적 현실과 맞지 않고 구분점포 소유자의 권리행사에 제약 요인이 되었다. 이에 **집합건물법**은 특별한 규정을 두어 구분점포가 **일정한 요건**을 갖춘 경우 **구분소유권의 대상**이 되게 하고 이를 통하여 부동산등기법에 의한 **단독소유 형태의 소유권등기가 가능하도록** 하였다.

모든 구분점포가 독립한 건물로서 등기능력이 인정되는 것은 아니고 일정한 요건을 갖추어야 한다(집합건물법 제1조의2 등).

즉 1동의 건물이 여러 개의 건물부분으로 이용상 구분된 구분점포가 구분소유의 목적이 되기 위해서는 ㉠ 용도가 건축법상 판매시설 또는 운수시설이고, ㉡ 경계표지와 건물번호표지가 견고하게 설치되어 있어야 한다.

종래 구분점포의 성립에 요구되는 합계 1,000㎡ 이상의 바닥면적 요건은 소규모 집합건물의 이용 편의를 증진하기 위하여 삭제하였다(집합건물법 제1조의2 제1항). [23 법무사]

다만 이러한 요건은 구분점포에 대한 건축물대장 작성의 요건이기도 하고, 등기관은 이에 대하여 심사할 수 없으므로 구분점포의 건축물대장에 따라 등기하면 충분하다. 구분점포의 등기방법은 일반 집합건물의 등기방법과 다르지 않다.

3. 등기할 수 있는 권리 [19 등기주사보 / 16 법무사]

> **🔁 관련 조문**
> **부동산등기법 제3조(등기할 수 있는 권리 등)**
> 등기는 **부동산의 표시**와 다음 각 호의 어느 하나에 해당하는 권리의 보존, 이전, 설정, 변경, 처분의 제한 또는 소멸에 대하여 한다.
> 1. 소유권 (🔁 점유권× / 민법상 환매권○ / 특별법상 환매권×)
> 2. 지상권 (🔁 구분지상권○ / 법정지상권○ / 분묘기지권×)
> 3. 지역권 (🔁 주위토지통행권×)
> 4. 전세권 (🔁 공동전세권○)
> 5. 저당권 (🔁 공동저당권○ / 근저당권○)
> 6. 권리질권 (🔁 (근)저당권부질권○ / 부동산질권× / 동산질권× / 유치권×)
> 7. 채권담보권
> 8. 임차권 (🔁 구분임차권× / 사용대차×)

(1) 부동산 물권

등기할 수 있는 권리는 실체법상 등기를 필요로 하는 사항, 즉 물권변동의 효력을 가지기 위해서 등기를 하여야 하는 권리를 말하며 절차법적으로도 등기할 수 있는 권리를 말한다. 현행법상 등기할 수 있는 권리는 원칙적으로 토지 및 건물에 대한 물권, 즉 부동산 물권이다. 그러나 부동산물권이 모두 등기할 수 있는 권리는 아니며 실체법상 인정되는 부동산 물권이라도 절차법에서 등기할 수 있다는 규정이 존재하지 않는다면 등기를 할 수 없다. 부동산등기법은 제3조에서 소유권, 지상권, 지역권, 전세권, 저당권과 같은 부동산 물권을 등기할 수 있는 권리로 규정하고 있다.

(2) 물권

부동산 물권은 아니지만 권리질권[18 등기서기보]은 저당권에 의하여 담보된 채권을 질권의 목적으로 하는 경우에 그 질권의 효력이 저당권에도 미친다는 것을 공시하기 위하여 등기능력을 인정하며(「민법」 제348조, 법 제3조 제6호, 제76조), 채권담보권[22 법무사]도 등기할 수 있는 권리로 규정하고 있다(법 제3조 제7호).

(3) 채권, 그 밖의 권리 등

물권은 아니지만 제3자에게 대한 대항력을 공시하기 위하여 등기능력을 인정하고 있는 권리로는 부동산임차권(「민법」 제621조, 법 제3조 제8호, 제74조)[22 법무사 / 18 등기서기보 / 15 등기서기보], 부동산환매권(「민법」 제592조, 법 제53조)[22 법무사 / 15 등기서기보]이 있으며, 신탁(「신탁법」 제4조 제1항)[18 등기주사보]이 있다.

그 밖에 거래가액과 같이 물권변동과 전혀 무관한 사항이 공익적 필요에 의하여 등기사항이 되는 경우도 있다. [15 등기서기보]

(4) 등기능력이 인정되지 않는 권리

1) 등기할 필요가 없는 권리

한편 점유권과 유치권[22 법무사 / 18 등기서기보 / 14 법무사]은 부동산물권이기는 하지만 점유라는 사실이 계속 존속하는 경우에만 인정되는 권리로서 점유 자체만으로 외부로 공시가 되고 있으므로 별도의 공시방법이 필요 없기에 등기능력이 인정되지 않는다.

2) 등기사항으로 법정되지 아니한 권리

① 법에서 정한 사항이 아니면 등기를 할 수 없는바 특수지역권(「민법」 제302조)이나 관습법상의 분묘기지권[22 법무사 / 19 법무사]은 부동산등기법 제3조에서 정하는 등기할 사항이 아니므로 등기할 수 없다.

② 마찬가지로 주위토지통행권 확인 판결을 받았다고 하더라도 토지통행권은 부동산등기법 제3조에서 정하는 등기할 사항이 아니므로 등기할 수 없다(선례 5-4). 또한 주위토지통행권 확인판결에 의하여서는 지역권설정등기도 할 수 없다(선례 7-322). [19 등기주사보 / 17 법무사]

③ 법령의 규정이 없으므로 선하부지의 공중공간에 상하의 범위를 정하여 송전선을 소유하기 위한 <u>구분임차권등기를 할 수도 없다</u>(선례 7-283). [19 등기주사보 / 18 등기주사보 / 16 법무사 / 15 법무사 / 12 법무사 / 10 법무사]

4. 등기할 수 있는 권리변동

등기할 수 있는 권리변동이란 부동산 물권의 득실변경을 의미한다. 즉 부동산물권의 보존, 이전, 설정, 변경, 처분의 제한, 그리고 소멸에 관한 등기사항이다(법 제3조).

(1) 물권변동과 관계 있는 등기사항(부동산등기법 제3조)

부동산에 관한 법률행위로 인한 물권의 득실변경은 등기하여야 그 효력이 있다(「민법」 제186조). 이 경우 등기는 그 물권변동의 효력발생요건이다. 즉 물권변동의 효력을 얻기 위해서는 등기를 하여야 하며 이를 실체법상의 등기사항이라고 한다. 절차법상 등기할 수 있는 권리는 법 제3조에 규정되어 있으며 이는 민법 제186조를 포함하는 넓은 개념이다.

등기는 부동산에 대한 권리(소유권, 지상권, 지역권, 전세권, 저당권, 권리질권, 채권담보권, 임차권)의 보존, 이전, 설정, 변경, 처분의 제한 또는 소멸에 대하여 한다(법 제3조). 이 규정은 등기할 수 있는 물권변동의 내용을 포괄적으로 나타낸 것이다.

1) 보존

보존이란 미등기 부동산에 관하여 최초의 등기를 함으로써 이미 가지고 있는 소유권의 존재를 확인하고 공시하는 것을 말한다. 보존등기를 할 수 있는 권리는 소유권뿐이다.

소유권보존등기는 소유권의 취득요건은 아니다. 예컨대 건물을 신축한 자는 건물의 완성으로 그 건물의 소유권을 취득하는 것이지 보존등기 시에 취득하는 것은 아니다. 소유권보존등기를 하는 경우로는 건물의 신축과 같이 부동산을 원시취득한 경우(법 제65조, 규칙 제121조), 미등기 부동산에 대한 처분제한 등기의 촉탁이 있는 경우에 등기관이 직권으로 보존등기를 하는 경우(법 제66조), 규약상 공용부분이라는 뜻을 정한 규약을 폐지한 경우(법 제47조 제2항) 등이 있다.

2) 이전

이전이란 어떤 사람에게 귀속되어 있던 권리가 다른 사람에게 옮겨가는 것을 의미한다. 이전은 양도될 수 있는 권리이면 허용되므로 소유권뿐만 아니라 소유권 외의 권리에도 인정된다. 권리의 이전은 법률행위 또는 법률의 규정에 의하여 이루어진다. 등기방법으로는 소유권이전등기는 주등기에 의하고, 소유권 외의 권리의 이전등기는 부기등기에 의한다(법 제52조 제2호).

3) 설정

설정이란 현재 유효한 물권 위에 소유권 외의 물권(제한물권) 또는 임차권을 창설하는 것을 말한다. 설정등기를 할 수 있는 권리는 제한물권(지상권, 지역권, 전세권, 저당권, 채권담보권, 권리질권)과 임차권이며, 설정의 목적이 되는 권리는 소유권인 경우가 일반적이지만, 지상

권이나 전세권도 저당권설정등기의 목적이 된다(「민법」제371조, 규칙 제131조 제2항). 설정등
기의 원인은 법률행위가 대부분이나 법정지상권과 같이 법률의 규정에 의하는 경우도 있다.

4) 변경(경정)

변경이란 협의의 변경등기와 경정등기를 포함하는 개념이다.

가. 변경등기

변경등기는 현재 효력이 있는 등기의 일부가 후발적인 사유로 실체관계와 불일치한 경
우에 이를 일치시키는 등기이다. 그 종류로는 부동산표시변경등기(증축, 지목변경 등),
등기명의인표시변경등기(개명, 주소변경 등), 권리변경등기(채권최고액 증감, 전세금
의 증감, 존속기간의 연장·단축 등)가 있다.

나. 경정등기

경정등기는 현재 효력이 있는 등기의 일부가 원시적인 사유(착오 또는 누락)로 실체관
계와 불일치한 경우에 이를 일치시키는 등기이다. 경정등기의 발생원인은 등기관의 착
오나 당사자의 신청착오로 인한 경우로 구별된다. 그 종류로는 부동산표시경정등기,
등기명의인표시경정등기, 권리경정등기가 있다.

5) 처분의 제한

가. 등기할 수 있는 경우

처분의 제한이란 소유권자나 그 밖의 권리자가 가지는 처분권능을 제한하는 것을 말한
다. 법상 재산권은 법률에 의하지 아니하고는 제한할 수 없기 때문에 이러한 제한은 반
드시 법률에 근거하여야 한다. 예를 들면, 환매특약(법 제53조), 권리소멸의 약정(법 제
54조), 공유물 분할금지의 약정(「민법」제268조 제1항, 법 제67조 제1항), 구분지상권
등기 시 토지사용의 제한(「민법」제289조의2 제1항, 법 제69조), 전세권의 양도 또는
담보제공 등의 금지(「민법」제306조 단서, 법 제72조 제1항 제5호), 저당권의 효력이
부합물 및 종물에 미치지 않는다는 약정(「민법」제358조 단서, 법 제75조), 가처분(「민
사집행법」제300조 등)·가압류(「민사집행법」제293조)·경매개시결정(「민사집행법」
제94조)·압류(「국세징수법」제45조)에 의한 처분제한의 등기 등이 여기에 해당한다.

나. 등기할 수 없는 경우

① 임차권부 채권(가)압류에 의한 처분제한등기는 법률에 근거가 없기 때문에 할 수 없
다(선례 8-131).

② 한편, 당사자 사이에 처분제한이나 그 밖의 특약이 있다고 하더라도 등기사항 법정
주의 원칙에 따라 그러한 사항을 등기하도록 하는 규정이 없으면 등기할 수 없다.
예를 들면, 행정청의 허가처분 시에 붙인 특약(선례 5-399)[1] 법무사, 저당권자의 승
낙 없이는 해당 부동산을 처분할 수 없다는 특약(선례 2-357)[1] 법무사, 시유지에 시
설물을 건설한 자가 50년간 사용한 후 시에 기부체납하기로 하는 약정(선례 7-253)
이 있다.

6) 소멸

소멸이란 어떠한 부동산에 대한 권리가 등기원인의 무효·취소·해제, 권리의 포기, 변제, 혼동, 목적물의 멸실과 같은 원시적 또는 후발적 사유로 인하여 없어지는 것을 말한다. 권리의 전부가 소멸하면 말소등기를 하고, 권리의 일부가 소멸하면 변경이나 경정등기를 하게 된다.

7) 가등기

① 가등기는 등기할 수 있는 (소유권, 지상권, 지역권, 전세권, 저당권, 권리질권, 채권담보권, 임차권)권리의 설정, 이전, 변경 또는 소멸의 청구권을 보전하려는 때, ② 그 청구권이 시기부 또는 정지조건부일 때, ③ 그 밖에 장래에 확정될 것인 때에 할 수 있다(법 제88조). 또 가등기담보법에 따른 담보가등기도 가능하다.

8) 등기능력 있는 특약 또는 제한사항

부동산등기법이나 특별법에서 특약사항 또는 금지사항에 관한 규정이 있다고 하여 모두 등기할 수 있는 것은 아니고 그러한 사항을 등기할 수 있도록 하는 법령상 근거가 있어야만 등기를 할 수 있다. 등기할 수 있는 특약 또는 제한사항 중 대표적인 것은 아래와 같다.

가. 부동산등기법 및 민법에 의한 특약사항의 등기

① 환매특약(법 제53조)

② 권리소멸의 약정(법 제54조)

③ 공유물 분할금지의 약정(「민법」 제268조 제1항, 법 제67조 제1항)

④ 구분지상권 등기 시 토지사용의 제한(「민법」 제289조의2 제1항, 법 제69조)

⑤ 전세권의 양도 또는 담보제공 등의 금지(「민법」 제306조 단서, 법 제72조 제1항 제5호)

⑥ 저당권의 효력이 부합물 및 종물에 미치지 않는다는 약정(「민법」 제358조 단서, 법 제75조) [1] 법무사

나. 특별법에 의한 특약 또는 제한 사항의 등기

① 「국유재산법」에 의한 국유재산 양여 등에 따른 특약등기

② 「공유수면 관리 및 매립에 관한 법률」 제46조 제2항 및 「공유수면 관리 및 매립에 관한 법률」 제35조 제5항의 규정에 의하여 매립지에 대한 소유권보존등기 시 소유권행사의 제한의 부기등기

③ 「한국주택금융공사법」 제43조의7 제2항에 따른 금지사항의 부기등기

④ 「주택법」 제61조 제3항에 따른 금지사항의 부기등기

⑤ 「주택법」 제64조 제4항에 따른 금지사항의 부기등기

⑥ 「주차장법」 제19조의24에 따른 부기등기

⑦ 「공유재산 및 물품 관리법」에 따른 공유재산의 양여계약 또는 매매계약 해제특약의 부기등기

⑧ 「보조금 관리에 관한 법률」 제35조의2 제1항에 따른 금지사항 등의 부기등기

⑨ 「민간임대주택에 관한 특별법」 제5조의2에 따른 부기등기 및 그 말소등기

⑩ 「지방자치단체 보조금 관리에 관한 법률」 제22조 제1항에 따른 부기등기

(2) 물권변동과 관계 없는 등기사항

1) 부동산표시 변경등기

부동산표시란 등기의 대상인 부동산(토지 및 건물)을 특정하기 위한 사항을 말하고 **부동산 표시의 등기**란 그러한 내용을 등기부상 기록한 것을 말한다.

부동산표시의 등기는 소유권보존등기를 할 때 등기기록의 표제부에 기록되며 부동산의 현황을 공시하게 된다. 그 후 **부동산표시에 변경사유**가 있으면 등기하여야 하는데 이를 부동산표시 변경등기라고 한다(법 제34조, 제40조 제1항 등).

2) 등기명의인표시 변경등기

등기명의인이란 권리에 관한 등기의 현재의 명의인, 즉 권리자를 말하고, **등기명의인의 표시**란 등기명의인의 성명(명칭), 주소(사무소소재지), 주민등록번호(부동산등기용등록번호)를 말한다.

등기명의인의 표시는 권리에 대한 내용이 기록될 때 갑구 또는 을구에 기록되며 권리자를 특정하는 수단으로 공시하게 된다. **등기명의인의 표시에 변경사유**가 있으면 등기명의인표시 변경등기를 할 수 있다(법 제48조 제1항 제5호, 제2항, 제3항, 규칙 제112조 제2항).

3) 구분건물의 표시등기

부동산의 표시에 관한 등기는 권리의 객체인 부동산의 현황을 명확히 하기 위하여 등기기록의 표제부에 기록하는 것에 불과하다. 따라서 당사자가 소유권보존등기의 신청은 하지 않고서 부동산의 표시에 관한 등기만 신청할 수 없음이 원칙이다. 다만 부동산등기법은 1동의 건물에 속하는 구분건물 중 일부만에 관하여 소유권보존등기를 신청하는 경우에는 나머지 구분건물의 표시에 관한 등기를 동시에 신청하도록 하였다(법 제46조). 1동의 건물에 속하는 다른 구분건물과의 관계를 명확히 하고 집합건물 공시의 혼란을 피하기 위한 것이다.

관련 기출지문

1 하천법상 하천에 대하여는 소유권보존등기나 소유권이전등기를 신청할 수 있으나, 저당권설정등기나 신탁등기는 신청할 수 없다. (×)
[19 법무사]

2 하천법상의 하천에 대하여도 저당권설정등기뿐만 아니라 지상권·전세권·임차권설정등기를 신청할 수 있다. (×)
[18 등기주사보]

3 건축물대장에 등록된 건축물은 모두 등기능력이 있다. (×)
[13 법무사]

4 현행 「부동산등기법」은 건물의 등기능력에 관하여 정착성, 외기분단성, 용도성을 그 요건으로 규정하고 있다. (×)
[13 법무사]

5 해수면 위에서 호텔 또는 상가로 사용할 목적으로 선박을 개조하고 해저 지면에 설치한 다수의 'H 빔' 형식의 기둥에 고정시켰다면 이는 부동산인 토지에 견고하게 정착된 건물로 인정할 수 있으므로 소유권보존등기를 신청할 수 있다. (×)　　　　　　　　　　　　　　　　　[20 등기서기보 / 19 등기주사보 / 15 법무사]

6 폐유조선 및 플로팅 도크(물 위에 떠 있는 건조용 도크)를 호텔 및 상업시설로 수선하고 해안가의 해저지면에 있는 암반에 앵커로 고정하였다면 건물소유권보존등기의 대상이 된다는 것이 실무이다. (×)　[13 법무사]

7 집합건물의 구조상 공용부분(복도, 계단 등)은 등기능력이 있으므로 독립하여 등기할 수 있다. (×)
　　[13 법무사]

8 아파트 관리사무소, 노인정 등과 같이 독립된 건물로서의 요건을 갖춘 경우라도 규약상 공용부분으로 지정되었다면 독립하여 등기할 수 없다. (×)　　　　　　　　　　　　　　　　　　　　　[23 등기서기보]

9 이 특례법에 따라 소유권보존등기를 신청할 수 있는 개방형 축사는 견고한 구조를 갖추고 있어야 하나, 통기성을 확보하기 위하여 지붕은 없어도 된다. (×)　　　　　　　　　　　　　　　[16 법원사무관]

10 이 특례법에 따라 소유권보존등기를 신청할 수 있는 개방형 축사는 연면적이 200㎡를 초과하여야 하므로, 축사 자체의 연면적이 200㎡ 이하라면 비록 부속건물인 퇴비사가 존재하여 축사와 부속건물의 연면적의 합이 200㎡를 초과하더라도 이 특례법에 따른 소유권보존등기를 할 수 없다. (×)　[16 법원사무관]

11 축사의 부동산등기에 관한 특례법에 따른 개방형 축사는 연면적이 300㎡를 초과해야 등기할 수 있다. 그 연면적산정에 있어서는 부속건물의 연면적도 포함된다. (×)　　　　　　　　　[15 등기서기보]

12 이 특례법에 따른 소유권보존등기 시에는 규칙 제121조 제2항의 건물의 표시를 증명하는 건축물대장정보나 그 밖의 정보를 제공하여야 한다. (×)　　　　　　　　　　　　　　　　　[18 등기주사보]

13 건축물대장정보에 의하여 등기할 건축물의 용도가 개방형 축사임을 알 수 없는 경우에는 시·구·읍·면의 장이 작성한 서면을 제공하지 않아도 된다. (×)　　　　　　　　　　[18 등기주사보]

14 개방형 축사의 소유권보존등기 신청서에는 건물의 표시를 증명하는 건축물대장 등본을 첨부하여야 하는데 건축물대장 등본을 첨부하지 못하는 경우, "소를 사육할 용도로 계속 사용할 수 있을 것"을 소명하기 위하여 건축허가신청서나 건축신고서의 사본(건축사가 작성한 축사 설계도 등), 그 밖에 건축물의 용도가 개방형 축사임을 알 수 있는 시장·군수·구청장이 작성한 서면 중 어느 하나를 제출하여야 한다. (×)
　　[18 법무사]

15 개방형 축사에 대한 보존등기를 신청할 때에는 이 법에 따라 등기를 신청한다는 뜻과 신청 근거규정으로 같은 법 제4조 및 법 제65조 각 호의 어느 하나에 해당하는 규정을 신청정보의 내용으로 등기소에 제공하여야 하며, 등기관은 갑구의 등기원인에 이 법에 따른 등기임을 기록한다. (×)　[18 등기주사보]

16 등기관이 개방형 축사에 대한 소유권보존등기를 실행할 때에는 등기기록 중 갑구의 소유권보존등기 끝부분에 이 특례법에 따른 등기임을 기록하여야 한다. (×)　　　　　　　　　[16 법원사무관]

17 1동의 건물이 여러 개의 건물부분으로 이용상 구분된 구분점포가 구분소유의 목적이 되기 위해서는 그 용도가 건축법상 판매시설 또는 운수시설이고 경계표지와 건물번호표지가 견고하게 설치되어 있어야 하며, 바닥면적의 합계가 1천제곱미터 이상일 것을 요한다. (×)　　　　　　　　[23 법무사]

18 토지의 지하공간에 상하의 범위를 정하여 송수관을 매설하기 위한 구분임차권등기도 신청할 수 있다. (×)　　　　　　　　　　　　　　　　　　　　　　　　　　　　　　　　　[19 등기주사보]

19 송전선 선하부지의 공중 공간에 상하의 범위를 정하여 송전선을 소유하기 위하거나 토지의 지하 공간에 상하의 범위를 정하여 송수관을 매설하기 위한 구분임차권등기는 힐 수 있다. (×)　[18 등기주사보]

20 공중공간 또는 지하공간에 상하의 범위를 정한 경우에는 구분임차권등기를 할 수 있다. (×)　[12 법무사]

21 부동산물권은 모두 등기할 수 있는 권리이므로 부동산유치권도 등기할 수 있다. (×)　[18 등기서기보]

02 절 등기소

Ⅰ. 의의

법원은 등기에 관한 사무를 관장하거나 감독하며(「법원조직법」 제2조 제3항), [22 등기서기보] 구체적으로는 지방법원과 소속지원이 관할구역 내의 등기사무를 관장한다(동법 제29조 제3항, 제31조 제4항).

그리고 지방법원(지원)은 사무의 일부를 처리하게 하기 위하여 그 관할구역 안에 등기소를 둘 수 있다(동법 제3조 제2항). 즉 등기소는 등기사무에 관한 권한을 가지고 등기사무를 담당하는 국가기관을 말한다.

따라서 등기소라는 명칭을 가진 관서뿐만 아니라 등기사무를 담당하는 지방법원의 등기국·등기과와 지원의 등기과·등기계도 하나의 등기소가 된다(법 제7조 참조).

그러나 법원행정처 부동산등기과는 등기소에 해당하지 않는다. [23 등기서기보]

등기소가 처음에 설치될 때에는 하나의 행정구역별로 하나의 등기소가 설치되었으나 대도시지역의 경우 여러 등기소를 통합하여 광역등기소를 설치하였다(서울중앙지방법원 등기국, 서울동부지방법원 등기국 등). 등기소의 설치 및 폐지와 관할구역의 지정은 대법원규칙으로 정하고 있다.

Ⅱ. 등기소의 관할

1. 원칙

등기사무는 부동산의 소재지를 관할하는 지방법원, 그 지원(支院) 또는 등기소(이하 "등기소"라 한다)에서 담당한다. [24 법무사 / 19 등기서기보]

지방법원 관내에 설치할 등기소와 그 관할구역은 「등기소의 설치와 관할구역에 관한 규칙」에서 정하고 있다. 등기소의 관할은 대체로 행정구역인 시·군·구를 기준으로 정해져 있다.

2. 예외

(1) 관련 사건의 관할에 관한 특례(법 제7조의 2)

개정 법률에서는 등기신청인의 시간적·경제적 부담을 완화하기 위하여 관할 등기소가 다른 여러 개의 부동산과 관련하여 등기목적과 등기원인이 동일한 등기신청 등이 있는 경우에는 그 중 하나의 관할 등기소에서 해당 신청에 따른 등기사무를 담당할 수 있도록 하기 위하여 아래의 규정이 신설되었다. [본조신설 2024.9.20, 시행일: 2025.1.31.]

① 관할 등기소가 다른 여러 개의 부동산과 관련하여 등기목적과 등기원인이 동일하거나 그 밖에 대법원규칙으로 정하는 등기신청이 있는 경우에는 그중 하나의 관할 등기소에서 해당 신청에 따른 등기사무를 담당할 수 있다.

② 등기관이 당사자의 신청이나 직권에 의한 등기를 하고 다음 각 호에서 정하는 바에 따라 다른 부동산에 대하여 등기를 하여야 하는 경우에는 그 부동산의 관할 등기소가 다른 때에도 해당 등기를 할 수 있다.

1. 등기관이 승역지에 지역권설정의 등기를 하였을 때에는 직권으로 요역지의 등기기록에 다음 각 호의 사항을 기록하여야 한다(법 제71조).

2. 등기관이 1개 또는 여러 개의 부동산에 관한 권리를 목적으로 하는 저당권설정의 등기를 한 후 동일한 채권에 대하여 다른 1개 또는 여러 개의 부동산에 관한 권리를 목적으로 하는 저당권설정의 등기를 할 때에는 그 등기와 종전의 등기에 각 부동산에 관한 권리가 함께 저당권의 목적으로 제공된 뜻을 기록하여야 한다(법 제78조 제4항).

3. 여러 개의 부동산에 관한 권리를 목적으로 하는 전세권설정의 등기를 하는 경우에도 위 2.를 준용한다(법 제72조 제2항).

4. 기타 대법원규칙으로 정하는 바에 따라 다른 부동산에 대하여 등기를 하여야 하는 경우

③ 제1항의 등기를 신청하는 경우의 신청정보 제공방법과 같은 항 및 제2항에 따른 등기사무의 처리 절차 및 방법 등에 관하여 필요한 사항은 대법원규칙으로 정한다.

(2) 상속·유증 사건의 관할에 관한 특례(법 제7조의 3)

등기신청인의 시간적·경제적 부담을 완화하기 위하여 상속·유증으로 인한 등기신청의 경우에는 부동산의 관할 등기소가 아닌 등기소에서도 그 신청에 따른 등기사무를 담당할 수 있도록 하기 위하여 아래의 규정이 신설되었다. [본조신설 2024.9.20. 시행일: 2025.1.31.]

① 상속 또는 유증으로 인한 등기신청의 경우에는 부동산의 관할 등기소가 아닌 등기소도 그 신청에 따른 등기사무를 담당할 수 있다.

② 제1항에 따른 등기신청의 유형과 등기사무의 처리 절차 및 방법 등에 관하여 필요한 사항은 대법원규칙으로 정한다.

(3) 관할 등기소의 지정(법 제7조 제2항)

1) 의의

등기사무는 부동산의 소재지를 관할하는 등기소가 관할함이 원칙이다(법 제7조 제1항). 다만 부동산이 여러 등기소의 관할구역에 걸쳐 있는 경우 그 부동산에 대한 최초의 등기신청을 하고자 하는 자는 각 등기소를 관할하는 상급법원의 장에게 관할등기소의 지정을 신청하여야 한다(법 제7조 제2항, 규칙 제5조). [19 등기주사보] 왜냐하면, 이러한 경우 관할의 지정을 받은 등기소만이 관할권을 가지기 때문이다.

이 경우 상급법원의 장이라 함은 여러 등기소가 동일 지방법원 관내일 때에는 그 지방법원의 장, 동일 고등법원 관내일 때에는 그 고등법원의 장, 고등법원의 관할구역을 달리할 때에는 대법원장을 말한다(선례 7-8).

다만 이미 등기되어 있는 건물이 증축 또는 부속건물의 신축에 의하여 여러 등기소 관할구역에 걸치게 되는 경우에는 관할의 지정절차를 거칠 필요 없이 종전 건물의 등기소에 관할권이 있다고 보는 것이 간명할 것이다. [19 등기주사보]

2) 관할지정의 업무절차

① 부동산이 여러 등기소의 관할구역에 걸쳐 있는 경우 그 부동산에 대한 최초의 등기신청을 하고자 하는 자는 각 등기소를 관할하는 상급법원의 장에게 관할등기소의 지정을 신청하여야 한다(규칙 제5조 제1항). [19 등기서기보 / 12 법무사]

② 단지를 구성하는 여러 동의 건물 중 일부 건물의 대지가 다른 등기소의 관할에 속하는 경우에 그 건물에 대한 최초의 등기를 신청하고자 하는 자는 상급법원의 장에게 관할등기소의 지정을 신청하여야 한다(규칙 제5조 제7항). [12 법무사]

③ 관할등기소의 지정 신청은 해당 부동산의 소재지를 관할하는 등기소 중 어느 한 등기소에 신청서를 제출하는 방법으로 하며, 그 등기소에서는 신청서 및 첨부서면의 적정 여부를 심사한 후 즉시 상급법원의 장에게 송부하여야 한다(규칙 제5조 제2항 [19 등기주사보 · 등기서기보 / 12 법무사]). 지정신청서를 지방법원에 제출하지 않음에 주의한다.

④ 상급법원의 장은 부동산의 소재지를 관할하는 등기소 중 어느 한 등기소를 관할등기소로 지정하여야 한다(규칙 제5조 제3항). 이 경우 건축물대장을 관리하는 소관청의 소재지 등기소를 관할등기소로 지정하는 것이 신청인의 편의와 등기소의 업무처리상 적정할 것이다.

⑤ 상급법원의 장은 관할등기소를 지정한 즉시 관할등기소 지정서를 신청인에게 우편으로 송부하여야 한다. [12 법무사]

⑥ 관할등기소의 지정을 신청한 자가 관할등기소에 등기 신청을 할 때에는 관할등기소의 지정이 있었음을 증명하는 정보를 첨부정보로서 등기소에 제공하여야 한다. [19 등기서기보 / 12 법무사]

⑦ 지정된 등기소의 등기관이 등기를 하였을 때에는 지체 없이 그 사실을 다른 등기소에 통지하여야 하며(규칙 제5조 제5항), 통지를 받은 등기소는 전산정보처리조직으로 관리되고 있는 관할지정에 의한 등기부목록에 통지받은 사항을 기록하여야 한다(규칙 제5조 제6항). 이는 중복등기를 방지하기 위함이다.

(4) 관할의 위임(법 제8조)

대법원장은 천재지변, 등기업무량, 교통사정 등 등기사무 처리의 편의를 고려하여 어느 등기소의 관할에 속하는 사무를 다른 등기소에 위임하게 할 수 있다(법 제8조). [24 법무사] 이 경우에는 관할의 위임을 받은 등기소만이 관할권을 갖게 된다.

(5) 관할의 변경 등(법 제9조, 예규 1433)

1) 관할변경의 경우

가. 의의

관할의 변경이란 행정구역의 변경이나 등기소의 신설·폐지 등으로 인하여 어느 부동산의 소재지가 다른 등기소의 관할로 바뀌는 것을 말한다. 이렇게 어느 부동산의 소재지가 다른 등기소의 관할로 바뀌었을 때에는 종전의 관할 등기소는 전산정보처리조직을 이용하여 그 부동산에 관한 등기기록의 처리권한을 다른 등기소로 넘겨주는 조치를 하여야 한다(법 제9조). [24 법무사]

나. 관할변경의 절차

(가) 구관할 등기소

가) 등기기록의 이관조치 등

부동산의 소재지가 다른 등기소의 관할로 변경된 경우에는 관할이 변경된 부동산의 등기기록에 대하여 전산정보처리조직을 이용하여 신관할 등기소로 처리권한을 넘겨주는 조치를 하여야 한다. 위 조치가 완료된 경우에는 등기관은 전산정보처리조직을 이용하여 인수인계서를 작성하여야 한다.

나) 건물대지 일부의 관할 변경으로 인하여 1개의 건물이 2개 이상의 등기소의 관할에 걸치게 된 때

종전 관할 등기소에서 관할하되 관할의 지정을 받아 등기하려는 경우에 준하여 건물대지의 일부가 변경된 등기소에 그 취지를 통지하여야 한다.

다) 안내사항

관할의 변경이 있는 등기소에서는 관할변경일 2주일 전부터 4주간 등기소 창구에 관할변경사실을 고지하는 안내문을 게시하여 신청인들의 편의를 도모토록 조치한다.

라) 보고사항

인수인계가 완료된 때에는 위 인수인계서의 부본 1부를 첨부한 보고서를 작성하여 소속지방법원장에게 보고하고 지방법원장은 대법원장에게 그 결과를 보고하여야 한다.

(나) 신관할 등기소

가) 구관할 등기소로부터 관할변경된 부동산에 대한 등기기록의 처리권한을 넘겨주는 조치가 완료된 때에는 등기기록의 표제부 등기원인 및 기타사항란에 관할변경의 사유와 그 연월일을 기록하고 등기관이 「부동산등기규칙」 제7조의 식별부호를 기록하여야 한다.

나) 등기관은 「부동산등기법」 제31조(행정구역의 변경)의 규정에 불구하고 표제부에 기록되어 있는 행정구역의 명칭을 변경하여야 한다.

2) 등기소의 신설

1개소 또는 수개소의 등기소 관할구역을 분리하여 새로 등기소를 신설한 경우에도 위의 요령에 준하여 처리한다.

3) 관할 내의 행정구역 또는 그 명칭이 변경된 경우

행정구역 또는 그 명칭이 변경된 경우에 등기관은 직권으로 그 변경에 따른 부동산의 표시변경등기를 하여야 한다. 이 부동산의 표시변경등기는 등기소의 업무사정을 고려하여 해당 부동산 모두에 대하여 순차로 하여야 하며, 그 표시변경등기가 완료되기 전에 그 부동산에 관한 다른 등기의 신청이 있는 때에는 즉시 그 등기에 부수하여 표시변경등기를 하여야 한다.

(6) 관할 위반의 등기

등기사무는 부동산의 소재지를 관할하는 등기소가 관할함이 원칙이다(법 제7조 제1항). 따라서 관할위반의 등기신청이 있거나 사건이 등기할 것이 아닌 경우에 해당하는 등기신청이 있는 경우에는 등기관은 각하하여야 하며(법 제29조 제1호, 제2호) 이를 간과한 등기는 실체관계에 부합하는지 여부를 불문하고 당연무효이다. [19 등기주사보] 이러한 당연무효등기를 그대로 둔다면 불필요한 혼란과 사고의 원인이 되기 때문에 등기관이 이러한 등기기록을 발견하면 법 제58조의 절차(등기권리자, 등기의무자와 등기상 이해관계 있는 제3자에게 1개월 이내의 기간을 정하여 그 기간에 이의를 진술하지 아니하면 등기를 말소한다는 뜻을 통지하는 등의 절차. 사전통지)를 통해 직권말소하여야 한다(법 제58조, 규칙 제117조). [21 등기사무7보 / 17 등기주사보·법원사무관·법무사] 만약 등기관이 이를 직권으로 말소하지 않고 있다면 등기신청인과 등기상 이해관계 있는 제3자는 무효인 등기의 말소등기를 실행하라는 취지의 이의신청을 할 수 있다(법 제100조 이하).

3. 등기사무의 정지(법 제10조)

대법원장은 다음 각 호의 어느 하나에 해당하는 경우로서 등기소에서 정상적인 등기사무의 처리가 어려운 경우에는 기간을 정하여 등기사무의 정지를 명령하거나 대법원규칙으로 정하는 바에 따라 등기사무의 처리를 위하여 필요한 처분을 명령할 수 있고, 대법원규칙으로 정하는 바에 따라 정지명령에 관한 권한을 법원행정처장에게, 처분명령에 관한 권한을 법원행정처장 또는 지방법원장에게 위임할 수 있다(법 제10조). [전문개정 2024.9.20, 시행일: 2025.1.31.]

1. 「재난 및 안전관리 기본법」 제3조 제1호의 재난이 발생한 경우
2. 정전 또는 정보통신망의 장애가 발생한 경우
3. 그 밖에 제1호 또는 제2호에 준하는 사유가 발생한 경우

등기소가 화재나 수해를 입었거나 또는 사변 등으로 실제 등기사무의 처리가 불가능하게 되었을 경우에 등기사무의 정지를 명령할 수 있는 것이다.

정지기간 중에 한 등기는 무효이며, 이는 법 제29조 제2호의 사건이 등기할 것이 아닌 경우에 해당하므로, 이를 간과하고 경료된 등기는 당연무효로서 직권말소 및 이의신청의 대상이 된다.

관련 기출지문

1 등기소는 그 명칭에 관계없이 등기사무를 담당하는 국가기관을 말하는 것이므로, 등기사무를 담당하는 지방법원의 등기국, 등기과와 그 지원의 등기과 또는 등기계 그리고 법원행정처 부동산등기과도 등기소에 해당한다. (×)
[23 등기서기보]

2 부동산이 여러 등기소의 관할구역에 걸쳐 있는 경우 그 부동산에 대한 최초의 등기신청을 하고자 하는 자는 각 등기소를 관할하는 각 지방법원의 장에게 관할등기소의 지정을 신청하여야 한다. (×) [19 등기서기보]

3 관할등기소의 지정신청은 해당 부동산의 소재지를 관할하는 각 등기소의 상급법원에 신청서를 제출하는 방법으로 한다. (×)
[12 법무사]

4 건물의 소유권보존등기 시에 그 소재 토지가 여러 등기소의 관할에 걸치는 경우나 이미 등기되어 있는 건물이 부속건물의 신축에 의하여 여러 등기소의 관할에 걸치는 경우에는 관할 등기소의 지정을 신청하여야 한다. (×)
[24 법무사]

5 등기사무는 부동산의 소재지를 관할하는 등기소에서 처리함이 원칙이며, 관할위반의 등기는 관할의 변경 등의 방법으로 처리한다. (×)
[19 등기주사보]

03 절 등기관

I. 의의

등기관은 지방법원장(등기소의 사무를 지원장이 관장하는 경우에는 지원장을 말한다. 이하 같다)의 지정을 받아 지방법원, 그 지원 또는 등기소에서 등기사무를 처리하는 자를 말한다. 등기관은 등기소에 근무하는 법원서기관·등기사무관·등기주사 또는 등기주사보(법원사무관·법원주사 또는 등기주사보 중 2001년 12월 31일 이전에 시행한 채용시험에 합격하여 임용된 사람을 포함한다) 중에서 지방법원장 또는 지원장이 지정한다. 따라서 등기서기·등기서기보는 등기관으로 지정받을 수 없다.

등기과·소장은 별도로 등기관으로 지정한다는 명령이 없더라도 등기과·소장의 임명에 그 뜻이 당연히 포함된 것으로 보는 것이 실무의 태도이다. [18 등기주사보] 등기관으로 지정되었던 자가 전임·퇴임 등의 사유로 해당 관직을 이탈한 때, 휴직 또는 정직의 경우에는 등기관 지정이 취소된 것으로 본다.

II. 등기관의 권한과 책임

1. 등기관의 권한

① 등기관은 등기사건의 처리에 관해서는 자기의 권한과 책임하에 독자적으로 등기사무를 처리하는 독립관청으로써 그 직무권한에 있어 독립성을 가진다.

② 업무처리의 독립성을 가진다 하더라도 등기관은 법원직원으로서 상사(지방법원장·지원장·등기과장·등기소장 등)의 지휘감독에 복종하고 일반 행정지시와 감독에 따라야 한다. [22 등기서기보 / 18 등기주사보]

③ 또한, 등기소장은 보정명령의 적정 여부에 관하여 철저히 감독을 하여야 하므로(예규 1773) [20 법무사], 등기관이 개별 등기신청에 대한 보정명령을 할 것인지, 한다면 어떠한 내용의 보정명령을 할 것인지에 대하여 의문이 있는 경우에는 등기소장과 협의하는 것이 바람직하다.

2. 등기관의 책임

등기관은 상관으로부터 행정적 지시는 받을 수 있지만 등기사건의 처리에 관해서는 상사로부터 독립하여 등기사무를 처리할 수 있는 권한과 책임이 있다. 따라서 각자 자기 책임하에 사건을 처리하고 위법부당한 사건 처리에 대하여는 처리자인 등기관 개인이 스스로 책임을 진다(예규 1364). [22 등기서기보]

따라서 등기관이 등기사무를 처리한 때에는 등기사무를 처리한 등기관이 누구인지 알 수 있는 조치를 하여야 한다(법 제11조 제4항). [23 등기서기보]

등기관은 국가공무원이므로 등기관이 그 직무를 집행하면서 고의 또는 과실로 법령을 위반하여 타인에게 손해를 끼친 경우에는 당연히 국가가 그 손해를 배상하여야 한다(「국가배상법」 제2조 제1항).

이 경우 등기관에게 고의 또는 중대한 과실이 있으면 국가는 그 등기관에게 구상할 수 있다(「국가배상법」 제2조 제2항). [23 등기서기보]

III. 등기관의 사무분장 방법

등기관이 2명 이상인 등기소에서는 등기신청사건의 배당을 전산시스템에 의하여 무작위 균등 배당방식으로 하여야 한다. [19 등기주사보]

다만 ① 다른 등기사건이 먼저 접수되어 처리가 완료되지 아니한 부동산에 대하여 등기사건이 접수된 경우, ② 토지와 그 지상의 건물 또는 동일한 부동산에 대하여 여러 건의 등기사건이 접수된 경우, ③ 동일한 피상속인의 사망으로 인하여 개시된 상속 등 같은 등기원인에 기초한 여러 건의 등기사건이 접수된 경우, ④ 등기신청인 또는 그 대리인이 연건으로 표시한 여러 건의 등기사건이 접수된 경우, ⑤ 그 밖에 등기사무의 효율적인 처리를 위하여 여러 건의 등기사건을 같은 등기관이 처리하는 것이 필요한 경우에는 해당 등기사건을 같은 등기관에게 배당할 수 있다. [19 등기주사보]

등기관의 사무와 관련하여 ① 직권으로 하는 등기는 관련된 등기사건을 처리하거나 처리하였던 등기관이, 관할 지방법원의 명령에 따른 등기는 관련된 처분을 하였던 등기관이[19 등기주사보], ② 인사이동·사무분담의 변경 등으로 인하여 제1항 또는 제2항의 등기관이 없는 경우에는 사무분담상의 후임 등기관이 처리한다. 이 경우 후임 등기관이 누구인지 불분명할 때에는 등기소장이 담당 등기관을 지정한다.

부동산등기법 제51조의 규정에 따른 확인조서는 그 등기사건을 배당받은 등기관이 작성하여야 한다. 즉 확인조서는 등기필정보가 없는 등기의무자가 등기소에 출석하여 등기신청을 한 경우에 담당 등기관이 그 등기의무자를 직접 확인하고 작성하는 것이므로, 등기관이 등기신청 없이 단지 확인조서만을 작성할 수는 없다(선례 202005-2).

등기의 배당과 관련하여 착오로 이 예규의 규정과 다르게 배당된 경우, 담당 등기관이 배당된 등기사건을 처리함에 현저히 곤란한 사유가 있거나 공정성에 대한 오해의 우려가 있다고 판단하여 재배당을 요구한 경우에는 등기사건을 재배당할 수 있다. [19 등기주사보]

IV. 등기관의 업무처리 제한(법 제12조)

등기관은 자기, 배우자 또는 4촌 이내의 친족(이하 "배우자 등"이라 한다)이 등기신청인인 때에는 그 등기소에서 소유권등기를 한 성년자로서 등기관의 배우자 등이 아닌 자 2인 이상의 참여가 있어야 그 등기사무를 처리할 수 있다. [23 등기서기보 / 19 등기주사보] 이는 배우자 등의 관계가 끝난 후에도 같다(법 제12조 제1항).

이 경우 등기관은 참여조서를 작성하여 참여인과 같이 기명날인 또는 서명을 하여야 한다(법 제12조 제2항).

> **관련 기출지문**
>
> **1** 등기관은 독립하여 등기사건을 처리하므로 등기과장 또는 등기소장의 행정적 지시를 받지 아니한다. (×)
>
> [22 등기서기보]
>
> **2** 등기사무의 공정성을 기하기 위하여 등기관이 등기사무를 처리한 때에는 등기사무를 처리한 등기관이 누구인지 알 수 없도록 조치하여야 한다. (×)
>
> [23 등기서기보]
>
> **3** 등기관이 고의·과실로 부당한 처분을 함으로써 사인에게 손해를 입힌 경우에는 「국가배상법」에 따라 국가가 배상책임을 지며, 등기관에게 고의 또는 경과실이 있으면 국가는 그 등기관에게 구상할 수 있다. (×)
>
> [23 등기서기보]

04 절 등기에 관한 장부

등기소는 등기사무의 집행에 필요한 장부 등을 갖추어야 한다(규칙 제21조 등). 등기소가 갖추어야할 장부로는 법과 규칙에 의하여 필수적으로 비치하여야 하는 장부와 등기소의 운영에 필요한 일반서무 및 용도에 관한 장부가 있다.

Ⅰ. 일반 등기부

1. 의의

부동산등기법 제2조 등	
등기기록	1필의 토지 또는 1개의 건물에 관한 등기정보자료를 말한다. [23 등기서기보·법무사]
등기부	전산정보처리조직에 의하여 입력·처리된 등기정보자료를 대법원규칙으로 정하는 바에 따라 편성한 것을 말한다.
등기부부본자료	등기부와 동일한 내용으로 보조기억장치에 기록된 자료를 말한다.
등기필정보	등기부에 새로운 권리자가 기록되는 경우에 그 권리자를 확인하기 위하여 등기관이 작성한 정보를 말한다.
등기완료통지	등기관이 등기를 마쳤을 때 대법원규칙으로 정하는 바에 따라 신청인 등에게 그 사실을 알리는 행위를 말한다.

현재의 등기부는 전산정보처리조직에 의하여 입력·처리된 등기정보자료를 편성·기록한 기억장치(자기디스크, 자기테이프 그 밖에 이와 유사한 방법으로 일정한 등기사항을 기록·보관할 수 있는 전자적 정보저장매체를 포함한다)를 말한다(법 제2조 제1호, 제11조 제2항, 규칙 제18조). **전산화 전의 등기부**란 부동산에 관한 부동산의 표시 또는 권리관계에 관한 사항을 기재하는 공적인 종이장부를 말했다.

앞서 본 바와 같이 우리나라는 토지와 건물을 별개의 부동산으로 보므로(「민법」 제99조), 등기부도마찬가지로 **토지등기부와 건물등기부를 구분하여 두고 있다**(법 제14조 제1항). [19 등기주사보] 또한우리나라는 부동산등기법 제15조 본문에서 "등기부를 편성할 때에는 1필의 토지 또는 1개의 건물에 대하여 1개의 등기기록을 둔다."고 규정함으로써 물적편성주의 및 1부동산 1등기기록주의를취하고 있다. 즉 **1개의 부동산에 대하여는 1개의 등기기록만을 사용한다**. [17 등기주사보 / 15 등기서기보]따라서 ① 1개의 등기기록에 여러 부동산에 대한 등기를 하는 것, ② 1개의 등기기록에 1개의부동산의 일부만에 대한 등기를 하는 것(지분만에 대한 소유권보존등기), ③ 1개의 부동산에 대하여 2 이상의 등기기록을 두는 것(중복등기) 등은 허용되지 아니한다.

등기관이 등기를 마쳤을 때에는 **등기부부본자료를 전산정보처리조직으로 작성하여야 하며, 법원행정처장이 지정하는 장소에 보관하고 등기부와 동일하게 관리하여야 한다**(법 제16조). [19 등기주사보]

2. 등기부의 변환과정

등기부의 형태는 부책식(장부식) 등기부, 카드식 등기부(보관철식 등기부), 전산등기부로 변화되어 왔다(부동산등기실무 I p.82 이하).

종이 수작업폐쇄등기부를 제외하고는 현재의 등기부는 모두 전산등기부로서, 전산정보처리조직에 의하여 입력·처리된 등기정보자료를 편성·기록한 기억장치가 전산등기부이다(법 제2조 제1호, 제11조 제2항, 규칙 제18조 등 참조). **전산등기부의 도입으로 등기사항증명서는 관할에 관계없이 발급이 가능하게 되었고, 인터넷을 통한 온라인 발급도 가능하게 되었다.** 따라서 등기사항증명서 발급을 위한 소요시간이 단축되었고 지역적 한계도 극복되었다.

(1) 일반적인 등기기록

등기기록에는 부동산의 표시에 관한 사항을 기록하는 표제부와 소유권에 관한 사항을 기록하는 갑구 및 소유권 외의 권리에 관한 사항을 기록하는 을구를 둔다(법 제15조 제2항). [16 법무사] 이에 따라 등기기록은 양식은 표제부와 갑구·을구로 구분되어 있다.

1) 부동산고유번호

등기기록을 개설할 때에는 1필의 토지 또는 1개의 건물마다 부동산고유번호를 부여하고 이를 등기기록에 기록하여야 한다.

구분건물에 대하여는 전유부분마다 부동산고유번호를 부여한다(규칙 제12조). [23 등기서기보]

2) 표제부

① 표제부란 부동산의 표시에 관한 사항을 기록하는 란이다(법 제15조 제2항).

② 토지등기기록의 표제부에는 **표시번호란**(순위번호란×), **접수란**(접수연월일○ / 접수번호×), **소재지번란, 지목란, 면적란, 등기원인 및 기타사항란**을 두고(규칙 제13조 제1항)[20 법무사(5) / 17 법무사 / 16 등기서기보·법무사], 토지의 표시로서 소재와 지번, 지목, 면적을 기록하여야 한다. [17 등기서기보]

③ **건물등기기록의 표제부에는 표시번호란**(순위번호란×), **접수란**(접수연월일○ / 접수번호×), **소재지번 및 건물번호란, 건물내역란, 등기원인 및 기타사항란**을 둔다(규칙 제13조 제1항). 등기관은 같은 지번 위에 1개의 건물만 있는 경우에는 건물번호는 기록하지 아니한다. [17 등기서기보] 건물의 등기기록 표제부에는 **건물의 종류, 구조와 면적** 등을 기록하되, **부속건물이 있는 경우에는 부속건물의 종류, 구조와 면적도 함께 기록한다.** [23 법무사]

[토지] 서울특별시 서초구 개포동 10   고유번호 1234-1234-123456

[표제부]	(토지의 표시)				
표시번호	접수	소재지번	지목	면적	등기원인 및 기타사항
1	2011년 5월 3일	서울특별시 서초구 개포동 10	대	100㎡	

[건물] 서울특별시 서초구 서초동 151   고유번호 1234-1234-123457

[표제부]		(건물의 표시)		
표시번호	**접수**	**소재지번 및 건물번호**	**건물내역**	**등기원인 및 기타사항**
1	2012년 7월 24일	서울특별시 서초구 서초동 151 [도로명주소] 서울특별시 서초구 명달로22길 23	철근콘크리트조 철근콘크리트지붕 2층 사무실 1층 200㎡ 2층 200㎡	

3) 갑구

① 갑구는 소유권에 관한 사항을 기재하는 란이다(법 제15조 제2항).

② 갑구와 을구에는 순위번호란, 등기목적란, 접수란, 등기원인란, 권리자 및 기타사항란을 둔다(규칙 제13조 제2항). [16 등기서기보ㆍ법무사]

③ 갑구에 기록되는 권리는 소유권보존등기ㆍ소유권이전등기ㆍ소유권이전청구권가등기ㆍ소유권의 변경등기ㆍ소유권의 경정등기ㆍ소유권의 처분제한의 등기 등이 있다.

④ 피보전권리가 지상권 또는 전세권 등의 설정등기청구권인 경우라도 그 청구권을 보전하기 위하여 소유권에 처분금지가처분을 하는 경우에는 갑구에 기록하여야 한다.

[갑구]		(소유권에 관한 사항)		
순위번호	**등기목적**	**접수**	**등기원인**	**권리자 및 기타사항**
1	소유권보존	2000년 1월 15일 제1021호		소유자 김갑을 640506-******* 서울특별시 강북구 번동 462
2	소유권이전	2002년 1월 29일 제1754호	2002년 1월 28일 매매	소유자 김을병 510516-******* 서울특별시 서대문구 홍제동 2
3	소유권이전	2012년 10월 9일 제85432호	2012년 10월 7일 매매	소유자 김이남 460325-******* 서울특별시 중구 정동길 3(정동) 거래가액 금120,000,000원

4) 을구

① 을구는 소유권 외의 권리에 관한 사항을 기재하는 란으로써(법 제15조 제2항), 갑구의 양식과 같다(규칙 제13조 제2항).

② 을구에 기록되는 권리는 소유권 외의 권리, 즉 지상권ㆍ지역권ㆍ전세권ㆍ(근)저당권ㆍ권리질권ㆍ채권담보권 및 임차권 등에 관한 사항을 기록한다(법 제3조, 법 제15조 제2항).

③ 을구에 기록할 사항이 없는 때에는 이를 두지 않는다.

[을구]		(소유권 외의 권리에 관한 사항)		
순위번호	등기목적	접수	등기원인	권리자 및 기타사항
1	근저당권설정	2012년 3월 15일 제3691호	2012년 3월 14일 설정계약	채권최고액 금 60,000,000원 채무자 김한울 　　서울특별시 종로구 율곡로 16(원서동) 근저당권자 이겨레 750614-******* 　　서울특별시 종로구 창덕궁길100(계동)

(2) 구분건물의 등기기록(규칙 제14조)

구분건물	구분건물은 외형상 1동의 건물을 구조상 구분된 수개의 부분으로 나누어 독립한 소유권의 객체로 삼은 것을 말한다.	
전유부분	전유부분은 1동의 건물 중 구조상, 이용상 독립성의 요건을 갖추고 구분소유권의 객체가 된 건물부분을 말한다. 즉 전유부분은 구분소유권의 목적이 되고, 구분소유자의 배타적 사용·수익·처분의 권능이 미치는 건물부분을 말한다.	
공용부분	공용부분은 전유부분 이외의 건물부분이며, 구조상 공용부분과 규약상 공용부분으로 나누어 진다.	
	구조상 공용부분	구조상 공용부분은 등기능력이 없으므로 소유권보존등기를 할 수 없고, 복도·계단·집합건물의 옥상 등이 있다.
	규약상 공용부분	규약상 공용부분은 등기능력이 있으므로 소유권보존등기를 할 수 있고, 아파트관리사무소·노인정 등이 있다.
구분건물의 대지	① 구분건물의 대지는 1동의 건물이 소재하는 토지와 규약으로써 일체로 관리할 것으로 정한 토지를 말한다. ② 구분건물의 대지는 등기기록상 대지가 아니더라도 상관없으므로 잡종지인 경우에도 대지권등기를 신청할 수 있다.	
	법정대지	법정대지는 1동 건물이 소재하는 토지이다.
	규약상 대지	규약상 대지는 법정대지 이외의 토지이며, 반드시 건물과 인접할 필요는 없다.
대지사용권	① 대지사용권은 구분건물을 소유하기 위하여 건물의 대지에 대하여 가지는 실체법상 권리로서 전유부분에 대하여 종된 권리로서의 성질을 갖는다. ② 따라서 대지사용권의 분리처분이 가능하도록 규약으로 정하였다는 등의 특별한 사정이 없는 한 전유부분에 대한 처분이나 압류 등의 효력은 종된 권리인 대지사용권에까지 미친다. ③ 대지사용권은 소유권인 것이 보통이나, 지상권, 전세권, 임차권 등도 대지사용권이 될 수 있다.	
대지권	대지권은 대지사용권 중에서 규약이나 공정증서로 특별히 분리처분할 수 있음을 정하지 않은 것을 말한다.	

[구분건물] 서울특별시 서초구 반포동 151-1 제101동 제1층 제101호

고유번호 1234-1234-123458

[표제부]		(1동의 건물의 표시)		
표시 번호	접수	소재지번, 건물명칭 및 번호	건물내역	등기원인 및 기타사항
1	2012년 5월 20일	서울특별시 서초구 반포동 151-1 서초아파트 제101동 [도로명주소] 서울특별시 서초구 동광로27길 61	철근콘크리트조 슬래브지붕 5층 아파트	도면 제2012-115호

		(대지권의 목적인 토지의 표시)		
표시 번호	소재지번		지목	면적	등기원인 및 기타사항
1	서울특별시 서초구 반포동 151-1		대	1,000㎡	2012년 5월 20일

[표제부]		(전유부분의 건물의 표시)		
표시 번호	접수	건물번호	건물내역	등기원인 및 기타사항
1	2012년 5월 20일	제1층 제101호	철근콘크리트조 90㎡	도면 제2012-115호

		(대지권의 표시)		
표시 번호	대지권종류	대지권비율	등기원인 및 기타사항
1	소유권대지권	1000분의 2	2012년 4월 30일 대지권 2012년 5월 20일

구분건물이란 1동 건물의 일부분이 독립한 건물로서 구분소유권의 객체가 되는 것을 말한다. 구분건물이 되기 위해서는 **객관적**으로 그 건물이 구조상·이용상 독립성을 갖추고 있어야 하며 **주관적**으로는 소유자의 구분행위(1동의 건물의 일부를 구분소유권의 객체로 하려는 소유자의 의사표시)가 있어야 한다(대판 1999.7.27, 98다35030).

구분건물의 요건(구조상 독립성 및 이용상 독립성)을 갖춘 1동의 건물을 신축한 경우 소유자는 1동 전체를 단독건물로 등기할 수도 있고, 1동의 건물을 각각 구분하여 구분건물로 등기할 수도 있다. 또한 단독건물로 등기한 후 구분건물로 변경할 수도 있고, 구분건물을 단독건물로 변경할 수도 있다.

구분건물의 경우 전유부분인 구분건물과 1동 전체의 건물과는 밀접한 관계에 있고, 각 구분건물이 1동의 건물 중에서 차지하는 위치관계나 다른 구분건물과의 관계가 등기기록상 명확히 표시되어야 할 필요도 있다. 따라서 구분건물의 등기기록은 1동 전체에 대한 표제부 기록을 두고 그 밖에 각 전유부분마다 전유부분 표제부·갑구·을구 기록을 두어 이를 합친 전체를 1등기기록으로 본다.

일반적인 등기기록에는 부동산의 표시에 관한 사항을 기록하는 표제부와 소유권에 관한 사항을 기록하는 갑구 및 소유권 외의 권리에 관한 사항을 기록하는 을구를 둔다(법 제15조 제2항). [16 등기서기보 · 법무사]

그러나 1동의 건물을 구분한 건물에 있어서는 1동의 건물에 속하는 전부에 대하여 1개의 등기기록을 사용하게 한다(법 제15조 제1항 단서). [23 등기서기보·법무사 / 22 등기서기보]

이러한 구분건물등기기록에는 1동의 건물에 대한 표제부를 두고 전유부분마다 표제부, 갑구, 을구를 둔다(규칙 제14조 제1항). [16 등기서기보 · 법무사] **구분건물에 대한 등기사항증명서의 발급에 관하여도 1동의 건물의 표제부와 해당 전유부분에 관한 등기기록을 1개의 등기기록으로 본다**(규칙 제30조 제3항). [23 등기서기보·법무사 / 22 등기서기보] 집합건물의 경우 여러 개의 부동산임에도 1개의 등기기록만 개설하여야 하기 때문이다.

1) 1동 건물의 표제부

1동 건물의 표제부는 "1동의 건물의 표시"와 "대지권의 목적인 토지의 표시"로 구성된다.

구분건물의 등기기록 중 **1동의 건물의 표제부**("1동의 건물의 표시")에는 표시번호란, 접수란, 소재지번·건물명칭 및 번호란, 건물내역란, 등기원인 및 기타사항란을 둔다. 다만 구분한 각 건물 중 대지권이 있는 건물이 있는 경우에는 1동의 건물의 표제부에는 "**대지권의 목적인 토지의 표시**"를 위한 표시번호란, 소재지번란, 지목란, 면적란, 등기원인 및 기타사항란을 둔다(규칙 제14조 제2항).

2) 전유부분의 표제부

전유부분의 표제부에는 "전유부분의 건물의 표시"와 "대지권의 표시"로 구성된다.

구분건물의 등기기록 중 **전유부분의 표제부**("**전유부분의 건물의 표시**")에는 표시번호란, 접수란, 건물번호란, 건물내역란, 등기원인 및 기타사항란을 둔다. 다만 구분한 각 건물 중 대지권이 있는 건물이 있는 경우에는 "대지권의 표시"를 위한 표시번호란, 대지권종류란, 대지권비율란, 등기원인 및 기타사항란을 둔다(규칙 제14조 제2항). [16 등기서기보 · 법무사]

3) 전유부분의 갑구 · 을구

일반 부동산의 등기기록의 갑구 · 을구와 같다.

> 관련 기출지문
>
> **1** 등기부란 1필의 토지 또는 1개의 건물에 관한 등기정보자료를 의미한다. (×) [23 법무사]
>
> **2** 등기기록을 개설할 때 구분건물에 대하여는 1동의 건물마다 부동산고유번호를 부여한다.(×) [23 등기서기보]
>
> **3** 등기관은 신청에 따라 부동산 표시에 관한 등기를 하는 경우 토지나 건물 등기기록의 표제부에 접수연월일은 기록하지 아니한다. (×) [17 법무사]
>
> **4** 등기할 건물이 구분건물인 경우에 등기관은 1동 건물의 등기기록의 표제부에는 소재와 지번, 건물명칭 및 번호 등을 기록하고 전유부분의 등기기록의 표제부에는 건물번호 등을 기록하여야 한다. (○) [17 법무사]

5 구분건물에 대지권이 있는 경우에는 등기관은 1동 건물의 등기기록의 표제부에 대지권의 목적인 토지의 표시에 관한 사항을 기록하고 전유부분의 등기기록의 표제부에는 대지권의 표시에 관한 사항을 기록하여야 한다. (O) [19 등기서기보 / 18 등기주사보]

6 구분한 각 건물 중 대지권이 있는 건물이 있는 경우 그 구분건물등기기록의 1동의 건물의 표제부에는 대지권종류란, 대지권비율란, 등기원인 및 기타사항란을 둔다. (×) [16 법무사]

II. 폐쇄 등기부

1. 의의

등기기록의 폐쇄란 일정한 사유에 의하여 어떤 부동산에 관한 현재 유효한 권리관계를 공시할 필요가 없거나 공시할 수 없게 된 때에, 등기기록에 그 사유와 등기기록을 폐쇄한다는 뜻을 기록하고 부동산의 표시를 말소하는 것을 말한다. 등기기록이 폐쇄되면 그때부터 그 등기기록은 효력을 상실하며, 그 등기기록에는 어떠한 사항도 기록할 수 없게 된다.

등기기록을 폐쇄할 때에는 표제부의 등기를 말소하는 표시를 하고, 등기원인 및 기타사항란에 폐쇄의 뜻과 그 연월일을 기록하여야 한다. [23 법무사 / 21 등기서기보 / 17 법무사 · 등기서기보]

2. 폐쇄의 사유

(1) 등기부의 전환과정에서의 폐쇄(법 제20조)

등기기록의 전환이란 전체 등기기록의 모든 기록 내용을 새로운 등기기록에 그대로 이기하는 것을 말한다. 등기기록의 전환은 주로 등기기록의 형태를 완전히 바꿀 때에 일어난다. 예컨대 종전의 부책식 등기부를 카드식 등기부로, 카드식 등기부를 전산등기부로 전환하는 과정에서 부책식 등기부와 카드식 등기부는 모두 폐쇄되었다.

그러나 폐쇄등기부 중 부책식 등기부, 카드식 등기부와 같은 수작업폐쇄등기부도 등본 발급의 수요는 존재하고, 등기부와 동일하게 관리 · 보존되어야 한다(법 제19조, 제20조, 규칙 제10조 제2항 등 참조). 그러나 수작업 폐쇄등기부 등본은 전산등기부와 달리 관할 외 등기소에서는 발급하기 어려웠고, 각종 재해로 인한 등기부 멸실의 위험이 상존하고 있다. 이에 수작업폐쇄 등기부 등본의 관할 외 전자적 발급을 가능하게 하며, 관리의 편의와 안정적인 영구보존을 위해 수작업 폐쇄등기부의 전자화를 추진하여 모두 완료되었다. 수작업 폐쇄등기부의 전자화는 폐쇄등기부를 스캔하여 이미지화하는 방법으로 이루어졌다.

폐쇄등기부의 형태	폐쇄 원인
부책식 등기부	① 카드식 등기부로의 전환 전에 토지의 합필 또는 건물의 합병 등에 따른 폐쇄 ② 카드식 등기부로의 전환으로 인한 폐쇄
카드식 등기부	③ 전산등기부로의 전환 전에 토지의 합필 또는 건물의 합병 등에 따른 폐쇄 ④ 카드식 등기부의 전산등기부로의 전환으로 인한 폐쇄

(2) **중복등기의 정리(법 제15조 제1항, 법 제29조 제2호, 규칙 제52조 제9호, 법 제21조, 규칙 제33조 이하)**

등기관이 같은 토지에 관하여 중복하여 마쳐진 등기기록을 발견한 경우에는 규칙으로 정하는 바에 따라 중복등기기록 중 어느 하나의 등기기록을 폐쇄한다(법 제21조 제1항).

(3) **소유권보존등기의 말소**

우리나라 부동산등기 제도는 원칙적으로 표제부만을 두는 등기는 허용되지 아니하므로(예외 : 구분건물의 표시등기) 소유권보존등기를 말소한 경우에는 그 등기기록을 폐쇄한다. [23 법무사 / 21 등기서기보]

(4) **부동산의 멸실(규칙 제84조, 규칙 제103조)**

토지의 멸실등기를 할 때에는 등기기록 중 표제부에 멸실의 뜻과 그 원인을 기록하고 표제부의 등기를 말소하는 표시를 한 후 그 등기기록을 폐쇄하여야 한다(규칙 제84조).

건물의 멸실등기를 할 때에는 등기기록 중 표제부에 멸실의 뜻과 그 원인 또는 부존재의 뜻을 기록하고 표제부의 등기를 말소하는 표시를 한 후 그 등기기록을 폐쇄하여야 한다. 다만 멸실한 건물이 구분건물인 경우에는 그 등기기록을 폐쇄하지 아니한다(규칙 제103조 제1항).

구분건물로서 그 건물이 속하는 1동 전부가 멸실된 경우에는 그 구분건물의 소유권의 등기명의인은 1동의 건물에 속하는 다른 구분건물의 소유권의 등기명의인을 대위하여 1동 전부에 대한 멸실등기를 신청할 수 있다(법 제43조 제3항).

(5) **합필·합병·구분 등(규칙 제79조 등)**

甲 토지를 乙 토지에 합병한 경우에 등기관이 합필등기를 할 때에는 甲 토지의 등기기록 중 표제부의 등기를 말소하는 표시를 한 후 그 등기기록을 폐쇄하여야 한다. [17 법무사·등기서기보]

(6) **등기사항의 과다 등의 이유로 신등기기록에 이기(법 제33조, 규칙 제55조)**

등기기록에 기록된 사항이 많아 취급하기에 불편하게 되는 등 합리적 사유로 등기기록을 옮겨 기록할 필요가 있는 경우에 등기관은 현재 효력이 있는 등기만을 새로운 등기기록에 옮겨 기록할 수 있으며, 그러한 경우에는 옮겨 기록한 등기의 끝부분에 같은 규정에 따라 등기를 옮겨 기록한 뜻과 그 연월일을 기록하고 종전 등기기록을 폐쇄하여야 한다(법 제33조, 규칙 제55조). [23 법무사 / 21 등기서기보 / 17 법무사·등기서기보]

(7) **환지처분에 따른 폐쇄(농어촌정비법, 도시개발법 등)**

농어촌정비법, 도시개발법 등에 따라 토지의 환지처분, 교환·분할·합병 등이 있는 때에 종전 등기기록을 폐쇄하는 경우가 있다. 예컨대 수필지의 토지가 1필의 토지로 환지되는 경우에는 나머지 등기기록을 폐쇄한다.

(8) 도시정비법에 따른 폐쇄(도시 및 주거환경정비법)

도시정비법상의 사업시행자가 이전고시에 따라 정비사업시행으로 축조된 건물과 조성된 대지에 관한 소유권보존등기를 신청하는 경우 종전 토지에 관한 등기의 말소등기도 함께 신청하여야 한다. 그러면 등기관은 종전 토지의 등기기록 중 표제부에 정비사업시행으로 인하여 말소한 뜻을 기록하고 부동산의 표시를 말소하는 표시를 한 후 그 등기기록을 폐쇄하여야 한다.

3. 효력

(1) 모든 효력의 상실

등기기록을 폐쇄할 때에는 표제부의 등기를 말소하는 표시를 하고, 등기원인 및 기타사항란에 폐쇄의 뜻과 그 연월일을 기록하여야 한다(규칙 제55조). 이로써 그 등기기록은 마치 표제부에 기재되어야 할 부동산에 관한 등기가 없는 것과 같이 되므로 그 등기기록의 갑구나 을구에 기재되어 있던 등기사항은 모두 효력을 잃는다.

따라서 폐쇄등기기록에는 통상의 등기기록과 같은 등기의 효력이 인정되지 아니하고 폐쇄등기기록에 기록된 등기사항에 관한 변경, 경정, 말소등기도 할 수 없다(선례 1-26, 2-13, 3-742). 다만 소유권에 관하여 현재 효력 있는 등기가 원인무효 등을 이유로 말소된 경우 부활하게 되는 전 등기가 폐쇄등기기록상에 있다면 폐쇄등기기록으로부터 이를 이기하여야 한다.

(2) 잠정적 효력

폐쇄등기기록에 기록된 등기사항은 효력이 없는 것이나, 아무런 의미를 갖지 못하는 것은 아니다. 즉 이기한 등기사항에 다툼이 있거나 등기사항 중 일부가 누락되거나 오류가 발생한 경우에 폐쇄등기기록에 기록된 사항이 중요한 역할을 한다. 따라서 영구히 보존하며, 발급 및 열람의 대상이 된다.

4. 폐쇄 등기기록의 이기

(1) 의의

소유권에 관하여 현재 효력 있는 등기가 원인무효 등을 이유로 말소된 경우 부활하게 되는 전 등기가 폐쇄등기기록상에 있다면 폐쇄등기기록으로부터 이를 이기하여야 하는데 그 절차에 관하여 예규는 다음과 같이 정하고 있다(「폐쇄된 등기기록상 등기사항을 현재의 등기기록에 이기하는 경우 및 그 절차에 관한 업무처리지침」 예규 1595). 이 예규는 폐쇄된 등기기록(폐쇄된 종이등기부를 포함한다. 이하 같다)상의 등기사항을 현재의 등기기록에 이기하는 경우 및 그 절차에 관하여 규정함을 목적으로 한다.

(2) 이기요건

등기관은 다음 각 호의 어느 하나에 해당하는 경우에는 폐쇄된 등기기록상 등기사항을 현재의 등기기록에 이기한다. 다만 등기상 이해관계 있는 제3자가 있는 경우에는 제3자의 승낙이 있어야 한다.

1. 등기기록을 폐쇄할 당시 현재의 등기기록에 이기되어 기록되었어야 할 등기사항이 누락된 경우

2. 폐쇄된 등기기록상 등기사항이 부적법하게 말소되지 아니하였더라면 현재의 등기기록에 이기되었어야 할 경우

3. 현재의 등기기록에서 등기의 말소(일부말소 의미의 경정등기 포함)로 인하여 폐쇄된 등기기록에서 등기사항을 이기하여야 하는 경우

현재의 등기기록에 이기의 목적인 등기사항과 양립할 수 없는 등기가 있는 때에는 양립할 수 없는 등기에 대한 말소등기신청에 의해 선행적으로 그 등기의 말소등기가 이루어져야 한다.

(3) 이기범위

등기관은 이기할 경우에 이기의 목적인 폐쇄된 등기기록상 등기사항과 그 등기의 실행을 위하여 필요한 등기사항만을 현재의 등기기록에 이기한다.

(4) 이기방법

순위번호는 전산정보처리조직에 의하여 자동으로 부여하고 종전 순위번호는 새로 부여된 순위번호 밑에 "전"자를 붙여 괄호 내서한다.

전의 폐쇄된 등기기록에서 이기하는 경우에는 이기의 취지와 어느 부동산에서 이기하였는지를 권리자 및 기타사항란에 기록한다(⑩ 1번 소유권이전등기말소로 인하여 순위 제3번 등기를 서울특별시 종로구 청운동 2로부터 이기).

직전의 폐쇄된 등기기록이 아닌 그 전에 폐쇄된 등기기록에서 이기하는 경우에도 현재의 등기기록으로 바로 이기하고 어느 등기기록에서 이기하였는지도 권리자 및 기타사항란에 기록한다(⑩ 3번 소유권이전등기말소로 인하여 순위 제5번 등기를 서울특별시 종로구 청운동 2의 2000년 9월 19일 전산이기로 인하여 폐쇄된 등기기록으로부터 이기).

Ⅲ. 기타의 장부

등기소는 등기사무의 집행에 필요한 물적 설비로서 각종의 장부를 갖추어야 한다(규칙 제21조 등). 등기소가 갖추어야 할 장부로는 법과 규칙에 의하여 필수적으로 비치하여야 하는 장부와 등기소의 운영에 필요한 일반 서무 및 용도에 관한 장부가 있다. **등기소에 갖추어 두어야 하는 장부(신청서 기타 부속서류 편철장 등)는 원칙적으로 매년 별책으로 하여야 한다. 다만 필요에 따라 분책할 수 있다.** [18 등기주사보 / 등기서기보] 이하에서는 시험에 출제되었거나 설명이 필요한 부분만 간략히 설명한다.

1. 부동산등기신청서 접수장

같은 부동산에 관하여 등기한 권리의 순위는 법률에 다른 규정이 없으면 등기한 순서에 따른다(법 제4조 제1항). [19 등기서기보 / 11 법무사] 즉 등기가 실행되면 부여된 순위번호대로 그 등기의 순위가 확정

된다. **부동산등기신청서 접수장**은 이와 같은 신청서 접수의 전후를 기록하며 등기순위를 확정하기 위한 장부이다. 등기신청이 있는 등기관은 그 접수 자체를 거부하지는 못하고 무조건 접수 순서대로 등기신청서 접수장에 이를 등재하고 그 접수번호를 부여하여야 한다(규칙 제22조 제1항). 그리고 등기신청을 각하하거나 취하하지 아니하면 접수번호 순서대로 등기사무를 처리하여야 한다(법 제11조 제3항).

부동산등기신청서 접수장에는 ① 접수연월일과 접수번호, ② 등기의 목적(🛈 등기원인과 그 연월일 ×), ③ 신청인의 성명 또는 명칭, ④ 부동산의 개수, ⑤ 등기신청수료, ⑥ 취득세 또는 등록면허세와 국민주택채권매입금액의 사항을 적어야 한다(규칙 제22조 제1항). [20 법무사 / 등기주사보]

2. 신청서 기타 부속서류 편철장

등기소에는 **신청서 기타 부속서류 편철장**을 갖추어 두어야 한다(규칙 제21조). [18 등기서기보] 신청서 기타 부속서류 편철장은 등기를 완료한 후 신청서, 촉탁서, 통지서, 허가서, 참여조서, 확인조서, 취하서 그 밖의 부속서류를 접수번호의 순서에 따라 편철한 장부를 말한다(규칙 제23조). [20 법무사 / 18 등기서기보 · 등기주사보 / 16 법무사]

등기신청서나 그 부속서류는 등기신청의 진부에 대한 다툼이 있을 때에 중요한 증거자료가 되는 것으로서 등기관이 법원으로부터 송부명령 또는 촉탁을 받았을 때에는 그 명령 또는 촉탁에 관계가 있는 부분만 법원에 송부하여야 하고(규칙 제11조 제2항), 압수·수색영장의 집행대상이 된다(법 제14조 제4항 단서). 이러한 규정에 따라 신청서 기타 부속서류를 송부한 경우에는 아래의 "신청서 기타 부속서류 송부부"에 등재하여야 한다.

3. 신청서 기타 부속서류 송부부

신청서 기타 부속서류 편철장에 편철한 서류에 대하여 법원으로부터 신청서 기타 부속서류의 송부명령 또는 촉탁이 있는 때에는 등기관은 관계가 있는 부분에 한하여 이를 송부하여야 한다. 신청서 기타 부속서류 송부부는 그에 관한 사항을 기록하는 장부를 말한다.

4. 기타 문서 접수장

등기신청 외의 등기사무에 관한 문서를 접수할 때에는 기타 문서 접수장에 등재한다(규칙 제22조 제3항). 관할등기소의 지정신청서 등을 예시로 들 수 있다.

5. 결정원본 편철장

등기신청에 관한 등기관의 각하결정원본(법 제29조) 등 등기관이 행한 결정의 원본을 편철하는 장부이다. [16 법무사]

6. 이의신청서류 편철장

등기관의 결정 또는 처분에 대한 이의(법 제100조), 등기의 말소에 관한 이의(법 제58조)의 경우에 그 이의신청서 등을 편철하는 장부이다.

7. 사용자등록신청서류 등 편철장

전자신청을 하기 위해서는 그 등기신청을 하는 당사자 또는 등기신청을 대리할 수 있는 자격자대리인이 최초의 등기신청 전에 사용자등록을 하여야 하는데(규칙 제68조), 이 경우 신청인은 사용자등록신청서, 주소증명서면, 인감증명서 등을 등기소에 제출하여야 하며 그러한 서류를 보관하는 장부이다(규칙 제68조 제2항, 제3항, 제4항).

8. 각종 통지부

각종 통지부에는 통지사항, 통지를 받을 자 및 통지서를 발송하는 연월일을 적어야 한다. [20 법무사]

9. 열람신청서류 편철장

10. 제증명신청서류 편철장

11. 그 밖에 대법원예규로 정하는 장부

> **관련 기출지문**
>
> 1 신청서, 촉탁서, 통지서, 허가서, 확인조서, 폐쇄등기부는 접수번호의 순서에 따라 신청서 기타 부속서류 편철장에 편철하여 보존하여야 한다. (×)
> [24 법원사무관]

IV. 보존 및 관리

1. 장부의 보존

(1) 등기부의 보관

부책식 등기부와 카드식 등기부는 등기소의 서고에 보관하고 있으며, 위에서 본 바와 같이 영구적 보존을 위한 전자화 작업이 완료되었다. 전산정보처리조직에 의한 등기사무 처리의 지원, 등기부의 보관·관리 및 등기정보의 효율적인 활용을 위하여 법원행정처에 등기정보중앙관리소를 둔다(법 제14조 제3항, 규칙 제9조).

(2) 보존기간 [23 등기서기보·법무사 / 21 등기서기보 / 20 법무사 / 18 등기서기보·등기주사보 / 17 등기주사보 / 16 법무사 / 15 등기서기보 / 12 법무사]

영구보존장부	10년 보존장부	5년 보존장부	1년 보존장부
• 등기기록 • 폐쇄등기기록 • 신탁원부 • 공동담보(전세)목록 • 도면 • 매매목록	• 기타문서 접수장 • 결정원본 편철장 • 이의신청서류 편철장 • 사용자등록신청서류 등 편철장	• 신청서 기타 부속서류 편철장 • 신청서 기타 부속서류 송부부 • 부동산등기신청서 접수장	• 각종 통지부 • 열람신청서류 편철장 • 제증명 신청 서류 편철장
* 20년 : 확정일자부			

(3) 폐기

장부의 보존기간은 해당 연도의 **다음 해부터 기산한다**(규칙 제25조 제2항). [24 등기서기보]

보존기간이 만료된 장부 또는 서류는 지방법원장의 인가(등기소의 사무를 지원장이 관장하는 경우에는 지원장)를 받아 **보존기간이 만료되는 해의 다음 해 3월 말까지 폐기한다**(규칙 제25조 제3항). [24 등기서기보 / 20 법무사 / 18 등기주사보]

전자신청에 따라 등기가 이루어지거나 취하된 경우(법 제24조 제1항 제2호) 그 신청정보 및 첨부정보와 취하정보는 보조기억장치에 저장하여 보존하여야 하며(규칙 제19조), 보존기간이 만료된 신청정보 및 첨부정보와 취하정보는 법원행정처장의 인가를 받아 보존기간이 만료되는 해의 다음 해 3월 말까지 삭제한다.

2. 장부의 관리

등기는 성립요건주의하에 물권변동의 효력을 발생시키는 데 매우 중요한 역할을 하므로 그 장부와 서류의 보존 및 관리에는 세심한 주의가 필요하다.

(1) 등기부 등의 이동금지

1) 등기부와 그 부속서류의 이동금지

등기부는 등기정보중앙관리소에 보관·관리하여야 하며(규칙 제10조 제1항), **전쟁·천재지변이나 그 밖에 이에 준하는 사태를 피하기 위한 경우 외에는 그 장소 밖으로 옮기지 못한다**(법 제14조 제3항). 폐쇄등기부도 같다(규칙 제10조 제2항).

등기부의 부속서류는 등기부의 일부로 보는 **신탁원부, 공동담보(전세)목록 등**이며, 전쟁·천재지변이나 그 밖에 이에 준하는 사태를 피하기 위한 경우 외에는 **등기소 밖으로 옮기지 못한다**(법 제14조 제4항). [24 등기서기보] 따라서 등기부나 등기부의 부속서류는 법원의 송부명령이나 송부촉탁이 있어도 반출할 수 없으며, 영장에 의한 수사기관의 압수요청이 있더라도 이에 응해서는 아니 된다.

2) 신청서 기타 부속서류의 이동금지

가. 신청서나 그 밖의 부속서류

법원의 명령 또는 촉탁에 의하여 법원에 송부하거나, 영장에 의하여 수사기관이 압수할 수 있는 신청서나 그 밖의 부속서류는 등기신청서 및 등기신청서의 부속서류 또는 이와 동일시할 수 있는 등기신청취하서 등이다. 즉 **등기신청서나 그 부속서류는 등기신청의 진부에 대한 다툼이 있을 경우 중요한 증거자료가 되고, 법원의 송부명령 또는 촉탁이 있으면 송부할 수 있으며, 압수·수색영장의 집행대상이 된다.** [23 법무사 / 19 등기주사보]

나. 법원에 송부하는 경우

등기과(소)장은 「부동산등기규칙」 제11조 또는 「상업등기규칙」 제20조에 따라 법원에 신청서나 그 밖의 부속서류를 송부하는 때에는 해당하는 서류의 사본을 작성하여 당해 관계서류가 반환되기까지 이를 보관한다. 등기과(소)장은 위의 관계서류를 송부하는 때에는 신청서나 그 밖의 부속서류편철장의 송부한 서류를 편철하고 있던 곳에 법원으로부터의 송부에 관계되는 명령서 또는 촉탁서 및 이들의 부속서류를 동항의 규정에 의하여 작성한 사본과 함께 편철한다. 등기과(소)장은 위의 관계서류를 법원으로부터 반환받은 때에는 그 관계서류를 명령서 또는 촉탁서의 다음에 편철한다. 이 경우에는 위 규정에 의하여 작성한 사본은 폐기한다.

다. 영장에 의한 압수의 경우

등기과(소)장은 법관이 발부한 압수·수색영장에 의하여 신청서나 그 밖의 부속서류가 압수된 때에는 해당하는 서류의 사본을 작성하여 당해 관계서류가 반환되기까지 이를 보관한다. 등기과(소)장은 위의 관계서류가 압수된 때에는 신청서나 그 밖의 부속서류 편철장의 압수된 서류가 편철되어 있던 곳에 수사기관으로부터 교부받은 압수목록을 동항의 규정에 따라 작성한 사본과 함께 편철한다. 등기과(소)장은 위의 관계서류를 수사기관으로부터 반환받은 때에는 그 관계서류를 위의 압수목록의 다음에 편철한다. 이 경우에는 위의 규정에 의하여 작성한 사본은 폐기한다.

	전쟁, 천재지변, 그 밖에 이에 준하는 사태	법원의 명령 또는 촉탁	영장에 의한 수사기관의 압수
등기부 및 그 부속서류	○	×	×
신청서나 그 밖의 부속서류	○	○	○

(2) 등기부 등의 손상과 복구

등기는 성립요건주의하에 물권변동의 효력을 발생시키는 매우 중요한 역할을 하므로 그 장부와 서류의 보존 및 관리에는 세심한 주의가 필요하다. 등기관이 등기를 마쳤을 때에는 등기부부본자료를 전산정보처리조직으로 작성하여야 하며, 법원행정처장이 지정하는 장소에 보관하고 등기부와 동일하게 관리하여야 한다. [19 등기주사보]

등기부의 전부 또는 일부가 손상되거나 손상될 염려가 있을 때에는 대법원장은 대법원규칙으로 정하는 바에 따라 등기부의 복구·손상방지 등 필요한 처분을 명령할 수 있으며(법 제17조 제1항), 대법원장은 처분명령에 관한 권한을 법원행정처장 또는 지방법원장에게 위임할 수 있다(법 제17조 제2항).

등기부의 전부 또는 일부가 손상되거나 손상될 염려가 있을 때에는 전산운영책임관은 지체 없이 그 상황을 조사한 후 처리방법을 법원행정처장에게 보고하여야 한다(규칙 제17조 제1항). 등기부의 전부 또는 일부가 손상된 경우에 전산운영책임관은 제15조의 등기부부본자료에 의하여 그 등기부를 복구하여야 하며(규칙 제17조 제2항), 등기부를 복구한 경우에 전산운영책임관은 지체 없이 그 경과를 법원행정처장에게 보고하여야 한다(규칙 제17조 제3항).

(3) 등기부 등의 위조관련 업무처리지침(예규 1377)

1) 의의

등기부의 위조 및 위조문서를 첨부한 등기신청에 의하여 등기가 되는 것을 방지함으로써 등기부의 공시적 기능을 충실히 하기 위하여 위와 같은 등기의 사전방지를 위한 주의사항과 발견 시의 처리절차를 규정함을 목적으로 한다.

2) 등기부 위조 여부 확인

등기관은 등기부의 위조방법이 다양하고 상당히 정교하다는 점을 감안하여 해당등기부의 기재방식이 다음 각 호에 해당하는 경우 등 기존 등기부와 다른 점이 있는지 여부를 주의 깊게 살펴 위조 등기부에 의한 등기가 경료되는 일이 없도록 한다.

가. 고무인 압날 등 통상의 기재문자와 다르게 기재된 경우

나. 당해 등기소의 등기관 또는 종전 등기관의 교합인인지 여부가 불분명하거나 판독이 불가한 경우

다. 접수번호 또는 순위번호의 현저한 차이가 있는 경우

3) 위조 등기부를 발견한 경우 처리

위와 같이 근무함에 있어 위조등기부를 발견한 경우에는 다음 절차에 의하여 업무를 처리한다.

위조등기부를 발견한 등기과·소장은 동일 부동산에 대한 등기업무 일체를 중단하도록 조치한 후 등기부등본을 첨부하여 지체 없이 법원행정처장에게 보고하여야 한다. 등기과·소장은 관련 수사기관에 고발조치하고, 소유권에 대한 등기의 위조가 있는 경우에는 그 취지를 대장 소관청에도 통지하여 대장에 등록되지 않도록 하고 이미 등록되었다면 위 위조등기의 말소 통지가 있을 때까지 대장등본 발급을 중단하도록 협조요청한다.

등기관은 등기가 위조인 것이 명백한 때에는 등기상 이해관계인이 없으면 위조등기 명의인에게 통지할 필요 없이 직권말소하고, 등기상 이해관계인이 있는 경우에는 그 제3자에게만 통지하고, 이의가 있는 때에는 이를 각하하고 직권 말소한다(「부동산등기법」 제29조 제2호, 제58조). [9 법무사]

위와 같이 위조등기를 말소한 경우 등기과·소장은 말소한 등기사항증명서를 첨부하여 지체 없이 법원행정처장에게 보고한다. 이 경우 소유권에 관한 위조등기를 말소한 경우에는 대장 소관청에 이를 통지하여 대장을 정리하도록 한다.

수사기관에 고발조치 및 이에 대한 처분의 통보가 있는 때에는 이를 법원행정처장에게 보고한다.

4) 첨부서면을 위조한 등기신청이 있는 경우

등기관은 등기신청서를 조사함에 있어 등기관의 심사권 범위 내에서 첨부서면의 진위 여부를 신중히 판단하여 위조문서 등에 터잡은 등기가 경료되는 일이 없도록 한다. 특히 토지에

대하여 등기필정보 또는 등기필증을 첨부하지 아니하고 소유권이전, 권리의 경정, 근저당권설정등기를 신청하는 경우 등 특별한 사정이 있는 때에는 위조 여부에 대한 강한 의심을 가지고 다음 각 호를 참고하여 등기신청서 및 첨부서면을 철저히 조사하여 위와 같은 등기가 발생하지 않도록 세심한 주의와 노력을 한다.

1. 인감증명서의 정상발급 및 위임장에 날인한 인영과 동일한지 여부
2. 각종 등·초본·제증명·제3자의 허가·동의서의 정상발급 여부
3. 등기필증의 접수인 및 청인의 동일성 여부
4. 종중 등 비법인 사(재)단의 정관 및 의사록의 정상 작성 유무

등기관은 형식적 심사권만을 갖는 것이 일반적이나, 등기신청서의 조사 시 첨부서면이 위조 문서로 의심이 가는 경우에는 신청인 또는 대리인에 알려 그 진위 여부를 확인하여 처리하고 위조문서임이 확실한 경우에는 수사기관에 고발조치하여야 한다. [21 법원사무관 / 20 법무사]

5) 첨부서면을 위조하여 등기가 이루어진 경우

등기된 사항이 위조된 첨부문서(공문서에 한함)에 의하여 이루어진 사실이 발급기관에의 조회 등을 통하여 확인된 경우 등기관은 등기기록 표제부의 좌측 상단에 **위조된 문서에 의하여 등기된 사항이 있다는 취지를 부전**할 수 있다. [9 법무사] 부전된 내용은 판결에 의한 위조된 등기의 말소신청이 있거나 이해관계인이 소명하는 자료를 제출하여 삭제를 요청한 경우 등기관은 이를 **삭제할 수 있다.** [9 법무사]

위의 경우 등기관은 이와 같은 사실을 등기기록상 전 소유명의인(소유권이전의 등기가 된 경우) 또는 현 소유명의인(소유권이외의 권리가 등기된 경우) 등 기타 이해관계인에게 **통지하여야** 한다. [9 법무사] 통지를 받을 자의 주소가 불명인 경우(소재불명으로 반송된 경우도 포함)에는 통지를 하지 않을 수 있고, **통지하여야 할 자가 다수인 경우에는 그중 1인에게 통지할 수 있다.** [9 법무사]

관련 기출지문

1 폐쇄한 등기기록은 30년간 보존하여야 한다. (×)　　　　　　　　　　　　　　　[21 등기서기보]

2 신청서 기타 부속서류 편철장의 보존기간은 10년이다. (×)　　　　　　　　　　　[18 등기서기보]

3 이의신청서류 편철장은 5년 간 보존하여야 한다. (×)　　　　　　　[20 법무사 / 18 등기주사보]

4 등기부 위조의 중대성에 비추어 위조된 문서로 등기된 사실을 통지하여야 할 자가 다수인 경우에는 반드시 그 전원에게 통지하여야 한다. (×)　　　　　　　　　　　　　　　[9 법무사]

V. 공시(열람 및 발급)

1. 의의

부동산등기제도는 국가기관이 부동산에 관한 일정한 사항에 대하여 등기부라는 공적장부에 기록하여 외부에 공시(公示)함으로써 거래의 안전과 신속을 도모하는 제도이다. 즉 **부동산등기제도의 목적은** 부동산의 현황 및 권리관계를 실체관계와 부합하게 공시하는 것이므로 등기기록을 공개하여 누구든지 이용할 수 있도록 하여야 한다. 여기서의 공개 대상이 되는 등기기록에는 등기의 일부로 보는 신탁원부·공동담보(전세)목록·공장저당목록·도면·매매목록도 포함된다.

법은 3가지 방법(① 등기사항증명서의 발급, ② 등기기록의 열람, ③ 등기기록의 부속서류에 대한 열람)으로 등기를 공개하고 있으므로(법 제19조), 3가지 방법으로 나누어 설명하며 우선적으로 공개제도를 이용할 때에 납부할 수수료를 알아보도록 한다.

2. 수수료의 납부(「등기사항증명서 등 수수료규칙」)

(1) 의의

누구든지 수수료를 내고 대법원규칙으로 정하는 바에 따라 등기기록에 기록되어 있는 사항의 전부 또는 일부의 열람과 이를 증명하는 등기사항증명서의 발급을 청구할 수 있다. 다만 등기기록의 부속서류에 대하여는 이해관계 있는 부분만 열람을 청구할 수 있다(법 제19조 제1항). 이에 따른 수수료의 금액과 면제의 범위는 대법원규칙으로 정한다(법 제19조 제3항).

(2) 수수료를 납부하는 경우

1) 등기사항증명서의 발급 수수료

등기사항증명서의 교부수수료는 1통에 대하여 20장까지는 1,200원으로 하고, 1통이 20장을 초과하는 때에는 초과 1장마다 50원의 수수료를 납부하여야 한다. 다만 수수료 중 100원 미만의 단수가 있을 때에는 그 단수는 계산하지 아니한다. 다만, 무인발급기나 인터넷에 의한 등기사항증명서의 교부수수료는 1통에 대하여 1,000원으로 한다.

2) 등기기록이나 신청서 기타 부속서류의 열람 수수료

등기기록이나 신청서 기타 부속서류의 열람에 대한 수수료는 1등기기록 또는 1사건에 관한 서류에 대하여 1,200원으로 하되, 열람 후 등기사항을 출력한 서면 또는 신청서 기타 부속서류의 복사물을 교부하는 경우에 20장을 초과하는 때에는 초과 1장마다 50원의 수수료를 납부하여야 한다. 다만 수수료 중 100원 미만의 단수가 있을 때에는 그 단수는 계산하지 아니한다. 다만 인터넷을 통한 등기기록의 열람에 대한 수수료는 1등기기록에 관하여 700원으로 한다.

(3) 수수료를 면제하는 경우(「국가 등이 등기사항증명서의 교부 등을 신청하는 경우 수수료 면제 여부에 관한 예규 제1409호」)

등기신청수수료는 원칙적으로 법률에서 면제규정이 있는 경우가 아니라면 면제하지 아니한다.

1) 세무공무원이 과세자료를 조사하기 위하여 또는 **지적소관청 소속 공무원이 지적공부와 등기기록의 부합 여부를 확인**하기 위하여 등기기록이나 신청서 그 밖의 부속서류의 열람을 신청하는 때에는 열람수수료를 면제한다. [18 법무사]

2) 국유재산관리사무를 위임받은 공무원이나 위탁받은 자가 **국유재산관리 사무의 필요**에 의하여 이를 청구한다는 사실을 소명하여 등기사항증명서의 교부 등을 신청하는 경우에는 이에 대한 수수료를 면제한다. [18 법무사]

3) 등기사항증명서의 교부 등 수수료는 등기특별회계수입금으로서 그 납부의무는 법률의 규정에 의한 것이기 때문에 국가 등이 중요 **정책사업을 시행**하기 위하여 공문 등으로 등기사항증명서의 교부 등을 신청한 경우라도 **법률에 수수료를 면제하는 규정이 없는 한 이를 면제할 수 없다.** [18 법무사]

4) 국가 등이 소송수행상 등기사항증명서를 필요로 하더라도 수수료를 면제한다는 **법률의 규정이 없는 한 수수료를 면제할 수 없다.** [18 법무사]

5) 다른 법률에서 등기사항증명서의 교부수수료나 열람수수료를 면제하는 규정이 있는 경우에도 무인발급기에 의한 등기사항증명서의 교부 또는 **인터넷을 통한 등기사항증명서 교부와 등기기록 열람에 대한 각 수수료는 면제하지 않는다.** [18 법무사]

3. 등기사항증명서의 발급

(1) 일반론

1) 등기사항증명서의 의의

등기사항증명서란 등기사항에 대한 증명서 즉 등기기록에 기록되어 있는 사항의 전부 또는 일부를 증명하는 서면을 말한다(법 제19조 제1항, 규칙 제26조 제1항).

전산등기부란 전산정보처리조직에 이하여 입력·처리된 등기정보자료를 대법원규칙으로 정하는 바에 따라 편성한 것, 즉 현재의 등기부(법 제2조 제1호)를 말한다. 전산등기부 등기사항증명서는 전산정보처리조직에 의하여 입력·처리된 후 기록·보관하는 데이터 내용을 등기업무시스템에 의하여 전산적으로 출력하는 방법으로 발급하게 된다. 이러한 전산등기부 등기사항증명서의 작성은 등기업무시스템을 통하여 자동으로 이루어진다. 구법에서는 등기부등본·초본이라는 용어를 사용하였는데, 등기부등본은 등기부의 내용을 전부 옮긴 서면이고, 등기부초본은 등기부의 일부를 옮긴 서면이다.

2) 등기사항증명서의 종류

가. 등기사항전부증명서(말소사항 포함)

"등기사항전부증명서(말소사항 포함)"는 말소된 등기사항을 포함하여 등기기록에 기록된 사항의 전부, 즉 표제부·갑구·을구에 등기되었던 모든 사항을 증명하는 증명서를 말한다. 따라서 말소된 등기사항, 권리이전등기 후의 전 등기와 같이 현재 효력이 없는 등기사항도 모두 공시된다.

나. 등기사항전부증명서(현재 유효사항)

"등기사항전부증명서(현재 유효사항)"는 현재 효력이 있는 등기사항 및 그와 관련된 사항을 증명하는 증명서를 말한다. [2] 법무사] 즉 등기사항 중 현재 효력이 있는 등기사항과 그와 연관이 있는 등기사항을 발췌하여 공시하는 증명서면으로서, 등기사항의 발췌는 등기시스템에서 자동으로 지원된다.

다. 등기사항일부증명서(특정인 지분)

"등기사항일부증명서(특정인 지분)"는 현재 지분을 보유하고 있는 공유자들 중 특정 공유자의 지분 및 그 지분과 관련된 사항을 공시하기 위하여 지정된 특정인의 지분을 표시하고 해당 지분과 관련된 사항을 발췌하여 증명하는 증명서를 말한다.

라. 등기사항일부증명서(현재 소유현황)

"등기사항일부증명서(현재 소유현황)"는 해당 부동산의 현재 소유자(또는 공유자)만을 밝히고, 공유의 경우에는 공유지분을 증명하는 증명서를 말한다. [2] 법무사]

마. 등기사항일부증명서(지분취득 이력)

"등기사항일부증명서(지분취득 이력)"는 특정 공유지분이 어떻게 현재의 공유자에게로 이전되어 왔는지를 쉽게 확인할 수 있도록 해당 지분의 취득경위와 관련한 등기사항만을 발췌하여 증명하는 증명서를 말한다.

바. 등기사항일부증명서(일부사항)

"등기사항일부증명서(일부사항)"는 이미지폐쇄등기부(전산이기전)에 기재된 사항 중 신청인이 청구한 일부 면을 증명하는 증명서를 말한다.

사. 말소사항포함 등기부등본

"말소사항포함 등기부등본"은 말소된 등기사항을 포함하여 수작업폐쇄등기부에 기재된 사항의 전부를 증명하는 등본을 말한다. [2] 법무사]

아. 일부사항증명 등기부초본

"일부사항증명 등기부초본"은 수작업폐쇄등기부에 기재된 사항 중 신청인이 청구한 일부 면을 증명하는 초본을 말한다.

등기부의 종류		발급가능한 등기사항증명서의 종류	비고
수작업폐쇄등기부		말소사항포함 등기부등본 일부사항증명 등기부초본	폐쇄된 종이등기부(종전의 수작업폐쇄등기부)를 말함
이미지폐쇄 등기부	전산 이기전	등기사항전부증명서(말소사항 포함) 등기사항일부증명서(일부사항)	전산이기전에 폐쇄된 수작업등기부를 촬영한 이미지형태의 등기부를 말함
	전산 이기시	등기사항전부증명서(말소사항 포함)	등기부를 전산화함에 따라 폐쇄된 수작업등기부를 촬영한 이미지형태의 등기부를 말함

전산등기부	등기사항전부증명서(말소사항 포함) 등기사항전부증명서(현재 유효사항) 등기사항일부증명서(특정인 지분) 등기사항일부증명서(현재 소유현황) 등기사항일부증명서(지분취득 이력)	전산등기부 중 AROS TEXT・전산 과부하・원시오류코드가 부여된 등 기부・전산화이후 오류코드가 부여 된 등기부의 경우는 등기사항전부증 명서(말소사항 포함)만 발급 가능
전산폐쇄등기부	등기사항전부증명서(말소사항 포함) [22 등기서기보]	전산폐쇄등기부는 전산등기부가 폐 쇄된 것을 말함

(2) 전산 등기사항증명서의 발급절차

1) 주체(발급 신청인)

누구든지 수수료를 내고 대법원규칙으로 정하는 바에 따라 등기기록에 기록되어 있는 사항의 전부 또는 일부의 열람과 이를 증명하는 등기사항증명서의 발급을 청구할 수 있다(법 제19조 제1항 본문).

2) 객체(발급 대상)

① 구분건물에 대한 등기사항증명서의 발급에 관하여는 1동의 건물의 표제부와 해당 전유부분에 관한 등기기록을 1개의 등기기록으로 본다(규칙 제30조 제3항).

② **신탁원부, 공동담보(전세)목록, 도면, 매매목록 또는 공장저당목록은 등기사항증명서의 발급신청 시 그에 관하여 신청이 있는 경우에 한하여 발급한다**(규칙 제30조 제2항). [22 등기서기보 / 21 법무사 / 17 등기주사보 / 15 법무사 / 14 등기서기보] 등기사항증명서 발급담당자는 신탁원부, 공동담보(전세)목록, 도면, 매매목록 또는 공장저당목록과 등기사항증명서를 합철하여 1통의 등기사항증명서로 발급한다(예규 1775).

③ **등기신청이 접수된 부동산에 관하여는 그 부동산에 등기신청사건이 접수되어 처리 중에 있다는 뜻을 등기사항증명서에 표시하여 발급할 수 있다**(규칙 제30조 제4항). [22 등기서기보 / 21 법무사 / 18 등기주사보 / 14 등기서기보] 위 규정에 의하여 등기사항증명서를 발급할 경우에는 등기사항증명서 첫 면의 상단에 신청사건에 대한 정보를 표시하고 등기사항증명서 매 장마다 음영으로 신청사건 처리 중임을 표시하며, 맨 뒷면의 증명문에 현재 처리 중인 신청사건의 결과에 따라 등기기록의 내용이 접수 시로 소급해서 변경될 수 있다는 뜻을 표시하여 발급하여야 한다(예규 1775).

④ 중복등기가 된 토지의 등기기록에는 **중복등기라는 뜻을 부전**하고, 등기사항증명서의 발급신청이 있는 때에는 **중복등기기록 전부를 출력**하여 보존등기 **순서대로 합철**한 후 그 말미에 인증문을 부기해 발급한다(동 예규). [22 등기서기보 / 18 등기주사보]

3) 상대방(발급신청 등기과・소)

등기기록의 열람 및 등기사항증명서의 발급 청구는 관할 등기소가 아닌 등기소에 대하여도 할 수 있다.

4) 방법

가. 유인발급기를 이용한 발급절차

유인발급은 등기소를 방문하여 발급담당자에게 등기사항증명서의 발급을 신청하는 것을 말하며, 이 경우 발급담당자는 등기소에 비치된 유인발급기를 통하여 등기사항증명서를 발급한다. 유인발급기에 의하여 등기사항증명서의 작성을 위한 등기기록의 출력과 인증, 편철이 자동으로 처리된다.

신청인은 해당 부동산의 종류, 소재지번, 신청통수, 발급받고자 하는 등기사항증명서의 종류 등을 특정하여 신청하여야 하고, 발급 통수가 11통 이상의 경우에는 발급신청서를 제출하여야 한다(규칙 제26조, 예규 1775). 등기소는 다량발급신청 등을 이유로 등기사항증명서 발급의 신청을 거부하지 못한다(예규 1775).

나. 무인발급기를 이용한 발급절차

무인발급기를 이용하여 발급할 수 있는 등기사항증명서는 **등기사항전부증명서(말소사항 포함, 현재 유효사항)에 한하며**[15 법무사 / 14 등기서기보 / 10 법무사] 신청인은 직접 지번 등을 입력하여 발급받는다. 다만 등기사항전부증명서의 매수가 16장 이상인 경우 등과 같이 등기기록의 분량과 내용에 비추어 무인발급기로 발급하기에 적합하지 않다고 인정되는 때에는 이를 제한할 수 있다(예규 1775). [10 법무사]

등기소는 해당 등기소의 실정에 맞추어 신청인을 위한 무인발급기의 사용방법을 게시하여야 하고, 신청인의 문의가 있으면 그 사용방법에 관하여 안내하여야 한다(예규 1775).

다. 인터넷을 이용한 발급절차

인터넷에 의하여 발급하는 등기사항증명서의 종류는 **등기사항전부증명서(말소사항 포함)·등기사항전부증명서(현재 유효사항)·등기사항일부증명서(특정인 지분)·등기사항일부증명서(현재 소유현황)·등기사항일부증명서(지분취득 이력)로 한다.** [21 법무사 / 10 법무사] 다만 등기기록상 갑구 및 을구의 명의인이 500인 이상인 경우 등과 같이 등기기록의 분량과 내용에 비추어 인터넷에 의한 열람 또는 발급이 적합하지 않다고 인정되는 때에는 이를 제한할 수 있다(예규 1775).

다만, 모바일 기기에서 사용되는 인터넷등기소 애플리케이션에 의하여 발급할 수 있는 전자등기사항증명서의 종류는 **등기사항전부증명서(말소사항 포함)·등기사항전부증명서(현재 유효사항)로 한다(예규 1775).**

라. 발급 방법

등기사항증명서를 발급할 때에는 등기사항증명서의 종류를 명시하고, 등기기록의 내용과 다름이 없음을 증명하는 내용의 증명문을 기록하며, 발급연월일과 중앙관리소 전산운영책임관의 직명을 적은 후 전자이미지관인을 기록하여야 한다. 이 경우 등기사항증명서가 여러 장으로 이루어진 경우에는 연속성을 확인할 수 있는 조치를 하여 발급하고, 그 등기기록 중 갑구 또는 을구의 기록이 없을 때에는 증명문에 그 뜻을 기록하여야 한다(규칙 제30조 제1항). [2] 법무사] 등기사항증명서는 그 진위 여부를 등기소에서 또는 인터넷으로 확인할 수 있도록 발급확인번호 12자리를 부여하여야 한다(예규 1775).

(3) 수작업폐쇄등기부 등본·초본 및 이미지폐쇄등기부 등기사항증명서의 발급절차(예규 1775)

1) 의의

수작업폐쇄등기부는 폐쇄된 종이등기부 즉 부책식 등기부와 카드식 등기부를 말한다(예규 1775). 부책식 등기부는 모두 폐쇄되었고, 카드식 등기부도 대부분이 폐쇄되었으나 등기소의 서고에 미전환 등기부가 발견되는 사례가 있다. 이 경우 해당 카드식 등기부를 전산등기부로 전환한 후 전산등기부에 대한 등기사항증명서를 발급한다(예규 1775).

2) 발급신청

신청인은 부동산등기사무의 양식에 관한 예규 별지 제23호 양식의 교부신청서에 해당 부동산의 종류, 소재지번, 신청통수, 발급받고자 하는 등·초본의 종류 등을 특정하고, 수작업폐쇄등기부 또는 이미지폐쇄등기부임을 표시하여 신청하여야 한다. 일부사항증명 등기부초본의 신청을 위한 등기기록 열람의 경우 열람수수료는 면제된다. 일부사항증명 등기부초본의 발급을 위해 신청인이 문의하는 경우 등·초본발급담당자는 발급절차에 대하여 성실히 안내하여야 한다.

3) 발급신청 처리기준

가. 수작업폐쇄등기부 등·초본

발급담당자는 신청 후 24시간 이내에 해당 등·초본을 작성하여 교부하여야 하며, 접수증에 발급예정시간을 기재하여 교부한다.

나. 이미지폐쇄등기부 등기사항증명서

발급담당자는 다음 각 호의 기준에 따라 해당 등기사항증명서를 교부하여야 하며, 접수증에 발급 예정시간을 기재하여 교부한다. 다만 인터넷에 의한 발급예약의 경우에는 시스템상의 고지받은 시간을 발급 예정시간으로 한다.

(가) 10면 이하 : 신청 후 2시간 이내 작성 교부

(나) 11면 ~ 50면 : 신청 후 24시간 이내 작성 교부

(다) 51면 이상 : 50면당 1일의 비율로 작성 교부

등기소는 다른 다량신청사건의 유무, 신청인의 주거지, 신청부동산의 종류와 개수, 발행예상 면수 등을 고려하여 필요한 경우 합리적인 범위 내에서 위의 기준과 다르게 처리할 수 있고, 이 경우 신청인에게 그 사유를 설명하여야 한다. 이 경우 담당 직원의 유고나 질병, 기계의 고장 등의 사유로 접수증에 기재된 예정시간 내에 발급이 불가능할 경우에는 신청인에게 미리 전화나 팩스 등을 통해 그 사유를 설명하고, 새로운 발급예정시간을 고지하여야 한다.

4) 주민등록번호 등의 공시제한 조치

가. 수작업폐쇄등기부 등·초본

발급담당자는 적절한 방법으로 주민등록번호 등을 가리는 조치를 한 후 발급한다.

나. 이미지폐쇄등기부 등기사항증명서

발급담당자는 전산 또는 수작업으로 주민등록번호 등을 가리는 조치를 한 후 발급한다. 이 경우 전환사업소는 신청건수 과다, 발행면수 과다, 등기명의인 과다의 경우 또는 인터넷에 의한 발급예약의 경우에는 주민등록번호 등을 가리는 조치를 지원할 수 있다.

5) 등기부등본 또는 등기사항증명서의 발급

수작업폐쇄등기부 등본은 수작업폐쇄등기부 전부를 등사하는 방법으로 작성하여 발급한다. 이미지폐쇄등기부 등기사항증명서는 수작업폐쇄등기부를 촬영하여 생성된 이미지 전부를 출력하여 발급한다. 이 경우 폐쇄등기부임을 표시하여야 한다.

6) 일부사항증명 수작업폐쇄등기부 초본 및 등기사항일부증명(일부사항) 이미지폐쇄등기부(전산 이기전) 등기사항증명서의 발급

등·초본 발급담당자는 신청인이 특정한 수작업폐쇄등기부 또는 이미지폐쇄등기부(전산이기전)의 일부 면을 등사 또는 출력하는 방법으로 등기부 초본과 등기사항일부증명서를 작성한다.

7) 수작업폐쇄등기부 등·초본의 증명

등기부의 등·초본은 등기관이 등기부와 동일양식의 용지로써 이를 작성하고, 그 말미에 등기부의 내용과 다름이 없음을 증명하는 내용의 증명문을 기재하며, 발급연월일과 등기관이라는 표시 및 그 성명을 적은 후 직인을 찍어야 하며, 등기부 등·초본이 여러 장인 경우에는 연속성을 확인할 수 있는 조치를 하여 발급하여야 한다. 등본은 등사할 갑구 또는 을구의 기재가 없는 등기용지 등을 생략하여 작성할 수 있다. 이 경우에는 증명문에 그 뜻을 기재하여야 한다.

4. 등기기록의 열람

(1) 일반론

열람은 등기사항증명서와 같이 등기기록의 내용과 다름이 없음을 증명하는 서면을 교부받는 것이 아니라 신청인이 스스로 등기기록을 보고 등기사항을 확인하는 것이다. 등기기록 열람은 종전 수작업등기부 환경하에 발급에 시간이 많이 소요되는 등·초본 대신 간이하게 등기사항을 확인하는 방법으로 많이 이용되었고 현재에도 그 실효성은 인정된다.

(2) 등기기록의 열람절차

1) 주체(열람 신청인)

등기기록은 누구나 열람할 수 있으므로 등기기록의 열람신청인은 이해관계 있음을 소명할 필요가 없으며, 대리인이 등기기록의 열람을 신청할 때에는 그 권한을 증명하는 서면을 제출할 필요가 없다. [21 법무사 / 18 등기주사보]

그러나 **등기기록의 부속서류**는 이해관계 있는 부분만 열람을 청구할 수 있으므로, 등기기록의 부속서류의 **열람신청인**은 이해관계 있음을 소명하여야 하며(법 제19조 제1항 단서), 대리인이 등기기록의 부속서류(신청서나 그 밖의 부속서류)의 열람을 신청할 때에는 신청서에 그 권한을 증명하는 서면을 첨부하여야 한다(규칙 제26조 제2항).

2) 객체(열람 대상)

등기기록의 열람대상은 등기사항증명서의 발급과 대부분 일치한다.

3) 상대방(열람신청 등기과·소)

등기기록의 열람 및 등기사항증명서의 발급 청구는 관할 등기소가 아닌 등기소에 대하여도 할 수 있다.

4) 방법

등기소를 방문하여 등기사항의 전부 또는 일부에 대한 등기기록을 열람하고자 하는 사람은 해당 부동산의 종류, 소재지번, 열람하고자 하는 등기부의 종류 등을 표시하여 신청서를 제출하여야 한다(규칙 제26조 제1항, 예규 1775). 등기기록의 열람은 등기기록에 기록된 등기사항을 전자적 방법으로 그 내용을 보게 하거나 그 내용을 기록한 서면을 교부하는 방법으로 한다(규칙 제31조 제1항). 따라서 신청인은 등기소에 비치된 컴퓨터의 화면을 보는 방법으로 등기기록을 열람하거나, 전산등기부 또는 이미지폐쇄등기부의 경우에 신청인은 등기사항증명서의 양식에 준하여 등기사항을 출력한 서면을 교부받는 방법에 의하여 등기기록을 열람할 수 있다. 이 경우 매 장마다 열람용임을 표시하여야 하고, 신청사건이 접수된 경우에는 신청사건 처리 중임을 같이 표시하여야 한다(예규 1775).

5. 등기기록의 부속서류의 열람

(1) 일반론

등기기록의 부속서류란 등기신청서와 첨부서면을 말하고, 등기기록의 일부인 공동담보목록, 신탁원부 등은 이에 해당하지 않는다.

누구든지 수수료를 내고 대법원규칙으로 정하는 바에 따라 등기기록에 기록되어 있는 사항의 전부 또는 일부의 열람과 이를 증명하는 등기사항증명서의 발급을 청구할 수 있다(법 제19조 제1항 본문).

그러나 등기기록의 부속서류는 이해관계 있는 부분만 열람을 청구할 수 있으므로, 등기기록의 부속서류의 열람신청인은 이해관계 있음을 소명하여야 하며(법 제19조 제1항 단서), 대리인이 등기기록의 부속서류(신청서나 그 밖의 부속서류)의 열람을 신청할 때에는 신청서에 그 권한을 증명하는 서면을 첨부하여야 한다(규칙 제26조 제2항).

등기기록은 누구나 열람할 수 있지만 **등기기록의 부속서류에 대한 열람은 이해관계 있는 부분으로 한정된다**(법 제19조 제1항 단서). [21 법무사 / 19 등기주사보 / 18 등기주사보 / 17 등기주사보 / 15 등기서기보]

(2) 부동산등기 신청정보 및 첨부정보의 열람에 관한 업무처리지침(예규 1653)

1) 목적

이 예규는 「부동산등기법」 제19조 제1항과 「부동산등기규칙」 제26조 및 제31조 제2항에 따라 신청정보 및 첨부정보를 열람하는데 있어 필요한 사항을 규정함을 목적으로 한다.

2) 주체(열람신청인)

가. 신청정보 및 첨부정보에 대하여 열람을 신청할 수 있는 자는 다음과 같다.

(가) 해당 등기신청의 당사자 및 그 포괄승계인

(나) 해당 등기신청에 따른 등기가 실행됨으로써 직접 법률상 이해관계를 가지게 되었거나 그 등기를 기초로 하여 법률상의 이해관계에 영향을 받게 되었음을 소명한 자

(다) 다른 법률에서 허용하는 자

나. 몇 가지의 예

(가) 매도인의 상속인은 매매를 원인으로 하는 소유권이전등기의 신청정보 및 첨부정보를 열람할 수 있다. [19 등기서기보]

(나) 유증자의 상속인은 그 유증을 원인으로 유언집행자와 수증자가 공동으로 신청한 소유권이전등기의 신청정보 및 첨부정보를 열람할 수 있다. [20 법무사]

(다) 장래 가등기에 의한 본등기를 할 때 직권말소의 대상이 되는 등기의 명의인은 해당 가등기의 신청정보 및 첨부정보를 열람할 수 있다.

(라) (근)저당권자는 그보다 앞선 순위에 있는 (근)저당권설정등기의 신청정보 및 첨부정보를 열람할 수 있으나, 그보다 나중의 순위에 있는 (근)저당권설정등기의 신청정보 및 첨부정보는 열람할 수 없다.

(마) (근)저당권설정자는 그 (근)저당권을 이전하는 등기의 신청정보 및 첨부정보를 열람할 수 있다.

(바) 위탁자나 수익자는 수탁자로부터 제3자에게 신탁부동산의 소유권을 이전하는 등기의 신청정보 및 첨부정보를 열람할 수 있다.

(사) 가등기에 대한 사해행위취소를 원인으로 하는 말소등기청구권을 피보전권리로 하는 가처분권자는 그 가등기의 신청정보 및 첨부정보를 열람할 수 있다.

(아) 종원명부, 결의서, 회의록, 판결 및 족보 등에 의하여 종중원임을 확인할 수 있는 자는 종중이 당사자인 등기신청사건의 신청정보 및 첨부정보를 열람할 수 있다. 따라서 **종중이 당사자인 등기사건**에서 그 종중의 종원은 종원명부, 결의서, 회의록, 판결문, 족보 등을 이해관계를 소명하는 자료로 제출할 수 있는데, 이 자료에는 종원의 성명과 주소 등이 기재되어 있어서 열람신청인이 해당 종중의 **종원임을 특정할 수 있어야 한다.** [18 등기주사보]

(자) 자격자대리인이 등기신청사건을 위임받아 등기를 마친 후에 그 등기의 신청정보 및 첨부정보에 대하여 열람을 신청한 경우, 열람에 대한 별도의 위임이 없다면 신청정보와 위임장 및 확인정보를 제외한 다른 첨부정보는 열람할 수 없다. [20 법무사 / 19 등기서기보 · 등기주사보]

즉, 열람에 대한 별도의 위임이 있다면 신청정보 및 첨부정보 전부에 대하여 열람을 신청할 수 있으나, 열람에 대한 별도의 위임이 없다면 신청정보와 위임장 및 확인정보만 열람할 수 있다.

(차) 세무공무원은 과세자료를 조사하기 위하여 「과세자료의 제출 및 관리에 의한 법률」 제8조, 「지방세기본법」 제130조 제2항, 제3항 및 제141조에 따라 신청정보 및 첨부정보를 열람할 수 있다.

(카) 수사기관이 수사의 목적을 달성하기 위하여 필요한 경우라도 법관이 발부한 영장을 제시하지 않는 한 신청정보 및 첨부정보를 열람할 수 없다. [20 법무사 / 19 등기주사보]

(타) 단순히 부동산을 매수하고자 하는 자나 소유권이전(보존)등기의 명의인에 대하여 금전채권을 가지고 있음에 불과한 자는 그 소유권이전(보존)등기의 신청정보 및 첨부정보를 열람할 수 없다. [20 법무사]

3) 객체(열람신청의 대상)

등기신청이 접수된 후 등기가 완료되기 전의 신청정보 및 첨부정보에 대하여는 열람을 신청할 수 없다. [19 등기서기보]

「부동산등기규칙」 제20조 제1항 또는 제25조 제1항의 보존기간이 만료된 신청정보 및 첨부정보에 대하여도 같은 규칙 제20조 제3항의 삭제인가 또는 제25조 제3항의 폐기인가를 받기 전까지는 열람을 신청할 수 있다. [20 법무사 / 19 등기주사보]

4) 상대방(열람신청 등기과·소 및 열람업무담당자)

신청정보 및 첨부정보가 서면으로 작성된 경우에는 이를 보존하고 있는 등기과·소에서 열람을 신청할 수 있고, 신청정보 및 첨부정보가 전자문서로 작성된 경우에는 관할 등기과·소가 아닌 다른 등기과·소에서도 열람을 신청할 수 있다. 등기과·소의 접수창구에는 등기과·소장이 지정하는 열람업무담당자를 배치하여야 하며, 열람업무담당자는 등기관의 지시에 따라 열람에 관한 업무를 처리한다.

5) 열람의 방법 등

가. 열람신청의 방법

열람신청인은 등기과·소에 출석하여 열람업무담당자에게 본인의 주민등록증이나 운전면허증 그밖에 이에 준하는 신분증(이하 "신분증"이라 한다)을 제시하고, 「부동산등기사무의 양식에 관한 예규」 별지 제24호 양식에 따른 신청서를 제출하여야 한다. 열람신청인은 「등기사항증명서 등 수수료규칙」 제3조 제1항에 따라 수수료를 납부하고, 열람하고자 하는 신청정보 및 첨부정보와의 이해관계를 소명하여야 한다.

대리인이 열람을 신청할 때에는 대리권한을 증명하는 서면(⑩ 법정대리의 경우에는 가족관계등록사항별증명서, 임의대리의 경우에는 위임장)을 함께 제출하여야 한다. 위임장을 제출할 때에는 위임인의 인감증명서(위임장에 서명을 하고 본인서명사실확인서를 첨부하거나 전자본인서명확인서의 발급증을 첨부하는 것으로 갈음할 수 있다) 또는 신분증 사본을 같이 첨부하여야 한다.

<u>교도소 등 교정시설 수용자의 대리인이 등기신청서의 열람을 신청할 때에 대리권한을 증명하는 서면으로서 본인의 의사에 따라 작성되었음을 수용기관이 확인한 위임장 및 수용증명서를 제출할 수 있다</u>(선례 201903-1). [19 등기주사보]

> **❷ 비교 선례**
>
> 교도소에 재감 중인 자라 하여 그의 인감증명서를 발급받을 수 없는 것은 아니므로(인감증명법 제7조, 같은 법 시행령 제8조, 제13조 참조) 그가 인감증명의 제출을 요하는 등기신청을 함에 있어서는 인감증명서를 제출하여야 하고 재감자가 무인한 등기신청의 위임장이 틀림없다는 취지를 교도관이 확인함으로써 인감증명서의 제출을 생략할 수는 없을 것이다(예규 423). 따라서 <u>교도소에 재감 중인 자가 위임장에 인감인의 날인에 갈음하여 무인을 찍고 교도관이 확인하는 방법</u>으로 작성된 대리권한증서는 <u>적법한 대리권한을 증명하는 정보로 인정되지 않는다.</u> [22 법원사무관 / 17 등기서기보 / 16 법무사]
>
> 따라서 <u>인감을 날인하고 인감증명의 제출이 필요한 경우 교도소에 재감 중인 자라면 인감을 날인하여야 하는 서면에 무인하고 교도관의 확인을 받아 인감증명의 제출에 갈음할 수 없다.</u>
> [23 법무사]

나. 열람신청의 조사

열람업무담당자는 열람신청인이 제시한 신분증에 의하여 열람신청인 또는 그 대리인이 본인인지 여부를 확인하고, 위 신분증의 사본을 열람신청서와 함께 열람신청서류 편철장에 편철하여야 한다. 열람업무담당자는 요건을 조사하고 의심이 있는 경우에는 등기관의 지시에 따라야 한다.

다. 열람의 방법

신청정보 및 첨부정보가 서면으로 작성된 경우에는 ① 등기관의 인증이 없는 단순한 사본을 교부하는 방법, ② 열람업무담당자가 보는 앞에서 그 내용을 보게 하는 방법, ③ 사진촬영을 하게 하는 방법으로 열람신청인이 열람하게 한다. [19 등기서기보]

신청정보 및 첨부정보가 전자문서로 작성된 경우에는 ① 이를 출력한 서면을 교부하는 방법, ② 모니터를 이용하여 그 내용을 보게 하는 방법, ③ 사진촬영을 하게 하는 방법으로 열람신청인이 열람하게 한다.

열람업무담당자는 열람에 제공하는 신청정보 및 첨부정보에 다음의 정보가 포함된 때에는 이를 가리고 열람하게 하여야 한다. 다만 (가)의 정보는 열람신청인이 이를 알고 있다는 사실을 소명하거나 재판상 목적 등으로 모두 공개될 필요가 있다고 소명한 경우에는 가리지 않고 열람하게 할 수 있다.

(가) 주민등록번호 또는 개인의 부동산등기용등록번호 뒷부분 7자리

(나) 개인의 전화번호

(다) 금융정보(계좌번호, 신용카드번호, 수표번호 등)

6) 열람거부에 대한 이의신청

열람신청인은 「부동산등기법」 제100조에 따라 열람을 거부하는 처분에 대하여 그 처분을 한 등기관이 속한 지방법원(관할 지방법원)에 이의신청을 할 수 있다. 이의신청은 이의신청서를 해당 등기소에 제출하는 방법으로 하거나 전산정보처리조직을 이용하여 이의신청정보를 보내는 방법으로 하며, 서면으로 이의신청하는 경우에는 이의신청서에 이의신청인의 성명·주소, 이의신청의 대상이 된 열람을 거부하는 처분, 이의신청의 취지와 이유, 신청연월일 및 관할 지방법원의 표시를 기재하고, 기명날인 또는 서명하여야 한다.

6. 공시제한

(1) 의의

등기사항증명서를 발급하거나 등기기록을 열람하게 할 때에는 등기명의인의 표시에 관한 사항 중 주민등록번호 또는 부동산등기용등록번호의 일부를 공시하지 아니할 수 있으며, 그 범위와 방법 및 절차는 대법원예규로 정한다(규칙 제32조 제1항).

아래에서는 위 예규 1672호(「부동산등기기록의 주민등록번호 등 공시제한에 따른 업무처리지침」)를 중심으로 살펴본다.

(2) 적용범위

등기명의인의 주민등록번호 등이 기록되는 모든 등기(소유권보존·이전등기, 저당권설정등기, 가등기 등) 중 그 등기명의인이 **개인(내국인, 재외국민, 외국인)**인 경우 및 등기명의인이 **법인 아닌 사단·재단인 경우에 한해서 대표자의 주민등록번호 등의 일부는 공시 제한의 대상이 된다.** [19 법무사 / 17 등기주사보 / 15 법무사]

위의 경우에 해당되지 않는 **법인, 법인 아닌 사단이나 재단, 국가, 지방자치단체 등 단체의 등록번호는 공시를 제한하지 아니한다.** [20 등기서기보 / 19 법무사 / 18 등기주사보 / 16 등기서기보]

(3) 등기사항증명서 발급 및 등기기록 열람 방법

1) 원칙

등기명의인의 표시에 관한 사항 중 주민등록번호 등의 **뒷부분 7자리 숫자를 가리는 방식**으로 한다. [20 등기서기보 / 19 법무사 / 16 등기서기보] 즉 등기사항증명서는 등기명의인의 표시에 관한 사항 중 주민등록번호 등의 뒷부분 7자리 숫자를 가리고(예 000000 - *******) 발급하여 이를 교부하며, 등기기록의 열람(인터넷열람 포함)은 등기명의인의 표시에 관한 사항 중 주민등록번호 등의 뒷부분 7자리 숫자를 가린 등기기록을 열람에 제공한다.

2) 예외

다음 각 호에 해당하는 경우에는 대상 등기명의인의 주민등록번호 등은 공시를 제한하지 않고 공시한다.

가. 대상 등기명의인(말소사항 포함)의 **주민등록번호 등을 입력하고, 등기기록에 그와 일치하는 주민등록번호 등이 존재하는 경우에 그 등기명의인의 등록번호는 공시를 제한하지 않는다.** 따라서 그 대상 명의인의 주민등록번호 등만 공시된다. [19 등기주사보 / 18 등기주사보 / 17 등기주사보 / 16 등기서기보 / 15 법무사]

나. **공용목적(수용, 토지대장정리 등)으로 국가, 지방자치단체, 공익사업을 위한 토지 등 취득 및 보상에 관한 법률 제8조에 의한 사업시행자 등이 그 신청과 이해관계가 있음을 소명한 경우 공시제한하지 않는다.** [19 등기주사보]

다. **재판상 목적으로 신청인이 그 신청목적과 이해관계가 있음을 소명한 경우 그 대상등기 명의인의 등록번호는 공시제한하지 않는다.** [19 등기주사보 / 18 등기주사보]

라. **수사기관이 범죄의 수사에 필요함을 소명한 경우에는 주민등록번호 등의 공시를 제한하지 않는다.** [20 등기서기보]

3) 수작업폐쇄등기부 및 이미지폐쇄등기부의 특례

수작업폐쇄등기부 및 이미지폐쇄등기부의 경우 위의 규정에 따라 처리하되, 신청사건 수·발급면수·등기명의인 수 등이 과다하거나 등기부의 상태상 등기명의인의 주민등록번호 등의 식별이 용이하지 않아 주민등록번호 등의 공시를 제한하기 어려운 사정이 있는 경우에는 주민등록번호 등의 전부 또는 일부의 공시를 제한하지 아니할 수 있다.

폐쇄등기기록에 대한 등기사항증명서를 발급하는 경우에도 원칙적으로 주민등록번호 등의 뒷부분 7자리 숫자를 가리고 발급하여야 한다. [20 등기서기보 / 18 등기주사보 / 17 등기주사보 / 16 등기서기보]

(4) **주민등록번호 등 입력 절차 등**

1) 등기소의 담당직원이 신청을 받은 경우

가. 신청인이 주민등록번호 등이 기재된 등기사항증명서를 발급받고자 하거나, 주민등록번호 등이 가려지지 않은 등기기록을 열람하고자 할 경우, **담당직원은 신청인으로 하여금 해당 등기기록상 등기명의인의 주민등록번호 등을 등기사항증명서 교부신청서에 기재하게 하거나 또는 구두나 메모형식 등으로 이를 확인하여 입력하여야 한다.** [19 법무사] 이때 담당직원은 주민등록번호 등이 기재된 교부신청서 등을 즉시 폐기하는 등 주민등록번호 등이 유출되지 않도록 세심한 주의를 기울여야 한다.

나. **공용목적·재판상 목적·수사목적으로 이해관계 등을 소명한 경우에는 신청인의 성명, 주민등록번호 및 주민등록번호 등의 공시를 제한하지 아니하는 사유**(부동산관련 소송절차에서 필요한 주소보정용 발급의 경우 관할지방법원, 사건번호, 원·피고 등)**를 구체적으로 입력하여야 한다. 이때 담당직원은 주민등록번호 등의 공시를 제한하지 아니하는 사유를 소명하는 서면**(신청기관의 공문 및 신청인의 신분증, 소송 수행상 필요한

경우에는 이를 입증할 수 있는 자료)을 확인하여야 하며, 그 소명서면은 전산 입력 후 신청인에게 즉시 반환한다. [19 법무사] 아울러 담당직원은 주민등록번호 등의 공시를 제한하지 아니하는 사유가 없에도 주민등록번호 등의 공시를 제한하지 아니하는 등기사항증명서를 교부하거나, 이를 열람에 제공하지 않도록 주의하여야 한다.

2) 무인발급기 또는 인터넷을 이용하는 경우

등기명의인의 주민등록번호 등이 기록된 등기사항증명서를 발급받고자 하거나, 주민등록번호 등이 가려지지 않은 등기기록을 열람하고자 할 경우, 신청인이 해당 등기명의인의 주민등록번호 등을 입력하여야 한다.

VI. 등기정보자료의 제공

1. 의의 및 목적

국민의 알권리를 보장하기 위하여 누구든지 쉽고 편리하게 등기정보자료를 제공받을 수 있도록 하되, 등기명의인별로 작성되어 있거나 그 밖에 등기명의인을 알아볼 수 있는 사항을 담고 있는 등기정보자료는 해당 등기명의인이나 그 포괄승계인만 제공받을 수 있도록 하여 개인정보보호와 조화될 수 있도록 하는 「부동산등기법」 제109조의2가 신설되면서 등기정보자료의 제공 절차, 수수료 금액 및 그 면제 범위는 대법원규칙으로 정하도록 위임함에 따라 이에 관한 세부적인 사항을 규정하기 위하여 「등기정보자료의 제공에 관한 규칙」을 제정하였고 이에 따라 「등기정보자료의 제공에 관한 업무처리지침(예규 1779)」이 만들어졌으므로 살펴본다.

2. 등기정보자료의 제공에 관한 업무처리지침(예규 1779)

(1) 목적

이 예규는 「등기정보자료의 제공에 관한 규칙」(이하 "규칙"이라 한다)의 위임에 따라 등기정보자료의 제공 절차 및 수수료에 관하여 필요한 사항을 규정함을 목적으로 한다.

(2) 비식별 등기정보자료의 이용

1) 신청 절차

'등기정보광장(https://data.iros.go.kr/)'에 공개되지 아니한 등기정보자료를 이용하고자 하는 사람은 먼저 '인터넷등기소(http://www.iros.go.kr/)'에 회원으로 등록한 다음, 등기정보광장에 접속하여 '데이터 활용' 메뉴를 선택한 후 다음 각 호의 구분에 따른 방법으로 그 제공을 신청하여야 한다.

가. 등기현황 기반 자료 신청

등기현황에서 제공하는 통계정보와 관련하여 해당 정보들을 결합한 형태의 새로운 통계정보를 제공받고자 하는 경우에는 '등기현황 기반 자료 신청' 메뉴를 선택한 후 신청항목·자료 요청기간을 입력하고, 신청인의 휴대전화번호·이메일주소 등을 신청내용으로 제공하여야 한다. 다만 등기유형이 상이하여 등기현황에서 제공하는 통계정보를 결합하는 것이 불가능한 경우에는 위 신청을 할 수 없다.

나. 이용자 선택형 자료 신청

검색조건과 제공정보를 신청인이 직접 선택하여 상세 정보를 제공받고자 하는 경우에는 '이용자 선택형 자료 신청' 메뉴를 선택한 후 신청항목·검색조건·제공정보 및 자료 요청기간을 입력하고, 신청인의 휴대전화번호·이메일주소 등을 신청내용으로 제공하여야 한다. 다만 등기정보광장에서 정하고 있는 신청항목 외에는 위 신청을 할 수 없다.

2) 제공 절차

가. 자료의 생성

위 1)의 가. 신청에 대하여 규칙 제8조 제1항, 규칙 제8조 제2항에 따른 제공 결정이 있는 경우, 신청인이 요청한 내용대로 등기정보자료를 생성하여 신청인이 수신할 수 있는 형태로 등기정보광장에 게시하여야 한다.

나. 자료의 수령

신청인은 등기정보광장에 접속하여 위 가.의 자료를 규칙 제8조 제2항에 따라 무료로 제공받을 수 있다.

(3) 명의인별 등기정보자료의 이용

1) 명의인별 등기정보자료의 제공 범위

등기명의인 또는 그 포괄승계인이 제공받을 수 있는 **명의인별 등기정보자료는 등기명의인의 부동산 소유현황(소유형태가 공유·합유인 경우를 포함한다)에 관한 사항으로 한정한다.** [2] 법무사

2) 신청 절차

가. 등기소 방문에 의한 신청

등기소(지방법원 등기국·등기과, 그 지원 등기과·사무과를 포함한다. 이하 같다)에 방문하여 명의인별 등기정보자료의 제공을 신청하고자 하는 사람은 본인의 주민등록증이나 운전면허증 그밖에 이에 준하는 신분증(이하 "신분증" 이라 한다)을 제시함과 동시에 별지 제1호 양식에 따른 신청서를 제출하여야 한다. 법인의 대표자, 법인 아닌 사단이나 재단의 대표자·관리인, 법정대리인, 임의대리인 또는 등기명의인의 포괄승계인이 신청하는 경우에는 등기명의인과의 관계를 증명할 수 있는 서류(인감증명서, 본인서명사실확인서, 부동산등기사항증명서, 법인등기사항증명서, 가족관계등록사항별증명서는 발행일부터 3개월 이내의 것이어야 한다)도 함께 제출하여야 한다.

나. 인터넷등기소를 이용한 신청

(가) 신청인이 등기명의인인 경우

인터넷등기소를 이용하여 자신의 명의인별 등기정보자료를 제공받고자 하는 사람은 인터넷등기소에 접속하여 '부동산 소유현황' 메뉴를 선택한 후 신청정보를 입력

하고 규칙 제10조 제3항 제1호에 따른 인증서(법인의 경우 「상업등기법」의 전자증명서)로 본인인증을 하여야 한다.

(나) 신청인이 사망한 등기명의인의 배우자 또는 자녀인 경우

인터넷등기소를 이용하여 사망한 등기명의인의 명의인별 등기정보자료를 제공받고자 하는 그 배우자 또는 자녀는 위 (가)의 절차를 거친 후에 사망한 등기명의인에 관한 정보 입력 및 가족관계등록정보 이용에 관한 동의를 하여야 한다. 다만 가족관계등록에 관한 전산정보를 통하여 등기명의인의 사망 여부나 신청인이 사망한 등기명의인의 배우자 또는 자녀임을 확인할 수 없는 경우에는 인터넷등기소를 이용하여 신청할 수 없다.

3) 제공 절차

가. 등기소 방문에 의한 신청의 경우

(가) 등기소장의 교부업무담당자 지정

각 등기소의 증명서 발급창구에는 등기소장이 지정하는 교부업무담당자를 배치한다.

(나) 교부업무담당자의 신청서 접수

명의인별 등기정보자료의 신청을 받은 교부업무담당자는 신청인이 제시한 신분증에 의하여 신청인의 본인 여부를 확인하고 신분증을 복사한 후에 신청서 및 첨부서면과 신분증의 사본을 등기소장 또는 등기소장이 지정한 등기관(이하 "등기관"이라 한다)에게 인계하고, 신청인의 요청이 있으면 별지 제2호 양식의 접수증을 교부하여야 한다.

(다) 등기관의 승인 및 통지

가) 신청 결과에 대한 문자 제공에 관하여 신청인이 동의한 경우

등기관은 인계받은 신청서 및 첨부서면을 심사하여 신청인이 조회 대상 명의인의 등기정보자료를 제공받을 수 있는 사람에 해당하는 것으로 확인된 경우 그 신청을 승인하고, 승인사실과 승인번호를 휴대전화 문자로 발송하여야 한다. 다만 제출된 서류만으로는 이에 대한 확인이 어려운 경우 해당 신청을 반려하고 이러한 사실을 휴대전화 문자로 알려주어야 한다.

나) 신청 결과에 대한 문자 제공에 관하여 신청인의 동의가 없는 경우

신청인이 휴대전화 미보유 등의 이유로 문자 제공에 관하여 동의하기 어려운 경우나 그에 관하여 동의하지 아니하는 경우, 등기관은 위 가)에 따라 승인 여부를 심사하고, 등기관 또는 교부업무담당자는 신청인 앞에서 말로 또는 신청서에 기재된 연락처를 통하여 신청에 대한 승인사실 또는 반려사실을 알려주어야 한다.

(라) 명의인별 등기정보자료의 제공 [21 법무사]

가) 신청인이 등기소에서 직접 수령하는 경우

명의인별 등기정보자료의 제공이 승인된 경우, 신청인이 승인 후 1개월 내에 등기소에 방문하여 신분증을 제시하고, 수수료를 납부하면 교부업무담당자는 명의인별 등기정보자료를 서면으로 출력하여 교부한다.

나) 신청인이 인터넷등기소에서 제공받는 경우

명의인별 등기정보자료의 제공이 승인된 경우, 신청인이 승인 후 1개월 내에 인터넷등기소에 접속하여 휴대전화 번호와 전송받은 승인번호를 입력하고, 수수료를 납부하면 명의인별 등기정보자료를 열람·출력할 수 있다. 이 경우 최초 열람·출력 후 24시간 내에는 재열람·출력할 수 있다.

(마) 신청서 등의 보관

교부업무담당자는 신청서 및 첨부서면과 신청인의 신분증 사본을 '명의인별 등기정보자료 신청서류 편철장'(별지 제3호 양식)에 편철하여 1년간 보관하여야 한다. 다만 신청이 반려된 경우에는 해당 신청서 및 첨부서면을 신청인에게 돌려주어야 한다.

나. 인터넷등기소를 이용한 신청의 경우

명의인별 등기정보자료의 제공이 승인된 경우, 신청인은 수수료를 납부하고 1개월 내에 인터넷등기소에 접속하여 명의인별 등기정보자료를 열람·출력할 수 있다.

4) 제공 내용

명의인별 등기정보자료는 등기명의인이 현재 소유하고 있는 각 부동산의 종류, 소재 지번, 부동산 고유번호, 관할 등기소에 관한 사항을 별지 제4호 양식의 목록형태로 제공한다. 다만 소유권의 등기명의인이 공유자 또는 합유자인 경우에도 부동산의 소유형태 및 구체적인 지분에 관한 사항은 별도로 제공하지 아니한다.

5) 제공 대상에서 제외되는 경우

다음 각 호의 경우에는 명의인별 등기정보자료의 제공 대상에서 제외된다.

가. 신청서상 등기명의인의 성명(명칭) 및 주민등록번호(부동산등기용등록번호)와 부동산 등기기록상 등기명의인의 성명(명칭) 및 주민등록번호(부동산등기용등록번호)가 일치하지 아니하는 경우

나. 부동산 등기기록에 주민등록번호(부동산등기용등록번호)가 기록되어 있지 아니한 경우

다. 명의인별 등기정보자료의 제공 기준일시 이후에 등기사건 처리가 완료된 경우

라. 부동산 등기기록이 아로스 텍스트(AROS TEXT)로 작성되어 있는 등의 사유로 전산정보처리조직에 의하여 등기명의인에 관한 사항이 조회되지 아니하는 경우

6) 수수료의 납부

가. 수수료의 납부 방법

(가) 등기소 방문에 의한 신청의 경우

신청인은 교부업무담당자에게 현금 또는 법원행정처장이 지정하는 카드사의 신용카드 결제방식으로 수수료를 납부하여야 한다. 다만 신청인이 인터넷등기소에서 제공받는 방법을 선택한 경우에는 아래 (나)의 방법에 따라 수수료를 납부한다.

(나) 인터넷등기소를 이용한 신청의 경우

신청인이 인터넷등기소를 이용하여 신청하는 경우에는 법원행정처장이 지정하는 카드사의 신용카드 결제, 지정금융기관 계좌이체 또는 지정 전자화폐 발행업체의 전자화폐 등에 의한 결제방식으로 수수료를 납부하여야 한다.

나. 영수필의 뜻 표시

명의인별 등기정보자료에 관한 발행 문서 여백에 '수수료 ○○○○원을 영수함'의 뜻을 표시하여야 한다.

다. 수수료의 결제 취소

위 가. (가)의 단서 및 (나)에 따라 납부한 수수료에 대하여는 열람 전이면 수수료를 결제한 당일에 한하여 그 결제를 취소할 수 있다.

7) 수수료의 정산 및 국고 수납

명의인별 등기정보자료 수수료의 정산과 국고 수납 방법은 등기소에 납부한 수수료에 대하여는 「등기사항증명서 교부수수료 등의 납부 및 환급에 관한 사무처리지침」의 규정에 의하고, 인터넷등기소에 납부한 수수료에 대하여는 「인터넷에 의한 등기기록의 열람 등에 관한 업무처리지침」의 규정에 의한다.

관련 기출지문

1 국가 등이 중요 정책사업을 시행하기 위하여 공문 등으로 등기사항증명서의 교부 등을 신청한 경우에는 법률에 수수료를 면제하는 규정이 없더라도 이를 면제한다. (×)　　　　　　　　　　　　　　[18 법무사]

2 "말소사항포함 등기부등본"은 말소된 등기사항을 포함하여 전산폐쇄등기부에 기재된 사항의 전부를 증명하는 등본을 말한다. (×)　　　　　　　　　　　　　　　　　　　　　　　　　　　　　[21 법무사]

3 전산폐쇄등기부에 대해서는 "등기사항전부증명서(말소사항 포함)"와 "등기사항일부증명서(일부사항)"의 발급을 신청할 수 있다. (×)　　　　　　　　　　　　　　　　　　　　　　　　　　[22 등기서기보]

4 등기신청이 접수된 부동산에 관하여는 등기관이 그 등기를 마칠 때까지는 절대 등기사항증명서를 발급하여서는 안 된다. (×)　　　　　　　　　　　　　　　　　　　　　　　　　　　[18 등기주사보]

5 공동저당등기가 된 부동산에 대하여 등기사항증명서의 발급신청이 있으면 공동담보목록도 항상 같이 발급하여야 한다. (×)　　　　　　　　　　　　　　　　　　　　　　　　　　　　[14 등기서기보]

6 누구든지 수수료를 내고 등기사항의 전부·일부 또는 등기기록의 부속서류에 대하여 열람을 청구할 수 있다. (×)　　　　　　　　　　　　　　　　[19 등기주사보 / 17 등기주사보 / 15 등기서기보]

7 자격자대리인이 등기신청사건을 위임받아 등기를 마친 후에 그 등기의 신청정보 및 첨부정보 전부에 대하여는 열람에 대한 별도의 위임이 없더라도 그 열람을 신청할 수 있다. (×) [19 등기서기보·등기주사보]

8 인감을 날인하고 인감증명의 제출이 필요한 경우 교도소에 재감 중인 자라면 인감을 날인하여야 하는 서면에 무인하고 교도관의 확인을 받아 인감증명의 제출에 갈음할 수 있다. (×) [23 법무사]

9 교도소에 수감 중인 등기의무자를 대리하여 소유권이전등기를 신청하는 경우 위임장에 등기의무자의 인감을 날인하고 인감증명을 첨부하는 대신 수감자가 위임장을 직접 작성하였다는 취지의 교도소장의 확인을 받아 제출할 수 있다. (×) [24 법무사]

10 교도소에 재감 중인 자가 위임장에 인감인의 날인에 갈음하여 무인을 찍고 교도관이 확인하는 방법으로 작성된 대리권한증서는 적법한 대리권한을 증명하는 정보로 인정된다. (×) [16 법무사]

11 보존기간이 만료된 등기신청정보 및 첨부정보에 대하여는 아직 법원행정처장의 삭제인가 또는 지방법원장의 폐기인가를 받지 않았다고 하더라도 그 열람을 신청할 수 없다. (×) [20 법무사]

12 등기명의인이 개인인 경우 그 주민등록번호 등의 일부는 개인정보보호를 위하여 공시제한의 대상이지만, 법인 아닌 사단이나 재단의 대표자의 주민등록번호 등은 공시제한의 대상이 아니다. (×) [17 등기주사보 / 15 법무사]

13 수작업폐쇄등기부 및 이미지폐쇄등기부의 경우에는 주민등록번호 등의 공시 제한이 적용되지 않는다. (×) [20 등기서기보]

14 수작업폐쇄등기부 및 이미지폐쇄등기부의 경우에도 등록번호의 공시를 제한함에 있어 전산등기부와 전혀 다름이 없다. (×) [18 등기주사보]

15 수작업폐쇄등기부 및 이미지폐쇄등기부는 원칙적으로 공시제한 대상이 아니지만, 최종 소유권의 등기명의인의 주민등록번호 등은 공시를 제한할 수 있다. (×) [16 등기서기보]

16 등기소에서 신청인이 주민등록번호 등이 기재된 등기사항증명서를 발급받고자 하는 경우, 담당직원은 신청인으로 하여금 해당 등기기록상 등기명의인의 주민등록번호 등을 등기사항증명서 교부신청서에 기재하게 하여야 하며, 구두로 이를 확인하여서는 아니 된다. (×) [19 법무사]

17 명의인별 등기정보자료를 제공받기 위해서는 등기소에 방문 후 신청하여 서면으로만 정보제공을 받을 수 있고, 인터넷등기소를 이용하여 이를 신청하거나 송신받는 방법으로 정보제공을 받을 수는 없다. (×) [21 법무사]

chapter 02 개시

부동산등기는 등기소에서 업무를 처리하는 국가기관인 등기관이 등기부라는 공적인 전자적 정보저장 매체(전산정보처리조직에 의하여 기록되는 보조기억장치)에 부동산의 현황과 권리에 관한 사항을 부동산등기법 등의 법정절차에 따라 기록하는 것이다.

이러한 등기는 등기관에 의하여 만들어지는데, 등기가 만들어지는 즉 개시되는 원인은 크게 ① 신청에 의한 등기, ② 촉탁에 의한 등기, ③ 직권에 의한 등기, ④ 명령에 의한 등기로 나누어진다. 아래에서는 이러한 절차에 대하여 살펴보기로 한다.

01 절 개시모습(태양)

Ⅰ. 신청에 의한 등기(당사자)

1. 신청주의 원칙(당사자의 신청 또는 관공서의 촉탁)

(1) 신청주의의 원칙

1) 신청에 의한 등기

신청주의란 당사자의 신청이 있어야만 등기절차가 개시되는 것을 말한다. 등기란 부동산에 관한 권리관계를 공시하는 것이어서 당사자의 신청에 맡기는 것이 그 권리의 현황을 가장 잘 공시할 수 있기 때문이다. 따라서 신청주의에서는 당사자에게 등기할 것을 강제하거나 등기관이 직권으로 등기하는 등의 경우는 특별히 법률로 정한 경우에만 가능하다. 신청주의에 관한 입법주의로는 공동신청주의와 단독신청주의가 있다.

부동산등기법은 "등기는 당사자의 신청 또는 관공서의 촉탁에 따라 한다. 다만 법률에 다른 규정이 있는 경우에는 그러하지 아니하다(법 제22조 제1항)."라고 규정함으로써 신청주의를 채택하였다.

즉 등기는 **원칙적으로** 당사자의 신청 관공서의 촉탁으로 하여야 하며, **예외적으로** 법률에 다른 규정이 있는 경우에는 등기관이 직권으로 하거나(법 제32조 제2항 등) 법원의 명령(법 제106조)에 의한 등기가 가능하다.

2) 촉탁에 의한 등기

등기절차는 당사자의 신청에 의하는 경우 외에 관공서의 촉탁에 의하여 개시되기도 한다. **관공서의 촉탁에 의한 등기**는 실질적으로는 신청의 한 모습에 지나지 않고, 법률에 다른 규정(법 제98조 등)이 있는 경우를 제외하고는 신청절차에 관한 규정을 준용하고 있다(법 제22조 제2항). 따라서 **신청이란** 당사자에 의한 신청과 관공서의 촉탁을 모두 포함하는 개념이라고 할 수 있다.

관공서가 촉탁등기를 하는 경우는 권리관계의 당사자로서 촉탁하는 경우와 공권력 행사의 주체로서 촉탁하는 경우로 나누어진다.

(2) 신청주의의 예외

1) 직권에 의한 등기

등기절차는 신청주의 원칙에 따라 당사자의 신청 또는 관공서의 촉탁에 의하는 것이 원칙이나 법률에 다른 규정에 있는 경우 즉 당사자의 신청을 기다려 그 등기를 실행하게 하는 것이 적절하지 않은 경우 또는 당사자의 신청에 따른 등기에 부수되는 등기는 등기관이 직권으로 할 수 있다.

예컨대 등기관의 잘못으로 인한 등기의 직권경정등기(법 제32조), 직권말소등기(법 제58조) 등이 이에 해당한다.

2) 명령에 의한 등기

등기절차는 신청주의 원칙에 따라 당사자의 신청 또는 관공서의 촉탁에 의하는 것이 원칙이나 법률에 다른 규정에 있는 경우에는 관할지방법원의 명령에 따른 등기를 할 수 있다. 등기관의 처분에 대한 이의신청이 있는 경우에, 관할지방법원은 등기관에게 가등기명령 또는 부기등기명령을 할 수 있고, 각하된 등기에 대하여는 기록명령, 실행된 등기에 대하여는 말소명령 등을 할 수 있다. 이러한 원인으로 인한 등기가 바로 명령에 의한 등기이다(법 제106조, 제107조).

2. 공동신청주의 원칙

(1) 일반론

1) **공동신청주의란** 어떤 등기로 인하여 불이익을 받는 자(등기의무자)와 이익을 받는 자(등기권리자)가 공동으로 등기를 신청하도록 하는 입법주의로써, **법률에 다른 규정이 없는 한** 당사자의 신청 또는 관공서의 촉탁에 따라 하고, 등기권리자와 등기의무자가 공동으로 신청하는 것을 말한다. [18 등기주사보]

즉 공동신청주의는 등기의무자를 신청인에 포함시킴으로써 등기의 진정을 담보하는 제도이다.

2) 다만 공동신청주의는 모든 등기신청에 적용되는 것은 아니고 권리의 등기에 관한 원칙이며, 부동산표시 변경등기와 등기명의인표시 변경등기에는 단독신청이 원칙이다. 또한 판결에

따른 등기처럼 공동신청에 의하지 않더라도 등기의 진정성을 보장할 수 있거나, 소유권보존등기의 신청과 같이 등기의 성질상 등기의무자의 존재를 상정할 수 없는 경우에는 단독신청이 인정된다.

3) 우리 부동산등기법은 "등기는 법률에 다른 규정이 없는 경우에는 등기권리자와 등기의무자가 공동으로 신청한다(법 제23조 제1항)."고 규정함으로써 공동신청주의를 채택하였다. [17 법원사무관 / 15 등기서기보] 앞서 설명한 바와 같이 등기는 원칙적으로 신청으로 하되 그 등기를 신청할 때에는 원칙적으로 등기의무자와 등기권리자가 공동으로 신청하여야 하며, 예외적으로 법률에 다른 규정이 있는 경우에는 단독신청(법 제23조 제2항 내지 제8항)이 가능하다.

4) 등기신청은 신청인 또는 그 대리인이 등기소에 출석하여 신청정보 및 첨부정보를 적은 서면을 제출하는 방법이 있는데, 이때 대리인이 변호사나 법무사인 경우에는 대법원규칙으로 정하는 사무원[20 법무사 / 18 등기서기보]을 등기소에 출석하게 하여 그 서면을 제출할 수 있다(법 제24조, 규칙 제43조, 제46조). 구술신청은 허용되지 않는다.

5) 등기신청서를 제출할 수 있는 자격자대리인의 사무원은 자격자대리인의 사무소 소재지를 관할하는 지방법원장이 허가하는 1명으로 한다. [21 등기서기보] 지방법원장이 등기소에 출석하여 등기신청서를 제출할 수 있는 자격자대리인의 사무원의 출입허가를 하였을 때에는 자격자대리인에게 등기소 출입증을 발급하여야 한다. [21 등기서기보]

6) 정보통신기술이 발달됨에 따라 신청인 등이 직접 등기소에 출석하지 않고 사용자등록 후 전자서명정보를 송신함으로써 전산정보처리조직[이동통신단말장치에서 사용되는 애플리케이션(Application)을 통하여 이용하는 경우를 포함한다]을 이용하여 할 수 있는데(법 제24조, 규칙 제67조 제4항), 이 또한 최초의 사용자등록 시에 등기소에 출석하게 하여 등기관이 신청인의 동일성을 확인할 수 있도록 하여 등기의 진정성을 확보한다.

7) 신청주의의 원칙에 따르면 등기를 신청할 것인가의 여부는 당사자의 자유이며 등기신청을 강제하는 것은 사적 자치의 원칙에 위배되는 것이나, 특별법상 또는 부동산등기법상 등기신청의무 등이 부과되는 경우가 있다. 즉 부동산등기법상 신청의무가 있는 것은 토지 또는 건물의 분합, 멸실 등으로 인한 변경등기, 멸실등기로써 표제부와 관련이 있는 등기이며, 특별법상(「부동산등기 특별조치법」 제2조, 「부동산 실권리자명의 등에 관한 법률」 제10조 등) 신청의무가 있는 것은 등기권리와 관련된 소유권이전 등이 있으며 통상 갑구와 관련된 내용이다.

(2) 등기권리자와 등기의무자

1) 실체법상 등기권리자 및 등기의무자

가. 의의

등기신청에 관하여 공동신청주의를 채택하고 있는 결과로 물권변동에 관련된 당사자가 공동으로 등기신청을 하여야 한다. 따라서 등기를 원하는 일방 당사자는 타방 당사자가 등기신청에 협력하지 않을 경우 상대방의 협력(등기신청의 의사표시)을 청구할 수 있어야 하는데, 이를 위한 권리가 등기청구권이다.

등기청구권은 실체법상의 권리로서 타방 당사자가 등기신청에 협력하지 않을 경우 상대방의 협력(등기신청의 의사표시)을 청구할 수 있는 권리를 말하며, 이는 등기신청의 의사표시를 갈음하는 이행판결을 구할 수 있는 권리로도 해석된다. 실체법상 등기권리자는 등기청구권을 가진 자이며, 실체법상 등기의무자는 그 상대방이 된다.

나. 등기청구권의 발생원인과 법적성질

① 법률행위에 의한 등기청구권은 원인행위인 채권행위로부터 나오고 그 성질은 채권적 청구권이라고 보는 것이 판례의 입장이다(대판 1992.9.1, 92다24851).

② 이와 달리 등기가 마쳐졌으나 그 원인행위에 부존재, 무효, 취소, 해제 등의 사유가 있어 등기와 실체관계가 일치하지 않는 경우에 불일치를 제거하기 위하여 물권자에게 인정되는 등기청구권은, 물권의 효력으로서 발생하는 물권적 청구권(방해배제청구권)이라는 것이 일반적인 견해이며 판례의 입장이다.

③ 등기청구권의 성질을 구별하는 실익은 주로 등기청구권을 재판상 행사하였을 경우 당사자의 승계인에 대해서도 그 효력을 주장할 수 있는지의 여부에 있다. 물권적 청구권의 경우에는 변론종결 후의 승계인에 대하여 승계집행문을 부여받아 그 판결의 그 판결의 효력을 주장할 수 있으나, 채권적 청구권의 경우에는 그 효력을 주장하지 못한다. 또한 채권적 청구권을 보전하기 위한 가등기는 허용되나, 물권적 청구권을 보전하기 위한 가등기는 할 수 없다는 것이 판례의 입장이다.

2) 절차법상 등기권리자 및 등기의무자

절차법상 등기권리자란 신청된 등기가 실행되면 등기기록의 형식상 권리를 취득하거나 그 밖의 이익을 받는 자로 표시되는 자를 말하며, 절차법상 등기의무자란 신청된 등기가 실행되면 등기기록의 기록 형식상 권리를 상실하거나 불이익을 받는 자로 표시되는 자를 말한다. 절차법상 등기권리자와 등기의무자를 판단하는 기준은 반드시 등기부상 형식적으로 판단하여야 하고 실체법상의 권리 유무를 고려하여서는 아니 된다.

예컨대 부동산의 매매에 있어서 소유권이전등기가 신청되고 실행되면 소유권을 취득하게 되는 매수인이 등기권리자가 되며, 그로 인해 소유권을 상실하게 되는 매도인이 등기의무자가 된다.

3) 양자가 불일치한 경우

실체법상 등기권리자 및 등기의무자는 절차법상의 등기권리자 및 등기의무자와 일치하는 경우가 대부분이지만, 반드시 일치하는 것은 아니다. 만약 실체법상 등기권리자와 절차법상의 등기권리자가 불일치한 경우에는 대위에 의한 등기신청을 하게 된다. 예컨대 채권자대위등기와 채권자취소권에 의한 등기가 이에 해당한다.

(3) 등기권리자와 등기의무자의 비교

1) 소유권등기

가. 소유권보존등기

(가) 소유권보존등기의 신청

① 소유권보존등기는 법 제65조에 규정된 신청권자가 단독신청하는 등기이므로 (법 제65조), 공동신청을 전제로 하는 절차법상 등기권리자·등기의무자가 문제되지 않는다.

② 예컨대 미등기 건물의 소유자 甲이 건물을 乙에게 매도하였으나 甲이 소유권 보존등기신청을 하지 않아 乙이 소유권이전을 받을 수 없는 경우에도 그 건물의 소유권보존등기신청은 甲만이 할 수 있고 甲과 乙이 공동으로 신청하거나 乙이 甲의 등기신청 의사표시를 갈음하는 판결을 구할 수도 없다. 이 경우 乙은 甲을 상대로 소유권이전등기절차를 명하는 이행판결을 얻은 후, 甲에 대한 소유권이전등기청구권을 보전하기 위하여 甲을 대위하여 甲 명의의 소유권보존등기를 한 다음에 위 이행판결에 기하여 자기 명의의 이전등기신청을 단독으로 할 수 있다.

(나) 소유권보존등기의 말소등기 신청

① 소유권보존등기의 말소신청 역시 등기명의인이 단독으로 신청하는 등기이므로 절차법상 등기권리자·등기의무자의 개념이 개입할 여지가 없다.

② 예컨대 乙이 甲 소유의 부동산에 관하여 무효인 소유권보존등기를 한 경우 진정한 소유자인 甲은 실체법상 등기청구권자이고 乙은 실체법상 등기의무자이다. 그러나 乙명의의 소유권보존등기의 말소신청은 乙이 단독으로만 할 수 있다. 즉, 甲은 乙에 대해 실체법상 말소등기청구권을 갖고 있는 자이지만 등기절차상 등기권리자는 아니다.

당해 부동산이 보존등기 신청인의 소유임을 이유로 소유권보존등기의 말소를 명한 판결을 얻은 경우 그 판결에 신청인의 소유임을 확인하는 내용이 들어 있다면 그 판결에 의해 대위로 보존등기를 말소 한 후 자기 명의로 새로이 보존등기를 신청할 수 있으므로(예규 제1483호, 3-다-(1)), 乙이 임의로 소유권보존등기를 말소하지 않는다면 甲은 乙을 상대로 소유권보존등기의 말소를 명하는 판결을 얻어 乙 명의의 등기를 말소할 수 있는데, 이때에도 甲은 자신의 소유권보존등기신청권을 보전하기 위하여 乙을 대위하여 乙명의의 소유권보존등기를 말소할 수 있다. [22 법원사무관]

나. 소유권이전등기

(가) 일반적인 경우

일반적인 소유권이전의 경우 매수인이 등기청구권자이면서 등기권리자이고, 매도인이 등기청구권의 상대방이면서 등기의무자로서 양자가 완전히 일치한다.

(나) 순차이전된 경우(미등기 전매)

甲-乙 간의 매매계약이 있은 후 등기를 하지 않던 중 乙-丙 간의 매매계약이 있는 경우, 丙이 乙에게 가지는 소유권이전등기청구권을 보전하기 위하여 乙이 甲에게 가지는 소유권이전등기청구권을 재판상으로 대위행사하여 이행판결을 받았다면, 丙은 실체법상 등기권리자이고 甲은 그 상대방인 실체법상 등기의무자에 해당한다. 그런데 절차법적으로 보면 먼저 乙 명의의 소유권이전등기를 신청하여야 하며, 이 경우 등기의무자는 甲이지만 등기권리자는 乙이 된다. 왜냐하면 등기기록형식상 소유명의인은 乙이 되기 때문이다.

다. 소유권이전등기의 말소등기

(가) 일반적인 경우

원인무효로 인한 소유권이전등기가 경료된 후 말소하는 경우 종전 소유자가 말소등기의 등기청구권자이면서 등기권리자이고, 현재의 소유자가 등기청구권의 상대방이면서 등기의무자이다.

(나) 순차이전된 경우(순차이전된 후 말소)

甲-乙-丙에게 순차로 소유권이전등기가 이루어졌으나 甲-乙 사이의 소유권이전등기가 원인무효인 경우, 甲이 乙 및 丙을 상대로 소유권에 기한 물권적 청구권(방해배제청구권)을 행사하여 그 소유권이전등기말소등기절차의 이행판결을 받았다면, 甲은 실체법상 등기권리자이고 乙 및 丙은 그 상대방인 실체법상 등기의무자에 해당한다. 그런데 절차법적으로 보면 먼저 丙 명의의 소유권이전등기의 말소등기를 신청하여야 하며, 이 경우 등기의무자는 丙이지만 등기권리자는 乙이 된다. 왜냐하면 丙 명의의 등기가 말소되면 등기기록형식상 소유명의인은 乙이 되기 때문이다. [22 법원사무관]

라. 소유권이전등기의 말소회복등기

소유권이전등기가 부적법하게 말소되어 말소회복등기를 신청하는 경우 회복되는 등기의 명의인이 등기청구권자이면서 등기권리자이고, 현재의 소유자가 등기청구권의 상대방이면서 등기의무자이다.

2) 근저당권등기

가. 근저당권설정

일반적인 근저당권설정의 경우 근저당권자가 등기청구권자이면서 등기권리자이고, 근저당권설정자가 등기청구권의 상대방이면서 등기의무자이다.

나. 근저당권의 이전등기

근저당권이전등기의 경우 근저당권의 양수인이 등기청구권자이면서 등기권리자이고, 근저당권의 양도인이 근저당권을 상실하므로 등기청구권의 상대방이면서 등기의무자이다.

다. 근저당권의 변경등기

채권최고액을 증액하는 근저당권변경등기를 신청하는 경우에는 변경등기로 인해 이익을 얻는 자인 근저당권자가 등기청구권자이면서 등기권리자이고, 불이익을 받는 근저당권설정자가 등기청구권의 상대방이면서 등기의무자이다. 채권최고액을 감액하는 경우는 이와 반대이다.

채무자를 변경하는 근저당권변경등기를 신청하는 경우에는 불이익을 받는 자와 이익을 얻는 자의 구별이 명확하지는 않지만 실무상 근저당권자가 등기청구권자이면서 등기권리자이고, 근저당권설정자가 등기청구권의 상대방이면서 등기의무자이다.

라. 근저당권의 말소등기

(가) 일반적인 경우

일반적인 근저당권설정의 경우 근저당권설정자가 등기청구권자이면서 등기권리자이고, 근저당권자가 등기청구권자의 상대방이면서 등기의무자이다.

(나) 근저당권이 이전된 후 말소하는 경우

근저당권이전의 부기등기는 주등기에 종속되는 것으로 별개의 새로운 등기는 아니다. 근저당권설정자가 등기청구권자이면서 등기권리자이고, 근저당권의 양수인만이 등기청구권자의 상대방이면서 등기의무자이다. 예규에 따르면 저당권이 이전된 후 근저당권설정등기의 말소등기를 신청하는 경우에는 근저당권의 양수인이 근저당권설정자(소유권이 제3자에게 이전된 경우에는 제3취득자)와 공동으로 그 말소등기를 신청할 수 있다(예규 1656).

(다) 소유권이 이전된 후 말소하는 경우

가) 피담보채권이 소멸한 경우

근저당권이 설정된 후에 그 부동산의 소유권이 제3자에게 이전된 경우에는 현재의 소유자가 자신의 소유권에 기하여 피담보채무의 소멸을 원인으로 그 근저당권설정등기의 말소를 청구할 수 있음은 물론이지만, 근저당권설정자인 종전의 소유자도 근저당권설정계약의 당사자로서 근저당권소멸에 따른 원상회복으로 근저당권자에게 근저당권설정등기의 말소를 구할 수 있는 계약상 권리가 있으므로 이러한 계약상 권리에 터잡아 근저당권자에게 피담보채무의 소멸을 이유로 하여 그 근저당권설정등기의 말소를 청구할 수 있다고 봄이 상당하고, 목적물의 소유권을 상실하였다는 이유만으로 그러한 권리를 행사할 수 없다고 볼 것은 아니다(대판(전) 1994.1.25, 93다16338).

① 종전 소유자는 계약상 지위에서 근저당권설정등기의 말소를 청구할 수 있다(계약상 지위○ / 소유자의 지위×).

② 현재 소유자는 소유권에 기하여 근저당권설정등기의 말소를 청구할 수 있다(계약상 지위× / 소유자의 지위○).

예규에 따르면 근저당권설정등기의 말소등기를 함에 있어 근저당권 설정 후 소유권이 제3자에게 이전된 경우에는 근저당권설정자 또는 제3취득자가 근저당권자와 공동으로 그 말소등기를 신청할 수 있다(예규 2018.11.22. 제1656호).

나) 근저당권설정계약이 원인무효인 경우

① 종전 소유자는 말소청구를 할 수 없다(계약상 지위× / 소유자의 지위×).

② 현재 소유자는 소유권에 기하여 근저당권설정등기의 말소를 청구할 수 있다(계약상 지위× / 소유자의 지위○).

(라) 근저당권의 회복등기

근저당권등기가 부적법하게 말소되어 말소회복등기를 신청하는 경우 근저당권자가 등기청구권자이면서 등기권리자이고, 말소 당시의 소유자가 등기청구권자의 상대방이면서 등기의무자이다. 제3취득자는 등기상 이해관계인에 불과하며, 등기가 원인무효로 말소되어 회복되는 경우 제3취득자는 승낙의무가 있다.

근저당권등기가 부적법하게 말소되어 말소회복등기를 신청하는 경우 근저당권자가 등기청구권자이면서 등기권리자이고, 말소 당시의 소유자가 등기청구권자의 상대방이면서 등기의무자이다. 제3취득자는 등기상 이해관계인에 불과하며, 등기가 원인무효로 말소되어 회복되는 경우 제3취득자는 승낙의무가 있다.

3) 본등기

가등기는 장차 본등기를 하기 전 순위를 확보하기 위하여 하는 등기가 일반적인데, 소유권이전등기청구권의 가등기가 경료된 이후 부동산의 소유권이 甲에서 乙에게로 이전된 경우라도 가등기에 기한 본등기를 할 때의 본등기의무자는 乙이 아니라 甲이 된다.

3. 단독신청(공동신청주의의 예외)

공동신청에 의하지 않더라도 판결에 따른 등기처럼 등기의 진정성을 보장할 수 있거나, 소유권보존등기의 신청과 같이 등기의 성질상 등기의무자의 존재를 상정할 수 없는 경우에는 단독신청이 인정된다. 단독신청이 허용되는 경우는 다음과 같다.

(1) 진정성이 인정되는 경우

1) 판결에 의한 등기(법 제23조 제4항)

등기절차의 이행 또는 인수를 명하는 판결에 의한 등기는 승소한 등기권리자 또는 등기의무자가 단독으로 신청하고, 공유물을 분할하는 판결에 의한 등기는 등기권리자 또는 등기의무자가 단독으로 신청한다(법 제23조 제4항). [21 등기서기보 / 19 등기서기보]

이 규정의 취지는 판결절차에서 등기청구권의 존재 여부가 확정되므로 등기의 진정성이 보장되고 판결의 확정으로 어느 한쪽의 등기신청의 의사표시가 있는 것으로 간주되므로(「민사집행법」 제263조) 승소한 등기권리자는 그 확정판결에 의하여 단독으로 등기신청을 할 수 있다. 판결의 의한 등기는 매우 중요하므로 별도의 목차에서 설명하기로 한다.

2) 신탁등기

가. 신탁등기의 신청(법 제23조 제7항, 제8항)

신탁재산에 속하는 부동산의 신탁등기는 수탁자가 단독으로 신청한다(법 제23조 제7항). [19 등기서기보 / 15 등기서기보 / 14 법무사] 수탁자가 타인에게 신탁재산에 대하여 신탁을 설정하는 경우 해당 신탁재산에 속하는 부동산에 관한 권리이전등기에 대하여는 새로운 신탁의 수탁자를 등기권리자로 하고 원래 신탁의 수탁자를 등기의무자로 한다. 이 경우 해당 신탁재산에 속하는 부동산의 신탁등기는 새로운 신탁의 수탁자가 단독으로 신청한다(법 제23조 제8항).

나. 신탁등기의 말소등기 신청(법 제87조 제3항)

신탁등기의 말소등기는 수탁자가 단독으로 신청할 수 있다(법 제87조 제3항). [17 법무사 / 14 법무사]

3) 권리소멸약정등기(법 제55조)

등기명의인인 사람의 사망 또는 법인의 해산으로 권리가 소멸한다는 약정이 등기되어 있는 경우에 사람의 사망 또는 법인의 해산으로 그 권리가 소멸하였을 때에는, 등기권리자는 그 사실을 증명하여 단독으로 해당 등기의 말소를 신청할 수 있다(법 제55조). [17 법무사 / 15 등기서기보] 따라서 지상권자가 생존하는 동안에만 지상권이 존속한다는 약정이 등기된 상태에서 지상권자가 사망하였다면, 소유자는 지상권자가 사망한 사실을 증명하여 단독으로 지상권설정등기의 말소등기를 신청할 수 있다. [14 등기서기보] 이 경우에 단독신청이 인정되는 이유는 가족관계등록사항별증명서, 법인등기사항증명서 등으로 사망사실이나 해산사실을 공적 서류로 증명할 수 있기 때문이다.

4) 가등기

가. 가등기의 신청(법 제89조)

가등기는 가등기권리자와 가등기의무자가 공동으로 신청하는 것이 원칙이다(법 제23조 제1항). 등기의무자가 협력하지 않는 경우에는 의사진술을 명하는 판결을 받아 단독으로 신청할 수 있다(법 제23조 제4항).

가등기는 그 자체만으로는 권리변동을 종국적으로 발생시키지 않고 순위보전의 효력만 있는 등기이기 때문에 가등기의 신청 시 아래와 같이 단독신청의 특칙이 인정된다.

가등기권리자는 제23조 제1항에도 불구하고 가등기의무자의 승낙이 있거나 가등기를 명하는 법원의 가처분명령이 있을 때에는 단독으로 가등기를 신청할 수 있다(법 제89조).

나. 가등기의 말소등기 신청(법 제93조)

가등기의 말소등기는 등기권리자와 등기의무자의 공동신청에 의하여 말소할 수 있다(법 제23조 제1항).

가등기는 그 자체만으로는 권리변동을 종국적으로 발생시키지 않고 순위보전의 효력만 있는 등기이기 때문에 가등기의 말소등기신청 시에도 아래와 같이 단독신청의 특칙이 인정된다.

가등기명의인은 제23조 제1항에도 불구하고 단독으로 가등기의 말소를 신청할 수 있다(법 제93조 제1항). **가등기의무자** 또는 가등기에 관하여 **등기상 이해관계 있는 자**는 제23조 제1항에도 불구하고 **가등기명의인의 승낙을 받아** 단독으로 가등기의 말소를 신청할 수 있다(법 제93조 제2항). [17 법무사] 등기의무자 또는 등기상 이해관계인이 단독으로 가등기의 말소등기를 신청하는 경우에는 가등기명의인의 승낙이나 이에 대항할 수 있는 재판이 있음을 증명하는 정보를 첨부정보로서 등기소에 제공하여야 한다(규칙 제150조).

5) 가처분을 침해하는 등기의 말소등기 신청(법 제94조)

「민사집행법」제305조 제3항에 따라 권리의 이전, 말소 또는 설정등기청구권을 보전하기 위한 처분금지가처분등기가 된 후 **가처분채권자**가 가처분채무자를 등기의무자로 하여 권리의 이전, 말소 또는 설정의 등기를 신청하는 경우에는, 대법원규칙으로 정하는 바에 따라 그 가처분등기 이후에 된 등기로서 가처분채권자의 권리를 침해하는 등기의 말소를 단독으로 신청할 수 있다(법 제94조 제1항). 가처분등기 이후의 등기가 없는 경우로서 가처분채무자를 등기의무자로 하는 권리의 이전, 말소 또는 설정의 등기만을 할 때에도 또한 같다(법 제94조 제2항).

6) 촉탁으로 인한 등기(법 제98조)

국가 또는 지방자치단체가 등기권리자인 경우에는 국가 또는 지방자치단체는 등기의무자의 **승낙을 받아** 해당 등기를 지체 없이 등기소에 **촉탁하여야 한다**(법 제98조 제1항). [17 법무사 · 등기주사보] 국가 또는 지방자치단체가 등기의무자인 경우에는 국가 또는 지방자치단체는 등기권리자의 청구에 따라 지체 없이 해당 등기를 등기소에 촉탁하여야 한다(법 제98조 제2항). 관공서가 권리관계의 일방 당사자가 되는 경우에는 타방 당사자인 사인과 공동으로 등기신청을 할 수도 있지만, 일정한 요건을 갖춘 경우 관공서가 단독으로 등기를 촉탁할 수도 있다. 관공서는 허위의 등기를 촉탁할 염려가 현저히 적으므로 단독신청의 특칙이 인정되는 것이다.

7) 수용으로 인한 소유권이전등기(법 제99조)

수용으로 인한 소유권이전등기는 제23조 제1항에도 불구하고 **등기권리자가 단독으로 신청할 수 있다**(법 제99조 제1항). [17 법무사 / 14 법무사] 이는 법이 정한 엄격한 절차를 거쳤기 때문에 진정성이 보장되며 그 필요성 또한 인정되기 때문이다.

8) 혼동으로 인한 말소등기(「민법」제191조, 예규 1408호)

소유권과 소유권을 목적으로 한 다른 권리, 소유권 이외의 권리와 그를 목적으로 한 다른 권리가 동일인에게 귀속되어 그 다른 권리들이 **혼동**에 의하여 소멸하는 경우(「민법」제191조), 소유자 이외의 권리자는 단독으로 말소등기를 신청할 수 있다.

예컨대 환매등기를 경료한 후 등기된 환매기간이 경과하기 전에 환매권자가 다른 원인으로 당해 부동산에 대한 소유권을 취득함으로써 위 **환매권이 혼동**으로 소멸한 경우에는 환매권자가 **단독**으로 혼동을 원인으로 하는 **말소등기를 신청**할 수 있다. [20 법무사]

그러나 혼동으로 인한 말소등기의 신청은 소유자와 물권자가 동일한 시기에만 신청으로 할 수 있는 것이므로, 근저당권자가 소유자를 상속한 경우 근저당권은 혼동으로 소멸하나, 당사자가 신청하지 않는 이상 등기관이 그 소멸한 권리의 등기를 직권으로 말소할 수는 없으며 [9 법무사] 마찬가지로 가등기에 의하여 보전된 소유권이전등기청구권의 채권자가 그 채무자를 상속하여 혼동이 발생하였다고 하더라도 혼동을 원인으로 한 말소등기신청이 없는 한 등기관이 그 가등기를 직권으로 말소할 수 없다. [9 법무사]

(2) 성질상 공동신청이 불가능한 경우

1) 소유권보존(법 제23조 제2항)

미등기의 토지 또는 건물에 관한 소유권보존등기는 법 제65조 각 호의 어느 하나에 해당하는 자가 신청할 수 있으며(법 제65조), 소유권보존등기는 등기명의인으로 될 자가 단독으로 신청한다(법 제23조 제2항). [21 법무사 / 19 등기서기보 / 15 등기서기보 / 14 법무사]

소유권보존등기는 성질상 등기의무자가 존재하지 아니하고, 또한 이미 소유권을 취득한 자가 등기기록에 공시하는 것에 불과하기 때문이다.

또한 성질상 단독신청에 의하여 이루어지는 등기(예컨대, 소유권보존등기)의 말소는 그 등기명의인의 단독 신청에 의한다. [18 등기서기보·등기주사보 / 17 법무사 / 14 법무사]

2) 상속 등 포괄승계에 따른 등기(법 제23조 제3항)

상속, 법인의 합병, 그 밖에 대법원규칙으로 정하는 포괄승계에 따른 등기는 등기권리자가 단독으로 신청한다(법 제23조 제3항). [19 법무사 / 14 법무사]

따라서 **법인의 합병**을 원인으로 한 권리이전등기는 등기권리자가 단독으로 신청한다. [18 등기주사보]

일정한 포괄승계에 따른 등기를 신청하는 시점에는 등기의무자인 피상속인이나 소멸법인 등이 이미 사망·해산하여 공동신청이 불가능하고, 포괄승계 개시사실과 상속인의 범위, 존속법인 등은 가족관계등록사항별증명서 및 제적부 등·초본, 법인 등기사항증명서 등에 의하여 증명되기 때문이다.

법인의 분할은 종전의 법인이 소멸하는 소멸분할과 종전의 법인이 존속하는 존속분할로 나누어지는데, 법 제23조 제3항의 "그 밖에 대법원규칙으로 정하는 포괄승계"는 소멸분할만 해당한다고 하고 있으므로(규칙 제42조), 소멸분할만 단독신청을 할 수 있고 **존속분할은 공동신청을 하여야 한다**. [17 법무사] 종전의 법인이 존속하는 법인의 경우에는 공동신청이 가능하기 때문에 단독신청의 특칙을 인정할 필요가 없기 때문이다.

3) 표시변경등기(법 제23조 제6항, 제7항)

가. 부동산표시변경

부동산표시의 변경이나 경정의 등기는 소유권의 등기명의인이 단독으로 신청한다(법 제23조 제6항). [19 등기서기보 / 14 법무사] 이러한 부동산표시의 변경·경정등기는 성질상 등기의무자가 존재하지 않으며 사실관계를 기록하는 대장상 부동산의 표시에 관한 사항이 변경되어 효력이 발생한 내용을 등기하는 것에 불과하기 때문이다.

따라서 건물증축을 원인으로 한 건물표시변경등기는 소유권의 등기명의인이 단독으로 신청한다. [18 등기주사보]

나. 등기명의인표시변경

등기명의인표시의 변경이나 경정의 등기는 해당 권리의 등기명의인이 단독으로 신청한다(법 제23조 제7항). [22 등기서기보 / 21 법무사 / 14 법무사] 이러한 등기명의인표시의 변경·경정등기도 성질상 등기의무자가 존재하지 않기 때문이다.

4) 규약상 공용부분(법 제47조 제1항, 제2항)

가. 규약설정

규약상 공용부분이라는 뜻의 등기는 규약에서 공용부분으로 정한 구분건물 또는 부속건물 소유권의 등기명의인이 (🖐 단독으로) 신청하여야 한다(법 제47조 제1항). [22 등기서기보 / 19 등기주사보 / 17 등기주사보 / 16 등기서기보·법무사]

이 경우 공용부분인 건물에 소유권 외의 권리에 관한 등기가 있을 때에는 그 권리의 등기명의인의 승낙이 있어야 한다. 공용부분이라는 뜻을 정한 규약을 폐지한 경우에 공용부분의 취득자는 지체 없이 소유권보존등기를 신청하여야 한다(법 제47조).

나. 규약폐지

공용부분이라는 뜻을 정한 규약을 폐지한 경우에 공용부분의 취득자는 지체 없이 소유권보존등기를 (🖐 단독으로) 신청하여야 한다(법 제47조 제2항). [22 등기서기보 / 19 등기주사보 / 17 등기주사보 / 16 등기서기보·법무사]

5) 소재불명(법 제56조)

등기권리자가 등기의무자의 소재불명으로 인하여 공동으로 등기의 말소를 신청할 수 없을 때에는 「민사소송법」에 따라 공시최고를 신청할 수 있다. 이러한 경우에 제권판결이 있으면 등기권리자가 그 사실을 증명하여 단독으로 등기의 말소를 신청할 수 있다(법 제56조). [18 등기주사보 / 17 등기주사보 / 14 등기서기보 / 12 법무사]

따라서 소유자가 근저당권자의 소재불명으로 인하여 공동으로 근저당권설정등기의 말소등기를 신청할 수 없을 때에는 민사소송법에 따라 공시최고를 신청할 수 있고, 이 경우 제권판결이 있으면 소유자가 그 사실을 증명하여 단독으로 근저당권설정등기의 말소등기를 신청할 수 있다. [17 법무사] 마찬가지로 소유권이전청구권가등기의 명의인이 소재불명이 된 경우 현 소유자는 부동산등기법 제56조에 따라 공시최고신청을 하여 제권판결을 받아 단독으로 그 가등기의 말소등기를 신청할 수 있다. [14 법무사]

6) 기타

단독신청의 특칙이 인정되기 위해서는 반드시 법률에 단독신청을 할 수 있다는 규정이 있어야 하는 것이고, 이는 법률의 규정에 의한 물권변동인지 여부에 따라 달라지는 것은 아니다. 따라서 법정지상권에 따른 지상권등기[19 법무사 / 9 법무사], 점유취득시효에 따른 소유권이전등기 [9 법무사]도 판결을 받는 등의 경우가 아닌 한 원칙적으로 공동으로 신청하여야 한다.

관련 기출지문

1 지상권의 존속기간이 경과한 경우에는 토지소유자가 지상권 말소등기를 단독으로 신청할 수 있다. (×)
[24 법원사무관]

2 채무를 전부 변제한 근저당권설정자는 근저당권 말소등기를 단독으로 신청할 수 있다. (×)
[24 법원사무관]

3 신탁재산에 속하는 부동산의 신탁등기는 해당 부동산의 등기명의인이 단독으로 신청한다. (×)[19 등기서기보]

4 신탁을 원인으로 위탁자가 자기 명의의 재산을 수탁자에게 처분하는 경우 그에 따른 신탁등기의 신청은 위탁자를 등기의무자로 하고 수탁자를 등기권리자로 하여 위탁자와 수탁자가 공동으로 신청한다. (×)
[15 등기서기보]

5 신탁법 제3조 제5항에 따라 재신탁을 하는 경우에는 새로운 신탁의 수탁자와 원래 신탁의 수탁자가 공동으로 신탁등기를 신청한다. (×)
[24 법원사무관]

6 소유권보존등기의 말소등기는 소유권의 등기명의인과 진정한 소유자가 공동으로 신청한다. (×) [18 등기주사보]

7 등기의무자가 소재불명이고 말소할 권리가 전세권인 경우에는 제권판결에 의하지 않고 공시최고의 절차를 거친 후 전세금반환증서 등을 첨부하여 등기권리자가 단독으로 말소등기를 신청할 수 있다. (×)
[17 등기주사보 / 14 등기서기보]

8 전세권자의 소재불명으로 인하여 공동으로 전세권등기의 말소를 신청할 수 없을 때에는 신청정보에 전세계약서와 전세금 반환증서를 첨부하여 등기권리자가 단독으로 전세권등기의 말소를 신청할 수 있다. (×)

9 법정지상권은 보통의 지상권과는 달리 법률의 규정에 의한 물권 취득이므로 이를 등기하고자 할 때에는 법정지상권을 취득하는 자가 단독으로 등기를 신청할 수 있다. (×) [19 법무사 / 9 법무사]

10 점유시효취득은 원시취득이므로 취득시효가 완성된 경우에 점유자는 단독으로 소유권이전등기를 신청할 수 있다. (×)
[9 법무사]

---

(3) 판결에 의한 등기(법 제23조 제4항)

1) 서설

가. 의의

앞서 본 바와 같이 우리 부동산등기법은 "등기는 법률에 다른 규정이 없는 경우에는 등기권리자와 등기의무자가 공동으로 신청한다(법 제23조 제1항)."고 규정함으로써 공동신청주의를 채택하였다. [17 법원사무관 / 15 등기서기보]

따라서 등기의무자가 등기신청에 협력하지 않는다면 등기권리자는 해당 등기에 따른 종국적 효력(물권변동의 효력, 대항력 등)을 생기게 할 수 없게 된다. 그러므로 등기청구권자는 그 상대방(등기협력의무자)에게 등기신청에 협력할 것을 요구할 수 있는 실체법상의 권리인 등기청구권이 인정되며, 그러한 등기청구권을 실행하는 방법으로 등기신청의사의 진술을 갈음하는 재판을 청구할 수 있고(「민법」 제389조 제2항), 그 판결이 확정된 때에는 상대방(등기협력의무자)이 등기신청을 한 것으로 의제되므로(「민사집행법」 제263조). 승소한 등기권리자 또는 등기의무자는 그 확정판결에 기하여 단독으로 등기신청을 할 수 있다.

판결에 의한 등기신청의 경우에 단독신청을 인정한 이유는 한편으로는 판결에 의하여 등기의 진정성이 보장되고, 다른 한편으로는 판결에 의하여 공동신청주의 원칙이 유지되기 때문이라고 할 수 있다.

나. 요건

(가) 원칙적 이행판결

가) 판결의 내용

① 법 제23조 제4항의 판결은 민사집행법 제263조의 의사의 진술, 그중에서도 등기신청의사의 진술을 명한 판결을 의미한다고 보아야 한다. 따라서 원칙적으로 등기신청절차의 이행을 명하는 **이행판결**이어야 하며, **주문의 형태는 "○○○등기절차를 이행하라"**와 같이 등기신청 의사를 진술하는 것이어야 한다.

② 다만 형성판결인 **공유물분할판결의 경우**에는 예외적으로 등기신청이 가능하다(예컨대 "○○부동산 중 선내 ㉮ 부분은 원고의 소유로, 선내 ㉯ 부분은 피고의 소유로 각 분할한다"라고 한 판결). [19 등기주사보 / 18 법원사무관 / 15 법무사]

③ 위 판결에는 등기권리자와 등기의무자가 나타나야 하며, 신청의 대상인 등기의 내용, 즉 등기의 종류, 등기원인과 그 연월일 등 신청서에 기재하여야 할 사항이 명시되어 있어야 한다. [22 법무사]

④ 집행권원에 반대급부와 상환으로 일정한 급부를 할 것을 표시한 경우 반대급부는 급부의무의 태양에 불과하여 집행력이 생기지 아니하므로, "피고는 원고로부터 △△부동산에 관한 소유권이전등기 절차를 이행 받음과 동시에 원고에게 ○○○원을 지급하라"는 취지의 판결이 확정된 경우, 피고는 위 판결문에 집행문을 부여받아 단독으로 △△부동산에 관한 소유권이전등기를 신청할 수 **없다**(선례 8-95). [21 법원사무관 / 19 등기주사보 · 법무사 / 15 등기서기보 · 법무사]

⑤ 「부동산 실권리자명의등기에 관한 법률」 소정의 유예기간 내에 실명등기를 하지 않아 **명의신탁약정이 무효**가 되자 명의신탁자가 명의수탁자를 상대로

부당이득반환 또는 진정명의회복을 원인으로 한 소유권이전등기절차를 이행하라는 확정판결을 받았다면, 그 판결에 의하여 명의수탁자로부터 명의신탁자 앞으로 소유권이전등기를 신청할 수 있다(선례 7-419). [14 법무사]

나) 등기신청할 수 없는 판결의 예시

① 이행판결이 아닌 경우

1. 매매계약이 무효라는 **확인판결**에 의한 소유권이전등기의 말소등기신청(선례 1-494)[20 등기서기보]

2. 소유권**확인판결**에 의한 소유권이전등기의 신청(선례 4-217)

3. 통행권**확인판결**에 의한 지역권설정등기의 신청(선례 7-332)

4. 형성판결의 경우에도 공유물분할판결이 아닌 한 원칙적으로 단독신청을 할 수 없다.

　㉠ 따라서 재심의 소에 의하여 재심대상 판결이 취소된 경우 그 재심판결로 취소된 판결에 의하여 경료된 소유권이전등기의 말소등기 신청을 단독으로 할 수 없다. [23 등기서기보 / 17 법무사]

　㉡ 마찬가지로 화해조서에 의하여 갑으로부터 을에게 소유권이전이 된 후 다시 을로부터 병에게 소유권이전등기가 경료되었으나 **준재심에 의하여 위 화해조서가 취소된 경우**에도 그 취소판결에 의하여는 을 및 병 명의의 소유권이전등기말소를 신청할 수는 없는 것이므로, 을과 병이 말소등기절차에 응하지 않을 때에는 을 및 병을 상대로 각 소유권이전등기말소의 이행을 명하는 판결을 받아야만 그 등기말소를 신청할 수 있다. [10 법무사]

5. 원고가 피고의 주소를 허위로 기재하여 소송서류 및 판결정본을 그곳으로 송달하게 한 소위 **사위판결**에 의하여 소유권이전등기가 경료된 후 **상소심절차에서 그 사위판결이 취소·기각된 경우**, 그 취소·기각 판결에는 등기절차의 이행을 명하는 취지가 나타나지 아니하므로 그 취소·기각판결에 의하여는 위 소유권이전등기의 말소등기를 단독으로 신청할 수 없다. 따라서 당사자가 공동으로 신청하거나 등기의무자가 협조하지 아니하는 때에는 다시 소유권이전등기말소등기절차의 이행을 명하는 판결을 받아 단독으로 그 말소등기를 신청할 수 있다(선례 4-486, 예규 1692). [24 등기서기보 / 22 법무사 / 9 법무사]

6. 실종신고취소심판의 경우

> ↩ 「민법」 제29조(실종선고의 취소)
> ① 실종자의 생존한 사실 또는 전조의 규정과 상이한 때에 사망한 사실의 증명이 있으면 법원은 본인, 이해관계인 또는 검사의 청구에 의하여 실종선고를 취소하여야 한다.
> 그러나 실종선고 후 그 취소 전에 선의로 한 행위의 효력에 영향을 미치지 아니한다.
> ② 실종선고의 취소가 있을 때에 실종의 선고를 직접원인으로 하여 재산을 취득한 자가
> 선의인 경우에는 그 받은 이익이 현존하는 한도에서 반환할 의무가 있고 악의인 경우에는 그 받은 이익에 이자를 붙여서 반환하고 손해가 있으면 이를 배상하여야 한다.

㉠ 「부동산등기법」 제23조 제4항 전단의 '판결'이란 '등기절차의 이행 또는 인수를 명하는 판결'을 의미하므로, 실종선고취소심판은 「부동산등기법」 제23조 제4항 전단의 '판결'에 해당하지 아니한다. 따라서 실종선고를 받은 자에 대한 실종선고취소심판이 있었다고 하더라도 실종선고를 받은 자가 실종선고취소심판서를 첨부하여 단독으로 실종의 선고를 직접원인으로 하여 재산을 취득한 자 명의로 마쳐진 등기의 말소등기를 신청할 수는 없다(선례 제202405-2호).

㉡ 실종선고취소심판에 따라 가족관계등록부가 정리되어 있을 경우에는 실종선고를 받은 자가 실종의 선고를 직접원인으로 하여 재산을 취득한 자와 공동으로 그 명의로 마쳐진 등기의 말소등기를 신청하는 경우 등 그 실종선고취소에 따른 등기 시 당해 실종선고취소심판정본을 첨부할 필요는 없다(선례 제202405-3호). 즉, 가족관계등록사항별증명서를 제공하면 족하다.

② 이행판결이라도 등기신청절차의 이행을 명하는 판결이 아닌 경우

1. "○○재건축조합의 조합원 지위를 양도하라"와 같은 판결
2. "소유권지분 10분의 3을 양도한다"라고 한 화해조서[20 등기서기보 / 15 법무사]
3. "소유권이전등기절차에 필요한 서류를 교부한다"라고 한 화해조서[20 등기서기보 / 15 법무사]

③ 신청서에 기재하여야 할 필요적 기재사항이 판결주문에 명시되지 아니한 경우

1. 전세권설정등기를 명하는 판결주문에 필요적 기재사항인 전세금이나 전세권의 목적인 범위가 명시되지 아니한 경우[22 법무사 / 15 법무사]
   (따라서 전세권설정등기를 명하는 판결 주문에 존속기간은 명시되어

있지 않지만 전세금과 전세권의 목적인 범위가 명시되어 있다면 이 판결에 의하여 등기권리자는 단독으로 전세권설정등기를 신청할 수 있다. [20 등기서기보])

2. 근저당권설정등기를 명하는 판결주문에 필요적 기재사항인 **채권최고액**이나 **채무자**가 **명시되지 아니한 경우**[23 법무사 / 20 법무사 / 12 법무사 / 9 법무사]

다) 판결에 준하는 집행권원

여기서의 판결은 조정조서 등 **판결에 준하는 집행권원**을 포함한다.

① 화해조서, 민사조정조서, 가사조정조서[24 등기서기보], 인낙조서, 등도 그 내용에 등기의무자의 등기신청에 관한 의사표시의 기재가 있는 경우에는 등기권리자가 **단독**으로 등기를 신청할 수 있다.

② 화해권고결정, 조정에 갈음하는 결정 등도 그 내용에 등기의무자의 등기신청에 관한 의사표시의 기재가 있는 경우에는 등기권리자가 단독으로 등기를 신청할 수 있다.

③ **중재판정**에 의한 등기신청은 **집행결정**을, **외국판결**에 의한 등기신청은 **집행판결**을 각각 첨부하여야만 단독으로 등기를 신청할 수 있다. [16 법무사 / 9 법무사]

라) 판결이 아닌 경우

① **공증인 작성의 공정증서**는 채무의 목적이 일정한 금액의 지급이나 대체물 또는 유가증권의 일정한 수량의 급여인 때에 한하여 집행력이 인정되고 등기신청에 관한 공정증서에는 집행력이 인정되지 아니한다. 따라서 공증인 작성의 **공정증서**는 설령 부동산에 관한 등기신청의무를 이행하기로 하는 조항이 기재되어 있더라도 등기권리자는 이 공정증서에 의하여 단독으로 등기를 신청할 수 **없다**. [23 등기서기보 / 22 법무사 / 21 등기서기보 / 16 법무사 / 12 법무사 / 9 법무사]

② **가처분결정**에 등기절차의 이행을 명하는 조항이 기재되어 있어도 가처분의 잠정적 성격상 등기권리자는 이 가처분결정 등에 의하여 단독으로 등기를 신청할 수 **없다**. [16 법무사] 다만 가등기가처분은 민사집행법상의 가처분과는 성질을 달리 하는 것이므로 가등기권자는 법 제89조의 가등기가처분명령을 등기원인증서로 하여 단독으로 가등기를 신청할 수 있다.

③ 법원의 **신탁해지명령**은 「부동산등기법」 제23조의 판결에 해당하지 아니하므로 수익자나 수익자의 채권자(수익자를 대위하여)가 단독으로 신탁해지명령 정본을 첨부하여 소유권이전등기 및 신탁등기의 말소등기를 신청할 수 **없다**(선례 201104-1). [12 법무사]

④ 법원의 **신탁종료명령**은 판결에 해당하지 않는다. 그러므로 신탁종료명령에 의하여 신탁된 부동산에 대한 **소유권이전등기 및 신탁등기의 말소**를 수익자나 수익자의 채권자(수익자를 대위하여)가 단독으로 신청한 경우 등기관은 **각하하여야 한다**(「2022년 법원공무원교육원 부동산등기실무」 p.98).
[23 법원사무관]

(나) 확정판결

의사의 진술을 명하는 판결은 그 판결이 확정된 때에 그 의사를 진술한 것으로 보므로(「민집」 제263조 제1항), 법 제23조 제4항의 판결은 확정판결만을 의미한다. 따라서 판결에 의한 등기를 신청함에 있어 등기원인증서로서 판결정본과 그 판결이 확정되었음을 증명하는 확정증명서를 첨부하여야 한다.

따라서 확정되지 아니한 가집행선고가 붙은 판결에 의하여 등기를 신청한 경우 등기관은 그 신청을 각하하여야 한다(법 제29조 제9호). [21 등기서기보 / 16 법무사] 그러나 이러한 각하사유는 제29조 제9호이므로 등기관의 착오로 그러한 등기가 마쳐진 경우라도 법 제58조에 의하여 직권으로 말소할 것은 아니다.

판결이 확정된 후 10년이 경과하여 소멸시효 완성(「민법」 제165조)의 의심이 있다 하더라도 형식적 심사권만 있는 등기관으로서는 시효의 중단 여부 등을 알 수 없으므로 판결에 의한 등기를 수리해 등기하여야 한다. [23 법무사 · 법원사무관 / 22 등기서기보 / 18 법원사무관 / 16 법무사 / 15 등기서기보]

(다) 집행문

가) 일반적인 집행문

① **통상의 강제집행 절차**에서 강제집행을 하려면 집행권원에 **집행문을 부여받아야 한다**.

② 그런데 **의사표시를 명하는 판결**은 그 확정 시에 채무자의 의사표시가 있는 것으로 보기 때문에(「민집」 제263조 제1항) 등기절차의 이행을 명하는 판결에 의한 등기신청에는 원칙적으로 **집행문의 첨부를 요하지 않는다**. [18 등기서기보 / 14 등기서기보]

③ 의사표시를 하여야 하는 채무가 반대의무가 이행된 뒤에 하여야 하는 것인 경우에는 민사집행법 제30조와 제32조의 규정에 의하여 집행문을 부여한 때에 의사표시를 한 것으로 본다(「민집」 제263조 제2항). 즉 집행문을 부여받은 때에 판결의 효력(등기신청의사 진술의 의제)이 발생한다. 따라서 등기절차의 이행을 명하는 판결이 **선이행판결, 상환이행판결, 조건부이행판결**인 경우에는 **집행문을 첨부**하여야 한다. [22 등기서기보 / 18 등기서기보 · 법원사무관 · 등기주사보]

④ 그러나 등기절차의 이행과 반대급부의 이행이 각각 독립적으로 기재되었다면 **집행문을 부여받을 필요가 없다**(선례 4-244). [18 등기서기보 / 17 법무사 / 13 법무사]

⑤ 다만 그러한 경우라도 추가조항으로 **선이행·상환이행·조건부이행관계임**을 **명확히** 하였다면 집행문을 **부여받아야** 한다(예컨대 "제3항으로 제1항과 제2항은 동시에 이행한다."고 되어 있는 경우).

⑥ 위의 내용은 확정판결과 동일한 효력이 있는 화해조서 등의 집행권원에 등기신청의사의 진술이 있는 경우에도 마찬가지이다.

따라서 **등기절차의 이행과 반대급부의 이행이 각각 독립적으로 기재되어** 있다면 그 조서에 의한 등기신청을 하기 위하여 집행문을 부여받을 필요는 **없다.** [12 법무사]

그러한 예시로 "1. 피고는 원고에게 별지 기재 부동산에 관하여 소유권이전등기절차를 이행한다. 2. 원고는 피고에게 금 100,000,000원을 지급한다."고 기재된 조정조서에 따른 소유권이전등기 신청의 경우 **집행문을 부여받을 필요가 없다.** [23 등기서기보 / 20 법원사무관 / 19 법무사]

나) 승계 집행문

확정판결의 효력은 당사자, 변론을 종결한 뒤의 승계인(변론 없이 한 판결의 경우에는 판결을 선고한 뒤의 승계인) 또는 그를 위하여 청구의 목적물을 소지한 사람에 대하여 미친다(「민소」 제218조 제1항). 이렇게 확정판결 등 집행권원의 효력이 미치는 당사자의 승계가 있는 경우 승계인을 위하여 또는 승계인에 대하여 집행하기 위해서는 승계집행문을 부여받아야 한다(「민집」 제31조). 여기서 말하는 승계인은 변론종결 후의 승계인에 한정된다.

승계인의 범위에 관하여 구 소송물이론에 의하는 현행 판례는 소송물인 청구가 대세적 효력을 갖는 물권적 청구권일 때에만 당사자의 지위를 승계한 자가 승계인으로 되고, 대인적 효력밖에 없는 채권적 청구권일 때에는 승계인이 아니라고 한다(대판 1974.12.10, 74다1046, 대판 1993.2.12, 92다25151).

다. 이행판결

(가) 채권적 청구권(예 매매로 인한 소유권이전등기청구권)

채권적 청구권은 대인적 효력밖에 없기 때문에 채권적 청구권을 승계한 자는 변론종결 후의 승계인에 해당하지 않아 승계집행문을 부여받을 수는 없다. 따라서 별도의 소송을 제기하여 받은 판결로 등기를 신청하여야 한다.

다만, 채권적 청구권이라 하더라도 변론종결 후에 당사자의 사망으로 상속이 일어난 경우 그 상속인은 피상속인의 포괄승계인으로 법 제27조(포괄승계인에 의한 등기신청)라는 특례규정에 의하여 판결에 의한 등기를 신청할 수 있다. 이 경우 상속등기를 거치지 않고 승계집행문을 첨부할 필요도 없다.

(나) 물권적 청구권

물권적 청구권은 대세적 효력이 인정되므로 권리를 취득한 자는 변론종결 후의 승계인에 해당한다. 따라서 승계집행문을 부여받아 판결에 따른 등기를 할 수 있다.

가) 소유권에 기한 말소등기청구권

등기절차의 이행을 명하는 확정판결(**원인무효를 이유로 소유권이전등기의 말소를 명하는 판결**)의 변론종결 후 그 판결에 따른 등기신청 전에 등기의무자인 피고 명의의 등기를 기초로 한 제3자 명의의 새로운 등기가 경료된 경우(단, 아래의 경우를 제외한다)로서 제3자가 「민사소송법」 제218조 제1항의 **변론을 종결한 뒤의 승계인**에 해당하여 위 판결의 기판력이 그에게 미친다는 이유로 원고가 위 제3자에 대한 승계집행문을 부여받은 경우에는, 원고는 그 제3자 명의의 등기의 말소등기와 판결에서 명한 말소등기를 단독으로 신청할 수 있으며, 위 각 등기는 동시에 신청하여야 한다. [19 법무사 / 18 등기서기보]

나) 진정명의회복을 원인으로 한 소유권이전등기청구권

권리이전등기(**예 진정명의회복을 원인으로 하는 소유권이전등기**)절차를 이행하라는 확정판결의 변론종결 후 그 판결에 따른 등기신청 전에 그 권리에 대한 제3자 명의의 이전등기가 경료된 경우로 제3자가 「민사소송법」 제218조 제1항의 **변론을 종결한 뒤의 승계인**에 해당하여 위 판결의 기판력이 그에게 미친다는 이유로 원고가 위 제3자에 대한 승계집행문을 부여받은 경우에는, 원고는 그 제3자를 등기의무자로 하여 곧바로 판결에 따른 권리이전등기를 단독으로 신청할 수 있다. 이때에 제3자 명의의 소유권이전등기는 말소할 필요가 없다. [21 법무사 / 18 등기주사보]

라. 공유물분할판결

(가) 일부 공유자의 지분을 기초로 한 제3자 명의의 새로운 등기(단, 공유지분이전등기를 제외한다)가 경료된 경우

공유물분할판결의 변론종결 후 그 판결에 따른 등기신청 전에 일부 공유자의 지분을 기초로 한 제3자 명의의 새로운 등기가 경료된 경우(단, 아래 (나)의 경우를 제외한다)로서 제3자가 「민사소송법」 제218조 제1항의 **변론을 종결한 뒤의 승계인**에 해당하여 위 판결의 기판력이 그에게 미친다는 이유로 다른 공유자가 자신이 취득한 분할부분에 관하여 위 **제3자에 대한 승계집행문을 부여받은 경우**에는, 그 공유자는 제3자 명의의 등기의 말소등기와 판결에 따른 지분이전등기를 단독으로 신청할 수 있으며, 위 각 등기는 동시에 신청하여야 한다.

(나) 일부 공유자의 지분이 제3자에게 이전된 경우

가) 등기의무자의 승계

공유물분할판결의 변론종결 후 그 판결에 따른 등기신청 전에 일부 공유자의 지분이 제3자에게 이전된 경우로 제3자가「민사소송법」제218조 제1항의 변론을 종결한 뒤의 승계인에 해당하여 위 판결의 기판력이 그에게 미친다는 이유로 다른 공유자가 자신이 취득한 분할부분에 관하여 위 제3자에 대한 승계집행문을 부여받은 경우에는, 그 공유자는 제3자 명의의 지분에 대하여 그 제3자를 등기의무자로 하여 곧바로 판결에 따른 이전등기를 단독으로 신청할 수 있다.

나) 등기권리자의 승계

공유물분할판결의 변론종결 후 그 판결의 확정 전에 일부 공유자의 지분이 제3자에게 이전된 경우로서 위 제3자가「민사소송법」제218조 제1항의 변론을 종결한 뒤의 승계인에 해당하여 위 판결의 기판력이 그에게 미친다는 이유로 종전 공유자가 취득한 분할부분에 관하여 자신을 위한 승계집행문을 부여받은 경우에는, 그 제3자는 다른 공유자 명의의 지분에 대하여 곧바로 자신 앞으로 판결에 따른 이전등기를 단독으로 신청할 수 있다. [21 법무사 / 18 등기주사보]

마. 공유물분할에 관한 화해권고결정

(가) 의의

공유물분할의 소송절차 또는 조정절차에서 공유자 사이에 공유토지에 관한 현물분할의 협의가 성립하여 그 합의사항을 조서에 기재함으로써 조정이 성립하였다고 하더라도, 그와 같은 사정만으로 재판에 의한 공유물분할의 경우와 마찬가지로 그 즉시 공유관계가 소멸하고 각 공유자에게 그 협의에 따른 새로운 법률관계가 창설되는 것은 아니고, 공유자들이 협의한 바에 따라 토지의 분필절차를 마친 후 각 단독소유로 하기로 한 부분에 관하여 다른 공유자의 공유지분을 이전받아 등기를 마침으로써 비로소 그 부분에 대한 대세적 권리로서의 소유권을 취득하게 된다고 보아야 한다(대판(전) 2013.11.21, 2011두1917). [23 법무사 / 18 법무사·등기서기보]

(나) 공유물분할화해권고결정에 승계집행문을 부여받아 소유권이전등기를 단독으로 신청할 수 있는지 여부

현물분할을 내용으로 하는 공유물분할에 관하여 화해권고결정이 확정된 후 그 결정에 따른 등기신청 전에 일부 공유자의 지분이 제3자에게 이전된 경우에는 위와 달리 다른 공유자는 자신이 취득하는 것으로 정해진 분할부분에 관하여 위 제3자에 대한 승계집행문을 부여받아 제3자 명의의 지분에 대하여 자신 앞으로의 이전등기를 단독으로 신청할 수는 없다(선례 201906-4). [21 법무사]

바. 선정당사자가 받은 판결로 선정자가 소유권이전등기 신청 시 승계집행문을 첨부하여야 하
는지 여부

선정당사자가 받은 판결주문에 "피고는 선정자 ○○○에게 소유권이전등기절차를 이행
하라."는 내용의 기재가 있는 경우, 선정자 ○○○은 이 판결문을 첨부정보로서 제공하
여 자신을 등기권리자로 하는 소유권이전등기를 단독으로 신청할 수 있으며, 이때에 **승
계집행문은 첨부청보로서 제공할 필요가 없다**(선례 201709-2). [18 등기주사보]

2) 개시

등기권리자 또는 등기의무자가 단독으로 신청한다(법 제23조 제4항).

3) 신청절차

가. 신청인

(가) 일반

등기절차의 이행 또는 인수를 명하는 판결에 의한 등기는 승소한 등기권리자 또는
등기의무자가 단독으로 신청하고, **공유물을 분할하는 판결에 의한 등기는 등기권
리자 또는 등기의무자가 단독으로 신청한다**(법 제23조 제4항). [21 등기서기보 / 19 등기서기보]

가) 승소한 등기권리자 또는 승소한 등기의무자

① **승소한 등기권리자**에는 적극적 당사자인 원고뿐만 아니라 피고나 당사자
참가인도 포함되나, [22 법무사 / 11 법무사] 보조참가인은 포함되지 않는다.

② **패소한 등기의무자**는 그 판결에 기하여 직접 등기권리자 명의의 등기신청
을 하거나 승소한 등기권리자를 대위하여 등기신청을 할 수 없다. [23 법무사
/ 11 법무사]

③ 또한 판결의 효력은 소송당사자에게만 미치는 것이므로, 화해 당사자가
아닌 제3자에게는 화해의 효력이 미치지 않는다(대판 1985.11.26, 84다
카1880). 따라서 피고가 원고 갑, 소외인 을, 병에게 각 3분의 1 지분에
관하여 소유권이전등기를 이행한다는 내용이 포함된 재판상의 화해가 성
립되었다고 하더라도, **화해조서상에 당사자로 되어 있지 아니한 이상 화
해의 효력이 소외인 을, 병에게는 미치지 아니하므로 을, 병은 화해에 의하
여 단독으로 지분이전등기를 신청할 수는 없다**(선례 7-110). [19 법무사]

나) 승소한 등기권리자의 상속인

**(예컨대 소유권이전등기의 청구사건) 승소한 등기권리자가 승소판결의 변론
종결 후 사망하였다면, 상속인이 상속을 증명하는 서면을 첨부하여 직접 자기
(상속인) 명의로 등기를 신청할 수 있다.** [23 등기서기보 / 19 등기서기보 · 법무사 / 17 법원사무관
/ 15 등기서기보 / 14 법무사 / 12 법무사 / 9 법무사]

이 경우 원고명의로 먼저 판결에 따른 등기를 거친 후 원고의 상속인 명의로
상속등기를 하는 것이 아니다. 법 제27조의 적용으로 인해 상속등기를 거칠

필요도 없으며 사망한 자는 등기당사자능력이 없어서 그 자의 명의로 등기를 신청할 수도 없기 때문이다.

다) 채권자대위소송에 의한 경우

채권자가 제3채무자를 상대로 채무자를 대위하여 등기절차의 이행을 명하는 판결을 얻은 경우 **채권자는** 법 제28조에 의하여 채무자의 대위 신청인으로서 그 판결에 의하여 단독으로 등기를 신청할 수 있다. [15 등기서기보 / 14 법무사]

채권자 대위소송에서 **채무자가 채권자대위소송이 제기된 사실을 알았을 경우**에는 판결의 효력이 채무자에게도 미치므로 **채무자뿐만 아니라** 제3채권자도 채권자가 얻은 승소판결에 의하여 단독으로 등기를 신청할 수 있다. [22 등기서기보

/ 20 등기서기보 / 19 법무사 / 18 등기주사보]

라) 채권자취소소송의 경우

수익자(乙)를 상대로 **사해행위취소판결을** 받은 **채권자(A)는** 채무자(甲)를 대위하여 단독으로 등기를 신청할 수 있다. [22 등기서기보 · 법무사 / 14 법무사 / 11 법무사 / 9 법무사]

이 경우 등기신청서의 등기권리자란에는 "甲 대위신청인 A"과 같이 기재하고, 등기의무자란에는 "乙"을 기재한다. 채무자는 채권자가 얻은 승소판결에 의해서 단독으로 등기를 신청할 수 없다.

마) 관련 선례

소유권보존등기명의인을 상대로 그 등기의 말소판결을 얻은 자는 그 등기명의인을 대위하여 소유권보존등기의 말소를 신청할 수 있다. [9 법무사]

(나) 공유물분할

가) 공유물분할 판결

형성판결은 원칙적으로 법 제23조 제4항의 판결에 해당하지 않지만 공유물분할판결은 예외이다. 공유물분할판결의 주문에는 특정한 등기절차의 이행을 명하는 내용이 없지만 단독신청을 할 수 있는 특례를 인정한다.

공유물분할의 판결이 확정되면 공유자는 등기하지 않아도 각자 분할된 부분에 대한 단독소유권을 취득하게 되는 것이므로, 그 소송의 당사자는 그 확정판결을 첨부하여 원 · 피고인지 여부에 관계없이 등기권리자 또는 등기의무자가 단독으로 공유물 분할을 원인으로 한 지분이전등기를 신청할 수 있다. [23 법원사

무관 / 21 법원사무관 · 법무사(2) / 20 법무사 / 18 등기주사보 · 법무사 / 14 법무사]

나) 공유물분할에 관한 조정조서 등

공유물분할의 소송절차 또는 조정절차에서 공유자 사이에 공유토지에 관한 현물분할의 협의가 성립하여 그 합의사항을 조서에 기재함으로써 **조정이 성립하**였다고 하더라도, 그와 같은 사정만으로 재판에 의한 공유물분할의 경우와 마찬가지로 그 즉시 공유관계가 소멸하고 각 공유자에게 그 협의에 따른 새로운

법률관계가 창설되는 것은 아니고, 공유자들이 협의한 바에 따라 토지의 분필 절차를 마친 후 각 단독소유로 하기로 한 부분에 관하여 다른 공유자의 공유 지분을 이전받아 등기를 마침으로써 비로소 그 부분에 대한 대세적 권리로서의 소유권을 취득하게 된다고 보아야 한다(대판(전) 2013.11.21, 2011두1917).
[23 법무사 / 18 법무사·등기서기보]

이에 따르면 공유물분할의 조정이 성립된 경우에는 각 공유자의 단독신청이 허용되지 않는다고 볼 여지가 있으나, 조정조서도 판결에 준하는 집행권원에 해당하므로 진정성이 보장된다는 점을 고려하면 그 소유권의 취득시기와 상관없이 단독신청을 허용하여도 무방할 것이다.

따라서 공유물분할소송에서 강제조정이 확정된 경우에 그 소송의 당사자는 원·피고에 관계없이 공유물분할을 원인으로 한 지분이전등기를 신청할 수 있다. [18 법무사·등기서기보 / 10 법무사]

나. 신청정보

판결에 의한 등기의 경우에도 등기신청서에는 등기원인과 그 연월일을 기재하여야 한다. 이때의 "등기원인"이란 해당 판결에 의하여 확인된 권리변동 내지 권리관계의 원인(매매 등)이고, "그 연월일"은 그 원인의 일자이다.

(가) 이행판결

가) 원칙

등기절차의 이행을 명하는 판결주문에 등기원인과 그 연월일이 명시되어 있는 경우 그 판결주문에 명시된 등기원인과 그 연월일을 등기신청서에 기재한다.
[18 등기서기보]

나) 예외

등기절차의 이행을 명하는 판결주문에 등기원인과 그 연월일이 명시되어 있지 아니한 경우 등기신청서에는 등기원인은 "확정판결"로, 그 연월일은 "판결선고일"을 기재한다. [22 등기서기보 / 21 법원사무관 / 18 등기서기보 / 11 법무사]

예컨대 ① 기존등기의 등기원인이 부존재 내지 무효이거나 취소·해제에 의하여 소멸하였음을 이유로 말소등기 또는 회복등기를 명하는 판결[19 등기주사보], ② 가등기상 권리가 매매예약에 의한 소유권이전등기청구권으로서 그 가등기에 기한 본등기를 명한 판결의 주문에 등기원인과 그 연월일의 기재가 없는 경우가 이에 해당한다.

다) 판결에 의하여 취득시효완성을 원인으로 한 소유권이전등기를 신청하는 경우의 등기원인일자

등기권리자와 등기의무자가 시효취득을 증명하는 정보(당사자 간에 작성된 시효취득 확인서)를 등기원인을 증명하는 정보로서 제공하여 공동으로 소유권이전등기를 신청하는 경우에는 신청정보의 내용 중 등기원인은 "시효취득"

으로, 그 연월일은 "시효기간의 기산일" 즉 "점유개시일"로 하여 이를 제공하여야 한다. 그런데 등기권리자가 "○년 ○월 ○일 취득시효 완성을 원인으로 한 소유권이전등기절차를 이행하라"는 주문이 기재된 판결정본을 등기원인을 증명하는 정보로서 제공하여 단독으로 소유권이전등기를 신청하는 경우에는 등기원인과 그 연월일은 판결주문에 기재된 대로 제공하여야 하므로, 신청정보의 내용 중 등기원인은 "취득시효 완성"으로, 그 연월일은 주문에 기재된 "취득시효완성일"로 하여 이를 제공하면 된다(선례 201807-6).

(나) 형성판결

가) 원칙

권리변경의 원인이 판결 자체, 즉 **형성판결**인 경우 등기신청서에는 등기원인은 "**판결에서 행한 형성처분**"을 기재하고, 그 연월일은 "**판결확정일**"을 기재한다. 그 예시는 아래와 같다. [22 등기서기보]

공유물분할판결의 경우 등기원인은 "**공유물분할**"로, 그 연월일은 "**판결확정일**"을 기재한다. [21 법무사 / 19 등기주사보 / 18 등기서기보]

사해행위취소판결의 경우 등기원인은 "**사해행위취소**"로, 그 연월일은 "**판결확정일**"을 기재한다. [18 등기서기보 / 17 법무사 / 18 등기주사보]

재산분할심판의 경우 등기원인은 "재산분할"로, 그 연월일은 "심판확정일"을 기재한다.

> 🔁 **관련 선례**
> 사해행위취소판결에 의하여 등기를 신청하는 경우의 등기원인과 그 연월일 사해행위취소판결의 주문에 원상회복의 방법으로 소유권이전등기의 말소등기절차의 이행을 명하는 대신 소유권이전등기절차의 이행을 명하면서 그 등기원인을 "사해행위취소" 외에 "사해행위취소로 인한 원상회복" 또는 "진정명의회복" 등으로 기재하였더라도 어느 경우에나 사해행위취소판결 자체가 그 등기의 원인이 되는 것은 마찬가지이므로, 이러한 판결에 의하여 소유권이전등기를 신청하는 경우에 신청정보의 내용 중 등기원인은 "사해행위취소"로, 그 연월일은 "판결확정일"로 하여 이를 제공하여야 한다(선례 201809-7).

(다) 화해조서 등

가) 원칙

화해조서·인낙조서, 화해권고결정, 민사조정조서·조정에 갈음하는 결정, 가사조정조서·조정에 갈음하는 결정 등(이하 "화해조서 등"이라 한다)에 등기신청에 관한 의사표시의 기재가 있고 그 내용에 등기원인과 그 연월일의 기재가 있는 경우 등기신청서에는 그 등기원인과 그 연월일을 기재한다.

나) 예외

화해조서 등에 등기신청에 관한 의사표시의 기재가 있으나 그 내용에 등기원인
과 그 연월일의 기재가 없는 경우 등기신청서에는 등기원인은 "화해", "인낙",
"화해권고결정", "조정" 또는 "조정에 갈음하는 결정" 등으로, 그 연월일은 "조
서기재일" 또는 "결정확정일"을 기재한다. [20 법무사 / 19 등기주사보]

다. 첨부정보

(가) 등기원인과 관련한 서류

가) 판결정본 및 확정증명서(송달증명서-×)

① 판결에 의한 등기를 신청함에 있어 등기원인증서로서 **판결정본**과 그 판결
이 확정되었음을 증명하는 **확정증명서**를 첨부하여야 한다. [14 등기서기보 / 13 법
무사 / 11 법무사] 다만 등기원인증서로서 판결정본의 사본을 첨부할 수는 없다(선
례 5-46).

② **조정조서, 화해조서를 등기원인증서로서 첨부하는 경우에는 확정증명서를
제공할 필요가 없으나, 조정에 갈음하는 결정정본 또는 화해권고결정정본**
을 등기원인증서로서 첨부하는 경우에는 **확정증명서를 제공하여야 한다.**
[17 법무사 / 14 등기서기보]

③ 일반적으로 판결의 송달은 강제집행의 개시요건이지만(「민집」 제39조),
의사의 진술을 명하는 판결의 경우에는 판결이 확정되면 의사의 진술이 있
는 것으로 간주되므로 판결이든 판결에 준하는 집행권원이든 **송달증명서
의 첨부는 요하지 않는다.** [14 등기서기보 / 13 법무사 / 11 법무사]

나) 집행문 또는 승계집행문

판결에 의한 등기를 신청하는 경우 원칙적으로 집행문의 첨부를 요하지 않는
다. 등기절차의 이행을 명하는 판결이 선이행판결, 상환이행판결, 조건부이행
판결인 경우에는 집행문을 첨부하여야 한다. 다만 등기절차의 이행과 반대급
부의 이행이 각각 독립적으로 기재되어 있다면 그러하지 아니하다.

변론종결 후 승계인에 해당하는 경우에는 승계집행문을 첨부한다.

다) 등기원인을 증명하는 정보가 집행력 있는 판결인 경우 제3자의 허가서 등의
제공여부

① 규칙 제46조 제3항

㉮ 등기원인을 증명하는 정보가 집행력 있는 판결인 경우에는 등기원인에
대한 제3자의 허가 등을 증명하는 정보를 제공할 필요가 없다(원칙).
재판절차에서 이미 확인되었다고 보기 때문이다.

㉯ 다만 행정관청의 허가 등을 받을 것이 요구되는 때에는 등기원인을 증
명하는 정보가 집행력 있는 판결인 경우에도 허가 등을 증명하는 정보

를 제공하여야 한다(예외). 판결절차를 탈법 수단으로 악용하는 것을 막기 위한 것이다. 이러한 예외에 대하여 설명한다.

② 예규 제1383호

㉮ 행정관청이 아닌 제3자의 동의 또는 승낙이 필요한 경우에는 해당 동의서 등의 현존사실이 판결서에 기재되어 있는지 여부에 관계없이 동의 등의 증명 정보를 제공할 필요가 없다.

㉯ 행정관청의 허가서 등이 필요한 경우 허가서 등의 현존사실이 판결서에 기재되어 있으면 그 판결서 정본이 허가 등을 증명하는 정보에 해당하므로 별도로 허가서 등을 제출할 필요가 없다(예규 1692).

㉰ 다만 소유권이전등기를 신청할 때에는 행정관청의 허가서 등의 현존사실이 판결서 등에 기재되어 있다 하더라도 행정관청의 허가 등을 증명하는 서면을 반드시 제출하여야 한다(예규 1692). [22 법무사 / 21 등기서기보 / 20 법원사무관·법무사 / 18 등기주사보 / 17 등기서기보 / 13 법무사] 「부동산등기 특별조치법」 제5조 제1항에 의하여 특별히 부여된 의무이기 때문이다.

㉱ 따라서 판결에 의한 소유권이전등기를 하는 경우라도 법률에 따라서 농지취득자격증명[23 등기서기보 / 12 법무사], 토지거래계약허가서, 공익법인의 기본재산 처분(소유권이전)에 대한 주무관청의 허가서[17 법무사]를 제공하여야 한다(선례 201205-5 등).

(나) 등기의무자와 관련한 서류

가) 인감증명서

판결에 의한 등기권리자의 단독신청의 경우에는 인감증명을 제공할 필요가 없다.

나) 등기필정보

승소한 등기권리자가 단독으로 등기를 신청할 때에는 등기의무자의 등기필정보를 등기소에 제공할 필요가 없으나, 승소한 등기의무자가 단독으로 등기를 신청할 때에는 등기의무자의 등기필정보를 등기소에 제공하여야 한다(법 제50조 제2항). [23 법무사 / 21 등기서기보 / 18 법원사무관 / 17 법무사 / 15 법무사 / 13 법무사]

승소한 등기권리자가 신청하는 경우에 등기의무자의 등기필정보를 요구하지 않는 이유는 등기의무자의 협력을 얻을 수 없어서 등기권리자가 판결을 받아 단독으로 등기신청을 하는 것이기 때문이다. 그러나 승소한 등기의무자가 신청하는 경우에는 진정성을 더욱 담보하기 위해 본인이 가지고 있는 등기필정보를 제출하도록 하였다.

(다) 등기권리자와 관련한 서류

가) 취득세 등 세금납부확인서 - ○

나) 주소를 증명하는 서면

① 판결에 의하여 소유권이전등기신청을 하는 경우

판결 등에 의하여 등기권리자만으로 소유권이전등기를 신청하는 경우에는 등기권리자의 주소를 증명하는 서면만을 제출된다(선례 7-77). [13 법무사]
다만 판결문상의 피고의 주소가 등기부상의 등기의무자의 주소와 다른 경우 (등기부상 주소가 판결에 병기된 경우 포함)에는 동일인임을 증명할 수 있는 자료로 주소에 관한 서면을 제출하여야 한다.
그러나 판결문상에 기재된 피고의 주민등록번호와 등기부상에 기재된 등기의무자의 주민등록번호가 동일하여 동일인임을 인정할 수 있는 경우에는 주소에 관한 서면을 제출할 필요가 없다. [23 법무사]

② 판결에 의한 대위보존등기를 신청하는 경우 보존등기명의인의 주소를 증명하는 서면

원고가 미등기 부동산에 관하여 그 소유자를 피고로 하여 소유권이전등기절차의 이행을 명하는 판결을 받은 후 피고를 대위하여 소유권보존등기를 신청하는 경우에는 그 보존등기명의인인 피고의 주소를 증명하는 서면을 제출하여야 한다. 피고에 대한 소송서류의 송달이 공시송달에 의하여 이루어진 경우에도 같다.
이 경우 피고의 주민등록이 「주민등록법」 제20조 제5항에 의하여 말소된 때에는 말소된 주민등록표등본을 첨부하고 그 최후 주소를 주소지로 하여 피고명의의 소유권보존등기를 신청할 수 있다.

③ 판결에 의하여 소유권이전등기를 순차로 대위신청하는 경우

甲은 乙에게, 乙은 丙에게 각 소유권이전등기절차를 순차로 이행하라는 판결에 의하여 丙이 乙을 대위하여 甲으로부터 乙로의 소유권이전등기를 신청할 때에는 乙의 주소를 증명하는 서면을 첨부하여야 하고, 이 경우 乙에 대한 소송서류의 송달이 공시송달에 의하여 이루어진 때에는 그 판결에 기재된 乙의 최후 주소를 증명하는 서면을 첨부하여야 한다. [19 법무사]

4) 실행절차

가. 접수·배당

나. 조사(형식적 심사)

(가) 원칙

판결에 의한 등기를 하는 경우 등기관은 원칙적으로 판결 주문에 나타난 등기권리자와 등기의무자 및 이행의 대상인 등기의 내용이 등기신청서와 부합하는지를 심사하는 것으로 족하다. [21 등기서기보]

(나) 예외

다만 다음 각 호의 경우 등에는 예외적으로 등기관이 판결 이유를 고려하여 신청에 대한 심사를 하여야 한다.

가) 본등기 신청하는 경우 소유권이전등기가 가등기에 기한 본등기인지를 가리기 위하여 판결이유를 보는 경우

나) 명의신탁해지를 원인으로 소유권이전등기절차를 명한 판결의 경우 그 명의신탁이 「부동산 실권리자명의 등기에 관한 법률」에서 예외적으로 유효하다고 보는 상호명의신탁, 배우자 또는 종중에 의한 명의신탁인지 여부를 가리기 위한 경우

다) 소유권보존등기말소를 명하는 판결을 첨부하여 소유권보존등기를 신청하는 경우에는 그 판결이유에서 원고의 소유임을 인정하였는가를 확인하기 위한 경우

라) 매도인인 피상속인이 매매계약 체결 후 사망하고 매수인이 **상속인들을 상대로 하여 소유권이전등기절차의 이행을 명하는 판결을 받은 경우** 판결이유에 상속관계에 관한 설시가 있는지 여부를 확인하기 위한 경우

(그러한 설시가 없다면 피고들이 상속인 전원임을 증명할 수 있는 서류를 제출하여야 한다.)

(다) 판결 확정 후 10년 경과

판결이 확정된 후 10년이 경과하여 소멸시효 완성(「민법」 제165조)의 의심이 있다 하더라도 형식적 심사권만 있는 등기관으로서는 시효의 중단 여부 등을 알 수 없으므로 판결에 의한 등기를 수리해 등기하여야 한다. [23 법무사 / 23 법원사무관 / 22 등기서기보 / 18 법원사무관 / 16 법무사 / 15 등기서기보]

(라) 판결문상 당사자와의 불일치

판결문상의 당사자 표시(성명, 주소, 주민등록번호)는 신청정보 및 등기기록상 기록과 일치하여야 함이 원칙이다.

따라서 甲 소유명의의 토지에 대하여 원고 乙이 "피고 丙은 피고 甲이 원고로부터 ○○○○원을 지급받음과 동시에 원고에게 △△토지에 대하여 ○년○월○일 매매를 원인으로 하는 소유권이전등기절차를 이행하라"는 판결을 받은 경우, 판결문상의 소유권이전등기절차 이행 의무를 부담하는 피고(丙)와 등기기록상의 등기의무자인 소유명의인(甲)이 다르므로, 원고 乙은 이 판결에 의하여 단독으로 소유권이전등기를 신청할 수 없다(선례 201908-1).

(마) 촉탁서의 기재내용과 촉탁서에 첨부된 판결의 기재내용이 일치하는 여부에 대한 심사

등기관은 등기신청절차의 형식적 요건만 심사할 수 있는 것이고, 그 등기원인이 되는 법률관계의 유·무효와 같은 실질적인 심사권은 없다고 할 것이나, 법원의

촉탁에 의한 등기를 실행하는 경우 촉탁서의 기재내용과 촉탁서에 첨부된 판결의 기재내용이 일치하는지 여부는 심사할 수 있다(예규 623). [21 법무사]

(바) 상속등기와 등기관의 조사범위

상속을 증명하는 시, 구, 읍, 면의 장의 서면 또는 이를 증명함에 족한 서면과 관계법령에 기한 **상속인의 범위 및 상속지분의 인정은** 등기공무원의 형식적 심사권한의 범위 내라고 할 것이므로, 위와 같은 서면과 관계법령에 의하여 인정되는 정당한 상속인의 범위 및 상속지분과 다른 내용으로 상속등기를 신청하였을 경우 등기공무원으로서는 신청 내용이 확정된 판결의 내용과 동일하다고 하더라도 위 등기신청을 각하하여야 한다(대결 1995.2.22, 94마2116).

다. 문제○ (취하·보정·각하)

라. 문제× (등기실행)

마. 기타

(가) 물리적 일부에 대한 판결

1필지의 토지 중 특정 일부에 대하여 소유권이전등기를 명하거나 소유권이전등기의 말소를 명하는 판결(화해조서)이 확정(성립)된 경우에는 먼저 그 특정부분을 분할하여 분필등기를 마친 다음 그 분할된 토지에 관하여 이전등기 또는 말소등기를 신청하여야 하고, 1필지의 특정부분의 면적을 지분으로 표시하여 이전등기 또는 말소등기를 신청할 수는 없다(선례 4-219). 이 경우 그 판결에 따로 토지의 분할을 명하는 주문기재가 없더라도 그 판결에 기하여 등기의무자를 대위하여 그 특정된 일부에 대한 분필등기절차를 마친 후 소유권이전등기를 말소할 수 있으므로 토지의 분할을 명함이 없이 1필지의 토지의 일부에 관하여 소유권이전등기의 말소를 명한 판결을 집행불능의 판결이라 할 수 없다(예규 639).

(나) 판결의 내용 중 일부만의 등기신청

판결의 내용 중 일부만에 대한 등기의 신청도 원칙적으로 가능하다. 따라서 1필지의 토지 전부에 대하여 소유권이전등기를 명하는 확정판결을 원인서면으로 첨부하여 그 토지의 일부지분에 대한 이전등기를 신청할 수도 있고(선례 6-113), 수개의 부동산에 대하여 소유권이전등기절차의 이행을 명하는 판결을 얻었으나 그 중 일부에 관하여만 소유권이전등기를 신청할 수도 있다(선례 3-263).

판결의 내용 중 일부에 대하여는 등기신청을 할 수 없는 사정이 있는 경우(등기상 이해관계 있는 제3자의 승낙을 얻지 못한 경우 등)에는 그러한 제한이 없는 부분에 대해서만 등기신청을 할 수 있다(선례 201303-2). 그러므로 **판결주문에서 소유권이전등기 및 근저당권설정등기의 각 말소등기절차를 명한 경우, 소유권이전등기말소등기를 신청하지 않은 채 근저당권설정등기말소등기만을 신청할 수도 있다.** [17 법무사]

(다) 소유권이전등기말소등기의 등기의무자가 사망하여 협의분할에 의한 재산상속등기가 이루어진 경우 위 말소등기의 신청인 등

① 갑에서 을로의 소유권이전등기가 마쳐진 후 을이 사망(법정상속인 병, 정)하여 병 명의로 협의분할에 의한 상속을 원인으로 하는 소유권이전등기가 마쳐졌으나, 그 후 위 갑에서 을로의 소유권이전등기가 원인무효임을 이유로 말소하려는 경우, 협의분할에 의하여 이를 단독상속한 상속인 병만이 이를 전부 말소할 의무가 있고 다른 공동상속인 정은 이를 말소할 의무가 없으므로(대판 2009. 4.9, 2008다87723), 을 명의의 소유권이전등기의 말소의무자는 을의 원래의 상속인 전원이 아니라 병이라 할 것이다.

② 갑 소유의 부동산이 을에게 매매를 원인으로 이전된 후에 을이 사망하여 협의분할에 의한 상속을 원인으로 병 명의의 소유권이전등기가 마쳐진 상태에서, 갑이 병을 상대로 매매가 무효임을 원인으로 한 소유권이전등기말소소송을 제기하여 "병은 갑에게 ㅁㅁ지방법원 △△등기소 ㅇㅇㅇㅇ년 ㅇ월 ㅇ일 접수 제ㅇㅇ호로 마친 소유권이전등기(협의분할에 의한 상속등기)의 말소등기절차를 이행한다."는 강제조정이 확정된 경우에 갑은 위 강제조정의 결정사항에 따라 병 명의의 소유권이전등기를 말소할 수 있을 뿐이고, 이 말소등기에 따라 회복되는 피상속인인 을 명의의 소유권이전등기는 말소할 수 없다(선례 201312-3).

[20 법무사]

관련 기출지문

1 법원의 신탁종료명령이 있는 경우 수익자는 이를 첨부하여 단독으로 신탁된 부동산에 대한 소유권이전등기 및 신탁등기의 말소등기를 신청할 수 있다. (×) [23 법원사무관]

2 법원의 신탁해지명령이 있는 경우에는 그 해지명령에 의하여 신탁된 부동산에 대한 소유권이전등기 및 신탁등기의 말소등기를 할 수 있다. (×) [12 법무사]

3 재심의 소에 의하여 재심대상판결이 취소된 경우 재심판결을 첨부하여 재심판결로 취소된 원판결에 의하여 마쳐진 소유권이전등기의 말소등기를 신청할 수 있다. (×) [23 등기서기보]

4 재심의 소에 의하여 재심대상 판결이 취소된 경우 그 재심판결로 취소된 판결에 의하여 마쳐진 소유권이전등기의 말소등기를 신청할 수 있다. (×) [17 법무사]

5 甲이 乙을 상대로 제기한 소에서 소송서류 등이 공시송달의 방법으로 송달되어 확정되고 이와 같이 확정된 제1심 판결문을 기초로 甲이 소유권이전등기를 마쳤으나, 이후 제기된 추후보완항소에서 제1심 판결이 취소되고 甲의 청구가 기각되었다면 乙은 위 항소심 판결문을 첨부하여 甲 명의의 소유권이전등기의 말소등기를 신청할 수 있다. (×) [24 법원사무관]

6 피고의 주소를 허위로 기재하여 소송서류 및 판결정본을 그곳으로 송달하게 한 사위판결에 의하여 소유권이전등기가 경료된 후 상소심절차에서 그 사위판결이 취소·기각된 경우 그 취소·기각판결에 의하여 소유권이전등기의 말소등기를 신청할 수 있다. (×) [22 법무사 / 9 법무사]

7 "소유권지분 10분의 3을 양도한다"라고 한 화해조서에 의하여 등기권리자는 단독으로 소유권이전등기를 신청할 수 있다. (×) [20 등기서기보]

8 판결주문에 채권최고액이 명시되어 있지 않은 판결에 의하여 근저당권설정등기를 신청한 경우 등기관은 채권최고액이 없는 근저당권설정등기를 실행하여야 한다. (×) [12 법무사]

9 중재판정 또는 외국판결에 의한 등기신청은 집행판결을 첨부정보로서 제공하여야만 단독으로 등기를 신청할 수 있다. (×) [16 법무사]

10 甲 소유의 X부동산에 관하여 甲이 乙에게 소유권이전등기를 넘겨주기로 하는 내용이 담긴 공정증서를 첨부하여 乙이 단독으로 소유권이전등기를 신청할 수 있다. (×) [23 등기서기보]

11 공증인 작성의 공정증서에 부동산에 관한 등기신청의무를 이행하기로 하는 조항이 기재되어 있다면 등기권리자는 이 공정증서에 의하여 단독으로 등기를 신청할 수 있다. (×) [16 법무사]

12 부동산에 관한 등기신청의무를 이행하기로 하는 조항이 공정증서에 기재되어 있는 경우 등기권리자는 그 공정증서에 의하여 단독으로 등기를 신청할 수 있다. (×) [12 법무사]

13 반대급부의 이행과 등기절차의 이행이 각각 독립적으로 기재된 판결에 의하여 등기를 신청하는 경우에도 집행문을 첨부하여야 한다. (×) [18 등기서기보 / 17 법무사]

14 판결 주문 제1항에 "X부동산에 관하여 甲은 乙에게 소유권이전등기절차를 이행하라.", 제2항에 "乙은 甲에게 1억원을 지급하라."고 각 기재된 경우 乙은 집행문을 첨부하여야 단독으로 X부동산에 관한 소유권이전등기를 신청할 수 있다. (×) [23 등기서기보]

15 공유물분할판결의 경우와 마찬가지로, 현물분할을 내용으로 하는 공유물분할에 관하여 조정이나 화해권고결정이 확정된 후 그 조정이나 화해권고결정에 따른 등기신청 전에 일부 공유자의 지분이 제3자에게 이전된 경우에 다른 공유자는 자신이 취득하는 것으로 정해진 분할부분에 관하여 위 제3자에 대한 승계집행문을 부여받아 제3자 명의의 지분에 대하여 자신 앞으로의 이전등기를 단독으로 신청할 수 있다. (×) [21 법무사]

16 선정당사자가 받은 판결주문에 "피고는 선정자 ○○○에게 소유권이전등기절차를 이행하라."는 내용의 기재가 있는 경우, 선정자 ○○○은 이 판결문을 첨부정보로서 제공하여 자신을 등기권리자로 하는 소유권이전등기를 단독으로 신청할 수 있으며, 이때에 승계집행문을 첨부정보로서 제공하여야 한다. (×) [18 등기주사보]

17 "피고는 원고로부터 △△부동산에 관한 소유권이전등기 절차를 이행 받음과 동시에 원고에게 ○○○원을 지급하라"는 취지의 판결이 확정된 경우, 피고가 단독으로 △△부동산에 관한 소유권이전등기를 신청하기 위해서는 위 판결문에 집행문을 부여받아야 한다. (×) [21 법원사무관 / 19 법무사 / 15 등기서기보]

18 판결 확정 후 승소한 등기권리자가 사망한 경우에는 그 권리자의 상속인이 사망한 피상속인 명의로 판결에 의한 등기를 신청할 수 있다. (×) [12 법무사]

19 채권자가 수익자를 상대로 채무자와 수익자 사이의 소유권이전등기의 원인행위가 사해행위임을 이유로 취소하고 그 말소등기절차의 이행을 명하는 확정판결을 얻은 경우, 채무자는 등기권리자로서 채권자가 얻은 승소판결에 의하여 단독으로 등기를 신청할 수 있다. (×) [14 법무사]

20 수익자를 상대로 사해행위취소 및 소유권이전등기말소판결을 받은 채권자는 채무자를 대위하지 않고 자기 명의로 등기를 신청할 수 있다. (×) [9 법무사]

21 공유물을 분할하는 판결에 의한 등기는 승소한 등기권리자가 단독으로 신청하여야 한다. (×) [24 법원사무관]

22 공유물을 분할하는 판결에 의한 등기는 등기의무자가 단독으로 신청할 수 없다. (×) [21 법무사]

23 등기절차의 이행을 명하는 판결에 의하여 등기를 신청하는 경우 판결주문에 등기원인과 그 연월일이 명시되어 있지 아니한 경우에는 등기원인은 "확정판결"로, 그 연월일은 "판결확정일"을 기재한다. (×) [11 법무사]

24 형성판결인 경우 등기신청서에는 등기원인은 "판결에서 행한 형성처분"을 기재하고, 그 연월일은 "판결선고일"을 기재한다. (×) [22 등기서기보]

25 공유물분할판결에 따른 등기신청의 등기원인은 "공유물분할"로, 그 연월일은 "판결선고일"을 기재한다. (×) [24 법원사무관]

26 공유물분할판결에 의하여 등기를 신청하는 경우에는 신청정보의 내용 중 등기원인은 "공유물분할"로, 그 연월일은 "판결선고일"로 한다. (×) [19 등기주사보]

27 사해행위취소판결의 경우 등기원인은 "확정판결"로, 그 연월일은 "판결선고일"을 신청정보의 내용으로 제공한다. (×) [18 등기서기보 / 17 법무사]

28 가사조정조서나 가사조정에 갈음하는 결정은 그 내용에 등기의무자의 등기신청에 관한 의사표시의 기재가 있는 경우에도 등기권리자가 단독으로 등기를 신청할 수 없다. (×) [24 법원사무관]

29 조정조서, 화해조서 또는 인낙조서를 등기원인증서로서 첨부하는 경우에는 송달증명서를 첨부정보로 제공하여야 한다. (×) [14 등기서기보]

30 판결에 의한 등기신청 시 등기원인에 대하여 행정관청의 허가 등을 받을 것이 요구되는 때에는 해당 허가서 등의 현존사실이 그 판결서에 기재되어 있는 경우에 한하여 허가서 등의 제출의무가 면제된다. 따라서 소유권이전등기를 신청하는 경우에 해당 허가서 등의 현존사실이 판결서 등에 기재되어 있다면 별도의 행정관청의 허가 등을 증명하는 서면을 제출할 필요가 없다. (×) [21 등기서기보 / 20 법원사무관·법무사 / 18 등기주사보 / 13 법무사]

31 공익법인이 기본재산을 처분할 때에는 주무관청의 허가가 필요하나, 등기원인을 증명하는 서면이 소유권이전등기절차를 이행하라는 확정판결이라면 등기신청 시 주무관청이 발급한 허가서를 첨부할 필요가 없다. (×) [24 법원사무관]

32 공익법인이 기본재산을 처분할 때에 등기원인을 증명하는 서면이 소유권이전등기절차를 이행하라는 확정판결이라면 주무관청의 허가서를 첨부하지 않고 등기신청을 할 수 있다. (×) [17 법무사]

33 등기절차의 인수를 명하는 판결에서 승소한 등기의무자가 단독으로 권리에 관한 등기를 신청하는 경우에는 등기의무자의 등기필정보를 신청정보의 내용으로 제공할 필요가 없다. (×) [21 등기서기보]

34 판결에 의한 등기신청은 승소한 등기권리자 또는 승소한 등기의무자가 단독으로 신청을 할 수 있으므로 등기필정보를 제공할 필요가 없다. (×) [18 법원사무관 / 17 법무사]

35 판결문상에 기재된 피고의 주민등록번호와 등기부상 기재된 등기의무자의 주민등록번호는 동일하나 주소가 서로 다른 경우에는 피고의 주소에 관한 서면을 제출하여야 한다. (×) [23 법무사]

36 매매로 인한 소유권이전등기절차의 이행을 명하는 판결이 확정된 후 10년이 경과하였다면 그 판결에 의한 등기신청을 할 수 없다. (×) [23 법원사무관]

4. 일괄신청(신청정보를 제공하는 방법)

등기의 신청은 1건당 1개의 부동산에 관한 신청정보를 제공하는 방법으로 하여야 한다(법 제25조 제1항 본문). [20 등기서기보 / 15 등기서기보 / 9 법무사]

다만 등기목적과 등기원인이 동일하거나 그 밖에 대법원규칙으로 정하는 경우에는 여러 개의 부동산에 관한 신청정보 또는 촉탁정보를 일괄하여 제공하는 방법으로 할 수 있다(법 제25조 제1항 단서). [20 등기서기보 / 17 등기주사보]

그런데 등기실무상으로는 1개의 신청서로 1개의 부동산에 관한 여러 개의 등기목적에 대한 등기를 신청하는 경우도 일괄신청의 개념에 포함시키고 있으며, 규칙도 이를 반영하여 규정하고 있다 (제47조 제1항 제2호, 제3호). 아래에서는 일괄신청에 대해서 알아보도록 한다.

(1) 서설

일괄신청이란 일정한 요건을 갖춘 경우 수개의 부동산에 관한 신청정보를 일괄하여 제공하는 것을 말한다. 일정한 경우에는 1개의 부동산에 관하여 수개의 등기신청을 하는 경우도 이에 포함시키고 있다.

예컨대 동일 부동산에 관하여 동일인 명의의 수개의 근저당권설정등기가 되어 있는 경우 근저당권자의 주소변경을 원인으로 한 수 개의 등기명의인표시변경등기를 신청하거나 동일한 부동산에 관하여 근저당권자가 같은 수 개의 근저당권설정등기를 동일한 등기원인으로 말소하는 경우에는 1개의 신청서에 일괄하여 신청할 수 있다.

이러한 일괄신청이 허용되는 이유는 하나의 거래행위를 한 경우 그 등기도 일괄하여 하는 것이 거래관념에 부합하기 때문이다. 예컨대 토지와 그 지상건물을 하나의 매매계약으로 체결한 경우를 들 수 있다.

1) 일괄신청과 동시신청의 구별

가. 일괄신청은 여러개의 부동산에 관한 등기신청 또는 1개의 부동산에 대한 수개의 등기신청을 하나의 신청서로 하는 것이며 소유권이전 및 신탁등기가 대표적인 예이다.

나. 동시신청은 여러개의 등기신청서를 동시에 제출하는 것을 말하며 소유권이전등기와 환매특약등기가 대표적인 예이다.

(2) 요건

1) 등기원인의 동일

가. 법률행위(법률사실)의 내용 및 그 성립일자가 동일할 것

등기원인의 동일성은 물권변동을 일으키는 법률행위 또는 법률사실의 내용과 그 성립 또는 발생일자가 같다는 것을 말한다.

예컨대 수개의 부동산에 대하여 하나의 매매계약서를 작성한 경우라면 등기원인이 동일한 경우라고 할 수 있다.

그러나 X 토지는 매매, Y 토지는 증여인 경우 등기원인이 동일하다고 볼 수 없기 때문에 일괄신청을 할 수 없다.

나. 당사자가 동일할 것

소유자가 다른 여러 개의 부동산에 대한 일괄신청은 불가능하므로, X 토지는 甲소유이고 Y 토지는 乙소유인 경우에 丙이 해당 토지를 모두 매수하였다면 일괄신청을 할 수 없고 각 부동산별로 등기신청서를 작성하여야 한다. [24 법무사]

또한 甲과 乙 두 사람이 각각 별도로 피담보채권의 일정 금액씩을 대위변제하고 저당권

일부이전등기를 신청하는 경우에는 **일괄신청할 수 없다.** [23 법무사]

소유자가 다른 1개의 부동산에 대한 일괄신청은 실무상 가능하므로, X 토지를 甲과 乙이 공유하고 있는 경우에 丙이 매수하였다면 일괄신청을 할 수 있다. 이 경우는 1개의 부동산에 관한 1개의 신청이므로 "1부동산 1신청서"의 원칙에 부합하는 것으로서 허용된다.

2) 등기목적의 동일

등기목적(법 제48조 제1항 제2호)의 동일성은 등기할 사항(법 제3조)이 동일한 것을 말한다. 즉 신청하려는 등기의 내용 또는 종류(소유권보존, 소유권이전, 근저당권설정 등)가 동일하다는 것을 말한다.

예컨대 수개의 부동산에 대하여 모두 소유권이전등기신청을 하는 경우라면 등기목적이 동일한 경우라고 할 수 있다.

그러나 전세권설정등기와 근저당권설정등기는 등기목적이 다르므로 일괄신청을 할 수 없다. 마찬가지로 동일한 부동산에 관하여 소유권이전등기와 저당권설정등기의 신청은 1개의 등기신청서로 할 수가 없고 **별개의 신청서로 하여야 한다.** [10 법무사 / 9 법무사] 예컨대, 甲 소유의 X부동산에 대하여 乙 앞으로 소유권이전등기를 신청하면서 동시에 甲을 근저당권자로 하는 근저당권설정등기를 신청하는 경우에는 **일괄신청할 수 없다.** [23 법무사]

(3) 적용범위(조문·예규·선례)

1) 조문

가. 규칙 제47조

(가) 같은 채권의 담보를 위하여 소유자가 다른 여러 개의 부동산에 대한 저당권설정등기를 신청하는 경우

> 🔁 관련 지문정리
> 같은 채권의 담보를 위하여 소유자가 다른 여러 개의 부동산에 대한 저당권설정등기를 1건의 신청정보로 일괄하여 제공하는 방법으로 할 수 있다. [22 법무사 / 20 등기사기보 / 19 등기주사보 / 17 등기주사보] 이는 등기목적과 등기원인이 동일하기 때문이다. [22 법무사]

(나) 법 제97조 각 호의 등기를 촉탁하는 경우 [19 등기주사보]

① 공매처분으로 인한 권리이전의 등기

② 공매처분으로 인하여 소멸한 권리등기의 말소

③ 체납처분에 관한 압류등기의 말소

(다) 「민사집행법」 제144조 제1항 각 호의 등기를 촉탁하는 경우 [23 법무사 / 19 등기주사보]

① 매각으로 인한 소유권이전등기

② 매수인이 인수하지 아니한 부동산의 부담에 관한 기입을 말소하는 등기

③ 경매개시결정등기를 말소하는 등기

> **🔖 관련 지문정리**
> ① 경매에 따른 매각을 원인으로 한 소유권이전등기 및 매수인이 인수하지 않은 부동산의 부담에 관한 등기의 말소등기는 목적이 서로 다르더라도 동일한 촉탁서에 의하여 일괄하여 촉탁할 수 있다. [19 법무사]
> ② 1건의 촉탁서로 매각을 원인으로 하여 하나의 부동산에 등기된 2건의 가압류의 말소를 촉탁하는 경우 그 가압류등기의 말소등기에 대하여는 2건의 신청에 대한 수수료와 등록면허세를 납부하여야 한다. [15 법무사]

나. 신탁등기

① 신탁등기의 신청은 해당 신탁으로 인한 권리의 이전 또는 보존이나 설정등기의 신청과 함께 1건의 신청정보로 일괄하여 하여야 한다(규칙 제139조 제1항).

② 신탁등기의 말소등기신청은 권리의 이전 또는 말소등기나 수탁자의 고유재산으로 된 뜻의 등기신청과 함께 1건의 신청정보로 일괄하여 하여야 한다(규칙 제144조 제1항).

다. 「도시 및 주거환경정비법」상의 소유권보존등기 등(「도시 및 주거환경정비 등기규칙」 제2조, 제3조, 제6조, 제8조 등)

2) 예규(수인의 공유자가 수인에게 지분의 전부 또는 일부를 이전하는 경우)

① 수인의 공유자가 수인에게 지분의 전부 또는 일부를 이전하려고 하는 경우 등기의 목적과 원인이 동일하다고 하여도 일괄신청을 할 수 없다. 따라서 한 장의 신청서에 함께 기재한 경우 등기관은 이를 수리해서는 아니 된다(예규 1363).

이 경우 등기신청인은 등기신청서에 등기의무자들의 각 지분 중 각 ○분의 ○ 지분이 등기권리자 중 1인에게 이전되었는지를 기재하고 **신청서는 등기권리자별로 작성하여** 제출하거나 또는 등기의무자 1인의 지분이 등기권리자들에게 각 ○분의 ○ 지분씩 이전되었는지를 기재하고 **등기의무자별로 작성하여** 제출하여야 한다(예규 1363). [23 법무사]

/ 20 등기서기보 · 법원사무관 / 19 법무사 · 등기주사보 / 17 법무사 / 15 등기서기보]

② 위 각 이전등기를 동시에 신청할 때도 각 신청서마다 등기원인증서를 첨부하여야 한다. 다만 등기원인증서가 한장으로 작성되어 있는 경우에는 **먼저 접수되는 신청서에만 등기원인증서를 첨부**하고, 다른 신청서에는 **먼저 접수된 신청서에 그 등기원인증서를 첨부하였다는 뜻을 기재**하여야 한다(규칙 제47조 제2항).

③ 다만 동일한 원인으로 1인으로부터 수인에게 지분을 이전하거나 수인으로부터 1인에게 지분을 이전하는 경우에는 비록 지분을 처분하는 당사자 또는 지분을 취득하는 당사자가 여럿이어서 동일한 당사자라고 할 수 없는 경우이지만 실무상 1개의 등기신청서로 신청함이 받아들여지고 있다. [10 법무사] 예컨대 甲과 乙이 공유하고 있는 토지를 丙이 매수하였다면 일괄신청을 할 수 있다. 마찬가지로 1개의 부동산에 관하여 별도 순위로 지분취득등기를 한 공유자가 하나의 등기원인에 의하여 자신의 지분 전부를 여러 명에게 이

전하고자 하는 경우, 그 지분이전등기는 1건의 신청정보로 신청할 수 있다(선례 201906 -3). 이 경우는 1개의 부동산에 관한 1개의 신청이므로 '1부동산 1신청서'의 원칙에 부합하는 것으로서 허용된다.

3) 선례(여러 개의 부동산에 대한 1개의 처분금지가처분결정에서 피보전권리의 채권자가 각 부동산별로 다른 경우의 일괄촉탁)

① 등기의 신청은 1건당 1개의 부동산에 관한 신청정보를 제공하는 방법으로 하여야 하고, 다만 등기목적과 등기원인이 동일한 경우 등 예외적인 경우에만 일괄신청이 허용되는 바, 촉탁에 따른 등기절차는 원칙적으로 신청에 따른 등기절차에 관한 규정을 준용하므로 일괄촉탁도 법령이 정한 예외적인 경우에만 허용된다. 따라서 1개의 부동산처분금지 가처분 결정이 있더라도 그 목적물인 부동산이 여러 개이고 부동산별로 피보전권리의 채권자가 다르다면 가처분등기의 등기목적은 같으나 등기원인이 동일한 경우에 해당하지 아니하므로 일괄촉탁을 할 수 없고 부동산마다 각각 별건으로 촉탁을 하여야 한다 (선례 201906-14). [20 등기서기보 · 법무사]

② 근저당권의 기본계약상의 채무자 지위를 채권자 및 신 · 구채무자 사이의 3면계약에 의하여 교환적으로 승계하거나 추가적으로 가입하는 경우에는 "채무자 변경계약"을 등기원인으로 하여 근저당권의 채무자변경등기를 신청할 수 있으며, 그 경우 동일한 부동산에 대하여 순위번호가 다른 수개의 근저당권이 설정되어 있으나 채무자 변경계약의 당사자가 동일하다면 하나의 신청서에 변경할 근저당권의 표시를 모두 기재하여 동시에 그 변경등기를 신청할 수 있다(선례 제3-591호). [22 법무사]

③ 동일 부동산에 관하여 동일인 명의로 수개의 근저당권설정등기가 되어 있는 경우 근저당권자의 주소변경을 원인으로 한 위 수개의 등기명의인의 표시 변경등기는 1개의 신청서에 일괄하여 신청할 수 있다(선례 제2-40호). [22 법무사]

(4) 효과(등기관의 심사)

1) 신청서의 작성방법 및 등록면허세 등의 납부

일괄신청의 경우 등기신청서의 부동산표시란에 2개 이상의 부동산을 기재할 때 그 부동산의 일련번호도 기재하여야 한다(예규 681). 일괄신청은 여러 등기의 신청을 1개의 신청서로 하는 것에 불과하므로 등록면허세, 취득세, 등기신청수수료, 국민주택채권 등은 원칙적으로 부동산별 또는 신청별로 계산하여야 한다.

2) 법령상 일괄신청이 요구되는 경우

등기목적이나 등기원인이 다르지만 일정한 목적을 위하여 법령에서 일괄신청(촉탁)을 요구하는 경우가 있다. 권리이전등기 등과 신탁등기(규칙 제139조 제1항), 환지등기, 재개발 · 재건축 등기(농어촌정비법, 도시 및 주거환경정비법) 등이 여기에 해당한다.

3) 법령상 일괄신청이 요구되나 일괄신청을 하지 않은 경우

신청정보의 제공이 대법원규칙으로 정한 방식에 맞지 아니한 경우이므로 각하하여야 한다(법 제29조 제5호). 다만 간과하여 마쳐진 등기는 법 제58조에 따라 직권말소할 수 없다.

4) 일부취하 및 일부각하

일괄신청은 별개의 등기신청을 1개의 신청서로 하는 것에 불과하므로, 하나의 신청서에 담겨 있는 여러 등기의 신청 중 일부에 취하 또는 각하사유가 있는 경우에는 그 부분만을 일부취하하거나 일부각하할 수 있다.

5. 동시신청

(1) 동시신청의 일반원칙

같은 부동산에 관하여 동시에 여러 개의 등기신청이 있는 경우에는 같은 접수번호를 부여하여야 한다(규칙 제65조 제2항). [23 법무사 / 17 등기주사보 / 16 법무사 / 15 등기서기보] 동일한 접수번호가 부여된 등기는 동일한 순위번호로 등기를 하여야 한다. 예컨대 같은 부동산에 관하여 동시에 여러 개의 저당권설정등기신청이 있는 경우에는 같은 접수번호가 부여되어 동일 순위로 등기된다.

(2) 양립할 수 없는 등기의 동시접수

그 내용에 있어서 모순되고 양립할 수 없는 2개 이상의 등기신청서가 동시에 제출된 경우(예컨대 갑 소유 부동산에 대하여 을 명의로 소유권이전등기신청과 병 명의로의 소유권이전등기신청)에는 같은 접수번호로 접수한 후에 법 제29조 제2호(사건이 등기할 것이 아닌 경우)에 해당하는 것으로서 모두 각하하여야 할 것이다.

(3) 우편에 의한 동시접수

같은 부동산에 관하여 2개 이상의 촉탁서가 등기소에 동시에 도착한 경우에는 가장 먼저 접수된 촉탁의 접수번호를 각각의 촉탁서에 부여한다. 이 경우 접수번호가 다르게 부여된 사실을 나중에 등기관이 발견한 때에는 뒤의 접수번호를 취소하고 먼저 접수된 사건의 접수번호를 부여한다. 예컨대 처분금지가처분신청이 가압류 신청보다 신청법원에 먼저 접수되었다 하더라도 법원으로부터 처분금지가처분등기촉탁서와 가압류등기 촉탁서를 등기관이 동시에 받았다면 양 등기는 동시 접수 처리하여야 하고 그 등기의 순위는 동일순위등기이다(예규 1348). 이 경우 가처분 또는 가압류 신청의 선후나 결정의 선후는 따지지 않는다. [23 법무사 / 21 등기서기보]

이와 같이 동일한 부동산에 관하여 동일 순위로 등기된 가압류와 처분금지가처분의 효력은 그 당해 채권자 상호 간에 한해서는 처분금지적 효력을 서로 주장할 수 없다(대결 1998.10.30, 98마475).

(4) 법률상 동시접수를 요하는 경우

1) 매매의 목적물이 부동산인 경우에 매매등기와 동시에 환매권의 보류를 등기한 때에는 제삼자에 대하여 그 효력이 있다(「민법」 제592조). 따라서 위 각 등기는 동시에 신청하여야 한다.

2) 1동의 건물에 속하는 구분건물 중 일부만에 관하여 소유권보존등기를 신청하는 경우에는 나머지 구분건물의 표시에 관한 등기를 동시에 신청하여야 한다. 구분건물의 소유자는 1동에 속하는 다른 구분건물의 소유자를 대위하여 그 건물의 표시에 관한 등기를 신청할 수 있다(법 제46조 제1항, 제2항).

3) 구분건물이 아닌 건물로 등기된 건물에 접속하여 구분건물을 신축한 경우에 그 신축건물의 소유권보존등기를 신청할 때에는 구분건물이 아닌 건물을 구분건물로 변경하는 건물의 표시변경등기를 동시에 신청하여야 한다(법 제46조 제3항).

4) 대지사용권이전등기는 대지권에 관한 등기와 동시에 신청하여야 한다(법 제60조 제3항).

관련 기출지문

1 같은 채권의 담보를 위하여 소유자가 다른 여러 개의 부동산에 대한 저당권설정등기를 하는 것은 1건의 신청정보로 일괄하여 신청할 수 없다. (×)　　　　　　　　　　　　　　　　　　[17 등기주사보]

2 가처분 대상 부동산이 여러 개이고 부동산별로 피보전권리의 채권자가 다르다고 하더라도 1개의 부동산 처분금지가처분 결정이 있는 경우에는 1개의 촉탁서로 일괄하여 가처분등기를 촉탁할 수 있다. (×)　　　　　　　　　　　　　　　　　　　　　　　　　　　　　[20 등기서기보 · 법무사]

3 甲이 소유하는 X 토지와 乙이 소유하는 Y 토지를 丙에게 매도하고 소유권이전등기를 신청하는 경우 X 토지와 Y 토지가 같은 등기소의 관할 내에 있다면 1개의 신청서로 일괄신청할 수 있다. (×)　[24 법무사]

4 A부동산을 공유하고 있는 甲과 乙이 매수인 丙과 丁에게 이를 매도한 경우 1개의 신청정보에 甲과 乙을 등기의무자로 표시하고 丙과 丁을 등기권리자로 표시하여 매매를 원인으로 한 소유권이전등기를 신청할 수 있다. (×)　　　　　　　　　　　　　　　　　　　　　　　　　　　　　　[20 법원사무관]

5 등기의 목적과 원인이 동일하다면 수인의 공유자가 수인에게 지분의 전부 또는 일부를 이전하는 경우에는 일괄하여 신청할 수 있다. (×)　　　　　　　　　　　　　　　　　　　　　　[15 등기서기보]

6 처분금지가처분신청이 가압류신청보다 신청법원에 먼저 접수된 경우에는 법원으로부터 동 처분금지가 처분등기촉탁서와 가압류등기촉탁서를 등기관이 동시에 받았더라도 이를 동시 접수 처리할 수 없다. (×)　　　　　　　　　　　　　　　　　　　　　　　　　　　　　　　　　[21 등기서기보]

Ⅱ. 촉탁에 의한 등기(관공서)

1. 일반론

등기절차는 당사자의 신청에 의하는 경우 외에 관공서의 촉탁에 의하여 개시되기도 한다. 관공서의 촉탁에 의한 등기는 실질적으로는 신청의 한 모습에 지나지 않고, 법률에 다른 규정(법 제98조 등)이 있는 경우를 제외하고는 신청절차에 관한 규정을 준용하고 있다(법 제22조 제2항). 따라서 신청이란 당사자에 의한 신청과 관공서의 촉탁을 모두 포함하는 개념이라고 할 수 있다. **관공서가 촉탁등기를 하는 경우는 권리관계의 당사자로서 촉탁하는 경우와 공권력 행사의 주체로서 촉탁하는 경우로 나누어진다.**

2. 거래관계의 당사자로서 하는 촉탁(예규 1625)

(1) 서설

1) 의의 및 취지

관공서가 권리관계의 일방 당사자가 되는 경우에는 타방 당사자인 사인과 공동으로 등기신청을 할 수도 있지만 관공서는 허위의 등기를 촉탁할 염려가 현저히 적고, 행정의 편의와 신속을 위하여 일반적인 등기신청보다 더욱 간이한 절차인 촉탁절차를 규정하였다.

2) 등기촉탁을 할 수 있는 관공서의 범위

「부동산등기법」 제97조 및 제98조의 규정에 의하여 등기촉탁을 할 수 있는 관공서는 원칙적으로 국가 및 지방자치단체를 말한다.

국가 또는 지방자치단체가 아닌 공사 등은 등기촉탁에 관한 특별규정이 있는 경우에 한하여 등기촉탁을 할 수 있는데, 이 경우 우편에 의해서도 등기촉탁을 할 수 있다. [20 법무사 / 19 법원사무관]

가. 등기촉탁을 할 수 있는 경우의 예시

(가) 한국토지주택공사는 「한국토지주택공사법」 제19조 제1항 각 호의 어느 하나에 해당하는 사업을 행하는 경우에 그에 따른 부동산등기는 이를 촉탁할 수 있다.

(나) 한국자산관리공사는 「국세징수법」 제79조의 규정에 의하여 세무서장을 대행한 경우에는 등기를 촉탁할 수 있다.

(다) 한국농어촌공사는 「한국농어촌공사 및 농지관리기금법」 제10조 제1항 제13호에 의하여 국가 또는 지방자치단체로부터 위탁받은 사업과 관련하여 국가 또는 지방자치단체가 취득한 부동산에 관한 권리의 등기를 대위하여 촉탁할 수 있다.

(라) 한국도로공사는 고속국도의 신설·개축 및 수선에 관한 공사와 그 유지에 관하여는 고속국도의 관리청인 국토해양부장관을 대행할 수 있고, 그 업무대행의 범위 내에서는 당해 고속국도의 관리청으로 보게 되므로(「고속국도법」 제5조, 제6조, 같은 법 시행령 제2조 제1항, 「도로법」 제23조, 「한국도로공사법」 제13조 참조), 한국도로공사가 그 대행업무의 일환으로 고속국도의 건설에 필요한 부지를 「공익사업을 위한 토지 등의 취득 및 보상에 관한 법률」이 정한 절차에 따라 국(관리청 : 국토교통부) 명의로 취득하는 경우 한국도로공사는 그 부동산의 취득에 따른 소유권이전등기를 직접 등기소에 촉탁할 수 있다.

(마) 한국수자원공사는 「한국수자원공사법」 제9조의 사업과 관련하여 국가 또는 지방자치단체가 취득한 부동산에 관한 권리의 등기를 대위하여 촉탁할 수 있다(같은 법 제24조의2 참조).

나. 등기촉탁을 할 수 없는 경우의 예시

　(가) 한국농어촌공사는, 위 (다)의 경우를 제외하고는 사업시행에 따른 등기를 촉탁할 수 없다(동법 제41조 참조).

　(나) 「지방공기업법」 제49조의 규정에 따른 **지방자치단체의 조례에 의해 설립된 지방공사는 지방자치단체와는 별개의 법인이므로, 지방공사는 그 사업과 관련된 등기를 촉탁할 수 없다.** [20 법무사 / 19 법원사무관 / 17 등기서기보]

(2) 개시

1) 일반론

① 국가 또는 지방자치단체가 **등기권리자**인 경우에는 국가 또는 지방자치단체는 등기의무자의 승낙을 받아 해당 등기를 지체 없이 등기소에 촉탁하여야 한다(법 제98조 제1항). [17 법무사 · 등기주사보]

② 국가 또는 지방자치단체가 **등기의무자**인 경우에는 국가 또는 지방자치단체는 등기권리자의 청구에 따라 지체 없이 해당 등기를 등기소에 촉탁하여야 한다(법 제98조 제2항).

③ 관공서가 권리관계의 일방 당사자가 되는 경우에는 타방 당사자인 사인과 공동으로 등기신청을 할 수도 있지만, 일정한 요건을 갖춘 경우 관공서가 단독으로 등기를 촉탁할 수도 있다. 관공서는 허위의 등기를 촉탁할 염려가 현저히 적으므로 단독신청의 특칙이 인정되는 것이다.

④ **관공서가 부동산에 관한 거래의 주체로서 등기를 촉탁할 수 있는 경우라 하더라도** 이는 사인이 등기를 신청하는 경우와 실질적으로 아무런 차이가 없으므로 촉탁에 의하지 아니하고 등기권리자와 등기의무자가 **공동으로 등기를 신청할 수도 있다.** [20 법무사 / 14 법무사] 또한 관공서가 등기권리자로서 촉탁하는 수용을 원인으로 한 소유권이전등기에 대하여는 변호사나 법무사가 이를 대리하여 신청할 수 있다(선례 201908-5).

2) 서면 촉탁

관공서가 촉탁정보 및 첨부정보를 적은 서면을 제출하는 방법으로 등기촉탁을 하는 경우에는 본인이나 대리인의 출석을 요하지 아니하므로 **우편**으로 그 촉탁서를 제출할 수 있다. [20 등기서기보 / 17 등기주사보 / 14 법무사]

3) 전자 촉탁

가. 전자촉탁할 수 있는 등기유형

관공서가 전산정보처리조직을 이용하여 등기촉탁(이하 "전자촉탁"이라 한다)을 할 수 있는 등기유형은 다음 각 호로 한정한다.

　(가) 부동산표시의 변경등기

　(나) 토지분필등기

　(다) 토지합필등기

　(라) 부동산멸실등기

(마) 삭제(2017.7.7. 제1625호)

(바) 체납처분에 의한 압류등기 및 그 등기의 말소등기

(사) 공매공고 등기 및 그 등기의 말소등기

(아) 국 소유 부동산의 소유권보존등기

(자) 국이 등기권리자인 소유권이전등기

(차) 국 소유 부동산의 명의인표시 변경등기

(카) 관리청명칭 첨기등기

(타) 관리청명칭 변경등기

(파) 관공서는 신청인의 전자신청과 마찬가지로 일정한 등기신청에 관하여 서면신청에 의한 우편접수 방식이 아닌 전자촉탁을 할 수 있는 바, 관공서가 전자촉탁을 할 수 있는 등기유형이라 하더라도 다량의 부동산에 관한 등기촉탁으로서 전산정보처리조직에 의한 송부가 불가능하거나 전산정보처리조직에 장애가 발생한 경우에는 **우편** 등의 방법으로 촉탁한다. [19 등기주사보]

나. **첨부정보의 제한**

위 가.에도 불구하고 아래 각 호의 구분에 따른 첨부정보 외에 다른 첨부정보가 필요한 경우에는 전자촉탁을 할 수 없다.

(가) 부동산표시의 변경등기, 부동산멸실등기 : 토지(임야)대장 정보, 건축물대장 정보

(나) 토지분필등기, 토지합필등기 : 토지(임야)대장 정보

(다) 체납처분에 의한 압류등기 : 압류조서 정보

(라) 압류등기의 말소등기 : 압류해제조서 정보

(마) 공매공고 등기 : 공매공고를 증명하는 정보

(바) 공매공고 등기의 말소등기 :「국세징수법」제71조의2 각 호에 해당함을 증명하는 정보

(사) 국 소유 부동산의 소유권보존등기, 국이 등기권리자인 소유권이전등기 : 관리청지정서, 토지(임야)대장 정보

(아) 국 소유 부동산의 명의인표시변경등기, 관리청명칭첨기등기 : 관리청지정서

(자) 관리청명칭 변경등기 : 용도폐지공문, 재산인수인계서, 관리전환협의서, 관리전환결정서, 관리청결정서

다. **전자촉탁의 방법**

(가) 전자촉탁을 하고자 하는 관공서의 담당자는, 위 가.의 (가)부터 (바)까지의 등기유형에 대하여는 행정정보공유센터를 통하여, (사)부터 (타)까지의 등기유형에 대하여는 인터넷등기소에 접속하여 등기촉탁정보와 그 첨부정보를 각각 전송하여야 한다. 다만 (바)의 등기유형에 대하여는 인터넷등기소에 접속하여 등기촉탁정보와 그 첨부정보를 전송할 수 있다.

(나) 위의 촉탁정보와 그 첨부정보를 전송할 때에는 촉탁담당자에게 부여된 전자서명 정보를 함께 전송하여야 한다.

(다) 다량의 부동산에 관한 등기촉탁으로서 전산정보처리조직에 의한 송부가 불가능한 경우이거나 전산정보처리조직에 장애가 발생하여 전자촉탁을 할 수 없는 경우에는 우편 등의 방법으로 촉탁하여야 한다.

라. 보정사유가 있는 경우

(가) 관공서의 전자촉탁에 대하여 보정사유가 있는 경우 등기관은 보정사유를 등록한 후 전자우편, 구두, 전화 그 밖의 방법으로 그 사유를 촉탁관서에 통지하여야 한다. 다만 위 가.의 (가)부터 (마)까지의 등기유형에 대하여는 보정사유가 있더라도 등기관은 보정명령 없이 그 촉탁을 각하한다.

(나) 전자촉탁의 보정은 전산정보처리조직을 이용하여 보정정보를 등기소에 송부하는 방법으로 하여야 한다.

마. 취하

전자촉탁한 등기사건에 대하여 취하를 하고자 하는 경우에는 전산정보처리조직을 이용하여 취하정보를 등기소에 송부하여야 한다.

바. 각하결정의 고지

전자촉탁에 대한 각하결정의 고지는 전산정보처리조직을 이용하여 각하결정 정보를 촉탁관서에 송부하는 방법으로 한다.

(3) 촉탁절차

1) 촉탁인

2) 촉탁정보

촉탁에 따른 등기절차는 법률에 다른 규정이 없는 경우에는 신청에 따른 등기에 관한 규정을 준용하므로(법 제22조 제2항). 관공서의 촉탁의 경우에도 일반적인 신청정보의 내용과 동일하게 기재한다.

3) 첨부정보

가. 등기원인과 관련된 첨부정보

(가) 등기원인을 증명하는 정보

등기원인을 증명하는 정보로 매매계약서 등을 제공한다.

(나) 등기원인에 대한 허가·동의·승낙을 증명하는 정보 등

① 원칙적으로 부동산에 관한 **계약**을 등기원인으로 하여 1990.9.2. 이후 소유권이전등기를 신청할 때에는 계약의 일자 및 종류를 불문하고 검인을 받은 계약서 원본(이하 "검인계약서"라 한다) 또는 검인을 받은 판결서정본(화해·인낙·조정조서를 포함한다)을 등기원인증서로 **제출하여야 한다**. [12 법무사] 다만 **계약**

의 일방 당사자가 국가 또는 지방자치단체인 경우에는 등기원인증서에 검인을 받을 필요가 없다(예규 1727). [20 법무사 / 14 법무사]

② 국가나 지방자치단체가 농지를 취득하여 소유권이전등기를 신청하는 경우에는 농지취득자격증명을 첨부하지 아니하고 소유권이전등기를 신청할 수 있다. [21 법무사] 이와 달리 국가나 지방자치단체로부터 농지를 매수하여 소유권이전등기를 신청하는 경우 농지취득자격증명을 첨부하여야 한다(예규 1635). [20 법무사 / 18 등기서기보 / 15 법원사무관]

나. 등기의무자와 관련된 첨부정보

(가) 등기필정보

관공서가 등기의무자로서 등기권리자의 청구에 의하여 등기를 촉탁하거나 부동산에 관한 권리를 취득하여 등기권리자로서 그 등기를 촉탁하는 경우에는 등기의무자의 권리에 관한 등기필정보를 등기소에 제공할 필요가 없다. [21 법원사무관 / 19 법무사 / 17 법무사 · 등기주사보 / 15 법무사 / 14 법무사] 이는 관공서가 자격자대리인(변호사 또는 법무사)에게 위임하여 등기를 신청하는 경우에도 마찬가지다. [19 법원사무관 / 18 등기주사보]

관공서가 등기를 촉탁하는 경우 등기필정보를 제공할 필요가 없는 것은 신청의 형식상 공동신청이 아니고 관공서가 허위의 신청이나 촉탁을 할 염려가 없기 때문이라고 할 수 있다. 관공서가 촉탁에 의하지 않고 공동신청하는 경우에도 촉탁의 경우와의 균형상 등기필정보를 제공할 필요가 없다.

(나) 인감증명서 등

관공서는 허위의 등기를 할 염려가 적고 그 진정성이 인정되므로, 인감증명을 제출하여야 하는 자가 관공서인 경우에는 인감증명을 제출할 필요가 없다(규칙 제60조 제3항). [14 등기서기보 / 13 법무사] 즉 관공서가 등기의무자이거나 동의 또는 승낙 권한을 갖는 경우 등에 있어서도 관공서의 인감증명은 제공할 필요가 없다. 따라서 관공서의 수용에 의한 소유권이전등기의 촉탁, 환지처분에 의하여 지방자치단체에게 귀속된 도로에 대한 소유권이전등기의 촉탁과 같은 관공서의 촉탁에는 인감증명의 제출이 필요하지 않다. [24 법무사]

여기서의 관공서는 국가 또는 지방자치단체만을 의미하므로 일반적인 공사는 인감증명을 제공하여야 한다(선례 3-213 참조).

다만 관공서가 등기권리자인 경우에 그 상대방인 등기의무자의 인감증명은 제공하여야 한다. [14 등기서기보] 따라서 관공서가 등기권리자로서 촉탁서에 등기원인을 증명하는 서면과 등기의무자의 승낙서를 첨부하여 단독으로 등기촉탁을 하는 경우(법 제98조 제1항)에는 등기의무자의 인감증명도 함께 제출하여야 한다.

다. 등기권리자와 관련된 첨부정보

(가) 취득세 등 세금납부영수증

(나) 주소를 증명하는 정보

관공서가 매각 또는 공매처분 등을 원인으로 소유권이전등기를 촉탁하는 경우에는 등기의무자의 주소를 증명하는 정보를 제공할 필요가 없고, 등기권리자의 주소(또는 사무소 소재지)를 증명하는 정보만 제공하면 된다. [20 법무사 · 등기서기보 / 19 등기주사보 / 14 법무사]

(다) 번호를 증명하는 정보

관공서가 등기의무자가 되는 경우에는 등기권리자의 번호증명정보를 제공하여야 한다.

라. 부동산과 관련된 첨부정보 - ○

마. 등기신청인의 자격과 관련한 정보

관공서의 소속 공무원이 등기소에 출석하여 촉탁서를 제출할 때에는 소속 공무원임을 확인할 수 있는 신분증명서를 제시하면 되지만, 관공서가 촉탁서의 제출을 법무사에게 위임한 때에는 그 위임을 증명하는 정보를 제공하여야 한다. [20 등기서기보 / 19 등기주사보 · 법원사무관 / 17 등기서기보 · 법무사]

(4) 실행절차

1) 접수 · 배당

2) 조사 (형식적 심사)

3) 문제○ (취하 · 보정 · 각하)

가. 신청정보 또는 등기기록의 부동산의 표시가 **토지대장 · 임야대장 또는 건축물대장과 일치하지 아니한 경우에는 각하**하여야 한다. [17 등기서기보 · 법원사무관 / 13 법무사] **이 각하사유는 부동산의 물리적 현황 내지 동일성의 확인은 언제나 대장을 기초로 하여야 한다는 취지이다.**

나. 그러나 **법 제29조 제11호는 그 등기명의인이 등기신청을 하는 경우에 적용되는 규정이므로, 관공서가 등기촉탁을 하는 경우에는 등기기록과 대장상의 부동산의 표시가 부합하지 아니하더라도 그 등기촉탁을 수리하여야 하며, 이를 이유로 촉탁을 각하할 수 없다**(예규 1625). [20 법무사 / 19 등기주사보 · 법원사무관 / 17 등기서기보 / 14 법무사]

(가) **매각에 따른 소유권이전등기를 촉탁**하는 경우에는 경매절차 진행 중에 토지가 분할된 후 분필등기를 경료하지 않아 등기부상의 토지의 표시와 토지대장상의 표시가 부합하지 아니하더라도 등기관은 그 등기촉탁을 수리하여야 한다(선례 7-36). [18 등기주사보 / 16 등기서기보 / 15 법원사무관]

(나) 토지대장상 갑 · 을 토지가 지적법에 의하여 합병이 되었으나 합필등기를 경료하지 아니한 채 갑토지에 대하여 국가기관인 법원이 **매각으로 인한 소유권이전등기촉탁**을 하는 경우, 등기관은 등기부상 부동산의 표시가 토지대장과 부합하지 않더라도 그 등기 촉탁을 수리하여야 할 것이다(선례 200701-4). [15 법무사]

4) 문제× (등기실행)

가. 등기부 작성(「국가 및 지방자치단체 등의 등기명의인 표시에 관한 사무처리지침」 예규 1655)

---

1. 목적

이 예규는 국가 및 지방자치단체 등의 등기명의인 표시에 관한 사항을 규정함을 목적으로 한다.

2. 국가가 등기권리자인 경우

　가. 일반적인 경우

　　등기권리자의 명의는 '국'으로 하고 관리청으로 소관 중앙관서의 명칭을 덧붙여 기록하되(「국유재산법」 제14조 제2항 참조), 부동산등기용등록번호 및 사무소 소재지는 기록하지 않는다. [19 등기서기보]

> ↪ **관련 선례**
> **국가철도공단은 별개의 법인격을 가진 법인일 뿐 중앙관서가 아니므로**, 국유재산인 부동산의 갑구 권리자 및 기타사항 란에 '소유자 국' '관리청(국가철도공단)'과 같이 기록할 수는 없다(선례 제202310-1호).

　나. 국가가 체납처분으로 인한 압류등기의 권리자인 경우

　　등기권리자의 명의는 '국'으로 하고 처분청으로 압류한 세무서장을 덧붙여 기록하되, 부동산등기용등록번호 및 사무소 소재지는 기록하지 않는다.

3. 지방자치단체가 등기권리자인 경우

　가. 일반적인 경우

　　1) 광역지방자치단체가 등기권리자인 경우

　　　광역지방자치단체가 등기권리자인 경우 「지방자치법」 제2조 제1항 제1호의 특별시·광역시·특별자치시·도·특별자치도가 등기권리자인 경우에는 그 명의를 해당 지방자치단체의 **명칭**으로 하고 부동산등기용등록번호를 함께 기록하되, 사무소 소재지는 기록하지 않는다.

　　　다만, **교육비특별회계 소관의 부동산**에 대하여는 소관청으로 '**교육감**'을 덧붙여 기록한다(「공유재산 및 물품 관리법」 제9조 제2항 단서 참조). [19 등기서기보]

> ↪ **관련 선례**
> 등기당사자능력은 권리능력자 및 법인 아닌 사단이나 재단에게 인정되는 것으로, '충청북도 **교육감**'은 시·도의 교육·학예에 관한 사무의 집행기관일 뿐, **등기당사자능력자가 아니다**(시·도가 등기당사자능력자임)(선례 제202311-4호).

　　2) 기초지방자치단체가 등기권리자인 경우

　　　기초지방자치단체가 등기권리자인 경우 「지방자치법」 제2조 제1항 제2호의 시·군·구(구는 특별시와 광역시의 관할 구역 안의 구만을 말한다. 이하 '자치구'라 한다)가 등기권리자인 경우에는 그 명의를 해당 지방자치단체의 **명칭**으로 하고

부동산등기용등록번호를 함께 기록하되, 사무소 소재지는 기록하지 않는다. 다만, 동일한 명칭이 2개 이상 존재하는 시·군(예 고성군)이 등기권리자인 경우와 자치구가 등기권리자인 경우에는 등기권리자의 명의를 기록할 때에 괄호 안에 해당 지방자치단체의 상급 지방자치단체의 명칭을 덧붙여 기록한다. [19 등기서기보]

3) 지방자치단체조합이 등기권리자인 경우

지방자치단체조합이 등기권리자인 경우 지방자치단체조합이 등기권리자인 경우 「지방자치법」 제159조의 지방자치단체조합이 등기권리자인 경우에는 그 명의를 해당 지방자치단체조합의 **명칭**으로 하고 부동산등기용등록번호를 함께 기록하되, 사무소 소재지는 기록하지 않는다. [19 등기서기보]

나. 지방자치단체가 체납처분으로 인한 압류등기의 권리자인 경우

지방자치단체의 장이 하부 행정기관에게 지방세의 징수사무를 위임한 때에는 처분청으로 그 행정기관의 명칭을 덧붙여 기록한다.

4. 외국정부가 등기권리자인 경우

등기권리자의 명의는 해당 외국정부의 **명칭**으로 하고 부동산등기용등록번호를 함께 기록하되, 외국정부의 소재지는 기록하지 않는다.

5. 국제기관이 등기권리자인 경우

등기권리자의 명의는 해당 국제기관의 **명칭**으로 하고 부동산등기용등록번호와 사무소 소재지를 기록한다.

나. 각종 통지

① 관공서가 등기권리자인 경우에는 등기필정보를 작성·통지하지 아니한다. [17 법무사·등기주사보 / 15 등기서기보] 다만 관공서가 등기의무자로서 등기권리자를 위해 등기를 촉탁하는 경우에 그 등기를 마쳤을 때에는 등기필정보를 작성·통지하여야 한다. [20 등기서기보 / 19 등기주사보]

② 관공서가 등기권리자를 위하여 등기를 서면촉탁하는 경우에는 우표를 첨부한 등기필정보통지서 송부용 우편봉투를 제출하여야 하며(「부동산등기규칙」 제107조 제1항), 등기관은 촉탁에 의한 등기를 완료한 때에는 위 제출된 우편봉투에 의하여 등기필정보통지서를 촉탁관서에 우송하여야 한다(예규 1625).

③ 관공서가 등기권리자를 위하여 소유권이전등기를 전자촉탁한 경우에는 등기필정보통지서를 출력하여 관공서에 직접 교부 또는 송달할 수 있으며, 이 경우 관공서는 밀봉된 등기필정보통지서를 뜯지 않은 채 그대로 등기권리자에게 교부한다. [13 법무사]

5) 매각으로 인한 소유권이전등기 등 촉탁(이하에서 '이전촉탁'이라 칭함)의 특칙

가. 등기필정보통지서 우편송부 신청의 경우

(가) 집행법원으로부터 "등기필정보통지서 우편송부 신청"이 기재된 이전촉탁 사건이 접수되어 교합이 완료된 때에는 등기필정보통지서 교부담당자는 즉시 등기필정보

통지서 송부용 우편봉투를 이용하여(우편송달통지서가 적절히 처리될 수 있도록 주의할 것) 매수인에게 등기필정보통지서를 송부하여야 한다.

(나) 이 경우 부동산등기접수장의 수령인란에 "매수인 우송"이라고 기재하고, 특수우편물수령증은 '우편물수령증철'에 첨부하여 보관하여야 한다.

(다) 매수인에게 등기필정보통지서를 송부하기 이전에 매수인이 등기국·과·소(이하에서 등기소라 칭함)에 출석하여 등기필정보통지서의 교부를 신청한 경우 부동산등기접수장의 수령인란 및 별지 양식의 영수증에 서명 또는 날인하게 한 후 이를 교부하고, 그 영수증은 즉시 집행법원에 송부하여야 한다.

(라) 대리인이 등기소에 출석하여 등기필정보통지서의 교부를 신청하는 경우 본인의 위임장(변호사나 법무사를 제외한 대리인인 경우에는 본인의 인감증명이 첨부된 위임장 필요)을 제출하여야 하며, 등기필정보통지서 교부담당자는 즉시 집행법원에 송부하여야 한다.

나. 등기필정보통지서 우편송부 신청 이외의 경우

(가) 등기필정보통지서 교부담당자는 이전촉탁서 접수일로부터 5일간 등기필정보통지서를 보관하여야 한다.

(나) 위 기간 내에 매수인이 등기소에 출석하여 등기필정보통지서의 교부를 신청한 경우 전항 가. (다) 및 (라)의 절차에 의한다.

(다) 위 기간이 지나도 매수인이 등기소에 출석하여 등기필정보통지서의 교부를 신청하지 아니한 경우에는 집행법원에 등기필정보통지서를 송부하여야 한다. 이 경우 부동산등기접수장의 수령인란에 "집행법원 우송"이라고 기재하고, 특수우편물수령증은 전항 가. (나)의 절차에 의한다.

다. 매수인이 여러 사람인 경우

매수인이 여러 사람인 경우 등기필정보통지서의 우편송부 또는 교부는 등기필정보통지서를 송부 또는 교부받을 자로 촉탁서에 지정되어 있는 자(이하에서 '지정매수인'이라 칭함)에게 하여야 한다. 다만 다른 매수인이 등기소에 출석하여 지정매수인의 인감이 첨부된 위임장을 제출하며 교부를 청구한 경우에는 그 매수인에게 교부한다. 등기소는 위 영수증과 위임장을 집행법원에 송부하여야 한다.

6) 기타

교육비특별회계소관의 공유재산에 관하여 조례에 의하여 그 재산의 취득·처분의 권한이 소관청인 교육감으로부터 해당 교육장에 위임되었다면 해당 교육장은 그 권한위임의 근거규정을 명시하여 부동산의 소유권변동에 관한 등기촉탁을 할 수 있다. [17 법무사·등기서기보]
지방자치법 제5조에 의하여 관할구역이 변경되어 승계되는 재산에 대하여는 '승계'를 등기원인으로 하여 승계되는 지방자치단체 명의로 소유권이전등기를 경료하여야 하는바, 만약 관리청변경등기촉탁이 있는 경우 등기관은 부동산등기법 제29조 제2호에 의하여 각하하여야 할 것이나 이를 간과하여 관리청변경등기가 경료되었을 경우에는 그 등기를 부동산등기법 제58에 의하여 직권으로 말소하여야 할 것이다(선례 7-455). [17 등기주사보·법무사]

7) 국유재산의 관리청 명칭 첨기등기에 관한 예규(예규 1657)

1. 관리청 명칭의 첨기등기

　　가. 국유재산관리청 지정서에 의한 관리청 명칭 첨기등기

　　　　관리청이 없거나 분명하지 아니한 국유재산은 아래의 절차에 따라 총괄청인 기획재정부 장관(「국유재산법」 제25조의 규정에 의하여 위임받은 관리청 또는 지방자치단체의 장과 위탁받은 기관이 있는 경우에는 그 기관 포함)의 국유재산관리청 지정서(이하 "관리청지 정서"라 한다)를 첨부하여 관리청 첨기등기를 한다.

　　　　(1) 미등기 부동산의 경우

　　　　　　토지 및 임야대장(건축물관리대장 포함)의 소유자란에 "국", "조선총독부", "일본인 명의", "일본법인 명의", "육군성", "이왕직", "창덕궁", "이왕직장관" 등으로 등록되어 있는 **미등기의 부동산은 위 대장등본과 관리청지정서를 첨부하여 "국" 명의로 소유권보존등 기를 촉탁(또는 신청)하면 "국"명의로 소유권보존등기를 함과 아울러 관리청 명칭도 첨 기등기한다.**

　　　　(2) "국(나라, 대한민국 포함)" 소유명의로 등기된 부동산의 경우

　　　　　　"국(나라, 대한민국 포함)" 소유명의로 등기된 부동산의 경우 관리청지정서를 첨부하여 **관리청 명칭 첨기등기 촉탁에 의하여 관리청 명칭 첨기등기를 한다.**

　　　　(3) "조선총독부" 소유명의로 등기된 부동산의 경우

　　　　　　등기부상 소유자가 "조선총독부"로 되어 있는 부동산은 대한민국정부 수립(1948.8.15.) 과 동시에 당연히 대한민국의 국유로 되는 것인바, 위 부동산에 대하여는 등기부상 소 유자 명의를 "조선총독부"로 그대로 둔 채 관리청 첨기등기만을 할 수는 없고, 관리청 지정서를 첨부하여 "1948.8.15. 대한민국정부수립"을 원인으로 "국, 관리청 부"로의 **등기명의인표시변경등기를 촉탁하면 "국" 명의로의 등기명의인표시변경등기와 동시에 관리청 명칭도 첨기등기한다.** [22 법무사 / 16 법원사무관]

　　　　　　다만 "1948.8.15. 명칭변경"을 원인으로 등기명의인표시변경등기가 마쳐진 경우에는 등기관은 직권으로 "명칭변경" 부분을 "대한민국정부수립"으로 경정하여야 한다.

　　　　(4) "일본인", "일본법인", "육군성" 소유명의로 등기된 부동산의 경우

　　　　　　"일본인", "일본법인", "육군성" 소유명의로 등기된 부동산의 경우 관리청지정서를 첨 부하여 "1948.9.11. 권리귀속"을 원인으로 "국, 관리청 부"로의 소유권이전등기를 촉 탁하면, "국" 명의로의 소유권이전등기와 동시에 관리청 명칭도 첨기등기한다.

　　　　(5) "이왕직", "창덕궁", "이왕직장관" 소유명의로 등기된 부동산의 경우

　　　　　　"이왕직", "창덕궁", "이왕직장관" 소유명의로 등기된 부동산의 경우 관리청지정서를 첨부 하여 "1963.2.9. 승계"를 원인으로 "국, 관리청 부"로의 소유권이전등기를 촉탁하면, "국" 명의로의 소유권이전등기와 동시에 관리청 명칭도 첨기등기한다. [22 법무사 / 16 법원사무관]

　　나. 관계 증빙서류에 의한 관리청 명칭 첨기등기

　　　　국유재산의 취득원인, 재산의 용도, 취득관리청에 의하여 당해 국유재산의 관리청이 명백 한 아래와 같은 국유재산은 관계증빙서류에 의하여 관리청을 첨기등기한다.

　　(1) 정부예산으로 매입 또는 신축한 재산

　　(2) 「국유재산법」 제13조 규정에 의하여 국가 이외의 자가 국가에 기부채납한 재산

　　(3) 「국유재산법」 제54조 규정에 의하여 국가 이외의 자와 교환 취득한 재산

　　(4) 법령의 규정에 의하여 관리청에 귀속된 재산

　　(5) 법원의 판결에 의하여 국유재산으로 확인된 재산

2. 첨기등기된 관리청 명칭의 변경등기

국유재산의 관리청이 변경되었을 때에는 새로운 관리청이 변경등기를 촉탁하여야 한다. [17 등기주사보 / 16 등기서기보]

가. 용도폐지된 국유재산에 대한 관리청 명칭의 변경등기

　　(1) 관리청이 용도폐지한 경우

　　　「국유재산법」 제40조에 따라 관리청이 행정재산을 용도폐지하여 총괄청에게 인계하는 재산에 대해서는 총괄청 또는 같은 법 제42조 제1항에 따라 소관 재산의 관리·처분에 관한 사무를 위탁·위임받은 기관이 등기기록상 관리청의 용도폐지 공문사본과 같은 법 제66조 제1항에 따른 국유재산대장사본(종전에는 재산인수인계서 사본)을 첨부정보로서 제공하여 관리청 명칭의 변경등기를 촉탁한다. [22 법무사 / 15 법무사]

　　(2) 총괄청이 직권으로 용도폐지한 경우

　　　「국유재산법」 제22조 제3항에 따라 용도폐지되어 총괄청에게 인계되는 재산에 대해서는 총괄청 또는 같은 법 제42조 제1항에 따라 소관 재산의 관리·처분에 관한 사무를 위탁·위임받은 기관이 총괄청의 용도폐지 공문사본을 첨부정보로서 제공하여 관리청 명칭의 변경등기를 촉탁한다. [22 법무사 / 16 법원사무관 / 15 법무사]

나. 관리전환된 국유재산에 대한 관리청 명칭의 변경등기

국유재산법 제16조 제1항의 규정에 의한 관리전환 협의 또는 같은 조 제2항의 규정에 의한 총괄청의 관리전환 결정으로 국유재산이 다른 관리청으로 이관되는 경우에는 종전의 관리청이 발급한 관리전환 협의서 또는 총괄청이 발급한 관리전환 결정서를 첨부하여 관리청 명칭의 변경등기를 한다. [16 법원사무관 / 15 법무사(2)]

다. 소관경합 국유재산의 관리청 명칭의 변경등기

등기부상 관리청과 타 관리청이 서로 소관을 주장하는 경우는 총괄청이 이를 결정하는 것으로서, 총괄청이 발급한 관리청 결정서를 첨부하여 관리청 명칭의 변경등기를 한다. [22 법무사 / 15 법무사]

라. 「공유수면 관리 및 매립에 관한 법률」에 의한 매립지의 이관에 따른 관리청 명칭의 변경등기

관리청이 국토해양부(2008.2.29. 이전에는 해양수산부)로 등기되어 있는 매립지를 「공유수면 관리 및 매립에 관한 법률」 제37조의 규정에 의하여 이관하고 그에 따른 관리청 명칭 변경등기를 촉탁함에 있어서는 「공유수면 관리 및 매립에 관한 법률 시행령」 제47조 규정의 인계서를 첨부하여야 하고, 등기원인은 "년 월 일 국유재산의 관리전환(「공유수면 관리 및 매립에 관한 법률」 제37조에 의한 매립지 이관)"으로 표시한다.

3. 공권력 행사의 주체로서 하는 촉탁

관공서가 촉탁등기를 하는 경우는 권리관계의 당사자로서 촉탁하는 경우와 공권력 행사의 주체로서 촉탁하는 경우로 나누어진다. **공권력 행사의 주체로서 하는 촉탁등기**로는 체납처분 및 공매에 관련된 등기와 가압류·가처분 및 경매에 관련된 등기가 있다. 여기서는 체납처분에 관한 등기를 살펴보고 기타 처분제한의 등기는 각론에서 살펴보기로 한다.

(1) 체납처분에 관한 등기

1) 서설

체납처분은 조세가 체납된 경우에 체납자가 독촉장을 받고 지정된 기한까지 가산금을 완납하지 않는 때에는 체납자의 재산을 압류하고 이를 환가하여 그 대금으로 체납조세에 충당하는 강제징수 절차이다(「국세징수법」 제24조 이하, 「지방세기본법」 제91조 이하). 즉 체납처분은 압류·환가(공매)·청산(배분) 절차로 이루어져 있다.

2) 개시

세무서장은 체납처분으로 인하여 부동산을 압류할 때에는 압류조서를 첨부하여 압류등기를 등기소에 촉탁하여야 하고, 그 등기가 마쳐진 때에 압류의 효력이 있다(「국세징수법」 제45조, 제47조). 세무서장은 압류하고자 하는 재산이 다른 기관에서 압류하고 있는 부동산인 때에는 참가압류등기를 촉탁하여야 한다(「국세징수법」 제57조).

다만 체납처분에 의하여 압류된 부동산에 대하여 다른 기관이 참가압류의 형식이 아닌 압류등기의 촉탁을 하였더라도 등기실무상 수리하고 있다.

3) 신청절차

가. 신청인

세무서장은 체납처분으로 인하여 부동산을 압류할 때에는 압류조서를 첨부하여 압류등기를 등기소에 촉탁하여야 한다.

나. 신청정보

촉탁서에는 ① 부동산의 표시, ② 등기원인과 그 연월일, ③ 등기의 목적, ④ 등기권리자, ⑤ 등기의무자의 주소와 성명을 기재하고 압류조서를 첨부하여야 한다(「국세징수법 시행령」 제46조). 위 등기권리자의 표시에는 처분청을 명기하여야 하며 등기기록에도 이를 기록하여야 한다. 압류등기촉탁서에 압류부서의 문서번호가 기재된 경우 그 압류등기에는 「원인 : 2014년 4월 30일 압류 (세일1234)」과 같이 압류부서의 문서번호를 기록한다(예규 809).

다. 첨부정보

국가가 자기를 위하여 하는 등기신청의 경우 그 등기신청수수료는 면제되나, 지방자치단체 명의의 등기신청 시에는 면제규정이 없으므로 신청수수료를 납부하여야 한다(「등기사항증명서 등 수수료규칙」 제7조, 선례 5-920).

4) 실행절차

가. 접수·배당

나. 조사(형식적 심사)

등기관은 신청정보의 부동산 또는 등기의 목적인 권리의 표시가 등기기록과 일치하지 아니한 경우(제6호), 신청정보의 등기의무자의 표시가 등기기록과 일치하지 아니한 경우(제7호)에는 이유를 적은 결정으로 신청을 각하하여야 한다(법 제29조). 따라서 세무서장이 압류등기를 촉탁하려고 하는 때에 등기기록상 부동산의 표시, 등기명의인의 표시가 실제와 달리 표시되어 있는 때 또는 등기명의가 피상속인 명의로 있는 경우라면 압류등기를 촉탁하여도 촉탁서상의 등기사항과 등기기록의 표시가 일치하지 아니하므로 등기를 할 수 없고 그 등기신청은 각하될 것이다.

이와 같은 경우에 세무서장이 압류를 하기 위하여 필요한 때에는 등기명의인 또는 상속인에 갈음하여 부동산의 표시·등기명의인의 표시의 변경·경정 또는 상속으로 인한 권리의 이전등기를 촉탁할 수 있도록 하였다(법 제96조, 「국세징수법」 제45조).

촉탁에 의한 대위등기의 경우도 일반적인 대위등기 절차와 다를 바 없다(법 제28조). 따라서 대위원인을 증명하는 서면으로서 압류조서를 첨부하여야 하고, 대위원인은 "○년 ○월 ○일 체납처분에 의한 압류"로 기록한다. 또한 대위하고자 하는 등기신청에 필요한 상속을 증명하는 서면, 등기원인증서 등을 첨부하여야 하고, 취득세나 등록면허세의 납부 및 국민주택채권의 매입, 신청수수료 납부 등 등기신청에 필요한 일반적 의무사항을 이행하여야 한다(예규 619). 다만 압류등기를 촉탁하는 경우에는 미등기 부동산의 처분제한 등기 시 등기관의 직권보존등기(법 제66조)에 관한 규정이 적용되지 않으므로, 세무서장은 미등기 부동산을 압류하는 경우에는 그 소유권보존등기를 대위촉탁하여야 한다.

다. 문제○ (취하·보정·각하)

라. 문제× (등기실행)

5) 압류등기의 말소촉탁

세무서장은 부동산의 압류 또는 참가압류를 해제한 때에는 압류해제조서를 첨부하여 압류말소등기를 촉탁하여야 한다(「국세징수법」 제54조, 제59조).

갑 소유권전부에 대하여 체납처분에 의한 압류등기가 된 상태에서 갑이 을에게 소유권의 일부 지분이전을 하고 난 후에 압류권자가 을 지분에 대하여만 일부해제를 하고자 할 경우, 을 지분에 대한 일부해제를 등기원인으로 압류의 목적을 갑 지분만으로 하는 압류변경(권리변경)등기를 촉탁할 수 있다(선례 201304-2).

(2) 공매와 관련된 등기(예규 1500)

1) 공매공고등기

가. 서설

세무서장이 공매공고를 한 압류재산이 등기를 필요로 하는 경우에는 공매공고를 한 즉시 그 사실을 등기기록에 기입하도록 등기소에 촉탁하여야 하는데, 그 촉탁에 따른 등기가 공매공고등기이다(국세징수법 제67조의2).

공매공고 등기 또는 공매공고 등기의 말소등기는 세무서장이 촉탁한다.

다만 한국자산관리공사는 「국세징수법」 제61조의 규정에 의하여 세무서장을 대행한 경우에 등기를 촉탁할 수 있다. [18 법무사]

개별 법률에서 「국세징수법」의 공매공고등기 절차 등의 규정을 준용하는 경우에는 해당 기관이 공매공고등기를 촉탁할 수 있다. [18 법무사]

나. 개시(촉탁)

다. 촉탁절차

(가) 촉탁인(세무서장)

공매공고 등기 또는 공매공고 등기의 말소등기는 세무서장이 촉탁한다.

(나) 촉탁정보

공매공고 등기를 촉탁하는 때에는 공매를 집행하는 압류등기 또는 납세담보제공계약을 원인으로 한 저당권등기의 접수일자 및 접수번호와 공매공고일을 촉탁정보의 내용으로 등기소에 제공하여야 한다. [14 법무사]

등기원인은 압류부동산인 경우에는 "공매공고"로, 납세담보로 제공된 부동산인 경우에는 "납세담보물의 공매공고"로 그 연월일은 "공매공고일"로 표시한다. [18 법무사 / 16 등기서기보 / 14 법무사]

(다) 첨부정보

공매공고 등기를 촉탁하는 때에는 공매공고를 증명하는 정보를 첨부정보의 내용으로 등기소에 제공하여야 한다. [16 등기서기보]

공매공고 등기 및 공매공고 등기의 말소등기를 촉탁하는 때에는 등록면허세를 납부하지 아니한다. [18 법무사 / 16 등기서기보 / 14 법무사 / 12 법무사]

위 등기를 세무서장이나 세무서장을 대행하는 한국자산관리공사가 하는 경우에는 등기신청수수료를 납부하지 아니한다. [18 법무사 / 14 법무사 / 12 법무사]

라. 실행절차

「국세징수법」 제67조의2에 따른 공매공고등기는 제3자에 대하여 공매절차가 개시되어 진행되는 사실을 공시하는 것으로서 권리변동과 관계 없는 등기사항이므로, 체납처분으로 인한 압류등기가 마쳐진 후에 체납자가 사망한 경우에 세무서장은 대위에 의한 상속등기를 하지 아니하고 공매공고등기를 촉탁할 수 있다(선례 9-364).

공매공고등기는 공매를 집행하는 압류등기의 부기등기로 하고, 납세담보로 제공된 부동산에 대한 공매공고등기는 갑구에 주등기로 실행한다. [22 법무사 / 18 법무사 / 16 등기서기보 / 14 법무사 / 12 법무사]

▼ 압류부동산인 경우

【갑구】			(소유권에 관한 사항)	
순위 번호	등기 목적	접수	등기원인	권리자 및 기타사항
2	소유권 이전	2011년 11월 30일 제55001호	2011년 11월 28일 매매	소유자 김갑동 600104-1056429 　서울특별시 서초구 서초대로 46길 60, 　101동 　201호(서초동, 서초아파트) 거래가액 금120,000,000원
3	압류	2012년 1월 10일 제5678호	2012년 1월 6일 압류(소득 1010)	권리자 국 　처분청 서초세무서
3-1	공매 공고	2012년 2월 10일 제2051호	2012년 2월 7일 공매공고(소득 1234)	

(주) 등기원인란의 괄호 안은 공매공고 등기를 촉탁한 기관의 부서명과 문서번호를 기록함

▼ 납세담보로 제공된 부동산인 경우

【갑구】			(소유권에 관한 사항)	
순위 번호	등기 목적	접수	등기원인	권리자 및 기타사항
2	소유권 이전	2011년 11월 30일 제55001호	2011년 11월 28일 매매	소유자 김갑동 600104-1056429 　서울특별시 서초구 서초대로46길 60, 　101동 　201호(서초동, 서초아파트) 거래가액 금120,000,000원
3	공매 공고	2013년 3월 5일 제3017호	2013년 3월 4일 납세담보물의 공매공고(소득 1324)	

(주) 등기원인란의 괄호 안은 공매공고 등기를 촉탁한 기관의 부서명과 문서번호를 기록함

2) 공매공고등기의 말소

　가. 서설

　　공매공고등기 후 공매가 취소되거나 중지된 경우 또는 국세징수법에 따라 매각결정을
　　취소한 경우 세무서장은 공매공고등기의 말소등기를 등기소에 촉탁하여야 한다.

　나. 개시(촉탁)

　다. 촉탁절차

(가) 촉탁인(세무서장)

(나) 촉탁정보

　　가) 공매공고 등기의 말소등기를 촉탁하는 때에는 다음 각 호의 어느 하나에 해당하는 등기원인과 일자를 촉탁정보의 내용으로 등기소에 제공하여야 한다.

　　　　① 법 제69조에 따라 공매취소의 공고를 한 경우에는 "공매취소 공고"

　　　　② 법 제71조에 따라 공매를 중지한 경우에는 "공매중지"

　　　　③ 법 제78조 제1항 제1호에 따라 매각결정을 취소한 경우에는 "매각결정 취소"

　　나) 공매공고등기를 압류등기에 부기하는 경우에는 공매처분으로 인한 권리이전의 등기를 촉탁할 때에 압류등기의 말소만 촉탁하면 되고, 공매공고등기의 말소를 따로 촉탁할 필요는 없다. 그러나 납세담보로 제공된 부동산에 대하여 주등기로 실행된 공매공고등기의 말소촉탁은 따로 하여야 할 것이다.

(다) 첨부정보

　　공매공고 등기의 말소등기를 촉탁하는 때에는 제3조 제2항의 어느 하나에 해당함을 증명하는 정보를 첨부정보의 내용으로 등기소에 제공하여야 한다. 공매공고 등기 및 공매공고 등기의 말소등기를 촉탁하는 때에는 등록면허세를 납부하지 아니한다. 위 등기를 세무서장이나 세무서장을 대행하는 한국자산관리공사가 하는 경우에는 등기신청수수료를 납부하지 아니한다.

▼ 압류부동산인 경우

【갑구】		(소유권에 관한 사항)		
순위 번호	등기 목적	접수	등기원인	권리자 및 기타사항
2	소유권 이전	2011년 11월 30일 제55001호	2011년 11월 28일 매매	소유자 김갑동 600104-1056429 서울특별시 서초구 서초대로46길 60, 101동 201호(서초동, 서초아파트) 거래가액 금120,000,000원
3	압류	2012년 1월 10일 제5678호	2012년 1월 6일 압류(소득 1010)	권리자 국 처분청 서초세무서
~~3-1~~	~~공매공고~~	~~2012년 2월 10일 제2051호~~	~~2012년 2월 7일 공매공고(소득 1234)~~	
4	3-1번 공매공고 등기말소	2012년 4월 5일 제80901호	2012년 4월 4일 공매취소공고	

(주) 등기원인은 제3조 제2항 각 호 중에서 등기소에 제공된 촉탁정보를 기록함

▼ 납세담보로 제공된 부동산인 경우

【갑구】			(소유권에 관한 사항)	
순위 번호	등기 목적	접수	등기원인	권리자 및 기타사항
2	소유권 이전	2011년 11월 30일 제55001호	2011년 11월 28일 매매	소유자 김갑동 600104-1056429 서울특별시 서초구 서초대로46길 60, 101동 201호(서초동, 서초아파트) 거래가액 금120,000,000원
3	공매공고	~~2013년~~ ~~3월 5일~~ ~~제2051호~~	~~2013년 3월 4일~~ ~~납세담보물의~~ ~~공매공고(소득 1234)~~	
4	3번 공매공고 등기말소	2013년 6월 5일 제70901호	2013년 6월 4일 공매취소공고	

(주) 등기원인은 제3조 제2항 각 호 중에서 등기소에 제공된 촉탁정보를 기록함

3) 공매처분으로 인한 권리이전 등의 등기

가. 서설

압류된 부동산이 공매절차에 따라 매각된 경우에 매수인은 매각대금을 납부했을 때 그 부동산을 승계취득하게 된다(「국세징수법」 제77조 제1항).

이는 앞의 경매절차와 마찬가지로 법률의 규정에 의한 물권변동이므로 등기를 요하지 아니한다.

한편 세무서장은 압류한 부동산을 매각한 경우에 등기권리자의 청구가 있으면 지체 없이 촉탁서에 등기원인을 증명하는 서면을 첨부하여 ① 체납처분에 관한 압류등기의 말소등기, ② 공매처분으로 인한 권리이전등기, ③ 공매처분으로 인하여 소멸한 권리등기의 말소등기를 촉탁하여야 한다(법 제97조). 이와 같은 등기의 촉탁은 통상 공매처분을 한 관공서가 소유권이전등기촉탁서에 소유권이전등기 및 말소등기를 일괄하여 1통의 촉탁서로 촉탁하게 된다(규칙 제47조 제1항 제2호).

나. 개시(촉탁)

다. 촉탁절차

(가) 촉탁인(세무서장)

등기권리자의 청구에 따라 촉탁하여야 하는 관공서는 세무서장이다.

다만 공매절차를 한국자산관리공사가 대행한 경우에는 한국자산관리공사가 대행할 수 있으며, 이 경우의 절차이행은 세무서장이 한 것으로 본다(「국세징수법」 제79조, 제61조 제1항 참조).

한국자산관리공사가 공매처분으로 인한 등기의 촉탁을 하는 경우 우편으로 촉탁서를 제출할 수 있고, 소속 직원이 등기소에 직접 출석한 경우에는 제출 위임장 없이 그 신분을 증명하는 서면을 제시하고 촉탁서를 제출할 수도 있다. 또한 법무사가 촉탁기관으로부터 촉탁서 제출을 위임받은 경우에는 법무사도 등기소에 촉탁서를 제출할 수 있으며, 이 경우 법무사는 촉탁서 제출을 위임받았음을 증명하는 서면을 촉탁서에 첨부하여야 한다(선례 201111-4).

(나) 촉탁정보

촉탁서에 기재하여야 하는 사항은 부동산의 표시, 등기원인("공매"로 기재한다), 등기원인일, 국민주택채권발행번호 등 경매의 경우와 동일한 법리에 따라 기재하여야 한다.

(다) 첨부정보

등기촉탁서에는 매수인이 제출한 등기청구서와 매각결정통지서(또는 그 등본), 배분계산서의 등본, 토지(건축물)대장 등본, 등기권리자의 주민등록표 등·초본, 취득세 및 등록면허세 영수필확인서, 등기신청수수료 영수필확인서 등을 첨부하여야 한다(「국세징수법 시행령」 제77조 참조). 공매의 경우 토지거래계약의 허가에 관한 규정이 적용되지 않으므로 토지거래허가증명을 첨부할 필요가 없다(「국토계획법」 제121조 제2항, 동법 시행령 제121조 제12호). 다만 농지인 경우에는 민사집행법에 의한 경매절차와 달리 농지취득자격증명서를 첨부하여야 한다.

라. 실행절차

공매로 인한 소유권이전등기와 말소등기의 경우에 등기의 실행도 경매절차에 준하여 처리하면 되므로 각론의 경매절차를 참조한다.

(3) 가압류·가처분·경매개시결정등기 등

가압류 등의 처분제한등기는 각론에서 일괄적으로 설명하기로 한다.

관련 기출지문

1 지방자치단체의 조례에 의해 설립된 지방공사도 그 사업과 관련된 등기를 촉탁으로 할 수 있다. (×)
[17 등기서기보]

2 관공서가 부동산에 관한 거래의 주체인 경우에 그 등기는 촉탁으로 실행되어야 할 것이므로 등기권리자와 등기의무자가 공동으로 신청할 수 없다. (×)
[14 법무사]

3 국가나 지방자치단체로부터 농지를 매수하여 소유권이전등기를 신청하는 경우 및 농지전용허가를 받거나 농지전용신고를 한 농지에 대하여 소유권이전등기를 신청하는 경우에는 농지취득자격증명을 첨부할 필요가 없다. (×)
[20 법무사]

4 관공서가 등기의무자로서 등기를 촉탁하는 경우에는 등기필정보를 제공할 필요가 없지만, 관공서가 등기권리자로서 등기를 촉탁하는 경우에는 등기의무자의 등기필정보를 제공하여야 한다. (×) [24 법무사]

5 관공서가 등기의무자로서 등기권리자의 청구에 의하여 등기를 촉탁하는 경우에는 등기필정보를 제공할

필요가 없으나, 부동산에 관한 권리를 취득하여 등기권리자로서 그 등기를 촉탁하는 경우에는 등기의무자의 권리에 관한 등기필정보를 제공하여야 한다. (×) [21 법원사무관]

6 관공서가 등기권리자 또는 등기의무자로서 소유권이전등기를 촉탁하는 경우에는 인감증명서를 첨부할 필요가 없다. (×) [14 등기서기보]

7 관공서가 등기촉탁을 하는 경우에도 대장상의 부동산의표시가 등기기록과 일치하지 않는다면 등기관은 그 등기촉탁을 각하하여야 한다. (×) [19 등기주사보·법원사무관]

8 매각으로 인한 소유권이전등기를 촉탁하는 경우, 경매 진행 중에 토지가 분할된 후 분필등기를 하지 않아 매각으로 인한 등기기록상의 토지표시가 토지대장상의 표시와 일치하지 않으면 등기관은 그 등기촉탁을 수리해서는 안된다. (×) [16 등기서기보]

9 토지대장상 甲·乙 토지가 공간정보의 구축 및 관리 등에 관한 법률에 의하여 합병되었으나 합필등기를 하지 아니한 채 甲 토지에 대하여 국가기관인 법원이 매각으로 인한 소유권이전등기촉탁을 하는 경우, 등기관은 등기기록상 부동산의 표시가 토지대장과 부합하지 않으므로 그 등기촉탁을 수리할 수 없다. (×) [15 법무사]

10 국가가 소유권자인 경우에 그 명의는 "국"으로 하고 관리청으로 소관 중앙관서의 명칭을 덧붙여 기록하며, 부동산등기용등록번호는 국토교통부장관이 지정·고시한 소관 중앙관서의 번호를 기록하되, 사무소 소재지는 기록하지 않는다. (×) [19 등기서기보]

11 국가 또는 지방자치단체가 등기권리자인 경우라도 등기필정보를 작성하여 통지하여야 한다. (×) [15 등기서기보]

12 지방자치단체의 관할구역이 변경되어 승계되는 재산에 대하여는 승계받는 지방자치단체의 명의로 관리청변경등기를 촉탁하여야 한다. (×) [17 등기주사보·법무사]

13 지방자치단체의 관할구역이 변경되어 승계되는 재산에 대해서는 승계하는 지방자치단체가 관리청변경등기를 촉탁하여야 한다. (×) [17 등기주사보]

14 국유재산법 제16조 제1항의 규정에 의한 관리전환 협의로 국유재산이 다른 관리청으로 이관되는 경우에는 새로운 관리청이 발급한 관리전환 협의서를 첨부하여 관리청 명칭의 변경등기를 한다. (×) [15 법무사]

15 등기기록상 소유자가 "조선총독부"로 되어 있는 부동산에 대하여는 관리청지정서를 첨부정보로서 제공하여 "1948.8.15. 대한민국정부수립"을 원인으로 "국, 관리청 ○○부"로의 소유권이전등기를 촉탁한다. (×) [16 법원사무관]

16 "이왕직", "창덕궁", "이왕직장관" 소유명의로 등기된 부동산에 대해서는 관리청지정서를 첨부정보로서 제공하여 "1963.2.9. 승계"를 원인으로 "국, 관리청 ○○부"로의 등기명의인표시변경등기를 촉탁하면 "국" 명의로의 등기명의인표시변경등기와 동시에 관리청 명칭도 첨기등기한다. (×) [22 법무사]

17 세무서장과 이를 대행하는 한국자산관리공사를 제외한 그 밖의 기관이 공매공고등기를 촉탁하는 때에는 등기신청수수료 및 등록면허세를 모두 납부하여야 한다. (×) [18 법무사]

18 등기관이 등기기록에 공매공고등기를 할 때에 압류부동산인 경우에는 공매를 집행하는 압류등기에 부기등기로 하고, 납세담보로 제공된 부동산인 경우에는 그 저당권등기에 부기등기로 한다. (×) [16 등기서기보 / 14 법무사]

Ⅲ. 직권에 의한 등기(등기관)

1. 의의

등기절차는 신청주의 원칙에 따라 당사자의 신청 또는 관공서의 촉탁에 의하는 것이 원칙이나 법률에 다른 규정에 있는 경우, 즉 당사자의 신청을 기다려 그 등기를 실행하게 하는 것이 적절하지 않는 경우 또는 당사자의 신청에 따른 등기에 부수되는 등기는 등기관이 직권으로 할 수 있다. 예컨대 등기관의 잘못으로 인한 등기의 직권경정등기(법 제32조), 직권말소등기(법 제58조) 등이 이에 해당한다. 아래에서는 직권으로 할 수 있는 등기절차에 대하여 간략하게 나열한다.

2. 종류

(1) 소유권보존등기

등기관이 미등기부동산에 대하여 법원의 촉탁에 따라 소유권의 처분제한의 등기를 할 때에는 직권으로 소유권보존등기를 하고, 처분제한의 등기를 명하는 법원의 재판에 따라 소유권의 등기를 한다는 뜻을 기록하여야 한다(법 제66조).

(2) 변경등기

1) 등기기록상 토지의 표시가 지적공부와 일치하지 아니한 경우 **지적소관청**은 그 사실을 관할 등기관서에 통지하여야 하고(「공간정보의 구축 및 관리 등에 관한 법률」 제88조 제3항), 등기관은 제35조의 기간(◉ 1개월) 이내에 등기명의인으로부터 등기신청이 없을 때에는 그 통지서의 기재내용에 따른 **변경의 등기를 직권으로 하여야 한다**(법 제36조). [23 법무사 / 21 법무사 / 17 등기주사보] 이 등기를 하였을 때에는 등기관은 지체 없이 그 사실을 지적소관청과 소유권의 등기명의인에게 알려야 한다. 다만 등기명의인이 2인 이상인 경우에는 그중 1인에게 통지하면 된다(법 제36조 제2항).

2) 등기관이 소유권이전등기를 할 때에 등기명의인의 주소변경으로 신청정보상의 등기의무자의 표시가 등기기록과 일치하지 아니하는 경우라도 첨부정보로서 제공된 주소를 증명하는 정보에 등기의무자의 등기기록 상의 주소가 신청정보상의 주소로 변경된 사실이 명백히 나타나면 직권으로 등기명의인표시의 변경등기를 하여야 한다(규칙 제122조).

3) 행정구역 또는 그 명칭이 변경되었을 때에는 등기기록에 기록된 행정구역 또는 그 명칭에 대하여 **변경등기가 있는 것으로 본다**(법 제31조). [9 법무사] 따라서 행정구역 또는 그 명칭이 변경된 경우에 등기관은 직권으로 부동산의 표시변경등기 또는 등기명의인의 주소변경등기를 할 수 있다(규칙 제54조). [21 법무사 / 17 등기주사보] 행정구역 등의 변경으로 인하여 등기명의인의 주소의 표시에 변경이 있는 경우 등기관이 직권으로 변경등기를 할 수 있을 뿐만 아니라 등기명의인도 변경등기를 신청할 수 있는데, 이때 **등록면허세와 등기신청수수료는 면제된다.** [19 법원사무관 / 18 등기주사보 / 13 법무사]

(3) 경정등기

등기관이 등기의 착오나 빠진 부분이 등기관의 잘못으로 인한 것임을 발견한 경우에는 지체 없이 그 등기를 직권으로 경정하여야 한다. 다만 등기상 이해관계 있는 제3자가 있는 경우에는 제3자의 승낙이 있어야 한다(법 제32조 제2항).

(4) 말소등기

1) 환매에 따른 권리취득의 등기를 하였을 때에는 환매특약의 등기를 (⊕ 직권으로) 말소하여 야 한다(규칙 제114조 제1항).

2) 권리의 소멸에 관한 약정의 등기에 따라 권리소멸의 등기를 한 때에는 권리소멸약정등기를 (⊕ 직권으로) 말소하여야 한다(규칙 제114조 제2항).

3) 등기의 말소를 신청하는 경우에 그 말소에 대하여 등기상 이해관계 있는 제3자가 있을 때 에는 제3자의 승낙이 있어야 한다. 이 경우 등기상 이해관계 있는 제3자 명의의 등기는 등 기관이 직권으로 말소한다(법 제57조).

4) 등기관이 수용으로 인한 소유권이전등기를 하는 경우 그 부동산의 등기기록 중 소유권, 소 유권 외의 권리, 그 밖의 처분제한에 관한 등기가 있으면 그 등기를 직권으로 말소하여야 한다(법 제99조 제4항).

5) 등기관이 등기를 마친 후 그 등기가 법 제29조 제1호(관할위반) 또는 제2호(사건이 등기할 것이 아닌 경우)에 해당된 것임을 발견하였을 때에는 일정한 통지절차를 거친 후 그 등기를 직권으로 말소하여야 한다(법 제29조 제1호, 제2호, 제58조).

6) 등기관은 가등기에 의한 본등기를 하였을 때에는 대법원규칙으로 정하는 바에 따라 가등기 이후에 된 등기로서 가등기에 의하여 보전되는 권리를 침해하는 등기를 직권으로 말소하여 야 한다(법 제92조 제1항).

7) 2020년 8월 4일까지 말소되지 아니한 **예고등기**는 등기관이 직권으로 말소한다(법 부칙 제3조).

(5) 회복등기

토지수용의 재결의 실효를 원인으로 하는 수용으로 인한 소유권이전등기의 말소의 신청은 등기 의무자와 등기권리자가 공동으로 신청하여야 하며, 이에 의하여 수용으로 인한 소유권이전등기 를 말소한 때에는 등기관은 수용으로 말소한 등기를 직권으로 회복하여야 한다(예규 1782).

(6) 구분건물의 대지권등기

1) 대지권의 등기를 하는 때의 대지권이라는 뜻의 등기(법 제40조 제4항)

2) 대지권이 변경·경정등기를 하는 때의 대지권이라는 뜻의 등기 또는 대지권이라는 뜻의 등 기의 말소(규칙 제91조 제2항, 제3항)

3) 대지권의 변경·경정등기를 하는 때의 건물만에 관한 것이라는 뜻의 부기등기(규칙 제92조 제1항)

4) 공용부분이라는 뜻을 정한 규약을 폐지하여 소유권보존등기를 하는 때의 공용부분이라는 뜻의 말소등기(규칙 제104조 제5항)

IV. 명령에 의한 등기(법원)

등기절차는 신청주의 원칙에 따라 당사자의 신청 또는 관공서의 촉탁에 의하는 것이 원칙이나 법률에 다른 규정에 있는 경우에는 관할지방법원의 명령에 따른 등기를 할 수 있다. 등기관의 처분에 대한 이의신청이 있는 경우에, 관할지방법원은 등기관에게 가등기명령 또는 부기등기명령을 할 수 있고, 각하된 등기에 대하여는 기록명령, 실행된 등기에 대하여는 말소명령 등을 할 수 있다. 이러한 원인으로 인한 등기가 바로 명령에 의한 등기이다(법 제106조, 제107조).

02 절 | 전자신청(예규 1715, 1725, 1771)

I. 서설

1. 의의

등기신청의 방법에는 방문신청과 전자신청으로 구별된다(법 제24조 제1항).

종래의 전통적인 부동산등기의 신청방법은 신청인 또는 그 대리인이 관할 등기소에 출석하여 법 소정의 신청서 및 첨부서면을 제출하는 것이다. 그러나 정보통신기술의 급속한 발달로 신청인 등이 직접 등기소에 출석하지 않고도 등기신청의 의사를 표명할 수 있는 기술적 토대가 마련되었다. 그에 따라 신청인이 인터넷을 이용해 등기신청을 할 수 있도록 부동산등기시스템을 재정비하였고 그에 따른 등기신청이 바로 전자신청이다.

즉 **전자신청**은 종이에 의하지 않고 신청인이 등기소에 출석할 필요 없이 신청서를 전자적으로 제출하는 것이라고 할 수 있다. 따라서 **전자신청의 경우 출석주의가 배제된다고 할 수 있다.** [10 법무사]
이에 따라 신청인에게 등기소에 출석하지 않는 등의 편의성을 제공하여 등기신청에 소요되는 시간과 비용을 절감할 수 있게 되었고, 등기관은 별도의 기입절차를 거치지 않기 때문에 등기업무처리의 효율성을 제고할 수 있게 되었다.

2. 요건(사용자등록)

(1) 사용자등록의 신청(규칙 제68조 등)

전자신청을 하기 위해서는 그 등기신청을 하는 당사자 또는 등기신청을 대리할 수 있는 자격자대리인[변호사나 법무사(법무법인·법무법인(유한)·법무사법인·법무사법인(유한)을 포함)를 말한다]이 **최초의 등기신청 전**에 (● 반드시 본인이 등기소에 **출석하여**) 사용자등록을 하여야 한다(규칙 제68조 제1항). 출석하여야 하는 등기소에는 제한이 없으므로 인근 어느 등기소에나 출석하면 된다. [23 등기서기보 / 19 법무사 / 18 등기주사보 / 17 등기서기보 / 14 등기서기보 / 12 법무사 / 10 법무사]

(2) 첨부서면

사용자등록을 신청하는 당사자 또는 자격자대리인은 등기소에 출석하여 대법원예규로 정하는 사항을 적은 신청서를 제출하여야 한다(규칙 제68조 제2항). 사용자등록을 신청하는 사람은 ① 성명, 주민등록번호(외국인의 경우에는 "외국인등록번호" 또는 "국내거소신고번호"를 말한다. 이하 같다), 주소, 전화번호, 인터넷등기소 회원 ID, 전자우편주소, ② 자격자대리인인 경우에는 자격을 증명하는 정보와 사무소의 소재지의 사항을 기재하여야 한다.

사용자등록 신청서에는 「인감증명법」에 따라 신고한 인감을 날인하고, 그 인감증명과 함께 주소를 증명하는 서면을 첨부하여야 한다(규칙 제68조 제3항). 이러한 서면은 발행일로부터 3개월 이내의 것이어야 한다(예규 1715).

신청인이 외국인인 경우에는 위의 주소를 증명하는 서면으로 외국인등록사실증명이나 국내거소신고사실증명을 첨부하고, 그 증명서면에 기재된 신청인의 성명이 외국문자로 되어 있으면 그 성명을 한글로 표기한 번역문을 함께 첨부하여야 한다(예규 1715).

신청인이 **자격자대리인**인 경우에는 그 자격을 증명하는 서면(법무사등록증 등)의 사본도 첨부하여야 한다(규칙 제68조 제4항).

(3) 사용자등록의 유효기간(규칙 제69조)

사용자등록의 유효기간은 3년으로 한다(규칙 제69조 제1항). [22 법무사]

사용자등록의 유효기간의 연장신청은 유효기간 만료일 3개월 전부터 만료일까지 할 수 있으며, 그 연장기간은 3년으로 한다. [22 법무사 / 20 등기서기보 / 12 법무사] 유효기간 연장은 전자문서로 신청할 수 있다(규칙 제69조 제3항).

사용자등록의 유효기간이 지난 경우에는 사용자등록을 다시 하여야 한다(규칙 제69조 제2항). 따라서 사용자등록의 유효기간이 경과하여 사용자등록을 다시 하는 경우에는 최초로 사용자등록을 하는 절차와 동일한 절차에 의하여야 한다(예규 1715). [20 등기서기보]

(4) 사용자등록의 효력정지 등(규칙 제70조)

사용자등록을 한 사람은 사용자등록의 **효력정지, 효력회복 또는 해지**를 신청할 수 있다(규칙 제70조 제1항). 사용자등록의 효력정지 및 해지의 신청은 전자문서로 할 수 있다(규칙 제70조 제2항).

등기소를 방문하여 사용자등록의 효력정지, **효력회복** 또는 해지를 신청하는 경우에는 신청서에 **기명날인 또는 서명을 하여야 한다**(규칙 제70조 제3항). [19 법무사]

(5) 사용자등록정보의 변경 등(규칙 제71조)

사용자등록 후 **사용자등록정보가 변경**된 경우에는 그 변경된 사항을 등록하여야 한다(규칙 제71조 제1항). 사용자등록 후 사용자의 성명 또는 주민등록번호가 변경된 때에는 등기소에 직접 출석하여 사용자등록정보의 변경을 신청하여야 한다. 이 경우 주민등록등본 등 그 사실을 증명하는 서면을 신청서에 첨부하여야 한다(예규 1715).

사용자등록 정보 중 인증서에 대한 정보의 변경은 사용자등록관리 시스템을 이용하여 할 수 있다. 이 경우 사용자정보(이름, 주민등록번호)와 사용자등록번호를 입력하여 사용자 인증을 받아야 한다(예규 1715).

사용자등록번호를 분실하였을 때에는 제68조에 따라 사용자등록을 다시 하여야 한다(규칙 제71조 제2항).

3. 적용범위

(1) 주체(신청인)(규칙 제67조)

1) 당사자 본인에 의한 신청의 경우 [23 등기서기보 / 17 법무사]

가. 「부동산등기규칙」 제68조 제1항에 따른 사용자등록을 한 자연인(외국인 포함)과 「상업등기법」 제17조에 따른 전자증명서(이하 "전자증명서"라 한다)를 발급받은 법인은 전자신청을 할 수 있다. 법인이 「상업등기규칙」에 따라 전자증명서의 이용등록을 한 경우에는 **사용자등록을 한 것으로 본다**(규칙 제68조 제5항). 따라서 **별도의 사용자등록을 하지 않는다.** [22 법무사 / 20 등기서기보 / 17 등기서기보 · 법무사 / 12 법무사]

나. 외국인의 경우에는 다음 각 호의 어느 하나에 해당하는 요건을 갖추어야 한다. [23 등기서기보 / 21 등기서기보 / 20 등기서기보 / 18 등기주사보 / 17 법무사 / 15 법무사 / 14 등기서기보 / 11 법무사 / 10 법무사]

(가) 「출입국관리법」 제31조에 따른 **외국인등록**

(나) 「재외동포의 출입국과 법적 지위에 관한 법률」 제6조, 제7조에 따른 **국내거소신고**

다. 법인 아닌 사단이나 재단(종중·교회 등)은 전자신청을 할 수 **없다.** [23 등기서기보 / 22 법무사 / 20 등기서기보 / 18 등기주사보 / 17 법무사 /15 법무사 / 12 법무사 / 11 법무사]

2) 대리에 의한 신청의 경우

가. 변호사나 법무사[법무법인·법무법인(유한)·법무사법인·법무사법인(유한)을 포함한다. 이하 "자격자대리인"이라 한다]는 다른 사람을 대리하여 전자신청을 할 수 있다. [23 등기서기보 / 17 법무사]

나. 자격자대리인이 외국인인 경우에는 다음 각 호의 어느 하나에 해당하는 요건을 갖추어야 한다. [19 법무사]

(가) 「출입국관리법」 제31조에 따른 **외국인등록**

(나) 「재외동포의 출입국과 법적 지위에 관한 법률」제6조, 제7조에 따른 **국내거소신고**

다. 자격자대리인이 아닌 사람**(일반인)**은 다른 사람을 대리하여 전자신청을 할 수 **없다.** 따라서 자격자대리인이 아닌 경우에는 자기 사건이라 하더라도 **상대방을 대리하여 전자신청을 할 수 없다.** [22 법무사 / 18 등기주사보 / 15 법무사 / 14 등기서기보 / 12 법무사 / 11 법무사 / 10 법무사]

(2) 객체(등기의 종류)

전산정보처리조직을 이용[이동통신단말장치에서 사용되는 애플리케이션(Application)을 통하여 이용하는 경우를 포함한다]하여 신청정보 및 첨부정보를 보내는 방법으로 **전자신청이 가능한 등기유형에 관한** 사항과 **전자신청의 방법은** 대법원규칙으로 정한다(법 제24조 제1항 제2호). [15 법무사]

(3) 상대방(등기소)

법원행정처장이 전자신청을 할 수 있는 등기소로 지정한 등기소(이하 "전자신청 등기소"라 한다) 관할의 부동산 및 등기유형에 관해서는 전자신청을 할 수 있다. 전자신청 등기소장은 전자신청의 대상이 되는 부동산 및 등기유형의 범위를 등기소 내 보기 쉬운 장소에 게시하여야 한다.

II. 개시

전자신청도 일단 등기신청방법 중 하나이므로 일반적인 신청절차가 적용된다. 따라서 **원칙적으로 공동신청하여야** 하며, **예외적으로 단독신청하는** 경우가 있다.

III. 신청절차

1. 신청인

(1) 대법원 인터넷등기소(이하 '인터넷등기소'라 한다) 접속

전자신청을 하고자 하는 당사자 또는 자격자대리인은 인터넷등기소(http://www.iros.go.kr/)에 접속한 후 "인터넷등기전자신청"을 선택하여 모든 문서를 전자문서로 작성하여야 한다.

(2) 사용자 인증

인터넷등기소에 접속한 당사자 또는 자격자대리인이 전자신청을 하기 위해서는 다음 각 호의 구분에 따른 정보를 입력하여 사용자 인증을 받아야 한다.

1) 당사자가 개인인 경우 : 인증서정보 및 사용자등록번호
2) 당사자가 법인인 경우 : 전자증명서정보
3) 자격자대리인의 경우 : 인증서정보 및 사용자등록번호

2. 신청정보

전자신청을 하는 경우에는 제43조 및 그 밖의 법령에 따라 신청정보의 내용으로 등기소에 제공하여야 하는 정보를 **전자문서로 등기소에 송신하여야 한다.** [17 등기서기보] 이 경우 사용자등록번호도 함께 송신하여야 한다(규칙 제67조 제2항).

신청정보를 전자문서로 송신할 때에는 신청인 또는 문서작성자의 전자서명정보(① 개인의 경우에는 전자서명법상의 인증서, ② 법인의 경우에는 상업등기법상의 전자증명서, ③ 관공서의 경우에는 대법원예규로 정하는 전자증명서)를 함께 송신하여야 한다(규칙 제67조 제4항).

신청정보는 '인터넷등기전자신청' 시스템이 안내하는 순서에 따라 입력하여야 한다.

3. 첨부정보

전자신청의 경우 제46조 및 그 밖의 법령에 따라 **첨부정보로서 등기소에 제공하여야 하는 정보를** 전자문서로 등기소에 송신하거나 대법원예규로 정하는 바에 따라 등기소에 제공하여야 한다(규칙 제67조 제3항).

첨부정보를 전자문서로 송신할 때에는 다음 각 호의 구분에 따른 **신청인 또는 문서작성자의 전자서명정보**(이하 "인증서등"이라 한다)**를 함께 송신하여야 한다(규칙 제67조 제4항).** [14 등기서기보]

신청정보를 전자문서로 송신할 때에는 신청인 또는 문서작성자의 전자서명정보(① 개인의 경우에는 전자서명법상의 인증서, ② 법인의 경우에는 상업등기법상의 전자증명서, ③ 관공서의 경우에는 대법원예규로 정하는 전자증명서)를 함께 송신하여야 한다(규칙 제67조 제4항).

(1) 필수정보의 첨부

별지 제3호의 등기유형에 해당하는 사건을 등기권리자와 등기의무자가 공동으로 전자신청을 하기 위해서는 해당 필수정보를 반드시 전자적으로 첨부하여야 하며, 그 정보가 첨부되지 아니한 때에는 신청정보를 송신할 수 없다.

(2) 첨부정보의 생략과 연계요청

1) 첨부하여야 할 정보 중 법인등기부정보 및 부동산등기부정보와 같이 등기소에서 직접 확인할 수 있는 정보는 그 표시만 하고 **첨부를 생략한다.** [19 법무사]

2) 행정정보 공동이용의 대상이 되는 다음 각 호의 정보는 행정정보 공동이용센터에 연계요청을 하여 수신한 정보를 첨부한다.

　　가. 주민등록정보

　　나. 토지대장정보

　　다. 건축물대장정보

　　라. 거래계약신고필정보

　　마. 취득세 또는 등록면허세 납부확인정보

　　바. 토지거래계약허가정보

사. 임대사업자등록정보

(3) 작성명의인이 있는 전자문서를 제출하는 방법

작성명의인이 있는 전자문서를 첨부할 경우 그 전자문서는 PDF 파일 형식의 전자문서이어야 하며, 다음 각 호의 정보를 함께 첨부하여야 한다.

1) 작성명의인이 개인인 경우 : 인증서정보

2) 작성명의인이 관공서인 경우 : 행정전자서명정보

3) 작성명의인이 법인인 경우 : 전자증명서정보

(4) 스캐닝 송신의 특례

첨부서면은 전자문서로 작성함이 원칙이지만, 법무사 등 자격자대리인이 전자신청을 대리하는 경우 일정한 서면은 전자적 이미지 정보로 변환(스캐닝)하여 원본과 상위 없다는 취지의 부가 정보와 자격자대리인의 개인인증서(이하 "인증서"라 한다) 정보를 덧붙여 등기소에 송신하는 것으로 이를 갈음할 수 있다. [17 법무사 / 11 법무사 / 10 법무사]

1) 대리권한을 증명하는 서면(등기원인증서가 존재하지 아니하는 등기유형에 한한다) 및 행정 정보 또는 취득세 또는 등록면허세 납부확인정보를 담고 있는 서면

2) 다음 가.부터 다.까지의 경우에 그 첨부정보를 담고 있는 모든 서면. 다만 인감증명서와 그 인감을 날인한 서면, 본인서명사실확인서와 서명을 한 서면 및 전자본인서명확인서 발급 증과 관련서면에 서명을 한 서면(Cell 등기의무자의 위임장, 제3자의 승낙서 등)은 제외한다. [16 법원사무관]

　　가. 국가, 지방자치단체 또는 특별법에 의하여 설립된 공법인(「지방공기업법」에 의하여 설 립된 지방공사를 포함한다)이 등기권리자로서 「공익사업을 위한 토지 등의 취득 및 보 상에 관한 법률」에 의하여 토지 등을 협의취득 또는 수용하여 이를 원인으로 소유권이 전등기를 신청하는 경우

　　나. 법원행정처장이 지정하는 금융기관이 (근)저당권자로서 (근)저당권 설정등기, (근)저당 권 이전등기, (근)저당권 변경(경정)등기 또는 (근)저당권 말소등기를 신청하는 경우(한 국주택금융공사법 제43조의7에 따른 담보주택에 대한 (근)저당권 설정등기 또는 (근) 저당권 말소등기와 동시에 하는 부기등기 또는 부기등기의 말소등기를 포함한다)

　　다. 국가, 지방자치단체, 특별법에 의하여 설립된 공법인(「지방공기업법」에 의하여 설립된 지방공사를 포함한다) 또는 위 나.에 의하여 지정된 금융기관이 지상권자로서 지상권 설정등기 또는 지상권말소등기를 신청하는 경우

(5) 승인

1) 공동신청의 경우

공동신청을 하여야 할 등기신청에 있어서 당사자가 대리인에게 위임하지 않고 직접 신청하

는 경우 또는 위임을 서로 다른 대리인에게 한 경우에는 어느 일방이 신청정보와 첨부정보를 입력한 후 승인대상자를 지정하여야 하고, 승인대상자로 지정된 자는 위의 규정에 의한 사용자 인증을 받은 후 인증서정보(승인대상자로 지정된 자가 당사자로서 법인인 경우에는 '전자증명서정보'를 말한다)를 첨부하여 승인을 하여야 한다.

2) 대리인에 의한 신청의 경우

대리인에 의한 신청인 경우에는 대리인이 위임에 관한 정보를 입력하고 당사자가 인증서정보(당사자가 법인인 경우에는 '전자증명서정보'를 말한다)를 첨부하여 승인하여야 한다.

3) 승인이 불필요한 경우

공동신청이 아닌 단독신청 사건(부동산표시변경, 등기명의인표시변경 사건 등)에서 사용자등록을 한 자가 대리인을 통하지 않고 스스로 전자신청을 하는 경우에는 승인절차를 거치지 아니한다.

(6) 등기신청수수료의 납부 등

1) 등기신청수수료 납부

당사자 또는 대리인이 신청정보를 모두 입력하고 승인을 받은 경우(승인대상이 아닌 경우 제외)에는 신청수수료를 전자적인 방법(신용카드, 계좌이체 또는 선불전자지급수단 등)으로 납부하여야 한다.

2) 등기신청수수료 과·오납에 따른 결제방법

위의 등기신청수수료를 과·오납한 경우 신청인은 등기신청사건 처리완료 전에 기존 결제를 전액 취소한 후 다시 결제를 하여야 한다.

3) 등기신청수수료 수납대행 용역업체의 지정 등

전자신청에 따른 등기신청수수료의 구체적인 납부절차, 등기신청수수료 수납대행 용역업체의 지정, 등기신청수수료 수납대행 용역 업체의 권리와 의무, 등기신청수수료의 정산 및 국고 수납에 관한 사항은 인터넷에 의한 등기부의 열람 등에 관한 업무처리지침 제16조 내지 제19조의 규정을 준용한다.

(7) 송신

등기신청수수료를 납부한 당사자 또는 대리인은 납부 후 14일 이내에 신청정보를 등기소에 송신하여야 한다.

(8) 인감증명서정보의 송신 불요

부동산등기규칙 제60조, 부동산등기규칙 제61조 및 기타 규정에 의하여 인감증명을 제출하여야 하는 자가 인증서정보(인감증명을 제출하여야 하는 자가 법인인 경우에는 '전자증명서정보'를 말한다)를 송신한 때에는 인감증명서정보의 송신을 요하지 않는다.

(9) 인증서의 가입자가 외국인인 경우

위의 각 전자신청 과정에서 인증서정보를 첨부하여야 하는 경우로서 그 당사자, 자격자대리인 또는 작성명의인이 외국인일 때에는 그 인증서가 다음 각 호의 요건을 갖추어야 한다.

1) 인증서에 담고 있는 가입자(「전자서명법」 제2조 제11호의 "가입자"를 말한다. 이하 같다)의 성명정보는 한글표기이어야 한다.

2) 인증서에는 가입자의 외국인등록번호나 국내거소신고번호를 담고 있어야 한다.

3) 자격자대리인의 경우에는 인증서에 담고 있는 가입자의 성명정보의 한글표기가 대한변호사협회나 대한법무사협회에 등록한 성명의 한글표기와 일치하여야 한다.

IV. 실행절차

1. 접수 · 배당

(1) 접수번호의 자동 부여

전자신청의 경우에는 원칙적으로 신청과 동시에 접수가 이루어진다.

즉 전자신청의 경우 접수절차가 전산정보처리조직에 의하여 자동으로 처리되므로, 접수담당자가 별도로 접수절차를 진행하지 않으며(예규 1771), 접수번호는 전산정보처리조직에 의하여 자동적으로 생성된 것을 부여한다. [21 등기서기보 / 17 등기서기보 / 16 법무사]

(2) 접수장에 기록

전자신청 사건의 접수가 완료된 경우에는 접수장에 전자신청이라는 취지를 기록하여야 한다.

(3) 기입사무의 처리

전산정보처리조직상 자동기입이 실패되어 기입수정 상태가 된 경우, 기입담당자는 당해 등기기록에 부전지가 있는지 여부, 원시오류코드 부여 여부, 행정정보 공동이용의 대상이 되는 첨부정보가 도달되었는지 여부 등을 확인하여 등기관에게 보고하고, 등기관의 지시를 받아 기입사무를 처리한다.

2. 조사(형식적 심사)

(1) 조사, 교합업무

등기관은 신청정보 및 첨부정보가 부동산등기법 등 제반 법령에 부합되는지 여부를 조사한 후 접수번호의 순서대로 교합처리하여야 하며, 지연처리 사건이나 보정을 명한 사건 이외에는 24시간 이내에 등기필정보의 송신 및 등기완료사실의 통지를 하여야 한다.

(2) 지연처리

집단사건이나 판단이 어려운 사건, 기타 행정정보 공동이용의 대상이 되는 정보의 취득이 1분 이내에 이루어지지 않는 사건과 같이 만일 접수 순서대로 처리한다면 후순위로 접수된 다른 사건의 처리가 상당히 지연될 것이 예상될 경우에는, 그 사유를 등록하고 이들 신청사건보다 나중에 접수된 사건을 먼저 처리할 수 있다. 다만 지연사건의 처리는 접수된 때로부터 50일 이내에 완료하여야 한다.

3. 문제○ (취하·보정·각하)

(1) 보정

1) 보정 통지의 방법

보정사항이 있는 경우 등기관은 보정사유를 등록한 후 전자우편, 구두, 전화 기타 모사전송의 방법에 의하여 그 사유를 신청인에게 통지하여야 한다. [22 법무사]

2) 보정이행의 방법

전자신청의 보정은 전산정보처리조직에 의하여 하여야 한다. 다만 행정정보 공동이용의 대상이 되는 첨부정보에 관하여 해당 행정기관의 시스템 장애, 행정정보공동이용망의 장애 등으로 이를 첨부할 수 없는 경우 또는 등기소의 전산정보처리조직의 장애 등으로 인하여 등기관이 이를 확인할 수 없어 보정을 명한 경우에는 그 정보를 담고 있는 서면(주민등록등본, 건축물대장등본 등)을 등기소에 직접 제출하거나, 신청인이 자격자대리인인 경우에는 그 서면을 전자적 이미지 정보로 변환하여 원본과 상위 없다는 취지의 부가정보와 자격자대리인의 인증서정보를 덧붙여 등기소에 송신할 수 있다.

3) 신청정보의 출력

신청인이 등기소에 직접 제출하는 방식으로 보정을 한 경우 등기관은 신청정보를 담고 있는 서면을 출력하여 그 출력물과 보정 서면을 편철한 후 신청서 기타 부속서류 편철장에 편철한다.

(2) **취하·각하**

① **전자신청의 취하**는 전산정보처리조직을 이용하여 취하정보를 전자문서로 등기소에 송신하는 방법으로 하여야 하며 서면으로 할 수는 없다. 이 경우 전자신청과 동일한 방법으로 사용자인증을 받아야 한다(규칙 제51조 제2항 제2호). [18 등기서기보 / 17 등기주사보 / 15 법원사무관 / 12 법무사 / 10 법무사]

② **전자신청에 대한 각하** 결정의 방식 및 고지방법은 서면신청과 동일한 방법으로 처리한다(예규 제1725호). 따라서 이유를 적은 결정으로 각하처분을 하는데, 등기관은 등기전산시스템을 이용하여 각하결정 원본을 작성·저장한 다음 신청인 또는 대리인에게 교부하거나 특별우편송달 방법으로 송달한다. [24 등기서기보 / 22 법무사]

4. 문제× (등기실행)

등기관이 등기를 완료한 때에는 전산정보처리조직에 의하여 등기필정보의 송신 및 등기완료사실의 통지를 하여야 한다.

V. 등기관의 결정·처분에 대한 이의

전자신청 사건에 관하여 이의신청이 있어 그 사건을 관할지방법원에 송부하여야 할 경우 등기관은 전자문서로 보존되어 있는 신청정보와 첨부정보를 출력하여 인증을 한 후 그 출력물을 송부하여야 한다.

관련 기출지문

1 사용자등록을 하고자 하는 변호사나 법무사는 제출사무원으로 하여금 사용자등록신청서를 제출하도록 할 수 있다. (×) [19 법무사]

2 사용자등록의 유효기간 만료일 1개월 전부터 만료일까지는 그 유효기간의 연장을 신청할 수 있으며, 그 연장기간은 3년으로 한다. (×) [20 등기서기보]

3 사용자등록의 유효기간은 3년이지만 그 기간은 언제든지 연장신청을 할 수 있다. (×) [12 법무사]

4 사용자가 정지된 사용자등록의 효력회복을 신청하고자 하는 경우 신청서에는 기명날인하고, 인감증명을 첨부하여야 한다. (×) [19 법무사]

5 외국인은 외국인등록을 한 경우에 한하여 사용자등록을 신청을 할 수 있다. (×) [20 등기서기보]

6 자연인은 모두 전자신청을 할 수 있으므로, 외국인도 아무런 제한 없이 전자신청을 할 수 있다. (×) [15 법무사]

7 법인 아닌 사단이나 재단을 제외하고는 자연인과 법인은 모두 전자신청을 할 수 있으므로, 외국인도 모두 제한 없이 전자신청을 할 수 있다. (×) [14 등기서기보]

8 전자신청은 당사자가 직접 하거나 자격자대리인이 당사자를 대리하여 할 수 있으나 외국인과 법인 아닌 사단이나 재단은 전자신청을 할 수 없다. (×) [23 등기서기보]

9 현행법상 외국인 및 법인 아닌 사단 또는 재단은 전자신청을 위한 사용자등록을 할 수 없다. (×) [10 법무사]

10 법인이 「상업등기규칙」 제46조에 따라 전자증명서의 이용등록을 한 경우에 법인등기와 달리 부동산등기의 전자신청을 하기 위해서는 별도의 사용자등록을 하여야 한다. (×) [20 등기서기보]

11 법인이 전자신청을 하기 위해서는 등기소로부터 발급받은 전자증명서의 이용등록과 함께 사용자등록을 하여야 한다. (×) [17 등기서기보]

12 법인의 경우 「상업등기규칙」에 따라 전자증명서의 이용등록을 하였더라도 대표자가 등기소에 출석하여 다시 사용자등록을 하여야 한다. (×) [12 법무사]

13 법인뿐만 아니라 법인 아닌 사단이나 재단도 직접 전자신청을 할 수 있다. (×) [18 등기주사보 / 15 법무사]

14 법인 아닌 사단이나 재단의 대표자나 관리인은 대리인에게 위임하지 않고 그 사단이나 재단의 명의로 직접 전자신청을 할 수 있다. (×) [17 법무사]

15 법인 아닌 사단이나 재단인 종중이나 교회도 전자신청을 할 수 있다. (×) [12 법무사]

16 전자신청의 대리는 변호사나 법무사, 즉 자격자대리인만이 할 수 있고, 자격자대리인이 외국인인 경우에는 당사자를 대리하여 전자신청을 할 수 없다. (×) [19 법무사]

17 전자신청의 대리는 자격자대리인뿐만 아니라 일반인도 할 수 있다. (×) [15 법무사]

18 변호사, 법무사와 같은 일정한 자격자대리인이 아니더라도 자기 사건이라면 상대방을 대리하여 전자신청을 할 수 있다. (×) [12 법무사]

---

19 전자신청은 방문신청과 동일하게 모든 등기유형에 대하여 할 수 있다. (×) [15 법무사]

20 전자신청의 경우 모든 문서를 전자적으로 작성하여야 하지만 신청인이 법무사인 경우에는 인감증명서 및 그 인감을 날인한 위임장 등과 같은 일정서면에 대하여는 전자적 이미지 정보로 변환(스캐닝)하여 제출할 수 있다. (×) [11 법무사]

21 전자신청의 취하는 전산정보처리조직을 이용해서 할 수도 있고, 서면신청과 동일한 방법으로 할 수도 있다. (×) [19 법무사]

22 전자신청에 대한 각하결정은 전산정보처리조직을 이용하여 신청인 또는 대리인에게 전송하는 방법으로 고지한다. (×) [24 법원사무관]

03 절 신청의무(해태)

신청주의하에서 등기신청을 할 것인지의 여부는 당사자에게 맡겨져 있지만 일정한 경우에는 공익상의 이유로 법률에 의하여 등기신청의무가 부과되기도 한다. 아래에서는 부동산등기법이나 그 밖의 법률에 의한 등기신청의무의 내용과 그 위반 시 벌칙에 대하여 설명하기로 한다.

1. 「부동산등기법」에 의한 등기신청의무

(1) 의의

부동산의 표시에 변경이 있는 경우 그 소유권의 등기명의인은 그 사실이 있는 때부터 1개월 내에 표시변경등기를 신청하여야 한다. 이는 부동산에 관한 공적 장부가 등기부와 대장으로 이원화되어 있는 현행 제도하에서 부동산의 표시를 일치시키기 위하여 소유명의인에게 등기신청의무를 부과한 것이다.

이러한 부동산표시의 변경등기신청의 의무기간은 토지대장 또는 건축물관리대장의 표시변경 등록일부터 기산하고, 다만 신소유자가 그 표시변경등기를 신청하는 경우에는 소유권이전등기 일로부터 기산하여야 한다(예규 1349).

1) 토지의 경우

가. 토지표시의 변경등기

토지의 분할, 합병이 있는 경우와 제34조의 등기사항에 변경(토지 등기기록 표제부의 등기사항에 변경)이 있는 경우에는 그 토지 소유권의 등기명의인은 그 사실이 있는 때부터 1개월 이내에 그 등기를 (❸ 단독으로) 신청하여야 한다(법 제35조). [21 법무사·등기서기보 / 17 법무사·등기주사보 / 16 법무사 / 15 법무사] 다만 이러한 등기를 해태한 경우라도 부동산등기법상 과태료는 부과되지 않는다.

나. 토지의 멸실등기

토지가 멸실된 경우에는 그 토지 소유권의 등기명의인은 그 사실이 있는 때부터 1개월 이내에 그 등기를 (⊕ 단독으로) 신청하여야 한다(법 제39조). 다만 이러한 등기를 해태한 경우라도 부동산등기법상 과태료는 부과되지 않는다.

2) 건물의 경우

가. 건물표시의 변경등기

건물의 분할, 구분, 합병이 있는 경우와 제40조의 등기사항에 변경(건물 등기기록 표제부의 등기사항에 변경)이 있는 경우에는 그 건물 소유권의 등기명의인은 그 사실이 있는 때부터 1개월 이내에 그 등기를 (⊕ 단독으로) 신청하여야 한다(법 제41조 제1항). [18 등기주사보·등기서기보 / 16 법무사 / 11 법무사] 다만 이러한 등기를 해태한 경우라도 부동산등기법상 과태료는 부과되지 않는다. 구분건물로서 표시등기만 있는 건물에 관하여는 제65조 각 호의 어느 하나에 해당하는 자가 위의 등기를 신청하여야 한다(법 제41조 제2항).

나. 건물의 멸실등기

(가) 건물이 멸실된 경우에는 그 건물 소유권의 등기명의인은 그 사실이 있는 때부터 1개월 이내에 그 등기를 (⊕ 단독으로) 신청하여야 한다. 다만 이러한 등기를 해태한 경우라도 부동산등기법상 과태료는 부과되지 않는다. 이 경우에도 구분건물로서 표시등기만 있는 건물에 관하여는 보존등기를 신청할 수 있는 자가 신청하여야 한다(법 제43조 제1항). 이 경우 건물 소유권의 등기명의인이 1개월 이내에 멸실등기를 신청하지 아니하면 그 건물대지의 소유자가 건물 소유권의 등기명의인을 대위하여 그 등기(⊕ 멸실등기)를 신청할 수 있다(법 제43조 제2항). [21 법무사 / 20 법무사 / 18 등기서기보·등기주사보(2)·법무사 / 17 등기서기보·등기주사보] 하지만 대지 소유자에게 신청할 의무가 부과되는 것은 아니다.

(나) 존재하지 아니하는 건물에 대한 등기가 있을 때에는 그 소유권의 등기명의인은 지체 없이 그 건물의 멸실등기를 신청하여야 한다(법 제44조 제1항). [23 등기서기보 / 20 법무사 / 17 등기서기보 / 15 법무사] 이 경우 건물 소유권의 등기명의인이 멸실등기를 신청하지 아니하는 경우에는 그 건물대지의 소유자가 건물 소유권의 등기명의인을 대위하여 그 등기(⊕ 멸실등기)를 신청할 수 있다(법 제44조 제2항). 마찬가지로 대지 소유자에게 신청할 의무가 부과되는 것은 아니다. 건물소유권의 등기명의인이 존재하지 아니하는 건물에 대하여 멸실등기를 신청하지 아니하면 건물대지의 소유자가 건물부존재증명서를 발급받아 건물소유권의 등기명의인을 대위하여 멸실등기를 신청할 수 있고, 이 경우에는 건물이 멸실된 경우와 달리 건물부존재증명서를 발급받은 지 1개월이 경과하지 않았더라도 건물의 대지소유자는 건물 멸실등기를 대위하여 신청할 수 있다(선례 201511-1). [22 법무사]

(다) 건물이 멸실한 경우에 등기부상 소유명의인의 **채권자**는 대위원인을 증명하는 서면과 건축물대장등본 기타 멸실을 증명할 수 있는 서면을 첨부하여 **건물 멸실등기를 대위신청**할 수 있다(선례 200603-3). [22 법무사]

(라) **구분건물**로서 그 건물이 속하는 1동 전부가 멸실된 경우에는 그 **구분건물의 소유권의 등기명의인**은 1동의 건물에 속하는 다른 구분건물의 소유권의 등기명의인을 대위하여 **1동 전부에 대한 멸실등기를 신청**할 수 있다(법 제43조 제3항). [23 등기서기보 / 22 법무사]

(2) 공간정보법 및 건축법에 의한 등기촉탁

1) 토지의 경우

지적소관청은 제64조 제2항(신규등록은 제외한다), 제66조 제2항, 제82조, 제83조 제2항, 제84조 제2항 또는 제85조 제2항에 따른 사유로 토지의 표시 변경에 관한 등기를 할 필요가 있는 경우에는 지체 없이 관할 등기관서에 그 등기를 촉탁하여야 한다. 이 경우 등기촉탁은 국가가 국가를 위하여 하는 등기로 본다(「공간정보법」 제89조).

따라서 지적소관청은 토지 분할에 따라 **토지의 표시 변경에 관한 등기**를 할 필요가 있는 경우에는 지체 없이 관할 등기관서에 그 등기를 촉탁하여야 한다. [16 법무사]

2) 건물의 경우

특별자치시장·특별자치도지사 또는 시장·군수·구청장은 다음 각 호의 어느 하나에 해당하는 사유로 건축물대장의 기재 내용이 변경되는 경우(제2호의 경우 신규 등록은 제외한다) 관할 등기소에 그 등기를 촉탁하여야 한다. 이 경우 제1호와 제4호의 등기촉탁은 지방자치단체가 자기를 위하여 하는 등기로 본다(「건축법」 제39조).

가. 지번이나 행정구역의 명칭이 변경된 경우

나. 제22조에 따른 사용승인을 받은 건축물로서 사용승인 내용 중 건축물의 면적·구조·용도 및 층수가 변경된 경우 [19 등기주사보]

다. 「건축물관리법」 제30조에 따라 건축물을 해체한 경우

라. 「건축물관리법」 제34조에 따른 건축물의 멸실 후 멸실신고를 한 경우

(3) 등기신청을 해태한 경우

「부동산등기법」에서는 부동산의 표시에 변경이 있는 경우 그 소유권의 등기명의인은 그 사실이 있는 때부터 1개월 내에 표시변경등기를 신청하여야 한다고 규정하고 있지만 등기촉탁의무를 규정하고 있는 「공간정보법」, 「건축법」과 비교하여 볼 때 「부동산등기법」의 내용은 선언적 의미에 불과하다.

따라서 **부동산등기법상 등기신청의무를 게을리 하더라도 그에 따른 과태료를 부과하지 않으며 과태료부과 통지도 하지 않는다.** [17 등기주사보]

또한 이러한 부동산표시변경등기는 지적소관청 및 대장소관청에서 의무적으로 촉탁하여야 하는 것이므로, 당사자가 이러한 등기의 신청을 하는 경우에는 등기신청수수료를 납부할 필요가 없다.

1) 토지의 경우

토지의 분할, 합병이 있는 경우와 제34조의 등기사항(토지 등기기록 표제부의 등기사항)에 변경이 있는 경우에는 그 토지 소유권의 등기명의인은 그 사실이 있는 때부터 1개월 이내에 그 등기를 신청하여야 한다(법 제35조). 그러나 이 규정을 해태하더라도 과태료는 부과하지 않는다.

등기기록상 토지의 표시가 지적공부와 일치하지 아니한 경우 지적소관청은 그 사실을 관할 등기관서에 통지하여야 하고(「공간정보의 구축 및 관리 등에 관한 법률」 제88조 제3항), 등기관은 제35조의 기간(⬅ 1개월) 이내에 등기명의인으로부터 등기신청이 없을 때에는 그 통지서의 기재내용에 따른 변경의 등기를 직권으로 하여야 한다(법 제36조). [23 법무사 / 21 법무사 / 17 등기주사보] 이 등기를 하였을 때에는 등기관은 지체 없이 그 사실을 지적소관청과 소유권의 등기명의인에게 알려야 한다. 다만 등기명의인이 2인 이상인 경우에는 그중 1인에게 통지하면 된다(법 제36조 제2항).

2) 건물의 경우

건물이 분할, 구분, 합병 및 멸실된 경우 또는 표제부 사항의 변경이 있는 경우에 등기신청인이 1개월 이내에 그 등기신청을 하지 않았더라도 과태료를 부과하지 않으며, 과태료부과 통지도 하지 않는다. [20 법무사 / 19 등기주사보 / 18 등기서기보 · 등기주사보 / 15 법무사] 건물표시변경등기를 신청할 때에는 등기신청수수료를 납부할 필요가 없다. [19 등기주사보]

2. 「부동산등기 특별조치법」에 의한 등기신청의무

(1) 의의

「부동산등기 특별조치법」은 주로 미등기전매를 통한 부동산 투기 · 조세 포탈을 방지하기 위하여 소유권이전을 내용으로 하는 계약을 체결한 당사자에게 일정한 기간 내에 등기를 신청하여야 할 의무를 부과하고, 이를 위반한 경우에는 징역 · 벌금(동법 제8조), 과태료(동법 제11조)를 부과하도록 하고 있다.

그러나 판례는 이러한 금지규정을 단속규정으로 해석하고 있다. "부동산등기 특별조치법상 조세포탈과 부동산투기 등을 방지하기 위하여 위 법률 제2조 제2항 및 제8조 제1호에서 등기하지 아니하고 제3자에게 전매하는 행위를 일정 목적범위 내에서 형사처벌하도록 되어 있으나 이로써 순차매도한 당사자 사이의 중간생략등기합의에 관한 사법상 효력까지 무효로 한다는 취지는 아니다(대판 1993.1.26, 92다39112)."라고 하여 중간생략등기의 유효성을 인정하고 있다.

(2) 부동산등기 특별조치법의 주요 내용

1) 부동산의 소유권이전을 내용으로 하는 계약을 체결한 경우(동법 제2조 제1항)

부동산의 소유권이전을 내용으로 하는 계약을 체결한 자는 일정한 날 즉 ① 계약의 당사자가 서로 대가적인 채무를 부담하는 경우에는 반대급부의 이행이 완료된 날(⊕ 매매의 경우 잔금지급일), ② 계약당사자의 일방만이 채무를 부담하는 경우에는 그 계약의 효력이 발생한 날(⊕ 증여의 경우 계약성립일)부터 60일 이내에 소유권이전등기를 신청하여야 한다. [23 등기서기보] 다만 그 계약이 취소·해제되거나 무효인 경우에는 그러하지 아니하다.

여기서의 "반대급부의 이행이 완료된 날"이란 매매로 인한 잔금의 지급에 있어서는 계약서상의 잔금지급 기일을 뜻하는 것이 아니라 실제 잔금이 지급된 날을 의미하므로 실제 잔금지급일로부터 60일 내에 소유권이전등기를 신청하면 된다(선례 3-932). 회사설립 시에 부동산을 현물출자한 경우에 부동산등기 특별조치법 제2조 제1항에 따른 소유권이전등기신청의무의 기간은 위 회사의 설립등기가 경료된 날로부터 기산하여야 한다(선례 6-625).

소유권보존등기가 되어 있지 아니한 부동산에 대하여 소유권이전을 내용으로 하는 계약을 체결한 자는 잔금완납일 이전에 소유권보존등기가 경료된 경우에는 잔금완납일로부터, 잔금완납일 이후에 소유권보존등기가 경료된 경우에는 소유권보존등기가 경료된 날로부터 각 60일 이내에 소유권이전등기를 신청하여야 한다(선례 4-844).

위 법률에 의하여 등기신청의무가 부과되는 것은 부동산 소유권이전을 내용으로 하는 계약을 체결한 경우이므로 매매, 증여, 공유물분할계약(선례 3-72)을 체결한 경우에도 적용된다. 그러나 계약이 아닌 진정명의 회복(선례 7-452), 회사의 분할·합병(선례 3-931), 경매(매각)(선례 3-919) 등의 경우에는 적용되지 않는다.

2) 부동산의 소유권을 이전받을 것을 내용으로 하는 계약을 체결한 자가 반대급부의 이행이 완료된 날(또는 계약의 효력이 발생한 날) 이후에 그 부동산에 대하여 다시 제3자와 소유권이전을 내용으로 하는 계약이나 제3자에게 계약당사자의 지위를 이전하는 계약을 체결하고자 하는 경우(동법 제2조 제2항)

부동산의 소유권을 이전받을 것을 내용으로 하는 계약을 체결한 자가 제1항 각 호에 정하여진 날 즉 ① 계약의 당사자가 서로 대가적인 채무를 부담하는 경우에는 반대급부의 이행이 완료된 날, ② 계약당사자의 일방만이 채무를 부담하는 경우에는 그 계약의 효력이 발생한 날 이후 그 부동산에 대하여 다시 제3자와 소유권이전을 내용으로 하는 계약이나 제3자에게 계약당사자의 지위를 이전하는 계약을 체결하고자 할 때에는 그 제3자와 계약을 체결하기 전에 먼저 체결된 계약에 따라 소유권이전등기를 신청하여야 한다.

예컨대 갑과 매매계약을 체결한 을이 잔금 지급완료일 후에 제3자 병과 다시 매매 또는 그 밖의 소유권이전을 내용으로 하는 계약을 체결하거나 병에게 매수인 지위를 양도하는 계약을 체결하려면, 그에 앞서 먼저 갑으로부터 소유권이전등기를 넘겨받아야 한다. 즉 종전 계약에 따른 소유권이전등기를 먼저 하여야만 다시 제3자와 소유권이전계약이나 계약당사자 지위이전계약을 체결할 수 있으므로, 갑에서 병으로 바로 소유권이전등기신청을 할 수 없다. 이 규정은 중간생략등기를 금지하기 위하여 종전 계약에 따른 소유권이전등기를 하기 전에 는 전매계약 자체를 못하게 하는 데 그 의의가 있다.

3) 부동산의 소유권을 이전받을 것을 내용으로 하는 계약을 체결한 자가 반대급부의 이행이 완료된 날(또는 계약의 효력이 발생한 날) 전에 다시 제3자와 소유권이전을 내용으로 하는 계약을 체결한 경우(동법 제2조 제3항)

부동산의 소유권을 이전받을 것을 내용으로 하는 계약을 체결한 자가 제1항 각 호에 정하 여진 날 즉 ① 계약의 당사자가 서로 대가적인 채무를 부담하는 경우에는 반대급부의 이행 이 완료된 날, ② 계약당사자의 일방만이 채무를 부담하는 경우에는 그 계약의 효력이 발생 한 날 전에 그 부동산에 대하여 다시 제3자와 소유권이전을 내용으로 하는 계약을 체결한 때에는 먼저 체결된 계약의 반대급부의 이행이 완료되거나 계약의 효력이 발생한 날부터 60일 이내에 먼저 체결된 계약에 따라 소유권이전등기를 신청하여야 한다.

위 2)의 예시에서는 먼저 소유권이전등기를 하기 전에는 전매계약 또는 매수인 지위양도계 약 자체를 할 수 없다는 것이지만, 본 조항은 반대급부 이행완료일 전에는 전매계약은 할 수 있지만 먼저 체결한 계약의 반대급부 이행완료일부터 60일 내에 소유권이전등기를 신청 하도록 하였다. 이 규정 역시 중간생략등기를 금지하기 위한 것이다.

4) 부동산의 소유권을 이전받을 것을 내용으로 하는 계약을 체결한 자가 반대급부의 이행이 완료된 날(또는 계약의 효력이 발생한 날) 전에 다시 제3자에게 계약당사자의 지위를 이전 하는 계약을 체결한 경우(동법 제2조 제3항의 반대해석)

부동산의 소유권을 이전받을 것을 내용으로 하는 계약을 체결한 자가 제1항 각 호에 정하 여진 날 즉 ① 계약의 당사자가 서로 대가적인 채무를 부담하는 경우에는 반대급부의 이행 이 완료된 날, ② 계약당사자의 일방만이 채무를 부담하는 경우에는 그 계약의 효력이 발생 한 날 전에 그 부동산에 대하여 다시 제3자에게 계약당사자의 지위를 이전하는 계약을 체 결한 때에는 계약당사자 지위의 양수인에게 바로 소유권이전등기를 할 수 있다.

예컨대 갑과 부동산 매매계약을 체결한 을이 반대급부 이행완료일 전에 병에게 매수인 지 위를 이전한 경우 매도인 갑으로부터 양수인 병에게 바로 소유권이전등기를 할 수 있다. 이 경우에는 같은 법 제2조 제2항의 반대해석으로, 종전 계약에 따른 소유권이전등기를 신 청하지 않고 매도인으로부터 계약당사자 지위의 양수인에게 바로 소유권이전등기를 할 수 있다. 아파트 분양권 전매계약에 의하여 아파트 건설회사(매도인)로부터 분양권 양수인에 게 바로 소유권이전등기를 할 수 있는 것은 이 규정에 따른 것이다. 다만 잔금지급 후에는 갑으로부터 을로의 소유권이전등기를 먼저 하여야 한다(동법 제2조 제2항).

부동산의 소유권을 이전받을 것을 내용으로 하는 계약을 체결한 자가 다시 제3자에게 계약 당사자의 지위를 이전하는 계약을 체결한 경우, 그 지위 이전계약의 체결일이 법 제2조 제1 항 제1호에 정하여진 날(쌍무계약의 경우 반대급부의 이행이 완료된 날) 전인 때에는 먼저 체결된 계약의 매도인으로부터 지위 이전계약의 양수인 앞으로 직접 소유권이전등기를 신청할 수 있는 것이므로(법 제2조 제3항 참조), 이와 같은 등기신청을 받은 등기관은 위 지위 이전계약의 체결일이 ① 먼저 체결된 계약서상에 표시된 반대급부 이행일 전이거나 ② 먼저 체결된 계약에 따른 실제의 반대급부 이행일 전임을 서면에 의하여 소명한 경우(예컨대 영수증 또는 당사자의 진술서 등)에는 그 등기신청을 수리하여야 한다.

최초의 수분양자가 해당 주택에 대한 계약당사자의 지위를 제3자에게 매도한 경우에 그 매매계약일(계약당사자 지위이전계약일)이 (분양계약의) 반대급부의 이행이 완료되기 이전인 때에는 분양자로부터 매매계약의 양수인 앞으로 직접 소유권이전등기를 신청할 수 있다. [18 등기주사보] 이와 같이 **부동산의 소유권을 이전 받을 것을 내용으로 하는 계약**을 체결한 자가 제3자에게 **계약당사자의 지위를 이전하는 계약**을 체결함에 따라 제3자가 소유권이전등기를 신청하는 경우에는, 등기원인증서로 제출하는 먼저 체결된 계약서와 지위 이전계약서(지위 이전계약이 순차로 이루어진 경우에는 그 지위 이전계약서 전부)는 각각 검인을 받은 것이어야 한다(예규 1727). [14 등기서기보 / 12 법무사]

아파트분양 사업시행자인 주식회사 ○○(이하 '시행사'라 한다)가 택지개발사업 주체인 ◇◇공사(이하 '공사'라 한다)로부터 택지를 분양받아 아파트를 신축·분양하여 건축물에 대한 소유권보존등기가 완료된 상태에서 위 시행사가 대지에 대한 등록면허세를 납부하지 못하여 대지의 소유권이전등기를 실행하지 못하고 있는 경우에 수분양자 전원이 당초 계약당사자인 시행사와 대지 매수인의 지위를 이전받는 계약(이하 '지위이전계약'이라 한다)을 체결한 경우, 「부동산등기 특별조치법」 제2조 제2항 및 제3항의 해석상 반대급부의 이행이 완료된 날(잔금지급이 실제로 이루어진 날) 이전에 계약당사자의 지위이전계약이 체결된 경우에는 매도인(공사)으로부터 직접 매수인(시행사)의 지위를 이전받은 자(수분양자)에게로 소유권이전등기를 할 수 있을 것이다. 다만 반대급부의 이행이 완료된 날 및 지위이전계약의 체결일자 등 구체적인 사항은 등기관이 등기신청서에 첨부된 자료(정보) 등을 종합하여 개별적으로 판단할 사항이다(선례 201307-1).

5) 미등기 부동산에 대하여 소유권이전을 내용으로 하는 계약을 체결한 경우(동법 제2조 제5항)

소유권보존등기가 되어 있지 아니한 부동산에 대하여 소유권이전을 내용으로 하는 계약을 체결한 자는 다음 각 호의 1에 정하여진 날부터 60일 이내에 소유권보존등기를 신청하여야 한다.

가. 「부동산등기법」 제65조에 따라 소유권보존등기를 신청할 수 있음에도 이를 하지 아니한 채 계약을 체결한 경우에는 그 계약을 체결한 날 [23 등기서기보]

나. 계약을 체결한 후에 「부동산등기법」 제65조에 따라 소유권보존등기를 신청할 수 있게 된 경우에는 소유권보존등기를 신청할 수 있게 된 날

(3) 등기신청을 해태한 경우

등기관은「부동산등기 특별조치법」상의 과태료에 처할 사유가 있다고 인정된 때에는 지체 없이 목적부동산의 소재지를 관할하는 시장 등에게 이를 통지하여야 한다(「부동산등기 특별조치법」제12조). [17 등기주사보 / 15 법무사]

3. 「부동산 실권리자명의 등기에 관한 법률」에 의한 등기신청의무

「부동산등기 특별조치법」제2조 제1항, 제11조 및 법률 제4244호 부동산등기 특별조치법 부칙 제2조를 적용받는 자로서 다음 각 호의 어느 하나에 해당하는 날부터 3년 이내에 소유권이전등기를 신청하지 아니한 등기권리자(이하 "장기미등기자"라 한다)에게는 부동산평가액의 100분의 30의 범위에서 과징금(「부동산등기 특별조치법」제11조에 따른 과태료가 이미 부과된 경우에는 그 과태료에 상응하는 금액을 뺀 금액을 말한다)을 부과한다(「부동산 실권리자명의 등기에 관한 법률」제10조 제1항).

법률 제4944호 부동산 실권리자명의 등기에 관한 법률 시행 전에 명의신탁약정에 따라 부동산에 관한 물권을 명의수탁자의 명의로 등기하거나 등기하도록 한 명의신탁자(이하 "기존 명의신탁자"라 한다)는 법률 제4944호 부동산 실권리자명의 등기에 관한 법률 시행일부터 1년의 기간(이하 "유예기간"이라 한다) 이내에 실명등기하여야 한다. 다만 공용징수, 판결, 경매 또는 그 밖에 법률에 따라 명의수탁자로부터 제3자에게 부동산에 관한 물권이 이전된 경우(상속에 의한 이전은 제외한다)와 종교단체, 향교 등이 조세 포탈, 강제집행의 면탈을 목적으로 하지 아니하고 명의신탁한 부동산으로서 대통령령으로 정하는 경우는 그러하지 아니하다(동법 제11조 제1항).

관련 기출지문

1 건물이 멸실된 경우에는 그 건물 소유권의 등기명의인은 그 사실이 있는 때부터 1개월 이내에 그 등기를 신청하여야 하는데, 이 신청을 게을리하였을 때에는 과태료를 부과한다. (×) [20 법무사]

2 건물의 변경 또는 멸실에 따른 등기신청의 의무가 있는 자가 그 등기신청을 게을리하였을 때에는 과태료를 부과한다. (×) [18 등기서기보]

3 건물 소유권의 등기명의인은 건물의 표시가 변경된 경우에 그 사실이 있는 때부터 1개월 내에 건물표시변경등기를 신청하여야 하며, 이를 게을리하였을 때에는 50만 원 이하의 과태료를 부과한다. (×) [19 등기주사보]

4 건물이 멸실된 경우에는 그 건물 소유권의 등기명의인은 그 사실이 있는 때부터 1개월 이내에 그 등기를 신청하여야 하고, 그 등기신청을 게을리하였을 때에는 50만 원 이하의 과태료를 부과한다. (×) [15 법무사]

5 건물 등기기록의 표제부의 등기사항에 변경이 있음에도 그 건물 소유권의 등기명의인이 그 사실이 있는 때부터 1개월 이내에 그 등기를 신청하지 아니한 사실이 있다고 인정하면 등기관은 지체 없이 과태료에 처할 자의 주소지를 관할하는 지방법원 또는 지원에 통지하여야 한다. (×) [15 법무사]

6 토지 등기기록 표제부의 등기사항에 변경이 있는 경우 토지 소유권의 등기명의인이 그 등기신청을 게을리하였을 때에는 과태료를 부과한다. (×) [17 등기주사보]

7 등기관은「부동산등기법」상의 과태료에 처할 사유가 있다고 인정하면 지체 없이 과태료에 처할 자의 주소지를 관할하는 지방법원 또는 지원에 통지하여야 한다. (×) [17 등기주사보]

신청절차

부동산등기는 등기소에서 업무를 처리하는 국가기관인 등기관이 등기부라는 공적인 전자적 정보저장 매체(전산정보처리조직에 의하여 기록되는 보조기억장치)에 부동산의 현황과 권리에 관한 사항을 부동산등기법 등의 법정절차에 따라 기록하는 것이다.

등기신청행위는 국가기관에 대하여 등기를 요구하는 절차법상의 의사표시로서 일종의 공법상의 행위이다. 유효한 등기신청을 하기 위해서는 신청인에게 등기당사자능력, 등기신청능력, 등기당사자적격이 있어야 한다.

등기가 이루어지는 절차는 크게 등기신청절차와 등기실행절차로 나누어지므로, 제3장에서는 등기신청절차를, 제4장에서는 등기실행절차를 설명한다. 따라서 **제3장 "등기신청절차"**에서는 등기신청인(신청의 주체), 등기신청행위(신청정보와 첨부정보)에 대해서 설명한다.

01 절 신청인

Ⅰ. 등기당사자능력(등기신청적격)

등기당사자능력이란 등기절차상 등기명의인이 될 수 있는 일반적인 능력이다. 민법상의 권리능력 또는 민사소송법상의 당사자능력에 대응하는 개념으로서 민법의 권리능력보다 범위가 넓다(법 제26조 참조). 이는 등기신청적격이라고도 한다. 권리능력이 있는 자연인과 법인은 모두가 등기신청의 당사자능력이 인정된다. 등기당사자능력과 관련하여 문제가 되는 경우를 검토한다.

1. 개인

(1) 자연인(내국인)

1) 일반적인 경우

사람은 생존한 동안 권리와 의무의 주체가 되므로(「민법」 제3조), 자연인은 누구나 등기당사자능력이 있고 그 명의로 등기권리자나 등기의무자가 될 수 있다.

2) 태아

민법은 상속 또는 유증 등의 경우 태아는 이미 출생한 것으로 보고 있다(「민법」 제1000조 제3항, 제1064조 등). "이미 출생한 것으로 본다."의 의미에 대하여 판례는 태아인 동안에는 권리능력을 인정하지 않고 살아서 출생한 때에 상속 등이 발생한 시점에 소급하여 권리능력을 인정하는 정지조건설의 입장을 취하고 있다. 따라서 태아인 동안에는 등기당사자능력도 당연히 인정되지 않는다.

그러므로 상속등기를 하는 경우에 **태아는 등기당사자능력(등기신청적격)이 없어** 상속인이 될 수 없고 태아가 살아서 출생한 때에 법정대리인이 그 상속등기의 경정을 통하여 태아의 권리를 구제받을 수 있다. [19 등기서기보 / 17 등기주사보 / 13 법무사]

또한 실무상으로 등기권리자의 성명과 주민등록번호는 필수적 등기사항인데(법 제48조 제1항 제5호, 제2항) 태아의 경우 그러한 것이 없으므로 등기를 할 수 있는 방법도 없다.

3) 사망한 자

사람은 생존한 동안 권리와 의무의 주체가 되므로(「민법」 제3조), **상속등기를 하기 전에 이미 사망한 자는 등기당사자능력이 없다.** [19 등기서기보 / 13 법무사] 따라서 그 상속인의 명의로 등기를 하여야 하며 사망한 자의 명의로 등기가 된 경우라도 추정력은 인정되지 않는다.

(2) 재외국민

재외국민이란 대한민국의 국민으로서 외국의 영주권을 취득한 자 또는 영주할 목적으로 외국에 거주하고 있는 자를 말한다(예규 1778). 재외국민도 우리나라 국민으로서 당연히 당사자능력이 인정된다.

(3) 외국인

외국인이란 대한민국의 국적을 보유하고 있지 아니한 개인(무국적자를 포함한다)을 말한다(예규 1778). 외국인도 법령이나 조약에 의한 제한이 없는 한 우리나라 국민과 동일한 권리능력을 가지므로(「헌법」 제6조 제2항 참조), 자기 명의로 등기신청을 하고 등기명의인이 될 수 있음이 원칙이다. 다만 법률에 의하여 외국인이 부동산 물권취득을 제한하는 경우가 있지만 이는 등기당사자능력의 문제는 아니다.

(4) 북한주민

북한주민이란 북한지역에 거주하는 주민을 말한다(「남북 주민 사이의 가족관계와 상속 등에 관한 특례법」 제3조). 이러한 **북한주민이** 상속·유증 또는 상속재산반환청구권의 행사로 **남한 내 부동산에 관한 권리**(이하 "상속·유증재산등"이라 한다)를 취득한 경우 그에 따른 **등기를 신청할 수 있다.** [19 등기서기보 / 13 법무사]

그 등기는 법원이 선임한 재산관리인이 북한주민을 대리하여 신청하며, 첨부정보로는 법원의 재산관리인 선임(변경)을 증명하는 정보와 **법무부장관이 발급한 북한주민의 부동산등기용등록번호 및 주소를 확인하는 정보를** 제공한다. [16 법무사] 만약 재산관리인이 민법 제118조를 초과하는 처분행위를 원인으로 등기를 신청하는 경우에는 법무부장관이 발급한 북한주민의 재산처분 등을 허가(변경)한 정보를 첨부정보로 제공하여야 한다(예규 1457).

2. 단체

(1) 법인

1) 일반 법인

법인은 법률의 규정에 좇아 정관으로 정한 목적의 범위 내에서 권리와 의무의 주체가 되므로(「민법」 제34조), 등기신청의 당사자능력도 인정된다. 법인의 종류가 공법인·사법인·영리법인·비영리법인이던 불문한다. **법인**이 권리·의무의 주체가 되지만 그 행위는 **대표기관(대표이사)**을 통하여 이루어지는 점을 주의한다.

2) 국가·지방자치단체

공법인(국가·**지방자치단체 등**)도 등기당사자능력이 인정되므로 등기명의인이 될 수 있다. 즉 등기·등록이나 명의개서가 필요한 국유재산인 경우 그 권리자의 명의는 국으로 하되 소관 중앙관서의 명칭을 함께 적어야 한다(「국유재산법」 제14조 제2항).

지방자치단체는 「지방자치법」 제3조에 의하여 법인으로 보므로 당연히 등기당사자능력이 있다. 따라서 지방자치단체인 특별시, 광역시, 도, 특별자치도, 시, 군, 구(특별시, 광역시 내의 자치구에 한정)는 등기당사자능력이 있다(「지방자치법」 제2조). [11 법무사]

국가명의의 등기와 달리 지방자치단체 명의의 등기에는 대표자 표시를 하지 않는 것이 원칙이지만, 교육비특별회계소관의 공유재산인 경우에는 일반 회계와 구별하기 위하여 "교육감(장)"으로 그 소관청의 명칭을 첨기한다(선례 5-13).

3) 청산법인

청산법인이란 **존립기간의 만료나 기타 사유로 법인이 해산된 후 청산절차가 진행 중인 법인**을 말하며, **청산종결등기가 된 경우라 하더라도 청산사무가 아직 종결되지 아니한 경우에는 청산법인으로 존속한다**(대판 1980.4.8, 79다2036). 이러한 청산법인도 등기당사자능력이 있으며 청산사무로서 부동산에 관한 등기는 **청산인이 신청한다.** [23 법무사 / 17 등기주사보]

4) 학교법인

학교법인도 일반적인 법인과 마찬가지로 등기당사자능력이 있으며 등기를 신청할 수 있다. 다만 법률에 의하여 학교법인의 재산 중 교지·교사 등의 처분에 제한이 있을 뿐이고 이는 등기당사자능력의 문제는 아니다.

5) 시설물로서의 학교

학교는 하나의 시설물에 불과하여 등기능력이 없으므로 학교 명의로 등기할 수 없고, 그 설립자(국립학교는 국가, 공립학교는 지방자치단체, 사립학교는 학교법인)의 명으로 등기를 신청하여야 한다. 즉 **사립학교는 등기신청적격이 없으므로**[17 등기주사보], 부동산소유권이전등기를 신청할 수 없으며, **이미 학교 명의로 소유권등기가 경료된 경우에도** 학교가 등기의무자가 되어 소유권이전등기를 신청할 수 없다(선례 7-10). [20 법무사 / 19 등기서기보 / 13 법무사]

(2) 법인 아닌 사단 또는 재단

법인 아닌 사단은 일정한 목적을 가진 다수인의 결합체로서 대표자와 총회 등 사단으로서의 조직(업무집행기관들에 관한 정함이 있고 또 대표자 등의 정함이 있는 조직)이 있고 정관이나 규약이 있어 사단의 실체를 갖추고 있으나 법인등기를 하지 않은 단체를 말하는 것으로 등기당 사자 능력이 인정되어 그 단체의 명의로 등기할 수 있다(예규 1621). [20 법무사]

법 제26조 제1항은 "종중, 문중, 그 밖에 대표자나 관리인이 있는 법인 아닌 사단이나 재단에 속하는 부동산의 등기에 관하여는 그 사단이나 재단을 등기권리자 또는 등기의무자로 한다." 고 하여 법인 아닌 사단이나 재단에 대하여 등기당사자능력을 인정하고 있다. 따라서 법인 아 닌 사단이나 재단은 그 단체의 명의로 등기할 수 있다.

판례에 따르면 ① 규약에 근거하여 의사결정기관과 집행기관 등의 조직을 갖추고 있고, ② 기 관의 의결이나 업무집행 방법이 다수결의 원칙에 의하여 행하여지며, ③ 구성원의 가입·탈퇴 등으로 인한 변경에 관계없이 단체 그 자체가 존속된다면 법인 아닌 사단이라고 볼 수 있다(대 판 2008.10.23, 2007다7973 등). 등기당사자능력이 인정되는 법인 아닌 사단이나 재단인지 여부는 그 명칭에 좌우되지 않고 정관이나 그 밖의 규약, 대표자나 관리인임을 증명하는 서면, 사원총회의 결의서 등을 종합적으로 검토해 판단하여야 한다.

등기당사자 능력이 인정되는 경우는 ① 종중(선례 1-54), ② 교회(선례 1-58), ③ 사찰(선례 3-491), ④ 아파트단지 입주자대표회의(선례 4-24)[21 법무사], ⑤ 주무관청으로부터 조합인가가 취소된 주택조합(선례 3-39)[19 등기서기보] 등이 있다.

판례는 자연부락이 그 부락 주민을 구성원으로 하여 고유목적을 가지고 의사결정기관과 집행 기관인 대표자를 두어 독자적인 활동을 하는 사회조직체라면 비법인사단으로서의 권리능력 내 지 당사자능력을 가진다고 하여 등기능력을 인정한바 있다(대판 1999.1.29, 98다33512).

(3) 조합

1) 민법상 조합

민법상 조합이란 2인 이상이 서로 출자하여 공동의 사업을 경영할 것을 약정하는 조합계약 에 의하여 조합원 사이에 생기는 법률관계를 말한다. 민법상 조합은 등기당사자능력이 없 으므로[19 등기서기보 / 13 법무사] 조합재산에 관하여 조합 자체의 명의로는 등기를 할 수 없고 그 조합원 전원의 합유로 등기하게 된다(「민법」 제704조). 또한 민법상 조합은 등기능력이 없 는 것이므로 이러한 조합 자체를 채무자로 표시하여 근저당권설정등기를 할 수는 없다(선 례 1-59).

2) 특별법상 조합

다만 특별법에 의해 설립된 농업협동조합, 수산업협동조합이나 각종의 신용협동조합 등은 조합이라는 명칭을 사용하고 있을 뿐 그 실체는 민법상의 조합이 아닌 법인이므로 당사자 능력이 인정되고 그 명의로 등기할 수도 있다.

「도시 및 주거환경정비법」상의 조합은 법인으로 하며, 조합설립인가를 받은 날부터 30일 이내에 주된 사무소의 소재지에서 등기하는 때에 성립한다. 또한 이 법에 따른 조합은 명칭에 "정비사업조합"이라는 문자를 사용하여야 한다(「도시 및 주거환경정비법」제38조). 주택조합 명의로 명의신탁에 의한 소유권이전등기를 경료한 후 주무관청으로부터 조합인가가 취소되었다 하더라도, 그 주택조합이 단체로서의 대표자나 관리인이 있는 조직을 갖추고 대표의 방법, 총회의 운영 및 재산의 관리 등에 있어서 법인 아닌 사단으로서의 실체를 갖추고 있다면, 그 주택조합을 등기의무자로 하고 각 조합원을 등기권리자로 하여 그 대표자 등과 조합원은 공동으로 부동산등기법 시행규칙 제56조 각 호의 서면 및 명의신탁해지 증서 또는 그 약정서를 첨부하여 소유권 이전등기신청을 할 수 있다(선례 3-39).

II. 당사자 본인

1. 개인

(1) 내국인

내국인은 가장 일반적인 내용이므로 부동산등기의 일반적인 내용이 모두 적용된다. 따라서 등기법에서 배우는 모든 내용은 일반적인 내국인을 전제로 하는 것이기 때문에 여기서 별도의 설명은 생략한다.

(2) 재외국민 및 외국인(예규 1778)

1) 일반론

가. 의의

재외국민과 외국인의 등기신청절차는 내국인이 등기신청을 하는 경우와 등기신청방법 및 첨부정보에서 큰 차이가 있다. 이에 따라 「재외국민 및 외국인의 부동산등기신청절차에 관한 예규」를 제정하여 등기소에 제공하여야 하는 첨부정보와 그 밖에 등기신청 절차에 관하여 필요한 사항을 정하여 신속하고 정확한 등기업무를 꾀하게 되었다. 설명에 앞서 기본적인 용어 및 내용을 간단히 정리하고 등기신청방법과 첨부정보에 대하여 보다 구체적으로 설명한다.

나. 용어의 정리

(가) 재외국민이란 대한민국의 국민으로서 외국의 영주권을 취득한 자 또는 영주할 목적으로 외국에 거주하고 있는 자를 말한다. 일시적 해외여행자는 재외국민에 포함되지 않는다. 외국국적동포는 재외국민이 아닌 외국인으로 처우한다.

(나) 외국인이란 대한민국의 국적을 보유하고 있지 아니한 개인(무국적자를 포함한다)을 말한다. 즉 외국 국적만을 보유한 자는 물론 무국적자, 대한민국 국적을 가지고 있다가 국적법에 의하여 국적을 상실한 자, 이중국적을 가지고 있다가 한국국적의 이탈신고를 한 자 등도 포함되며(「국적법」제14조, 제15조), 가족관계등록

사항별증명서 중 기본증명서에 국적상실이 기록되어 있는지 여부를 불문한다. 외국인의 성명을 표시할 때에는 국적도 함께 기재(기록)한다(**예** 미합중국인 메이 플강).

(다) **공증**이란 공증인이 공정증서를 작성하는 것 또는 사서증서에 대해 인증하는 것을 말한다.

(라) **대한민국 공증**이란 대한민국 영토 내에서 「공증인법」에 따라 이루어지는 공증과 대한민국 영토 밖에서 「재외공관 공증법」에 따라 공증담당영사가 담당하는 공증을 말한다.

(마) **본국 공증**이란 본국 영토 내의 공증과 본국의 영토 밖에서 본국의 외교·영사기관이 담당하는 공증을 말한다.

다. 등기신청방법

(가) **부동산의 처분**

재외국민 또는 외국인은 ① 처분행위 및 등기신청행위를 본인이 직접 할 수도 있고, ② 처분행위는 본인이 하고 등기신청행위만을 제3자에게 위임할 수도 있으며, ③ 처분권한을 제3자에게 수여할 수도 있다.

(나) **협의분할 상속등기**

재외국민 또는 외국인은 ① 상속재산분할협의 및 등기신청행위를 본인이 직접 할 수도 있고, ② 상속재산분할협의는 본인이 하고 등기신청행위만을 제3자에게 위임할 수도 있으며, ③ 상속재산분할협의권한을 제3자에게 수여할 수도 있다.

협의분할에 의한 상속등기를 함에 있어 분할협의는 대리인에게 위임하여 할 수 있으며, 이 경우 본인이 미성년자가 아닌 한 그 공동상속인 중 한 사람을 위 분할협의에 관한 대리인으로 선임하여도 무방하다(선례 4-26).

2) 첨부정보

가. 등기원인과 관련된 첨부정보

(가) **등기원인을 증명하는 정보**

가) 처분위임장과 등기원인증명서

등기명의인인 재외국민이나 외국인이 국내 또는 국외에서 부동산의 처분권한을 대리인에게 수여한 경우에는 **처분대상 부동산과 처분의 목적이 되는 권리 및 대리인의 인적사항을 구체적으로 특정**하여 작성한 **처분위임장**을 등기소에 첨부정보로서 제공하여야 한다. [2] **법무사** 규칙 제60조 제1항 제1호부터 제3호까지에 해당하는 등기신청을 하는 경우에는 제1항의 처분위임장에 등기명의인의 인감을 날인하고 그 인감증명을 제출하여야 한다. 이 경우 인감증명을 제출하여야 하는 자가 재외국민인 경우에는 제9조를, 외국인인 경우에는 제12조를 준용한다.

> **부동산등기규칙 제60조(인감증명의 제출) 제2항**
>
> 규칙 제60조 제1항 제1호부터 제3호까지 및 제6호에 따라 인감증명을 제출하여야 하는 자가 다른 사람에게 권리의 처분권한을 수여한 경우에는 그 대리인(수임인)의 인감증명을 함께 제출하여야 한다.

권리의 처분권한을 수여받은 **대리인**은 본인의 대리인임을 현명하고 대리인의 자격으로 작성한 원인증서를 제공하여야 한다. [23 등기서기보] 권리의 처분권한을 수여받은 대리인(수임인)이 본인을 대리하여 등기를 신청할 때에는 등기신청서에, 자격자대리인 등에게 등기신청을 위임할 때에는 등기신청위임장에 대리인(수임인)의 인감을 날인하고 그 인감증명을 제출하여야 한다.

다만, **매매를 원인으로 하는 소유권이전등기를 신청하는 경우에 대리인(수임인)의 인감증명은 매도용으로 발급받아 제출할 필요가 없다.** [21 등기서기보 · 법무사 / 20 법원사무관]

나) 상속재산분할협의위임장과 상속재산분할협의서

상속인인 재외국민이나 외국인이 상속재산분할협의에 관한 권한을 대리인에게 수여하는 경우에는 분할의 대상이 되는 부동산과 대리인의 인적사항을 구체적으로 특정하여 작성한 상속재산분할협의 위임장을 등기소에 첨부정보로서 제공하여야 한다. 상속재산분할협의 위임장에는 상속인 본인의 인감을 날인하고 그 인감증명을 제출하여야 한다. 이 경우 인감증명을 제출하여야 하는 자가 재외국민인 경우에는 제9조를, 외국인인 경우에는 제12조를 준용한다.

상속재산분할협의 권한을 수여받은 **대리인**은 본인의 대리인임을 현명하고 대리인의 자격으로 작성한 상속재산분할협의서를 등기소에 원인증서로서 제공하여야 한다. 상속재산분할협의서에는 대리인의 인감을 날인하고 그 인감증명을 제출하여야 한다. 다만 상속재산분할협의서를 대리인이 작성하였다는 뜻의 공증을 받은 경우에는 인감증명을 제출할 필요가 없다.

(나) 등기원인에 대한 허가 · 동의 · 승낙을 증명하는 정보

가) 외국인 등이 다음 각 호의 어느 하나에 해당하는 구역 · 지역에 있는 **토지(대지권 포함)**를 취득하는 계약을 체결하고 그에 따른 소유권이전등기를 신청하는 경우에는 「부동산 거래신고 등에 관한 법률」 제9조 제1항에 따른 **외국인 토지취득허가증**을 첨부정보로서 제공하여야 한다.

다만 **국내거소신고를** 한 **외국국적동포**의 경우에는 「재외동포의 출입국과 법적 지위에 관한 법률」 제11조 제1항에 따라 **제1호의 지역에 있는 토지를 취득하는 경우로 한정한다.**

① 「군사기지 및 군사시설 보호법」 제2조 제6호에 따른 군사기지 및 군사시설 보호구역, 그 밖에 국방목적을 위하여 외국인등의 토지취득을 특별히 제한할 필요가 있는 지역으로서 대통령령으로 정하는 지역

② 「문화유산의 보존 및 활용에 관한 법률」 제2조 제3항에 따른 지정문화유산과 이를 위한 보호물 또는 보호구역

③ 「자연유산의 보존 및 활용에 관한 법률」에 따라 지정된 천연기념물등과 이를 위한 보호물 또는 보호구역

④ 「자연환경보전법」 제2조 제12호에 따른 생태·경관보전지역

⑤ 「야생생물 보호 및 관리에 관한 법률」 제27조에 따른 야생생물 특별보호구역

나) 「부동산 거래신고 등에 관한 법률」 제11조에 따라 토지거래계약허가증을 첨부정보로서 제공한 경우에는 ①에 따른 토지취득허가증을 제공할 필요가 없다.

다) 취득하려는 토지가 토지취득허가의 대상이 아닌 경우에는 이를 소명하기 위하여 토지이용계획확인서를 첨부정보로서 제공하여야 한다.

라) 「부동산 거래신고 등에 관한 법률」 제9조 제1항에 따른 토지취득허가대상토지에 대하여 허가를 받지 아니한 채 소유권이전등기가 마쳐졌다 하더라도 「부동산등기법」 제29조 제2호에 해당하는 것은 아니므로 등기관은 이를 직권으로 말소할 수 없다.

나. 등기의무자와 관련된 첨부정보

(가) 등기필정보 등

재외국민 또는 외국인이 등기의무자로서 권리에 관한 등기를 신청할 때에 등기필정보가 없다면 법 제51조 및 「등기필정보가 없는 경우 확인조서 등에 관한 예규」에서 정하는 바에 따른다. 법 제51조 단서의 '공증'은 외국인의 경우에는 본국 관공서의 증명이나 본국 또는 대한민국 공증을 말하고, 재외국민의 경우에는 대한민국 공증만을 말한다.

(나) 인감증명서 등

가) 재외국민

> 부동산등기규칙 제61조(법인 등의 인감증명의 제출) 제3항
> 인감증명을 제출하여야 하는 자가 **재외국민**인 경우에는 위임장이나 첨부서면에 본인이 서명 또는 날인하였다는 뜻의 「재외공관 공증법」에 따른 인증을 받음으로써 인감증명의 제출을 갈음할 수 있다.

① 재외국민이 규칙 제60조 제1항 **제1호부터 제3호**까지에 해당하는 등기신청을 하거나 같은 항 **제4호부터 제7호**까지의 서류를 작성하는 경우에 **체류국을 관할하는 대한민국 재외공관**(「대한민국 재외공관 설치법」 제2조에

따른 대사관, 공사관, 대표부, 총영사관과 영사관을 의미하며, 공관이 설치되지 아니한 지역에서 영사사무를 수행하는 사무소를 포함한다, 이하 같다)에서 인감을 날인해야 하는 서면에 공증을 받았다면 인감증명을 제출할 필요가 없다(**예** 재외국민이 부동산의 처분권한을 대리인에게 위임하는 처분위임장에 인감을 날인하는 경우). [23 등기서기보 / 20 법원사무관 / 19 등기서기보]

② 제1항의 경우 중 규칙 제60조 제1항 **제1호부터 제3호**까지에 해당하는 등기신청을 하는 경우에는 등기의무자가 재외국민임을 증명하는 정보로서 **재외국민등록부등본**을 등기소에 제공하여야 한다. [23 등기서기보 / 19 등기서기보]

③ **공증은 인감을 날인해야 하는 서면 그 자체에 받아야** 하는 것이며, 그 서면과 별도의 문서에 서명이나 날인을 하고 그에 대한 공증을 받은 것이어서는 안 된다.

↩ 관련 선례

① 재외국민은 인감을 날인하여야 하는 서면에 체류국을 관할하는 대한민국 재외공관에서 공증을 받음으로써 인감증명의 제출을 갈음할 수 있는바, 여기에서 **"체류국"**이란 계속적으로 거주하는 국가뿐만 아니라 출장 등으로 일시 체류하는 국가도 포함되므로, 피상속인 명의의 부동산에 대한 분할협의를 함에 있어 공동상속인 중 1인이 **영주자격을 얻어** 일본에 거주하고 있는데 **출장으로 미국**에 일시 체류 중에 있다면 이 상속인은 상속재산분할협의서에 그가 일시 체류하고 있는 미국에 설치된 대한민국 재외공관에서 공증을 받을 수도 있다(선례 201907-12).

② 서면으로 부동산등기를 신청할 때에 「부동산등기규칙」 제60조에 따라 인감증명을 제출하여야 하는 자가 재외국민인 경우에는 위임장이나 첨부서면에 본인이 서명 또는 날인하였다는 뜻의 「재외공관 공증법」에 따른 인증을 받음으로써 인감증명의 제출을 갈음할 수 있으나(부동산등기규칙 제61조 제3항), **거주국 공증인**의 인증을 받음으로써 인감증명의 제출을 갈음할 수는 **없다**(선례 202004-1).

③ 재외공관 공증의 촉탁은 본인이 직접 재외공관에 출석하지 않고 대리인을 통하여 할 수 있으므로(「재외공관 공증법」 제17조), 재외공관을 방문하는 것이 불가능하거나 현저히 곤란한 재외국민 등은 (**조** 인감증명 갈음하여 받는 인증)대리인을 통하여 공증사무를 처리할 수 있다. 다만, 등기의무자의 등기필정보가 없는 경우에 등기의무자 또는 그 법정대리인의 등기소 출석의무를 갈음하는 「부동산등기법」 제51조 단서의 '공증'은 등기의무자 등의 위임을 받은 대리인이 출석하여 받을 수 없다(선례 202004-1).

나) 외국인

> **부동산등기규칙 제61조(법인 등의 인감증명의 제출) 제4항**
> 인감증명을 제출하여야 하는 자가 외국인인 경우에는 「인감증명법」에 따른 인감증명 또는 본국의 관공서가 발행한 인감증명을 제출하여야 한다. 다만, 본국에 인감증명제도가 없고 또한 「인감증명법」에 따른 인감증명을 받을 수 없는 자는 신청서나 위임장 또는 첨부서면에 본인이 서명 또는 날인하였다는 뜻의 본국 관공서의 증명이나 본국 또는 대한민국 공증인의 인증(「재외공관 공증법」에 따른 인증을 포함한다)을 받음으로써 인감증명의 제출을 갈음할 수 있다.

① 인감증명을 제출하여야 하는 자가 **외국인인 경우에는** 「출입국관리법」에 따라 외국인등록을 하거나 「재외동포의 출입국과 법적 지위에 관한 법률」에 따라 국내거소신고를 하여 「**인감증명법**」에 따라 신고한 인감증명을 제출하거나 **본국의 관공서가 발행한 인감증명(⑩ 일본, 대만)**을 제출하여야 한다. [21 등기서기보]

② 외국인등록이나 국내거소신고를 하지 않아 「인감증명법」에 따른 인감증명을 발급받을 수 없고 또한 본국에 인감증명제도가 없는 외국인은 인감을 날인해야 하는 서면이 본인의 의사에 따라 작성되었음을 확인하는 뜻의 **본국 관공서의 증명이나 본국 또는 대한민국 공증인의 인증**(대한민국 재외공관의 인증을 포함한다, 이하 같다)을 받음으로써 인감증명의 제출을 갈음할 수 있다. 이 경우 제9조 제3항을 준용한다. [23 법원사무관 / 22 법원사무관 / 21 법무사]

> **🔖 관련 선례**
> 소유권의 등기명의인이 등기의무자로서 소유권이전등기를 신청할 때에는 「부동산등기규칙」 제60조 제1항 제1호에 따라 인감증명을 제공하여야 하는바, 귀화허가로 대한민국 국적을 취득한 소유명의인이 **귀화허가 취소로 무국적자**가 된 경우에는 외국인의 경우와 다르지 아니하므로, 그 인감증명은 같은 규칙 제61조 제4항에 따라 「**인감증명법**」에 따른 인감증명이어야 하며, 다만 이 인감증명을 발급받을 수 없을 때에는 신청서나 위임장에 본인이 서명 또는 날인하였다는 뜻의 **대한민국 공증인의 인증**을 받음으로써 인감증명의 제출을 갈음할 수 있다(선례 201907-8).

(다) 부동산양도신고확인서

재외국민 또는 외국인이 등기의무자로서 부동산에 관한 **유상계약(부담부증여 포함)**을 원인으로 소유권이전등기를 신청할 때에는 「소득세법」 제108조에 따라 세무서장으로부터 발급받은 **부동산양도신고확인서**를 첨부정보로서 제공하여야 한다. [21 등기서기보] 다만, 재외국민이 「인감증명법 시행령」 제13조 제3항 단서에 따라 발급받은 **부동산매도용 인감증명서**를 첨부정보로서 제공한 경우에는 **부동산양도신고확인서를 제공할 필요가 없다.** [23 등기서기보]

다. 등기권리자와 관련된 첨부정보

(가) 주소를 증명하는 정보

가) 재외국민

재외국민은 주소를 증명하는 정보로서 다음 각 호의 어느 하나에 해당하는 정보를 제공할 수 있다.

1. 재외국민등록부등본

2. 「주민등록법」에 따라 주민등록 신고를 한 경우에는 주민등록표등본·초본 [19 등기서기보]

3. 주소증명제도가 있는 외국에 체류하는 재외국민으로서 체류국 법령에 따라 외국인등록 또는 주민등록 등을 마친 경우에는 체류국 관공서에서 발행한 주소증명정보(예 일본국의 주민표, 스페인왕국의 주민등록증명서)

4. 제1호부터 제3호까지의 규정에 따라 주소를 증명하는 것이 불가능한 경우에는 체류국 공증인이 주소를 공증한 서면 [20 법원사무관]

나) 외국인

① 외국인은 주소를 증명하는 정보로서 다음 각 호의 어느 하나에 해당하는 정보를 제공할 수 있다.

1. 「출입국관리법」에 따라 외국인등록을 한 경우에는 외국인등록 사실증명 [22 법무사]

2. 「재외동포의 출입국과 법적 지위에 관한 법률」에 따라 국내거소신고를 한 외국국적동포의 경우에는 국내거소신고 사실증명 [22 법무사]

3. 본국에 주소증명제도가 있는 외국인(예 일본, 독일, 프랑스, 대만, 스페인)은 본국 관공서에서 발행한 주소증명정보 [22 법무사]

4. 본국에 주소증명제도가 없는 외국인(예 미국, 영국)은 본국 공증인이 주소를 공증한 서면. 따라서 원칙적으로 국내 공증인이 주소를 공증한 서면을 제공할 수 없다. [22 법무사]

다만, 다음 각 목의 어느 하나에 해당하는 방법으로써 이를 갈음할 수 있다.

가. 주소가 기재되어 있는 신분증의 원본과, 원본과 동일하다는 뜻을 기재한 사본을 함께 등기소에 제출하여 사본이 원본과 동일함을 확인받고 원본을 환부받는 방법. 이 경우 등기관은 사본에 원본 환부의 뜻을 적고 기명날인하여야 한다.

나. 주소가 기재되어 있는 신분증의 사본에 원본과 동일함을 확인하였다는 본국 또는 대한민국 공증이나 본국 관공서의 증명을 받고 이를 제출하는 방법 [22 법원사무관]

다. 본국의 공공기관 등에서 발행한 증명서 기타 신뢰할 만한 자료를 제출하는 방법(예 주한미군에서 발행한 거주사실증명서, 러시아의 주택협동조합에서 발행한 주소증명서)

② 외국인이 본국을 떠나 대한민국이 아닌 제3국에 체류하는 경우에 체류국에 주소증명제도가 있다면 체류국 관공서에서 발행한 주소증명정보를 제공할 수 있고(예 스페인에 체류하는 독일인이 스페인 법령에 따라 주민등록을 하였다면 스페인 정부가 발행하는 주민등록정보를 제공), 체류국에 주소증명제도가 없다면 체류국의 공증인이 주소를 공증한 서면을 제공할 수 있다. 다만, 주소를 공증한 서면을 제공하는 경우에는 해당 국가에서의 체류자격을 증명하는 정보(예 영주권확인증명, 장기체류 비자증명)를 함께 제공하여야 한다.

(나) 번호를 증명하는 정보

가) 재외국민

재외국민의 부동산등기용등록번호는 다음 각 호의 어느 하나로 한다.

① 주민등록번호를 부여받은 적이 있는 재외국민의 경우에는 **주민등록번호** (**주민등록사항이 말소된 경우에도 같다**)[22 법원사무관 / 19 등기서기보]

② 주민등록번호를 부여받은 적이 없는 재외국민의 경우에는 법 제49조 제1항 제2호에 따라 서울중앙지방법원 등기국 등기관이 부여한 **부동산등기용등록번호**

나) 외국인

외국인의 부동산등기용등록번호는 다음 각 호의 어느 하나로 한다.

① 「출입국관리법」에 따라 체류지를 관할하는 지방출입국·외국인관서의 장이 부여한 **외국인등록번호**

② 「재외동포의 출입국과 법적 지위에 관한 법률」에 따라 거소를 관할하는 지방출입국·외국인관서의 장이 외국국적동포에게 부여한 **국내거소신고번호**

③ 국내에 체류지가 없는 경우에는 대법원 소재지를 관할하는 서울출입국·외국인관서의 장이 부여한 **부동산등기용등록번호**

라. 기타 서류

(가) 외국 공문서에 대한 확인을 증명하는 서류

가) 첨부정보가 **외국에서 발행된 공문서**(외국 공증인이 공증한 문서를 포함한다. 이하 같다)인 경우에는 규칙 제46조 제9항에 따라 **다음 각 호의 구분에 따른 확인**을 받아 등기소에 제공하여야 한다. [21 법무사 / 20 법원사무관]

① 「외국공문서에 대한 인증의 요구를 폐지하는 협약」(이하 '협약'이라 한다)을 체결한 국가(한 국가 내의 특수한 지역을 포함한다, 이하 같다. 체약국의 **예** 미국, 중국, 일본, 호주, 러시아, 홍콩, 캐나다, 싱가포르 등)에서 발행한 공문서의 경우에는 해당 국가의 아포스티유(Apostille) 발행 권한기관(**예** 외교부, 국무부, 법원, 교육청 등 국가마다 상이함)에서 발행한 <u>아포스티유 확인</u>

1. 협약을 체결한 **미국에서 발행한 공문서**를 첨부하여 등기를 신청하는 경우에는 <u>아포스티유(Apostille)</u>를 붙여야 하고, 미국에 주재하는 **대한민국 공증담당영사**로부터 문서의 확인을 받을 것은 아니다. [24 법원사무관]

2. 일본인 甲이 상속재산분할협의의 권한을 乙에게 수여하고 상속재산분할협의 위임장에 인감을 날인하고 일본의 인감증명을 첨부하였다면 이 인감증명은 <u>아포스티유 확인의 대상이 된다</u>. [24 등기서기보]

3. 미국인 甲이 상속재산분할협의의 권한을 乙에게 수여하고 상속재산분할협의 위임장에 **미국 공증사무실**에서 본인이 작성하였다는 뜻의 인증을 받은 경우 이는 <u>아포스티유 확인의 대상이 된다</u>. [24 등기서기보]

4. 미국인 甲이 상속재산분할협의의 권한을 乙에게 수여하고 상속재산분할협의 위임장에 **미국에 주재하는 한국 공관**에서 본인이 작성하였다는 뜻의 인증을 받은 경우 이는 <u>아포스티유 확인의 대상이 아니다</u>. [24 등기서기보]

② **협약을 체결하지 않은 국가**에서 발행한 공문서의 경우에는 「재외공관 공증법」 제30조 제1항 본문에 따라 해당 국가에 주재하는 <u>대한민국 공증담당영사의 확인</u>

> **🔖 관련 선례**
>
> 1. 상속인인 외국인이 상속재산분할협의에 관한 권한을 대리인에게 수여한 경우 상속재산분할협의 위임장을 등기소에 첨부정보로 제공하여야 하고, 위 위임장에는 상속인 본인의 인감을 날인하고 그 인감증명을 제출하여야 하며(등기예규 제1686호 제6조 제1항, 제3항 본문), 외국인등록이나 국내거소신고를 하지 않아 「인감증명법」에 따른 인감증명을 발급받을 수 없고 또한 본국에 인감증명제도가 없는 외국인은
>   ① 인감을 날인해야 하는 서면이 본인의 의사에 따라 작성되었음을 확인하는 뜻의 **본국 관공서의 증명**이나
>   ② 같은 뜻의 **본국 공증인의 인증** 또는
>   ③ 같은 뜻의 **대한민국 공증인의 인증**으로 인감증명의 제출을 갈음할 수 있다. 대한민국 재외공관의 인증은 위 ③의 대한민국 공증인의 인증에 해당한다(같은 예규 제6조 제3항 단서, 제12조 제2항 본문, 선례 제202303-02호).
> 2. 한편, **아포스티유(Apostille) 확인**은 「외국공문서에 대한 인증의 요구를 폐지하는 협약」에 따라 첨부정보가 **외국에서 발행된 공문서**(외국 공증인이 공증한 문서를 포함)인 경우에 「재외공관 공증법」 제30조 제1항 본문에 따라 해당 국가에 주재하

> 는 대한민국 공중담당영사의 확인을 갈음하는 것이므로(같은 예규 제3조 제1항), **본국 관공서의 증명**(위 ①)이나 **본국 공증인의 인증**(위 ②)으로 인감증명을 갈음한 경우 그 증명이나 인증은 **아포스티유 확인 대상**이라 할 것이나, 대한민국 재외공관의 인증과 같이 **대한민국 공증인의 인증**(위 ③)으로 인감증명을 갈음하는 경우 그 인증은 외국에서 발행된 공문서가 아니므로 **아포스티유 확인의 대상이 아니다**(선례 제202303-02호).
>
> 3. 따라서 **미국 시민권자**가 상속재산분할협의 위임장을 작성하고 그 위임장이 본인의 의사에 따라 작성되었음을 확인하는 뜻의 미국 주로스앤젤레스 대한민국 총영사관의 인증을 받은 경우 등기관은 그 인증에 **아포스티유 확인이 없음을 이유로 등기신청을 각하할 수는 없다**(선례 제202303-02호).

　나) 등기관은 협약가입국 현황(www.0404.go.kr)을 참조하여 가)에 따른 확인이 없는 경우에는 보정을 명하여야 한다. 다만, 다음 각 호의 어느 하나에 해당하는 경우에는 그러하지 아니다.

　　① 첨부정보가 **외국의 외교·영사기관이 작성 또는 공증한 문서인 경우**(예 주한 미국대사관에서 공증받은 문서)

　　　예컨대, 미국인 甲이 상속재산분할협의의 권한을 乙에게 수여하고 상속재산분할협의 위임장에 한국에 주재하는 미국 공관에서 본인이 작성하였다는 뜻의 인증을 받은 경우 이는 **아포스티유 확인의 대상이 아니다.** [24 등기사기보]

　　② **대한민국과 수교를 맺지 않고 또한 위 협약에도 가입하지 않은 국가**(예 쿠바, 시리아)에서 발행된 공문서인 경우

　　③ **신분증 원본**

(나) 번역문

등기소에 제공하는 **첨부정보가 외국어로 작성된 경우**에는 규칙 제46조 제8항에 따라 **번역문**을 붙여야 한다.

번역문에는 번역인이 원문과 다름이 없다는 뜻과 번역인의 성명 및 주소를 기재하고 **날인 또는 서명**하여야 하며 **번역인의 신분증 사본**을 제공하여야 한다. 다만, **번역문을 인증받아 제출하는 경우**에는 그러하지 아니다.

이러한 번역문은 **사서증서여도 무방**하므로, 반드시 **공증인으로부터 인증을 받을 필요는 없다.** [24 법원사무관]

(다) 외국법인·단체가 아니라는 소명

국내법에 의하여 설립된 법인 또는 단체라 하더라도 제15조 제1항 각 호의 어느 하나에 해당하는 구역·지역에 있는 토지(대지권 포함)에 대한 소유권취득등기를 신청하는 경우 그 법인이나 단체가 다음 각 호의 어느 하나에 해당하는 것인지 여부가 의심스러울 때에는 등기관은 별지 제2호의 진술서를 제출케 한 후 등기를 하여야 한다.

가) 사원 또는 구성원의 2분의 1 이상이 외국인인 법인 또는 단체

나) 업무를 집행하는 사원이나 이사 등 임원의 2분의 1 이상이 외국인인 법인 또는 단체

다) 외국인이나 외국의 법령에 따라 설립된 법인 또는 단체가 자본금의 2분의 1 이상이나 의결권의 2분의 1 이상을 가지고 있는 법인 또는 단체

3) 국적이 변경된 경우 등기명의인표시변경등기 등

가. 등기명의인의 국적이 변경되어 국적을 변경하는 내용의 등기명의인표시변경등기를 신청하는 경우에는 국적변경을 증명하는 정보(예 시민권증서, 귀화증서, 국적취득사실증명서, 폐쇄된 기본증명서 등)를 첨부정보로서 제공하고, 신청정보의 내용 중 등기원인은 "**국적변경**"으로, 그 연월일은 "**새로운 국적을 취득한 날**"로 제공하여야 한다. [22 법무사]

나. **국적변경과 동시에 성명이 변경**되어 국적변경을 증명하는 정보에 변경된 성명이 기재되어 있는 경우에는 가.의 등기신청과 함께 성명을 변경하는 내용의 등기명의인표시변경등기를 1건의 신청정보로 **일괄하여 신청할 수 있다.**

이와 달리 **국적을 변경한 이후에 별도의 개명절차**를 통하여 성명이 변경된 경우에는 개명을 원인으로 하는 등기명의인표시변경등기를 가.의 등기신청과 **별개의 신청정보**로 신청하여야 하며, 개명을 증명하는 정보(예 기본증명서, 법원의 개명허가기록)를 첨부정보로서 제공하여야 한다.

다. 내국인으로서 등기명의인이 되었던 자가 외국국적을 취득한 후 등기의무자로서 등기를 신청하는 경우에 국내거소신고나 외국인등록을 하지 않아 국내거소신고번호나 외국인등록번호를 부여받은 바가 없다면 등록번호를 변경하는 등기명의인표시변경등기를 선행하여 신청할 필요가 없다. [22 법원사무관]

관련 기출지문

1 본국에 인감증명제도가 없고, '인감증명법'에 따른 인감증명을 발급받을 수 없는 외국인이 인감증명을 제출하여야 하는 경우에 대한민국 재외공관에서 신청서, 위임장 또는 첨부서면에 본인이 서명 또는 날인하였다는 뜻의 '재외공관 공증법'에 따른 인증을 받아 제출하였다면 이를 수리해서는 안된다. (×)
[23 법원사무관]

2 외국인등록이나 국내거소신고를 하지 않아 인감증명법에 따른 인감증명을 발급받을 수 없고 또한 본국에 인감증명제도가 없는 외국인은 인감을 날인해야 하는 서면이 본인의 의사에 따라 작성되었음을 확인하는 뜻의 본국 관공서의 증명이나 본국 공증인의 인증을 받음으로써 인감증명의 제출을 갈음할 수 있으나 대한민국 공증인의 인증으로 갈음할 수는 없다. (×)
[22 법원사무관]

3 미국에 거주하는 재외국민이 협의분할에 의한 상속등기를 신청하는 경우 상속재산 협의분할서에 인감을 날인하고 인감증명을 첨부하여야 하고, 본인이 서명 또는 날인하였다는 뜻의 '재외공관 공증법'에 따른 영사의 인증으로 인감증명의 제출을 갈음할 수 없다. (×)
[24 법원사무관]

4 재외국민 甲이 상속재산분할협의에 관한 권한을 乙에게 위임하여 상속등기를 신청하는 경우 甲이 위임장에 인감을 날인하고 인감증명을 제출하는 대신 대한민국 재외공관에서 공증을 받은 위임장을 제출하는 경우에는 甲이 재외국민임을 증명하는 정보로서 재외국민등록부등본을 등기소에 제공하여야 한다. (×)
[24 법무사]

5 미국에서 발행한 공문서를 첨부하여 등기를 신청하는 경우에는 그 공문서에 '재외공관 공증법' 제30조 제1항에 따라 미국에 주재하는 대한민국 공증담당영사로부터 문서의 확인을 받거나 '외국공문서에 대한 인증의 요구를 폐지하는 협약'에서 정하는 바에 따른 아포스티유(Apostille)를 붙여야 한다. (×) [24 법원사무관]

6 미국인 甲이 상속재산분할협의의 권한을 乙에게 수여하고 상속재산분할협의 위임장에 미국에 주재하는 한국 공관에서 본인이 작성하였다는 뜻의 인증을 받은 경우 이는 아포스티유 확인의 대상이 된다. (×) [24 법원사무관]

7 미국인 甲이 상속재산분할협의의 권한을 乙에게 수여하고 상속재산분할협 위임장에 한국에 주재하는 미국 공관에서 본인이 작성하였다는 뜻의 인증을 받은 경우 이는 아포스티유 확인의 대상이 된다. (×) [24 법원사무관]

8 첨부정보가 외국어로 작성된 경우에는 공증인으로부터 번역문을 인증받아 제출하여야 한다. (×) [24 법원사무관]

2. 단체

(1) 법인

1) 일반적인 법인

가. 서설

법인은 법률의 규정에 좇아 정관으로 정한 목적의 범위 내에서 권리와 의무의 주체가 되므로(「민법」제34조, 「상법」제169조 등) 등기당사자능력을 갖는다. 따라서 법인은 그 명의로 등기권리자나 의무자가 될 수 있다. 여기서의 법인에는 공법인·사법인, 영리법인·비영리법인, 사단법인·재단법인을 모두 포함한다.

나. 개시

다. 신청절차

(가) 신청인

가) 일반적인 경우

법인이 부동산에 관한 등기를 신청하는 경우 **등기권리자나 등기의무자는 법인**이 되지만, 법인은 대표기관을 통하여 행위를 하므로 실제로 **등기신청 행위를 하는 사람**은 법인의 대표자가 된다. 법인의 대표기관의 표시(대표이사 ○○○)는 등기할 사항이 아니지만 등기신청서에는 대표기관을 표시하여야 한다.

나) 각자대표와 공동대표

이사가 수인인 경우에 법인의 대표권은 각 이사에게 귀속됨이 원칙이다. 따라서 **법인 등기사항증명서에 공동대표이사가 아닌 각자 대표이사로 등기되어 있는 경우에는** 각자가 단독으로 업무집행권을 행사하고 각자가 회사를 대표하므로, 등기신청도 각자 할 수 있다. 따라서 **대표이사 A는** 대표이사 B가 금융기관과 **작성한 근저당권설정계약서를** 첨부하여 법인명의의 **근저당권설정등기신청을 할 수 있다**(선례 201112-3). [19 법원사무관 / 17 법무사]

다만 법인이 그 소유 부동산의 처분권에 대하여 이사 전원이 공동으로 대표하도록 하는 제한을 등기하였다면 그 회사 명의의 부동산의 처분에 따른 등기신청은 이사 전원이 하여야 한다. 상법상 주식회사의 경우에도 수인의 대표이사가 공동으로 회사를 대표하도록 하는 제한이 등기되었다면 그 회사 명의의 부동산등기신청은 공동대표이사 전원이 하여야 한다(「상법」 제317조 제2항 제10호, 제389조 제2항). [18 등기주사보 / 17 등기주사보]

다) 지배인

회사의 지배인은 영업주를 갈음하여 그 영업에 관한 재판상 또는 재판 외의 모든 행위를 할 수 있다. 즉 상사회사의 등기된 지배인은 포괄적인 대리권이 있는 상인의 대리인으로서 회사의 영업에 관한 등기신청을 대리할 수 있다. [21 등기서기보 / 19 법원사무관 / 17 등기주사보]

특수법인의 대리인도 법인의 법률상 대리인으로서 그 법인의 업무에 관한 등기신청을 대리할 수 있는 경우가 있다.

(나) 신청정보

(다) 첨부정보

법인이 등기권리자인 경우에는 법인의 상호나 명칭 외에 부동산등기용등록번호와 사무소 소재지를 함께 등기하여야 하고(법 제48조 제2항), 이를 증명하기 위하여 법인 등기사항증명서를 제출하여야 한다.

즉 법인이 부동산에 관한 등기를 신청하는 경우에는 그 법인의 실체(상호·명칭), 법인의 사무소 소재지 및 부동산등기용등록번호, 대표자 등의 권한을 증명하는 서면으로 그 주민등록번호가 공시된 법인등기사항증명서를 첨부하여야 한다. [19 법원사무관 / 18 등기주사보 / 17 등기주사보]

다만 해당 법인의 등기를 관할하는 등기소와 부동산 소재지를 관할하는 등기소가 동일한 경우에는 제출할 필요가 없다(규칙 제46조 제5항). [21 법무사]

이사의 직무집행을 정지하거나 직무대행자를 선임하는 가처분을 하거나 그 가처분을 변경·취소하는 경우에는 주사무소와 분사무소가 있는 곳의 등기소에서 이를 등기하여야 한다(민법 제52조의2). 재단법인의 정관에 대표자인 이사장의 유고시에 상무이사가 그 직무를 대행하여 법인을 대표할 수 있다고 규정되어 있다면 상무이사가 이를 증명하는 서면(법인의 등기부등본, 정관 및 이사회 의사록)과 상무이사의 인감증명을 첨부하여 부동산등기를 신청할 수 있다(선례 제1-52호). 법원이 조합장에 대하여 직무집행정지 가처분 결정을 하고 직무대행자선임 가처분 결정을 하지 않아 정관에 의한 조합장 직무대행자가 부동산등기를 신청하는 경우, 정관에 조합장 직무대행자의 권한을 제한하는 다른 규정이 없다면, 직무대행자는 그 권한을 증명하는 서면(법인의 등기사항증명서, 정관, 직무대행자 선임 시 이사회 회의를 거치도록 한 경우 이사회 회의록 등)과 인감증명법에 의한 직무대행자의 개인 인감증명을 첨부하여 부동산등기를 신청할 수 있다(선례 제201712-1호).

라. 실행절차

해당 법인을 등기기록에 기록하며, 대표자 등은 상업등기부에 의해 공시가 되므로 부동
산등기기록에 별도로 기록하지 않는다.

2) 청산법인(예규 1087)

가. 청산법인의 의의

청산법인이란 존립기간의 만료나 기타 사유로 법인이 해산된 후 청산절차가 진행 중인
법인을 말하며, 청산종결등기가 된 경우라 하더라도 **청산사무가 아직 종결되지 아니한
경우에는 청산법인으로 존속한다**(대판 1980.4.8, 79다2036). 이러한 청산법인도 등기
당사자능력이 있으며 청산사무로서 부동산에 관한 등기는 청산인이 신청한다. [23 법무사
/ 17 등기주사보]

법인에 대한 파산절차가 잔여재산 없이 종료되면 청산종결의 경우와 마찬가지로 그 인격
이 소멸한다고 할 것이나, 아직도 **적극재산이 잔존**하고 있다면 법인은 그 재산에 관한
청산목적의 범위 내에서는 존속한다고 볼 것이다(대판 1989.11.24, 89다카2483).

근저당권자가 파산이 종료된 법인인 경우 그 법인은 잔여재산이나 현실적으로 정리할
필요가 있는 법률관계가 남아있는 때에는 당해 **법인격이 소멸하지 아니하고 청산의 목
적범위 내에서 존속**하게 되므로, 부동산의 소유자가 피담보채무를 변제하여 근저당권
설정등기의 말소를 신청하려면 그 법인과 공동신청에 의하거나 그 법인을 상대로 한
판결을 받아 단독으로 신청할 수 있다. 이때 그 법인이 정관이나 총회의 결의에 의하여
청산인을 선임하지 않았다면 법원에 청산인선임청구를 하여 법원이 선임한 청산인으로
하여금 그 법인을 대표하도록 할 수 있다(선례 제201006-1호). [23 등기서기보]

청산절차에 관한 규정은 모두 제3자의 이해관계에 중대한 영향을 미치기 때문에 소위
강행규정이라고 해석되므로 만일 그 청산법인이나 그 청산인이 **청산법인의 목적범위
외의 행위**를 한 때는 **무효**이다(대판 1980.4.8, 79다2036).

나. 첨부서면

(가) 청산법인의 등기부가 폐쇄되지 아니한 경우

가) 청산법인의 등기부가 폐쇄되지 아니한 경우 청산인이 부동산등기신청을 하기
위해서는 **청산인임을 증명하는 서면**으로서 **청산인 등기가 되어 있는 법인 등
기부등본**을 등기신청서에 첨부하여야 하고, 인감증명의 제출이 필요한 경우에
는 **법인인감인 청산인의 인감**을 첨부하여야 한다. [23 법무사]

나) 회사가 해산한 때에는 합병·분할·분할합병 또는 파산의 경우 외에는 **이사
가 청산인**이 된다. 다만, 정관에 다른 정함이 있거나 **주주총회에서 타인을 선
임**한 때에는 그러하지 아니하다. 이에 따른 청산인이 없는 때에는 법원은 이
해관계인의 청구에 의하여 청산인을 선임한다(상법 제531조).

다) 상법 제520조의2 규정에 의하여 해산간주등기는 경료되었지만, 아직 등기기록
이 폐쇄되지 아니한 회사가 근저당권이전등기의 등기의무자가 되어 등기를 신청
하는 경우, 그 회사의 **해산 당시의 이사가 당연히 청산인이 되어 대표권을 행
사할 수는 없으므로 청산인 선임등기를 반드시 먼저 하여야 한다.** 위 근저당권
이전등기신청 시에는 청산인임을 증명하는 서면으로서 **청산인 등기가 되어 있
는 법인등기사항증명서**를 등기신청서에 첨부하여야 하고, 인감증명이 필요한
경우에는 **법인인감인 청산인의 인감**을 첨부하여야 한다(선례 201208-5). [23
등기서기보 / 21 법무사 / 19 등기주사보·법원사무관 / 18 등기주사보 / 17 등기주사보]

(나) 청산법인의 등기부가 폐쇄된 경우

가) 청산법인이 등기의무자인 경우

① 폐쇄된 등기부에 청산인 등기가 되어 있는 경우

청산인 등기가 된 상태에서 청산법인의 등기기록이 폐쇄된 경우에, 청산
법인이 등기의무자로서 등기를 신청하기 위해서는 청산인은 그 **폐쇄된 법
인등기부등본**을 청산인임을 증명하는 서면으로 첨부하여 부동산등기신청
을 할 수 있고, 인감증명의 제출이 필요한 경우에는 인감증명법에 의한 **청
산인의 개인인감**을 첨부할 수 있다. [23 법무사 / 21 법무사 / 19 등기주사보 / 17 등기주사보·법
무사 / 15 등기서기보 / 12 법무사 / 11 법무사]

② 폐쇄된 등기부에 청산인 등기가 되어 있지 아니한 경우

청산인 등기가 되어 있지 않은 상태에서 법인 등기부가 폐쇄된 경우(「상법」
제520조의2의 규정에 의한 휴면회사 등)에, 청산법인이 등기의무자로서
등기를 신청하기 위해서는 **폐쇄된 법인등기부를 부활**하여 청산인 등기를
마친 다음 그 등기부등본을 청산인임을 증명하는 서면으로 등기신청서에
첨부하여야 하고, 인감증명의 제출이 필요한 경우에는 **청산인의 법인인감**
을 첨부하여야 한다. [23 법무사 / 19 등기주사보 / 17 법무사·등기주사보 / 15 등기서기보]

나) 청산법인이 등기권리자인 경우

미등기 부동산에 관하여 청산법인이 소유권보존등기를 하는 등 청산법인이 등
기권리자로서 부동산등기신청을 하는 경우에는 **폐쇄된 청산법인의 등기부를
부활**하여야 하고, 청산인임을 증명하는 서면으로는 청산인 등기가 마쳐진 청
산법인의 등기부를 제출하여야 한다. [23 법무사 / 23 등기서기보 / 22 법원사무관 / 19 등기주사보
/ 18 등기주사보 / 17 법무사·등기주사보 / 15 등기서기보]

3) 외국법인

국내에 영업소나 사무소의 설치 등기를 하지 아니한 **외국법인도 등기당사자능력이 있으므**
로 일반적인 첨부정보 외에 시장·군수 또는 구청장이 부여한 부동산등기용등록번호정보
와 외국법인의 존재를 인정할 수 있는 정보를 제공하여 근저당권자로서 등기신청을 할 수
있다. [21 법무사 / 17 법무사]

1 상법 제520조의2 규정에 의하여 해산간주등기가 경료되었지만 아직 등기기록이 폐쇄되지 아니한 회사가 근저당권이전등기의 등기의무자가 되어 등기를 신청하는 경우, 그 회사의 해산 당시의 이사가 당연히 청산인이 되어 대표권을 행사할 수 있다. (×)
[19 법원사무관]

2 해산간주등기는 되어 있지만 아직 등기기록이 폐쇄되지 않은 회사가 근저당권이전등기의 등기의무자인 경우 해산 당시의 이사가 청산인이 되어 대표권을 행사할 수 있으므로 청산인 선임등기를 반드시 선행하여야 하는 것은 아니다. (×)
[23 등기서기보]

3 해산간주등기가 되어 있지만 아직 등기기록이 폐쇄되지 아니한 회사가 근저당권이전등기의 등기의무자가 되어 등기를 신청하는 경우, 그 회사의 해산 당시의 이사가 당연히 청산인이 되어 대표권을 행사할 수 있으므로 청산인 선임등기를 별도로 할 필요는 없다. (×)
[18 등기주사보]

4 청산법인이 등기의무자인 때에 폐쇄된 법인등기기록에 청산인 등기가 되어 있는 경우에도 인감증명의 제출이 필요한 경우에는 청산법인의 등기기록을 부활하고 법인인감인 청산인의 인감을 첨부하여야 한다. (×)
[23 법무사]

5 청산법인이 등기의무자로서 등기신청을 하는 경우 폐쇄된 등기부에 청산인 등기가 경료되었더라도 등기부를 부활한 후 청산인임을 증명하는 서면으로 부활한 등기부등본을 첨부하여야 하고, 인감증명의 제출이 필요한 때에는 법인인감증명을 발급받아 첨부하여야 한다. (×)   [19 등기주사보 / 17 등기주사보 · 법무사 / 11 법무사]

6 청산법인이 등기의무자로서 인감증명을 제출하여야 하는 경우에는 반드시 법인인감인 청산인의 인감을 제출하여야 한다. (×)
[15 등기서기보]

(2) 법인 아닌 사단 또는 재단

1) 일반적인 경우(예규 1621)

가. 서설

(가) 의의

가) 일반론

법인 아닌 사단은 일정한 목적을 가진 다수인의 결합체로서 대표자와 총회 등 사단으로서의 조직(업무집행기관들에 관한 정함이 있고 또 대표자 등의 정함이 있는 조직)이 있고 정관이나 규약이 있어 사단의 실체를 갖추고 있으나 법인등기를 하지 않은 단체를 말하는 것으로 등기당사자 능력이 인정되어 그 단체의 명의로 등기할 수 있다(예규 1621). [20 법무사]

나) 허용여부

부동산등기법 제26조 제1항은 "종중, 문중, 그 밖에 대표자나 관리인이 있는 법인 아닌 사단이나 재단에 속하는 부동산의 등기에 관하여는 그 사단이나 재단을 등기권리자 또는 등기의무자로 한다."고 하여 법인 아닌 사단이나 재단에 대하여 등기당사자능력을 인정하고 있다. [21 등기서기보] 따라서 법인 아닌 사단이나 재단은 그 단체의 명의로 등기할 수 있다. 다만 그 신청행위는 대표자가 함에 주의한다.

다) 구별개념

	법인	비법인
1. 설립등기	○	×
2. 상업등기부 대표자 기록	○	×
3. 부동산등기부 대표자 기록	×	○

(나) 요건

판례에 따르면 ① 규약에 근거하여 의사결정기관과 **집행기관** 등의 조직을 갖추고 있고, ② 기관의 의결이나 **업무집행** 방법이 다수결의 원칙에 의하여 행하여지며, ③ **구성원의 가입·탈퇴** 등으로 인한 변경에 관계없이 단체 그 자체가 존속된다면 법인 아닌 사단이라고 볼 수 있다(대판 2008.10.23, 2007다7973 등). [18 법무사] 등 기당사자능력이 인정되는 법인 아닌 사단이나 재단인지 여부는 그 명칭에 좌우되지 않고 정관이나 그 밖의 규약, 대표자나 관리인임을 증명하는 서면, 사원총회의 결의서 등을 종합적으로 검토해 판단하여야 한다.

(다) 적용범위

등기당사자 능력이 인정되는 경우는 ① **종중**(선례 1-54), ② **교회**(선례 1-58), ③ **사찰**(선례 3-491), ④ **아파트단지 입주자대표회의**(선례 4-24)[21 법무사], ⑤ **주무관청으로부터 조합인가가 취소된 주택조합**(선례 3-39)[19 등기서기보] 등이 있다.

'○○계' 명의의 등기신청이 있는 경우, 같은 계의 규약에 의하여 그 **실체가 법인 아닌 사단으로서** 성격을 갖춘 경우에는 그 등기신청을 **수리하여야** 할 것이나, 각 계원의 개성이 개별적으로 뚜렷하게 계의 운영에 반영되게끔 되어 있고 계원의 지위가 상속되는 것으로 규정되어 있는 등 단체로서의 성격을 갖는다고 볼 수 없는 경우에는 그 등기신청을 각하하여야 한다(예규 1621). [21 법무사 / 10 법무사]

비법인사단이라 함은 일정한 목적을 위하여 조직된 **다수인의 결합체로서** 대외적으로 사단을 대표할 기관에 관한 정함이 있는 단체를 말하고, **사단법인의 하부조직의** 하나라 하더라도 스스로 위와 같은 **단체로서의 실체를** 갖추고 **독자적인 활동을** 하고 있다면 사단법인과는 **별개의 독립된 비법인사단으로** 볼 수 있다(대판 2022. 8.11, 2022다227688). [23 법원사무관]

동민이 법인 아닌 사단을 구성하고 그 명칭을 행정구역인 동 명의와 동일하게 한 경우에는 그 동민의 대표자가 동 명의로 등기신청을 할 수 있다(예규 1621).

(라) 효과

법인 아닌 사단이나 재단에도 임시이사의 선임에 관한 규정인 민법 제63조의 규정을 **유추 적용할** 수 있다(예규 1621). [18 법무사 / 10 법무사] 따라서 법인 아닌 사단이나 재단에 이사가 없거나 결원이 있는 경우에 이로 인하여 손해가 생길 염려가 있는 때에는 법원은 이해관계인이나 검사의 청구에 의하여 임시이사를 선임하여야 한다. 이렇게 선임된 임시이사에게 대표권이 있는 경우에는 그 선임에 관한 법원의 결정서 정본도 대표자나 관리인임을 증명하는 정보가 될 수 있다.

나. 개시

법인 아닌 사단이나 재단도 일반적으로 서면으로 등기를 신청한다. **법인 아닌 사단이나 재단(종중·교회 등)은 전자신청을 할 수 없다.** [22 법무사 / 20 등기서기보 / 18 등기주사보 / 17 법무사 /15 법무사 / 12 법무사 / 11 법무사]

다. 신청절차

(가) 신청인

종중, 문중, 그 밖에 대표자나 관리인이 있는 법인 아닌 사단이나 재단에 속하는 부동산에 관한 등기는 그 사단이나 재단의 명의로 그 대표자나 관리인이 신청한다 (법 제26조 제2항). [21 법무사 / 17 등기주사보]

(나) 신청정보

법인 아닌 사단이나 재단은 법인등기와 같은 공시제도가 없으므로 그 대표자나 관리인을 분명히 하기 위하여 대표자나 관리인의 성명·주소 및 주민등록번호를 등기사항으로 하고 있다(법 제48조 제3항). 법인 아닌 사단이 등기신청을 하기 위해서는 신청서에 법인 아닌 사단의 **대표자 또는 관리인의 성명, 주소 및 주민등록번호를 기재하여야** 한다. [18 등기주사보]

(다) 첨부정보

가) 정관이나 그 밖의 규약(규칙 제48조 제1호)

법인 아닌 사단이나 재단은 그 존재를 공시하는 법인 등기기록이 존재하지 않으므로 등기를 신청하는 경우에는 그 실체를 증명할 수 있는 서면으로 그 사단이나 재단의 정관이나 그 밖의 규약을 제출하여야 한다(규칙 제48조 제1호). 이러한 정관은 **정관 기타의 규약을 반드시 등기신청서에 첨부하여야** 하며, 거기에는 **단체의 목적, 명칭, 사무소의 소재지, 자산에 관한 규정, 대표자 또는 관리인의 임면에 관한 규정, 사원자격의 득실에 관한 규정이 기재되어야 한다** (「민법」 제40조, 제43조, 예규 1621 참조). [22 등기서기보 / 15 법무사 / 13 법무사]

나) 주소를 증명하는 서면(규칙 제46조 제1항 제6호)

법인 아닌 사단이나 재단의 경우에는 정관이나 그 밖의 규약, 결의서 등이 주소를 증명하는 서면이 된다. 종중 사무소 소재지가 수차 이전된 경우에는 주소변경을 증명하는 서면으로 주소변동사항을 알 수 있는 신·구 종중 규약을 첨부하되, 그 변경등기는 등기기록상 주소로부터 최후 주소로 바로 할 수 있다(선례 2-498).

다) 부동산등기용등록번호를 증명하는 서면(규칙 제46조 제1항 제6호)

법인 아닌 사단이나 재단이 **등기권리자**인 경우 부동산등기용등록번호는 등기사항이므로 **신청서에 기재하여야** 하고, 이를 **증명하는** 서면을 제출하여야 한다(규칙 제46조 제1항 제6호). [21 등기서기보 / 13 법무사] 법인 아닌 사단이나 재단의 **부동산등기용등록번호는** 시장, 군수 또는 구청장(자치구가 아닌 구의 구청장을 포함한다)이 부여한다(법 제49조 제1항 제3호). 그러나 부동산등기용등록번호증명서는 주소를 증명하는 서면이나 대표자를 증명하는 서면이 될 수 없다.

라) 대표자나 관리인임을 증명하는 정보(규칙 제48조 제2호)

법인 아닌 사단이나 재단이 등기를 신청하는 경우에는 대표자나 관리인임을 증명하는 정보를 제공하여야 한다. 다만 신규칙에서는 대표자나 관리인 등기의 의의를 살리고 신청인의 불편을 줄이기 위해 등기되어 있는 대표자나 관리인이 신청하는 경우에는 이러한 정보를 제공할 필요가 없도록 하였다.

따라서 **대표자나 관리인임을 증명하는 정보로**, 정관이나 그 밖의 규약에서 정한 방법에 의하여 **대표자 또는 관리인으로 선임되었음을 증명하는 정보**(예 정관에서 대표자의 선임을 사원총회의 결의에 의한다고 한 경우에는 사원총회 결의서 등)를 제공하여야 한다. 다만 등기되어 있는 대표자나 관리인이 신청하는 경우에는 그 증명정보를 제공하지 아니한다. [20 법무사·등기서기보 / 17 등기주사보 / 16 등기서기보 / 15 법무사 / 13 법무사]

대표자 증명서면과 관련해서 **부동산등기용등록번호대장이나 그 밖의 단체등록증명서는** 법인 아닌 사단이나 재단의 대표자임을 증명하는 서면에 **해당하지 않는다**(예규 1621). [21 등기서기보 / 20 법무사 / 16 등기서기보 / 13 법무사]

마) 대표자나 관리인의 주소 및 주민등록번호를 증명하는 정보(규칙 제48조 제4호)

등기권리자가 법인 아닌 사단이나 재단인 경우 그 **대표자나 관리인의 성명·주소 및 주민등록번호는** 신청서 기재사항이자 등기사항이므로(법 제48조 제3항, 규칙 제43조 제2항), 이를 소명하는 서면으로 **대표자 또는 관리인의 주민등록표 등본** 등을 첨부하여야 한다(규칙 제48조 제4호). [18 등기서기보 / 14 등기서기보 / 13 법무사]

바) 민법 제276조 제1항의 결의가 있음을 증명하는 정보

① 법인이 아닌 사단의 사원이 집합체로서 물건을 소유할 때에는 **총유로** 한다. 총유에 관하여는 사단의 **정관 기타 계약에 의하는 외에** 다음 제2조의 규정에 의한다(민법 제275조). **총유물의 관리 및 처분은 사원총회의 결의에 의한다**(민법 제276조 제1항).

즉, **민법 제276조 제1항은** 정관이나 그 밖의 규약으로 정한 바가 없는 때에 적용되는 임의규정이므로(「민법」 제275조 제2항), 정관이나 그 밖의 규약으로 그 소유 **부동산을 처분하는** 데 있어서 위 결의를 필요로 하지 않는다는 취지를 정하고 있을 경우에는 위 사원총회 **결의서를 첨부하지 않아도 된다**(선례 6-21). [20 등기서기보 / 18 법무사 / 17 등기주사보 / 16 등기서기보 / 15 법무사]

② 법인 아닌 사단이 **등기의무자로서** 등기신청을 할 경우에는 원칙적으로 민법 제276조 제1항의 규정에 의한 결의서(🔟 **총유물의 관리 및 처분에 관한 사원총회의 결의서**)를 등기신청서에 첨부하여야 한다(규칙 제48조 제3호). 총유물의 관리 및 처분은 사원총회의 결의에 의하므로(「민법」 제276조 제1항), 법인 아닌 사단이 그 소유의 부동산을 처분(소유권이전, 근저당권이나 그 밖의 제한물권의 설정 등)하고 **등기의무자로서** 그 등기를 신청하는 경우에는 **사원총회결의서**를 첨부하도록 한 것이다(선례 4-54). [23 법원사무관] 마찬가지로, 법인 아닌 사단이 등기의무자로서 전세권설정등기의 말소등기 등을 신청하는 경우에는 정관이나 그 밖의 규약으로 달리 정하지 않는 한 「민법」 제276조 제1항의 결의가 있음을 증명하는 정보를 첨부정보로서 등기소에 제공하여야 한다(선례 202206-3).

③ 그러나 **법인 아닌 사단**이 부동산을 매수하여 등기권리자로서 매매를 등기원인으로 하는 소유권이전등기를 신청하는 경우, 「민법」 제276조 제1항의 결의가 있음을 증명하는 정보를 첨부정보로서 등기소에 **제공할 필요는 없다**(선례 제202405-4호).

법인 아닌 사단의 정관에 '예산의 집행에 관한 사항'은 이사회의 결의를 거치도록 규정하고 있다고 하더라도, 이러한 정관은 법인 아닌 사단의 대표자의 **대표권을 제한하는 규정**에 해당하고, 이와 같은 이사회 결의사항은 법인 아닌 사단의 **내부적 의사결정**에 불과하다 할 것이므로, **이사회 결의가 있었음을 증명하는 정보를 첨부정보로서 등기소에 제공할 필요는 없다**(선례 제202405-4호).

④ 마찬가지로 소유권보존등기는 관리 또는 처분행위가 아니므로 사원총회의 **결의서를 첨부할 필요가 없다.** [22 등기서기보 / 13 법무사]

사) 인감증명(규칙 제60조 제1항 제8호, 등기예규)

① **대표자 증명서면** 또는 **사원총회결의서**(정관이나 그 밖의 규약으로 그 소유부동산을 처분하는 데 있어서 위 결의를 필요로 하지 않는다고 정하고 있을 경우에는 제외)에는 그 사실을 확인하는 데 상당하다고 인정되는 2인 이상의 성년자가 사실과 상위 없다는 취지와 성명을 기재하고 **인감을 날인**하여야 하며, 날인한 인감에 관한 **인감증명**을 **제출**하여야 한다.

다만 **변호사** 또는 **법무사**가 등기신청을 대리하는 경우에는 변호사 또는 법무사가 위 각 서면에 사실과 상위 없다는 취지를 기재하고, **기명날인**함으로써 인감날인 및 인감제공에 갈음할 수 있다. [22 등기서기보 / 21 등기서기보 / 20 법무사 / 15 법무사]

② 법인 아닌 사단이 등기를 신청하는 경우 그 대표자 또는 관리인을 증명하는 서면 등에 성년자 2인 이상의 인감을 날인하도록 한 취지는, 그 서면에 기재된 내용이 사실이며 등기신청을 하는 현재 시점에도 여전히 유효하다는 점을 보증하도록 하고자 하는 것인 바, 비록 그 서면이 결의서로써 결의서 작성 당시 인감이 날인되어 있다고 하더라도 이는 그 결의 당시의 사실을 확인하는 의미만 있을 뿐, 그러한 사실이 현재 등기신청하는 시점까지 유효하다는 의미까지 포함될 수는 없는 것이다(선례 200709-3).

따라서 비록 대표자 또는 관리인을 증명하는 서면 등이 결의서로써 그 결의서 작성 당시에 인감이 날인되어 있다고 하더라도, 이와는 별도로 2인 이상의 성년자가 사실과 상위함이 없다는 취지와 성명을 기재하고 인감을 날인하여야 할 것이다(선례 200709-3). [21 법무사 / 10 법무사]

③ 또한, 여기서의 2인 이상의 성년자는 결의서 작성 당시에 날인한 자와 동일인이더라도 무방하며(선례 200709-3), 반드시 결의서 작성 당시에 날인한 자와 동일할 필요는 없다(선례 202108-3).

④ 만약, 2인을 초과하는 자가 위와 같은 기재를 하고 인감을 날인하였다면, 그중 2인의 인감증명을 제출하면 족하고, 2인을 초과하는 자의 인감증명을 제출할 필요는 없다.

⑤ 한편, 대표자 증명서면을 제공하면 족하고, '등기신청을 당해 대표자에게 위임하는 결의가 있었음을 증명하는 정보'를 별도로 제공할 필요도 없다(선례 제202405-4호).

라. 실행절차(등기실행)

법인 아닌 사단이나 재단은 법인등기와 같은 공시제도가 없으므로 그 대표자나 관리인을 분명히 하기 위하여 대표자나 관리인의 성명·주소 및 주민등록번호를 등기사항으로 하고 있다(법 제48조 제3항). [18 법무사 / 10 법무사] 따라서 법인 아닌 사단이나 재단 명의의 등기를 할 때에는 그 대표자나 관리인의 성명, 주소 및 주민등록번호를 함께 기록하여야 한다.

그러나 (근)저당권의 채무자는 성명과 주소만 기재하므로(법 제75조 참조), 법인 아닌 사단이나 재단이 (근)저당권설정등기신청서에 채무자로 기재되어 있는 경우 법인 아닌 사단이나 재단의 명칭과 사무소 소재지를 기록하며, 등기부에 그 사단 또는 재단의 부동산등기용등록번호나 대표자에 관한 사항은 기록할 필요가 없다(예규 1621). [22 등기서기보 / 18 법무사 / 17 등기주사보 / 16 등기서기보 / 15 법무사 / 10 법무사]

(🔑 비법인 명칭○ / 비법인 사무소○ / 비법인 번호✕ / 대표자✕)

마. 대표자 또는 관리인의 성명, 주소 및 주민등록번호 추가 표시변경등기

(가) 법인 아닌 사단이나 재단이 현재 효력 있는 권리에 관한 등기의 등기명의인이나 그 대표자 또는 관리인의 성명, 주소 및 주민등록번호가 등기기록에 기록되어 있

지 않은 경우, 그 대표자 또는 관리인은 대표자 또는 관리인의 성명, 주소 및 주민 등록번호를 추가로 기록하는 내용의 등기명의인표시변경등기를 신청할 수 있다 (예규 1621).

(나) 위 등기명의인표시변경등기를 신청할 때에는 대표자 또는 관리인의 주민등록표 등(초)본 외에 정관 기타의 규약, 대표자 또는 관리인을 증명하는 서면 등도 첨부 하여야 하고, 등기관은 첨부된 서면을 종합적으로 고려하여 신청인이 적법한 대표 자나 관리인인지에 대한 심사를 엄격히 한 후에 그 수리 여부를 결정하여야 한다 (예규 1621).

(다) 위 등기명의인표시변경등기를 신청할 때에는 등기원인은 "대표자 또는 관리인 추 가"로, 등기의 목적은 "등기명의인표시변경"으로, 등기원인일자는 "등기신청일"을 각 기재하여야 한다(예규 1621).

2) 전통사찰(예규 1484)

가. 서설

전통사찰이란 불교 신앙의 대상으로서의 형상을 봉안하고 승려가 수행하며 신도를 교화 하기 위한 시설 및 공간으로서 제4조에 따라 등록된 것을 말한다(「전통사찰의 보존 및 지원에 관한 법률」 제2조 제1호).

누구든지 전통사찰의 존엄 및 수행 환경을 존중하고 이를 훼손하거나 방해하지 말아야 하며, 각종 공사나 개발사업을 시행하는 자는 전통사찰의 역사적·문화적 가치 등을 훼손하지 아니하도록 노력하여야 한다(동법 제3조). 또한 **국가와 지방자치단체**는 전통 사찰의 보존·관리 및 활용을 위하여 적극 노력하여야 한다(동법 제3조의2).

나. 개시

다. 신청절차

(가) 신청인

전통사찰의 소유에 속하는 부동산에 관하여는 법 제2조 제2호의 주지(이하 "주지" 라 한다)가 그 사찰을 대표하여 등기를 신청한다. **주지란** 전통사찰의 대표자로서 사찰의 운영 및 재산을 관리하고 전통사찰의 보존·발전·계승을 관장하는 승려 를 말한다(동법 제2조 제2호).

전통사찰은 아니나 소속종단이 있는 사찰이 그 사찰 소유의 부동산에 대하여 등기 신청을 하는 경우에는 제2조 및 제3조의 규정을 준용한다.

소속종단이 있는 사찰인지 여부는 해당 사찰의 명칭과 정관을 종합적으로 심사 하여 판단하여야 하고, 특히 명칭에 해당 사찰의 소속종단으로 볼 수 있는 표시 (예 대한불교○○종 ○○사) 등이 있으나 소속종단의 정관이나 규약이 첨부되지 아니한 경우에는 이를 첨부하도록 보정명령을 하여야 한다. 다만 소속종단이 없는 사찰이라는 소명이 있는 경우에는 그러하지 아니한다.

(나) 신청정보

(다) 첨부정보

가) 일반적인 경우

① 전통사찰이 등기를 신청하는 경우에 부동산등기규칙(이하 "규칙"이라 한다) 제48조의 규정에 따라 등기소에 제공하여야 하는 첨부정보는 다음 각 호와 같다.

1. 전통사찰의 정관이나 규약 및 전통사찰이 특정종단에 소속되어 그 종단(이하 "소속종단"이라고 한다)의 구성원인 경우에는 소속종단의 정관이나 규약 [20 법무사 / 16 등기서기보]

2. 전통사찰의 대표자임을 증명하는 다음 각 목의 정보

　가. 소속종단의 정관이나 규약에 소속종단의 대표자가 주지를 임면할 권한이 있는 것으로 정한 경우에는 그 종단 대표자 명의의 주지재직증명정보 및 종단 대표자의 직인 인영정보 [20 법무사]

　(예 해당 전통사찰이 대한불교○○종 소속인 경우에 대한불교○○종 대표자가 발행한 주지재직증명서 및 그 대표자의 직인증명서)

　나. 다만 위와 같은 정함이 없는 경우에는 그 소속종단의 정관이나 규약에서 정한 방법에 따라 주지로 선임되어 재직하고 있음을 증명하는 정보

　다. 소속종단이 없는 경우에는 전통사찰의 정관이나 규약에서 정한 방법에 의하여 주지로 선임되어 재직하고 있음을 증명하는 정보

3. 전통사찰이 등기의무자로서 등기신청을 할 경우에는 「민법」 제276조 제1항의 규정에 의한 결의가 있음을 증명하는 정보(전통사찰이 법인 아닌 사단인 경우로 한정한다). 다만 정관 기타의 규약으로 그 소유 부동산을 처분하는 데 있어서 위 결의를 필요로 하지 않는다고 정하고 있을 경우에는 그러하지 아니한다.

4. 주지의 주소 및 주민등록번호를 증명하는 정보

② 제1항의 2. 및 3.의 첨부서면에는 그 사실을 확인하는 데 상당하다고 인정되는 2인 이상의 성년자가 사실과 상위 없다는 뜻과 성명을 기재하고 인감을 날인하여야 하며, 날인한 인감에 관한 인감증명을 제출하여야 한다. 다만 변호사 또는 법무사가 등기신청을 대리하는 경우에는 변호사 또는 법무사가 위 각 서면에 사실과 상위 없다는 뜻을 기재하고 기명날인함으로써 이를 갈음할 수 있다.

나) 전통사찰보존지 등에 대한 처분행위를 하는 경우

전통사찰보존지 및 전통사찰보존지에 있는 건물(이하 '전통사찰보존지 등'이라

한다)에 대한 처분행위를 원인으로 한 등기신청을 하는 경우에 규칙 제46조 제 1항 제2호의 규정에 따라 등기소에 제공하여야 하는 첨부정보는 다음과 같다.

1. 전통사찰 소유의 전통사찰보존지 등을 매매, 증여, 그 밖의 원인으로 양도 하여 소유권이전등기를 신청하는 경우에는 법 제9조 제1항에 따른 문화체 육관광부장관의 허가를 증명하는 정보 [23 등기서기보 / 20 법무사 / 19 등기주사보 / 17 법무사] 다만 시효취득[19 등기주사보]을 원인으로 한 소유권이전등기를 신청하거나 민 사집행법에 따른 매각[23 법무사 / 19 등기주사보 / 16 등기서기보]을 원인으로 한 소유권이 전등기를 촉탁하는 경우에는 등기소에 제공할 필요가 없다.

2. 전통사찰 소유의 전통사찰보존지 등에 제한물권(⬛ 근저당권 등) 또는 임 차권의 설정등기를 신청하는 경우에는 법 제9조 제2항에 따른 시·도지사 의 허가를 증명하는 정보 [20 법무사 / 16 등기서기보 / 9 법무사]

라. 실행절차

등기관은 전통사찰에 해당한다고 볼 만한 사정이 있음에도 불구하고 사찰 명의의 부동 산에 대한 처분을 원인으로 한 등기신청정보에 주무관청의 처분허가정보가 첨부정보로 제공되지 않은 경우라도 다음 각 호의 첨부정보 중 어느 하나가 제공되었다면 수리한다.

(가) 해당 사찰이 전통사찰이 아니라는 주무관청의 확인정보 또는 그밖에 이에 준하는 정보

(나) 전통사찰에 해당하는 경우에는 해당 부동산이 전통사찰보존지등이 아니라는 정보

관련 기출지문

1 수리계(水利契), 어촌계(漁村契)와 같은 계(契)는 규약 등에 의하여 그 실체가 사단으로서의 성격을 갖는 지 여부와 관계없이 등기명의인이 될 수 없다. (×)   [10 법무사]

2 법인 아닌 사단에 대하여는 임시이사의 선임에 관한 민법 제63조의 규정이 유추적용되지 않는다. (×)   [18 법무사]

3 법인 아닌 사단이나 재단이 등기권리자로서 저당권설정등기를 신청할 때에는 법인 아닌 사단이나 재단의 사무소 소재지를 증명하는 정보만을 제공하면 되고, 그 대표자나 관리인의 주소를 증명하는 정보까지 제 공할 필요는 없다. (×)   [14 등기서기보]

4 법인 아닌 사단이 등기신청을 하는 경우에는 대표자 또는 관리인임을 증명하는 서면을 반드시 등기신청서 에 첨부하여야 한다. (×)   [15 법무사]

5 법인 아닌 사단의 대표자 또는 관리인을 증명하는 서면으로는, 정관 기타의 규약에서 정한 방법에 의하여 대표자 또는 관리인으로 선임되었음을 증명하는 서면을 제출하여야 하는데, 부동산등기용등록번호대장이 나 기타단체등록증명서도 위 대표자 또는 관리인을 증명하는 서면으로 제출할 수 있다. (×)   [21 등기서기보 / 20 법무사]

6 총유물의 관리 및 처분은 사원총회의 결의에 의하므로, 법인 아닌 사단이 그 소유의 부동산을 처분하고 등기의무자로서 그 등기를 신청하는 경우에는 사원총회 결의서를 첨부하여야 하고, 정관 등에서 달리 정 하고 있더라도 마찬가지이다. (×)   [18 법무사]

7 법인 아닌 사단이 등기를 신청하는 경우에는 반드시 사원총회의 결의가 있음을 증명하는 정보를 제공하여야 한다. (×)
[17 등기주사보]

8 법인 아닌 사단이 총유물인 그 소유 부동산을 처분하기 위하여 등기의무자로 등기신청을 하는 경우에는 언제나 사원총회결의서를 첨부정보로 제공하여야 한다. (×)
[16 등기서기보]

9 법인 아닌 사단이 등기의무자로서 등기신청을 할 경우에는 민법 제276조 제1항의 규정에 의한 결의서를 반드시 등기신청서에 첨부하여야 한다. (×)
[15 법무사]

10 법인 아닌 사단이 소유권보존등기를 신청하는 경우에는 총유물의 관리 및 처분에 관한 사원총회의 결의서를 첨부정보로 제공하여야 한다. (×)
[13 법무사]

11 법무사가 등기신청을 대리하는 경우에는 2인 이상의 성년자를 갈음하여 법무사가 대표자 또는 관리인임을 증명하는 서면에 사실과 상위 없다는 취지를 기재하고 기명날인할 수 있는바, 이때에는 법무사의 인감증명을 반드시 제출하여야 한다. (×)
[15 법무사]

12 변호사 또는 법무사가 등기신청을 대리하는 경우에는 대표자 또는 관리인을 증명하는 서면과 사원총회결의서에 2인 이상의 성년자에 갈음하여 변호사 또는 법무사가 사실과 상위 없다는 취지를 기재하고 기명날인할 수 있고 이때에는 변호사나 법무사의 인감증명을 첨부정보로 제공하여야 한다. (×) [22 등기서기보]

13 대표자 또는 관리인을 증명하는 서면 등이 결의서로써 그 결의서 작성 당시에 인감이 날인되어 있다면, 이와는 별도로 2인 이상의 성년자가 사실과 상위함이 없다는 취지와 성명 기재 및 인감 날인 등을 할 필요가 없다. (×)
[21 법무사]

14 법인 아닌 사단이나 재단은 법인등기와 같은 공시제도가 없으므로 그 대표자나 관리인을 분명히 하기 위하여 대표자나 관리인의 성명·주소에 한하여 등기사항으로 하고 있다. (×)
[18 법무사]

15 법인과 마찬가지로 법인 아닌 사단의 대표자의 성명, 주소, 주민등록번호도 등기대상이다. (×) [10 법무사]

16 법인 아닌 사단이 근저당권설정등기의 채무자인 경우에도 그 부동산등기용등록번호나 대표자에 관한 사항을 등기하여야 한다. (×)
[18 법무사 / 15 법무사 / 10 법무사]

17 전통사찰 소유의 전통사찰보존지에 대한 시효취득을 원인으로 한 소유권이전등기를 신청하는 경우에는 문화체육관광부장관의 허가를 증명하는 정보를 첨부정보로서 등기소에 제공하여야 한다. (×)
[20 법무사 / 16 등기서기보]

18 저당권설정등기를 신청하는 경우에는 문화체육관광부장관의 허가를 증명하는 정보를 첨부정보로서 등기소에 제공하여야 한다. (×)
[19 등기주사보]

3. 포괄승계인

(1) 서설

1) 의의

등기원인이 발생한 후에 등기권리자 또는 등기의무자에 대하여 **상속이나 그 밖의 포괄승계**가 있는 경우에는 상속인이나 그 밖의 포괄승계인이 **상대방과 공동으로 등기를 신청할 수 있다**(법 제27조). [19 법무사 · 등기서기보 / 17 법원사무관 / 15 법무사] 따라서 등기의무자의 상속인 등과 등기권리자가 공동으로 등기를 신청하거나, 등기권리자의 상속인 등과 등기의무자가 공동으로 등기를 신청하여야 한다.

법 제27조의 '포괄승계인에 의한 등기신청' 규정은 등기원인은 생전에 있었지만 그 이행을 못하고 사망한 경우에 신청행위만을 상속인이 하는 것으로서, 법 제23조 제3항의 '포괄승계에 따른 등기신청'과는 구별하여야 한다. 양자 모두 포괄승계를 증명하는 서면을 제공하여야 하지만 전자는 공동신청이나 후자는 단독신청이라는 점 등이 다르다.

2) 요건

가. 등기원인이 발생할 것

본 조항이 적용되기 위해서는 등기의 원인이 발생한 후에 포괄승계가 발생하여야 하는데 그 등기원인에는 소유권이전등기의 원인인 매매·증여·사인증여, 근저당권이전등기의 원인인 채권양도계약, 근저당권말소등기의 원인인 해지계약 등이 포함된다.

또한 매매·증여·진정명의회복 등을 원인으로 하는 소유권이전등기절차의 이행을 명하는 판결의 변론종결 후에 사망한 경우도 마찬가지이다.

나. 등기원인이 발생한 후에 포괄승계가 있을 것

등기원인이 발생한 후에 포괄승계가 발생하여야 하므로 피상속인과의 법률행위가 있은 후에 사망한 경우에는 법 제27조에 해당한다

그러나 상속인과 법률행위가 있는 경우에는 포괄승계가 먼저 이루어진 후 법률행위가 있는 것이므로 법 제27조에 해당하지 않는다.

다. 등기권리자 또는 등기의무자의 포괄승계가 있을 것

예컨대 사람이라면 상속, 법인이라면 합병의 경우가 대표적이다.

3) 적용범위

가. 소유권이전등기

① 피상속인이 생전에 자기 소유 부동산을 매도하고 매매대금을 모두 지급받기 전에 사망한 경우, 상속인은 당해 부동산에 관하여 상속등기를 거칠 필요 없이 상속을 증명하는 서면을 첨부하여 피상속인으로부터 바로 매수인 앞으로 소유권이전등기를 신청할 수 있다(선례 6-216). [22 법무사]

② 갑이 을에게 부동산을 매도하였으나 소유권이전등기를 하기 전에 을이 사망하였다면 을의 상속인 A가 등기권리자로서 직접 그 등기신청을 할 수 있다. [12 법무사]

③ 망인이 생전에 그 상속인들 중 특정인에게 부동산을 증여하였으나 그 소유권이전등기를 경료하지 아니한 채 사망한 경우 그 상속인들은 등기의무자의 상속인임을 증명하는 시, 구, 읍, 면의 장의 서면 또는 이를 증명함에 족한 서면을 첨부하여 망인 명의로부터 직접 수증인 명의로 소유권이전등기를 신청할 수 있다(선례 1-395). [15 법무사]

④ (🌐 예컨대 소유권이전등기청구사건) 승소한 등기권리자가 승소판결의 변론종결 후 사망하였다면, 상속인이 상속을 증명하는 서면을 첨부하여 직접 자기(상속인) 명의로 등기를 신청할 수 있다(선례 7-107). [23 등기서기보 / 19 등기서기보·법무사 / 17 법원사무관 / 15

[등기서기보 / 14 법무사 / 12 법무사 / 9 법무사] 이 경우 원고명의로 먼저 판결에 따른 등기를 거친 후 원고의 상속인 명의로 상속등기를 하는 것이 아니다. 법 제27조의 적용으로 인해 상속등기를 거칠 필요도 없으며 사망한 자는 등기당사자능력이 없어서 그 자의 명의로 등기를 신청할 수도 없기 때문이다.

⑤ 피상속인 사망 후 피상속인 명의로 등기되어 있는 부동산을 그의 **상속인으로부터** 매수하였다면 먼저 상속인 앞으로 상속을 원인으로 한 소유권이전등기를 마친 후 매수인 앞으로 소유권이전등기를 신청할 수 있다(선례 1-311). [19 등기서기보 · 법무사 / 17 법원사무관]

⑥ 상속인으로부터 부동산을 매수하여 그 상속인을 상대로 소유권이전등기 승소판결을 얻은 원고는 대위원인을 증명하는 서면인 판결정본을 첨부하여 상속을 원인으로 한 소유권이전등기를 상속인을 대위하여 신청할 수 있다. [18 법무사]

나. 가등기

가등기를 마친 후 가등기당사자가 사망한 경우에는 사망한 사람이 가등기상의 권리자이든 의무자이든 관계없이 그 상속인은 상속등기를 거치지 않고 상속을 증명하는 서면 등을 첨부하여 상대방과 공동으로 본등기를 신청할 수 있다(예규 1632). [22 법무사 / 18 등기주사보 · 법무사 / 14 법무사 / 13 법무사 / 11 법무사]

다. 가처분 및 가압류

① 가처분권리자가 피상속인과의 원인행위에 의한 권리의 이전·설정의 등기청구권을 보전하기 위하여 상속인들을 상대로 처분금지가처분신청을 하여 집행법원이 이를 인용하고, 피상속인 소유 명의의 부동산에 관하여 상속관계를 표시하여(등기의무자를 '망 000의 상속인 000' 등으로 표시함) 가처분기입등기를 촉탁한 경우에는 상속등기를 거침이 없이 가처분기입등기를 할 수 있다(예규 881). [22 법무사 / 21 등기서기보 / 18 등기주사보 / 15 등기서기보]

② 상속등기를 하지 아니한 부동산에 대하여 가압류결정이 있을 때 가압류채권자는 그 기입등기촉탁 이전에 먼저 대위에 의하여 상속등기를 함으로써 등기의무자의 표시가 등기기록과 부합하도록 하여야 한다(예규 1432). [24 등기서기보 / 21 법원사무관 / 18 법무사 / 17 등기서기보 / 11 법무사 / 10 법무사]

라. 법인의 합병

① 합병 후 존속하는 회사 또는 합병으로 인하여 설립된 회사는 합병으로 인하여 소멸된 회사의 권리의무를 포괄승계한다(상법 제530조 제2항, 제235조).

② 합병으로 인하여 소멸한 甲회사가 합병 전에 매수한 부동산에 관하여는 합병 후 존속하는 乙회사가 등기권리자로서 매도인과 공동신청으로 직접 乙회사 명의로의 소유권이전등기를 신청할 수 있으며 이 경우에는 합병이 있었다는 사실을 증명하는 법인등기사항에 관한 정보를 첨부정보로서 제공하여야 한다(예규 422). [18 법무사]

③ 근저당권등기의 말소등기는 그 말소의 등기원인(해지 등)이 합병등기 전에 발생한 것인 때에는 합병으로 인한 근저당권이전등기를 거치지 아니하고서도 합병 후 존속하는 회사 또는 합병으로 인하여 설립된 회사가 합병을 증명하는 서면을 첨부하여 신청할 수 있을 것이나[22 법원사무관·법무사 / 17 법무사 / 15 등기서기보 / 10 법무사], 그 말소의 등기원인(해지 등)이 합병등기 후에 발생한 것인 때에는 먼저 합병으로 인한 근저당권이전등기를 거친 후 말소할 수 있다(선례 제2-385호). [24 법원사무관 / 18 등기주사보]

4) 효과

포괄승계인에 의한 등기신청(법 제27조)에 해당하면 별도의 상속등기 등을 거치지 아니하고 상속인이 직접 상대방과 등기신청한다.

포괄승계인에 의한 등기신청(법 제27조)에 해당하지 않으면 상속등기 등을 먼저 거쳐야 한다.

(2) 개시

(3) 신청절차

1) 신청인

등기의무자의 상속인 등과 등기권리자가 공동으로 등기를 신청하거나, 등기권리자의 상속인 등과 등기의무자가 공동으로 등기를 신청하여야 한다.

2) 신청정보

규칙 제43조의 일반적인 내용을 신청정보의 내용으로 기재한다.

3) 첨부정보

포괄승계에 따른 등기를 신청하는 경우에는 가족관계등록에 관한 정보 또는 법인등기사항에 관한 정보 등 상속 그 밖의 포괄승계가 있었다는 사실을 증명하는 정보를 제공하여야 한다. [19 법무사 / 17 법원사무관 / 15 법무사]

농지를 매매함에 있어서 농지취득자격증명은 반드시 매매계약에 앞서 발급받아야 하는 것은 아니며 매매계약 후에 발급받은 것이라도 유효하다. 다만 농지의 매수인이 사망한 후에 그에 대하여 발급된 농지취득자격증명은 무효이므로 그 상속인이 피상속인 명의의 농지취득자격증명서를 첨부하여 소유권이전등기를 신청할 수는 없다. 따라서 상속인 명의로 새로 농지취득자격증명을 발급받아 제공하여야 한다(선례 3-837).

다만, 토지거래계약허가는 이와 달리 판단한다. 토지거래계약 허가구역에서 토지 매매계약 후 토지거래계약허가신청서를 제출하였으나 매도인이 사망하고 토지거래계약허가증 역시 매도인이 사망한 후에 교부받은 경우 상속인이 매수인과 공동으로 상속인에 의한 등기를 신청하는 때에는 상속인은 상속등기를 거칠 필요 없이 종전 매도인 명의의 매매계약서 및 토지거래계약허가증을 첨부하면 되고 상속인을 거래당사자로 한 토지거래계약허가를 받을 필요는 없다(선례 8-58, 5-69). [22 법무사 / 15 등기서기보 / 11 법무사]

(4) 실행절차

신청정보의 등기의무자의 표시가 등기기록과 일치하지 아니한 경우에는 등기신청의 각하사유인데, 부동산등기법 제27조에 따라 **포괄승계인이 등기신청을 하는 경우는 신청정보의 등기의무자의 표시가 등기기록과 일치하지 아니하더라도 각하하지 아니한다.** [22 법무사 / 18 등기서기보 / 15 등기서기보] 다만 상속인이나 그 밖의 포괄승계인임을 증명하는 서면을 제출해야 하고, 등기원인증서는 피상속인이나 그 밖의 피승계인 명의로 작성된 것이어야 한다.

관련 기출지문

1 등기원인이 발생한 후에 등기권리자에 대하여 포괄승계가 있는 경우 포괄승계인이 그 등기를 신청할 수 있으나, 등기의무자에 대하여 포괄승계가 있는 경우에는 포괄승계인이 그 등기를 신청할 수 없다. (×)
[17 법원사무관]

2 토지에 대한 소유권이전등기 청구사건에서 원고가 판결확정 후 사망한 경우에 원고의 지위를 승계한 상속인은 그 판결을 첨부하여 원고의 명의로 소유권이전등기를 마친 후 상속인 앞으로 소유권이전등기를 신청할 수 있다. (×)
[19 법무사]

3 가처분권리자가 피상속인과의 원인행위에 의한 권리의 이전등기청구권을 보전하기 위하여 상속인들을 상대로 가처분결정을 받았다면 채권자는 등기의 촉탁 전에 먼저 대위로 상속등기를 마침으로써 등기의무자의 표시를 등기기록과 일치하도록 하여야 한다. (×)
[18 등기주사보]

4 상속등기를 하지 아니한 부동산에 대하여 상속인을 상대로 한 가압류결정이 있을 때에는 가압류채권자에 의한 대위 상속등기를 거치지 않고 가압류등기를 할 수 있다. (×)
[18 법무사]

5 상속등기를 하지 않은 부동산에 대하여 상속인을 상대로 한 가압류결정이 있을 때에는 상속등기와 가압류등기를 함께 촉탁하여야 한다. (×)
[11 법무사]

6 피상속인 사망 후 그의 소유로 등기되어 있는 부동산을 그의 상속인으로부터 매수하였다면 상속인과 매수인은 피상속인 명의에서 매수인 명의로의 소유권이전등기를 신청할 수 있다. (×)
[19 등기서기보]

7 합병 후 존속하는 회사가 합병으로 인하여 소멸한 회사명의로 있는 저당권등기의 말소신청을 하는 경우에 그 등기원인이 합병등기 전에 발생한 것인 때라도 그 전제로서 회사합병으로 인한 근저당권이전등기를 하여야 한다. (×)
[15 등기서기보]

8 乙회사가 甲회사를 흡수합병하기 전에 甲회사 명의의 근저당권에 대한 설정계약이 해지된 경우 乙회사가 甲회사 명의 근저당권등기의 말소신청을 하기 위해서는 합병을 원인으로 한 근저당권이전등기를 선행하여야 한다. (×)
[22 법원사무관]

9 甲 법인과 乙 법인이 합병하여 丙 법인이 신설된 경우 甲 명의의 근저당권설정등기의 말소등기를 신청함에 있어서 말소의 원인이 되는 설정계약의 해지가 합병등기 후에 발생하였으면 합병으로 인한 근저당권이전등기를 거칠 필요 없이 곧바로 말소등기를 신청할 수 있다. (×)
[24 법원사무관]

10 가등기를 마친 후에 가등기권자가 사망한 경우, 가등기권자의 상속인이 가등기의무자와 공동으로 본등기를 신청하기 위해서는 먼저 상속등기를 마쳐야 한다. (×)
[18 법무사]

11 가등기를 마친 후에 가등기의무자가 사망한 경우, 가등기의무자의 상속인은 상속등기를 한 후에 가등기권자와 공동으로 본등기를 신청하여야 한다. (×)
[13 법무사]

12 토지 매매계약 후 매도인 명의의 토지거래계약허가신청서를 제출하였으나 매도인이 사망한 후에 토지거래계약허가증을 교부받은 경우, 상속인은 상속인을 거래당사자로 한 토지거래계약허가증을 발급받아야만 피상속인으로부터 매수인 앞으로 소유권이전등기를 신청할 수 있다. (×)
[22 법무사]

13 가등기 후 가등권리자가 사망한 경우와 달리 가등기의무자가 사망하였다면, 그 상속인은 상속등기를 경료한 후 본등기를 신청하여야 한다. (×)
[11 법무사]

14 부동산등기법 제27조에 따라 상속인이나 그 밖의 포괄승계인이 등기를 신청하는 경우에는 등기원인이 상속이 아니므로 상속이나 그 밖의 포괄승계가 있었다는 사실을 증명하는 정보를 첨부정보로서 제공할 필요가 없다. (×)
[15 법무사]

15 토지 매매계약 후 매도인 명의의 토지거래계약허가신청서를 제출하였으나 매도인이 사망한 후에 토지거래계약허가증을 교부받은 경우, 상속인은 상속인 명의로 새롭게 토지거래계약허가증을 발급받아야만 피상속인으로부터 매수인 앞으로 소유권이전등기를 할 수 있다. (×)
[15 등기서기보]

III. 제3자

1. 대리

(1) 서설

1) 의의

법은 신청인 또는 그 대리인이 등기소에 출석하여 신청정보 및 첨부정보를 적은 서면을 제출하는 방법으로 등기를 신청할 수 있다(제24조 제1항 제1호)고 함으로써 대리인에 의한 등기신청을 허용하고 있다(다만 전자신청의 대리는 자격자대리인에게만 허용된다). 공동신청의 경우뿐만 아니라 단독신청이나 대위신청의 경우에도 대리인에 의한 등기신청이 인정된다. 대리인은 임의대리와 법정대리로 구별된다.

대리는 당사자의 위임을 받아 대리인의 이름으로 등기를 신청하는 것을 말하며, 대위는 당사자의 위임이 없이 법률에 따라 자신의 이름으로 등기를 신청하는 것을 말한다.

2) 종류

가. 임의대리인

(가) 의의

임의대리인이란 본인의 의사에 의하여 대리권이 주어진 대리인을 말한다(「민법」 제120조).

(나) 대리인의 능력

부동산에 관한 권리변동을 위한 법률행위(원인행위)를 대리하는 경우 대리인은 행위능력자가 아니어도 무방하다(「민법」 제117조). 따라서 위 원인행위의 이행에 불과한 등기신청행위의 경우에도 그 대리인은 행위능력자임을 요하지 않는다고 할 것이다. [12 법무사]

(다) 대리인의 자격(법무사 아닌 자의 등기신청대리의 제한)

가. 등기를 신청함에 있어서 임의대리인이 될 수 있는 자격에는 제한이 없으므로 누구나 대리인이 될 수 있다. 즉 변호사나 법무사가 아니어도 무방하다. [20 등기서기보]

다만 **법무사가 아닌 자는** 등기신청의 대리를 **업으로 하지 못하고**(「법무사법」 제3조), 변호사 아닌 자도 변호사법에 따라 등기신청의 대리를 업으로 할 수 없다. 즉 법무사 또는 변호사 아닌 자(공인중개사, 행정사 등, 이하 "법무사 아닌 자"라 한다)는 다른 사람을 대리하여 부동산등기신청을 하거나 등기사항증명서 발급신청서를 작성하여 등기소에 제출하는 행위를 업으로 하지 못한다.

나. 여기서 **"업으로"** 하였는지의 여부는 사무처리의 반복·계속성, 영업성 등의 유무와 그 행위의 목적이나 규모, 횟수, 기간, 태양 등 여러 사정을 **종합적으로 고려**하여 사회통념에 따라 판단하여야 할 것이고, 반복·계속하여 보수를 받고 그러한 사무를 처리하는 것은 물론, **반복·계속할 의사로써 그 사무를 하면 단 한 번의 행위도 이에 해당한다**(대판 2003.6.13, 2003도935).

> 🔁 **관련 선례**
> ① 부동산중개업자나 행정사가 당사자의 위임을 받아 수회에 걸쳐 반복적으로 등기를 신청하는 행위(선례 5-19),
> ② 법인의 직원이 법인의 위임을 받아 수회에 걸쳐 반복적으로 등기신청 업무를 대리하거나(선례 6-15)[23 법무사 / 13 법무사],
> ③ 회사 직원이 소속 회사와 거래 대리점 대표의 위임을 받아 수회에 걸쳐 등기신청 업무를 행하는 행위(선례 5-18),
> ④ 금융기관의 지배인이 등기권리자인 법인의 대리인 겸 등기의무자의 대리인으로서 계속·반복적으로 근저당권설정등기 신청업무를 수행하는 행위(선례 201111-2)[21 법무사],
> ⑤ 군청 등의 행정기관에서 민원서비스 개선의 일환으로 부동산등기신청에 필요한 서류의 작성을 대행하는 행위(선례 6-16)
> 등은 보수의 수령 유무와 관계없이 "업"으로 하는 것에 해당하여 법무사법 제3조 제1항에 위반된다고 하였다.

다. 등기관 또는 접수공무원은 법무사 아닌 자가 다른 사람을 대리하여 수시로 반복하여 등기신청을 하는 등 등기신청의 대리를 업으로 한다는 의심이 있을 경우 신청인 본인과 대리인과의 관계를 소명할 것을 요청(가족관계등록사항별증명서, 주민등록표등본 등에 의하여)할 수 있고, 대리인이 해당 등기신청의 대리를 업으로 한다는 판단을 한 경우 등기관 또는 접수공무원은 그 대리인에게 법무사법 위반의 사유로 고발조치될 수 있음을 알리고 등기신청의 취하 또는 접수의 자제를 권고할 수 있다(예규 1221).

대리인이 등기 당사자의 일방으로서 타방을 대리하는 경우와 신청본인의 가족이나 친속에 해당하는 등 해당 등기신청을 업으로 하지 않는 것으로 소명된 경우에는 그 등기신청을 수리하여야 한다.

(라) 대리권의 범위

가. 임의대리권의 범위는 본인의 수권행위에 의하여 정해지나, 일반적으로 부동산에 대한 처분권한의 위임은 등기신청의 위임을 포함한다고 볼 것이다.

나. 처분권한을 위임한 경우에는 **계약서의 작성, 계약서의 수정, 대금의 수령, 부동산등기의 신청권한**이 포함되고,
부동산등기신청을 위임한 경우에는 **등기신청서의 작성(제출), 등기신청서의 보정, 등기필정보의 수령권한**이 포함된다. [21 법무사]

다. 그러나 **등기신청의 취하, 복대리인의 선임, 처분위임장의 원본환부**와 같은 **특별수권 사항**은 위임장에 그 권한이 위임된 경우에 한하여 대리행위를 할 수 있으므로(「민법」 제118조 참조)[13 법무사] 위임장에 복대리인 선임에 관한 기재가 없는데도 복대리인이 등기를 신청하기 위하여는 본인의 승낙이 있음을 증명하는 정보를 제공하여야 한다(규칙 제46조 제1항 제5호).
신청인으로부터 등기신청서의 첨부서면 중 **재외국민이 작성한 처분위임장**과 처분위임장에 날인된 인영을 확인하기 위해 제출한 등기명의인의 인감증명에 대한 **환부신청**이 있다면 등기관은 제출 받은 등본에 환부의 취지를 기재하고 **원본을 환부하여야 할 것이나**, 신청인이 당사자가 아닌 **대리인(법무사 등)**이 신청할 경우에는 당사자로부터 **원본환부신청**에 대해서 **별도의 수권이 있어야 할 것이다**(선례 제8-108호). [23 법무사]

라. 등기신청인 또는 그 대리인은 등기신청을 취하할 수 있다. 다만 **등기신청대리인**이 등기신청을 취하하는 경우에는 **취하에 대한 특별수권**이 있어야 한다. [22 법무사 / 18 등기서기보 / 14 등기서기보]

마. 등기신청이 **등기권리자와 등기의무자의 공동신청**에 의하거나 등기권리자 및 등기의무자 **쌍방**으로부터 위임받은 대리인에 의한 경우에는 그 등기신청의 **취하도** 등기권리자와 등기의무자가 공동으로 하거나 등기권리자 및 등기의무자 **쌍방**으로부터 취하에 대한 특별수권을 받은 대리인이 이를 할 수 있고, 등기권리자 또는 등기의무자 어느 일방만에 의하여 그 등기신청을 취하할 수는 없다. [22 등기서기보·법무사 / 18 법무사·법원사무관 / 15 법원사무관 / 14 법무사[2] / 12 법무사 / 11 법무사[2] / 10 법무사]

바. **합동사무소를 구성하는 법무사 전원이 등기신청을 위임받은 경우** 등기신청서를 제출한 법무사뿐만 아니라 위임장에 기재된 다른 법무사도 해당 등기신청에 대한 **보정 및 취하를 할 수 있다.** 다만, **취하의 경우**에는 등기신청위임장에 **취하에 관한 행위도 위임한다는 내용의 기재**가 있어야 한다(선례 제202001-2호).

(마) 대리의 종료

대리권은 ① 본인의 사망, ② 대리인의 사망, 성년후견의 개시 또는 파산, ③ 그 **원인된 법률관계의 종료**, ④ 법률관계의 종료 전에 **본인이 수권행위를 철회한 경우**에 소멸한다(「민법」 제127조, 제128조).

가) 본인이나 대리인의 사망 등

그러나 등기신청의 대리권은 등기를 신청하는 행위에 대한 대리에 불과하므로 등기신청서를 접수할 때까지 있으면 족하고, 등기가 완료될 때까지 있을 필요는 없다. 따라서 대리인에 의한 등기신청이 접수된 후 등기완료 전에 본인이 사망하였다 하더라도 그 신청에 따른 등기는 유효하다(대판 1989.10.27, 88다카29986). [13 법무사]

소유권이전등기의 등기의무자인 회사의 대표이사 甲이 그 소유권이전등기신청을 법무사에게 위임한 후 그 등기신청 전에 대표이사가 乙로 변경된 경우에도 법무사의 등기신청에 관한 대리권한은 소멸하지 않는다고 보아야 할 것이므로, 그 등기신청서에 등기신청을 위임한 대표이사 甲이 위임 당시에 당해 회사의 대표이사임을 증명하는 회사등기부등본과 甲의 인감증명을 첨부하면 족하고, 새로운 대표이사 乙 명의로 위임장을 다시 작성하거나 그 乙 명의로 된 회사등기부등본과 乙의 인감증명을 새로 발급받아 등기신청서에 첨부할 필요는 없다(선례 5-125). [21 등기서기보·법무사 / 20 법무사 / 17 등기주사보 / 11 법무사]

나) 위임계약의 효력과 해지

① 위임계약의 효력

위임은 당사자 일방이 상대방에 대하여 사무의 처리를 위탁하고 상대방이 이를 승낙함으로써 그 효력이 생기며(민법 제680조), 수임인은 위임의 본지에 따라 선량한 관리자의 주의로써 위임사무를 처리하여야 하며(민법 제681조), 위임인의 승낙이나 부득이한 사유 없이 제삼자로 하여금 자기에 갈음하여 위임사무를 처리하게 하지 못한다(민법 제682조).

② 등기신청에 대한 위임계약의 해지

위임계약은 각 당사자가 언제든지 해지할 수 있다(민법 제689조).

그러나 등기권리자, 등기의무자 쌍방으로부터 위임을 받은 등기신청절차에 관한 위임계약은 그 성질상 등기권리자의 동의 등 특별한 사정이 없는 한 「민법」 제689조 제1항의 규정에 관계없이 등기의무자 일방에 의한 해제는 할 수 없다고 보아야 할 것이다(대판 1987.6.23, 85다카2239 참조). 따라서 등기권리자와 등기의무자 쌍방으로부터 위임을 받은 법무사는 절차가 끝나기 전에 일방으로부터 등기신청을 보류해 달라는 요청이 있더라도 다른 일방의 동의가 없는 한 그 요청을 거부해야 할 위임계약상의 의무가 있다(선례 제4-30호). [22 법무사 / 21 법무사 / 20 법무사]

마찬가지로 등기가 접수된 후 신청인 중 일방이 등기관에게 등기신청 철회의 의사표시를 한 경우에도 등기관은 이를 고려할 필요가 없고 등기신청을 수리할 수 있다.

나. 법정대리인(미성년자를 중심으로)(예규 1088)

(가) 의의

법정대리인은 그 대리권의 발생원인에 따라 ① 법률의 규정에 의하여 본인과 일정한 관계에 있는 자가 당연히 대리인이 되는 **친권자**(「민법」 제911조, 제920조), 후견인(「민법」 제931조, 제932조, 제938조), ② 법원의 선임에 의하여 대리인이 되는 부재자 재산관리인(「민법」 제22조, 제24조), 상속재산관리인(「민법」 제1023조, 제1040조, 제1044조, 제1047조, 제1053조), 유언집행자(「민법」 제1096조) 등으로 나누어진다.

이러한 법정대리권의 범위는 각종의 법정대리인에 관하여 법률이 정하고 있으므로 그 규정의 해석에 의한다. 법정대리인 중 미성년자의 친권자와 특별대리인이 중요하므로 아래에서는 미성년자의 친권자와 관련하여 중점적으로 서술한다.

(나) 친권자의 등기신청

가) 공동대리의 원칙

미성년자는 원칙적으로 혼자서 유효하게 법률행위를 할 수 없는 바, 법정대리인의 동의를 받아 하거나 법정대리인이 그 법률행위를 대리하여야 한다(「민법」 제5조, 제911조, 제920조).

미성년자인 자의 부모가 혼인 중인 때에는 **부모가 공동**으로 **친권을 행사**하고 미성년자인 자의 **법정대리인**이 되므로(「민법」 제909조 제2항, 제911조, 제920조) 매매를 원인으로 하는 **소유권이전등기신청**도 미성년자인 자를 대리하여 **부모가 공동**으로 함이 원칙이다. [23 법무사 / 20 등기서기보 / 17 등기주사보 / 13 법무사 / 12 법무사] 양자의 경우에는 친생부모가 아니라 **양부모가 대리**한다(「민법」 제909조 제1항 제2문). 등기신청서의 대리인란이나 위임장에는 대리관계를 표시하고 부모가 모두 기명날인하여야 한다.

대리관계를 증명하기 위하여 첨부정보(「부동산등기규칙」 제46조 제1항 제5호)로서 미성년자인 자의 기본증명서와 가족관계증명서를 제공하여야 한다.

나) 공동대리의 원칙의 예외

부모의 의견이 일치하지 아니하는 경우에는 가정법원이 정한다(「민법」 제909조 제2항 단서). **부모의 일방**이 법률상(친권행사금지가처분결정, 친권상실 선고 등) 사실상(중병, 국외이주 등)의 사유로 친권을 행사할 수 없을 때에는 다른 일방이 그 사유를 증명하는 정보를 제공하여 **단독**으로 미성년자인 자를 대리하여 등기신청을 할 수 있다(「민법」 제909조 제3항). [18 법무사 · 등기주사보]

다) 부모가 이혼한 경우 등의 친권자

① 친권자의 지정 등

혼인 외의 자가 인지된 경우와 부모가 **이혼**하는 경우 등에는 부모의 협의로 또는 가정법원이 **친권자를 정한다**(「민법」 제909조 제4항부터 제6항까지). 이렇게 정해진 친권자가 미성년자인 자를 대리하여 등기신청을 하여야 하는데, 첨부정보로서 미성년자인 자의 기본증명서를 제공한다.

② 단독 친권자로 정하여진 부모의 일방이 사망한 경우 등

민법 제909조 제4항부터 제6항까지의 규정에 따라 단독 친권자로 정하여진 부모의 일방이 사망한 경우 가정법원은 생존하는 부 또는 모를 친권자로 지정할 수 있다(「민법」 제909조의2 제1항, 제4항). 이 경우 생존하는 부 또는 모의 친권은 자동으로 부활하지 않는다. [11 법무사]

위와 같이 지정된 친권자가 미성년자인 자를 대리하여 등기신청을 하여야 하는데, 첨부정보로서 미성년자인 자의 기본증명서를 제공한다.

(다) 특별대리인의 등기신청

가) 의의

① 법정대리인은 미성년자의 승낙을 받을 필요 없이 법률행위를 한다. 따라서 미성년자의 이익을 보호하기 위한 법적제도가 필요하다.

② 친권자와 그 친권에 따르는 미성년자인 자 사이에 이해상반되는 행위 또는 동일한 친권에 따르는 수인의 미성년자인 자 사이에 이해상반되는 행위를 하는 경우, 그 미성년자 또는 그 미성년자 일방의 대리는 법원에서 선임한 특별대리인이 하여야 한다(「민법」 제921조). [18 법무사] 여기에서 특별대리인이란 가사비송절차에 따라 당사자의 청구에 의하여 가정법원이 선임한 자를 말한다.

③ 이해상반행위란 친권자에 대해서는 이익(↑)이 되고 미성년인 자에 대해서는 불이익(↓)이 되는 행위 또는 친권에 복종하는 자의 일방에 대해서는 이익(↑)이 되고 다른 일방에 대해서는 불이익(↓)이 되는 행위를 말한다. 판례는 이해상반행위란 행위의 객관적 성질상 친권자와 그 자 사이 또는 친권에 복종하는 수인의 자 사이에 이해의 대립이 생길 우려가 있는 행위를 가리키는 것으로서, 친권자의 의도나 그 행위의 결과 실제로 이해의 대립이 생겼는가의 여부는 불문한다고 본다(대판 1994.9.9, 94다6680).

나) 범위

① 공동친권자 중 한 사람만이 미성년자인 자와 이해가 상반되는 경우 이해가 상반되는 그 친권자는 미성년자인 자를 대리할 수 없고, 이 경우 특별대리인이 이해가 상반되지 않는 다른 일방의 친권자와 공동하여 그 미성년자를 대리하여야 한다. [20 법무사 / 18 등기주사보 / 17 등기주사보 / 14 등기서기보 / 9 법무사]

② 동일한 친권에 복종하는 수인의 미성년자인 자 사이에 이해상반되는 행위를 하는 경우, 그 미성년자 일방의 대리는 법원에서 선임한 특별대리인이 하여야 한다. [9 법무사]

다) 이해상반행위에 해당하는 경우(특별대리인을 선임하는 경우)

① **소유권이전**

1. 미성년자 소유 부동산을 친권자에게 매매(증여)하는 경우 - ○

   [17 등기주사보 / 16 법무사 / 14 법무사]

2. 미성년자 소유 부동산을 제3자에게 매매(증여)하는 경우 - ×

   [22 등기서기보 / 18 등기주사보 / 16 법무사 / 14 등기서기보 · 법무사]

3. 친권자 소유 부동산을 미성년자에게 증여하는 경우 - ×

② **상속재산분할협의**

상속재산에 대하여 그 소유의 범위를 정하는 내용의 **상속재산 협의분할**은 그 행위의 객관적 성질상 상속인 상호 간의 이해의 대립이 생길 우려가 있는 민법 제921조 소정의 이해상반되는 행위에 해당한다. 따라서 공동상속인인 친권자와 미성년 사이에 상속재산 협의분할을 하게 되는 경우에는 **특별대리인**을 선임하여 상속재산의 협의분할을 하여야 한다.

1. 원칙 - ○

   ㉠ 친권자가 당해 부동산에 관하여 **권리를 취득하지 않는 경우를 포함**

   [23 법무사 / 22 법무사 / 19 등기주사보 · 법원사무관 / 18 등기주사보 / 17 등기주사보 / 16 법무사 / 14 법무사 / 13 법무사 / 9 법무사]

   ㉡ 친권자와 미성년자 1인 사이에 상속재산분할협의(미성년자 1인에 관한 특별대리인)

   ㉢ 친권자와 미성년자 수인 사이에 상속재산분할협의(미성년자 각자에 관한 특별대리인) [20 등기서기보 / 19 법무사]

2. 예외 - ×

   ㉠ 미성년자인 자 1인의 친권자가 민법 제1041조의 규정에 의하여 상속포기를 하고 그 미성년자를 위하여 상속재산분할협의를 하는 경우 [14 등기서기보]

   ㉡ **이혼하여 상속권이 없는** 피상속인의 전처가 자기가 낳은 미성년자 1인을 대리하여 상속재산분할협의를 하는 경우 [20 법원사무관 / 17 등기주사보]

③ **공유물분할** - ○

1. 미성년자 2인의 공유부동산에 대해서 공유물분할계약을 체결하는 경우 (미성년자 1인에 관한 특별대리인) [18 법무사 / 14 법무사 / 9 법무사]

2. 친권자와 미성년자 2인의 공유부동산에 대해서 공유물분할계약을 체결하는 경우(미성년자 각자에 관한 특별대리인)

④ **채무담보로 제공**

1. 미성년자 소유 부동산을 친권자의 채무를 위한 담보로 제공하는 경우

   - ○ [16 법무사 / 14 등기서기보 · 법무사]

2. 미성년자 소유 부동산을 채무자인 그 미성년자를 위하여 담보로 제공하는 경우 - × [21 등기서기보 / 18 법무사 / 16 법무사]

3. 친권자와 미성년자의 **공유부동산**을 **친권자의 채무**에 대한 담보로 제공하고 근저당권설정등기를 신청하는 경우 - ○

4. 친권자와 미성년자의 **공유부동산**을 **친권자의 채무**에 대한 담보로 제공하고 담보신탁계약을 체결하고 소유권이전등기를 신청하는 경우 - ○

5. 친권자와 미성년자의 **공유부동산**에 관하여 **친권자와 그 미성년자를 공동채무자**로 하거나 그 **미성년자만을** 채무자로 하여 저당권설정등기를 신청하는 경우 - × [18 법무사]

> 💫 **관련 선례**
>
> 친권자가 미성년자인 자와 **공유**하고 있는 부동산에 대하여 **자신이 금융기관으로부터 대출받기 위하여 담보신탁계약을 체결하는 행위**는 미성년자인 자의 소유부동산에 저당권을 설정하는 행위와 같이 친권자를 위해서는 이익이 되고 미성년자인 자를 위해서는 **불이익**이 되는 「민법」 제921조 제1항 소정의 이해상반행위에 해당하므로, 친권자만을 채무자로 하는 담보신탁계약을 체결하고 이에 따라 **소유권이전등기**를 신청하기 위해서는 미성년자인 자에 대한 **특별대리인의 선임**이 필요할 것이다(선례 제202410-2호).

⑤ 기타

친권자와 미성년자인 자가 근저당권을 준공유하는 관계로서 근저당권설정등기의 말소를 신청하는 경우 - ×

라) 성년후견의 경우

위와 같은 특별대리인 선임에 관한 내용은 **후견인과 피후견인의 이해가 상반**되는 경우에도 **적용**된다(민법 제949조의3 본문, 예규 제1088호, 3). 다만, 후견감독인이 있는 경우에는 그러하지 아니한다. 왜냐하면, 후견인과 피후견인 사이에 이해가 상반되는 행위에 관하여는 **후견감독인이 피후견인을 대리**하기 때문이다(민법 제949조의3 단서).

즉, 후견인와 피후견인 사이에 **이해가 상반**되는 내용의 등기신청을 할 때에 후견감독인이 없는 경우에는 **특별대리인을 선임**하여야 하지만, 후견감독인이 있는 경우에는 그 후견감독인이 대리하므로 특별대리인을 선임할 필요가 없다(민법 제949조의3 단서). [23 법무사]

(2) 개시

(3) 신청절차

1) 신청인

등기신청은 그 권리자 또는 의무자가 상대방의 대리인이 되거나 쌍방이 동일인에게 위임하여 할 수 있다(🔘 상대방대리○, 쌍방대리○). 따라서 등기권리자는 등기의무자로부터 등기신청을 위임받아 등기신청을 할 수 있다. [23 법무사 / 21 법무사 / 20 등기서기보 / 18 등기서기보 / 13 법무사 / 11 법무사]

그러나 자격자대리인이 아닌 경우에는 자기 사건이라 하더라도 상대방을 대리하여 전자신청을 할 수 없다. [18 등기주사보 / 15 법무사 / 14 등기서기보 / 12 법무사 / 11 법무사 / 10 법무사]

자격자 대리인의 경우에는 대법원규칙으로 정하는 출입사무원을 등기소에 출석하게 하여 그 서면을 제출할 수 있다(법 제24조 제1항 제1호).

2) 신청정보

대리인에 의하여 등기를 신청하는 경우에는 대리인의 성명과 주소를 신청정보의 내용으로 등기소에 제공하여야 한다. [18 등기서기보]

3) 첨부정보

대리인에 의하여 등기를 신청하는 경우에는 그 대리권한을 증명하는 정보를 첨부정보로서 등기소에 제공하여야 한다. [21 법무사 / 18 등기서기보]

임의대리라면 위임장을 제공하며, 미성년자의 친권자의 경우에는 미성년자 기준의 기본증명서와 가족관계증명서를 제공한다.

성년후견인이 피성년후견인을 대리하여 등기신청을 하는 경우에 성년후견인에게 대리권이 있는지 여부는 후견등기사항증명서를 제출하게 하여 판단한다. [20 등기서기보]

(4) 실행절차(등기사항)

대리인에 의하여 등기가 경료된 경우에는 임의대리인 또는 법정대리인을 불문하고 등기기록에 기록할 필요가 없다. 대리에 의한 **법률효과는 본인에게 귀속**되며 등기명의인은 위임인 본인이기 때문에 위임인인 **등기명의인만 등기기록에 기록**한다.

법정대리인이 등기를 신청한 경우에는 그 법정대리인에게, 법인의 대표자나 지배인이 신청한 경우에는 그 대표자나 지배인에게, 법인 아닌 사단이나 재단의 대표자나 관리인이 신청한 경우에는 그 대표자나 관리인에게 등기필정보를 통지한다(규칙 제108조 제2항).

관련 기출지문

1 행위능력이 없는 자는 자신명의의 등기신청을 할 수 없을 뿐 아니라 타인으로부터 위임을 받아 대리인으로 등기신청을 하는 것도 허용되지 않는다. (×)　　　　　　　　　　　　　　　　　　　　　　[12 법무사]

2 지배인은 영업주에 갈음하여 그 영업에 관한 재판상 또는 재판 외의 모든 행위를 할 수 있는 자이므로, 금융기관의 지배인이 신청대행수수료를 받지 않고 등기권리자인 법인의 대리인 겸 등기의무자의 대리인으로서 계속 반복적으로 근저당권설정등기 신청업무를 수행하더라도 법무사가 아닌 자는 법무사의 업무에 속하는 사무를 업으로 하지 못한다고 규정하는 법무사법 제3조 제1항에 위반되지 않는다. (×)　　　　　　[24 법무사]

---

3 금융기관의 지배인이 등기권리자인 법인의 대리인 겸 등기의무자의 대리인으로서 계속 반복적으로 근저당권설정등기 신청업무를 수행하였더라도 신청대행수수료를 받지 않았다면 법무사법 제3조 제1항(법무사가 아닌 자는 법무사의 업무에 속하는 사무를 업으로 하지 못한다)에 위반되지 않는다. (×) [21 법무사]

4 법인의 직원이 여러 차례에 걸쳐 반복적으로 등기를 신청하는 경우 등기관은 그 등기신청의 접수를 거부할 수 있다. (×) [13 법무사]

5 일반적으로 등기신청의 위임에는 등기신청의 취하, 복대리인의 선임, 처분위임장의 원본환부 등의 권한에 대한 위임이 포함된다. (×) [23 법무사]

6 등기신청을 위임받은 자는 복대리인 선임에 관한 특별수권 없이도 복대리인을 선임하여 등기신청을 대리하게 할 수 있다. (×) [13 법무사]

7 법인의 대표이사가 등기신청을 자격자대리인에게 위임한 후 그 등기신청 전에 대표이사가 변경된 경우에는 자격자대리인의 등기신청에 관한 대리권한은 소멸한다. (×) [21 법무사 / 17 등기주사보]

8 등기권리자와 등기의무자 쌍방으로부터 등기신청 절차의 위임을 받은 법무사는 그 절차가 끝나기 전에 등기의무자로부터 등기신청을 중지해 달라는 요청을 받았다면 등기의무자에 대한 관계에서 그 요청에 응해야 할 위임계약상의 의무가 있다. (×) [24 법무사]

9 미성년인 자에게 공동친권자가 있는 경우에는 공동친권자 중 어느 일방이 미성년인 자를 대리하여 등기신청을 할 수 있다. (×) [13 법무사]

10 친권행사자로 지정된 자가 사망, 실종선고 등으로 친권을 행사할 수 없는 경우에 다른 부 또는 모가 있는 때에는 그 부 또는 모가 미성년자인 자를 대리하여 등기신청을 할 수 있다. (×) [11 법무사]

11 미성년자의 공동친권자 중 한 사람만이 미성년자인 자와 이해가 상반되는 경우 이해가 상반되는 그 친권자는 미성년자인 자를 대리할 수 없으므로, 이 경우 이해가 상반되지 않는 다른 일방의 친권자는 이를 소명하여 단독으로 그 미성년자를 대리할 수 있다. (×) [20 법무사]

12 미성년인 자의 부모 중 한 사람이 미성년인 자와 이해가 상반되는 경우에는 그렇지 않은 친권자가 단독으로 대리한다. (×) [14 등기서기보]

13 상속재산분할협의서를 작성하는데 있어서 친권자와 미성년자인 자 1인이 공동상속인인 경우 친권자가 상속재산을 전혀 취득하지 아니하는 경우에는 미성년자를 위한 특별대리인을 선임할 필요는 없다. (×) [23 법무사]

14 상속재산협의분할에 있어서 친권자가 해당 부동산에 관하여 권리를 취득하지 않는 경우에는 공동상속인인 미성년자를 위한 특별대리인을 선임할 필요가 없다. (×) [18 등기주사보]

15 친권자와 그 친권에 복종하는 미성년자가 공동상속인으로서 상속재산 협의분할을 할 때에 친권자가 상속재산을 전혀 취득하지 아니한 경우라면 상속포기를 하지 아니하였더라도 미성년자를 위한 특별대리인을 선임할 필요는 없다. (×) [14 법무사]

16 상속재산협의분할서를 작성하는데 있어서 친권자와 미성년자인 자 1인이 공동상속인인 경우에 친권자가 당해 부동산에 관하여 권리를 전혀 취득하지 않는다면 이해관계가 상반되지 않는 것으로 본다. (×) [9 법무사]

17 친권자가 미성년자인 자 소유의 부동산을 채무자인 그 미성년자를 위하여 담보로 제공하거나 제3자에게 처분하는 경우에는 그 미성년자인 자에 관한 특별대리인의 선임이 필요하다. (×) [24 법무사]

18 미성년자인 자 소유의 부동산을 채무자인 그 미성년자를 위하여 담보로 제공하거나 제3자에게 처분하는 경우에 친권자는 미성년자인 자를 대리할 수 없으므로 특별대리인이 미성년자를 대리하여 등기를 신청하여야 한다. (×) [21 등기서기보 / 18 법무사]

19 친권자가 미성년자인 자 소유의 부동산을 제3자에게 증여하는 경우는 친권자와 미성년자의 이해가 상반
되는 행위에 해당하므로 미성년자의 대리는 법원에서 선임한 특별대리인이 하여야 한다. (×)

[22 등기서기보]

20 이혼하여 상속권이 없는 피상속인의 전처가 자기가 낳은 미성년자 1인을 대리하여 상속재산분할협의를
하는 경우도 그 미성년자를 위한 특별대리인을 선임하여야 한다. (×)　　　[20 법원사무관 / 17 등기주사보]

21 자기가 등기당사자 중 일방인 경우에도 타방을 대리하여 등기신청을 할 수 없다. (×)　　[18 등기서기보]

22 등기권리자가 등기의무자를 대리하여 등기신청을 하는 것은 자기계약에 해당하여 허용되지 않는다. (×)

[13 법무사]

23 등기신청에 있어서도 쌍방대리는 원칙적으로 허용되지 않는다. (×)　　　　　　　[20 등기서기보]

24 법무사법인이 당사자로부터 등기신청을 위임받아 甲법무사가 그 업무에 관하여 지정을 받은 경우 A등기
신청서에 담당 법무사로 기재되지 않은 乙법무사는 위 법무사법인 소속 법무사임을 소명하여 A등기신청
서를 제출할 수 있다. (×)　　　　　　　　　　　　　　　　　　　　　　　　[22 법무사]

🔖 자격자 대리인의 등기신청 case

1. 서설
2. 개시

변호사나 법무사[법무법인·법무법인(유한)·법무사법인·법무사법인(유한)을 포함한다. 이하 "자격
자대리인"이라 한다]는 다른 사람을 대리하여 전자신청을 할 수 있다. [17 법무사]

자격자대리인이 아닌 사람(일반인)은 다른 사람을 대리하여 전자신청을 할 수 없다. 따라서 자격자대
리인이 아닌 경우에는 자기 사건이라 하더라도 상대방을 대리하여 전자신청을 할 수 없다. [18 등기주사보]

/ 15 법무사 / 14 등기서기보 / 12 법무사 / 11 법무사 / 10 법무사]

3. 신청절차
   (1) 신청인
   (2) 신청정보
   (3) 첨부정보

   대리인에 의하여 등기를 신청하는 경우에는 그 대리권한을 증명하는 정보(등기신청위임장)를 첨
   부정보로서 등기소에 제공하여야 한다.

4. 실행절차
   (1) 접수·배당

   등기신청은 신청인 또는 그 대리인이 등기소에 출석하여 신청정보 및 첨부정보를 적은 서면을
   제출하는 방법이 있는데, 이때 대리인이 변호사나 법무사인 경우에는 대법원규칙으로 정하는 사
   무원[20 법무사 / 18 등기서기보]을 등기소에 출석하게 하여 그 서면을 제출할 수 있다(법 제24조, 규칙
   제43조, 제46조). 구술신청은 허용되지 않는다.

   등기신청서를 제출할 수 있는 자격자대리인의 사무원은 자격자대리인의 사무소 소재지를 관할하
   는 지방법원장이 허가하는 1명으로 한다. [21 등기서기보] 다만 법무법인·법무법인(유한)·법무조합
   또는 법무사법인·법무사법인(유한)의 경우에는 그 구성원 및 구성원이 아닌 변호사나 법무사 수
   만큼의 사무원을 허가할 수 있다(규칙 제58조 제1항).

   지방법원장이 등기소에 출석하여 등기신청서를 제출할 수 있는 자격자대리인의 사무원의 출입허

가를 하였을 때에는 자격자대리인에게 **등기소 출입증을 발급하여야 한다.** [21 등기서기보]

합동사무소를 구성하는 법무사 전원이 등기신청을 위임받은 경우로서 등기신청위임장에 대리인으로 그 법무사 전원이 기재되어 있고 특별히 해당 등기신청을 대리인 전원이 함께 하여야 한다는 내용의 기재가 없다면 그중 어느 한 법무사만이 등기소에 출석하여 등기신청서를 제출할 수 있는바, 이 경우 등기신청서에는 등기소에 출석한 법무사의 기명날인만이 있어야 한다. 한편 위의 경우 등기신청서를 제출한 법무사뿐만 아니라 위임장에 기재된 **다른 법무사도** 해당 등기신청에 대한 **보정 및 취하를** 할 수 있다. 다만, **취하의** 경우에는 등기신청위임장에 취하에 관한 행위도 위임한다는 내용의 기재가 있어야 한다(선례 202001-2). [20 법무사]

(2) 조사

(3) 문제○ (취하·보정·각하)

① **등기신청인 또는 그 대리인은 등기신청을 취하할 수 있다.** 다만 **등기신청대리인이 등기신청을 취하하는 경우에는 취하에 대한 특별수권이 있어야 한다.** [22 법무사 / 18 등기서기보 / 14 등기서기보] 왜냐하면 임의대리권의 범위는 본인의 수권행위에 의하여 정해지나 등기신청의 취하, 복대리인의 선임(「민법」 제120조)과 같은 특별수권 사항은 위임장에 그 권한이 위임된 경우에 한하여 대리행위를 할 수 있기 때문이다(「민법」 제118조 참조). [13 법무사]

② **등기신청이 등기권리자와 등기의무자의 공동신청에 의하거나 등기권리자 및 등기의무자 쌍방으로부터 위임받은 대리인에 의한 경우에는** 그 등기신청의 **취하도 등기권리자와 등기의무자가 공동으로 하거나 등기권리자 및 등기의무자 쌍방으로부터 취하에 대한 특별수권을 받은 대리인이** 이를 할 수 있고, 등기권리자 또는 등기의무자 어느 일방만에 의하여 그 등기신청을 취하할 수는 **없다.** [22 등기서기보·법무사 / 18 법무사·법원사무관 / 15 법원사무관 / 14 법무사[2] / 12 법무사 / 11 법무사[2] / 10 법무사]

③ **합동사무소를 구성하는 법무사 전원이 등기신청을 위임받은 경우로서 등기신청위임장에 대리인으로 그 법무사 전원이 기재되어 있고 특별히 해당 등기신청을 대리인 전원이 함께 하여야 한다는 내용의 기재가 없다면 그중 어느 한 법무사만이 등기소에 출석하여 등기신청서를 제출할 수 있는바, 이 경우 등기신청서에는 등기소에 출석한 법무사의 기명날인만이 있어야 한다.** 한편 위의 경우 등기신청서를 제출한 법무사뿐만 아니라 위임장에 기재된 **다른 법무사도** 해당 등기신청에 대한 **보정 및 취하를** 할 수 있다. 다만, **취하의** 경우에는 등기신청위임장에 취하에 관한 행위도 위임한다는 내용의 기재가 있어야 한다(선례 202001-2). [20 법무사]

④ **서면에 의한 등기신청 취하와** 관련하여 「부동산등기규칙」 제51조 제2항 제1호의 **"대리인"에** 같은 규칙 제58조의 자격자대리인의 **사무원이 포함된다는** 「부동산등기법」이나 「부동산등기규칙」 등 명문의 규정은 없으나, ① 「부동산등기법」 제24조 제1항 제1호 및 「부동산등기규칙」 제58조 제1항의 해석상 **제출 사무원은 등기신청서 제출 및 보정, 취하서 제출, 등기필정보 수령 등에 관한 모든 행위를 할 수 있다고** 해석하는 것이 상당하다는 점, ② **지방법원장의 허가를 받은 사무원은 그 신분이 보장된 사람이라는 점,** ③ 원고 소송대리인으로부터 소송대리인 사임신고서 제출을 지시받은 사무원은 원고 소송대리인의 표시기관에 해당된다고 하는 점(대판 1997.10.24, 95다11740 참조) 등을 고려할 때 '**지방법원장의 허가를 받은 자격자대리인의 사무원'도 등기신청 취하서를 제출할 수 있다**(선례 제202202-4호).

⑤ **등기신청의 흠에 대한 보정은 당사자 또는 그 대리인 본인 또는 규칙 제58조에 의하여 등기신청서를 제출할 수 있도록 허가받은 변호사나 법무사의 사무원이 등기소에 직접 출석하여 할 수 있다**(예규 1718). [21 등기서기보 / 20 법무사 / 18 등기주사보·법원사무관 / 14 등기서기보]

(4) 문제× (등기실행)

① 등기신청 대리권한에는 등기필정보 수령권한이 포함된다고 볼 것이고[21 법무사], 한편 등기를 신청함에 있어서 임의대리인이 될 수 있는 자격에는 제한이 없으므로, 등기의무자라고 하더라도 등기권리자로부터 등기신청에 대한 대리권을 수여받아 등기를 신청한 경우나 등기권리자로부터 등기필정보 수령행위에 대한 위임을 받은 경우에는 등기필정보를 교부받을 수 있다. 다만, 등기필정보 수령행위만을 위임받은 경우에는 그 위임사실을 증명하기 위하여 위임인의 인감증명 또는 신분증 사본을 첨부한 위임장을 제출하여야 하고, 가족관계증명서는 위임사실을 증명하는 서면이라고 볼 수 없다(선례 201705-2).

② 등기신청을 위임받은 법무사는 복대리인 선임에 관한 본인의 허락이 있는 경우에 한하여 다른 사람에게 그 등기신청을 다시 위임할 수 있으나, 등기신청 대리 권한에 포함되어 있는 등기필정보 수령 권한만을 다른 사람에게 위임할 때에는 복대리인 선임에 관한 본인의 명시적인 허락이 있어야 할 필요는 없다. 따라서 등기신청을 위임받은 법무사는 그가 속한 법무사합동사무소의 대표 법무사 또는 다른 구성원 법무사에게 등기필정보 수령 권한만을 다시 위임할 수 있고, 이렇게 등기필정보 수령 권한만을 위임받은 자가 등기소에 출석하여 등기필정보를 수령할 때에는 그 위임사실을 증명하는 위임장과 위임인의 인감증명서 또는 신분증 사본을 제시하여야 하지만, 본인(등기권리자)의 허락이 있음을 증명하는 서면은 제시할 필요가 없다. 법무사 사무원은 법무사의 업무를 보조하는 자에 불과하므로 등기신청을 위임받은 법무사가 다른 법무사의 사무원에게 직접 등기필정보 수령 권한을 다시 위임할 수는 없다. 한편 등기필정보 수령 권한을 위임받은 법무사는 자신이 직접 등기소에 출석하여 등기필정보를 수령하거나 그 소속 사무원을 등기소에 출석하게 하여 등기필정보를 수령할 수도 있다(선례 201808-1).

③ 법무사법인이 등기신청을 대리할 때에는 그 업무를 담당할 법무사를 지정하여야 하며, 이렇게 지정받은 법무사만이 그 업무에 관하여 법인을 대표하게 되므로(「법무사법」 제41조), 그 법인 소속 법무사라 하더라도 지정받은 법무사가 아닌 다른 법무사는 해당 등기신청에 관한 행위(신청서 제출, 신청의 보정 및 등기필정보의 수령 등)를 할 수 없다. [21 법무사] 다만, 해당 등기신청 업무에 관하여 지정받은 법무사가 등기신청서를 제출한 후에 등기신청서를 제출하지 아니한 그 법인 소속 다른 법무사가 등기필정보의 수령 업무만에 관하여 별도로 지정을 받았다면 그 법무사는 이를 소명하는 자료(지정서)를 제시하고 등기필정보를 수령할 수 있다. 한편 법무사법인이 대리인인 경우에 등기신청서에 기재된 담당 법무사가 누구인지 관계없이 「부동산등기규칙」 제58조 제1항에 따라 그 법무사법인 소속으로 허가 받은 사무원은 누구나 등기신청서의 제출·등기신청의 보정 및 등기필정보의 수령을 할 수 있다(선례 202001-6).

[21 법무사]

2. 대위

(1) 서설

등기는 등기권리자·등기의무자 또는 등기명의인 등이 직접 신청하거나 대리인이 위 사람들을 대리하여 신청하는 것이 원칙이다. 다만 예외적으로 등기권리자·등기의무자 또는 등기명의인 등이 아니면서 위 사람들을 대위하여 자기의 이름으로 피대위자에 관한 등기를 신청할 수 있도록 법률이 인정하는 경우가 있는데, 이러한 경우의 신청을 대위등기신청이라고 한다.

대위등기신청은 민법상 채권자대위권에 의한 경우(법 제28조)와 그 밖의 법률에 의해 인정되는 경우로 구별된다. 아래에서는 채권자대위권에 의한 대위등기에 대하여 설명한다.

(2) 채권자대위권에 의한 대위등기

1) 서설

가. 의의

채권자대위권에 의한 등기신청이란 채권자가 자기 채권의 보전을 위하여(피보전채권) 채무자에게 속하는 권리(피대위권리=등기신청권)를 자기의 이름으로 행사하여 채무자 명의의 등기를 신청하는 것이다(「민법」 제404조). [17 등기서기보·등기주사보] 등기신청권도 채권자대위의 객체인 권리가 될 수 있으므로, 채권자는 자기 채권(금전채권 또는 등기청구권과 같은 특정채권)의 실현을 위하여 채무자가 가지는 등기신청권을 자기의 이름으로 행사하여 채무자명의의 등기를 신청할 수 있다(법 제28조).

예컨대 갑이 을에게 금전채권을 가지고 있고, 을은 병에 대하여 소유권이전등기청구권을 가지고 있는 경우, 갑은 금전채권의 보전을 위하여 을의 소유권이전등기청구권을 대위행사하여 병과 공동으로 을 명의로 소유권이전등기를 신청할 수 있다.

이러한 채권자대위권에 의한 등기신청의 유형은 크게 3가지로 나눌 수 있다.

첫째, 채무자가 단독으로 신청할 수 있는 등기(등기명의인의 표시변경등기 등)를 대위신청하는 경우

둘째, 채권자가 채무자를 대위하여 등기의무자인 제3채무자와 공동신청하는 경우

셋째, 등기의무자의 임의의 협력을 얻지 못할 때 채권자가 채무자의 등기청구권을 대위행사하여(대위 소송을 제기하여) 등기의무자인 제3채무자의 등기신청의사를 갈음하는 판결을 얻은 후 절차상 등기권리자인 채무자를 대위하여 단독으로 등기신청을 하는 경우이다.

나. 요건

(가) 피보전채권

대위신청을 하기 위해서는 채권자대위의 일반원칙에 따라 대위자가 피대위자에 대하여 채권을 가져야 한다. 피보전채권은 **채권적 청구권**이건 **물권적 청구권**이건 묻지 않는다. [13 법무사] 또한 **특정의 등기청구권**을 가진 채권자뿐만 아니라 **금전채권**자도 채무자를 대위하여 등기를 신청할 수 있다. [20 법무사]

(나) 보전의 필요성

가) 금전채권

피보전채권이 금전채권인 경우에는 채권자대위의 일반원칙에 따라 채무자의 무자력이 요구된다.

그러나 현실적으로 금전채권자에 의한 대위등기를 인정한다고 하여도 채무자에게는 불이익이 없고, 이를 인정하지 않을 경우 오히려 채권자의 권리행사를

사실상 막아버리는 결과가 되어 채권자에게 가혹하다. 이러한 이유로「채권자 대위에 의한 등기절차에 관한 사무처리지침」(예규 1432)에서는 피보전채권이 금전채권인 경우에도 해당 금전채권증서 등 대위원인을 증명하는 서면을 첨부 하면, 등기관은 무자력 여부를 심사하지 않고 등기신청을 수리하도록 하였다.

나) 특정채권

피보전채권이 소유권이전등기청구권과 같은 특정채권인 경우에는 채무자의 무자력은 그 요건이 아니다.

다) 무자력의 심사

등기신청의 대위에 있어서는 특정의 등기청구권(특정채권)에 의한 대위이거나 금전채권에 의한 대위이거나를 막론하고 채무자의 **무자력**을 요건으로 하지 아 니한다. 따라서 등기관은 무자력 여부를 심사하지 않고 등기신청을 수리하며, 신청인은 채무자가 무자력 상태에 있음을 증명하지 않고서도 채권자는 채권자 대위에 의한 등기신청을 할 수 있다. [24 법무사 / 22 법원사무관 / 20 등기서기보 / 19 등기주사보 / 18 등기주사보 / 14 법무사 / 13 법무사]

(다) 채무자의 권리불행사

(라) 피대위권리

가) 채무자에게 등기신청권이 있을 것

① 대위등기신청은 채권자가 채무자의 등기신청권을 대위 행사하는 것이므로 그 전제로서 채무자에게 등기신청권이 있어야 한다.

예컨대 부동산에 대하여 소유권이전등기절차를 명하는 승소의 확정판결을 받은 甲이 그 판결에 따른 소유권이전등기절차를 취하지 않는 경우, 그 甲에 대한 금전채권이 있는 자는 대위원인을 증명하는 서면인 소비대차계약 서 등을 첨부하여 위 판결에 의한 甲명의의 소유권이전등기를 甲을 대위하여 신청을 할 수 있다(선례 제6-160호). [22 법무사]

② 채무자에게 등기신청권이 없으면 당연히 대위등기신청도 생각할 수 없다. 예컨대 채무자인 상속인이 상속포기를 한 경우에는 채무자에게 등기신청권이 없으므로 채권자는 상속인을 대위하여 상속등기를 신청할 수도 없다.

[24 등기서기보 / 22 법무사 / 17 등기주사보 / 13 법무사]

이와 달리 상속의 한정승인이나 포기를 할 수 있는 기간 내라고 하더라도 상속인은 상속등기를 신청할 수 있는바, 마찬가지로 상속인의 채권자도 상속인을 대위하여 상속등기를 신청할 수 있다.

③ 대위등기신청은 채권자가 채무자의 등기신청권을 대위 행사하는 것이지, 채무자의 실체법상 등기청구권을 대위행사하는 것은 아니다. [24 등기서기보] 등기신청에 관하여 공동신청주의를 채택한 결과, 물권변동에 관련된 당사 자가 공동으로 등기신청을 하여야 한다. 따라서 등기를 원하는 일방 당사

자는 타방 당사자가 등기신청에 협력하지 않을 경우 상대방의 협력(등기신청의 의사표시)을 청구할 수 있어야 하는데, 이를 위한 권리가 **등기청구권**이다. 즉 **등기청구권은 실체법상의 권리로서 상대방에게 등기신청의 의사표시를 갈음하는 이행판결을 구할 수 있는 권리**이며, **사법상의 권리로 소송의 방법으로 실현된다**(「부동산등기실무 I」p.135).

등기청구권과 구별하여야 할 개념으로 **등기신청권**이 있는데, 이는 다른 등기권리자 또는 등기의무자와 공동으로 권리의 등기를 신청하거나 단독으로 사실의 등기를 신청할 수 있는 공법상의 권리를 말한다.

채권자가 채무자를 대위하여 소송을 제기하는 행위는 채무자의 **실체법상 등기청구권**을 행사한다고 볼 수 있으나, 채권자가 채무자를 대위하여 **등기를 신청하는 행위는 채무자의 등기신청권을 행사하는 것**으로 구별된다.

나) 채무자에게 불리한 등기는 아닐 것

채권자대위권은 채무자의 책임재산 보전을 위해 채무자의 관여 없이 행사되고 권리의 행사 여부에 대한 권리자(채무자)의 결정 권한을 제한하므로 일정한 한계가 있다. 마찬가지로 대위신청할 수 있는 등기도 **채무자에게 유리한 것과 최소한 불리하지 않은 것에 한정된다**. 즉 채무자에게 불이익이 되는 것은 대위신청을 하지 못하는 것이 원칙이다. [19 등기주사보]

대위로 신청할 수 있는 등기에는 채무자의 권리에 이익을 가져오는 등기뿐만 아니라 부동산표시의 변경(경정)등기 또는 등기명의인표시의 변경(경정)등기와 같이 채무자에게 불리하지 않은 등기는 채무자의 채권자가 대위신청할 수 있다. [14 법무사]

등기부상 등기명의인의 성명이 착오로 잘못 기재되어 있는 경우에 해당 부동산 소유명의인의 채권자는 등기명의인 표시경정등기를 대위신청할 수 있다. [10 법무사]

또한 건물이 멸실한 경우에 등기부상 소유명의인의 채권자는 대위원인을 증명하는 서면과 건축물대장등본 기타 멸실을 증명할 수 있는 서면을 첨부하여 건물 멸실등기를 대위신청할 수 있다. [10 법무사]

다) 상대방 대위가 허용되는지 여부

등기상대방을 대위하여 등기신청을 하는 것은 공동신청주의상 원칙적으로 허용되지 않는다. 그러나 예외적으로 등기상대방에 대한 별도의 채권을 가지고 있는 경우에는 상대방을 대위해서 등기신청을 할 수 있다. [19 등기주사보 / 18 등기주사보]

예컨대 원고가 피고들을 상대로 제기한 소송에서 "원고는 피고들에게 명의신탁해지를 원인으로 한 소유권이전등기절차를 이행하라"는 화해권고결정을 받은 경우, 이 판결에 의한 등기는 승소한 등기권리자인 피고들만이 신청할 수 있으므로 등기의무자인 원고는 피고들이 등기신청을 하지 않고 있더라도 이 판결에 기하여 직접 피고들 명의의 등기신청을 하거나 피고들을 대위하여 등기신청을 할 수는 없고 피고들을 상대로 등기를 인수받아 갈 것을 구하는 별도의 소송을 제기하여 그 승소판결에 기해 등기를 신청할 수 있다. 다만, 원고가 피고들에 대하여 별도의 채권(금전채권 또는 등기청구권과 같은 특정채권)을 가지고 있다면 원고는 자기채권의 실현을 위하여 피고들이 가지고 있는 등기신청권을 자기의 이름으로 행사하여 피고들 명의의 등기를 신청할 수 있고, 이와 같이 대위등기를 신청하는 경우에는 원고가 피고들을 대신하여 취득세를 납부하여야 한다(선례 201105-2). [22 법원사무관 / 20 법무사]

2) 개시

3) 신청절차

가. 신청인

대위채권자는 채무자의 등기신청권을 대리하는 것이 아니라 자기의 채권을 보전하기 위하여 채무자의 등기신청권을 자기의 이름으로 행사하여 채무자 명의의 등기를 신청하는 것이므로 대위채권자 자신이 등기신청인이 된다(법 제28조 제1항, 규칙 제50조 제2호). 또한 채권자가 **채무자를 대위하여 등기를 신청하는 경우 채무자로부터 채권자 자신으로의 등기를 동시에 신청하지 않더라도 이를 수리한다.** [22 법원사무관 / 20 등기서기보 / 14 법무사]

나. 신청정보

등기관이 대위신청에 의하여 등기를 할 때에는 대위자의 성명 또는 명칭, 주소 또는 사무소 소재지 및 대위원인을 기록하여야 하는바(법 제28조 제2항), 이에 따라 피대위자의 성명(또는 명칭), 주소(또는 사무소 소재지) 및 주민등록번호(또는 부동산등기용등록번호), 신청인이 대위자라는 뜻, **대위자의 성명(또는 명칭)과 주소(또는 사무소 소재지), 대위원인 등을 신청정보의 내용으로 등기소에 제공하여야 한다**(규칙 제50조). [17 등기주사보]

이때 대위원인으로서는 등기신청인인 채권자의 대위권 발생원인, 즉 보전하여야 하는 채권이 발생된 법률관계를 간략히 기재하여야 한다(등기예규 1432).

> [예시]
> 매매인 경우 : "○년 ○월 ○일 매매에 의한 소유권이전등기청구권"
> 소비대차인 경우 : "○년 ○월 ○일 소비대차의 대여금반환청구권"

다. 첨부정보

등기신청 시에는 원본을 등기원인을 증명하는 정보로 제공하여야 하고(「부동산등기규칙」 제59조, 제66조 제1항, 등기선례 7-31 참조), 채권자대위권에 의한 등기신청은 채무자의 등기신청권을 채권자가 대위행사하는 것일 뿐이므로(「민법」 제404조 제1항), **채권자대위권에 의한 등기신청 시에도 원본을 등기원인을 증명하는 정보로 제공하여야**

한다(선례 제202302-02호).

채권자가 채무자를 대위하여 등기신청을 할 때에는 **대위원인을 증명하는 정보**를 담은 서면을 첨부하여야 하는데, 대위의 기초인 권리가 특정채권인 때에는 해당 권리의 발생 원인인 법률관계의 존재를 증명하는 서면(⑩ 매매계약서 등)을, 금전채권인 때에는 해당 금전채권증서(⑩ 금전소비대차계약서 등)를 첨부하여야 한다.

이때의 매매계약서 등은 **공문서(가압류결정서, 압류조서)가 아닌 사문서(매매계약서 등)**라도 무방하다(예규 1432). [20 법무사 / 19 등기주사보 / 18 등기주사보 / 14 법무사 / 13 법무사 / 10 법무사] 그러나 단순한 소제기증명서는 대위원인을 증명하는 서면에 해당하지 않는다(선례 2-154).

4) 실행절차(등기실행)

가. 등기부 작성·기입

대위등기신청에 따른 등기를 실행하는 경우, 표제부(부동산의 표시에 관한 등기의 경우) 또는 권리자 및 기타 사항란(권리에 관한 등기의 경우)에 **채권자(대위자)의 성명** 또는 명칭, 주소 또는 사무소 소재지 및 **대위원인을 기록**하여야 한다(법 제28조 제2항). [20 법무사 / 18 등기주사보 / 17 등기서기보 / 14 법무사 / 10 법무사]

나. 각종 통지

채권자대위신청에 따른 등기를 한 경우 등기관은 **대위신청인인 채권자**와 **피대위자인 채무자**에게 **등기완료통지**를 하여야 한다(법 제30조, 규칙 제53조 제1항 제2호). [22 법원사무관 / 17 등기주사보 / 13 법무사]

등기필정보의 작성 통지는 하지 않는다(법 제50조 제1항 제3호, 규칙 제109조 제2항 제4호).

(3) 부동산등기법상 대위등기

1) 건물멸실등기(법 제43조, 법 제44조)
2) 구분건물 중 일부 구분건물만의 소유권보존등기(법 제56조)
3) 신탁등기에 있어서 위탁자와 수익자의 대위등기(법 제82조 제2항)
4) 수용에 따른 소유권이전등기와 대위등기(법 제99조 제3항)
5) 관공서의 체납처분에 의한 압류와 대위등기(법 제96조)

(4) 경매신청 등을 위한 대위상속등기

1) 경매신청 등을 위한 일반 채권자의 대위상속등기 - ○

가. 상속등기를 하지 아니한 부동산에 대하여 **가압류**결정이 있을 때 **가압류채권자**는 가압류기입등기촉탁 이전에 먼저 대위에 의하여 **상속등기**를 함으로써 등기의무자의 표시가 등기기록과 부합하도록 하여야 한다(법 제29조 제7호, 예규 1432). [24 등기서기보 / 21 법원사무관 / 18 법무사 / 17 등기서기보 / 11 법무사 / 10 법무사]

나. 대위원인 : "○년 ○월 ○일 ○○지방법원의 가압류 결정"이라고 기재한다.

다. 대위원인증서 : 가압류결정의 정본 또는 그 등본을 첨부한다.

2) 경매신청 등을 위한 근저당권자의 대위상속등기 – ○

　가. 근저당권설정자가 사망한 경우에 근저당권자가 임의경매신청을 하기 위하여 근저당권의
　　목적인 부동산에 대하여 대위에 의한 상속등기를 신청할 수 있다(법 제29조 제7호). [20
　　법무사]

　나. 대위원인 : "○년 ○월 ○일 설정된 근저당권의 실행을 위한 경매에 필요함"이라고 기재
　　한다.

　다. 대위원인증서 : 해당 부동산의 등기사항증명서를 첨부한다. 다만, 등기신청서 첨부서류
　　란에 "대위원인을 증명하는 서면은 ○년 ○월 ○일 접수번호 제○○호로 본 부동산에
　　근저당권설정등기가 경료되었기에 생략"이라고 기재하고 첨부하지 않아도 된다.

> ↻ **관련 선례(선례 5-671)**
>
> 갑 소유의 부동산에 대하여 을을 근저당권자, 갑을 채무자로 하는 근저당권설정등기를 한 후
> 경매신청을 하기 전에 갑이 사망하였으나 그 상속인 앞으로의 상속등기가 경료되지 아니한 상
> 태에서, 을이 그 부동산에 대한 임의경매신청을 하여 경매개시결정기입등기를 하기 위하여는,
>
> 1. 을은 경매신청서에 갑의 상속인을 채무자 겸 소유자로 표시하고 상속을 증명하는 서류를
>   첨부하여 경매신청을 먼저 하거나, 갑의 상속인을 대위하여 상속등기를 먼저 한 후에 그
>   상속인을 소유자로 표시하여 경매신청을 할 수 있을 것이다.
> 2. 경매법원이 갑의 상속인 앞으로 상속등기가 경료되기 전에 갑의 상속인을 소유자 겸 채무
>   자로 표시하여 경매개시결정을 한 경우, 경매법원이 경매개시결정의 기입등기촉탁과 함께
>   갑의 상속인 앞으로의 상속등기를 촉탁할 수 있다는 민사소송법상의 규정이나 등기관이
>   직권으로 그 상속등기를 한 후에 경매개시결정 기입등기를 하여야 한다는 부동산등기법상
>   의 근거규정은 없으므로, 경매법원이 상속으로 인한 소유권이전등기를 촉탁하거나, 경매
>   기입등기의 촉탁 시 등기관이 직권으로 상속으로 인한 소유권이전등기를 경료할 수는 없
>   다. 따라서 이러한 경우에는 을이 갑의 상속인을 대위하여 상속등기를 먼저 한 후에 경매
>   기입등기의 촉탁을 하여야 할 것이다.
>   (따라서 근저당권설정자가 사망한 후 근저당권자가 근저당권을 실행하기 위해서는 근저당
>   권설정자의 상속인을 채무자 겸 소유자로 표시하고 상속을 증명하는 서면을 첨부하여 경
>   매신청을 하거나, 근저당권설정자의 상속인을 대위하여 상속등기를 먼저 한 후 상속인을
>   소유자로 표시하여 경매신청을 하여야 하는데 어느 경우든 근저당권자는 대위 상속등기를
>   하여야 한다). [22 법무사]
> 3. 을이 갑의 상속인 앞으로 대위 상속등기를 하는 경우, 그 대위원인은 '○년 ○월 ○일 설정
>   된 근저당권 실행을 위한 경매에 필요함'이라 기재하고, 대위원인을 증명하는 서면으로는
>   경매신청을 대위 상속등기보다 먼저 한 경우에는 그 경매개시결정정본 또는 경매신청의
>   수리증명서를, 대위 상속등기를 경매신청보다 먼저 신청하는 경우에는 당해 부동산의 등
>   기부등본(다만, 등기신청서 첨부서류란에 「대위원인을 증명하는 서면은 ○년 ○월 ○일
>   접수번호 제○○호로 본 부동산에 근저당권설정등기가 경료되었기에 생략」이라 기재하고
>   첨부하지 않아도 될 것임)을 첨부하면 족할 것이다.
> 4. 이 경우, 근저당권에 기한 경매신청을 하기 위한 전제로 채무자를 상속을 원인으로 채무자
>   의 상속인으로 변경하기 위한 근저당권변경등기는 할 필요가 없을 것이다.

3) 체납압류를 위한 관공서의 대위상속등기 등 - ○

관공서가 체납처분으로 인한 압류등기를 촉탁하는 경우에는 등기명의인 또는 상속인, 그 밖의 포괄승계인을 갈음(대위)하여 부동산의 표시, 등기명의인의 표시의 변경, 경정 또는 상속, 그 밖의 포괄승계로 인한 권리이전의 등기를 함께 촉탁할 수 있다(법 제96조). [22 법무사 / 18 법무사]

4) 처분제한등기를 위한 법원의 대위상속등기 등 - ○

가. 가압류·가처분·경매개시결정 등의 법원의 처분제한등기를 촉탁하는 경우에는 체납처분으로 인한 압류등기와는 달리 법원이 상속등기 등을 대위할 수 있다는 법적인 근거가 없어 허용되지 않는다. [16 법무사] 따라서 처분제한 등기의 촉탁 전에 채권자가 먼저 대위에 의해 상속등기를 하여야만 법원에서 한 처분제한등기가 수리될 것이다. [22 등기서기보]

나. 마찬가지로 건물의 증축 또는 부속건물을 신축하고 아직 그 표시변경등기를 하지 아니한 건물에 대하여 집행법원에서 처분제한의 등기를 촉탁하면서 가옥대장과 도면(증축 또는 신축된 것)을 첨부하여 표시변경등기 촉탁을 하였더라도 건물표시변경은 촉탁으로 할 수 있는 것이 아니기 때문에 채권자가 미리 대위로 표시 변경을 아니하는 한 이를 수리할 수 없다 할 것이다(예규 441). [22 법무사]

관련 기출지문

1 대위등기신청은 채권자가 채무자의 실체법상 등기청구권을 대위 행사하는 것이다. (×) [24 법원사무관]

2 채권자가 채무자를 대위하여 등기신청을 할 때에 피보전채권이 금전채권이라면 채무자의 무자력을 증명하는 정보를 첨부정보로서 제공하여야 한다. (×) [19 등기주사보]

3 피보전채권이 금전채권인 경우 등기원인을 증명하는 서면과 함께 채무자의 무자력을 증명하는 서면을 제출하여야 한다. (×) [22 법원사무관]

4 채무자가 상속을 포기한 경우라도 채권자는 상속인을 대위하여 상속등기를 신청할 수 있다. (×) [17 등기주사보]

5 채무자가 상속을 포기한 경우에도 채권자는 채무자를 대위하여 상속을 원인으로 한 소유권이전등기를 신청할 수 있다. (×) [22 법무사 / 13 법무사]

6 "원고는 피고에게 명의신탁해지를 원인으로 한 소유권이전등기절차를 이행하라"는 화해권고결정을 받은 원고는 피고에 대하여 별도의 채권이 있더라도 승소한 권리자인 피고를 대위하여 위 결정에 따른 소유권이전등기를 신청할 수는 없다. (×) [20 법무사]

7 특정의 등기청구권에 의하여 채권자가 채무자를 대위하여 등기신청을 하는 경우에는 채무자로부터 채권자 자신으로의 등기신청도 반드시 동시에 하여야 한다. (×) [20 등기서기보]

8 신청정보로 대위자의 성명(또는 명칭)과 주소(또는 사무소 소재지)를 제공하여야 하나, 그 대위자의 정보가 등기기록에 기록되지는 않는다. (×) [17 등기서기보]

9 채권자의 대위신청에 의하여 등기관이 등기를 할 때에는 대위자의 성명(명칭), 주소(사무소 소재지) 및 주민등록번호(부동산등기용등록번호)를 기록하여야 한다. (×) [18 등기주사보]

10 채권자대위에 의한 등기신청이 있는 경우에 등기를 함에는 채권자의 성명 또는 명칭, 주소 또는 사무소 소재지, 주민등록번호 또는 부동산등기용등록번호와 대위원인을 기록하여야 한다. (×) [14 법무사]

02 절 신청정보

I. 서설

1. 일반

방문신청은 등기신청서라는 서면을 제출함으로써 하는 요식 행위로서, **신청서의 기재사항은 법정**되어 있다(법 제24조 제1항 제1호, 제2항, 규칙 제43조, 제44조, 제45조 제3항, 제50조 등). 등기관은 신청서에 반드시 기재되어야 할 사항이 기재되어 있지 않으면 법 제29조 제5호(신청정보의 제공이 대법원규칙으로 정한 방식에 맞지 아니한 경우)에 의하여 등기신청을 각하하여야 한다. **전자신청의 경우에도 서면을 제출하지 않을 뿐** 방문신청의 경우와 같은 신청정보를 제공하여야 한다. 이러한 점에서 등기신청행위의 요식성은 전자신청의 경우에도 적용된다고 볼 수 있다.

2. 신청서의 양식과 기재문자

(1) 신청서의 양식

각종 등기신청서의 양식은 예규 1583호로 정하여져 있으며, 용지 규격은 A4로 규정되어 있다. 다만 일정한 규격의 인쇄된 등기신청용지가 아니라도 법정요건을 갖춘 용지 사용은 허용된다(예규 216).

(2) 신청서의 기재문자 등(예규 1628)

신청서는 등기의 기초자료가 되는 서면으로서 그 문자 기재에 대하여는 「등기부의 기재문자에 대한 사무처리지침」이 준용된다(예규 1628). 따라서 위 예규를 중심으로 등기신청서의 기재문자에 대하여 살펴본다.

1) 등기부의 기재문자

등기부는 한글과 아라비아숫자로 기재하되, 부동산의 소재지나 등기명의인, 법인의 본·지점과 임원의 주소(이하 '부동산의 소재지 등'이라 한다) 및 부동산의 면적을 표시할 때에는 이 예규에서 정하는 바에 따라 문장부호나 특수문자를 사용할 수 있다.

2) 등기부의 외래어 표기

등기부에 외국의 국호, 지명과 외국인의 성명, 명칭, 상호를 한글로 표기함에 있어서는 문화체육관광부가 고시하는 외래어표기법에 의함을 원칙으로 한다.

3) 표시번호, 순위번호 및 사항번호의 표시

등기부의 표시번호, 순위번호, 사항번호에는 1, 2, 3, 4로 표시하고 "번"자의 기재를 생략한다. 그러나 표시란 또는 사항란에서 표시번호 또는 순위번호를 적시할 때에는 1번, 2번, 3번, 4번과 같이 기재한다.

4) 부동산의 소재지 등의 표시

부동산의 소재지 등을 표시할 때에는 "서울특별시", "부산광역시", "경기도", "충청남도" 등을 "서울", "부산", "경기", "충남" 등과 같이 약기하지 않고 행정구역 명칭 그대로 전부 기재하며, [19 등기주사보 / 18 등기서기보] "서울특별시 서초구 서초동 967", "서울특별시 서초구 서초대로 219(서초동)" 등과 같이 주소 표기방법에 맞게 띄어 쓴다. 다만 지번은 "번지"라는 문자를 사용함이 없이 108 또는 108-1과 같이 기재하고, 도시개발사업 등으로 지번이 확정되지 않은 경우에는 "○○블록○○로트"와 같이 기재한다. [18 등기서기보 / 12 법무사]

부동산의 소재지 등을 표시할 때 사용할 수 있는 문장부호는 마침표[.], 쉼표[,], 소괄호 [( )], 붙임표[-]로 한다. [18 등기서기보]

가. 지번 방식의 예시

(가) 서울특별시 서초구 서초동 967

(나) 전라북도 순창군 복흥면 답동리 산59-10

(다) 경기도 김포시 풍무동 풍무지구 100블록100로트 풍무푸르지오 101동 101호

나. 도로명 방식의 예시

(가) 서울특별시 서초구 서초대로 219(서초동)

(나) 전라북도 순창군 복흥면 가인로 442-141

(다) 서울특별시 강북구 4.19로 100, 101동 101호(수유동, 파크빌)

5) 계량법에 의한 면적표시

계량법에 의한 면적의 표시는 제곱미터의 약호인 ㎡를 사용하고 소수점 이하의 면적의 표시는 67.07㎡와 같이 기재한다. [19 등기주사보]

6) 금액의 표시

금액의 표시는 아라비아숫자로 하되, 그 표시를 내국화폐로 하는 경우에는 "금10,000,000원"과 같이 기재하고, 외국화폐로 하는 경우에는 "미화 금10,000,000달러", "일화 금10,000,000엔", "홍콩화 금10,000,000달러"와 같이 그 외국화폐를 통칭하는 명칭을 함께 기재한다.

7) 연월일의 표시

연월일의 표시는 서기연대로 기재하며 서기라는 연호를 생략하고 2007년 5월 1일과 같이 기재한다. [19 등기주사보 / 18 등기서기보]

8) 외국인의 성명 표시

외국인의 성명을 표시할 때에는 국적도 함께 기재한다. [19 등기주사보]

(예) 미합중국인 헨리키신저)

9) 등기신청서 등에의 준용

이 지침은 등기신청서 기타 등기에 관한 서면의 작성에 이를 준용한다.

II. 신청정보의 내용

신청서의 기재사항에는 필요적 기재사항과 임의적 기재사항이 있다.

필요적 기재사항이란 일반적으로 신청서에 기재하여야 할 사항(규칙 제43조, 제44조, 제45조 제3항, 제5항 등)으로서, 기재하지 않으면 신청정보의 제공이 대법원규칙으로 정한 방식에 맞지 아니한 경우에 해당하여 등기신청의 각하사유가 된다(법 제29조 제5호).

임의적 기재사항이란 위의 필요적 기재사항 외에 특정 등기와 관련하여 특별히 신청서에 기재하여야 하는 사항을 말한다. 대표적인 예로서, 당사자 사이의 특별한 약정 내용을 등기할 수 있도록 하는 규정에 따라 신청서에 기재하여야 하는 사항을 들 수 있다. 임의적 기재사항이라고 하여 당사자가 신청서에 기재할지 여부를 임의로 정할 수 있는 것은 아니다. 즉 임의적 기재사항도 다른 규정이 없는 한 원칙적으로 반드시 신청서에 기재하여야 하고, 기재하지 않으면 필요적 기재사항의 경우와 마찬가지로 그 등기신청이 법 제29조 제5호에 의하여 각하된다.

필요적 기재사항이든 임의적 기재사항이든 신청서에 기재할 사항은 법령에 의해 정하여진 것에 한하며, 그렇지 않은 것은 신청서에 기재하여 등기를 할 수 없다(등기사항법정주의).

부동산등기규칙 제43조(신청정보의 내용)

① 등기를 신청하는 경우에는 다음 각 호의 사항을 신청정보의 내용으로 등기소에 제공하여야 한다.

1. 다음 각 목의 구분에 따른 부동산의 표시에 관한 사항
   가. 토지 : 법 제34조 제3호부터 제5호까지의 규정에서 정하고 있는 사항
   나. 건물 : 법 제40조 제1항 제3호와 제4호에서 정하고 있는 사항
   다. 구분건물 : 1동의 건물의 표시로서 소재지번·건물명칭 및 번호·구조·종류·면적, 전유부분의 건물의 표시로서 건물번호·구조·면적, 대지권이 있는 경우 그 권리의 표시. 다만 1동의 건물의 구조·종류·면적은 건물의 표시에 관한 등기나 소유권보존등기를 신청하는 경우로 한정한다.
2. 신청인의 성명(또는 명칭), 주소(또는 사무소 소재지) 및 주민등록번호(또는 부동산등기용등록번호)
3. 신청인이 법인인 경우에는 그 대표자의 성명과 주소
4. 대리인에 의하여 등기를 신청하는 경우에는 그 성명과 주소
5. 등기원인과 그 연월일
6. 등기의 목적
7. 등기필정보. 다만 공동신청 또는 승소한 등기의무자의 단독신청에 의하여 권리에 관한 등기를 신청하는 경우로 한정한다.
8. 등기소의 표시
9. 신청연월일

② 법 제26조의 법인 아닌 사단이나 재단이 신청인인 경우에는 그 대표자나 관리인의 성명, 주소 및 주민등록번호를 신청정보의 내용으로 등기소에 제공하여야 한다.

소유권이전등기신청(매매)

접 수	년 월 일	처리인	등기관 확인	각종 통지
	제 호			

① 부동산의 표시(거래신고관리번호/거래가액)
1동의 건물의 표시 　　　서울특별시 서초구 서초동 100 　　　서울특별시 서초구 서초동 101　　　샛별아파트 가동 　　　[도로명주소] 서울특별시 서초구 서초대로88길 10 전유부분의 건물의 표시 　　　건물의 번호　1-101 　　　구　　　조　철근콘크리트조 　　　면　　　적　1층 101호 86.03㎡ 대지권의 표시 　　　토지의 표시 　　　1. 서울특별시 서초구 서초동 100　　　　　대 1,400㎡ 　　　2. 서울특별시 서초구 서초동 101　　　　　대 1,600㎡ 　　　대지권의 종류　소유권 　　　대지권의 비율 1,2 :　3,000분의 500 거래신고관리번호 : 12345-2017-4-1234560　　　　　거래가액 : 350,000,000원 이 상

② 등기원인과 그 연월일	2017 년 4 월 3 일 매매
③ 등기의 목적	**소유권이전**
④ 이전할 지분	

구분	성명 (상호·명칭)	주민등록번호 (등기용등록번호)	주소 (소재지)	지분 (개인별)
⑤ 등기 의무자	이 대 백	700101 - 1234567	서울특별시 서초구 서초대로88길 20(서초동)	
⑥ 등기 권리자	김 갑 동	801231 - 1234567	서울특별시 서초구 서초대로88길 10, 가동 101호 (서초동, 샛별아파트)	

⑦ 시가표준액 및 국민주택채권매입금액		
부동산 표시	부동산별 시가표준액	부동산별 국민주택채권매입금액
1. **주택**	금 300,000,000 원	금 7,800,000 원
2.	금 원	금 원
3.	금 원	금 원
⑦ 국 민 주 택 채 권 매 입 총 액		금 7,800,000 원
⑦ 국 민 주 택 채 권 발 행 번 호		1234 - 12 - 1234 - 1234

⑧ 취득세(등록면허세) 금 5,000,000 원	⑧ 지방교육세 금 500,000 원
	⑧ 농어촌특별세 금 원

⑨ 세 액 합 계	금 5,500,000 원

⑩ 등 기 신 청 수 수 료	금 15,000 원
	납부번호 : 12 - 12 - 12345678 - 0
	일괄납부 : 건 원

⑪ 등기의무자의 등기필정보

부동산고유번호	1102 - 2006 - 002095	
성명(명칭)	일련번호	비밀번호
이대백	A77C - LO71 - 35J5	40 - 4636

⑫ 첨 부 서 면

• 매매계약서(전자수입인지첨부)	1통	• 토지대장등본	2통
• 취득세(등록면허세)영수필확인서	1통	• 집합건축물대장등본	1통
• 등기신청수수료 영수필확인서	1통	• 주민등록표초본	각1통
• ~~등기필증~~	~~통~~	• 부동산거래계약신고필증	1통
• ~~매매목록~~	~~통~~	• 인감증명서나 본인서명사실확인서 또는 전자본인서	
• ~~위임장~~	~~통~~	명확인서 발급증	1통
		〈기 타〉	

2017 년 5 월 26 일

⑬ 위 신청인 이 대 백 ㊞ (전화 : 010-1234-5678)

김 갑 동 ㊞ (전화 : 010-5678-1234)

(또는)위 대리인 (전화 :)

서울중앙 지방법원 **등기국** 귀중

- 신청서 작성요령 -

* 1. 부동산표시란에 2개 이상의 부동산을 기재하는 경우에는 부동산의 일련번호를 기재하여야 합니다.
  2. 신청인란등 해당란에 기재할 여백이 없을 경우에는 별지를 이용합니다.
  3. 담당 등기관이 판단하여 위의 첨부서면 외에 추가적인 서면을 요구할 수 있습니다.

1. 필요적 기재사항(규칙 제43조 등)

(1) 부동산의 표시에 관한 사항(규칙 제43조 제1항 제1호)

신청서에 기재하는 부동산의 표시는 등기기록과 일치하여야 하므로(법 제29조 제6호 참조) 원칙적으로 등기기록 표제부의 부동산의 표시를 신청서에 기재하면 된다.

1) 토지(토지의 소재와 지번, 지목, 면적)

토지의 소재지 중 행정구역은 그 행정구역 명칭 그대로 전부 기재하여야 하며, "서울특별시", "부산광역시" 등을 "서울", "부산" 등으로 "경기도", "충청남도" 등을 "경기", "충남" 등으로 약기하여서는 아니 되고, 지번의 경우에는 "번지"라는 문자를 사용함이 없이 108 또는 108-1과 같이 기재한다(예규 1628). "부동산의 표시"란에 2개 이상의 부동산을 기재하는 경우에는 그 부동산의 일련번호를 기재하여야 한다(예규 681). 소재와 지번의 기재는 등기기록 및 대장과 일치하여야 한다. 만일 일치하지 않으면 법 제29조 제6호 또는 제11호의 각하사유에 해당한다. 지목은 토지의 주된 용도에 따라 토지의 종류를 구분하여 지적공부에 등록한 것으로서 전·답·과수원·목장용지·임야 등을 기재한다. 면적은 지적공부에 등록한 필지의 수평면상 넓이를 말하는데, 제곱미터(m^2)를 단위로 한다.

2) 일반건물(건물의 소재, 지번 및 건물번호, 건물의 종류, 구조와 면적)

소재·지번의 기재는 토지의 경우와 같다. 건물등기기록 표제부에 도로명주소가 기록된 경우에는 건물의 소재지번과 도로명주소를 함께 신청정보로 제공하여야 한다. 건물번호는 1필지 또는 여러 필지 위에 여러 개의 건물이 있는 경우 각 건물을 쉽게 특정하기 위해 기재한다. 건물의 구조로서는 그 주된 부분의 구성재료와 지붕의 종류, 층수 등(건축물대장에 기재된 주구조와 지붕 등)을 기재하고, 종류로서는 건축물대장에 기재된 주용도를 기재한다. 면적은 제곱미터(m^2)를 단위로 하여 기재하는데, 건물이 2층 이상일 때에는 각 층의 면적만을 기재하고 지하실도 따로 면적을 기재한다, 부속건물이 있는 경우에는 부속건물의 종류, 구조와 면적도 함께 기재한다. 옥탑(연면적 제외)과 그 면적도 대장에 따라 등기할 수 있다.

3) 구분건물

구분건물의 경우 1동의 건물의 표시로서 소재지번·건물명칭 및 번호·구조·종류·면적, 전유부분의 건물의 표시로서 건물번호·구조·면적, 대지권이 있는 경우 그 권리의 표시를 기재한다. 다만 1동의 건물의 구조·종류·면적은 건물의 표시에 관한 등기나 소유권보존등기를 신청하는 경우로 한정한다. 그리고 대지권이 있는 경우에는 신청서에 그 권리의 표시에 관한 사항을 기재하여야 한다. 대지권의 표시에 관한 사항으로서는 대지권의 목적인 토지의 표시, 대지권의 종류와 비율을 기재한다.

(2) 등기신청인의 인적사항 등

1) 일반적인 경우(규칙 제43조 제1항 제2호)

신청서의 첫째 면(갑지)에는 등기의무자와 등기권리자 또는 등기신청인을 기재하여야 하는 바, 성명(상호·명칭), 주민등록번호(부동산등기용등록번호), 주소(사무소 소재지)를 차례로 기재한다. 이때 신청인(등기권리자 및 등기의무자)이 자연인인 때에는 그 성명과 주소를, 법인 또는 법인 아닌 사단이나 재단인 때에는 그 명칭과 사무소 소재지를 기재한다. 신청서의 둘째 면(을지)의 신청인란에는 갑지의 등기의무자와 등기권리자 또는 등기신청인의 이름을 적고 날인 또는 서명을 한다(대리인이 신청서를 제출하는 경우에는 대리인이 기명날인하거나 서명을 한다).

2) 신청인이 법인인 경우에는 그 대표자의 성명과 주소(규칙 제43조 제1항 제3호)

신청인이 법인인 경우에는 그 대표자의 성명과 주소를 기재한다. 법인등기사항증명서를 기준으로 하여 기재하면 족하다.

3) 신청인이 법인 아닌 사단이나 재단인 경우에는 그 대표자나 관리인의 성명, 주소 및 주민등록번호(규칙 제43조 제2항)

법인 아닌 사단이나 재단이 신청인인 경우에는 그 대표자나 관리인의 성명, 주소 및 주민등록번호를 신청정보의 내용으로 등기소에 제공하여야 한다. 이러한 경우 대표자나 관리인이 등기사항(법 제48조 참조)에 해당하므로 이를 신청서에 기재하도록 한 것이다.

4) 대리인에 의하여 등기를 신청하는 경우에는 그 성명과 주소(규칙 제43조 제1항 제4호)

대리인에는 임의대리인과 법정대리인이 모두 포함된다. 다만 신청서에 기재된 대리인의 성명과 주소가 등기기록에 기록되지는 않는다.

(3) 등기원인과 그 연월일(규칙 제43조 제1항 제5호)

등기원인이란 해당 등기의 원인이 되는 모든 법률행위(매매, 증여 등) 또는 법률사실(상속, 건물의 증축 등)을 말한다. 등기원인의 연월일은 등기원인인 법률행위 또는 법률사실의 성립이나 효력발생의 일자이다. 소유권보존등기신청서나 진정명의회복을 원인으로 한 소유권이전등기신청서에는 등기원인의 연월일을 기재하지 않는다. 구체적인 사항에서의 등기원인은 각 등기절차에서 설명하도록 한다.

(4) 등기의 목적(규칙 제43조 제1항 제6호)

등기의 목적이란 신청하는 등기의 내용 내지 종류를 말한다. 예컨대 "소유권보존", "소유권이전청구권가등기", "저당권설정등기말소" 등과 같이 기재한다.

(5) 등기필정보(규칙 제43조 제1항 제7호)

등기신청 시에는 등기의무자의 등기필정보를 신청서에 기재한다. 다만 공동신청 또는 승소한 등기의무자의 단독신청에 의하여 권리에 관한 등기를 신청하는 경우로 한정한다. 이러한 등기필정보는 종래 첨부서면(등기필증)으로 제공하던 것을 법의 개정에 따라 등기필증이 등기필정보로 바뀜으로 인해 등기필정보의 일련번호 및 비밀번호 등을 기재하는 것으로 변경되었다. 그러나 그 취지는 종래의 첨부서면(등기필증)과 같으므로 첨부서면 목차에서 살펴보기로 한다.

(6) 등기소의 표시 및 신청연월일(규칙 제43조 제1항 제8호, 제9호)

신청서 을지 하단에 부동산의 관할 등기소의 표시와 신청을 하는 날짜를 기재한다. 관할위반등기는 각하의 대상이 된다.

(7) 취득세나 등록면허세 등의 세액 및 과세표준액 등(규칙 제44조, 제45조 제3항, 제5항)

등기를 신청하는 경우에는 제43조에서 규정하는 사항 외에 취득세나 등록면허세 등 등기와 관련하여 납부하여야 할 세액 및 과세표준액을 신청정보의 내용으로 등기소에 제공하여야 한다(규칙 제44조 제1항). 등록면허세를 납부할 경우에 등기원인 및 등기목적이 동일한 것으로서 여러 개의 등기소의 관할에 걸쳐 있는 여러 개의 부동산에 관한 권리의 등기를 신청할 때에는 최초의 등기를 신청하면서 등록면허세의 전액을 납부하여야 한다. 신청인이 다른 등기소에 등기를 신청할 때에는 최초의 등기를 신청하면서 등록면허세의 전액을 납부한 사실, 최초의 등기를 신청한 등기소의 표시와 그 신청정보의 접수연월일 및 접수번호를 신청정보의 내용으로 등기소에 제공하여야 한다(규칙 제45조 제1항, 제3항). 등록면허세 외의 등기신청과 관련하여 납부하여야 할 세액 및 다른 법률에 의하여 부과된 의무사항에 관하여도 위의 규정을 준용한다(규칙 제44조 제2항, 제45조 제5항).

2. 임의적 기재사항

(1) 거래가액(규칙 제124조 제2항)

등기관이 「부동산 거래신고 등에 관한 법률」 제3조 제1항에서 정하는 계약을 등기원인으로 한 소유권이전등기를 하는 경우에는 대법원규칙으로 정하는 바에 따라 거래가액을 기록한다(법 제68조). 법 제68조의 거래가액이란 「부동산 거래신고 등에 관한 법률」 제3조에 따라 신고한 금액을 말한다(규칙 제124조 제1항).

「부동산 거래신고 등에 관한 법률」 제3조 제1항에서 정하는 계약을 등기원인으로 하는 소유권이전등기를 신청하는 경우에는 거래가액을 신청정보의 내용으로 등기소에 제공하고, 시장·군수 또는 구청장으로부터 제공받은 거래계약신고필증정보를 첨부정보로서 등기소에 제공하여야 한다. 이 경우 거래부동산이 2개 이상인 경우 또는 거래부동산이 1개라 하더라도 여러 명의 매도인과 여러 명의 매수인 사이의 매매계약인 경우에는 매매목록도 첨부정보로서 등기소에 제공하여야 한다(규칙 제124조 제2항).

(2) 등기권리자가 2인 이상인 경우 그 지분 등

지분이전등기신청인 경우 또는 등기할 **권리자가 2인 이상인 경우** 등에는 그 지분을 신청정보의 내용으로 등기소에 제공하여야 한다. 등기할 권리자가 수인이면서 등기할 권리가 합유일 때에는 합유라는 뜻을 신청정보의 내용으로 등기소에 제공하여야 한다.

(3) 대위에 관한 사항(규칙 제50조)

채권자대위등기를 신청하는 경우에는 ① 피대위자의 성명(또는 명칭), 주소(또는 사무소 소재지) 및 주민등록번호(또는 부동산등기용등록번호), ② 신청인이 대위자라는 뜻, ③ 대위자의 성명(또는 명칭)과 주소(또는 사무소 소재지), ④ 대위원인을 신청정보의 내용으로 등기소에 제공하여야 한다.

(4) 부동산의 표시에 관한 사항 등

토지나 건물의 표시변경등기를 신청하는 경우의 변경 전과 변경 후의 표시에 관한 사항(규칙 제72조 제1항, 제86조 제1항) 등 표시에 관한 등기와 관련하여 특별한 기재사항들이 여럿 있다.

(5) 당사자의 약정

환매특약 등기의 신청서에는 매수인이 지급한 대금, 매매비용, 환매기간 등을 기재하여야 하는데, 이 중 환매기간은 등기원인에 정하여져 있는 경우에만 기재한다(규칙 제113조, 법 제53조, 「민법」 제592조).

소유권의 일부에 대한 이전등기를 신청하는 경우에는 이전되는 지분을 신청정보의 내용으로 등기소에 제공하여야 하는데, 이 경우 등기원인에 「민법」 제268조 제1항 단서의 약정이 있을 때에는 그 약정에 관한 사항도 신청서에 기재하여야 한다. 지상권, 지역권, 전세권, 저당권 등의 설정등기신청서에 관련 약정 내용을 기재하여야 하는 경우가 여럿 있다. 당사자의 약정 중 등기할 수 있는 것은 부동산등기법 등의 법률로 정하여져 있다. 그러한 약정이 있는데도 신청서에 기재하지 않은 경우는 원칙적으로 법 제29조 제5호(신청정보의 제공이 대법원규칙으로 정한 방식에 맞지 아니한 경우)의 각하사유에 해당한다. 반대로 등기할 수 없는 약정인데도 신청서에 기재한 경우는 법 제29조 제2호의 각하사유에 해당한다.

(6) 그 밖의 특별한 기재사항

개별 등기(소유권, 용익권, 담보권, 신탁, 가처분의 등기나 가등기 등)와 관련하여 신청서에 기재하여야 할 사항이 규칙으로 정하여져 있다.

3. 첨부서면의 표시

등기를 신청할 때에는 「부동산등기규칙」 제46조 및 그 밖의 법령에 따른 첨부정보를 등기소에 제공하여야 하고, 이를 신청정보로 표시하여야 한다. 따라서 근저당권설정등기의 말소등기를 서면으로 신청할 때에 등기필증을 신청서에 첨부하였다면 등기신청서의 첨부서면란에 이를 기재하여야 한다(선례 201810-9).

Ⅲ. 신청정보의 작성방법

1. 신청서의 기명날인 또는 서명(규칙 제56조)

(1) 원칙

방문신청을 하는 경우에는 등기신청서에 신청정보의 내용으로 등기소에 제공하여야 하는 정보를 적고 신청인 또는 그 대리인이 기명날인하거나 서명하여야 한다(규칙 제56조 제1항).

(2) 법무사가 위임받아 등기신청사건의 신청서를 작성하는 경우의 대리인란에 법무사의 직인을 날인하여야 하는지 여부 등(선례 변경, 적극)

1) 「부동산등기규칙」 제56조 제1항은 방문신청을 하는 경우 등기신청서에 기명날인 또는 서명하도록 규정하고, 「법무사법」 제22조 제2항은 법무사가 업무에 관하여 위임받아 작성한 서류의 끝부분이나 기재란 밖에 기명날인하도록 하며, 「법무사규칙」 제29조 제1항에서는 업무상 사용할 직인을 신고하도록 규정함으로써 법무사가 업무상 하는 날인은 직인의 사용을 원칙으로 하고 있다.

2) 따라서 법무사가 등기사건을 위임받아 신청서를 작성하는 경우에 신청서의 끝부분에 있는 대리인란에 하는 날인은 반드시 신고한 직인으로 하여야 하며, 신청서의 간인도 직인으로 하여야 할 것이다. 다만 법무사의 실인을 직인과 함께 날인하는 것도 무방할 것이며, 이 경우에는 실인으로 간인할 수도 있다. [13 법무사]

3) 신청서의 끝부분에 있는 대리인란의 법무사 성명 다음에 직인을 날인한 이상 기명날인은 한 곳에 하면 족하므로 기재란 밖에 또다시 직인을 날인할 필요는 없다(선례 201301 – 5).

2. 신청서의 간인

신청서가 여러 장일 때에는 신청인 또는 그 대리인이 간인을 하여야 하고, 등기권리자 또는 등기의무자가 여러 명일 때에는 그중 1명이 간인하는 방법으로 한다. [21 법무사 / 18 등기서기보 / 17 등기서기보 / 16 법무사 / 13 법무사 / 9 법무사] 다만 신청서에 서명을 하였을 때에는 각 장마다 연결되는 서명을 함으로써 간인을 대신한다(규칙 제56조 제2항).

규칙 제56조 제2항에서의 등기권리자 또는 등기의무자가 여러 명일 때에는 그중 1명이 간인하는 규정은 등기신청서의 간인에 관한 것이며, 그 부속서류에는 동 규정이 적용되지 아니한다. [10 법무사]

따라서 등기신청서의 부속서류인 등기신청위임장이나 매매계약서[13 법무사], 상속재산분할협의서(선례 3-43)[17 등기서기보 / 16 법무사], 근저당권설정계약서(선례 201809-3)의 간인은 전원이 간인을 하여야 한다. 아래의 선례도 마찬가지의 취지이다.

협의분할에 의한 상속등기를 신청하는 경우에 제공하는 첨부정보인 상속재산분할협의서가 여러 장일 때에는 공동상속인 전원이 간인을 하여야 하는 바, 상속재산분할협의서 끝부분에 공동상속인 전원이 기명날인(또는 서명)을 함에 있어 지면의 부족으로 첫 장에 일부 상속인만이 기명날인을 하고 나머지 상속인은 다음 장에 기명날인을 하여 위 협의서가 두 장이 된 경우에도 다르지 아니하다(선례 201807-1).

부동산등기를 신청할 때에 등기원인을 증명하는 정보로서 제공하는 **계약서**에는 원칙적으로 인감을 날인할 필요는 없다. 따라서 계약서의 작성명의인이 법인인 경우 계약서에는 반드시 등기소에 신고한 법인인감을 날인하여야 하는 것은 아니며, 사용인감을 날인하여도 무방하다. 한편, **인감을 날인하여야 하는 서류가 여러 장일 때**에는 그 서류의 연속성을 보장하고 그 진정성을 확인할 수 있도록 각 장마다 간인을 하여야 하는바, 간인을 할 때에도 그 인감으로 하여야 한다(선례 201907-2).

법인이 소유권이전등기를 신청할 경우, 법인의 인장(印章)으로 간인되거나 각 장의 연결성을 확인할 수 있도록 천공된 부동산매매계약서를 등기원인을 증명하는 정보로서 등기소에 제공할 수 있을 것이나, 구체적인 사건에서 그러한 등기신청을 수리할지 여부는 담당 등기관이 판단할 사항이다(선례 202112-2).

3. 신청서의 정정(규칙 제57조)

신청서나 그 밖의 등기에 관한 서면을 작성할 때에는 자획을 분명히 하고, 문자의 정정, 삽입 또는 삭제를 한 경우에는 그 글자 수를 난외에 적으며 문자의 앞뒤에 괄호를 붙이고 이에 날인 또는 서명하여야 하는데, 이 경우 삭제한 문자는 해독할 수 있게 글자체를 남겨두어야 한다(규칙 제57조). **신청인이 다수인 경우** 신청서를 정정할 때에는 신청인 **전원**이 **정정인**을 날인한다(예규 585). [13 법무사 / 12 법무사 / 9 법무사] 왜냐하면 정정인을 날인하는 신청인과 정정인을 날인하지 아니한 신청인이 이해상반되는 경우가 있을 수 있기 때문이다.

IV. 신청정보의 제공방법

등기의 신청은 1건당 1개의 부동산에 관한 신청정보를 제공하는 방법으로 하여야 한다(법 제25조 제1항 본문). 즉 등기는 1개의 부동산에 관하여 1개의 등기원인마다 별개의 신청을 하는 것이 원칙이다. [20 등기서기보 / 15 등기서기보 / 9 법무사]

다만 **등기목적과 등기원인이 동일**하거나 **그 밖에 대법원규칙**으로 정하는 경우에는 여러 개의 부동산에 관한 신청정보 또는 촉탁정보를 일괄하여 제공하는 방법으로 할 수 있다(법 제25조 제1항 단서). [20 등기서기보 / 17 등기주사보]

관련 기출지문

1 신청서가 여러 장일 때에는 신청인 또는 그 대리인이 간인하거나 연결되는 서명을 하여야 하는바, 등기권리자 또는 등기의무자가 여러 명일 때에는 전원이 간인하거나 연결되는 서명을 하여야 한다. (×)
[18 등기서기보]

2 신청서가 여러 장이어서 간인을 할 경우 등기권리자 또는 등기의무자가 다수인 경우 반드시 전원이 간인하여야 한다. (×)
[13 법무사]

3 신청서가 여러 장이어서 간인을 할 경우 등기권리자 또는 등기의무자 중 어느 일방만 간인하여도 된다. (×)
[9 법무사]

4 상속재산분할협의서가 여러 장인 경우 작성자 전원이 간인할 필요가 없고 그중 1인이 간인하면 된다. (×)

[17 등기서기보]

5 등기권리자 또는 등기의무자가 다수인 때에는 등기신청서는 물론 그 부속서류에도 일인의 간인으로써 족하다. (×)

[10 법무사]

6 대리인이 법무사인 경우 신청서의 대리인란에 하는 날인은 반드시 신고한 직인과 법무사의 사인을 같이 날인하여야 한다. (×)

[13 법무사]

7 신청인이 다수인 경우에 신청서를 정정할 때에는 신청인 중 한 사람이 정정인을 날인하여도 무방하다. (×)

[13 법무사]

03 절 첨부정보

등기신청에 필요한 **일반적인 첨부정보**에 관하여는 규칙 제46조에서 규정하고 있고, 그 밖의 개별 등기에 필요한 첨부정보에 관하여는 각 관련 조문에서 규정하고 있다.

필요한 첨부정보를 제공하지 아니한 때에는 법 제29조 제9호의 각하사유에 해당한다.

부동산등기규칙 제46조(첨부정보)

① 등기를 신청하는 경우에는 다음 각 호의 정보를 그 신청정보와 함께 첨부정보로서 등기소에 제공하여야 한다.

1. 등기원인을 증명하는 정보
2. 등기원인에 대하여 제3자의 허가, 동의 또는 승낙이 필요한 경우에는 이를 증명하는 정보
3. 등기상 이해관계 있는 제3자의 승낙이 필요한 경우에는 이를 증명하는 정보 또는 이에 대항할 수 있는 재판이 있음을 증명하는 정보
4. 신청인이 **법인**인 경우에는 그 대표자의 자격을 증명하는 정보
5. 대리인에 의하여 등기를 신청하는 경우에는 그 권한을 증명하는 정보
6. **등기권리자**(새로 등기명의인이 되는 경우로 한정한다)의 주소(또는 사무소 소재지) 및 주민등록번호(또는 부동산등기용등록번호)를 증명하는 정보. 다만 **소유권이전등기**를 신청하는 경우에는 **등기의무자**의 주소(또는 사무소 소재지)를 증명하는 정보도 제공하여야 한다.
7. 소유권이전등기를 신청하는 경우에는 토지대장·임야대장·건축물대장 정보나 그 밖에 부동산의 표시를 증명하는 정보
8. 변호사나 법무사[법무법인·법무법인(유한)·법무조합 또는 법무사법인·법무사법인(유한)을 포함한다. 이하 "자격자대리인"이라 한다]가 다음 각 목의 등기를 신청하는 경우, **자격자대리인**(법인의 경우에는 담당 변호사·법무사를 의미한다)이 주민등록증·인감증명서·본인서명사실확인서 등 법령에 따라 작성된 증명서의 제출이나 제시, 그 밖에 이에 준하는 확실한 방법으로 위임인이 등기의무자인지 여부를 확인하고 자필서명한 정보

　　가. 공동으로 신청하는 권리에 관한 등기

　　나. 승소한 등기의무자가 단독으로 신청하는 권리에 관한 등기　[22 법무사]

② 구분건물에 대하여 대지권의 등기를 신청할 때 다음 각 호의 어느 하나에 해당되는 경우에는 해당 규약이나 공정증서를 첨부정보로서 등기소에 제공하여야 한다.

　1. 대지권의 목적인 토지가 「집합건물의 소유 및 관리에 관한 법률」 제4조에 따른 건물의 대지인 경우

　2. 각 구분소유자가 가지는 대지권의 비율이 「집합건물의 소유 및 관리에 관한 법률」 제21조 제1항 단서 및 제2항에 따른 비율인 경우

　3. 건물의 소유자가 그 건물이 속하는 1동의 건물이 있는 「집합건물의 소유 및 관리에 관한 법률」 제2조 제5호에 따른 건물의 대지에 대하여 가지는 대지사용권이 대지권이 아닌 경우

③ 등기원인을 증명하는 정보가 집행력 있는 판결인 경우에는 제1항 제2호의 정보를 제공할 필요가 없다. 다만 등기원인에 대하여 행정관청의 허가, 동의 또는 승낙을 받을 것이 요구되는 때에는 그러하지 아니하다.

④ 법 제60조 제1항 및 제2항의 등기를 신청할 때에는 제1항 제1호 및 제6호를 적용하지 아니한다.

⑤ 첨부정보가 「상업등기법」 제15조에 따른 등기사항증명정보로서 그 등기를 관할하는 등기소와 부동산 소재지를 관할하는 등기소가 동일한 경우에는 그 제공을 생략할 수 있다.

⑥ 제1항 및 그 밖의 법령에 따라 등기소에 제공하여야 하는 첨부정보 중 법원행정처장이 지정하는 첨부정보는 「전자정부법」 제36조 제1항에 따른 행정정보 공동이용을 통하여 등기관이 확인하고 신청인에게는 그 제공을 면제한다. 다만 그 첨부정보가 개인정보를 포함하고 있는 경우에는 그 정보주체의 동의가 있음을 증명하는 정보를 등기소에 제공한 경우에만 그 제공을 면제한다.

⑦ 제6항은 법원행정처장이 지정하는 등기소에 한정하여 적용할 수 있다.

⑧ 첨부정보가 외국어로 작성된 경우에는 그 번역문을 붙여야 한다.

⑨ 첨부정보가 외국 공문서이거나 외국 공증인이 공증한 문서(이하 "외국 공문서 등"이라 한다)인 경우에는 「재외공관 공증법」 제30조 제1항에 따라 공증담당영사로부터 문서의 확인을 받거나 「외국공문서에 대한 인증의 요구를 폐지하는 협약」에서 정하는 바에 따른 아포스티유(Apostille)를 붙여야 한다. 다만 외국 공문서 등의 발행국이 대한민국과 수교하지 아니한 국가이면서 위 협약의 가입국이 아닌 경우와 같이 부득이한 사유로 문서의 확인을 받거나 아포스티유를 붙이는 것이 곤란한 경우에는 그러하지 아니하다.

I. 등기원인과 관련된 정보

1. 등기원인을 증명하는 정보

(1) 의의

등기를 신청하는 경우에는 등기원인을 증명하는 정보를 그 신청정보와 함께 첨부정보로서 등기소에 제공하여야 한다. **등기원인을 증명하는 정보**는 해당 등기의 원인이 되는 법률행위 또는 법률사실을 증명하는 정보를 말한다.

등기원인증서에는 ① 등기신청의 대상인 부동산의 표시, ② 등기원인과 그 밖의 등기사항, ③ 당사자인 등기권리자와 등기의무자 등이 기재되어 있어야 한다.

1) 부동산표시의 기재

등기원인증서의 부동산의 표시는 등기기록 및 등기신청서에 기재된 표시와 같아야 한다. 그러나 등기원인증서의 부동산 표시가 신청서의 그것과 **엄격히 일치하지 아니하더라도** 양자 사이에 동일성을 인정할 수 있으면 그 등기신청을 수리하여도 무방하다(예규 1727).

구분건물과 대지권이 함께 등기신청의 목적인 경우에는 그 검인계약서에 대지권의 구체적인 표시가 없더라도 대지권이 포함된 취지의 표시는 되어 있어야 한다(예규 1727).

장래 완성될 건물 또는 분양받은 부동산 등에 관하여 검인받은 계약서상의 부동산의 표시가 그 후 대장에 등록된 부동산의 표시와 일치하지 아니하더라도 양자 사이에 동일성이 인정된다면 대장상의 부동산 표시를 등기신청서에 기재하여 등기신청이 가능하다.

2) 등기원인과 그 밖의 등기사항의 기재

등기원인증서에는 등기원인과 그 연월일, 등기할 사항이 기재되어 있어야 한다. 등기신청서에 기재된 사항과 등기원인증서가 부합하지 아니한 때에는 신청의 각하사유가 된다(법 제29조 제8호). 따라서 해당 등기의 필요적 기재사항은 반드시 등기원인증서에도 기재되어 있어야 한다. 예컨대 환매특약의 등기를 신청하는 경우 매수인이 지급한 대금 및 매매비용(법 제53조 제1호, 제2호), 임차권설정등기신청의 경우의 차임(법 제74조 제1호) 등과 같은 개별 등기의 필요적 기재사항들은 등기원인증서에 기재되어 있어야 한다.

또한 임의적 등기사항이라 하더라도 등기원인증서에 기재된 이상 반드시 신청서에 기재되어야 한다. 따라서 등기원인증서에 저당채권의 이자약정과 같은 기재사항이 표시되어 있음에도 신청서에 기재하지 않은 때에는 이를 보정케 하여 수리하여야 할 것이고, 만약 보정하지 않을 때에는 각하하여야 한다(법 제29조 제5호). 반대로 등기원인증서에 없는 등기사항을 신청서에 기재한 때에도 각하사유에 해당한다(법 제29조 제8호).

3) 등기당사자의 기재와 날인

가. 당사자의 기재

등기원인증서에는 당사자인 등기권리자와 등기의무자의 표시가 기재되어 있어야 한다. 등기원인증서의 등기의무자의 표시와 등기기록 및 신청서의 기재는 서로 부합하여야 하고, 등기권리자의 표시도 신청서와 부합하여야 한다. 등기원인증서의 당사자 표시가 신청서와 **엄격히 일치하지 않아도**(주소가 변경된 경우 포함) 다른 제출서면에 의하여 양자 사이에 동일성을 인정할 수 있으면 그 등기신청을 수리하여도 무방하다.

나. 당사자의 날인

등기원인증서에 당사자 또는 작성자의 서명 또는 날인이 있어야 하는가에 대하여는 의견이 나뉘고 있으나, 형식적 심사권밖에 없는 등기관이 등기원인증서의 진정성립을 인정하기 위해서는 작성자의 서명 또는 날인을 요한다고 할 것이다. 다만 등기신청의 당사자가 아닌 자(예컨대 근저당권설정계약서상의 채무자)의 날인이나 서명은 없어도 무방하다(선례 6-32).

날인의 경우 ① 신청서나 위임장에 날인된 인영과 등기원인증서에 날인된 인영이 서로 다르거나(선례 3-721) ② 인영에 계약당사자인 회사의 상호나 성명이 아닌 다른 문자나 형상이 기재되어 있더라도 무방하다(선례 7-33). 또한 등기원인증서인 계약서나 판결서 등에 권리자의 주민등록번호를 반드시 기재하여야 하는 것도 아니다(선례 5-51). 부동산등기를 신청할 때에 등기원인을 증명하는 정보로서 제공하는 **계약서**에는 원칙적으로 인감을 날인할 필요는 없다. 따라서 계약서의 작성명의인이 법인인 경우 계약서에는 반드시 등기소에 신고한 법인인감을 날인하여야 하는 것은 아니며, 사용인감을 날인하여도 무방하다. 한편, 인감을 날인하여야 하는 서류가 여러 장일 때에는 그 서류의 연속성을 보장하고 그 진정성을 확인할 수 있도록 각 장마다 간인을 하여야 하는바, 간인을 할 때에도 그 인감으로 하여야 한다(선례 201907-2).

4) 등기원인증명정보의 예

등기의 원인이 되는 법률행위 또는 법률사실을 증명할 수 있는 정보이면 모두 등기원인을 증명하는 정보로서의 적격성이 인정된다.

상속재산의 분할협의서(협의분할계약서)[17 등기주사보]나 유언증서, 사인증여증서 등은 개정법하에서는 가족관계등록사항별증명서 등과 더불어 등기원인을 증명하는 정보에 해당한다.

판결에 의한 등기에 있어서는 판결 정본이 등기원인을 증명하는 정보가 된다. 판결과 동일한 효력이 있는 조정조서, 화해조서 또는 인낙조서 등의 정본도 등기원인을 증명하는 정보가 될 수 있다.

수용을 원인으로 하는 소유권이전등기에 있어서 재결에 의한 수용일 때에는 토지수용위원회의 재결서 등본[협의성립에 의한 수용일 때에는 토지수용위원회의 협의성립확인서(또는 협의성립의 공정증서와 그 수리증명서)], 보상금수령증 원본(또는 공탁서 원본) 등이 모두 함께 등기원인을 증명하는 정보를 구성한다.

경매개시결정등기의 경우에는 경매개시결정 정본, **매각을 원인으로 하는 소유권이전등기**의 경우에는 **매각허가결정 정본**[17 등기주사보]이 등기원인을 증명하는 정보가 된다. 매각대금 완납 증명까지 제공할 필요는 없다.

가압류·가처분 등기의 경우에는 **가압류·가처분 결정 정본**[17 등기주사보]이 등기원인을 증명하는 정보가 된다.

관련 기출지문

1 경매절차의 매각으로 인한 권리이전은 법률에 의한 물권변동이므로 이전등기에 있어서 매각허가결정정본을 특별히 등기원인증명정보에 해당한다고 할 수 없다. (×)　　　　　[17 등기주사보]

2 상속재산의 협의분할계약서에는 등기원인일자가 기재되어 있지 않고 사망사실도 증명되지 않으므로 등기원인증명정보가 될 수 없다고 보는 것이 현행 등기실무이다. (×)　　　　　[17 등기주사보]

⑵ **계약서 등의 검인(예규 1727호)**

1) 서설

가. 의의

부동산에 관한 계약을 등기원인으로 하여 1990.9.2. 이후 소유권이전등기를 신청할 때에는 계약의 일자 및 종류를 불문하고 검인을 받은 계약서 원본(이하 "검인계약서"라한다) 또는 검인을 받은 판결서정본(화해·인낙·조정조서를 포함한다)을 등기원인증서로 제출하여야 한다. [12 법무사] 검인을 받은 후 계약당사자가 그 계약내용을 변경하여새로운 매매계약서를 작성하였다면 새로운 매매계약서에 검인을 받으면 된다(선례 3-98).

이는 부동산거래에 대한 실체적 권리관계에 부합하는 등기를 신청하도록 하여 건전한부동산 거래질서를 확립함을 목적으로 한다(동법 제1조).

나. 요건

다. 적용범위

(가) 주체

원칙적으로 모든 거래의 당사자는 위 법조의 적용이 있다.

다만 계약의 일방 당사자가 국가 또는 지방자치단체인 경우에는 등기원인증서에검인을 받을 필요가 없다(예규 1727). [20 법무사 / 14 법무사] 여기에서의 국가 또는 지방자치단체는 좁은 의미로 해석된다. 따라서 한국토지주택공사가 국가나 지방자치단체가 아닌 당사자와 부동산 소유권이전에 관한 계약을 체결하고 소유권이전등기를 촉탁하는 경우에는 검인계약서를 제출하여야 한다(선례 3-90).

(나) 객체

선박·입목·재단등기의 경우에는 검인을 받지 아니하지만(예규 1727), 부동산에 해당하면 무허가 건물이나 아직 건물이 완성되지 아니한 미등기건물에 대한 아파트분양계약서도 검인대상이다(선례 3-66). [18 법무사]

(다) 행위

가) 계약을 원인으로 한 계약서 또는 판결서

① 검인을 받는 경우

계약을 원인으로 한 소유권이전등기이면 검인대상이 되므로 등기원인이매매, 교환과 같은 유상계약이든 증여와 같은 무상계약이든 묻지 않는다.예를 들어 공유물분할로 인한 소유권이전등기신청의 경우에는 공유물분할계약서에 검인을 받아야 하고, 양도담보계약에 의하여 소유권이전등기를신청하는 경우, 현물출자로 인한 소유권이전등기를 신청하는 경우, 사법상 매매의 성질을 갖는 공공용지 협의취득을 원인으로 한 소유권이전등기를 신청하는 경우에도 마찬가지이다(선례 3-534).

민법 제839조의2에 의한 재산분할의 재판에 의하여 이혼당사자 중 일방이 그의 지분에 대한 농지의 소유권이전등기를 신청할 경우 심판서 정본에 「부동산등기 특별조치법」 소정의 검인을 받아야 하나, 농지취득자격증명, 토지거래계약허가서 등은 첨부할 필요가 없다(선례 4-261).

신탁행위에 의한 신탁등기를 신청하는 경우에는 당해 부동산에 대하여 신탁행위가 있었음을 증명하는 정보를 등기원인을 증명하는 정보로서 제공하여야 하고, 특히 신탁계약에 의하여 소유권을 이전하는 경우에는 등기원인을 증명하는 정보(신탁계약서 등)에 검인을 받아 제공하여야 한다(예규 1726). [18 법무사 / 15 법무사 / 13 법무사] 마찬가지로 신탁해지약정서를 원인서면으로 첨부하여 소유권이전등기를 신청하는 경우, 그 약정서에는 검인을 받아야 한다(선례 5-895). [18 법무사]

신탁법에 따른 신탁이 아닌 명의신탁에도 검인의 규정은 적용되는 것이므로 적법한 명의신탁 해지를 원인으로 한 소유권이전등기를 신청하는 경우 명의신탁해지약정서가 등기원인증서가 되므로 여기에 검인을 받아야 한다(선례 3-517 참조).

다만 한국주택금융공사가 「한국주택금융공사법」 제22조 제1항 제9호의2의 주택담보노후연금보증과 관련된 신탁업무를 수행하기 위하여 신탁을 설정하거나 해지하는 경우에는 법 제3조의 규정을 적용하지 아니한다(예규 1727).

최초의 수분양자가 해당 주택에 대한 계약당사자의 지위를 제3자에게 매도한 경우에 그 매매계약일(계약당사자 지위이전계약일)이 (분양계약의) 반대급부의 이행이 완료되기 이전인 때에는 분양자로부터 매매계약의 양수인 앞으로 직접 소유권이전등기를 신청할 수 있다. [18 등기주사보] 이와 같이 부동산의 소유권을 이전받을 것을 내용으로 하는 계약을 체결한 자가 제3자에게 계약당사자의 지위를 이전하는 계약을 체결함에 따라 제3자가 소유권이전등기를 신청하는 경우에는 등기원인증서로 제출하는 먼저 체결된 계약서와 지위 이전계약서(지위 이전계약이 순차로 이루어진 경우에는 그 지위 이전계약서 전부)는 각각 검인을 받은 것이어야 한다(예규 1727). [14 등기서기보 / 12 법무사]

또한 계약을 원인으로 소유권이전등기를 신청할 때에 등기원인증서가 집행력 있는 판결서인 때에는 판결서에 검인을 받아 제출하여야 한다. [23 법무사 / 17 등기서기보 · 등기주사보 / 13 법무사]

따라서 공유물분할계약서나 재산분할협의서를 등기원인을 증명하는 정보로서 제공하여 소유권이전등기를 신청할 때에는 그 협의서나 계약서에 부동산 소재지를 관할하는 시장 등의 검인을 받아야 하는바(「부동산등기 특별조치법」 제3조 제1항), 이러한 계약서나 협의서를 대신하여 **공유물분할 또는 재산분할**에 관한 판결(심판)서·조정조서·화해조서·조정을 갈음하는 결정서·화해권고결정서를 등기원인을 증명하는 정보로서 제공하여 소유권이전등기를 신청할 때에도 그 판결서 등에 검인을 받아야 한다(동법 제3조 제2항)(선례 201907-11).

② 검인을 받지 않는 경우

등기원인이 계약이 아닌 경우에는 검인을 받지 않는다.

상속이나 유증을 원인으로 하는 소유권이전등기의 경우에도 상속이나 유증은 계약이 아니므로 검인을 받을 필요가 없다. **토지등 수용**을 등기원인으로 하여 소유권이전등기를 신청하는 경우는 계약을 원인으로 하는 소유권이전등기가 아니므로 등기원인증서인 **재결서 또는 협의성립확인서**에 검인을 받을 필요가 없다(선례 3-501). [20 법무사 / 14 법무사] **매각(강제경매, 임의경매) 또는 공매**를 원인으로 한 소유권이전등기를 촉탁할 때에는 등기원인증서에 검인을 받을 필요가 없다(예규 1727). [20 법무사 / 14 법무사·등기서기보 / 13 법무사]

나) 소유권이전등기

검인의 대상은 계약을 원인으로 한 소유권이전등기이다. 따라서 매매계약 해제로 인한 소유권이전등기의 말소등기신청은 등기목적이 소유권이전등기가 아니므로 그 등기원인증서인 매매계약해제증서에 검인을 받을 필요가 없다(선례 3-72).

또한 「부동산등기 특별조치법」 제3조 제1항에 따르면 계약을 원인으로 소유권이전등기를 신청할 때에 등기원인을 증명하는 정보로서 제공하는 계약서에는 시장 등의 검인을 받아야 하는바, "지역주택조합 가입계약서"는 이러한 서면이라고 볼 수 없어 위 규정에 따른 검인을 받아야 하는 것은 아니다(선례 201912-6).

이러한 규정은 실질적으로 판단하여야 하는바, 전유부분 또는 **독립된 건물로서 활용되고 있는 건물을 구분소유자들이 증여받아 이를 규약상 공용부분으로** 삼는 경우, 비록 구분소유자들 앞으로 소유권이전등기를 생략하고 등기명의인(증여자)이 단독으로 규약상 공용부분인 취지의 등기를 신청하더라도 이는 **실질적인 소유권이전등기에 해당하므로 위 등기신청서에는 검인을 받은 계약서의 원본을 제출하여야** 할 뿐 아니라, 소유권이전등기에 해당하는 등록세를 납부하고 국민주택채권도 매입하여야 한다(선례 200805-1). [18 법무사]

다) 물권변동의 효력을 발생시킬 것

검인의 대상은 계약을 원인으로 하여 물권변동의 효력을 발생시키는 소유권이전등기이므로, 소유권이전을 내용으로 한 예약(계약)을 원인으로 하여 소유권이전등기청구권 보전의 가등기를 신청할 때 제출하는 등기원인증서에는 검인이 되어 있지 않아도 무방하다. [20 법무사 / 17 등기주사보 / 14 등기서기보 · 법무사 / 13 법무사 / 12 법무사]

즉 소유권이전등기청구권 보전의 가등기는 계약을 원인으로 소유권이전등기를 신청하는 것이 아니므로 검인을 요하지 아니하나, 그 가등기에 터잡은 본등기를 신청할 때 제출하는 원인증서에는 검인이 되어 있어야 한다(예규 1727). [18 법무사]

소유권이전등기청구권 보전을 위한 매매예약의 가등기에 의한 본등기를 신청함에 있어서, 매매예약서에 일정한 시기에 매매예약완결권 행사의 의사표시 간주 약정이 있는 때에는 그 예약서는 그대로 다시 가등기에 의한 본등기의 원인증서로 될 수 있는 것이므로 그 예약서에 검인을 받아 제출하면 된다(선례 3-727). [18 법무사]

2) 검인을 받아야 하는지 여부

3) 검인계약서의 부동산의 표시 및 계약당사자의 표시(예규 1727)

가. 등기원인증서의 부동산표시

검인계약서의 부동산표시가 신청서의 그것과 엄격히 일치하지 아니하더라도 양자 사이에 동일성을 인정할 수 있으면 그 등기신청을 수리하여도 무방하다.

구분건물과 대지권이 함께 등기신청의 목적인 경우에는 그 검인계약서에 대지권의 구체적인 표시가 없더라도 대지권이 포함된 취지의 표시는 되어 있어야 한다. 그러나 검인계약서에는 반드시 대지권의 구체적인 표시가 기재되어 있어야 할 필요는 없다. [12 법무사]

나. 등기원인증서의 당사자표시

검인계약서의 계약당사자의 표시가 신청서의 그것과 엄격히 일치하지 아니하더라도(주소가 변동된 경우 포함) 다른 제출서면에 의하여 양자 사이의 동일성을 인정할 수 있으면 그 등기신청을 수리하여도 무방하다.

관련 기출지문

1 계약을 원인으로 한 소유권이전등기이면 검인 대상이 되므로 등기원인이 매매, 교환과 같은 유상계약이든 증여와 같은 무상계약이든 묻지 않는다. 단, 무허가 건물이나 아직 건물이 완성되지 아니한 미등기 건물에 대한 아파트분양계약서는 검인대상이 아니다. (×) [18 법무사]

2 계약을 원인으로 소유권이전등기를 신청할 경우 등기원인증명정보가 집행력 있는 판결인 경우에는 판결서 정본에 검인을 받을 필요가 없다. (×) [23 법무사]

3 예약을 원인으로 한 소유권이전청구권 보전의 가등기를 신청하는 경우에도 검인을 받아야 한다. (×) [14 법무사]

4 신탁행위에 의한 신탁등기의 경우에는 등기원인을 증명하는 정보로서 제공하는 신탁계약서 등에 검인을 받을 필요가 없다. (×) [13 법무사]

5 수용으로 인한 소유권이전등기를 신청할 때에 첨부정보로서 제공하는 등기원인증서인 재결서 또는 협의성립확인서에는 검인을 받아야 한다. (×) [20 법무사]

6 신청서와 검인계약서의 부동산표시는 일치하여야 하므로 구분건물과 대지권이 함께 등기신청의 목적인 경우 그 검인계약서에는 반드시 대지권의 구체적인 표시가 기재되어 있어야 한다. (×) [12 법무사]

(3) 부동산거래계약신고필정보와 매매목록

1) 서설

가. 의의

(가) 부동산거래계약신고필정보(예규 1633)

가) 거래당사자는 다음 각 호의 어느 하나에 해당하는 계약을 체결한 경우 그 실제 거래가격 등 대통령령으로 정하는 사항을 거래계약의 체결일부터 30일 이내에 그 권리의 대상인 부동산 등(권리에 관한 계약의 경우에는 그 권리의 대상인 부동산을 말한다)의 소재지를 관할하는 시장(구가 설치되지 아니한 시의 시장 및 특별자치시장과 특별자치도 행정시의 시장을 말한다)·군수 또는 구청장(이하 "신고관청"이라 한다)에게 공동으로 신고하여야 한다.

1. 부동산의 매매계약
2. 「택지개발촉진법」, 「주택법」 등 대통령령으로 정하는 법률에 따른 부동산에 대한 공급계약
3. 다음 각 목의 어느 하나에 해당하는 지위의 매매계약
   가. 제2호에 따른 계약을 통하여 부동산을 공급받는 자로 선정된 지위
   나. 「도시 및 주거환경정비법」 제74조에 따른 관리처분계획의 인가 및 「빈집 및 소규모주택 정비에 관한 특례법」 제29조에 따른 사업시행계획인가로 취득한 입주자로 선정된 지위

나) 거래신고 제도의 **취지**는 실제 거래가액에 기초하여 과세가 이루어지도록 하고 투명하고 공정한 부동산 거래질서를 확립하여, 부동산에 대한 투기적 수요를 억제함에 있다.

다) 등기관이 「부동산 거래신고 등에 관한 법률」 제3조 제1항에서 정하는 계약을 등기원인으로 한 소유권이전등기를 하는 경우에는 대법원규칙으로 정하는 바에 따라 거래가액을 기록한다(법 제68조). 거래신고의 취지를 실현시키기 위하여 실제 거래가액을 등기기록으로 공시하기 위한 것이다.

라) 법 제68조의 **거래가액**이란 「부동산 거래신고 등에 관한 법률」 제3조에 따라 신고한 금액을 말한다. 「부동산 거래신고 등에 관한 법률」 제3조 제1항에서 정하는 계약을 등기원인으로 하는 소유권이전등기를 신청하는 경우에는 거래가액을 신청정보의 내용으로 등기소에 제공하고, 시장·군수 또는 구청장으로부터 제공받은 거래계약신고필증정보를 첨부정보로서 등기소에 제공하여야 한다(규칙 제124조).

(나) 매매목록

매매목록은 거래가액 등기의 대상이 되는 소유권이전등기를 신청할 때에 신고필증상 거래부동산이 2개 이상인 경우 또는 거래부동산이 1개라 하더라도 여러 명의 매도인과 여러 명의 매수인 사이의 매매계약인 경우에는 매매목록을 첨부정보로서 제공하여야 한다. [20 법원사무관·등기서기보 / 19 법무사 / 17 법무사 / 16 등기서기보 / 11 법무사]

다만 1개의 계약서에 의해 2개 이상의 부동산을 거래한 경우라 하더라도 관할 관청이 달라 개개의 부동산에 관하여 각각 신고한 경우에는 매매목록을 제공할 필요가 없다. [11 법무사]

신고필증상 거래부동산이 2개 이상인 경우에 매매목록을 제공하는 이유는 각 1억원에 해당하는 2개의 부동산을 1개의 매매계약서에 의하여 2억원에 매매한 경우 그 매매금액을 각각의 부동산에 나누어 각 1억씩 등기할 수는 없다. 그렇다고 각 등기기록에 전체금액인 2억을 기록하게 되면 각 부동산의 실제의 거래가액이 2억원이 아님에도 2억원으로 등기되는 문제가 발생하기 때문에 매매목록을 제공하여야 하는 것이다. 부동산이 1개라 하더라도 수인과 수인 사이의 매매인 경우에도 마찬가지이다.

나. 요건

다. 거래가액의 적용범위

(가) 일반적인 경우

거래가액은 2006.1.1.이후 작성된 **매매계약서**[16 등기서기보]를 등기원인증서로 하여 소유권이전등기를 신청하는 경우에 등기한다.

따라서 아래 각 호의 경우에는 거래가액을 등기하지 않는다.

가) 2006.1.1. 이전에 작성된 매매계약서에 의한 등기신청을 하는 때 [17 법무사·등기주사보]

나) 등기원인이 매매라 하더라도 등기원인증서가 판결, 조정조서 등 **매매계약서가 아닌 때** [20 등기서기보 / 19 법무사·등기주사보 / 17 등기주사보·법무사 / 16 등기서기보]

다) 매매계약서를 등기원인증서로 제출하면서 소유권이전등기가 아닌 소유권이전청구권가등기를 신청하는 때 [19 등기주사보 / 17 법무사·등기주사보 / 14 법무사]

매매예약을 원인으로 한 소유권이전청구권가등기에 의한 **본등기를 신청하는 때에는, 매매계약서를 등기원인증서로 제출하지 않는다 하더라도 거래가액을 등기한다.** [11 법무사]

(나) 분양계약의 경우

가) 최초의 피분양자가 등기권리자가 된 경우

최초의 피분양자가 등기권리자가 되어 소유권이전등기를 신청하는 경우에 등기신청서에 분양계약서와 함께 거래신고필증이 첨부되어 있을 때에는 거래가액을 등기하고, 거래계약신고 대상이 아니어서 검인받은 분양계약서만 첨부되어 있을 때에는 거래가액을 등기하지 아니한다.

나) 최초의 피분양자로부터 그 지위를 이전받은 자가 등기권리자가 된 경우

① 최초의 피분양자로부터 그 지위를 이전받은 자가 등기권리자가 되어 소유권이전등기를 신청하는 경우에는 등기신청서에 등기권리자가 매수인으로 거래계약신고를 하여 교부받은 거래신고필증이 첨부되어 있을 때에만 거래가액을 등기한다. 이 경우 등기권리자가 여러 명일 때에는 그 권리자 전부가 동시에 공동매수인으로 거래계약신고를 하여 교부받은 거래신고필증만을 말한다.

② 구체적인 예시

1. 최초의 피분양자로부터 그 지위 전부가 갑에게 매매로 이전되어 갑이 등기권리자가 된 경우로서 그 지위이전계약이 거래계약신고 대상이 되어 등기신청서에 갑을 매수인으로 하는 거래신고필증이 첨부되어 있는 경우에는 그 거래가액을 등기한다.

2. 최초의 피분양자로부터 그 지위 전부가 갑에게 **증여**로 이전되어 갑이 등기권리자가 된 경우에는 거래가액을 등기하지 아니한다. [11 법무사]

3. 최초의 피분양자로부터 그 지위 일부지분만이 갑에게 증여로 이전되어 최초의 피분양자와 갑이 공동으로 등기권리자가 된 경우에는 거래가액을 등기하지 아니한다.

4. 최초의 피분양자로부터 그 지위 전부가 갑에게 매매로 이전된 후 다시 을에게 피분양자의 지위 전부가 매매로 이전되어 을이 등기권리자가 된 경우로서 각 지위이전계약이 모두 거래계약신고 대상이 되어 등기신청서에 여러 개의 거래신고필증이 첨부된 경우에는 을을 매수인으로 하는 거래신고필증에 기재된 거래가액을 등기한다.

5. 최초의 피분양자로부터 그 지위 전부가 갑에게 **매매**로 이전된 후 다시 을에게 피분양자의 지위 전부가 **증여**로 이전되어 을이 등기권리자가 된 경우에는 거래가액을 등기하지 아니한다. [19 법무사]

6. 최초의 피분양자로부터 그 지위 전부가 갑에게 **매매**로 이전된 후 다시 을에게 피분양자의 지위 일부지분만이 **증여**로 이전되어 갑과 을이 공동으로 등기권리자가 된 경우에는 거래가액을 등기하지 아니한다.

[19 등기주사보 / 14 법무사]

2) 신청절차

가. 신청정보

거래가액 등기의 대상이 되는 소유권이전등기를 신청하는 경우에는, 신청서에 관할 관청이 확인한 거래신고관리번호를 기재하여야 한다.

나. 첨부정보(신고필증과 매매목록)

(가) 신고필증

신고필증에는 거래신고관리번호, 거래당사자, 거래가액, 목적부동산이 표시되어 있어야 한다. 거래신고관리번호는 등기관이 해당 부동산에 관하여 거래신고를 하였는지 여부를 유관기관 연계의 방법으로 확인하기 위해서 필요하다.

(나) 매매목록

가) 매매목록의 제출이 필요한 경우

아래의 어느 하나에 해당하는 경우에는 매매목록을 제출하여야 한다.

① 1개의 신고필증에 2개 이상의 부동산이 기재되어 있는 경우(1개의 계약서에 의해 2개 이상의 부동산을 거래한 경우라 하더라도, 관할 관청이 달라 개개의 부동산에 관하여 각각 신고한 경우에는 매매목록을 작성할 필요가 없다.)

② 신고필증에 기재되어 있는 부동산이 1개라 하더라도 수인과 수인 사이의 매매인 경우

나) 매매목록에 기재하여야 할 사항

매매목록에는 거래가액 및 목적부동산을 기재한다. 1개의 부동산에 관하여 수인의 매도인과 수인의 매수인 사이에 매매계약이 체결되어 등기예규 제1363호(수인의 공유자가 수인에게 지분의 전부 또는 일부를 이전하는 경우의 등기신청 방법 등에 관한 예규)에 따라 수건의 등기신청을 하는 경우에는 동일한 부동산의 표시를 순번을 정해서 기재하되, 매도인별로 신청하는 경우에는 매도인의 수만큼, 매수인별로 신청하는 경우에는 매수인의 수만큼 반복해서 기재한다.

▼ **1개의 신고필증에 여러 개의 부동산이 기재되어 있는 경우**

매매 목록	
거래가액	금 500,000,000원
일련번호	부동산의 표시
1	[토지] 서울특별시 강남구 신사동 153
2	[건물] 서울특별시 강남구 신사동 153

※ 🏛 1) 여러 개의 부동산 중 1개에 대한 등기신청이 있는 경우에도 매매목록을 작성한다.
2) 지분이 매매의 목적인 경우 그 지분은 표시하지 아니한다.

▼ **하나의 부동산에 관하여 수인의 매도인과 수인의 매수인이 매매계약을 체결한 경우 (1개의 매매계약서에 의하여 2건의 등기신청을 하는 경우임)**

매매 목록	
거래가액	금 500,000,000원
일련번호	부동산의 표시
1	[토지] 서울특별시 강남구 신사동 153
2	[토지] 서울특별시 강남구 신사동 153

※ 註 매도인별로 신청하는 경우에는 매도인의 수만큼, 매수인별로 신청하는 경우에는 매수인의 수만큼 반복해서 부동산의 표시를 한다.

3) 실행절차

가. 심사(등기원인증서와 신고필증의 기재사항이 불일치한 경우의 처리)

등기원인증서에 기재된 사항과 신고필증에 기재된 사항이 서로 달라 동일한 거래라고 인정할 수 없는 경우 등기관은 해당 등기신청을 「부동산등기법」 제29조 제9호에 의하여 각하하여야 하며 수리해서는 안 된다. [17 법무사·등기주사보]

다만 단순한 오타나 신청인이 제출한 자료에 의하여 등기원인증서상 매매와 신고의 대상이 된 매매를 동일한 거래라고 인정할 수 있는 경우(매매당사자의 주소가 불일치하나 주민등록번호가 일치하는 경우 등)에는 수리한다. [19 법무사 / 14 법무사]

어느 한 토지가 두 개의 필지로 분할되는 것으로 예정되어 있는 상태에서 분할 후의 두 필지 중 한 필지만을 목적물로 하여 매매계약을 체결하고 매매계약서에는 그 토지에 부여될 것으로 예정된 지번으로 표시하였고 이에 따른 부동산거래신고까지 마쳤으나, 후에 분할에 따라 정리된 지적공부에는 분할 후의 각 토지의 지번이 예정과 다르게 서로 바뀌어 부여된 경우, 이 토지에 대한 소유권이전등기를 신청할 때에는 토지의 표시(지번)가 토지대장과 동일하게 정정된 매매계약서와 부동산거래신고필증을 첨부정보로서 제공하여야 한다. 다만, 지번이 정정된 부동산거래신고필증을 다시 발급받을 수 없다면 종전에 발급받은 부동산거래신고필증을 그대로 제공할 수 있으며, 이 경우에는 부동산거래신고필증상의 토지가 신청정보상의 토지와 동일한 것임을 인정할 수 있는 자료로서 분할 전·후의 토지가 표시된 지적도등본 및 토지대장등본 등을 제공하여야 하는바, 구체적인 사건에서 부동산거래신고필증상의 토지와 신청정보상의 토지가 동일한지 여부는 해당 등기신청사건을 담당하는 등기관이 판단할 사항이다(선례 201908-6).

나. 등기사항(권리자 및 기타사항란에 기록)

(가) 매매목록의 제공이 필요 없는 경우

매매목록의 제공이 필요 없는 경우에는 등기기록 중 갑구의 권리자 및 기타사항란에 거래가액(부동산거래계약신고필증에 기재된 금액)을 기록한다. [16 등기서기보]

(나) 매매목록의 제공이 필요한 경우

매매목록이 제공된 경우에는 등기기록 중 갑구의 권리자 및 기타사항란에 매매목록 번호를 기록한다. 매매목록에는 목록번호, 거래가액, 부동산의 일련번호, 부동산의 표시, 순위번호, 등기원인을 전자적으로 기록한다. 다만 매매목록에 기록된 부동산 중 소유권이전등기를 하지 아니한 부동산이 있는 경우에는 순위번호를 기록하지 않는다. 위의 매매목록번호는 전산정보처리조직에 의하여 자동으로 부여되며 1년마다 갱신한다. 매매목록이 동일한 경우에는 동일한 매매목록번호를 부여한다.

4) 등기 후의 사정변경

가. 거래가액 등기의 경정 · 변경 · 말소

(가) 거래가액의 경정 · 변경

매매에 관한 거래계약서를 등기원인을 증명하는 서면으로 하여 **거래가액을 기재하는 소유권이전등기를 신청하여 등기가 완료된 후**, 종전의 거래신고 내용 중 거래가액에 착오가 있음을 이유로(또는 허위신고를 이유로) **다시 거래신고를 하여 부동산거래계약신고필증을 재교부** 받은 경우, 당해 부동산의 소유권의 등기명의인은 재교부 받은 부동산거래계약신고필증을 첨부하여 **신청착오를 원인으로 거래가액을 경정하는 등기를 신청할 수 있을 것이나**[14 법무사], 매매목록이 작성된 경우로서 각각의 부동산에 관한 거래가액이 등기부에 기재되어 있지 아니하고 부동산 전부에 대한 전체 거래가액만이 기재되어 있어 **전체 거래가액에는 착오가 없는 경우**라면 등기를 경정할 필요는 없을 것이다(선례 8-199, 8-171 참조).

다만 위 경정등기 전에 이미 타인에게 소유권이전등기를 마쳤다면 갑 명의의 소유권이전등기는 현재 효력 있는 등기가 아니므로, 갑 명의의 소유권이전등기를 할 때에 기록된 거래가액에 대하여는 이를 경정하는 등기를 신청할 수 없다(선례 201906 -5).

(나) 거래가액의 말소

검인 대상인 부동산에 대하여 **착오로 거래신고**를 하여 소유권이전등기를 마친 후에 다시 검인을 신청하여 매매계약서(등기원인증서)에 검인을 받았다면, 해당 매매계약서를 첨부하여 거래가액의 등기를 말소하는 경정등기를 신청할 수 있으며[09 법무사 · 등기주사보 / 14 법무사], 이때 등기원인은 "신청착오"로 기재하여야 한다(선례 201205-3).

나. 매매목록의 경정, 변경

등기된 매매목록은 당초의 신청에 착오가 있는 경우 또는 등기관의 과오로 잘못 기록된 경우 이외에는 경정 또는 변경할 수 없다(아래 예시 참조).

[예시 1] 부동산의 표시변경이 있는 경우

부동산의 분할, 합병 등 기타 사유로 부동산의 개수에 변경이 있는 경우 그 취지는 매매목록에 기록하지 않는다. 예컨대 1개의 토지가 분할되어 2개 이상의 토지가 된 경우 등기관이 매매목록을 새로이 생성할 필요가 없으며, 2개의 토지가 매매되어 매매목록이 등기된 이후 그 토지가 합필되어 1개의 토지가 된 경우라 하더라도 매매목록 등기는 말소하지 않는다.

[예시 2] 매매목록에 기재된 부동산 중 일부에 대한 소유권이전등기가 말소된 경우

매매목록에 기록된 부동산 중 일부에 대하여 계약의 해제 등으로 소유권이전등기가 말소된 경우라 하더라도 등기된 매매목록에 그와 같은 취지를 기록할 필요가 없으며, 관할이 다른 경우 그와 같은 사실의 통지도 요하지 않는다. [11 법무사]

2. 등기원인을 증명하는 정보에 대한 허가 · 동의 · 승낙

(1) 서설

1) 의의

등기원인에 대하여 제3자의 허가 · 동의 또는 승낙(이하 "허가 등"이라 한다)이 필요한 경우에는 이를 증명하는 정보를 제공하여야 한다(규칙 제46조 제1항 제2호). 여기에서 제3자란 등기원인행위의 당사자 즉 등기권리자와 등기의무자 외의 자를 말하는데, 국가 등의 행정주체와 사인(자연인 · 법인)이 모두 포함된다.

이와 같이 제3자의 허가 등을 증명하는 정보를 제공하도록 하는 이유는 제3자의 허가 등이 없으면 원인행위의 효력이 없거나 없게 될 가능성이 있는 경우 개별 법령의 규정에 따라 허가 등을 갖추고 등기신청 시에 그러한 사실을 증명하도록 함으로써 등기가 실체관계를 적정하게 공시(원인 무효인 등기의 방지)하고 거래의 안전이 보호될 수 있도록 하기 위한 것이다.

2) 등기원인에 대하여 행정관청의 허가 등을 요하는 경우의 예시(예규 1638)

가. 등기원인에 대하여 행정관청의 허가, 동의 또는 승낙을 요하는 경우에는 이를 증명하는 서면을 제출하여야 한다.

나. 등기원인에 대하여 행정관청의 허가 등을 요하는 경우의 예시

(1) 농지의 취득에 대한 농지소재지 관할 시장, 구청장, 읍장, 면장의 농지취득자격증명(「농지법」 제8조 제1항)

(2) 허가구역 안에 있는 토지에 관한 소유권 · 지상권(소유권 · 지상권의 취득을 목적으로 하는 권리를 포함한다)을 이전 또는 설정(대가를 받고 이전 또는 설정하는 경우에 한한다)하는 계약(예약을 포함한다)의 체결에 대한 시장 · 군수 또는 구청장의 허가 또는 그 허가받은 사항을 변경하고자 하는 경우의 시장 · 군수 또는 구청장의 허가(「부동산 거래신고 등에 관한 법률」 제11조 제1항)

(3) 외국인 등이 **토지를 취득**하는 경우 시장·군수·구청장의 허가(「부동산 거래신고 등에 관한 법률」 제9조 제1항)

(4) **공익법인**의 기본재산의 매도, 증여, 임대, 교환 또는 담보제공에 대한 주무관청의 허가(「공익법인의 설립·운영에 관한 법률」 제11조 제3항)

(5) **학교법인**의 기본재산의 매도, 증여, 교환, 담보제공 또는 권리포기에 대한 관할청(교육과학기술부장관, 특별시, 광역시, 도 교육감)의 허가(「사립학교법」 제28조 제1항)

(6) **전통사찰**의 부동산의 양도에 대한 문화체육관광부장관의 허가 및 전통사찰의 부동산의 대여 또는 담보제공에 대한 시·도지사의 허가(「전통사찰보존법」 제9조 제1항, 제2항 제1호)

(7) **사회복지법인**의 기본재산의 매도, 증여, 교환, 임대 또는 담보제공에 대한 보건복지가족부장관의 허가(「사회복지사업법」 제23조 제3항 제1호)

(8) **향교재단**의 부동산의 처분 또는 담보제공에 대한 시·도지사의 허가(「향교재산법」 제8조 제1항 제1호)

(9) 「북한이탈주민의 보호 및 정착지원에 관한 법률」에 의한 주거지원을 받는 보호대상자가 그 주민등록전입신고일부터 2년 이내에 그 주거지원에 따라 취득한 부동산의 소유권, 전세권 또는 임차권을 양도하거나 저당권을 설정하는 경우의 통일부장관의 허가(「북한이탈주민의 보호 및 정착지원에 관한 법률」 제20조 제2항)

3) 등기원인을 증명하는 정보가 집행력 있는 판결인 경우

가. 규칙 제46조 제3항

(가) 등기원인을 증명하는 정보가 집행력 있는 판결인 경우에는 등기원인에 대한 제3자의 허가 등을 증명하는 정보를 제공할 필요가 없다(원칙). 재판절차에서 이미 확인되었다고 보기 때문이다.

(나) 다만 행정관청의 허가 등을 받을 것이 요구되는 때에는 등기원인을 증명하는 정보가 집행력 있는 판결인 경우에도 허가 등을 증명하는 정보를 제공하여야 한다(예외). 판결절차를 탈법 수단으로 악용하는 것을 막기 위한 것이다. 이러한 예외에 대하여 설명한다.

나. 예규 제1383호

(가) 행정관청이 아닌 제3자의 동의 또는 승낙이 필요한 경우에는 해당 동의서 등의 현존사실이 판결서에 기재되어 있는지 여부에 관계없이 동의 등의 증명 정보를 제공할 필요가 없다.

(나) 행정관청의 허가서 등이 필요한 경우 허가서 등의 현존사실이 판결서에 기재되어 있으면 그 판결서 정본이 허가 등을 증명하는 정보에 해당하므로 별도로 허가서 등을 제출할 필요가 없다(예규 1692).

(다) 다만 소유권이전등기를 신청할 때에는 행정관청의 허가서 등의 현존사실이 판결서 등에 기재되어 있다 하더라도 **행정관청의 허가 등을 증명하는 서면을 반드시**

제출하여야 한다(예규 1692). [22 법무사 / 21 등기서기보 / 20 법원사무관·법무사 / 18 등기주사보 / 17 등기서기보 / 13 법무사]「부동산등기 특별조치법」제5조 제1항에 의하여 특별히 부여된 의무이기 때문이다.

(라) 따라서 판결에 의한 소유권이전등기를 하는 경우라도 법률에 따라서 **농지취득자격증명**[23 등기서기보 / 12 법무사], **토지거래계약허가서**, **공익법인의 기본재산 처분(소유권 이전)에 대한 주무관청의 허가서**[17 법무사]를 제공하여야 한다(선례 201205-5 등).

(2) 토지거래계약허가(예규 1634)

1) 서설

가. 의의

국토교통부장관 또는 시·도지사는 국토의 이용 및 관리에 관한 계획의 원활한 수립과 집행, 합리적인 토지 이용 등을 위하여 토지의 투기적인 거래가 성행하거나 지가가 급격히 상승하는 지역과 그러한 우려가 있는 지역으로서 대통령령으로 정하는 지역에 대해서는 다음 각 호의 구분에 따라 5년 이내의 기간을 정하여 제11조 제1항에 따른 토지거래계약에 관한 허가구역(이하 "허가구역"이라 한다)으로 지정할 수 있다(「부동산 거래신고 등에 관한 법률」제10조 제1항).

허가구역에 있는 토지에 관한 소유권·지상권(소유권·지상권의 취득을 목적으로 하는 권리를 포함한다)을 **이전**하거나 **설정**(대가를 받고 이전하거나 설정하는 경우만 해당한다)하는 **계약**(예약을 포함한다. 이하 "토지거래계약"이라 한다)을 체결하려는 당사자는 공동으로 대통령령으로 정하는 바에 따라 **시장·군수 또는 구청장의 허가**를 받아야 한다. 허가받은 사항을 변경하려는 경우에도 또한 같다(동법 제11조 제1항). [9 법무사]

따라서 허가대상이 되는 토지거래계약은 허가구역 내에 있는 토지에 대하여 대가를 받고 소유권, 지상권을 이전 또는 설정하는 계약 또는 예약이며 그에 따른 등기신청을 하기 위해서는 신청서에 시장, 군수 또는 구청장이 발행한 위 계약에 따른 등기를 신청할 때에는 **토지거래계약허가증을 첨부하여야 한다**(예규 1634). [23 법무사 / 18 등기주사보]

나. 요건

다. 적용범위

(가) 주체

농지에 대하여 취득자격이 있는 것과는 달리 토지거래허가는 주체와 상관없이 그 토지에 해당되면 **원칙적으로 모두** 허가를 받아야 한다.

(나) 객체

가) 토지거래허가로 지정된 토지

국토교통부장관 또는 시·도지사는 국토의 이용 및 관리에 관한 계획의 원활한 수립과 집행, 합리적인 토지 이용 등을 위하여 토지의 투기적인 거래가 성행하거나 지가가 급격히 상승하는 지역과 그러한 우려가 있는 지역으로서 대통령령으로 정하는 지역에 대해서는 5년 내의 기간을 정하여 토지거래계약에 관한 허가구역으로 지정할 수 있는데, 이러한 허가구역 안의 토지만이 토지거래허가의 대상이 된다.

나) 허가구역 지정과 계약체결일의 관계

토지에 대한 매매계약의 체결 일자가 허가구역 지정 전이라면 허가구역으로 지정된 후에 등기를 신청하더라도 토지거래계약허가증을 제공할 필요가 없다.

[19 등기서기보 · 등기주사보 / 18 등기주사보 / 15 법무사]

토지거래허가구역 내의 토지에 대한 매매계약 체결 후 그 등기 전에 그 토지에 대한 허가구역 지정이 해제된 경우에는 **확정적 유효가 되므로** 계약 시 토지거래계약허가를 받았는지 여부를 불문하고 토지거래계약허가증을 첨부할 필요가 없다(선례 6-45). [20 법원사무관] 더 나아가 허가구역 지정이 해제되었으면 등기신청 당시 다시 허가구역으로 지정되었다 하더라도 소유권이전등기 신청서에 토지거래계약허가증을 첨부할 필요가 없다. [22 법무사 / 9 법무사]

매매예약에 의한 가등기의 경우에는 그 예약완결권의 행사시기와 관련하여 문제가 있다. 소유권이전등기청구권 보전을 위한 매매예약의 가등기에 의한 본등기를 신청함에 있어서 해당 매매예약서상에 매매예약완결권 행사를 할 수 있는 시기가 정해진 경우(의사표시 간주 약정이 있는 경우 포함)에 가등기 후 허가구역 지정 전에 예약완결권을 행사한 경우에는 그 본등기를 허가구역 지정 후에 신청하더라도 토지거래계약허가 대상이 되지 않는다.

그러나 토지거래허가구역 지정 전에 가등기를 한 경우라 하더라도 매매예약 완결의 의사표시를 할 당시에는 그 토지가 허가구역으로 지정되었다면 그 가등기에 기한 본등기를 신청할 경우에는 허가증을 첨부하여야 한다(선례 3-727).

다) 면적요건이 있는지 여부

토지거래허가구역으로 지정되어도 경제 및 지가의 동향과 거래단위면적 등을 종합적으로 고려하여 대통령령으로 정하는 일정한 용도별 면적 이하의 토지에 대한 토지거래계약에 관하여는 토지거래허가가 필요하지 않다. 그 자세한 내용은 아래의 표와 같다.

지역구분		면적
도시지역	주거지역	180㎡ 초과
	상업지역	200㎡ 초과
	공업지역	660㎡ 초과
	녹지지역	100㎡ 초과
	용도지역의 지정이 없는 구역	90㎡ 초과

도시지역 외의 지역	농지	500㎡ 초과
	임야	1,000㎡ 초과
	농지 및 임야 외의 토지	250㎡ 초과

허가구역으로 지정된 지역의 **용도지역이 변경**된 경우에는 허가구역 지정 당시 공고내용 등에 특별한 규정이 없는 한 **현재의 변경된 용도지역을 기준으로** 허가대상 면적을 산정한다(국토교통부 훈령 중 토지거래업무처리규정 참조). [18 법무사] 또한 1필지의 토지가 도시지역 안에서 2 이상의 용도지역에 속하여 있거나 도시지역 밖에서 2 이상의 현실지목으로 되어 있을 때에는 각각 가장 큰 면적을 기준으로 허가대상인지 여부를 판단하되, 작은 면적이라도 그 면적이 허가대상인 경우에는 1필지 전체를 허가대상으로 한다.

라) 일단의 토지 중 일부에 대하여 1년 이내 거래계약을 체결한 경우

면적을 산정할 때 일단의 토지이용을 위하여 토지거래계약을 체결한 날부터 **1년 이내에 일단의 토지 일부에 대하여 토지거래계약을 체결한 경우에는 그 일단의 토지 전체에 대한 거래로 본다**(「부동산 거래신고 등에 관한 법률 시행령」 제9조 제2항). [17 등기주사보 / 15 법무사]

일단(一團)의 토지란 동일인의 소유로서 서로 인접하여 하나의 용도에 이용될 수 있는 토지를 말한다. 따라서 전에 거래계약을 체결한 토지의 전체 면적과 후에 거래계약을 체결한 토지 면적을 합산한 면적이 허가대상 면적을 초과하는 경우에는 허가대상 토지가 된다. 부부·가족 등 세대 구성원이 토지를 취득하는 경우에는 동일인이 일단의 토지를 거래하는 경우와 동일한 방법으로 허가대상면적 여부를 판단하되, 세대가 분리되었으나 독립하여 생계를 유지하지 못하는 경우에는 현실적으로 생계를 같이하는 세대주를 기준으로 판단한다.

마) 분할하여 거래계약을 체결한 경우

허가구역 지정 당시 **용도면적을 초과**하는 토지가 허가구역 지정 후에 **분할로** 면적 이하가 된 경우 **분할된 각 토지에 대한 분할 후 최초의 토지거래계약은 용도면적을 초과하는 토지거래계약으로 본다**(「부동산 거래신고 등에 관한 법률 시행령」 제9조 제3항). "분할 후 최초의 거래"란 분할한 토지들을 각각 다른 사람과 거래하는 경우를 말한다. 따라서 소유권이전등기를 신청하는 경우 토지거래계약허가증을 제공하여야 한다. [19 등기서기보 / 18 등기주사보]

이러한 규정의 취지는 용도면적을 초과하여 허가대상인 토지를 허가대상면적 미만으로 분할하여 위 법제도를 우회하려는 탈법행위를 막기 위한 것이다. 따라서 분할된 각 토지는 면적에 관계없이 허가를 받아야 한다.

예를 들어 도시지역 내에 있는 녹지지역의 경우 면적이 100㎡를 초과할 경우

허가 대상인데, 면적이 150㎡인 갑 토지를 을 토지(70㎡)와 병 토지(80㎡)로 분할한 경우 을 토지와 병 토지 모두 **최초 거래 시에는 거래허가를 받아야** 하고 그 다음 거래부터는 거래허가를 받을 필요가 없다(선례 3-559 참조). [18 법무사 / 11 법무사]

바) 공유지분으로 거래계약을 체결한 경우

공유지분을 취득하는 경우에는 지분율로 산정한 토지면적을 계산하고, 공유자 2인 이상이 그 토지를 동일인과 동시에 계약하는 경우 거래 **토지 전체면적을 합산하여 산정**한다. [19 등기주사보] 따라서 토지거래허가지역 내의 공유지분으로 되어 있는 토지를 취득하는 경우 그 지분률로 산정한 토지면적이 허가대상 면적에 해당된다면 그 부동산에 대한 소유권이전등기신청 시에 토지거래계약 허가서를 첨부하여야 한다(선례 3-545).

그러나 이러한 선례의 입장을 그대로 관철한다면 허가대상면적을 초과한 토지에 대하여 지분으로 나누어 거래계약을 체결하여 동 법률을 잠탈하는 사례가 있을 수 있으므로 다음과 같은 규정을 두었다.

즉 위 분할에 관한 규정은 허가구역 지정 후 해당 토지가 공유지분으로 거래되는 경우에도 적용된다(「부동산 거래신고 등에 관한 법률 시행령」 제9조 제3항). 본 규정의 취지 또한 용도면적을 초과하여 허가대상인 토지를 허가대상 면적 미만인 지분으로 나누어 거래하여 위 법제도를 우회하려는 탈법행위를 막기 위한 것이다. 따라서 각 지분별로 면적에 관계없이 허가를 받아야 한다. 따라서 허가대상 토지를 수인에게 공유지분으로 나누어 처분하는 경우에는 그 지분율에 따라 산정한 면적이 허가대상 면적의 미만이더라도 그에 따른 **최초의 지분이전등기를 신청하는 때에는 토지의 분할에 준하여 토지거래계약허가증을 신청서에 첨부하여야** 한다(예규 1634). [22 법무사 / 18 법무사]

(다) 행위(허가대상인 등기의 종류)

가) 계약 또는 예약

허가대상이 되는 행위는 **계약(예약)**을 통한 법률행위에 한정된다.

따라서 원인행위가 계약이 아닌 **상속, 유증, 진정명의 회복**[17 등기주사보 / 15 법무사], **회사분할**[24 법무사] 등인 경우에는 **허가 대상이 아니다.**

또한 공유자 중 일부가 그 **지분을 포기**함으로써 다른 공유자 앞으로 권리귀속으로 인한 소유권이전등기를 신청하는 경우에는 **토지거래계약허가증을 첨부할 필요는 없다**(선례 3-167).

공익사업법에 따른 토지의 **수용**, 민사집행법에 따른 **경매**나 그 밖에 대통령령이 정하는 경우에는 **토지거래계약의 허가제에 관한 규정을 적용하지 않는다**고 규정하고 있다. 위와 같은 경우에 토지거래계약허가제의 적용을 배제하는 것은 토지에 대한 투기의 위험이 없고 거래에 대한 신뢰를 확보할 수 있기 때문이다.

나) 소유권과 지상권에 관한 계약 또는 예약

토지거래계약허가는 허가구역에 있는 토지에 대하여 "대가를 받고 소유권·지상권(소유권·지상권의 취득을 목적으로 하는 권리를 포함한다)을 이전 또는 설정하는 계약 또는 예약"을 체결할 경우에 허가를 받는 것으로서 그 계약 체결 전에 받아야 하는 것이 원칙이다.

한편 허가 대상이 되는 소유권·지상권의 이전 또는 설정 청구권을 보전하기 위한 가등기를 신청하기 위해서도 토지거래계약허가증을 신청서에 첨부하여야 하는데 여기서의 가등기는 담보가등기와 가등기가처분명령에 의한 가등기를 포함한다. [22 법무사 / 11 법무사]

다만 가등기를 신청할 당시 그 등기원인이 된 토지거래계약 또는 예약에 대한 토지거래계약허가증을 제출한 경우, 그 가등기에 의한 본등기를 신청할 때에 별도로 토지거래계약허가증을 제출할 필요가 없다(예규 1634). [22 법무사 / 19 등기주사보·법무사]

결국 토지거래계약허가를 받아야 하는 등기 유형으로는 소유권이전등기, 소유권이전가등기, 지상권설정등기, 지상권설정가등기, 지상권이전등기, 지상권이전가등기를 들 수 있고 이 경우에는 토지거래계약허가증을 첨부하여야 한다. [19 등기서기보 / 17 등기주사보 / 15 법무사] 그러나 임차권 또는 전세권의 설정·이전이나 근저당권설정 계약 등은 허가 대상이 아니다.

다) 유상계약

허가 대상이 되는 계약은 "대가"를 받고 토지 소유권·지상권을 이전 또는 설정하는 계약 즉 유상계약을 의미한다.

따라서 대상 토지에 대한 매매, 교환, 대물변제, 양도담보, 현물출자 등은 유상계약이므로 이를 원인으로 하는 토지거래계약은 허가 대상이다.

대가가 없는(유상이 아닌) 상대방 부담 없는 증여계약[19 등기서기보 / 17 법무사], 지료의 지급이 없는 지상권설정계약, 이혼 당사자 사이의 재산분할계약[15 법무사], 명의신탁 해지, 신탁 등의 무상계약을 원인으로 하는 경우에는 허가 대상이 아니므로 토지거래계약허가증을 첨부하지 않는다.

그러나 신탁에 관련한 등기라도 그것이 대가성이 있다면 토지거래계약허가를 받아야 한다. 즉 토지거래허가구역으로 지정된 토지에 대하여 신탁등기를 경료한 이후 신탁이 종료함에 따라 '신탁재산귀속'을 원인으로 위탁자 이외의 수익자나 제3자 명의로의 소유권이전 및 신탁등기말소를 신청하는 경우 신탁재산의 귀속이 대가에 의한 것인 때에는 토지거래계약허가증을 첨부하여야 한다(선례 201101-1). [18 법원사무관·법무사 / 17 등기서기보·등기주사보]

라) 허가를 받은 후의 사정변경

허가받은 사항과 계약의 내용이 다른 경우에는 허가받은 사항을 변경하여야
하며, **허가받은 사항을 변경하려는 경우에도 토지거래계약허가를 받아야 한다**
(동법 제11조 제1항).

따라서 토지거래허가구역 내의 토지거래허가대상인 A, B 두 필지의 토지를
합산하여 토지거래계약허가를 받은 후 A필지에 대해서만 매매계약을 체결한
경우에는 토지거래계약허가내용과 계약체결의 내용이 다르므로, 그 토지거래
계약허가서에 의하여는 A필지에 대한 소유권이전등기를 신청할 수 **없다**(선례
5-62). [11 법무사]

토지거래허가구역 내의 토지에 대하여 토지거래계약허가를 받아 매매를 원인
으로 한 **소유권이전등기를 경료한 후** 그 매매계약의 일부를 해제하는 것은 당
초에 허가받은 토지거래계약을 변경하고자 하는 경우에 해당한다 할 것이므
로, **그 해제를 원인으로 한 소유권일부말소의미의 소유권경정등기를 신청하
기 위해서는 토지거래계약허가증을 첨부하여야 한다**(선례 7-47). [22 법무사 / 18
법원사무관]

그러나 토지거래계약허가증상의 매매예정금액과 매매계약서상의 **매매금액이
서로 다른 경우** 별도의 토지거래계약허가를 다시 받을 필요가 **없다**(선례 5-75).
[18 법무사]

라. 효과

토지거래허가구역 내의 토지에 관하여 허가를 받지 아니하고 매매계약을 체결한 경우
그 효력에 대하여, 판례는 허가를 받을 때까지는 법률상 미완성의 법률행위로서 거래의
효력이 전혀 발생하지 않는 확정적 무효의 경우와 다를 바 없지만, 일단 허가를 받으면
그 계약은 소급하여 유효한 계약이 되므로 **허가를 받기까지는 유동적 무효의 상태**에
있다고 보는 입장이다. [21 법무사]

「부동산 거래신고 등에 관한 법률」상의 허가를 받지 아니하고 체결한 토지거래계약은
그 효력이 발생하지 아니한다(법 제11조 제6항). 즉 토지거래계약허가는 계약 체결 전
에 받는 사전허가가 원칙이다. 다만 계약 체결 후 토지거래계약허가증을 교부받았다면
이를 첨부하여 소유권이전등기신청을 할 수 있는 것으로 본 선례가 있다(선례 3-319).
판례에 따르면 토지거래허가구역 내의 토지가 토지거래허가 없이 소유자인 최초 매도
인으로부터 중간 매수인에게, 다시 중간 매수인으로부터 최종 매수인에게 순차로 매도
되었다면 각 매매계약의 당사자는 각각의 매매계약에 관하여 토지거래허가를 받아야
하며, 위 당사자들 사이에 최초의 매도인이 최종 매수인 앞으로 직접 소유권이전등기를
경료하기로 하는 중간생략등기의 합의가 있었다고 하더라도 이러한 중간생략등기의 합
의란 부동산이 전전 매도된 경우 각 매매계약이 유효하게 성립함을 전제로 그 이행의

편의상 최초의 매도인으로부터 최종의 매수인 앞으로 소유권이전등기를 경료하기로 한다는 당사자 사이의 합의에 불과할 뿐, 그러한 합의가 있었다고 하여 최초의 매도인과 최종의 매수인 사이에 매매계약이 체결되었다는 것을 의미하는 것은 아니므로 최초의 매도인과 최종 매수인 사이에 매매계약이 체결되었다고 볼 수 없고, 설사 최종 매수인이 자신과 최초 매도인을 매매 당사자로 하는 토지거래허가를 받아 자신 앞으로 소유권이전등기를 경료하였다고 하더라도 이는 적법한 토지거래허가 없이 경료된 등기로서 무효이다(대판 1997.11.11, 97다33218).

2) 제공여부

3) 제공절차

등기신청서에 첨부하는 **토지거래계약허가증명**의 유효기간에 대한 규정은 없으므로 그 발행일로부터 3개월이 경과한 경우에도 이를 등기신청서에 첨부할 수 있을 것이나[19 법무사], 다만 경과일수가 오래되어 그 증명력이 의심스러울 때에는 등기관은 최근에 발행된 토지거래계약허가증명의 제출을 요구할 수 있을 것이다(선례 8-65).

4) 제공하지 못한 경우

허가구역 내의 토지에 대하여 **토지거래계약허가증을 첨부하지 않고** 소유권이전등기 등을 신청한 경우 그 등기신청은 법 제29조 제9호(등기에 필요한 첨부정보를 제공하지 아니한 경우)에 의하여 각하하여야 한다. 허가증 없이 등기가 된 경우 그 등기는 실체법상 무효이지만 법 제29조 제2호의 사건이 등기할 것이 아닌 경우에 해당하지는 않으므로 등기관이 직권으로 말소할 수는 없다(선례 6-81, 201012-6).

따라서 토지거래계약허가를 받아 소유권이전등기가 **이루어졌으나 사후에 허가관청이 허가를 취소하고 이를 등기과(소)에 통보하였다고 하더라도 그 등기는 등기관이 이를 직권으로 말소할 수는 없다.** [21 법무사]

5) 상속인 등의 포괄승계인에 의한 등기신청의 경우

농지를 매매함에 있어서 농지취득자격증명은 반드시 매매계약에 앞서 발급받아야 하는 것은 아니며 매매계약 후에 발급받은 것이라도 유효하다. 다만 농지의 매수인이 사망한 후에 그에 대하여 발급된 농지취득자격증명은 무효이므로 그 상속인이 피상속인 명의의 농지취득자격증명서를 첨부하여 소유권이전등기를 신청할 수는 없다. 따라서 상속인 명의로 새로 농지취득자격증명을 발급받아 제공하여야 한다(선례 3-837).

다만, 토지거래계약허가는 이와 달리 판단한다. 토지거래계약 허가구역에서 토지 매매계약 후 토지거래계약허가신청서를 제출하였으나 매도인이 사망하고 토지거래계약허가증 역시 매도인이 사망한 후에 교부받은 경우 상속인이 매수인과 공동으로 상속인에 의한 등기를 신청하는 때에는 상속인은 상속등기를 거칠 필요 없이 종전 매도인 명의의 매매계약서 및 토지거래계약허가증을 첨부하면 되고 상속인을 거래당사자로 한 토지거래계약허가를 받을 필요는 없다(선례 8-58, 5-69). [22 법무사 / 15 등기서기보 / 11 법무사]

1 토지거래허가지역 내의 농지에 대하여 위탁자인 소유자가 신탁회사에 신탁예약을 원인으로 신탁가등기를 신청하는 경우, 토지거래계약허가증이나 농지취득자격증명을 첨부하지 않아도 된다. (○) [9 법무사]

2 토지거래허가지역 내의 농지에 대하여 위탁자인 소유자가 신탁회사에 신탁예약을 원인으로 한 신탁가등기를 신청하는 경우, 토지거래계약허가증을 첨부하여야 하나 농지취득자격증명은 첨부할 필요가 없다. (×) [10 법무사]

3 가등기가처분명령에 의하여 가등기를 신청하는 경우 가등기의 원인이 토지거래계약허가의 대상이더라도 토지거래계약허가증을 첨부정보로 제공할 필요가 없다. (×) [22 법무사]

4 소유권이전청구권보전을 위한 가등기나 채권담보를 목적으로 한 담보가등기를 불문하고 토지거래계약허가를 받아야 하지만, 가등기의 원인이 허가대상이더라도 법원의 가등기가처분명령에 의하여 가등기를 신청하는 경우에는 허가를 받을 필요가 없다. (×) [11 법무사]

5 토지거래허가구역으로 지정된 토지에 대하여 신탁등기를 한 후 신탁이 종료함에 따라 '신탁재산 귀속'을 원인으로 위탁자 외의 수익자나 제3자 명의로의 소유권이전등기 및 신탁등기 말소등기를 신청하는 경우 신탁재산의 귀속이 대가에 의한 것인 때에는 토지거래계약허가증을 첨부하지 않는다. (×) [18 법무사 / 17 등기서기보]

6 토지거래계약 허가구역 내에 있는 토지에 대하여 증여계약을 체결하고 이에 따른 소유권이전등기를 신청하는 경우에는 토지거래계약허가증을 제공하여야 한다. (×) [19 등기서기보]

7 일단의 토지이용을 위하여 토지거래계약을 체결한 후 3년 안에 다시 같은 사람과 나머지 토지의 전부 또는 일부에 대하여 거래계약을 체결한 경우에는 그 일단의 토지 전체에 대한 거래로 보아 허가대상 유무를 판단한다. (×) [17 등기주사보 / 15 법무사]

8 도시지역 내에 있는 녹지지역의 경우 면적이 100㎡를 초과할 경우 허가 대상인데, 면적이 150㎡인 甲 토지를 乙 토지(70㎡)와 丙 토지(80㎡)로 분할한 경우 乙 토지와 丙 토지 중 먼저 거래하는 최초 거래 시에만 거래허가를 받아야 하고 그 다음 거래부터는 거래허가를 받을 필요가 없다. (×) [18 법무사]

9 100㎡를 초과할 경우 토지거래계약허가 대상인 지역 내에서 면적이 150㎡인 갑 토지를 을 토지(70㎡)와 병 토지(80㎡)로 분할한 후, 을 토지를 거래하면서 토지거래계약허가증을 첨부하였다면 이후 병 토지에 대하여는 최초거래를 하는 경우에도 허가증을 첨부할 필요는 없다. (×) [11 법무사]

10 토지거래 허가구역으로 지정된 지역의 용도지역이 변경된 경우에는 허가구역 지정 당시 공고내용 등에 특별한 규정이 없는 한 허가구역 지정 당시 용도지역을 기준으로 허가대상 면적을 산정한다. (×) [18 법무사]

11 매매계약의 체결 일자가 허가구역 지정 전이라고 하더라도 등기신청을 허가구역 지정 후에 하는 경우에는 토지거래계약허가증을 첨부하여야 한다. (×) [18 등기주사보]

12 등기신청을 허가구역의 지정 이후에 하더라도 그 계약의 체결일자가 허가구역 지정 이전인 경우에는 등기신청서에 토지거래계약허가증을 첨부하여야 한다. (×) [19 등기주사보]

13 토지거래계약허가증의 매매예정금액과 매매계약서의 매매금액이 서로 다른 경우에는, 별도의 토지거래계약허가를 다시 받아야 한다. (×) [18 법무사]

14 토지거래계약허가 대상인 A와 B 두 필지의 토지를 합산하여 토지거래계약허가를 받은 후 A필지에 대해서만 매매계약을 체결하였더라도 위 허가증을 첨부하여 A필지에 대한 소유권이전등기를 신청할 수 있다. (×) [11 법무사]

15 등기신청서에 첨부하는 토지거래허가증의 유효기간은 발행일로부터 3개월이므로 그 기간 내에 등기를 신청하여야 한다. (×) [9 법무사]

(3) 농지취득자격증명(예규 1635)

1) 서설

가. 의의

농지를 취득하려는 자는 농지 소재지를 관할하는 시장(구를 두지 아니한 시의 시장을 말하며, 도농 복합 형태의 시는 농지 소재지가 동지역인 경우만을 말한다), 구청장(도농 복합 형태의 시의 구에서는 농지 소재지가 동지역인 경우만을 말한다), 읍장 또는 면장(이하 "시·구·읍·면의 장"이라 한다)에게서 **농지취득자격증명을 발급받아야** 한다(「농지법」 제3조). [9 법무사]

따라서 농지의 소재지를 관할하는 시장(도농복합형태의 시에 있어서는 농지의 소재지가 동지역인 경우에 한한다)·구청장(도농복합형태의 시의 구에 있어서는 농지의 소재지가 동지역인 경우에 한한다)·읍장 또는 면장이 발행하는 **농지취득자격증명을 소유권이전등기신청서에 첨부하여야** 한다(예규 1635). [17 등기주사보]

나. 요건

다. 적용범위

(가) 주체(농지를 취득할 수 있는 자)

가) 원칙 - 농업인과 농업법인(「농지법」 제6조 제1항)

농지는 자기의 농업경영에 이용하거나 이용할 농업인이나 농업법인(농어업경영체법 제16조에 따라 설립된 영농조합법인과 같은 법 제19조에 따라 설립되고 업무집행권을 가진 자 중 3분의 1 이상이 농업인인 농업회사법인을 말한다)이 아니면 소유하지 못한다. 여기서 농업인은 개인이므로(「농지법」 제2조 제2호) 원칙적으로 농업인과 농업법인만이 농지를 소유할 수 있다는 결과가 된다. 물론 농업인과 농업법인도 자기의 농업경영에 이용할 농지가 아니면 취득하지 못하고, 자기의 농업경영에 이용할 농지라는 사실은 원칙적으로 농지취득자격증명에 의해 증명(「농지법」 제8조 제1항, 제4항)되어야 한다.

따라서 농업인이 아닌 개인, 농업법인이 아닌 법인이나 법인 아닌 사단·재단(종중, 교회)은 농지법상의 예외에 해당하지 않는 한 농지를 취득할 수 없다. 단, 농지법상의 예외에 해당하면 농업법인이 아닌 법인이나 법인 아닌 사단·재단(종중, 교회)도 농지를 취득할 수 있다.

이렇게 농지를 취득(소유)할 수 있는 경우임을 전제로 하여, 농지취득자격증명의 요부가 다시 문제된다.

나) 예외 - 농업인과 농업법인 이외의 자(「농지법」 제6조 제2항, 제3항)

농지는 위와 같이 자기의 농업경영에 이용하거나 이용할 농업인, 농업법인만이 소유할 수 있는 것이 원칙이나, 농지법 제6조 제2항, 제3항에서는 자기의 농업경영에 이용하거나 이용할 자가 아니더라도 농지를 소유(취득)하거나 계속 소유할 수 있는 예외를 한정적으로 열거하고 있다. 농지법에서 허용된 경우 외에 다른 법령에 의한 농지의 소유에 관한 특례는 인정되지 않는다(동법 제6조 제4항).

다음 각 호의 어느 하나에 해당하는 경우에는 농지를 소유할 수 있다. 다만 소유 농지는 농업경영에 이용되도록 하여야 한다(제2호 및 제3호는 제외한다).

1. 국가나 지방자치단체가 농지를 소유하는 경우
2. 「초·중등교육법」 및 「고등교육법」에 따른 학교, 농림축산식품부령으로 정하는 공공단체·농업연구기관·농업생산자단체 또는 종묘나 그 밖의 농업 기자재 생산자가 그 목적사업을 수행하기 위하여 필요한 시험지·연구지·실습지·종묘생산지 또는 과수 인공수분용 꽃가루 생산지로 쓰기 위하여 농림축산식품부령으로 정하는 바에 따라 농지를 취득하여 소유하는 경우
3. 주말·체험영농을 하려고 제28조에 따른 농업진흥지역 외의 농지를 소유하는 경우
4. 상속[상속인에게 한 유증(遺贈)을 포함한다. 이하 같다]으로 농지를 취득하여 소유하는 경우
5. 대통령령으로 정하는 기간 이상 농업경영을 하던 사람이 이농(離農)한 후에도 이농 당시 소유하고 있던 농지를 계속 소유하는 경우
6. 제13조 제1항에 따라 담보농지를 취득하여 소유하는 경우(「자산유동화에 관한 법률」 제3조에 따른 유동화전문회사 등이 제13조 제1항 제1호부터 제4호까지에 규정된 저당권자로부터 농지를 취득하는 경우를 포함한다)
7. 제34조 제1항에 따른 농지전용허가(다른 법률에 따라 농지전용허가가 의제되는 인가·허가·승인 등을 포함한다)를 받거나 제35조 또는 제43조에 따른 농지전용신고를 한 자가 그 농지를 소유하는 경우
8. 제34조 제2항에 따른 농지전용협의를 마친 농지를 소유하는 경우
9. 「한국농어촌공사 및 농지관리기금법」 제24조 제2항에 따른 농지의 개발사업지구에 있는 농지로서 대통령령으로 정하는 1천500제곱미터 미만의 농지나 「농어촌정비법」 제98조 제3항에 따른 농지를 취득하여 소유하는 경우
9의2. 제28조에 따른 농업진흥지역 밖의 농지 중 최상단부부터 최하단부까지의 평균경사율이 15퍼센트 이상인 농지로서 대통령령으로 정하는 농지를 소유하는 경우
10. 다음 각 목의 어느 하나에 해당하는 경우
　　가. 「한국농어촌공사 및 농지관리기금법」에 따라 한국농어촌공사가 농지를 취득하여 소유하는 경우
　　나. 「농어촌정비법」 제16조·제25조·제43조·제82조 또는 제100조

에 따라 농지를 취득하여 소유하는 경우

다. 「공유수면 관리 및 매립에 관한 법률」에 따라 매립농지를 취득하여 소유하는 경우

라. 수용으로 농지를 취득하여 소유하는 경우

마. 농림축산식품부장관과 협의를 마치고 「공익사업을 위한 토지 등의 취득 및 보상에 관한 법률」에 따라 농지를 취득하여 소유하는 경우

바. 「공공토지의 비축에 관한 법률」 제2조 제1호 가목에 해당하는 토지 중 같은 법 제7조 제1항에 따른 공공토지비축심의위원회가 비축이 필요하다고 인정하는 토지로서 「국토의 계획 및 이용에 관한 법률」 제36조에 따른 계획관리지역과 자연녹지지역 안의 농지를 한국토지 주택공사가 취득하여 소유하는 경우. 이 경우 그 취득한 농지를 전용 하기 전까지는 한국농어촌공사에 지체 없이 위탁하여 임대하거나 무 상사용하게 하여야 한다.

동일 가구(세대) 내 친족 간의 매매 등을 원인으로 하여 소유권이전 등기를 신청하는 경우에도 **농지취득자격증명을 첨부하여야 한다**(예 규 1635). [2] 법무사 즉 농지에 관하여 부모와 자 사이의 매매, 교환, 증여 또는 부부 사이의 증여 등을 원인으로 한 소유권이전등기를 신 청하는 경우에도 농지취득자격증명을 첨부하여야 한다.

다) 종중이 농지를 취득할 수 있는지 여부

① 일반론

종중은 **원칙적으로 농지를 취득할 수 없다**(「농지법」 제6조 제1항, 예규 1635). 종중은 농업인도 아니고 농업법인도 아니기 때문이다.

따라서 농지에 대하여 **종중이** 소유명의인인 종원 갑을 상대로 명의신탁해 지를 원인으로 한 소유권이전등기절차를 이행하라는 소를 제기하여 **승소판 결을 받았다고 하더라도** 이를 첨부정보로 제공하여 종중 명의로의 소유권 이전등기를 신청할 수는 **없다**(선례 201810-7). [18 법무사 / 10 법무사] 명의신탁해 지를 원인으로 한 소유권이전등기절차의 이행을 명하는 판결의 효력은 당 사자인 원고 종중과 피고 갑 종원에게만 미칠 뿐 제3자에게는 미치지 않는 것이 원칙이므로, 종중이 총회에서 종중의 다른 종원인 자경 농업인 을에 게 소유권이전등기를 하는 것으로 결의하였다고 하더라도 위 판결에 따라 제3자인 을 명의로의 소유권이전등기를 신청할 수는 없다(선례 201810-7).

② 실제 농지로 볼 수 없는 토지

1. **도시지역**(녹지지역 안의 농지에 대하여는 도시·군계획시설사업에 필
   요한 농지에 한함)에 해당하는 농지에 대한 소유권이전등기를 신청하
   는 경우에는 농지취득자격증명의 첨부가 면제된다(「국토계획법」 제83
   조 제3호 본문). 즉 농업인이 아닌 개인 또는 농업법인이 아닌 **일반법
   인도** 농지취득자격증명을 제공할 필요가 없이 **농지를 취득할 수 있으며**
   [18 등기서기보], **종중 명의로** 소유권이전등기가 가능하며, 소유권이전등기
   신청서에 농지취득자격증명도 첨부할 필요가 없다(선례 201202-6).
   [17 등기주사보·법무사]

2. 대장상 지목이 농지인 토지라 하더라도 그 현상이 농지법상 농작물 경
   작지 또는 다년생식물 재배지로 이용되고 있지 않음이 관할관청이 발급
   하는 서면("신청대상 토지가 「농지법」에 의한 농지에 해당되지 아니함"
   이라는 사유가 기재된 농지취득자격증명신청 미발급사유 통보서)에 의
   하여 증명되는 경우에는 종중도 농지를 취득할 수 있으므로(예규 1635,
   농림축산식품부예규 제3호 제9조 제3항 제1호), 이를 첨부정보로 제
   공하여 해당 토지에 대한 종중 명의로의 소유권이전등기를 신청할 수
   있다(선례 201810-7). 현황상 농지가 아니기 때문이다.

③ 농지를 전용한 경우

농지전용허가(선례 201304-4)·**농지전용신고**를 한 경우 및 **농지전용협
의**를 마친 경우에는 농업인 또는 농업법인이 아닌 자가 농지를 취득할 수
있다. 따라서 농업인이 아닌 개인 또는 농업법인이 아닌 **일반법인과 종중
도 해당 농지를 취득할 수 있다.** [15 법원사무관]

④ 영농여건불리농지인 경우

종중은 원칙적으로 농지를 취득할 수 없으나 해당 농지가 **영농여건불리농지**
(「농지법」 제6조 제2항 제9호의2)라면 예외적으로 이를 취득할 수 있으므로,
종중이 그 농지에 대하여 **농지취득자격증명을 발급받았다면** 이를 첨부정보
로서 제공하여 종중 앞으로 소유권이전등기를 신청할 수 있다. [21 법원사무관]

⑤ 기존의 위토인 경우

종중은 원칙적으로 농지를 취득할 수 없다.
다만 **농지개혁 당시 위토대장에 등재된 기존 위토인 농지에 한하여** 당해
농지가 **위토대장에 종중 명의로 등재되어 있음을 확인하는 내용의 위토대
장 소관청 발급의 증명서**를 첨부하여 그 종중 명의로의 소유권이전등기를
신청할 수 있다. 이 경우 **농지취득자격증명을 제공할 것은 아니다**(예규 제
1635호, 4). [24 법원사무관]

종중이 기존 위토를 취득할 수 있다 하더라도 종중이 기존 위토를 처분하
고 **새로 위토용으로 농지를 매수하거나**(선례 5-757), 기존 **위토인 농지가**

수용 또는 공공용지로 협의취득되어 그 보상금으로 새로 다른 농지를 위토용으로 매수하더라도 소유권이전등기를 신청할 수는 없다(선례 6-23). [18 법무사]

⑥ 농지의 집단화를 위해 필요한 경우

종중이 농지의 집단화를 위하여 다른 토지 소유자와 상호 협의에 의하여 농어촌정비법의 규정에 의한 농지의 교환·분할·합병을 시행한 후 그에 따른 등기를 신청하는 경우(선례 6-68)에도 농지취득자격증명을 첨부할 필요 없이 소유권이전등기를 할 수 있다(「농지법」 제6조 참조). [18 법무사]

⑦ 가등기의 경우

또한 가등기는 물권변동의 효력이 발생하지 않아 농지법상의 취득이라고 볼 수 없으므로 농지의 매매예약에 의한 소유권이전청구권 보전 가등기신청의 경우에는 농지취득자격증명을 첨부할 필요가 없다. [21 법무사 / 18 법무사 / 15 법무사] 이처럼 가등기 시에는 농지취득자격증명이 필요하지 않으므로 법인 아닌 사단(종중)명의의 가등기는 허용되며 농지취득자격증명도 요구되지 않는다. [18 법무사]

예컨대, 농지의 소유명의를 신탁한 종중이 농지에 대하여 명의수탁자와 공동으로 명의신탁해지를 원인으로 조건부 소유권이전청구권 가등기를 신청하는 경우에 농지취득자격증명은 필요가 없다. [18 법원사무관]

라) 국가나 지방자치단체

국가나 지방자치단체가 농지를 취득하여 소유권이전등기를 신청하는 경우에는 농지취득자격증명을 첨부하지 아니하고 소유권이전등기를 신청할 수 있다. [21 법무사] 이와 달리 국가나 지방자치단체로부터 농지를 매수하여 소유권이전등기를 신청하는 경우 농지취득자격증명을 첨부하여야 한다(예규 1635). [20 법무사 / 18 등기서기보 / 15 법원사무관]

(나) 객체

가) 농지법상 농지의 개념

이 지침은 토지대장상 지목이 전·답·과수원인 토지(이하 "농지"라 한다)에 대하여 소유권이전등기를 신청하는 경우에 해당 농지가 어느 시기에 조성, 등록전환 또는 지목변경되었는지를 불문하고 이를 적용한다. 예컨대 농지개혁법 시행 당시 임야였으나 그 후 전으로 등록전환된 토지(선례 4-726, 선례 5-756)나 지목이 "대"인 토지를 국가로부터 매수하였으나 소유권이전등기를 하지 않고 있던 중 지복이 "전"으로 변경된 경우에도 소유권이전등기 신청 시 농지취득자격증명을 첨부하여야 한다(선례 6-547).

그러나 농지법상의 농지는 **전, 답, 과수원, 그 밖에 법적 지목을 불문하고 실제로 농작물 경작지 또는 대통령령으로 정하는 다년생식물 재배지로 이용되는 토지를 농지로 본다(현황주의).** [21 법원사무관 / 20 법무사]

위 규정은 어떤 토지가 농지인가의 판단은 법적 지목보다도 실제의 토지 현상이 농작물의 경작 등으로 이용되고 있는가의 여부에 따라 결정하여야 한다는 이른바 현황주의(대판(전) 2009.4.16, 2007도6703, 대결 1999.2.23, 98마2604, 대판 1997.12.23, 97다42991)를 취하고 있는 것으로 보인다. 그러나 **형식적 심사권밖에 없는 등기관**으로서는 농지인지 여부를 공부에 의하여 판단할 수밖에 없다. 따라서 토지대장상 **지목이 농지**라면 현황이 농지가 아니라는 소관청의 확인이 없는 이상 등기관은 농지취득자격증명을 요구할 수밖에 없다. 따라서 지목이 ① 전, 답 또는 과수원이 아닌 토지, ② 임야, ③ 초지법에 따라 조성된 초지인 경우에는 농지취득자격증명의 제출이 없어도 등기신청을 수리하여야 한다.

나) 면적요건이 있는지 여부

농지 소유권이전등기신청 시 농지취득자격증명의 첨부 여부는 해당 농지면적과는 관계가 없으므로 종전에 소유하고 있던 농지를 타인에게 처분한 후, 새로이 농지를 매수하는 경우에도 그 매수 농지에 대한 소유권이전등기신청 시에는 **토지의 현황이 농지인 한** 소유농지의 **면적에 상관없이** 농지취득자격증명을 첨부하여야 한다(선례 5-722). [21 법무사 / 12 법무사]

다) 실제 농지로 볼 수 없는 토지

① 도시지역 내의 농지

국토계획법 제36조의 용도지역 중 **도시지역(주거지역, 상업지역, 공업지역 및 녹지지역으로 구분됨. 여기서 녹지지역 안의 농지에 대하여는 도시·군계획시설사업에 필요한 농지에 한함)** 내의 농지는 같은 법 제83조 제3호에 따라 농지법 제8조에 따른 **농지취득자격증명에 대한 규정의 적용이 배제**된다. [21 법원사무관]

따라서 위 도시지역(녹지지역 안의 농지에 대하여는 도시·군계획시설사업에 필요한 농지에 한함)에 해당하는 농지에 대한 소유권이전등기를 신청하는 경우에는 농지취득자격증명의 첨부가 면제된다(「국토계획법」 제83조 제3호 본문). 즉 농업인이 아닌 개인 또는 농업법인이 아닌 **일반법인도** 농지취득자격증명을 제공할 필요가 없이 **농지를 취득할 수 있고**[18 등기서기보], **종중 명의로** 소유권이전등기가 가능하며, 소유권이전등기 신청서에 농지취득자격증명도 첨부할 필요가 없다(선례 201202-6). [17 등기주사보·법무사]

이와 같은 도시지역 내의 농지인지 여부 및 도시·군계획시설사업에 필요한 농지인지 여부는 보통 "토지이용계획확인서"에 의하여 증명될 수 있으나, 농지취득자격증명을 첨부할 것인지의 여부는 구체적인 사건에서 등기관이 판단할 수밖에 없다.

② 공부상 지목이 농지이지만 사실상 농지가 아닌 경우(농지취득자격증명신청 미발급사유 통보서)

농지에 대하여 현황주의를 채택하고 있는 현행 농지법하에서는 공부상 지목이 농지이더라도 실제의 토지 현상이 농작물 경작지 또는 다년생식물 재배지 등으로 이용되고 있지 않음이 관할관청이 발급하는 서면에 의하여 증명되는 토지에 관하여는 농지취득자격증명을 첨부하지 않고서도 소유권이전등기를 신청할 수 있다. [23 등기서기보 / 20 법무사] 이러한 경우 농업인 또는 농업법인이 아닌 자도 농지를 취득할 수 있다. 따라서 일반법인도 이 토지에 대하여 자신의 명의로 소유권이전등기를 신청할 수 있을 것이다 (선례 202004-3).

다만 공부상 지목이 농지이나 실제로는 농지로 이용되지 않는다는 사실은 농지취득자격증명의 발급관청인 농지 소재지를 관할하는 시·구·읍·면의 장의 서면으로 증명되어야 한다. 따라서 법원이 작성한 판결서 또는 검증조서, 감정인이 작성한 감정평가서 등은 이에 해당하지 않고, 농지원부도 농지취득자격증명을 대신할 수 없다(선례 6-555).

농지가 아님을 증명하는 서면으로서 농지취득자격증명신청 미발급사유 통지서를 첨부하는 경우에는 그 반려사유가 "신청대상 토지가 「농지법」에 의한 농지에 해당되지 아니함"이라고 구체적으로 기재되어야 한다. 따라서 그 반려사유로서 "오랫동안 농사를 짓지 않아 잡목이 있고 주변 일대에 석회광이 조업 중이며 사실상 경작이 불가능함"이라고만 기재되었다면 농지가 아닌 토지인지 여부가 불명확하므로 이를 증명하는 서면으로 볼 수 없을 것이다(선례 8-357). [12 법무사] 또한 "현재 경작불모지이고 원상회복이 불가능함" 등과 같은 사유로는 농지가 아님을 증명하는 서면으로 볼 수 없다. 도로(사도, 마을진입로)로 사용하고 있다는 뜻이 기재된 농지취득자격증명 반려통지서만으로는 토지의 전부나 일부가 도로인지, 포장된 도로인지, 농지로의 원상회복이 가능한지 등을 알 수 없으므로 사실상 농지가 아님을 증명할 수 있는 서면에 해당되지 않는다(선례 200505-2). [10 법무사]

라) 농지를 전용한 경우

농지전용허가(선례 201304-4)·농지전용신고를 한 경우 및 농지전용협의를 마친 경우에는 농업인 또는 농업법인이 아닌 자가 농지를 취득할 수 있다. 따라서 농업인이 아닌 개인 또는 농업법인이 아닌 일반법인과 종중도 해당 농지를 취득할 수 있다. [15 법원사무관]

다만 농지전용허가를 받거나 농지전용신고를 한 경우에는 농지취득자격증명을 발급받아 첨부정보로서 제공하여야 하지만[2] 법원사무관, 농지전용협의를 마친 경우에는 농지취득자격증명은 제공할 필요가 없고 단지 그 협의 완료를 증명하는 서면을 첨부하면 될 뿐이다. [18 등기주사보 / 15 법무사 / 11 법무사]

도시계획시설사업 예정지로 실시계획 인가된 대상 농지는 「국토의 계획 및 이용에 관한 법률」 제92조 제1항 제8호에 의해 농지전용협의(「농지법」 제34조 제2항)가 완료된 것으로 의제되므로, 도시·군계획사업시행자가 또다시 신탁회사에게 소유권을 이전하는(담보신탁 또는 관리신탁) 경우에도 신탁회사는 소유권이전등기신청서에 대상 농지에 대하여 농지전용협의가 완료되었음을 증명하는 서면(도시계획시설사업 실시계획 인가를 증명하는 서면 등)을 제출하면 충분하고 농지취득자격증명서를 첨부서면으로 등기소에 제공할 필요는 없다. 다만 구체적인 등기사건에서 제출된 서면이 농지전용협의가 완료되었음을 증명하는 서면에 해당하는지 여부 및 그 등기신청을 수리할 것인지 여부는 그 등기사건을 처리하는 등기관이 판단할 사항이다(등기선례 9-100 참조, 선례 202112-1).

농지전용허가를 받은 농지에 대하여 소유권이전등기를 신청할 때에는 원칙적으로 등기권리자 명의의 농지취득자격증명을 첨부정보로서 제공하여야 한다. 반면, 농지전용협의가 완료된 농지에 대하여 소유권이전등기를 신청할 때에는 농지취득자격증명을 첨부정보로서 제공할 필요가 없으나, 그러한 농지임을 확인할 수 있는 자료를 첨부정보로서 제공하여야 한다. 즉 ① 해당 농지가 도시지역 중 주거지역·상업지역·공업지역 안의 농지임을 확인할 수 있는 토지이용계획확인서, ② 해당 농지가 도시지역 중 녹지지역 안의 농지이지만 도시·군계획시설에 필요한 농지임을 확인할 수 있는 토지이용계획확인서, ③ 해당 농지가 계획관리지역의 지구단위계획구역 안의 농지임을 확인할 수 있는 토지이용계획확인서 또는 ④ 해당 농지가 도시지역 중 녹지지역 안의 농지이거나 개발제한구역 안의 농지임을 확인할 수 있는 토지이용계획확인서와 개발행위허가나 토지형질변경허가를 증명하는 정보(등기권리자가 허가받은 것이어야 함)를 첨부정보로서 제공한 경우에는 농지취득자격증명을 제공할 필요가 없다(선례 201912-12).

(다) 행위(소유권이전등기)

가) 농지를 취득하여 소유권이전등기 등을 신청할 것

① 농지취득자격증명을 첨부하는 경우

이 규정에서의 취득은 농지를 취득할 수 있는 자가 실제 현황이 농지인 토지를 타인에게서 본인에게 실질적으로 이전되어 새롭게 취득하는 것을 말한다. 따라서 농업인 또는 농업회사법인이 농지에 대하여 매매, 증여, 교환, 양도담보, 명의신탁해지, 신탁법상의 신탁 또는 신탁해지, 사인증여, 계약해제 (소유권이전), 상속인 이외의 자에 대한 특정적 유증, 공매 등을 등기원인으로 하여 소유권이전등기를 신청하는 경우에는 농지취득자격증명을 제공하여야 한다. [18 등기서기보 / 14 법무사 / 11 법무사]

따라서 소유권이전등기가 아닌 소유권보존등기를 신청하는 경우(선례 7-474) [18 등기주사보], 농지에 관하여 증여계약을 해제하는 약정을 원인으로 하여 소유권이전등기의 말소등기 신청을 하는 경우(선례 3-862)[18 법무사], 근저당권설정등기를 하는 경우 등에는 농지취득자격 증명을 첨부할 필요가 없다.

또한 농지에 대하여 매매로 인한 소유권이전등기가 마쳐진 후 매매계약의 합의해제를 등기원인으로 하여 소유권이전등기의 말소등기를 신청하는 경우에는 농지취득자격증명을 첨부정보로서 등기소에 제공할 필요가 없지만, 합유자의 교체·추가·임의탈퇴 등에 따라 농지에 대한 합유명의인 변경등기를 신청하는 경우 합유지분을 취득하는 새로운 합유자나 종전 합유자라도 변경원인에 따라 합유지분이 증가하는 경우에는 농지취득자격증명을 첨부정보로서 등기소에 제공하여야 한다(등기선례 9-263, 7-524 참조)(선례 202204-1).

② 농지취득자격증명을 첨부하지 않는 경우

이 규정에서의 취득은 농지를 취득할 수 있는 자가 실제 현황이 농지인 토지를 타인에게서 본인에게 실질적으로 이전되어 새롭게 취득하는 것을 말한다. 따라서 상속 및 포괄유증, 상속인에 대한 특정적 유증, 수용 및 협의취득, 취득시효완성, 진정한 등기명의 회복, 경매(매각), 공유물분할, 민법 제839조의2에 따른 재산분할, 유류분 반환, 농업법인의 합병을 원인으로 하여 소유권이전등기를 신청하는 경우에는 농지취득자격증명을 제공할 필요가 없다(단 공매는 필요). [23 등기서기보 / 22 법무사 / 21 법무사 / 20 법무사 / 18 등기서기보·등기주사보 / 17 등기서기보·등기주사보 / 15 법원사무관·법무사 / 14 법무사 / 12 법무사 / 11 법무사 / 10 법무사]

600평 이내의 묘토인 농지에 대한 소유권은 제사를 주재하는 상속인(제사주재자가 상속인이 아닌 경우에는 법정상속인)이 승계하게 되는바, 이는 본질적으로 상속에 속하는 것이므로 위 농지에 대하여 소유권이전등기를 신청하는 경우 농지취득자격증명을 첨부할 필요가 없다. [11 법무사] 다만, 위 등기신청 시에 일반적인 첨부서면 외에 상속을 증명하는 서면과 600평 이내의 묘토인 농지임을 증명하는 서면 및 등기신청인이 제사를 주재하는 자임을 상속인 전원이 인정하는 서면(이 서면에는 등기신청인을 제외한 상속인 전원의 인감증명을 첨부하여야 할 것임)을 첨부하여야 한다(선례 200906-1).

농지에 대하여 공유물분할을 원인으로 한 소유권이전등기를 신청하는 경우에는 취득하는 면적이 원래의 공유지분에 따른 면적보다 큰 경우에도 마찬가지이다(선례 6-562).

「공익사업을 위한 토지 등의 취득 및 보상에 관한 법률」제91조의 규정에 의한 환매권자가 환매권에 기하여 농지를 취득하여 소유권이전등기를 신청하는 경우에도 농지취득자격증명은 필요가 없다.

주의해야 할 부분은 농지에 대하여 **취득시효 완성**을 원인으로 소유권이전등기를 신청할 때에 농지취득자격증명을 첨부정보로서 제공할 필요가 없으나, 이는 농지의 소유가 제한되지 않는 자가 농지취득자격증명의 제공 없이 소유권이전등기를 신청할 수 있다는 것이지 농지의 소유가 제한되는 자가 농지를 취득할 수 있다는 것은 아니므로, 종교단체(법인)가 농지에 대하여 취득시효 완성을 원인으로 하는 소유권이전등기청구소송에서 승소판결을 받았더라도 **농지 소유 제한의 예외사유(「농지법」제6조 제2항 참조)**에 해당하는 경우가 아니라면 이 판결에 따른 소유권이전등기를 신청할 수 없다(선례 201903-6).

나) 물권변동의 효력을 발생시키는 소유권이전등기

농지에 대하여 물권변동의 효력을 발생시키는 소유권이전등기를 할 경우에 농지취득자격증명을 제공하여야 한다.

가등기는 물권변동의 효력이 발생하지 않아 농지법상의 취득이라고 볼 수 없으므로 농지의 매매예약에 의한 소유권이전청구권 보전 가등기신청의 경우에는 농지취득자격증명을 첨부할 필요가 **없다.** [23 등기서기보 / 21 법무사 / 18 법무사 / 15 법무사] 이처럼 가등기 시에는 농지취득자격증명이 필요하지 않으므로 **법인 아닌 사단(종중)명의의 가등기는 허용**되며 농지취득자격증명도 요구되지 않는다. [18 법무사] 마찬가지로 농지의 소유명의를 신탁한 **종중**이 농지에 대하여 명의수탁자와 공동으로 **명의신탁해지를 원인으로 조건부 소유권이전청구권 가등기**를 신청하는 경우에 농지취득자격증명은 필요가 없다. [18 법원사무관]

라. 효과

농지취득자격증명은 농지를 취득하는 자에게 농지취득의 자격이 있다는 것을 증명하는 것으로, 농지를 취득하려는 자가 농지에 대하여 소유권이전등기를 마쳤다 하더라도 농지취득자격증명을 발급받지 못한 이상 그 소유권을 취득하지 못한다(대판 2012.11.29, 2010다68060).

이는 공매절차에 의한 매각의 경우에도 마찬가지이므로 공매 부동산이 농지법이 정한 농지인 경우에는 매각결정과 대금납부가 이루어졌다고 하더라도 **농지취득자격증명을 발급받지 못한 이상 소유권을 취득할 수 없고**[15 법원사무관 / 12 법무사], 설령 매수인 앞으로 소유권이전등기가 되었다고 하더라도 달라지지 않으며, 다만 매각결정과 대금납부 후에 농지취득자격증명을 추완할 수 있을 뿐이다.

2) 제공여부

3) 제공절차

등기신청서에 첨부하는 **농지취득자격증명의 유효기간에 대한 규정은 없으므로** 발행일부터 3개월이 경과한 경우에도 등기신청서에 첨부할 수 있다. 다만 경과일수가 오래되어 그 증명력이 의심스러울 때에는 등기관은 최근에 발행된 농지취득자격증명의 제출을 요구할 수 있을 것이다(선례 7-49).

4) 제공하지 못한 경우

농지에 대하여 **농지취득자격증명의 첨부 없이** 소유권이전등기를 신청한 경우 그 등기신청은 법 제29조 제9호(등기에 필요한 첨부정보를 제공하지 아니한 경우)에 의하여 각하하여야 한다. 그러나 법 제29조 제2호의 사건이 등기할 것이 아닌 경우에 해당하지는 않으므로 등기관이 직권으로 말소할 수는 없다(법 제58조).

5) 상속인 등의 포괄승계인에 의한 등기신청의 경우

농지를 매매함에 있어서 농지취득자격증명은 반드시 매매계약에 앞서 발급받아야 하는 것은 아니며 매매계약 후에 발급받은 것이라도 유효하다. 다만 농지의 매수인이 사망한 후에 그에 대하여 발급된 농지취득자격증명은 무효이므로 그 상속인이 피상속인 명의의 농지취득자격증명서를 첨부하여 소유권이전등기를 신청할 수는 없다. 따라서 상속인 명의로 새로 농지취득자격증명을 발급받아 제공하여야 한다(선례 3-837).

다만, 토지거래계약허가는 이와 달리 판단한다. 토지거래계약 허가구역에서 토지 매매계약 후 토지거래계약허가신청서를 제출하였으나 매도인이 사망하고 토지거래계약허가증 역시 매도인이 사망한 후에 교부받은 경우 상속인이 매수인과 공동으로 상속인에 의한 등기를 신청하는 때에는 상속인은 상속등기를 거칠 필요 없이 종전 매도인 명의의 매매계약서 및 토지거래계약허가증을 첨부하면 되고 상속인을 거래당사자로 한 토지거래계약허가를 받을 필요는 없다(선례 8-58, 5-69). [22 법무사 / 15 등기서기보 / 11 법무사]

관련 기출지문

1 농지취득자격증명은 농지를 취득하는 자가 그 소유권에 관한 등기를 신청할 때에 첨부하여야 할 서류로서, 농지를 취득하는 자에게 농지취득의 자격이 있다는 것을 증명하는 것일 뿐 농지취득의 원인이 되는 **법률행위의 효력을 발생시키는 요건은 아니다.** (×) [12 법무사]

2 농지취득자격증명신청서 반려통지서상에 그 반려사유로서 "오랫동안 농사를 짓지 않아 잡목이 있고 주변 일대에 석회광이 조업 중이며 사실상 경작이 불가능함"이라고 기재되었다면 농지가 아님을 증명하는 서면으로 볼 수 있다. (×) [12 법무사]

3 법인이 도시지역의 주거지역 내의 농지에 대한 소유권이전등기를 신청하는 경우에는 농지취득자격증명을 첨부하여야 한다. (×) [18 등기서기보]

4 「국토의 계획 및 이용에 관한 법률」에 따른 도시지역 안의 농지가 도시지역 중 주거지역으로 지정된 경우에도 종중명의로는 소유권이전등기를 할 수 없다. (×) [17 등기주사보]

5 종중이 농지취득을 위하여 농지법 제6조 제2항 제7호에 따른 농지전용허가를 받고 그 소유권이전등기신 청서에 농지취득자격증명을 첨부하였더라도 등기관은 그 소유권이전등기신청을 각하하여야 한다. (×)
[15 법원사무관]

6 농지법에 따라 농지전용허가를 받거나 농지전용신고를 한 자가 그 농지를 취득하는 경우에는 농지취득자 격증명을 첨부할 필요가 없다. (×)
[21 법원사무관]

7 농지법 제34조 제2항에 따른 농지전용협의를 완료한 농지를 취득한 사업시행자가 신탁을 원인으로 하여 신탁회사 명의로 소유권을 이전하는 경우, 소유권이전등기신청서에 농지취득자격증명서를 첨부하여야 한다. (×)
[15 법무사]

8 종중이 농지에 대하여 명의신탁 해지를 원인으로 한 소유권이전등기청구소송에서 승소판결을 받았다면 종중 명의로 소유권이전등기를 신청할 수 있다. (×)
[18 법무사]

9 종중이 기존 위토를 처분하고 새로 위토용으로 농지를 매수하거나, 기존 위토인 농지가 수용 또는 공공용 지로 협의취득되어 그 보상금으로 새로 다른 농지를 위토용으로 매수할 경우 소유권이전등기를 신청할 수 있다. (×)
[18 법무사]

10 농지에 대한 소유권이전청구권의 보전을 위한 가등기의 신청서에도 농지취득자격증명을 첨부하여야 한다. (×)
[21 법무사]

11 법인 아닌 사단은 농지에 대한 소유권이전청구권보전을 위한 가등기를 할 수 없다. (×)
[18 법무사]

12 농지에 대하여 소유권보존등기를 신청할 때에도 원칙적으로 농지취득자격증명을 첨부정보로서 제공하여 야 한다. (×)
[18 등기주사보]

13 농지에 관하여 증여계약을 해제하는 약정을 원인으로 하여 소유권이전등기의 말소등기 신청을 하는 경우 에는 농지취득자격증명을 첨부하여야 한다. (×)
[18 법무사]

(3-1) 검인과 농지취득자격증명 및 토지거래계약허가 등과 관련한 간주규정

농지에 대하여 **토지거래계약허가**를 받은 경우에는 농지법 제8조에 따른 농지취득자격증명을 받은 것으로 보며, 「부동산등기 특별조치법」 제3조에 따른 검인도 받은 것으로 본다. 따라서 **토지거래허가구역 안의 토지(농지 등)**에 대하여 **토지거래계약허가증**을 교부받은 경우에는 등기 원인증서에 검인을 받을 필요가 없으며, 농지라도 **농지취득자격증명을 제출할 필요가 없다.**
[20 법원사무관·법무사 / 19 등기주사보 / 18 등기주사보(2) / 17 등기주사보 / 15 법무사 / 14 법무사 / 13 법무사 / 11 법무사 / 9 법무사] 이것은 등기신청인이 농업법인이 아닌 법인이거나 법인이 아닌 사단(교회, 종중 등)인 경우에도 동일 하다(201008-1 참조).

토지거래허가구역 안의 토지 및 건물에 대한 소유권이전등기 신청 시, 토지에 대하여 부동산 거래신고법상의 토지거래 허가증을 교부받은 경우 부동산등기 특별조치법상의 검인을 받은 것 으로 보는데, 이때 토지거래허가신청서에는 허가 대상 토지뿐만 아니라 그 지상건물에 대하여 도 기재하도록 하고 있으므로 건물에 대하여 별도로 부동산등기 특별조치법상의 검인을 받지 않아도 등기신청을 할 수 있을 것이다(선례 5-49). [17 등기주사보 / 14 등기서기보 / 12 법무사]

부동산에 관한 매매계약을 체결하고 실제 매매가격 등 일정한 사항을 관할 시장·군수 또는 구청장에게 신고하여 부동산거래계약신고필증을 발급받은 때에는 **검인을 받은 것으로 본다.**
[17 등기주사보]

(4) 외국인의 토지취득에 대한 허가 또는 신고

외국인 등이 다음 각 호의 어느 하나에 해당하는 구역·지역에 있는 토지(대지권 포함)를 취득하는 계약을 체결하고 그에 따른 소유권이전등기를 신청하는 경우에는 「부동산 거래신고 등에 관한 법률」 제9조 제1항에 따른 외국인 토지취득허가증을 첨부정보로서 제공하여야 한다. 다만, 국내거소신고를 한 외국국적동포의 경우에는 「재외동포의 출입국과 법적 지위에 관한 법률」 제11조 제1항에 따라 제1호의 지역에 있는 토지를 취득하는 경우로 한정한다.

1) 「군사기지 및 군사시설 보호법」 제2조 제6호에 따른 군사기지 및 군사시설 보호구역, 그 밖에 국방목적을 위하여 외국인 등의 토지취득을 특별히 제한할 필요가 있는 지역으로서 대통령령으로 정하는 지역

2) 「문화유산의 보존 및 활용에 관한 법률」 제2조 제3항에 따른 지정문화유산과 이를 위한 보호물 또는 보호구역

3) 「자연환경보전법」 제2조 제12호에 따른 생태·경관보전지역

4) 「야생생물 보호 및 관리에 관한 법률」 제27조에 따른 야생생물 특별보호구역

(5) 민법상 재단법인의 기본재산 처분 시 주무관청의 허가

1) 서설

가. 의의

재단법인의 기본재산은 법인의 실체인 동시에 재단법인의 목적을 달성하기 위한 기본적 수단으로서 정관의 필요적 기재사항이다(「민법」 제43조, 제40조 제4호). 재단법인의 기본재산 처분은 필연적으로 정관변경을 초래하며, 법인의 정관변경은 주무관청의 허가를 얻어야 효력이 있다. 따라서 재단법인의 기본재산을 처분하고 그에 따른 등기를 신청하는 경우에는 주무관청의 허가를 증명하는 서면을 첨부하여야 한다.

나. 요건

다. 적용범위

(가) 주체(민법상 재단법인)

이 법의 적용을 받는 주체는 민법상 재단법인이다.

따라서 민법상 사단법인의 재산처분에 따른 등기신청에는 **주무관청의 허가서를 첨부할 필요가 없으며**, 위 재산의 처분에 관하여 정관에 대의원회(또는 사원총회)의 결의가 있어야 한다는 취지의 기재가 있다고 하여도 그것은 법인의 내부관계에서 효력을 가지는 데 불과하고 이를 대외적으로 주장하려면 법인대표자의 대표권 제한(대의원회의 결의를 필요하는 취지)을 등기함으로써만 가능하다(선례 3-35). 즉 등기신청서에 그 결의서를 첨부할 필요가 없다는 것이 등기실무이다. [23 등기서기보]

/ 17 등기주사보 / 14 등기서기보

(나) 객체(기본재산)

이 법의 적용을 받기 위해서는 민법상 재단법인의 기본재산에 대한 처분이 있어야 한다. 즉 해당 부동산이 재단법인의 기본재산이 아님을 소명하는 경우에는 위 허가를 증명하는 서면을 첨부할 필요가 없다.

선례도 마찬가지의 입장이다. 재단법인의 기본재산이 아닌 보통재산의 처분은 정관의 변경사항에 속하지 아니하므로 **보통재산의 처분**에 따른 소유권이전등기신청서에는 주무관청의 허가서는 첨부할 필요는 없으나 위 **보통재산이 재단법인의 기본재산이 아님을 증명하기 위하여는 해당 재단법인의 정관을 첨부**하여야 한다(선례 3-34). [18 법무사]

(다) 행위

가) 처분행위

재단법인의 기본재산을 처분하고 등기를 신청하는 경우에는 주무관청의 허가를 증명하는 서면을 첨부하여야 한다.

판례에 따르면 재단법인의 기본재산에 관한 사항은 정관의 기재사항으로 기본재산의 변경은 정관의 변경을 초래한다. 따라서 재단법인이 기존의 기본재산을 처분하는 행위는 물론 새로이 기본재산으로 편입하는 행위도 주무관청의 허가가 있어야 유효하다(대판 1991.5.28, 90다8558 참조).

그러나 재단법인이 재산을 취득하였다고 반드시 소유권이전등기 전에 기본재산으로 편입하여야 하는 것은 아니고, 소유권이전등기 후에 기본재산으로 편입할 수 있으므로 등기신청 시에는 허가를 증명하는 서면을 첨부할 필요는 없다. 이러한 이유로 현행 예규는 민법상 재단법인이 부동산을 매매, 증여, 유증, 그 밖의 원인으로 취득하고 법인 명의로 소유권이전등기를 신청하는 경우에는 그 등기신청서에 주무관청의 허가를 증명하는 서면을 첨부할 필요가 없다고 한다(예규 886호). [14 법무사]

나) 소유권에 관한 처분행위

재단법인의 기본재산을 처분하고 그에 따른 등기를 신청하는 경우에는 주무관청의 허가를 증명하는 서면을 첨부하여야 하는데, 여기서 **처분이란 재단법인 소유명의의 기본재산인 부동산에 관하여 매매, 증여, 교환, 신탁, 신탁해지, 공유물분할**(선례 4-114), **그 밖의 원인으로 소유권을 양도**하는 것을 말하므로[18 법무사 / 14 법무사 / 10 법무사] 이를 원인으로 소유권이전등기를 신청하는 경우에는 그 등기신청서에 주무관청의 허가를 증명하는 서면을 첨부하여야 한다.

따라서 재단법인이 그의 기본재산인 부동산에 관하여 신탁을 원인으로 수탁자 앞으로 소유권이전등기 및 신탁등기를 신청하는 경우에는 주무관청의 허가를 증명하는 서면을 첨부하여야 한다(선례 8-273). 그러나 해당 부동산이 재단법인의 기본재산이 아님을 소명하는 경우에는 위 허가를 증명하는 서면을 첨부할 필요가 없다.

소유권양도가 아닌 경우에는 허가를 받을 필요가 없으므로 ① 재단법인이 기본재산을 담보로 제공하고 **근저당권설정등기**를 신청하는 경우(18 법무사 / 14 법무사 / 10 법무사), ② **지상권을 설정**하는 경우(18 법무사) 등은 주무관청의 허가를 받을 필요가 없다.

또한 물권변동의 효력을 발생시키는 소유권양도가 아닌 경우에는 허가를 받을 필요가 없으므로 소유권이전청구권 보전의 가등기신청의 경우에도 주무관청의 허가를 증명하는 서면을 첨부할 필요가 없다(예규 886).

다) 소유명의인인 재단법인의 자유의사에 기한 처분행위

재단법인의 처분행위에 대한 주무관청의 허가는 재단법인의 "의사에 의하여" "소유권을 양도"하는 경우에만 대상이 된다.

따라서 재단법인의 자유의사라고 볼 수 없는 ① 토지를 수용한 사업시행자가 수용재결에 따른 소유권이전등기를 신청하는 경우, ② 취득시효 완성을 원인으로 하는 소유권이전등기신청, ③ **진정명의 회복**을 원인으로 한 소유권이전등기신청(10 법무사), ④ **경매**절차에 있어 매각을 원인으로 하는 소유권이전등기의 촉탁(14 법무사), ⑤ 원인무효, 계약의 취소 또는 해제(단, 합의해제의 경우는 제외)를 원인으로 한 소유권이전등기말소등기신청의 경우에도 주무관청의 허가를 증명하는 서면을 **첨부할 필요가 없다**(예규 886).

다만 합의해제를 원인으로 말소등기를 해주는 것은 재단법인의 자유의사로 재산을 처분하는 것에 해당하므로 주무관청의 허가를 받아야 한다. (14 법무사 / 10 법무사)

라. 효과

2) 제공여부

3) 제공절차

재단법인 소유 명의의 기본재산인 부동산에 관하여 매매 등 처분행위를 원인으로 한 소유권이전등기를 신청하는 경우 그 등기신청서에 처분에 대한 주무관청의 허가를 증명하는 서면만 첨부하면 되고, **법인 정관과 이사회회의록은 첨부할 필요가 없다**(선례 7-66). (18 법무사
· 법원사무관 / 17 법무사)

4) 제공하지 못한 경우

재단법인의 기본재산을 처분하여 소유권이전등기를 신청하면서 주무관청의 허가를 증명하는 정보의 첨부 없이 소유권이전등기를 신청한 경우 그 등기신청은 법 제29조 제9호(등기에 필요한 첨부정보를 제공하지 아니한 경우)에 의하여 각하하여야 한다. 그러나 법 제29조 제2호의 사건이 등기할 것이 아닌 경우에 해당하지는 않으므로 등기관이 직권으로 말소할 수는 없다(법 제58조).

관련 기출지문

1 민법상 사단법인 소유 명의의 부동산을 처분하는 경우에 주무관청의 허가서를 첨부하여야 한다. (×)

[23 등기서기보]

2 사단법인의 경우 기본재산의 처분 시에 사원총회의 결의가 필요하다고 정관에 기재되어 있다면 등기신청서에 그 결의서를 반드시 첨부하여야 한다. (×)

[17 등기주사보]

3 재단법인 소유 명의의 부동산 중 기본재산에 관하여 합의해제를 원인으로 한 소유권이전등기말소등기 신청에는 주무관청의 허가를 증명하는 서면을 첨부할 필요가 없다. (×)

[14 법무사]

4 공익법인 아닌 재단법인이 기본재산인 부동산에 관하여 지상권설정등기를 신청할 때에는 주무관청의 허가를 증명하는 서면을 첨부할 필요가 있다. (×)

[18 법무사]

---

(6) 공익법인의 기본재산 처분시 주무관청의 허가

1) 서설

가. 의의

(가) **공익법인**이란 재단법인 또는 사단법인으로서 사회 일반의 이익에 이바지하기 위하여 학자금, 장학금 또는 연구비의 보조나 지급, 학술, 자선에 관한 사업을 목적으로 하는 법인을 말한다. 사단법인과 재단법인 중 일정한 목적을 가진 법인이 공익법인으로서, 공익법인은 민법의 특별법인 공익법인법의 규율을 받는다.

공익법인의 등기신청과 관련해서는 민법상 법인과 공익법인을 어떻게 구별할 것인가의 문제가 있다. 이는 결국 등기관이 법인의 목적을 기준으로 개별적으로 판단하여야 할 것이다. 참고로 공익법인의 사업목적을 보면 다음과 같다(위 법률 시행령 제2조 제1항).

가) 학자금·장학금 기타 명칭에 관계없이 학생 등의 장학을 목적으로 금전을 지급하거나 지원하는 사업·금전에 갈음한 물건·용역 또는 시설을 설치·운영 또는 제공하거나 지원하는 사업을 포함

나) 연구비·연구조성비·장려금 기타 명칭에 관계없이 학문·과학기술의 연구·조사·개발·보급을 목적으로 금전을 지급하거나 지원하는 사업·금전에 갈음한 물건·용역 또는 시설을 제공하는 사업을 포함

다) 학문 또는 과학기술의 연구·조사·개발·보급을 목적으로 하는 사업 및 이들 사업을 지원하는 도서관·박물관·과학관 기타 이와 유사한 시설을 설치·운영하는 사업

라) 불행·재해 기타 사정으로 자활할 수 없는 자를 돕기 위한 모든 자선사업

마) 가) 내지 라)에 해당하는 사업의 유공자에 대한 시상을 행하는 사업

(나) 주의할 것은 **공익법인**은 그 공익성의 유지를 위하여 기본재산의 관리에 있어 민법보다 더 엄격한 제한을 두고 있다는 점이다. 즉 **민법상 재단법인**은 기본재산의 소

유권을 양도하는 경우에만 주무관청의 허가를 받도록 되어 있으나, **공익법인의 재산에 대한 처분**에는 소유권양도 및 담보제공과 용도변경까지 포함되므로 그 제한의 범위가 넓다.

(다) 또한 민법상 사단법인의 처분행위에 대하여는 허가서가 요구되지 않으나, 사단법인인 공익법인의 경우에는 주무관청의 허가서를 첨부하여야 한다.

나. 요건

다. 적용범위

(가) 주체(공익법인)

공익법인에 해당하는 사단법인과 재단법인 모두 적용이 있다. 민법상 재단법인에 대한 주무관청의 허가규정은 사단법인에는 적용되지 않는 점과 구별한다.

(나) 객체(기본재산)

이 법의 적용을 받기 위해서는 공익법인의 기본재산에 대한 처분이 있어야 한다. 즉 당해 부동산이 공익법인의 기본재산이 아님을 소명하는 경우에는 위 허가를 증명하는 서면을 첨부할 필요가 없다.

(다) 행위

가) 처분행위

공익법인도 마찬가지로 부동산을 취득하는 경우에는 주무관청의 허가를 받을 필요가 없다.

나) 소유권과 제한물권 및 임차권설정에 관한 처분행위

공익법인의 설립·운영에 관한 법률 제2조 및 같은 법 시행령 제2조에 해당하는 사단법인과 재단법인 소유 명의의 부동산에 관하여는 제2항의 규정에 의한 매매, 증여, 교환, 신탁해지, 공유물분할, 그 밖의 처분행위를 원인으로 한 **소유권이전등기신청** 이외에 **근저당권 등의 제한물권 또는 임차권의 설정등기**를 신청함에 있어서도 그 등기신청서에 **주무관청의 허가**를 증명하는 서면을 첨부하여야 한다(예규 886). [20 법원사무관 / 14 법무사·등기서기보]

공익법인이 기본재산을 처분할 때는 등기원인을 증명하는 서면이 소유권이전등기절차를 이행하라는 확정판결이라고 할지라도 주무관청이 발급한 허가서를 첨부하여 등기신청을 하여야 한다(선례 201205-5).

2) 제공여부

3) 제공절차

재단법인이 그 기본재산 처분에 대하여 주무관청의 보고사항으로 하는 정관변경을 하였고 주무관청이 그러한 정관변경을 허가하였더라도 그 재단법인이 공익법인인 경우에는 기본재산의 처분에 대한 주무관청의 허가서를, 공익법인이 아닌 재단법인인 경우에는 기본재산이 정관기재사항이어서 기본재산의 처분은 필연적으로 정관의 변경을 초래하고 정관의 변경은 주무관청의 허가를 받아야 그 효력이 있으므로 기본재산의 변동으로 인한 정관변경에 대한 주무관청의 허가서를 각 첨부하여 등기신청을 하여야 한다(선례 8-19). [20 법원사무관 / 14 법무사·등기서기보] 즉 재단법인이 공익법인이라면 기본재산의 매도 등을 이유로 처분하기 위해서는 처분에 대한 주무관청의 허가서만 첨부하면 족하지 이와 별도로 정관변경에 대한 허가서를 첨부할 필요는 없다.

4) 제공하지 못한 경우

공익법인의 기본재산을 처분하여 소유권이전등기 또는 담보권설정등기 등을 신청하면서 주무관청의 허가를 증명하는 정보의 첨부 없이 등기를 신청한 경우 그 등기신청은 법 제29조 제9호(등기에 필요한 첨부정보를 제공하지 아니한 경우)에 의하여 각하하여야 한다. 그러나 법 제29조 제2호의 사건이 등기할 것이 아닌 경우에 해당하지는 않으므로 등기관이 직권으로 말소할 수는 없다(법 제58조).

(7) 학교법인의 수익용 부동산 처분 시 관할청의 허가

1) 서설

가. 의의

사립학교를 운영하는 주체에는 "학교법인"과 "사립학교경영자"가 있다. 학교법인은 사립학교만을 설치·경영함을 목적으로 사립학교법에 의하여 설립되는 법인을 말하며, 사립학교경영자란 유아교육법, 초·중등교육법 및 고등교육법과 사립학교법에 의하여 사립학교를 설치·경영하는 공공단체 외의 법인(학교법인을 제외한다) 또는 사인을 말한다(「사립학교법」제2조 제2항, 제3항).

학교법인이 그 기본재산을 매도·증여·교환 또는 용도변경하거나 담보에 제공하고자 할 때 또는 의무의 부담이나 권리의 포기를 하고자 할 때에는 관할청의 허가를 받아야 한다.

구체적으로, 학교법인의 교육용 기본재산은 관할청의 허가 여부와 관계없이 처분행위가 금지되지만 수익용 기본재산은 관할청의 허가를 받은 경우에는 처분행위가 인정된다. 기본재산이 아닌 보통재산은 관할청의 허가를 받지 아니하고도 처분이 가능하다.

이 규정 중 학교교육에 직접 사용되는 재산(교육용 기본재산)에 관한 규정은 사립학교경영자에게 준용된다(「사립학교법」제51조, 제28조 제2항).

나. 요건

다. 적용범위

(가) 주체(학교법인)

(나) 객체

사립학교법 시행령 제5조 제1항 제1호의 규정에 의하면 학교법인이 소유하는 부동산은 당연히 학교법인의 기본재산이 된다(대판 1994.12.22, 94다12005).

이러한 학교법인의 기본재산에는 교육용 기본재산과 수익용 기본재산이 있다(「사립학교법 시행령」 제4조 제2항).

가) 교육용 기본재산

학교교육에 직접 사용되는 재산이란 교지, 교사(강당을 포함한다), 체육장(실
내체육장을 포함한다), 실습 및 연구시설, 그 밖에 교육에 직접 사용되는 시설
·설비 및 교재·교구를 의미한다(「사립학교법 시행령」 제12조).

학교교육에 직접 사용되는 재산은 관할청의 허가 여부를 묻지 않고 매도 또는
담보의 대상이 될 수 없다. 위 학교법인의 임의처분뿐만 아니라 강제경매절차
에 의한 매도도 금지된다. [22 등기서기보 / 19 법무사 / 17 등기주사보 / 15 법무사]

나) 수익용 기본재산

학교법인의 수익용 기본재산은 일정한 경우에 관할청의 허가를 받은 경우에는
처분할 수 있다. 아래에서는 수익용 기본재산임을 전제로 설명하도록 한다.

(다) 행위(수익용 기본재산을 전제로)

가) 처분행위

기본재산의 매도 등에 대한 제한은 학교법인 소유 부동산의 처분에 대한 것이
므로 학교법인이 매매·증여·유증이나 그 밖의 원인으로 부동산을 취득하는
경우에는 이와 같은 제한이 없다. 즉 학교법인이 매매, 증여, 유증, 그 밖의
원인으로 부동산을 취득하고 학교법인 명의로 소유권이전등기를 신청하는 경
우에는 그 등기신청서에 관할청의 허가를 증명하는 서면을 첨부할 필요가 없
다(예규 1255). [21 등기서기보 / 13 법무사]

나) 소유권과 제한물권 및 임차권설정에 관한 처분행위

학교법인이 그 기본재산을 매도·증여·교환 또는 용도변경하거나 담보에 제
공하고자 할 때 또는 의무의 부담이나 권리의 포기를 하고자 할 때에는 관할청
의 허가를 받아야 한다. 다만 대통령령이 정하는 경미한 사항은 이를 관할청에
신고하여야 한다(「사립학교법」 제28조 제1항, 동법 시행령 제11조 제5항).
따라서 학교법인이 그 소유 명의의 부동산에 관하여 매매, 증여, 교환, 그 밖
의 처분행위를 원인으로 한 소유권이전등기를 신청하거나 근저당권 등의 제한
물권 또는 임차권의 설정등기를 신청하는 경우에는 그 등기신청서에 관할청의
허가를 증명하는 서면을 첨부하여야 한다. 다만 사립학교법 시행령 제11조 제
5항 제1호부터 제3호, 제6호, 제7호의 신고사항에 해당하는 경우에는 이를 소
명할 수 있는 서면(관할청의 신고수리공문 등)을 첨부하여야 한다(예규 1255).
[22 법무사(2) / 21 등기서기보 / 16 법무사 / 13 법무사]

학교법인에게 신탁한 부동산이라 하더라도 그것이 기본재산이 된 이상 신탁해
지로 인한 소유권이전등기를 신청하는 경우에는 관할청의 허가를 증명하는 서
면을 첨부하여야 한다. [23 법무사 / 19 법무사·등기주사보 / 16 법무사 /15 법무사 / 13 법무사] 마찬가
지로 학교법인의 기본재산인 토지에 관하여 명의신탁해지를 원인으로 한 소유

권이전등기 승소판결을 받아 소유권이전등기를 신청하는 경우에도 관할청의 허가를 받아야 한다(선례 5-64).

공유물분할은 공유자 상호 간에 공유지분의 매매 또는 교환의 실질을 가지는 것이므로, 학교법인이 공유자 중 1인인 부동산에 관하여 공유물분할을 원인으로 하는 공유지분이전등기를 신청하는 경우에도 관할청의 허가를 증명하는 서면을 첨부하여야 하는 바, 학교법인이 **공유물분할**에 의하여 **종전의 공유지분보다 더 많은 공유지분을 취득하게 되는 경우에도 관할청의 허가를 받아야 한다**(선례 6-48). [21 법무사 / 19 등기주사보 / 18 법원사무관 / 16 법무사 / 13 법무사]

물권변동의 효력을 발생시키지 않는 소유권이전청구권 보전의 가등기신청의 경우 관할청의 허가를 증명하는 서면을 첨부할 필요가 **없다**(예규 1255). [19 등기주사보 / 16 법무사]

다) 소유명의인인 학교법인의 자유의사에 기한 처분행위

학교법인이 ① **시효취득**을 원인으로 소유권이전등기를 신청하는 경우, ② **진정명의회복**을 원인으로 한 소유권이전등기를 신청하는 경우, ③ **경매**(매각)를 원인으로 한 소유권이전등기촉탁, ④ 학교법인 소유 명의의 부동산에 관하여 **계약의 취소**[19 등기주사보] 또는 **해제**(단 합의해제의 경우는 제외)를 원인으로 한 소유권이전등기말소의 경우에는 관할청의 허가를 증명하는 서면을 첨부할 필요가 **없다**(예규 1255).

다만 합의해제를 원인으로 말소등기를 해주는 것은 **학교법인의 자유의사로 재산을 처분하는 것에 해당하므로 관할청의 허가를 받아야 한다.** [16 법무사]

이러한 허가는 받으면 그 허가의 효력은 계속하여 인정되므로 기본재산에 대하여 담보로 제공할 당시에 관할청의 허가를 받았을 때에는 저당권의 실행으로 매각이 될 때 관할청의 허가를 증명하는 서면을 제출할 필요가 **없다**(예규 1255). [19 법무사 / 15 법무사]

2) 제공여부

3) 제공절차

4) 제공하지 못한 경우

학교법인의 수익용 재산을 처분하여 소유권이전등기 또는 담보권설정등기 등을 신청하면서 관할청의 허가를 증명하는 정보의 첨부 없이 등기를 신청한 경우 그 등기신청은 법 제29조 제9호(등기에 필요한 첨부정보를 제공하지 아니한 경우)에 의하여 각하하여야 한다. 그러나 법 제29조 제2호의 사건이 등기할 것이 아닌 경우에 해당하지는 않으므로 등기관이 직권으로 말소할 수는 없다(법 제58조).

관련 기출지문

1 학교교육에 직접 사용되는 교지, 교사, 체육장, 실습 또는 연구시설 등은 관할청의 허가를 받아 담보로 제공할 수 있다. (×)

[22 등기서기보]

2 학교법인 소유 명의의 부동산에 관하여 소유권이전청구권보전의 가등기를 신청하는 경우에는 관할청의 허가를 증명하는 정보를 첨부정보로서 제공하여야 한다. (×)　　[19 등기주사보]

3 학교법인이 공유자 중 1인인 부동산에 관하여 공유물분할을 원인으로 하는 공유지분이전등기를 신청하는 경우에 관할청의 허가를 증명하는 서면을 첨부하여야 하지만, 학교법인이 공유물분할에 의하여 종전의 공유지분보다 더 많이 취득하는 경우에는 관할청의 허가가 필요 없다. (×)　　[18 법원사무관]

4 학교법인에게 신탁한 부동산은 그것이 학교법인의 기본재산이 되었을지라도 위탁자의 신탁해지로 인한 소유권이전등기를 신청하는 경우에 관할청의 허가를 증명하는 서면을 첨부정보로 제공할 필요가 없다. (×)　　[15 법무사]

5 학교법인에게 신탁한 부동산에 대하여 그 신탁해지로 인한 소유권이전등기를 신청하는 경우에는 관할청의 허가를 증명하는 서면을 첨부정보로 제공할 필요가 없다. (×)　　[13 법무사]

6 학교법인의 기본재산에 대하여 담보로 제공할 당시에 관할청의 허가를 받았더라도 저당권의 실행으로 매각이 될 때에는 다시 관할청의 허가를 받아야 한다. (×)　　[19 법무사 / 15 법무사]

(8) 사립학교 경영자의 경우(유치원)

1) 서설

가. 의의

앞서 본 바와 같이 학교법인의 교육용 기본재산은 관할청의 허가 여부와 관계없이 처분행위가 금지되지만 수익용 기본재산은 관할청의 허가를 받은 경우에는 처분행위가 인정된다. 기본재산이 아닌 보통재산은 관할청의 허가를 받지 아니하고도 처분이 가능하다. 이 규정 중 학교교육에 직접 사용되는 재산(교육용 기본재산)에 관한 규정은 사립학교경영자에게 준용된다(「사립학교법」 제51조, 제28조 제2항).

따라서 사립학교(특수학교, 유치원 등 포함)의 기본재산에 편입되어 학교교육에 직접 사용되는 부동산(교지, 교사, 강당을 포함한다), 체육장(실내체육장을 포함한다), 실습 및 연구시설(그 밖에 교육에 직접 사용되는 시설·설비 및 교재·교구)은 그것이 학교법인이 아닌 사립학교경영자 개인 소유라 하더라도 이를 매도하거나 담보에 제공할 수 없다(「사립학교법」 제51조, 제28조 제2항). [21 등기서기보·법무사 / 20 법원사무관 / 14 등기서기보 / 13 법무사] 또한 강제집행대상(예 가압류 등)도 될 수 없다. [23 등기서기보 / 19 법무사 / 17 등기주사보 / 15 법무사] 이 규정의 취지는 매매로 인한 소유권이전 가능성을 전부 배제하는 것이므로 강제집행도 허용되지 않는다.

다만 영유아보육시설은 교육법 제81조의 교육기관이 아니므로, 유치원 및 영유아보육시설용 건물의 소유자가 영유아보육법에 의하여 민간 보육시설로 인가받아 그 소유건물 전부를 보육시설로 운영 중인 자는 사립학교법 제2조 제3항 소정의 사립학교 경영자에 해당되지 않으므로, 그 소유건물에 대하여는 매매 또는 담보제공 등 처분행위를 할 수 있을 것이다(선례 5-433). [21 법무사 / 9 법무사]

나. 요건

다. 적용범위

유치원도 학교이므로(「사립학교법」 제2조 제1항, 「유아교육법」 제2조 제2호) 사립학교경영자(주로 법인이 아닌 개인이 문제될 것이다. 「사립학교법」 제2조 제3항 참조)가 소유하는 유치원을 폐원하지 않는 한 유치원으로 사용하고 있는 건물 및 토지를 타인에게 매도하거나 담보로 제공할 수 없다(선례 5-68).

다만 유치원 건물(토지)의 소유자와 유치원 경영자가 서로 다른 경우에는 처분행위에 제한이 없다. 즉 매도나 담보에 제공할 수 있다. 예규에 따르면 등기신청서에 첨부된 토지대장 또는 건축물대장 등에 의하여 당해 부동산이 학교교육에 직접 사용되는 부동산임을 알 수 있는 경우(공부상 등기의 목적물인 건물의 용도가 유치원으로 되어 있는 경우 등)에는 그 소유자가 사립학교법상 사립학교경영자가 아닌 때에 한하여 그 부동산의 처분으로 인한 소유권이전등기신청 또는 저당권설정등기신청 등을 수리하여야 한다(예규 1255). 아래에서는 소유자와 유치원(사립학교)경영자가 일치하는지 여부에 대해서 집중적으로 살펴보도록 한다.

(가) 건축물관리대장 및 등기부에 용도가 '유치원'이라고 등록 및 등기된 건물의 소유자가 사립학교법 제2조 제3항 소정의 **사립학교 경영자가 아니라면** 그 소유명의인은 건물을 매도하고 이에 따른 소유권이전등기의 신청을 하거나(선례 2-299), 담보에 제공할 수 있다. [19 법무사 / 17 등기주사보 / 15 법무사]

(나) 사인 소유인 토지 및 건물의 등기부상 지목 및 용도가 각 학교용지와 유치원으로 등기되어 있더라도 그 **소유자가 아직 유치원설립인가신청을 하지 않은 상태라면**, 그 부동산의 소유자는 사립학교경영자라고 볼 수 없을 것이므로, 그 소유명의인은 그 부동산을 매도하거나 담보에 제공할 수 있을 것이다. [18 등기주사보] 다만 그러한 등기신청서에는 그 소유명의인이 사립학교경영자가 아니라는 사실을 증명하는 서면을 첨부하여야 할 것이다(선례 5-82).

(다) 유치원 건물 및 토지의 소유자인 갑이 본인 명의로 유치원 설립인가를 받아 경영하다가, 관할관청으로부터 을 명의로 **유치원 설립자 변경인가를 받아 자신은 폐업**한 뒤, 을이 위 건물을 갑으로부터 임차하여 유치원을 경영해 온 경우, 현재 갑은 사립학교경영자가 아니므로 유치원 건물 및 토지에 대하여 근저당권설정등기를 신청할 수 있다(선례 7-45). [18 등기주사보]

(라) 유치원건물의 소유자는 갑이고 유치원 경영자는 그의 남편 을로서 건물의 소유자와 유치원의 경영자가 서로 다른 경우 유치원건물의 소유자 갑은 사립학교법 제2조 제3항 소정의 사립학교 경영자가 아니므로 그 유치원을 경영하기 위하여 감독관청으로부터 유치원설립자변경인가를 받고 그 건물을 매수한 병에게 소유권이전등기를 경료시켜 줄 수 있는 것이나, 소유권이전을 받은 병은 같은 법조항 소정의 사립학교 경영자라고 보아야 할 것이므로 그 건물에 대하여 소유권이전청구권가등기나 담보가등기를 제3자에게 경료시켜 줄 수 없다(선례 4-104).

(마) 사립학교인 유치원의 건물 및 토지를 매도하여 그에 대한 소유권이전등기를 신청하는 경우에는 그 소유자는 **사립학교경영자가 아니라는 사실을 소명하는 서면을** 제출하여야 하는바, 관할 교육장이 발행한 유치원의 "폐쇄 인가서"뿐만 아니라 소유권이전등기를 인가조건으로 한 "설립자 변경 인가서"도 그러한 서면에 해당할 수 있으나, 관할 세무서장 발행의 "폐업사실증명서"는 그에 해당되지 않는다(선례 8-74). [18 등기주사보]

(바) 등기부에 건물의 용도가 유치원으로 기재되어 있으나, 건물의 소유자가 아직 <u>유치원 설립인가를 받지 않은 상태</u>에서 건물에 대한 근저당권설정등기가 이루어지고, 그 후에 건물의 소유자가 유치원 설립인가를 받은 경우, 위 근저당권의 실행으로 당해 건물이 경락되었다면 그 경락에 따른 소유권이전등기는 관할청의 허가 여부와 상관없이 할 수 있다(선례 7-46). [18 등기주사보]

2) 사립학교경영자가 유치원 건물에 대하여 증여를 원인으로 한 소유권이전등기를 신청하는 경우의 첨부정보

「사립학교법」제51조, 제28조 제2항 및 같은 법 시행령 제12조 제1항에 따르면 사립학교경영자 소유의 재산 중 교지, 교사, 체육장 등 학교 교육에 직접 사용되는 재산은 매도, 증여하거나 담보로 제공할 수 없으나, 사립학교경영자가 위와 같은 재산을 일반인에게 처분하는 것이 아니라 다른 학교법인이나 사립학교경영자에게 학교의 운영권과 함께 처분하는 것은 위 규정에 의해 금지되지 아니하므로 사립유치원의 경영자가 다른 경영자에게 유치원 운영권을 양도하면서 그와 병행하여 유치원의 건물 및 그 대지를 증여하여 그에 대한 소유권이전등기를 신청할 때에는 등기권리자가 해당 유치원의 새로운 경영자가 되었음을 소명하는 자료로서 「유아교육법」제8조 제4항에 따른 설립자변경인가서(소유권이전등기를 조건으로 하는 인가를 포함함)를 제공하여야 한다.

이와 달리 유치원의 경영자가 유치원의 폐쇄인가를 받고 위 부동산을 증여하는 경우라면 증여자는 더 이상 사립학교경영자에 해당하지 아니하므로, 「유아교육법」제8조 제4항에 따른 폐쇄인가서를 제출하여 유치원의 건물 및 그 대지에 대한 소유권이전등기를 신청할 수 있다(선례 201804-2).

관련 기출지문

1 영유아보육시설(어린이집 등)도 교육기관이므로, 영유아보육법에 의하여 민간 보육시설로 인가받아 그 소유건물 전부를 보육시설로 운영 중인 자는 사립학교법 제2조 제3항 소정의 사립학교 경영자에 해당되어 그 소유건물에 대하여는 매매 또는 담보제공 등 처분행위를 할 수 없다. (×)　　　　　　　　　[21 법무사]

2 영유아보육시설도 일종의 교육기관이므로, 사인 소유의 영유아보육시설용 건물에 대해서는 저당권을 설정할 수 없다. (×)　　　　　　　　　[9 법무사]

3 사립학교경영자가 사립학교의 교지, 교사로 사용하기 위하여 출연시킨 부동산이 등기기록상 학교경영자 개인 명의로 있는 경우에는 강제집행의 대상이 된다. (×)　　　　　　　　　[17 등기주사보 / 15 법무사]

4 사립학교경영자가 사립학교의 교지, 교사로 사용하기 위하여 출연·편입시킨 토지나 건물이 등기기록상 경영자 개인 명의로 있는 경우에는 그 부동산에 대하여 장래의 강제집행을 보전하기 위하여 가압류를 할 수 있다. (×) [23 등기서기보]

5 사립학교의 기본재산에 편입되어 학교교육에 직접 사용되는 부동산은 그것이 학교법인이 아닌 사립학교 경영자 개인 소유라면 이를 매도하거나 담보에 제공할 수 있다. (×) [21 등기서기보 / 20 법원사무관 / 14 등기서기보]

6 건축물대장 및 등기기록에 용도가 '유치원'이라고 등록 및 등기된 건물이라면 그 소유자가 '사립학교법'의 사립학교경영자가 아니더라도 그 소유명의인은 그 건물을 매도하거나 담보에 제공할 수 없다. (×) [17 등기주사보]

7 건축물대장 및 등기기록에 용도가 '유치원'이라고 등록 및 등기된 건물은 그 소유자가 사립학교법 제2조 제3항 소정의 사립학교 경영자가 아니더라도 관할청의 허가가 있어야만 매도하거나 담보에 제공할 수 있다. (×) [15 법무사]

8 사립학교인 유치원의 건물 및 토지를 매도하여 그에 대한 소유권이전등기를 신청하는 경우에는 그 소유자는 사립학교경영자가 아니라는 사실을 소명하는 정보를 제공하여야 하는 바, 관할 세무서장 발행의 '폐업사실증명서'는 그러한 정보에 해당한다. (×) [18 등기주사보]

(9) 기타

1) 의료법상의 시·도지사의 허가

의료법인을 설립하려는 자는 대통령령으로 정하는 바에 따라 정관과 그 밖의 서류를 갖추어 그 법인의 주된 사무소의 소재지를 관할하는 시·도지사의 허가를 받아야 하고, 의료법인이 재산을 처분하거나 정관을 변경하려면 시·도지사의 허가를 받아야 한다(「의료법」 제48조 제1항, 제3항). [23 등기서기보 / 18 등기주사보]

2) 사회복지법인의 기본재산 매도 등에 대한 시·도지사의 허가

사회복지법인은 기본재산에 관하여 매도·증여·교환·임대·담보제공 또는 용도변경을 하려는 경우, 보건복지부령으로 정하는 금액 이상을 1년 이상 장기차입하려는 경우에는 시·도지사의 허가를 받아야 한다. 다만 보건복지부령으로 정하는 사항에 대하여는 그러하지 아니하다.

3) 향교재산에 속하는 부동산의 처분에 대한 시·도지사의 허가

향교재산이란 향교(鄕校)를 유지하고 운영하기 위하여 조성된 동산(動産)과 부동산, 그 밖의 재산을 말한다(「향교재산법」 제2조). 관할 구역에 있는 향교재산의 관리와 운영을 위하여 특별시·광역시·도 및 특별자치도(이하 "시·도"라 한다)마다 재단법인을 설립한다(동법 제3조).

향교재단은 향교재산 중 동산이나 부동산을 처분하거나 담보로 제공하려는 경우 등에는 대통령령으로 정하는 바에 따라 특별시장·광역시장·도지사 또는 특별자치도지사(이하 "시·도지사"라 한다)의 허가를 받아야 한다. [17 법무사 / 9 법무사]

4) 전통사찰의 부동산 처분에 대한 문화체육관광부장관 또는 시·도지사의 허가

전통사찰보존지 및 전통사찰보존지에 있는 건물(이하 '전통사찰보존지 등'이라 한다)에 대한 처분행위를 원인으로 한 등기신청을 하는 경우에 규칙 제46조 제1항 제2호의 규정에 따라 등기소에 제공하여야 하는 첨부정보는 다음과 같다.

가. 전통사찰 소유의 전통사찰보존지 등을 매매, 증여, 그 밖의 원인으로 양도하여 소유권 이전등기를 신청하는 경우에는 법 제9조 제1항에 따른 **문화체육관광부장관의 허가**를 증명하는 정보 [23 등기서기보 / 20 법무사 / 19 등기주사보 / 17 법무사]

다만 **시효취득**[19 등기주사보]을 원인으로 한 소유권이전등기를 신청하거나 민사집행법에 따른 **매각**[23 법무사 / 19 등기주사보 / 16 등기서기보]을 원인으로 한 소유권이전등기를 촉탁하는 경우에는 등기소에 제공할 필요가 **없다.**

나. 전통사찰 소유의 전통사찰보존지 등에 **제한물권(⊕ 근저당권 등) 또는 임차권**의 설정등기를 신청하는 경우에는 법 제9조 제2항에 따른 **시·도지사의 허가**를 증명하는 정보 [20 법무사 / 16 등기서기보 / 9 법무사]

5) 상속재산관리인의 재산처분에 대한 법원의 허가

상속인의 존부가 분명하지 아니하여 법원에 의해서 선임된 상속재산관리인이 피상속인 명의의 부동산을 처분하기 위해서는 법원의 허가를 얻어야 하므로, 피상속인 명의의 부동산에 대하여 매매 등을 원인으로 소유권이전등기를 신청할 때는 법원의 허가가 있음을 증명하는 정보를 첨부정보로서 제공하여야 한다(선례 201905-1).

6) 부재자 재산관리인의 재산처분에 대한 법원의 허가

법원이 선임한 부재자의 재산관리인이 민법 제118조에 규정한 권한(보존행위 및 이용·개량행위)을 넘는 행위를 함에는 법원의 허가를 받아야 한다. 부재자의 생사가 분명하지 않은 경우에 부재자가 정한 재산관리인이 권한을 넘는 행위를 할 때에도 같다(「민법」 제25조). 따라서 부재자의 생사가 분명하지 아니한 경우에 부재자의 재산관리인이 부재자의 대리인으로서 부동산의 처분에 관한 등기신청을 할 경우 법원의 허가서를 첨부하여야 한다. [17 법무사]

7) 북한이탈주민의 주거지원에 따라 취득한 부동산의 처분행위에 대한 통일부장관의 허가

통일부장관은 보호대상자(북한이탈주민)에게 대통령령으로 정하는 바에 따라 주거지원을 할 수 있다(「북한이탈주민의 보호 및 정착지원에 관한 법률」 제20조 제1항).

주거지원을 받는 보호대상자는 그 주민등록 전입신고를 한 날부터 2년간 통일부장관의 허가를 받지 아니하고는 임대차계약을 해지하거나 그 주거지원에 따라 취득하게 된 소유권, 전세권 또는 임차권(이하 "소유권 등"이라 한다)을 양도하거나 저당권을 설정할 수 없다(동법 제20조 제2항).

따라서 「북한이탈주민의 보호 및 정착지원에 관한 법률」에 의한 주거지원을 받는 보호대상자가 그 주민등록전입신고일부터 2년 이내에 그 주거지원에 따라 취득한 부동산의 소유권,

전세권 또는 임차권을 양도하거나 저당권을 설정하는 경우의 통일부장관의 허가를 증명하는 정보를 제공하여야 한다(예규 1638).

8) 주식회사와 이사 간의 거래에 대한 이사회의 허가

주식회사의 특수관계인(이사, 주요주주 및 그 배우자 및 직계존비속 등)에 해당하는 자가 자기 또는 제3자의 계산으로 회사와 거래를 하기 위하여는 미리 이사회에서 해당 거래에 관한 중요사실을 밝히고 이사회의 승인을 받아야 한다. 이 경우 이사회의 승인은 이사 3분의 2 이상의 수로써 하여야 하고, 그 거래의 내용과 절차는 공정하여야 한다(「상법」 제398조). 그러나 형식적 심사권밖에 없는 등기관으로서는 이사와 회사 간의 거래가 위 「상법」 제398조에 해당하는지 여부를 판단할 수 없으므로 부동산등기를 신청함에 있어 「상법」 제398조가 적용되는 이사 등과 회사 간의 거래라고 하더라도 "이사회의 승인을 증명하는 정보"를 첨부정보로서 등기소에 제공할 필요가 없다(예규 1444호). [22 등기서기보]

관련 기출지문

1 의료법인이 매매, 증여, 유증 그 밖의 원인으로 한 부동산을 취득하는 경우에는 시·도지사의 허가를 받아야 한다. (×)
[23 등기서기보]

Ⅱ. 등기의무자와 관련된 정보

1. 등기필정보

법 제50조(등기필정보)
① 등기관이 새로운 권리에 관한 등기를 마쳤을 때에는 **등기필정보**를 작성하여 **등기권리자에게** 통지하여야 한다. 다만 다음 각 호의 어느 하나에 해당하는 경우에는 그러하지 아니하다.
  1. 등기권리자가 등기필정보의 통지를 원하지 아니하는 경우
  2. 국가 또는 지방자치단체가 등기권리자인 경우
  3. 제1호 및 제2호에서 규정한 경우 외에 대법원규칙으로 정하는 경우
② 등기권리자와 등기의무자가 공동으로 권리에 관한 등기를 신청하는 경우에 신청인은 그 신청정보와 함께 제1항에 따라 통지받은 **등기의무자의 등기필정보**를 등기소에 제공하여야 한다. 승소한 등기의무자가 단독으로 권리에 관한 등기를 신청하는 경우에도 또한 같다.

---

(1) 일반론

1) 의의

등기필정보는 등기부에 새로운 권리자가 기록되는 경우에 그 권리자를 확인하기 위하여 등기관이 작성한 정보를 말한다(법 제2조 제4호). [17 법무사] 등기필정보는 영문 또는 아라비아숫자 12개를 조합한 일련번호와 50개의 비밀번호로 구성된다(규칙 제106조 제1항, 예규 1716).
[21 등기서기보]

등기관이 새로운 권리에 관한 등기를 마쳤을 때에는 **등기필정보**를 작성하여 **등기권리자**에게 통지하여야 하며(법 제50조 제1항), 새로운 권리에 관한 등기의 등기권리자는 나중에 등기의무자로서 권리에 관한 등기를 신청하는 경우 전에 통지받은 **등기필정보**를 제공하여야 한다(법 제50조 제2항).

등기필정보의 통지는 등기필정보를 기록한 서면(등기필정보통지서)을 **1회에 한하여 교부한다.** [24 법무사 / 15 등기서기보] 즉 등기필증(현행 등기필정보)은 특별한 사정이 없는 한 등기의무자가 소지하고 **어떠한 사유로도 재교부하지 않았기 때문**(선례 2-158)에 등기필증(현행 등기필정보)을 소지하고 있다는 사실은 등기의무자로서 등기신청을 하는 사람이 등기기록상의 **등기의무자 본인임이 틀림없다는 사실을 증명하는 데 중요한 자료가 된다**(대판 1990.1.12, 89다카14363 참조). 따라서 등기필증(현행 등기필정보)을 제출하도록 하는 것은 해당 등기로 인하여 기존의 권리를 잃게 되는 신청인이 진정한 등기의무자인지 여부를 등기관이 확인할 수 있게 함으로써 허위의 등기를 예방하고 등기의 진정을 확보하는 데 있다(대판 2012.9.13, 2012다47098).

본인을 확인하여 진정성을 담보하려는 등기필정보제도의 취지상 누구든지 부실등기를 하도록 등기의 신청이나 촉탁에 제공할 목적으로 등기필정보를 취득하거나 그 사정을 알면서 등기필정보를 제공하여서는 아니 된다(법 제110조 제3항). [17 등기주사보]

2) 등기필정보와 등기필증과의 관계

등기필정보는 구법의 등기필증을 갈음하는 것이다(구법 제177조의9 참조).

구법의 등기필증은 등기관이 등기를 마쳤을 때 **등기원인을 증명하는 서면** 또는 신청서의 부본에 신청서의 접수연월일, 접수번호, 순위번호와 **등기완료의 뜻**을 적고 **등기소인을 찍어** 등기권리자에게 발급한 것을 말한다(구법 제67조 제1항).

등기필정보와 등기필증 모두 등기의무자인 등기신청인이 등기기록상의 등기명의인인 등기의무자와 동일인인지 여부를 확인할 수 있도록 하는 기능을 갖는다.

종전에 등기필증을 발급받은 자는 등기필정보의 제공을 갈음하여 그 등기필증을 신청서에 첨부할 수 있다(개정법 부칙 제2조). 따라서 개정 부동산등기법 시행 전에 권리취득의 등기를 한 후 등기필증을 교부받은 경우, 현재 등기의무자가 되어 등기신청을 할 때 등기필정보의 제공에 갈음하여 당시에 교부받은 등기필증을 첨부할 수 있다. [21 법무사 · 법원사무관 · 등기서기보] 하나의 등기에 있어서 등기필증과 등기필정보를 함께 발급하거나 통지한 경우는 없으므로 두 가지를 함께 제공할 수도 없고 그럴 필요도 없다(「부동산등기실무Ⅰ」p.253 참조). [24 법무사]

즉 등기필증을 발급받은 자는 등기필증을 제출하고, 등기필정보를 통지받은 자는 등기필정보를 제공(신청서에 기재하는 방법으로)하면 되는 것이다.

현행 등기필정보의 통지를 1회에 한하여 교부하는 것처럼 구법의 등기필증도 1회에 한하여 교부하였고, 재교부는 불가하였다. 「부동산등기법」에 등기권리자에게 교부된 등기필증을 추가로 정정하는 제도가 마련되어 있지 않을 뿐만 아니라 사실상 이와 같은 추가정정은 등기필증의 재발급에 준하는 것이므로, 일단 등기권리자에게 등기필증이 교부된 이후에는 재교부뿐만 아니라 추가로 정정하는 것도 허용될 수 없다(선례 제202408-2호).

3) 서술 과정

등기필정보를 제공할 수 있으려면 사전에 등기의무자가 등기필정보를 사전에 받은 적이 있어야 하는바, 먼저 등기필정보의 작성·통지에 대해서 검토하도록 한다.

(2) 등기권리자 등에 대한 등기필정보의 작성·통지

1) 서설

가. 의의

등기관이 새로운 권리에 관한 등기를 마쳤을 때에는 등기필정보를 작성하여 등기권리자에게 통지하여야 한다(법 제50조 제1항). 등기권자에게 등기필정보를 주어 나중에 등기의무자로서 등기를 신청할 때에 제출하게 하여 본인임을 확인하고 진정성을 담보하기 위한 제도이다.

나. 요건

다. 적용범위

(가) '권리'에 관한 등기

등기필정보는 권리에 관한 등기를 마쳤을 때 작성·통지하여야 한다. 법 제50조의 '등기권리자'는 공동신청 시의 등기의무자(법 제23조 제1항)에 대비되는 개념이 아니라 등기부에 기록되는 새로운 권리자라는 의미이므로 신청에 따른 소유권보존등기의 경우에도 등기필정보를 작성·통지하여야 한다.

표시에 관한 등기는 권리에 관한 것이 아니므로 이에 따른 등기를 마쳤을 때에는 등기필정보를 작성·통지하지 않는다. 즉 부동산표시의 변경·경정등기 또는 등기명의인표시의 변경·경정등기[12 법무사]에는 등기필정보를 작성·통지할 필요가 없다.

(나) '새로운' 권리에 관한 등기

가) 등기관이 등기권리자의 신청에 의하여

① 법 제3조 기타 법령에서 등기할 수 있는 **권리**로 규정하고 있는 권리를 보존, 설정, 이전하는 경우(예컨대, **전세권설정등기**[9 법무사], **근저당권이전등기**[9 법무사])

② 그 권리의 설정 또는 이전청구권 보전을 위한 **가등기**를 하는 경우(예컨대, 소유권이전청구권 가등기를 등기권리자가 법원의 **가등기가처분명령**을 받아 단독으로 신청한 경우) [22 법무사 / 9 법무사]

③ **권리자를 추가**하는 경정 또는 변경등기(갑 단독소유를 갑, 을 공유로 경정하는 경우나 합유자가 추가되는 합유명의인표시변경 등기 등)를 하는 경우

에는 등기필정보를 작성하여야 한다(예규 1749). [20 등기서기보 / 19 등기주사보 / 17
법무사·등기주사보 / 13 법무사 / 12 법무사 / 9 법무사]

나) 그 이외의 등기를 하는 때에는 등기필정보를 작성하지 아니한다(예규 1749).

① 근저당권의 채권최고액을 증액하거나 전세금·전세기간 등을 변경하는 등
기를 마쳤을 때에는 등기필정보를 작성·통지하지 않는다. 이러한 경우
근저당권이나 전세권 말소등기를 신청할 때에는 그 설정 당시의 등기필정보
를 제공하면 충분하다. [24 법무사]

② 말소된 전세권설정등기에 대한 회복등기를 등기권리자가 판결을 받아 단
독으로 신청한 경우 등기필정보를 작성·통지하지 않는다. [22 법무사]

③ 甲, 乙 공유를 甲, 乙 합유로 변경하는 등기를 甲과 乙이 공동으로 신청한
경우 등기필정보를 작성·통지하지 않는다. [22 법무사]

④ 합유자 甲, 乙, 丙 중 丙의 사망을 원인으로 잔존 합유자 甲, 乙이 합유명의
인 변경등기신청을 한 경우 등기필정보를 작성·통지하지 않는다. [22 법무사]

다) 상속등기에 대한 경정등기의 경우에는 원칙적으로 등기필정보를 작성하지 않
는다. 다만 경정등기로 인해 새로운 권리자가 기록되는 경우에는 그 새로운
권리자에 대해 등기필정보를 작성·통지한다. 예를 들어 A, B, C, D의 법정
상속분에 따른 상속등기 후 협의분할을 원인으로 하여 A의 단독소유로 하는
소유권경정등기를 하는 경우에는 A의 보유지분이 경정될 뿐 A가 새로운 권리
자로 기록되는 것은 아니므로 등기필정보를 작성하지 않는다(A가 나중에 등
기의무자로서 등기를 신청할 때에는 법정상속분에 따른 상속등기 시 통지받은
등기필정보를 제공하면 된다). 반면에 A, B, C, D의 법정상속분에 따른 상속등
기 후 누락된 상속인을 추가하는 경정등기 시에는 새로운 권리자로 기록되는
E에 대하여 등기필정보를 작성·통지한다.

(다) '등기권리자의 신청'에 따른 등기

등기필정보는 부동산 및 등기명의인이 된 신청인별로 작성한다.

그러므로 등기명의인이 신청하지 않은 아래의 등기는 등기명의인을 위한 등기필정
보를 작성하지 아니한다(규칙 제109조, 예규 1716). [24 법무사 / 22 법무사 / 21 법무사 / 20
등기서기보 / 19 등기주사보(2) / 17 등기주사보·법무사 / 13 법무사(2) / 12 법무사(3)]

① 채권자대위에 의한 등기(법 제28조)

② 등기관의 직권에 의한 보존등기(법 제66조)

③ 승소한 등기의무자의 신청에 의한 등기(법 제23조 제3항)

그러나 등기관이 착오로 여러 명의 등기권리자 중 일부를 누락하여 직권으로 등기
권리자를 추가하는 경정등기를 하는 경우에는 그 추가되는 등기권리자에 대한 등
기필정보를 작성하여야 한다. [23 등기서기보·법무사] 왜냐하면, 처음에는 등기권의자의
신청이 있었기 때문이다(위 직권보존등기와 구별).

2) 작성·통지 여부

가. 작성·통지하는 경우

나. 작성·통지하지 않는 경우

원칙적으로 위 적용범위에 해당되지 않는 경우에는 등기필정보를 작성·통지할 필요가 없다.

(가) 국가 또는 지방자치단체가 등기권리자인 경우

관공서가 등기권리자인 경우에는 등기필정보를 작성·통지하지 아니한다. [17 법무사·등기주사보 / 15 등기서기보 / 9 법무사] 다만 관공서가 등기의무자로서 등기권리자를 위해 등기를 촉탁하는 경우에 그 등기를 마쳤을 때에는 권리자에 대한 등기필정보를 작성하여야 한다. [20 등기서기보 / 19 등기주사보]

(나) 등기권리자가 등기필정보의 통지를 원하지 않는 의사를 표시한 경우

등기필정보는 다른 사람에게 노출될 수 있는바, 등기필정보의 관리에 자신이 없는 사람이 그 통지를 원하지 않으면 작성하지 않도록 하였다. [24 법무사] 이러한 경우에는 등기신청할 때에 등기필정보의 통지를 원하지 않는다는 뜻을 신청서에 기재하거나 입력하여야 한다(규칙 제109조 제1항).

(다) 위의 경우 외에 대법원규칙으로 정하는 경우(규칙 제109조 제2항, 예규 1749)

가) 등기필정보를 전산정보처리조직으로 통지받아야 할 자가 수신이 가능한 때부터 3개월 이내에 전산정보처리조직을 이용하여 수신하지 않은 경우

나) 등기필정보통지서를 수령할 자가 등기를 마친 때부터 3개월 이내에 그 서면을 수령하지 않은 경우[15 등기서기보]3) 작성·통지 방법 등

3) 작성·통지 방법 등

가. 작성방법

등기필정보는 영문 또는 아라비아숫자 12개를 조합한 일련번호와 50개의 비밀번호로 구성된다(규칙 제106조 제1항, 예규 1749). [21 등기서기보] 교부하는 등기필정보에는 권리자, (주민)등록번호, 부동산고유번호, 부동산소재, 접수일자, 접수번호, 등기목적, 일련번호 및 비밀번호를 기재한다. [17 등기주사보 / 15 등기서기보] 등기필정보는 부동산 및 등기명의인별로 작성한다. 다만 대법원예규로 정하는 바에 따라 등기명의인별로 작성할 수 있다.

나. 통지방법

(가) 전자신청의 경우

전자신청의 경우 전산정보처리조직을 이용하여 송신하는 방법으로 등기필정보를 교부한다(규칙 제107조 제1항 제2호).

가) 당사자가 직접 신청한 경우 등기권리자는 다음의 순서에 따라 등기필정보를 수신한다.

① 인터넷등기소에 접속하여 인터넷등기전자신청 메뉴에서 신청내역조회를 선택하고, 「부동산등기규칙」 제67조 제4항 제1호에 따른 개인인증서(이하 "인증서"라 한다) 정보와 사용자등록번호를 입력하여 사용자인증을 받는다.

② 신청내역을 조회하여 처리상태가 등기완료로 기록되어 있는 사건을 표시한 후 등기필정보를 전송받는다(등기필정보는 3회에 한하여 전송받을 수 있다). 동일한 등기신청 사건에서 수인이 권리자로 표시되어 있는 경우 다른 사람에 관한 등기필정보는 전송받을 수 없다.

③ 전송된 등기필정보를 확인하기 위해서는 등기권리자의 인증서정보를 입력하여야 한다.

나) 대리인이 신청한 경우 전자신청을 대리인에게 위임한 경우 등기필정보를 권리자 자신이 직접 전송받을 수 없으며, 대리인이 위 가)의 ①, ②의 절차에 의하여 등기필정보를 전송받은 후 등기권리자에게 그 파일을 전자우편으로 송신하거나 직접 전달한다. 다만 권리자가 등기신청을 대리인에게 위임하면서 등기필정보의 수령 및 그 확인에 관한 일체의 권한을 부여한 경우에는 대리인이 직접 자신의 인증서정보를 입력하여 전송받은 등기필정보를 확인할 수 있으며, 이를 서면으로 출력하여 등기권리자에게 교부할 수 있다.

다) 관공서가 등기권리자를 위하여 등기를 촉탁한 경우 그 관공서의 신청으로 등기필정보통지서를 교부할 수 있다(규칙 제107조 제2항). 전자촉탁의 경우 관공서가 등기권리자를 위하여 소유권이전등기를 전자촉탁한 때에는 권리자에 대한 등기필정보통지서를 출력하여 관공서에 직접 교부 또는 송달할 수 있고, 이 경우 관공서는 밀봉된 등기필정보통지서를 뜯지 않은 채 그대로 등기권리자에게 교부한다. [13 법무사]

(나) 서면신청의 경우

방문신청의 경우 등기필정보를 적은 서면(이하 "등기필정보통지서"라 한다)을 교부하는 방법으로 등기필정보를 교부한다. 다만 신청인이 등기신청서와 함께 대법원예규에 따라 등기필정보통지서 송부용 우편봉투를 제출한 경우에는 등기필정보통지서를 우편으로 송부한다(규칙 제107조 제1항 제1호). [23 법무사·등기서기보]

등기필정보통지서를 교부받고자 하는 자는 신분증(법무사 또는 변호사의 사무원은 사무원증)을 제시하여야 하고, 교부담당 공무원은 아래와 같은 방법으로 등기필정보통지서를 출력하여 교부한다.

가) 등기필정보통지서 출력·관리

① 전산정보처리조직상 등기필정보관리 기능을 선택하여 등기필정보 교부대상을 확인한다.

② 교부대상자 중 특정 등기명의인을 선택하여 등기필정보통지서를 출력하거나 일괄하여 출력한다.

③ 출력된 등기필정보통지서의 기재사항 중 일련번호 및 비밀번호가 보이지
않도록 그 기재된 부분에는 스티커를 부착한다.

나) 등기필정보통지서의 교부방법

① (삭제 2014.4.9, 제1513호)

② 전자패드에 전자펜을 이용하여 수령인의 서명(이하 "전자서명"이라 함)을
받고 교부하는 방법

1. 위 가)의 방법으로 등기필정보통지서를 출력·관리하되, 등기필정보통
지서 우측 상단에 바코드를 생성하여 출력한다.

2. 교부담당 공무원은 교부할 등기필정보통지서를 바코드리더기 등을 이
용하여 확인하여야 한다.

3. 신청인 본인 또는 대리인, 대리인인 법무사 또는 변호사의 사무원은
전자서명을 한 후 등기필정보통지서를 교부받아야 한다.

4. 수령인은 본인의 성명을 제3자가 알아볼 수 있도록 적어야 하고, 교부
담당 공무원은 수령인의 성명을 제3자가 알아보기 어렵다고 인정하는
경우에는 다시 서명할 것을 요청할 수 있다.

5. 등기소에 정전, 전산망 훼손, 전산시스템 장애 등으로 부동산등기시스
템의 정상작동이 불가능하거나 전자서명장치의 오류로 전자서명을 할
수 없는 경우에는 별지 제5호 양식의 "등기필정보통지서 및 등기원인
증서 수령부"에 수령인의 날인 또는 서명을 받고 등기필정보통지서를
교부할 수 있다. "등기필정보통지서 및 등기원인증서 수령부"는 별도
로 편철하여 5년간 보존하여야 한다.

다) 우편에 의한 송부

① 신청인이 등기필정보통지서를 우편으로 송부받고자 하는 경우에는 등기신
청서와 함께 수신인란이 기재된 봉투에 등기취급 우편 또는 특급취급우편
(속달)요금에 상응하는 우표를 붙여 이를 제출하여야 한다.

② 위 ①의 경우에 등기필정보통지서 교부담당자는 등기사건이 처리된 즉시
등기필정보통지서를 수신인에게 발송하고, 부동산등기접수장의 수령인란
에 "우송"이라고 기재한 후 그 영수증은 "우편물수령증철"에 첨부하여 보
관하여야 한다. 이 "우편물수령증철"은 1년간 보존한다.

라) 등기필정보의 통지는 등기필정보를 기록한 서면(등기필정보통지서)을 1회에
한하여 교부한다. [15 등기서기보]

다. 통지의 상대방

등기관은 등기를 마치면 등기필정보를 등기명의인이 된 신청인에게 통지한다. 다만 관
공서가 등기권리자를 위하여 등기를 촉탁한 경우에는 대법원예규로 정하는 바에 따라
그 관공서 또는 등기권리자에게 등기필정보를 통지한다(규칙 제108조 제1항).

법정대리인이 등기를 신청한 경우에는 그 법정대리인에게[07 법무사 / 13 법무사], 법인의 대표자나 지배인이 신청한 경우에는 그 대표자나 지배인에게, 법인 아닌 사단이나 재단의 대표자나 관리인이 신청한 경우에는 그 대표자나 관리인에게 등기필정보를 통지한다(규칙 제108조 제2항).

라. 대리인이 등기필정보를 수령할 수 있는지 여부

(가) 등기신청 대리권한에는 등기필정보 수령권한이 포함된다고 볼 것이고[21 법무사], 한편 등기를 신청함에 있어서 임의대리인이 될 수 있는 자격에는 제한이 없으므로, 등기의무자라고 하더라도 등기권리자로부터 등기신청에 대한 대리권을 수여받아 등기를 신청한 경우나 등기권리자로부터 등기필정보 수령행위에 대한 위임을 받은 경우에는 등기필정보를 교부받을 수 있다. 다만, 등기필정보 수령행위만을 위임받은 경우에는 그 위임사실을 증명하기 위하여 위임인의 인감증명 또는 신분증 사본을 첨부한 위임장을 제출하여야 하고, 가족관계증명서는 위임사실을 증명하는 서면이라고 볼 수 없다(선례 201705-2).

(나) 등기신청을 위임받은 법무사는 복대리인 선임에 관한 본인의 허락이 있는 경우에 한하여 다른 사람에게 그 등기신청을 다시 위임할 수 있으나, 등기신청 대리 권한에 포함되어 있는 등기필정보 수령 권한만을 다른 사람에게 위임할 때에는 복대리인 선임에 관한 본인의 명시적인 허락이 있어야 할 필요는 없다. 따라서 등기신청을 위임받은 법무사는 그가 속한 법무사합동사무소의 대표 법무사 또는 다른 구성원 법무사에게 등기필정보 수령 권한만을 다시 위임할 수 있고, 이렇게 등기필정보 수령 권한만을 위임받은 자가 등기소에 출석하여 등기필정보를 수령할 때에는 그 위임사실을 증명하는 위임장과 위임인의 인감증명서 또는 신분증 사본을 제시하여야 하지만, 본인(등기권리자)의 허락이 있음을 증명하는 서면은 제시할 필요가 없다. 법무사 사무원은 법무사의 업무를 보조하는 자에 불과하므로 등기신청을 위임받은 법무사가 다른 법무사의 사무원에게 직접 등기필정보 수령 권한을 다시 위임할 수는 없다. 한편 등기필정보 수령 권한을 위임받은 법무사는 자신이 직접 등기소에 출석하여 등기필정보를 수령하거나 그 소속 사무원을 등기소에 출석하게 하여 등기필정보를 수령할 수도 있다(선례 201808-1).

(다) 법무사법인이 등기신청을 대리할 때에는 그 업무를 담당할 법무사를 지정하여야 하며, 이렇게 지정받은 법무사만이 그 업무에 관하여 법인을 대표하게 되므로(「법무사법」 제41조), 그 법인 소속 법무사라 하더라도 지정받은 법무사가 아닌 다른 법무사는 해당 등기신청에 관한 행위(신청서 제출, 신청의 보정 및 등기필정보의 수령 등)를 할 수 없다. [22 법무사] 다만, 해당 등기신청 업무에 관하여 지정받은 법무사가 등기신청서를 제출한 후에 등기신청서를 제출하지 아니한 그 법인 소속 다른 법무사가 등기필정보의 수령 업무만에 관하여 별도로 지정을 받았다면 그 법무사는 이를 소명하는 자료(지정서)를 제시하고 등기필정보를 수령할 수 있다. 한편 법

무사법인이 대리인인 경우에 등기신청서에 기재된 담당 법무사가 누구인지 관계없이 「부동산등기규칙」 제58조 제1항에 따라 그 법무사법인 소속으로 허가받은 사무원은 누구나 등기신청서의 제출·등기신청의 보정 및 등기필정보의 수령을 할 수 있다(선례 202001-6). [22 법무사]

관련 기출지문

1 등기필정보를 분실하여 재발급받고자 하는 경우에는 등기명의인 본인이 직접 등기소에 출석하여야 한다. (×)
[24 법무사]

2 등기관이 착오로 여러 명의 등기권리자 중 일부를 누락하여 직권으로 등기권리자를 추가하는 경정등기를 하는 경우에는 그 추가되는 등기권리자에 대한 등기필정보를 작성하지 않는다. (×)   [23 법무사]

3 승소한 등기의무자의 신청에 의하여 등기를 마친 경우에는 등기필정보를 작성하여 등기권리자에게 우편으로 통지하여야 한다. (×)
[22 등기서기보]

4 등기관이 대위채권자의 등기신청을 완료한 때에는 등기필정보를 작성하여 등기권리자에게 통지하여야 한다. (×)
[20 등기서기보]

5 등기관이 채권자대위에 의한 등기신청을 마쳤을 때에는 그 등기명의인을 위하여 등기필정보를 작성하여야 한다. (×)
[19 등기주사보 / 17 등기주사보]

6 채권자대위에 의한 등기를 마친 경우에는 등기필정보를 작성하여 채권자에게 통지하여야 한다. (×)
[13 법무사]

7 법정대리인이 본인을 대리하여 등기를 신청한 경우에도 등기필정보는 본인에게 통지하여야 한다. (×)
[17 법무사]

---

(3) 등기의무자가 소지한 등기필정보의 제공

1) 서설

등기권리자와 등기의무자가 권리에 관한 등기를 공동으로 신청하는 경우와 등기절차의 인수를 명하는 판결에서 권리에 관한 등기를 승소한 등기의무자가 단독으로 신청하는 경우에는 등기의무자의 등기필정보를 신청정보의 내용으로 제공하여야 한다(예규 1647). 즉 등기의무자가 현재 신청하는 등기의 바탕이 되는 권리에 관한 등기가 마쳐졌을 때 등기소로부터 통지받은 등기필정보를 제공하여야 한다.

등기필증(현행 등기필정보)은 특별한 사정이 없는 한 등기의무자가 소지하고 어떠한 사유로도 재교부하지 않았기 때문(선례 2-158)에 등기필증(현행 등기필정보)을 소지하고 있다는 사실은 등기의무자로서 등기신청을 하는 사람이 등기기록상의 등기의무자 본인임이 틀림없다는 사실을 증명하는 데 중요한 자료가 된다(대판 1990.1.12, 89다카14363 참조). 따라서 등기필증(현행 등기필정보)을 제출하도록 하는 것은 해당 등기로 인하여 기존의 권리를 잃게 되는 신청인이 진정한 등기의무자인지 여부를 등기관이 확인할 수 있게 함으로써 허위의 등기를 예방하고 등기의 진정을 확보하는 데 있다(대판 2012.9.13, 2012다47098).

2) 제공 여부

가. 제공하는 경우

(가) 권리에 관한 등기를 신청하는 경우

권리에 관한 등기에 관해 공동신청을 할 때에는 등기의무자의 등기필정보를 등기소에 제공하여야 한다. 따라서 권리에 관한 등기가 아닌 표시등기, 즉 **부동산표시의 변경·경정등기 또는 등기명의인표시의 변경·경정등기 시에는 등기필정보를 제공하지 아니한다.** [15 등기서기보] 아래에서 등기필정보를 제공하는지 여부를 살펴본다.

가) 소유권의 보존등기는 최초로 하는 등기로서 아직 등기필정보를 받은 것이 없고 등기의무자의 관념도 존재할 수 없으므로 등기필정보를 제공하지 않는다.

나) 용익권·담보권 등의 설정등기를 신청하는 경우에는 그 바탕이 되는 권리(소유권의 보존·이전, 전세권이나 지상권의 설정·이전 등)를 등기하였을 때 수령한 등기필정보를 제공한다.

다) 권리의 이전등기를 신청하는 경우에는 이전하려는 권리의 보존이나 이전, 설정 등기 등을 하였을 때에 수령한 등기필정보를 제공한다.

라) **권리의 변경이나 경정의 등기를 신청하는 경우에는 해당 변경이나 경정등기로 인하여 불이익을 받는 자의 등기필정보를 제공한다.** [21 등기서기보]

마) 제공하여야 하는 등기필정보에 관한 몇 가지의 예

> ① 소유권이전등기
> 　양도인이 소유권 보존이나 이전등기를 하였을 때에 수령한 등기필정보를 제공한다.
> ② (근)저당권설정등기
> 　(근)저당권의 바탕이 되는 권리에 관한 등기필정보를 제공한다.
> ③ (근)저당권변경등기
> 　채무자변경을 원인으로 하는 경우에는 등기의무자인 (근)저당권설정자의 등기필정보를 제공하여야 한다.
> 　채무자표시변경을 원인으로 하는 경우에는 등기필정보를 제공하지 아니한다. 왜냐하면 실질적으로 등기명의인표시변경등기를 하는 경우와 다를 바가 없기 때문이다.
> ④ (근)저당권말소등기
> 　일반적인 (근)저당권말소등기의 경우 등기의무자인 (근)저당권자의 등기필정보를 제공한다.
> 　(근)저당권이 이전된 후 (근)저당권의 말소등기를 신청하는 경우에는 (근)저당권 양수인의 등기필정보를 제공하여야 한다.
> ⑤ 가등기에 기한 본등기의 경우
> 　가등기에 의한 본등기를 신청할 때에는 등기의무자의 권리에 관한 등기필정보를 신청정보의 내용으로 등기소에 제공하여야 하지 가등기의 등기필정보를 제공하는 것은 아니다(예규 1632).

⑥ 합필등기 후에 등기신청을 하는 경우

갑 토지를 을 토지에 합병한 경우, 합병 후의 을 토지에 대하여 등기신청을 할 때에는 을 토지에 대한 등기필정보만을 제공하면 되고, 등기기록이 폐쇄된 갑 토지의 등기필정보는 제공할 필요가 없다. [21 법무사 / 19 등기서기보] 합병 후의 건물에 대해 등기신청을 할 때에도 마찬가지이다.

⑦ 공유물분할등기 후에 등기신청을 하는 경우

공유물분할을 원인으로 소유권을 취득한 자가 등 등기신청을 할 때에는 ㉠ 위 **공유물분할을 원인으로 한 지분이전등기를 마친 후 수령한 등기필정보뿐만 아**니라 ㉡ 공유물분할 이전에 공유자로서 지분을 취득할 당시 수령한 등기필정보도 함께 제공하여야 한다. [24 법무사 / 23 등기서기보 / 21 법무사 / 19 등기서기보]

⑧ 대지권등기를 마친 건물에 대하여 등기신청하는 경우

대지권 등기를 마친 구분건물에 대한 등기신청을 할 때에는 구분건물에 대한 등기필정보만을 제공하면 되고 그 대지에 대한 등기필정보는 제공할 필요가 없다.

(나) 권리에 관한 등기를 공동으로 신청하는 경우

권리에 관한 등기에 관해 공동신청을 할 때에는 등기의무자의 등기필정보를 등기소에 제공하여야 한다.

권리에 관한 등기라 하더라도 등기권리자나 등기명의인이 **단독으로 신청할 수 있는 경우**, 즉 소유권보존등기, 소유권보존등기의 말소등기, **상속 등의 포괄승계에 따른 등기, 승소한 등기권리자**, 일정한 신탁등기 등을 신청하는 경우(법 제23조 제2항부터 제4항까지, 제7항, 제8항 등)에는 등기의무자가 없기 때문에 등기필정보를 제공할 필요가 없다. [15 등기서기보]

다만 상속의 경우와 달리 **유증을 원인으로 하는 소유권이전등기**는 유언집행자나 상속인을 등기의무자로, 수증자를 등기권리자로 하여 공동신청하여야 하므로 등기필정보의 제공이 필요하다.

(다) 단독신청임에도 등기필정보를 제공하는 경우

권리에 관한 등기에 관해 승소한 등기의무자가 단독으로 신청하는 경우에도 등기필정보를 제공하여야 한다. 다만 승소한 등기권리자가 단독으로 신청하는 경우에는 그러하지 아니하다.

가등기명의인이 단독으로 가등기의 말소등기를 신청하는 경우에도 등기필정보를 제공하여야 한다.

나. 제공하지 않는 경우

원칙적으로 위 적용범위에 해당되지 않는 경우에는 등기필정보를 제공할 필요가 없다.

(가) 이미 진정성이 확보된 경우

관공서가 **등기의무자로서** 등기권리자의 청구에 의하여 등기를 촉탁하거나 부동산에 관한 권리를 취득하여 **등기권리자로서** 그 등기를 촉탁하는 경우에는 등기의무자의 권리에 관한 등기필정보를 등기소에 제공할 필요가 없다. [21 법원사무관 / 19 법무사 / 17 법무사·등기주사보 / 15 법무사 / 14 법무사] 이는 관공서가 자격자대리인(변호사 또는 법무사)에게 위임하여 등기를 신청하는 경우에도 마찬가지다. [19 법원사무관 / 18 등기주사보]
관공서가 등기를 촉탁하는 경우 등기필정보를 제공할 필요가 없는 것은 신청의 형식상 공동신청이 아니고, 관공서가 허위의 신청이나 촉탁을 할 염려가 없기 때문이라고 할 수 있다. 관공서가 촉탁에 의하지 않고 공동신청하는 경우에도 촉탁의 경우와의 균형상 등기필정보를 제공할 필요가 없다.

(나) 기타(예규 1647)

가) 등기필정보의 부존재(둘 이상의 권리에 관한 등기를 동시에 신청하는 경우)

① 같은 부동산에 대하여 둘 이상의 권리에 관한 등기를 동시에 신청하는 경우로서(등기신청의 대리인이 서로 다른 경우를 포함한다), 먼저 접수된 신청에 의하여 새로 등기명의인이 되는 자가 나중에 접수된 신청에서 등기의무자가 되는 경우에 나중에 접수된 등기신청에는 등기필정보를 제공하지 않아도 된다.

② 몇 가지의 예

1. 같은 부동산에 대하여 소유권이전등기신청과 근저당권설정등기신청을 동시에 하는 경우, 근저당권설정등기신청에 대하여는 등기필정보를 제공하지 않아도 된다. [19 등기서기보]

2. 소유권이전등기신청과 동시에 환매특약의 등기를 신청하는 경우에 환매특약의 등기신청에 대하여는 등기필정보를 제공하지 않아도 된다. [20 등기서기보]

> ⤵ 관련 선례
> 1. 등기권리자와 등기의무자가 공동으로 권리에 관한 등기를 신청하는 경우에는 등기의무자의 등기필정보를 신청정보로 등기소에 제공하여야 하는 것이 원칙이고(「부동산등기법」 제50조 제2항), 다만, 같은 부동산에 대하여 둘 이상의 권리에 관한 등기를 '동시'에 신청하는 경우로서(등기신청의 대리인이 서로 다른 경우를 포함) 먼저 접수된 신청에 의하여 새로 등기명의인이 되는 자가 나중에 접수된 신청에서 등기의무자가 되는 경우에는 나중에 접수된 등기신청에 등기필정보를 제공하지 않을 수 있을 뿐이다(등기예규 제1647호 참조)(선례 제202304-01호).
> 2. 따라서 매수인 명의로의 소유권이전등기(전건)와 매수인을 근저당권설정자로 하는 근저당권설정등기(후건)를 신청하고자 하는 경우,
> 전건과 후건이 동시에 신청된 경우에는 후건에 매수인의 등기필정보를 제공할 필요는 없으나,
> 전건과 후건이 이시에 신청된 경우에는 전건에서 통지받은 매수인의 등기필정보를 제공하여야 하고, 전건의 접수증 등으로 이를 갈음할 수는 없다(선례 제202304-01호).

　　나) 대지사용권에 관한 이전등기를 신청하는 경우

　　　　구분건물을 신축하여 분양한 자가 대지권등기를 하지 아니한 상태에서 수분양
자에게 구분건물에 대하여만 소유권이전등기를 마친 다음, 「부동산등기법」
제60조 제1항 및 제2항에 따라 현재의 구분건물의 소유명의인과 공동으로 대
**지사용권에 관한 이전등기를 신청하는 경우에는 등기필정보를 제공하지 않아
도 된다.** [23 등기서기보·법무사 / 20 법원사무관 / 19 법원서기보] 이미 대지사용권을 취득한 것이
므로 그 진정성이 인정되기 때문이다.

3) 제공절차

① 등기필정보는 영문 또는 아라비아숫자 12개를 조합한 일련번호와 50개의 비밀번호로
구성된다(규칙 제106조 제1항, 예규 1749).

② 등기필정보의 제공은 일련번호와 50개의 비밀번호 중 임의로 선택한 1개의 비밀번호를
신청정보의 을지에 기재(서면신청의 경우)하거나, 화면에서 입력(전자신청의 경우)하는
방법으로 한다. 따라서 등기필정보통지서를 첨부하는 것은 아니다(규칙 제43조 제1항
제7호, 예규 1639).

　　**한번 사용한 비밀번호는 원칙적으로 다시 사용할 수 없지만, 50개의 비밀번호를 모두
사용한 후에는 다시 사용할 수 있다.** [24 법무사]

③ 종래 등기필증(서)의 경우에는 그 서면 자체를 제공한다(법 부칙 2).

　　「부동산등기법」 부칙 제2조에서 등기필정보의 제공에 갈음하여 첨부할 수 있는 등기필
증은 '원본'을 의미한다(선례 제202307-3호).

　　따라서 등기의무자가 공인전자문서센터에 등기필이 날인된 근저당권설정계약서를 정
보처리시스템이 처리할 수 있는 형태로 변환한 전자문서로 보관하고, 이를 출력한 서면
및 공인전자문서센터가 발급한 '증명서'를 등기신청서에 첨부한 경우, 다른 특별한 사정
이 없는 한, 이를 「부동산등기법」 부칙 제2조에 따라 등기필정보의 제공에 갈음하여
첨부할 수 있는 등기필증을 첨부한 것으로 볼 수는 없다(선례 제202307-3호).

관련 기출지문

1 甲 토지를 乙 토지에 합병한 경우, 합병 후의 乙 토지에 대하여 등기신청을 할 때에는 乙 토지에 대한
등기필정보뿐만 아니라 甲 토지의 등기필정보도 함께 제공하여야 한다. (×)　　　　　　　　[19 등기서기보]

2 공유물분할을 원인으로 소유권을 취득한 자가 등기의무자가 되어 그 부동산에 대하여 다시 소유권이전등
기를 신청할 경우에는 위 공유물분할등기에 관한 등기필정보만 제공하면 되는 것이고, 공유물분할등기
이전에 공유자로서 등기할 당시 등기관으로부터 교부받은 등기필정보를 제공할 필요는 없다. (×)
　　　[24 법원사무관]

3 공유물분할을 원인으로 소유권을 취득한 자가 등기의무자가 되어 분할된 부동산에 대해 등기신청을 할
때에는 위 공유물분할을 원인으로 한 지분이전등기를 마친 후 수령한 등기필정보만 제공하면 되고 공유물
분할 이전에 공유자로서 지분을 취득할 당시 수령한 등기필정보는 제공할 필요가 없다. (×) [23 등기서기보]

> **4** 공유물분할을 원인으로 소유권을 취득한 자가 등기의무자가 되어 분할된 부동산에 대해 등기신청을 할 때에는 위 공유물분할을 원인으로 한 지분이전등기를 마친 후 수령한 등기필정보만 제공하면 되며, 공유물분할 이전에 공유자로서 지분을 취득할 당시 수령한 등기필정보는 제공할 필요 없다. (×) [21 법무사]

(4) 등기필정보가 없는 경우

1) 의의

등기필증(현행 등기필정보)은 특별한 사정이 없는 한 등기의무자가 소지하고 어떠한 사유로도 재교부하지 않았기 때문(선례 2-158)에 등기필증(현행 등기필정보)을 소지하고 있다는 사실은 등기의무자로서 등기신청을 하는 사람이 등기기록상의 등기의무자 본인임이 틀림없다는 사실을 증명하는데 중요한 자료가 된다(대판 1990.1.12, 89다카14363 참조). 따라서 등기필증(현행 등기필정보)을 제출하도록 하는 것은 해당 등기로 인하여 기존의 권리를 잃게 되는 신청인이 진정한 등기의무자인지 여부를 등기관이 확인할 수 있게 함으로써 허위의 등기를 예방하고 등기의 진정을 확보하는 데 있다(대판 2012.9.13, 2012다47098). **등기필정보를 제공하는 가장 큰 이유는 진정한 등기의무자인지 여부를 확인하여 등기의 진정을 확보하는 것에 있는데, 등기의무자가 어떠한 사유로 등기필정보를 분실 또는 멸실한 경우에는 등기의무자 본인 확인의 기능을 대신할 수 있는 제도가 필요하다.**

법 제51조는 이러한 경우 등기관 등이 등기의무자 본인을 직접 확인하도록 하는 제도로서 ① 등기관이 직접 등기의무자 또는 그 법정대리인(이하 '등기의무자 등'이라 한다)을 확인하는 방법(**확인조서**), ② 해당 등기신청을 대리하는 **법무사나 변호사**가 등기의무자 등으로부터 직접 위임받았음을 확인하는 방법(**확인서면**), ③ 신청서나 위임장 중 등기의무자의 작성부분에 관하여 **공증인**으로부터 **공증**을 받는 방법 등을 규정하고 있으며 이러한 방법에 따른 서면을 제출할 수 있다. [23 법무사 / 21 법원사무관]

구법의 등기필증 '멸실'의 경우의 의미에 대하여, 판례는 등기필증에 갈음하여 본인이 출석하거나 등기필증에 갈음하는 서면을 제출할 수 있는 제도를 두고 있으나, 이는 등기필증이 멸실된 경우에 인정되는 제도로서 분실의 경우를 포함하지만, 등기필증이 현재 다른 사람의 수중에 있기 때문에 사실상 돌려받기 어려운 경우까지 포함하는 것은 아니라고 본다(대판 1987.5.26, 86도2293). [21 법무사 / 18 등기서기보]

2) 서술방법

아래에서는 「등기필정보가 없는 경우 확인조서 등에 관한 예규」(예규 1664)를 기준으로 하여 설명하도록 한다.

가. 등기관이 확인조서를 작성하는 경우

부동산등기법 제51조의 규정에 따른 확인조서는 그 등기사건을 배당받은 등기관이 작성하여야 한다. 즉 확인조서는 등기필정보가 없는 등기의무자가 등기소에 출석하여 등기신청을 한 경우에 담당 등기관이 그 등기의무자를 직접 확인하고 작성하는 것이므로, **등기관이 등기신청 없이 단지 확인조서만을 작성할 수는 없다**(선례 202005-2).

(가) 확인의 대상

가) 등기관은 출석한 사람이 등기의무자 등임을 확인하고 「부동산등기사무의 양식에 관한 예규」 별지 제30호 양식에 따라 확인조서를 작성하여야 한다. 등기의무자의 법정대리인을 확인하였다면 조서의 "등기의무자"란에 법정대리인임을 표시한다.

나) 등기의무자가 법인인 경우에는 출석한 사람이 법인의 대표자임을, 법인 아닌 사단이나 재단인 경우에는 대표자 또는 관리인임을 확인하고, 위 예규 별지 제30-1호 양식에 따라 조서를 작성하여야 한다. 공동대표의 경우에는 각 공동대표자별로 확인조서를 작성한다.

(나) 확인의 방법

가) 등기관은 주민등록증, 외국인등록증, 국내거소신고증, 여권 또는 국내 운전면허증(이하 "신분증"이라 한다)에 따라 본인 여부를 확인하여야 한다. 신분증이 오래되거나 낡은 등의 사정으로 본인 여부를 판단하기 어려운 경우 등기관은 신분증을 재발급 받아 제출하게 하거나 다른 종류의 신분증을 제출할 것을 요구할 수 있다.

나) 등기관은 확인조서의 "본인확인정보"란에 확인한 신분증의 종류를 기재하고, 그 신분증의 사본을 조서에 첨부하여야 한다. [18 등기서기보]

다) 신분증만으로 본인 확인이 충분하지 아니한 경우 등기관은 가능한 여러 방법을 통하여 본인 여부를 확인할 수 있고[17 등기주사보], 필요한 경우 신분증을 보완할 수 있는 정보의 제출을 요구할 수 있다.

라) 등기관은 주민등록증, 여권, 운전면허증뿐만 아니라 외국인등록증이나 국내거소신고증에 의하여도 본인 여부를 확인할 수 있으며, [15 법무사] 신분증 외의 정보를 제공받은 경우 이를 신분증의 사본과 함께 조서에 첨부하고, 그 정보의 종류를 "본인확인정보"란에 추가 기재한다.

(다) 등기의무자 등의 필적기재

가) 등기관은 등기의무자 등으로 하여금 확인조서의 "필적기재"란에 예시문과 동일한 내용 및 본인의 성명을 본인 필적으로 기재하게 한다.

나) 필적을 기재하지 못할 특별한 사정이 있는 경우(양 팔이 없는 경우 등) 필적기재를 생략하고 등기관은 이와 같은 취지를 "비고"란에 기재한다.

나. 자격자대리인이 확인서면을 작성하는 경우

(가) 확인의 대상

가) 자격자대리인은 직접 위임인을 면담하여 위임인이 등기의무자 등 본인임을 확인하고 확인서면을 작성하여야 한다. [23 법무사 / 18 등기서기보] 등기의무자가 개인인 경우에는 별지 제1호 양식에 의하되, 등기의무자의 법정대리인을 확인한 때

에는 등기의무자란에 등기의무자의 법정대리인임을 표시하고, 법인 또는 법인 아닌 사단·재단의 경우에는 별지 제2호 양식에 의한다.

나) 확인서면의 작성은 해당 등기신청을 **위임받은 자격자 대리인만**이 할 수 있고, 당해 부동산등기신청사건을 **위임받지 않은 자격자대리인이 확인서면만을 작성할 수는 없다**(선례 3-114). 또한 법 제51조에 따라 변호사나 법무사가 확인서면을 작성하는 것은 준공증적 성격의 업무이므로 공증인의 제척에 관한 사항을 규정하고 있는 공증인법의 취지에 비추어 볼 때, **자기 소유의 부동산을 매도한 법무사가 매수인으로부터 그 소유권이전등기신청을 위임받았으나 등기필정보가 없는 경우에 등기의무자인 자기에 대한 확인서면을 스스로 작성할 수 없다**(선례 201112-4). [22 법무사 / 16 법무사 / 15 법무사 / 14 등기서기보]

다) **등기된 지배인은 영업주에 갈음하여 그 영업에 관한 재판상 또는 재판 외**(등기신청 등)**의 모든 행위를 할 수 있다**(상법 제11조 제1항).

법인이 등기필정보가 없는 경우 「부동산등기법」 제51조의 규정에 의하여 **확인조서나 확인서면 또는 공정증서를 작성함에 있어서 등기의무자가 법인인 경우에는 그 지배인을 확인하거나 지배인의 작성부분에 관한 공증으로 대표권을 가진 임원 또는 사원의 본인확인 또는 그 작성부분에 관한 공증에 갈음할 수 있다**(예규 1355). [23 등기서기보·법무사 / 19 법무사 / 16 법무사 / 14 등기서기보]

따라서 **등기필정보를 멸실한 법인의 지배인이 법인 명의의 근저당권 말소등기를 신청할 경우 지배인의 자격을 증명하는 서류와 함께 지배인의 (법인)인감증명**을 제출하여야 하고[18 법무사·법원사무관] **다른 지배인이나 대표자의 인감증명을 제출할 수는 없다**(선례 7-84). 또한 지배인의 도장이라도 **인감이 신고되지 않은 지배인의 사용인감계와 대표자의 인감증명으로 이를 대신할 수 없다**(선례 제200507-5호). 주의할 것은 대표자로부터 등기신청을 위임받은 담당 직원을 확인함으로써 대표자 본인 확인을 대신할 수는 없다는 것이다(등기선례 3-110).

(나) 확인의 방법

가) "**특기사항**"란에는 등기의무자 등을 **면담한 일시, 장소, 당시의 상황 그 밖의 특수한 사정을 기재**하여야 하고 신체적 특징을 기재하는 것은 아니다. [19 법무사 / 17 등기주사보]

> [예시] ○○○○. ○○. ○○. 오후 세 시경 강남구 일원동 소재 ○○병원 ○○호실로 찾아가 입원 중인 등기의무자를 면담하고 본인임을 확인함. 환자복을 입고 있었고 부인과 군복을 입은 아들이 함께 있었음

나) "**우무인**"란에는 등기의무자 등의 **우무인을 찍도록 하되** 자격자대리인은 무인이 선명하게 현출되었는지 확인하여야 하고, 무인이 선명하게 현출되지 않은 경우 다시 찍도록 하여 이를 모두 확인서면에 남겨둔다. 우무인을 찍는 것이 불가능한 특별한 사정(엄지손가락의 절단 등)이 있는 경우 **좌무인**을 찍도록

하되, "특기사항"란에 좌무인을 찍은 취지와 구체적 사유를 기재한다. 만일 우무인과 좌무인을 모두 찍을 수 없는 특별한 사정이 있는 경우 날인을 생략하고, "특기사항"란에 날인을 생략하게 된 취지와 구체적 사유를 기재한다. [17 등기주사보 / 법무새]

> [예시] 양 팔이 모두 없어 무인을 찍을 수 없었으며, 주민등록증으로 본인임을 분명히 확인하였음

다) 그 밖에 확인의 대상과 방법 및 필적기재에 관한 사항은 성질에 반하지 아니하는 범위에서 위 확인조서의 작성방법을 준용한다.

따라서 법무사가 확인서면을 작성할 때에 등기의무자의 신분증사본을 첨부하여야 하는 바, 그 신분증에는 주민등록증 발급신청 확인서도 포함된다. [16 법무사 / 14 등기서기보] "주민등록증 발급신청 확인서"는 주민등록증을 대신해 임시로 사용할 수 있는 것으로서 발급일로부터 30일 간은 이에 의하여 본인 여부를 확인하고 그 사본을 확인조서에 첨부할 수 있다(등기선례 201205-1).

다. 신청서나 위임장 중 등기의무자 등의 작성부분에 관하여 공증을 받은 경우

(가) 확인의 대상

가) 법 제51조 단서의 '공증'은 아래 (나)의 서면에 기재된 내용 중 등기의무자 등의 작성부분(기명날인 등)에 대해 공증인이 등기의무자 등의 의사에 의해 작성된 것임을 확인하고 그 증명을 하여 주는 사서증서의 인증을 의미한다.

나) 이 공증은 등기소 출석의무를 갈음하는 것이므로 위의 서면을 작성한 등기의무자등 본인이 공증인 앞에 직접 출석하여 공증을 받은 것이어야 한다. 판례에 따르면 이 법의 '공증'이란 등기의무자가 그 부동산의 등기명의인임을 확인하는 서면에 대한 공증이 아니고, 신청서 또는 위임장에 표시된 등기의무자의 작성 부분(기명날인 등)이 등기의무자 본인이 작성한 것임을 공증하는 것을 의미하고, 등기의무자의 위임을 받은 대리인이 출석하여 공증을 받을 수는 없다. [19 법무사 / 18 등기서기보 / 16 법무사 / 15 법무사 / 14 등기서기보]

다) 따라서 등기관은 등기필증이 멸실되어 신청서 또는 위임장의 공증서가 제출된 경우 등기의무자 본인이 출석하여 공증을 받은 것인지를 확인하여 등기업무를 처리하여야 할 직무상 의무가 있고[17 등기주사보], 위와 같은 요건을 갖추지 못한 때에는 필요한 서면의 보정을 명하거나 등기신청을 각하하여야 한다(대판 2012.9.13, 2012다47098).

라) 등기관은 위 서면에 첨부된 인증문을 확인하여 등기의무자 등의 위임을 받은 대리인이 출석하여 공증을 받은 경우에는 해당 등기신청을 수리하여서는 아니 되며, 필요한 서면의 보정을 명하거나 등기신청을 각하하여야 한다(대판 2012.9.13, 2012다47098).

(나) 공중을 받아야 하는 서면 [19 등기주사보]

　가) 등기의무자 등이 등기소에 출석하여 직접 등기를 신청하는 경우에는 **등기신청서**

　나) 등기의무자 등이 직접 처분행위를 하고 등기신청을 대리인에게 위임한 경우
　　　에는 **등기신청위임장**

　다) 등기의무자 등이 다른 사람에게 권리의 처분권한을 수여한 경우에는 그 처분
　　　권한 일체를 수여하는 내용의 **처분위임장**. 이 경우 처분위임장에는 "**등기필정
　　　보가 없다**"는 뜻을 기재하여야 한다.

　라) 등기의무자 등이 인감을 날인한 소유권이전등기의 **매매계약서는 공중을 받아
　　　야 하는 서면이 아니다.**

라. **진정성 담보(인감증명서의 제공)**

　가) 소유권 외의 권리의 등기명의인이 등기의무자로서 등기를 신청할 때에(**예** 근저당권이
　　　전등기, 전세권이전등기, 근저당권말소등기, 전세권말소등기)에 등기필정보를 제공한
　　　경우에는 등기의무자의 **인감증명을 제공할 필요가 없다.** 위와 같은 등기신청을 대
　　　리인에게 위임할 경우에도 마찬가지이다(선례 5-124).

　　　그러나 **등기필정보를 제공할 수 없어** 소유권 외의 권리의 등기명의인이 등기의무자
　　　로서 법 제51조(등기관의 확인조서, 자격자대리인의 확인서면, 공중인의 공증을 받은
　　　경우 모두 포함)에 따라 등기를 신청하는 경우에는 신청서나 위임장에 신고된 **인감
　　　을 날인하고 그 인감증명을 제출하여야 한다**(규칙 제60조 제1항 제3호). [22 법원사무관
　　　/ 19 등기주사보·법무사 / 18 등기주사보 / 15 법원사무관 / 14 등기서기보·법무사 / 13 법무사 / 11 법무사 / 9 법무사]

　나) 이러한 취지는 등기의무자가 등기필정보가 없어 등기의무자가 등기소에 출석하여
　　　등기관의 확인을 받거나 신청서에 자격자대리인의 확인서면을 첨부하거나 신청서
　　　또는 위임장을 공중받아 등기를 신청하는 경우에는 **등기의무자의 진의를 확인할
　　　필요가 있기** 때문에 그의 **인감증명을 제출하도록** 하고 있다.

마. **외국인 및 재외국민의 등기필정보가 없는 경우(예규 1778)**

　가) 재외국민 또는 외국인이 등기의무자로서 권리에 관한 등기를 신청할 때에 등기필정
　　　보가 없다면 법 제51조 및 「등기필정보가 없는 경우 확인조서 등에 관한 예규」에
　　　서 정하는 바에 따른다.

　나) 법 제51조 단서의 '공증'은
　　　① **외국인**의 경우에는 **본국 관공서의 증명**이나 **본국 또는 대한민국 공중**을 말하고,
　　　② **재외국민**의 경우에는 **대한민국 공중만**을 말한다.

　다) 등기예규인 「재외국민 및 외국인의 부동산등기신청절차에 관한 예규」에서 정한 절
　　　차에 따라 국내 부동산을 처분하고 등기신청을 할 경우, **등기필정보가 없을 때에는
　　　그 처분권한 일체를 수여하는 내용의 위임장에는 "등기필정보가 없다"는** 등의 뜻도
　　　기재하여 공중인의 공증을 받고 등기필정보 대신 그 위임장을 제출하여야 한다.

[별지 제39호 양식] (부동산등기규칙 제111조 제1항 등)

신분확인서

1. **확인일시** :　　　　　　　년　　　월　　　일　　　시

2. **본인확인정보** :　　　모바일운전면허증, 주민등록확인서비스, 기타(　　　　　　　)

3. **성명** :

4. **주민등록번호** :

5. **식별정보*** :

* 신분증의 진위 확인을 위하여 반드시 아래의 정보를 기재하여야 합니다.
1. 모바일운전면허증 : 운전면허번호(예 : 11-23-012345-67), 식별번호(예 : 1234AB)
2. 주민등록확인서비스 : 발급일자, 발급기관

　신분증이 이동통신단말장치에 암호화된 형태로 설치되는 등 사본화가 적합하지 않은 경우(주민등록법 제25조의 주민등록확인서비스, 도로교통법 제85조 및 동 시행규칙 제77조의 모바일운전면허증 등)에 해당하므로 신분증의 사본에 갈음하여 이 신분확인서를 작성함

20 년　월　일

지방법원　　　　**지원**　　　　**등기국 · 과(소)**

등기관(담당자)　　　　　　(인)

별지 제3호 양식

신분확인서

1. **확인일시** :　　　　　　　　년　　　월　　　일　　　시

2. **본인확인정보** :　　　모바일운전면허증, 주민등록확인서비스, 기타(　　　　　　)

3. **성명** :

4. **주민등록번호** :

5. **식별정보*** :

* 신분증의 진위 확인을 위하여 반드시 아래의 정보를 기재하여야 합니다.
1. 모바일운전면허증: 운전면허번호(예 : 11-23-012345-67), 식별번호(예 : 1234AB)
2. 주민등록확인서비스: 발급일자, 발급기관

　신분증이 이동통신단말장치에 암호화된 형태로 설치되는 등 사본화가 적합하지 않은 경우(주민등록법 제25조의 주민등록확인서비스, 도로교통법 제85조 및 동 시행규칙 제77조의 모바일운전면허증 등)에 해당하므로 신분증의 사본에 갈음하여 이 신분확인서를 작성함

20　년　월　일

변호사 · 법무사　　　　　(인)

1 등기의무자가 법인인 경우에는 그 지배인을 확인하거나 지배인의 작성부분에 관한 공증으로 대표권을 가진 임원 또는 사원의 본인확인 또는 그 작성부분에 관한 공증에 갈음할 수 없다. (×) [19 법무사]

2 자격자대리인(변호사, 법무사)이 확인서면을 작성하는 데 있어서 확인서면에는 신체적 특징을 기재하고 우무인을 날인하여야 한다. (×) [19 법무사]

3 자격자대리인은 직접 위임인을 면담하여 위임인이 등기의무자 본인임을 확인하고 확인서면을 작성하되, 확인서면에 무인을 찍도록 하여서는 아니 된다. (×) [17 등기주사보]

4 소유권 외의 권리의 등기명의인이 등기의무자로서 등기필정보가 없어 등기소에 출석하여 등기관으로부터 등기의무자임을 확인받는 때에도, 등기관이 확인조서를 작성하는 경우 등기의무자의 인감증명을 제출하지 않아도 된다. (×) [19 법무사]

5 근저당권이전등기를 등기권리자와 등기의무자가 공동으로 신청하면서 등기필정보가 없어 등기관이 등기의무자를 확인하는 확인조서를 작성하는 경우 등기의무자의 인감증명은 제출할 필요가 없다. (×) [22 법원사무관]

6 등기의무자의 등기필정보가 없어 등기신청서(또는 등기신청 위임장) 중 등기의무자의 작성부분에 관하여 공증을 받은 경우에는 인감증명을 제출할 필요가 없다. (×) [15 법원사무관]

7 등기필정보가 멸실되어 등기의무자가 등기신청 위임장에 공증을 받아 제출하는 경우 등기의무자의 위임을 받은 대리인이 공증사무실에 출석하여 '등기신청 위임장이 등기의무자 본인이 작성한 것'이라는 취지의 공증을 받아 제출하는 것도 무방하다. (×) [24 법원사무관]

8 등기의무자의 등기필정보가 없어 등기신청서 또는 위임장 중 등기의무자의 작성부분에 대한 공증을 받는 경우에 등기의무자의 위임을 받은 대리인이 출석하여 공증을 받을 수 있다. (×) [19 법무사]

9 등기필증이 멸실되어 등기의무자 또는 그 법정대리인이 공증을 받는 경우 등기의무자의 위임을 받은 대리인이 출석하여 공증을 받을 수 있다. (×) [18 등기서기보]

10 등기신청서 또는 위임장에 표시된 등기의무자의 작성부분에 대한 공증을 받는 경우에는 등기의무자의 위임을 받은 대리인이 공증사무소에 출석하여 공증을 받을 수 있다. (×) [16 법무사]

11 등기의무자의 등기필정보가 없어 등기신청서 또는 위임장 중 등기의무자의 작성부분에 대한 공증을 받는 경우 등기의무자 본인뿐만 아니라 등기의무자의 위임을 받은 대리인이 출석하여 공증을 받을 수 있다. (×) [15 법무사]

12 등기신청서 중 등기의무자의 작성부분에 대한 공증을 받는 경우에는 등기의무자의 위임을 받은 대리인이 공증사무소에 출석하여 공증을 받을 수 있다. (×) [14 등기서기보]

2. 인감증명서 등

(1) 인감증명서

1) 서설

가. **방문신청을 하는 경우**에는 등기신청서에 제43조 및 그 밖의 법령에 따라 신청정보의 내용으로 등기소에 제공하여야 하는 정보를 적고 **신청인 또는 그 대리인이 기명날인하거나 서명하여야 하는데**(규칙 제56조 제1항), **일정한 경우**에는 위 신청서 등에 신고된 인감을 날인하고 그 날인한 인감이 진정한 것이라는 증명을 위하여 인감증명을 제출하여야 한다(규칙 제60조 제1항).

나. 이는 등기관이 등기의무자 또는 이해관계 있는 제3자 등의 진정한 의사를 확인할 수 있도록 함으로써 부실등기를 방지하기 위한 것이다. 이러한 인감증명은 항상 제출하여야 하는 것이 아니고 규칙이 정하는 일정한 경우에만 제출한다.

다. 규칙 제60조에서는 인감증명을 제출하여야 하는 등기신청의 유형을 제한적으로 열거하고 있다. 따라서 규칙 제60조 각 호의 경우에 해당되지 않는 등기신청서에는 인감을 날인할 필요도 없고 인감증명을 첨부할 필요도 없다(선례 5-120).

라. 또한 인감증명을 제출할 필요가 없는 경우에는 신청서나 위임장에 날인 대신 서명을 할 수 있다(규칙 제56조 제1항). [10 법무사 / 9 법무사] 이는 인감증명을 갈음하여 본인서명사실확인서를 제공하는 경우와 다른 점에 주의한다. 본인서명사실확인서는 인감을 제공하여야 하는 경우에 이를 갈음하는 규정이다.

2) 제공 여부

가. 제공하는 경우

(가) 규칙 제60조 각 호에 해당하는 경우

가) 소유권의 등기명의인이 등기의무자로서 등기를 신청하는 경우 등기의무자의 인감증명

소유권의 등기명의인이 등기의무자로서 등기권리자와 공동으로 등기를 신청하는 경우에는 등기의무자의 인감증명을 제공하여야 한다. [21 등기서기보 / 9 법무사] 소유권의 등기명의인이 등기의무자로서 등기를 신청하는 예로는 소유권이전등기, (소유권에 대한) 지상권·지역권·전세권·임차권·저당권 등의 설정등기, **소유권이전의 가등기** [14 법무사], **소유권이전등기의 말소등기** [19 등기서기보] 등이 있다. **소유권에 관한 경정등기**를 신청하기 위해서는 그 경정등기로 인하여 소유권이 **감축되는 자의 인감증명**을 등기신청서에 첨부하여야 한다. [23 등기서기보 / 20 법무사 / 15 법원사무관]

채권최고액을 증액하거나 **채무자를 변경하는 근저당권변경등기** [19 등기서기보]의 경우도 등기의무자가 소유권의 등기명의인이라면 인감증명을 제공하여야 한다.

그러나 전세권을 목적으로 한 저당권설정(선례 1-143)[19 등기주사보], 소유권이전
등기청구권 가등기의 이전[19 등기주사보], 소유권의 등기명의인이 등기의무자가 아
닌 근저당권이전등기(선례 5-449)[19 등기서기보 / 18 법원사무관·법무사 / 17 등기주사보·등기서기
보], 근저당권의 채권액 감액으로 인한 근저당권변경(선례 5-126)[9 법무사] 등의
경우에는 등기의무자의 인감증명은 제출할 필요가 없다.

소유권이전등기신청과 동시에 하는 환매특약등기신청의 경우에도 아직 환매
특약등기신청의 등기의무자(환매특약부 매매의 매수인)가 아직 소유권자가
아니므로 그 자의 인감증명을 제공하지 않는다.

나) 소유권에 관한 가등기명의인이 가등기의 말소등기를 신청하는 경우 가등기명
의인의 인감증명

소유권이전청구권가등기의 말소등기를 가등기명의인이 단독으로 신청할 때에
는 가등기명의인의 인감증명을 제공하여야 한다. [19 등기서기보·등기주사보 / 18 법무사·등
기주사보·법원사무관 / 14 등기서기보 / 9 법무사] 소유권에 관한 가등기는 소유권이전청구권가
등기와 소유권이전담보가등기를 말하고, 말소신청을 가등기명의인이 단독으
로 하거나 가등기명의인이 등기의무자로서 공동으로 하는지는 불문한다.

다만 소유권에 관한 가등기가 아닌 근저당권이전청구권가등기의 말소와 같은
경우에는 등기의무자가 소유권에 관한 가등기명의인인 경우가 아니므로 인감
증명을 제공할 필요가 없다. [22 법무사]

다) 소유권 외의 권리의 등기명의인이 등기의무자로서 법 제51조(확인조서·확인
서면·공증)에 따라 등기를 신청하는 경우 등기의무자의 인감증명

소유권 외의 권리의 등기명의인이 등기의무자로서 등기를 신청할 때에(◉ 근저
당권이전등기, 전세권이전등기, 근저당권말소등기, 전세권말소등기)에 등기필
정보를 제공한 경우에는 등기의무자의 인감증명을 제공할 필요가 없다. 위와
같은 등기신청을 대리인에게 위임할 경우에도 마찬가지이다(선례 5-124). 그러
나 등기필정보를 제공할 수 없어 소유권 외의 권리의 등기명의인이 등기의무자
로서 법 제51조(등기관의 확인조서, 자격자대리인의 확인서면, 공증인의 공
증을 받은 경우 모두 포함)에 따라 등기를 신청하는 경우에는 신청서나 위임
장에 신고된 인감을 날인하고 그 인감증명을 제출하여야 한다(규칙 제60조 제
1항 제3호). [23 법무사 / 22 법원사무관 / 19 등기주사보·법무사 / 18 등기주사보 / 15 법원사무관 / 14 등기서기보
·법무사 / 13 법무사 / 11 법무사 / 9 법무사]

이러한 취지는 등기의무자가 등기필정보가 없어 등기의무자가 등기소에 출석
하여 등기관의 확인을 받거나 신청서에 자격자대리인의 확인서면을 첨부하거
나 신청서 또는 위임장을 공증받아 등기를 신청하는 경우에는 등기의무자의
진의를 확인할 필요가 있기 때문에 그의 인감증명을 제출하도록 하고 있다.

등기된 지배인은 영업주에 갈음하여 그 영업에 관한 **재판상** 또는 **재판 외**(등기신청 등)의 모든 행위를 할 수 **있다**(상법 제11조 제1항).

법인이 등기필정보가 없는 경우 「부동산등기법」 제51조의 규정에 의하여 **확인조서**나 **확인서면** 또는 **공정증서**를 작성함에 있어서 등기의무자가 법인인 경우에는 그 **지배인**을 확인하거나 **지배인의 작성부분에 관한 공증**으로 대표권을 가진 임원 또는 사원의 본인확인 또는 그 작성부분에 관한 공증에 **갈음할 수 있다**(예규 1355). [23 등기서기보 · 법무사 / 19 법무사 / 16 법무사 / 14 등기서기보]

따라서 **등기필정보를 멸실한 법인의 지배인**이 법인 명의의 근저당권 말소등기를 신청할 경우 지배인의 자격을 증명하는 서류와 함께 지배인의 **(법인)인감증명**을 제출하여야 하고[18 법무사 · 법원사무관] 다른 지배인이나 대표자의 인감증명을 제출할 수는 없다(선례 7-84). 또한 지배인의 도장이라도 **인감이 신고되지 않은 지배인의 사용인감계**와 **대표자의 인감증명**으로 이를 대신할 수 없다(선례 제200507-5호). 주의할 것은 대표자로부터 등기신청을 위임받은 담당 직원을 확인함으로써 대표자 본인 확인을 대신할 수는 없다는 것이다(등기선례 3-110).

라) 규칙 제81조 제1항에 따라 **토지소유자들의 확인서**를 첨부하여 토지합필등기를 신청하는 경우 그 **토지소유자들의 인감증명**

가. 「공간정보의 구축 및 관리 등에 관한 법률」에 따른 **토지합병절차를 마친 후 합필등기를 하기 전**에 합병된 토지 중 어느 토지에 관하여 소유권이전등기가 된 경우라 하더라도 **이해관계인의 승낙**이 있으면 해당 토지의 소유권의 등기명의인들은 합필 후의 토지를 **공유로** 하는 합필등기를 신청할 수 있다(법 제38조 제1항). [19 법무사 / 16 등기서기보 / 15 법무사]

나. 「공간정보의 구축 및 관리 등에 관한 법률」에 따른 **토지합병절차를 마친 후 합필등기를 하기 전**에 합병된 토지 중 어느 **토지**에 관하여 제37조 제1항에서 정한 합필등기의 제한 사유에 해당하는 권리에 관한 등기가 된 경우라 하더라도 **이해관계인의 승낙**이 있으면 해당 토지의 소유권의 등기명의인은 그 권리의 목적물을 합필 후의 토지에 관한 **지분으로** 하는 합필등기를 신청할 수 있다. 다만, 요역지(要役地 : 편익필요지)에 하는 지역권의 등기가 있는 경우에는 합필 후의 토지 전체를 위한 지역권으로 하는 합필등기를 신청하여야 한다.

다. 위 규정에 따라 합필등기를 신청하는 경우에는 종전 토지의 소유권이 합병 후의 토지에서 차지하는 지분을 신청정보의 내용으로 등기소에 제공하고, 이에 관한 토지소유자들의 확인이 있음을 증명하는 정보를 첨부정보로서 등기소에 제공하여야 하며, 이해관계인이 있을 때에는 그 이해관계인의 승낙이 있음을 증명하는 정보를 첨부정보로서 등기소에 제공하여야 한다(규칙 제81조).

Chapter 03 신청절차　325

마) 규칙 제74조에 따라 **권리자의 확인서**를 첨부하여 토지분필등기를 신청하는 경우 그 권리자의 인감증명

1필의 토지의 일부에만 용익권이 있을 수도 있는데 만약 **1필의 토지의 일부에 지상권, 승역지지역권, 전세권, 임차권의 등기**가 있는 경우에 **분필등기**를 신청할 때에는 권리가 존속할 토지의 표시에 관한 정보를 신청정보의 내용으로 등기소에 제공하고, 이에 관한 **권리자의 확인이 있음을 증명하는 정보**(⑩ 권리존속 확인서 "지상권자가 작성한 어느 토지의 어느 부분에 지상권이 존속한다는 취지가 기재된 서면")를 첨부정보로서 등기소에 제공하여야 한다(규칙 제74조). [23 등기서기보 / 21 등기서기보] 이때 **권리자의 인감증명**도 같이 제출하여야 한다(규칙 제60조 제1항 제5호).

이 경우 그 권리가 분필 후의 토지(갑 토지 또는 을 토지)의 일부에 존속할 때에는 그 토지부분에 관한 정보도 신청정보의 내용으로 등기소에 제공하고, 그 부분을 표시한 지적도를 첨부정보로서 등기소에 제공하여야 한다(규칙 제74조). 다만 그 권리가 분할 후의 갑 토지 또는 을 토지의 전부에 존속하는 경우에는 지적도를 제공할 필요가 없다.

바) **협의분할에 의한 상속등기**를 신청하는 경우 상속인 전원의 인감증명

피상속인이 유언으로 상속재산의 분할금지를 정하지 아니하는 한 공동상속인은 언제든지 그 협의에 의하여 상속재산을 분할할 수 있다(「민법」 제1013조). 이러한 상속재산의 협의분할은 공동상속인 전원의 합의에 의하여 하여야 한다. 따라서 상속인 중 1인이라도 누락되거나 반대하면 협의분할은 무효가 된다. 그러므로 **협의분할**에 참여한 상속의 진의를 확인하기 위하여 **상속인 전원**의 인감을 날인하고 인감증명을 제출하여야 한다. [20 법무사 / 18 등기주사보]

사) **등기신청서에 제3자의 동의 또는 승낙을 증명하는 서면**을 첨부하는 경우 그 제3자의 인감증명

등기신청서에 **제3자의 동의 또는 승낙을 증명하는 서면**을 첨부하는 경우 그 제3자의 인감증명을 제공한다. [21 등기서기보 / 18 등기주사보 / 9 법무사]

권리의 변경·경정등기(법 제52조 제5호), 말소등기(법 제57조), 말소회복등기(법 제59조), 중복등기의 정리(규칙 제39조), 규약상 공용부분인 뜻의 등기(법 제47조) 등 등기상 이해관계가 있는 제3자가 있는 경우 그 제3자의 승낙서 등을 제공하여야 한다.

이렇게 동의자나 승낙자의 인감증명을 제공하도록 하는 이유는 동의자나 승낙자는 등기신청인이 아니라 등기관이 등기신청의사를 확인할 수 없으므로 별도의 서면으로 동의자 등의 의사에 대한 진정성을 확인하기 위한 것이다.

아) 법인 아닌 사단이나 재단의 등기신청에서 대법원예규로 정한 경우

대표자 증명서면 또는 사원총회결의서(정관이나 그 밖의 규약으로 그 소유부

동산을 처분하는데 있어서 위 결의를 필요로 하지 않는다고 정하고 있을 경우에는 제외)에는 그 사실을 확인하는 데 상당하다고 인정되는 2인 이상의 성년자가 사실과 상위 없다는 취지와 성명을 기재하고 인감을 날인하여야 하며, 날인한 인감에 관한 인감증명을 제출하여야 한다. 다만 변호사 또는 법무사가 등기신청을 대리하는 경우에는 변호사 또는 법무사가 위 각 서면에 사실과 상위 없다는 취지를 기재하고, 기명날인함으로써 인감날인 및 인감제공에 갈음할 수 있다. [22 등기서기보 / 21 등기서기보 / 20 법무사 / 15 법무사]

법인 아닌 사단이 등기를 신청하는 경우 그 대표자 또는 관리인을 증명하는 서면 등에 **성년자 2인 이상의 인감을 날인하도록 한 취지**는, 그 서면에 기재된 내용이 사실이며 등기신청을 하는 현재 시점에도 여전히 유효하다는 점을 보증하도록 하고자 하는 것인바, 비록 그 서면이 결의서로써 **결의서 작성 당시 인감이 날인되어 있다고 하더라도** 이는 그 결의 당시의 사실을 확인하는 의미만 있을 뿐, 그러한 사실이 현재 등기신청하는 시점까지 유효하다는 의미까지 포함될 수는 없는 것이다(선례 200709-3).

따라서 비록 대표자 또는 관리인을 증명하는 서면 등이 결의서로써 그 결의서 작성 당시에 인감이 날인되어 있다고 하더라도, 이와는 별도로 2인 이상의 성년자(결의서 작성 당시에 날인한 자와 동일인이더라도 무방함)가 사실과 상위함이 없다는 취지와 성명을 기재하고 인감을 날인하여야 할 것이다(선례 200709-3). [21 법무사 / 10 법무사]

또한, **여기서의 2인 이상의 성년자**는 반드시 결의서 작성 당시에 날인한 자와 동일할 필요는 없다(선례 202108-3).

(나) 처분권한을 수여한 경우

제1항 제1호부터 제3호까지 및 제6호에 따라 인감증명을 제출하여야 하는 자가 다른 사람에게 권리의 처분권한을 수여한 경우에는 그 대리인의 인감증명을 함께 제출하여야 한다.

(다) 기타

가) 실제 지분을 증명하는 경우

① 소유권보존등기

소유권보존등기의 경우 원칙적으로 인감증명을 제공할 필요가 없지만, 등기권리자가 2인 이상인 때에는 등기신청서에 그 지분을 기재하여야 하므로, 건축물대장상 소유명의인이 갑과 을로 등재되어 있으나 그 공유지분의 표시가 없는 건물에 대하여는 신청서에 갑과 을의 공유지분이 각 1/2인 것으로 기재하여 소유권보존등기를 신청하여야 할 것이다. 그러나 만약 갑과 을의 실제 공유지분이 균등하지 않다면, 갑과 을이 공동으로 작성한 공유지분을 증명하는 서면과 실제의 지분이 균등하게 산정한 지분보다 적은 자의 인감증명을 첨부하여 실제의 지분에 따른 소유권보존등기를 신청할 수 있다(선례 5-260).

② 전세권설정등기

전세권을 여러 명이 준공유하는 경우에는 전세권자별 지분을 기록하여야 하는 바(「민법」 제278조, 「부동산등기법」 제48조 제4항 참조), 공동전세권자 갑, 을, 병, 정이 준공유하는 건물전세권을 등기할 때에 그들의 각 지분을 기록하여야 함에도 착오로 이를 누락하였다면 갑, 을, 병, 정은 자신들의 각 지분을 추가 기록하는 경정등기를 신청할 수 있다. 이 경우 공동전세권자별 지분이 4분의 1로 균등하다면 별도의 지분을 증명하는 정보를 첨부정보로서 제공할 필요가 없으나, 만일 공동전세권자별 실제 지분이 균등하지 않다면 공동전세권자들 사이에 작성된 실제 지분 비율을 증명하는 정보(공동전세권자 전원이 함께 작성한 확인서 등)와 현재 등기 기록상 균등하게 추정되는 지분보다 지분이 적은 자의 인감증명을 첨부정보로 제공하여야 한다. 이와 같이 누락된 공동전세권자별 지분을 추가 기록하는 경정등기는 그 전세권의 존속기간이 만료된 경우라 하더라도 신청할 수 있다(선례 201807-3).

③ 가등기이전등기

공동가등기권자의 지분이 기록되어 있지 아니한 때에는 그 지분은 균등한 것으로 보아 본등기를 허용하고, 일부의 가등기권자가 균등하게 산정한 지분과 다른 가등기지분을 주장하여 그 가등기에 의한 본등기를 신청하고자 할 경우에는 먼저 가등기지분을 기록하는 의미의 경정등기를 신청하여야 한다. 이 경우 그 경정등기신청은 가등기권자 전원이 공동으로 하여야 하고 등기신청서에는 가등기권자 전원 사이에 작성된 실제의 지분비율을 증명하는 서면과, 실제의 지분이 균등하게 산정한 지분보다 적은 가등기권자의 인감증명을 첨부하여야 한다(예규 1632).

④ 공유물분할

10인 공유의 1필지 부동산에 대한 공유물분할소송에서 A부분은 갑소유로, B부분은 을소유로, C부분은 병을 포함한 8인이 공유(공유자의 지분 표시가 없음)하는 것으로 분할한다는 강제조정이 확정된 경우에는, 그 소송의 당사자는 원·피고에 관계없이 조정에 갈음하는 결정조서를 첨부하여 등기권리자 단독으로 공유물분할을 원인으로 한 지분이전등기를 신청할 수 있고, C부분의 공유자 8인의 지분이 실제로 균등하지 아니한 경우에는 공유자 전원이 작성한 확인서와 인감증명서를 첨부하여 실제의 지분대로 공유물분할에 의한 소유권이전등기를 신청할 수 있다(선례 7-234).

나) 동일인 보증서

① **등기명의인표시경정등기**의 신청을 위해서는 등기명의인의 표시의 경정을 증명하는 시·구·읍·면의 장의 서면 또는 이를 증명함에 족한 서면을 신청서에 첨부하여야 하고, **후단에 속하는 서면**으로 동일인보증서를 첨부할 경우에는 동일인임을 보증하는 자의 인감증명 및 기타 보증인의 자격을 인정할 만한 서면(공무원 재직증명, 법무사 인가증 사본 등)을 함께 제출하여야 한다(예규 1564).

② 동일인보증서를 제공하는 경우에는 동일인보증서에 동일인임을 보증하는 자가 인감을 날인하고 그의 인감증명서를 함께 제출하여야 하는 바, 이 경우 인감을 날인하고 인감증명서를 제출하는 대신 서명을 하고 본인서명사실확인서를 제출할 수 있다. 동일인임을 보증하는 자가 몇 명이어야 하는지에 관하여는 법령에 특별히 규정되어 있지 아니하므로 구체적인 사건에서 해당 등기신청사건을 심사하는 담당 등기관이 결정할 사항이다(선례 201905-2). 또한 보증인의 자격을 반드시 당해 부동산소재지 거주자로 제한하고 있지는 않다.

③ 합유자 중 일부가 사망하여 이를 원인으로 합유명의인 변경등기를 신청할 때에 합유명의인(잔존 합유자, 사망한 합유자 포함)의 동일성을 증명하는 정보로서 주소를 증명하는 정보를 제공할 수 없다면 동일인 보증서와 함께 동일인임을 보증하는 자의 인감증명서 및 보증인의 자격을 인정할 만한 서면(공무원 재직증명, 법무사 인가증 사본 등)을 제출할 수 있는바, 여기에서 **보증인**은 반드시 공무원이나 법무사 등으로 한정되는 것은 아니며, 그 밖에 동일인임을 보증함에 있어 신뢰할 만한 자격이 있다고 인정되는 자 또한 보증인이 될 수 있다. 다만 구체적인 사건에서 그러한 자격이 있는 보증인인지 여부는 해당 등기신청사건을 심사하는 담당등기관이 판단할 사항이다(선례 201911-5).

나. 제공하지 않는 경우

(가) 단독신청의 경우

소유권의 등기명의인이 단독으로 신청하는 경우에는 원칙적으로 인감증명을 제공하지 않는다. 따라서 ① 부동산표시변경등기 또는 등기명의인표시변경등기, ② 승소한 등기권리자, 수용 등에 의한 등기권리자의 단독신청, ③ 상속·합병 등 포괄승계로 인한 등기의 경우에는 인감증명을 제공할 필요가 없다.

그러니 포괄승계인에 의한 등기 또는 유증을 원인으로 하는 등기는 등기의무자의 인감증명을 제공하여야 한다.

(나) 진정성이 담보되는 경우

가) 관공서

관공서는 허위의 등기를 할 염려가 적고 그 진정성이 인정되므로, **인감증명을 제출하여야 하는 자가 관공서인 경우에는 인감증명을 제출할 필요가 없다** (규칙 제60조 제3항). [22 법무사 / 14 등기서기보 / 13 법무사] 즉 관공서가 등기의무자이거나 동의 또는 승낙 권한을 갖는 경우 등에 있어서도 관공서의 인감증명은 제공할 필요가 없다. 여기서의 관공서는 국가 또는 지방자치단체만을 의미하므로 일반적인 공사는 인감증명을 제공하여야 한다(선례 3-213 참조).

다만 **관공서가 등기권리자인 경우에 그 상대방인 등기의무자의 인감증명은 제공하여야 한다.** [14 등기서기보] 따라서 관공서가 등기권리자로서 촉탁서에 등기원인을 증명하는 서면과 등기의무자의 승낙서를 첨부하여 단독으로 등기촉탁을 하는 경우(법 제98조 제1항)에는 등기의무자의 인감증명도 함께 제출하여야 한다.

나) 공정증서

규칙 제1항 제4호부터 제7호까지의 규정에 해당하는 서면이 공정증서이거나 당사자가 서명 또는 날인하였다는 뜻의 공증인의 인증을 받은 서면인 경우에는 인감증명을 제출할 필요가 없다.

즉 ① 토지합필의 특례 규정(법 제38조, 규칙 제81조)에 따른 토지소유자들의 확인서, ② 토지분필등기 신청서에 첨부하는 규칙 제74조에 따른 권리자의 확인서, ③ **상속재산분할협의서,** [18 법무사 / 11 법무사] ④ **제3자의 동의 또는 승낙을 증명하는 서면**[17 등기주사보·등기서기보 / 14 등기서기보 / 13 법무사 / 11 법무사]이 공정증서인 경우에는 인감증명을 제출할 필요가 없다.

내국인(대한민국 국민으로서 재외국민이 아닌 자를 말한다. 이하 같다)이 부동산의 처분을 위임하여 「부동산등기규칙」 제60조 제1항 제1호에 해당하는 등기를 신청하는 경우 그 **처분위임장**에는 위임인인 내국인이 「인감증명법」에 따라 신고한 인감을 날인하고 그 인감증명을 첨부해야 하며, 위 처분위임장이 공정증서이거나 당사자가 서명 또는 날인하였다는 뜻의 공증인의 인증을 받은 서면인 경우에도 같다(🈺 공증으로 갈음 × → 인감증명 필요).

다만 위와 달리 상속인인 내국인이 상속재산분할협의에 관한 권한을 대리인에게 수여하는 경우에는 분할의 대상이 되는 부동산과 대리인의 인적사항을 구체적으로 특정하여 작성한 **상속재산분할협의 위임장**을 등기소에 첨부정보로서 제공하여야 하며, 이러한 상속재산분할협의 위임장이 공정증서이거나 당사자가 서명 또는 날인하였다는 뜻의 공증인 인증을 받은 서면인 경우에는 「인감증명법」에 따라 신고한 인감을 날인하거나 그 인감증명을 첨부할 필요가 없다(선례 202012-1).

3) 제공절차(예규 1308)

인감증명에 관한 사무는 시장(특별시장·광역시장 제외)·군수 및 자치구의 구청장이 관장한다(「인감증명법」 제2조). 인감증명을 받으려는 사람은 미리 그 주소를 관할하는 증명청에 인감을 신고하여야 하며(동법 제3조 제1항), 인감증명의 발급은 시장·군수·구청장이나 읍장·면장·동장·출장소장이 한다(동법 제12조).

가. 제공하여야 하는 정보

(가) 내국인

시장·군수·구청장이나 읍장·면장·동장·출장소장이 발급한 인감증명을 제공한다.

(나) 재외국민

인감증명을 제출하여야 하는 자가 재외국민인 경우에는 「인감증명법」에 따른 인감증명을 제공하는 것이 원칙이나, 위임장이나 첨부서면에 본인이 서명 또는 날인하였다는 뜻의 「재외공관 공증법」에 따른 인증을 받음으로써 인감증명의 제출을 갈음할 수 있다(규칙 제61조 제3항).

(다) 외국인

인감증명을 제출하여야 하는 자가 외국인인 경우에는 「인감증명법」에 따른 인감증명 또는 본국의 관공서가 발행한 인감증명을 제출하여야 한다. 다만 본국에 인감증명제도가 없고 또한 「인감증명법」에 따른 인감증명을 받을 수 없는 자는 신청서나 위임장 또는 첨부서면에 본인이 서명 또는 날인하였다는 뜻의 **본국 관공서의 증명**이나 **본국 또는 대한민국 공증인의 인증**(「재외공관 공증법」에 따른 인증을 포함한다)을 받음으로써 인감증명의 제출을 갈음할 수 있다(규칙 제61조 제4항).

(라) 법인

인감증명을 제출하여야 하는 자가 **법인** 또는 국내에 영업소나 사무소의 설치등기를 한 외국법인인 경우에는 등기소의 증명을 얻은 그 대표자의 (🔵 법인)인감증명을 제출하여야 한다(규칙 제61조 제1항). [14 법무사]

(마) 비법인

법인 아닌 사단이나 재단인 경우에는 그 대표자나 관리인의 (🔵 개인)인감증명을 제출하여야 한다(규칙 제61조 제1항). [22 법무사]

(바) 법정대리인

법정대리인이 제60조 제1항 제1호부터 제3호까지의 규정에 해당하는 등기신청을 하거나, 제4호부터 제7호까지의 서류를 작성하는 경우에는 **법정대리인의 인감증명**을 제출하여야 한다(규칙 제61조 제2항).

나. 제공방법

(가) 날인방법

등기신청서에 첨부되는 인감증명서의 인영은 등기관이 육안으로 확연히 확인할 수 있도록 선명하게 날인되어 있어야 한다.

(나) 용도 및 상대방

가) 용도

① 매매를 원인으로 한 소유권이전등기신청의 경우에는 부동산매수자란에 매수인의 성명(법인은 법인명)·주민등록번호 및 주소가 기재되어 있는 인감증명서(이하 "부동산매도용 인감증명서"라 함)를 첨부하여야 한다.

매매 이외(증여·교환 등)의 원인으로 인한 소유권이전등기신청의 경우에는 부동산매도용 인감증명서를 첨부할 필요가 없으며, 등기신청서에 첨부된 인감증명서상의 사용용도와 그 등기의 목적이 다르더라도 그 등기신청은 이를 수리하여야 한다. [21 등기서기보 / 20 법무사 / 16 등기서기보 / 15 법원사무관]

따라서 사용용도란에 가등기용으로 기재된 인감증명서를 근저당권설정등기신청서에 첨부하거나, 부동산매도용 인감증명서를 지상권설정등기신청서에 첨부하여도 그 등기신청을 수리한다. [23 법원사무관·법무사 / 17 등기주사보·등기서기보 / 13 법무사]

② 매도용으로 인감증명서를 발급받으려는 자는 부동산 매수자의 인적사항(성명·주소 및 주민등록번호)를 관계공무원에게 구술이나 서면으로 제공하고 인감증명서의 매수자란에 기재된 내용이 본인이 제공한 위 정보와 일치하는지 확인한 후 발급신청자 서명란에 반드시 서명하여야 하나(「인감증명법 시행령」 제13조 제3항), 매매 이외(증여·교환 등)의 경우에는 매도용 인감증명서를 첨부할 필요가 없으므로, 발급신청자의 서명이 반드시 필요한 것은 아니다(선례 제202404-2호).

따라서 증여를 원인으로 한 소유권이전등기나 (근)저당권설정등기 등 매매를 원인으로 한 소유권이전등기 외의 등기신청 시 발급신청자의 서명이 누락된 부동산매도용 인감증명서가 제출되었다고 하더라도 등기관은 그 등기신청을 수리하여야 한다(선례 제202404-2호).

나) 상대방

매매를 원인으로 한 소유권이전등기신청 시에 첨부하는 **부동산매도용 인감증명**에는 부동산매수자란에 **매수인의 성명**(법인은 법인명)·**주민등록번호** 및 **주소**가 기재되어 있어야 한다.

매매 이외의 원인으로 인한 등기신청에는 일반적인 인감증명을 첨부하고 이 경우에는 거래 **상대방의 인적사항을 기재하지 않는다.**

(다) 수임인

본인서명사실확인서와 달리 인감증명서에는 수임인을 기재하지 않는다.

(라) 심사

인감증명서상의 등기의무자의 주소가 종전 주소지로 기재되어 있는 등 현주소와 일치하지 아니하더라도 주민등록표등본의 주소이동 내역에 인감증명서상의 주소가 종전 주소로서 표시되어 있거나 성명과 주민등록번호 등에 의하여 동일인임이 인정되는 경우에는 그 인감증명서가 첨부된 등기신청은 수리하여야 한다. [20 법무사] 부동산매도용 인감증명서에 기재된 매수자와 매매를 원인으로 한 소유권이전등기신청서에 기재된 등기권리자의 인적사항이 일치되지 아니한 등기신청은 수리하여서는 아니된다. [11 법무사] 다만 부동산매도용 인감증명서의 매수인 주소가 주민등록표등본상의 현주소와 일치하지 않더라도 주민등록표등본상의 주소이동사항란에 기재된 전주소(전전주소 포함)와 연결이 되고, 성명과 주민등록번호 등을 대조하여 동일인으로 인정되거나(선례 6-85) 인감증명서상의 매수인 주소가 번지의 기재만 누락되었을 뿐 나머지 기재 부분(아파트 및 동, 호수 표시 등)은 주민등록등본상 현주소와 일치하는 경우에는 성명과 주민등록번호 등을 대조하여 동일인으로 인정된다면 위 인감증명서를 첨부한 등기신청은 다른 흠결사유가 없는 한 수리하여야 할 것이다(선례 5-119). [23 법원사무관]

부동산의 매수인이 다수인 경우 인감증명서상의 매수자란 중 성명란에 "○ ○ ○ 외 ○명"으로 기재하고, 주민등록번호 및 주소란에 첫번째 매수인 1인의 주소와 주민등록번호를 기재한 다음 나머지 매수인들의 인적사항을 별지에 기재한 부동산매도용 인감증명서를 첨부한 등기신청은 이를 수리하되, 위의 경우 나머지 매수인들의 인적사항이 별지에 기재되지 아니한 채 성명란에 "○ ○ ○ 외 ○명"으로만 기재된 부동산매도용 인감증명서가 첨부된 때에는 그 등기신청을 수리하여서는 아니된다. [20 법무사 / 17 등기주사보·등기서기보]

매수인이 지방자치단체인 경우에는 지방자치단체의 명칭만 기재하더라도 매수인이 특정되므로 지방자치단체의 사무소 소재지나 부동산등기용등록번호 등은 이를 기재하거나 기재하지 아니하여도 무방할 것이다. 따라서 지방자치단체가 매수인인 매매를 원인으로 한 소유권이전등기신청서에 첨부하는 인감증명서상의 매수자란에는 매수인인 지방자치단체의 명칭 외에 지방자치단체의 사무소의 소재지는 기재되어 있지 아니하여도 무방할 것이다(선례 5-121).

다. 유효기간

등기신청서에 첨부하는 인감증명, 주민등록표등본·초본, 가족관계등록사항별증명서, 법인등기사항증명서, 건축물대장·토지대장·임야대장 등본은 발행일부터 3개월 이내의 것이어야 한다. [23 법무사 / 21 등기서기보 / 18 등기서기보 / 16 법무사 / 14 등기서기보]

인감증명서의 유효기간 3월의 기간 계산에 있어 인감증명서의 발행일인 **초일은 산입하지 아니하고**, 그 기간의 말일이 공휴일인 때에는 그 다음 날로 기간이 만료된다(예규 1308). [20 법무사 / 14 법무사 / 11 법무사]

발급일자가 누락된 인감증명서를 첨부한 소유권이전등기신청은 기간 계산을 할 수 없으므로 **수리할 수 없다**(선례 3-209). [23 법원사무관]

4) 제공하지 못한 경우(법 제29조 제9호)

등기를 신청하면서 필요한 인감증명의 첨부 없이 소유권이전등기를 신청한 경우 그 등기신청은 법 제29조 제9호(등기에 필요한 첨부정보를 제공하지 아니한 경우)에 의하여 각하하여야 한다. 그러나 법 제29조 제2호의 사건이 등기할 것이 아닌 경우에 해당하지는 않으므로 등기관이 **직권으로 말소할 수는 없다**(법 제58조).

(2) 본인서명사실확인서 등(예규 1780)

1) 서설

본인서명사실확인서는 본인이 직접 서명한 사실을 발급기관이 확인한 종이문서로서(「서명확인법」 제2조 제3호), 인감증명법에 따른 인감증명을 갈음하여 사용할 수 있다.

「부동산등기법」 및 「부동산등기규칙」, 「상업등기법」 및 「상업등기규칙」 그 밖의 법령, 대법원예규에서 등기소에 제출하는 신청서 등에 「인감증명법」에 따라 신고한 인감을 날인하고 **인감증명서를 첨부하여야 한다고 정한 경우**, 이에 갈음하여 신청서 등에 서명을 하고 **본인서명사실확인서**를 첨부하거나 **발급증**을 첨부할 수 있다. [23 법무사 / 19 법무사 / 17 등기주사보 / 13 법무사]

본인서명사실확인서 및 전자본인서명확인서 발급 제도는 인감증명의 제공에 갈음하는 것이므로 인감증명서를 제공하는 등기신청에는 모두 적용되므로 별도로 검토하지 않고 서명방법 등 인감증명서와 다른 사항을 중점적으로 검토한다.

2) 제공여부

인감증명서의 제공과 동일하다.

3) 제공방법

가. 서명방법

본인서명사실확인서와 신청서 등의 서명은 본인 고유의 필체로 자신의 성명을 기재하는 방법으로 하여야 하며[24 법무사 / 19 법무사], 등기관이 알아볼 수 있도록 명확히 기재하여야 한다.

신청서 등의 서명은 본인서명사실확인서의 서명이 **한글**로 기재되어 있으면 **한글**로, **한자**로 기재되어 있으면 **한자**로, **영문**으로 기재되어 있으면 **영문**으로 각각 기재하여야 한다. [24 법무사 / 15 법무사]

본인서명사실확인서의 서명이 한글이 아닌 문자로 기재되어 있다 하더라도 **등기신청서의 성명은 반드시 한글로** 기재하여야 한다. [19 법무사 / 15 등기서기보]

등기관은 본인서명사실확인서와 신청서 등에 **다음 각 호의 어느 하나에 해당하는 방법**

으로 서명이 된 경우에는 해당 등기신청을 수리하여서는 아니된다. [17 등기주사보 / 15 법무사 / 13 법무사]

① 본인서명사실확인서와 신청서 등의 서명 문자가 서로 다른 경우
② 본인의 성명을 전부 기재하지 아니하거나 서명이 본인의 성명과 다른 경우
③ 본인의 성명임을 인식할 수 없을 정도로 흘려 쓰거나 작게 쓰거나 겹쳐 쓴 경우
④ 성명 외의 글자 또는 문양이 포함된 경우(기호 등)
⑤ 그 밖에 등기관이 알아볼 수 없도록 기재된 경우

나. 용도 및 상대방

본인서명사실확인서 등의 매도 용도란에는 부동산 매수자의 성명・주소 및 주민등록번호가 모두 기재되어 있어야 하며, 위 기재사항이 누락된 경우 해당 등기신청을 수리하여서는 아니된다. [17 등기주사보 / 15 법무사・등기서기보 / 13 법무사] 다만, 부동산 매수자가 국가나 지방자치단체 등의 기관인 경우, 법인의 명칭만 기재하고 법인등록번호와 주사무소의 소재지는 기재하지 아니할 수 있다.

매매를 원인으로 하는 **부동산소유권 이전등기신청** 외의 등기신청을 할 경우에는 본인서명사실확인서 등의 일반 용도란에 신청할 등기유형이 기재되어 있지 아니한 경우 그 등기신청을 수리하여서는 아니된다(예 ○○ 주식회사 이사 취임등기용, 근저당권 설정용).

다. 수임인

대리인이 본인서명사실확인서 또는 발급증을 첨부하여 등기신청을 대리하는 경우에는 본인서명사실확인서 또는 전자본인서명확인서의 위임받은 사람란에 대리인의 성명과 주소가 기재되어 있어야 한다. 다만 대리인이 변호사[법무법인・법무법인(유한) 및 법무조합을 포함한다]나 법무사[법무사법인・법무사법인(유한)을 포함한다]인 자격자대리인인 경우에는 성명란에 "변호사○○○" 또는 "법무사○○○"와 같이 자격자대리인의 자격명과 성명이 기재되어 있으면 자격자대리인의 주소는 기재되어 있지 않아도 된다.

[24 법무사 / 19 법무사 / 15 법무사・등기서기보 / 13 법무사]

본인서명사실확인서 또는 전자본인서명확인서의 위임받은 사람란에 기재된 사람과 위임장의 수임인은 같은 사람이어야 하며, 용도란의 기재와 위임장의 위임취지는 서로 부합하여야 한다. [24 법무사]

라. 심사

등기관은 본인서명사실확인서 또는 전자본인서명확인서상의 등기의무자(서명자)의 주소가 종전 주소지로 기재되어 있는 등 현주소와 일치하지 아니하더라도 주민등록표초본 또는 등본의 주소이동 내역에서 확인(주민등록표등본의 주소이동 내역에 본인서명사실확인서의 주소가 종전 주소로서 표시되어 있는 경우)되거나 성명과 주민등록번호 등에 의하여 같은 사람임이 인정되는 경우에는 다른 흠결사유가 없는 한 수리하여야 한다.

[24 법무사 / 15 법무사]

본인서명사실확인서 또는 전자본인서명확인서에 기재된 **부동산 매수자와 신청서 등에** 기재된 등기권리자의 인적사항이 일치하지 않는 등기신청은 수리하여서는 아니된다. [19 법무사 / 17 등기주사보 / 15 등기서기보] 그러나 같은 사람임이 인정되는 경우에는 다른 흠결사유가 없는 한 수리하여야 한다.

마. 유효기간

본인서명사실확인서 또는 전자본인서명확인서는 발행일부터 3개월 이내의 것이어야 한 다. [13 법무사] 발행일인 초일은 산입하지 아니하고, 그 기간의 말일이 공휴일인 때에는 그 다음 날로 기간이 만료된다.

■ 본인서명사실 확인 등에 관한 법률 시행령 [별지 제2호서식] 〈개정 2024.4.2.〉

문서확인번호

※ 이 용지는 위조식별표시가 되어 있음

본인서명사실확인서

※ 인감증명서와 동일한 효력을 가지고 있습니다.

성명 (한자)	( )	서 명	
주민등록번호			
주소			

용도	매도 용도	[ ] 부동산 매수자, [ ] 자동차 매수자	
		성명(법인인 경우에는 법인명)	주민등록번호(법인인 경우에는 법인등록번호)
		주소(법인인 경우에는 주된 사무소의 소재지)	
	일반 용도 (그 외의 용도)		

위임받은 사람	성명
	주소(자격증 소지자 외의 사람에게 위임하는 경우만 작성)

위의 기재사항에 이상이 없음을 확인합니다.

발급 신청자   (서명)

비 고	
발급번호	수수료 600원

위 본인의 서명사실을 확인합니다.

20 년 월 일

시장 · 군수 · 구청장 또는
읍장 · 면장 · 동장 및 출장소장   직인

작성방법 및 유의사항

1. 서명은 작성자 고유의 필체로 자신의 성명을 한글 또는 한자(외국인등록자는 외국인등록표, 국내거소신고자는 국내거소신고원부 상의 기호)로 다른 사람이 알아볼 수 있도록 적어야 합니다.

2. 주민등록번호란은 미주민등록 재외국민인 경우에는 여권번호를, 국내거소신고를 한 외국국적동포인 경우에는 국내거소신고번호를, 외국인인 경우에는 외국인등록번호를 적습니다.

3. 용도란[부동산 매도 용도 및 자동차 매도 용도의 경우 성명(법인명), 주민등록번호(법인등록번호), 주소를 포함합니다] 및 위임받은 사람란은 신청인으로부터 구술이나 서면으로 정보를 받아 관계 공무원이 입력하고, 신청인은 전산 입력 내용에 이상이 없음을 확인한 후 출력된 용지에 직접 서명하여야 하며, 그 사실 여부 등에 대해서는 발급기관이 책임을 지지 않습니다.

4. 부동산 또는 자동차 매수자가 "국가"나 "지방자치단체", "국제기구"와 "외국정부", 「공공기관의 운영에 관한 법률」 제4조에 따른 법인·단체 또는 기관(공사·공단 등), 「지방공기업법」에 따른 "지방공사" 및 "지방공단", 「금융위원회의 설치 등에 관한 법률」 제38조 제1호부터 제8호까지 및 「새마을금고법」에 따른 새마을금고(중앙회 포함) 등 은행, 보험회사 등의 기관인 경우에는 용도의 매도용란에 매수자인 법인명만 기재하고 법인등록번호와 주된 사무소의 소재지는 기재하지 않아도 됩니다.

5. 용도의 일반 용도(그 외의 용도)란은 본인서명사실확인서를 제출받는 기관이 요청하는 내용을 적습니다(예시: 근저당설정용, 가등기설정용, 은행제출용, 대출보증용, 선박등기용(매수자의 성명 등), 법인등기용, 공탁금 수령용, 보관금 수령용 등).

6. 위임받은 사람란은 다른 사람에게 위임하여 본인서명사실확인서를 법원 등에 제출하는 경우 제출받는 기관의 요청에 따라 위임받은 사람의 성명과 주소를 적습니다. 다만, 변호사, 법무사 등 자격증 소지자에게 위임하는 경우에는 성명란에 자격증 소지자의 성명과 자격증명을 기재하면 주소를 기재하지 않을 수 있습니다(예시: ○○○ 법무사).

7. 발급 이후에 용도, 위임받은 사람 등의 기재사항을 임의로 고치거나, 이 확인서를 위조·변조하는 경우에는 「형법」 등 관련 법령에 따라 처벌을 받을 수 있습니다.

8. 비고란은 미성년자 또는 피한정후견인의 표시와 미성년자의 법정대리인 또는 한정후견인의 성명 및 주민등록번호(미주민등록 재외국민인 경우에는 여권번호를, 국내거소신고를 한 외국국적동포인 경우에는 국내거소신고번호를, 외국인인 경우에는 외국인 등록번호)를 적습니다.

9. 2028년 12월 31일까지 수수료는 무료입니다.

210mm×297mm[특수용지(80g/㎡)]

관련 기출지문

1 근저당권이전청구권가등기의 말소등기를 등기의무자와 등기권리자가 공동으로 신청하는 경우에는 등기의무자의 인감증명을 첨부정보로 제공하여야 한다. (×)　　[22 법무사]

2 근저당권자가 등기의무자로서 근저당권이전등기를 신청하는 경우에는 원칙적으로 근저당권자의 인감증명을 제공하여야 한다. (×)　　[18 법원사무관]

3 저당권설정등기의 말소등기를 신청할 때에 등기의무자의 등기필정보가 없어 등기의무자가 등기소에 출석하여 등기관으로부터 확인을 받은 경우에는 등기의무자인 저당권자의 인감증명을 제출할 필요가 없다. (×)　　[19 등기주사보]

4 등기의무자의 등기필정보가 없어 등기신청서(또는 등기신청 위임장) 중 등기의무자의 작성부분에 관하여 공증을 받은 경우에는 인감증명을 제출할 필요가 없다. (×)　　[15 법원사무관]

5 공정증서인 협의분할계약서에 의하여 상속등기를 신청하는 경우에 상속인 전원의 인감증명을 제출하여야 한다. (×)　　[18 법무사]

6 협의분할에 의한 상속등기를 신청하는 경우에는 분할협의서에 날인한 상속인 전원의 인감증명을 첨부하여야 하며, 공증인의 공증을 받은 공정증서를 제출한다 하더라도 이를 생략할 수 없다. (×)　　[11 법무사]

7 소유권 외의 권리의 등기명의인이 등기의무자로서 등기필정보가 없어 등기소에 출석하여 등기관으로부터 등기의무자임을 확인받는 때에는 등기의무자의 인감증명을 제출하지 않아도 된다. (×)　　[23 법무사]

8 소유권 외의 권리의 등기명의인이 등기의무자로서 등기필정보가 없어 등기소에 출석하여 등기관으로부터 등기의무자임을 확인받는 때에도, 등기관이 확인조서를 작성하는 경우 등기의무자의 인감증명을 제출하지 않아도 된다. (×)　　[19 법무사]

9 등기의무자의 등기필정보가 없어 등기신청서(또는 등기신청 위임장) 중 등기의무자의 작성부분에 관하여 공증을 받은 경우에는 인감증명을 제출할 필요가 없다. (×) [15 법원사무관]

10 인감증명의 사용용도란에 가등기용으로 기재된 인감증명서를 근저당설정등기신청서에 첨부하였다면 등기관은 그 등기신청을 각하하여야 한다. (×) [17 등기주사보·등기서기보]

11 인감증명의 사용용도란에 가등기용으로 기재된 인감증명서를 근저당권설정등기에 사용할 수 없다. (×) [13 법무사]

12 부동산의 매수인이 다수인 경우 인감증명서상의 매수자란 중 성명란에 ○○○ 외 ○명으로 기재하고 매수인 중 1인의 인적사항만을 기재한 부동산매도용 인감증명서를 첨부하는 것도 가능하다. (×) [20 법무사]

13 등기신청서에 첨부하는 인감증명은 발행일부터 1개월 이내의 것이어야 한다. (×) [23 법무사]

14 등기신청서에 첨부하는 인감증명은 발행일부터 6개월 이내의 것이어야 한다. (×) [21 등기서기보]

15 등기신청서 등에 인감을 날인하고 본인서명사실 확인 등에 관한 법률에 따라 발급된 본인서명사실확인서를 첨부한 경우에는 인감증명서를 제출한 것으로 본다. (×) [23 법무사]

16 본인서명사실확인서와 신청서 등의 서명은 본인 고유의 필체로 자신의 성명을 기재하거나 서명자의 동일성을 확인할 수 있는 기호를 표시하는 방법으로 하여야 한다. (×) [17 등기주사보 / 13 법무사]

17 등기신청서의 성명은 본인서명사실확인서의 서명이 한글로 기재되어 있으면 한글로, 한자로 기재되어 있으면 한자로, 영문으로 기재되어 있으면 영문으로 각각 기재하여야 한다. (×) [24 법무사]

18 본인서명사실확인서의 서명이 한글이 아닌 문자로 기재되어 있으면 등기신청서의 성명도 그와 똑같은 문자로 기재하여야 한다. (×) [19 법무사 / 15 등기서기보]

19 본인서명사실확인서의 부동산 관련 용도란에는 매매를 원인으로 한 소유권이전등기를 신청하는 경우에만 신청할 등기유형과 거래상대방 등의 성명·주소 및 주민등록번호(법인인 경우에는 명칭과 주사무소의 소재지 및 법인등록번호)가 모두 기재되어 있어야 하며, 그 밖의 등기신청의 경우에는 이러한 내용이 기재되어 있지 않더라도 그 등기신청을 수리하여야 한다. (×) [15 법무사]

3. 주소증명정보

새로 등기명의인이 되는 등기권리자의 주소증명정보를 제공하여야 한다. 다만 **소유권이전등기**를 신청하는 경우에는 등기의무자의 주소증명정보도 제공하여야 한다(규칙 제46조 제1항 제6호). 주소증명정보는 아래의 등기권리자와 관련된 정보 중 2. 주소증명정보에서 자세한 내용을 다루도록 한다.

Ⅲ. 등기권리자와 관련된 정보

1. 세금영수증

취득세, 등록면허세(등록에 대한 등록면허세만 해당한다) 또는 수수료를 내지 않거나 등기신청과 관련하여 다른 법률에 따라 **부과된 의무를 이행히지 않은 경우** 해당 등기신청은 법 제29조 제10호에 의해 각하된다. 이러한 의무는 해당 등기 자체의 진실성 보장과는 별다른 관련이 없고, 주로 징세 등의 일정한 행정목적 달성을 위해 부과된다.

등기신청과 관련하여 다른 법률에 따라 부과된 의무로는 대표적으로, (i) 지방교육세 납부의무 (「지방세법」 제149조, 제150조), (ii) 농어촌특별세 납부의무(「농어촌특별세법」 제3조), (iii) 국 민주택채권 매입의무(「주택법」 제68조), (iv) 인지세 납부의무(「인지세법」 제1조), (ⅴ) 등기신청 수수료(법 제22조 제3항) 등을 들 수 있다.

등기를 신청하는 경우에는 취득세나 등록면허세 등 등기와 관련하여 납부하여야 할 세액 및 과세 표준액을 신청정보의 내용으로 등기소에 제공하여야 한다. 다른 법률에 의하여 부과된 의무사항 이 있을 때에도 같다(규칙 제44조).

등기관이 등기신청서를 조사할 때에는 ① 취득세(등록면허세) 영수필확인서[시·군·구 작성의 전 산처리된 용지(OCR고지서)이어야 함. 다만 지방세인터넷납부시스템(WETAX 또는 ETAX)을 이 용하여 납부한 후 출력한 납부서 또는 대법원 인터넷등기소의 정액등록면허세납부서 작성기능을 이용해 작성한 정액등록면허세납부서에 의한 것도 가능]의 첨부 여부와 그 납세명세, ② 국민주택 채권(도시철도채권을 포함. 이하 같다) 매입정보상의 매입자 성명 등이 등기신청서의 기재사항과 부합하는지 여부와 국민주택채권매입금액, ③ 당해 등기신청에 대한 신청수수료액과 그에 해당하 는 금액의 영수필확인서가 첨부되어 있는지 여부, ④ 전자수입인지의 첨부 여부 및 그 구매정보상 의 수입인지금액의 정확 여부 등을 반드시 조사·확인하여야 한다(예규 1566).

(1) 취득세 · 등록면허세

1) 서설

취득을 원인으로 등기를 하려는 경우에는 등기를 하기 전까지 취득세를 신고납부한 후 등 기신청서에 취득세영수필확인서 1부를 첨부하여야 한다(「지방세법」 제20조 제4항, 「지방 세법 시행령」 제36조). **취득을 원인으로 이루어지는 등기를 제외하고 재산권과 그 밖의 권 리의 설정, 변경 또는 소멸에 관한 사항을 등기하려는 경우에는 등기를 하기 전까지 신고납 부한 후 등기신청서에 등록면허세영수필확인서 1부를 첨부한다(「지방세법」 제23조 제1호, 제30조, 「지방세법 시행령」 제49조).

취득세 또는 등록면허세(등록에 대한 등록면허세만 해당한다)를 내지 아니한 경우는 등기 신청의 각하사유(법 제29조 제10호)에 해당한다.

2) 납세의무자

가. 취득세의 납세의무자

부동산을 취득한 자가 납세의무자가 된다. 예를 들어 소유권이전등기의 경우에는 소유 권을 이전받는 등기권리자(매수인, 상속인 등)가 취득세 납세의무자이다.

부동산의 취득은 민법 등 관계 법령에 따른 등기를 하지 아니한 경우라도 사실상 취득하 면 각각 취득한 것으로 보고 해당 취득물건의 소유자 또는 양수인을 각각 취득자로 본다.

상속(피상속인이 상속인에게 한 유증 및 포괄유증과 신탁재산의 상속을 포함한다)으로 인하여 취득하는 경우에는 상속인 각자가 상속받는 취득물건(지분을 취득하는 경우에 는 그 지분에 해당하는 취득물건을 말한다)을 취득한 것으로 본다.

배우자 또는 직계존비속의 부동산을 취득하는 경우에는 원칙적으로 증여로 취득한 것으로 본다. 다만 해당 부동산의 취득을 위하여 그 대가를 지급한 사실을 증명하는 경우 등에는 유상으로 취득한 것으로 본다.

상속개시 후 상속재산에 대하여 각 상속인의 상속분이 확정되어 등기가 된 후, 그 상속 재산에 대하여 공동상속인이 협의하여 재분할한 결과 특정 상속인이 당초 상속분을 초과하여 취득하게 되는 재산가액은 그 재분할에 의하여 상속분이 감소한 상속인으로부터 증여받아 취득한 것으로 본다. 다만 지방세법에 따른 신고·납부기한 내에 재분할에 의하여 취득한 경우 등에는 그러하지 아니하다.

따라서 **법정상속등기 후에 새로이 협의분할을 하여 소유권경정등기를 신청하는 경우** 특정 상속인이 **당초 상속분을 초과하여 취득하는 재산가액에 대하여는 새로이 취득세를 납부하여야 한다.** [20 법무사]

나. 등록면허세의 납세의무자

등기를 하는 자가 납세의무자가 된다. 예를 들어 지상권, 지역권, 전세권, 임차권 설정 등기의 경우에는 각각 지상권자, 지역권자, 전세권자, 임차인이 납세의무자이다.

근저당권설정등기는 근저당권자, 근저당권이전등기는 근저당권을 이전받는 자, 근저당권말소등기는 근저당권설정자 또는 말소대상 부동산의 현재의 소유자가 납세의무자이다. **등기명의인표시변경등기를 신청할 때에는 해당 등기명의인이 건당 6,000원의 지방세법 소정의 등록면허세를 납부할 의무가 있다**(지방세법 제28조 제1항 제1호 마목). [23 법무사] 이하 아래의 예규에서 구체적인 예를 들어 설명한다.

등기신청 시 납부할 취득세 및 등록면허세 등에 관한 예규(예규 1744)

1. **국 명의의 가처분등기말소에 따른 등록면허세**
   국 명의의 가처분등기가 이루어진 후 국가가 본안 소송에서 승소판결을 받아 이에 따른 등기를 완료한 후라면 위 가처분등기의 말소는 국가가 자기를 위하여 하는 등기에 해당하므로 「지방세법」 제26조 제1항에 따라 등록면허세가 면제되지만, 승소판결에 따른 등기를 하지 않고 위 가처분등기를 말소하는 경우에는 등기부상 소유자가 그 가처분말소등기의 등기권리자가 되므로 등록면허세를 납부하여야 한다.

2. **국가가 대위하여 촉탁하는 분필등기 등과 등록면허세**
   국가가 1필의 토지의 일부를 매수하고 매도인을 대위하여 촉탁하는 분필등기, 등기명의 인표시변경등기와 지목변경등기 등은 「지방세법」 제26조 제1항에서 말하는 국가가 자기를 위하여 하는 등기에 해당하므로 등록면허세가 면제된다.

3. **담보가등기를 신청하는 경우 등록면허세**
   담보가등기권리는 「가등기담보 등에 관한 법률」 제17조 제3항에 따라 이를 저당권으로 보고 있으므로, 담보가등기를 신청한 경우 납부할 **등록면허세**는 「지방세법」 제28조 제1항의 **저당권의 세율**을 적용하여야 한다.

---

4. 근저당권설정등기를 신청하는 경우 등록면허세

근저당권설정등기를 신청하는 경우에는 「부동산등기법」 제75조 제2항 제1호의 채권최고
액을 과세표준으로 하여 등록면허세를 납부하여야 한다. [20 법무사]

5. 신탁등기의 취득세 및 등록면허세

신탁을 원인으로 한 소유권이전등기와 신탁의 등기는 동시에 신청(⊕ 일괄신청)하여야 하
나 이들은 각 별개의 등기이므로,

① 신탁을 원인으로 한 소유권이전등기에 대하여는 「지방세법」 제9조 제3항 제1호
에 따라 취득세를 납부할 필요가 없지만,

② 신탁등기에 대하여는 「지방세법」 제28조 제1항 제1호 마목에 따른 등록면허세를 납
부하여야 한다. [20 법무사 / 17 등기서기보]

5의2. 신탁재산의 위탁자 지위의 이전이 있는 경우 신탁원부 기록의 변경등기에 대한 취득세
또는 등록면허세

가. 신탁재산의 위탁자 지위의 이전을 등기원인으로 하는 신탁원부 기록의 변경등기에
대하여는 「지방세법」 제7조 제15항 본문에 따라 취득세를 납부하여야 한다.
다만, 위탁자 지위의 이전으로 신탁재산에 대한 실질적인 소유권 변동이 있더라
도 관련 법령이 정하는 바에 따라 취득세 비과세·면제 사유가 있는 경우에는
그러하지 아니하다.

나. 해당 등기신청의 등기원인인 위탁자 지위의 이전이 신탁재산에 대한 실질적인 소유
권 변동이 있다고 보기 어려운 경우로서 「지방세법」 제7조 제15항 단서 및 「지방
세법 시행령」 제11조의3(대통령령 제32293호로 개정되기 전의 「지방세법 시행령」
제11조의2를 포함한다. 이하 같다)으로 정하는 경우에 해당됨을 소명하는 첨부정보
(⒠ 과세권자인 지방자치단체의 장이 등기원인인 위탁자 지위의 이전이 「지방세법」
제7조 제15항 단서 및 「지방세법 시행령」 제11조의3으로 정하는 경우에 해당되는지
에 대한 질의민원을 심사하여 그에 해당된다는 내용의 처리결과를 통지한 문서 등)
가 제공되는 신탁원부 기록의 변경등기에 대하여는 「지방세법」 제28조 제1항 제1
호 마목에 따른 등록면허세를 납부하여야 한다.

6. 미등기부동산의 처분제한의 등기 등의 경우 등록면허세와 국민주택채권 매입

가. 미등기부동산에 대한 처분제한 등기의 촉탁에 의하여 등기관이 직권으로 소유
권보존등기를 완료한 때에는 납세지를 관할하는 지방자치단체장에게 「지방세법」
제22조 제1항에 따른 취득세 미납 통지 또는 「지방세법」 제33조에 따른 등록면
허세 미납 통지(「지방세법」 제23조 제1호 다목, 라목에 해당하는 등록에 대한
등록면허세를 말한다. 이하 6.에서 같다)를 하여야 하고[15 법무사], 이 경우 소유
자가 보존등기를 신청하는 것이 아니므로(「주택도시기금법」 제8조 참조) 국민
주택채권도 매입할 필요가 없다. 따라서 국민주택채권을 매입하지 않았다고 하여
그 촉탁을 각하할 수 없다. [22 법무사 / 18 등기서기보]

나. 채권자가 채무자를 대위하여 소유권보존등기를 신청하는 경우에는 본래의 신청인
인 채무자가 신청하는 경우와 다르지 않으므로 채권자가 등록면허세를 납부하여야
하고, 등기하고자 하는 부동산이 토지인 경우에는 하여야 한다. [20 법무사]

7. 취득세 및 등록면허세 면제와 국민주택채권의 매입 관계

취득세 및 등록면허세가 면제되는 경우라 하더라도 국민주택채권은 「주택도시기금법」 및 같은 법 시행령 등의 규정에 의하여 그 매입의무가 면제되지 않는 한 매입하여야 한 다. [20 법무사 / 15 등기서기보]

3) 납부절차

가. 일반

납세의무자는 과세표준에 세율을 적용하여 산출한 세액을 부동산 소재지를 관할하는 지방자치단체의 장에게 신고하고 납부하여야 한다. 지방자치단체의 금고 또는 지방세 수납대행기관(예 은행)은 지방세나 등록면허세를 납부받으면 취득세(등록면허세)영수 필확인서를 납세자에게 내준다. 납세자는 등기신청서에 영수필확인서 1부를 첨부하여 야 한다. 국가 또는 지방자치단체가 등기소에 촉탁하려는 경우에는 촉탁서에 이를 첨부 하여 등기소에 송부하여야 한다.

취득을 원인으로 등기를 하려는 경우에는 등기를 하기 전까지 취득세를 신고납부한 후 등기신청서에 취득세영수필확인서 1부를 첨부하여야 한다(「지방세법」 제20조 제4항, 「지방세법 시행령」 제36조). 취득을 원인으로 이루어지는 등기를 제외하고 재산권과 그 밖의 권리의 설정, 변경 또는 소멸에 관한 사항을 등기하려는 경우에는 등기를 하기 전까지 신고납부한 후 등기신청서에 등록면허세영수필확인서 1부를 첨부한다(「지방세 법」 제23조 제1호, 제30조, 「지방세법 시행령」 제49조).

취득세영수필확인서, 등록면허세영수필확인서를 등기신청서에 첨부하여야 한다.

나. 여러 개의 부동산에 관한 등록면허세 등의 납부(규칙 제45조)

「지방세법」 제28조 제1항 제1호 다목 및 라목에 따라 등록면허세를 납부할 경우에 등 기원인 및 등기목적이 동일한 것으로서 여러 개의 등기소의 관할에 걸쳐 있는 여러 개 의 부동산에 관한 권리의 등기를 신청할 때에는 최초의 등기를 신청하면서 등록면허세 의 전액을 납부하여야 한다. 등기신청을 받은 등기관은 신청인이 등록면허세의 전액을 납부한 사실에 관한 정보를 전산정보처리조직에 의하여 작성하여야 한다.

신청인이 다른 등기소에 등기를 신청할 때에는 최초의 등기를 신청하면서 등록면허세 의 전액을 납부한 사실, 최초의 등기를 신청한 등기소의 표시와 그 신청정보의 접수연 월일 및 접수번호를 신청정보의 내용으로 등기소에 제공하여야 한다. 등기신청을 받은 다른 등기소의 등기관은 전산정보처리조직을 이용하여 신청인이 최초의 등기를 신청하 면서 등록면허세의 전액을 납부한 사실을 확인하여야 한다.

등록면허세 외의 등기신청과 관련하여 납부하여야 할 세액 및 다른 법률에 의하여 부과 된 의무사항에 관하여는 위 규정을 준용한다.

4) 등기관의 납부 확인

등기관이 등기신청서를 조사할 때에는, 취득세(등록면허세) 영수필확인서[시·군·구 작성의 전산처리된 용지(OCR고지서)이어야 함. 다만 지방세인터넷납부시스템(WETAX 또는 ETAX)을 이용하여 납부한 후 출력한 납부서 또는 대법원 인터넷등기소의 정액등록면허세 납부서 작성기능을 이용해 작성한 정액등록면허세납부서에 의한 것도 가능]의 첨부 여부와 그 납세명세 등을 반드시 조사·확인하여야 한다(예규 1566).

등기관은 영수필확인서에 기재된 부동산의 표시, 등기목적, 납세자가 등기신청의 내용과 부합하는지 확인하여야 하지만 과세표준액과 납부세액이 정당한지 여부까지 심사할 필요는 없다.

(2) 등기신청수수료(예규 1733)

1) 서설

등기는 당사자의 신청 또는 관공서의 촉탁에 따라 한다(법 제22조 제1항). 등기를 하려고 하는 자는 대법원규칙으로 정하는 바에 따라 등기신청수수료를 내야 한다(동조 제3항). [23 법무사]

등기사항증명서의 발급 또는 열람신청 시에도 수수료를 납부하여야 하고, 등기를 신청하는 경우에는 등기신청수수료를 납부하여야 한다.

등기관이 등기신청서를 조사할 때에는 해당 등기신청에 대한 **신청수수료액**과 그에 해당하는 금액의 **영수필확인서가 첨부되어 있는지 여부 등을 반드시 조사·확인**하여야 한다. [17 등기서기보]

만약 등기신청수수료를 과오납하여 환급신청을 한 경우 등기신청수수료의 환급은 과오납부한 금액 **전액을 환급**한다. [11 법무사]

2) 구체적인 예(「등기신청수수료 징수에 관한 예규」 1733)

가. 등기신청수수료의 납부의무자

등기신청수수료는 등기신청인이 이를 납부하여야 하되, 등기권리자와 등기의무자의 공동신청에 의하는 경우에는 등기권리자가 이를 납부하여야 한다.

나. 1의 부동산에 관하여 수건의 등기신청을 하는 경우

일괄신청의 경우, 접수번호는 등기신청서(또는 촉탁서)를 기준으로 부여되고 등기 통계에서도 1건으로 계산하지만, 이와는 별개로 **등기신청수수료 산정에 있어서는 실제 등기관이 처리하는 등기의 건수를 기준으로 한다.** 따라서 일괄신청의 경우에 통계상 신청은 1건이지만 등기관이 처리하는 등기는 여러 건이 되고 그 건수마다 신청수수료가 **부과된다.** 따라서 어느 권리를 공유하는 수인이 전거를 원인으로 **등기명의인표시변경등기를** 신청하는 때에는 비록 공유자의 주소가 동일하게 변경되는 경우(공유자가 부부인 경우 등)라도 **각 명의인의 수만큼 등기수수료를 납부해야** 한다(선례 제200708-2호). [24 법무사]

등기신청수수료는 '변경되는 등기의 수'만큼 납부하여야 하는 것이므로, 1개의 부동산에 관하여 동일한 합유자가 '별도 순위번호'로 각 합유등기를 한 후 하나의 등기원인에 의하여 전부에 대한 합유명의인 변경등기를 신청하는 경우에는 2건의 등기신청수수료를 납부하여야 한다(선례 제202310-2호).

따라서 1개의 부동산에 관하여 동일한 합유자가 순위번호 1-8 및 순위번호 2-2로 각 합유등기를 한 후 합유자 중 1인의 사망을 원인으로 하는 '잔존 합유자의 합유로 하는 합유명의인 변경등기' 및 새로운 합유자의 가입을 원인으로 하는 '기존 합유자와 새로 가입하는 합유자의 합유로 하는 합유명의인변경등기'를 신청할 경우에는 각 변경등기 별로 2건의 등기신청수수료(총 4건)를 납부하여야 한다(선례 제202310-2호). [24 법무사]

다. 수개의 부동산에 관한 등기신청을 일괄하여 하나의 신청서(촉탁서를 포함한다. 이하 같다)로써 하는 경우

이 경우에는 등기의 목적에 따른 소정의 수수료액에 신청 대상이 되는 부동산 개수를 곱한 금액을 등기신청수수료로 납부하여야 한다.

> [예시]
> ① 하나의 신청서로써 1필지의 토지 및 그 지상의 1개의 건물에 관한 소유권이전등기를 신청하는 경우 : 1만 5천원(소유권이전등기신청수수료) × 2(부동산 개수) = 3만원
> ② 하나의 촉탁서로써 3개의 부동산에 관한 가압류촉탁을 하는 경우 : 3천원(가압류촉탁수수료) × 3(부동산 개수) = 9천원

라. 변경 및 경정등기 신청의 경우

변경 및 경정등기 중 아래의 경우에는 등기신청수수료를 받지 아니한다.

(가) 등기관의 과오로 인한 등기의 착오 또는 유루를 원인으로 하는 경정등기 신청의 경우 [15 법무사]

(나) 부동산표시변경 및 경정등기 신청의 경우[15 법무사]

(다) 부동산에 관한 분할·구분·합병 및 멸실등기 신청의 경우(대지권에 관한 등기 제외)[24 법무사 / 15 법무사]

(라) 행정구역·지번의 변경, 주민등록번호(또는 부동산등기용등록번호)의 정정을 원인으로 한 등기명의인표시변경 또는 경정등기 신청의 경우

마. 집합건물에 대한 등기신청의 경우

각 구분건물별로 등기신청수수료를 납부하되, 대지권등기가 되어 있는 구분건물도 등기신청수수료 산정에 있어서는 1개의 부동산으로 본다. 대지권의 표시등기 또는 변경·경정등기신청의 경우에도 각 구분건물별로 등기신청수수료를 납부하여야 한다.

바. 매각으로 인한 등기촉탁의 경우

매각으로 인한 등기 촉탁에 있어 촉탁의 대상이 되는 등기의 목적이 수개인 경우에는 각 등기의 목적에 따른 신청수수료를 합산한 금액을 등기신청수수료로 납부하여야 한다.

> **[예시]**
> 매각으로 인한 등기 촉탁서에 의하여 소유권이전등기의 촉탁과 아울러 1번 및 2번 근저당권
> 설정등기 및 가압류등기의 각 말소등기를 촉탁하는 경우 : 1만 5천원(소유권이전등기) +
> 3천원 × 3(말소등기의 개수) = 2만 4천원

사. 소유권이전등기와 동시에 신탁등기 또는 환매특약의 등기를 하는 경우

소유권이전등기의 신청수수료 이외에 환매특약의 등기의 신청수수료를 별도로 납부하
여야 한다. 다만 신탁등기의 신청수수료는 별도로 납부하지 아니한다.

3) 국가에 대한 수수료 면제

「등기사항증명서 등 수수료규칙」 제7조 제3항의 규정에 의하여 등기신청수수료가 면제되
는 국가가 자기를 위하여 하는 등기라 함은 다음 각 호의 1에 해당하는 경우를 말한다.

가. 국가가 등기권리자로서 신청하는 등기

**나. 위 가.의 등기 중 국가가 공권력의 주체로서 촉탁한 등기의 말소등기(예 국세압류등기
의 말소, 공매공고등기의 말소)**

다. 국유재산을 관리, 보존하기 위한 등기

4) 지방자치단체에 대한 수수료 면제

가. 「지방세징수법」 제65조에 따라 등기신청수수료가 면제되는 경우는 아래와 같다.

(가) 지방자치단체가 지방세를 징수하기 위하여 등기권리자로서 신청하는 등기

**(나) 위 (가)의 등기 중 지방자치단체가 공권력의 주체로서 촉탁한 등기의 말소등기
(예 지방세압류등기의 말소, 공매공고등기의 말소)**

**나. 「지방행정제재·부과금의 징수 등에 관한 법률」 제21조의2에 따라 등기신청수수료가
면제되는 경우는 다음 각 호의 1과 같다.**

**(가) 지방자치단체가 지방행정제재·부과금의 체납액을 징수하기 위하여 등기권리자
로서 신청하는 등기**

지방자치단체가 지방세를 징수하기 위하여 납세의무자에게 납세담보를 위한 근저
당권설정등기를 촉탁하는 경우, 이는 지방자치단체가 지방세를 징수하기 위한 보
전절차의 일환으로 등기권리자로서 부동산에 대한 등기를 촉탁하는 것이므로 등
기신청수수료가 면제된다(선례 제202212-3호).

**(나) 위 (가)의 등기 중 지방자치단체가 공권력의 주체로서 촉탁한 등기의 말소등기
(예 지방행정제재·부과금 압류등기의 말소, 공매공고등기의 말소)**

5) 전자신청 등의 경우

등기를 신청할 때에 납부하여야 하는 등기신청수수료에 대하여는 신청방식별로 달리 규정하
고 있는바, 이는 당사자가 직접 등기를 신청하는 경우에 적용되는 것이며(일반적인 소유권
이전등기를 예시로, 서면신청의 경우 : 15,000원, 전자표준양식에 의한 신청 : 13,000원,

전자신청 : 10,000원), 집행법원이 등기를 촉탁하는 경우에까지 적용되는 것은 아니다. 따라서 집행법원이 촉탁하는 등기에 대하여는 비록 그 방식이 전자촉탁이더라도 그 촉탁방식에 관계없이 일률적으로 등기신청수수료를 납부하여야 한다(선례 제201907-1호). [24 법무사]

전자신청에 있어 등기신청수수료를 과오납한 경우 신청인은 등기신청사건 처리완료 전에 기존 결제를 전액 취소한 후 다시 결제를 하여야 한다(예규 제1725호, 바-(2)). [24 법무사]

(3) 국민주택채권

1) 서설

정부는 국민주택사업에 필요한 자금을 조달하기 위하여 기금의 부담으로 국민주택채권을 발행할 수 있다(「주택도시기금법」 제7조 제1항). 국가 또는 지방자치단체에 등기·등록을 신청하는 자는 국민주택채권을 매입하여야 한다(「주택도시기금법」 제8조 제1항).

취득세 및 등록면허세가 면제되는 경우라 하더라도 국민주택채권은 「주택도시기금법」 및 같은 법 시행령 등의 규정에 의하여 그 매입의무가 면제되지 않는 한 매입하여야 한다. [20 법무사 / 15 등기서기보]

2) 매입의무자

부동산등기를 하는 경우 제1종국민주택채권을 매입하여야 하는 자는 다음 각 호와 같다(「주택도시기금법 시행규칙」 제7조 제2항).

가. 소유권보존등기 또는 소유권이전등기 : 소유권보존등기 또는 소유권이전등기의 등기명의자(등기원인이 상속인 경우에는 상속인을 말한다.)

나. 저당권의 설정 : 저당권설정자

다. 저당권의 이전 : 저당권을 이전받는 자

3) 매입대상 등기

국민주택채권의 매입 대상은 소유권의 보존 또는 이전, 저당권의 설정 및 이전에 한한다. [15 등기서기보]

가. 소유권보존등기

토지의 경우 시가표준액이 500만원 이상인 경우에 한하여 국민주택채권을 매입한다. [23 법무사] 건물의 경우에는 건축허가를 받을 때 국민주택채권을 매입하여야 하므로, 소유권보존등기 시에 매입할 필요는 없다.

미등기부동산에 대한 처분제한 등기의 촉탁에 의하여 등기관이 직권으로 소유권보존등기를 하는 경우 소유자가 보존등기를 신청하는 것이 아니므로(「주택도시기금법」 제8조 참조), 국민주택채권도 매입할 필요가 없다.

채권자가 채무자를 대위하여 소유권보존등기를 신청하는 경우에는 본래의 신청인인 채무자가 신청하는 경우와 다르지 않으므로 등기하고자 하는 부동산이 토지인 경우에는 국민주택채권도 매입하여야 한다.

나. 소유권이전등기

(가) 매입하는 경우

매매, 증여, 교환(선례 5-912), **취득시효 완성**(선례 4-235)[15 등기서기보], **진정명의회복**(예규 1631)[20 법무사 / 15 등기서기보], **명의신탁해지**[15 등기서기보] 등을 원인으로 한 소유권이전등기 시에는 국민주택채권을 매입하여야 한다.

상속인 전원이 교체되는 재협의를 하는 경우 소유권경정 전·후의 동일성이 인정되지 않으므로 상속등기의 경정등기를 할 수 없으므로, 재협의 내용을 반영하고 싶으면 기존 상속등기의 말소등기 및 새로운 상속등기를 신청하여야 한다. 이 경우 교체 후 상속인들은 법정매입금액에서 교체 전 상속인들이 매입한 금액만큼 공제한 나머지 금액만 매입할 것이 아니라, 법정매입금액 전부를 매입하여야 한다(선례 제202406-2호).

(나) **매입하지 않는 경우**

시가표준액이 매입의무가 있는 금액(예컨대 토지의 경우 500만원) 미만인 부동산의 경우, 신탁 또는 신탁종료에 따라 수탁자 또는 위탁자에게 소유권이전등기를 하는 경우에는 국민주택채권을 매입할 필요가 없다.

또한 소유권이전등기의 말소회복등기는 부동산의 취득에 따른 소유권이전등기에 해당되지 않으므로, 그 등기신청 시 국민주택채권을 매입할 필요가 **없다**(선례 5-892).
[18 등기주사보]

농민이 영농을 목적으로 농지를 취득하여 소유권이전등기를 신청하는 경우 「주택도시기금법 시행령」 제8조 제2항에 따라 국민주택채권의 매입의무를 면제받기 위하여는 등기신청서에 농업인임을 증명하는 정보를 첨부정보로서 등기소에 제공하여야 하는바, 「농업·농촌 및 식품산업 기본법 시행령」 제3조에 의한 농업인 확인서 및 「농어업경영체 육성 및 지원에 관한 법률 시행규칙」 제3조 제5항의 농업경영체 등록확인서(별지 제2호의4 서식) 또는 농업경영체 증명서(별지 제2호의5 서식)도 위 농업인임을 증명하는 정보에 해당한다고 할 것이다(선례 제202212-1호).

(다) **공유물분할의 경우**

공유물분할로 인한 소유권이전등기신청 시 종전 공유지분을 초과하는 면적에 대하여는 위 국민주택채권 매입대상이 된다. [10 법무사] 이 경우 종전 공유지분을 초과하는 면적이 규제대상면적 이상일 때에는 이에 대한 토지거래계약허가증을 첨부하여야 한다(선례 5-891).

그러나 종전 공유지분비율에 따른 공유물분할인 때에는 국민주택채권을 매입할 필요가 없으며[17 등기서기보], 토지거래계약허가증을 첨부할 필요가 없을 것이다(선례 5-891).

다. (근)저당권 설정 및 이전등기

(가) 매입하는 경우

(근)저당권 설정금액 2,000만원 이상인 경우에만 국민주택채권을 매입하여야 한다. 채권최고액의 증액에 따른 근저당권변경등기를 신청하는 경우 증액된 금액에 대해서는 등록면허세를 납부하여야 하고 국민주택채권(증액된 금액이 2,000만원 이상인 경우)을 매입하여야 한다(선례 7-526). [15 등기서기보]

(나) 매입하지 않는 경우

(근)저당권 설정 및 이전등기에 있어서 ① 그 설정금액이 2,000만원 미만이거나, ② 중소기업법에 따른 기관으로부터 담보대출을 받는 경우, ③ 종전에 설정된 근저당권에 대한 추가근저당권설정등기(선례 3-1032), 담보가등기의 설정(선례 4-950) 등에는 국민주택채권을 매입할 필요가 없다.

또한 (근)저당권부 채권에 대한 질권 또는 채권담보권의 부기등기를 신청하는 경우에는 등록면허세를 납부하여야 하지만, 국민주택채권매입의무가 없다. [22 등기서기보 / 21 법무사 / 19 등기주사보 / 17 등기서기보 / 15 법무사]

4) 매입절차

국민주택 채권은 증권을 발행하지 아니하고 한국예탁결제원(채권등록기관)에 등록하여 발행한다. 등기신청인(매입자)은 국민주택채권 매입금액, 채권발행번호 등을 신청정보로서 제공하여야 한다(규칙 제44조 제2항).

국민주택채권 매입대상자가 아닌 자가 착오로 국민주택채권을 매입한 후 국민주택채권 매입정보를 신청정보로서 제공하여 등기가 실행된 경우, 착오로 매입한 자는 관할 등기소로부터 '국민주택채권 중도상환사유 사실증명서'를 교부받아 채권사무 취급기관에 국민주택채권의 중도상환을 신청할 수 있다(선례 제202403-1호). 다만 채권관리정보시스템과 연계정보시스템을 구축한 면허권자 등이 사실증명을 채권사무 취급기관에 전자적으로 송부하는 경우에는 위 사실증명서를 첨부하지 아니할 수 있으므로, 국민주택채권 중도상환 사실증명 신청을 받은 담당 등기관은 연계정보시스템을 통하여 위 사실증명서의 발행에 갈음하여 채권사무 취급기관에 사실증명을 전자적으로 송부(교합 → 처리현황 → 당해 사건 검색 → 처리 후 채권관리 → 신청사건정보 → 채권매입액 정정)할 수 있다(선례 제202403-1호).

5) 등기관의 매입 확인

등기관은 국민주택채권의 매입정보상의 매입자의 성명 등이 등기신청서의 기재사항과 부합하는지 여부와 국민주택채권매입금액을 반드시 조사·확인하여야 하고[15 법무사], 만일 국민주택채권 매입의무를 이행하지 아니한 경우에는 법 제29조 제10호에 따라 각하하여야 한다. 한편 국민주택채권 매입액의 심사를 위한 시가표준액의 확인은 등기신청 시 첨부한 취득세영수필확인서상에 기재된 시가표준액을 기준으로 한다.

(4) 인지세

1) 서설

국내에서 재산에 관한 권리 등의 창설·이전 또는 변경에 관한 계약서나 이를 증명하는 그 밖의 문서를 작성하는 자는 해당 문서를 작성할 때에 이 법에 따라 그 문서에 대한 인지세를 납부할 의무가 있다(「인지세법」 제1조 제1항).

부동산등기와 관련하여 인지세법이 규정하고 있는 과세문서는 부동산의 소유권이전 및 대통령령으로 정하는 금융·보험기관과의 금전소비대차에 관한 증서이다(「인지세법」 제3조 제1항). 그러한 과세문서에 대하여는 명칭이 무엇이든 그 실질적인 내용에 따라 적용한다(「인지세법」 제3조 제4항).

소유권이전에 관한 계약서를 작성하는 자는 인지세법에서 정하는 바에 따라 일정한 금액의 인지세를 납부할 의무가 있다. [23 법무사]

2) 매입의무자

근저당권설정등기를 하는 경우에 등록면허세의 납부의무자는 근저당권자이고, 국민주택채권매입 대상자는 근저당권설정자이며, 근저당권설정등기의 원인증서에 대한 인지세의 납부의무자는 근저당권자와 근저당권설정자이다(「인지세법」 제2조 참조)(선례 1-922).

3) 과세문서

가. 인지세법 제3조에 따른 금액

구분	기재금액	인지세액
부동산·선박·항공기의 소유권 이전에 관한 증서 및 세액(「인지세법」 제3조 제1항)	기재금액이 1천만원 초과 3천만원 이하인 경우	2만원
	기재금액이 3천만원 초과 5천만원 이하인 경우	4만원
	기재금액이 5천만원 초과 1억원 이하인 경우	7만원
	기재금액이 1억원 초과 10억원 이하인 경우	15만원
	기재금액이 10억원을 초과하는 경우	35만원

나. 인지세법상 과세문서로 볼 수 없는 경우

(가) ① 매매를 원인으로 하는 소유권이전등기의 절차 이행을 명하는 확정판결을 받은 후 그 판결문을 등기원인증서로 첨부하여 소유권이전등기를 신청하는 경우(선례 5-931), ② 증여계약서(선례 6-758), ③ 채무자변경으로 인한 근저당권변경등기 신청 시 제출하는 근저당권변경계약서(선례 6-759) 등은 인지세법상의 과세문서로 볼 수 없다.

(나) 국가 등과 개인이 공동으로 협의계약서(예 매매계약서)를 작성한 경우 국가 등이 가지는 위 계약서는 개인이 작성한 것으로 보게 되므로(「인지세법」 제7조 참조) 국가 등의 명의로의 소유권이전등기신청 시 그 원인 서면으로 제출하는 계약서 등에는 인지세법 제3조 제1항 소정의 수입인지를 납부하여야 한다(선례 4-972).

(다) 공유자들이 각자의 **공유지분** 비율에 따라서 공유물분할등기를 신청할 경우에 원인서면으로 제출되는 **공유물분할계약서**는 대가성 있는 소유권이전에 관한 증서로 볼 수 없으므로 인지세법에서 정하는 **인지세**를 납부할 필요가 **없다**(선례 7-552).
[15 법무사]

(라) 마찬가지로 신탁을 원인으로 하는 소유권이전등기신청서에 첨부하는 **신탁계약서**는 대가성 있는 소유권이전에 관한 증서로 볼 수 없으므로 인지세법에서 정하는 **인지**를 첨부할 필요가 **없다**(선례 7-553). [10 법무사]

4) 등기관의 매입 확인

등기관이 등기신청서를 조사할 때에는 전자수입인지의 첨부 여부 및 그 구매정보상의 수입인지금액의 정확 여부 등을 반드시 조사·확인하여야 한다(예규 1566). 인지세가 납부되지 않는 등기신청은 법 제29조 제10호의 각하사유에 해당한다.

관련 기출지문

1 채권자가 채무자를 대위하여 토지에 대한 소유권보존등기를 신청하는 경우 등기관은 납세지를 관할하는 지방자치단체장에게 등록면허세 미납통지를 하여야 하고, 이 경우 국민주택채권도 매입할 필요가 없다. (×)
[20 법무사]

2 등기관이 등기신청서를 조사할 때에는 국민주택채권 매입금액, 관련 법령상 국민주택채권 매입면제 요건에 해당하는지 여부 등을 반드시 조사·확인하여야 하나, 매입정보상의 매입자 성명을 조사할 필요는 없다. (×)
[15 법무사]

3 소유권이전등기, 저당권설정등기, 저당권이전등기를 신청하는 자는 국민주택채권을 매입하여야 하나, 소유권보존등기를 신청하는 자는 이미 지적공부나 건축물대장 등록 시 국민주택채권을 매입하였으므로 소유권보존등기를 신청할 때에는 매입할 필요가 없다. (×)
[15 등기서기보]

4 공유물분할로 인한 소유권이전등기신청 시 종전 공유지분을 초과하는 면적을 취득하는 경우에도 총면적 자체에는 변화가 없으므로 국민주택채권 매입의무는 면제된다. (×)
[10 법무사]

5 근저당권부 채권에 대한 질권의 등기를 신청하는 경우 국민주택채권을 매입하여야 한다. (×) [21 법무사]

6 근저당권부채권에 대한 질권의 부기등기를 신청하는 경우 국민주택채권을 매입하여야 한다. (×)
[22 등기서기보]

7 저당권으로 담보한 채권에 대한 질권의 등기를 신청하는 경우에는 국민주택채권 매입의무가 없으나, 저당권으로 담보한 채권에 대한 채권담보권의 등기를 신청하는 경우에는 국민주택채권 매입의무가 있다. (×)
[15 법무사]

8 등기를 신청할 때에 납부하여야 하는 등기신청수수료에 대하여는 신청방식별로 달리 규정하고 있는바, 집행법원이 등기를 전자촉탁하는 경우에는 등기신청수수료가 감액된다. (×)
[24 법무사]

2. 주소증명정보

(1) 서설

새로 등기명의인이 되는 등기권리자(소유권보존등기의 경우 등기신청인)의 주소증명정보를 제
공하여야 한다. 다만 소유권이전등기를 신청하는 경우에는 등기의무자의 주소증명정보도 제공
하여야 한다(규칙 제46조 제1항 제6호). [22 등기서기보 / 18 등기서기보 / 14 법무사]

따라서 소유권이전등기를 공동으로 신청하는 경우에는 등기권리자뿐만 아니라 등기의무자의
주소(또는 사무소 소재지)를 증명하는 정보도 제공하여야 한다. [14 법무사 · 등기서기보]

주소는 등기사항인바(법 제48조 참조), 그 증명 정보를 제공하도록 함으로써 잘못된 주소의
등기나 허무인 명의의 등기를 막기 위한 것이다.

1942.10.15. 이전	호적등본
1942.10.15. ~ 1962.6.19.	등기권리자가 본적지에 거주하는 경우에는 호적등본, 본적지 외의 장소에 거주하는 경우에는 기류부 등본
1962.6.20. ~ 현재	주민등록표등본 · 초본

1962.6.20. 「주민등록법」 시행에 따라 폐지된 「기류법」과 1962.1.15. 「기류법」 시행에 따라 폐
지된 「조선기류령」(1942.10.15. 시행)에 따르면 일정 기간 거주할 목적으로 본적지 이외의 일정
한 장소에 주소 또는 거소를 정한 경우에는 이를 기류부에 등록하도록 하였으므로, 1942.10.15.
부터 1962.6.19.까지의 기간에는 등기권리자가 본적지에 거주하는 경우에는 호적등본이, 본적지
이외의 장소에 거주하는 경우에는 기류부등본이 주소를 증명하는 서면에 해당되었다고 할 것인
바, 위 기간 중에 등기된 권리의 등기명의인의 주소가 제적등본상의 본적지와 일치하는 경우라
면 원칙적으로 그 동일성을 인정할 수 있을 것이나, 구체적인 사건에서 등기명의인의 동일성
여부는 해당 등기신청사건을 처리하는 등기관이 판단하여야 할 사항이다(선례 9-115).

(2) 제공 여부

1) 제공하는 경우

가. 원칙

등기관이 소유권이전등기를 할 때 등기명의인의 주소변경으로 신청정보상의 등기의무
자의 표시가 등기기록과 일치하지 아니하는 경우라도 첨부정보로서 제공된 주소를 증
명하는 정보에 등기의무자의 등기기록상의 주소가 신청정보상의 주소로 변경된 사실이
명백히 나타나면 직권으로 등기명의인표시의 변경등기를 하여야 한다(규칙 제122조).
소유권보존등기의 경우 소유명의인이 새로 등기되므로 그 주소증명정보가 제공되어야
한다. 한편 등기관이 미등기 부동산에 대하여 법원의 촉탁에 따라 소유권의 처분제한
등기를 할 때에는 직권으로 소유권보존등기를 하는데(법 제66조 제1항) 이 경우에도
소유자의 주소증명정보가 제공되어야 한다.

인감증명서에는 등기부상의 주소인 종전 주소가 기재되지 않는 경우가 많으며, 원칙적
으로 인감증명은 등기의무자의 인감을 증명하기 위한 것이지 본인의 주소를 증명하는

서면이라고 볼 수는 없으므로, **소유권이전등기를 신청하는 경우에는 신청인의 주소를 증명하는 서면과 등기의무자의 인감증명을 각각 첨부하여야 한다**(선례 6-76). 따라서 **인감증명서에 주민등록표 초본의 내용과 동일한 인적사항(성명·주소·주민등록번호)이 기재되어 있는 경우에도 주소증명정보의 제공을 생략할 수 없고** 또한 매도인의 인감증명이나 **매수인의 주민등록증 대조로써 위 주소를 증명하는 서면의 제출에 갈음할 수는 없다**(선례 2-91). [18 법무사 / 14 법무사]

나. 예외

다만 예외적으로 말소된 주민등록표 등본·초본이나 가족관계등록사항별증명서 및 제적부 등본·초본 등이 주소증명정보가 되는 경우가 있다.

(가) 공동상속인 중 일부가 행방불명되어 주민등록이 말소된 경우에는 그 주민등록표 등본을 첨부하여 그 최후 주소를 주소지로 하고, 위 주민등록표등본을 제출할 수 없을 때는 이를 소명하여 **기본증명서상 등록기준지를 그 주소지로 하여 상속등기의 신청을 할 수 있다**(예규 1218). [14 등기서기보]

(나) 공유자 중 1인이 행방불명되어 주소를 증명하는 서면을 발급받을 수 없다 하더라도 동인의 주소가 토지대장에 기재된 경우에는 주소를 증명하는 서면을 제출할 수 없는 사유를 소명하고 그 **대장상의 주소를 행방불명된 자의 주소지로 하여 소유권보존등기를 신청할 수 있다**(선례 4-795). [18 법무사]

(다) 공동상속인 중 1인이 미수복지구에 호적을 가진 자와 혼인한 사유로 제적된 사실만 나타날 뿐 혼가의 본적지 이외의 주소지나 최후 주소지를 알 수 없을 때에는 **제적사유에 기재된 혼가의 본적지를 주소지로 하고**, 그 제적 또는 호적등본을 상속을 증명하는 서면과 주소를 증명하는 서면으로 하여 상속등기를 신청할 수 있다(예규 577). [18 법무사]

(라) 매매를 원인으로 소유권이전등기를 신청할 때 등기권리자가 거주불명자로서 그의 주민등록표에 「주민등록법」 제20조 제6항에 따라 행정상 관리주소가 현재 주소로 등록되어 있는 경우, 그 행정상 관리주소를 등기권리자의 주소로 제공하고, 위 주민등록표의 등본을 주소를 증명하는 정보로서 제공할 수 있다(선례 202001-5).

2) 제공하지 않는 경우

주소를 증명하는 정보는 등기기록에 새롭게 기입되는 권리자(소유권보존등기의 경우 등기신청인) 또는 소유권이전등기 시의 등기의무자의 것을 제공하므로, **소유권이전등기의 말소등기신청을 하는 경우에는 등기권리자 또는 등기의무자의 주소를 증명하는 서면을 제출할 필요가 없다**(선례 1-106). [22 등기서기보 / 18 등기서기보·법무사]

소유권이전등기청구권가등기는 등기권리자의 주소증명정보를 제공하여야 하지만, 소유권이전등기가 아니므로 그 신청 시 **등기의무자의 주소증명정보를 제공할 필요가 없다.** [18 법무사]

근저당권설정등기 시 등기의무자의 주소를 증명하는 정보는 첨부정보로서 등기소에 제공하여야 하는 정보는 아니다(규칙 제46조 제1항 6호, 선례 제202402-2호).

(3) 제공절차

1) 제공하여야 하는 정보

가. 내국인

등기신청인이 대한민국 국민인 경우의 주소증명정보는 주민등록표등본·초본이다.

나. 재외국민

등기신청인에 대한 절에서 상술한 바 있다.

다. 외국인

등기신청인에 대한 절에서 상술한 바 있다.

라. 법인

법인 등기사항증명서를 주소증명정보로 제공하여야 한다. 이러한 법인의 등기사항정보
는 그 등기를 관할하는 등기소와 부동산 소재지를 관할하는 등기소가 동일한 경우에는
그 제공을 생략할 수 있다(규칙 제46조 제5항).

마. 비법인

등기신청인에 대한 절에서 상술한 바 있다.

2) 유효기간

등기신청서에 첨부하는 인감증명, 주민등록표등본·초본, 가족관계등록사항별증명서, 법
인등기사항증명서, 건축물대장·토지대장·임야대장 등본은 발행일부터 3개월 이내의 것
이어야 한다. [21 등기서기보 / 18 등기서기보 / 16 법무사 / 14 등기서기보]

(4) 제공하지 못한 경우

등기를 신청하면서 필요한 주소증명정보의 첨부 없이 소유권이전등기를 신청한 경우 그 등기
신청은 법 제29조 제9호(등기에 필요한 첨부정보를 제공하지 아니한 경우)에 의하여 각하하여
야 한다. 그러나 법 제29조 제2호의 사건이 등기할 것이 아닌 경우에 해당하지는 않으므로
등기관이 직권으로 말소할 수는 없다(법 제58조).

관련 기출지문

1 소유권이전등기의 말소등기를 신청하는 경우 등기권리자와 등기의무자의 주소(또는 사무소 소재지)를 증
    명하는 정보를 제공하여야 한다. (×)   [18 등기서기보]

2 소유권이전등기의 말소등기를 신청하는 경우 신청인의 주소를 증명하는 정보를 제공하여야 한다. (×)
                                                                                    [22 등기서기보]

3 소유권이전등기신청서에 첨부된 인감증명서에 주민등록초본의 내용과 동일한 인적사항(성명·주소·주
    민등록번호)이 기재되어 있는 경우, 주소를 증명하는 정보의 제공을 생략할 수 있다. (×)   [14 법무사]

4 공유자 중 1인이 행방불명되어 주소를 증명하는 서면을 발급받을 수 없는 경우 그 자의 주소가 토지대장
    에 기재되어 있는 때에는 주소를 증명하는 서면을 제출할 수 없는 사유를 소명하여 그 대장상의 주소를
    행방불명된 자의 주소지로 하여 소유권보존등기를 신청할 수 없다. (×)   [18 법무사]

---

3. 번호증명정보

(1) 서설

등기를 신청하는 경우에는 **등기권리자**(새로 등기명의인이 되는 경우로 한정한다)의 **주민등록번호**(또는 부동산등기용등록번호)를 증명하는 정보를 제공하여야 한다(규칙 제46조 제1항 제6호). 주소증명정보와는 달리 소유권이전등기라도 의무자의 주민등록번호 등의 제공은 요구되지 않는다. 주민등록번호 또는 부동산등기용등록번호는 등기사항인바(법 제48조 참조), 그 증명정보를 제공하도록 함으로써 잘못된 번호의 등기나 허무인 명의의 등기를 막기 위한 것이다.

(2) 제공 여부

1) 제공하는 경우

주민등록번호 또는 등록번호를 증명하는 정보는 등기권리자를 기록하는 모든 등기신청의 첨부정보로서 제공하여야 하는 것은 아니고 소유권이전등기·저당권설정등기 등과 같이 새로운 등기원인에 의하여 **등기권리자를 등기기록에 새로이 등기하는 이른바 "기입등기"**를 신청하는 경우에만 필요하다. 만약 등기권리자에게 **주민등록번호가 없는 때에는 부동산등기용등록번호를 부여받아야** 한다.

2) 제공하지 않는 경우

다만 **소유권말소등기·저당권말소등기** 등과 같이 등기에 대응하는 실체관계가 없어서 그 등기를 법률적으로 소멸시킬 목적으로 기존 등기의 전부를 말소하는 이른바 "말소등기"를 신청하는 경우에는 등기부의 사항란에 등기권리자의 성명 또는 명칭을 기재하거나 등기권리자의 주민등록번호 또는 부동산등기용등록번호를 병기하지 않으므로, **외국인이 등기권리자로서 소유권말소등기 등을 신청하는 경우에는 부동산등기용등록번호를 부여받지 않아도** 된다(선례 6-81).

(3) 제공절차

1) 등록번호의 부여기관(법 제49조) 및 제공하여야 하는 정보

가. 내국인

주민등록번호는 주민등록법에 따라 **시장·군수 또는 구청장이 부여한다**(「주민등록법」 제7조 제3항). **주민등록표등본·초본을** 제공한다.

다만 주민등록번호 등을 부여받지 못한 경우나 부여받을 수 없는 일정한 경우에는 예외적으로 주민등록번호를 병기하지 아니하고도 등기를 신청할 수 있다. 대위에 의하여 상속등기를 신청하고자 할 때, 그 공동상속인 중 일부가 행방불명이 되어 주민등록등본을 제출할 수 없을 때 이를 소명하여 호적등본상 본적지를 그 주소지로 하여 상속등기를 신청할 수 있는 바, 그 행방불명인 자가 주민등록번호를 부여받기 이전에 행방불명이 되었다면 이를 역시 소명하여 주민등록번호를 병기하지 아니하고 위 대위에 의한 상속등기신청을 할 수 있다(선례 4-265).

나. 재외국민

주민등록번호가 있는 재외국민의 주민등록번호는 시장·군수 또는 구청장이 부여한다 (「주민등록법」 제7조 제3항).

주민등록번호가 없는 재외국민의 등록번호는 대법원 소재지 관할 등기소의 등기관이 부여한다(법 제49조 제2호). 즉 등기관이 부여한 부동산등기용등록번호를 증명하는 정보를 첨부정보로 제공하여야 한다. [24 법무사 / 21 법무사 / 19 등기주사보 / 16 법무사 / 15 등기서기보]

다. 외국인

외국인의 등록번호는 체류지를 관할하는 지방출입국·외국인관서의 장이 부여한다(법 제49조 제4호). [9 법무사] 국내에 체류지가 없는 경우에는 대법원 소재지에 체류지가 있는 것으로 본다.

라. 법인

국내법인 및 국내에 영업소나 사무소의 설치 등기를 한 외국법인의 등록번호는 주된 사무소의 소재지 관할등기소의 등기관이 부여한다(법 제49조 제2호). [19 등기주사보 / 9 법무사]

국내에 영업소나 사무소의 설치 등기를 하지 아니한 외국법인의 등록번호는 시장·군수 또는 구청장이 부여한다(법 제49조 제3호). [19 등기주사보 / 15 등기서기보]

법인의 등록번호는 법인의 설립등기(외국법인의 경우에는 국내에서 최초로 하는 영업소 또는 사무소의 설치의 등기를 말한다)를 하는 때에 이를 부여하되, 법인 등기기록의 등록번호란에 기록하는 방법으로 한다(「법인 및 재외국민의 부동산등기용 등록번호 부여에 관한 규칙」 제3조).

법인 등기사항증명서를 부동산등기용등록번호를 증명하는 정보로서 제공하여야 한다. 이러한 법인의 등기사항정보는 그 등기를 관할하는 등기소와 부동산 소재지를 관할하는 등기소가 동일한 경우에는 그 제공을 생략할 수 있다(규칙 제46조 제5항).

마. 비법인

법인 아닌 사단이나 재단의 부동산등기용등록번호는 시장, 군수 또는 구청장(자치구가 아닌 구의 구청장을 포함한다)이 부여한다(법 제49조 제1항 제3호). [16 법무사 / 9 법무사]

바. 국가·지방자치단체·국제기관·외국정부

국가·지방자치단체·국제기관 및 외국정부의 등록번호는 국토교통부장관이 지정·고시한다(법 제49조 제1호). [19 등기주사보 / 16 법무사(2) / 15 등기서기보(2) / 9 법무사]

등기관은 관보 등을 참조하여 업무처리를 하며 신청인으로서는 그 증명정보를 제공할 필요가 없다.

사. 북한지역에 거주하는 주민

북한주민이란 북한지역에 거주하는 주민을 말한다(「남북 주민 사이의 가족관계와 상속 등에 관한 특례법」 제3조). 이러한 북한주민이 상속·유증 또는 상속재산반환청구권의 행사로 남한 내 부동산에 관한 권리(이하 "상속·유증재산 등"이라 한다)를 취득한 경

우 그에 따른 등기를 신청할 수 있다. [19 등기서기보 / 13 법무사]

그 등기는 법원이 선임한 재산관리인이 북한주민을 대리하여 신청하며, 첨부정보로는 법원의 재산관리인 선임(변경)을 증명하는 정보와 <u>법무부장관이 발급한 북한주민의 부동산등기용등록번호 및 주소를 확인하는 정보</u>를 제공한다. [19 등기주사보 / 16 법무사]

2) 유효기간

등기신청서에 첨부하는 인감증명, 주민등록표등본·초본, 가족관계등록사항별증명서, 법인등기사항증명서, 건축물대장·토지대장·임야대장 등본은 발행일부터 3개월 이내의 것이어야 한다. [21 등기서기보 / 18 등기서기보 / 16 법무사 / 14 등기서기보]

(4) 제공하지 못한 경우

등기를 신청하면서 필요한 **번호증명정보**의 첨부 없이 소유권이전등기를 신청한 경우 그 등기신청은 **법 제29조 제9호**(등기에 필요한 첨부정보를 제공하지 아니한 경우)에 의하여 **각하**하여야 한다. 그러나 법 제29조 제2호의 사건이 등기할 것이 아닌 경우에 해당하지는 않으므로 등기관이 직권으로 말소할 수는 없다(법 제58조).

(5) 재외국민 등의 부동산등기용등록번호 부여절차

법인 및 재외국민의 부동산등기용등록번호 부여에 관한 규칙
개정 2024.3.28. [규칙 제3142호, 시행 2024.4.1.]

제1조(목적)
이 규칙은 「부동산등기법」(이하 "법"이라 한다) 제49조 제1항 제2호에 따른 부동산등기용등록번호(이하 "등록번호"라 한다)의 부여절차를 규정함을 목적으로 한다.

제2조(법인에 대한 등록번호의 구성)
① 법인에 대한 등록번호는 등기관서별 분류번호 4자리 수, 법인종류별 분류번호 2자리 수, 일련번호 6자리 수 및 오류검색번호 1자리 수를 차례로 연결하여 별표1과 같이 구성한다.
② 등기관서별 분류번호는 별표 2와 같다.
③ 법인종류별 분류번호는 별표 3과 같다.
④ 일련번호는 법인의 등기기록에 기록하는 등기번호에 의하되 그 등기번호가 6자리수가 아닌 경우에는 6자리수가 될 때까지 앞에 0을 붙인다.
⑤ 오류검색번호는 별표 4의 산출방식에 의하여 산출한다.

제3조(법인등록번호의 부여)
① 법인에 대한 등록번호는 법인의 설립등기를 하는 때에 이를 부여한다(외국법인의 경우에는 국내에서 최초로 하는 영업소 또는 사무소설치의 등기를 말한다).
② 법인에 대한 등록번호의 부여는 전산정보처리조직에 의하여 등기기록의 등록번호란에 기록하는 방법으로 한다.

제3조의2(법인등록번호의 변경 등)

① 법률의 개정 등으로 법인종류별 분류번호(별표 3)가 변경된 경우, 이미 설립된 법인의 법인등록번호는 법인 대표자의 신청 또는 등기관이 직권으로 변경할 수 있다.

② 법인등록번호의 부여에 오류가 있는 경우 등기관이 직권으로 정정하여야 한다.

③ 법인등록번호의 변경 및 정정에 관한 구체적인 사무처리절차는 대법원예규로 정한다.

제4조(재외국민등록번호의 구성)

① 주민등록번호가 없는 재외국민(이하 "재외국민"이라한다)에 대한 등록번호는 생년월일 6자리 수, 성별 분류번호 1자리 수, 일련번호 5자리 수및 오류검색번호 1자리 수를 차례로 연결하여 별표 5와 같이 구성한다.

② 성별 분류번호는 남자를 3으로 하고, 여자를 4로 한다.

③ 일련번호는 등록번호의 부여순서에 따라 순차적으로 부여하되 그 번호가 5자리수가 아닌 경우에는 5자리수가 될 때까지 앞에 0을 붙인다.

④ 제2조 제5항의 규정은 재외국민의 등록번호에 대한 오류검색번호의 산출에 이를 준용한다.

제5조(재외국민등록번호의 부여신청)

① 재외국민이 등록번호를 부여받고자 할 때에는 부록 제1호 양식에 의한 **신청서를 제출**하여야 한다.

② 제1항의 신청서에는 다음 각 호의 사항을 기재하고 신청인이 기명날인을 하여야 한다.

  1. 재외국민의 성명, 생년월일, 등록기준지 및 주소와 성별

  2. 신청연월일

③ 제1항의 신청서에는 「재외국민등록법」 제7조의 **재외국민등록부등본** 및 「가족관계의 등록 등에 관한 법률」 제15조 제2항 제2호의 **기본증명서**(가족관계증명서×)를 **첨부**하여야 한다. [24 법무사]

제5조의2(등록번호증명사항의 변경신청)

① 재외국민이 개명, 성별관계 또는 출생연월일의 정정에 따른 **등록번호증명사항의 변경**을 신청할 때에는 부록 제2호 양식에 따른 **신청서를 제출**하여야 한다.

② 제1항의 신청서에는 다음 각 호의 사항을 기재하고 신청인이 기명날인을 하여야 한다.

  1. 재외국민의 성명, 생년월일, 등록기준지 및 주소와 성별

  2. 변경원인과 그 연월일 및 변경할 사항

  3. 신청연월일

③ 제1항의 신청서에는 제5조 제3항의 서면(기본증명서)을 **첨부**하여야 한다.

제6조(등록번호부 등의 비치)

① 서울중앙지방법원 등기국에 **전산정보처리조직에 의한 보조기억장치**(자기디스크, 자기테이프 그 밖에 이와 유사한 방법에 의하여 일정한 사항을 기록·보관할 수 있는 전자적 정보저장매체를 말한다)로 부록 제4호 양식에 따른 **재외국민등록번호부를 비치**한다.

② 삭제(2020.6.26 제2908호)

③ 재외국민에 대한 등록번호의 부여는 전산정보처리조직에 의하여 재외국민등록번호부에 해당사항을 기록하고 등기관의 식별부호를 기록하는 방법으로 한다.

④ 재외국민의 등록번호를 부여한 때에는 전산정보처리조직에 의한 보조기억장치로 부록 제5호 양식에 따른 **재외국민부동산등기용등록번호카드**를 작성한다.

⑤ 등록번호부와 재외국민부동산등기용등록번호카드는 영구히 이를 보존하여야 한다. [24 법무사]

⑥ 서울중앙지방법원 등기국은 부록 제6호 양식에 따른 재외국민등록번호부여신청서편철장 및 부록 제7호 양식에 따른 재외국민등록번호증명서발급신청서편철장을 각 비치하여 다음 각 호와 같이 신청서를 편철하여 보존한다.

    1. 재외국민의 등록번호 부여신청서, 등록번호증명사항 변경신청서 및 그 첨부서류는 재외국민등록번호부여신청서편철장에 편철하여 3년간 보존

    2. 재외국민의 등록번호증명서 발급신청서는 재외국민등록번호증명서발급신청서편철장에 편철하여 1년간 보존

제7조(재외국민부동산등기용등록번호증명서의 발급)

① 재외국민부동산등기용등록번호증명서(다음부터 '등록번호증명서'라 한다)의 발급을 신청할 때에는 부록 제8호 양식에 따른 신청서를 제출하여야 한다.

② 등록번호증명서는 전산정보처리조직에 의하여 부록 제9호 양식에 따라 이를 작성한다.

③ 등록번호증명서의 발급업무는 관할에 관계없이 각 등기소에서 이를 처리할 수 있다.

제8조(관할전속등의 경우)

법인에 대한 등록번호는 관할의 전속이 있거나 법인의 본점 또는주사무소가 다른 등기소의 관할구역내로 이전하는 경우에도 이를 변경하지 아니한다.

제9조(수수료)

① 재외국민등록번호의 부여신청, 등록번호증명사항의 변경신청 및 등록번호증명서 발급신청에 대한 수수료는 각각 600원으로 한다.

② 제1항에서 정한 수수료는 현금으로 납부하여야 한다. 이 경우 부여신청서 등에는 수수료의 영수필증을 붙여 소인하거나 기기에 의한 그 영수필의 취지를 표시하지 아니한다. 다만 등록번호증명서 발급의 경우에는 전산정보처리조직에 의하여 증명서의 인증문 여백에 영수필의 취지를 표시한다.

관할 외 등기소에서의 재외국민의 부동산등기용등록번호 부여신청 등에 관한 업무처리지침
개정 2011.10.11. [등기예규 제1389호, 시행 2011.10.13.]

1. 목적

이 예규는 재외국민이 서울중앙지방법원 등기국(다음부터 '관할등기소'라 한다) 이외의 등기소에 부동산등기용등록번호(다음부터 '등록번호'라 한다)의 부여, 등록번호증명사항의 변경 및 등록번호증명서의 발급을 신청한 경우의 그 업무처리에 관한 사항을 규정함을 목적으로 한다.

2. 신청할 수 있는 등기소

재외국민의 등록번호의 부여, 등록번호증명사항의 변경 및 등록번호증명서의 발급 신청은 관할등기소 이외의 등기소에도 신청할 수 있다. [24 법무사 / 9 법무사]

3. 등록번호의 부여 등

가. 재외국민의 등록번호 부여신청서 또는 등록번호증명사항의 변경신청서를 접수한 등기소(다음부터 '접수등기소'라 한다)의 등기관은 그 신청서와 첨부서류(재외국민등록부등본 및 기본증명서)를 심사한 후 이를 관할등기소의 등기관에게 모사전송한다. [24 법무사]

나. 관할등기소의 등기관은 접수등기소로부터 모사전송된 신청서에 따라 **등록번호부여** 신청의 경우에는 지체 없이 **등록번호를** 부여하고, **등록번호증명사항의 변경신청**의 경우에는 그 변경사항을 재외국민등록번호부 및 재외국민부동산등기용등록번호카드에 기록한다.

4. 등록번호증명서의 발급

가. 재외국민의 등록번호증명서 발급신청서를 접수한 등기소의 등기관은 전산정보처리조직에 의하여 **등록번호증명서를** 발급하여 신청인에게 **교부한다.**

나. 이미 **등록번호를** 부여받은 사람이 다시 등록번호부여 신청을 한 때에는 등록번호증명서의 발급 신청으로 간주하여 처리할 수 있다. [24 법무사]

5. 신청서의 보존

관할등기소에서는 접수등기소로부터 모사전송된 등록번호 부여신청서, 등록번호증명사항의 변경신청서 및 그 첨부서류를 원본에 준하여 보존(3년)하고, **접수등기소에서는** 등록번호 부여신청서, 등록번호증명사항의 변경신청서 및 그 첨부서류 원본과 등록번호증명서 발급신청서를 재외국민등록번호 부여신청서편철장에 함께 편철하여 1년간 보존한다.

6. 수수료 납부 등

가. 등록번호부여 신청, 등록번호증명사항의 변경신청 및 등록번호증명서 발급신청 **수수료(각 600 원)는** 접수등기소에 **현금으로** 납부하여야 한다. 다만, **모사전송료는** 납부하지 아니한다.

나. 등록번호증명서의 발급신청의 경우에는 그 증명서에 전산정보처리조직에 의하여 수수료의 영수필의 취지를 표시한다.

다. 등록번호부여 신청, 등록번호증명사항의 변경신청 및 등록번호증명서의 발급신청의 경우에는 신청서에 수수료의 영수필증을 붙여 소인하거나 기기에 의한 그 영수필의 취지를 표시하지 아니한다.

라. 접수등기소에서는 등기소장의 확인을 받은 당일 수수료를 등기사항증명서 수수료와 같은 방법으로 입금하여야 한다.

법인 및 재외국민의 부동산등기용등록번호의 정정과 변경에 관한 사무처리지침
개정 2020.7.30. [등기예규 제1698호, 시행 2020.7.30.]

제1조(목적)

이 예규는 법인 및 재외국민의 부동산등기용등록번호 부여에 관한 규칙(이하 "규칙"이라 한다)에 따라 부여한 부동산등기용등록번호(이하 "등록번호"라 한다)의 정정 및 변경절차를 정하는 것을 목적으로 한다.

제2조(등록번호의 정정)

① 재외국민의 등록번호에 오류가 있는 경우에는 등기관은 **재외국민등록번호부의 등록번호를** 정정하고 정정일자를 기록하여야 한다.

② 법인등록번호에 오류가 있는 경우 본점 소재지 관할등기소의 등기관은 법인등기기록의 등록번호를 정정하고 기타사항란에 그 정정한 뜻을 기록한 후, 전산정보처리조직(전산정보처리조직에 의해 통지가 곤란한 경우에는 우편 등 적절한 방법)을 이용하여 지체 없이 그 뜻을 지점(이하 분사무소를 포함한다) 소재지 관할등기소에 통지하여야 한다. 이 경우 통지를 받은 등기관은 지체 없이 지점 등기기록의 등록번호를 정정하고 기타사항란에 그 정정한 뜻을 기록하여야 한다. 등록번호 정정에 대한 기록례는 별지 제6호와 같다.

③ 제1항 또는 제2항에 따라 **등록번호를 정정한 경우**에는 그 **재외국민 또는 법인**(본점 소재지), 행정안
전부장관 및 국세청장에게 그 정정의 뜻을 통지하여야 한다. [24 법무사]

④ **법인등록번호를 정정한 경우** 부동산등기명의인이 부동산등기사항증명서를 제출한 때에는 본점 소재
지 관할등기소의 등기관은 이를 첨부하여 **부동산 소재지 관할 등기소에 등기명의인 표시경정등기촉
탁**을 할 수 있다.

⑤ 제3항의 정정통지는 별지 제1호 양식에 의하며, 제4항의 등기명의인 표시경정등기촉탁은 별지 제2
호 양식에 의하여 한다.

제3조(법인등록번호의 변경)

① 규칙 제3조의2 제1항에 따라 법인의 대표자가 등록번호의 변경을 신청하는 경우에는 별지 제3호
양식에 의한 신청서를 제출하여야 한다.

② 등기관이 직권으로 등록번호를 변경하는 경우에는 별지 제4호 양식에 따라 법인(본점 소재지)에게
사전통지를 하여야 한다. 다만, 법원행정처장이 주무관청과 협의한 경우에는 이를 생략할 수 있다.

③ 등기관 직권에 의한 등록번호의 변경에는 제2조를 준용하며, 이 경우 정정을 변경으로 본다. 변경
후 통지는 별지 제5호 양식에 의한다.

제4조(새로운 등기기록으로 이기)

법인의 등록번호 정정 또는 변경으로 인하여 종전의 등기기록을 계속 사용하기 어려운 경우에는 등기관
은 현재 효력이 있는 등기사항을 새로운 등기기록에 이기하고, 종전의 등기기록을 폐쇄하여야 한다.
이 경우 그 기록례는 별지 제7호와 같다.

관련 기출지문

1 국내에 체류지가 없는 외국인에 대한 등록번호는 대법원 소재지 관할등기소의 등기관이 부여한다. (×)
[9 법무사]

2 주민등록번호가 없는 재외국민에 대한 부동산등기용등록번호는 시장·군수 또는 구청장이 부여한다. (×)
[16 법무사]

3 주민등록번호가 없는 재외국민의 부동산등기용등록번호는 지방출입국·외국인관서의 장이 부여한다.
(×)
[15 등기서기보]

4 등록번호 부여신청서에는 재외국민등록법 제7조의 재외국민등록부등본 및 가족관계의 등록 등에 관한 법
률 제15조 제2항 제1호의 가족관계증명서를 첨부하여야 한다. (×)
[24 법무사]

5 국가·지방자치단체·국제기관·외국정부에 대한 등록번호는 행정안전부장관이 지정·고시한다. (×)
[9 법무사]

6 지방자치단체에 대한 부동산등기용등록번호는 행정안전부장관이 지정·고시한다. (×)
[16 법무사]

7 지방자치단체의 부동산등기용등록번호는 행정안전부장관이 지정·고시한다. (×)
[15 등기서기보]

8 외국정부에 대한 부동산등기용등록번호는 외교부장관이 지정·고시한다. (×)
[16 법무사 / 15 등기서기보]

9 외국회사인 법인에 대한 등록번호는 국내 주된 영업소의 대표자 주소지를 관할하는 등기소의 등기관이
부여한다. (×)
[9 법무사]

> **10** 국내에 영업소나 사무소의 설치 등기를 하지 않은 외국법인의 등록번호는 대법원 소재지 관할등기소의 등기관이 부여한다. (×) [19 등기주사보]
>
> **11** 법인 아닌 사단이나 재단의 부동산등기용등록번호는 주된 사무소의 소재지 관할등기소의 등기관이 부여한다. (×) [16 법무사]
>
> **12** 법인 아닌 사단이나 재단에 대한 등록번호는 주된 사무소 관할등기소 등기관이 부여한다. (×) [9 법무사]

Ⅳ. 부동산과 관련된 정보

1. 대장 등

(1) 서설

첨부정보로서 **토지대장, 임야대장, 건축물대장** 정보나 그 밖에 부동산의 표시를 증명하는 정보를 제공하도록 한 것은 등기기록과 대장의 부동산 표시를 일치시키기 위한 것이다.

신청정보 또는 등기기록의 부동산의 표시가 토지대장·임야대장 또는 건축물대장과 일치하지 아니한 경우에는 각하사유로 규정되어 있다(법 제29조 제11호).

(2) 제공 여부

1) 부동산표시의 변경등기신청의 경우

가. **토지의 표시변경등기**를 신청하는 경우에는 그 변경을 증명하는 토지대장 정보나 임야대장 정보를 첨부정보로서 등기소에 제공하여야 한다(규칙 제72조 제2항).

나. **토지멸실등기**를 신청하는 경우에는 그 멸실을 증명하는 토지대장 정보나 임야대장 정보를 첨부정보로서 등기소에 제공하여야 한다(규칙 제83조).

다. **건물의 표시변경등기**를 신청하는 경우에는 그 변경을 증명하는 건축물대장 정보를 첨부정보로서 등기소에 제공하여야 한다(규칙 제86조 제3항).

라. **건물멸실등기**를 신청하는 경우에는 그 멸실이나 부존재를 증명하는 건축물대장 정보나 그 밖의 정보를 첨부정보로서 등기소에 제공하여야 한다(규칙 제102조).

2) 소유권보존등기

가. **신청(규칙 제121조)**

소유권보존등기를 신청하는 경우에 토지의 표시를 증명하는 토지대장 정보나 임야대장 정보 또는 건물의 표시를 증명하는 건축물대장 정보나 그 밖의 정보를 첨부정보로서 등기소에 제공하여야 한다(규칙 제121조 제2항). "그 밖의 정보"로는 판결에서 건물의 표시가 증명된다면 그 판결도 이에 해당한다(선례 4-174).

나. **직권(「민사집행법」 제81조)**

미등기건물에 대하여 **집행법원**이 처분제한의 등기를 촉탁할 때에는 법원에서 인정한 건물의 소재와 지번·구조·면적을 증명하는 정보를 첨부정보로서 제공하여야 하는 바, 건축물대장 정보나 특별자치시장, 특별자치도지사, 시장, 군수 또는 구청장(자치구의 구청장을 말한다)이 발급한 확인서와 「민사집행법」 제81조 제4항에 따라 작성된 집행관의 조사서면은 이에 해당하지만, 그러나 「건축사법」에 따라 업무를 수행하는 건축사, 「공간정보의 구축 및 관리 등에 관한 법률」에 따라 업무를 수행하는 측량기술자 또는 「감정평가 및 감정평가사에 관한 법률」에 따라 업무를 수행하는 감정평가사가 작성한 서면은 이에 해당되지 아니한다.

3) 소유권이전등기(규칙 제46조 제1항 제7호)

소유권이전등기를 신청하는 경우에는 토지대장·임야대장·건축물대장 정보나 그 밖에 부동산의 표시를 증명하는 정보를 제공하여야 한다(규칙 제46조 제1항 제7호). 대장 정보를 제공하게 하는 것은 등기부와 대장의 일치 여부의 확인을 위한 것이다.

(3) 제공절차(유효기간)

등기신청서에 첨부하는 인감증명, 주민등록표등본·초본, 가족관계등록사항별증명서, 법인등기사항증명서, 건축물대장·토지대장·임야대장 등본은 발행일부터 3개월 이내의 것이어야 한다. [21 등기서기보 / 18 등기서기보 / 16 법무사 / 14 등기서기보]

2. 지적도·도면 등

(1) 서설

(2) 제공 여부

1) 부동산표시의 변경등기신청의 경우

1필의 토지의 일부에 지상권·전세권·임차권이나 승역지(承役地 : 편익제공지)의 일부에 관하여 하는 지역권의 등기가 있는 경우에 분필등기를 신청할 때에는 권리가 존속할 토지의 표시에 관한 정보를 신청정보의 내용으로 등기소에 제공하고, 이에 관한 권리자의 확인이 있음을 증명하는 정보를 첨부정보로서 등기소에 제공하여야 한다. 이 경우 그 권리가 토지의 일부에 존속할 때에는 그 토지부분에 관한 정보도 신청정보의 내용으로 등기소에 제공하고, 그 부분을 표시한 지적도를 첨부정보로서 등기소에 제공하여야 한다(규칙 제74조). 건물에 대한 분할등기를 신청하는 경우에는 건물대지 위에 여러 개의 건물이 있게 되므로 일반건물 소유권보존등기의 경우에 준하여 규칙 제121조 제3항에 따른 도면(건물의 소재도)을, 건물에 대한 구분등기를 신청하는 경우에는 구분건물 소유권보존등기의 경우에 준하여 같은 조 제4항에 따른 도면을 각 제공하여야 한다(법 제40조 제1항 제6호 참조). 다만 건축물대장 정보를 제공하는 경우에는 도면을 제공할 필요가 없다.

2) 소유권보존등기

가. 신청

건물의 소유권보존등기를 신청하는 경우에 그 대지 위에 여러 개의 건물이 있을 때에는 그 대지 위에 있는 건물의 소재도를 첨부정보로서 등기소에 제공하여야 한다. 다만 건물의 표시를 증명하는 정보로서 건축물대장 정보를 등기소에 제공한 경우에는 그러하지 아니하다(규칙 제121조 제3항).

구분건물에 대한 소유권보존등기를 신청하는 경우에는 1동의 건물의 소재도, 각 층의 평면도와 전유부분의 평면도를 첨부정보로서 등기소에 제공하여야 한다. 다만 건물의 표시를 증명하는 정보로서 건축물대장 정보를 등기소에 제공한 경우에는 그러하지 아니하다(규칙 제121조 제4항).

나. 직권

미등기건물에 대하여 법원으로부터 처분제한의 등기촉탁이 있는 경우 법원에서 인정한 건물의 소재와 지번·구조·면적을 증명하는 정보. 단, 구분건물의 일부 건물에 대한 처분제한의 등기촉탁의 경우에는 1동 건물의 전부에 대한 구조·면적을 증명하는 정보 및 1동 건물의 소재도, 각 층의 평면도와 구분한 건물의 평면도를 첨부정보로서 등기소에 제공하여야 한다(건물의 표시를 증명하는 정보로서 건축물대장 정보를 등기소에 제공한 경우에는 도면을 제공할 필요가 없음).

3) 소유권이전등기

소유권이전등기 시에는 도면이나 지적도를 첨부하지 않는다. 따라서 1필지 토지의 물리적 일부에 대한 소유권이전등기를 신청하기 위해서는 먼저 분필등기를 하여야 하며, 도면을 첨부하여 등기신청을 할 수는 없다.

4) 용익권의 설정등기

지상권이나 지역권 설정의 범위가 토지의 일부인 때에는 그 부분을 표시한 지적도를 제공하여야 한다(규칙 제126조 제2항, 제127조 제2항).

전세권이나 임차권 설정의 범위가 토지 또는 건물의 일부인 때에는 그 부분을 표시한 지적도 또는 건물도면을 제공하여야 한다(규칙 제128조 제2항, 규칙 제130조 제1항, 제2항). 그러나 전세권 또는 임차권 설정의 범위가 건물의 일부로서 특정 층 전부인 때에는 그 도면을 제공할 필요가 없다(선례 200707-4).

(3) 제공절차

1) 작성방법

건물의 도면에는 건물의 소재지, 건물의 종류, 구조와 면적, 택지의 방위를 기록하고, 1필지 또는 여러 필지 위에 여러 개의 건물이 있는 때에는 건물의 번호, 건물의 형상, 길이, 위치를 기록하여야 한다. 도면 등은 전부 검은 선과 검은 글씨로 하고, 만일 등기목적 외의 건물이 있는 때에는 그 도면 등은 붉은 선, 붉은 글씨로 하여야 한다. 등기신청의 범위가 부동산의 일부인 경우에는 도면 등에 권리의 목적인 부분을 검은 선과 검은 글씨로 표시하여야 한다(예규 1404).

2) 제공방법

가. 원칙

방문신청을 하는 경우라도(예 자격자대리인이 등기소에 출석하여 서면으로 등기신청을 하는 경우) 등기소에 제공하여야 하는 도면은 전자문서로 작성하여야 하며, 그 제공은 전산정보처리조직을 이용하여 등기소에 송신하는 방법으로 하여야 한다(규칙 제63조 본문). [23 등기서기보 / 18 등기서기보] 도면 등을 전자문서로 작성하여 전산정보처리조직을 이용하여 등기소에 제공하는 경우에는 신청인 또는 대리인의 전자서명정보를 함께 송신하여야 한다(예규 1404).

나. 예외

다만 ① 자연인 또는 법인 아닌 사단이나 재단이 직접 등기신청을 하는 경우, ② 자연인 또는 법인 아닌 사단이나 재단이 자격자대리인이 아닌 사람에게 위임하여 등기신청을 하는 경우에는 그 도면을 서면으로 작성하여 등기소에 제출할 수 있다(규칙 제63조 단서). 도면 등을 서면으로 작성하여 등기소에 제출하는 경우에는 신청인 또는 대리인이 기명날인하거나 서명하여야 한다(예규 1404).

즉 자연인 또는 법인 아닌 사단이나 재단이 직접 등기신청을 하거나 자격자대리인이 아닌 사람에게 위임하여 등기신청을 하는 경우 외에는 방문신청을 하는 경우에도 도면이나 신탁원부는 이를 전자문서로 작성하여 전산정보처리조직을 이용하여 등기소에 송신하는 방법으로 하여야 한다. [21 법무사]

V. 등기신청인의 자격과 관련된 정보

1. 법인이 등기를 신청하는 경우(법인의 대표자의 자격을 증명하는 정보)

신청인이 법인인 경우에는 그 대표자의 자격을 증명하는 정보를 제공하여야 하는 바, 일반적으로 법인의 법인등기사항증명정보가 이에 해당할 것이다(규칙 제46조 제1항 제4호). 이러한 법인의 등기사항정보는 그 등기를 관할하는 등기소와 부동산 소재지를 관할하는 등기소가 동일한 경우에는 그 제공을 생략할 수 있다(규칙 제46조 제5항).

2. 법인 아닌 사단 또는 재단이 등기를 신청하는 경우(법인 아닌 사단 또는 재단의 대표자 또는 관리인의 자격을 증명하는 정보)

법인 아닌 사단이나 재단이 등기를 신청하는 경우에는 대표자나 관리인임을 증명하는 정보를 제공하여야 한다. 다만 신규칙에서는 대표자나 관리인 등기의 의의를 살리고 신청인의 불편을 줄이기 위해 등기되어 있는 대표자나 관리인이 신청하는 경우에는 이러한 정보를 제공할 필요가 없도록 하였다. 따라서 대표자나 관리인임을 증명하는 정보로, 정관이나 그 밖의 규약에서 정한 방법에 의하여 대표자 또는 관리인으로 선임되었음을 증명하는 정보(예 정관에서 대표자의 선임을 사원총회의 결의에 의한다고 한 경우에는 사원총회 결의서 등)를 제공하여야 한다. 다만 등기되어 있는 대표자나 관리인이 신청하는 경우에는 그 증명정보를 제공하지 아니한다. [20 법무사 · 등기서기보 / 17 등기주사보 / 16 등기서기보 / 15 법무사 / 13 법무사]

대표자 증명서면과 관련해서 **부동산등기용등록번호대장**이나 **그 밖의 단체등록증명서**는 법인 아닌 사단이나 재단의 대표자임을 증명하는 서면에 **해당하지 않는다**(예규 1621). [21 등기서기보 / 20 법무사 / 16 등기서기보 / 13 법무사]

3. 대리인이 등기를 신청하는 경우(그 권한을 증명하는 정보 등)

(1) 대리권한을 증명하는 정보

대리인에 의하여 등기를 신청하는 경우에는 그 권한을 증명하는 정보를 제공하여야 한다(규칙 제46조 제1항 제5호). 등기관이 대리권 유무를 심사할 수 있도록 하기 위한 첨부정보이다. 여기서 대리인이라 함은 보통 임의대리인과 법정대리인으로 구별된다.

필요한 첨부서면은 앞서 등기신청인에 관한 내용에서 기술하였다.

(2) 자격자대리인의 등기의무자 확인 및 자필서명정보(규칙 제46조 제1항 제8호)

1) 서설

가. 개정이유

변호사나 법무사 등 자격자대리인이 권리에 관한 등기를 신청하는 경우에는 **위임인이 등기의무자인지 여부를 확인하고 자필서명한 정보**를 개별 등기사건마다 그 신청정보와 함께 첨부정보로서 등기소에 제공하도록 함으로써, **등기신청의 진정성을 자격자대리인을 통하여 강화**하고자 함

나. 주요내용

① 변호사나 법무사 등 자격자대리인이 권리에 관한 등기를 신청하는 경우 위임인이 등기의무자인지 여부를 확인하고 자필서명한 정보를 그 신청정보와 함께 **첨부정보로서 등기소에 제공하도록 함**(제46조 제1항 제8호)

② 위 정보를 **원본 환부를 청구할 수 없는 첨부서면에 포함**(제59조 제1호)

다. 개정문

제46조 제1항에 제8호를 신설한다.

8. 변호사나 법무사[법무법인 · 법무법인(유한) · 법무조합 또는 법무사법인 · 법무사법인(유한)을 포함한다. 이하 "자격자대리인"이라 한다]가 다음 각 목의 등기를 신청하는 경우, **자격자대리인**(법인의 경우에는 담당 변호사 · 법무사를 의미한다)이 주민등록증 · 인감증명서 · 본인서명사실확인서 등 법령에 따라 작성된 증명서의 제출이나 제시, 그 밖에 이에 준하는 확실한 방법으로 **위임인이 등기의무자인지 여부를 확인하고 자필서명한 정보**

가. 공동으로 신청하는 권리에 관한 등기

나. 승소한 등기의무자가 단독으로 신청하는 권리에 관한 등기 [22 법무사]

2) 자격자대리인의 등기의무자 확인 및 자필서명 정보 제공에 관한 예규(예규 제1745호)

가. 목적

이 예규는 「부동산등기규칙」 제46조 제1항 제8호에 따라 변호사나 법무사[법무법인·법무법인(유한)·법무조합 또는 법무사법인·법무사법인(유한)을 포함한다. 이하 "자격자대리인"이라 한다]가 등기소에 제공하여야 하는 정보(이하 '자필서명 정보'라 한다)에 관한 구체적인 사항을 정함을 목적으로 한다

나. 자필서명 정보의 제공

자격자대리인이 「부동산등기규칙」 제46조 제1항 제8호 각 목의 등기를 신청하는 경우에는 자필서명 정보를 제공하여야 한다.

다. 자필서명 정보의 작성 방법

(가) 부동산표시의 기재

가) 자필서명 정보의 부동산표시가 신청정보와 엄격히 일치하지 아니하더라도 양자 사이에 동일성을 인정할 수 있으면 그 등기신청을 수리하여도 무방하다.

나) 구분건물과 대지권이 함께 등기신청의 목적인 경우에는 그 자필서명 정보에 대지권의 구체적인 표시가 없더라도 대지권이 포함된 취지의 표시는 되어 있어야 한다. [24 등기서기보]

(나) 등기의무자의 기재

자필서명정보 양식의 등기의무자란에는 등기가 실행되면 등기기록의 기록 형식상 권리를 상실하거나 그 밖의 불이익을 받는 자를 기재하여야 한다.

예 1. 미성년자의 법정대리인이 등기신청을 위임한 경우에는 등기기록상 명의인인 미성년자를 기재 [24 등기서기보]

2. 외국인으로부터 처분위임을 받은 자가 등기신청을 위임한 경우에는 등기기록상 명의인인 외국인을 기재

3. 법인의 지배인이 등기신청을 위임한 경우에는 등기기록상 명의인인 법인을 기재

(다) 자필서명 방법 등

가) 자필서명은 자격자대리인이 양식 하단에 본인 고유의 필체로 직접 기재하는 방법으로 하여야 하고, 자필서명 이미지를 복사하여 제공하는 방식은 허용되지 아니한다.

나) 자필서명 정보가 2장 이상일 때에는 자격자대리인이 앞장의 뒷면과 뒷장의 앞면을 만나게 하여 그 사이에 자필서명을 하거나 자필서명 정보에 페이지를 표시하고 각 장마다 자필서명을 하여야 한다.

라. 자필서명 정보의 제공 방법

(가) 등기의무자가 수인인 경우(⑩ 공유의 부동산을 처분하는 경우)에는 양식의 등기의 무자란에 등기의무자를 추가하여 한 개의 첨부정보로 제공할 수 있다. 즉, 공유자 모두를 확인하여야 하며, 그중 1인만을 확인하여서는 안된다. [24 등기서기보]

(나) 등기의무자와 등기의 목적이 동일한 여러 건의 등기신청을 동시에 하는 경우에는 먼 저 접수되는 신청에만 자필서명 정보(이 경우 양식의 등기할 부동산의 표시란에는 신청하는 부동산 전부를 기재하여야 한다)를 첨부정보로 제공하고, 다른 신청에서 는 먼저 접수된 신청에 자필서명 정보를 제공하였다는 뜻을 신청정보의 내용으로 등기소에 제공함으로써 자필서명 정보의 제공을 갈음할 수 있다. [22 법무사]

(다) 전자신청의 경우 양식에 따라 작성한 서면을 전자적 이미지 정보로 변환(스캐닝) 하여 원본과 상위 없다는 취지의 부가정보와 「부동산등기규칙」 제67조 제4항 제1 호에 따른 자격자대리인의 개인인증서 정보를 덧붙여 등기소에 송신하여야 한다. [22 법무사] 즉, 전자신청의 경우에도 자격자대리인의 등기의무자 확인 및 자필서명 정 보 제공이 면제되지 않는다. [24 등기서기보]

마. 자필서명 정보의 제공 요부

(가) 관공서가 등기의무자 또는 등기권리자인 경우에도 자격자대리인이 「부동산등기규 칙」 제46조 제1항 제8호 각 목의 등기를 신청하는 때에는 자필서명 정보를 제공하 여야 한다. [22 법무사]

(나) 등기권리자가 등기의무자인 자격자대리인에게 등기신청을 위임하는 경우 자격자 대리인은 별도로 자기에 대한 자필서명 정보를 제공할 필요가 없다. [22 법무사]

관련 기출지문

1 甲과 乙이 공유하는 부동산에 대한 소유권이전등기의 신청위임을 받은 자격자 대리인은 공유자 중 1인인 甲 또는 乙에 대해서만 본인확인을 하고 자필서명한 정보를 첨부정보로 제공할 수 있다. (×)

[24 법원사무관]

[별지 제1호] 자필서명 정보 양식

자격자대리인의 등기의무자 확인 및 자필서명 정보		
등기사건의 표시		
등기할 부동산의 표시		
	(빈칸이 부족할 경우, 별지를 사용하여 주십시오.)	
등기의무자	성 명 (상호 또는 명칭)	
	(주민)등록번호	
등기의 목적		
자격자대리인 자필서명 정보		

주민등록증·인감증명서·본인서명사실확인서 등 법령에 따라 작성된 증명서의 제출이나 제시, 그 밖에 이에 준하는 확실한 방법으로 위임인이 등기의무자인지 여부를 확인*하고 자필서명합니다.
「부동산등기규칙」 제46조 제1항 제8호에 따라 이를 제출합니다.

년   월   일

변호사·법무사   (자필서명)

*확인의 구체적 내용을 자유롭게 기재할 수 있습니다.

4. 대위등기를 신청하는 경우(대위원인을 증명하는 정보)

채권자가 채무자를 대위하여 등기신청을 할 때에는 대위원인을 증명하는 정보를 담은 서면을 첨부하여야 하는데, 대위의 기초인 권리가 특정채권인 때에는 당해 권리의 발생원인인 법률관계의 존재를 증명하는 서면(예 매매계약서 등)을, 금전채권인 때에는 당해 금전채권증서(예 금전소비대차계약서 등)를 첨부하여야 한다. 이때의 매매계약서 등은 공문서(가압류결정서, 압류조서)가 아닌 사문서라도 무방하다(예규 1432). [20 법무사 / 19 등기주사보 / 18 등기주사보 / 14 법무사 / 13 법무사 / 10 법무사]

> **관련 기출지문**
>
> 1 전자신청의 경우에는 자격자대리인의 자필서명정보의 제공이 면제된다. (×)   [22 법무사]

VI. 기타 첨부정보

1. 등기상 이해관계 있는 제3자의 승낙 또는 재판

(1) 등기상 이해관계인

1) 등기상 이해관계인이란 등기절차에서 등기권리자 또는 등기의무자의 지위에 있지는 않으나 등기기록상 이해관계가 있기 때문에 참여권을 보장받는 자이다. 즉 일정한 경우에는 등기상 이해관계인의 동의 또는 승낙을 얻어야 등기를 할 수 있으며 그러한 사항을 증명하는 정보를 제공하여야 한다.

2) 등기상 이해관계인은 등기기록의 형식에 의하여 손해를 입을 우려가 있다고 인정되는 자를 말하며 실질적인 손해유무는 불문한다. 또한 실체법상의 이해관계가 있다고 하더라도 등기기록에 기록되어 있지 않으면 등기상 이해관계인으로 취급되지 아니한다.

(2) 첨부하여야 하는 정보

1) 일반적인 정보

등기상 이해관계 있는 제3자의 승낙이 필요한 경우에는 이를 증명하는 정보 또는 이에 대항할 수 있는 재판이 있음을 증명하는 정보를 제공하여야 하며(규칙 제46조 제3호), 그 진정성을 담보하기 위하여 제3자의 동의 또는 승낙을 증명하는 서면을 첨부하는 경우 그 제3자의 인감을 날인하고 인감증명을 첨부하도록 하고 있다(규칙 제60조 제1항 제7호). 그러나 승낙서 대신 판결을 받은 경우에는 인감증명을 첨부할 필요가 없을 것이다.

2) 구체적 예시

가. 소유권이전등기의 말소등기를 신청하는 경우에 그에 앞서 그 소유권이전등기에 대하여 사해행위 취소를 원인으로 하는 소유권이전등기 말소청구권을 피보전권리로 하는 **가처분등기를 한 채권자는 이해관계 있는 제3자에 해당한다.** [18 등기주사보]

나. 소유권이전등기 말소청구권을 피보전권리로 하는 **가처분등기**가 마쳐져 있을 때 등기상 이해관계 있는 제3자가 다른 권원에 의하여 위 소유권이전등기 말소를 신청할 경우 가

처분권리자의 승낙이나 이에 대항할 수 있는 재판이 있음을 증명하는 정보를 제공하여야 한다. [17 등기서기보]

다. 사해행위취소청구권을 피보전권리로 하는 근저당권처분금지가처분등기가 경료되고, 그 가처분권자가 본안의 승소판결 등에 의하여 근저당권설정등기의 말소등기를 신청하는 때에는, 가처분권자는 그 등기의 말소에 관하여 등기상 이해관계인이지만 동시에 그 말소등기에 관한 등기권리자이므로 당연히 가처분등기말소에 대한 승낙이 있는 것으로 보아 (**⊕** 별도로 가처분권자의 승낙서를 제공할 필요 없이) 등기관이 직권으로 그 가처분등기를 말소할 수 있으며, 다만 그 뜻을 가처분 집행법원에 통지하여야 한다(선례 7-425). 이와 달리, 사해행위로 인한 소유권이전등기 말소청구권을 피보전권리로 하는 가처분을 하였을 경우, 가처분채권자가 말소판결을 받아 말소신청을 하는 것이 아니라 수익자와 채무자가 공동으로 해당 소유권이전등기의 말소신청을 하는 때에는 가처분채권자가 말소에 대하여 등기상 이해관계 있는 제3자이므로 가처분채권자의 승낙 또는 그에 대항할 수 있는 재판이 있음을 증명하는 정보를 제공하여야 한다. [23 법무사 / 19 법무사]

라. 동일한 근저당권의 말소등기청구권을 피보전권리로 한 처분금지가처분등기가 여러 건 경료된 경우, 선순위 가처분권리자가 본안사건에서 승소하고 그 확정판결의 정본을 첨부하여 근저당권말소등기를 신청할 때에 후순위 가처분권리자들의 승낙서는 첨부할 필요가 없다. [15 법무사]

마. 선행 가처분과 후행 가처분의 피보전권리가 모두 소유권이전등기 말소등기청구권 및 근저당권설정등기 말소등기청구권인 경우, 확정판결을 받은 후행 가처분채권자의 말소등기신청 시에는 등기상 이해관계 있는 제3자로서 선행 가처분채권자의 승낙을 증명하는 정보 또는 이에 대항할 수 있는 재판의 등본을 첨부하여야 한다. [23 법무사 / 19 법무사]

바. 증여를 원인으로 한 소유권이전등기와 체납처분에 의한 압류등기가 순차로 마쳐진 후 위 증여계약의 해제를 원인으로 새로운 소유권이전등기를 신청할 경우에는 체납처분권자는 이해관계 있는 제3자가 아니므로 그의 승낙이 있음을 요하지 않는다. [19 법무사]

사. 소유권이전등기 후에 경매개시결정등기가 마쳐진 경우, 경매개시결정등기는 소유권이전등기에 기한 새로운 권리에 관한 등기에 해당하므로 경매신청채권자는「부동산등기법」 제57조 제1항의 '등기상 이해관계 있는 제3자'에 해당하고, 따라서 소유권이전등기를 말소하기 위해서는 경매신청채권자의 승낙서 또는 이에 대항할 수 있는 재판의 등본을 첨부하여야 하는 바, 위 승낙서에는 소유권이전등기의 말소를 승낙한다는 뜻이 나타나 있으면 족하고 반드시 먼저 경매가 취하될 필요는 없으며, 해당 등기관은 소유권이전등기를 말소하고 경매개시결정등기를 직권으로 말소한 후 집행법원에 경매개시결정등기가 직권 말소되었음을 통지하여야 한다(선례 제202405-5호).
마찬가지로, 말소대상인 소유권이전등기 이전에 설정된 근저당권에 기한 임의경매개시결정등기가 마쳐진 경우, (경매)신청채권자는 등기상 이해관계인에 해당하므로 그의 승낙서 정보를 첨부하여야 하고, 등기관은 소유권이전등기의 말소에 앞서 경매개시결정등기를 직권으로 말소한 후(근저당권은 말소하지 않음을 주의) 집행법원에 통지하여야 하며, 승낙서가 첨부되지 않으면 소유권이전등기도 말소할 수 없을 것이다(선례 201208 -4). [24 법원사무관 / 19 법무사]

관련 기출지문

1 甲이 乙에게 근저당권을 설정한 후 丙에게 소유권을 이전해 준 상태에서 乙이 경매를 신청하여 임의경매개시결정등기가 된 경우 채권자인 乙은 丙 명의의 등기의 말소에 대하여 등기상 이해관계 있는 제3자에 해당하지 않는다. (×)
[24 법원사무관]

2 말소대상인 소유권이전등기 전에 설정된 근저당권에 기한 임의경매개시결정등기가 마쳐진 경우 신청채권자는 등기상 이해관계 있는 제3자에 해당하므로 그의 승낙서 등을 첨부하여야 하고, 등기관은 소유권이전등기의 말소에 앞서 경매개시결정등기를 직권으로 말소한 후 그 근저당권도 말소하여야 한다. (×)
[19 법무사]

Ⅶ. 첨부정보의 제공방법

1. 서면의 유효기간

등기신청서에 첨부하는 인감증명, 주민등록표등본·초본, 가족관계등록사항별증명서, 법인등기사항증명서, 건축물대장·토지대장·임야대장 등본은 발행일부터 3개월 이내의 것이어야 한다.
[21 등기서기보 / 18 등기서기보 / 16 법무사 / 14 등기서기보]

2. 영구보존문서(예규 1723)

(1) 의의

「전산정보처리조직에 의하여 영구보존문서에 관한 등기사무를 처리하는 경우의 업무처리지침」예규는 전산정보처리조직에 의하여 등기소에서 **영구보존하는 문서** 중 도면, 신탁원부, 공동담보목록(공동전세목록을 포함한다. 다음부터 같다), 「공장 및 광업재단 저당법」 제6조에 따른 목록, 공장(광업)재단목록 (다음부터 "영구보존문서"라 한다)에 관한 등기사무를 처리하는 경우의 그 업무처리에 관한 사항을 규정함을 목적으로 한다.

(2) 영구보존문서의 작성

1) 공동담보목록을 제외한 영구보존문서는 A4(210mm × 297mm)일반용지에 작성하여야 한다.

2) 신탁원부의 작성

　가. 신청인은 신탁원부를 별지 제1호 양식에 따라 작성하여야 한다.

　나. 신청인이 신탁원부의 기재사항의 변경등기를 신청하는 경우에는 별지 제2호 양식에 따라 변경목록을 작성하여야 한다. 다만 법원 또는 주무관청이 촉탁하는 경우에는 그러하지 아니하다.

3) 공장저당목록의 작성

가. 「공장 및 광업재단 저당법」 제6조에 따른 목록(다음부터 "공장저당목록"이라 한다)을 최초로 제출하는 경우에는 신청인은 별지 제3호 양식에 따라 작성하여야 한다.

나. 종전 공장저당목록에 새로운 물건을 추가하는 경우에는 신청인은 별지 제4호 양식에 새로이 추가되는 목록만을 첨부한다.

다. 종전 공장저당목록에 기재한 물건의 일부가 멸실하거나 또는 기재물건에 관하여 저당권이 일부 소멸한 경우에는 신청인은 별지 제5호 양식에 멸실 또는 분리된 목록만을 첨부한다.

4) 공장(광업)재단목록의 작성 등

가. 공장재단에 관하여 소유권보존등기를 신청하는 경우에는 공장마다 별지 제6호 양식에 따라 적은 공장재단목록을 제출하여야 한다.

나. 공장재단의 구성물이 변경·분리·멸실·표시변경(또는 경정)되었거나 새로운 것이 재단에 속하게 되어 변경등기를 신청할 때에는 공장마다 별지 제7호 양식에 따라 변경·분리·멸실·표시변경(또는 경정)된 것 또는 새로 속하게 된 것을 적은 목록을 제출하여야 한다. 단, 1개의 공장이 전부 분리 또는 멸실된 경우에는 목록을 제출하지 아니한다.

다. 광업재단목록의 작성 및 제출은 공장재단목록의 예에 따른다.

5) 공동담보목록의 작성

가. 공동담보목록은 전산정보처리조직에 의하여 자동으로 생성하는 방식으로 작성한다. 다만 기존의 수작업방식으로 공동담보에 제공된 부동산에 대하여 토지의 분필, 건물의 분할 또는 구분, 대지권의 표시변경의 각 등기를 하는 경우에는 그러하지 아니하다.

나. 수 개의 부동산에 관한 권리를 목적으로 하는 저당권의 설정등기를 신청할 때 그 부동산이 5개 이상인 경우에도 신청서에는 공동담보목록을 첨부하지 아니한다.

다. 전산정보처리조직에 의하여 조제된 공동담보목록에 기록되어 있는 담보권의 등기 중 해당 등기소의 관할에 속하는 부동산에 대한 담보권의 등기 전부를 말소하였을 때에는 그 공동담보목록에 전부말소의 내용을 기록하고 「부동산등기규칙」(다음부터 "규칙"이라 한다) 제7조의 식별부호를 기록하여야 한다.

라. 전산정보처리조직에 의하여 공동담보목록을 작성한 경우에 있어서 다른 등기소의 관할에 속한 부동산에 관한 권리를 목적으로 하는 담보권이 있는 때에는 신청된 담보권의 등기사항을 기록하는 외에 다른 등기소의 관할에 속한 부동산에 관한 권리의 표시를 기록하여야 한다. 또한, 규칙 제133조에 따라 공동담보목록이 작성되어 있는 경우 규칙 제136조 제2항에 따른 통지를 받았을 때는 그 통지사항을 공동담보목록에 기록하여야 한다.

(3) 영구보존문서의 제출

1) 제출방법

영구보존문서(이하 이 예규의 영구보존문서 중 "공동담보목록"은 제외한다)는 당사자 또는 자격자대리인(다음부터 "신청인"이라 한다)이 이를 인터넷등기소에서 전자문서로 변환하여 등록하는 방법으로 제출하여야 한다. 다만 **자연인 또는 법인 아닌 사단이나 재단이 직접** 서면으로 등기신청을 하는 경우나 자연인 또는 법인 아닌 사단이나 재단이 **자격자대리인이 아닌 사람에게 위임**하여 서면으로 등기신청을 하는 경우에는 영구보존문서를 서면으로 제출할 수 있다.

2) 인터넷등기소에서의 등록 방법

가. 전자신청의 경우

인터넷등기소에서 '인터넷등기전자신청'을 선택하여 신청서를 작성하는 경우에는 영구보존문서를 반드시 전자신청의 '첨부서면정보입력' 화면에서 전자문서로 변환하여 등록하고, 신청서와 함께 일괄적으로 전자서명을 부여하여 등기소에 송신하여야 한다.

나. 전자표준양식(e-form)에 의한 신청의 경우

인터넷등기소에서 '전자표준양식'을 선택하여 신청서를 작성하는 경우에는 '첨부서면정보입력' 화면에서 영구보존문서를 전자문서로 변환한 후 전자서명을 부여하여 등록한다. 다만 인터넷등기소의 '영구보존문서 등록'을 선택하여 영구보존문서를 사전에 전자문서로 변환하여 등록한 경우에는 전자표준양식의 '영구보존문서정보입력' 화면에서 해당 전자문서를 선택하여 전자표준양식의 첨부서면으로 추가할 수 있다.

다. 서면신청의 경우

인터넷등기소에서 '영구보존문서 등록'을 선택하여 영구보존문서를 전자문서로 변환한 후 전자서명을 부여하여 등록하고, 이때 인터넷등기소에서 자동으로 부여되는 영구보존문서의 '등록문서번호'를 신청서의 부동산의 표시 밑 오른쪽에 아래 예시와 같이 기재하여야 한다. 이 경우 신청서에는 영구보존문서를 첨부하지 아니한다.

> [예시] 서울특별시 서초구 서초동 100
> 대 100㎡ [등록문서번호 : ○○○번]

(4) 인터넷등기소에 등록한 영구보존문서의 유효기간

인터넷등기소에 등록한 영구보존문서의 등록정보는 다음 각 호의 경우 인터넷등기소에서 자동으로 삭제된다.

1) 그 등록한 날부터 3개월 이내에 해당 등기를 신청하지 아니한 때
2) 해당 등기가 마쳐져 그 등기정보가 전산정보처리조직에 영구보존문서로서 저장된 때
3) 해당 등기신청이 취하되거나 각하된 때

3. 행정정보 공동이용

(1) 서설

법령에 따라 등기소에 제공하여야 하는 첨부정보 중 법원행정처장이 지정하는 첨부정보는 「전자정부법」 제36조 제1항에 따른 행정정보 공동이용을 통하여 등기관이 확인하고 신청인에게는 그 제공을 면제한다.

다만 그 첨부정보가 개인정보를 포함하고 있는 경우(⑩ 주민등록등본·초본 등)에는 그 정보주체의 동의가 있음을 증명하는 정보를 등기소에 제공한 경우에만 그 제공을 면제한다(규칙 제46조 제6항). 이러한 면제는 전자신청뿐 아니라 서면신청의 경우에도 적용된다.

(2) 행정정보가 개인정보를 포함하고 있는 경우

1) 의의

규칙 제46조 제6항 단서에서 "첨부정보가 개인정보를 포함하고 있는 경우"란 그 정보의 성질상 누구든지 서류로 발급받거나 열람할 수 있는 행정정보가 아닌 경우를 말한다[「행정정보공동이용지침」(행정안전부예규) 제26조 제1항 제2호 참조].

예컨대 주민등록사항정보(주민등록등본·초본) 등을 그 예로 들 수 있다. 따라서 주소 변경에 따라 등기명의인표시변경등기를 서면에 의한 방문신청으로 하는 경우에는 행정정보 공동이용 사전동의서를 첨부하면 주민등록사항정보를 첨부정보로 제공할 필요가 없다. [21 법무사]

2) 규칙 제46조 제6항 단서에 따른 증명정보를 적은 서면 또는 증명정보의 제출이나 송신 방법

가. 서면에 의한 방문신청의 경우

서면에 의한 방문신청을 하는 경우 규칙 제46조 제6항 단서에 따른 정보주체의 동의가 있음을 증명하는 정보를 적은 서면은 별지 양식에 따르고, 그 서면에는 동의인의 서명 또는 기명날인이 있어야 한다.

나. 「부동산등기법」 제24조 제1항 제2호에 따른 등기신청의 경우

「부동산등기법」 제24조 제1항 제2호에 따른 등기신청을 하는 경우 규칙 제46조 제6항 단서에 따른 정보주체의 동의가 있음을 증명하는 정보에는 동의인의 규칙 제67조 제4항 제1호에 따른 인증서 정보를 덧붙여야 한다. 다만 자격자대리인이 「부동산등기법」 제24조 제1항 제2호에 따른 등기신청을 하는 경우에는 위의 서면을 전자적 이미지정보로 변환하여 송신할 수 있다.

4. 첨부서면의 원용

같은 등기소에 동시에 여러 건의 등기신청을 하는 경우에 첨부정보의 내용이 같은 것이 있을 때에는 먼저 접수되는 신청에만 그 첨부정보를 제공하고, 다른 신청에는 먼저 접수된 신청에 그 첨부정보를 제공하였다는 뜻을 신청정보의 내용으로 등기소에 제공하는 것으로 그 첨부정보의 제공을 갈음할 수 있다(규칙 제47조 제2항). 이 경우 목적 부동산이 동일할 것을 요하는 것은 아니다.

[22 등기서기보·법무사 / 17 등기주사보]

등기의무자가 동일한 2건의 근저당권설정등기를 동시에 신청하는 경우에 **먼저 접수되는 신청에만** 등기의무자의 인감증명서를 제공하고, **다른 신청에는** 인감증명서를 제공하는 대신 먼저 접수된 신청에 그 첨부정보를 제공하였다는 뜻을 신청정보의 내용으로 제공할 수 있다(선례 202005-1). 3명의 매도인과 2명의 매수인이 매매계약을 체결하고 이를 원인으로 등기권리자별로 신청정보를 작성하여 소유권이전등기를 신청하는 경우에 각 등기의무자의 부동산매도용인감증명서에 2명의 매수인이 모두 기재되어 있다면 **먼저 접수되는 신청에만** 그 인감증명서를 제공하고, **다른 신청에는** 인감증명서를 제공하는 대신 먼저 접수된 신청에 그 첨부정보를 제공하였다는 뜻을 신청정보의 내용으로 제공할 수 있다(선례 202005-1).

이러한 첨부서면의 원용은 먼저 접수되는 신청의 첨부정보를 뒤에 접수되는 신청에서 원용할 수 있을 뿐이므로 뒤에 접수되는 신청의 첨부정보를 먼저 접수되는 신청에서 원용할 수는 없다는 점을 주의한다.

5. 등기원인증서의 반환(규칙 제66조, 예규 1514)

(1) 서설

1) 의의

신청서에 첨부된 제46조 제1항 제1호의 정보를 담고 있는 서면이 법률행위의 성립을 증명하는 서면이거나 그 밖에 대법원예규로 정하는 서면일 때에는 **등기관이 등기를 마친 후에 이를 신청인에게 돌려주어야 한다**(규칙 제66조 제1항). [22 법원사무관]

규칙 제66조가 적용되는 등기원인증서는 규칙 제46조 제1항 제1호의 등기원인증서 중에서 법률행위의 성립을 증명하는 서면과 법률사실의 성립을 증명하는 서면 등이 이에 해당된다.

이러한 서면에 해당하게 되면 **신청인의 원본 환부의 청구가 없더라도 이를 신청인에게 반환하여야 한다.**

2) 요건

3) 적용범위

가. 법률행위의 성립을 증명하는 서면은 다음 각 호와 같다. [21 등기서기보 / 18 등기주사보·등기서기보 / 15 등기서기보(2)]

(가) 소유권이전등기의 경우에는 매매계약서, 증여계약서, 공유물분할계약서, 대물반환계약서, 명의신탁해지증서 등

(나) 가등기의 경우에는 매매예약서, 매매계약서

(다) 각종 권리의 설정등기의 경우에는 근저당권설정계약서, 전세권설정계약서 등

(라) 각종 변경등기의 경우에는 권리변경계약서(**예** 근저당권변경계약서)

(마) 말소등기의 경우에는 해지(해제)증서 등

나. 법률사실을 증명하는 서면은 다음 각 호와 같다. [21 등기서기보 / 18 등기주사보]

(가) 수용에 의한 소유권이전등기신청의 경우 **협의성립확인서 또는 재결서**

(나) 판결에 의한 등기신청의 경우 집행력 있는 판결정본 등

다. 그 밖에 등기원인증서로 볼 수 있는 서면은 다음 각 호와 같다. [15 법무사 · 등기서기보]

(가) 규약상 공용부분인 취지의 등기의 경우 **규약 또는 공정증서** [22 법원사무관]

(나) 이혼 당사자 사이의 **재산분할협의서**

(2) 반환하는 방법

1) 원칙

등기관이 등기를 마친 후에 등기필정보통지서와 함께 이를 신청인에게 돌려주어야 한다.

2) 수령인의 전자서명을 받고 반환하는 방법

등기필정보통지서와 함께 등기원인증서를 반환할 때에는 등기필정보통지서의 바코드를 읽음으로써 반환되는 등기원인증서를 함께 특정하고, 등기원인증서 반환을 위한 전자서명은 등기필정보통지서의 교부를 위한 전자서명으로 갈음할 수 있다.

등기필정보통지의 대상이 되지 않는 신청사건의 등기원인증서를 반환할 때에는 등기완료통지서 우측 상단에 바코드를 생성 · 출력하고, 바코드를 읽음으로써 반환되는 등기원인증서를 특정하여 등기완료통지서와 함께 반환한다.

3) 등기원인증서의 폐기

신청인이 위 서면(@ 매매계약서, 저당권설정계약서, 해지증서 등)을 등기를 마친 때부터 **3개월 이내에 수령하지 아니할 경우에는 이를 폐기할 수 있다**(규칙 제66조 제2항). [21 법무사 / 18 등기주사보]

6. 첨부정보의 원본환부 청구(규칙 제59조)

(1) 서설

1) 의의

신청서에 첨부한 서류의 원본의 환부를 청구하는 경우에 신청인은 그 **원본과 같다는 뜻을 적은 사본을 첨부하여야 하고, 등기관이 서류의 원본을 환부할 때에는 그 사본에 원본 환부의 뜻을 적고 기명날인하여야 한다**(규칙 제59조). [21 등기서기보] 신청서에 첨부한 서류, 즉 첨부서면의 원본 환부 청구는 등기신청과 동시에 하거나 그 후에 할 수 있다.

2) 요건

3) 적용범위

가. 원본환부 청구의 대상이 되는 경우

원본 환부는 등기신청인이 그 서면을 계속 보유하여야 할 필요성이 있는 서면이면 모두 가능하다.

(가) 상속재산분할협의서(선례 201912-2)[22 법원사무관 / 15 등기서기보]

협의분할에 의한 상속을 원인으로 한 소유권이전등기를 신청할 때에 등기소에 첨부서면으로서 제출한 **상속재산분할협의서**는 「부동산등기규칙」 제66조 제1항에 따라 등기관이 등기를 마친 후에 신청인에게 돌려주어야 하는 서면에 해당하지 않는다. 다만 신청인은 이 서면에 대하여 같은 규칙 제59조에 따라 원본 환부의 청구를 할 수 있으며, 이 경우에는 그 원본과 같다는 뜻을 적은 사본을 제출하여야 한다(선례 201912-2).

(나) 유언증서(선례 3-45)[15 등기서기보]

(다) 농지취득자격증명서(선례 2-641)

(라) 재외국민 또는 외국인이 작성한 처분위임장[12 법무사]과 처분위임장에 날인된 인영을 확인하기 위해 제출한 등기명의인의 인감증명(선례 8-108)은 원본환부청구를 할 수 있다. 이때에 신청인은 그 원본과 같다는 취지를 기재한 등본을 첨부하고, 등기관은 그 등본에 원본환부의 취지를 기재하고 날인하여야 한다.

나. 원본환부 청구의 대상이 되지 않는 경우

(가) 해당 등기신청만을 위하여 작성한 서류 [22 법원사무관 / 21 등기서기보 / 12 법무사]

① 등기신청위임장

② 자격자대리인의 등기의무자 확인 및 자필서명정보(규칙 제46조 제1항 제8호)

③ 확인서면(규칙 제111조 제2항의 확인정보를 담고 있는 서면)

(나) 별도의 방법으로 다시 취득할 수 있는 서류 [22 법원사무관 / 18 등기서기보·등기주사보 / 17 등기서기보·16 법무사 / 15 등기서기보 / 12 법무사]

① 인감증명

② 주민등록표등본·초본

③ 가족관계등록사항별증명서

④ 법인등기사항증명서

⑤ 건축물대장·토지대장·임야대장 등본 등

1 같은 등기소에 동시에 여러 건의 등기신청을 하는 경우에 첨부정보의 내용이 같은 것이 있을 때에는 먼저 접수되는 신청에만 그 첨부정보를 제공하고, 다른 신청에는 먼저 접수된 신청에 그 첨부정보를 제공하였다는 뜻을 신청정보의 내용으로 등기소에 제공하는 것으로 그 첨부정보의 제공을 갈음할 수 있으나 여러 신청 사이에는 목적 부동산이 동일하여야 한다. (×)   [22 법무사]

2 주소 변경에 따라 등기명의인표시변경등기를 서면에 의한 방문신청으로 하는 경우에는 등기관이 행정정보 공동이용을 통하여 주소정보를 확인할 방법이 없어 신청인에게 그 제공을 면제할 수 없으므로 주소를 증명하는 정보를 첨부정보로 제공하여야 한다. (×)   [21 법무사]

3 근저당권변경등기 신청서에 첨부된 근저당권변경계약서, 근저당권말소등기 신청서에 첨부된 해지(해제)증서는 등기관이 해당 등기를 마친 후 신청인에게 돌려주어야 하는 등기원인증서에 해당하지 않는다. (×)   [15 등기서기보]

4 수용에 의한 소유권이전등기신청의 경우의 협의성립확인서 또는 재결서, 판결에 의한 등기신청의 경우의 집행력 있는 판결정본 등은 등기관이 등기를 마친 후 신청인에게 돌려주지 않는다. (×)   [21 등기서기보]

5 등기를 완료한 후 등기관이 신청인에게 반환하여야 할 등기원인증서는 법률행위의 성립을 증명하는 서면이므로, 수용에 의한 소유권이전등기신청의 경우에 등기원인증서로서 첨부하는 협의성립확인서 또는 재결서는 별도의 원본 환부의 청구가 없는 한 반환할 필요가 없다. (×)   [18 등기주사보]

6 규약상 공용부분이라는 뜻의 등기의 신청서에 첨부되는 규약이나 공정증서는 등기완료 후 신청인에게 돌려주어야 하는 등기원인증서에 해당하지 아니한다. (×)   [22 법원사무관]

7 등기신청인이 소유권이전등기 신청서에 첨부된 매매계약서원본의 환부를 청구하는 경우 등기관은 그 사본을 작성하여 등기신청서에 첨부하고 매매계약서 원본에는 환부의 뜻을 적은 후 기명날인하여야 한다. (×)   [15 등기서기보]

8 인감증명, 법인등기사항증명서, 주민등록표등본·초본, 가족관계등록사항별증명서, 상속재산분할협의서, 유언증서 및 건축물대장·토지대장·임야대장 등본 등에 대하여서는 원본의 환부를 청구할 수 없다. (×)   [15 등기서기보]

등기절차는 당사자의 등기신청을 접수하면서부터 시작되며 **등기관은** 등기신청이 접수되면 이를 조사하여 법 제29조 각 호의 각하사유가 없는 한 신청에 따른 등기를 실행해야 한다. 만약 신청에 **흠이** 있다면 그 흠이 보정 가능한 경우에는 보정을 명하고, 보정이 불가능한 흠이 있거나 당사자가 보정명령에 응하지 않는 경우에는 그 신청을 각하하게 된다.

위와 같은 일련의 절차, 즉 등기신청을 접수하여 그 신청의 적법 여부를 심사한 후에 신청을 수리하여 등기기록에 기록하고 등기필정보를 통지하는 등의 행위를 하거나, 그 신청을 각하하는 처분을 함으로써 등기절차가 종료될 때까지의 모든 절차를 광의의 등기절차라고 한다.

이에 대하여 협의의 등기실행절차는 접수된 등기신청을 수리하여 그에 따른 등기사항을 등기기록에 기록하는 업무절차, 즉 기입과 교합만을 의미한다. 이 장에서는 광의의 등기실행절차에 대해 설명하기로 한다.

01 절 접수 · 배당

1. 등기신청서의 접수(예규 1718, 1771)

신청서의 **접수란** 당사자 등이 제출한 신청서의 일정한 등기신청정보(해당 부동산이 다른 부동산과 구별될 수 있게 하는 정보)를 등기공무원이 전산정보처리조직에 입력하는 것을 말한다. 등기절차는 등기신청(촉탁을 포함한다)의 접수로부터 시작한다. 등기신청이 접수되면 등기관에게 배당하여 기입 · 조사 · 교합 등의 후속업무를 할 수 있게 된다.

(1) 등기신청할 수 있는 자

1) 신청인 또는 대리인

등기신청은 신청인 또는 그 대리인이 등기소에 출석하여 신청정보 및 첨부정보를 적은 서면을 제출하는 방법 또는 전자신청의 방법으로 할 수 있다.

2) 자격자대리인의 출입사무원

등기신청서를 제출할 수 있는 자격자대리인의 사무원은 자격자대리인의 사무소 소재지를 관할하는 **지방법원장이 허가하는 1명으로 한다.** [2] 등기서기보 다만 법무법인 · 법무법인(유한) · 법무조합 또는 법무사법인 · 법무사법인(유한)의 경우에는 그 구성원 및 구성원이 아닌 변호사나 법무사 수만큼의 사무원을 허가할 수 있다(규칙 제58조 제1항).

지방법원장이 등기소에 출석하여 등기신청서를 제출할 수 있는 자격자대리인의 사무원의

출입허가를 하였을 때에는 **자격자대리인에게 등기소 출입증을 발급하여야 한다**. [21 등기서기보]
출입사무원의 허가를 받으려는 자격자대리인[법무법인, 법무법인(유한), 법무조합, 법무사법인 또는 법무사법인(유한)의 경우에는 해당 법인 또는 조합을 대표하는 자. 이하 같다]은 등기소출입증 신청관리시스템에 접속하여 자신의 「부동산등기규칙」 제67조 제4항 제1호에 따른 인증서(이하 "인증서"라 한다)정보[법무법인, 법무법인(유한), 법무조합, 법무사법인 또는 법무사법인(유한)의 경우에는 해당 법인 또는 조합의 인증서정보. 이하 같다]를 입력하고 사용자인증을 한 후, 별표 1에서 정하는 허가신청정보를 시스템이 정하는 바에 따라 입력하고 사무원증 사본과 경력증명서 사본을 첨부정보로서 덧붙여 송신하는 방법으로 자격자대리인의 사무소 소재지를 관할하는 지방법원장[법무법인, 법무법인(유한), 법무조합, 법무사법인 또는 법무사법인(유한)의 경우에는 주사무소 소재지를 관할하는 지방법원장. 이하 같다]에게 허가신청을 하여야 한다. 이러한 정보는 소속 지방회[법무법인, 법무법인(유한), 법무조합, 법무사법인 또는 법무사법인(유한)의 경우에는 주사무소 소재지의 지방회. 이하 같다]를 거쳐 자격자대리인의 사무소 소재지를 관할하는 지방법원장에게 송신한다(예규 1718).

자격자대리인에게 명의대여나 사무원 등에 의한 부당한 사건 유치의 비위사실이 있다고 인정되거나 **출입사무원이 등기소에 출석하여 등기신청서를 제출하는 업무를 수행함에 적정하지 않다고 인정되는 행위를 한 경우에는 지방법원장은 출입사무원 허가를 취소할 수 있다.** [24 법무사]

(2) 신청서의 제출

1) 서면신청

가. 등기신청서의 제출

방문신청을 하는 방법으로는 신청인이 스스로 작성한 등기신청서를 제출하는 "일반 서면신청"과 신청서를 등기소에 제출하기 전에 전산정보처리조직에 신청정보를 입력하고 그 입력한 신청정보를 서면으로 출력하여 등기소에 제출하는 "**전자표준양식에 의한 신청**(이른바 e-Form신청)"이 있다.

방문신청을 하고자 하는 **신청인**은 신청서를 등기소에 제출하기 전에 **전산정보처리조직에 신청정보를 입력**하고, 그 입력한 신청정보를 서면으로 출력하여 등기소에 제출하는 방법으로 할 수 있다(e-Form신청, 규칙 제64조). [23 등기서기보 / 21 법무사] 즉 인터넷 등기소에 접속하여 일정한 사항을 입력하여 부동산등기시스템에 저장한 후 그 내용을 종이(신청서)로 출력하여 첨부서면과 함께 등기신청을 하는 **방문신청의 한 형태**이다.

방문신청의 방법으로 등기신청을 할 때에는 당사자 본인이나 그 대리인(대리인이 자격사내리인인 경우에는 대리인 본인 또는 그 출입사무원을 말한다. 이하 같다)이 직접 등기과·소에 출석하여 **등기신청서를 접수담당자에게 제출**하여야 한다.

출입사무원이 등기신청서를 제출하는 경우에는 등기신청서 **전면 우측 상단 여백에 별지**

제3호 양식의 **표시인**을 찍고 **제출자란**에 그 사무원의 **성명**을 기재하여야 한다. 다만 여러 건의 등기신청서를 동시에 제출할 때에는 **첫 번째 신청서에만** 위 표시인을 찍고 **총 신청건수를 기재하는 방법으로** 갈음할 수 있다. [24 법무사]

나. 본인 여부 등의 확인

등기신청서를 제출받은 접수담당자는 당사자 본인이나 그 대리인이 출석하였는지를 확인하여야 하며, 출입사무원이 출석한 경우에는 등기신청서에 표시인을 찍고 그 성명을 기재하였는지도 확인하여야 한다.

접수담당자는 주민등록증, 운전면허증, 여권이나 그 밖에 이에 준하는 신분증으로 당사자 본인이나 그 대리인이 출석하였는지를 확인한다. 다만 등기과·소에 출석한 자가 변호사 또는 **법무사인** 경우에는 변호사신분증이나 **법무사신분증 또는 자격확인증으로**, **출입사무원인** 경우에는 **전자출입증으로** 이를 확인한다. [22 법무사 / 16 법무사]

자격확인증 또는 전자출입증으로 변호사나 법무사 또는 출입사무원을 확인할 때에는 먼저 자격확인증 또는 전자출입증상의 얼굴 사진 주위의 원이 시계방향으로 회전되는 실행상태를 확인한 다음 이를 바코드리더기에 인식시킨 후 얼굴의 동일성 여부를 확인하는 방법으로 하여야 한다.

"전자출입증"이라 함은 출입사무원이 등기과·소에서 본인확인의 수단으로 사용하기 위한 용도로, 지방법원장이 자격자대리인의 신청에 따라 이동통신단말장치에서 사용되는 애플리케이션을 통하여 발급하는 별지 제1호 양식의 등기소출입증을 말한다.

"자격확인증"이라 함은 변호사 또는 법무사가 등기과·소에서 변호사신분증이나 법무사신분증을 대신하여 본인확인의 수단으로 사용하기 위한 용도로, 지방법원장이 관할 구역에 위치한 지방회에 소속된 변호사 또는 법무사에게 이동통신단말장치에서 사용되는 애플리케이션을 통하여 발급하는 별지 제2호 양식의 확인증을 말한다.

다. 등기관의 조치

등기신청서를 받은 등기관은 전산정보처리조직에 접수연월일, 접수번호, 등기의 목적, 신청인의 성명 또는 명칭, 부동산의 표시, 등기신청수수료, 취득세 또는 등록면허세, 국민주택채권매입금액 및 그 밖에 대법원예규로 정하는 사항을 입력한 후 신청서에 접수번호표를 붙여야 한다(규칙 제65조 제1항).

등기관이 신청서를 접수하였을 때에는 **신청인의 청구**에 따라 그 신청서의 **접수증을 발급**하여야 한다(규칙 제65조 제3항). [23 법무사]

2) 전자신청

전자신청의 경우에는 원칙적으로 신청과 동시에 접수가 이루어진다.

즉 전자신청의 경우 접수절차가 전산정보처리조직에 의하여 자동으로 처리되므로, 접수담당자가 별도로 접수절차를 진행하지 않으며(예규 1771), **접수번호는 전산정보처리조직에 의하여 자동적으로 생성된 것을 부여한다.** [21 등기서기보 / 17 등기서기보 / 16 법무사]

2. 접수절차

(1) 일반

접수담당자는 등기신청서를 제출받은 후 전산정보처리조직에 접수정보를 입력한 다음, 생성한 접수번호표를 등기신청서의 좌측 상단에 붙이고 지체 없이 등기관에게 전달하여야 한다.

(2) 동시신청의 접수

1) 동시신청의 일반원칙

같은 부동산에 관하여 동시에 여러 개의 등기신청이 있는 경우에는 같은 접수번호를 부여하여야 한다(규칙 제65조 제2항). [17 등기주사보 / 16 법무사 / 15 등기서기보] 동일한 접수번호가 부여된 등기는 동일한 순위번호로 등기를 하여야 한다. 예컨대 **같은 부동산**에 관하여 **동시에 여러 개의 저당권설정등기신청**이 있는 경우에는 같은 접수번호가 부여되어 동일 순위로 등기된다.

2) 양립할 수 없는 등기의 동시접수

그 내용에 있어서 모순되고 양립할 수 없는 2개 이상의 등기신청서가 동시에 제출된 경우 (예컨대 갑 소유 부동산에 대하여 을 명의로 소유권이전등기신청과 병 명의로의 소유권이전등기신청)에는 같은 접수번호로 접수한 후에 법 제29조 제2호(사건이 등기할 것이 아닌 경우)에 해당하는 것으로서 모두 각하하여야 할 것이다.

3) 우편에 의한 동시접수

같은 부동산에 관하여 2개 이상의 촉탁서가 등기소에 동시에 도착한 경우에는 가장 먼저 접수된 촉탁의 접수번호를 각각의 촉탁서에 부여한다. 이 경우 접수번호가 다르게 부여된 사실을 나중에 등기관이 발견한 때에는 뒤의 접수번호를 취소하고 먼저 접수된 사건의 접수번호를 부여한다. 예컨대 처분금지가처분신청이 가압류 신청보다 신청법원에 먼저 접수되었다 하더라도 법원으로부터 처분금지가처분등기촉탁서와 가압류등기 촉탁서를 등기관이 동시에 받았다면 양 등기는 동시 접수 처리하여야 하고 그 등기의 순위는 동일순위등기이다(예규 1348). 이 경우 가처분 또는 가압류 신청의 선후나 결정의 선후는 따지지 않는다. [23 법무사 / 21 등기서기보]

이와 같이 동일한 부동산에 관하여 동일 순위로 등기된 가압류와 처분금지가처분의 효력은 그 당해 채권자 상호 간에 한해서는 처분금지적 효력을 서로 주장할 수 없다(대결 1998.10. 30, 98마475).

4) 법률상 동시접수를 요하는 경우

가. 매매의 목적물이 부동산인 경우에 매매등기와 동시에 환매권의 보류를 등기한 때에는 제삼자에 대하여 그 효력이 있다(「민법」 제592조).

나. 1동의 건물에 속하는 구분건물 중 일부만에 관하여 소유권보존등기를 신청하는 경우에는 나머지 구분건물의 표시에 관한 등기를 동시에 신청하여야 한다. 구분건물의 소유자

는 1동에 속하는 다른 구분건물의 소유자를 대위하여 그 건물의 표시에 관한 등기를 신청할 수 있다(법 제46조 제1항, 제2항).

다. 구분건물이 아닌 건물로 등기된 건물에 접속하여 구분건물을 신축한 경우에 그 신축건물의 소유권보존등기를 신청할 때에는 구분건물이 아닌 건물을 구분건물로 변경하는 건물의 표시변경등기를 동시에 신청하여야 한다(법 제46조 제3항).

라. 대지사용권이전등기는 대지권에 관한 등기와 동시에 신청하여야 한다(법 제60조 제3항).

3. 접수의 효과

순위확정의 효력이란 동일한 부동산 위에 수개의 권리가 설정되면 그 순위는 원칙적으로 등기의 선후에 의하여 정하여진다는 것을 뜻한다. 등기실무상 등기의 접수일과 등기가 완료되는 날의 시간적인 차이가 존재하는데 언제 등기가 효력을 발생하는지와 그 효력에 따른 권리의 순위가 어떻게 되는지의 문제가 발생하였다.

이에 개정법 제6조 제2항은 "등기관이 등기를 마친 경우"란 등기사무를 처리한 등기관이 누구인지 알 수 있는 조치를 하였을 때를 말한다고 하였다(규칙 제4조). 즉, 등기관이 등기기록에 등기사항을 기록하고 등기관의 식별부호(날인 또는 교합)를 전산정보처리조직에 기록하여 등기를 완료하면 등기신청이 접수된 때로 소급하여 물권변동의 효력이 발생한다.

등기신청의 접수순위는 신청정보가 전산정보처리조직에 저장되었을 때를 기준으로 하며[23 법무사 / 15 등기서기보], 등기관이 등기를 마친 경우 그 등기의 효력은 교합 시가 아닌 접수한 때부터 발생한다 (법 제6조 제2항). [21 법원사무관·등기서기보 / 20 등기서기보 / 17 등기주사보 / 16 법무사·등기서기보]

따라서 등기신청인이 신청서를 접수담당자에게 제출하였다 하더라도 해당 부동산이 다른 부동산과 구별될 수 있게 하는 정보가 전산정보처리조직에 저장되기 전에는 그 신청이 접수된 것이 아니다. [24 법무사]

관련 기출지문

1 등기소의 접수담당자가 등기신청서를 제출받을 때 허가받은 법무사 등의 사무원의 본인 여부 확인은 주민등록증이나 운전면허증 및 법무사 사무원증에 의한다. (×)
[16 법무사]

2 출입사무원이 등기신청서를 제출하는 경우에는 등기신청서 전면 우측 상단 여백에 일정한 양식의 표시인을 찍고 제출자란에 그 사무원의 성명을 기재하여야 하며, 이는 여러 건의 등기신청서를 동시에 제출할 때에도 마찬가지이다. (×)
[24 법무사]

3 등기관이 신청서를 접수하였을 때에는 신청인의 청구에 관계없이 그 신청서의 접수증을 발급하여야 한다. (×)
[23 법무사]

02 절 조사

부동산등기제도는 점유만으로 공시할 수 없는 사항에 대하여 국가기관이 부동산에 관한 일정한 사항을 등기부라는 공적장부에 기록하여 외부에 공시(公示)함으로써 거래의 안전과 신속을 도모하는 제도이다. 즉 부동산에 관한 권리관계의 정확한 공시이므로 진정한 권리관계에 부합하지 않는 허위의 등기를 방지하는 것이 중요하다.

따라서 등기는 실체관계와 부합하여야 한다. 이를 위하여 부동산등기법은 등기관에게 등기신청에 대한 심사권을 부여하여(법 제29조). 정확한 등기가 이루어지도록 하고 있다.

다만 후술하는 바와 같이 등기관은 등기를 실행함에 있어서 그 적법여부에 대해 형식적으로 심사하므로 공신력이 인정되지 않는다.

Ⅰ. 실질적 심사주의

실질적 심사주의는 등기절차상의 적법성 여부는 물론이고 등기신청의 실질상의 이유 내지 원인의 존재와 효력까지도 심사하는 입법주의이다. 즉 등기관의 심사범위가 등기절차상의 형식적인 요건뿐만 아니라, 그 등기신청이 실체법상 권리관계와 일치하는지 여부(등기원인의 존부, 내용) 또는 실체법상 권리관계의 효력 유무(등기원인의 효력)에까지 미치는 입법주의이다. **장점**은 등기의 진정성을 기할 수 있다는 것이고, **단점**은 등기절차의 지연을 초래한다는 것이다.

Ⅱ. 형식적 심사주의(우리나라 등기관의 심사권한)

1. 의의

형식적 심사주의는 신청된 등기를 수리할 것인가 또는 각하할 것인가를 결정함에 있어서 절차적 적법성 여부만을 심사할 수 있다는 원칙이다. 즉, 등기관의 심사 범위를 등기절차상의 적법성에 한정하는 입법주의이다. 형식적 심사주의하에서는 등기관은 신청서 및 첨부서면과 등기부만을 심사하고, 그 외의 사실(실체법상 권리관계)을 고려하여서는 안 된다. **장점**은 등기사무의 신속한 처리가 가능하다는 것이고, **단점**은 부실등기의 발생 가능성이 상대적으로 크므로 등기의 공신력을 인정하기 어렵다는 것이다.

부동산등기법에 명문의 규정은 없으나 법 제29조에서 각하사유를 한정적으로 열거하고 있을 뿐 심사권한에 관한 일반적인 규정이 없는 점 등을 고려할 때 우리 제도는 형식적 심사주의를 채택하고 있다고 할 수 있다. 판례도 마찬가지의 입장이다(대판 2005.2.25, 2003다13048).

즉 **우리나라 등기관**은 등기신청에 대하여 부동산등기법상 그 등기신청에 필요한 서면이 제출되었는지 여부 및 제출된 서면이 형식적으로 진정한 것인지 여부를 심사할 권한을 갖고 있으나 그 등기신청이 실체법상의 권리관계와 일치하는지 여부를 심사할 실질적인 심사권한은 없으므로, 오직 제출된 서면 자체(신청서 및 첨부서류)를 검토하거나 이를 등기부와 대조하는 등의 방법으로 등기신청의 적법 여부를 심사(신청서 및 첨부서면이 부동산등기법 등 제반 법령에 부합되는지의 여부 및 제출된 서면이 형식적으로 진정한 것인지 여부 등을 심사)하여야 할 것이고, [22 등기서기보(2) / 21 등기서기보 · 법무사 · 등기서기보 / 20 법무사 / 18 등기주사보 / 17 법원사무관] 이러한 방법에 의한 심사 결과 형식적으로 부진 정한, 즉 위조된 서면에 의한 등기신청이라고 인정될 경우(법 제29조 제9호) 이를 각하하여야 할 직 무상의 의무가 있다(대판 2005.2.25, 2003다13048). [21 법무사]

2. 적용범위

(1) 심사가 가능한 범위(형식적 심사범위 내)

1) 법(규칙) 소정의 신청정보 및 첨부정보의 제공 여부

2) 제출된 첨부정보가 작성명의인에 의하여 작성된 것인지 여부

3) 신청정보의 기재가 등기기록 및 다른 첨부정보와 부합하는지 여부

4) 등기관은 등기신청서를 조사함에 있어 등기관의 심사권 범위 내에서 첨부서면의 진위 여부 를 신중히 판단하여 위조문서 등에 터잡은 등기가 경료되는 일이 없도록 한다(예규 1377).

5) 등기신청서의 조사 시 첨부서면이 **위조 문서로 의심이 가는 경우**에는 신청인 또는 대리인에 알려 그 진위 여부를 확인하여 처리하고 **위조문서임이 확실한 경우**에는 수사기관에 고발조 치하고 보고한다(예규 1377).

(2) 심사가 불가능한 범위

1) 실체법상의 권리관계와 일치하는지 여부

2) 신청서 및 첨부서면이 작성자의 진의에 의하여 작성된 것인지 여부

3) 실제 그러한 법률관계가 존재하는지 여부

4) 실체법상 유효한지 여부

3. 심사의 기준시점

등기관이 등기신청서류에 대한 심사를 하는 경우의 심사의 기준시는 바로 등기부에 기록(등기의 실 행)하려고 하는 때인 것이지 등기신청서류의 제출 시가 아닌 것이다(대결 1989.5.29, 87마820). [21 법무사]

그러므로 신청 당시에는 부적법하더라도 보정명령을 받고 보정을 하여 적법하게 된 신청은 수리 하여야 하고 보정기간이 경과한 후라도 등기관이 각하하기 전에 보정한 경우도 마찬가지이다.

4. 관련된 등기예규 및 등기선례

(1) 판결에 따른 등기와 심사범위

1) 원칙

판결에 의한 등기를 하는 경우 등기관은 원칙적으로 판결 주문에 나타난 등기권리자와 등기의무자 및 이행의 대상인 등기의 내용이 등기신청서와 부합하는지를 심사하는 것으로 족하다. [21 등기서기보]

2) 예외

다만 다음 각 호의 경우 등에는 예외적으로 등기관이 판결 이유를 고려하여 신청에 대한 심사를 하여야 한다.

가. 본등기를 신청하는 경우에는 소유권이전등기가 가등기에 기한 본등기인지를 가리기 위하여 판결이유를 보는 경우

나. 명의신탁해지를 원인으로 소유권이전등기절차를 명한 판결의 경우에는 그 명의신탁이 「부동산 실권리자명의 등기에 관한 법률」에서 예외적으로 유효하다고 보는 상호명의신탁, 배우자 또는 종중에 의한 명의신탁인지 여부를 가리기 위한 경우

다. 소유권보존등기말소를 명하는 판결을 첨부하여 소유권보존등기를 신청하는 경우에는 그 판결이유에서 원고의 소유임을 인정하였는가를 확인하기 위한 경우

라. 매도인인 피상속인이 매매계약 체결 후 사망하고 매수인이 **상속인들을 상대로 하여** 소유권이전등기절차의 이행을 명하는 판결을 받은 경우에는 판결이유에 상속관계에 관한 설시가 있는지 여부를 확인하기 위한 경우
(그러한 설시가 없다면 피고들이 상속인 전원임을 증명할 수 있는 서류를 제출하여야 한다.)

3) 판결 확정 후 10년 경과

판결이 확정된 후 10년이 경과하여 소멸시효 완성(「민법」 제165조)의 의심이 있다 하더라도 형식적 심사권만 있는 등기관으로서는 시효의 중단 여부 등을 알 수 없으므로 판결에 의한 등기를 수리해 등기하여야 한다. [22 등기서기보 / 18 법원사무관 / 16 법무사 / 15 등기서기보]

4) 판결문상 당사자와의 불일치

판결문상의 당사자 표시(성명, 주소, 주민등록번호)는 신청정보 및 등기기록상 기록과 일치하여야 함이 원칙이다.

따라서 甲 소유명의의 토지에 대하여 원고 乙이 "피고 丙은 피고 甲이 원고로부터 ○○○원을 지급받음과 동시에 원고에게 △△토지에 대하여 ○년 ○월 ○일 매매를 원인으로 하는 소유권이전등기절차를 이행하라"는 판결을 받은 경우, 판결문상의 소유권이전등기절차 이행 의무를 부담하는 피고(丙)와 등기기록상의 등기의무자인 소유명의인(甲)이 다르므로, 원고 乙은 이 판결에 의하여 단독으로 소유권이전등기를 신청할 수 없다(선례 201908-1).

5) 촉탁서의 기재내용과 촉탁서에 첨부된 판결의 기재내용이 일치하는지 여부에 대한 심사

등기관은 등기신청절차의 형식적 요건만 심사할 수 있는 것이고, 그 등기원인이 되는 법률관계의 유·무효와 같은 실질적인 심사권은 없다고 할 것이나, 법원의 촉탁에 의한 등기를 실행하는 경우 촉탁서의 기재내용과 촉탁서에 첨부된 판결의 기재내용이 일치하는지 여부는 심사할 수 있다(예규 623). [21 법무사]

6) 상속등기와 등기관의 조사범위

상속을 증명하는 시, 구, 읍, 면의 장의 서면 또는 이를 증명함에 족한 서면과 관계법령에 기한 상속인의 범위 및 상속지분의 인정은 등기공무원의 형식적 심사권한의 범위 내라고 할 것이므로, 위와 같은 서면과 관계법령에 의하여 인정되는 정당한 상속인의 범위 및 상속지분과 다른 내용으로 상속등기를 신청하였을 경우 등기공무원으로서는 신청 내용이 확정된 판결의 내용과 동일하다고 하더라도 위 등기신청을 각하하여야 한다(대결 1995.2.22, 94마2116).

(2) 이혼에 따른 재산분할협의

「민법」 제839조의2에서 "재산분할청구권은 이혼한 날로부터 2년을 경과한 때에는 소멸한다." 라고 규정하고 있으나 재산분할협의결과 발생한 소유권이전등기를 반드시 위 기간 내에 신청하도록 제한하는 것은 아니므로 협의이혼 당시 재산분할약정을 한 후 15년이 경과하더라도 재산분할협의서에 검인을 받고 혼인관계증명서와 일반적인 소유권이전등기신청에 필요한 서면 등을 첨부하여 재산분할을 원인으로 소유권이전등기신청을 할 수 있다(선례 200901-2). [17 법무사]

(3) 유류분을 침해한 등기신청

피상속인의 직계비속, 배우자는 법정상속분의 2분의 1까지, 직계존속, 형제자매는 법정상속분의 3분의 1까지 유류분반환청구를 할 수 있는데(「민법」 제1112조), 상속개시 시를 기준으로 하여 피상속인의 유증 또는 증여가 위 유류분을 침해한 경우에 유류분을 가지는 상속인은 유류분의 반환청구를 행사할 수 있다. 상속등기 후에 이러한 유류분 반환청구가 인정되면 그 상속등기는 유류분 반환을 원인으로 한 소유권이전등기를 하여야 하고, 상속등기를 하기 전에 유류분 반환청구가 이미 인정되었으면 그 유류분이 인정되는 상속분에 따라 상속등기를 하여야 할 것이다.

다만 이러한 유류분반환청구가 있는지 여부는 등기관이 알 수 없으므로 포괄적 수증자의 소유권보존등기 및 유증으로 인한 소유권이전등기 신청이 상속인의 유류분을 침해하는 내용이라하더라도 등기관은 이를 수리하여야 한다(예규 1512). [20 등기서기보·법무사 / 14 등기서기보·법무사] 상속인은 그의 유류분에 부족이 생긴 때에는 부족한 한도 내에서 그 재산의 반환을 청구할 수 있을 뿐이다(선례 2-329).

(4) 채권자대위등기신청과 무자력

등기신청의 대위에 있어서는 특정의 등기청구권(특정채권)에 의한 대위이거나 금전채권에 의한 대위이거나를 막론하고 채무자의 무자력을 요건으로 하지 아니한다. 따라서 등기관은 무자력 여부를 심사하지 않고 등기신청을 수리하며, 신청인은 채무자가 무자력 상태에 있음을 증명하지 않고서도 채권자는 채권자대위에 의한 등기신청을 할 수 있다. [22 법원사무관 / 20 등기서기보 / 19 등기주사보 / 18 등기주사보 / 14 법무사 / 13 법무사]

(5) 등기관의 과오로 인한 직권경정등기

등기관이 등기의 착오나 빠진 부분이 등기관의 잘못으로 인한 것임을 발견한 경우에는 지체 없이 그 등기를 직권으로 경정하여야 한다. 다만 등기상 이해관계 있는 제3자가 있는 경우에는 제3자의 승낙이 있어야 한다(법 제32조 제2항). 또한 이 경우 경정 전·후의 동일성은 별도로 심사하지 않는다.

(6) 도시 및 주거환경정비법

「도시 및 주거환경정비법」에 따른 정비사업시행자는 같은 법 제86조 제2항에 따른 이전 고시가 있은 후 종전 토지에 관한 말소등기, 새로 조성된 대지 및 축조된 건축물에 관한 소유권보존등기, 새로 조성된 대지 및 축조된 건축물에 존속하게 되는 담보권 등에 관한 권리의 등기를 신청하여야 하는 바, 이때 첨부정보로서 관리처분계획 및 그 인가를 증명하는 서면과 이전고시를 증명하는 서면을 제공하여야 한다(「도시 및 주거환경정비 등기규칙」 제5조 제3항).

위의 신청에 따라 등기관이 새로 조성된 대지와 축조된 건축물에 대하여 소유권보존등기 및 담보권 등에 관한 권리의 등기를 실행할 때에 신청정보의 내용으로 제공된 사항이 첨부정보로 제공된 관리처분계획 및 그 인가를 증명하는 서면, 이전고시를 증명하는 서면의 내용과 일치하는지 여부를 심사하는 것으로 충분하고, 종전 토지 및 건물의 (폐쇄)등기기록상 등기사항과 일치하는지 여부는 심사하지 아니한다(선례 202001-4).

관련 기출지문

1 등기관은 법원의 촉탁에 의한 등기를 실행하는 경우 촉탁서의 기재내용과 촉탁서에 첨부된 판결의 기재내용이 일치하는지 여부를 심사할 수 없다. (×)   [21 법무사]

03 절 문제○ (취하 · 보정 · 각하)

I. 취하(신청인) (규칙 제51조, 예규 1362)

1. 의의

등기신청의 취하란 그 신청에 따른 등기가 완료되기 전에 등기신청의 의사표시를 철회하는 것을 말한다. 등기신청의 취하에 관해서는 규칙 제51조, 등기예규 1643호 등이 규정하고 있다.

2. 절차

(1) 주체

1) 등기신청인 또는 그 대리인(자격자대리인 포함)

등기신청인 또는 그 대리인은 등기신청을 취하할 수 있다. 다만 등기신청대리인이 등기신청을 취하하는 경우에는 취하에 대한 특별수권이 있어야 한다. [22 법무사 / 18 등기서기보 / 14 등기서기보] 왜냐하면 임의대리권의 범위는 본인의 수권행위에 의하여 정해지나 등기신청의 취하, 복대리인의 선임(「민법」 제120조)과 같은 특별수권 사항은 위임장에 그 권한이 위임된 경우에 한하여 대리행위를 할 수 있기 때문이다(「민법」 제118조 참조). [13 법무사]

등기신청이 등기권리자와 등기의무자의 공동신청에 의하거나 등기권리자 및 등기의무자 쌍방으로부터 위임받은 대리인에 의한 경우에는 그 등기신청의 취하도 등기권리자와 등기의무자가 공동으로 하거나 등기권리자 및 등기의무자 쌍방으로부터 취하에 대한 특별수권을 받은 대리인이 이를 할 수 있고, 등기권리자 또는 등기의무자 어느 일방만에 의하여 그 등기신청을 취하할 수는 없다. [22 등기서기보 · 법무사 / 18 법무사 · 법원사무관 / 15 법원사무관 / 14 법무사(2) / 12 법무사 / 11 법무사(2) / 10 법무사]

합동사무소를 구성하는 법무사 전원이 등기신청을 위임받은 경우 등기신청서를 제출한 법무사뿐만 아니라 위임장에 기재된 다른 법무사도 해당 등기신청에 대한 보정 및 취하를 할 수 있다. 다만, 취하의 경우에는 등기신청위임장에 취하에 관한 행위도 위임한다는 내용의 기재가 있어야 한다(선례 제202001-2호).

2) 자격자대리인의 출입사무원

서면에 의한 등기신청 취하와 관련하여 「부동산등기규칙」 제51조 제2항 제1호의 "대리인"에 같은 규칙 제58조의 자격자대리인의 사무원이 포함된다는 「부동산등기법」이나 「부동산등기규칙」 등 명문의 규정은 없으나, ① 「부동산등기법」 제24조 제1항 제1호 및 「부동산등기규칙」 제58조 제1항의 해석상 제출 사무원은 등기신청서 제출 및 보정, 취하서 제출, 등기필정보 수령 등에 관한 모든 행위를 할 수 있다고 해석하는 것이 상당하다는 점, ② 지방법원장의 허가를 받은 사무원은 그 신분이 보장된 사람이라는 점, ③ 원고 소송대리인으로부터 소송대리인 사임신고서 제출을 지시받은 사무원은 원고 소송대리인의 표시기관에 해당된다고 하는 점(대판 1997.10.24, 95다11740 참조) 등을 고려할 때 '지방법원장의

허가를 받은 자격자대리인의 사무원'도 등기신청 취하서를 제출할 수 있다(선례 제202202
-4호).

(2) 객체

(3) 상대방

(4) 방법

서면신청의 취하는 신청인 또는 그 대리인이 등기소에 **출석**하여 **취하서**를 제출하는 방법으로
(서면으로) 하여야 하며, 우편으로 취하서를 보낼 수는 없다(규칙 제51조 제2항 제1호). [22 법무사
/ 18 법무사 / 16 법무사 / 14 등기서기보 · 법무사]

전자신청의 취하는 전산정보처리조직을 이용하여 취하정보를 **전자문서**로 등기소에 송신하는
방법으로 하여야 하며 서면으로 할 수는 없다. 이 경우 전자신청과 동일한 방법으로 사용자인
증을 받아야 한다(규칙 제51조 제2항 제2호). [18 등기서기보 / 17 등기주사보 / 15 법원사무관 / 12 법무사 / 10 법무사]

(5) 시기

등기신청의 취하는 등기관이 **등기를 마치기 전** 또는 **등기신청을 각하하기 전**까지 할 수 있다.

[22 등기서기보 · 법무사 / 18 법무사 / 16 법무사 / 14 등기서기보 · 법무사]

(6) 범위

「부동산등기법」 제25조의 규정에 의하여 수 개의 부동산에 관한 등기신청을 **일괄**하여 동일한
신청서에 의하여 한 경우 그중 **일부 부동산**에 대하여만 등기신청을 **취하**하는 것도 가능하다.

[22 등기서기보 · 법무사 / 18 법무사 / 17 등기주사보 / 16 법무사 / 15 법원사무관 / 14 법무사 · 등기서기보 / 12 법무사 / 11 법무사 / 10 법무사]

(7) 업무처리

등기관은 등기신청의 **취하서가 제출**된 때에는, 그 **취하서의 좌측하단 여백**에 접수인을 찍고
접수번호를 기재한 다음 기타문서 접수장에 등재한다(예규 제1643호, 5-가). [22 등기서기보 / 18 등기
서기보] **취하서**는 **신청서기타부속서류편철장**의 취하된 등기신청서를 편철하였어야 할 곳에 **편철**
한다(규칙 제23조).

전산정보처리조직을 이용하여 **취하처리**를 함으로써 부동산등기신청서접수장의 비고란에 취하
의 뜻을 기록한 후, 등기신청서에 부착된 접수번호표에 취하라고 주서하여(접수번호표 제거하
지 아니함) 그 **등기신청서**와 그 **부속서류(첨부서면)**를 신청인 또는 그 대리인에게 **환부**하며.
[18 법무사 / 17 등기주사보 / 14 등기서기보 / 12 법무사 / 11 법무사] 등기신청이 **취하**된 경우에는 납부된 **등기신청수수**
료를 환급하지만, 등기신청이 각하된 경우에는 이미 납부된 **등기신청수수료를 반환하지 아니**
한다. [17 법무사 / 11 법무사]

이와 달리 각하결정 등본을 교부하거나 송달할 때에는 등기신청서 외의 **첨부서류(취득세 또는**
등록면허세 영수필확인서 포함)도 함께 **교부**하거나 **송달**하여야 한다. [17 법무사] 다만 첨부서류
중 각하사유를 증명할 서류는 이를 복사하여 해당등기신청서에 편철한다.

관련 기출지문

1 등기권리자와 등기의무자가 공동으로 등기신청을 한 경우라도 등기신청의 취하는 등기권리자 또는 등기의무자 일방이 할 수 있다. (×)　　　　　　　　　　　　　　　　　　　　　　　　　　　　[22 법무사]

2 등기신청이 등기권리자 및 등기의무자 쌍방으로부터 위임받은 대리인에 의한 경우에도 그 취하는 그중 일방의 특별수권만으로 할 수 있다. (×)　　　　　　　　　　　　　　　　　　　　　　　[15 법원사무관]

3 등기신청의 취하는 원칙적으로 서면으로 하여야 하나, 자연인 또는 법인 아닌 사단이나 재단이 직접 등기신청을 한 경우에는 구두로 할 수 있다. (×)　　　　　　　　　　　　　　　　　　　　　　[16 법무사]

4 등기신청의 취하는 반드시 서면으로 하여야 하지만, 출석주의가 적용되지는 않는다. (×)　　[14 법무사]

5 전자신청의 경우에도 그 취하는 서면으로 하여야 하며, 전산정보처리조직을 이용하여 할 수 없다. (×)　　　　　　　　　　　　　　　　　　　　　　　　　　　　　　　　　　　　　　　[18 등기서기보]

6 등기관이 등기를 완료한 후라도 특별한 사정이 있으면 그 사유를 소명하여 등기신청을 취하할 수 있다. (×)　　　　　　　　　　　　　　　　　　　　　　　　　　　　　　　　　　　　[17 등기주사보]

7 수 개의 부동산에 관한 등기신청을 일괄하여 동일한 신청서에 의하여 한 경우에는 그중 일부 부동산에 대하여만 등기신청을 취하할 수 없다. (×)　　　　　　　　　　　　　　　　　　　　　[16 법무사]

8 수 개의 부동산에 관한 등기신청을 동일한 신청서에 의하여 일괄신청 하였다면 그중 일부 부동산만에 대한 취하는 할 수 없다. (×)　　　　　　　　　　　　　　　　　　　　　　　　　　　　[12 법무사]

9 등기관은 등기신청의 취하서가 제출된 때에는 등기신청서에 부착된 접수번호표를 제거하고 그 등기신청서와 그 부속서류를 신청인 또는 대리인에게 환부하여야 한다. (×)　　　　　　　　　[18 법무사]

10 등기관은 등기신청의 취하서가 제출된 때에는, 그 취하서의 좌측 하단 여백에 접수인을 찍고 접수번호를 기재한 다음 기타문서접수장에 편철한다. (×)　　　　　　　　　　　　　　　[22 등기서기보]

11 등기신청이 취하되면 접수했던 등기신청서는 취하서와 함께 신청서기타부속서류편철장에 편철하고, 신청서를 제외한 다른 모든 첨부서면은 신청인에게 반환한다. (×)　　　　　　　　[14 등기서기보]

12 등기신청이 취하되면 등기신청서를 제외한 첨부서면을 신청인에게 모두 반환하여야 한다. (×) [11 법무사]

13 각하결정으로 등본을 교부하거나 송달할 때에는 등기신청서와 그 첨부서류도 함께 교부하거나 송달하여야 한다. (×)　　　　　　　　　　　　　　　　　　　　　　　　　　　　　　　　[17 법무사]

14 등기신청을 취하하거나 등기신청이 각하된 때에는 신청수수료의 환급을 신청할 수 있다. (×) [11 법무사]

II. 보정

등기관이 신청을 심사한 결과 법 제29조 각 호의 어느 한 사유에 해당하는 경우에는 이유를 적은 결정으로 신청을 각하하여야 한다. 다만 신청의 잘못된 부분이 보정될 수 있는 경우로서 신청인이 등기관이 보정을 명한 날의 다음 날까지 그 잘못된 부분을 보정하였을 때에는 그러하지 아니하다 (법 제29조).

보정이란 등기신청을 한 당사자가 등기관으로부터 지적을 받은 신청정보 및 첨부정보의 흠을 보충하고 고치는 것을 말한다.

1. 보정통지

(1) 주체

보정명령의 통지의 주체는 등기관이 되며, 등기관이 신청서류에 흠이 있음을 발견한 경우 신청인 또는 대리인에게 이를 보정하도록 권장함은 바람직하지만, **법률상 보정명령을 하거나 석명해야 할 의무는 없다**(대결 1969.11.6, 67마243). [21 등기서기보]

실무상 보정이 불가능하거나 보정기간 내에 보정하지 아니하여 등기신청을 각하하여야 할 경우에도 등기관이 각하결정을 하기 전에 등기신청인 또는 그 대리인에게 취하를 권유하는 것이 보통이나, 반드시 그래야 하는 것은 아니다.

등기소장은 보정명령의 적정 여부에 관하여 철저히 감독을 하여야 하므로(예규 1773)[20 법무사], 등기관이 개별 등기신청에 대한 보정명령을 할 것인지, 한다면 어떠한 내용의 보정명령을 할 것인지에 대하여 의문이 있는 경우에는 등기소장과 협의하는 것이 바람직하다.

(2) 객체

등기관은 흠결사항에 대한 **보정이 없으면 그 등기신청을 각하할 수밖에 없는 경우에만** 그 (법 제29조)사유를 등록한 후 보정명령을 할 수 있다(예규 1773). [23 법원사무관 / 18 등기주사보 / 16 법무사]

(3) 상대방

(4) 방법

등기관이 등기신청에 대하여 보정을 명하는 경우에는 **보정할 사항을 구체적으로 적시하고** 그 근거법령이나 예규, 보정기간 등을 제시하여 매건 조사 완료 후 즉시 구두 또는 전화나 모사전송의 방법에 의하여 등기신청인에게 통지하여야 한다(예규 1773). [23 법원사무관 / 21 등기서기보 / 20 법무사 / 18 등기주사보 / 16 법무사 / 14 등기서기보 / 10 법무사]

만약 위의 방법으로 통지할 수 없는 경우에는 등기권리자나 등기의무자의 주소로 보정명령서를 보내는 방법에 의하여 통지할 수도 있을 것이다.

실무상 등기관이 보정을 명하면 그 내용은 인터넷등기소 홈페이지의 "신청사건처리현황/등기완료통지서열람"에서 확인이 가능한 바, 신청인이나 그 대리인이 인터넷등기소 홈페이지에서 확인할 것이라고 충분히 기대할 수 있는 경우(대리인이 법무사인 경우 등)에는 굳이 따로 통지할 필요가 없다.

(5) 시기

(6) 범위

(7) 업무처리

(8) 관련문제

① 등기관이 부동산의 표시가 등기부와 저촉됨에도 불구하고 동일성이 인정되는 것으로 보아 등기신청에 대한 조사를 완료하여 보정할 사항이 명확하게 된 날에 등기를 처리하였고, 그

등기가 등기관의 직무상 필요한 법률지식과 통상의 업무방식에 터잡아 이루어진 것이라면, 이와 같은 등기를 하였다 하여 그 부동산에 대한 그 이후의 등기신청인에 대하여 불법행위 성립을 인정할 정도의 주의의무 위반이 있다고 볼 수는 없다. 그리고 등기관이 등기신청에 대한 조사를 완료하여 **보정할 사항이 명확하게 된 날을 다소 경과하여 등기를 처리하였다** 하더라도 그 지연기간이 통상의 권리행사에 지장을 주지 않을 정도로 경미한 경우 등 특별한 사정이 있는 경우에는 그와 같은 등기처리는 적법하다고 볼 것이고, **단순히 등기가 지연되었다는 사유만으로 그 이후의 등기신청인에 대하여 등기관으로서 부담하고 있는 주의의무를 위반하였다고 볼 것은 아니다.**

② 특히 **강제경매기입등기**는 관공서가 공권력의 주체로서 사인의 권리관계를 실현하기 위하여 행하는 등기로서 공동신청주의가 배제되고 경매법원의 **촉탁에 의해서만 할 수 있는 점 등**에 비추어 볼 때, 강제경매기입등기의 촉탁서상의 **부동산의 표시가 등기부와 저촉되고 또 즉일(⊕ 현행 "다음 날" 보정될 수 없었다** 하더라도, 이를 각하하지 아니하고 상당기일이 지**나도록 보정을 시킨 후에 등기처리를 한 것이 등기사무처리상 허용될 수 없을 정도의 폐해를 가져오는 것은 아니라고 할 수 있고,** 또한 등기신청인 기타 이해관계인들 사이의 형평을 고려할 때 **이와 같은 등기처리는 불가피하다고 볼 수도 있다.**

③ 따라서 원심이 인정한 바와 같이 등기관이 경매법원의 촉탁에 의한 강제경매기입등기를 처리함에 있어 촉탁서상의 **부동산의 표시가 등기부와 저촉됨을 알고 이를 전화로 보정하게 한 후 약 10일 정도 경과하여 그 등기를 처리하였다** 하더라도, 그 등기관이 그 업무처리의 지연에 따른 행정상의 징계책임을 지는 것은 별론으로 하고, 그것이 **제3자인 후순위 권리자의 권익을 침해하는 것이거나 제3자에 대하여 주의의무 위반이 있는 것이라고 보기는 어렵다**(대판 2000.9.29. 2000다29240). [23 법원사무관]

2. 보정이행

(1) 주체

등기신청의 흠에 대한 보정은 당사자 또는 그 대리인 본인 또는 규칙 제58조에 의하여 등기신청서를 제출할 수 있도록 허가받은 변호사나 법무사의 사무원이 등기소에 직접 출석하여 할 수 있다(예규 1718). [21 등기서기보 / 20 법무사 / 18 등기주사보·법원사무관 / 14 등기서기보]

합동사무소를 구성하는 법무사 전원이 등기신청을 위임받은 경우로서 등기신청위임장에 대리인으로 그 법무사 전원이 기재되어 있고 특별히 해당 등기신청을 대리인 전원이 함께 하여야 한다는 내용의 기재가 없다면 그중 **어느 한 법무사만이 등기소에 출석하여 등기신청서를 제출**할 수 있는바, 이 경우 **등기신청서에는 등기소에 출석한 법무사의 기명날인만이 있어야 한다.** 한편 위의 경우 등기신청서를 제출한 법무사뿐만 아니라 위임장에 기재된 **다른 법무사도** 해당 등기신청에 대한 **보정 및 취하**를 할 수 있다. 다만, **취하의 경우**에는 등기신청위임장에 취하에 관한 행위도 **위임한다는 내용의 기재가 있어야 한다**(선례 202001-2). [20 법무사]

(2) **객체**

(3) **상대방**

(4) **방법**

등기소에 출석하여 **서면으로 등기신청**을 한 경우에 그 보정은 반드시 **등기관의 면전에서 필요**한 보정(날인, 기재정정 등)을 하게 하여야 하고, 보정을 위하여 신청서 또는 그 부속서류를 신청인에게 **반환할 수 없다**(예규 1773). [21 등기서기보 / 20 법무사 / 18 등기주사보 / 16 법무사 / 14 등기서기보 / 10 법무사]

(5) **시기**

등기의 신청에 법 제29조 각 호의 각하사유에 해당하는 흠이 있더라도 그 흠이 보정될 수 있는 경우로서 신청인이 "등기관이 보정을 명한 날의 다음 날까지 그 잘못된 부분을 보정하였을 때"에는 등기관은 그 신청을 각하하지 않는다(법 제29조 단서).

여기에서 "다음 날"이 토요일 또는 공휴일에 해당하는 때에는 그 다음 날까지 보정을 할 수 있다(「민법」 제161조 참조). 등기관은 흠이 보정될 수 없는 경우에는 보정명령 없이 등기신청을 각하할 수 있다.

(6) **범위**

(7) **업무처리**

등기관이 **보정통지를** 한 후에는 보정 없이 등기를 하여서는 안 된다. [14 등기서기보] 신청의 흠이 보정기간 내에 보정되지 않는 한 신청을 각하하여야 하고, 각하결정을 한 후 이를 고지하기 전에 **보정되었다고 하여** 이미 내려진 각하결정을 되돌릴 수는 없다(예규 124). [18 법원사무관 / 17 법무사]

보정된 사건은 처리가 지연되지 않도록 즉시 처리하여야 한다(예규 1773). 동일 부동산에 대하여 **여러 개의 등기신청사건이 접수된 경우** 그 상호 간에는 위 지연처리, 보정명령을 한 경우에도 반드시 **접수순서에 따라** 처리하여야 한다(예규 1773). [21 등기서기보]

관련 기출지문

1 등기관은 등기신청서류를 심사하여 흠결을 발견하였을 경우 이를 보정하도록 명령하거나 석명할 의무가 있다. (×)   [21 등기서기보]

2 등기관이 경매법원의 촉탁에 의한 강제경매개시결정등기를 처리함에 있어 촉탁서상의 부동산표시가 등기부와 저촉됨을 알고 전화로 보정하게 한 후 무려 10일이나 경과하여 그 등기를 처리하였다면 그 지연기간이 후순위 권리자의 통상의 권리행사에 지장을 주지 않을 정도로 경미하다고 보기는 어렵다. (×)
[23 법원사무관]

3 등기관은 그 직무권한에 있어 독립성을 가지므로, 등기소장이라 하더라도 보정명령의 적정 여부에 관하여 감독을 할 수는 없다. (×)   [20 법무사]

4 등기관이 등기신청에 대하여 보정을 명하는 경우에는 보정할 사항을 구체적으로 적시하고 그 근거법령이나 예규, 보정기간 등을 제시하여 매건 조사 완료 후 즉시 서면에 의하여 등기신청인에게 통지하여야 한다. (×)   [20 법무사 / 18 등기주사보 / 16 법무사]

---

5 보정명령의 통지는 반드시 서면, 전자메일 등 근거를 남길 수 있는 방법으로 하여야 한다. (×) [14 등기서기보]

6 자격자대리인의 출입사무원은 등기소에 출석하여 등기신청서를 직접 제출할 수 있으나 등기관의 보정명령에 대해서는 보정을 할 수 없다. (×)   [21 등기서기보]

7 등기신청서를 제출할 수 있도록 허가받은 변호사나 법무사의 사무원이라도 등기신청의 보정은 할 수 없다. (×)   [20 법무사]

8 등기신청서의 보정은 신청인 또는 대리인이 직접 하여야 하므로 제출사무원은 할 수 없다. (×) [14 등기서기보]

9 보정을 위하여 필요한 경우에는 신청서 또는 그 부속서류를 신청인에게 반환할 수 있다. (×)   [20 법무사 / 16 법무사]

10 보정을 위하여 불가피한 경우 등기관은 신청서나 그 부속서류를 신청인에게 반환할 수 있다. (×)   [14 등기서기보]

11 등기신청의 흠결에 대한 보정은 당사자나 그 대리인 본인 또는 허가받은 사무원이 등기소에 출석하여 하여야 하며, 필요한 경우에는 보정을 위하여 신청서나 첨부서면의 반환을 청구할 수 있다. (×) [10 법무사]

Ⅲ. 각하(등기관)

부동산등기법 제29조(신청의 각하)
등기관은 다음 각 호의 어느 하나에 해당하는 경우에만 이유를 적은 결정으로 신청을 각하(却下)하여야 한다. 다만 신청의 잘못된 부분이 보정(補正)될 수 있는 경우로서 신청인이 등기관이 보정을 명한 날의 다음 날까지 그 잘못된 부분을 보정하였을 때에는 그러하지 아니하다.
1. 사건이 그 등기소의 관할이 아닌 경우
2. 사건이 등기할 것이 아닌 경우
3. 신청할 권한이 없는 자가 신청한 경우
4. 제24조 제1항 제1호에 따라 등기를 신청할 때에 당사자나 그 대리인이 출석하지 아니한 경우
5. **신청정보**의 제공이 대법원규칙으로 정한 방식에 맞지 아니한 경우
6. **신청정보**의 부동산 또는 등기의 목적인 권리의 표시가 **등기기록**과 일치하지 아니한 경우
7. 신청정보의 등기의무자의 표시가 등기기록과 일치하지 아니한 경우. 다만, 다음 각 목의 어느 하나에 해당하는 경우는 제외한다.
   가. 제27조에 따라 포괄승계인이 등기신청을 하는 경우
   나. 신청정보와 등기기록의 등기의무자가 동일인임을 대법원규칙으로 정하는 바에 따라 확인할 수 있는 경우
8. **신청정보와 등기원인**을 증명하는 정보가 일치하지 아니한 경우
9. 등기에 필요한 첨부정보를 제공하지 아니한 경우
10. 취득세(「지방세법」 제20조의2에 따라 분할납부하는 경우에는 등기하기 이전에 분할납부하여야 할 금액을 말한다), 등록면허세(등록에 대한 등록면허세만 해당한다) 또는 수수료를 내지 아니하거나 등기신청과 관련하여 다른 법률에 따라 부과된 의무를 이행하지 아니한 경우
11. **신청정보** 또는 **등기기록**의 부동산의 표시가 토지대장·임야대장 또는 건축물대장과 일치하지 아니한 경우

1. 의의

등기관은 「부동산등기법」 제29조 각 호의 어느 하나에 해당하는 경우에만 **이유를 적은 결정으로 신청을 각하**하여야 한다. 다만 신청의 잘못된 부분이 보정될 수 있는 경우로서 신청인이 등기관이 **보정을 명한 날의 다음 날까지 그 잘못된 부분을 보정하였을 때에는 그러하지 아니하다**(법 제29조).

[23 법원사무관 / 21 법무사]

각하란 등기신청에 대하여 등기관이 등기기록에 기록하는 것을 거부하는 소극적 처분을 말하며, 이로써 해당 등기신청 절차는 종료한다.

법 제29조의 각하사유에 해당하지 않는 등기신청에 대하여는 등기를 거부할 수 없다. 즉 등기신청에 대해서는 등기관의 자유재량에 의한 판단이 인정되지 않는다. 그러므로 법 제29조 제1호에서 제11호까지 규정되어 있는 11개의 각하사유는 예시가 아니라 **한정적 열거**로 본다. 따라서 그 밖의 사유에 의해서는 등기신청을 각하할 수 없다. [21 등기서기보]

2. 절차

(1) 주체

등기관이 이유를 적은 결정으로 각하처분을 하게 된다.

(2) 객체

1) 사건이 그 등기소의 관할이 아닌 경우(제1호)

등기사무는 등기할 권리의 목적인 부동산의 소재지를 관할하는 지방법원, 그 지원 또는 등기소에서 담당하고, 1개의 부동산이 여러 등기소의 관할구역에 걸쳐 있을 때에는 규칙으로 정하는 바에 따라 각 등기소를 관할하는 상급법원의 장이 관할 등기소를 지정한다(법 제7조). 그런데 관할의 위임(법 제8조)이 없는데도 다른 등기소의 관할에 속하는 부동산에 대하여 신청하거나 또는 상급법원의 관할 등기소 지정 없이 여러 등기소의 관할구역에 걸쳐 있는 부동산에 관하여 신청한 경우, **현행법상 그 신청을 관할 등기소로 이송하는 절차가 없기 때문에** 그 흠을 보정할 여지가 없다. 따라서 등기관은 이러한 신청을 **각하하여야 한다.** [19 등기주사보]

2) 사건이 등기할 것이 아닌 경우(제2호)

가. 의의

부동산등기법 제29조 제2호 소정의 "**사건이 등기할 것이 아닌 경우**"라 함은 그 등기신청취지 자체에 의하여 **법률상 허용할 수 없음이 명백한 경우**를 의미하는 것이다(대결 1987.2.9, 87마37). 즉, 그 신청내용대로 등기하는 것이 절차법 또는 실체법에 의하여 **허용되지 않는 것**을 말한다.

사건이 등기할 것이 아닌 경우에 대하여는 **규칙 제52조가 규정**하고 있다. 크게 절차법상 등기를 허용할 수 없는 경우와 실체법상 등기를 허용할 수 없는 경우로 나눌 수 있는데, 제1호부터 제9호까지의 사유는 예시이므로 그 사유에 해당하지 않더라도 그 취지 자체에 의하여 법률상 허용될 수 없음이 명백한 등기신청은 각하하여야 한다(제10호).

사건이 등기할 것이 아닌 것에 관한 등기를 간과하고 등기가 실행된 경우 그 등기는 당연무효이고 등기관이 위와 같은 등기를 발견한 때에는 직권으로 말소하여야 한다. 이해관계인도 관할을 위반하여 실행된 등기에 대하여 이의신청을 할 수 있다(법 제58조, 제100조).

나. 규칙 제52조

부동산등기규칙 제52조(사건이 등기할 것이 아닌 경우)

법 제29조 제2호에서 "사건이 등기할 것이 아닌 경우"란 다음 각 호의 어느 하나에 해당하는 경우를 말한다.

1. 등기능력 없는 물건 또는 권리에 대한 등기를 신청한 경우 [14 법무사 / 13 법무사]
2. 법령에 근거가 없는 특약사항의 등기를 신청한 경우 [23 법무사 / 21 법원사무관 / 14 법무사 / 13 법무사]
3. 구분건물의 전유부분과 대지사용권의 분리처분 금지에 위반한 등기를 신청한 경우 [21 법원사무관 / 18 등기서기보 / 17 등기주사보]
4. 농지를 전세권설정의 목적으로 하는 등기를 신청한 경우 [23 법무사 / 19 법무사 / 18 등기주사보 / 15 등기서기보·법원사무관 / 14 법무사 / 13 법무사 / 10 법무사]
5. 저당권을 피담보채권과 분리하여 양도하거나, 피담보채권과 분리하여 다른 채권의 담보로 하는 등기를 신청한 경우 [20 등기서기보 / 13 법무사]
6. 일부지분에 대한 소유권보존등기를 신청한 경우 [23 법무사 / 19 등기주사보·법무사 / 17 등기주사보]
7. 공동상속인 중 일부가 자신의 상속지분만에 대한 상속등기를 신청한 경우 [20 등기서기보·법무사 / 19 등기주사보 / 18 등기주사보 / 15 등기서기보·법원사무관 / 13 법무사 / 11 법무사 / 10 법무사]
8. 관공서 또는 법원의 촉탁으로 실행되어야 할 등기를 신청한 경우 [23 법무사 / 22 등기서기보·법무사 / 19 등기주사보·법무사 / 17 등기주사보 / 15 등기서기보·법원사무관]
   - (🏢 가처분등기에 대하여 등기의무자와 등기권리자가 공동으로 말소등기신청을 한 경우)
   - (🏢 가압류등기에 대하여 등기명의인인 채권자가 말소등기를 신청하는 경우)
   - (🏢 가압류등기에 대하여 해방공탁서를 첨부하여 채무자가 말소등기를 신청하는 경우)
   - (🏢 경매절차에서 매수인이 된 자가 소유권이전등기를 신청한 경우)
9. 이미 보존등기된 부동산에 대하여 다시 보존등기를 신청한 경우
10. 그 밖에 신청취지 자체에 의하여 법률상 허용될 수 없음이 명백한 등기를 신청한 경우

다. 기타 해석상 인정되는 경우

(가) 물리적 일부에 대하여 금지되는 등기

가) 소유권보존등기, 소유권이전등기, (근)저당권설정등기, 가압류등기, 가처분등기, 경매개시결정등기 등은 부동산의 물리적 일부에 성립할 수 없으므로, 부동산의 물리적 일부에 이러한 등기신청이 있으면 등기관은 수리할 수 없다. 위와 같은 등기를 하기 위해서는 먼저 분필등기를 선행하여야 한다.

나) 이와 달리 지상권, 요역지지역권, 전세권, 임차권에 관한 등기는 부동산의 물리적 일부에 성립할 수 있으므로, 부동산의 물리적 일부에 이러한 등기신청이 있으면 등기관은 수리한다.

(나) 지분에 대하여 금지되는 등기

지상권, 지역권, 전세권, 임차권에 관한 등기는 권리의 지분에 성립할 수 없으므로, 권리의 지분에 대하여 이러한 등기신청이 있으면 등기관은 수리할 수 없다.

(다) 합유지분에 대한 소유권이전등기, 가압류등기, 가처분등기, 경매개시결정등기 등 [15 법원사무관 / 14 법무사]

(라) 공유부동산에 대하여 5년을 넘는 기간의 공유물불분할약정의 등기를 신청한 경우 [10 법무사]

(마) 법령상 동시신청을 요하나 동시신청을 하지 않은 경우

가) 소유권이전등기와 환매특약등기를 동시에 신청하지 않은 경우(예컨대, 환매특약부 매매로 인한 소유권이전등기가 마쳐진 이후 환매특약등기를 신청한 경우) [22 등기서기보 / 11 법무사],

나) 구분건물 중 일부만에 관한 보존등기와 나머지 구분건물의 표시에 관한등기를 동시에 신청하지 않은 경우

다) 대지사용권이전등기와 대지권등기를 동시에 신청하지 않은 경우

(바) 실명등기유예기간 경과 후 명의신탁해지를 원인으로 한 소유권이전등기 [22 등기서기보 / 20 등기서기보 / 14 법무사]

부동산 실권리자명의 등기에 관한 법률 제11조 제1항 본문, 제12조 제1항, 제4조의 각 규정에 따르면, 부동산 실권리자명의 등기에 관한 법률 시행 전에 명의신탁약정에 의하여 부동산에 관한 물권을 명의수탁자 명의로 등기한 명의신탁자는 유예기간 이내에 실명등기 등을 하여야 하고, 유예기간 이내에 실명등기 등을 하지 아니한 경우에는 유예기간이 경과한 날 이후부터 명의신탁 약정은 무효가 되고, 명의신탁 약정에 따라 행하여진 등기에 의한 부동산에 관한 물권변동도 무효가 되므로, 유예기간이 경과한 후 명의신탁 약정의 해지를 원인으로 한 명의신탁자의 소유권이전등기 신청은 그 신청취지 자체에 의하여 법률상 허용될 수 없음이 명백한 경우로서 부동산등기법 제29조 제2호의 '사건이 등기할 것이 아닌 때'에 해당하여 등기공무원은 이를 각하하여야 한다(대결 1997.5.1, 97마384).

(사) 물권적 청구권보전을 위한 가등기 [10 법무사]

(아) 본등기금지가처분의 허용여부

등기할 수 있는 권리의 설정, 이전, 변경 또는 소멸의 청구권을 보전하기 위하여 가등기를 한 경우(법 제88조)에는 그 청구권도 가처분의 대상이 된다.

즉 법 제88조에 따라 가등기를 할 수 있는 권리의 경우 그 가등기상의 권리 자체의 처분을 금지하는 가처분은 등기사항이라고 할 것이나, 가등기에 기한 본등기를 금지하는 내용의 가처분은 가등기상의 권리 자체의 처분의 제한에 해당하지 아니하므로 그러한 본등기를 금지하는 내용의 가처분등기는 수리하여서는 아니 된다

(예규 881). [22 등기서기보·법원사무관 / 21 등기서기보 / 18 등기주사보 / 16 법무사 / 15 등기서기보 / 10 법무사 / 9 법무사]

본등기를 금지하는 가처분은 등기할 사항이 아니므로 본등기금지가처분등기의 촉탁이 있는 경우 등기관은 이를 각하하여야 하고(법 제29조 제2호), 잘못하여 등기가 되더라도 아무 효력이 없다. [24 법무사]

(자) 가압류에 기한 본압류 후 가압류만의 말소등기촉탁

부동산에 대한 가압류가 본압류로 이행되어 강제경매개시결정등기가 마쳐지고 강제집행절차가 진행 중이라면 그 본집행의 효력이 유효하게 존속하는 한 가압류등기 만을 말소할 수 없는 것이므로, 그 가압류등기에 대한 집행법원의 말소촉탁은 그 취지 자체로 보아 법률상 허용될 수 없음이 명백한 경우에 해당하여 등기관은 「부동산등기법」 제29조 제2호에 의하여 촉탁을 각하하여야 한다(선례 201210-5). [22 등기서기보·법무사 / 20 법원사무관 / 19 등기서기보·등기주사보 / 18 법원사무관·법무사 / 17 등기주사보 / 15 법원사무관 / 14 법무사]

이 경우 등기관이 각하사유를 간과하고 집행법원의 촉탁에 의하여 그 가압류등기를 말소하였더라도 본집행이 취소·실효되지 않는 이상, 본집행에 아무런 영향을 미치지 아니하므로, 가압류등기를 직권으로 회복하는 절차를 선행할 필요 없이 말소된 해당 가압류 이후의 가처분, 가압류, 소유권이전등기에 대하여 매각을 원인으로 한 말소등기의 촉탁이 있을 경우 등기관은 이를 수리할 수 있다(선례 201210-5). [20 법원사무관]

(차) 가등기에 기한 본등기 후 가등기만의 말소등기신청

일반적인 등기순위와는 달리 가등기는 청구권을 보전하기 위한 경우에 하는 예비등기이므로 가등기에 의한 본등기를 한 경우 그 본등기의 순위는 가등기의 순위에 따르게 된다(법 제91조). [20 법원사무관 / 19 등기서기보 / 16 법원사무관 / 11 법무사]

따라서 가등기를 한 후 본등기의 신청이 있을 때에는 가등기의 순위번호를 사용하여 본등기를 하여야 한다(규칙 제146조). [21 법원사무관 / 16 법원사무관] 즉 본등기의 순위번호는 새로이 부여되지 않고 가등기를 말소하는 표시를 하지 않는다.

따라서 가등기에 의한 본등기가 이루어진 후에는 가등기와 본등기를 함께 말소하거나 본등기만을 말소할 수는 있으나, 가등기만을 말소할 수는 없다. 판결을 받아 그 가등기만의 말소등기를 신청하는 경우도 마찬가지로 할 수 없다. [18 등기주사보 / 14 법무사]

라. 기타 특별법상 인정되는 경우

농림축산식품부장관·해양수산부장관 또는 시·도지사가 농어촌정비사업에 관한 환지계획, 교환·분할·합병계획을 인가하여 고시한 후에는 사업시행지역 토지와 연안해수면은 농어촌정비사업에 따른 등기 또는 등록을 한 후가 아니면 다른 등기나 등록을 하지 못한다(「농어촌정비법」 제122조).

도시개발법에 따라 **환지처분**이 공고된 날부터 제1항에 따른 등기가 있는 때까지는 다른 등기를 할 수 없다(「도시개발법」 제43조 제3항).

「도시 및 주거환경정비법」에 따른 **이전고시**가 있는 날부터 제1항에 따른 등기가 있을 때까지는 저당권 등의 다른 등기를 하지 못한다(「도시 및 주거환경정비법」 제88조 제3항).

3) 신청할 권한이 없는 자가 신청한 경우(제3호)

구법하에서는 본 호에 해당하는 신청을 구법 제55조 제3호(당사자나 그 대리인이 출석하지 아니한 경우)에 의해 각하할 수 있었다. 왜냐하면 신청할 권한이 없는 자, 즉 대표권 없는 자 또는 대리권 없는 자가 등기신청을 한 경우에는 정당한 대표자나 대리인이 등기소에 출석한 것이 아닌 것으로 볼 수 있기 때문이다.

그런데 전자신청에 있어서는 출석주의가 적용되지 않으므로 신청할 권한이 없는 자가 전자신청을 할 경우 구법 제55조 제3호(개정법 제29조 제4호)에 의하여는 각하할 수 없다. 이에 개정법에서는 본 호를 신설하여 신청할 권한이 없는 자가 전자신청을 한 경우 등기관이 그 등기신청을 각하할 수 있도록 하였다.

다만 본 호의 문언에 비추어 볼 때 방문신청이든 전자신청이든 구별하지 않고 등기권리자와 등기의무자 아닌 자, 그 밖에 등기신청권(법 제23조 참조) 없는 자가 한 등기신청도 본 호에 의해 각하하여야 할 것으로 본다.

4) 방문신청규정에 따라 등기를 신청할 때에 당사자나 그 대리인이 출석하지 아니한 경우(제4호)

방문신청은 신청인 또는 대리인이 등기소에 출석하여 신청정보 및 첨부정보를 적은 서면을 제출하는 방법으로 한다(법 제24조 제1항 제1호). 변호사 또는 법무사 등의 자격자대리인의 경우에는 규칙 제58조에 따라 관할 지방법원장으로부터 신청서 제출권한이 있는 것으로 허가받은 사무원이 등기소에 출석하여 위 서면들을 제출할 수 있다. 방문신청에 있어서 당사자나 대리인의 출석을 강제한 규정은 등기신청의 진정을 담보하고 그 신청의 흠을 보정할 기회를 주어 신청인의 이익을 보호하기 위한 것이다.

따라서 당사자가 등기신청서를 **우편송부(우송)**[19 법무사]한 경우, 출석한 당사자에게 의사능력이 없는 경우가 여기에 해당한다. 다만 법 제29조 제4호의 각하사유에는 예외가 인정되는데, 관공서의 촉탁이 그러하다(규칙 제155조 제1항). 관공서의 높은 공신력으로 보아 신청(촉탁)의 진정이 담보되기 때문에 출석주의의 예외를 인정한 것이다.

5) 신청정보의 제공이 대법원규칙으로 정한 방식에 맞지 아니한 경우(제5호)

등기의 신청은 필수적 신청정보(기재사항)를 적고 신청인 또는 그 대리인이 기명날인하거나 서명한 신청서를 제출(법 제24조, 규칙 제43조, 제56조 제1항, 제2항)함으로써 하는 요식행위이다. 따라서 신청서가 방식에 적합하지 아니한 때에는 그 신청의 각하사유가 된다. 전자신청의 경우에도 전산정보처리조직을 이용하여 신청 정보를 보낸다는 점과 기명날인·서명 대신 전자서명정보를 송신한다는 점이 다를 뿐, 신청정보의 내용은 방문신청의 경우와 같다.

등기원인증서에 신청서의 필요적 기재사항은 반드시 기재되어 있어야 하므로 이를 위반할 시 각하하는 것은 의문이 없다.

다만 등기원인증서에 신청서의 임의적 기재사항에 해당하는 약정이 있는 경우 이를 반드시 신청서에 기재하여 등기를 신청하여야 하는지가 문제되는데, 등기원인증서에 그러한 약정이 있는 경우에는 신청정보의 내용으로 등기소에 제공하여야 하므로(규칙 제126조 제1항, 제127조 제1항, 제128조 제1항, 제130조 제1항, 제131조 제1항 등) 반드시 신청서에 기재하여야 한다. 따라서 등기관은 등기원인증서에 기재된 임의적 사항이 신청서에 기재되어 있지 않은 경우에는 보정을 명하고, 이에 응하지 않으면 신청을 각하하여야 한다. [17 법무사] 이 경우의 각하사유는 제8호가 아니라 제5호임에 주의한다.

신탁등기(신탁등기의 말소등기)와 소유권이전등기는 원칙적으로 동일한 신청서로 신청하여야 하므로, 등기원인이 신탁임에도 신탁등기만을 신청하거나 소유권이전등기만을 신청하는 경우에는 법 제29조 제5호의 "신청정보의 제공이 대법원규칙으로 정한 방식에 맞지 아니한 경우"에 해당하므로 각하하여야 한다(법 제29조, 법 제82조 제1항, 제87조 제1항 참조).

[21 법원사무관 / 18 등기서기보·등기주사보 / 17 등기주사보 / 14 법무사 / 13 법무사 / 10 법무사]

이와 달리 환매특약의 등기도 매매에 의한 소유권이전등기와 동시에 신청하여야 하지만 (「민법」 제592조), 동일한 신청서가 아니라 별개의 신청서에 의한다는 점에서 신탁등기의 경우와 다르므로(선례 4-443), 소유권이전등기와 환매특약등기를 동시에 신청하지 않는 경우에는 법 제29조 제2호로 각하하여야 한다.

6) 신청정보의 부동산 또는 등기의 목적인 권리의 표시가 등기기록과 일치하지 아니한 경우(제6호)

신청정보의 부동산 또는 등기의 목적인 권리의 표시가 등기기록과 일치하지 아니한 경우에는 각하하여야 한다. [13 법무사] 이 각하사유는 부실등기의 발생을 예방하기 위하여 어떤 부동산에 대하여 또는 어떤 권리에 대하여 등기를 신청하는 것인가를 분명히 하기 위한 것이다. 따라서 신청정보로 제공한 부동산의 소재, 지번, 지목 등이 등기기록과 일치하지 아니하거나 신청정보로 제공된 권리의 종류가 등기기록과 일치하지 아니한 경우는 본 호의 각하사유에 해당한다. 이러한 경우에는 먼저 등기기록상의 표시를 변경·경정하도록 하고 있으며 그렇게 하지 않으면 관련된 다른 등기를 신청할 수 없다.

7) 신청정보의 등기의무자의 표시가 등기기록과 일치하지 아니한 경우(제7호)

가. 의의

신청정보의 등기의무자의 표시가 등기기록과 일치하지 아니한 경우에는 각하하여야 한다. 이 각하사유는 등기기록에 기록된 명의인의 표시(성명·주소·번호 등)와 신청인인 등기의무자의 표시가 일치하는지 여부를 판단하여 진정한 등기의무자의 신청이 있는지를 정확하게 판단하기 위함이다.

따라서 신청서상 등기의무자의 표시와 등기기록상 등기의무자의 표시가 일치하지 아니한 경우에는 본 호에 의하여 각하하여야 하며, 이러한 경우에는 등기명의인표시의 변경

・경정등기나 상속등기 등을 먼저 하여 등기기록과 신청정보상의 등기의무자의 표시를 일치시킨 후에 다른 등기를 신청할 수 있다.

다만, 제27조에 따라 포괄승계인이 등기신청을 하는 경우와 신청정보와 등기기록의 등기의무자가 동일인임을 대법원규칙으로 정하는 바에 따라 확인할 수 있는 경우에는 각하하지 아니하고 수리한다.

나. 적용되는 경우

소유권이전청구권가등기에 기한 본등기가 이루어진 후에 법원이 그 가등기권자에 대항할 수 있는 주택임차인을 권리자로 하는 주택임차권등기를 촉탁하면서, 등기의무자를 현재의 소유자가 아닌 전소유자(가등기의무자)로 하였다면, 이는 촉탁서에 기재된 등기의무자의 표시가 등기부와 부합하지 아니한 때에 해당한다고 할 것이므로 등기관으로서는 위 촉탁에 따른 등기를 할 수 없을 것이다(선례 6-350).

부동산에 대한 가압류결정이 있은 후 그 촉탁서가 등기소에 접수되기 전에 채무자의 등기부상 주소가 변경된 경우에 비록 가압류촉탁서상의 채무자 주소와 변경 전 채무자의 등기부상 주소가 일치한다고 하더라도 그 가압류촉탁은 이를 수리할 수 없다(선례 5-646). 따라서 이러한 경우에는 본 호를 적용하여 해당 등기신청을 각하하여야 한다.

다. 적용되지 않는 경우

(가) 상속인이나 그 밖의 포괄승계인에 의한 등기신청(법 제29조 제7호 단서)

등기원인이 발생한 후에 등기권리자 또는 등기의무자에 대하여 상속이나 그 밖의 포괄승계가 있는 경우에는 상속인이나 그 밖의 포괄승계인이 그 등기를 신청할 수 있다(법 제27조). 제27조에 따라 포괄승계인이 등기신청을 하는 경우는 신청정보의 등기의무자의 표시가 등기기록과 일치하지 아니하더라도 각하하지 아니한다. [22 법무사 / 18 등기서기보 / 15 등기서기보] 다만 상속인이나 그 밖의 포괄승계인임을 증명하는 서면을 제출해야 하고, 등기원인증서는 피상속인이나 그 밖의 피승계인 명의로 작성된 것이어야 한다.

(나) 소유권이전등기신청의 경우(규칙 제122조)

등기관이 소유권이전등기를 할 때에 등기명의인의 주소변경으로 신청정보상의 등기의무자의 표시가 등기기록과 일치하지 아니하는 경우라도 첨부정보로서 제공된 주소를 증명하는 정보에 등기의무자의 등기기록상의 주소가 신청정보상의 주소로 변경된 사실이 명백히 나타나면 직권으로 등기명의인표시의 변경등기를 하여야 한다(규칙 제122조).

소유권이전등기 시 「부동산등기규칙」 제122조에 따라 등기명의인의 주소를 직권으로 변경하여야 하는 경우, 등기의무자의 주소가 "전거" 등의 실질적인 주소변경이 아닌 도로명주소법에 따른 주소변경인 경우에는 주소변경의 직권등기를 하지 아니한다(예규 1729).

(다) 말소등기, 멸실등기의 경우 등

등기명의인표시의 변경 또는 경정 등기를 신청하게 하는 것은 등기절차는 현재의
등기명의인을 기점으로 개시되어야 한다는 등기연속의 원칙에 따라 등기명의인의
표시를 실체에 부합시키기 위한 것이므로, 현재의 등기명의인의 등기가 말소되는
경우에는 등기명의인을 일치시킬 필요가 없다.

따라서 가등기의 말소등기, 저당권등기의 말소등기(예규 451) 또는 부동산의 멸
실등기 등의 경우에는 등기의무자의 표시에 변경 또는 경정의 사유가 있더라도 이
를 증명하는 서면의 첨부만으로 충분하고 그 변경 또는 경정의 등기는 할 필요가
없다. 상속등기의 경우도 위와 같다(선례 3-396).

(라) 특별법상 간주규정이 있는 경우

특별법상 간주규정이 있는 경우에는 등기명의인표시 변경(경정)등기를 하지 않고
등기신청을 할 수 있다. 예컨대 농어촌진흥공사가 농업기반공사로, 다시 한국농촌
공사, 한국농어촌공사로 바뀌었는데, 관련 법률에 종전 공사 명의의 등기는 새로
운 공사 명의의 등기로 본다는 간주규정이 있으므로 등기명의인표시 변경등기를
할 필요가 없다.

8) 신청정보와 등기원인을 증명하는 정보가 일치하지 아니한 경우(제8호)

신청정보와 등기원인을 증명하는 정보가 일치하지 아니한 경우에는 각하하여야 한다. 이
각하사유는 신청서에 기재된 사항과 등기원인을 증명하는 서면에 기재된 사항이 일치하지
않을 경우에는 실체적 권리관계와 부합하지 않는 부실의 등기가 발생할 염려가 있기 때문
에 이를 방지하기 위한 규정이다.

예컨대 등기원인이 매매인데 신청서에 증여로 기재하였다든가 신청정보상 甲이 등기권리자
인데 매매계약서상으로는 乙이 권리자인 경우 등 신청서와 등기원인증서의 기재가 적극적
으로 저촉되는 것을 들 수 있다. [23 법무사]

등기원인을 증명하는 정보란 고유한 의미의 등기원인증서뿐만 아니라 해당 등기의 원인이
되는 법률행위 또는 법률사실을 증명하는 정보이면 모두 포함된다. 즉 주소를 증명하는 주
민등록표등본, 상호변경 등을 증명하는 법인 등기사항증명서, 상속을 증명하는 가족관계등
록사항별증명서 및 제적부 등·초본도 이에 포함된다.

9) 등기에 필요한 첨부정보를 제공하지 아니한 경우(제9호)

등기에 필요한 첨부정보를 제공하지 아니한 경우에는 각하하여야 한다. 이 각하사유는 신
청서에 일정한 서면을 첨부하게 하여 신청이 실체적 권리관계나 사실관계와 부합하고 있는
가 또는 신청 당사자의 진의에서 나온 것인가를 등기관이 형식적으로 확인할 수 있도록 하
기 위한 것이다.

따라서 등기관은 각종 등기신청서에 첨부할 서면이 무엇인가를 법령 등에 의하여 확인하여
첨부할 서면이 누락된 경우(인감증명서, 등기상 이해관계 있는 제3자의 승낙서 등) [22 법무사]

/ 11 법무새에는 물론이고, **첨부서면 등이 적정·타당한지를 조사하여 위조 또는 변조**14 법무새**되었거나 효력을 상실한 것으로 인정되는 경우에도 첨부하지 아니한 것으로 보아 해당 등기신청을 각하하여야 한다.**

개별 법령에서 등기원인에 대하여 제3자의 허가 등을 받도록 규정하고 있는 경우에는 허가 등을 증명하는 정보를 제공하여야 하며, 그러한 정보의 제공이 없는 것은 부동산등기법 제29조 제9호의 각하사유에 해당한다. [21 등기서기보]

10) 취득세, 등록면허세 또는 수수료를 내지 아니하거나 등기신청과 관련하여 다른 법률에 따라 부과된 의무를 이행하지 아니한 경우(제10호)

취득세, 등록면허세(등록에 대한 등록면허세만 해당한다) 또는 수수료를 내지 않거나 등기신청과 관련하여 다른 법률에 따라 부과된 의무를 이행하지 않은 경우 해당 등기신청은 법 제29조 제10호에 의해 각하된다.

등기관이 등기신청서를 조사할 때에는 ① 취득세(등록면허세) 영수필확인서[시·군·구 작성의 전산처리된 용지(OCR고지서)이어야 함. 다만 지방세인터넷납부시스템(WETAX 또는 ETAX)을 이용하여 납부한 후 출력한 납부서 또는 대법원 인터넷등기소의 정액등록면허세 납부서 작성기능을 이용해 작성한 정액등록면허세납부서에 의한 것도 가능]의 첨부 여부와 그 납세명세, ② 국민주택채권(도시철도채권을 포함. 이하 같다) 매입정보상의 매입자 성명 등이 등기신청서의 기재사항과 부합하는지 여부와 국민주택채권매입금액, ③ 해당 등기신청에 대한 신청수수료액과 그에 해당하는 금액의 영수필확인서가 첨부되어 있는지 여부, ④ 전자수입인지의 첨부 여부 및 그 구매정보상의 수입인지금액의 정확 여부 등을 반드시 조사·확인하여야 한다(예규 1566).

11) 신청정보 또는 등기기록의 부동산의 표시가 토지대장·임야대장 또는 건축물대장과 일치하지 아니한 경우(제11호)

가. 신청정보 또는 등기기록의 부동산의 표시가 토지대장·임야대장 또는 건축물대장과 일치하지 아니한 경우에는 각하하여야 한다. [17 등기서기보·법원사무관 / 13 법무새] **이 각하사유는 부동산의 물리적 현황 내지 동일성의 확인은 언제나 대장을 기초로 하여야 한다는 취지이다.**

나. 그러나 법 제29조 제11호는 그 등기명의인이 등기신청을 하는 경우에 적용되는 규정이므로, 관공서가 등기촉탁을 하는 경우에는 등기기록과 대장상의 부동산의 표시가 부합하지 아니하더라도 그 등기촉탁을 수리하여야 하며, 이를 이유로 촉탁을 각하할 수 없다(예규 1625). [20 법무사 / 19 등기주사보·법원사무관 / 17 등기서기보 / 14 법무새]

(가) **매각에 따른 소유권이전등기를 촉탁**하는 경우에는 경매절차 진행 중에 토지가 분할된 후 분필등기를 경료하지 않아 등기부상의 토지의 표시와 토지대장상의 표시가 부합하지 아니하더라도 등기관은 그 등기촉탁을 수리하여야 한다(선례 7-36). [18 등기주사보 / 16 등기서기보 / 15 법원사무관]

(나) 토지대장상 갑·을 토지가 지적법에 의하여 합병이 되었으나 합필등기를 경료하지 아니한 채 갑토지에 대하여 국가기관인 법원이 매각으로 인한 소유권이전등기촉

탁을 하는 경우, 등기관은 등기부상 부동산의 표시가 토지대장과 부합하지 않더라도 그 등기 촉탁을 수리하여야 할 것이다(선례 200701-4). [15 법무사]

(3) 상대방

(4) 방법

등기관이 신청서를 심사한 결과 법 제29조 각 호의 각하사유 중 어느 하나에 해당하고 그 사유가 보정될 수 없거나 보정되지 않는 때에는 **이유를 적은 결정으로 신청을 각하**하여야 한다. [24 등기서기보]

등기관은 등기전산시스템을 이용하여 **각하결정 원본을 작성 · 저장**한다(각하결정에 대한 경정결정 포함). 이 경우 **각하결정 등본을 신청인 또는 대리인에게 교부**하거나 **특별우편송달** 방법으로 송달하되, 교부를 하는 때에는 교부받은 자로부터 **영수증을 수령**하여야 한다(예규 제1703, 3).

전자신청에 대한 각하 결정의 방식 및 고지방법은 서면신청과 동일한 방법으로 처리한다(예규 제1725호). 따라서 이유를 적은 결정으로 각하처분을 하고 신청인 또는 대리인에게 교부하거나 **특별우편송달** 방법으로 송달한다. [24 등기서기보 / 22 법무사]

(5) 시기

신청의 흠이 보정기간 내에 보정되지 않는 한 신청을 각하하여야 하고, 각하결정을 한 후 이를 고지하기 전에 **보정되었다고 하여 이미 내려진 각하결정을 되돌릴 수는 없다**(예규 124). [18 법원 사무관 / 17 법무사]

(6) 범위

「부동산등기법」 제25조의 규정에 의하여 수 개의 부동산에 관한 등기신청을 일괄하여 **동일한 신청서**에 의하여 한 경우 그중 일부 부동산에 대하여만 등기신청을 각하할 수도 있다.

(7) 업무처리

등기신청을 각하한 경우에는 접수장의 비고란 및 등기신청서 표지에 각하라고 주서하고, 그 등기신청서는 신청서 기타 부속서류 편철장에 편철한다(예규 제1703, 2). 신청서 기타 부속서류 편철장의 보존기간은 5년이다(규칙 제25조 제1항 제6호). [24 등기서기보]

각하결정 등본을 교부하거나 송달할 때에는 등기신청서 외의 첨부서류(취득세 또는 등록면허세 영수필확인서 포함)도 함께 교부하거나 송달하여야 한다. [17 법무사] 다만 첨부서류 중 각하사유를 증명할 서류는 이를 복사하여 해당 등기신청서에 편철한다.

등기신청이 취하된 경우에는 납부된 등기신청수수료를 환급하지만, 등기신청이 각하된 경우에는 이미 납부된 등기신청수수료를 반환하지 아니한다. [17 법무사 / 11 법무사]

(8) 각하사유를 간과하고 한 등기의 효력

1) 법 제29조 제1호, 제2호의 각하사유

법 제29조 제1호(관할위반)와 제2호(사건이 등기할 것이 아닌 경우)의 각하사유에 해당하는 등기신청이 있는 경우에는 등기관은 각하하여야 하며, **이를 간과한 등기는 실체관계에 부합하는지 여부를 불문하고 당연무효이다.** [10 법무사] 이러한 당연무효등기를 그대로 둔다면 불필요한 혼란과 사고의 원인이 되기 때문에 **등기관이 이러한 등기기록을 발견하면 법 제58조의 절차**(등기권리자, 등기의무자와 등기상 이해관계 있는 제3자에게 1개월 이내의 기간을 정하여 그 기간에 이의를 진술하지 아니하면 등기를 말소한다는 뜻을 통지하는 등의 절차, 사전통지)를 통해 **직권말소하여야 한다**(법 제58조, 규칙 제117조). [21 등기서기보 / 17 등기주사보 · 법원사무관 · 법무사]

만약 등기관이 이를 직권으로 말소하지 않고 있다면 등기신청인과 등기상 이해관계 있는 제3자는 무효인 등기의 말소등기를 실행하라는 취지의 이의신청을 할 수 있다(법 제100조 이하).

2) 법 제29조 제3호 이하의 각하사유

법 제29조 제3호 내지 제11호의 각하사유가 있는 등기신청이 있는 경우에는 등기관은 각하하여야 하며, 이를 간과한 등기는 실체관계에 부합하는 한 효력이 있다고 볼 여지가 있으므로 당연무효라고 볼 수는 없다. 형식적 심사권밖에 없는 등기관으로서는 법 제29조 제3호 이하의 사유를 간과한 등기에 대하여 실체법상 유효한지 여부를 판단할 수 없기 때문이다. 판례도 제29조 제3호 이하의 경우에 있어서 등기공무원이 이를 간과하고 등기신청을 접수하여 그 등기를 완료한 경우에는 그 등기가 실체관계와 부합하는 경우에는 유효하다고 보고 있다(대결 1968.8.23, 68마823).

따라서 **이러한 등기기록을 발견한 등기관은** 실체관계를 판단할 수 없으므로 그 등기를 직권말소할 수 없고 등기신청인 등도 소송으로 그 등기의 효력을 다투는 것은 별론으로 하고, 법 제100조에 의한 이의신청의 방법으로는 말소를 구할 수 없다(대결 1988.2.24, 87마469).

관련 기출지문

1 부동산등기법 제29조의 각하 사유는 예시적인 것이므로 등기관은 그 밖의 사유에 의하여도 등기신청을 각하할 수 있다. (×)　　　　　　　　　　　　　　　　　　　　　　　　　　　　[21 등기서기보]

2 등기원인증서에 신청서의 임의적 기재사항에 해당하는 약정이 있다 하더라도 이를 반드시 등기하여야 하는 것은 아니므로 신청서에 그 약정을 기재하지 아니하였다 하여 각하하여서는 안 된다. (×)　　[17 법무사]

3 신탁행위에 의하여 소유권을 이전하는 경우에 신탁등기와 신탁을 원인으로 하는 소유권이전등기는 별개의 등기이므로 1건의 신청정보로 일괄하여 신청하지 않더라도 각하할 수 없다. (×)　　[18 등기서기보]

4 신청정보 또는 등기기록의 부동산의 표시가 토지대장·임야대장 또는 건축물대장과 일치하지 아니한 경우는 등기신청의 각하사유로 규정되어 있지 않다. (×)　　　　　　　　　　　　[17 법원사무관]

5 등기기록의 부동산 표시가 등기신청의 첨부정보인 대장과 일치하지 아니한 경우는 등기신청의 각하사유에 해당하지 않는다. (×)　　　　　　　　　　　　　　　　　　　　　　　　　[17 등기서기보]

> **6** 각하결정을 하였더라도 그 결정이 아직 고지되기 전에 보정이 되었다면 각하결정을 취소하고 신청한 등기 를 하여야 한다. (×)
> [18 법원사무관 / 17 법무사]
>
> **7** 등기관이 등기를 마친 후에 그 등기가 해당 등기소의 관할이 아닌 경우 또는 등기할 것이 아닌 경우에 해당된 것임을 발견하였을 때에는 지체 없이 그 등기를 말소하고, 말소한 사실을 등기당사자와 이해관계 인에게 통지한다. (×)
> [17 법원사무관]
>
> **8** 등기할 것이 아닌 사건의 등기신청은 각하하여야 하지만 이미 등기가 마쳐졌다면 그 등기는 당연무효이므 로 등기관은 발견 즉시 직권으로 말소하여야 한다. (×)
> [17 법무사]

04 절 문제× (등기실행)

I. 등기부 작성·기입

기입이란 등기신청인이 등기소에 제공한 신청정보 중 등기사항을 등기부에 기록하는 것을 말한다. 기입공무원은 접수된 신청사건의 등기유형별로 필요한 기재사항을 입력한다(예규 1773). 등기관은 접수번호의 순서에 따라 등기사무를 처리하여야 한다(법 제11조 제3항). 다만 등기관은 어떠한 등기를 하면서 부수적으로 다른 등기를 직권으로 하여야 하는 경우가 있는데 이에 대해 간단히 언급한다.

신청의 기입에 앞서 선순위의 등기를 하여야 하는 경우를 선순위 직권등기라 한다. 예컨대 ① 미 등기 부동산에 대하여 가압류 등의 처분제한 등기를 하기 위하여 직권으로 소유권보존등기를 하 는 경우, ② 소유권이전등기 신청을 기입할 때 신청서에 기재된 등기명의인의 표시와 등기기록상 의 표시가 주소변경으로 인하여 일치하지 않는 경우 직권으로 등기명의인표시 변경등기를 하는 경우가 이에 해당한다.

신청에 대하여 기입을 완료한 후 이에 추가하여 직권으로 등기하여야 할 사항을 후순위 직권등기 라 한다. 예컨대 ① 가등기에 의한 본등기를 한 후에 하는 가등기 후에 마쳐진 체납처분으로 인한 압류등기에 대한 직권말소통지의 부기등기, ② 공동근저당권의 목적인 부동산 중 일부가 변경된 경우에 직권으로 하는 공동담보 변경의 부기등기, ③ 대지권의 목적인 토지의 등기기록에 그 토지 만에 관하여 이루어진 소유권에 관한 등기(가압류, 가등기, 가처분 등) 또는 소유권 외의 등기(근 저당권, 전세권)가 있는 경우 등기관이 대지권의 등기를 한 후에 직권으로 하는 별도등기가 있다 는 뜻의 등기 등이 후순위 직권등기에 해당한다.

1. 등기사항(법 제48조)

(1) 기록문자

1) 등기부의 기재문자

등기부는 한글과 아라비아숫자로 기재하되, 부동산의 소재지나 등기명의인, 법인의 본·지점과 임원의 주소(이하 '부동산의 소재지 등'이라 한다) 및 부동산의 면적을 표시할 때에는 이 예규에서 정하는 바에 따라 문장부호나 특수문자를 사용할 수 있다.

2) 등기부의 외래어 표기

등기부에 외국의 국호, 지명과 외국인의 성명, 명칭, 상호를 한글로 표기함에 있어서는 문화체육관광부가 고시하는 외래어표기법에 의함을 원칙으로 한다.

3) 표시번호, 순위번호 및 사항번호의 표시

등기부의 표시번호, 순위번호, 사항번호에는 1, 2, 3, 4로 표시하고 "번"자의 기재를 생략한다. 그러나 표시란 또는 사항란에서 표시번호 또는 순위번호를 적시할 때에는 1번, 2번, 3번, 4번과 같이 기재한다.

4) 부동산의 소재지 등의 표시

부동산의 소재지 등을 표시할 때에는 "서울특별시", "부산광역시", "경기도", "충청남도" 등을 "서울", "부산", "경기", "충남" 등과 같이 약기하지 않고 행정구역 명칭 그대로 전부 기재하며, [19 등기주사보 / 18 등기서기보] "서울특별시 서초구 서초동 967", "서울특별시 서초구 서초대로 219(서초동)" 등과 같이 주소 표기방법에 맞게 띄어 쓴다. 다만 지번은 "번지"라는 문자를 사용함이 없이 108 또는 108-1과 같이 기재하고, 도시개발사업 등으로 지번이 확정되지 않은 경우에는 "○○블록○○로트"와 같이 기재한다. [18 등기서기보 / 12 법무사]

부동산의 소재지 등을 표시할 때 사용할 수 있는 문장부호는 마침표[.], 쉼표[,], 소괄호[( )], 붙임표[-]로 한다. [18 등기서기보]

> [지번 방식의 예시]
> 1) 서울특별시 서초구 서초동 967
> 2) 전라북도 순창군 복흥면 답동리 산59-10
> 3) 경기도 김포시 풍무동 풍무지구 100블록100로트 풍무푸르지오 101동 101호
>
> [도로명 방식의 예시]
> 1) 서울특별시 서초구 서초대로 219(서초동)
> 2) 전라북도 순창군 복흥면 가인로 442-141
> 3) 서울특별시 강북구 4.19로 100, 101동 101호(수유동, 파크빌)

5) 계량법에 의한 면적표시

계량법에 의한 면적의 표시는 제곱미터의 약호인 ㎡를 사용하고 소수점 이하의 면적의 표시는 67.07㎡와 같이 기재한다. [19 등기주사보]

6) 금액의 표시

금액의 표시는 아라비아숫자로 하되, 그 표시를 내국화폐로 하는 경우에는 "금10,000,000원"과 같이 기재하고, 외국화폐로 하는 경우에는 "미화 금10,000,000달러", "일화 금10,000,000엔", "홍콩화 금10,000,000달러"와 같이 그 외국화폐를 통칭하는 명칭을 함께 기재한다.

7) 연월일의 표시

연월일의 표시는 서기연대로 기재하며 서기라는 연호를 생략하고 2007년 5월 1일과 같이 기재한다. [19 등기주사보 / 18 등기서기보]

8) 외국인의 성명 표시

외국인의 성명을 표시할 때에는 국적도 함께 기재한다. [19 등기주사보]

> [예시] 미합중국인 헨리키신저

9) 등기신청서 등에의 준용

이 지침은 등기신청서 기타 등기에 관한 서면의 작성에 이를 준용한다.

(2) 지분 등의 기록

권리자가 2인 이상인 경우에는 원칙적으로 공유이므로 권리자별 지분을 기록하여야 한다. 그러나 권리자가 2인 이상이더라도 등기할 권리가 합유인 때에는 그 뜻(합유인 뜻)을 기록하여야 하고 권리자별 지분은 기록하지 아니한다(법 제48조 제4항). [19 등기주사보 · 등기서기보 / 20 법무사 / 16 등기서기보 / 14 법무사 / 12 법무사]

수탁자가 여러 명인 경우 등기관은 신탁재산이 합유인 뜻을 기록하여야 한다(법 제84조 제1항). [21 등기서기보]

(3) 식별부호의 기록(교합)

등기관은 신청정보 및 첨부정보가 부동산등기법 등 제반 법령에 부합되는지 여부를 조사한 후 접수번호의 순서대로 교합처리하여야 하며, 현행 전산정보처리조직에 의하여 등기사무를 처리하는 경우에는 등기사항을 기록한 후 각 등기관에게 부여된 식별부호를 전산정보처리조직에 기록하는 방법으로 교합에 갈음한다(규칙 제7조).

등기관의 교합에 의하여 등기절차는 완료되고 등기의 효력이 발생한다. 등기절차가 완료되면 등기관은 등기신청유형에 따라 등기필정보를 작성하여 등기권리자에게 통지하거나, 그 밖의 각종의 통지를 하여야 한다.

관련 기출지문

1 연월일의 표시는 서기연대로 기록하며 "서기"라는 연호를 기록한다. (×) [19 등기주사보]

2 연월일의 표시는 서기연대로 기재하며, "서기 2018년 3월 2일"과 같이 서기라는 연호를 함께 기재한다. (×) [18 등기서기보]

3 합유등기에 있어서 등기기록상 합유의 표시방법은 각 합유자의 지분을 기록한다. (×) [20 법무사]

4 수탁자가 여러 명인 경우 등기관은 신탁재산이 공유인 뜻을 기록하여야 한다. (×) [21 등기서기보]

---

2. 등기형식(주등기 또는 부기등기)

> **부동산등기법 제52조(부기로 하는 등기)**
> 등기관이 다음 각 호의 등기를 할 때에는 부기로 하여야 한다.
> 다만 제5호의 등기는 등기상 이해관계 있는 제3자의 승낙이 없는 경우에는 그러하지 아니하다(📗 주등기).
> 1. 등기명의인표시의 변경이나 경정의 등기(⑥ 부동산표시변경·경정등기 – 주등기)
> 2. 소유권 외의 권리의 이전등기(예 전세권이전, 근저당권이전, 가등기상의 권리의 이전)
> 3. 소유권 외의 권리를 목적으로 하는 권리에 관한 등기(예 전세권부 근저당권)
> 4. 소유권 외의 권리에 대한 처분제한 등기(예 전세권부 가압류)
> 5. 권리의 변경이나 경정의 등기(예 전세권변경, 근저당권변경)
> 6. 제53조의 환매특약등기
> 7. 제54조의 권리소멸약정등기
> 8. 제67조 제1항 후단의 공유물 분할금지의 약정등기
> 9. 그 밖에 대법원규칙으로 정하는 등기

주등기와 부기등기는 앞에서 상술하였으므로 이 장에서는 생략하도록 한다.

Ⅱ. 각종 통지

1. 등기필정보

등기관이 새로운 권리에 관한 등기를 마쳤을 때에는 **등기필정보**를 작성하여 **등기권리자에게 통지**하여야 하며(법 제50조 제1항), 새로운 권리에 관한 등기의 등기권리자는 나중에 등기의무자로서 권리에 관한 등기를 신청하는 경우 전에 통지받은 등기필정보를 제공하여야 한다(법 제50조 제2항). 등기권리자에 대한 등기필정보의 제공 및 작성은 앞서 본 바가 있으므로 이 장에서는 생략하도록 한다.

2. 등기완료통지(법 제30조, 규칙 제53조, 예규 1623)

(1) 서설

등기관이 등기를 마쳤을 때에는 대법원규칙으로 정하는 바에 따라 **신청인 등에게 그 사실을 알려야 한다**(법 제30조). [17 등기주사보] 이러한 규정은 등기필정보의 통지와는 별개의 것으로서 등기필정보를 통지하지 않는 경우라도 등기완료통지를 하는 경우가 있다. [18 등기서기보]

(2) 통지 여부

등기완료통지는 신청인 및 다음 각 호의 어느 하나에 해당하는 자에게 하여야 하고 통지는 대법원예규로 정하는 방법으로 한다(규칙 제53호).

1) 법 제23조 제4항에 따른 승소한 등기의무자의 등기신청에 있어서 등기권리자

2) 법 제28조에 따른 대위자의 등기신청에서 피대위자

3) 법 제51조(등기필정보 또는 등기필증을 제공하여야 하는 등기신청에서 이를 제공하지 않고 확인정보 등을 제공하는 경우)에 따른 등기신청에서 등기의무자[18 법무사]

4) 법 제66조에 따른 직권 소유권보존등기에서 등기명의인[18 법무사]

5) 관공서가 촉탁하는 등기에서 관공서

(3) 작성·통지 방법

1) 작성방법

등기완료통지서에는 신청인(또는 권리자)의 성명과 주소, 부동산소재, 접수일자, 접수번호, 등기목적, 등기원인 및 일자, 작성일자를 기재하고 등기관의 전자이미지관인을 기록한다. 대리인에 의한 신청의 경우에는 대리인의 자격과 성명을 기재한다(예규 1623).

2) 통지방법

가. 등기필정보를 부여받을 사람에 대한 통지

등기필정보를 부여받을 사람에게 등기필정보를 통지하는 것으로 등기완료사실의 통지를 대신할 수 없기 때문에 등기필정보를 통지하면서 등기완료통지도 함께 하게 된다. [18 법무사]

방문신청의 경우 등기완료의 통지는 별지 제3호 양식에 의하여 등기필정보가 함께 기재된 등기필정보 및 등기완료통지서로 하여야 한다. [17 등기주사보]

전자신청의 경우 등기완료의 통지는 등기필정보를 송신할 때 함께 송신한다.

나. 등기필정보를 부여받지 않는 사람에 대한 통지

(가) 공동신청에 있어서 등기의무자에 대한 통지

공동신청에 있어서의 등기의무자에 대한 등기완료통지는 신청서에 등기완료사실의 통지를 원한다는 등기의무자의 의사표시가 기재되어 있는 경우에만 등기완료사실의 통지를 하며[22 등기서기보 / 18 법무사 / 17 등기주사보], 그 방식은 전자신청의 경우에는 전산정보처리조직을 이용하여 송신하는 방법에 의하고, 서면신청의 경우에는 등기완료사실을 인터넷등기소에 게시하는 방법에 의한다. 다만 서면신청의 경우 그 통지를 받을 자가 등기소에 출석하여 직접 서면의 교부를 요청하는 때에는 등기완료통지서를 출력하여 직접 교부한다.

(나) 위 (가)를 제외한 신청인에 대한 통지

다음 각 호에 해당하는 자에 대한 등기완료사실의 통지는 전자신청의 경우에는 전산정보처리조직을 이용하여 송신하는 방법에 의하고, 서면신청의 경우에는 등기완료사실을 인터넷등기소에 게시하는 방법에 의한다. 다만 서면신청의 경우 그 통지를 받을 자가 등기소에 출석하여 직접 서면의 교부를 요청하는 때에는 등기완료통지서를 출력하여 직접 교부한다.

가) 공동신청에 있어서 등기필정보를 부여받지 않는 등기권리자

나) 단독신청에 있어서 신청인

다) 법 제23조 제4항에 의한 승소한 등기의무자의 등기신청에 있어서 등기의무자

라) 법 제28조에 의한 대위채권자의 등기신청에 있어서 대위자

(다) 신청인이 아닌 등기명의인 등에 대한 통지

다음 각 호에 해당하는 자에 대한 등기완료사실의 통지는 등기완료통지서를 출력하여 등기부에 기록된 주소로 우편 송달한다.

가) 법 제23조 제4항에 의한 승소한 등기의무자의 등기신청에 있어서 등기권리자

나) 법 제28조에 의한 대위채권자의 등기신청에 있어서 등기권리자(채무자) [18 법무사 / 17 등기주사보]

다) 법 제66조에 의한 소유권의 처분제한의 등기촉탁에 있어서 소유권 보존등기의 명의인

라) 「부동산등기규칙」 제53조 제1항 제3호의 등기의무자

(라) 관공서에 대한 통지

가) 전자촉탁의 경우 전산정보처리조직을 이용하여 송신하는 방법에 의한다.

나) 서면촉탁의 경우 법원등기완료통지서를 출력하여 직접 교부하거나 우편으로 송부한다. 다만 우편 송부는 경매개시결정등기촉탁을 제외하고는 등기촉탁서에 등기완료통지서 송부용봉투가 첨부된 경우에 한한다.

관련 기출지문

1 등기필정보의 통지를 제외하고는 등기관이 등기를 마친 후 등기신청인에게 등기 완료의 사실을 통지하는 제도는 없다. (×) [18 등기서기보]

2 서면으로 등기를 신청한 경우에 등기필정보를 부여받을 사람에게는 등기필정보를 통지하는 것으로 등기완료사실의 통지를 대신할 수 있다. (×) [18 법무사]

3 서면신청의 경우 등기필정보를 부여받을 사람에 대한 등기완료 사실의 통지는 등기필정보통지서와는 별개의 서면인 등기완료통지서로써 하여야 한다. (×) [17 등기주사보]

[별지 3호]

등기필정보 및 등기완료통지

접수번호 : 9578

대리인 : 법무사 홍길동

권 리 자 : 김갑동
(주민)등록번호 : 451111-*******
주 소 : 서울특별시 서초구 서초동 123-4

부동산고유번호 : 1102-2006-002634
부 동 산 소 재 : [토지] 서울특별시 서초구 서초동 362-24

접 수 일 자 : 2011년 9월 14일   접 수 번 호 : 9578
등 기 목 적 : 소유권이전
등기원인및일자 : 2011년 9월 10일   매매

부착기준선

일련번호 : WTDI-UPRV-P6H1
비밀번호(기재순서 : 순번-비밀번호)

01-7952	11-7072	21-2009	31-8842	41-3168
02-5790	12-7320	22-5102	32-1924	42-7064
03-1568	13-9724	23-1903	33-1690	43-4443
04-8861	14-8752	24-5554	34-3155	44-6994
05-1205	15-8608	25-7023	35-9695	45-2263
06-8893	16-5164	26-3856	36-6031	46-2140
07-5311	17-1538	27-2339	37-8569	47-3151
08-3481	18-3188	28-8119	38-9800	48-5318
09-7450	19-7312	29-1505	39-6977	49-1314
10-1176	20-1396	30-3488	40-6557	50-6459

2011년 9월 28일

서울중앙지방법원 등기국
등기관

※ 등기필정보 사용방법 및 주의사항
◈ 보안스티커 안에는 다음 번 등기신청 시에 필요한 일련번호와 50개의 비밀번호가 기재되어 있습니다.
◈ 등기신청 시 보안스티커를 떼어내고 일련번호와 비밀번호 1개를 임의로 선택하여 해당 순번과 함께 신청서에 기재하면 종래의 등기필증을 첨부한 것과 동일한 효력이 있으며, 등기필정보 및 등기완료 통지서면 자체를 첨부하는 것이 아님에 유의하시기 바랍니다.
◈ 따라서 등기신청 시 등기필정보 및 등기완료통지서면을 거래상대방이나 대리인에게 줄 필요가 없고, 대리인에게 위임한 경우에는 일련번호와 비밀번호 50개 중 1개와 해당 순번만 알려주시면 됩니다.
◈ 만일 등기필정보의 비밀번호 등을 다른 사람이 안 경우에는 종래의 등기필증을 분실한 것과 마찬가지의 위험이 발생하므로 관리에 철저를 기하시기 바랍니다.
☞ 등기필정보 및 등기완료통지서는 종래의 등기필증을 대신하여 발행된 것으로 <u>분실 시 재발급되지 아니하니</u> 보관에 각별히 유의하시기 바랍니다.

[별지 1호]

등 기 완 료 통 지 서

접수번호 : 3456   대리인 : 법무사 홍길동

아래의 등기신청에 대해서 등기가 완료되었습니다.

신 청 인 : 김갑동
(주민)등록번호 : 730305-*******
주 소 : 서울특별시 서초구 서초동 200

부동산고유번호 : 1102-2006-002634
부 동 산 소 재 : [토지] 서울특별시 서초구 서초동 111

접 수 일 자 : 2011년 9월 15일
접 수 번 호 : 3456
등 기 목 적 : 근저당권설정등기말소
등기원인및일자 : 2011년 9월 15일 해지

2011년 9월 28일

서울중앙지방법원 등기국
등기관

3. 대장소관청 통지(법 제62조, 규칙 제120조, 예규 1372)

(1) 등기관이 다음 각 호의 등기를 하였을 때에는 지체 없이 그 사실을 토지의 경우에는 지적소관청에, 건물의 경우에는 건축물대장 소관청에 각각 알려야 한다(법 제62조). 다만 가등기를 하는 경우에는 통지하지 아니한다. [20 법무사]

1) 소유권의 보존 또는 이전 [18 등기서기보(2)]

2) 소유권의 등기명의인표시의 변경 또는 경정 [22 등기서기보 / 20 법무사]

3) 소유권의 변경 또는 경정 [20 법무사]

4) 소유권의 말소 또는 말소회복 [22 등기서기보 / 20 법무사(2) / 16 등기서기보]

(2) 법 제62조의 소유권변경사실의 통지나 법 제63조의 과세자료의 제공은 전산정보처리조직을 이용하여 할 수 있다(규칙 제120조).

4. 세무서 통지(법 제63조, 규칙 제120조, 예규 1372)

등기관이 소유권의 보존 또는 이전의 등기(가등기를 포함한다)를 하였을 때에는 대법원규칙으로 정하는 바에 따라 지체 없이 그 사실을 부동산 소재지 관할 세무서장에게 통지하여야 한다(법 제63조). [18 등기서기보]

법 제62조의 소유권변경사실의 통지나 법 제63조의 과세자료의 제공은 전산정보처리조직을 이용하여 할 수 있다(규칙 제120조).

5. 집행법원 통지

집행법원의 촉탁으로 이루어지는 등기(가압류등기, 가처분등기, 경매개시결정등기, 주택임차권등기 및 상가건물임차권등기)가 집행법원의 말소촉탁 이외의 사유(본등기, 매각, 공매, 「부동산등기법」 제99조 제4항, 동 규칙 제116조 제2항 규정의 경우, 직권으로 경정 또는 말소된 경우 등기관은 지체 없이 그 뜻을 집행법원에 통지하여야 한다(예규 1368). [22 법무사 / 21 등기서기보 / 20 등기서기보 / 18 법무사]

6. 기타 통지

(1) 말소대상 명의인에게 통지

등기관이 등기를 마친 후 그 등기가 제29조 제1호(관할위반) 또는 제2호(사건이 등기할 것이 아닌 경우)에 해당된 것임을 발견하였을 때에는 등기권리자, 등기의무자와 등기상 이해관계 있는 제3자에게 1개월 이내의 기간을 정하여 그 기간에 이의를 진술하지 아니하면 등기를 말소한다는 뜻을 (사전)통지하여야 한다(법 제58조 제1항). [21 등기서기보 / 17 등기주사보]

등기관은 가등기에 의한 본등기를 하였을 때에는 가등기 이후에 된 등기로서 가등기에 의하여 보전되는 권리를 침해하는 등기를 직권으로 말소하여야 한다. 가등기 이후의 등기를 말소하였을 때에는 지체 없이 그 사실을 말소된 권리의 등기명의인에게 통지하여야 한다(법 제92조 제1항, 제2항).

「민사집행법」 제305조 제3항에 따라 권리의 이전, 말소 또는 설정등기청구권을 보전하기 위한 처분금지가처분등기가 된 후 가처분채권자가 가처분채무자를 등기의무자로 하여 권리의 이전, 말소 또는 설정의 등기를 신청하는 경우에는, 대법원규칙으로 정하는 바에 따라 그 가처분 등기 이후에 된 등기로서 가처분채권자의 권리를 침해하는 등기의 말소를 단독으로 신청할 수 있다. 가처분등기 이후의 등기를 말소하였을 때에는 지체 없이 그 사실을 말소된 권리의 등기명의인에게 통지하여야 한다(법 제94조 제1항, 제3항).

등기관이 수용으로 인한 소유권이전등기를 하는 경우 그 부동산의 등기기록 중 소유권, 소유권 외의 권리, 그 밖의 처분제한에 관한 등기가 있으면 그 등기를 직권으로 말소하여야 한다(법 제99조 제4항). 등기관이 직권으로 등기를 말소하였을 때에는 수용으로 인한 등기말소통지서에 다음 사항을 적어 등기명의인에게 통지하여야 한다(규칙 제157조 제1항).

(2) 토지표시변경등기에 관련한 통지

등기기록상 토지의 표시가 지적공부와 일치하지 아니한 경우 지적소관청은 그 사실을 관할 등기소에 통지하여야 하고(「공간정보의 구축 및 관리 등에 관한 법률」 제88조 제3항), 등기관은 제35조의 기간(● 1개월) 이내에 등기명의인으로부터 등기신청이 없을 때에는 그 통지서의 기재내용에 따른 **변경의 등기를 직권으로** 하여야 한다(법 제36조). [23 법무사 / 21 법무사 / 17 등기주사보] 이 등기를 하였을 때에는 등기관은 지체 없이 그 사실을 지적소관청과 소유권의 등기명의인에게 알려야 한다. 다만 등기명의인이 2인 이상인 경우에는 그중 1인에게 통지하면 된다(법 제36조 제2항).

(3) 과태료의 통지

「부동산등기법」에서는 부동산의 표시에 변경이 있는 경우 그 소유권의 등기명의인은 그 사실이 있는 때부터 1개월 내에 표시변경등기를 신청하여야 한다고 규정하고 있지만 등기촉탁의무를 규정하고 있는 「공간정보법」이나 「건축법」과 비교하여 볼 때 「부동산등기법」의 내용은 선언적 의미에 불과하다. 따라서 부동산등기법상 등기신청의무를 게을리하더라도 그에 따른 과태료 부과 통지를 하지 않는다.

등기관은 「부동산등기 특별조치법」상의 과태료에 처할 사유가 있다고 인정된 때에는 지체 없이 목적부동산의 소재지를 관할하는 시장 등에게 이를 통지하여야 한다(「부동산등기 특별조치법」 제12조). [17 등기주사보 / 15 법무사]

등기관의 처분에 대한 이의
(법 제100조 등, 예규 1689)

I. 서설

등기관의 결정 또는 처분에 이의가 있는 자는 그 결정 또는 처분을 한 등기관이 속한 지방법원(관할 지방법원)에 이의신청을 할 수 있다(법 제100조).

등기관은 등기사무를 처리하는 국가기관으로서 부동산등기법이 정하는 절차에 따라 등기신청을 수리하여 등기를 실행하거나 등기신청을 각하하는 등 여러 가지 결정 또는 처분을 하게 된다. 이러한 등기관의 결정 또는 처분이 부당한 때에는 국가배상법에 의한 손해배상의 청구 등으로 당사자의 권리를 구제할 수도 있지만, 그 부당한 결정 또는 처분의 효과를 제거해서 당사자가 원하였던 대로 등기 또는 처분을 하는 것이 보다 직접적이다. 이것이 바로 등기관의 처분에 대한 이의신청 제도(법 제100조 이하)의 존재 이유이다.

여기서 등기관의 **결정**이란 예컨대 법 제29조에 의하여 등기신청을 각하하는 결정과 같은 것을 말하고, **처분**이란 그 밖에 등기신청의 접수, 등기의 실행 및 직권말소, 등기신청서나 그 밖의 부속서류 열람과 그 거부 등 부동산등기법령상 등기관이 하여야 하는 것으로 정해져 있는 모든 처분을 말한다. 등기관의 **결정 또는 처분이 부당한 것**이어야 한다. 여기에서 결정 또는 처분이 "부당"하다는 것은 하여야 할 것을 하지 않는 "소극적 부당"과 해서는 안 되는 것을 하는 "적극적 부당"으로 나뉘는데, 이의의 대상에 따라 그 내용이 달라진다.

II. 이의신청인의 이의신청 절차

1. 주체(이의신청인)

등기관의 결정 또는 처분에 대하여 아무런 이해관계가 없는 자는 이의신청의 이익이 없으므로 이의신청을 할 수 없다. 판례도 등기관의 처분이 부당하다고 하여 **이의신청을 할 수 있는 자**는 등기상 직접적인 이해관계를 가진 자에 한한다고 하여 같은 취지이다(대결 1987.3.18, 87마206). 여기에서 등기상 직접적인 이해관계가 있는 자란 등기관의 해당 처분에 의하여 불이익을 받은 자로서 이의가 인정되면 직접 이익을 받게 될 자를 말한다.

(1) 소극적 부당처분(각하결정)

등기신청에 대한 **각하결정**에 대하여는 **등기신청인(등기의무자 및 등기권리자)**에 한하여 이의신청을 할 수 있고 제3자는 이의신청을 할 수 없다. [23 법무사 / 19 법무사 · 등기주사보 / 18 등기서기보 / 17 법무사 · 등기주사보 / 15 법무사 / 9 법무사] 왜냐하면 등기가 실행되어 공시된 것이 아니기 때문에 등기기록상으로는 변동이 없으므로 제3자는 이해관계가 없기 때문이다.

(2) 적극적 부당처분(실행처분)

등기를 실행한 처분에 대하여는 법 제29조 **제1호**(관할위반)와 **제2호**(사건이 등기할 것이 아닌 경우) 사유에 한하여 **등기신청인**(등기의무자 및 등기권리자)과 **등기상 이해관계 있는 제3자**가 그 처분에 대한 이의신청을 할 수 있다. [9 법무사] 그 이의신청을 할 수 있는지 여부에 대한 구체적 예시는 아래와 같다.

1) 채권자가 채무자를 대위하여 경료한 등기가 채무자의 신청에 의하여 말소된 경우에는 그 말소 처분에 대하여 **채권자**는 등기상 이해관계인으로서 이의신청을 할 수 **있다**. [23 법무사 / 19 등기주사보 / 18 등기주사보 / 9 법무사]

2) **상속인이 아닌 자**(예컨대, 상속인의 채권자)는 상속등기가 위법하다 하여 이의신청을 할 수 **없다**. [23 법원사무관 / 18 등기주사보 / 16 등기서기보 / 9 법무사]

3) **저당권설정자**는 저당권의 양수인과 양도인 사이의 저당권이전의 부기등기에 대하여 이의신청을 할 수 **없다**. [23 법무사 / 19 등기주사보 / 18 등기주사보 / 16 등기서기보 / 9 법무사]

4) 등기의 말소신청에 있어「부동산등기법」제57조 소정의 이해관계 있는 제3자의 승낙서 등 서면이 첨부되어 있지 아니하였다는 사유는 제3자의 이해에 관련된 것이므로, 제3자의 승낙서 등 서면이 첨부되어 있지 아니하였음에도 등기관이 이를 수리하여 말소등기를 실행한 경우 **말소등기의무자**는 말소처분에 대하여 이의신청을 할 수 있는 등기상 이해관계인에 해당되지 아니하여 이의신청을 할 수 **없다**. [23 법원사무관 · 법무사 / 12 법무사]

2. 객체(대상)

이의신청의 대상이 되는 것은 등기관의 부당한 결정 또는 처분이다(법 제100조).

(1) 소극적 부당처분(각하결정)

등기신청의 각하결정에 대한 이의신청의 경우 등기관의 각하결정이 부당하다는 사유면 족하고 그 이의사유에 **특별한 제한은 없다**. [17 등기주사보 / 15 법무사 / 12 법무사]

(2) 적극적 부당처분(실행처분)

등기신청이「부동산등기법」제29조 각 호에 해당되어 이를 각하하여야 함에도 등기관이 각하하지 아니하고 등기를 실행한 경우에 법 제29조 **제1호**(사건이 그 등기소의 관할이 아닌 경우) 또는 **제2호**(사건이 등기할 것이 아닌 경우)의 각하사유가 있다고 주장하는 경우에만 이의신청을 할 수 있고, 법 제29조 제3호 이하의 사유로는 이의신청의 방법으로 그 등기의 말소를 구할 수 **없다**. [22 등기서기보 / 21 법원사무관 / 18 등기주사보 / 12 법무사]

따라서 **신청할 권한이 없는** 자가 신청한 등기가 마쳐진 경우라 하더라도 등기관의 처분에 대한 이의신청의 방법으로 그 등기의 말소를 구할 수는 **없다**. [17 법무사]

3. 상대방

등기관의 결정 또는 처분에 이의가 있는 자는 그 결정 또는 처분을 한 등기관이 속한 지방법원(관할 지방법원)에 이의신청을 할 수 있다(법 제100조).

4. 방법

이의신청은 해당 등기관을 감독하는 지방법원(또는 지원)에 하여야 하는바, 이러한 이의신청은 대법원규칙으로 정하는 바에 따라 이의신청서를 결정 또는 처분을 한 등기관이 속한 등기소에 제출하거나 전산정보처리조직을 이용하여 이의신청정보를 보내는 방법으로 한다(법 제101조, 규칙 제158조). [19 법무사 / 18 등기서기보 / 17 등기주사보 / 15 법무사] 이의신청서를 등기소에 제출하게 한 취지는 이의신청의 대상이 된 처분에 관하여 등기관에게 시정할 기회를 주기 위한 것이다.

개정 법률에서는 등기신청인의 시간적 · 경제적 부담을 완화하기 위하여 전산정보처리조직을 이용하여 이의신청을 할 수 있는 근거를 마련하였다. [전문개정 2024.9.20, 시행일: 2025.1.31.]

5. 시기

등기관의 처분에 대한 이의에는 집행정지의 효력이 없고, 기간의 제한도 없으므로 이의의 이익이 있는 한 언제라도 이의신청을 할 수 있다. [22 등기서기보 / 17 법무사 / 16 등기서기보 · 법원사무관 / 15 법무사]

6. 범위(새로운 사실에 의한 이의금지)

새로운 사실이나 새로운 증거방법을 근거로 이의신청을 할 수는 없다(법 제102조). 따라서 등기관의 결정 또는 처분이 부당하다는 주장은 결정 또는 처분 당시를 기준으로 하여야 하므로 결정 또는 처분 시에 주장되거나 제출되지 아니한 새로운 사실이나 증거방법으로써 이의사유를 삼을 수는 없다. [19 등기주사보 / 17 등기주사보 · 법무사 / 16 법원사무관 · 등기서기보 / 15 법무사]

이는 등기관은 등기신청에 대하여 신청서와 첨부서면만에 의하여 형식적으로 심사하여 결정하거나 처분하기 때문에 이에 대한 당부의 판단도 등기신청 시에 제출된 신청서와 첨부서면만으로 하는 것이 균형에 맞기 때문이다.

7. 효력

등기관의 결정 또는 처분에 대한 이의는 집행정지의 효력이 없다(법 제104조). [18 등기서기보] 등기사무는 그 성질상 신속을 요하므로 이의신청이 있다고 하여 결정 또는 처분의 집행을 정지하는 것이 타당하지 않기 때문이다. 따라서 등기관의 결정 또는 처분에 대한 이의신청이 있고 그 이의가 있다는 뜻이 부기등기된 후에도 그 부동산에 대한 다른 등기신청을 수리하여야 한다.

Ⅲ. 등기관의 조치(이의신청에 대한 조치)

1. 소극적 부당처분(각하결정)

(1) 이의가 이유 있다고 인정한 경우

등기신청을 각하한 결정이 부당하다고 인정한 때에는 그 등기신청에 의한 등기를 실행한다(법 제103조 제1항).

(2) 이의가 이유 없다고 인정한 경우

이의신청서가 접수된 날로부터 3일 이내에 의견서를 첨부하여 이의신청서 또는 이의신청정보를 관할지방법원에 송부하여야 한다(법 제103조 제2항). [23 법원사무관]

2. 적극적 부당처분(실행처분)

(1) 이의가 이유 있다고 인정한 경우

이의신청의 대상이 되는 등기가 「부동산등기법」 제29조 제1호(사건이 그 등기소의 관할이 아닌 경우) 또는 제2호(사건이 등기할 것이 아닌 경우)에 해당하여 이의가 이유 있다고 인정한 경우에는 같은 법 제58조의 절차를 거쳐 그 등기를 직권말소한다(규칙 제159조).

다만 완료된 등기에 대하여는 「부동산등기법」 제29조 제3호 이하의 사유를 이의사유로 삼을 수는 없는 것이어서, 같은 법 제29조 제3호 이하의 사유에 기한 이의신청은 그 사유가 인정된다 하더라도 결국 그 이의가 이유가 없는 경우에 해당하므로, 이 경우에는 위 제1호의 예에 따라 사건을 관할법원에 송부하여야 한다. [19 법무사 / 16 법원사무관]

(2) 이의가 이유 없다고 인정한 경우

그 등기에 대하여 이의신청이 있다는 사실을 등기상 이해관계인에게 통지하고, 이의신청서가 접수된 날로부터 3일 이내에 의견서를 첨부하여 이의신청서 또는 이의신청정보를 관할지방법원에 송부하여야 한다(법 제103조 제3항, 규칙 제159조 제2항). [23 법무사]

Ⅳ. 법원의 조치(이의신청에 대한 관할 지방법원의 재판)

1. 이의신청 결정 전 처분

(1) 등기관으로부터 이의신청서를 송부받은 관할법원은 제일 먼저 이의가 있다는 뜻의 부기등기의 필요 여부를 실질적으로 살펴서 만약 그에 해당한다면 신속하게 이의가 있다는 뜻의 부기등기를 명령하여야 하며, 이의신청인이 이의신청서에 손해발생우려가 있다는 사유를 기재하거나 이에 대한 자료를 제출한 경우에 한하여 부기등기를 할 것은 아니다. [22 등기서기보] 이는 부기등기가 늦게 되어 새로운 등기상 이해관계인이 생기는 것을 막기 위해서이다.

(2) 등기관의 결정 또는 처분에 대한 이의에는 집행정지의 효력이 없어 다른 등기신청이 수리될 우려가 있고, 그 이의가 이유 있다고 인정되는 경우에도 결정이 있을 때까지는 상당한 시일이

소요되어 이의신청인에게 회복할 수 없는 손해가 발생할 우려가 있다. 이를 방지하기 위하여 관할 법원은 결정 전에 등기관에게 가등기를 명령할 수 있다(법 제106조).

(3) 즉, 관할 지방법원은 이의신청에 대하여 **결정하기 전에** 등기관에게 **가등기 또는 이의가 있다는 뜻의 부기등기**를 명령할 수 있다(법 제106조). [18 등기서기보 / 12 법무사]

(4) 법 제106조에 따른 가등기 또는 부기등기는 등기관이 관할 지방법원으로부터 이의신청에 대한 기각결정(각하, 취하를 포함한다)의 통지를 받았을 때에 말소한다(규칙 제162조). 통지를 받은 등기관은 그 통지서에 접수인을 찍고 접수연월일과 접수번호를 기재한 후 해당 가등기나 부기등기를 말소하고, 등기상 이해관계인에게 그 취지를 통지하며, 그 통지서는 신청서기타부속서류편철장에 편철한다(예규 1689).

2. 이의에 대한 결정

관할 지방법원은 이의에 대하여 이유를 붙여 결정을 하여야 한다.

(1) 이의가 이유 있다고 인정한 경우

이 경우 이의가 이유 있다고 인정하면 등기관에게 그에 해당하는 처분을 명령하고 그 뜻을 이의신청인과 등기상 이해관계 있는 자에게 알려야 한다.

그에 해당하는 처분이라 함은 등기관의 처분을 취소하거나 등기신청의 수리를 명하는 것이 아니라, 등기신청을 각하한 경우에는 등기관에 대하여 직접 "○○ 등기를 하라"고 신청한 등기의 실행을 명령하고, 실행한 등기에 대하여는 그 등기의 말소를 명령하는 것이다.

(2) 이의가 이유 없다고 인정한 경우

이의가 이유 없다고 인정한 때에는 그 이의신청을 기각하여야 한다. 이의신청을 기각(각하 포함)하는 결정에 대한 통지는 그 결정 등본을 등기관과 이의신청인에게 송달하는 방법으로 한다.

(3) 이의신청의 재판에 대한 불복

이의신청의 전부 또는 일부를 각하(기각 포함)하는 결정에 대하여는 이의신청인만이 비송사건절차법에 의하여 항고할 수 있다(법 제105조 제2항, 「비송사건절차법」 제20조 제2항). 이의신청인의 항고에 대한 항고법원의 기각결정에 대하여도 이의신청인만이 그것이 헌법, 법률, 명령, 규칙의 위반이 있음을 이유로 하는 때에 한하여 대법원에 재항고할 수 있다(「민사소송법」 제442조).

V. 기록명령에 따른 등기관의 조치(기록명령에 따른 등기)

1. 관할 법원의 명령에 따른 등기

등기관이 관할 지방법원의 명령에 따라 등기를 할 때에는 명령을 한 지방법원, 명령의 연월일 및 명령에 따라 등기를 한다는 뜻을 기록하여야 한다(법 제107조). 관할지방법원의 (가)등기기록명령에 의한 등기를 하는 때에는 「○년 ○월 ○일 ○○지방법원의 명에 의하여 (가)등기」라고 기록하여 명령을 한 법원, 명령의 연월일, 명령에 의하여 등기를 한다는 뜻을 기록하여야 한다.

2. 기록명령에 따른 등기의 가능 여부

(1) 기록명령에 따른 등기를 할 수 없는 경우

1) 이의신청에는 집행정지의 효력이 없어 등기부상의 등기명의인은 처분행위를 할 수 있으므로 법원의 기록명령에 따른 등기를 하기 전에 이에 저촉되는 등기를 할 수 있다. 따라서 등기신청의 각하결정에 대한 이의신청에 따라 관할 지방법원이 그 등기의 기록명령을 하였더라도 다음 각 호의 어느 하나에 해당하는 경우에는 그 기록명령에 따른 등기를 할 수 없다.

가. 권리이전등기의 기록명령이 있었으나, 그 기록명령에 따른 등기 전에 제3자 명의로 권리이전등기가 되어 있는 경우[22 등기서기보·법무사 / 21 법원사무관 / 20 등기서기보 / 17 법무사 / 12 법무사]

   (가) 소유권이전등기의 기록명령이 있었으나, 그 기록명령에 따른 등기 전에 제3자 명의의 소유권이전등기가 되어 있는 경우

   (나) 전세권이전등기의 기록명령이 있었으나, 그 기록명령에 따른 등기 전에 그 전세권에 대한 제3자 명의의 이전등기가 되어 있는 경우

나. 지상권·지역권·전세권·임차권설정등기의 기록명령이 있었으나, 그 기록명령에 따른 등기 전에 동일한 부분에 지상권·전세권·임차권설정등기가 되어 있는 경우 [22 법무사 / 20 등기서기보]

다. 말소등기의 기록명령이 있었으나 그 기록명령에 따른 등기 전에 등기상 이해관계인이 발생한 경우 [22 법무사 / 20 등기서기보]

   (가) 근저당권말소등기의 기록명령이 있었으나 그 기록명령에 따른 등기 전에 등기상 이해관계인이 발생한 경우에는 그 기록명령에 따른 등기를 할 수 없다.

   (나) 지상권설정등기말소등기의 기록명령이 있었으나 그 기록명령에 따른 등기 전에 그 지상권을 목적으로 하는 근저당권설정등기가 되어 있는 경우

라. 등기신청을 각하하여 각하결정 등본을 교부하거나 송달할 때에는 등기신청서 외의 첨부서류(취득세 또는 등록면허세 영수필확인서 포함)도 함께 교부하거나 송달하여야 한다. 그 다음 각하결정에 대한 이의신청이 인용되어 등기관이 기록명령에 따른 등기를 하기 위하여 신청인에게 첨부정보를 다시 등기소에 제공할 것을 명령하였으나 신청인이 이에 응하지 아니한 경우 [22 법무사 / 20 등기서기보 / 19 법무사]

2) 위와 같이 기록명령에 따른 등기를 할 수 없는 경우에는 그 뜻을 관할 지방법원과 이의신청
인에게 통지하여야 한다.

(2) 기록명령에 따른 등기를 할 수 있는 경우(장애가 되지 아니하는 경우)

소유권이전등기신청의 각하결정에 대한 이의신청에 기하여 관할지방법원의 소유권이전등기
기록명령이 있기 전에 제3자 명의의 근저당권설정등기[23 법원사무관 / 22 법무사 / 16 법원사무관]나 제3자 명
의의 가등기[20 등기서기보]가 마쳐진 경우에는 기록명령에 따른 등기를 함에 장애가 되지 아니하므
로, 기록명령에 따른 등기를 하여야 한다.

등기관의 각하결정에 대하여 관할 지방법원이 이의가 이유 있다고 인정하여 등기관에게 그 등
기 실행을 명한 처분에 대하여 이해관계인이 관할 지방법원의 기록명령에 대하여 항고를 한
경우에도 그 항고에는 집행정지의 효력이 없으므로, 해당 등기관은 기록명령에 따른 등기를
실행할 수 있다. [19 법무사]

VI. 이의신청에 대한 불복

1. 이의신청을 각하(기각)한 경우

이의신청을 각하(기각 포함)하는 결정에 대하여는 이의신청인만이 항고를 할 수 있다.

2. 이의신청을 인용한 경우

(1) 등기신청각하에 대한 이의신청을 인용한 경우

등기신청을 각하한 등기관의 처분에 대하여 이의신청을 한 결과 관할법원이 이의가 이유 있다
고 인정하여 등기관에게 그 등기신청에 따른 처분을 명한 경우에는 그에 기하여 등기관이 등기
를 하더라도 그 등기의 효력은 관할법원의 명령에 의하여 등기관이 등기를 한 때에 발생하는
것이어서,

그 기재명령에 의하여 등기가 실행되기 전에는 등기상 이해관계인이 있을 수 없으므로 어느 누
구도 항고의 이익이 있는 경우가 없어 항고를 할 수 없고,

관할법원의 기재명령에 따라 등기관이 등기를 실행한 경우에는 등기관의 각하처분은 이미 존재
하지 아니하므로 실행된 등기에 대하여 등기관의 처분에 대한 이의의 방법으로 말소를 구하거
나 별개의 소송으로 등기의 효력을 다툴 수 있음은 별론으로 하고 등기신청 각하처분 취소결정
에 대하여는 항고할 수 없다(대결 2011.4.12, 2011마45).

(2) 등기실행에 대한 이의신청을 인용한 경우

1) 등기관이 등기를 완료한 처분에 대한 이해관계인의 이의에 대하여 관할지방법원이 이를 인용하여 그 등기의 말소를 명한 경우에는 말소의 대상이 된 당해등기의 등기권리자와 등기의무자는 그 등기의 당사자로서 항고를 할 수 있다.

2) 그러나 말소할 사항의 당사자 외에 말소할 사항을 기초로 하여 등기를 한 제3자는 관할지방법원의 말소명령에 대하여 항고할 이익이 없으므로 항고할 수 없다.

   왜냐하면, 이 경우에는 등기관은 관할 지방법원의 말소명령에 의하여 그 등기를 바로 말소할 수는 없고, 그 제3자의 승낙을 증명하는 정보 또는 이에 대항할 수 있는 재판서의 등본을 첨부하여야만 말소가 가능하므로, 제3자는 승낙서를 제공하지 않는 방법으로 권리보호를 받을 수 있으며 말소명령만으로는 그 제3자의 권리가 침해되지 않기 때문이다.

관련 기출지문

1 등기신청의 각하결정에 대하여는 등기신청인인 등기권리자 및 등기의무자뿐만 아니라 제3자도 이의신청을 할 수 있다. (×)
[15 법무사]

2 등기신청의 각하결정에 대하여는 등기신청인과 각하되지 않았다면 실행될 등기에 대한 이해관계 있는 제3자가 이의신청할 수 있다. (×)
[23 법무사]

3 등기신청이 부동산등기법 제29조 각 호에 해당하여 이를 각하하여야 함에도 등기관이 각하하지 아니하고 등기를 수리하여 실행한 경우에는 등기관이 직권말소할 수 있는 같은 법 제29조 제1호, 제2호뿐만 아니라 같은 법 제29조 제3호 이하의 사유로도 이의신청의 방법으로 그 등기의 말소를 구할 수 있다. (×)
[21 법원사무관]

4 채권자가 채무자를 대위하여 마친 등기가 채무자의 신청에 의하여 말소된 경우 그 말소처분에 대하여 채권자는 등기상 이해관계인으로서 이의신청을 할 수 없다. (×)
[18 등기주사보]

5 저당권설정자는 저당권의 양수인과 양도인 사이의 저당권이전의 부기등기에 대하여 이의신청을 할 수 있다. (×)
[24 법원사무관]

6 저당권설정자는 저당권의 양수인과 양도인 사이의 저당권이전의 부기등기에 대하여 이의신청할 수 있다. (×)
[19 등기주사보 / 9 법무사]

7 등기의 말소신청에 있어「부동산등기법」제57조 소정의 이해관계 있는 제3자의 승낙서 등 서면이 첨부되어 있지 아니하였음에도 등기관이 이를 수리하여 말소등기를 실행한 경우, 말소등기의무자는 말소처분에 대하여 이의신청을 할 수 있다. (×)
[12 법무사]

8 이의의 신청은 관할 지방법원에 이의신청서를 제출하는 방법으로 한다. (×)
[18 등기서기보]

9 이의신청은 관할 지방법원에 직접 이의신청서를 제출하는 방법으로 하며, 등기소를 경유하지 않는다. (×)
[17 등기주사보]

10 각하결정에 대한 이의신청은 결정을 송달받은 때로부터 7일 이내에 하여야 한다. (×)
[16 등기서기보]

11 등기관의 결정 또는 처분이 부당하여 이의신청을 하는 경우에는 이의신청서의 제출 시를 기준으로 그때까지 주장하거나 제출되지 아니한 사실이나 증거방법으로써 이의사유를 삼을 수 없다. (×)
[17 법무사]

12 각하결정에 대한 이의신청에 대하여 등기관이 '이의가 이유 없다'고 인정한 경우에는 이의신청일부터 7일 이내에 의견을 붙여 이의신청서를 관할 지방법원에 보내야 한다. (×)
[23 법원사무관]

13 이의신청인이 이의신청에 대한 관할 지방법원의 결정 전에 회복할 수 없는 손해가 발생할 수 있음을 소명하는 사실을 이의신청서에 기재하거나 이에 대한 자료를 제출할 경우에 한하여 관할 지방법원은 이를 심사하여 등기관에게 가등기명령을 할 수 있다. (×)
[22 등기서기보]

14 등기신청에 대한 등기관의 각하결정에 대하여 관할 지방법원이 등기관에게 그 등기 실행을 명하였더라도 이해관계인이 관할 지방법원의 기록명령에 대하여 항고를 한 경우에는 집행정지의 효력이 있으므로, 해당 등기관은 기록명령에 따른 등기를 실행할 수 없다. (×)
[19 법무사]

15 소유권이전등기신청의 각하결정에 대한 이의신청에 기하여 관할 지방법원의 소유권이전등기 기록명령이 있기 전에 제3자 명의의 근저당권설정등기가 경료된 경우에는 기록명령에 따른 등기를 할 수 없다. (×)
[16 법원사무관]

16 등기관이 기록명령에 따른 등기를 하기 위하여 신청인에게 첨부정보를 다시 등기소에 제공할 것을 명하였으나 신청인이 이에 응하지 않은 경우 등기관의 각하결정에 대한 관할 지방법원의 기록명령이 있는 이상 기록명령에 따른 등기를 하여야 한다. (×)
[20 등기서기보]

01 절 변경등기

Ⅰ. 서설(법 제52조)

1. 의의

부동산등기제도는 점유만으로 공시할 수 없는 사항에 관하여 국가기관이 부동산에 관한 일정한 사항을 등기부라는 공적장부에 기록하여 외부에 공시(公示)함으로써 거래의 안전과 신속을 도모하는 제도이다. 즉 부동산등기제도의 목적은 부동산의 현황 및 권리관계를 실체관계와 부합하게 공시하는 것이다.

따라서 등기와 실체관계 사이에 불일치가 있는 경우에는 양자를 일치시킬 필요가 있는데, 이러한 경우에 인정되는 것이 변경등기이다.

변경등기는 현재 효력이 있는 등기의 일부가 후발적인 사유로 실체관계와 불일치한 경우에 이를 일치시키는 등기이다. 그 종류로는 부동산표시변경등기(증축, 지목변경 등), 등기명의인표시변경등기(개명, 주소변경 등), 권리변경등기(채권최고액 증감, 전세금의 증감, 존속기간의 연장·단축 등)가 있다.

(1) 부동산표시의 변경등기

등기의 대상인 부동산이란 토지와 건물을 말하고(법 제14조 제1항), 부동산의 표시란 등기의 대상인 부동산(토지 및 건물)을 특정하기 위한 사항(소재·지번·지목·면적 등)을 말하며, 부동산표시의 등기란 그러한 내용을 등기부상 기록한 것을 말한다. 부동산표시의 등기는 소유권보존등기를 할 때 등기기록의 표제부에 기록되며 부동산의 현황을 공시하게 된다.

부동산표시에 변경사유가 있으면 부동산표시변경등기를 한다(법 제34조, 제40조 제1항 등). 즉, 부동산표시변경등기는 현재 효력이 있는 등기의 부동산의 표시인 소재·지번·지목·면적 등이 후발적인 사유로 실체관계와 불일치한 경우에 이를 일치시키는 등기이다.

(2) 등기명의인표시의 변경등기

등기명의인이란 권리에 관한 등기의 현재의 명의인, 즉 권리자를 말하고, 등기명의인의 표시란 등기명의인을 특정하기 위한 사항(성명, 주소, 주민등록번호, 국적, 취급지점, 대표자 등)을 말하며, 등기명의인표시의 등기란 그러한 내용을 등기부상 기록한 것을 말한다. 등기명의인표시의 등기는 권리에 대한 내용이 기록될 때 갑구 또는 을구에 기록되며 권리자를 특정하는 수단으로 공시하게 된다.

등기명의인의 표시에 변경사유가 있으면 **등기명의인표시변경등기를 한다**(법 제48조 제1항 제5호, 제2항, 제3항, 규칙 제112조 제2항).

즉, 등기명의인표시변경등기는 현재 효력이 있는 등기의 등기명의인의 표시인 **성명·주소·번호 등**이 후발적인 사유로 실체관계와 불일치한 경우에 이를 **일치시키는 등기**이다.

(3) 권리의 변경등기

권리의 변경등기는 현재 효력이 있는 등기의 권리인 사항 중 권리의 주체(소유권변경계약), 권리의 내용(채권최고액·전세금·존속기간 등의 변경)이 후발적인 사유로 실체관계와 불일치한 경우에 이를 **일치시키는 등기**이다.

2. 요건

(1) 현재 효력이 있는 등기일 것

변경의 대상이 되는 등기는 현재 유효하게 효력이 있어야 하므로 **폐쇄등기기록상의 등기명의인, 종전 소유권의 등기명의인, 허무인이나 이미 사망한 등기명의인에 대한 등기명의인표시변경등기신청은 허용되지 않는다.**

마찬가지로, **합병으로 소멸한 등기명의인(법인)에 대한 등기명의인표시변경등기신청은 허용되지 않는다.**

甲 회사가 상호를 乙 회사로 변경하였으나 등기명의인표시를 변경하기 전에 丙회사에 흡수합병된 경우 합병 후 존속하는 丙 회사는 甲 회사의 등기명의인표시를 乙 회사로 변경할 수 없으므로 합병으로 인하여 소멸하는 회사의 명칭이 변경된 사실이 나타나는 법인등기사항증명서를 첨부하여 바로 합병을 원인으로 하는 소유권이전등기를 신청할 수 있다(선례 제201107-1호).

[24 법무사]

(2) 일부에 관한 불일치가 있을 것(동일성)

1) 변경등기는 등기의 일부가 실체관계와 불일치한 경우에 그 불일치를 제거하기 위하여 행하여지는 등기이므로, 등기사항의 전부가 불일치한 경우에는 말소등기 또는 말소회복의 대상이 되고 변경등기는 할 수 없다.

2) 변경등기는 등기의 일부가 후발적 사유로 실체관계와 불일치하는 경우이므로 경정등기와 마찬가지로 변경 전과 변경 후의 등기에는 동일성이 인정되어야 한다. 따라서 부동산(객체)의 동일성이 없는 경우, 등기명의인(주체)의 동일성이 없는 경우, 권리(내용)의 동일성이 없는 경우에는 각 변경등기를 신청할 수 없다.

3) 변경등기에서 동일성을 요하는 이유는 다음과 같다. ① 부동산표시의 변경등기에 의하여 전혀 다른 부동산의 표시로 변경하는 것을 허용한다면 이는 소유권보존등기에 의하여 새로운 등기기록을 개설하지 않고 다른 부동산에 관한 등기기록을 유용하는 것이 되어 부당하고, ② 등기명의인표시의 변경에 의하여 인격의 동일성이 없는 다른 명의인으로 변경할 수 있다면 이전등기에 의하여야 할 것을 변경등기로 하는 것이 되며, ③ 권리의 변경등기는

적법하게 마쳐진 등기에 관하여 권리 내용의 증감, 존속기간 변경과 같은 후발적 변경사유가 있는 경우에 허용되는 것인데, 만일 동일성이 없는 경우에도 변경등기를 허용한다면 변경등기에 의하여 전혀 새로운 권리에 대한 물권변동을 발생시키게 되어 부당하기 때문이다. ④ 또한 변경등기는 부기등기로 실행되고 부기등기는 주등기의 순위에 의하므로 변경 전후의 등기에는 동일성을 필요로 한다.

(3) 후발적 사유로 불일치가 있을 것

변경등기는 등기를 할 때에는 실체관계와 부합하였으나 후발적인 사유로 등기내용에 변경이 생긴 경우에 행해지며, 이 점에서 착오 또는 누락에 의하여 원시적으로 등기신청의 내용과 다른 등기가 마쳐진 경우에 이를 시정하기 위한 경정등기와 구별된다.

(4) 등기상 이해관계 있는 제3자의 승낙을 받을 것(법 제52조 제5호)

1) 등기상 이해관계 있는 제3자

가. 권리변경등기는 변경 전후에 있어서 등기의 동일성이 유지되어야 하므로 부기등기에 의함이 원칙이다. 그러나 부기등기에 의한 변경등기를 무제한으로 인정하면 등기상 이해관계 있는 제3자의 이익을 부당하게 해할 수 있다. 따라서 등기상 이해관계 있는 제3자가 있는 때에는 그의 승낙 또는 이에 대항할 수 있는 재판이 있음을 증명하는 정보를 제공하여야만 부기등기에 의하여 변경등기를 할 수 있다(법 제52조 제5호).

사안에 따라 이해관계인의 승낙이 부기요건이 되는 경우도 있고 수리요건이 되는 경우도 있다.

나. 권리의 변경등기에 관하여 "등기상 이해관계 있는 제3자"란 권리변경등기를 함으로써 등기기록의 형식상 손해를 받을 우려가 있는 자를 말한다.

사실상의 이해관계가 있더라도 등기명의인이 아닌 자는 법 제52조의 등기상 이해관계 있는 제3자에 해당하지 않고, 반대로 피담보채무가 소멸되어 저당권이 실질적으로 소멸한 경우라도 등기기록상 말소되지 않았다면 그 저당권의 명의인은 여기서의 제3자에 해당한다.

예를 들어 1번 저당권의 금액을 증액하는 변경등기를 할 경우 2번 저당권자는 실체법상 그 권리가 소멸하였는지 여부를 불문하고 등기상 이해관계 있는 제3자에 해당한다(「2022년 법원공무원교육원 부동산등기실무」 p.226). [23 법원사무관]

다. 등기관은 제3자에게 실체관계상 승낙의무가 있는지 여부를 심사할 의무도 권한도 없으므로(형식적 심사주의), 그의 승낙(승낙서와 인감증명서 등) 또는 이에 대항할 수 있는 재판이 있음을 증명하는 정보가 제공되었는지, 승낙서에 날인된 인영이 인감증명서와 일치하는지 여부 등만 심사하면 된다. 등기상 이해관계 있는 제3자에게 대항할 수 있는 재판은 제3자에게 승낙의무가 있다는 것을 대항할 수 있는 기판력 있는 재판을 의미한다. 제3자에게 변경등기에 대하여 승낙할 것을 명하는 이행판결이 보통이다.

2) 승낙서의 제공 여부

부동산표시의 변경등기	×
등기명의인표시의 변경등기	×
권리의 변경등기	△

3. 적용범위(동일성을 기준으로)

(1) 부동산표시의 변경등기

부동산표시의 변경등기를 할 때에는 변경 전·후의 등기는 동일한 부동산을 표상하는 것이어야 하므로 부동산의 동일성이 인정되어야 하며 **동일성이 인정되지 않는 경우에는 부동산표시변경등기를 할 수 없고 새로이 보존등기를 하여야 한다.**

예컨대 집합건물의 어느 한 층을 세로로 구획하여 북쪽의 전유부분을 201호로, 남쪽의 전유부분을 202호로 등기하였으나 그 후 가로로 구획하여 동쪽의 전유부분을 201호로, 서쪽의 전유부분을 202호로 변경한 경우 변경 전후의 각 전유부분의 면적이 동일하더라도 양 건물 모두 **종전 건물과의 동일성을 인정할 수 없으므로 부동산표시변경등기를 할 수 없다**(선례 200904-2). [21 법무사]

(2) 등기명의인표시의 변경등기

등기명의인의 표시변경등기를 할때에는 변경 전·후의 등기는 동일한 등기명의인을 표상하는 것이어야 하므로 해당 등기명의인의 동일성이 인정되어야 하며 **동일성이 인정되지 않으면 등기명의인표시변경등기를 할 수 없고 권리이전등기를 하여야 한다.** [13 법무사]

1) 개인

가. 내국인

(가) 성명(개명, 외국 국적 취득으로 인한 성명 변경 등)·주소(주소변경, 행정구역 변경 등)·주민등록번호(주민등록번호 추가 등)의 변동사항이 있을 때 적용된다.

(나) 현재 효력 있는 권리에 관한 등기의 등기명의인의 주민등록번호 등이 등기기록에 기록되어 있지 않은 경우, 그 등기명의인은 주민등록번호 등을 추가로 기록하는 내용의 등기명의인표시변경등기를 신청할 수 있다(예규 1528).

(다) 채○○을 김○○으로 바꾸는 경우에는 동일성 여부로 판단한다.

나. 재외국민

성명·주소·부동산등기용등록번호의 변동사항이 있을 때 적용된다.

다. 외국인

(가) 성명·주소·부동산등기용등록번호의 변동사항이 있을 때 적용된다.

(나) 외국인은 국적을 함께 기록하므로 국적이 변경된 경우에도 등기명의인표시변경등기를 한다.

2) 단체

가. 법인

(가) 일반론

가) 명칭·사무소 소재지·부동산등기용등록번호의 변동사항이 있을 때 적용된다.

나) 또한 법인이 (근)저당권자·가압류권자·가처분권자·경매개시결정의 채권자 등인 경우 등기신청서에 취급지점 등의 표시가 있는 때에는 등기부에 그 **취급지점 등**(⊕ ○○지점, △△출장소, ××간이예금취급소 등)을 기재(기록)하여야 한다. [10 법무사] 그러나 취급지점의 소재지는 기록하지 아니한다. 이후 취급지점이 변경된 경우에도 **등기명의인표시변경등기**를 한다(예규 1188). [22 법무사]

(나) 조직변경

가) 사립학교를 설치·경영하는 재단법인이 사립학교법(1965.12.30. 법률 1735호로 개정되기 전의 것) 부칙 제2조에 의하여 학교법인으로 조직을 변경한 경우에도 조직변경을 등기원인으로 하는 등기명의인표시의 변경등기를 한다(선례 7-339).

나) **유한회사를 주식회사로 조직변경**한 경우에도 권리주체로서의 동일성은 유지되므로 유한회사 명의의 부동산에 관하여는 주식회사 명의로 소유권이전등기 신청을 할 것이 아니라 "조직변경"을 등기원인으로 하여 소유권의 **등기명의인표시의 변경등기**를 하여야 한다. [예규 612호] 반대의 경우도 같다(선례 6-405). [19 법무사 / 17 등기주사보 / 13 법무사]

(다) 기타

등기명의인표시변경등기는 변경 전후의 등기가 표창하고 있는 등기명의인이 인격의 동일성을 유지하는 경우에만 신청할 수 있다. 그러므로 **법인 아닌 사단을 법인으로 변경**하는 등기를 신청하는 등 동일성을 해하는 등기명의인표시변경등기신청은 수리할 수 **없다**(선례 201202-4). [20 법무사 / 17 법무사] 따라서 권리이전등기를 하여야 한다.

나. 법인 아닌 사단 또는 재단(종중을 예시로 설명한다)

① 법인 아닌 사단 또는 재단의 명칭·사무소 소재지·부동산등기용등록번호가 바뀐 경우에 적용된다.

② 또한 이 경우에는 대표자의 성명·주소·번호(법 제48조 제3항)를 함께 기록하므로 변동사항이 있다면 등기명의인표시변경등기를 한다.

③ 법인 아닌 사단이나 재단이 현재 효력 있는 권리에 관한 등기의 등기명의인이나 그 대표자 또는 관리인의 성명, 주소 및 주민등록번호가 등기기록에 기록되어 있지 않은 경우, 그 대표자 또는 관리인은 대표자 또는 관리인의 성명, 주소 및 주민등록번호를 추가로 기록하는 내용의 등기명의인표시변경등기를 신청할 수 있다(예규 1621).

(가) 종중 명칭의 변경 – ○

종중의 명칭이나 주소 또는 대표자가 변경된 경우, 정관·규약·결의서 등 종중 명칭이나 주소 또는 대표자의 변경을 증명하는 서면을 첨부하여, 등기명의인 표시 변경등기를 신청을 할 수 있으며, 이 경우 부동산등기용등록번호증명서상의 명칭이나 주소 등을 먼저 변경하여야 하는 것은 아니다(선례 7-27).

(나) 종중 사무소 소재지의 변경 – ○

위 선례에 따라 등기명의인표시변경등기를 신청할 수 있다(선례 7-27).

(다) 종중 대표자의 변경 – ○

가) 종중 대표자의 변경을 원인으로 등기명의인표시변경등기를 신청할 수 있다 (선례 7-27). 왜냐하면 부동산에 관한 종중명의의 권리는 종중 그 단체에 귀속하는 것이지 권리가 대표자에게 귀속되는 것이 아니므로 대표자가 변경된다 하더라도 종중의 동일성은 그대로 유지되며 이전등기가 아니라 등기명의인표시변경등기를 하여야 한다.

나) 등기기록에 기록된 대표자가 아닌 새로 선임된 대표자가 등기의무자인 종중을 대표하여 소유권이전등기를 신청하기 위해서는 먼저 대표자를 변경하는 내용의 등기명의인표시의 변경등기를 신청하여야 한다(선례 201903-9).

다) 등기명의인표시의 변경등기는 등기명의인의 동일성이 유지되는 범위 내에서 등기기록상 표시를 실체와 합치시키기 위하여 행하여지는 것이므로, **갑을 대표자로 하는 종중 명의의 소유권이전등기를 마친 후에** 그 종중의 대표자가 갑에서 을로, 을에서 병으로 변경되었음에도 불구하고 대표자가 여전히 갑으로 기록되어 있다면, **현재의 종중 대표자인 병은** 대표자를 갑에서 병으로 변경하는 등기명의인표시의 변경등기를 신청할 수 있다. 다만, 이미 대표권을 상실하여 현재의 대표자가 아닌 을을 종중의 대표자로 등기할 수는 없으므로, 종중의 대표자를 갑에서 을로 변경하는 등기명의인표시의 변경등기는 신청할 수 없다(선례 201905-5).

(라) 종중 대표자 주소의 변경 – ○

대표자의 주소도 등기부의 기재사항이며 대표자의 변경과 마찬가지로 등기명의인표시변경등기를 신청하여야 한다.

다. 국유재산 관리청변경

국유 토지에 관하여 관리청의 변경이 있는 경우에는 관리청 변경등기를 신청하여야 하므로, 국가의 기관에 불과한 행정관청 간에 공공용지의 협의취득을 원인으로 한 소유권 이전등기를 신청하는 방법으로 관리청을 변경할 수는 없다. 관리청 변경등기를 신청하는 경우 그 신청서에는 관리청이 변경된 사실을 증명하는 서면(관리환협의서 또는 관리 환재정서 등)을 첨부하여야 하는 바, 손실보상협의증서는 그러한 서면에 해당한다고 할 수 없다(선례 5-693).

라. 지방자치단체

(가) 지방자치법 제5조에 의하여 관할구역이 변경되어 승계되는 재산에 대하여는 "승계"를 등기원인으로 하여 승계되는 지방자치단체 명의로 소유권이전등기를 경료하여야 하는바, 만약 관리청변경등기촉탁이 있는 경우 등기관은 부동산등기법 제29조 제2호에 의하여 각하하여야 할 것이나 이를 간과하여 관리청변경등기가 경료되었을 경우는 그 등기를 부동산등기법 제58조에 의하여 직권으로 말소하여야 할 것이다(선례 7-455). [17 등기주사보·법무사]

(나) 지방자치단체의 행정구역의 폐치·분합으로 기존의 ○○군과 ○○시가 폐지되고 그 일원을 관할구역으로 하여 ◇◇시가 설치된 경우, ◇◇시가 "승계"를 등기원인으로 하여 ◇◇시 명의로의 소유권이전등기를 신청하여야 할 것이다. 이 경우 일반적인 소유권이전등기와 동일하게 등기신청수수료를 납부하여야 할 것이다(선례 5-926).

(3) 권리의 변경등기

권리의 변경등기를 할 때에는 해당 권리의 주체 또는 내용의 동일성이 인정되어야 하며 동일성이 인정되지 않는 경우에는 새로이 권리의 설정등기 등을 하여야 한다.

II. 개시

1. 모습

(1) 부동산표시의 변경등기

부동산표시의 변경이나 경정의 등기는 소유권의 등기명의인이 단독으로 신청한다(법 제23조 제6항). [22 등기서기보 / 19 등기서기보 / 14 법무사]

(2) 등기명의인표시의 변경등기

1) 단독신청

가. 등기명의인표시의 변경이나 경정의 등기는 해당 권리의 등기명의인이 단독으로 신청한다(법 제23조 제7항). [22 등기서기보 / 21 법무사 / 16 법무사 / 14 법무사] 이러한 등기명의인표시의 변경·경정등기도 성질상 등기의무자가 존재하지 않기 때문이다.

나. 법원의 촉탁에 의하여 가압류등기, 가처분등기, 주택임차권등기 및 상가건물임차권등기가 경료된 후 등기명의인의 주소, 성명 및 주민등록번호의 변경으로 인한 등기명의인표시변경등기는 그 변경을 증명하는 서면(주민등록등·초본 등)을 첨부하여 등기명의인이 신청할 수 있다(예규 1064). [20 등기서기보 / 19 법원사무관·법무사 / 18 법무사 / 17 법무사 / 16 등기서기보·법무사 / 15 법무사 / 14 법무사 / 11 법무사 / 9 법무사] 촉탁에 의한 등기의 변경은 촉탁에 의하는 것이 원칙이지만 등기명의인의 편의와 절차 간소화를 위하여 신청을 허용한 것이다.

2) 직권

　　가. 행정구역 또는 그 명칭이 변경된 경우

　　나. 규칙 제122조에 해당하는 경우

(3) 권리변경등기

　가. 권리의 변경이나 경정등기 역시 권리등기의 일반원칙에 따라 등기권리자와 등기의무자가 공동으로 신청하여야 한다(법 제23조 제1항). 이 경우 **등기의무자**는 등기기록의 형식상 권리를 잃거나 불이익을 받는 자가 되고, **등기권리자**는 등기기록의 형식상 권리를 얻거나 이익을 받는 자가 된다.

　나. 예컨대 근저당권의 채권최고액을 증액하는 권리변경등기의 경우 근저당권설정자가 등기의무자이고 근저당권자가 등기 권리자이다.

　다. 다만 채무자변경을 원인으로 하는 근저당권변경등기와 같이 그 등기로 인하여 불이익을 받는 자가 누구인지 분명하지 않은 때에는 변경 전 등기의 설정자(소유자)를 등기의무자로 보는 것이 등기실무이다.

2. 전자신청 - ○

3. 간접적 신청의무

(1) 법 제29조 제6호 및 제7호의 각하사유

　1) 법 제29조 제6호

　　신청정보의 부동산의 표시가 등기기록과 일치하지 아니한 경우에는 각하하여야 한다. 이 각하사유는 부실등기의 발생을 예방하기 위하여 어떤 부동산에 대하여 등기를 신청하는 것인가를 분명히 하기 위한 것이다.

　　이러한 경우에는 **부동산표시변경·경정등기**를 먼저 하여 등기기록과 신청정보상의 부동산의 표시를 일치시킨 후에 다른 등기를 신청할 수 있다. 즉 간접적인 신청의무가 있다고 할 수 있다.

　2) 법 제29조 제7호

　　신청정보의 등기의무자의 표시가 등기기록과 일치하지 아니한 경우에는 각하하여야 한다. 이 각하사유는 등기기록에 기록된 명의인의 표시(성명·주소·번호 등)와 신청인인 등기의무자의 표시가 일치하는지 여부를 판단하여 진정한 등기의무자의 신청이 있는지를 정확하게 판단하기 위함이다.

　　따라서 신청서상 등기의무자의 표시와 등기기록상 등기의무자의 표시가 일치하지 아니한 경우에는 본 호에 의하여 각하하여야 하며, 이러한 경우에는 등기명의인표시의 변경·경정등기나 상속등기 등을 먼저 하여 등기기록과 신청정보상의 등기의무자의 표시를 일치시킨 후에 다른 등기를 신청할 수 있다.

다만, 제27조에 따라 포괄승계인이 등기신청을 하는 경우와 신청정보와 등기기록의 등기의 무자가 동일인임을 대법원규칙으로 정하는 바에 따라 확인할 수 있는 경우에는 각하하지 아니하고 수리한다.

(2) 부동산표시변경등기의 선행

1) 원칙

신청정보의 부동산의 표시가 등기기록과 일치하지 않는 경우에는 각하사유이므로 먼저 부 동산표시변경·경정등기를 하여 그 표시를 일치시켜야 한다(법 제29조 제6호).

2) 예외

그러나 아래의 경우와 같이 **건물의 멸실등기**를 하는 경우에는 **부동산표시변경등기** 또는 등 기명의인의 표시변경등기를 생략할 수 있다.

가. 건물멸실등기를 신청하는 경우에 그 등기명의인의 표시에 변경 또는 경정사유가 있어 도 그 변경 또는 경정을 증명하는 서면을 첨부하여 등기명의인의 표시변경 또는 경정등 기를 생략할 수 있다(예규 593). [23 등기서기보]

나. 마찬가지로 증축된 부분에 대한 등기가 경료되지 아니하여 **등기부의 건물면적과 건축물 대장의 건물면적이 다소 차이**가 있는 상태에서 그 건물이 멸실된 경우 등기부상의 건물 과 건축물대장상의 건축물 사이에 동일성이 인정된다면 **증축된 부분에 대한 표시변경 등기를 경료**한 후 다시 멸실등기를 신청하는 절차를 생략하고 곧 바로 멸실등기를 신청 할 수 있다(선례 3-638).

(3) 등기명의인표시의 변경등기의 선행

1) 원칙

신청정보의 등기의무자의 표시가 등기기록과 일치하지 않는 경우에는 각하사유이므로 먼저 등기명의인표시변경·경정등기를 하여 그 표시를 일치시켜야 한다(법 제29조 제7호).

가. 근저당권자인 **법인의 취급지점이 변경**된 때에는 등기명의인표시 변경(취급지점 변경)등 기를 먼저 하여야만 다른 등기(⊞ 채무자변경으로 인한 **근저당권변경등기**[17 법무사], **근저 당권이전등기**[17 등기주사보 / 16 법무사])를 할 수 있다. 다만 근저당권말소등기를 신청할 경우에 는 취급지점이 변경된 사실을 증명하는 서면을 첨부하여 취급지점의 변경등기 없이 근 저당권말소등기를 신청할 수 있다(선례 4-468).

나. 등기기록상 소유명의인을 등기의무자로 하여 근저당권설정등기를 신청할 때에 신청정보 의 내용 중 등기의무자의 표시가 등기기록과 일치하지 아니하는 경우라면 소유명의인은 등기명의인표시변경등기를 선행하여 신청하여야 한다. 다만, 소유권이전등기를 할 때에 **소유명의인의 주소가 A이었는데, 그 후 주소가 B → C → D로 순차 변경**된 다음 다시 등기기록상 주소인 A로 변경되었다면 등기기록상의 주소가 현재의 주소와 다르지 아니 하므로 **등기명의인표시변경등기를 선행할 필요 없이** 바로 근저당권설정등기를 신청할 수 있다(선례 201811-2).

2) 예외

가. 변경등기를 생략할 수 있는 경우

(가) 포괄승계가 있는 경우(법 제23조 제3항)

가) 포괄승계에 따른 등기(법

현재 효력이 없는 이미 사망한 등기명의인에 대하여는 등기명의인표시의 변경 ·경정등기가 허용되지 않는다. 이러한 경우에는 피상속인이 등기명의인과 동일인임을 인정할 수 있는 정보를 첨부정보로서 제공하여 등기명의인표시변경 ·경정등기 없이 곧바로 상속등기를 신청할 수 있다. 따라서 등기명의인의 표시에 착오가 있는 경우라도 그 등기명의인이 이미 사망하였다면 등기명의인 표시의 경정(변경)등기를 신청할 수는 없으며, 이러한 경우에는 피상속인이 등기명의인과 동일인임을 인정할 수 있는 정보를 첨부정보로서 제공하여 경정 (변경)등기 없이 곧바로 상속등기를 신청할 수 있다. 다만, 구체적인 사건에서 어떠한 서면이 피상속인과 등기명의인이 동일인임을 인정할 수 있는 서면에 해당하는지는 그 등기신청사건을 심사하는 담당 등기관이 판단할 사항이다 (선례 201907-6).

나) 포괄승계인에 의한 등기(법 제27조, 제29조 제7호 단서)

등기원인이 발생한 후에 등기권리자 또는 등기의무자에 대하여 상속이나 그 밖의 포괄승계가 있는 경우에는 상속인이나 그 밖의 포괄승계인이 그 등기를 신청할 수 있다(법 제27조). 제27조에 따라 포괄승계인이 등기신청을 하는 경 우는 신청정보의 등기의무자의 표시가 등기기록과 일치하지 아니하더라도 각 하하지 아니한다. [18 등기서기보 / 15 등기서기보] 다만 상속인이나 그 밖의 포괄승계인임 을 증명하는 서면을 제출해야 하고, 등기원인증서는 피상속인이나 그 밖의 피 승계인 명의로 작성된 것이어야 한다.

(나) 주소가 수차 변경된 경우

가) 등기명의인의 주소가 수차에 걸쳐서 변경되었을 경우 중간의 변경사항을 생략 하고 **최종주소지로**, 즉 등기신청 당시의 주소로, 1회의 변경등기만 신청할 수 있다. [19 법무사 / 16 등기서기보 / 14 법무사 / 13 법무사]

나) 근저당권자인 회사의 본점이 여러 번 이전되었을 때에는 중간의 변경사항을 생략하고 **최종 본점소재지로** 등기명의인의 표시변경등기를 할 수 있을 것이 다(예규 428).

다) 종중의 사무소소재지가 수차 이전되어 그에 따른 등기명의인표시의 변경등기 를 신청할 경우에는, 수소변경을 증명하는 서면으로 **주소변동경과를 알 수 있 는 신·구 종중 규약**을 첨부하면 될 것이고, 그 변경등기는 등기부상의 주소 로부터 **막바로 최후의 주소로** 할 수 있다(선례 2-498). [21 법무사]

(다) 소유권 외의 등기의 말소의 경우

등기명의인표시의 변경 또는 경정등기를 신청하게 하는 것은 등기절차는 현재의 등기명의인을 기점으로 개시되어야 한다는 등기연속의 원칙에 따라 등기명의인의 표시를 실체에 부합시키기 위한 것이므로, **현재의 등기명의인의 등기가 말소되는 경우에는 등기명의인을 일치시킬 필요가 없다.**

가) **소유권 이외의 권리(전세권·근저당권·가등기 등)에 관한 등기의 말소를 신청하는 경우에 있어서는 그 등기명의인의 표시에 변경 또는 경정의 사유가 있는 때라도** 신청서에 그 변경 또는 경정을 증명하는 서면을 첨부함으로써 등기명의인의 표시변경 또는 경정의 등기를 생략할 수 있을 것이다(예규 451).
[23 법무사 / 22 법무사 / 19 법무사 / 18 등기주사보 / 15 등기서기보 / 14 법무사[2])

나) 근저당권말소등기를 신청할 경우에는 취급지점이 변경된 사실을 증명하는 서면을 첨부하여 취급지점의 변경등기 없이 근저당권말소등기를 신청할 수 있다(선례 4-468).

(라) 멸실등기의 경우

소유권 외의 말소등기와 마찬가지로 **부동산의 멸실등기를 신청하는 경우에 그 등기명의인의 표시에 변경 또는 경정사유가 있어도 그 변경 또는 경정을 증명하는 서면을 첨부하여 등기명의인의 표시변경 또는 경정등기를 생략할 수 있다**(예규 593).

나. 직권으로 변경등기를 하여야 하는 경우의 생략

(가) 행정구역 또는 그 명칭이 변경된 경우

가) 부동산등기법은 "행정구역 또는 그 명칭이 변경되었을 때에는 등기기록에 기록된 행정구역 또는 그 명칭에 대하여 **변경등기가 있는 것으로 본다**"고 규정하고 있다(법 제31조). [9 법무사] 이에 따르면 부동산표시변경등기나 등기명의인 표시변경등기를 하지 않더라도 새로운 행정구역으로 변경된 것으로 보며, 다른 등기를 할 때에도 해당 변경등기를 선행할 필요가 없다.

나) 그러나 공시의 명확을 기하기 위하여 **부동산등기규칙에서는 "등기관이 직권으로 부동산의 표시변경등기 또는 등기명의인의 주소변경등기를 할 수 있다"**고 하였다(규칙 제54조).[21 법무사 / [17 등기주사보]

다) 더 나아가 **등기예규에서는 "등기관은 직권으로 그 변경에 따른 부동산의 표시변경등기를 하여야 한다"**고 규정하고 있으며, 등기소의 업무사정을 고려하여 "해당 부동산에 대하여 그 표시변경등기가 완료되기 전에 다른 등기의 신청이 있는 때에는 즉시 그 등기에 부수하여 표시변경등기를 하여야 한다"고 한다(예규 1433).

라) 또한 **행정구역 등의 변경으로 인하여 부동산의 표시 또는 등기명의인의 주소의 표시에 변경이 있는 경우 등기관이 직권으로 변경등기를 할 수 있을 뿐만 아니라 등기명의인도 변경등기를 신청할 수 있는데,** 등기명의인이 신청하는 경우

에는 **등록면허세와 등기신청수수료는 면제**된다. [19 법원사무관 / 18 등기주사보 / 14 법무사 / 13 법무사] 그러나 등기명의인이 법무사에게 등기신청을 위임했다면 위임에 따른 비용(법무사보수 등)은 등기명의인이 부담하여야 한다(선례 5-877).

(나) 규칙 제122조에 해당하는 경우

가) 의의

등기관이 소유권이전등기를 할 때에 등기명의인의 **주소(⊞ 실질적)변경**으로 신청정보상의 등기의무자의 표시가 등기기록과 일치하지 아니하는 경우라도 첨부정보로서 제공된 **주소를 증명하는 정보**(⊞ 주민등록표등본·초본)에 등기의무자의 등기기록상의 주소가 신청정보상의 주소로 **변경된 사실이 명백히 나타나면 직권으로 등기명의인표시의 변경등기를 하여야 한다**(규칙 제122조). [22 법무사 / 18 법무사] 즉 신청인이 먼저 등기명의인표시변경등기를 할 필요가 없다. 따라서 소유권이전등기신청의 경우 등기의무자의 주소를 증명하는 정보를 제공하도록 하는 것이다.

나) 요건

① 소유권이전등기를 신청할 것

1. 해당 규정은 소유권이전등기를 하는 경우에 적용되는 것이므로, **전세권설정등기·근저당권설정등기** 등의 경우에는 동 규정이 **적용되지 아니한다**. 따라서 먼저 등기의무자의 주소변경등기를 선행하여야 한다.

2. 소유권이전등기이면 족하므로 등기원인은 불문한다. 따라서 **매매, 증여, 교환** 등 모두 적용이 있다.

② 등기명의인의 주소가 실질적으로 변경될 것

1. 해당 규정은 **자연인의 주소가 변경된 경우는 물론, 법인의 본점 소재지가 변경된 경우에도 마찬가지로 적용**된다(선례 4-531). [22 법무사]

2. 해당 규정은 등기명의인의 주소가 변경된 경우에 적용되는 것이므로, **개명 등의 변경사유가 있는 경우에는 직권으로 등기명의인표시변경등기를 할 수 없다**. [22 법무사]

3. 해당 규정은 등기의무자의 주소가 실질적인 변동이 있는 경우(전거)에 적용되는 것이므로 **도로명주소법에 의한 주소변경인 경우에는 주소변경의 직권등기를 하지 아니한다**(예규 1729). [23 법원사무관 / 19 법무사]

4. 해당 규정은 **후발적인 사유로 주소가 변경된 경우에 적용**되는 것이므로, 원시적인 착오로 인하여 주소가 다른 경우에는 먼저 등기명의인표시경정등기를 선행하여야 한다.

다. 특별법상 간주규정이 있는 경우의 생략

(가) 등기명의인표시변경등기 허용여부

특별법에 의하여 신설법인이 해산법인의 재산과 권리·의무를 포괄승계하는 경
우, 그 법에 해산법인의 등기명의는 신설법인의 등기명의로 본다는 특별규정(간주
규정)이 있는 때에는 동일성이 인정되므로 등기명의인표시의 변경등기를 신청할
수 있다. [22 등기서기보 / 17 법무사]

(나) 제3자에게 처분 시

가) 등기명의인표시변경등기의 선행 요부 - ×

위와 같은 특별법상 간주규정이 있는 경우에는 등기명의인표시 변경(경정)등
기를 하지 않고 다른 등기신청을 할 수 있다.

① 즉 법률에 의하여 법인의 포괄승계가 있고 해당 법률에 등기기록상 종전
법인의 명의를 승계 법인의 명의로 본다는 뜻의 간주규정이 있는 경우에는
승계 법인이 등기명의인표시변경등기를 하지 않고서도 다른 등기를 신청
할 수 있다. [22 법무사 / 19 법원사무관]

② 예컨대 특별법에 의하여 법인이 해산됨과 동시에 설립되는 법인이 해산되
는 법인의 재산과 권리·의무를 포괄승계하는 경우, 그 법에 "해산법인의
등기명의는 신설법인의 등기명의로 본다."는 특별규정이 있는 때에는 새
로운 법인은 자신 명의로의 등기절차를 밟지 않고 직접 제3자 명의로 소유
권이전등기를 신청할 수 있으므로, "농어촌진흥공사", "농업기반공사" 또는
"한국농촌공사" 소유명의의 부동산에 대하여 매매를 원인으로 소유권이전
등기를 신청할 때에 소유명의인의 명칭을 "한국농어촌공사"로 변경하는 등
기명의인표시의 변경등기를 선행할 필요는 없다(선례 201908-3).

나) 민법 제187조 단서에 따라 권리이전등기의 선행 요부 - ×

① 특별법에 의하여 신설된 법인의 경우 해당 **특별법**에 "**신설된 법인이 위 법
에 의하여 폐지되는 법인의 재산과 권리·의무를 포괄승계하는 것으로 하**

고, 이 경우 승계한 재산에 관한 등기기록 등에 표시된 **폐지되는 법인의 명의는 신설되는 법인의 명의로 본다**"고 규정하는 경우가 있다. 이 경우 폐지되는 법인의 명의로 되어 있는 재산을 처분함에는 **민법 제187조 단서의 규정에 관계없이** 신설되는 법인의 명의로(🈂️ **자신의 명의로**) 승계를 위한 등기절차를 밟지 않고도 신설법인 명의로 **처분할 수 있다.**

② 예컨대 수차례의 법률 개정으로 특수법인의 변경이 있고, 새로운 법인이 등기기록상 종전 법인 명의로 등기되어 있는 부동산을 처분하고 제3자 명의로 소유권이전등기를 신청하고자 하는 때에 해당 법률에서 종전 법인의 재산에 관한 등기기록 등에 표시된 종전 법인의 명의는 이를 새로운 법인의 명의로 본다고 규정하였다면 새로운 법인은 이러한 사실을 소명하여 자신의 명의로의 등기절차를 밟지 아니하고 직접 제3자 명의로 소유권이전등기를 신청할 수 있다(선례 6-400).

③ 이러한 예로서, ㉠ **한국농어촌공사**가 승계한 **농어촌진흥공사**, 농지개량조합, 농지개량조합연합회 명의의 부동산(선례 6-616), ㉡ **한국담배인삼공사**가 승계한 **한국전매공사 명의**의 부동산(선례 2-295), ㉢ **한국수자원공사**가 승계한 산업기지개발공사 명의의 부동산(선례 2-294), ㉣ **농업협동조합중앙회**가 승계한 **군조합 명의**의 부동산(예규 375), ㉤ **신용협동조합중앙회**가 승계한 **신용협동조합연합회 명의**의 부동산(선례 6-229) 등이 있다.

④ 새마을금고법 제39조 제2항은 "금고를 합병한 후 등기부나 그 밖의 공부에 표시된 소멸된 금고의 명의는 존속되거나 설립된 합병 금고의 명의로 본다"고 규정하고 있으므로, **합병 후 신설 또는 존속하는 새마을금고**가 합병으로 인하여 소멸한 새마을금고 명의로 등기된 근저당권의 말소등기 또는 변경등기 등을 신청하는 경우에는 합병 후 신설 또는 존속하는 새마을금고 명의로 근저당권 이전등기를 거치지 않고 합병을 증명하는 서면을 첨부하여 **직접 말소 또는 변경등기 등을 신청할 수 있다**(선례 201705-1).

⑤ 마찬가지로 **수산업협동조합중앙회**로부터 회사분할을 원인으로 근저당권을 이전받은 **수협은행**은 근저당권이전등기 절차를 거치지 **않고 수협은행 자신의 명의로 위 근저당권의 말소등기를 신청할 수 있다.** [17 법무사]

⑥ 마찬가지로 「농업협동조합법」 제79조 제2항은 "지역농협의 합병 후 등기부나 그 밖의 공부에 표시된 소멸된 지역농협의 명의는 존속하거나 설립된 합병 지역농협의 명의로 본다"고 규정하고 있으므로, **합병 후 존속하거나 설립되는 지역농업협동조합**은 자신의 명의로 **합병을 등기원인으로 하는 근저당권이전등기를 거치지 않고** 곧바로 합병을 증명하는 정보를 첨부정보로 제공하여 합병으로 인하여 **소멸한 지역농업협동조합에서 제3자로의 근저당권이전등기를 신청할 수 있다**(선례 제202406-1호).

Ⅲ. 신청절차

1. 신청인

(1) 당사자 본인

부동산표시의 변경이나 경정의 등기는 소유권의 등기명의인이 단독으로, 등기명의인표시의 변경이나 경정의 등기는 해당 권리의 등기명의인이 단독으로, 권리의 변경이나 경정등기는 등기의무자와 등기권리자가 공동으로 신청한다.

(2) 제3자

수용(법 제99조) 또는 체납압류(법 제96조)의 경우 대위에 의한 부동산표시변경등기 또는 등기명의인표시변경등기를 할 수 있다.

2. 신청정보

신청서에는 "변경 전의 표시"와 "변경 후의 표시"로 나누어 기재하고 등기원인으로는 개명, 상호변경, 전거, 본점이전 등과 같이 기재한다. 변경할 사항으로는 변경 전 'ㅇㅇ의 표시'를 변경 후 'ㅇㅇ의 표시'로 변경한다는 취지를 기재한다.

3. 첨부정보

(1) 등기원인을 증명하는 정보

등기를 신청하는 경우에는 등기원인을 증명하는 정보를 그 신청정보와 함께 첨부정보로서 등기소에 제공하여야 한다(규칙 제46조 제1항 제1호).

1) 부동산표시의 변경등기

부동산표시의 변경등기의 경우에는 토지대장·임야대장·건축물대장 등을 제공한다.

2) 등기명의인표시의 변경등기

등기명의인의 표시의 변경 또는 경정의 등기를 신청하는 경우에는 신청서에 그 표시의 변경 또는 경정을 증명하는 시·구·읍·면의 장의 서면 또는 이를 증명함에 족한 서면을 첨부하여야 하는 바, 개명의 경우에는 기본증명서(선례 201203-5)[15 법무사], 주소가 변경된 경우에는 주민등록표등·초본과 같이 시장 등의 명의로 발급된 서면 등을 제공한다.

시·구·읍·면의 장의 서면을 얻을 수 없을 경우 "이를 증명함에 족한 서면"의 하나로 등기예규는 "그 사실을 확인하는데 상당하다고 인정되는 자의 보증서면과 그 인감증명 및 기타 보증인의 자격을 인정할 만한 서면(공무원재직증명, 법무사인가증 사본 등)"을 첨부할 수 있다고 하면서, 구체적인 사건에서 어떠한 서면이 이에 해당되는지 여부는 당해 등기신청을 받은 등기관이 판단하도록 규정하고 있으나, 보증인의 자격을 반드시 당해 부동산소재지 거주자로 제한하고 있지는 않다(선례 6-402).

법인의 명칭 또는 사무소소재지의 변경이 있는 경우에는 법인등기사항증명서를 제공하며,

법인 아닌 사단·재단이 등기명의인인 경우 명칭, 대표자 등의 변경내용이 기재된 정관, 그 밖의 규약이나 결의서 등을 제공한다.

3) 권리의 변경등기

일반적으로 권리의 주체 또는 내용의 변경사항을 기재한 **권리변경계약서**를 제공한다.

(2) 등기의무자와 관련된 첨부정보

1) 등기필정보 등

가. 부동산표시의 변경·경정등기 또는 등기명의인표시의 변경·경정등기의 경우에는 성질상 등기의무자가 없고 권리에 관한 등기도 아니므로 **등기필정보를** 제공할 필요가 없다.

나. 권리변경·경정등기의 경우에는 등기의무자의 **등기필정보를** 제공하여야 한다.

2) 인감증명서 등

가. 부동산표시의 변경·경정등기 또는 등기명의인표시의 변경·경정등기의 경우에는 원칙적으로 인감증명을 제공할 필요가 없다. 다만, 합필특례에 따른 등기신청이나 분필등기에 있어서 권리소멸승낙서 등이 제공되는 경우에는 인감증명서를 제공한다.

나. 권리의 변경·경정등기의 경우에는 **규칙 제60조에 해당**하면 인감증명을 제공하여야 한다.

(3) 등기상 이해관계인의 승낙서

1) 부동산표시의 변경·경정등기 또는 등기명의인표시의 변경·경정등기의 경우에는 원칙적으로 등기상 이해관계인이 존재할 수 없다.

2) 권리의 변경·경정등기의 경우에는 사안에 따라서 등기상 **이해관계인이 존재**할 수 있다. 등기상 이해관계 있는 제3자가 존재하는 경우 그 승낙을 증명하는 정보 또는 이에 대항할 수 있는 재판이 있음을 증명하는 정보를 제공하여야 하며(규칙 제46조 제1항 제3호). 승낙정보를 제공할 때에는 인감증명도 함께 제공하여야 한다(규칙 제60조 제1항 제7호).

IV. 실행절차

1. 접수·배당

2. 조사(형식적 심사)

3. 문제○ (취하·보정·각하)

4. 문제× (등기실행)

(1) 등기기록 작성·기입

1) 등기사항

가. 부동산표시의 변경·경정등기를 할 때에는 종전의 표시에 관한 등기를 **말소하는 표시**를 하여야 한다(규칙 제73조, 제75조 등).

나. 등기명의인표시의 변경·경정등기를 할 때에는 변경이나 경정 전의 등기사항을 말소하는 표시를 하여야 한다(규칙 제112조 제2항).

다. 권리의 변경·경정등기를 할 때에는 변경이나 경정 전의 등기사항을 말소하는 표시를 하여야 한다. 다만, 등기상 이해관계 있는 제3자의 승낙이 없어 변경이나 경정을 주등기로 할 때에는 그러하지 아니하다(규칙 제112조 제1항).

2) 등기형식

가. 부동산표시의 변경·경정등기는 법 제52조에 해당하지 않기 때문에 주등기로 한다. 예컨대 지목변경 등을 원인으로 토지표시변경등기의 신청이 있는 경우 종전의 표시에 관한 등기를 말소하고 변경사항을 반영하여 토지의 표시에 관한 사항을 주등기로 기록한다.
[21 법무사·등기서기보 / 20 법원사무관 / 17 등기주사보]

나. 등기명의인표시의 변경·경정의 등기는 부기에 의하여 한다(법 제52조 제1호). [9 법무사]

다. 권리의 변경·경정등기의 경우 등기상 이해관계 있는 제3자가 있고 그 제3자의 동의서나 이에 대항할 수 있는 재판의 등본을 첨부한 때 또는 등기상 이해관계 있는 제3자가 없는 경우에는 부기등기로 하고, 등기상 이해관계 있는 제3자가 있으나 그 이해관계 있는 제3자의 동의서나 이에 대항할 수 있는 재판의 등본이 없는 경우에는 주등기로 한다. [20 법무사]

권리변경등기를 부기등기로 할 때에는 변경 전 등기사항을 말소하는 표시를 한다(규칙 제112조, 「2022년 법원공무원교육원 부동산등기실무」p.227). [23 법원사무관]

권리변경등기를 주등기로 할 때에는 변경 전 등기사항을 말소하는 표시를 하지 않는다(규칙 제112조, 「부동산등기실무Ⅱ」p.14). 왜냐하면, 변경 전의 등기사항은 종전의 순위로 제3자에게 대항할 수 있도록 하여야 하기 때문이다.

(2) 각종 통지

1) 부동산표시의 변경·경정등기의 경우 등기완료통지를 하지만, 권리에 관한 등기가 아니므로 등기필정보를 작성·통지하지 아니한다.

2) 등기명의인표시의 변경·경정등기의 경우 등기완료통지를 하지만, 권리에 관한 등기가 아니므로 등기필정보를 작성·통지하지 아니한다.

3) 권리의 변경·경정등기의 경우 등기완료통지를 하고, 권리의 주체가 변경되어 권리자를 추가하는 경정 또는 변경등기(갑 단독소유를 갑, 을 공유로 경정하는 경우나 합유자가 추가되는 합유명의인표시변경 등기 등)[20 등기서기보 / 19 등기주사보 / 17 법무사·등기주사보 / 13 법무사 / 12 법무사 / 9 법무사]를 하는 경우에는 등기필정보를 작성하여야 한다(예규 1716).

5. 기타

(1) 부동산등기용등록번호의 추가(예규 1672)
1) 서설

현재 효력 있는 권리(소유권 · 근저당권 등[14 법무사])에 관한 등기의 등기명의인(자연인 · 외국인 · 법인 · 종중 등[24 등기서기보 / 22 등기서기보 / 9 법무사])의 주민등록번호 등이 등기기록에 기록되어 있지 않은 경우, 그 등기명의인은 주민등록번호 등을 추가로 기록하는 내용의 등기명의인표시변경등기를 신청할 수 있다. [22 법무사 / 17 등기주사보 / 13 법무사]

2) 개시
3) 신청절차

가. 신청인

등기명의인표시의 변경이나 경정의 등기는 해당 권리의 등기명의인이 단독으로 신청한다.

나. 신청정보

① 등기원인 : 주민등록번호 또는 부동산등기용등록번호 추가
② 등기연월일 : 등기신청일
③ 등기목적 : 등기명의인표시변경

다. 첨부정보

주민등록표등본 · 초본 또는 부동산등기용등록번호증명서 등

4) 등기실행

가. 조사(형식적 심사)

등기관은 위 증명에 대한 심사를 엄격히 한 후에 그 수리여부를 결정하여야 한다.

나. 문제×(실행)

부기등기로 실행하고(법 제52조 제1호), 종전의 표시를 말소한다(규칙 제112조 제2항).

다. 완료 후

등기완료의 통지를 하지만, 등기필정보를 작성 · 통지하지 않는다.

(2) 비법인 대표자 추가(예규 1621)
1) 서설

현재 효력 있는 권리에 관한 등기의 등기명의인이 법인 아닌 사단이나 재단(종중 등)이나 그 대표자 또는 관리인의 성명, 주소 및 주민등록번호가 등기기록에 기록되어 있지 않은 경우, 그 대표자 또는 관리인은 대표자 또는 관리인의 성명, 주소 및 주민등록번호를 추가로 기록하는 내용의 등기명의인표시변경등기를 신청할 수 있다. [20 법무사 / 19 법원사무관 / 17 등기주사보 · 법무사 / 16 등기서기보] 이러한 예규의 규정은 대표자에 관한 사항이 등기사항으로 추가된 부동산등기법(1991.12.14.)이 시행되기 전인 1992.2.1. 전에 甲 종중이 부동산의 소유권을 취득하여 현재까지 甲 종중의 소유명의로 등기되어 있는 경우에도 적용되므로, 그 대표자를 추가하기 위한 등기명의인 표시변경등기는 허용된다. [20 등기서기보]

2) 개시
3) 신청절차

가. 신청인

등기명의인표시의 변경이나 경정의 등기는 해당 권리의 등기명의인이 단독으로 신청한다.

나. 신청정보

① 등기원인 : 대표자 또는 관리인 추가

② 등기연월일 : 등기신청일

③ 등기목적 : 등기명의인표시변경

다. 첨부정보

① 대표자 또는 관리인의 주민등록표등(초)본

② 정관 기타의 규약

③ 대표자 또는 관리인을 증명하는 서면 등

4) 등기실행(법 제48조)

가. 조사(형식적 심사)

등기관은 첨부된 서면을 종합적으로 고려하여 신청인이 적법한 대표자나 관리인인지에 대한 심사를 엄격히 한 후에 그 수리 여부를 결정하여야 한다.

나. 문제× (실행)

부기등기로 실행하고(법 제52조 제1호), 종전의 표시를 말소한다(규칙 제112조 제2항).

다. 완료 후

등기완료의 통지를 하지만, 등기필정보를 작성·통지하지 않는다.

관련 기출지문

1 유한회사를 주식회사로 조직변경한 경우에는 유한회사 명의의 부동산에 관하여는 주식회사 명의로 권리이전등기를 하여야 한다. (×)
[17 등기주사보 / 13 법무사]

2 법인 아닌 사단의 등기명의인 표시를 '고령박씨 감사공파 종친회'에서 '고령박씨 감사공파 종중'으로 변경하는 등기를 신청하는 경우와 같이 단순한 단어의 축약이나 변경으로 인정되는 경우에는 종중의 규약이나 결의서 등 양 종중이 동일하다는 정보를 제공할 필요가 없다. (×)
[23 법원사무관]

3 법원의 촉탁에 의하여 가압류등기, 가처분등기 및 주택임차권등기가 마쳐진 후 등기명의인의 주소, 성명 및 주민등록번호가 변경된 경우에는 그 변경등기를 등기명의인이 직접 신청할 수는 없고, 법원의 촉탁으로 변경등기를 하여야 한다. (×)
[19 법원사무관]

4 법원의 촉탁에 의하여 가압류등기가 마쳐진 후 등기명의인의 주소, 성명 및 주민등록번호가 변경된 경우 등기명의인은 등기명의인표시변경등기를 등기소에 직접 신청할 수 없다. (×)
[20 등기서기보 / 9 법무사]

5 법원의 촉탁에 의하여 주택임차권등기가 마쳐진 후 등기명의인의 주소, 성명 및 주민등록번호가 변경된 경우에는 법원의 촉탁으로 등기명의인표시변경등기를 하여야 한다. (×)
[18 법무사]

6 등기관이 소유권이전등기를 할 때에 등기명의인의 주소변경으로 신청정보상의 등기의무자의 표시가 등기기록과 일치하지 아니하는 경우라도 첨부정보로서 제공된 주소를 증명하는 정보에 등기의무자의 등기기록상의 주소가 신청정보상의 주소로 변경된 사실이 명백히 나타나면 직권으로 등기명의인표시의 변경등기를 하여야 하나, 이는 자연인의 경우에 해당되며 법인의 본점소재지가 변경된 경우에는 적용되지 않는다. (×)
[22 법무사]

7 현재 효력 있는 소유권의 등기명의인이 법인으로서 그 부동산등기용등록번호가 등기기록에 기록되어 있지 않는 경우 그 법인은 부동산등기용등록번호를 추가로 기록하는 내용의 등기명의인표시변경등기를 신청할 수 없다. (×)
[22 등기서기보]

8 대표자에 관한 사항이 등기사항으로 추가된 부동산등기법(1991.12.14.)이 시행되기 전인 1992.2.1. 전에 甲종중이 부동산의 소유권을 취득하여 현재까지 甲 종중의 소유명의로 등기되어 있는 경우에는 그 대표자를 추가하기 위한 등기명의인 표시변경등기는 허용되지 않는다. (×) [20 등기서기보]

9 자연인에 한하여 주민등록번호나 부동산등기용등록번호를 추가로 기록하는 등기명의인표시의 변경등기를 신청할 수 있으므로, 법인 아닌 사단의 대표자의 성명, 주소 및 주민등록번호를 추가로 기록하는 등기명의인표시의 변경등기신청은 할 수가 없다. (×) [17 법무사]

02 절 경정등기

Ⅰ. 일반적인 경정등기

1. 신청에 의한 경정등기

(1) 서설

1) 의의

부동산등기제도는 점유만으로 공시할 수 없는 사항에 관하여 국가기관이 부동산에 관한 일정한 사항을 등기부라는 공적장부에 기록하여 외부에 공시(公示)함으로써 거래의 안전과 신속을 도모하는 제도이다. 즉 **부동산등기제도의 목적**은 부동산의 현황 및 권리관계를 실체관계와 부합하게 공시하는 것이다.

따라서 **등기와 실체관계 사이에 불일치가 있는 경우**에는 양자를 일치시킬 필요가 있는데, 이러한 경우에 인정되는 것이 경정등기이다.

경정등기는 현재 효력이 있는 등기의 일부가 원시적인 사유(착오 또는 누락)로 실체관계와 불일치한 경우에 이를 일치시키는 등기이다. [19 등기주사보 / 17 등기주사보] 경정등기의 발생원인은 등기관의 착오나 당사자의 신청착오로 인한 경우로 구별된다. 그 종류로는 부동산표시경정등기, 등기명의인표시경정등기, 권리경정등기가 있다.

경정등기는 등기의 사유가 후발적인 것만 제외하면 변경등기와 같으므로 다른 점을 중점적으로 설명하도록 한다.

2) 요건

가. 현재 효력이 있는 등기일 것

경정의 대상이 되는 등기는 현재 유효하게 효력이 있어야 하므로 **폐쇄등기기록상의 등기명의인**(선례 7-348)[14 등기서기보 / 11 법무사], 소유권이 이전된 후의 **종전 소유권의 등기명의인**(선례 3-674)[22 법원사무관·법무사 / 14 등기서기보], **허무인이나 이미 사망한 등기명의인**[22 법원사무관·법무사 / 13 법무사]에 대한 등기명의인표시변경등기신청은 허용되지 않는다.

예컨대 토지가 분할되어 신 등기기록으로 전사하는 과정에서 등기관의 잘못으로 소유자가 아닌 전 소유자로 잘못 이기했더라도 그 후 소유권이 제3자에게 이전되었다면 제3자에 대한 소유권이전등기를 말소하지 않는 이상 전 소유자를 경정하는 등기는 할 수 없다(선례 4-540).

현재 효력이 없는 이미 사망한 등기명의인에 대하여는 등기명의인표시의 변경·경정등기가 허용되지 않는다. 이러한 경우에는 피상속인이 등기명의인과 동일인임을 인정할 수 있는 정보를 첨부정보로서 제공하여 등기명의인표시변경·경정등기 없이 곧바로 상속등기를 신청할 수 있다. 따라서 등기명의인의 표시에 착오가 있는 경우라도 그 등기명의인이 이미 사망하였다면 등기명의인표시의 경정(변경)등기를 신청할 수는 없으며, 이러한 경우에는 피상속인이 등기명의인과 동일인임을 인정할 수 있는 정보를 첨부정보로서 제공하여 경정(변경)등기 없이 곧바로 상속등기를 신청할 수 있다. 다만, 구체적인 사건에서 어떠한 서면이 피상속인과 등기명의인이 동일인임을 인정할 수 있는 서면에 해당하는지는 그 등기신청사건을 심사하는 담당 등기관이 판단할 사항이다(선례 201907-6). [19 법무사]

부책식등기부에서 카드식등기부로 이기되는 과정에서 착오로 잘못 이기되고 그 등기사항이 전산등기부에 그대로 이기된 경우에는 현재 효력 있는 전산등기부에 이기된 사항을 경정의 대상으로 삼을 수 있을 것이다(선례 제202209-1호).

나. 일부에 관한 불일치가 있을 것(동일성)

(가) 경정등기는 등기의 일부가 실체관계와 불일치한 경우에 그 불일치를 제거하기 위하여 행하여지는 등기이므로, 등기사항의 전부가 불일치한 경우에는 말소등기 또는 말소회복의 대상이 되고 경정등기는 할 수 없다.

(나) 경정등기는 등기의 일부가 원시적 사유로 실체관계와 불일치하는 경우이므로 변경등기와 마찬가지로 경정 전과 경정 후의 등기에는 동일성이 인정되어야 한다. 따라서 부동산(객체)의 동일성이 없는 경우, 등기명의인(주체)의 동일성이 없는 경우, 권리(내용)의 동일성이 없는 경우에는 각 경정등기를 신청할 수 없다.

(다) 이론상 경정등기의 대상이 되기 위해서는 기존 등기가 있어야 하므로 신청된 등기사항 전부가 누락된 경우에도 경정등기가 가능한지 문제된다.

판례 및 예규에서는 이 경우 법 제32조의 절차에 따라 경정등기를 할 수 있다고 한다. [23 등기사기보] 소유권이전등기절차이행을 명하는 확정판결에 기하여 소유권이전등기신청을 하였으나 등기관의 착오로 그 일부 토지에 관하여 소유권이전등기가 누락되었다면 법 제32조 소정의 (직권)경정등기절차에 의하여 등기를 할 수 있다(대판 1980.10.14, 80다1385). [19 법무사] 그러나 누락된 등기를 하기 전에 등기상 이해관계 있는 제3자가 생긴 경우에는 그 승낙이 있어야 경정등기를 할 수 있고, 승낙이 없으면 그러한 직권경정등기는 허용되지 아니한다(법 제32조 제2항 단서).

(라) 여러 개의 부동산에 대한 매매계약을 한 다음 이에 따라 소유권이전등기를 신청하였고 등기관으로부터 등기필증까지 교부받았으나 **일부 부동산에 대한 소유권이전등기가 누락되고 그 부동산에 대하여 제3자 명의의 압류등기가 마쳐진 경우**, 이 압류등기의 명의인은 **등기상 이해관계 있는 제3자에 해당하지 아니하므로**, 위 누락이 등기관의 과오로 인하여 발생된 것으로 확인된다면 「부동산등기법」 제32조에 따라 등기관이 **직권으로 누락된 소유권이전등기의 기입등기를 할 수 있고**, 당사자는 이를 소명하여 등기관의 **직권발동을 촉구하는 의미의 신청**을 할 수 있다. 다만, 이러한 유루가 당사자의 신청착오 등 다른 원인에 기인하는 것이라면 일반원칙에 따라 등기의무자와 등기권리자가 공동으로 그 부동산에 대한 소유권이전등기를 신청하여야 한다(선례 201908-4).

(마) 누락된 등기와 양립할 수 없는 등기가 이루어진 경우(다른 소유권이전등기가 이루어진 경우)에는 그 양립할 수 없는 등기의 명의인의 승낙 여부와 관계없이 위와 같은 경정등기 자체를 할 수 없다.

(바) 누락된 등기를 하여도 다른 등기와 양립할 수 있는 경우에는 이해관계인의 승낙이 없어도 후순위로 유루(누락)된 등기를 할 수 있다(「부동산등기실무Ⅱ」 p.55 참조). 예컨대 갑이 근저당권설정등기를 신청하였으나 등기관의 과오로 그 등기를 누락하였고 그 후 을이 동일 부동산에 대하여 순위 1번의 근저당권설정등기를 한 경우, 법 제32조 소정의 경정등기절차에 준하여 을의 승낙 없이도 위 누락된 근저당권설정등기를 순위 2번으로 기록할 수는 있다(선례 2-374). [23 법무사]

다. 원시적 사유로 불일치가 있을 것

등기와 실체관계와의 불일치는 신청 당시부터 있어야 한다. 즉 경정등기는 원시적인 불일치(착오 또는 누락)가 있어야 된다. 따라서 등기완료 후 부동산표시나 권리관계에 변동이 있는 경우에는 경정등기를 할 수는 없다. [16 법무사 / 14 등기서기보]

라. 등기상 이해관계 있는 제3자의 승낙을 받을 것(법 제52조 제5호)

(가) 등기상 이해관계 있는 제3자

등기상 이해관계 있는 제3자란 권리경정등기를 함으로써 등기기록의 형식상 손해를 받을 우려가 있는 자를 말한다.

(나) 승낙서의 제공 여부

부동산표시의 경정등기	×
등기명의인표시의 경정등기	×
권리의 경정등기	△

3) 적용범위(동일성을 기준으로)

경정등기가 허용되기 위해서는 경정 전의 등기와 경정 후의 등기 사이에 "동일성 또는 유사성"이 있어야 한다. 동일성 요건 내지 경정등기의 한계는 경정등기의 대상(부동산표시·등기명의인표시·권리의 경정)에 따라 조금씩 달리 적용되므로 각각의 경우로 나누어 살펴보기로 한다.

가. 부동산표시의 경정등기

(가) 원칙

대장과 등기기록의 표제부에 기록된 부동산의 표시가 다른 경우 대장의 표시에 따라 부동산의 표시를 경정하기 위해서는 경정 전 표시와 경정 후 표시 사이에 어느 정도의 동일성 내지 유사성이 있어야 한다.

일반적으로 **토지**의 경우 소재와 지번이 다르면 동일성이 있다고 할 수 없지만, 지번이 같다면 지목이나 지적이 다소 달라도 동일성이 있다고 볼 수 있다.

건물의 경우에는 건물의 소재와 지번이 동일성 판단의 주요 요소가 되지만 그 소재와 지번이 다소 다르더라도 건물의 종류, 구조, 면적 등의 기록 및 인근에 다른 건물이 있는지 여부를 종합적으로 판단해서 그 등기가 해당 건물을 표시하고 있는 것으로 인정되는 경우에는 동일성이 인정된다.

(나) 건물 등기기록의 지번이 대장과 불일치하는 경우

동일성 요건을 엄격하게 적용한다면 건물 등기기록상 건물의 소재·지번과 대장상 소재·지번이 다른 경우에는 양자가 동일한 건물을 표시한다고 보기 어려우므로 대장에 따른 부동산표시의 경정등기를 할 수 없을 것이다.

그러나 부동산 표시를 경정함에 있어 경정 전후의 부동산의 표시에 **동일성 혹은 유사성을 인정할 수 없다 하더라도 같은 부동산에 관하여 따로 소유권보존등기가 존재하지 아니하거나 등기의 형식상 예측할 수 없는 손해를 입을 우려가 있는 이해관계인이 없는 경우에는 경정등기가 허용된다**(대판(전) 1975.4.22, 74다2188, 예규 1564). [10 법무사]

(다) 토지 등기기록의 지적(토지의 면적)이 대장과 불일치하는 경우

토지등기기록의 지번과 대장상 지번이 일치하고, 대장과 등기기록의 지적 불일치가 근소하거나(선례 6-388 참조) 대장보다 등기기록의 지적이 큰 경우에는 대장에 따라 등기기록을 경정할 수 있다. 대장상 면적이 등기기록보다 현저히 큰 경우에는 경정등기의 허용여부를 신중히 판단하여야 한다.

대장소관청이 대장상 면적을 정정등록한 경우에는 대장상 면적이 등기기록상 면적보다 더 큰 경우에도 경정등기를 제한 없이 할 수 있다. [19 법무사] 예컨대 지적공부의 면적이 임야조사사업 당시부터 잘못 등록된 사실이 발견되어 토지소유자의 신청에 의하여 소관청이 대장상 면적을 정정등록한 경우(선례 7-343)가 그러하다.

(라) 건물표시의 경정

건물의 경우에도 토지와 마찬가지로 건축물대장이 표창하는 건물과 등기기록상 표시된 건물이 같은 건물이라면 건물의 소재·지번이나 구조·면적이 다소 다르다 하더라도 대장의 기재에 따라 건물의 구조·면적 등을 경정할 수 있다.

나. 등기명의인표시의 경정등기

등기명의인표시경정이라 함은 등기명의인의 **성명, 주소**, 또는 주민등록번호 등을 경정하는 것을 말하고, 등기명의인의 수를 증감하는 것(단독소유를 공유로 하거나 공유를 단독소유로 하는 경우 등)은 등기명의인표시경정이 아니며, 이는 권리에 관한 경정 방식으로 처리한다(예규 1564).

등기명의인표시의 경정등기에 있어서 **동일성**은 경정 전후의 명의인의 "**인격의 동일성**"을 의미한다. 따라서 등기명의인표시경정등기는 경전 전후의 등기가 표창하고 있는 등기명의인이 인격의 동일성을 유지하는 경우에만 신청할 수 있다(예규 1564). 등기명의인의 동일성은 변경등기의 경우와 대체로 동일하다. 그 예시는 아래와 같다.

(가) 소유권이전등기 시 신청착오로 인하여 소유자를 "채○○"으로 하여야 할 것을 "김○○"으로 잘못 등기한 경우 **동일성이 인정되는 경우라면** 신청착오로 인한 **등기명의인표시의 경정등기를 신청할 수 있다**(선례 5-543). [19 법무사] 다만 동일성이 없는 전혀 다른 사람이라면 등기명의인표시의 경정등기는 허용되지 아니한다.

(나) 대종중과 소종중은 등기명의인의 동일성이 없으므로, 대종중을 소종중으로 또는 그 반대로의 등기명의인 표시경정등기는 할 수 없고, 소유권이전등기를 하여야 한다(선례 7-26). [23 법원사무관 / 19 법무사]

(다) 법인 아닌 사단을 법인으로 경정하는 등기를 신청하는 등 동일성을 해하는 등기명의인표시경정등기신청은 수리할 수 없고(예규 1564, 선례 201202-4), 소유권이전등기를 하여야 한다. [23 법원사무관 / 22 법무사],

(라) 법인 아닌 사단의 등기명의인표시를 '고령박씨 감사공파 종친회'에서 '고령박씨 감사공파 종중'으로, '광산김씨 대산간공파 종중'을 '광산김씨 대산간공파 극 종중'으로 변경·경정하는 등기를 신청하는 경우와 같이 **단순한 단어의 축약이나 변경 혹은 추가로 보이더라도 양 종중이 동일하다는 서면(종중의 규약이나 결의서, 기타 증명서면 등)을 첨부하여야 하며 등기관은 제출된 서면을 종합적으로 심사하여 인격의 동일성여부를 판단한다**(선례 제200803-1호). [23 법원사무관]

다. 권리의 경정등기

(가) 권리 자체의 경정등기

가) 원칙 - ×

권리 자체를 경정하는 등기신청은 그 착오가 명백하다 하더라도 수리할 수 없다(예규 1564). 왜냐하면 이는 등기사항 전체의 성격을 변화시키는 경정으로서 등기기록상의 권리관계에 혼란을 초래하기 때문이다.

① 소유권이전등기를 저당권설정등기로 경정하는 경우

② 저당권설정등기를 전세권설정등기로 경정하는 경우22 법무사 / 13 법무사

③ 임차권설정등기를 전세권설정등기로 경정하는 경우11 법무사

이는 기존 등기가 등기원인증서와 다른 신청에 의하여 마쳐진 경우(예 등기원인증서는 임차권설정계약이었으나 당사자의 착오로 지상권설정등기를 신청하고 등기관이 이를 간과한 채 지상권설정등기가 마쳐진 경우)에도 마찬가지이다. 이 경우에는 기존의 등기는 무효인 등기이므로 이를 말소하고 다시 새로운 등기신청을 할 수밖에 없다.

나) 예외

신청은 적법하였는데 등기관의 잘못으로 전혀 다른 권리의 등기를 한 경우에는 등기관이 직권으로 경정등기를 하여야 한다.

(나) 권리 주체 수의 경정등기

가) 권리자 전체의 변경 – ×

권리자 전체를 경정하는 등기신청은 수리할 수 없다(예규 1564). 이를 허용하면 경정등기에 의하여 이전등기의 실질을 얻을 수 있게 되어 공시의 혼란을 초래하기 때문이다.

① 권리자를 甲에서 乙로 경정하는 경우

② 甲과 乙의 공동소유에서 丙과 丁의 공동소유로 경정하는 경우 등

나) 권리자 일부의 변경 – ○

권리자의 일부를 바꾸는 경우, 즉 일부말소 의미의 경정등기를 신청하는 경우에는 허용된다. 이 경우의 등기신청은 등기의무자(권리가 감축되는 자)와 등기권리자(권리가 증가되는 자)가 공동으로 신청하여야 한다.

① 단독소유를 공유로 또는 공유를 단독소유로 하는 경정등기

② 전부이전을 일부이전으로 또는 일부이전을 전부이전으로 하는 경정등기

③ 공유지분만의 경정등기

등은 일부말소 의미의 경정등기에 해당하므로 이는 허용된다.

또한 상속재산협의분할에 따른 소유권경정등기는 허용되는 바 구체적인 내용은 아래와 같다.

---

① 법정상속분에 따라 상속등기를 마친 후에 상속재산 협의분할 등이 있는 경우의 소유권경정등기(○) [17 등기주사보 / 16 법무사]

② 상속재산 협의분할에 따라 상속등기를 마친 후에 그 협의를 해제한 경우에 법정상속분 대로의 소유권경정등기(○) [20 등기서기보 / 19 법무사 / 16 법무사 / 13 법무사 / 11 법무사]

---

③ 상속재산 **협**의분할에 따라 상속등기를 마친 후에 그 협의를 해제하고 다시 새로운 협의분할(재협의)을 하는 경우의 소유권경정등기(△) [17 등기주사보 / 14 등기서기보]

따라서 상속인 전원이 상속인 중 갑, 을 공동으로 상속하기로 하는 상속재산 분할 협의를 하여 상속등기를 마친 후 다시 공동상속인 전원의 합의에 따라 갑이 단독 으로 상속하기로 하는 새로운 상속재산 분할협의를 한 경우 갑, 을 공유를 갑 단 독소유로 하는 소유권경정등기를 신청할 수 있다. [14 법무사] 그러나 상속인 전원을 교체하는 재협의분할은 동일성이 인정되지 않으므로 허용되지 않는다.

(다) 권리 내용의 경정등기

권리의 내용의 증감과 같이 그 등기가 표창하고 있는 권리 자체에 영향을 주지 않 는 경정은 폭넓게 인정하고 있다.

가) 등기원인을 증명하는 서면과 다른 내용의 등기에 대한 경정

신청서에 기재된 사항이 등기원인을 증명하는 서면과 부합하지 아니하는 신 청(예근저당권 설정계약서상의 채권최고액은 10억원인데 신청서에는 1억원 으로 잘못 기재한 경우)은 등기관이 법 제29조 제8호(신청정보와 등기원인을 증명하는 정보가 일치하지 아니한 경우)에 의하여 각하하여야 한다. 만약 등 기관이 이를 간과하고 등기신청을 수리하였다면 신청인은 등기의 착오를 증 명하는 정보를 제공하여 "신청착오"를 원인으로 경정등기를 신청할 수 있다. [17 등기주사보] 이때 단독신청으로 마쳐진 등기의 경정은 단독신청으로, 공동신청에 의한 등기의 경정은 공동신청으로 하여야 한다.

① 공유물분할로 인한 소유권이전등기에 있어서 그 등기원인은 "공유물 분할" 이며, 등기원인을 증명하는 서면으로 공유물분할계약서를 제출하였으나 신청서에는 등기원인을 "매매"로 기재하여 그대로 등기가 완료된 경우라 면 신청착오를 원인으로 하여 등기원인을 "공유물분할"로 하는 경정등기 신청을 할 수 있다(선례 1-414). [11 법무사]

② 채무자를 갑과 을로 하고 근저당권자를 병으로 하는 근저당권설정계약을 체 결한 후 이를 원인서면으로 첨부하여 등기를 신청하면서, 당사자가 착오로 채무자를 갑으로 하는 근저당권설정등기를 신청하였고, 그에 따른 등기가 경 료된 경우에는, 등기필증을 원인서면으로 첨부하여 근저당권설정자(근저당 권설정등기 후 소유자의 변동은 없음)와 근저당권자가 공동으로 신청착오에 의한 경정등기를 신청할 수 있다(선례 5-545).

나) 등기원인을 증명하는 서면과 같은 내용의 등기에 대한 경정

등기원인을 증명하는 서면과 신청서에 기재된 권리의 내용이 일치함에도 불구 하고 당사자가 그 증명 서면의 작성 과정에서 동기의 착오 또는 표시상의 착오 가 있었음을 이유로 경정등기를 신청할 수 있는지가 문제된다. 예컨대 설정계

약서를 작성하면서 근저당권의 채권최고액, 전세권의 존속기간 등을 착오로 기재하였음을 이유로 경정등기를 신청하는 경우이다. 이때에는 등기원인을 증명하는 서면과 신청이 부합하는 경우로서 적법하게 등기가 마쳐졌으므로 경정등기를 할 수 없다.

신청서에 기재된 권리의 내용이 일치하는 등 적법절차에 의하여 완료된 등기에 대해서는 경정등기를 할 수 없다. 판례도 마찬가지로 당사자가 등기원인을 증명하는 서면과 같은 내용으로 등기신청을 하여 그와 같은 내용의 등기가 완료되었다면 등기 당시부터 착오나 빠진 부분이 있다고 할 수 없어 경정등기의 대상이 될 수 없다고 하였다(대판 2014.5.29, 2012다22167). [15 등기서기보]

① 따라서 '2010.6.24. 증여'를 등기원인으로 기재한 등기신청서에 동일자 증여계약서가 첨부되어 등기된 후 일자와 내용이 전혀 다른 '2010.1.20. 매매'로 등기원인의 경정을 구하는 것은 기존 등기원인에 등기 당시부터 착오 또는 빠진 부분을 경정하려는 신청으로 볼 수 없어 경정등기의 요건을 갖추었다고 할 수 없다고 하였고(대판 2013.6.27, 2012다118549), 따라서 그 등기는 수리할 수 없다. [15 등기서기보]

② 다만 등기원인증서상의 기재 착오가 외관상 명백한 경우에는 달리 보아야 한다. 예컨대 계약서의 표제는 "매매계약서"로 되어 있지만 계약의 내용에는 매매금액이 기재되어 있지 않고 교환 대상 물건이 기재되어 있는 등 교환계약임이 명백한 경우, 등기 당시 도래하지 않은 일자가 등기원인일자로 등기원인증서에 기재되어 있는 경우와 같이 등기원인증서상의 기재의 착오가 외관상 명백한 경우에는 등기원인의 경정이 허용된다.

(2) 개시

1) 모습

가. 부동산표시의 경정등기

부동산표시의 변경이나 경정의 등기는 소유권의 등기명의인이 단독으로 신청한다(법 제23조 제6항). [22 등기서기보 / 19 등기서기보 / 14 법무사]

즉 부동산표시에 관한 경정등기는 등기명의인(등기명의인이 여러 명인 경우에는 그중 1인도 가능하다)이 대장 등 경정사유를 소명하는 서면을 첨부하여 단독으로 신청하며 판결서나 제3자의 허가서 등은 제출할 필요가 없다(예규 1564). [16 법무사] 따라서 공유 부동산의 등기기록상 표시에 착오가 있는 경우 그 착오를 바로잡기 위한 경정등기의 신청은 공유자 중 1인이 신청할 수 있다. [13 법무사]

나. 등기명의인표시의 경정등기

등기명의인표시의 변경이나 경정의 등기는 해당 권리의 등기명의인이 단독으로 신청한다(법 제23조 제7항). [22 등기서기보 / 21 법무사 / 16 법무사 / 14 법무사] 이러한 등기명의인표시의 변경·경정등기도 성질상 등기의무자가 존재하지 않기 때문이다.

다. 권리의 경정등기

권리의 변경이나 경정등기 역시 권리등기의 일반원칙에 따라 등기권리자와 등기의무자가 공동으로 신청하여야 한다(법 제23조 제1항).

촉탁에 의한 등기가 완료된 후 그 촉탁에 착오가 있음을 증명하는 서면을 첨부하여 권리의 경정을 촉탁한 경우에는 권리자 경정이 가능하다. 예컨대 甲과 乙이 공동으로 매수한 부동산에 대하여 집행법원이 매각을 원인으로 한 소유권이전등기촉탁을 하면서 착오로 甲 단독소유로 촉탁한 경우 그 촉탁에 착오가 있음을 증명하는 정보를 제공하여 촉탁착오를 원인으로 한 경정촉탁을 할 수 있다(「부동산등기실무Ⅱ」 p.40). [23 등기서기보]

2) 전자신청 – ○

3) 간접적인 신청의무 – ○

신청정보의 부동산의 표시가 등기기록과 일치하지 않는 경우에는 각하사유이므로 먼저 부동산표시경정등기를 하여 그 표시를 일치시켜야 한다(법 제29조 제6호). 신청정보의 등기의무자의 표시가 등기기록과 일치하지 않는 경우에는 각하사유이므로 먼저 등기명의인표시경정등기를 하여 그 표시를 일치시켜야 한다(법 제29조 제7호).

(3) 신청절차

1) 신청인

가. 당사자 본인

부동산표시의 변경이나 경정의 등기는 소유권의 등기명의인이 단독으로, 등기명의인표시의 변경이나 경정의 등기는 해당 권리의 등기명의인이 단독으로, 권리의 변경이나 경정등기는 등기의무자와 등기권리자가 공동으로 신청한다.

나. 제3자

수용(법 제99조) 또는 체납압류(법 제96조)의 경우 대위에 의한 부동산표시경정등기 또는 등기명의인표시경정등기를 신청할 수 있다.

2) 신청정보

신청서에는 "경정 전의 표시"와 "경정 후의 표시"로 나누어 기재하고 등기원인으로는 신청착오 등과 같이 기재하며 등기연월일은 착오된 등기를 신청했던 날짜를 기재한다. 경정할 사항으로는 경정 전 'ㅇㅇ의 표시'를 경정 후 'ㅇㅇ의 표시'로 경정한다는 취지를 기재한다.

3) 첨부정보

가. 등기원인을 증명하는 정보

등기를 신청하는 경우에는 등기원인을 증명하는 정보를 그 신청정보와 함께 첨부정보로서 등기소에 제공하여야 한다(규칙 제46조 제1항 제1호).

등기명의인표시의 경정등기를 신청할 때에 등기명의인표시의 경정을 증명하는 서면으로서 동일인보증서를 제공하는 경우에는 동일인보증서에 동일인임을 보증하는 자가 인감을 날인하고 그의 인감증명서를 함께 제출하여야 하는 바, 이 경우 인감을 날인하고 인감증명서를 제출하는 대신 서명을 하고 본인서명사실확인서를 제출할 수 있다. 이 경우 동일인임을 보증하는 자가 몇 명이어야 하는지에 관하여는 법령에 특별히 규정되어 있지 아니하므로 구체적인 사건에서 해당 등기신청사건을 심사하는 담당 등기관이 결정할 사항이다(선례 201905-2).

나. 등기의무자와 관련된 첨부정보

(가) 등기필정보 등

가) 부동산표시의 변경·경정등기 또는 등기명의인표시의 변경·경정등기의 경우에는 성질상 등기의무자가 없고 권리에 관한 등기도 아니므로 등기필정보를 제공할 필요가 없다.

나) 권리변경·경정등기의 경우에는 등기의무자의 등기필정보를 제공하여야 한다.

(나) 인감증명서 등

가) 부동산표시의 변경·경정등기 또는 등기명의인표시의 변경·경정등기의 경우에는 원칙적으로 인감증명을 제공할 필요가 없다. 다만, 합필특례에 따른 등기신청이나 분필등기에 있어서 권리소멸승낙서 등이 제공되는 경우에는 인감증명서를 제공한다.

나) 권리의 변경·경정등기의 경우에는 규칙 제60조에 해당하면 인감증명을 제공하여야 한다.

따라서 소유권에 관한 경정등기를 신청하기 위해서는 그 경정등기로 인하여 소유권이 감축되는 자의 인감증명을 등기신청서에 첨부하여야 한다(예규 1564).

[23 법무사 / 20 법무사 / 15 법원사무관]

다. 등기상 이해관계인의 승낙서

(가) 부동산표시의 변경·경정등기 또는 등기명의인표시의 변경·경정등기의 경우에는 원칙적으로 등기상 이해관계인이 존재할 수 없다.

부동산표시의 경정등기 또는 등기명의인 표시의 경정등기의 경우에는 등기상 이해관계인이 존재할 수 없다. 예컨대 토지의 면적이 줄어드는 경정등기도 부동산표시의 경정등기에 해당하므로 근저당권자의 승낙을 증명하는 정보를 제공할 필요가 없다. [15 등기서기보]

(나) 권리의 변경·경정등기의 경우에는 사안에 따라서 등기상 이해관계인이 존재할 수 있다. 등기상 이해관계 있는 제3자가 존재하는 경우 그 승낙을 증명하는 정보 또는 이에 대항할 수 있는 재판이 있음을 증명하는 정보를 제공하여야 하며(규칙 제46조 제1항 제3호), 승낙정보를 제공할 때에는 인감증명도 함께 제공하여야 한다(규칙 제60조 제1항 제7호).

(4) 실행절차(등기실행)

  1) 등기기록 작성·기입

    가. 등기사항

      (가) 부동산표시의 변경·경정등기를 할 때에는 종전의 표시에 관한 등기를 말소하는 표시를 하여야 한다(규칙 제73조, 제75조 등).

      (나) 등기명의인표시의 변경·경정등기를 할 때에는 변경이나 경정 전의 등기사항을 말소하는 표시를 하여야 한다(규칙 제112조 제2항).

      (다) 권리의 변경·경정등기를 할 때에는 변경이나 경정 전의 등기사항을 말소하는 표시를 하여야 한다. 다만, 등기상 이해관계 있는 제3자의 승낙이 없어 변경이나 경정을 주등기로 할 때에는 그러하지 아니하다(규칙 제112조 제1항).

    나. 등기형식

      (가) 부동산표시의 변경·경정등기는 법 제52조에 해당하지 않기 때문에 주등기로 한다.

      (나) 등기명의인표시의 변경·경정의 등기는 부기에 의하여 한다(법 제52조 제1호). [19 법무사]

      (다) 권리의 변경·경정등기의 경우 등기상 이해관계 있는 제3자가 있고 그 제3자의 동의서나 이에 대항할 수 있는 재판의 등본을 첨부한 때 또는 등기상 이해관계 있는 제3자가 없는 경우에는 부기등기로 하고, 등기상 이해관계 있는 제3자가 있으나 그 이해관계 있는 제3자의 동의서나 이에 대항할 수 있는 재판의 등본이 없는 경우에는 주등기로 한다. [20 법무사]

      (라) 다만 경정등기의 형식으로 이루어지나 그 실질이 말소등기(일부말소 의미)에 해당하는 경우에는 등기상 이해관계 있는 제3자가 있는 때에 그의 승낙서 등을 첨부한 경우에는 부기등기로 하고, 이를 첨부하지 아니한 경우 등기관은 그 등기신청을 수리하여서는 아니된다(수리요건, 예규 1564).

  2) 각종 통지

    가. 부동산표시의 변경·경정등기의 경우 등기완료통지를 하지만, 권리에 관한 등기가 아니므로 등기필정보를 작성·통지하지 아니한다.

    나. 등기명의인표시의 변경·경정등기의 경우 등기완료통지를 하지만, 권리에 관한 등기가 아니므로 등기필정보를 작성·통지하지 아니한다.

　　다. 권리의 변경·경정등기의 경우 등기완료통지를 하고, 권리의 주체가 변경되어 권리자를 추가하는 경정 또는 변경등기(갑 단독소유를 갑, 을 공유로 경정하는 경우나 합유자가 추가되는 합유명의인표시변경 등기 등)[20 등기서기보 / 19 등기주사보 / 17 법무사·등기주사보 / 13 법무사 / 12 법무사 / 9 법무사]를 하는 경우에는 등기필정보를 작성하여야 한다(예규 1716).

3) 기타 통지

등기관이 등기를 마친 후 그 등기에 착오나 빠진 부분이 있음을 발견하였을 때에는 지체 없이 그 사실을 등기권리자와 등기의무자에게 알려야 하고, 등기권리자와 등기의무자가 없는 경우에는 등기명의인에게 알려야 한다. 다만, 등기권리자, 등기의무자 또는 등기명의인이 각 2인 이상인 경우에는 그중 1인에게 통지하면 된다(법 제32조 제1항). [22 등기서기보·법원사무관] 채권자대위권에 의하여 등기가 마쳐진 때에는 위 통지를 그 채권자에게도 하여야 한다(법 제32조 제4항).

(5) 동일성 없는 등기명의인표시경정등기가 마쳐진 경우의 조치

① 경정등기는 등기의 일부가 원시적 사유로 실체관계와 불일치하는 경우이므로 변경등기와 마찬가지로 경정 전과 경정 후의 등기에는 동일성이 인정되어야 한다.

② 등기명의인표시경정이라 함은 등기명의인의 성명, 주소, 또는 주민등록번호 등을 경정하는 것을 말하는데, 경정 전후의 등기가 표창하고 있는 등기명의인이 인격의 동일성을 유지하는 경우에만 신청할 수 있다(예규 제1564호, 2-다-(1)-(나)).

③ 동일성을 해하는 등기명의인표시경정등기의 신청임에도 등기관이 이를 간과하여 수리한 경우 종전 등기명의인으로의 회복등기 신청(현재 등기의 말소등기신청)은

　　㉠ 현재의 등기명의인이 단독으로 하거나,

　　㉡ 현재의 등기명의인이 종전 등기명의인과 공동으로 하여야 하고,

　　㉢ 종전 등기명의인이 단독으로 한 등기신청은 수리할 수 없다(예규 1564). [22 법무사]

(6) 동일성 없는 소유권이전등기가 마쳐진 경우의 조치

등기명의인표시경정은 동일성이 인정되는 경우에만 허용되므로, 동일성이 인정되지 않는 경우에는 권리이전등기를 하여야 한다. 예컨대, 甲이 乙로 행세하며 자신이 매수한 부동산에 대해 乙 명의로 소유권이전등기를 한 경우 등기명의인표시경정의 방법으로 바로잡을 수는 없고, 乙 명의의 소유권이전등기를 말소한 다음 甲 앞으로 다시 소유권이전등기를 하여야 한다. [22 법원사무관]

> **관련 기출지문**
>
> **1** 대장소관청이 대장상 면적을 정정등록한 경우에 대장상 면적이 등기기록상 면적보다 큰 경우에는 경정등기를 할 수 없다. (×)　　　　[19 법무사]
>
> **2** 신청된 등기사항 전부가 누락된 경우에는 이의신청이나 새로운 등기신청 또는 국가배상의 문제가 될 뿐 경정등기를 할 수 없다. (×)　　　　[23 등기서기보]

3 甲이 근저당권설정등기를 신청하였으나 등기관의 잘못으로 그 기록을 누락하였고 그 후 乙이 동일 부동산에 대하여 순위 제1번의 근저당권설정등기를 경료하였다면, 직권경정등기절차에 준하여 위 누락된 근저당권설정등기를 순위 제2번으로 기록할 수 있고, 이 경우 乙의 승낙이 있음을 증명하는 정보를 제공하여야 한다. (×)
[23 법무사]

4 공유 부동산의 등기기록상 표시에 착오가 있는 경우 그 착오를 바로잡기 위한 경정등기의 신청은 공유자 전원이 신청하여야 한다. (×)
[13 법무사]

5 토지 등기기록 중 표제부의 면적을 줄이는 경정등기는 해당 토지 근저당권자에게 중요한 이해관계가 있으므로 근저당권자의 승낙을 증명하는 정보가 제공되어야만 할 수 있다. (×)
[15 등기서기보]

6 등기관이 등기를 마친 후 그 등기에 착오나 빠진 부분이 있음을 발견하였을 때에는 지체 없이 그 사실을 등기권리자와 등기의무자 또는 등기권리자와 등기의무자가 없는 경우에는 등기명의인에게 알려야 하고, 등기권리자, 등기의무자 또는 등기명의인이 각 2인 이상인 경우에는 그들 전원에게 통지하여야 한다. (×)
[24 법원사무관]

7 동일성을 해하는 등기명의인표시경정등기의 신청임에도 등기관이 이를 간과하여 수리한 경우, 종전 등기명의인으로의 회복등기 신청은 종전의 등기명의인이나 현재의 등기명의인이 단독으로 할 수 있다. (×)
[22 법무사]

2. 직권에 의한 경정등기

(1) 서설

1) 의의

등기관이 등기의 착오나 빠진 부분이 등기관의 잘못으로 인한 것임을 발견한 경우에는 지체 없이 그 등기를 직권으로 경정하여야 한다. 다만, 등기상 이해관계 있는 제3자가 있는 경우에는 제3자의 승낙(또는 이에 갈음할 수 있는 재판)이 있어야 한다(법 제32조 제2항). [21 법무사 / 18 등기서기보 / 17 등기주사보] 즉 등기관의 잘못으로 인한 직권경정등기는 당사자의 신청이 없어도 등기관이 이 법에 따라 직권으로 하게 된다.

2) 요건

가. 등기관의 과오로 등기의 착오 또는 빠진 부분이 발생할 것

등기관의 과오로 착오 또는 빠진 부분이 발생하여야 한다. 즉 당사자의 신청에는 아무런 문제가 없어야 한다. 만약 당사자의 신청에 따라 행해진 등기에 착오가 발생한 경우에는 오직 신청착오로 인한 경정등기에 의해서만 바로잡을 수 있고 직권경정으로는 바로잡을 수 없다. [14 등기서기보]

등기관의 과오로 등기기입의 유루가 발생한 경우, 유루 발견으로 인한 등기는 그 성질에 반하지 아니하는 한 등기관의 과오로 인한 등기의 착오가 발생한 경우에 준하는 절차(등기관의 과오에 의하여 등기의 착오가 발생하였음을 등기필정보 등에 의하여 증명하여야 함)에 의하여 처리한다(예규 1564).

나. 등기상 이해관계 있는 제3자가 있는 경우에는 승낙을 받을 것

등기상 이해관계 있는 제3자가 있는 경우에는 제3자의 승낙(또는 이에 갈음할 수 있는 재판)이 있어야 한다. [21 등기서기보 / 19 등기주사보 / 10 법무사] 즉 등기상 이해관계 있는 제3자가 있는 경우라도 그 자의 승낙이 있으면 직권경정등기를 할 수 있다. [14 등기서기보] 이는 경정등기로 인해 손해를 입을 수도 있는 제3자의 이익을 보호하기 위함이다.

다. 경정등기 전후의 등기의 동일성

등기관의 잘못으로 인한 경우에도 신청인의 착오에 의한 경우와 같이 동일성을 엄격하게 적용하는 것은 불합리하므로 이 경우에는 완화해서 적용할 필요가 있다. 따라서 등기관의 과오로 인해 등기의 착오가 발생한 경우에는 경정 전·후의 등기의 동일성 여부를 별도로 심사하지 않고 아래의 절차에 의하여 처리한다. [18 등기서기보] 단 갑구에 하여야 할 등기를 등기관의 착오로 을구에 등기한 것(예 소유권이전등기를 하여야 할 것을 근저당권설정등기로 한 경우)과 같이 경정절차에 의하여 바로잡을 수 없는 등기는 종전 등기를 착오 발견으로 말소한 후 직권 또는 신청에 의하여 유루 발견으로 인한 등기를 하여야 한다(예규 1564).

(2) 등기관의 잘못으로 인한 경정등기 절차

1) 직권에 의한 경정

가. 등기의 착오나 빠진 부분이 등기관의 잘못으로 인한 것임을 등기관이 발견한 경우 등기관은 지체 없이 그 등기를 직권으로 경정하여야 한다.

나. 등기관이 직권으로 경정등기를 하였을 때에는 그 사실을 등기권리자, 등기의무자 또는 등기명의인에게 알려야 한다. [18 등기서기보] 다만 등기권리자, 등기의무자 또는 등기명의인이 각 2인 이상인 경우에는 그중 1인에게 통지하면 된다(법 제32조 제3항).

다. 채권자대위권에 의하여 등기가 마쳐진 때에는 위 통지를 그 채권자에게도 하여야 한다. [19 등기주사보] 다만 등기권리자, 등기의무자 또는 등기명의인이 각 2인 이상인 경우에는 그중 1인에게 통지하면 된다(법 제32조 제4항).

2) 신청에 의한 경정

가. 등기완료 후 등기관의 과오로 인한 등기의 착오를 신청인이 발견한 경우, 등기권리자 또는 등기의무자는 등기필증 등 그 사실을 증명하는 서면을 첨부하여 착오발견으로 인한 경정등기를 신청할 수 있으며, 이 경우 등기관이 경정등기를 한 취지를 지방법원장에게 보고할 필요는 없다(예규 1564).

나. 등기관의 잘못으로 인한 등기의 착오 또는 누락에 대하여 경정등기를 신청하는 경우에는 등록면허세 및 신청수수료를 받지 아니한다. [18 등기서기보 / 15 법무사]

다. 등기상 이해관계 있는 제3자가 있고 그 제3자의 동의서 또는 이에 대항할 수 있는 재판의 등본이 신청서에 첨부되지 아니한 경우에는 주등기로 경정등기를 하여야 한다(예규 1564).

라. 등기권리자 또는 등기의무자 일방의 신청에 의하여 착오발견으로 인한 등기를 마친 경우 등기관은 그 경정등기의 취지를 상대방에게 통지하여야 한다(예규 1564). [19 등기주사보 / 10 법무사]

관련기출지문

1 등기관이 등기의 착오나 빠진 부분이 등기관의 잘못으로 인한 것임을 발견한 경우에는 지체 없이 그 등기를 직권으로 경정하여야 한다. 다만, 등기상 이해관계 있는 제3자가 있는 경우에는 직권으로 경정할 수 없다. (×) [14 등기서기보]

2 등기관이 등기의 착오나 빠진 부분이 등기관의 잘못으로 인한 것임을 발견한 경우에는 등기상 이해관계 있는 제3자의 승낙이 없더라도 그 등기를 직권으로 경정하여야 한다. (×) [21 등기서기보]

3 등기관의 과오로 등기의 착오가 발생한 경우에는 등기상 이해관계 있는 제3자의 유무와 상관없이 등기관이 직권으로 경정등기를 하여야 한다. (×) [19 등기주사보 / 10 법무사]

4 등기관의 잘못으로 인해 등기의 착오가 발생한 경우 경정 전·후의 등기의 동일성 여부를 별도로 심사하여야 한다. (×) [18 등기서기보]

Ⅱ. 일부말소의미의 경정등기

1. 서설

(1) 의의

말소등기는 등기사항의 전부를 소멸시키는 경우에만 할 수 있으므로 권리지분의 일부만을 말소하는 경우에는 실질적으로는 말소이지만 등기의 형식은 경정등기의 방식을 취하며, 이러한 경정등기를 일부말소의미의 경정등기라고 한다.

일부말소 의미의 경정등기는 경정등기라는 명칭을 사용하고는 있으나 그 실질은 말소등기(일부말소 의미)에 해당하는 것을 말하므로, [16 법원사무관] **등기신청**은 "○○○경정"의 방식으로 하게 되나 그 **실행방식은 말소등기**의 법리를 따라야 한다(법 제57조 제1항). 따라서 그 등기를 함에 있어 **등기상 이해관계 있는 제3자**가 있는 때에는 신청서에 반드시 그 승낙서 또는 이에 대항할 수 있는 재판의 등본을 첨부하게 하여 부기등기의 방법으로 등기를 하여야 하고, **이해관계인의 승낙서 등이 첨부되어 있지 않은 경우에는 주등기로도 수리하여서는 아니 된다.** 즉 승낙서 등이 제공된 경우에만 신청서를 수리하므로 그 승낙서 등은 위 경정등기의 수리요건이 된다.

(2) 요건

일부말소 의미의 경정등기의 요건은 일반적인 경정등기와 같다.

(3) 적용범위

1) 단독소유를 공유로 또는 공유를 단독소유로 하는 경정등기 [21 등기서기보 / 16 법원사무관]

가. 甲과 乙의 공동신청으로(또는 乙이 甲을 상대로 한 지분말소판결에 의하여 乙 단독으로) 甲 단독소유를 甲·乙 공동소유로 경정하거나 甲·乙 공동소유를 乙 단독소유로 하는 경정등기를 신청할 수 있다. [18 법무사]

나. 甲·乙 공동소유인 부동산에 관하여 甲 단독소유로 소유권보존등기가 이루어진 경우, 甲 단독소유를 甲·乙 공동소유로 하는 경정등기를 신청할 수 있다. [19 등기주사보 / 17 등기서기보 / 13 법무사]

2) 전부이전을 일부이전으로 또는 일부이전을 전부이전으로 하는 경정등기

가. 甲으로부터 乙에게로 소유권의 일부지분(🅰 1/2 지분)이 이전되어야 할 것이 착오로 신청서에 소유권 전부이전으로 기재하여 그에 따른 등기가 마쳐진 경우에는 소유권의 전부이전을 소유권의 일부이전으로 하는 경정등기를 신청할 수 있다. [19 등기주사보 / 17 등기서기보]

나. 만약에 그 소유권이전등기 후 乙이 그 소유권 전부에 대하여 근저당권설정등기를 마친 경우에는, 등기관은 근저당권자의 승낙 또는 이에 대항할 수 있는 재판이 있음을 증명하는 정보가 제공된 경우만 직권으로 말소(일부말소 의미의 경정)등기를 할 수 있다. [18 법무사]

3) 공유지분만의 경정등기

(4) 관련 판례 및 선례

1) 판례

가. 경정등기는 기존 등기의 일부에 등기 당시부터 착오 또는 빠진 부분이 있어 그 등기가 원시적으로 실체관계와 일치하지 아니하는 경우에 이를 시정하기 위하여 기존 등기의 해당 부분을 정정 또는 보충하여 실체관계에 맞도록 등기사항을 변경하는 등기를 말한다. 경정등기가 허용되기 위해서는 경정 전후의 등기에 동일성 내지 유사성이 있어야 하는데, 경정 전의 명의인과 경정 후의 명의인이 달라지는 권리자 경정등기는 등기명의인의 동일성이 인정되지 않으므로 허용되지 않는다.
따라서 단독소유를 공유로 또는 공유를 단독소유로 하는 경정등기 역시 소유자가 변경되는 결과로 되어 등기명의인의 동일성을 잃게 되므로 허용될 수 없다(대판 2017.8.18, 2016다6309).

나. 실체관계상 공유인 부동산에 관하여 단독소유로 소유권보존등기가 마쳐졌거나 단독소유인 부동산에 관하여 공유로 소유권보존등기가 마쳐진 경우에 소유권보존등기 중 진정한 권리자의 소유부분에 해당하는 일부 지분에 관한 등기명의인의 소유권보존등기는 무효이므로 이를 말소하고 그 부분에 관한 진정한 권리자의 소유권보존등기를 하여야 한다. 이 경우 진정한 권리자는 소유권보존등기의 일부말소를 소로써 구하고 법원은 그 지분에 한하여만 말소를 명할 수 있으나, 등기기술상 소유권보존등기의 일부말소는 허용되지 않으므로, 그 판결의 집행은 단독소유를 공유로 또는 공유를 단독소유로 하는 경정등기의 방식으로 이루어진다.
이와 같이 일부말소 의미의 경정등기는 등기절차 내에서만 허용될 뿐 소송절차에서는 일부말소를 구하는 외에 경정등기를 소로써 구하는 것은 허용될 수 없다(대판 2017.8.18, 2016다6309).

2) 선례

가. 상속재산협의분할을 원인으로 "甲" 단독명의로 소유권이전등기가 완료된 부동산에 대하여, 공동상속인 중 1인(乙)이 그 상속재산협의분할은 공동상속인 전원의 동의를 얻지 못하였다는 이유로 "甲"의 상속지분(6/21)을 초과한 지분 전부가 아니라 자기의 상속지분(4/21)만에 대한 소유권일부말소를 명한 확정판결을 받은 경우(판결이유에서 그 부동산에 대하여 甲・乙・丙・丁・戊가 공동상속인인 사실과 각각의 상속지분을 설시하고 있음), "乙"은 그 확정판결과 상속을 증명하는 서면을 첨부하여 위 부동산의 소유자를 "甲"에서 "甲(지분 17/21)과 乙(지분 4/21)"로 경정하는 지분일부말소 의미의 경정등기를 신청할 수 있다(선례 200801-3).

나. 상속재산에 대하여 상속인 중 1인인 甲이 허위로 매매를 원인으로 하여 부동산소유권이전등기 등에 관한 특별조치법의 규정에 의하여 甲 단독 명의로 소유권이전등기를 경료하였으나 다른 공동상속인 중 1인인 乙이 甲 명의의 소유권이전등기에 대하여 甲의 법정상속분을 제외한 나머지 공동상속인의 법정상속분에 해당하는 지분에 대하여 그 지분일부말소판결을 구하여(공유 부동산인 상속재산에 대한 보존행위로서) 그 판결을 받은 경우에는, 乙은 이 판결과 호적등본(제적등본) 등 상속등기에 필요한 서류를 첨부하여 등기원인인 매매를 재산상속으로 하는 경정등기신청과 지분일부말소의 의미로서의 甲과 乙 및 나머지 공동상속인을 공유자로 하는 경정등기신청을 할 수 있다(선례 3-712).

다. 甲 단독 명의로의 소유권보존등기에 이어 乙을 거쳐 丙 명의로 각 소유권이전등기가 경료된 토지에 관하여 丁이 위 甲, 乙, 丙의 소유권 중 13분지 12지분에 관하여 각 말소등기의 이행을 명하는 판결을 받은 경우 丁은 위 판결에 의하여 지분일부(13분지 12) 말소의 의미로서 甲 단독 명의의 소유권보존등기를 丁을 공유자로 하는 경정등기와 乙, 丙 명의의 각 소유권이전등기를 지분이전등기(13분지 1)로 하는 경정등기를 신청할 수 있다(선례 3-276).

2. 개시

3. 신청절차

(1) 신청인

형식적으로는 권리의 경정등기에 해당하므로 등기의무자와 등기권리자가 공동신청으로 한다 (법 제23조 제1항).

(2) 신청정보

경정할 사항으로 경정 전 'ㅇㅇ의 표시'를 경정 후 'ㅇㅇ의 표시'로 경정한다는 취지를 기재한다.

(3) 첨부정보(등기상 이해관계 있는 제3자)

1) 일부말소 의미의 경정등기는 등기신청은 "ㅇㅇㅇ경정"의 방식으로 하게 되나 그 실행방식은 말소등기의 법리를 따라야 한다(법 제57조 제1항). 따라서 그 등기를 함에 있어 등기상 이

해관계 있는 제3자가 있는 때에는 신청서에 반드시 그 승낙서 또는 이에 대항할 수 있는 재판의 등본을 첨부하게 하여 부기등기의 방법으로 등기를 하여야 하고, 이해관계인의 승낙서 등이 첨부되어 있지 않은 경우에는 주등기로도 수리하여서는 아니 된다. 즉 승낙서 등이 제공된 경우에만 신청서를 수리하므로 그 승낙서 등은 위 경정등기의 수리요건이 된다. [20 법무사 / 19 등기주사보(2) / 18 법무사(2) / 17 등기서기보(2) · 등기주사보 / 16 법원사무관 · 법무사 / 15 등기서기보]

2) 따라서 공유지분만의 경정등기(⊞ 단독소유를 공유로 또는 공유를 단독소유로 하는 경정등기)를 함에 있어 등기상 이해관계 있는 제3자가 있는 때에는 그 승낙이나 이에 대항할 수 있는 재판이 있음을 증명하는 정보가 제공되어 있지 않으면 등기관은 그 등기신청을 수리하여서는 아니 된다. [21 등기서기보 / 17 등기서기보]

3) 마찬가지로 갑과 을의 공유로 소유권보존등기가 이루어진 후 을의 지분이 가압류된 경우에는 그 가압류권자의 승낙이 없으면 갑과 을의 공유를 갑의 단독소유로 하는 소유권경정등기를 할 수 없다. [13 법무사]

또한 甲 명의의 소유권보존등기에 대하여 丙 명의의 근저당권설정등기가 마쳐진 상태에서 乙이 판결을 얻어 위 甲 단독소유의 등기를 甲, 乙이 각 1/2 지분으로 공유하는 것으로 경정할 때 근저당권자 丙의 승낙 또는 이에 대항할 수 있는 재판이 있음을 증명하는 정보가 제공되지 않았다면 등기관은 그 신청을 수리하여서는 안 된다. [23 등기서기보]

4. 실행절차(등기실행)

(1) 등기부 작성 · 기입

1) 보통의 권리경정등기(법 제52조 제5호)

가. 신청대상 등기(원칙적 부기요건)

(가) 보통의 권리경정등기의 경우 등기상 이해관계인의 승낙은 원칙적으로 부기요건이다. 따라서 승낙서 등 제공한 경우에는 부기등기로 실행하며, 승낙서 등 제공하지 못한 경우에는 주등기로 실행한다.

(나) 그러나 전세권부 저당권이 설정된 후 전세금을 감액하는 경우와 같이 저당권자의 승낙이 수리요건이 되는 경우도 있다.

나. 등기상 이해관계 있는 제3자 등기

보통의 권리경정등기의 경우 등기상 이해관계 있는 제3자의 등기는 변동사항이 없다.

2) 일부말소 의미의 경정등기(법 제57조)

가. 신청대상등기(수리요건)

일부말소 의미의 경정등기의 경우 실질은 말소등기이므로 등기상 이해관계인의 승낙은 수리요건이다. 승낙서 등 제공한 경우에는 부기등기로 실행하며, 승낙서 등 제공하지 못한 경우에는 수리할 수 없다.

나. 등기상 이해관계 있는 제3자 등기

일부말소 의미의 경정등기를 한 경우 등기관은 이해관계 있는 제3자의 등기(담보물권이나 처분제한 등의 등기)를 아래 구분에 따라 직권으로 말소 또는 경정하여야 한다.

(가) 이해관계인의 등기를 말소하여야 하는 경우

甲, 乙 공유부동산 중 乙 지분에 대해서만 처분제한 또는 담보물권의 등기가 되어 있는 상태에서 甲 단독소유로 하는 경정등기(乙 지분 말소 의미)를 하는 경우 등, 이해관계인의 등기가 경정등기로 인하여 상실되는 지분만을 목적으로 하는 경우에는 이해관계인의 등기를 직권으로 말소하여야 한다. [21 등기서기보 / 18 법무사]

(나) 이해관계인의 등기를 경정하여야 하는 경우

甲, 乙 공유 부동산 전부에 대하여 처분제한 또는 담보물권의 등기가 되어 있는 상태에서 甲 단독소유로 하는 경정등기(乙 지분 말소 의미)를 하는 경우 등, 이해관계인의 등기가 경정등기로 인하여 상실되는 지분 이외의 지분도 목적으로 하는 경우에는 이해관계인의 등기를 직권으로 경정하여야 한다. [16 법원사무관]

(다) 용익물권의 등기

부동산의 공유지분에 대해서는 용익물권(지상권 등)을 설정·존속시킬 수 없으므로 용익물권의 등기는 이를 전부 말소한다.

예컨대 갑 명의의 소유권이전등기에 대하여 을이 말소등기청구권을 피보전권리로 한 가처분을 하고 다시 병 명의의 지상권등기가 마쳐진 경우, 을이 갑 지분 1/2에 대하여 말소를 명하는 확정판결을 받아서 그에 따른 경정등기를 신청하였다면 등기관은 위 경정등기와 함께 직권으로 병 명의의 지상권등기를 말소하여야 한다. 이는 공유지분에 대한 용익물권은 등기할 수 없기 때문이다.

(2) 각종 통지

가압류, 가처분 등 법원의 촉탁에 의한 처분제한의 등기를 직권으로 말소 또는 (일부말소 의미)경정하는 경우 등기관은 지체 없이 그 뜻을 집행법원에 통지하여야 한다.

> **관련 기출지문**
>
> **1** 통상의 경정등기에 있어서는 등기상 이해관계 있는 제3자의 승낙이 없는 경우에는 주등기로 경정할 수 있지만, 경정등기 형식으로 이루어지나 실질이 말소등기에 해당하는 일부 말소 의미의 경정등기에 있어서는 제3자의 승낙이 없으면 주등기가 아닌 부기등기 방법으로 하여야 한다. (×) [22 법원사무관]
>
> **2** 공유지분만의 경정등기를 함에 있어 등기상 이해관계 있는 제3자의 승낙서 등이 첨부되지 않은 경우 등기관은 그 등기신청을 수리하여 주등기의 방법으로 경정등기를 하여야 한다. (×) [21 등기서기보]
>
> **3** 경정등기의 형식으로 이루어지나 그 실질이 말소등기(일부말소 의미)에 해당하는 경우에는 등기상 이해관계 있는 제3자가 있는 때에 그의 승낙서 등을 첨부한 경우에는 부기등기로 하고, 이를 첨부하지 아니한 경우에는 주등기로 한다. (×) [20 법무사 / 16 법원사무관]

4 일부말소 의미의 경정등기를 실행함에 있어 등기상 이해관계 있는 제3자가 있는 때에 신청서에 그 승낙서 또는 이에 대항할 수 있는 재판이 있음을 증명하는 정보를 제공하지 못한 경우에는 주등기로 한다. (×)

[19 등기주사보 / 17 등기서기보]

5 일부말소 의미의 경정등기가 신청된 경우 등기상 이해관계 있는 제3자의 승낙이 없는 때에는 등기관은 그 신청을 수리하여 주등기로 경정등기를 한다. (×) [17 등기주사보]

6 등기상 이해관계 있는 제3자의 등기를 말소하여야 하는 경우에, 甲·乙 공유의 부동산에 대하여 乙 지분에 대해서만 처분제한 또는 담보물권의 등기가 되어 있는 상태에서 甲 단독소유로 하는 경정등기(乙 지분 말소 의미)를 하는 경우와 같이 등기상 이해관계 있는 제3자의 등기가 경정등기로 인하여 상실되는 지분 만을 목적으로 하는 경우에는 그 등기는 甲의 신청에 의해 말소한다. (×) [18 법무사]

03 절 말소등기

I. 서설

1. 의의

부동산등기제도는 점유만으로 공시할 수 없는 사항에 관하여 국가기관이 부동산에 관한 일정한 사항을 등기부라는 공적장부에 기록하여 외부에 공시(公示)함으로써 거래의 안전과 신속을 도모하는 제도이다. 즉 **부동산등기제도의 목적은** 부동산의 현황 및 권리관계를 실체관계와 부합하게 공시하는 것이다. 따라서 **등기와 실체관계 사이에 불일치가 있는 경우**에는 양자를 일치시킬 필요가 있는데, 이러한 경우에 인정되는 것이 말소등기이다.

말소등기는 현재 효력이 있는 등기의 전부가 실체상 소멸하여 실체관계와 불일치한 경우에 이를 일치시키는 등기이다. 즉 등기기록상 존재하는 등기에 상응하는 실체적인 권리가 소멸한 경우 그 내용을 등기기록상에 반영시키는 등기이다.

2. 요건

(1) 현재 효력이 있는 등기일 것

말소의 대상이 될 수 있는 등기는 권리에 관한 등기이며 소유권이든 소유권 외의 권리에 관한 등기이든 불문한다. 하지만 그 등기는 **현재 효력이 있는 등기**이어야 한다.

폐쇄등기부에 기재된 등기는 현 등기부에 이기되지 않는 한 이를 말소할 수 없다(선례 2-13). [18 등기서기보] 따라서 **건물이 멸실되어 등기기록이 폐쇄된 경우 폐쇄된 등기기록상의 근저당권말소등기를 할 수 없다.** [24 등기서기보]

마찬가지로, 현재 효력이 없는 전 등기명의인의 등기를 말소하기 위해서는 등기연속의 원칙상 **현재 명의인의 등기를 먼저 말소하여야 한다.** 즉 등기부상 현존등기명의인의 소유권등기를 남겨둔 채 그 전순위의 등기를 말소할 수는 없다(선례 1-454). 따라서 갑·을·병·정 앞으로 순차 소유권이전등기가 경료되어 있는 경우에 병·정의 등기를 말소하지 아니한 채 을의 등기만을 말소할 수는 없다(선례 제2-13호).

등기사항 전부가 부적법한 경우라도 말소등기의 말소등기는 허용되지 아니하며 이러한 경우에는 말소회복등기를 하여야 한다(법 제59조, 규칙 제118조). [17 법원사무관]

(2) 전부에 관한 불일치가 있을 것(동일성요건 없음)

1) 원칙

말소등기는 등기의 전부에 대하여 불일치가 있어야 하며, 일부에 관한 것은 변경·경정등기로 해결한다. [24 법원사무관]

2) 부기등기의 말소

가. 원칙

부기등기는 주등기에 종속되어 주등기와 일체성을 이루는 등기로서 주등기와 별개의 등기는 아니다. [19 법무사] 즉 부기등기는 주등기에 종속되어 주등기와 일체성을 이루는 등기로서 원칙적으로 주등기를 말소(직권 또는 신청)하면 부기등기는 직권말소하게 된다.

예컨대 근저당권이전의 부기등기가 된 경우 주등기인 근저당권설정등기의 말소신청이 있으면 부기등기인 근저당권이전등기는 직권으로 말소된다. [18 등기서기보 / 11 법무사] 이 경우 말소할 등기의 대상은 주등기인 '근저당권설정등기'를 기재하며, 등기의무자는 근저당권의 양수인으로 표시하고, 등기필정보는 근저당권의 양수인이 소지하고 있는 근저당권이전등기필정보를 제공한다.

등기관은 근저당권설정등기를 말소한 다음 그 근저당권이전의 부기등기를 주말한다.

나. 예외(부기등기만의 말소)

다만 예외적으로 부기등기의 원인만이 무효·취소·해제된 경우에는 부기등기만의 말소신청도 가능하다. [17 법원사무관]

근저당권의 이전원인만이 무효로 되거나 취소 또는 해제된 경우, 즉 근저당권의 주등기 자체는 유효한 것을 전제로 이와는 별도로 근저당권이전의 부기등기에 한하여 무효사유가 있다는 이유로 부기등기만의 효력을 다투는 경우에는 그 부기등기의 말소를 소구할 필요가 있으므로 예외적으로 소의 이익이 있고(대판 2005.6.10, 2002다15412·15429), [9 법무사] 이 경우 부기등기인 근저당권이전등기만을 말소하여야 한다. [23 법무사]

부기등기만의 말소를 신청하는 경우 양수인이 등기의무자, 양도인이 등기권리자가 되어 공동으로 신청하거나, 양도인이 판결을 받아 단독으로 신청할 수 있다.

이때 등기관은 이전에 따른 부기등기만을 말소하고 동시에 종전 권리자를 직권으로 회복하여야 한다.

(3) 권리의 소멸로 인한 불일치가 있을 것

부적법의 원인이 원시적(신청착오, 원인무효)·후발적(채무변제로 인한 저당권 소멸 등)·실체적(등기원인의 무효·취소·해제 등)·절차적(중복등기, 관할위반의 등기) 사유인지 불문한다.

(4) 등기상 이해관계 있는 제3자의 승낙을 받을 것(법 제57조)

1) 등기상 이해관계 있는 제3자의 의미

가. 말소등기 역시 권리에 관한 등기의 일반원칙에 따라 등기의무자와 등기권리자가 공동신청으로 할 수 있으므로 말소등기를 자유로이 인정한다면 말소 전의 등기를 전제로 하여 권리를 취득한 자에게 예측하지 않은 손해를 줄 수 있다. 따라서 법 제57조에 따르면 권리의 변경·경정등기의 경우와 같이 말소등기를 신청하는 경우 그 말소에 관하여 등기상 이해관계 있는 제3자가 있을 때에는 그의 승낙이 있어야 말소등기를 할 수 있다(법 제57조). [18 등기서기보·등기주사보 / 13 법무사]

나. 등기상 이해관계 있는 제3자는 어느 등기의 말소등기를 함으로써 등기기록의 형식상 손해를 입을 우려가 있는 제3자를 말한다. [13 법무사]

다. 따라서 등기기록의 형식상 손해를 입을 우려가 없다면 등기상 이해관계인에 해당하지 않는다. 예컨대 저당권의 말소에 관하여 지상권자, 지상권의 말소에 관하여 저당권자, 선순위 저당권의 말소에 관하여 후순위 저당권자, 후순위 저당권의 말소에 관하여 선순위 저당권자는 말소등기에 대하여 등기상 이해관계 있는 제3자에 해당하지 않는다. [10 법무사]

라. 말소에 관하여 등기상 이해관계 있는 제3자인지 여부는 등기기록에 따라 형식적으로 판단하고 실질적인 손해 발생의 염려 유무는 불문한다. 예컨대 피담보채권이 소멸하여 실체법상 무효인 저당권등기라도 아직 말소되지 않았다면 그 명의인은 등기상 이해관계인으로 취급되며[13 법무사], 등기기록에 기록되지 않은 자는 실체법상 이해관계가 있어도 해당하지 않는다. 등기관은 형식적인 심사권만이 있을 뿐 실질적인 심사권은 없어서 실체법상의 권리 유무를 조사하는 것이 불가능하므로 등기기록의 형식만으로 판단할 수 밖에 없기 때문이다.

마. 등기상 이해관계 있는 제3자가 해당 말소등기에 대하여 승낙을 하여야 할 의무가 있는지는 그 제3자가 말소등기권리자에 대한 관계에서 그 승낙을 하여야 할 실체법상의 의무가 있는지 여부에 의하여 결정된다(대판 2007.4.27, 2005다43753). [24 등기서기보]
기존 등기가 실체법상 원인무효라는 이유로 말소되는 경우 현행법상 등기의 공신력이 인정되지 않으므로 그러한 무효인 등기에 터잡은 등기도 무효가 되므로 그 등기명의인은 기존 등기의 말소에 대하여 승낙할 의무를 부담한다. 만약 승낙을 거부할 경우 승낙의 의사표시에 갈음하는 판결을 얻으면 된다(「부동산등기실무Ⅱ」 p.67).
그러나 기존 등기가 **실체법상 무효**인 경우에도 민법의 제3자 보호규정(민법 제107조 제2항, 제108조 제2항, 제109조 제2항, 제110조 제3항, 제548조 제1항 등)에 의하여 제3자의 권리가 보호되는 경우에는 제3자는 승낙의무가 없고 따라서 그 등기가 말소되지 않는다. 즉, 이러한 경우에는 제3자에 대한 관계에서 유효한 등기가 된다(「부동산등기실무Ⅱ」 p.68).

이 경우 진정한 소유자는 진정명의회복을 원인으로 한 소유권이전등기를 함으로써 권리구제를 받을 수 있다.

2) 등기상 이해관계 있는 제3자의 범위

가. 말소대상권리의 선순위 등기 - ×

말소대상권리의 선순위 등기는 자신의 순위에 변동이 없으므로 등기기록의 형식상 손해를 받지 않을 것이 명백한 경우에 해당하며, 등기상 이해관계인에 해당하지 않는다. 예컨대 2순위 근저당권의 말소에 있어서 1순위 근저당권자는 등기상 이해관계인에 해당하지 않는다.

나. 말소대상권리에 터잡은 등기 - ○

말소대상권리를 터잡은 등기는 그 등기가 말소되면 당연한 결과로 자신의 등기도 말소될 운명이므로 등기기록의 형식상 손해를 입을 우려가 있는자에 해당하며, 등기상 이해관계인에 해당한다. 예컨대 소유권등기의 말소등기신청 시 그 소유권에 터잡아 이루어진 저당권자(선례 2-401), 지상권자, 가등기권자, 가처분권자(선례 4-472, 6-57), 가압류권자(대판 2004.5.28, 2003다70041), 체납처분에 의한 압류권자 등은 등기상 이해관계인에 해당한다.

마찬가지로 **전세권부근저당권**에서 전세권등기를 말소할 경우에 근저당권자 또는 근저당권부권리질권도 등기상 이행관계인에 해당한다.

다. 말소대상권리의 후순위 등기 - ×

말소대상권리의 후순의 등기는 오히려 자신의 순위가 상승하는 효과가 있을 뿐 등기기록의 형식상 손해를 받지 않을 것이 명백한 경우에 해당하며, 등기상 이해관계인에 해당하지 않는다. 예컨대 1순위 근저당권의 말소에 있어서 2순위 근저당권자는 등기상 이해관계인에 해당하지 않는다.

라. 말소대상권리를 그대로 승계한 자 - ×

말소대상인 권리를 그대로 승계한 자는 등기연속의 원칙상 그 말소등기신청등기에 앞서 먼저 말소되어야 할 것이지 등기상 이해관계인으로서 승낙서를 첨부하여 직권말소할 수 있는 것이 아니다.

예컨대 **甲-乙-丙** 순으로 소유권이전등기가 된 경우, 甲이 乙을 상대로 원인무효로 인한 소유권이전등기 말소등기절차이행의 승소판결을 받아 乙 명의의 소유권이전등기를 말소하고자 하는 때에 현재의 소유명의인 丙은 그 말소등기에 있어 등기상 이해관계 있는 제3자가 아니다. [24 등기서기보 / 17 등기주사보 / 13 법무사] 따라서 乙 명의의 등기를 말소하기 위해서는 丙 명의의 소유권이전등기를 먼저 말소하여야 한다.

왜냐하면 말소의 대상이 되는 등기는 현재 효력이 있는 등기라야 하므로, 뒤의 등기인 丙 명의의 소유권이전등기를 먼저 말소하지 않고는 乙 명의 등기는 유효하다고 할 수 없어 소유권이전등기를 말소할 수 없다. 따라서 丙의 승낙 또는 이에 대항할 수 있는 재판이 있음을 증명하는 정보를 제공하더라도 甲과 乙이 공동으로(또는 甲이 乙에 대하여만 말소판결을 얻어) 乙 명의의 등기의 말소신청을 할 수 없기 때문이다.

이는 소유권뿐만 아니라 가등기나 제한물권이 이전된 경우에도 마찬가지이다(「부동산등기실무 II」 p.66).

최신 선례에 따르면, 甲 – 乙 – 丙 순으로 소유권이전등기가 마쳐진 경우 병은 을명의의 소유권이전등기의 말소에 앞서 먼저 말소되어야 할 등기명의인일 뿐 '등기상 이해관계 있는 제3자'가 아니므로, 갑이 병의 승낙 또는 병에게 대항할 수 있는 재판이 있음을 증명하는 정보를 첨부정보로서 등기소에 제공하여 을 명의의 이전등기의 말소등기를 신청한 경우, 등기관은 사건이 등기할 것이 아닌 경우(법 제29조 제2호)에 해당하는 것으로 보아 각하하여야 한다(선례 제202311-3호).

마. 판결에 따른 등기와 등기상 이해관계인 – △

(가) 일반론

가) 말소대상인 권리등기에 터잡은 제3자의 권리에 관한 등기가 있는 경우 그는 등기상 이해관계 있는 제3자에 해당한다.

나) 다만 판결(원고의 **물권적 청구권**에 기하여 말소등기절차의 이행을 명하는 확정판결)에 의한 말소등기신청의 경우 **변론종결 후에 등기를 마친 자는 기판력**이 미치므로 변론종결 후의 승계인에 해당하여 승계집행문을 받아 그 제3자의 등기를 말소할 수 있는 것이지 등기상 이해관계인으로 판단하여 승낙서의 첨부를 요구할 수는 없다. 변론종결 전후를 판단하는 기준 시는 등기기록상의 접수일자이다(법 제6조 제2항).

다) 말소판결의 **변론종결 후**에 말소대상인 등기를 전제로 경료된 권리의 등기명의인은 등기상 이해관계인에 해당하지 않고 **변론종결 후의 승계인에 해당**하므로 승낙서를 첨부할 것이 아니라 **승계집행문**을 부여받아야 하며, 판결에 따른 등기의 말소와 제3자의 등기의 말소를 동시에 신청하여야 한다.

라) 말소판결의 **변론종결 전**에 말소대상인 등기를 전제로 경료된 권리의 등기명의인은 등기상 이해관계인에 해당하여 그자의 승낙서를 첨부하여야 하며, 판결에 따라 등기를 말소할 때에 제3자의 등기는 직권말소된다.

(나) 관련 선례

가) 소유권보존등기의 말소를 명하는 확정판결이 있었다 하더라도 그 소송의 사실심 변론종결 전에 소유권이전등기가 된 경우 그 등기명의인을 상대로 소유권이전등기의 말소를 명하는 판결을 받아 그 말소신청을 하지 않는 한 보존등기의 말소신청은 할 수 없다. [17 등기주사보 / 10 법무사]

나) 확정판결에 의하여 소유권보존등기의 말소를 신청하는 경우 사실심 변론종결 전에 근저당권자 등 그 등기의 말소에 대하여 등기상 이해관계 있는 제3자가 있는 때에는 그 승낙서 또는 이에 대항할 수 있는 재판의 등본을 첨부하여야 한다(선례 제2-401호). [23 법무사]

마찬가지로 확정판결에 의한 소유권말소등기의 경우 그 판결의 사실심 변론종결 전에 체납처분에 의한 압류등기가 있는 때에는 그 체납처분자의 승낙서 또는 이에 대항할 수 있는 재판의 등본을 첨부하여야만 위 소유권이전등기의 말소등기를 신청할 수 있다. [9 법무사]

이와 달리, 갑 토지에 관하여 원인무효를 이유로 제기한 소유권보존등기 말소 청구소송에서 갑 토지의 특정일부에 대하여 승소판결(판결 주문에 공유지분의 말소가 아니라 갑 토지의 특정부분을 말소하라고 표시되어 있는 경우)이 확정된 후 갑 토지 전부에 관하여 근저당권설정등기가 경료되었고, 그 후 갑 토지가 위 소송에서 일부 승소한 특정 부분의 을 토지와 나머지 부분의 병 토지로 분할되어 그에 따른 분필등기가 경료되어 있는 경우, 피고로부터 근저당권설정등기를 경료받은 자는 민사소송법 제218조의 규정에 의한 변론종결 후의 승계인에 해당된다 할 것이므로, 원고는 확정된 일부말소판결 및 근저당권자에 대한 승계집행문을 첨부하여 을 토지에 관하여 전사된 소유권보존등기 및 근저당권설정등기의 말소등기신청을 할 수 있다(선례 제5-482호).

다) 전세권설정자가 전세권자를 상대로 하여 존속기간 만료를 원인으로 한 전세권설정등기의 말소등기절차이행을 명하는 확정판결을 받아 판결에 의한 말소등기를 신청하는 경우, 그 판결의 사실심 변론종결 전에 해당 전세권을 목적으로 하는 가압류등기가 이루어졌다면 그 가압류 채권자는 등기상 이해관계 있는 제3자에 해당한다. 이때 가압류등기가 마쳐진 시점이 판결에 나타난 전세권의 존속기간 만료 시점 후라 하더라도 상관없다(선례 5-198).

바. 해제를 원인으로 하여 소유권이전등기를 하는 경우 - ×

해제를 원인으로 하는 소유권이전등기는 말소등기가 아니므로 제3자의 승낙이 있음을 요하지 않는다. 예컨대 증여를 원인으로 한 소유권이전등기와 체납처분에 의한 압류등기가 순차 경료된 후 위 증여계약의 해제를 원인으로 한 위 소유권이전등기의 말소등기를 신청하는 경우에는 그 신청서에 체납처분권자의 승낙서 또는 이에 대항할 수 있는 재판의 등본을 첨부하여야 하지만 위 증여계약의 해제를 원인으로 새로운 소유권이전등기를 신청할 경우에는 위 서면의 첨부는 필요하지 아니하다(선례 2-411). [23 법무사 / 19 법무사]

사. 관련 선례

(가) 소유권이전등기의 말소등기를 신청하는 경우에 그에 앞서 그 소유권이전등기에 대하여 사해행위 취소를 원인으로 하는 소유권이전등기 말소청구권을 피보전권리로 하는 가처분등기를 한 채권자는 이해관계 있는 제3자에 해당한다. [18 등기주사보]

(나) 소유권이전등기 말소청구권을 피보전권리로 하는 **가처분등기가 마쳐져 있을 때** 등 기상 이해관계 있는 **제3자가 다른 권원에 의하여 위 소유권이전등기 말소를 신청할 경우 가처분권리자의 승낙**이나 이에 대항할 수 있는 재판이 있음을 증명하는 정보를 제공하여야 한다. [17 등기서기보]

(다) 사해행위취소청구권을 피보전권리로 하는 근저당권처분금지가처분등기가 경료되고, 그 가처분권자가 본안의 승소판결 등에 의하여 근저당권설정등기의 말소등기를 신청하는 때에는, 가처분권자는 그 등기의 말소에 관하여 등기상 이해관계인이지만 동시에 그 말소등기에 관한 등기권리자이므로 당연히 가처분등기말소에 대한 승낙이 있는 것으로 보아(🔁 **별도로 가처분권자의 승낙서를 제공할 필요 없이**) 등기관이 직권으로 그 가처분등기를 말소할 수 있으며, 다만 그 뜻을 가처분 집행법원에 통지하여야 한다(선례 7-425).

(라) 사해행위로 인한 소유권이전등기 말소청구권을 피보전권리로 하는 **가처분을 하였을 경우**, 가처분채권자가 말소판결을 받아 말소신청을 하는 것이 아니라 **수익자와 채무자가 공동으로 해당 소유권이전등기의 말소신청**을 하는 때에는 가처분채권자가 말소에 대하여 등기상 이해관계 있는 제3자이므로 **가처분채권자의 승낙** 또는 그에 대항할 수 있는 재판이 있음을 증명하는 정보를 제공하여야 한다. [23 법무사 / 19 법무사]

(마) 동일한 근저당권의 말소등기청구권을 피보전권리로 한 처분금지가처분등기가 여러 건 경료된 경우, 선순위 가처분권리자가 본안사건에서 승소하고 그 확정판결의 정본을 첨부하여 근저당권말소등기를 신청할 때에 **후순위 가처분권리자들의 승낙서는 첨부할 필요가 없다.** [15 법무사]

(바) 선행 가처분과 후행 가처분의 피보전권리가 모두 소유권이전등기 말소등기청구권 및 근저당권설정등기 말소등기청구권인 경우, 확정판결을 받은 **후행 가처분채권자의 말소등기신청** 시에는 등기상 이해관계 있는 제3자로서 **선행 가처분채권자의 승낙**을 증명하는 정보 또는 이에 대항할 수 있는 재판의 등본을 첨부하여야 한다. [23 법무사 / 19 법무사]

(사) 소유권이전등기 후에 경매개시결정등기가 마쳐진 경우, 경매개시결정등기는 **소유권이전등기에 기한 새로운 권리에 관한 등기에 해당**하므로 **경매신청채권자**는 「부동산등기법」 제57조 제1항의 '**등기상 이해관계 있는 제3자**'에 해당하고, 따라서 **소유권이전등기를 말소**하기 위해서는 **경매신청채권자의 승낙서** 또는 이에 대항할 수 있는 재판의 등본을 첨부하여야 하는 바, 위 **승낙서**에는 소유권이전등기의 말소를 승낙한다는 뜻이 나타나 있으면 족하고 반드시 먼저 **경매가 취하될 필요는 없으며**, 해당 등기관은 **소유권이전등기를 말소**하고 **경매개시결정등기를 직권으로 말소**한 후 **집행법원**에 경매개시결정등기가 **직권 말소**되었음을 **통지**하여야 한다 (선례 제202405-5호).

마찬가지로, 말소대상인 소유권이전등기 이전에 설정된 근저당권에 기한 임의경매개시결정등기가 마쳐진 경우, (경매)신청채권자는 등기상 이해관계인에 해당하므로 그의 승낙서 정보를 첨부하여야 하고, 등기관은 소유권이전등기의 말소에 앞서 경매개시결정등기를 직권으로 말소한 후(근저당권은 말소하지 않음을 주의) 집행법원에 통지하여야 하며, 승낙서가 첨부되지 않으면 소유권이전등기도 말소할 수 없을 것이다(선례 201208-4). [24 법원사무관 / 19 법무사]

3) 승낙을 증명하는 정보

등기상 이해관계 있는 제3자의 승낙서에는 말소등기의 대상이 된 등기의 말소를 승낙한다는 뜻이 나타나야 한다. 그 승낙의사가 그 자의 진정한 의사에 의한 것임을 담보하기 위하여 승낙서에는 인감을 날인하고 인감증명서를 첨부하여야 한다(규칙 제60조 제1항 제7호). 그러나 승낙서를 공정증서로 작성하거나 공증인의 인증을 받은 경우 인감증명을 제공할 필요가 없다.

대항할 수 있는 재판이란 등기상 이해관계 있는 제3자를 피고로 하여 얻은, 말소등기에 관하여 승낙을 할 뜻을 명한 확정된 이행판결 정본 또는 이와 동일한 효력이 있는 화해조서, 인낙조서, 조정조서 등의 정본을 뜻한다. [24 등기서기보] 즉 재판은 제3자의 승낙에 갈음하는 것이므로 제3자에 판결의 효력이 미치는 재판을 의미한다.

실무에서는 "피고(등기상 이해관계 있는 제3자)는 ○○말소등기에 대하여 승낙의 의사표시를 하라."는 주문뿐만 아니라, "피고(등기상 이해관계 있는 제3자)는 (피고명의의) ○○등기의 말소등기절차를 이행하라."는 주문도 이에 해당하는 것으로 본다.

Ⅱ. 개시

1. 모습

(1) 신청

1) 공동신청

등기는 법률에 다른 규정이 없는 경우에는 등기권리자와 등기의무자가 공동으로 신청하므로 말소등기의 경우에도 공동으로 신청한다(법 제23조 제1항).

2) 단독신청

가. 진정성이 담보되는 경우

(가) 판결(법 제23조 제4항)

등기절차의 이행 또는 인수를 명하는 판결에 의한 등기는 승소한 등기권리자 또는 등기의무자가 단독으로 신청하고, 공유물을 분할하는 판결에 의한 등기는 등기권리자 또는 등기의무자가 단독으로 신청한다(법 제23조 제4항).

따라서 말소등기청구소송을 제기하여 판결을 받은 경우에는 그 말소등기신청을 등기권리자가 단독으로 신청할 수 있다.

(나) 신탁등기의 말소(법 제87조 제3항)

신탁등기의 말소등기는 수탁자가 단독으로 신청할 수 있다(법 제87조 제3항).

(다) 권리소멸약정(법 제55조)

등기명의인인 사람의 사망 또는 법인의 해산으로 권리가 소멸한다는 약정이 등기되어 있는 경우에 사람의 사망 또는 법인의 해산으로 그 권리가 소멸하였을 때에는, 등기권리자는 그 사실을 증명하여 단독으로 해당 등기의 말소를 신청할 수 있다(법 제55조).

(라) 가등기의 말소(법 제93조)

가등기는 그 자체만으로는 권리변동을 종국적으로 발생시키지 않고 순위보전의 효력만 있는 등기이기 때문에 가등기의 말소등기신청 시에도 아래와 같이 단독신청의 특칙이 인정된다. 왜냐하면 가등기는 오로지 가등기권리자의 이익만을 위하여 행하여지므로 가등기명의인이 스스로 자기의 이익을 포기하려는 의사가 있는 이상 그 말소를 못하게 할 이유가 없기 때문이다. 이는 가등기명의인이 가등기의 말소에 대하여 승낙을 하는 경우에도 마찬가지이다.

가) 가등기명의인(가등기권리자)은 단독으로 가등기의 말소를 신청할 수 있다(법 제93조 제1항)

나) 가등기의무자(가등기 후 소유권을 취득한 제3자)또는 가등기에 관하여 등기상 이해관계 있는 자는 가등기명의인(가등기권리자)의 승낙(인감증명 포함)을 받아 단독으로 가등기의 말소를 신청할 수 있다(법 제93조 제2항).

(마) 가처분을 침해하는 등기의 말소등기 신청(법 제94조)

「민사집행법」 제305조 제3항에 따라 권리의 이전, 말소 또는 설정등기청구권을 보전하기 위한 처분금지가처분등기가 된 후 가처분채권자가 가처분채무자를 등기의무자로 하여 권리의 이전, 말소 또는 설정의 등기를 신청하는 경우에는, 대법원규칙으로 정하는 바에 따라 그 가처분등기 이후에 된 등기로서 가처분채권자의 권리를 침해하는 등기의 말소를 단독으로 신청할 수 있다(법 제94조 제1항). 가처분등기 이후의 등기가 없는 경우로서 가처분채무자를 등기의무자로 하는 권리의 이전, 말소 또는 설정의 등기만을 할 때에도 또한 같다(법 제94조 제2항). 가처분등기 후에 이루어진 소유권이전등기 및 소유권 외의 권리에 관한 등기는 그 가처분권자가 본안에서 승소하면 실효되기 때문에 가처분채권자가 단독으로 말소신청을 할 수 있도록 한 것이다.

(바) 혼동(「민법」 제191조)

소유권과 소유권을 목적으로 한 다른 권리, 소유권 이외의 권리와 그를 목적으로 한 다른 권리가 동일인에게 귀속되어 그 다른 권리들이 혼동에 의하여 소멸하는 경우(「민법」 제191조), 소유자 이외의 권리자는 단독으로 말소등기를 신청할 수 있다.

나. 성질상 공동신청이 불가능한 경우

(가) 소유권보존등기의 말소(법 제23조 제2항)

소유권보존등기는 성질상 등기의무자가 존재하지 아니하고, 또한 이미 소유권을 취득한 자가 등기기록에 공시하는 것에 불과하기 때문이다. 따라서 소유권보존등기와 같이 성질상 단독신청에 의하여 이루어지는 등기의 말소는 그 등기명의인의 단독 신청에 의한다

(나) 소재불명으로 인한 말소등기(법 제56조)

등기권리자가 등기의무자의 소재불명으로 인하여 공동으로 등기의 말소를 신청할 수 없을 때에는「민사소송법」에 따라 공시최고를 신청할 수 있다. 이러한 경우에 제권판결이 있으면 등기권리자가 그 사실을 증명하여 단독으로 등기의 말소를 신청할 수 있다(법 제56조).

(2) 직권

1) 말소등기 시에 등기상이해관계인의 승낙을 받은 경우의 제3자등기(법 제57조)

등기의 말소를 신청하는 경우에 그 말소에 대하여 등기상 이해관계 있는 제3자가 있을 때에는 제3자의 승낙이 있어야 한다. 이 경우 등기상 이해관계 있는 제3자 명의의 등기는 등기관이 직권으로 말소한다(법 제57조).

2) 법 제29조 제1호, 제2호 간과등기(법 제58조)

등기관이 등기를 마친 후 그 등기가 제29조 제1호(관할위반) 또는 제2호(사건이 등기할 것이 아닌 경우)에 해당된 것임을 발견하였을 때에는 일정한 통지절차를 거친 후 그 등기를 직권으로 말소하여야 한다(법 제29조 제1호, 제2호, 제58조).

3) 수용을 원인으로 하는 소유권이전등기시의 제3자등기(법 제99조 제4항)

등기관이 수용으로 인한 소유권이전등기를 하는 경우 그 부동산의 등기기록 중 소유권, 소유권 외의 권리, 그 밖의 처분제한에 관한 등기가 있으면 그 등기를 직권으로 말소하여야 한다(법 제99조 제4항).

4) 환매권행사로 인한 소유권이전등기 시의 당해 환매권등기(규칙 제114조 제1항)

환매에 따른 권리취득의 등기를 하였을 때에는 환매특약의 등기를 (⊞ 직권으로) 말소하여야 한다(규칙 제114조 제1항).

5) 권리소멸약정에 따른 등기 시 권리소멸약정등기(규칙 제114조 제2항)

권리의 소멸에 관한 약정의 등기에 따라 권리소멸의 등기를 한 때에는 권리소멸약정등기를 (⊞ 직권으로) 말소하여야 한다(규칙 제114조 제2항).

6) 가등기에 기한 본등기 시의 침해등기(법 제92조 제1항)

등기관은 가등기에 의한 본등기를 하였을 때에는 대법원규칙으로 정하는 바에 따라 가등기 이후에 된 등기로서 가등기에 의하여 보전되는 권리를 침해하는 등기를 직권으로 말소하여 야 한다(법 제92조 제1항).

7) 가처분 후 등기를 말소할 경우의 당해 가처분등기(법 제94조 제1항, 제2항)

등기관이 가처분등기 이후의 등기를 말소할 때에는 직권으로 그 가처분등기도 말소하여야 한다. 가처분등기 이후의 등기가 없는 경우로서 가처분채무자를 등기의무자로 하는 권리의 이전, 말소 또는 설정의 등기만을 할 때에도 또한 같다(법 제94조 제2항).

8) 예고등기의 직권말소

2020년 8월 4일까지 말소되지 아니한 예고등기는 등기관이 직권으로 말소한다(법 부칙 제3조).

9) 장기간 방치된 저당권 등의 직권말소

등기기록상으로는 현재 효력이 있는 등기의 외관을 지니고 있지만 사실상 그 권리가 소멸 한 채로 등기만 장기간 방치되는 경우가 있다. 만일 이러한 등기의 말소신청 시에도 공동신 청의 원칙을 그대로 적용하게 되면 등기명의인의 소재불명 등의 사유로 이를 쉽게 말소할 수 없어서 소유자에게 가혹한 결과가 된다. 이런 연유로 장기 방치된 등기를 직권으로 말소 하는 법률이 시행되었다.

예컨대 1980.12.31. 전에 등기된 (근)저당권・질권・압류・가압류・가처분・예고등기・ 파산・경매의 등의 등기에 관하여 개정법 시행일인 2006.6.1.부터 90일 내에 이해관계인 으로부터 권리존속신고가 없으면 그 등기를 등기관이 직권말소하도록 하였다. 다만 저당권 등기의 경우 1981.1.1. 후에 그 저당권을 목적으로 한 가처분등기, 그 저당권등기의 말소 의 예고등기 또는 저당권에 의한 경매신청등기가 등기기록에 기록되어 있는 경우, 저당권 자가 「금융실명거래 및 비밀보장에 관한 법률」 제2조 제1호의 금융기관인 경우에는 그 등 기를 말소하지 아니한다(부칙 제2조 제2항).

전세권에 관한 등기는 「부동산등기법」(법률 제7954호) 부칙 제2조(저당권 등 등기의 정리에 관한 특별조치)의 규정에 따라 등기관이 이를 직권으로 말소할 수 없다(선례 202108-5).

(3) 허무인등기의 말소

1) 의의

등기명의인이 실체가 없는 자, 즉 허무인인 경우에는 신청에 의하여 등기를 말소하기 어렵 고, 그렇다고 직권말소사유에 해당하지도 않으므로 판결에 의하여 그 등기를 말소할 수밖 에 없는 경우가 많다. 그런데 허무인 명의의 등기를 말소하고자 할 때 누구를 당사자로 한 판결을 얻어야 하는지가 문제된다.

2) 말소방법

가. 가공인 명의 등기의 말소방법

가공인 명의의 소유권이전등기 등에 대하여 실제 등기행위자를 상대로 한 말소소송에서 말소절차의 이행을 명한 판결(가공인 명의의 등기가 실제 등기행위자를 표상하는 등기로서 원인무효의 등기임을 이유로 한 판결)이 확정된 경우에는 위 판결에 의하여 가공인 명의 등기의 말소를 신청할 수 있다.

예컨대, 귀속재산으로서 국가의 소유가 된 부동산에 대하여 갑이 가공인을 명의로 소유권이전등기를 신청하여 그 등기가 마쳐진 경우, 국가는 갑을 상대로 하여 을 명의의 소유권이전등기의 말소등기 절차이행을 명하는 확정판결을 받아야만 을 명의의 소유권이전등기에 대한 말소등기를 신청할 수 있다(대판 1990.5.8, 90다684, 90다카3307, 선례 5-473). [23 법무사]

나. 사망자 명의 등기의 말소방법

사망자 명의의 등기를 말소하기 위해서는 그 상속인 전원을 등기의무자로 하여 공동신청하거나 상속인 전원을 상대로 한 말소판결을 얻어야 한다. [23 법무사]

사망자 명의의 소유권이전등기 등에 대하여 상속인을 상대로 한 말소소송에서 사망자 명의의 등기가 상속인을 표상하는 등기로서 원인무효의 등기임을 이유로 말소절차의 이행을 명한 판결이 확정된 경우에는 위 판결에 의하여 사망자명의 등기의 말소를 신청할 수 있다(예규 제1380호, 3). [23 법무사]

그러나 갑에서 을로의 소유권이전등기가 마쳐진 후 을이 사망(법정상속인 병, 정)하여 병 명의로 협의분할에 의한 상속을 원인으로 하는 소유권이전등기가 마쳐졌으나, 그 후 위 갑에서 을로의 소유권이전등기가 원인무효임을 이유로 말소하려는 경우, 협의분할에 의하여 이를 단독상속한 상속인 병만이 이를 전부 말소할 의무가 있고 다른 공동상속인 정은 이를 말소할 의무가 없으므로(대판 2009.4.9, 2008다87723), 을 명의의 소유권이전등기의 말소의무자는 을의 원래의 상속인 전원이 아니라 병이라 할 것이다(선례 제202304-02호).

다. 실체가 없는 법인 아닌 사단 또는 재단 명의 등기의 말소방법

실체가 없는 종중 등 법인 아닌 사단·재단 명의의 소유권이전등기 등에 대하여 실제 등기행위자(대표자나 그 구성원 등)를 상대로 한 말소소송에서 위 종중 등 명의의 등기가 원인무효의 등기임을 이유로 실제 등기행위자에게 말소절차를 명한 판결이 확정된 경우에는 위 판결에 의하여 말소등기를 신청할 수 있다(예규 제1380호, 4).

소유권이전등기 등의 말소소송에서 등기명의인인 법인 아닌 사단·재단이 그 실체가 인정되지 아니하여 당사자능력이 없음을 이유로 소각하판결이 확정되고, 위 각하판결 정본 등이 등기관에게 제출된 경우 등기관은 「부동산등기법」 제58조에 따라 당사자능력이 없는 위 종중 등 명의의 등기를 직권으로 말소할 수 없으며, 이해관계인도 위 판결

정본 등을 첨부하여 등기관의 처분에 대한 이의의 방법으로 위 종중 등 명의 등기의 말소를 구할 수 없다. [23 법무사]

3) 말소등기절차(이행판결)

판결에 의하여 허무인 명의의 등기의 말소를 신청하는 경우 허무인명의표시의 경정등기를 경유할 필요는 없으며, 말소등기의 등기원인은 **확정판결**로, 그 연월일은 **판결선고일**을 각 기재한다(예규 제1380호, 5). [23 법무사]

Ⅲ. 신청절차

1. 신청인

(1) 원칙

등기는 법률에 다른 규정이 없는 경우에는 등기권리자와 등기의무자가 공동으로 신청하므로 말소등기의 경우에도 등기권리자와 등기의무자가 공동으로 신청한다(법 제23조 제1항).

(2) 근저당권의 말소등기

1) 일반

근저당권설정자가 **등기권리자**, 근저당권자가 **등기의무자**가 되어 공동으로 신청한다(법 제23조 제1항).

2) 근저당권이 이전된 후 말소

근저당권이 이전된 후 근저당권설정등기의 말소등기를 신청하는 경우에는 근저당권의 양수인이 근저당권설정자(소유권이 제3자에게 이전된 경우에는 제3취득자)와 공동으로 그 말소등기를 신청할 수 있다(예규 1656). 따라서 계약양도 등을 원인으로 하여 근저당권 이전의 부기등기가 이루어져 있다면 그 근저당권설정등기말소의 등기의무자는 양수인이 된다(선례 5-479).

3) 소유권이 이전된 후 말소

근저당권설정등기의 말소등기를 함에 있어 근저당권 설정 후 **소유권이 제3자에게 이전된** 경우에는 근저당권설정자 또는 제3취득자가 근저당권자와 공동으로 그 말소등기를 신청할 수 있다(예규 1656). 근저당권설정 당시의 소유자는 직접적으로 권리를 얻는 자는 아니나 등기의 기록 형식상 유리한 지위에 있는 자로서 그 저당권의 말소등기에 있어서 등기권리자가 된다.

2. 신청정보

(1) 말소등기의 신청서에는 일반적인 사항 외에 말소할 등기를 기재한다.

(2) 등기원인으로는 해지, 존속기간 만료, 신청착오, 합의해제 등이 있다. "신청착오"란 당사자가 착오로 본래 의도했던 것과 다른 내용의 등기를 신청하여 그에 따른 등기가 이루어진 경우에 이를 말소하는 것이며(선례 6-22), "합의해제"는 매매·증여와 같은 등기원인인 계약을 해제 하고 원상회복의 방법으로 그 등기의 말소를 신청하는 경우이다(예규 331호).

(3) 등기원인 및 그 연월일은 "○년 ○월 ○일 해지"와 같이 기재하며 그 연월일은 해지증서상 원인 일 등을 기재한다.

(4) 등기목적은 "○번 근저당권말소"와 같이 기재한다.

(5) 말소할 등기는 말소대상이 되는 등기의 신청서 접수연월일, 접수번호, 순위번호를 기재한다.

3. 첨부정보

(1) 등기원인을 증명하는 정보

말소등기의 등기원인을 증명하는 정보는 기존의 등기가 부적법하게 된 원인을 증명하는 서면 등을 의미한다. 예컨대 당사자의 약정에 의한 등기의 말소의 경우에는 해지(해제)증서를, 판결 에 의한 말소의 경우에는 판결 정본 및 확정증명 또는 판결과 동일한 효력이 있는 각종 조서 등을 뜻한다.

(2) 등기의무자와 관련된 첨부정보

1) 등기필정보 등

말소등기를 공동으로 신청하는 경우에는 등기필정보를 제공하여야 한다(법 제50조 제2항). 이러한 정보를 제공하지 못하는 경우에는 법 제51조에 따라 등기관으로부터 등기의무자 등 임을 확인받거나 자격자대리인의 확인정보 제공 등에 의하여야 한다.

근저당권이 이전된 후 말소등기를 하는 경우에는 양수인이 소지하고 있는 근저당권이전등기 필정보를 제공한다.

2) 인감증명서 등

소유권의 등기명의인이 등기의무자로서 소유권등기의 말소등기를 신청하는 경우 또는 소유 권에 관한 가등기명의인이 가등기의 말소등기를 신청하는 경우에는 신청서나 위임장에 인 감을 날인하고 그 인감증명을 제출하여야 한다(규칙 제60조 제1항 제1호, 제2호).

제한물권자가 의무자인 경우에는 원칙적으로 인감증명을 제공하지 않지만, 등기필정보를 멸 실하여 법 제51조에 따라 등기를 신청하는 경우에는 인감증명을 제공한다(규칙 제60조 제 1항 제3호).

(3) 등기권리자와 관련된 첨부정보

1) 취득세 등 세금납부영수증 - ○

2) 주소를 증명하는 정보 - ×

3) 번호를 증명하는 정보 - ×

(4) 부동산과 관련된 첨부정보 - ×

(5) 기타 첨부정보(등기상 이해관계인의 승낙이 있음을 증명하는 정보)

말소등기를 신청하는 경우 그 말소에 관하여 등기상 이해관계 있는 제3자가 있을 때에는 그의
승낙이 있어야 말소등기를 할 수 있다(법 제57조, 규칙 제46조 제1항 제3호). [18 등기서기보 · 등기주
사보 / 13 법무사]

Ⅳ. 실행절차

1. 등기부 작성 · 기입

(1) 등기사항

1) 신청대상 등기(수리요건)

등기의 말소를 신청하는 경우에 그 말소에 대하여 등기상 이해관계 있는 제3자가 있을 때
에는 제3자의 승낙이 있어야 한다(법 제57조 제1항). 등기를 말소할 때에는 말소의 등기를
한 후 해당 등기를 말소하는 표시를 하여야 한다(규칙 제116조 제1항). [17 법무사]

말소할 권리를 목적으로 하는 제3자의 권리에 관한 등기가 있을 때에는 등기기록 중 해당
구에 그 제3자의 권리의 표시를 하고 어느 권리의 등기를 말소함으로 인하여 말소한다는
뜻을 기록하여야 한다(규칙 제116조 제2항).

2) 등기상 이해관계 있는 제3자의 등기

말소에 대하여 등기상 이해관계 있는 제3자의 승낙이 있음을 증명하는 정보를 제공하여 등
기의 말소를 신청한 경우 해당 등기를 말소할 때에는 등기상 이해관계 있는 제3자 명의의
등기는 등기관이 직권말소한다(법 제57조 제2항). [23 등기서기보 / 21 법무사 / 20 법무사 / 18 등기주사보 /
17 법무사 / 13 법무사]

예컨대 저당권등기에 권리질권의 등기가 부기되어 있는 경우 저당권말소등기를 신청하기 위
해서는 질권자의 승낙서가 첨부되어야 하며, 이 경우 권리질권등기는 직권말소된다. [10 법무사]

3) 등기상 이해관계 있는 제3자의 승낙서가 없음에도 말소등기가 경료된 경우

제3자의 승낙서 등의 서류를 누락한 경우 등기관은 법 제29조 제9호에 따라 각하하여야 한
다. 그러나 말소등기신청서에 등기상 이해관계 있는 제3자의 승낙서 등이 첨부되지 않았음에
도 말소신청의 대상인 등기와 말소할 권리를 목적으로 하는 제3자의 등기 모두가 말소되었
다면 등기관은 직권으로 이미 말소된 등기의 말소회복등기를 할 수는 없다(선례 6-57). [24
등기서기보]

(2) 등기형식

말소등기는 주등기의 형식으로 실행한다.

2. 각종 통지

등기가 경료되면 등기완료통지를 하게 되지만 권리에 관한 등기가 기입되는 등기가 아니므로 등기필정보는 작성·통지하지 아니한다.

관련 기출지문

1 등기상 이해관계 있는 제3자의 승낙 없이 말소등기가 이루어진 경우 그 제3자에게 말소등기에 관하여 실체법상의 승낙의무가 있는지 여부와 관계없이 그 말소등기는 제3자에 대한 관계에 있어서는 무효이다. (×)
[24 법원사무관]

2 저당권의 말소에 관하여 지상권자, 지상권의 말소에 관하여 저당권자, 선순위 저당권의 말소에 관하여 후순위 저당권자, 후순위 저당권의 말소에 관하여 선순위 저당권자는 말소등기에 대하여 등기상 이해관계 있는 제3자에 해당한다. (×)
[10 법무사]

3 갑 → 을 → 병의 순으로 소유권이전등기가 된 상태에서 을 명의의 소유권등기를 말소한다고 할 때 병은 등기상 이해관계 있는 제3자이다. (×)
[13 법무사]

4 선행 가처분과 후행 가처분의 피보전권리가 모두 소유권이전등기 말소등기청구권 및 근저당권설정등기 말소등기청구권인 경우, 확정판결을 받은 후행 가처분채권자가 말소등기신청을 할 때에 선행 가처분채권자의 승낙 또는 이에 대항할 수 있는 재판의 등본을 첨부정보로 제공할 필요는 없다. (×) [23 법무사]

5 귀속재산으로서 국가의 소유가 된 부동산에 대하여, 갑이 허무인인 을 명의로 소유권이전등기를 신청하여 그 등기가 마쳐진 경우, 국가는 등기부상 명의자가 아닌 갑을 상대로 하여 을 명의의 소유권이전등기의 말소등기 절차이행을 구할 수 없다. (×)
[9 법무사]

6 허무인명의의 등기가 마쳐진 경우 진정한 소유자는 실제 등기행위를 한 자를 상대로 처분금지가처분의 결정을 받았더라도 가처분의 채무자와 등기기록상의 등기의무자가 형식적으로 일치하지 않으므로 등기관은 그 가처분등기의 촉탁을 수리할 수 없다. (×)
[16 법무사]

7 소유권이전등기의 말소소송에서 등기명의인인 종중 등 법인 아닌 사단이 그 실체가 인정되지 아니하여 당사자능력이 없음을 이유로 소각하판결이 확정되고, 위 각하판결정본 등이 등기관에게 제출된 경우 등기관은 당사자능력이 없는 위 종중 등 명의의 등기를 직권으로 말소할 수 있다. (×)
[23 법무사]

8 등기의 말소에 대하여 이해관계 있는 제3자가 그 말소에 대하여 승낙을 한 경우에는 말소대상의 등기와 이해관계 있는 제3자의 등기를 등기권리자와 등기의무자의 공동신청으로 말소한다. (×) [18 등기주사보]

9 등기의 말소를 신청하는 경우에 그 말소에 대하여 등기상 이해관계 있는 제3자가 있을 때에는 그 제3자의 승낙을 받아 제3자 명의의 등기의 말소등기를 동시에 신청하여야 한다. (×)
[17 법무사]

04 절 말소회복등기

Ⅰ. 서설

1. 의의

부동산등기제도는 점유만으로 공시할 수 없는 사항에 관하여 국가기관이 부동산에 관한 일정한 사항을 등기부라는 공적장부에 기록하여 외부에 공시(公示)함으로써 거래의 안전과 신속을 도모하는 제도이다. 즉 **부동산등기제도의 목적은 부동산의 현황 및 권리관계를 실체관계와 부합하게 공시하는 것이다.**

따라서 **등기와 실체관계 사이에 불일치가 있는 경우에는** 양자를 일치시킬 필요가 있는데, 이러한 경우에 인정되는 것이 말소회복등기이다.

말소회복등기는 등기의 일부 또는 전부가 부적법하게 말소되어 실체관계와 불일치한 경우에 이를 일치시키는 등기이다. 즉 실체법적으로 존재하는 권리에 대해 등기기록상으로 **부적법하게 말소된 경우 그 등기를 다시 회복시켜 말소 전의 상태로 소급하여 말소가 되지 않았던 것과 같은 효과를 생기게 하는 등기이다**(대판 2013.3.14, 2012다112350 등). [16 등기서기보] 따라서 회복된 등기는 말소된 종전 등기와 동일 순위를 가지게 된다.

예컨대 근저당권의 등기가 위조된 서류에 의하여 부적법하게 말소된 경우에 이를 회복시키는 것이 이에 해당한다.

등기는 물권의 효력발생요건이고 그 존속요건은 아니므로 물권에 관한 **등기가 원인 없이 말소된 경우에도** 그 물권의 효력에는 아무런 변동이 없다(대판 1988.12.27, 87다카2431). 따라서 **어떠한 권리의 등기가 불법하게 말소된 경우 그 말소등기는** 실체관계에 부합하지 않는 것이어서 무효이며 [9 법무사], **불법 말소된 등기의 등기명의인은** 회복등기가 마쳐지기 전이라도 적법한 권리자로 추정된다(대판 1997.9.30, 95다39526). 즉 원인 없이 부적법하게 말소된 등기에는 권리의 소멸 또는 부존재의 추정력이 인정되지 아니하므로, **불법말소된 등기의 권리자는 본인의 권리를 잃지 않고 회복등기를 함으로써 부적법한 등기를 시정할 수 있다.**

2. 요건

(1) 현재 효력이 없는 등기일 것

폐쇄등기기록에 기록된 등기사항의 말소회복도 할 수 있다. [11 법무사]

종전규정에 따르면 폐쇄등기기록에 기록된 등기사항에 대하여 말소회복의 소가 제기되면 이를 현행 등기기록에 이기하고 예고등기를 하였다. 그런데 예고등기제도가 폐지된 개정법하에서는 이러한 이기를 할 수 없다. 따라서 **폐쇄된 등기기록에 있는 등기사항에 대해서는 예고등기가 폐지된 현행 규정으로는 말소회복등기절차의 이행을 명하는 확정판결에 따른 신청이나 공동신청이 있는 경우 비로소 말소회복등기를 할 수 있다.** [16 법무사]

그러나 소유명의인의 신청에 의하여 건물의 멸실등기가 이루어진 경우에는 그 폐쇄된 등기기록에 기록된 등기의 회복은 할 수 없다(선례 1-684). 등기의 대상인 부동산 자체가 소멸하였기 때문이다.

(2) 일부 또는 전부에 관한 불일치가 있을 것

말소회복등기는 부적법하게 말소된 등기의 회복을 하는 것을 목적으로 하는 것이므로 전부에 대한 부적법 말소등기가 된 경우에도 회복등기를 할 수 있고 일부가 부적법 말소등기가 된 경우에도 회복등기를 할 수 있다. [19 등기주사보]

(3) 등기가 부적법하게 말소되어 불일치가 있을 것

1) 부적법하게 말소될 것

말소회복등기는 부적법하게 말소된 등기의 회복을 목적으로 한다. 여기서 부적법 말소란 그 원인이 실체적(말소등기 원인의 부존재, 무효·취소)·절차적(말소사유가 없음에도 등기관이 잘못 말소한 경우) 사유이던 불문하고 말소등기가 무효인 경우를 말한다(대판 1993. 3.9. 92다39877). [23 등기서기보 / 22 법원사무관]

한편 등기는 현실의 권리관계를 사실대로 공시하는 제도이므로 말소등기가 부적법하게 행하여진 경우라도 그것이 실체관계에 부합하는 때에는 말소회복등기를 청구할 수 없다는 것이 판례의 입장이다(대판 1987.5.26. 85다카2203). [11 법무사] 예컨대 저당권설정등기가 위조된 위임장에 의하여 말소되었으나 그것이 기본계약의 해지 등으로 실체관계에 부합하는 때에는 말소회복등기를 청구할 수 없다.

2) 당사자가 임의적·자발적으로 말소한 경우

판례는 말소회복등기란 실체적 이유에 기한 것인지 절차적 하자에 기한 것인지 불문하고 말소등기나 그 밖의 처분이 무효인 경우에 하는 등기이므로 어떤 이유이건 당사자가 자발적으로 말소등기를 한 경우에는 말소회복등기를 할 수 없다고 판시하였다(대판 1990.6.26. 89다카5673). [20 법무사] 마찬가지로 위 경우에는 소로써 말소회복등기를 구할 수도 없다. [14 법무사]

가. 따라서 관공서가 자발적으로 압류등기를 말소한 경우에는 그 압류등기에 대한 말소회복등기를 할 수 없다. [20 등기서기보]

나. 국유재산의 사용에 대한 변상금 및 대부료 체납으로 체납자 소유재산에 대하여 압류등기를 마친 후, 관리청 변경을 사유로 변경 전 관리청이 압류등기를 자발적으로 말소한 경우에는 그 압류등기에 대한 말소회복등기는 할 수 없다(선례 201208-2). [18 등기주사보·법무사 / 15 법원사무관]

다. 가등기권리자인 갑이 가등기에 기한 본등기를 하지 아니하고 별도의 소유권이전등기를 함과 동시에 가등기명의인 갑이 혼동을 원인으로 위 가등기를 자발적으로 말소등기를 하였다면 그 가등기에 대한 말소회복등기는 할 수 없다(선례 3-753). [18 법무사]

⑷ 등기상 이해관계 있는 제3자의 승낙을 받을 것

1) 등기상 이해관계 있는 제3자의 의미

가. 회복등기로 인하여 제3자에게 예상하지 못한 손해를 줄 염려가 없을 것

말소회복등기 역시 권리에 관한 등기의 일반원칙에 따라 등기권리자와 등기의무자의 공동신청에 의하여 이루어진다. 그런데 말소된 등기의 회복 전에 법률관계를 맺은 제3자가 있는 경우에도 아무런 제약 없이 자유롭게 말소회복등기를 신청할 수 있다고 한다면 제3자에게 예상하지 못한 손해를 주게 되고 거래의 안전을 해치게 된다. 따라서 법 제59조와 규칙 제46조 제1항 제3호는 말소회복등기에 있어서 등기상 이해관계 있는 제3자가 있는 경우에는 그 승낙을 증명하는 정보 또는 이에 대항할 수 있는 재판이 있음을 증명하는 정보를 제공하여야 한다고 규정하였다. [21 등기서기보]

나. 말소회복등기에 대한 등기상 이해관계 있는 제3자는 등기의 말소회복등기를 함으로써 등기기록의 형식상 손해를 입을 우려가 있는 제3자를 말한다. [23 등기서기보 / 16 등기서기보]

다. 말소회복등기에 관하여 등기상 이해관계 있는 제3자인지 여부는 등기기록에 따라 형식적으로 판단하고 실질적인 손해 발생의 염려 유무는 불문한다. 이는 권리변경등기나 말소등기 등의 경우와 같다.

라. 말소회복등기에 의하여 등기의 형식상 일반적으로 손해를 입을 염려가 있어야 하므로 비록 실질적으로는 손해를 입을 염려가 있더라도 등기명의인이 아닌 자는 이해관계 있는 제3자가 아니다. 반대로 일반적으로 손해를 입을 염려가 등기의 형식상 인정되는 한 비록 그 권리가 실체상 제3자에게 대항할 수 없어서 실질적, 구체적으로 손해를 입을 염려가 없더라도 이해관계 있는 제3자에 해당한다.

마. 등기가 원인 없이 부적법 말소된 경우 그 말소등기를 회복함에 있어 등기상 이해관계 있는 제3자는 그의 선의·악의를 묻지 아니하고 승낙의무를 부담한다(대판 1997.9.30, 95다39526, 대판 2004.2.27, 2003다35567). [14 법무사] 예컨대 **가등기가 가등기권리자의 의사에 의하지 않고 부적법 말소되어 그 말소등기가 원인무효인 경우 등기상 이해관계 있는 제3자는 선의·악의를 묻지 않고 가등기권리자의 회복등기절차에 승낙할 의무가 있는 바, 가등기가 부적법하게 말소된 후 가처분, 저당권설정, 소유권이전 등의 등기를 마친 제3자는 가등기의 회복등기절차에서 등기상 이해관계 있는 제3자로서 승낙할 의무가 있다.** [23 등기서기보 / 18 법원사무관 / 16 법무사]

2) 등기상 이해관계 있는 제3자의 범위

가. 회복대상권리의 선순위 등기 - ×

회복대상권리의 선순위 등기는 자신의 순위에 변동이 없으므로 등기기록의 형식상 손해를 받지 않을 것이 명백한 경우에 해당하여 등기상 이해관계인에 해당하지 않는다. 예컨대 2순위 근저당권의 말소회복에 있어서 1순위 근저당권자은 등기상 이해관계인에 해당하지 않는다.

나. 회복대상권리에 터잡은 등기 - ×

회복대상권리를 **터잡은 등기**는 그 등기가 회복되면 직권말소된 자신의 등기도 회복되는 지위에 있으므로 등기기록의 형식상 손해를 받지 않을 것이 명백한 경우에 해당하여 등기상 이해관계인에 해당하지 않는다.

예컨대 소유권등기의 말소회복등기신청 시 그 소유권에 터잡아 이루어진 지상권자, 저당권자, 가압류권자 등은 등기상 이해관계인에 해당하지 않는다.

마찬가지로 **전세권부근저당권**에서 전세권등기를 말소회복할 경우에 근저당권자 및 **근저당권부권리질권**에서 근저당권등기를 말소회복할 경우에 권리질권자도 등기상 이해관계인에 해당하지 않는다.

다. 회복대상권리의 후순위 등기 - ○

회복대상권리의 **후순위 등기**는 당연한 결과로 자신의 등기의 순위가 밀리거나(❶ 제한물권의 회복과 기존 제한물권의 관계), 제한물권의 회복으로 인해 부담을 얻게 되므로(❷ 제한물권의 회복과 기존 소유권과의 관계) 등기기록의 형식상 손해를 입을 우려가 있는 자에 해당하며, 등기상 이해관계인에 해당한다.

예컨대 1순위 근저당권의 말소회복에 있어서 2순위 근저당권자은 등기상 이해관계인에 해당한다.

라. 회복대상권리와 양립불가능한 자 - ×

어떤 등기가 말소되고 회복되기 전에 회복대상인 등기와 양립 불가능한 등기가 새로이 마쳐진 경우 그 등기는 회복의 전제로서 말소되어야 할 것이지 등기상 이해관계인이 아니므로[14 법무사] 그자의 승낙서를 첨부하여 등기를 할 수 있는 것은 아니다(대판 1982. 1.26, 81다2329·2330 등). 이는 회복 대상 등기와 새로 마쳐진 등기가 서로 양립 불가능한 용익물권인 경우에도 마찬가지로 적용된다.

(가) 甲에서 乙에게로의 소유권이전등기가 부적법 말소된 후 甲에서 丙으로 소유권이전등기가 마쳐진 경우 乙 명의의 소유권이전등기를 말소회복함에 있어서 현재의 소유권자인 丙은 이해관계인이 아니다. [20 등기서기보 / 16 법무사] 乙 명의의 등기와 丙 명의의 등기는 양립할 수 없기 때문이다. 따라서 乙 명의의 등기를 말소회복하기 위해서는 丙 명의의 소유권이전등기를 먼저 말소하여야 한다.

(나) 甲 명의의 전세권설정등기가 불법말소된 후에 乙 명의의 전세권설정등기가 마쳐진 경우, 甲 명의의 전세권설정등기를 회복함에 있어 현재의 전세권자인 乙은 등기상 이해관계인이 아니다. [15 법원사무관]

(다) 그러나 저당권이나 지상권 등의 제한물권이 부적법하게 말소된 후 제3자에게 소유권이전등기가 경료된 경우 제한물권의 등기와 소유권이전등기는 양립 가능하므로 현 소유명의인은 등기상 이해관계 있는 제3자로 보게 된다.

마. 회복등기의 의무자지위를 포괄승계한 자 - ×

甲 소유 부동산에 대하여 경료된 乙 명의의 가처분등기가 집행법원의 촉탁착오로 인하여 말소된 후 甲의 상속인 丙 명의의 상속등기가 경료되었다면, 집행법원은 가처분권자 乙을 등기권리자로, 상속인 丙을 등기의무자로 하여 말소된 가처분등기의 회복등기를 촉탁하여야 하며, 이 경우 상속인 丙은 등기상 이해관계 있는 제3자에 해당되지 아니한다(선례 7-64). [18 등기주사보·법무사]

3) 등기상 이해관계 있는 제3자의 판단시기

가. 등기상 이해관계가 있는 제3자란 말소회복등기가 된다고 하면 손해를 입을 우려가 있는 사람으로서 그 손해를 입을 우려가 있다는 것이 기존의 등기부기재에 의하여 형식적으로 인정되는 자를 의미하고, 여기서 말하는 **손해를 받을 우려가 있는지 여부는** 제3자의 권리취득등기 시(말소등기 시)가 아니라 **회복등기 시를 기준으로 하여 판단한다**(대판 1990.6.26, 89다카5673). [18 법원사무관 / 16 등기서기보 / 14 법무사 / 11 법무사]

나. 어떤 등기가 부적법하게 말소된 경우 부적법 말소된 등기(회복 대상 등기) 이후에 등기부상 권리를 취득한 자는 말소등기 후에 등기부상 권리를 취득하든 말소등기 전에 등기부상 권리를 취득하든 동조 소정의 등기상 이해관계가 있는 제3자에 해당된다고 할 것이다(선례 4-599).

다. 부적법 말소된 저당권설정등기에 대하여 저당권자가 판결을 받아 단독으로 회복등기를 신청하는 경우, 회복등기를 신청하기 이전에 위 말소된 저당권설정등기보다 후순위의 저당권설정등기가 마쳐졌다면 그 저당권설정등기가 위 회복할 저당권설정등기가 말소되기 이전에 마쳐진 것이라 하더라도 그 후순위 저당권자의 승낙이 있음을 증명하는 정보를 첨부정보로서 **제공하여야** 한다. [18 법원사무관·법무사]

3. 적용범위

4. 효과

말소회복등기를 하면 말소 당시로 소급하여 말소가 없었던 것과 같은 효과가 생기므로 회복한 등기는 말소된 종전 등기와 동일순위를 가지게 된다. 따라서 회복 신청을 받아 등기관이 등기를 회복할 때에는 회복의 등기를 한 후 다시 **말소된 등기와 같은 등기를 하여야** 한다(규칙 제118조). 즉 **순위번호도 종전 등기와 같은 번호를 기록한다.** [20 등기서기보·법무사]

II. 개시

말소등기가 당사자의 신청에 의하여 이루어진 경우에는 그 **회복등기도 당사자의 신청**에 의하고, 집행법원 등의 촉탁에 의한 경우에는 **촉탁**에 의하여야 한다. 또 등기관의 직권으로 행하여진 경우에는 그 회복등기도 **직권**으로 하여야 한다. [23 등기서기보 / 20 법무사 / 16 법무사]

1. 신청

등기는 법률에 다른 규정이 없는 경우에는 등기권리자와 등기의무자가 공동으로 신청하여야 하고 (법 제23조 제1항) 이는 말소회복등기에도 마찬가지이다. 다만 판결을 받아 단독으로 말소회복등기를 신청할 수 있다.

2. 촉탁

주택임대차보호법상의 임차권등기명령에 의하여 주택임차권등기가 경료되어 있는 주거용 건물에 대한 체납압류재산의 공매절차에서 대행기관인 한국자산관리공사가 그 부동산을 매각한 후 **착오로** 소멸되지 않는 위 주택임차권등기에 대한 **말소등기를 촉탁**하여 등기관이 그 등기를 말소한 경우, 말소된 위 주택임차권등기의 **회복등기**는 한국자산관리공사의 **촉탁으로** 하여야 한다(선례 7-385). [15 법원사무관] 또한 경매목적물의 매각에 의하여 말소된 압류등기의 회복등기도 집행법원의 촉탁에 의하여야 한다(선례 7-384).

> **🔖 관련 선례**
> 갑이 을 소유 부동산에 대하여 가처분등기를 마치고, 을을 상대로 한 신탁해지로 인한 **소유권이전등기청구소송**에서 을이 갑의 청구를 인낙하였으나, 그에 따른 소유권이전등기를 마치기 전에 을이 위조서류에 의하여 위 **가처분등기를 말소**하고, 병 앞으로 소유권이전등기를 마친 경우
> 가. 갑이 위 인낙조서에 의한 등기를 하기 위해서는 **우선 가처분등기를 회복**한 다음,
> 위 인낙조서에 의하여 갑 앞으로의 소유권이전등기신청을 함과 동시에
> 가처분의 효력에 저촉되는 **병 명의의 위 소유권이전등기의 말소신청**을 하여야 한다.
> 나. **가처분등기를 회복**하기 위하여 갑은 가처분의 집행법원에 대하여 **집행이의**를 통하여 말소회복을 구할 수 있을 것이고(만일 가처분등기의 회복에 있어서 **등기상 이해관계가 있는 제3자**가 있는 경우에는 그의 승낙서 또는 이에 대항할 수 있는 재판의 등본을 **집행법원에 제출할 필요가 있음**), **집행법원**은 그 집행이의가 이유 있다면 가처분등기의 말소회복등기의 촉탁을 하여야 한다.
> 가처분등기가 말소된 경우 그 회복등기도 **법원의 촉탁**에 의하여야 하므로 갑이 말소된 가처분등기의 회복등기절차의 이행을 소구할 이익은 없다(대판 2000.3.24, 99다27149, 대결 2010.3.4, 2009그250 참조).

3. 직권

가등기에 의한 본등기를 말소하는 경우에 행하는 직권회복등기, 수용(재결)의 실효로 인한 직권회복등기 등은 말소등기가 직권으로 이루어졌으므로 회복등기도 직권으로 하여야 한다.

예컨대 **공동신청**에 의하여 수용으로 인한 소유권이전등기를 말소한 때에는 등기관은 수용으로 인한 소유권이전등기를 경료하면서 직권말소한 등기를 다시 직권으로 회복하여야 한다. [21 법무사 / 19 법원사무관]

마찬가지로, 사업주체가 입주예정자 앞으로의 소유권이전등기를 신청하여 등기관이 그 소유권이전등기를 실행한 후 주택에 대한 금지사항 부기등기를 직권으로 말소하였으나, 그 후 사업주체가 공급질서 교란 행위를 이유로 「주택법」 제65조 제2항에 따라 **주택공급계약을 취소**하고 위 입주예정

자 앞으로의 소유권이전등기의 말소등기를 신청할 경우, 등기관은 그 말소등기를 실행한 후 위 말소된 금지사항 부기등기를 직권으로 회복하여야 한다(등기예규 제1616호, 제444호 참조, 선례 제202308-5호).

Ⅲ. 신청절차

1. 신청인

(1) 원칙

등기는 법률에 다른 규정이 없는 경우에는 등기권리자와 등기의무자가 공동으로 신청하여야 하고(법 제23조 제1항) 이는 말소회복등기에도 마찬가지이다. 따라서 말소회복등기는 말소된 등기, 즉 회복하여야 할 등기의 등기명의인이 **등기권리자**가 되고, 그 회복에 의하여 등기상 직접 불이익을 받는 자가 **등기의무자**가 되어 그 공동신청에 의하여 이루어진다. 말소등기의 경우와 반대라고 할 수 있다.

1) 예컨대 甲으로부터 乙로의 소유권이전등기가 경료된 이후에 乙의 등기가 부적법하게 말소된 경우 그 말소회복등기는 乙이 등기권리자, 甲이 등기의무자가 되어 공동으로 신청하여야 한다.

2) 지상권을 목적으로 하는 저당권설정등기의 회복등기는 저당권자가 등기권리자, 지상권자가 등기의무자로서 공동으로 신청하여야 한다. [18 등기주사보]

(2) 제한물권의 말소회복등기

1) 일반적인 경우

불법하게 말소된 것을 이유로 한 근저당권설정등기에 대한 회복등기의 등기의무자는 말소 당시의 소유자이다. [20 등기서기보] 따라서 그 회복등기청구는 그 등기 말소 당시의 소유자를 상대로 하여야 한다. [16 법무사]

2) 제한물권이 부적법하게 말소된 후 소유권이 이전된 경우

가. 불법하게 말소된 것을 이유로 한 근저당권설정등기의 회복등기청구는 말소 당시의 소유자를 상대로 하여야 한다. 따라서 제3자에게 소유권이 이전된 때에는 현재의 소유명의인은 등기의무자가 아니고[18 법원사무관] 등기상 이해관계 있는 제3자이다. [18 법무사]

나. 예컨대 근저당권이 부적법하게 말소된 후 소유권이 이전된 경우, 근저당권설정등기의 말소회복등기에 있어서 등기의무자는 말소 당시의 소유자(종전 소유자)이며 등기상 이해관계인은 제3취득자(현재의 소유자)이다(대판 1969.3.18, 68다1617, 대판 2009.10.15, 2006다43903 등 참조). [15 법원사무관 / 14 법무사] 따라서 말소회복등기는 회복되는 등기의 명의인과 말소 당시의 소유권등기의 명의인이 공동으로 신청하되, 현재의 소유명의인의 승낙을 증명하는 정보 등을 제공하여야 한다.

다. 가등기가 말소된 후에 소유권이 이전된 경우에도 마찬가지이다. 즉 乙 명의의 가등기가 부적법 말소된 후 말소된 가등기의 설정자였던 甲에서 丙으로 소유권이전등기가 마쳐진 경우 乙 명의의 가등기를 말소회복함에 있어 丙은 등기상 이해관계 있는 제3자에 해당한다. [20 법무사]

2. 신청정보

말소회복등기신청서의 기재사항으로서 규칙 제43조에 따른 일반적 기재사항 외에 특이한 점은 아래와 같다.

(1) 등기원인 및 그 연월일

말소회복의 등기원인은 "신청착오"인 경우가 보통이고, 그 원인일자는 말소등기신청일을 기재한다. 만일 합의해제에 의하여 등기가 말소되었는데 그 말소에 대한 합의가 취소되거나 무효인 경우에는 "합의해제취소"(원인일자는 그 취소일) 또는 "합의해제무효"(원인일자는 말소등기의 등기원인일자)라고 기재한다.

(2) 등기목적

등기의 목적은 "○번 소유권보존등기 회복" 또는 "○번 근저당권설정 등기회복" 등으로 기재한다. 이와 함께 회복시켜야 할 등기를 특정하기 위하여 그 등기의 신청서 접수연월일 및 접수번호를 기재하여야 한다.

3. 첨부정보

(1) 등기원인을 증명하는 정보

말소회복의 등기원인을 증명하는 정보로는 말소회복합의서, 확정 판결정본 등이 있다. 착오를 이유로 말소회복등기를 신청하는 경우에는 말소등기신청에 착오가 있었음을 증명하는 정보(등기신청인이 말소등기 시 어떠한 점에 착오가 있었는지를 확인하고 기명날인한 서면 등)를 제공하여야 한다.

(2) 등기의무자와 관련된 첨부정보

1) 등기필정보 등

등기의무자의 권리에 관한 등기필정보(예 근저당권등기를 회복하는 경우 소유권의 등기명의인이 가지고 있는 등기필정보)를 제공하여야 한다.

2) 인감증명서 등

등기의무자가 소유권의 등기명의인인 경우에는 인감증명서를 제공하여야 한다.

(3) 기타 첨부정보(등기상 이해관계인의 승낙이 있음을 증명하는 정보)

말소회복등기에 있어서 등기상 이해관계 있는 제3자가 있는 경우에는 그 승낙을 증명하는 정보 또는 이에 대항할 수 있는 재판이 있음을 증명하는 정보를 제공하여야 한다. [21 등기서기보]

IV. 실행절차

1. 등기부 작성·기입

(1) 등기사항

1) 어느 등기의 전부가 말소된 경우

어떤 등기의 전부가 말소된 경우 그 등기 **전부를 회복**하는 때에는 **주등기로 회복등기**를 하고 이어서 **직권으로 말소된 등기와 같은 등기**를 한다(규칙 제118조 본문). 즉 순위번호도 종전 등기와 같은 번호를 기록한다. [20 등기서기보·법무사 / 11 법무사]

2) 어느 등기 중의 일부의 등기사항만이 말소된 경우

어떤 등기의 전부가 말소된 것이 아니고 그중 **일부의 등기사항만이 말소된 경우** 그 회복등기를 하는 때에는 **부기에 의하여 말소된 등기사항만 다시 등기한다**(규칙 제118조 단서). [22 등기서기보 / 21 법원사무관]

(2) 등기형식

전부가 말소되어 말소회복등기를 하는 경우에는 주등기로, 일부가 말소되어 말소회복등기를 하는 경우에는 부기등기로 한다.

2. 각종 통지

등기가 경료되면 등기완료통지를 하게 되며 소유권의 말소회복등기를 한 경우에는 소유권변경 사실의 통지를 각 대장소관청에 하여야 한다.

V. 최신 선례

1. 소유권이전청구권가등기에 대하여 처분금지가처분등기를 마친 가처분채권자가 승소판결에 의하여 이 가등기의 말소등기를 신청하면서 가처분등기 이후에 된 등기로서 가처분채권자의 권리를 침해하는 등기에 대하여도 함께 단독으로 말소등기를 신청하여 모두 말소되었는데, 후에 말소되었던 소유권이전청구권가등기의 회복등기가 이루어진 경우, 가처분에 의한 실효를 원인으로 가처분채권자의 단독신청으로 말소되었던 등기의 회복등기절차에 관하여는 특별한 규정이 없어 일반원칙에 따를 수밖에 없으므로, 말소되었던 등기가 공동신청에 따라 이루어진 등기라면 그 회복등기는 등기의무자와 등기권리자가 공동으로 신청하여야 하며(일방 당사자가 판결을 받아 단독신청 가능), 가처분등기와 같이 그 말소되었던 등기가 법원의 촉탁에 따라 이루어진 등기라면 그 회복등기도 법원의 촉탁에 의하여야 한다.

2. 소유권이전청구권가등기 및 이에 대한 처분금지가처분등기가 순차 마쳐진 상태에서 가처분채
   권자의 승낙이 있음을 증명하는 정보를 첨부정보로서 제공하여 그 가등기의 말소등기를 신청
   한 경우, 등기관은 그 가등기를 말소하면서 가처분등기는 직권으로 말소하게 되는바, 후에 이
   가등기에 대한 회복등기가 이루어진 경우에는 등기관이 직권으로 말소한 가처분등기는 다시
   직권으로 회복하여야 한다.

3. 소유권이전청구권가등기 및 甲 명의의 가압류등기가 순차 마쳐진 상태에서 소유권이전본등기
   에 의하여 가압류등기가 직권 말소되었고, 후에 소유권이전본등기의 말소등기에 따라 그 가압
   류등기가 직권으로 회복된 상태에서 다시 소유권이전본등기의 회복등기를 신청할 때에 이 가
   압류등기는 소유권이전본등기가 되면 직권말소의 대상이 될 뿐이므로 가압류권자 甲의 승낙이
   있음을 증명하는 정보를 첨부정보로서 제공할 필요가 없으며, 이 신청에 따라 등기관이 소유권
   이전본등기의 회복등기를 실행하면서 위 가압류등기는 직권으로 말소하게 된다.

4. 가등기에 의한 소유권이전의 본등기가 말소된 다음 乙 명의의 가압류등기가 마쳐진 상태에서
   이 본등기의 회복등기를 신청할 때에 가압류권자 乙은 이 회복등기에 대하여 등기상 이해관계
   있는 제3자에 해당하므로, 乙의 승낙이 있음을 증명하는 정보를 첨부정보로서 제공하여야 하
   며, 이에 따라 등기관이 소유권이전본등기의 회복등기를 할 때에는 위 가압류등기를 직권으로
   말소하여야 한다. [20 법무사]

5. 소유권이전청구권가등기, 가등기의 이전등기 및 본등기가 전부 말소된 다음 소유권이전청구권
   가등기만 회복등기가 된 상태에서 가등기의 이전등기 및 본등기의 신청이 있는 경우, 형식적
   심사권밖에 없는 등기관으로서는 이 신청에 대하여 특별한 각하 사유가 없다면 그 등기신청을
   수리할 수밖에 없다.

관련 기출지문

1 말소회복등기는 기존등기의 전부가 부적법하게 말소된 경우에 그 말소된 기존등기의 효력을 회복시키기
   위하여 행하여지는 등기로 기존등기의 일부가 말소된 경우에는 회복등기를 할 것이 아니다. (×)
   [19 등기주사보]

2 국유재산의 사용에 대한 변상금 및 대부료 체납으로 체납자 소유재산에 대하여 압류등기를 마친 후, 관리
   청 변경을 사유로 변경 전 관리청이 압류등기를 자발적으로 말소한 경우에도 그 압류등기에 대한 말소회
   복등기를 할 수 있다. (×)
   [18 등기주사보]

3 가등기가 가등기권리자의 의사에 의하지 않고 말소되어 그 말소등기가 원인무효인 경우 이러한 사실을
   모르고 소유권이전의 등기를 마친 선의의 제3자는 가등기 말소회복등기에 대하여 승낙할 의무가 없다.
   (×)
   [23 등기서기보]

4 甲에서 乙에게로 마쳐진 소유권이전등기가 부적법 말소된 후 甲에서 丙으로 소유권이전등기가 마쳐진 경
   우 乙 명의의 소유권이전등기를 말소회복함에 있어 丙은 등기상 이해관계 있는 제3자이다. (×)
   [20 등기서기보 / 16 법무사]

5 甲 소유 부동산에 대하여 마쳐진 乙 명의의 가처분등기가 집행법원의 촉탁착오로 인하여 말소된 후 甲의
   상속인 丙 명의의 상속등기가 마쳐진 경우, 집행법원이 말소된 가처분등기의 회복등기를 촉탁할 때에 상
   속인 丙의 승낙이 있음을 증명하는 정보를 첨부정보로서 제공하여야 한다. (×)
   [18 법무사]

6 회복등기를 신청하기 전에 말소된 근저당권설정등기보다 후순위로 마쳐진 근저당권설정등기가 회복할 근
저당권설정등기의 말소 전에 마쳐진 것이라면 그 권리자의 승낙 또는 이에 대항할 수 있는 재판이 있음을
증명하는 정보를 제공할 필요는 없다. (×)   [18 법원사무관]

7 부적법하게 말소된 근저당권설정등기의 회복등기신청에서 회복등기의무자는 그 등기말소 당시의 소유자
가 아니라 제3취득자인 회복등기시의 소유자이다. (×)   [14 법무사]

8 甲 소유명의의 부동산에 설정된 乙 명의의 근저당권설정등기가 부적법하게 말소된 후에 丙 명의의 소유권
이전등기가 마쳐진 경우, 乙 명의의 근저당권설정등기의 회복등기는 丙이 등기의무자, 乙이 등기권리자가
되어 공동으로 신청하여야 한다. (×)   [15 법원사무관]

9 가등기에 의한 소유권이전의 본등기가 말소된 다음 乙 명의의 가압류등기가 마쳐진 상태에서 이 본등기의
회복등기를 신청할 때에 가압류권자 乙의 승낙이 있음을 증명하는 정보를 첨부정보로서 제공하여야 하며,
이 경우 등기관이 소유권이전본등기의 회복등기를 할 때에는 위 가압류등기를 직권으로 말소할 수 없다.
(×)   [20 법무사]

10 甲으로부터 乙 명의로 소유명의가 이전된 후 乙 명의의 소유권이전등기가 부적법하게 말소되었고 이어서
甲을 등기의무자로 하는 丙 명의의 근저당권설정등기와 丁 명의로의 소유권이전등기가 마쳐진 경우, 乙이
자신 명의의 소유권이전등기를 회복하려고 한다. 등기관이 말소회복등기의 요건이 충족되어 乙 명의의
소유권이전등기의 회복등기를 실행할 때 丙 명의의 근저당권등기를 직권으로 말소해서는 안 된다. (×)
     [22 법원사무관]

11 말소등기에 있어 등기상 이해관계 있는 제3자의 승낙을 증명하는 정보가 제공되지 않았음에도 말소대상
등기와 제3자의 등기가 모두 말소되었다면 등기관은 직권으로 이미 말소된 등기의 말소회복등기를 할 수
있다. (×)   [24 법원사무관]

부동산표시에 관한 등기(표제부)

01 절 총설

Ⅰ. 의의

부동산표시에 관한 등기란 물권의 객체인 토지 또는 건물의 현황을 명확히 하기 위하여 등기기록의 표제부에 하는 등기이다. 부동산표시의 등기는 등기관이 소유권보존등기의 신청을 수리하여 새 등기기록을 개설할 때 하는데 소유권등기의 일부이고 그 자체가 독립한 등기는 아니다. 따라서 갑구에 소유권보존등기가 되지 않은 채 등기기록의 표제부만 있는 등기는 원칙적으로 있을 수 없다. 현행법상 이에 대한 예외가 구분건물의 표시등기(법 제46조)와 규약상 공용부분의 등기(법 제47조 제1항, 규칙 제104조 제3항)인데, 이는 집합건물에 관한 등기의 특성상 예외적으로 인정되는 것이다.

Ⅱ. 등기부의 표제부와 대장과의 관계

등기와 대장은 둘 다 국가기관이 관리하지만 그 제도의 목적은 다르다.

등기는 부동산에 관한 권리관계를 기록하여 거래의 안전을 도모하는 제도로써 「부동산등기법」을 근거로 하여 작성되며 법원(등기소)에서 관장하고 그 종류로는 토지등기부와 건물등기부가 있다.

대장은 부동산에 관한 사실관계를 기록하여 사실적 상태 내지 현황을 파악하여 과세나 그 밖의 행정목적에 제공하기 위한 제도로써 「공간정보의 구축 및 관리 등에 관한 법률」, 「건축법」을 근거로 하여 작성되며 행정부(대장소관청)가 관장하고, 그 종류로는 지적공부(토지대장 등)와 건축물대장이 있다.

등기를 관장하는 곳과 대장을 관장하는 곳이 다르기에 이를 일치시키기 위해 여러 절차가 있는 바, 부동산의 표시를 일치시키기 위하여 **지적소관청**(특별자치도지사 또는 시장·군수·구청장)은 일정한 사유로 토지(건물)의 표시변경에 관한 등기를 할 필요가 있는 경우에는 지체 없이 관할 등기관서에 그 등기를 촉탁하여야 하며(「공간정보법」 제89조 제1항), **등기관**은 소유권에 관한 내용의 등기를 한 경우 등기관이 지적소관청 내지 건축물대장 소관청에 알려야 한다(법 제62조). 또한, 부동산등기법은 등기기록과 대장의 부동산표시를 일치시키기 위하여 등기신청 시 양자가 불일치하는 경우에는 등기신청의 각하사유로 규정하고 있다(법 제29조 제11호). 따라서 먼저 부동산의 표시를 일치시킨 다음 다른 등기를 신청하여야 할 것이며, 위와 같은 조치에도 불구하고 등기된 **등기기록과 대장상 표시가 불일치한 경우에는 부동산의 표시는 대장을 기준**으로 하고, **권리관계는 등기부를 기준**으로 정한다.

구분	대장	등기기록
목적	조세징수	권리관계 공시
대상	토지·건물	토지·건물
소관청	행정부(대장소관청)	사법부(법원 산하의 등기소)

Ⅲ. 대장등록의 선행

1. 토지의 개수는 공간정보법에 의한 지적공부상의 토지의 필수를 표준으로 하여 결정되는 것으로 1필지의 토지를 수필의 토지로 분할하여 등기하려면 먼저 위와 같이 공간정보법이 정하는 바에 따라 분할의 절차를 밟아 지적공부에 각 필지마다 등록이 되어야 하고 **공간정보법상의 분할절차를 거치지 아니하는** 한 1개의 토지로서 등기의 목적이 될 수 없는 것이며 설사 등기부에만 분필의 등기가 실행되었다 하여도 이로써 분필의 효과가 발생할 수는 없는 것이므로 결국 이러한 분필등기는 1부동산1부등기용지의 원칙에 반하는 등기로서 무효라 할 것이다(대판 1990. 12.7. 90다카25208). [19 법원사무관] 따라서 1필의 토지의 **특정 일부에 관하여 소유권이전등기를** 명하는 판결이 있었다 하더라도 토지대장상 토지를 분할함이 없이 분필등기만을 할 수는 없다(선례 1-549).

2. 건물의 분할등기를 하기 위해서는 먼저 건축물대장에 분할의 변경등록을 하여야 한다. [11 법무사] 예컨대 동일한 건축물대장에 주택과 창고가 함께 등재되어 1개의 등기기록에 소유권보존 및 이전등기가 마쳐진 후에 창고만 매매의 객체로 하기 위해서는 분할등기를 먼저 하여야 하는데, 그러기 위해서는 먼저 건축물대장을 분할등록하여야 한다.

Ⅳ. 부동산표시의 변경등기 및 부동산의 변경등기

부동산의 표시는 등기의 대상인 부동산을 특정하는 역할을 한다. 토지는 소재지번(행정구역 및 지번)·지목·면적에 의하여 특정되며, 건물은 소재지번 및 건물번호·건물의 내역(구조·면적·용도)에 의하여 특정된다. 따라서 부동산표시의 변경등기는 위 각 요소에 대하여 변경사항이 있을 때에 하는 등기라고 할 수 있다.

02 절 토지

I. 토지표시의 변경등기

1. 서설

(1) 의의

토지는 소재지번(행정구역 및 지번)·지목·면적에 의하여 특정되며, 토지표시의 변경등기는 위 각 요소에 대하여 변경사항이 있을 때에 하는 등기라고 할 수 있다.

(2) 토지표시의 변경사유

1) 행정구역 또는 그 명칭 및 지번의 변경

행정구역 또는 그 명칭이 변경되었을 때에는 등기기록에 기록된 행정구역 또는 그 명칭에 대하여 변경등기가 있는 것으로 본다(법 제31조). 여기서 "행정구역"이란 행정상의 단위인 특별시·광역시·특별자치시·도·특별자치도, 시·군·구, 읍·면·동·리를 말한다(지방자치법 제2조 내지 제4조). 행정구역의 변경에 의하여 관할의 변경이 발생할 수 있다. 예컨대 ◇◇구 ○○동이 △△구 ○○동으로 행정구역이 변경되는 경우에 ◇◇구와 △△구의 관할등기소가 다르다면 관할의 변경이 발생한다.

지번이란 필지에 부여하여 지적공부에 등록한 번호를 말한다(「공간정보법」 제2조 제22호). 지번은 소관청[지적공부를 관리하는 특별자치시장, 시장(「제주특별법」 제15조 제2항에 따른 행정시의 시장을 포함하며, 「지방자치법」 제3조 제3항에 따라 자치구가 아닌 구를 두는 시의 시장은 제외한다)·군수 또는 구청장(자치구가 아닌 구의 구청장을 포함한다)]이 지번 부여는 지역별로 차례대로 부여하며, 소관청은 지적공부에 등록된 지번을 변경할 필요가 있다고 인정하는 때에는 시·도지사나 대도시 시장의 승인을 받아 지번부여지역의 전부 또는 일부에 대하여 지번을 새로 부여할 수 있다(「측량수로지적법」 제66조).

2) 지목의 변경

지목은 토지의 주된 용도에 따라 토지의 종류를 구분하여 지적공부에 등록한 것을 말하며, 하나의 필지마다 하나의 지목이 설정된다(「공간정보법」 제2조 제24호). 지목변경이란 지적공부에 등록된 지목을 다른 지목으로 바꾸어 등록하는 것을 말한다(「공간정보법」 제2조 제33호). 그러한 지목이 변경되었을 때에는 토지표시의 변경등기를 신청한다.

3) 면적의 변경

면적이란 지적공부에 등록한 필지의 수평면상 넓이를 말한다(「공간정보법」 제2조 제27호). 토지의 면적이 증가하는 경우로는 공유수면에 접한 토지의 일부가 유실되었다가 다시 전과 같이 복구된 경우, 지각의 융기 등을 생각할 수 있고, 면적이 감소되는 경우로는 해수의 침식 등으로 토지의 일부가 사실상 바다로 되는 경우가 있다. 어떤 토지에 대한 면적을 측량한 결과 대장상의 면적과 다른 경우에 이를 바로잡는 등기도 면적의 변경등기로 한다. 이때 등기원인은 "면적정정"으로 기록한다.

반면에 단순히 신청착오 또는 등기관의 과오로 첨부한 대장상의 면적과 다른 면적으로 등기된 경우에는 면적의 경정등기를 하여야 한다.

2. 개시

(1) 신청

토지의 **분할, 합병이 있는 경우**와 제34조의 등기사항에 변경(토지 등기기록 표제부의 등기사항에 변경)이 있는 경우에는 그 토지 소유권의 등기명의인은 그 사실이 있는 때부터 1개월 이내에 그 등기를 (⊕ 단독으로) 신청하여야 한다(법 제35조). [21 법무사 · 등기서기보 / 17 법무사 · 등기주사보 / 16 법무사 / 15 법무사] 다만 **이러한 등기를 해태한 경우라도 부동산등기법상 과태료는 부과되지 않는다.**

(2) 촉탁

지적소관청은 제64조 제2항(신규등록은 제외한다), 제66조 제2항, 제82조, 제83조 제2항, 제84조 제2항 또는 제85조 제2항에 따른 사유로 토지의 표시 변경에 관한 등기를 할 필요가 있는 경우에는 지체 없이 관할 등기관서에 그 등기를 촉탁하여야 한다. 이 경우 등기촉탁은 국가가 국가를 위하여 하는 등기로 본다(「공간정보법」 제89조).

따라서 **지적소관청은 토지 분할에 따라 토지의 표시 변경에 관한 등기를 할 필요가 있는 경우에는 지체 없이 관할 등기관서에 그 등기를 촉탁하여야** 한다. [16 법무사]

(3) 직권(지적공부 소관청으로부터 불부합통지를 받은 경우)

등기기록상 **토지의 표시가 지적공부와 일치하지 아니한 경우 지적소관청은 그 사실을 관할 등기관서에 통지하여야** 하고(「공간정보의 구축 및 관리 등에 관한 법률」 제88조 제3항), 등기관은 제35조의 기간(⊕ 1개월) 이내에 등기명의인으로부터 등기신청이 없을 때에는 그 통지서의 기재내용에 따른 **변경의 등기를 직권**으로 하여야 한다(법 제36조). [23 법무사 / 21 법무사 / 17 등기주사보] 이 등기를 하였을 때에는 등기관은 지체 없이 그 사실을 지적소관청과 소유권의 등기명의인에게 알려야 한다. 다만 등기명의인이 2인 이상인 경우에는 그중 1인에게 통지하면 된다(법 제36조 제2항).

3. 신청절차

(1) 신청인

토지의 표시에 관한 등기신청은 그 토지 소유권의 등기명의인이 신청한다.

(2) 신청정보

토지의 분할, 합병, 등기기록 표제부의 등기사항에 변경이 생겨 토지의 표시변경등기를 신청하는 경우에는 그 토지의 변경 전과 변경 후의 표시에 관한 정보를 신청정보의 내용으로 등기소에 제공하여야 한다(규칙 제72조 제1항). [21 등기서기보]

(3) 첨부정보

토지의 분할, 합병, 등기기록 표제부의 등기사항에 변경이 생겨 토지의 표시변경등기를 신청하는 경우에는 그 변경을 증명하는 토지대장 정보나 임야대장 정보를 첨부정보로서 등기소에 제공하여야 한다(규칙 제72조 제2항).

4. 실행절차(등기실행)

토지의 분할, 합병, 등기기록 표제부의 등기사항에 변경이 생겨 토지의 표시에 관한 사항을 변경하는 등기를 할 때에는 종전의 표시에 관한 등기를 말소하는 표시를 하여야 한다(규칙 제73조). [17 등기서기보]

Ⅱ. 토지의 변경등기

1. 분필등기(법 제35조 등)

(1) 일반적인 분필등기

1) 서설

토지의 분할이란 지적공부에 등록된 1필지를 2필지 이상으로 나누어 등록하는 것을 말한다(「공간정보법」 제2조 제31호). 분필등기란 토지가 분할되면 1부동산1등기기록의 원칙에 따라 등기기록도 분할되어야 하는데, 1개의 토지에 대한 등기기록을 분할된 토지의 수만큼 나누는 등기를 말한다. 분필등기가 있으면 필연적으로 새로운 등기기록이 개설된다.

토지의 개수는 공간정보법에 의한 지적공부상의 토지의 필수를 표준으로 하여 결정되는 것으로 1필지의 토지를 수필의 토지로 분할하여 등기하려면 먼저 위와 같이 공간정보법이 정하는 바에 따라 분할의 절차를 밟아 지적공부에 각 필지마다 등록이 되어야 하고 **공간정보법상의 분할절차를 거치지 아니하는** 한 1개의 토지로서 등기의 목적이 될 수 없는 것이며 설사 등기부에만 분필의 등기가 실행되었다 하여도 이로써 분필의 효과가 발생할 수는 없는 것이므로 결국 이러한 **분필등기는 1부동산1부등기용지의 원칙에 반하는 등기로서 무효**라 할 것이다(대판 1990.12.7, 90다카25208). [19 법원사무관] 따라서 1필의 토지의 특정 일부에 관하여 소유권이전등기를 명하는 판결이 있었다 하더라도 토지대장상 토지를 분할함이 없이 분필등기만을 할 수는 없다(선례 1-549).

2) 개시

토지의 **분할, 합병**이 있는 경우와 제34조의 등기사항에 변경(**토지 등기기록 표제부의 등기사항에 변경**)이 있는 경우에는 그 토지 소유권의 등기명의인은 그 사실이 있는 때부터 1개월 이내에 그 등기를 (註 단독으로) 신청하여야 한다(법 제35조). [21 법무사·등기서기보 / 17 법무사·등기주사보 / 16 법무사 / 15 법무사] 다만 이러한 등기를 해태한 경우라도 부동산등기법상 과태료는 부과되지 않는다.

3) 신청절차

가. 신청인

나. 신청정보

(가) 일반적인 경우

토지의 분할, 합병, 등기기록 표제부의 등기사항에 변경이 생겨 토지의 표시변경등기를 신청하는 경우에는 그 토지의 변경 전과 변경 후의 표시에 관한 정보를 신청정보의 내용으로 등기소에 제공하여야 한다(규칙 제72조 제1항). [21 등기서기보]

토지의 분필등기를 신청하는 경우 신청서에 분필된 면적과 현재의 면적을 기재하여야 한다. 실무상 신청서 중 부동산의 표시란에 분할 전의 표시(분할되기 전의 토지의 표시), 분할의 표시(분할되어 나가는 토지의 표시), 분할 후의 표시(분할되어 나간 토지를 제외하고 남아 있는 토지의 표시)로 나누어 기재한다.

등기원인 및 그 연월일은 "○년○월○일 분할"로 기재하며 토지대장 등본에 기재된 연월일을 기재한다.

등기의 목적은 "토지표시변경"으로 기재한다.

(나) 어느 한 쪽 토지에 용익권이 존속하게 되는 경우

지상권, 승역지지역권, 전세권, 임차권의 등기와 같은 용익권에 관한 등기는 토지의 일부에 할 수 있으며, 그 설정등기의 신청서에는 권리의 존속범위를 기재(예 동남쪽 300㎡)하고 지적도를 제공하여야 한다.

따라서 1필의 토지의 일부에만 용익권이 있을 수도 있는데 만약 1필의 토지의 일부에 지상권, 승역지지역권, 전세권, 임차권의 등기가 있는 경우에 분필등기를 신청할 때에는 권리가 존속할 토지의 표시에 관한 정보를 신청정보의 내용으로 등기소에 제공하고, 이에 관한 권리자의 확인이 있음을 증명하는 정보(예 권리존속 확인서 "지상권자가 작성한 어느 토지의 어느 부분에 지상권이 존속한다는 취지가 기재된 서면")를 첨부정보로서 등기소에 제공하여야 한다(규칙 제74조). [21 등기서기보]

이때 권리자의 인감증명도 같이 제출하여야 한다(규칙 제60조 제1항 제5호). [22 법무사]

이 경우 그 권리가 분필 후의 토지(갑 토지 또는 을 토지)의 일부에 존속할 때에는 그 토지부분에 관한 정보도 신청정보의 내용으로 등기소에 제공하고, 그 부분을 표시한 지적도를 첨부정보로서 등기소에 제공하여야 한다(규칙 제74조). 다만 그 권리가 분할 후의 갑 토지 또는 을 토지의 전부에 존속하는 경우에는 지적도를 제공할 필요가 없다.

(다) 어느 한 쪽 토지에 대하여 권리소멸승낙을 한 경우

분할 전 토지에 소유권 외의 권리의 등기가 있는 경우 분할되는 토지의 등기기록 에는 분할 전 토지의 권리에 관한 등기가 전사된다. 이때 그 권리의 등기명의인이 분할되는 을 토지 또는 분할 후의 갑 토지 어느 쪽에 관하여 그 권리의 소멸을 승낙한 경우 신청서에 그 승낙 또는 이에 대항할 수 있는 재판이 있음을 증명하는 정보를 제공하여야 한다(규칙 제76조 제3항, 제4항).

만약 위 권리를 목적으로 하는 제3자의 권리에 관한 등기가 있는 때에는 그 자의 승낙 등을 증명하는 정보도 제공하여야 한다(규칙 제76조 제5항). 승낙서의 경우 에는 승낙자의 인감증명을 첨부하여야 한다(규칙 제60조 제1항 제7호).

여기서의 소유권 외의 권리에는 본인의 의사만으로 소멸되는 용익권 및 담보권에 관한 권리등기 외에 가등기도 포함되지만(선례 1-564), 본인의 의사만으로 소멸 되는 권리가 아닌 가압류·가처분·경매개시결정등기는 포함되지 않는다.

다. 첨부정보

(가) 일반적인 경우

토지의 분할, 합병, 등기기록 표제부의 등기사항에 변경이 생겨 토지의 표시변경등 기를 신청하는 경우에는 그 변경을 증명하는 토지대장 정보나 임야대장 정보를 첨 부정보로서 등기소에 제공하여야 한다(규칙 제72조 제2항). 따라서 분필등기를 신청할 때 일반적으로 첨부하여야 할 서면은 토지대장 등본 또는 임야대장 등본이 다. 분필등기와 관련하여 특수한 첨부정보를 제출하여야 하는 경우도 있다.

(나) 어느 한 쪽 토지에 용익권이 존속하게 되는 경우 – 권리존속확인서

1필의 토지의 일부에 지상권, 승역지지역권, 전세권, 임차권의 등기가 있는 경우 에 분필등기를 신청할 때에는 이에 관한 권리자의 확인이 있음을 증명하는 정보 (◉ 권리존속 확인서 "지상권자가 작성한 어느 토지의 어느 부분에 지상권이 존속 한다는 취지가 기재된 서면")를 첨부정보로서 등기소에 제공하여야 한다(규칙 제 74조). 이때 권리자의 인감증명도 같이 제출하여야 한다(규칙 제60조 제1항 제5호). 이 경우 그 권리가 분필 후의 토지(갑 토지 또는 을 토지)의 일부에 존속할 때에는 그 부분을 표시한 지적도를 첨부정보로서 등기소에 제공하여야 한다(규칙 제74조).

(다) 어느 한 쪽 토지에 대하여 권리소멸승낙을 한 경우 – 권리소멸승낙서

분할 전 토지에 소유권 외의 권리의 등기가 있는 경우 분할되는 토지의 등기기록 에는 분할 전 토지의 권리에 관한 등기가 전사된다. 이때 그 권리의 등기명의인이 분할되는 을 토지 또는 분할 후의 갑 토지 어느 쪽에 관하여 그 권리의 소멸을 승낙한 경우 신청서에 그 승낙 또는 이에 대항할 수 있는 재판이 있음을 증명하는 정보를 제공하여야 한다(규칙 제76조 제3항, 제4항).

만약 위 권리를 목적으로 하는 제3자의 권리에 관한 등기가 있는 때에는 그 자의

승낙 등을 증명하는 정보도 제공하여야 한다(규칙 제76조 제5항). 승낙서의 경우
에는 승낙자의 인감증명을 첨부하여야 한다(규칙 제60조 제1항 제7호).

4) 실행절차(등기실행)

가. 등기부 작성·기입

(가) 등기사항

가) 일반적인 경우

① 을 토지의 표제부

갑 토지를 분할하여 그 일부를 을 토지로 한 경우에 등기관이 분필등기를
할 때에는 을 토지에 관하여 등기기록을 개설하고, 그 등기기록 중 표제부
에 토지의 표시와 분할로 인하여 갑 토지의 등기기록에서 옮겨 기록한 뜻
을 기록하여야 한다(규칙 제75조 제1항).

② 을 토지의 갑구 및 을구

을 토지의 등기기록 중 해당 구에 갑 토지의 등기기록에서 소유권과 그 밖
의 권리에 관한 등기를 전사하고, 분할로 인하여 갑 토지의 등기기록에서
전사한 뜻, 신청정보의 접수연월일과 접수번호를 기록하여야 한다. 이 경
우 소유권 외의 권리에 관한 등기에는 갑 토지가 함께 그 권리의 목적이라
는 뜻도 기록하여야 한다(규칙 제76조 제1항).

③ 갑 토지의 표제부

을 토지에 관하여 등기기록을 개설하여 그 등기기록 중 표제부에 토지의
표시와 분할로 인하여 갑 토지의 등기기록에서 옮겨 기록한 뜻을 기록한
후 갑 토지의 등기기록 중 표제부에 남은 부분의 표시를 하고, 분할로 인
하여 다른 부분을 을 토지의 등기기록에 옮겨 기록한 뜻을 기록하며, 종전
의 표시에 관한 등기를 말소하는 표시를 하여야 한다(규칙 제75조 제2항).

④ 갑 토지의 갑구 및 을구

갑 토지의 등기기록에서 을 토지의 등기기록에 소유권 외의 권리에 관한 등
기를 전사하였을 때에는 갑 토지의 등기기록 중 그 권리에 관한 등기에 을 토
지가 함께 그 권리의 목적이라는 뜻을 기록하여야 한다(규칙 제76조 제2항).

나) 어느 한 쪽 토지에 용익권이 존속하게 되는 경우

지상권, 승역지지역권, 전세권, 임차권의 등기와 같은 용익권에 관한 등기는
토지의 일부에 할 수 있으며, 그 설정등기의 신청서에는 권리의 존속범위를
기재(⑩동남쪽 300㎡)하고 지적도를 제공하여야 한다.

따라서 1필의 토지의 일부에만 용익권이 있을 수도 있는데 만약 1필의 토지의
일부에 지상권, 승역지지역권, 전세권, 임차권의 등기가 있는 경우에 분필등
기를 신청할 때에는 권리가 존속할 토지의 표시에 관한 정보를 신청정보의 내

용으로 등기소에 제공하고, 이에 관한 권리자의 확인이 있음을 증명하는 정보
(⑩ 지상권자가 작성한 어느 토지의 어느 부분에 지상권이 존속한다는 취지가
기재된 서면)를 첨부정보로서 등기소에 제공하여야 한다(규칙 제74조). 이때
권리자의 인감증명도 같이 제출하여야 한다(규칙 제60조 제1항 제5호).

이 경우 그 권리가 분필 후의 토지(갑 토지 또는 을 토지)의 일부에 존속할
때에는 그 토지부분에 관한 정보도 신청정보의 내용으로 등기소에 제공하고,
그 부분을 표시한 지적도를 첨부정보로서 등기소에 제공하여야 한다(규칙 제
74조). 다만 그 권리가 분할 후의 갑 토지 또는 을 토지의 전부에 존속하는
경우에는 지적도를 제공할 필요가 없다.

다) 어느 한 쪽 토지에 대하여 권리소멸승낙을 한 경우

소유권 외의 권리의 등기명의인이 을 토지에 관하여 그 권리의 소멸을 승낙한
것을 증명하는 정보 또는 이에 대항할 수 있는 재판이 있음을 증명하는 정보
를 첨부정보로서 등기소에 제공한 경우에는 갑 토지의 등기기록 중 그 권리에
관한 등기에 을 토지에 대하여 그 권리가 소멸한 뜻을 기록하여야 한다(규칙
제76조 제3항).

소유권 외의 권리의 등기명의인이 갑 토지에 관하여 그 권리의 소멸을 승낙한
것을 증명하는 정보 또는 이에 대항할 수 있는 재판이 있음을 증명하는 정보
를 첨부정보로서 등기소에 제공한 경우에는 을 토지의 등기기록 중 해당 구에
그 권리에 관한 등기를 전사하고, 신청정보의 접수연월일과 접수번호를 기록
하여야 한다. 이 경우 갑 토지의 등기기록 중 그 권리에 관한 등기에는 갑 토
지에 대하여 그 권리가 소멸한 뜻을 기록하고 그 등기를 말소하는 표시를 하
여야 한다(규칙 제76조 제4항).

(나) 등기형식

토지의 **분할**, 합병, 등기기록 표제부의 등기사항에 변경이 생겨 토지의 표시에 관
한 사항을 변경하는 등기를 할 때에는 종전의 표시에 관한 등기를 말소하는 표시
를 하여야 한다(규칙 제73조).

나. 각종 통지

등기가 경료되면 등기완료통지를 하게 되지만 권리에 관한 등기가 기입되는 등기가 아
니므로 등기필정보는 작성·통지하지 아니한다.

(2) 공유토지분할에 관한 특례법(예규 1461)

1) 기본개념

가. 서설

수인이 공유지분으로 등기한 공동소유 토지 중에는 순수한 공유관계가 아니라 실제로
는 공유자 각자가 토지의 특정부분을 점유·사용하면서도 여러 이유로 그 등기만 공유

지분으로 한 이른바 구분소유적 공유관계인 경우가 많다. 이러한 경우 등기기록이 복잡하여 공시기능이 저해되고 등기기록상 권리관계와 실체관계가 일치하지 않게 되는데, 이를 일치시키기 위하여는 그 절차가 매우 복잡하다. 즉 그 분할이나 분할에 따른 등기에 공유자 전원의 합의가 필요하고, 재판에 의해 분할해야 할 경우도 많다. 재판에 의해서는 공유지분 해당 면적과 실제 점유현황이 불일치하는 경우 점유현황대로 분할하기가 어렵다. 관계 법률(건축법, 국토계획법, 집합건물법 등)의 기준면적에 미달하여 분할이 불가능하거나 집합건물(아파트 등) 대지에 대한 엄격한 요건 때문에 분할이 어려운 경우도 있다.

이에 간이한 절차에 따라 공유토지를 현재의 점유상태를 기준으로 분할할 수 있게 함으로써 토지에 대한 소유권 행사와 토지의 이용에 따르는 불편을 해소하고 토지관리제도의 적정을 도모함을 목적으로 공유토지분할법이 시행되었다.

나. 분할절차

공유토지분할법에 의한 공유토지의 분할은 공유자가 지적소관청에 신청하며, 공유토지 분할에 관한 사항은 지적소관청에 설치된 공유토지분할위원회가 심의·의결한다.

그 절차는 ① 공유토지 분할신청, ② 분할개시 결정, ③ 분할개시결정의 등기 촉탁, ④ 분할개시의 확정, ⑤ 조사와 측량, ⑥ 분할조서의 작성 및 확정, ⑦ 지적공부의 정리, ⑧ 분할등기 등의 촉탁의 순서로 이루어진다.

이하에서는 분할개시의 등기와 분할등기 그리고 분할등기 후의 등기 등의 절차에 관하여 「공유토지분할에 관한 특례법 시행에 따른 등기처리규칙」(규칙 제2398호)과 "공유토지분할에 관한 특례법 시행에 따른 등기사무처리지침"(예규 1461)을 중심으로 설명하기로 한다.

다. 적용범위

(가) 서로 인접한 여러 필지의 공유토지로서 각 필지의 공유자가 같은 일단의 토지도 특례법에 따른 분할의 대상이 되는 것이므로, 이러한 일단의 토지에 관한 분할개시등기의 촉탁이 있는 경우에는 한 필지의 공유토지의 분할절차에 준하여 처리한다. [15 등기서기보]

(나) 한 필지의 공유토지 중 그 일부 지분은 구분건물의 대지권으로서 구분건물 소유자에게, 나머지 지분은 그 밖의 자에게 속하는 경우에 그 토지에 관한 분할개시등기의 촉탁이 있는 때에는 이를 수리하여야 한다. [19 등기주사보 / 법무사 18 / 15 등기서기보] 이 경우 분할개시등기 또는 분할등기를 할 때에는 「집합건물의 소유 및 관리에 관한 법률」제20조 제2항 단서에 정한 규약(분리처분가능 규약)을 제공할 필요가 없다.

2) 분할개시등기

가. 촉탁 및 등기의 실행 등

공유토지분할위원회의 분할개시결정이 있는 때에는 지적소관청은 분할개시결정서 등본 또는 분할개시의 확정판결 등본(또는 정본)을 첨부정보로 제공하여 분할개시등기를 촉탁한다. 등기관은 분할개시를 등기기록에 기록한 후 촉탁 지적소관청에 그 사실을 지체 없이 통지하여야 한다.

공유토지분할법에 의한 분할개시결정에는 다른 등기 정지의 효력이 없으므로 분할개시 등기를 한 공유토지에 관하여 다른 등기신청이 있는 때에도 다른 각하사유가 없는 한 이를 수리하여야 한다. [19 등기주사보 / 18 등기주사보·법무사 / 15 등기서기보] 이러한 등기신청에 따라 일부 공유자가 변경된 경우에는 분할등기촉탁서에 새로운 공유자를 표시하여야 한다.

나. 분할개시등기의 말소등기

지적소관청은 분할신청의 취하서, 분할개시결정의 취소결정 등본, 분할개시결정을 취소하는 확정판결 등본(또는 정본), 공유자 전원의 합의서 중 하나를 첨부정보로 제공하여 분할개시등기의 말소등기를 촉탁할 수 있다.

등기관이 분할개시등기의 말소등기를 마쳤을 때는 촉탁 지적소관청에 그 사실을 지체 없이 통지하여야 한다(동규칙 제3조 제2항).

3) 분할등기

가. 촉탁 및 심사

「공유토지분할에 관한 특례법」에 따른 공유토지의 분할등기는 **지적소관청이 촉탁하여야** 하므로, 당사자가 등기소에 직접 위 특례법에 따른 분할등기를 **신청할 수는 없다**(선례 201806-3). [19 등기주사보]

분할등기의 촉탁은 분할대상**토지의 전부에 대하여 같은 촉탁서로 하여야 한다**(예규 1461). [18 등기주사보·법무사]

지적소관청은 확정된 분할조서 등본 및 분할조서에 따라 정리된 토지대장정보 또는 임야대장 정보를 첨부정보로 제공하여 분할등기를 촉탁한다. 위 대장정보와 등기기록의 부동산 표시가 서로 다를 때에는 부동산표시변경등기를 먼저 촉탁하여야 한다.

등기관은 분할등기촉탁이 분할대상 토지의 일부에 관한 것이거나, 분할개시등기 후 다른 등기의 신청에 의하여 공유자가 변경된 경우와 같이 촉탁서에 기재된 소유자 표시가 등기기록과 일치하지 아니 한 때에는 지적소관청에 보정을 명해야 한다.

나. 등기의 실행

(가) 새 등기기록의 개설 및 종전 등기기록의 폐쇄 등

등기관은 지적소관청으로부터 분할등기의 촉탁이 있는 경우, 분할 후의 토지마다 **따로 새 등기기록을 개설**[18 등기주사보·법무사]하고 그 표제부에 분할 후의 토지표시를 기록한 다음, 분할등기의 촉탁으로 인하여 종전 등기기록으로부터 옮겨 기록한 뜻을 기록하여야 한다.

등기관은 아래 (나), (다)와 같이 갑구·을구의 등기를 완료한 때에는 **종전 등기기록을 폐쇄**[18 등기주사보]한 후 촉탁 지적소관청에 그 사실을 지체 없이 통지하여야 한다.

(나) 갑구의 등기

가) 소유권 및 소유권 외의 권리의 이기

새 등기기록의 갑구에 해당 토지를 분할취득한 공유자의 공유지분에 관한 소유권의 등기를 이기하되, 그 공유자가 당초 취득한 공유지분을 그대로 가지고 있는 경우에는 그 등기만을 이기한다. 공유자가 소유권 또는 공유지분의 일부를 이전한 경우에는 분할등기 당시의 공유지분을 알 수 있도록 그 이전등기도 함께 이기한다.

이때 해당 토지를 분할취득한 공유자의 공유지분을 목적으로 한 가등기 또는 처분제한등기가 있는 경우, 그 가등기 또는 처분제한등기도 함께 이기한다. 분할취득한 공유자의 공유지분에 관한 소유권등기보다 선순위의 가등기 또는 처분제한의 등기가 있는 경우에는 그 가등기 및 가등기의 목적이 된 소유권 또는 공유지분에 관한 등기도 함께 이기한다.

나) 소유권변경등기

위 가)와 같이 이기한 후 그 공유자의 단독소유 또는 공동소유로 변경등기를 한다.

(다) 을구의 등기

분할조서가 확정되면 그 공유토지는 분할조서의 내용대로 분할되며, 공유지분에 존속하는 소유권 외의 권리는 그 공유자가 분할취득하는 토지 부분 위에 집중하여 존속한다(동법 제34조 제1항). 따라서 「공유토지 분할에 관한 특례법」에 따라 소관청이 공유토지 분할의 등기를 촉탁할 때 분할 전 토지의 일부 공유지분에 대하여 소유권 외의 권리에 관한 등기(예 근저당권 등기)가 경료되어 있는 경우에도 분할등기촉탁서에 그 등기명의인(근저당권자)의 승낙서를 첨부하여야 하는 것은 아니다(선례 200503-1). [19 등기주사보]

예컨대 공유지분에 관한 근저당권등기는 분할에 의하여 그 공유자가 취득하는 토지만의 근저당권등기가 된다. 이에 반해 공유토지 전부에 존속하는 소유권 외의 권리는 공유토지분할법에 의한 분할에 영향을 받지 않으므로 공유토지 전부에 관한 근저당권등기는 분할된 토지 전부가 공동담보로 된다.

이에 등기관은 분할 전 토지의 일부 공유지분에 대하여 마쳐진 소유권 외의 권리에 대한 등기는 그 공유자가 분할취득한 토지의 등기기록에만 이기하고, 분할 대상 토지 전부에 관하여 마쳐진 소유권 외의 권리에 대한 등기는 개설된 새 등기기록마다 이를 이기하며, 그 권리가 저당권 또는 전세권일 경우에는 공동담보 또는 공동전세의 목적이라는 뜻을 기록한다.

4) 공유토지가 대지권의 목적인 경우

가. 서설

1필의 토지 중 일부 지분은 구분건물의 대지권으로서 구분소유자에게, 나머지 지분은 다른 사람과 공유하는 경우에도 공유토지분할법에 의한 분할이 가능하다. 따라서 토지의 일부 지분이 대지권의 목적인 경우에도 분할개시등기의 촉탁이 있는 때에는 다른 요건이 갖추어져 있는 이상 이를 수리하여야 하고, 분할개시등기 또는 분할등기를 함에 있어서 집합건물법 제20조 제2항 단서의 분리처분가능규약을 제공할 필요가 없다.

예를 들면 A 토지가 김갑동·김을동·김병동의 공유로서 이 중 지분 6/10은 김갑동·김을동의 구분건물 대지권(각 공유지분 3/10)으로, 나머지 4/10는 김병동의 공유지분인 경우에도 공유토지분할법에 의하여 A·B토지로 분할하여 A토지는 김갑동·김을동의 대지권의 목적인 토지로, B토지는 김병동의 단독소유로 하는 분할등기가 가능하다.

나. 분할개시등기

A토지에 관하여 분할개시등기를 한 때에는 등기관은 직권으로 김갑동 전유부분의 표제부 중 대지권의 표시란에 별도의 등기(분할개시등기)가 있다는 뜻을 기록하여야 한다.

다. 분할등기

(가) A 토지에 대한 등기

A 토지를 김갑동·김을동의 공동소유로, B 토지를 김병동의 단독소유로 하는 분할조서가 확정되어 그 촉탁이 있다면 A·B 토지를 분할한 후, A 토지에 대하여는 김갑동·김을동이 대지권이라는 뜻의 등기를 할 당시의 공유자의 지분에 관한 소유권의 등기를 대지권이라는 뜻의 등기와 함께 이기한다. 그리고 공유자 지분에 대한 대지권이라는 뜻의 등기를 공유자 전원의 지분에 대한 대지권이라는 뜻의 등기로 변경한다. 이 경우 소유권변경등기는 별도로 하지 아니한다.

(나) 전유부분에 대한 등기

등기관은 직권으로 1동의 건물의 표제부에 대하여 그 기록된 대지권의 목적인 토지의 표시변경등기와 전유부분의 표제부에 기록된 대지권비율의 변경등기를 하며, 별도의 등기가 있다는 뜻을 말소한다.

(다) B 토지에 대한 등기

김병동의 단독소유가 되는 B 토지에 대하여는 종전 A 토지의 소유권의 등기를 이기한 후 단독소유로 변경등기를 한다.

5) 분할등기 후의 다른 등기의 신청

분할등기에 따라 소유권은 각 공유자의 단독소유 또는 공동소유로 변경되고, 소유권 외의 권리는 분할취득한 토지의 해당구에만 이기된다.

이에 공유토지분할법에 의한 분할등기가 완료된 후 종전 공유자의 공유지분을 목적으로 하는 다른 등기를 신청하는 경우에는 신청서에 변경된 지분을 기재해야 한다. 예컨대 공유자의 공유지분을 목적으로 한 가등기를 이기한 경우, 그 가등기에 기한 본등기는 그 공유자가 분할취득한 소유권을 목적으로 한다. 또한 분할취득한 공유자의 공유지분에 관한 소유권등기보다 선순위 가등기에 기한 본등기신청은 가등기의무자의 종전 지분에 상응하는 분할 후의 소유권 또는 공유지분을 목적으로 하므로 이를 기재한다.

위와 같이 분할확정으로 이기된 공유자의 등기 및 전자의 소유권에 관한 등기가 말소된 경우에는 종전 등기기록으로부터 전 순위의 등기를 이기하고 그 등기명의인이 공유토지분할법에 따라 소유권을 취득한 뜻을 기록하여야 한다(규칙 제2398호 제12조).

한편 공유물분할등기로 공유지분(또는 소유권)을 취득한 자가 등기의무자가 되어 그 부동산에 대하여 다른 등기를 신청하는 경우

(가) 일반적인 공유물분할, 즉 당사자 간의 공유물분할 계약 또는 판결을 원인으로 한 분할등기의 경우에는 공유물 분할등기에 관한 등기필정보뿐만 아니라 공유물분할등기 전에 공유자로서 등기할 당시의 등기필정보도 함께 제공하여야 한다(선례 6-39).

(나) 공유토지분할법에 의한 경우에는 <u>분할 전 공유지분을 취득할 당시에 통지받은 등기필정보만을 제공</u>하면 된다. [18 법무사 / 15 등기서기보]

관련 기출지문

1 한 필지의 공유토지가 그 일부 지분은 구분건물의 대지권으로서 구분건물 소유자에게, 나머지 지분은 그 밖의 자에게 속하는 경우에는 특례법에 따른 분할을 할 수 없다. (×) [법무사 18]

2 분할개시결정에는 다른 등기를 정지하는 효력이 있으므로, 분할개시등기를 한 공유토지에 대하여 다른 등기신청이 있는 때에는 이를 각하하여야 한다. (×) [18 등기주사보]

3 공유토지분할에 관한 특례법에 따른 분할개시결정이 있으면 해당 토지에 대한 다른 등기가 정지된다. 따라서 분할개시등기를 한 공유토지에 대하여 다른 등기신청이 있는 때에는 이를 각하하여야 한다. (×) [15 등기서기보]

4 공유토지분할에 관한 특례법에 따라 소관청이 공유토지의 분할등기를 촉탁할 때에 분할 전 토지의 일부 공유지분에 대하여 근저당권등기가 마쳐져 있는 경우에는 그 등기명의인(근저당권자)의 승낙이 있음을 증명하는 정보를 첨부정보로서 제공하여야 한다. (×) [19 등기주사보]

---

2. 합필등기(법 제35조 등)

(1) 일반적인 합필등기

1) 서설

합병이란 지적공부에 등록된 2필지 이상을 1필지로 합하여 등록하는 것을 말한다(「공간정보법」 제2조 제32호).

합필등기는 대장상 합병된 토지에 대하여 등기기록상으로도 1필지의 토지로 만드는 토지의 변경등기이다. 즉 갑 토지를 을 토지에 합병하여 을 토지의 1필지로 만드는 것을 말한다. 합필등기가 되면 갑 토지의 등기기록은 폐쇄한다.

토지의 표시변경등기를 하기 위해서는 먼저 대장상 변경등록을 하여야 하며 합필등기의 경우에도 마찬가지이다. 따라서 **대장상 합병이 되지 않은 토지**에 대해서 **합필등기**가 이루어진 경우 토지합병의 효과가 발생하지 아니하므로 그 합필등기는 무효이다.

2) 개시

토지의 **분할, 합병**이 있는 경우와 제34조의 등기사항에 변경(**토지 등기기록 표제부의 등기사항에 변경**)이 있는 경우에는 그 토지 소유권의 등기명의인은 그 사실이 있는 때부터 1개월 이내에 그 등기를 (🏛 **단독으로**) 신청하여야 한다(법 제35조). [21 법무사 · 등기서기보 / 17 법무사 · 등기주사보 / 16 법무사 / 15 법무사] 다만 **이러한 등기를 해태한 경우라도 부동산등기법상 과태료는 부과되지 않는다.**

3) 신청절차

가. 신청인

나. 신청정보

토지의 **분할, 합병, 등기기록 표제부의 등기사항에 변경**이 생겨 토지의 표시변경등기를 신청하는 경우에는 그 토지의 변경 전과 변경 후의 표시에 관한 정보를 신청정보의 내용으로 등기소에 제공하여야 한다(규칙 제72조 제1항). [21 등기서기보]

신청서 중 부동산의 표시란에 합필 전의 표시(합병되기 전의 을 토지), 합필의 토지(합병되는 갑 토지), 합필 후 토지(합병한 후의 을 토지)를 표시하여야 한다.

등기원인과 그 연월일은 "○년○월○일 합병"로 기재하며 토지대장 등본에 기재된 연월일을 기재한다.

등기의 목적은 "토지표시변경"으로 기재한다.

다. 첨부정보

토지의 **분할, 합병, 등기기록 표제부의 등기사항에 변경**이 생겨 토지의 표시변경등기를 신청하는 경우에는 그 변경을 증명하는 토지대장 정보나 임야대장 정보를 첨부정보로서 등기소에 제공하여야 한다(규칙 제72조 제2항).

4) 실행절차(등기실행)

가. 등기부 작성 · 기입

(가) 등기사항

가) 을 토지의 표제부

갑 토지를 을 토지에 합병한 경우에 등기관이 합필등기를 할 때에는 **을 토지의 등기기록 중 표제부에 합병 후의 토지의 표시와 합병으로 인하여 갑 토지의 등기기록에서 옮겨 기록한 뜻을 기록하고 종전의 표시에 관한 등기를 말소하는 표시를 하여야 한다**(규칙 제79조 제1항). [21 법무사]

나) 을 토지의 갑구 및 을구

일반적으로 갑 토지에서 갑구와 을구의 유효한 등기사항을 을 토지로 이기한 후 그 뜻을 기록한다.

갑 토지를 을 토지에 합병한 경우에 등기관이 합필등기를 할 때에는 을 토지의 등기기록 중 갑구에 갑 토지의 등기기록에서 소유권의 등기를 옮겨 기록하고, 합병으로 인하여 갑 토지의 등기기록에서 옮겨 기록한 뜻, 신청정보의 접수연월일과 접수번호를 기록하여야 한다(규칙 제80조 제1항).

갑 토지의 등기기록에 지상권·지역권·전세권 또는 임차권의 등기가 있을 때에는 을 토지의 등기기록 중 을구에 그 권리의 등기를 옮겨 기록하고, 합병으로 인하여 갑 토지의 등기기록에서 옮겨 기록한 뜻, 갑 토지이었던 부분만이 그 권리의 목적이라는 뜻, 신청정보의 접수연월일과 접수번호를 기록하여야 한다(규칙 제80조 제2항).

다) 갑 토지의 표제부

갑 토지를 을 토지에 합병한 경우에 등기관이 합필등기를 할 때에는 **갑 토지의 등기기록 중 표제부**에 합병으로 인하여 **을 토지의 등기기록에 옮겨 기록한 뜻을** 기록하고, 갑 토지의 등기기록 중 **표제부의 등기를 말소하는 표시를** 한 후 그 등기기록을 **폐쇄**하여야 한다(규칙 제79조 제2항). [17 법무사·등기서기보 / 15 법무사]

(나) 등기형식

토지합병을 원인으로 토지표시변경등기의 신청이 있는 경우 종전의 표시에 관한 등기를 말소하고 변경사항을 반영하여 토지의 표시에 관한 사항을 주등기로 기록한다.

나. 각종 통지

등기가 경료되면 등기완료통지를 하게 되지만 권리에 관한 등기가 기입되는 등기가 아니므로 등기필정보는 작성·통지하지 아니한다.

(2) 합필의 제한 및 합필의 특례

토지 소유자가 **토지의 합병을 하고자 하는 때에는 지적공부 소관청에 신청하여야** 하며, **소관청은 공간정보법 및 동법 시행령에서 정한 합병제한사유의 유무를 심사하여 합병 여부를 결정하게** 된다. 그런데 만약 공간정보법상 **합병할 수 없는 토지에 대하여 대장상 합병이** 이루어지고 그에 기하여 **합필등기를 신청**한 경우 이러한 신청은 "**사건이 등기할 것이 아닌 경우**"에 해당하므로 등기관은 이를 **각하**하고, 지체 없이 그 사유를 **지적공부 소관청에 통지하여야** 한다(법 제37조 제2항). [24 등기서기보] 이는 소관청으로 하여금 잘못 합병된 대장을 원상회복하도록 하기 위한 규정이다.

1) 합필의 제한

  가. 공간정보법상 합병등록의 제한

    (가) 합병하려는 토지가 등기된 토지와 등기되지 아니한 토지인 경우(「공간정보법 시행령」 제66조 제3항 제3호)

      등기된 토지와 미등기토지에 대하여 합필등기를 할 수 없다. 이 경우에는 대장상 합병을 취소하여 대장을 원상회복하고 미등기 토지에 대하여 보존등기를 한 다음에 합병등기를 하여야 한다.

    (나) 합병하려는 토지의 지번부여지역, 지목이 서로 다른 경우(「공간정보법」 제80조 제3항 제1호) [12 법무사]

      등기관은 대장과 등기기록을 통하여 합병하고자 하는 토지의 지번부여지역(지번을 부여하는 단위 지역으로 동·리 또는 이에 준하는 지역)과 지목이 같은지를 조사하여야 한다.

    (다) 합병하려는 토지의 소유자가 서로 다른 경우(「공간정보법」 제80조 제3항 제1호)

      다만 토지합필의 특례에 따라 대장상 합병 당시에는 소유자가 동일하였으나 합필등기를 하기 전에 소유권의 변동이 있는 경우 합필등기를 할 수 있는 예외가 있다.

    (라) 합병하려는 토지의 소유자별 공유지분이 다르거나 소유자의 주소가 서로 다른 경우(「공간정보법 시행령」 제66조 제3항 제5호) [15 법무사 / 12 법무사]

      토지의 소유자별 공유지분이 상이한 경우 합필을 허용하는 것은 불가능하다. 즉, 2인이 두 필의 토지를 공유하고 있고, 각 토지별 지분비율이 상이한 경우(예 $30m^2$인 A토지는 갑이 1/3, 을이 2/3의 지분씩을, $60m^2$인 B토지는 갑이 2/3, 을이 1/3의 지분씩을 소유하고 있는 경우)에는 합병할 수 없다(선례 3-694). [19 법무사]

      토지 소유자의 주소가 다른 경우 합필을 제한하는 것은 각 필지의 소유자가 동일인인지 여부를 확인할 수 없기 때문인 바, 소유자의 이름은 동일하나 주소가 다른 경우에 아무런 확인 없이 합필을 허용한다면, 동명이인인 경우 소유자가 다른 토지에 대하여 합필을 하게 되는 결과를 초래할 우려가 있기 때문이다(만약, 동일인임에도 주소가 다른 경우에는 주소를 증명하는 서면 등을 첨부하여 등록주소를 변경하면 될 것임)(선례 3-694).

  나. 부동산등기법상 합필등기의 제한

> 부동산등기법 제37조(합필 제한)
> ① 합필하려는 토지에 다음 각 호의 등기 외의 권리에 관한 등기가 있는 경우에는 합필의 등기를 할 수 없다.
>   1. 소유권·지상권·전세권·임차권 및 승역지(承役地: 편익제공지)에 하는 지역권의 등기
>   2. 합필하려는 모든 토지에 있는 등기원인 및 그 연월일과 접수번호가 동일한 저당권에 관한 등기

3. 합필하려는 모든 토지에 있는 제81조 제1항 각 호의 등기사항이 동일한 신탁등기

② 등기관이 제1항을 위반한 등기의 신청을 각하하면 지체 없이 그 사유를 지적소관청에 알려야 한다.

(가) 물리적 일부에 성립할 수 있는 등기

합병하려는 토지에 **지상권**[23 등기서기보 / 18 등기주사보 / 12 법무사] · **승역지지역권**[18 등기주사보] · **전세권**[23 등기서기보] 또는 **임차권**의 등기 외의 권리에 관한 등기가 있는 토지에 대해서는 합필의 등기를 할 수 없다(법 제37조 제1항 본문). 위 각 **용익권**은 **합필 후의 토지의 일부에 성립할 수 있으므로** 합필의 제한사유에 해당되지 않는다.

따라서 위에 해당하는 경우에는 **등기원인 및 그 연월일과 접수번호가 다르더라도 합필등기가 가능하며, 일부 토지의 물리적 일부에만 존재하는 경우에도 가능하다.** [23 등기서기보]

다만 지역권은 승역지의 물리적 일부에는 성립할 수 있으나 요역지의 물리적 일부에는 성립될 수 없는 바 토지 등기기록에 **요역지지역권**의 등기가 있다면 그 토지에 대한 합필의 등기를 신청할 수 없고 이는 **요역지지역권의 등기가 모든 토지의 등기기록에 있고 그 등기사항이 모두 동일하더라도 할 수 없다**(선례 201907-4). [20 등기서기보]

(나) 물리적 일부에 성립할 수 없는 등기

가) 원칙

물리적 일부에 성립할 수 없는 (근)저당권, 가등기, 가처분, 가압류, 경매개시결정등기, 환매특약등기, 예고등기 등의 권리가 있는 토지와 그러한 토지가 없는 토지 상호 간에는 합필등기를 할 수 없다. 이러한 권리가 있는 토지에 대해 합필등기를 허용하면 결과적으로 토지의 일부에 대하여 할 수 없는 등기가 이루어지기 때문이다.

나) 예외

① 합필하려는 모든 토지에 있는 등기원인 및 그 연월일과 접수번호가 동일한 (근)저당권에 관한 등기(창설적 공동저당)

1. 합필하려는 **모든 토지에 있는 등기원인 및 그 연월일과 접수번호가 동일한 (근)저당권에 관한 등기(창설적 공동저당)**가 있는 경우에는 합필등기가 허용된다. [23 등기서기보 / 19 법원사무관 / 18 등기주사보]

다만 이러한 경우라도 갑 토지의 저당권은 **토지 전부를 목적으로 하고 있으나, 을 토지의 저당권은 소유권의 일부 지분만을 목적으로 하고 있다면 갑 토지를 을 토지에 합병하는 합필등기를 신청할 수는 없다**(선례 201904-1). [21 법무사 / 20 등기서기보]

2. 따라서 갑 토지에 (근)저당권설정등기를 한 후 동일한 채권에 대하여 을 토지에 **추가로 (근)저당권설정등기를 한 경우(추가적 공동저당)**에 위 두 저당권설정등기는 등기원인 및 그 연월일과 접수번호가 동일한 (근)저당권등기가 아니어서 합필등기를 할 수 **없다**(선례 3-654). [19 법무사 / 16 등기서기보 / 12 법무사] 예컨대 甲 토지에 2017.1.1. 접수번호 제1호로 채권최고액 금1,000만원의 근저당권설정등기가 경료되고, 乙 토지에 2017.2.2. 접수번호 제1000호로 **추가 근저당권**설정등기가 경료되었다면 甲 토지와 乙 토지는 합필등기를 할 수 **없다**. [17 법무사]

3. 또한 이러한 특례규정은 (근)저당권에만 적용되는 것이므로, 수필의 토지에 대하여 등기원인 및 그 연월일과 접수번호가 동일한 **요역지지역권등기**[20 등기서기보], **가등기**[12 법무사], **가압류등기**[18 등기주사보·법무사 / 16 등기서기보], **가처분등기**[18 법무사], 경매등기, 체납처분에 의한 압류등기 등의 등기가 있는 경우 합필등기를 할 수 **없다**.

4. 다만 「공유토지 분할에 관한 특례법」의 규정에 의한 합병등기를 소관청이 촉탁하는 경우에는 그 합필 전 토지의 공유지분에 대하여 서로 **다른 근저당권이 설정되어 있더라도** 그 근저당권은 분할조서의 확정에 의하여 그 공유자가 취득하는 토지부분에 집중하여 존속한다. 따라서 부동산등기법 제37조 규정에 불구하고 소관청은 **합병의 등기를 촉탁할 수 있다**(선례 4-814). [15 등기서기보]

5. 「지적재조사에 관한 특별법」에 따른 지적재조사 완료에 따라 토지의 이동이 있는 경우의 등기절차는 일반적인 토지표시변경절차와 다르지 아니한 바, 지적재조사 완료에 따라 갑 토지가 을 토지에 합병되는 내용으로 지적공부가 새로 작성된 경우, 「부동산등기법」 제37조 제1항에 따른 합필제한사유가 없다면 갑 토지를 을 토지에 합병하는 합필의 등기를 신청할 수 있다. 따라서 갑 토지와 을 토지의 등기기록 모두에 등기원인 및 그 연월일과 접수번호가 동일한 저당권의 등기가 있고, 또한 을 토지의 등기기록에는 이 저당권의 등기와 함께 지상권의 등기가 있는 경우에는 합필제한사유에 해당하지 아니하므로 갑 토지를 을 토지에 합병하는 합필의 등기를 신청할 수 있는 바, 이 경우에는 토지대장정보뿐만 아니라 지적확정조서를 첨부정보로서 제공하여야 한다. 이러한 신청에 따라 등기관이 합필의 등기를 할 때 을 토지의 등기기록 중 저당권의 등기에는 해당 등기가 합병 후의 토지 전부에 관한 것이라는 뜻을 부기하여야 하며, 을 토지의 등기기록에만 존재하는 지상권의 등기에는 특별히 부기할 사항이 없다(선례 201909-6).

② 1992.2.1. 현재 이미 토지대장상 합병된 토지

1. 개정된 부동산등기법 시행 당시 토지대장이나 임야대장 또는 가옥대장 상 이미 합병된 토지·건물의 합필 또는 합병의 등기는 이 법의 개정 규정에 불구하고 종전의 규정에 의한다(1992.2.1. 시행 법 부칙 제2조). 따라서 1992.2.1. 현재 이미 토지대장상 합병된 토지에 대하여는 합필등기가 허용된다.

2. 예컨대 甲 토지에 근저당권설정등기를 한 후 동일한 채권에 대하여 乙 토지에 **추가로 근저당권설정**등기를 한 경우 위 두 토지를 합필할 수 없지만, 위 두 토지가 1992.2.1. 현재 이미 토지대장상 합병되어 있는 경우라면 합필등기가 가능하다. [15 법무사]

(다) 신탁등기

합필하려는 모든 토지에 있는 제81조 제1항 각 호의 등기사항이 동일한 신탁등기가 있는 경우에는 합필등기를 할 수 있다.

「건축법」 제11조에 따른 건축허가를 받아 건설하는 건축물로서 「건축물의 분양에 관한 법률」에 따라 공급하는 경우에는 그 건설 대지에 **신탁**등기가 마쳐진 경우라도 **신탁목적이 동일하고 다른 합필제한사유가 없다**면 그 토지에 대한 합필등기를 신청할 수 있다. [20 등기서기보] 이 경우에는 이러한 사실을 소명하는 정보로서 「건축물의 분양에 관한 법률」 제5조에 따라 허가권자로부터 발급받은 분양신고확인증을 등기소에 제공하여야 한다(선례 201908-2).

2) 합필의 특례

가. 대장상의 합병등록과 등기상의 합필등기상의 시간적 간격이 존재하여 **합필제한 사유가 없는** 상태에서 대장상 합병이 이루어졌으나 그 합병에 따른 **합필등기를** 하기 전에 합필 전 토지가 다른 사람에게 이전되었거나 가압류 등기가 마쳐진 경우 등 합필제한사유가 발생한 경우에는 어떻게 업무를 처리해야 되는지가 문제된다.

나. 토지 합병의 효력은 대장에 등록이 되면 일응 효력이 발생하는 것이라는 점과 국민의 재산권 행사의 용이성 등을 근거로 합필제한 사유가 없는 상태에서 대장상 합병이 이루어졌으나 그 합병에 따른 합필등기를 하기 전에 합필 전 토지가 다른 사람에게 이전되었거나 가압류 등기가 마쳐진 경우 등 합필제한사유가 발생한 경우에는, 합필등기를 허용하되 이해관계인의 승낙서를 합필등기신청서에 첨부하게 하여 당사자의 소유관계를 공유관계로 변경하거나 또는 합필 전 토지 위에 존속한 권리를 합필 후 토지의 지분 위에 존속하는 권리로 변경하는 등기를 실행하도록 한 것이다.

다. 「공간정보의 구축 및 관리 등에 관한 법률」에 따른 **토지합병절차를 마친 후 합필등기를** 하기 전에 합병된 토지 중 어느 **토지에 관하여 소유권이전등기**가 된 경우라 하더라도 **이해관계인의 승낙**이 있으면 해당 토지의 소유권의 등기명의인들은 합필 후의 토지를

공유로 하는 합필등기를 신청할 수 있다(법 제38조 제1항). [23 등기서기보 / 19 법무사 / 16 등기서기보 / 15 법무사]

라. 「공간정보의 구축 및 관리 등에 관한 법률」에 따른 **토지합병절차를 마친 후 합필등기를 하기 전에 합병된 토지 중 어느 토지에 관하여 제37조 제1항에서 정한 합필등기의 제한 사유에 해당하는 권리에 관한 등기가 된 경우**라 하더라도 **이해관계인의 승낙**이 있으면 해당 토지의 소유권의 등기명의인은 그 권리의 목적물을 합필 후의 토지에 관한 **지분으로** 하는 합필등기를 신청할 수 있다. 다만, 요역지(要役地 : 편익필요지)에 하는 지역권의 등기가 있는 경우에는 합필 후의 토지 전체를 위한 지역권으로 하는 합필등기를 신청하여야 한다(법 제38조 제2항).

관련 기출지문

1 甲 토지에 전세권설정등기가 마쳐져 있고 乙 토지에는 임차권설정등기가 마쳐져 있는 경우 甲 토지를 乙 토지에 합병하는 합필등기를 할 수 없다. (×)　　[21 법무사]

2 甲 토지에 일부 범위를 목적으로 하는 지상권설정등기가 마쳐져 있고 乙 토지에는 전세권설정등기가 마쳐져 있는 경우 甲 토지를 乙 토지에 합병하는 합필등기를 할 수 없다. (×)　　[23 등기서기보]

3 소유자가 동일한 수필지의 토지에 각 등기원인 및 그 연월일과 접수번호가 다른 전세권의 등기가 있는 경우에는 합필등기를 할 수 없다. (×)　　[16 등기서기보]

4 토지 등기기록에 요역지지역권의 등기가 있는 경우 그 토지에 대한 합필의 등기를 할 수 있다. (×)　　[21 법무사]

5 합필하려는 모든 토지에 있는 등기원인 및 그 연월일과 접수번호가 동일한 저당권에 관한 등기가 있는 경우에도 합필의 등기를 할 수 없다. (×)　　[21 등기서기보]

6 甲 토지에 저당권설정등기가 마쳐지고 후에 동일한 채권에 대하여 乙 토지에 추가로 저당권설정등기가 마쳐져 있을 뿐 甲 토지와 乙 토지 모두에 소유권등기 외의 다른 권리에 관한 등기가 없다면 甲 토지를 乙 토지에 합병하는 합필등기를 신청할 수 있다. (×)　　[20 등기서기보 / 18 법무사]

7 합필하고자 하는 甲과 乙 토지 중 甲 토지에 환매특약의 등기가 있는 경우에는 합필등기를 신청할 수 있다. (×)　　[18 법무사]

8 공유토지분할에 관한 특례법 제14조 제5항 및 제37조 제3항의 규정에 의한 합병의 등기를 소관청이 촉탁하는 경우에는 그 합필 전 토지의 공유지분에 대하여 서로 다른 근저당권이 설정되어 있다면 그 근저당권은 분할조서의 확정에 의하여 그 공유자가 취득하는 토지부분에 집중하여 존속한다고 하더라도, 소관청은 합병의 등기를 촉탁할 수 없다. (×)　　[19 법무사]

9 공간정보의 구축 및 관리 등에 관한 법률에 따른 토지합병절차를 마친 후 합필등기를 하기 전에 합병된 토지 중 어느 토지에 관하여 소유권이전등기가 된 경우에는 이해관계인의 승낙이 있어도 해당 토지의 소유권의 등기명의인들은 합필 후의 토지를 공유로 하는 합필등기를 신청할 수 없다. (×)　　[19 법원사무관]

10 甲과 乙 토지가 대장상 합병이 된 후에 甲 토지에 대하여 소유권이전등기가 마쳐진 경우에는 이해관계인의 승낙과 상관없이 합필등기를 신청할 수 없다. (×)　　[18 법무사]

11 甲과 乙 토지가 대장상 합병이 된 후에 甲 토지에 대하여 가압류가 마쳐진 경우에는 이해관계인의 승낙과 상관없이 합필등기를 신청할 수 없다. (×)　　[18 법무사]

---

3. 멸실등기

(1) 서설

토지의 **멸실**이라 함은 해안지대의 토지의 함몰·포락 등의 사유로 1개의 토지가 전체로서 소멸하는 것을 말한다. 이러한 토지의 멸실이 있으면 당사자의 신청 또는 관공서의 촉탁에 의하여 멸실등기를 하게 된다. 1필의 토지의 일부 멸실이 있는 때에는 토지의 면적 등의 변경이 있는데 지나지 않으므로 멸실등기가 아닌 토지표시의 변경등기를 하여야 한다.

(2) 개시

토지가 **멸실**된 경우에는 그 토지 소유권의 등기명의인은 그 사실이 있는 때부터 1개월 이내에 그 등기를 (🌐 단독으로) 신청하여야 한다(법 제39조).

(3) 신청절차

1) 신청인

토지 소유권의 등기명의인이 단독으로 신청한다.

2) 신청정보

신청서에는 멸실된 토지의 소재와 지번, 지목, 면적을 기재한다. 등기원인와 그 연월일은 대장에 표시된 멸실원인과 그 연월일을 신청정보로서 등기소에 제공한다.

3) 첨부정보

토지멸실등기를 신청하는 경우에는 그 멸실을 증명하는 토지대장 정보나 임야대장 정보를 첨부정보로서 등기소에 제공하여야 한다(규칙 제83조).

(4) 실행절차(등기실행)

1) 등기부 작성·기입

가. 등기사항

토지의 멸실등기를 할 때에는 등기기록 중 표제부에 멸실의 뜻과 그 원인을 기록하고 표제부의 등기를 말소하는 표시를 한 후 그 등기기록을 폐쇄하여야 한다(규칙 제84조 제1항).

멸실등기한 토지가 다른 부동산과 함께 소유권 외의 권리의 목적일 때에는 그 다른 부동산의 등기기록 중 해당 구에 멸실등기한 토지의 표시를 하고, 그 토지가 멸실인 뜻을 기록하며, 그 토지와 함께 소유권 외의 권리의 목적이라는 뜻을 기록한 등기 중 멸실등기한 토지의 표시에 관한 사항을 말소하는 표시를 하여야 한다(규칙 제84조 제2항).

나. 등기형식

토지의 멸실등기는 주등기로 기록한다.

2) 각종 통지

등기가 경료되면 등기완료통지를 하게 되지만 권리에 관한 등기가 기입되는 등기가 아니므로 등기필정보는 작성·통지하지 아니한다.

03 절 건물

Ⅰ. 건물표시의 변경등기

1. 서설

(1) 의의

부동산의 표시는 등기의 대상인 부동산을 특정하는 역할을 한다. 건물은 소재지번 및 건물번호·건물의 내역(구조·면적·용도)에 의하여 특정된다. 따라서 건물표시의 변경등기는 위 각 요소에 대하여 변경사항이 있을 때에 하는 등기라고 할 수 있다.

(2) 건물표시의 변경사유

1) 소재지번 및 건물번호의 변경

건물의 소재지번의 변경은 토지의 경우와 같다. 건물번호는 한 필지 위에 둘 이상의 건물이 존재하는 경우에 각 건물을 쉽게 특정하기 위해 각 건물에 붙이는 일련번호이다. 건물번호는 건축물대장에 기재되어 있는 경우('ㅇㅇ빌라 에이동'과 같이 건물명칭에 부기되어 있는 경우 등)가 아니라면 등기신청인이 보존등기나 건물표시변경등기 신청서에 임의로 기재함으로써 등기된다. 1필의 토지상에 여러 동의 건물이 건립되어 각 건물을 특정하기 위하여 건물의 번호가 부여되어 있었으나 그 후 다른 건물은 멸실되고 하나의 건물만이 남게 된 경우 등기명의인은 그 번호를 없애기 위한 건물번호 변경등기를 신청할 수 있다(선례 3-380). 이 경우 건물번호가 건축물대장에 기재되어 있지 않다면 건축물대장의 기재 변경이 선행될 필요는 없다.

2) 건물내역의 변경

현행 건물 등기기록상 건물내역이란 법 제40조, 제41조에서 정한 건물의 종류, 구조, 면적과 부속건물을 모두 포함하는 개념이다.

가. 건물의 구조의 변경

건물의 구조는 건물의 주된 부분의 구성재료(목조·석조·콘크리트조 등), 지붕의 종류(기와지붕, 슬래브지붕 등), 층수에 의하여 정하여진다. 건물의 구조를 변경하는 것을 "개축"이라고 한다. 개축은 기존건축물의 전부 또는 일부(내력벽·기둥·보·지붕틀 중 3 이상이 포함되는 경우를 말한다)를 철거하고 그 대지 안에 종전과 동일한 규모

범위 안에서 건축물을 다시 축조하는 것이다(「건축법 시행령」 제2조 제3호, ⑩ 목조기
와지붕을 시멘트벽돌조 기와지붕으로 변경).

나. 건물 면적의 변경

건물의 면적을 변경하는 경우의 등기원인은 "증축"이다. 증축이란 기존 건축물이 있는
대지 안에서 건축물의 건축면적·연면적·층수 또는 높이를 증가시키는 것을 말한다
(「건축법 시행령」 제2조 제2호).

다. 건물의 종류

등기사항으로서 건물의 종류로는 전체 건물을 아울러 표상할 수 있는 정도를 기록하면
충분하므로 건축법 제2조 제2항의 용도를 등기하도록 함이 타당하다. 건축법 제2조 제
2항의 용도는 보통 건축물대장의 주용도란에 기재되고 등기관은 건축물대장에 따라 표
제부의 등기를 하게 되므로 건물의 종류로는 건축물대장의 주용도를 등기하면 된다.
세부용도의 자세한 기록은 등기기록을 복잡하게 하고 건축물대장을 통하여 확인하면
되므로 등기기록에는 건물 전체의 주된 용도만 등기사항이다. 예컨대 가옥대장등본의
용도 기재란에 제1종(또는 제2종) 근린생활시설로 기재된 경우, 그 슈퍼마켓, 이용원등
세부용도가 기재되었는가의 여부에 관계없이 등기신청서 및 등기부에는 제1종(또는 제
2종) 근린생활시설로 기재하면 되고 그 세부 용도를 기재할 필요가 없다(선례 4-80).

라. 부속건물의 신축

부속건물이란 동일한 대지 안에서 주된 건물과 분리된 부속용도의 건물로서 주된 건물의
이용 또는 관리에 필요한 건물을 말한다(「건축법 시행령」 제2조 제12호). 부속건물을 신축
한 경우 건물표시의 변경등기를 신청할 수 있다. 예컨대 주건물이 공장인데 부속건물로서
창고를 신축한 경우에 "부속건물의 신축"을 원인으로 건물표시의 변경등기를 할 수 있다.

2. 개시

건물의 **분할, 구분, 합병**이 있는 경우와 제40조의 등기사항에 변경(**건물 등기기록 표제부의 등기사
항에 변경**)이 있는 경우에는 그 건물 소유권의 등기명의인은 그 사실이 있는 때부터 1개월 이내에
그 등기를 (⊕ 단독으로) 신청하여야 한다(법 제41조 제1항). [18 등기주사보·등기서기보 / 16 법무사 / 11 법무사]
다만 이러한 등기를 해태한 경우라도 부동산등기법상 과태료는 부과되지 않는다.

3. 신청절차 및 실행절차

건물표시의 변경등기에 대한 신청절차와 실행절차는 토지표시의 변경등기와 비슷하므로 별도의
설명은 생략한다.

Ⅱ. 건물의 변경등기

1. 구분등기

건물의 구분이란 1개의 일반건물 또는 구분건물을 2개 이상의 구분건물로 나누는 것을 말한다. 이는 구분건물의 소유권보존등기절차에서 함께 설명한다.

2. 분할등기

(1) 서설

건물의 분할은 어떤 건물(갑 건물)로부터 그 부속건물을 분할하여 이를 독립된 건물(을 건물)로 하는 것, 즉 1개의 건물을 2 이상으로 나누는 것을 말한다. [11 법무사] 즉 건물의 분할등기는 그에 따라 갑 건물의 등기기록을 갑 건물과 을 건물의 등기기록으로 나누는 표시변경등기를 말한다. 또한 분할되는 을 건물은 하나의 건물로서 등기능력이 인정되어야 한다.

건물의 분할등기를 하기 위해서는 먼저 건축물대장에 분할의 변경등록을 하여야 한다. [11 법무사] 예컨대 동일한 건축물대장에 주택과 창고가 함께 등재되어 1개의 등기기록에 소유권보존 및 이전등기가 마쳐진 후에 창고만 매매의 객체로 하기 위해서는 분할등기를 먼저 하여야 하는데, 그러기 위해서는 먼저 건축물대장을 분할등록하여야 한다.

(2) 개시

건물의 분할, 구분, 합병이 있는 경우와 제40조의 등기사항에 변경(건물 등기기록 표제부의 등기사항에 변경)이 있는 경우에는 그 건물 소유권의 등기명의인은 그 사실이 있는 때부터 1개월 이내에 그 등기를 (🌐 단독으로) 신청하여야 한다(법 제41조 제1항). [18 등기주사보·등기서기보 / 16 법무사 / 11 법무사] 다만 **이러한 등기를 해태한 경우라도 부동산등기법상 과태료는 부과되지 않는다.** 구분건물로서 표시등기만 있는 건물에 관하여는 제65조 각 호의 어느 하나에 해당하는 자가 위의 등기를 신청하여야 한다(법 제41조 제2항).

(3) 신청절차

1) 신청인

2) 신청정보

가. 일반적인 경우

건물의 구분, 분할, 합병, 등기기록 표제부의 등기사항에 변경이 생겨 건물의 표시변경등기를 신청하는 경우에는 그 건물의 변경 전과 변경 후의 표시에 관한 정보를 신청정보의 내용으로 등기소에 제공하여야 한다(규칙 제86조 제1항). [21 등기서기보]

건물의 분할등기를 신청하는 경우 신청서에 분할된 면적과 현재의 면적을 기재하여야 한다. 실무상 신청서 중 부동산의 표시란에 분할 전의 표시(분할되기 전의 건물의 표시), 분할의 표시(분할되어 나가는 건물의 표시), 분할 후의 표시(분할되어 나간 건물을 제외하고 남아 있는 건물의 표시)로 나누어 기재하는 것은 토지 분필등기와 같다.

등기원인과 그 연월일은 "○년○월○일 분할"로 기재하며 건축물대장 등본에 기재된 연월일을 기재한다.

등기의 목적은 "건물표시변경"으로 기재한다.

건물의 분할로 인하여 1필지 또는 수필지상에 수개의 건물이 있게 되는 때에는 각 건물의 번호도 기재하여야 한다.

나. 어느 한 쪽 건물에 용익권이 존속하게 되는 경우

1동의 건물의 일부에 전세권 또는 임차권의 등기가 있는 경우에 그 건물의 분할 등기를 신청하는 때에는 신청서에 그 권리가 존속할 건물을 기재하여야 하고, 그 권리가 건물의 일부에 존속할 때에는 신청서에 그 건물부분을 기재하여야 한다(규칙 제95조, 제74조).

다. 어느 한 쪽 건물에 대하여 권리소멸승낙을 한 경우

건물의 분할 등기를 신청하는 경우에 분할되어 나간 건물이나 분할 후의 건물에 대하여 소유권 외의 권리의 소멸 승낙이 있는 경우에는 그 권리자와 소멸되는 건물의 표시를 기재하여야 한다(규칙 제95조, 제74조).

3) 첨부정보

가. 일반적인 경우

건물의 구분, 분할, 합병, 등기기록 표제부의 등기사항에 변경이 생겨 건물의 표시변경 등기를 신청하는 경우에는 그 **변경을 증명하는 건축물대장 정보**를 첨부정보로서 등기소에 제공하여야 한다(규칙 제86조 제3항).

토지의 변경등기와 마찬가지로 건물의 분할로 인한 변경등기도 권리관계의 변동에 영향을 미치지 않으므로 등기상 이해관계 있는 제3자의 승낙 등을 증명하는 정보를 제공할 필요가 없다. 예컨대 저당권이 설정되어 있는 건물에 대하여 분할등기를 신청할 때에는 저당권자의 승낙서를 첨부할 필요가 없다. [11] 법무사]

다만 분할등기와 관련하여 특수한 첨부정보를 제출하여야 하는 경우도 있다.

나. 어느 한 쪽 건물에 용익권이 존속하게 되는 경우

건물의 일부에 전세권 또는 임차권의 등기가 있는 경우에 그 건물의 분할 또는 구분의 등기를 신청하는 때에는 신청서에 권리가 존속할 건물을 기재하고, 이를 증명하는 권리자의 서면을 첨부하여야 한다(규칙 제95조, 제74조). 이 경우 그 서면에 날인한 권리자의 인감증명을 첨부하여야 하고(규칙 제60조 제1항 제5호)[11 법무사], 위에서 그 권리가 건물의 일부에 존속할 때에는 신청서에 그 건물부분을 기재하고 그 부분을 표시한 도면을 전자문서로 작성하여 등기소에 송신하여야 한다(규칙 제63조, 제74조, 제95조, 제128조 제2항).

토지의 분필등기와 마찬가지로 분할 후 건물의 일부에 대하여 용익권(전세권, 임차권)에 관한 등기가 있는 때에는 그 존속부분을 공시하기 위하여 도면을 송신하도록 하는 것이다.

다. 어느 한 쪽 건물에 대하여 권리소멸승낙을 한 경우

분할의 등기를 하는 경우에 소유권 외의 권리의 등기명의인이 분할 후의 어느 건물에 관하여 그 권리의 소멸승낙을 한 경우 그 권리의 소멸을 승낙한 것을 증명하는 정보 또는 이에 대항할 수 있는 재판이 있음을 증명하는 정보를 제공하여야 한다. 이 경우 위 권리를 목적으로 하는 제3자의 권리에 관한 등기가 있는 때에는 그 자의 승낙을 증명하는 정보 또는 이에 대항할 수 있는 재판이 있음을 증명하는 정보를 제공하여야 한다. 위 각 승낙을 증명하는 서면에는 승낙자의 인감증명을 첨부하여야 한다(규칙 제60조 제1항 제5호, 제7호).

(4) 실행절차(등기실행)

1) 등기부 작성 · 기입

가. 등기사항

건물의 분할등기를 하는 경우 을 건물의 등기기록을 새로 개설하며(규칙 제96조 제1항), 그 밖의 절차는 토지의 분필에 관한 규정을 준용한다(규칙 제96조 제3항, 제76조, 제77조).

(가) 을 건물의 표제부

갑 건물로부터 그 부속건물을 분할하여 이를 을 건물로 한 경우에 등기관이 분할 등기를 할 때에는 을 건물에 관하여 등기기록을 개설하고, 을 건물의 등기기록 중 표제부에 건물의 표시와 분할로 인하여 갑 건물의 등기기록에서 옮겨 기록한 뜻을 기록하여야 한다(규칙 제96조 제1항). [법무사 16]

(나) 을 건물의 갑구 및 을구

갑 건물로부터 그 부속건물을 분할하여 이를 을 건물로 한 경우에는 을 건물의 등기기록 중 해당 구에 갑 건물의 등기기록에서 소유권과 그 밖의 권리에 관한 등기를 전사하고[법무사 16], 분할로 인하여 갑 건물의 등기기록에서 전사한 뜻, 신청정보의 접수연월일과 접수번호를 기록하여야 한다. 이 경우 소유권 외의 권리에 관한 등기에는 갑 건물이 함께 그 권리의 목적이라는 뜻도 기록하여야 한다(규칙 제96조 제3항, 제76조 제1항).

(다) 갑 건물의 표제부

갑 건물의 등기기록 중 표제부에 남은 부분의 표시를 하고, 분할로 인하여 다른 부분을 을 건물의 등기기록에 옮겨 기록한 뜻을 기록하며, 종전의 표시에 관한 등기를 말소하는 표시를 하여야 한다.

(라) 갑 건물의 갑구 및 을구

갑 건물의 등기기록에서 을 건물의 등기기록에 소유권 외의 권리에 관한 등기를 전사하였을 때에는 갑 건물의 등기기록 중 그 권리에 관한 등기에 을 건물이 함께 그 권리의 목적이라는 뜻을 기록하여야 한다(규칙 제96조 제3항, 제76조 제2항).

나. 등기형식

등기관이 건물표시변경등기를 할 때에는 **종전의 표시에 관한 등기를 말소**하고 변경사항을 반영하여 항상 **주등기**로 실행한다. [19 등기주사보]

2) 각종 통지

등기가 경료되면 등기완료통지를 하게 되지만 권리에 관한 등기가 기입되는 등기가 아니므로 등기필정보는 작성·통지하지 아니한다.

> **관련 기출지문**
>
> 1 저당권이 설정되어 있는 건물에 대하여 분할등기를 신청할 때에는 저당권자의 승낙서를 첨부하여야 한다.
> (×)
> [11 법무사]

---

3. 합병등기

(1) 서설

건물의 합병등기란 갑 건물을 을 건물에 합치는 등기를 말한다. 건물의 합병에는 ① 갑 건물을 을 건물에 합병하는 경우, ② 갑 건물을 을 건물의 부속건물에 합병하는 경우, ③ 갑 건물을 을 건물의 부속건물로 하는 경우가 있다(규칙 제100조 제1항 본문). 위 각 경우는 모두 건물의 물리적 변경은 없이 건물의 일정부분이 소속되는 등기기록을 바꾸는 처분이다. 건물의 합병등기가 있으면 갑 건물의 등기기록은 **폐쇄**되며, 그 등기절차에는 **토지의 합필등기에 관한 규정이 준용**된다(규칙 제100조).

건물의 합병도 토지의 합필과 마찬가지로 합병대상 건물의 소유자가 동일한 경우에는 그 소유자가 건축물대장을 첨부하여 자유로이 신청할 수 있는 것이 원칙이지만, 토지합필의 경우와 같은 이유로 소유권·전세권 및 임차권의 등기 외의 권리에 관한 등기가 있는 건물에 관하여는 합병의 등기를 신청할 수 없다. 그러나 모든 건물에 대하여 등기원인과 그 연월일 및 접수번호가 동일한 저당권에 관한 등기가 있는 경우에는 공시의 혼란을 초래할 우려가 없으므로 합병이 가능하다(법 제42조 제1항, 제37조 제1항). 이 경우 근저당권자의 승낙서는 첨부정보로 제공할 필요가 없다(선례 201311-1). [24 법무사]

다만 토지합필의 특례(법 제38조)는 건물의 합병등기에는 적용되지 않는다. [24 법무사]

집합건축물대장상 구분건물인 201호와 202호가 분할·구분·합병으로 각 201호와 202호 및 203호로 되었으나 **부동산표시변경등기가 마쳐지지 아니한 채 소유권이전등기가 마쳐진 경우**, 위 각 건물의 소유자가 동일하고 건물의 합병 제한사유(「부동산등기법」 제42조 제1항)에 해당되지 않으면 위 구분건물의 소유자는 등기기록상 건물표시가 집합건축물대장과 일치되도록 **건물의 표시변경등기를 신청할 수 있다**(선례 202009-1). [24 법무사]

(2) 개시

건물의 **분할, 구분, 합병**이 있는 경우와 제40조의 등기사항에 변경(건물 등기기록 표제부의 등기사항에 변경)이 있는 경우에는 그 건물 소유권의 등기명의인은 그 사실이 있는 때부터 1개월 이내에 그 등기를 (⊕ 단독으로) 신청하여야 한다(법 제41조 제1항). [18 등기주사보 · 등기서기보 / 16 법무사 / 11 법무사] 다만 이러한 등기를 해태한 경우라도 부동산등기법상 과태료는 부과되지 않는다. 구분건물로서 표시등기만 있는 건물에 관하여는 제65조 각 호의 어느 하나에 해당하는 자가 위의 등기를 신청하여야 한다(법 제41조 제2항).

(3) 신청절차 및 실행절차

갑 건물을 을 건물 또는 그 부속건물에 합병하거나 을 건물의 부속건물로 한 경우에 합병의 등기를 하는 때에는 토지의 합필등기절차에 관한 규칙 제79조 및 제80조의 규정을 준용한다. 갑 건물을 을 건물의 부속건물에 합병하거나 을 건물의 부속건물로 한 경우에는 을 건물 및 그의 부속건물에 대한 종전의 표시와 그 번호를 말소하는 표시를 한다.

4. 멸실등기

(1) 서설

건물의 **멸실**이라 함은 건물의 소실 · 붕괴 등의 사유로 1개의 부동산이 전체로서 소멸하는 것을 말한다. 이러한 건물의 멸실이 있으면 당사자의 신청 또는 관공서의 촉탁에 의하여 멸실등기를 하게 된다. 1동의 건물의 일부의 멸실이 있는 때에는 건물의 면적 또는 구조 등의 변경이 있는데 지나지 않으므로 멸실등기가 아닌 건물표시의 변경등기를 하여야 한다.

(2) 개시

건물이 **멸실**된 경우에는 그 건물 소유권의 등기명의인은 그 사실이 있는 때부터 1개월 이내에 그 등기를 (⊕ 단독으로) 신청하여야 한다.

(3) 신청절차

1) 신청인

가. 건물이 **멸실**된 경우에는 그 건물 소유권의 등기명의인은 그 사실이 있는 때부터 1개월 이내에 그 등기를 (⊕ 단독으로) 신청하여야 한다. 다만 이러한 등기를 해태한 경우라도 **부동산등기법상 과태료는 부과되지 않는다.** 이 경우에도 구분건물로서 표시등기만 있는 건물에 관하여는 보존등기를 신청할 수 있는 자가 신청하여야 한다(법 제43조 제1항). 이 경우 건물 소유권의 등기명의인이 1개월 이내에 멸실등기를 신청하지 아니하면 그 건물대지의 소유자가 건물 소유권의 등기명의인을 대위하여 그 등기(⊕ 멸실등기)를 신청할 수 있다(법 제43조 제2항). [23 등기서기보 / 21 법무사 / 20 법무사 / 18 등기서기보 · 등기주사보(?) · 법무사 / 17 등기서기보 · 등기주사보] 하지만 대지 소유자에게 신청할 의무가 부과되는 것은 아니다.

나. 존재하지 아니하는 건물에 대한 등기가 있을 때에는 그 소유권의 등기명의인은 지체 없이 그 건물의 멸실등기를 신청하여야 한다(법 제44조 제1항). [23 등기서기보 / 20 법무사 / 17 등기서기보 / 15 법무사] 이 경우 건물 소유권의 등기명의인이 멸실등기를 신청하지 아니하는 경우에는 그 건물대지의 소유자가 건물 소유권의 등기명의인을 대위하여 그 등기(ⓐ 멸실등기)를 신청할 수 있다(법 제44조 제2항). 마찬가지로 대지 소유자에게 신청할 의무가 부과되는 것은 아니다. 건물소유권의 등기명의인이 존재하지 아니하는 건물에 대하여 멸실등기를 신청하지 아니하면 건물대지의 소유자가 건물부존재증명서를 발급받아 건물소유권의 등기명의인을 대위하여 멸실등기를 신청할 수 있고, 이 경우에는 건물이 멸실된 경우와 달리 건물부존재증명서를 발급받은 지 1개월이 경과하지 않았더라도 건물의 대지소유자는 건물 멸실등기를 대위하여 신청할 수 있다(선례 201511-1). [22 법무사]

다. 건물이 멸실한 경우에 등기부상 소유명의인의 채권자는 대위원인을 증명하는 서면과 건축물대장등본 기타 멸실을 증명할 수 있는 서면을 첨부하여 건물 멸실등기를 대위신청할 수 있다(선례 200603-3). [22 법무사]

라. 구분건물로서 그 건물이 속하는 1동 전부가 멸실된 경우에는 그 구분건물의 소유권의 등기명의인은 1동의 건물에 속하는 다른 구분건물의 소유권의 등기명의인을 대위하여 1동 전부에 대한 멸실등기를 신청할 수 있다(법 제43조 제3항). [23 등기서기보 / 22 법무사]

2) 신청정보

신청서에는 건물의 소재와 지번, 건물의 종류, 구조와 면적을 기재한다. 등기원인와 그 연월일은 대장에 표시된 멸실원인과 그 연월일을 신청정보로서 등기소에 제공한다.

3) 첨부정보

건물멸실등기를 신청하는 경우에는 그 멸실이나 부존재를 증명하는 건축물대장 정보나 그 밖의 정보를 첨부정보로서 등기소에 제공하여야 한다(규칙 제102조). [17 등기주사보]

멸실된 건물이 근저당권 등 제3자의 권리의 목적이 된 경우라도 건축물대장에 건물멸실의 뜻이 기록되어 있으면 그 멸실등기 신청서에 제3자의 승낙서를 첨부할 필요는 없고[23 등기서기보 / 22 법무사 / 20 법무사 / 17 등기주사보], 멸실등기로 인하여 폐쇄된 등기부에 기재된 저당권의 말소는 등기할 사항이 아니다(저당권으로서의 효력이 존속하는 것은 아님)(선례 1-532).

즉 표제부의 등기는 말소하는 표시를 하지만 권리에 관한 등기는 말소하지 않는다. 따라서 이미 건물은 멸실되었으나 아직 건물멸실등기가 이루어지기 전에 가압류등기가 경료된 경우 등기관은 직권으로 그 가압류등기를 말소할 수 없다(선례 6-495). [21 법무사]

관련 기출지문

1 전자신청에 대한 각하 결정의 고지는 전산정보처리조직을 이용하여 전자우편의 방법으로 하여야 한다. (×)
[22 법무사]

⑷ **실행절차**

1) 접수·배당

2) 조사(형식적 심사)

3) 문제O (취하·보정·각하)

　가. 건물멸실등기를 신청하는 경우에 그 등기명의인의 표시에 변경 또는 경정사유가 있어도 그 변경 또는 경정을 증명하는 서면을 첨부하여 **등기명의인의 표시변경 또는 경정등기를 생략할 수 있다**(예규 593). [23 등기서기보]

　나. 마찬가지로 증축된 부분에 대한 등기가 경료되지 아니하여 **등기부의 건물면적과 건축물대장의 건물면적이 다소 차이가 있는 상태에서 그 건물이 멸실된 경우** 등기부상의 건물과 건축물대장상의 건축물 사이에 동일성이 인정된다면 **증축된 부분에 대한 표시변경등기를 경료한 후 다시 멸실등기를 신청하는 절차를 생략**하고 곧 바로 멸실등기를 신청할 수 있다(선례 3-638).

　다. 집합건물인 1동 건물 **전부의 멸실을** 증명하는 **건축물대장을** 첨부정보로서 등기소에 제하여 건물멸실등기를 신청하는 경우 등기관은 집합건물의 **대지권의 비율의 합이 1을 초과**하거나 **1미만이라** 하더라도 다른 각하사유가 없는 한 위 등기를 **실행하여야** 한다(선례 제202311-1호).

4) 문제X (등기실행)

　가. 등기부 작성·기입

　　(가) 소유권 외의 권리의 등기명의인에 대한 통지

　　　소유권 외의 권리가 등기되어 있는 건물에 대한 것이라 하더라도 건축물대장에 건물 **멸실의 뜻이 기록되어 있거나 소유권 외의 권리의 등기명의인이 멸실등기에 동의한 경우에는 그 명의인에 대한 통지를 할 필요가 없다**(법 제45조 제1항 단서).
　　　[17 등기서기보]
　　　그 밖의 경우 등기관은 소유권 외의 권리의 등기명의인에게 1개월 내의 기간을 정하여 그 기간까지 이의를 진술하지 아니하면 멸실등기를 한다는 뜻을 알려야 한다. 이 경우 등기의 직권말소절차에 관한 법 제58조 제2항부터 제4항까지를 준용한다(법 제45조 제1항 본문, 제2항).

　　(나) 등기사항

　　　구분건물이 아닌 건물의 멸실등기를 할 때에는 등기기록 중 표제부에 멸실의 뜻과 그 원인 또는 부존재의 뜻을 기록하고 **표제부의 등기를 말소하는 표시를 한 후 그 등기기록을 폐쇄하여야** 한다(규칙 제103조 제1항 본문). [17 등기주사보] 다만 멸실한 건물이 1동에 속하는 **구분건물인 경우에는**(🈯 일부 구분건물의 멸실등기를 하는 경우) 그 등기기록을 **폐쇄하지 아니한다**(규칙 제103조 제1항). [22 법무사 / 17 등기서기보·법무사]
　　　구분건물로서 그 건물이 속하는 1동 전부가 멸실된 경우에는 그 구분건물의 소유권의 등기명의인은 1동의 건물에 속하는 다른 구분건물의 소유권의 등기명의인을 대위하여 1동 전부에 대한 멸실등기를 신청할 수 있다(법 제43조 제3항). [23 등기서기보 / 22 법무사]

(다) 등기형식

건물의 멸실등기는 주등기로 기록한다.

나. 각종 통지

등기가 경료되면 등기완료통지를 하게 되지만 권리에 관한 등기가 기입되는 등기가 아니므로 등기필정보는 작성·통지하지 아니한다.

관련기출지문

1 건축물대장상 합병이 이루어지고 합병등기를 하기 전에 합병된 건물의 소유자가 달라지거나 건물합병의 제한사유가 있는 경우에는 합병 후의 건물을 공유로 하고 합병제한사유에 해당하는 권리에 관한 등기의 목적을 합병 후의 공유지분으로 변경하는 등기를 할 수 있다. (×)   [24 법무사]

2 건물이 멸실된 경우에는 그 건물 소유권의 등기명의인은 그 사실이 있는 때부터 1개월 이내에 그 등기를 신청하여야 하며, 1개월 이내에 멸실등기를 신청하지 아니하여도 그 건물대지의 소유자가 건물 소유권의 등기명의인을 대위하여 그 등기를 신청할 수는 없다. (×)   [21 법무사]

3 멸실된 건물이 근저당권 등 제3자의 권리의 목적이 된 경우에는 건축물대장에 건물멸실의 뜻이 기록되어 있더라도 그 멸실등기신청서에 제3자의 승낙서를 첨부하여야 한다. (×)   [17 등기주사보]

4 멸실된 건물이 근저당권 등 제3자의 권리의 목적이 된 경우에는 멸실된 사실이 건축물대장에 기록되어 있더라도 멸실등기를 신청할 때에 근저당권자 등의 승낙이 있음을 증명하는 정보를 첨부정보로서 제공하여야 한다. (×)   [22 법무사]

5 이미 건물은 멸실되었으나 아직 건물멸실등기가 이루어지기 전에 가압류등기가 경료된 경우 등기관은 직권으로 그 가압류등기를 말소할 수 있다. (×)   [21 법무사]

6 등기관이 1동의 집합건물 중 일부 구분건물의 멸실등기를 할 때에는 표제부의 등기를 말소하는 표시를 한 후 그 등기기록을 폐쇄하여야 한다. (×)   [17 등기서기보·법무사]

---

5. 기타(도로명주소)

「도로명주소법에 따른 부동산등기 사무처리지침(예규 1729)」

1. 목적

이 예규는 도로명주소법에 따른 부동산등기 절차를 규정함을 목적으로 한다.

2. 적용 대상

이 예규는 건물등기기록 표제부의 건물 표시 및 부동산등기기록의 각 등기명의인의 주소를 그 적용 대상으로 한다.

3. 건물 표시 부분에의 도로명주소 표기

가. 도로명주소 표기 방법

도로명주소는 건물 표시 중 소재지번 표시 아래에 기재한다.

(예시 1) 일반 건물의 부동산 표시

　　　　서울특별시 서초구 서초동 1500-2

　　　　[도로명주소] 서울특별시 서초구 명달로 22길 24

　　　　철근콘크리트조 슬래브지붕 2층 사무실

　　　　1층 234㎡

　　　　2층 202㎡

(예시 2) 구분건물의 부동산 표시

　　　　1동의 건물 표시

　　　　서울특별시 서초구 서초동 1500-2

　　　　서초아파트 제101동

　　　　[도로명주소] 서울특별시 서초구 서초대로 46길 62

　　　　철근콘크리트조 슬래브지붕 3층 아파트

　　　　1층 554.5㎡, 2층 554.5㎡, 3층 431.5㎡(이하 생략)

나. 등기신청서

　1) 건물등기기록 표제부에 도로명주소가 기록되지 않은 경우

　　가) 등기신청서의 건물 표시는 등기기록에 표시된 건물의 소재지번을 기재하고, 이때 도로명주소만을 기재하여서는 아니 된다.

　　나) 등기신청서의 건물 표시에 소재지번과 도로명주소가 함께 기재된 경우에는 등기사건을 수리하되[18 등기주사보], 도로명주소가 기재된 건축물대장 정보가 함께 제공된 경우 5.가.에 따라 등기관은 직권으로 도로명주소를 기록하는 표시변경등기를 하여야 한다.

　2) 건물등기기록 표제부에 도로명주소가 기록된 경우

　　등기신청서의 건물 표시는 등기기록에 표시된 건물의 소재지번과 도로명주소를 함께 기재한다.

다. 등기원인증서(매매계약서, 근저당권설정계약서 등)

　1) 건물등기기록 표제부에 도로명주소가 기록되지 않은 경우

　　가) 등기원인증서의 건물 표시는 등기기록에 표시된 건물의 소재지번을 기재한다.

　　나) 등기원인증서에 건물 표시로 도로명주소만 기재된 때에도 신청인이 제공한 도로명주소 정보[건축물대장 정보, 행정안전부 "도로명주소 안내시스템(http://www.juso.go.kr)"의 조회 결과물 등, 이하 "도로명주소 정보"라고 함]에 의하여 해당 소재지번에 대한 도로명주소임이 인정된다면 등기사건을 수리한다.

　2) 건물등기기록 표제부에 도로명주소가 기록된 경우

　　가) 등기원인증서의 건물 표시는 등기기록에 표시된 건물의 소재지번과 도로명주소를 함께 기재한다.

　　나) 등기원인증서에 건물 표시로 소재지번 또는 도로명주소 중 어느 하나만 기재된 때에도 등기사건을 수리한다.

4. 등기명의인 표시 부분에의 도로명주소 표기

가. 도로명주소 표기 방법

　등기명의인의 도로명주소는 주소를 증명하는 정보에 표시된 주소(법정동, 공동주택 명칭의 참고항목 포함)와 동일하게 기재한다.

나. 등기신청서 및 등기원인증서
　　1) 도로명주소로 변경하기 위하여 등기명의인 표시변경등기를 신청하는 경우 등기신청서의 등기원인 및 원인일자는 주소를 증명하는 정보에 표시된 주소 변동사유 및 변동일자를 기재한다.
　　2) 등기원인증서의 명의인 주소표시를 지번방식의 주소로 기재한 때에도 신청인이 제공한 도로명주소 정보에 의하여 해당 도로명주소와 같은 주소임이 인정되면 등기사건을 수리한다.

다. 인감증명서
　　1) 등기기록의 등기의무자 주소가 지번방식의 주소일 때 등기의무자의 인감증명에는 도로명주소만 기재된 경우 신청인이 제공한 도로명주소 정보에 의하여 해당 지번방식의 주소에 대한 도로명주소임이 인정되면 등기사건을 수리한다.
　　2) 등기의무자의 인감증명에 기재된 주소변경이력에 의하여 해당 지번방식의 주소에 대한 도로명주소임이 인정되는 경우에도 등기사건을 수리한다.

라. 촉탁에 의한 등기
　　「도로명주소법」 제21조에 따라 등기명의인의 주소에 대한 변경등기의 촉탁이 있는 경우 해당 등기기록의 관할 등기소의 등기관은 「부동산등기법」 제52조 제1호에 따라 변경등기를 할 수 있다.

5. 직권등기
　가. 도로명주소가 기록되지 않은 건물등기기록에 대하여 도로명주소가 기재된 건축물대장 정보가 함께 제공된 등기신청이 있는 때에는 등기관은 직권으로 건물등기기록 표제부에 도로명주소를 기록하는 표시변경등기를 하여야 한다.
　나. 소유권이전등기시 「부동산등기규칙」 제122조에 따라 등기명의인의 주소를 직권으로 변경하여야 하는 경우, 등기의무자의 주소가 "전거" 등의 실질적인 주소변경이 아닌 도로명주소법에 따른 주소변경인 경우에는 주소변경의 직권등기를 하지 아니한다.

6. 등기기록례
　도로명주소법에 따른 등기기록례는 별지와 같다.

7. 등록면허세 등
　도로명주소법에 의한 건물표시변경 또는 등기명의인표시변경 등기신청에는 등록면허세 및 등기신청수수료를 납부하지 아니한다. 따라서 등기명의인이 지번 주소를 도로명 주소로 고치는 등기명의인표시변경등기를 신청할 경우 등록면허세와 등기신청수수료가 면제된다. [14 법무사]

권리에 관한 등기(갑구·을구)

01 절 소유권에 관한 등기

Ⅰ. 소유권보존등기

1. 일반적인 소유권보존등기

(1) 신청에 의한 소유권보존등기

1) 서설

가. 의의(「민법」 제187조, 법 제65조, 규칙 제121조)

소유권보존등기란 등기의 대상인 토지와 건물의 표시 및 소유권에 관한 사항을 최초로 등기하여 등기기록을 개설하는 것을 말한다. 이때 등기기록은 소유권의 객체인 1개의 부동산에 대하여 1등기기록을 사용한다(1부동산1등기기록의 원칙, 법 제15조 제1항 본문). 건물을 신축한 경우 등기 없이 소유권을 취득하지만(「민법」 제187조 본문) 처분하기 위해서는 먼저 등기를 하여야 하므로(「민법」 제187조 단서) 건물신축 후 저당권을 설정하거나 매매하여 처분하기 위해서 소유권보존등기를 하는 경우가 있다.

또한 소유권보존등기는 부동산을 원시취득을 한 경우에 하는 것이 일반적이나 절차상의 이유로 원시취득이 아님에도 보존등기를 하거나(멸실회복등기 기간 내에 회복등기를 신청하지 못하여 소유권보존등기를 하는 경우), 원시취득임에도 보존등기가 아닌 소유권이전등기로 하는 경우(등기된 부동산의 수용, 예규 1782)도 있다. [11 법무사]

보존등기는 권리변동과는 무관하나 등기신청이 단독으로 이루어지고 그 등기가 마쳐지면 이후의 권리변동은 모두 보존등기를 기초로 해서 행해지기 때문에 등기의 진정성에 대한 담보가 무엇보다 중요하며 그 진정성의 내용은 부동산의 표시와 소유명의인의 정확성에 있기 때문에 토지대장 또는 임야대장이나 건축물대장, 판결문 등 소유권증명서면을 신용성이 매우 높은 서면으로 한정하고(법 제65조), 등기신청 시 부동산의 표시를 증명하는 서면도 제출하도록 한다(규칙 제121조 제2항 참조).

나. 요건(법 제29조 제2호, 규칙 제52조 제1호)

(가) 토지

일반적으로 우리나라 영토 내의 육지부분은 모두 등기능력이 있는 토지라고 할 수 있다.

(나) 건물

가) 정착성

등기능력 있는 건물이 되기 위해서는 그 건축물이 토지에 견고하게 정착되어
어느 정도 계속하여 이용되어야 한다. 따라서 비닐하우스, 전시용 모델하우
스, 승차권판매소 등은 등기능력이 없다. 다만, 농업용 고정식 온실, 농업용
고정식 유리온실, 농업용 고정식 비닐온실은 등기능력이 인정된다.

나) 외기분단성

등기능력 있는 건물이 되기 위해서는 그 건축물이 지붕 및 주벽 또는 그에 유
사한 설비를 갖추고 있어야 한다. 지붕과 기둥만으로 된 건축물은 원칙적으로
등기능력이 없다. 따라서 주유소 캐노피, 옥외 풀장, 양어장 등은 등기능력이
없다. 다만, **개방형 축사**의 경우에는 일정한 요건을 충족하면 외기분단성을
갖추지 않더라도 예외적으로 등기능력이 인정된다.

다) 용도성

등기능력 있는 건물이 되기 위해서는 그 건축물이 일정한 용도로 계속 사용할
수 있어야 한다.

라) 판단방법

**건축물대장등본 등에 의하여 건물로서의 요건을 갖추었는지 여부를 알 수 없는
경우**, 등기관은 신청인으로 하여금 소명자료로서 당해 건축물에 대한 **사진이
나 도면을 제출하게 하여 종합적으로 판단**하여야 하며[17 법무사], 그래도 건물인
지 여부를 판단하기 어려운 경우에는 예규의 예시와 기존의 선례 등을 참고하
되 그 물건의 이용상태 등을 고려하여(위 소명자료 참조) 등기관이 개별적, 구
체적으로 판단하여야 한다.

마) 등기능력이 인정되는 경우

농업용 고정식 온실, 개방형 **축사**, 지붕이 있는 사일로, [방조제-토지], 규약
상 공용부분, 비각, 유류저장탱크, 캐빈하우스

바) 등기능력이 인정되지 않는 경우

① 비닐하우스, 버섯재배사, 지붕이 없는 사일로, 방조제 부대시설물, 구조상
공용부분, 유희시설, 급수탱크, 주유소캐노피

② 해저지면에 고정한 선박(다수의 H빔 형식의 기둥에 고정시켰다 하더라도)

③ 폐유조선 및 플로팅 도크(해저지면에 있는 암반에 앵커로 고정하였다 하더
라도)

다. 적용범위

우리나라는 토지와 건물을 별개의 부동산으로 보므로(「민법」 제99조), 등기부도 마찬
가지로 **토지등기부와 건물등기부를** 구분하여 두고 있다(법 제14조 제1항). [19 등기주사보]

또한 우리나라는 부동산등기법 제15조 본문에서 "등기부를 편성할 때에는 1필의 토지 또는 1개의 건물에 대하여 1개의 등기기록을 둔다."고 규정함으로써 물적편성주의 및 1부동산1등기기록주의를 취하고 있다. 즉 1개의 부동산에 대하여는 1개의 등기기록만을 사용한다. [17 등기주사보 / 15 등기서기보]

따라서 ① 1개의 등기기록에 여러 부동산에 대한 등기를 하는 것, ② 1개의 등기기록에 1개의 부동산의 일부만에 대한 등기를 하는 것(지분만에 대한 소유권보존등기), ③ 1개의 부동산에 대하여 2 이상의 등기기록을 두는 것(중복등기) 등은 허용되지 아니한다.

(가) 물리적 일부만에 대한 보존등기(법 제15조, 법 제29조 제2호, 규칙 제52조 제10호) - ×

1물1권주의의 원칙에 따라서 하나의 부동산에는 하나의 소유권만 인정된다. 따라서 물리적 일부만에 대한 보존등기는 허용되지 아니하므로 먼저 대장상 분할등록을 한 다음 각 소유권보존등기를 하여야 한다.

미등기토지가 분할된 경우에는 분할 후의 각 토지에 관하여 분할 전 모 번지의 토지대장 등본 및 분할 후의 토지대장 등본을 첨부하여 필지별로 소유권보존등기를 하여야 한다(예규 519, 선례 7-140).

(나) 공유지분만에 대한 보존등기(법 제15조, 법 제29조 제2호, 규칙 제52조 제6호) - ×

공유자 중 1인이 자기의 지분만에 대하여 보존등기를 신청하는 것은 1물1권주의에 위반하게 되는 결과가 되므로 허용되지 아니한다.

따라서 대장상 공유자로 등록되어 있는 경우

① 공유자가 모두 함께 신청하거나

② 공유자 중 1인이 민법 제265조 단서의 공유물 보존행위로서 공유자 전원을 위하여 소유권보존등기를 신청할 수는 있으나

③ 공유자 중 1인이 자기의 지분만에 관한 소유권보존등기는 신청할 수 없다(선례 4-288). [20 법무사 / 19 등기주사보]

공유자 중 1인이 공유자 전원을 위하여 소유권보존등기를 신청할 때에는 신청서에 공유자 전원을 표시하고 나머지 공유자의 주소 및 주민등록번호 등을 증명하는 정보를 제공하여야 한다.

(다) 중복 보존등기(법 제15조, 법 제29조 제2호, 규칙 제52조 제9호) - ×

동일 지번으로 이미 등기된 토지가 있는 경우에 다시 그 토지에 관한 보존등기를 하는 것은 1부동산1등기기록 원칙에 반하므로 기존의 등기가 실체관계와 일치하는지 여부를 불문하고 그 등기를 말소하지 않고서는 새로운 보존등기를 할 수 없다(선례 2-168). 건물의 경우에도 마찬가지이다.

라. 효과

(가) 건물의 소유권보존등기를 신청할 때에 제공하는 건축물대장은 1동의 건물을 단위로 하여 각 건축물마다 작성된 것이어야 한다. 따라서 하나의 대지에 두 동의 건축물이 있고, 이 건축물에 대하여 건축물대장이 각각 별도로 작성되었다면 이 건물에 대한 소유권보존등기 또한 건물마다 각각 별개로 하여야 한다.

(나) 마찬가지로 하나의 대지 위에 2개 이상의 축사가 건축되어 총괄표제부가 작성되고 건축물대장도 각각 별개로 작성된 경우에는 각각의 건축물대장별로 축사의 소유권보존등기를 신청하여야 한다. [18 법무사]

(다) 주된 건물의 사용에 제공되는 부속건물은 원칙적으로 주된 건물의 건축물대장에 부속건물로 등재하여 1개의 건물로 소유권보존등기를 하나, 예외적으로 건축물대장을 각각 별도로 작성하여 주된 건물과 분리하여 별도의 독립건물로 소유권보존등기를 신청할 수도 있다. [17 법무사] 즉 부속건물을 독립건물로 소유권보존등기를 신청하기 위해서는 주된 건물과 부속건물의 건축물대장이 별도로 작성되어 있어야 한다. [19 등기주사보 / 16 법무사]

(라) 따라서 하나의 대지에 두 동의 건축물이 있고, 이 건축물에 대하여 건축물대장이 각각 별도로 작성되었다면 이 건물에 대한 소유권보존등기 또한 건물마다 각각 별개로 하여야 한다. 그런데 착오로 이를 1개의 건물로 하여 하나의 등기기록에 소유권보존등기가 마쳐졌다면 신청착오를 원인으로 이를 소명하는 자료로서 각각 별개로 작성되어 있는 건축물대장정보를 제공하여 경정등기의 의미로서 건물분할등기를 신청할 수 있다. 한편 부동산의 특정 일부에 대한 소유권이전등기는 허용되지 아니하므로, 두 동의 건물이 1개의 건물로서 하나의 등기기록에 소유권보존등기가 마쳐져 있는 상태에서는 두 동의 건물 중 어느 한 동의 건물만에 대한 소유권이전등기를 신청할 수 없으며, 이러한 등기를 신청하기 위해서는 먼저 건물분할등기를 신청하여야 한다(선례 201912-1).

(마) 기존 건물과 신축 건물이 지번 및 구조, 위치 등 객관적으로 전혀 별개의 건물이나 건축물대장상에만 증축으로 등재되어 있다면 증축으로 인한 보존등기는 할 수 없고[17 법무사], 신축 건물에 대하여 별도의 건축물대장이 작성된 후 이에 따라 신축 건물에 대한 소유권보존등기를 신청하여야 할 것이다(선례 5-250).

마. 토지의 소유권보존등기와 건물의 소유권보존등기의 구별

건물의 소유권보존등기 역시 대장상 최초 소유자로 등록된 자의 신청에 따라 이루어지는 것이 원칙이다. 토지의 보존등기와 다른 점은 다음과 같다. ① 토지의 소유권보존등기신청에 있어 토지대장상 최초의 소유자를 모르는 경우에는 국가를 상대로 소유권 확인을 받는데 반해, 건물의 소유권보존등기신청의 경우에는 특별자치도지사, 시장, 군수 또는 구청장(자치구의 구청장을 말한다)을 상대로 확인판결을 받아야 한다. ② 토지의 경우 예외적으로 대장상 최초 소유자로 복구된 자나 "국"으로부터 소유권이전등록을 받은 경우에는 소유권보존등기신청이 가능하지만 건물의 경우에는 할 수 없다. ③ 토지의 소유권보존등기신청 시에는 국민주택채권을 매입하여야 하지만 건물의 경우에는 채권 매입을 하지 않는다.

1동의 건물을 구분한 건물(「집합건물법」 제1조)에 관하여는 법률상 특별히 취급하고 있으므로 이는 따로 설명한다.

2) 개시

가. 단독신청

미등기의 토지 또는 건물에 관한 소유권보존등기는 법 제65조 각 호의 어느 하나에 해당하는 자가 신청할 수 있으며(법 제65조), 소유권보존등기 또는 소유권보존등기의 말소등기는 등기명의인으로 될 자 또는 등기명의인이 단독으로 신청한다(법 제23조 제2항). [21 법무사 / 19 등기서기보 / 15 등기서기보 / 14 법무사]

나. 직권

등기관이 미등기부동산에 대하여 법원의 촉탁에 따라 소유권의 처분제한의 등기를 할 때에는 직권으로 소유권보존등기를 하고, 처분제한의 등기를 명하는 법원의 재판에 따라 소유권의 등기를 한다는 뜻을 기록하여야 한다. 이는 별도의 목차에서 설명하도록 한다.

3) 신청절차

> **부동산등기법 제65조(소유권보존등기의 신청인)**
> 미등기의 토지 또는 건물에 관한 소유권보존등기는 다음 각 호의 어느 하나에 해당하는 자가 신청할 수 있다.
> 1. 토지대장, 임야대장 또는 건축물대장에 최초의 소유자로 등록되어 있는 자 또는 그 상속인, 그 밖의 포괄승계인[17 등기서기보 / 16 등기서기보]
> 2. 확정판결에 의하여 자기의 소유권을 증명하는 자
> 3. 수용으로 인하여 소유권을 취득하였음을 증명하는 자
> 4. 특별자치도지사, 시장, 군수 또는 구청장(자치구의 구청장을 말한다)의 확인에 의하여 자기의 소유권을 증명하는 자(건물의 경우로 한정한다)[21 등기서기보 / 12 법무사]

가. 신청인(법 제65조, 예규 1483호)

(가) 토지대장, 임야대장 또는 건축물대장에 최초의 소유자로 등록되어 있는 자 또는 그 상속인, 그 밖의 포괄승계인(제1호) [17 등기서기보 / 16 등기서기보]

가) 대장상 최초일 것

① 일반론

1. 대장상 최초의 소유자로 등록된 자는 직접 소유권보존등기를 신청할 수 있다.

2. 대장상 소유권이전등록을 받은 소유명의인 또는 그 상속인, 그 밖의 포괄승계인은 원칙적으로 자기 명의로 직접 소유권보존등기를 신청할 수 없고, 대장상 최초의 소유자 명의로 소유권보존등기를 한 다음 자기 명의로 소유권이전등기를 신청하여야 한다.

② 토지대장상 이전등록

1. 토지대장상 이전등록을 받은 경우 원칙적으로 직접 자기명의로 소유권보존등기를 할 수 없으므로, 미등기 토지의 양수인(미등기 토지를 매수한 자)은 최초의 소유자 명의로 소유권보존등기를 한 다음 자기 명의로 소유권이전등기를 하여야 한다. [23 등기서기보]

2. 그러나 미등기 토지의 지적공부상 국(國)으로부터 소유권이전등록을 받은 경우에는 직접 자기명의로 소유권보존등기를 할 수 있다. [19 등기주사보 / 15 법원사무관 · 법무사 / 13 법무사 / 10 법무사] 이러한 특례는 건물의 경우에는 인정되지 아니한다.

3. 1945.8.9. 현재 일본국 소유 재산은 「조선 내 소재 일본인 재산취득권에 관한 건」(군정법령 제33호)에 의하여 군정청에 귀속되고, 다시 그 재산은 1948.9.20. 발효된 「대한민국 정부 및 미국 정부 간의 재정 및 재산에 관한 최초협정」 제5조에 의하여 대한민국정부에 이양되어 소유권이 국가에 귀속되었으므로, 지적공부상 1928년에 국(일본국)으로 이전등록이 되어 있는 미등기 토지의 경우 국가가 위 대장등본을 첨부하여 자기명의로 소유권보존등기를 할 수 있다(선례 201704-1).

③ 건축물대장상 이전등록

1. 건축물대장상 이전등록을 받은 경우 원칙적으로 직접 자기명의로 소유권보본등기를 할 수 없으므로, 미등기 건물의 양수인은 최초의 소유자 명의로 소유권보존등기를 한 다음 자기 명의로 소유권이전등기를 하여야 한다. [18 등기주사보]

2. 개방형 축사는

㉠ 토지에 견고하게 정착되어 있을 것

㉡ 지붕과 견고한 구조를 갖출 것(주벽은 요건으로 하지 아니함)

㉢ 연면적이 100제곱미터를 초과할 것

㉣ 소를 사육할 용도로 계속 사용할 수 있을 것

㉤ 건축물대장에 축사로 등록되어 있을 것의 요건을 갖추어야 한다. 즉 연면적이 100제곱미터를 초과하여야 하는데 개방형 축사가 건축물대장 생성 당시에는 연면적이 100제곱미터를 초과하지 않아 「축사의 부동산등기에 관한 특례법」에 따른 등기능력이 인정되지 아니하였으

나, 이후 대장상 소유권이전등록을 받은 자가 이를 증축하여 연면적이 100제곱미터를 초과하게 되었다면 이 특례법에 따른 등기능력이 인정되는바, 이 경우에는 그 개방형 축사를 증축하여 등기능력을 갖춘 자를 건물로서의 개방형 축사에 대한 **최초의 소유자로 볼 수 있으므로**, 그는 건축물대장정보를 소유자임을 증명하는 정보로서 제공하여 그 개방형 축사에 대하여 직접 자신의 명의로 소유권보존등기를 신청할 수 있다(선례 201906-2).

나) 소유자로 등록될 것

① 소유자로 등록될 것

1. 법 제65조 제1호에 따라 등기를 신청할 수 있는 자는 대장상 소유자로 등록이 되어 있어야 한다.

2. **무주부동산을 국가가 취득하는 경우에도 그 소유권보존등기를 하기 위해서는 토지대장에 국가명의로 소유자등록을 한 후** 그 대장등본을 첨부하여 보존등기신청을 하여야 한다. [11 법무사]

3. 또한 지역주택조합의 조합원으로서 **아파트를 분양받은 자는 자신이 최초의 소유자로 등록되어 있는 건축물대장 정보를 첨부정보로 제공하여** 소유권보존등기를 신청할 수 있다. 이 경우 그 건축물대장에 최초의 소유자로 등록되지 않은 자는 최초의 소유자로 등록된 그 조합원의 배우자라고 하더라도 그 조합원과 함께 공유 또는 합유로 하는 소유권보존등기를 신청할 수 **없다**(선례 201810-8).

② 소유자로 특정이 될 것

1. 대장상 소유자로 등록이 되었다는 것은 소유자가 특정이 될 수 있을 것을 전제로 한다.

2. 대장의 소유자의 **성명, 주소 등의 일부 누락 또는 착오가 있어 소유자를 특정할 수 없는 경우에는 대장상 소유자의 표시를 정정등록한 후** 그 대장을 첨부하여 소유권보존등기신청을 할 수 있다.

3. **대장에 소유명의인으로 등록되어 특정이 된 후 성명복구**(일본식 씨명이 군정법령 제122호인 조선성명복구령 또는 종전 호적 관련 법령이나 예규 등에 의하여 대한민국식 성명으로 종전 호적에 복구된 경우를 말한다), **개명, 주소변경 등으로 등록사항에 변경이 생긴 경우에는 대장등본 외에 제적등본, 기본증명서, 주민등록표등본 등 변경사실을 증명하는 서면을 첨부하여 소유권보존등기를 신청할 수 있다.** [15 법무사 / 9 법무사]

③ 대장이 멸실·훼손되어 복구된 경우

1. **지적공부가 멸실·훼손된 때에는 부동산등기부나 법원의 판결에 따라 소유자에 관한 사항을 복구하게 되는데, 대장 멸실 후 복구된 대장에**

최초의 소유자로 기재(복구)된 자는 그 대장등본에 의하여 소유권보존
등기를 신청할 수 있다.

2. 다만, 토지대장 멸실 후 1950.12.1. 법률 제165호로 제정된 구 지적
법(1950.12.01. ~ 1975.12.31.)이 시행된 시기에 복구된 대장에 법
적 근거 없이 소유자로 기재(복구)된 자는 그 대장등본에 의한 소유권
보존등기를 신청할 수 없다. [17 법원사무관 / 15 법원사무관 / 11 법무사 / 10 법무사] 왜냐하
면 구 지적법에는 복구에 관한 규정이 전혀 없었고 복구의 과정도 과세
의 편의를 위하여 복구절차가 간이하였으므로 대장의 멸실 전의 그것
과 동일하다고 추정할 수는 없기 때문이다.

④ 등기부의 멸실로 멸실회복기간 내 멸실등기를 못한 경우의 소유권보존등기
(부동산등기규칙 부칙 제3조)

1. 종이형태로 작성된 등기부의 전부 또는 일부가 폐쇄되지 아니한 상태
에서 멸실되었으나 멸실회복 고시에 따른 신청기간 내에 회복등기를
신청하지 못한 경우에는 「부동산등기규칙」(대법원규칙 제2356호) 부
칙 제3조에 의하여 종전의 규정인 「멸실회복등기의 사무처리지침」(등
기예규 제1223호) 및 「미등기부동산의 소유권보존등기 신청인에 관한
업무처리지침」(등기예규 제1253호)에 따라 회복등기를 갈음하여 소유
권보존등기를 신청할 수 있다(선례 201408-1).

2. 대장등본에 의하여 소유권이전등록을 받은 소유명의인 또는 그 상속인
은 직접 자기 명의로 소유권보존등기를 신청할 수 없고, 최초의 소유자
명의로 보존등기를 한 다음 소유권이전등기를 하여야 하는 것이 원칙
이나, 등기부가 멸실되었음에도 등기부상의 소유자가 멸실회복등기기
간 내에 회복등기를 신청하지 아니한 경우에는 대장상 소유권이전등록
을 받은 소유명의인 또는 그 상속인이 곧바로 그들 명의로 소유권보존
등기를 신청할 수 있다(선례 6-461). [9 법무사]

다) 최초의 소유자로 등록된 자의 포괄승계인일 것

① 상속

1. 상속인은 상속개시된 때로부터 피상속인의 재산에 관한 포괄적 권리의
무를 승계한다(「민법」 제1005조).

2. 상속 등의 포괄승계가 있는 경우에는 최초의 소유자로 등록된 자와 동
일한 자로 볼 수 있으므로 자기 명의로 소유권보존등기를 신청할 수
있다. 주의할 점은 피상속인 명의로 보존등기를 하고 상속인 명의로 이
전등기를 하는 것이 아니라 상속인이 직접 보존등기를 하는 것이다. 왜
냐하면 사망한 자는 등기당사자능력이 없으므로 등기부에 새로이 기입
될 수 없고 소유권을 포괄승계하는 상속인 명의로 등기하는 것이 더욱

간명하기 때문이다. 이를 상속보존등기라고도 한다. 상속이 수차례 발생한 경우에는 최후의 상속인 명의로 바로 보존등기를 할 수 있다.

3. 건축주가 이미 사망하였음에도 그의 명의로 건물의 사용승인을 받아 건축물대장에 사망한 자가 **최초의 소유명의인으로 등록**이 되었다 하더라도 그의 상속인은 위 대장등본과 상속을 증명하는 서면을 첨부하여 **상속인 명의로 소유권보존등기신청을 할 수 있다**(선례 200702-5). [21 등기서기보]

② 유증

1. **포괄적 유증을 받은 자**는 상속인과 동일한 권리의무가 있다(「민법」 제1078조). 따라서 유증의 목적 부동산이 미등기인 경우에는 토지대장, 임야대장 또는 건축물대장에 최초의 소유자로 등록되어 있는 자 또는 그 상속인의 **포괄유증을 받은 자**(포괄적 수증자)가 **단독**으로 **소유권보존등기를 신청할 수 있다**(예규 1512). [21 법무사 / 19 등기주사보 / 15 법원사무관 / 14 법무사 / 13 법무사 / 11 법무사 / 10 법무사]

2. 그러나 유증의 목적 부동산이 미등기인 경우라도 **특정유증을 받은 자**는 소유권보존등기를 신청할 수 없고, 유언집행자가 **상속인 명의**로 소유권보존등기를 마친 후에 (⊞ 수증자에게) 유증을 원인으로 한 소유권이전등기를 신청하여야 한다(예규 1512). [23 등기서기보 / 20 등기서기보 · 법무사 / 18 등기서기보 / 15 법무사 / 14 등기서기보 · 법무사 / 11 법무사]

[포괄적 수증자에 의한 소유권보존등기 절차]

1. 신청정보
   포괄적 수증자가 소유권보존등기를 신청하는 경우에는 「부동산등기법」 제65조 제1호에 따라 등기를 신청한다는 뜻과 「부동산등기규칙」(이하 "규칙"이라 함) 제43조에 규정된 사항을 신청정보의 내용으로 등기소에 제공하여야 한다. 다만, 등기원인과 그 연월일은 신청정보로 제공할 필요가 없다.

2. 첨부정보
   포괄적 수증자가 소유권보존등기를 신청하는 경우에는 다음의 첨부정보를 등기소에 제공하여야 한다.
   (1) 유증자의 사망을 증명하는 정보
   (2) 유증자가 최초의 소유자로 등록된 토지대장, 임야대장 또는 건축물대장 정보
   (3) 토지대장, 임야대장 또는 건축물대장에 최초의 소유자로 등록되어 있는 자의 상속인으로부터 포괄적 유증을 받은 경우에는 그 상속인의 상속을 증명하는 정보

---

(4) 유언증서 및 검인조서 등
① 유언증서가 자필증서, 녹음, 비밀증서에 의한 경우에는 유언검인조서등본을, 구수증서에 의한 경우에는 검인신청에 대한 심판서등본을, 유증에 정지조건 등이 붙은 경우에는 그 조건성취를 증명하는 서면을 각 첨부하여야 한다.
② 유언증서에 가정법원의 검인이 되어 있는 경우에도 등기관은 그 유언증서가 적법한 요건을 갖추지 아니한 경우에는 그 등기신청을 수리하여서는 아니 된다.
③ 검인기일에 출석한 상속인들이 "유언자의 자필이 아니고 날인도 유언자의 사용인이 아니라고 생각한다"는 등의 다툼 있는 사실이 기재되어 있는 검인조서를 첨부한 경우에는 유언 내용에 따른 등기신청에 이의가 없다는 위 상속인들의 진술서(인감증명서 첨부) 또는 위 상속인들을 상대로 한 유언유효확인의 소나 수증자 지위 확인의 소의 승소 확정판결문을 첨부하여야 한다.

③ 합병
1. **합병** 후 존속한 회사 또는 합병으로 인하여 설립된 회사는 합병으로 인하여 소멸된 회사의 **권리의무를 승계**한다(「상법」 제235조). 즉 회사의 합병과 같은 포괄승계의 경우에는 **상속인에 준하여 존속법인 또는 신설법인이 직접 보존등기의 신청인이 될 수 있다.** [10 법무사]

2. 마찬가지로 상법 제520조의2 제1항의 규정에 의하여 **해산간주된 회사 소유의 미등기부동산**이 있는 경우에는 **그 회사명의로 소유권보존등기를 신청할 수 있다.** [10 법무사]

3. 건축물대장상 최초의 소유자인 오성무역주식회사가 풍농비료공업주식회사에 흡수합병되어 소멸되었다면, 그 건물에 대한 소유권보존등기는 합병 후 존속하게 된 풍농비료공업주식회사 명의로 직접 신청할 수 있다(예규 2-236).

④ 분할
1. 법인의 분할은 크게 종전의 법인이 소멸하는 **소멸분할**과 종전의 법인이 존속하는 **존속분할**로 나누어진다.

2. **소멸분할**의 경우 이는 포괄승계에 해당하므로 존속하는 회사 명의로 **직접 소유권보존등기**를 할 수 있다.

3. **존속분할**의 경우 **분할 전 회사 명의로 소유권보존등기를 마친 후 존속하는 회사 명의로 소유권이전등기를 신청하여야** 한다. 따라서 갑 회사가 그 일부를 분할하여 A 회사를 설립한 경우, 분할로 인하여 설립되

는 A 회사는 분할계획서가 정하는 바에 따라서 분할되는 갑 회사의 권
리와 의무를 승계하는 바, 분할계획서에 분할로 인하여 설립되는 회사
에 이전될 재산으로 기재된 건물이 미등기일 경우에 분할 후 회사인
A 회사명의로 직접 소유권보존등기를 신청할 수 없고, 건축물대장에
최초의 소유자로 등록되어 있는 갑 회사 명의로 소유권보존등기를 경
료한 다음 회사분할을 등기원인으로 하여 갑 회사로부터 A 회사 앞으
로 소유권이전등기를 신청할 수 있다(선례 7-201).

4. 토지의 경우와 마찬가지로 대장상 최초 소유자로 등록된 자의 포괄승
계인(상속인, 포괄적 수증자 또는 합병·분할 이후의 법인)은 자기 명
의로 바로 소유권보존등기를 할 수 있다(「부동산등기실무Ⅱ」 p.201
참조). 따라서 건축물대장에 소유자로 등록되어 있는 회사가 분할된 경
우, 분할 후 회사는 분할계획서 등에 의하여 미등기 건물을 승계하였음
을 증명하여 바로 자기 명의로 보존등기를 신청할 수 있다. [23 법무사]

(나) 확정판결에 의하여 자기의 소유권을 증명하는 자(제2호)

가) 판결의 종류

① 소유권을 증명하는 판결은 보존등기신청인의 소유임을 확정하는 내용의 것
이어야 한다. 따라서 미등기 건물에 대하여 소유권이전등기판결을 받은 원
고는 자기 명의로 소유권보존등기를 신청할 수 없다. [9 법무사] 또한, 보존등
기신청인에게 소유권이 있음을 증명하는 확정판결이면 족하므로, 소유권
확인판결에 한하는 것은 아니며, 형성판결이나 이행판결이라도 그 이유
중에서 보존등기신청인의 소유임을 확정하는 내용의 것이면 이에 해당한
다. [23 등기서기보 / 20 법무사 / 19 등기주사보 / 17 등기서기보 / 16 등기서기보 / 9 법무사]

② [확인판결]

확인의 소는 다툼이 있는 권리 또는 법률관계에 관하여 '법원에 대하여' 그
존부의 확정 선언을 구하는 소이지 피고에 대하여 그 확인 내지 승인을 명
할 것을 구하는 소가 아니므로, 확인판결도 권리 또는 법률관계의 존부에
관한 법원의 판단을 선언하는 형태를 취하여야 하고, 피고에 대하여 그 확
인 내지 승인을 명하는 형태를 취하여서는 아니 되며, 따라서 주문의 기본
형은 원고의 청구취지 여하를 불문하고 '별지 목록 기재 부동산이 원고의
소유임을 확인한다.'와 같이 된다.

따라서 원고가 미등기 토지에 대하여 주문에 '원고에게 피고 대한민국은
이 사건 토지가 피고 ○○○의 소유임을 확인하고'라고 기재되어 있고 이
유에 피고 대한민국은 '이 사건 토지가 피고 ○○○의 소유임을 확인할 의
무가 있다.' 라고 기재된 판결서를 첨부하여 ○○○을 대위하여 소유권보
존등기를 신청한 경우, 형식적 심사권만 가지는 등기관이 위 판결을 「부동

산등기법」제65조 제2호의 판결(○○○에게 소유권이 있음을 증명하는 판결)로 인정할 수는 없으며, 등기관은 이를 「부동산등기법」 제29조 제9호에 의하여 각하하여야 한다(선례 제202405-1호).

③ [이행판결]

등기된 부동산에 대하여 등기부상 소유자를 상대로 해당 부동산이 보존등기 신청인의 소유임을 이유로 소유권보존등기의 말소를 명한 판결을 얻은 경우 그 판결이유에 신청인의 소유임을 확인하는 내용이 들어 있다면 그 판결의 주문에 따라 대위로 보존등기를 말소한 후 판결의 이유를 근거로 자기 명의로 새로이 보존등기를 신청할 수 있다. [17 등기서기보 / 13 법무사 / 9 법무사]

예컨대 甲이 등기부상 소유자인 乙을 상대로 한 소유권보존등기말소의 승소판결의 이유에서 甲이 소유자의 상속인임이 인정되었다면, 乙 명의의 소유권보존등기를 먼저 말소한 후 甲이 위 판결에 기하여 그 부동산에 관한 소유권보존등기를 신청할 수 있다(선례 4-199). [24 법무사 / 11 법무사] 이 경우 甲은 민법 제214조에 따른 실체법상 말소등기청구권을 가지고 있지만 등기절차상 등기권리자(등기신청인)는 乙이다. 이렇게 실체법상 청구권자와 등기절차상 등기권리자가 다른 경우에 해당하므로 대위등기의 방식으로 등기를 신청하게 된다.

점유취득시효완성자가 미등기토지의 대장에 최초의 소유자로 등록되어 있는 망인의 상속재산관리인을 피고로 소유권이전등기절차를 이행하라는 확정판결을 받은 경우에도 상속재산관리인은 재산상속인의 존부가 분명하지 아니한 때 일정한 자의 청구에 의하여 법원이 선임하는 상속인의 법정대리인이라 할 것이고, 상속재산관리인의 선임은 등기법상 등기할 사항이 아니므로, 위 판결로 상속재산관리인을 권리자로 하는 소유권보존등기를 대위로 신청할 수는 없다(선례 제202410-1호). 이 경우 상속인을 권리자로 하는 소유권보존등기를 대위신청 후 판결에 따른 이전등기를 신청하면 될 것이다.

④ [형성판결]

또한 토지대장상 공유인 미등기토지에 대한 공유물분할의 판결은 여기의 판결에 해당한다. 다만 이 경우 공유물분할의 판결에 따라 토지의 분필절차를 먼저 거친 후에 보존등기를 신청하여야 한다. [12 법무사]

⑤ 판결에는 화해조서나 제소전화해조서도 포함되나 상대방은 확인의 지위에 있는 자이어야 한다.

예컨대, 신청인의 소유를 증명하는 판결이 아닌 매수인이 매도인을 상대로 하여 토지소유권의 이전등기를 구하는 경우에 있어서 매도인이 매수인에게 매매를 원인으로 한 소유권이전등기절차를 이행하고 당해 토지가 매도인의 소유임을 확인한다는 내용의 제소전화해조서는 매도인 명의 보존등기를 신청하는 경우 매도인 스스로가 자기의 소유임을 확인한 것에 지나지 아니하여 위 화해조서를 제출하는 등기신청인(매도인)이 "판결에 의하여 자기의 소유권을 증명한 자"에 해당한다고 할 수 없다(대결 1990.3.20, 89마389). 따라서 위 화해조서를 제공하여 보존등기를 신청할 수는 없다.
[23 등기서기보]

나) 판결의 상대방

① 등기된 부동산

1. 등기된 부동산의 경우 등기부상 소유자를 상대로 판결을 받아야 한다.

2. 통상 등기명의인에게 신청인의 소유임을 근거로 소유권말소판결을 받는 경우가 대표적이다. 이민이 'ㅇㅇ리' 명의로 사정받아 법인 아닌 사단을 구성하고 집합체로서 총유하여 온 임야에 대하여 등기부상 군 명의로 소유권보존등기되어 있어 위 보존등기 명의인인 군을 상대로 소유권보존등기의 말소를 명한 판결을 받았을 경우, 그 판결이유 중에 이민의 총유임을 확정하는 내용이 있다면 그 판결에 의하여 'ㅇㅇ리' 명의로 소유권보존등기를 신청할 수 있을 것이다(선례 6-178). 이 경우에는 판결과 함께 건축물대장 정보를 첨부하여야 한다. 이는 말소대상인 소유권보존등기가 집행법원의 처분제한 등기촉탁에 따라 직권으로 마쳐진 경우에도 같다(선례 9-118).

② 미등기 부동산

미등기 부동산의 경우에는 소유권보존등기를 신청할 수 있는 자를 상대로 그 자의 소유가 아니라 신청인에게 소유권이 있음을 확인받아야 한다. 구체적인 내용은 다음과 같다.

1. 토지(임야)대장 또는 건축물대장에 최초의 소유자로 등록되어 있는 자 또는 그 상속인, 그 밖의 포괄승계인[14 법무사]

2. **미등기토지**의 지적공부상 "국"으로부터 소유권이전등록 받은 자
미등기 부동산의 경우 대장상 소유권이전등록을 받은 자를 상대로 판결을 받은 경우는 포함되지 않지만 미등기 토지를 국가로부터 이전등록을 받은 자를 상대로 판결을 받은 경우에는 판결에 따른 소유권보존등기를 신청할 수 있다.

3. 대장상의 소유자 표시란이 공란으로 되어 있거나 소유자표시에 일부 누락이 있어 대장상의 **소유자를 특정할 수 없는 경우**

   ㉠ **미등기 토지**의 경우에는 국가를 상대방으로 소유권확인판결을 받아야 한다. [15 법무사 / 13 법무사] 마찬가지로 대장상 소유지미복구인 미등기 토지에 대하여 국가를 상대로 시효취득을 원인으로 소유권이전등기

판결을 얻은 경우 원고는 직접 자기 명의로 소유권보존등기를 신청할 수 있다. [14 법무사 / 11 법무사]

    ⓛ 미등기 건물에 관하여 갑이 **시장·군수·구청장을 상대로** 하여 소유권확인판결을 받아야 한다(선례 6−122). [21 법무사 / 14 법무사]
건물에 대하여 **국가나 건축허가명의인(또는 건축주)를 상대로** 한 판결은 여기에 해당하지 **않는다.** [23 법무사 / 17 등기서기보 / 16 법무사 / 14 법무사 / 12 법무사 / 9 법무사] 따라서 건축물대장에 최초 소유자의 성명만 기재되어 있고 주소가 기재되어 있지 않은 미등기 건물을 매수한 자가 대장상 최초 소유자로 등록되어 있는 자 명의의 소유권보존등기를 대위신청하기 위해서는 **지방자치단체를 상대로** 위 건물이 그 자의 소유임을 확인하는 확정판결(판결에는 성명과 주소 등이 기재됨으로써 소유자를 특정할 수 있어야 함)과 그 자의 주소를 증명하는 서면을 제공하여야 한다(선례 201508−7)

(다) 수용으로 인하여 소유권을 취득하였음을 증명하는 자(제3호)

    가) 사업인정고시 전에 미등기토지의 대장상 최초의 소유명의인과 **협의**가 성립된 경우에는 먼저 그 **대장상 소유명의인** 앞으로 소유권보존등기를 한 후 **사업시행자 명의로 이전등기**를 하여야 한다. [21 법무사]

    나) 그러나 사업인정고시 후에 수용으로 인한 취득은 원시취득이다(「민법」 제187조). 따라서 **수용을 원인으로 미등기 토지의 소유권을 취득한 자**는 자기 명의로 소유권보존등기를 신청할 수 있다. [13 법무사]

(라) 특별자치도지사, 시장, 군수 또는 구청장(자치구의 구청장을 말한다)의 확인에 의하여 자기의 소유권을 증명하는 자(건물의 경우로 한정한다)(제4호)

토지의 경우와는 달리 건물의 경우에는 특별자치도지사, 시장, 군수 또는 구청장의 확인에 의하여 자신의 소유권을 증명하는 경우에는 소유권보존등기를 신청할 수 있다. [21 등기서기보 / 12 법무사]

    가) 요건

    법 제65조 제4호의 소유권을 증명하는 시장 등의 확인서에 해당하기 위해서는 시장 등이 발급한 증명서로서 다음 각 호의 요건을 모두 구비하여야 한다.

    ① 건물의 소재와 지번, 건물의 종류, 구조 및 면적 등 건물의 표시

    ② 건물의 소유자의 성명이나 명칭과 주소나 사무소의 소재지 표시

    나) 구체적 판단

    ① 사실확인서 − ○

    시장 등이 발급한 사실확인서로서, 건물의 소재와 지번, 건물의 종류, 구조, 면적 등 건물의 표시와 소유자의 표시 및 그 건물이 완성되어 존재한

다는 사실이 기재되어 있고, 특히 집합건물의 경우에는 1동 건물의 표시 및 1동의 건물을 이루는 모든 구분건물의 표시가 구체적으로 기재되어 있다면 법 제65조 제4호의 확인서에 해당할 수 있을 것이다. 다만, 구체적인 경우에 그 해당여부는 담당 등기관이 판단할 사항이다.

② 사용승인서 - ×

「건축법」 제22조 제2항에 의하여 교부받은 「건축법 시행규칙」 별지 제18호 서식의 건축물 사용승인서는 법 제65조 제4호의 확인서에 해당하지 않는다.

③ 납세증명서 및 세목별과세증명서 - ×

「지방세기본법」 제63조 제2항에 의하여 교부받은 「지방세기본법 시행규칙」 별지 제23호 서식의 납세증명서 및 「민원사무처리에 관한 법률」에 의하여 교부받은 세목별과세증명서는 법 제65조 제4호의 확인서에 해당하지 않는다.

④ 기타 - ×

임시사용승인서, 착공신고서, 건물현황사진, 공정확인서, 현장조사서, 건축허가서 등은 법 제65조 제4호의 확인서에 해당하지 않는다.

나. 신청정보

(가) 일반적 신청정보

가) 등기원인과 그 연월일

소유권보존등기의 경우 **등기원인과 그 연월일은 신청정보의 내용으로 등기소에 제공할 필요가 없다**(규칙 제121조 제1항). [23 법무사 / 21 등기서기보 / 11 법무사] 이는 **등기기록에 기록할 때에도 마찬가지로 등기원인과 그 연월일을 기록하지 아니**한다.

나) 등기목적

"소유권보존"이라고 기재한다.

(나) 개별적 신청정보

가) 신청근거규정

법 제65조에 따라 소유권보존등기를 신청하는 경우에는 **법 제65조 각 호의 어느 하나에 따라 등기를 신청한다는 뜻을 신청정보의 내용으로 등기소에 제공하여야 한다**(규칙 제121조 제1항). (**예** 「부동산등기법」 제65조 제2호)

다. 첨부정보

(가) 등기원인을 증명하는 정보

가) 부동산의 표시를 증명하는 정보

① 일반

1. **토지의 표시를 증명**하기 위하여 **토지대장 정보나 임야대장 정보**를 첨부정보로서 등기소에 제공한다(규칙 제121조 제2호). 이는 **반드시**

대장 정보여야 하며, 그 밖의 다른 정보는 해당되지 않는다[15 법무사].

2. 건물의 표시를 증명하기 위하여 건축물대장 정보나 그 밖의 정보를 첨부정보로서 등기소에 제공한다(규칙 제121조 제2호). 다만 건물이라 하더라도 개방형 축사의 경우 반드시 건축물대장을 첨부하여야 한다.

3. 건축사법상 건축사나 공간정보의 구축 및 관리 등에 관한 법률상 측량기술자가 작성한 서면은 신뢰성에 문제가 있기 때문에 부동산등기규칙 제121조 제2항에서 말하는 "건물의 표시를 증명하는 건축물대장 정보나 그 밖의 정보"가 될 수 없다. [19 등기주사보]

② 소재도 등

1. 건물의 소유권보존등기를 신청하는 경우에 그 대지 위에 여러 개의 건물이 있을 때에는 그 대지 위에 있는 건물의 소재도를 첨부정보로서 등기소에 제공하여야 한다. 다만 건물의 표시를 증명하는 정보로서 건축물대장 정보를 등기소에 제공한 경우에는 그러하지 아니하다(규칙 제121조 제3항). 따라서 건물의 소유권보존등기를 신청하는 경우 그 대지 위에 여러 개의 건물이 있을 때에도 건물의 표시를 증명하는 정보로서 건축물대장 정보를 등기소에 제공한 경우에는 그 대지 위에 있는 건물의 소재도를 제공할 필요가 없다. [16 등기서기보 / 12 법무사]

2. 구분건물에 대한 소유권보존등기를 신청하는 경우에는 1동의 건물의 소재도, 각 층의 평면도와 전유부분의 평면도를 첨부정보로서 등기소에 제공하여야 한다(규칙 제121조 제4항). 이 경우에도 건축물대장 정보를 등기소에 제공한 경우에는 소재도 등을 제공할 필요가 없다.

③ 기타

법 제65조 제2호(건물의 경우 시장·군수 등을 상대로 한 확인판결) 및 법 제65조 제4호(건물의 경우 시장·군수 등의 확인서)의 규정은 건축물대장이 생성되어 있으나 다른 사람이 소유자로 등록되어 있는 경우 또는 건축물대장의 소유자 표시란이 공란으로 되어 있거나 소유자 표시에 일부 누락이 있어 소유자를 확정할 수 없는 등의 경우에 건물 소유자임을 주장하는 자가 판결이나 위 서면에 의하여 소유권을 증명하여 소유권보존등기를 신청할 수 있다는 취지이지, 아예 건축물대장이 생성되어 있지 않은 건물에 대하여 처음부터 판결 내지 위 서면에 의하여 소유권을 증명하여 소유권보존등기를 신청할 수 있다는 의미는 아니라고 해석하는 것이 타당하다(대판 2011.11.10, 2009다93428).

따라서 미등기 건물에 대하여 부동산등기법 제65조 제1호에 따라 건축물대장에 최초의 소유자로 등록되어 있는 자 또는 그 상속인, 그 밖의 포괄승계인이 소유권보존등기를 신청하는 경우뿐만 아니라 같은 조 제2호 또는 제4호에 따라 확정판결 또는 특별자치도지사·시장·군수·구청장(자치구의 구청장을 말함)의 확인에 의하여 자기의 소유권을 증명하는 자가 소유권보존등기를 신청하는 경우에도 해당 건물에 대한 **건축물대장은 생성되어 있어야 한다**(선례 201904-2). [23 법무사 / 21 등기서기보 / 18 등기주사보 / 17 등기서기보 · 법원사무관 / 16 등기서기보 · 법무사 / 15 법원사무관]

나) 소유자임을 증명하는 정보

소유자임을 증명하는 서면으로는 1호의 경우에는 대장등본 등을, 2호의 경우에는 판결정본 및 확정증명서를, 3호의 경우에는 토지수용의 협의성립확인서 또는 재결서 등본 및 보상금을 증명하는 서면 등을, 4호의 경우에는 시장·군수·구청장의 확인서를 제공한다.

(나) 등기의무자와 관련된 첨부정보 – ×

(다) 등기권리자(등기신청인)와 관련된 첨부정보 – ○

가) 취득세 등 세금납부영수증 – ○

소유권보존등기를 하는 경우에는 부동산가액의 일정 비율에 해당하는 취득세, 지방교육세 등을 납부하고 그 영수필 확인서를 제공하여야 한다.

나) 주소를 증명하는 정보 – ○

새로이 등기명의인이 되는 소유권보존등기명의자의 주소증명정보를 첨부정보로 제공한다(규칙 제46조 제1항 제6호).

토지대장상 공유자로 등록되어 있는 경우 그중 1인이 공유자 전원을 위하여 소유권보존등기를 신청할 수는 있으나(이 경우 그 신청서에는 각 공유자의 주소를 증명하는 서면을 첨부하여야 함), 그중 1인의 지분만에 관한 소유권보존등기는 신청할 수 없다(선례 4-297). 만약 원고가 피고를 대위하여 소유권보존등기를 신청하는 경우에는 그 보존등기명의인인 피고의 주소를 증명하는 서면을 제출하여야 한다.

다) 번호를 증명하는 정보 – ○

새로이 등기명의인이 되는 소유권보존등기명의자의 주민등록번호증명정보 등을 첨부정보로 제공한다(규칙 제46조 제1항 제6호).

(라) 기타

가) 지상권자의 승낙서 등

지상권이 설정되어 있는 토지 위에 지상권자 아닌 제3자가 건물을 신축한 후 건물에 대한 소유권보존등기를 신청함에 있어서, 사전에 그 **지상권을 말소**하여야 하거나 소유권보존등기신청서에 **지상권자의 승낙서**를 첨부할 필요는 **없다**(선례 2-238). [23 법무사 / 19 법무사 / 18 등기주사보 / 16 법무사]

나) 대장상 지분이 기재되어 있지 않은 경우

① 소유권보존등기의 경우에는 원칙적으로 인감증명을 제공할 필요는 없다.

② 등기권리자가 2인 이상인 때에는 등기신청서에 그 지분을 기재하여야 하는데 이는 통상 대장상의 지분을 기준으로 판단한다. 그러나 대장상 소유명의인이 수인의 공유로 등재되어 있으나 그 공유지분의 표시가 없는 경우가 문제되는데 "물건이 지분에 의하여 수인의 소유로 된 때에는 공유로 하고, 공유자의 지분은 균등한 것으로 추정한다(「민법」 제262조)"는 민법에 따라 신청서에 갑과 을의 공유지분이 각 1/2인 것으로 기재하여 소유권보존등기를 신청할 수 있다. [16 법무사] 그러나 만약 갑과 을의 실제 공유지분이 균등하지 않다면 ㉠ 공유자 전원이 작성한 실제 공유지분을 증명하는 서면(갑과 을이 공동으로 작성한 실제 공유지분을 증명하는 서면)과 ㉡ 실제의 지분이 균등하게 산정한 지분보다 적은 자의 인감증명을 첨부하여 실제의 지분에 따른 소유권보존등기를 신청할 수 있다(선례 5-260). [18 등기주사보 / 12 법무사]

③ 이러한 규정은 대장상 지분이 기재되어 있지 않을 시에만 적용되는 것이고 대장상에 지분이 기재되어 있는 경우에는 이와 같이 등기할 수는 없다. 즉 여러 사람이 함께 신축한 건물에 대하여 「부동산등기법」 제65조 제1호에 따라 소유권보존등기를 신청할 때에 신청정보의 내용 중 각 공유자의 지분을 건축물대장의 기재 내용과 다르게 제공하면 같은 법 제29조 제8호에 따라 각하된다(선례 201907-9).

④ 마찬가지 법리로 신축한 구분건물에 대하여 「부동산등기법」 제65조 제1호에 따라 갑(1/2)과 을(1/2)이 공유자로 등록된 건축물대장정보를 첨부정보로서 제공하여 갑과 을을 공유자로 하는 소유권보존등기를 마쳤다면 실제 이 구분건물이 갑 단독소유인 경우라도 건축물대장이 갑 단독소유로 정정되지 않은 상태에서 단지 갑과 을이 작성한 확인서를 첨부정보로서 제공하여 갑 및 을 공유를 갑 단독소유로 경정하는 등기를 신청할 수는 없다. 다만, 이 경우에는 갑이 을을 상대로 갑의 단독소유임을 이유로 을 지분에 대하여 말소등기절차를 이행하라는 판결을 받아 갑 및 을 공유를 갑 단독소유로 하는 소유권경정등기를 신청할 수 있다. 위의 경우 갑 및 을 공유를 갑 단독소유로 하는 소유권경정등기를 신청할 때에 이미 을구에 병 명의의 근저당권설정등기가 마쳐졌다면 병은 등기상 이해관계 있는 제3자에 해당하므로, 병의 승낙이 있음을 증명하는 정보를 첨부정보로서 제공하여야 하며, 이러한 신청에 따라 등기관이 갑 및 을 공유에서 갑 단독소유로 하는 소유권경정등기를 실행할 때에 직권으로 병 명의의 근저당권설정등기에 대하여 일부지분(1/2)에만 존속하는 것으로 경정등기를 실행하

여야 한다. 위의 구분건물에 대하여 이미 대지권등기가 마쳐졌다면 소유권보존등기에 대한 경정등기를 신청하기 위해서는 먼저 대지권을 말소하는 의미의 대지권경정등기를 신청하여야 한다(선례 201909-2).

4) 실행절차

가. 접수·배당

나. 조사(형식적 심사)

(가) 물리적 일부만에 대한 보존등기(법 제15조, 법 제29조 제2호, 규칙 제52조 제10호) - ×

(나) 공유지분만에 대한 보존등기(법 제15조, 법 제29조 제2호, 규칙 제52조 제6호) - ×

(다) 중복 보존등기(법 제15조, 법 제29조 제2호, 규칙 제52조 제9호) - ×

다. 문제○ (취하·보정·각하)

라. 문제× (등기실행)

(가) 등기부 작성·기입

가) 등기사항

소유권보존등기의 경우 갑구에 법 제48조의 일반적인 사항을 등기기록에 기록하지만 등기원인과 그 연월일을 기록하지 아니한다(법 제64조).

나) 등기형식

소유권보존등기는 주등기로 기록한다.

(나) 각종 통지

등기명의인인 신청인에게 등기필정보를 작성·통지하며(법 제50조), 등기완료통지도 함께 한다(법 제30조).

대장소관청에는 소유권변경사실의 통지를 하고(법 제62조), 세무서장에게는 과세자료의 제공을 위한 통지를 하여야 한다(법 제63조).

관련 기출지문

1 주된 건물의 사용에 제공되는 부속건물은 주된 건물의 건축물대장에 부속건물로 등재되어 있는지 여부와 관계없이 소유자의 선택에 따라 별도의 독립 건물로 보존등기를 신청할 수도 있다. (×) [24 법원사무관]

2 기존건물과 별개로 신축된 건물이 기존 건축물대장에 증축으로 함께 등재되어 있더라도 그 신축건물이 기존건물과 물리적으로 별개의 독립한 건물임이 명백한 경우에는 그 대장을 첨부하여 독립한 건물로 소유권보존등기를 신청할 수 있다. (×) [17 법무사]

3 토지대장상 소유권이전등록을 받은 자는 직접 자신의 명의로 소유권보존등기를 신청할 수 없으므로, 대장상 '국'으로부터 소유권이전등록을 받은 자도 마찬가지로 직접 자신의 명의로 소유권보존등기를 신청할 수 없다. (×) [15 법무사]

4 미등기 토지의 지적공부상 '국(國)'으로부터 소유권이전등록을 받은 자는 자기 명의로 직접 소유권보존등기를 신청할 수 없고, 대장상 최초의 소유자 명의로 소유권보존등기를 한 다음 자기 명의로 소유권이전등기를 신청하여야 한다. (×) [15 법원사무관]

5 미등기 토지의 임야대장에 '국'으로부터 소유권이전등록을 받은 것으로 기재된 경우에는 국 명의의 소유권보존등기를 한 후 소유권이전등기를 하여야 한다. (×)
[13 법무사]

6 토지대장에 소유명의인으로 등록된 후 개명으로 등록사항에 변경이 생긴 경우에는 대장에 그 변경사항을 등록한 후에 소유권보존등기를 신청하여야 한다. (×)
[15 법무사]

7 1950.12.1. 법률 제165호로 제정된 구 지적법(1975.12.31. 법률 제2801호로 전문개정되기 전의 것)이 시행된 시기에 복구된 대장에 최초의 소유자로 기재(복구)된 자는 그 대장등본에 의한 소유권보존등기를 신청할 수 있다. (×)
[15 법원사무관]

8 구 지적법 시행 당시인 1970.1.3. 복구된 토지대장에 최초의 소유자로 복구된 자는 과세를 위해 임의로 복구된 자라 하더라도 강한 권리추정력이 인정되므로 그 복구된 대장에 기하여 소유권보존등기를 할 수 있다. (×)
[11 법무사]

9 유증의 목적 부동산이 미등기인 경우에는 토지대장, 임야대장 또는 건축물대장에 최초의 소유자로 등록되어 있는 자의 포괄적 수증자가 단독으로 소유권보존등기를 신청할 수 없다. (×)
[19 등기주사보]

10 미등기 부동산의 토지대장에 최초의 소유자로 등록되어 있는 자로부터 특정유증을 받은 자는 단독으로 소유권보존등기를 신청할 수 있다. (×)
[18 등기서기보]

11 토지대장에 최초의 소유자로 등록되어 있는 자로부터 특정유증을 받은 자는 직접 자신의 명의로 소유권보존등기를 신청할 수 있다. (×)
[15 법무사]

12 유증의 목적 부동산이 미등기인 경우 특정유증을 받은 자는 자기 명의로 소유권보존등기를 신청할 수 있다. (×)
[14 법무사]

13 유증의 목적 부동산이 미등기인 경우에는 직접 수증자 명의로 소유권보존등기를 신청할 수는 없고, 유언집행자가 상속인 명의로 소유권보존등기를 한 다음 유증으로 인한 소유권이전등기를 신청하여야 한다. (×)
[11 법무사]

14 대장상 소유자미복구인 미등기토지에 대하여 국가를 상대로 한 소송에서 시효취득을 원인으로 한 소유권이전등기절차 이행의 판결을 얻은 경우에는 그 판결이유에서 원고의 소유임이 설시되어 있어도 원고는 위 판결에 의하여 국가를 대위하여 소유권보존등기를 한 다음 자기 명의로 이전등기를 하여야 하고, 직접 자기명의로 소유권보존등기를 신청할 수는 없다. (×)
[24 법무사]

15 미등기 건물에 대하여 소유권이전등기판결을 받은 원고는 자기 명의로 소유권보존등기를 신청할 수 있다. (×)
[9 법무사]

16 매수인이 매도인을 상대로 하여 토지소유권의 이전등기를 구하는 소송에서 매도인이 매수인에게 매매를 원인으로 한 소유권이전등기절차를 이행하고 당해 토지가 매도인의 소유임을 확인한다는 내용의 제소전화해조서상 매도인은 판결에 의하여 자기의 소유권을 증명한 자에 해당하여 보존등기를 신청할 수 있다. (×)
[23 등기서기보]

17 토지대장상 소유자 표시란이 공란으로 되어 있어 대장상의 소유자를 특정할 수 없는 경우에는 특별자치도지사, 시장, 군수 또는 구청장을 상대로 자신의 소유임을 확정하는 내용의 판결을 받아 소유권보존등기를 신청할 수 있다. (×)
[15 법무사]

18 건축물대장의 소유자표시란이 공란이거나 소유자표시에 일부 누락이 있어 대장상의 소유자를 확정할 수 없는 미등기건물에 관하여 국가를 상대방으로 하여 소유권확인의 판결을 받은 경우 부동산등기법 제65조 제2호의 소유권을 증명하는 판결에 해당한다. (×)
[21 법무사]

19 건물에 대하여 최초 건축주를 상대로 한 소유권확인판결은 여기에서의 소유권을 증명하는 판결에 해당한다. (×)
[9 법무사]

20 건축물대장이 생성되지 않은 건물에 대하여도 소유권확인판결에 의하여 자기의 소유권을 증명하여 소유권보존등기를 신청할 수 있다. (×) [23 법무사]

21 건축물대장이 생성되지 않은 건물에 대해서 소유권확인판결을 받은 경우 그 판결을 근거로 건물의 소유권보존등기를 마칠 수 있다. (×) [21 등기서기보 / 16 등기서기보]

22 확정판결에 의하여 자기의 소유권을 증명하는 자는 건축물대장이 생성되어 있지 않은 건물에 대하여도 소유권보존등기를 신청할 수 있다. (×) [17 등기서기보]

23 특별자치도지사·시장·군수·구청장(자치구의 구청장을 말한다)의 확인에 의하여 자기의 소유권을 증명하는 자(건물의 경우로 한정한다)는 건축물대장이 생성되어 있지 않은 건물에 대하여도 소유권보존등기를 신청할 수 있다. (×) [15 법원사무관]

24 건물의 소유권보존등기를 신청하는 경우에 그 대지 위에 여러 개의 건물이 있을 때에는 건축물대장 정보와 함께 그 대지 위에 있는 건물의 소재도를 첨부정보로 등기소에 제공하여야 한다. (×) [12 법무사]

25 건물 대지에 이미 제3자 명의의 지상권설정등기가 마쳐져 있는 경우에는 그 등기를 말소하거나 지상권자의 승낙을 받아야 소유권보존등기를 신청할 수 있다. (×) [18 등기주사보]

26 건축물대장에 지분표시가 없이 수인이 공유로 등재되어 있는 건물에 대하여 소유권보존등기는 신청할 수 없다. (×) [16 법무사]

(2) 직권에 의한 소유권보존등기

1) 서설

가. 의의(「민법」 제187조, 법 제66조, 「민사집행법」 제81조 제1항 제2호)

> **민사집행법 제81조(첨부서류)**
> ① 강제경매신청서에는 집행력 있는 정본 외에 다음 각 호 가운데 어느 하나에 해당하는 서류를 붙여야 한다.
> 　1. 채무자의 소유로 등기된 부동산에 대하여는 등기사항증명서
> 　2. 채무자의 소유로 등기되지 아니한 부동산에 대하여는 즉시 채무자명의로 등기할 수 있다는 것을 증명할 서류. 다만, 그 부동산이 등기되지 아니한 건물인 경우에는 그 건물이 채무자의 소유임을 증명할 서류, 그 건물의 지번·구조·면적을 증명할 서류 및 그 건물에 관한 건축허가 또는 건축신고를 증명할 서류
> ② 채권자는 공적 장부를 주관하는 공공기관에 제1항 제2호 단서의 사항들을 증명하여 줄 것을 청구할 수 있다.
> ③ 제1항 제2호 단서의 경우에 건물의 지번·구조·면적을 증명하지 못한 때에는, 채권자는 경매신청과 동시에 그 조사를 집행법원에 신청할 수 있다.
> ④ 제3항의 경우에 법원은 집행관에게 그 조사를 하게 하여야 한다.
>
> **부동산등기법 제66조(미등기부동산의 처분제한의 등기와 직권보존)**
> ① 등기관이 미등기부동산에 대하여 법원의 촉탁에 따라 소유권의 처분제한의 등기를 할 때에는 직권으로 소유권보존등기를 하고, 처분제한의 등기를 명하는 법원의 재판에 따라 소유권의 등기를 한다는 뜻을 기록하여야 한다.

> ② 등기관이 제1항에 따라 건물에 대한 소유권보존등기를 하는 경우에는 제65조를 적용하지 아니한다. 다만, 그 건물이 「건축법」상 사용승인을 받아야 할 건물임에도 사용승인을 받지 아니하였다면 그 사실을 표제부에 기록하여야 한다.
>
> ③ 제2항 단서에 따라 등기된 건물에 대하여 「건축법」상 사용승인이 이루어진 경우에는 그 건물 소유권의 등기명의인은 1개월 이내에 제2항 단서의 기록에 대한 말소등기를 신청하여야 한다.

소유권보존등기란 등기의 대상인 토지와 건물의 표시 및 소유권에 관한 사항을 최초로 등기하여 등기기록을 개설하는 것을 말한다. 이때 등기기록은 소유권의 객체인 1개의 부동산에 대하여 1등기기록을 사용한다(1부동산1등기기록의 원칙, 법 제15조 제1항 본문).

부동산은 등기여부를 떠나서 강제경매의 대상이 될 수 있으며 보전처분인 가압류 등도 할 수 있다. 따라서 등기능력이 있는 미등기부동산에 대하여 법원의 소유권에 대한 처분제한(⑩ 가압류 등)의 등기촉탁이 있는 경우 등기관은 전제되는 소유권보존등기를 직권으로 하여야 한다. [21 법무사 / 17 등기주사보 / 11 법무사]

나. 요건

(가) 등기능력이 있는 부동산일 것

처분제한의 대상 부동산은 등기능력이 있어야 한다. 등기능력이 없다면 그 부동산에 관한 보존등기를 할 수 없으므로, 해당 처분제한 등기의 촉탁은 법 제29조 제2호에 의하여 각하되어야 한다.

민사집행법 제81조 제1항 제2호 단서가 완공된 건물뿐 아니라 완공되지 아니한 건물에 대하여도 경매를 인정하고 있기는 하지만 최소한 건축허가의 내용과 같은 층수의 골조공사가 완공되고 주벽과 기둥 등의 공사가 이루어져 건축허가의 내역과 같은 건물로서의 외관은 갖춘 건물로 인정될 수 있는 정도의 공사가 이루어진 경우에만 이를 경매의 대상으로 삼을 수 있으므로 처분제한등기촉탁에 의한 보존등기의 경우에도 위와 같은 정도의 건물이라야 직권보존등기의 대상이 될 것이다. 즉 건축허가의 내역과 같은 건물로서의 외관은 갖춘 건물로 인정될 수 있는 정도의 공사가 이루어진 경우에는 건축법상 사용승인을 받지 않은 건물이라도 직권보존등기의 대상이 될 수 있다. [14 등기서기보]

(나) 법원의 촉탁일 것

법 제66조의 직권보존등기는 법원의 처분제한등기 촉탁이 있는 경우에만 적용이 된다. 따라서 법원의 재판에 기초한 처분제한의 등기촉탁이 아닌 세무서장이 압류등기를 촉탁한 경우에는 등기관이 직권으로 보존등기를 할 수 없고 등기관은 그 촉탁을 각하하여야 한다. [14 등기서기보 / 11 법무사] 이 경우 세무서는 대위로 보존등기를 촉탁하여야 할 것이다.

(다) 소유권에 관한 처분제한일 것

가) 소유권에 관한

소유권에 관한 처분제한등기의 촉탁이 있는 경우에만 적용이 있다.

즉 등기관이 직권으로 소유권보존등기를 하기 위해서는 법원의 처분제한등기의 촉탁이 있어야 하지만, 처분제한등기의 촉탁이 소유권 외의 권리에 관한 것일 때에는 이를 각하하여야 한다. [17 법원사무관 / 11 법무사]

나) 처분제한

법원의 처분제한의 등기에는 처분금지가처분등기, 가압류등기, 경매개시결정등기, 주택임차권등기, 상가건물임차권등기, 회생절차 개시결정등기가 이에 해당한다. [19 법무사]

다만 가등기가처분은 여기에 포함되지 않는다.

다. 적용범위

(가) 물리적 일부만에 대한 보존등기(법 제15조, 법 제29조 제2호, 규칙 제52조 제10호)

1물 1권주의의 원칙에 따라서 하나의 부동산에는 하나의 소유권만 인정된다. 따라서 물리적 일부만에 대한 보존등기는 허용되지 아니하고 이는 직권으로 인한 소유권보존등기에도 마찬가지이다.

(나) 공유지분만에 대한 보존등기(법 제15조, 법 제29조 제2호, 규칙 제52조 제6호)

소유권의 일부에 대하여 처분제한의 등기촉탁이 있는 경우에도 소유권보존등기를 직권으로 할 수 없다. 일부 지분에 대한 소유권보존등기는 허용되지 않기 때문이다.

(다) 중복 보존등기(법 제15조, 법 제29조 제2호, 규칙 제52조 제9호)

동일 지번으로 이미 등기된 토지가 있는 경우에 다시 그 토지에 관한 보존등기를 하는 것은 1부동산1등기기록 원칙에 반하므로 기존의 등기가 실체관계와 일치하는지 여부를 불문하고 그 등기를 말소하지 않고서는 새로운 보존등기를 할 수 없다(선례 2-168). 이는 직권으로 인한 소유권보존등기에도 마찬가지이다.

2) 개시(직권)

집행법원의 처분제한등기 촉탁에 따라 등기관이 직권으로 소유권보존등기를 하게 된다(법 제66조).

3) 촉탁절차

가. 촉탁인

집행법원의 법원사무관 등이 촉탁한다.

나. 촉탁정보

집행법원의 법원사무관 등이 미등기부동산의 처분제한등기를 촉탁할 때 촉탁서에 기재해야 할 사항은 기등기된 부동산에 관한 촉탁을 할 때의 기재사항과 대개 동일하다.

즉 등기에 필요한 사항이 모두 표시되어 있어야 한다(규칙 제43조).

다만 주의할 것은 부동산의 표시를 기재함에는 "미등기 부동산"이라는 취지를 표시하여야 하며, 그 미등기 부동산이 건축법상 사용승인을 받지 아니한 건물인 경우에는 사용승인을 받지 않았다는 뜻도 기재하여야 한다.

또한 통상의 처분제한등기 촉탁의 경우에는 촉탁서에 채무자의 성명과 주소만 기재하면 족하나, 미등기 부동산에 관한 처분제한등기의 촉탁의 경우에는 그 촉탁서에 기재된 등기의무자가 곧 보존등기명의인이 되므로 등기의무자의 성명과 주소 외에 주민등록번호(또는 부동산등기용등록번호)도 모두 기재하여야 한다.

다. 첨부정보

(가) 등기원인을 증명하는 정보

가) 법원에서 인정한 건물의 소재와 지번·구조·면적을 증명하는 정보 – ○

① 일반

미등기건물에 대하여 집행법원이 처분제한의 등기를 촉탁할 때에는 명칭에 관계없이 **법원에서 인정한 건물의 소재와 지번·구조·면적을 증명하는 정보**를 첨부정보로서 제공하여야 하는 바[17 등기주사보], 건축물대장정보나 특별자치시장, 특별자치도지사, 시장, 군수 또는 구청장(자치구의 구청장을 말한다)이 발급한 확인서와 「민사집행법」 제81조 제4항에 따라 작성된 집행관의 조사서면은 이에 해당한다(선례 202001-3).

그러나 「건축사법」에 따라 업무를 수행하는 건축사, 「공간정보의 구축 및 관리 등에 관한 법률」에 따라 업무를 수행하는 측량기술자 또는 「감정평가 및 감정평가사에 관한 법률」에 따라 업무를 수행하는 감정평가사가 작성한 서면은 이에 해당되지 아니한다(선례 202001-3). [22 법무사]

실무상 건축허가서를 부동산의 표시를 증명하는 서면으로 첨부하는 경우가 있는데, 건축허가서상의 부동산의 표시는 허가받은 구조·면적 등을 의미할 뿐 이를 촉탁 당시 완성된 부동산의 표시로는 볼 수 없으므로 미등기건물에 관한 처분제한의 등기를 촉탁하면서 **건축허가서를 부동산의 표시를 증명하는 서면으로 첨부한 경우 등기관은 그 등기촉탁을 수리할 수 없다.** [11 법무사]

② 소재도 등

신청에 의한 보존등기의 경우와 마찬가지로 **구분건물의 일부 건물에 대한 처분제한의 등기촉탁**의 경우에는 1동 건물의 전부에 대한 구조·면적을 증명하는 정보 및 1동 건물의 **소재도**, 각 층의 **평면도**와 구분한 건물의 **평면도**를 첨부정보로서 등기소에 제공하여야 한다. [19 법무사] 다만 건물의 표시를 증명하는 정보로서 **건축물대장 정보를 등기소에 제공한 경우에는 도면 등을 제공할 필요가 없다**(예규 1469).

나) 채무자의 소유임을 증명하는 정보- ×

건축물대장이 생성되어 있지 아니한 건물도 허용되지만 모든 미등기 건물이 허용되는 것은 아니며, 적법하게 건축허가나 건축신고를 마쳤으나 사용승인이 나지 않은 건물로 한정되는 바(「민집」제81조 제1항 제2호 단서, 선례 201904-2), **촉탁대상 건물이 이러한 건물에 해당되는지 여부 및 채무자의 소유에 속하는지 여부는 그 집행법원에서 판단할 사항이다.** 이에 따라 집행법원이 이러한 건물에 대한 **처분제한의 등기를 촉탁**할 때 건축허가나 건축신고를 증명하는 정보 및 채무자의 소유임을 증명하는 정보는 첨부정보로서 제공할 필요가 없다(선례 202001-3).

(나) 등기신청인과 관련된 첨부정보

가) 취득세 등 세금납부영수증

① 직권보존

미등기부동산에 대한 처분제한 등기의 촉탁에 의하여 등기관이 직권으로 소유권보존등기를 완료한 때에는 납세지를 관할하는 지방자치단체장에게 「지방세법」제22조 제1항에 따른 취득세 미납 통지 또는 「지방세법」제33조에 따른 등록면허세 미납 통지(「지방세법」제23조 제1호 다목, 라목에 해당하는 등록에 대한 등록면허세를 말한다. 이하 6.에서 같다)를 하여야 하고[15 법무사], 이 경우 소유자가 보존등기를 신청하는 것이 아니므로(「주택도시기금법」제8조 참조) 국민주택채권도 매입할 필요가 없다. 따라서 국민주택채권을 매입하지 않았다고 하여 그 촉탁을 각하할 수 없다. [22 법무사 / 18 등기서기보]

② 대위보존

채권자가 채무자를 대위하여 소유권보존등기를 신청하는 경우에는 본래의 신청인인 채무자가 신청하는 경우와 다르지 않으므로 채권자가 등록면허세를 납부하여야 하고, 등기하고자 하는 부동산이 토지인 경우에는 국민주택채권도 매입하여야 한다. [20 법무사]

나) 소유자(채무자)의 주소 및 주민등록번호(부동산등기용등록번호)를 증명하는 정보- ○

미등기 부동산에 관한 처분제한등기의 촉탁의 경우에는 그 촉탁서에 기재된 등기의무자가 곧 보존등기명의인이 되므로 **채무자(소유자)의 주소 및 주민등록번호(부동산등기용등록번호)를 증명하는 정보는 제공하여야 한다**(선례 202001-3). [22 등기서기보 / 17 등기주사보]

4) 실행절차(등기실행)

가. 등기부 작성·기입

(가) 등기사항

가) 표제부

건물이 「건축법」상 사용승인을 받아야 할 건물임에도 **사용승인을 받지 아니하였다면 그 사실을 표제부에 기록**하여야 한다(법 제66조 제2항). [19 등기주사보] 이후 「건축법」상 사용승인이 이루어진 경우에는 그 건물 소유권의 등기명의인은 1개월 이내에 위의 기록에 대한 말소등기를 신청하여야 한다(법 제66조 제3항). 이러한 말소등기의 신청은 대위에 의해서도 가능하다(법 제28조).

1동 건물의 일부 구분건물에 대하여 처분제한등기 촉탁이 있는 경우 등기관은 처분제한의 목적물인 구분건물의 소유권보존등기와 나머지 구분건물의 표시에 관한 등기를 하여야 한다(예규 1469). 따라서 처분제한의 목적물이 아닌 구분건물에 대해서는 전유부분의 표제부만을 생성하고 갑구는 생성하지 않는다.

나) 갑구

소유권보존등기의 경우 갑구에 법 제48조의 일반적인 사항을 등기기록에 기록하지만 등기원인과 그 연월일을 기록하지 아니한다(법 제64조).

등기관이 미등기부동산에 대하여 법원의 촉탁에 따라 소유권의 처분제한의 등기를 할 때에는 직권으로 소유권보존등기를 하고, 처분제한의 등기를 명하는 법원의 재판에 따라 소유권의 등기를 한다는 뜻을 기록하여야 한다.

(나) 등기형식

소유권보존등기는 주등기로 기록한다.

나. 각종 통지

처분제한등기의 촉탁에 의하여 등기관이 직권으로 소유권보존등기를 마쳤을 때에는 등기권리자에게 등기필정보를 작성·통지하지는 않지만[17 등기주사보 / 14 등기서기보](규칙 제54조 제1항 제4호), **등기완료통지**[19 법무사 / 14 등기서기보]와 지방세법 제33조의 규정에 의한 **등록면허세미납통지**는 하여야 한다(예규 1469).

5) 직권으로 경료된 보존등기의 말소

직권보존등기의 효력은 통상의 보존등기와 전혀 차이가 없다. 따라서 통상의 말소등기 절차에 따라야 한다.

즉 미등기 건물에 관하여 법원의 가처분등기촉탁에 의한 가처분등기를 함에 있어서 등기관이 「부동산등기법」 제66조의 규정에 의하여 **직권으로 한 소유권보존등기는 보존등기 명의인의 말소신청 또는 제3자가 그 말소등기의 이행을 명하는 확정판결에 의하여서만 말소될 수 있을 뿐 가처분법원의 말소촉탁에 의하여 말소될 수는 없는 것**이며, 가령 「부동산등기법」 제29조 제11호의 규정에 위반된 등기신청에 의하여 등기가 경료되었다 하더라도 그 등기는 동법 제29조 제1호 및 제2호에 해당하는 당연 무효의 등기는 아니므로 등기관이 직권으로 그 등기를 말소할 수는 없고 등기 권리자와 등기의무자의 공동신청에 의한 적법한 말소신청 이나 그 말소등기의 이행을 명하는 확정판결에 의하여서만 말소할 수 있다(예규 1353). 마찬가지로 처분제한등기의 말소등기촉탁이 있더라도 소유권보존등기는 별도로 신청하여 말소하지 않는 한 말소되지 아니한다. [19 등기주사보 / 11 법무사]

6) 등기완료 후 다른 등기의 신청

가. 중복등기의 방지

직권보존등기 이후에 동일 지상에 다시 건물에 관한 소유권보존등기신청이 있는 경우 에는 건물의 소재도 등 등기된 건물과 동일성이 인정되지 아니함을 소명하는 서면의 제출이 있는 경우에 한하여 등기한다(예규 1469). [19 법무사]

나. 소유권이전등기의 신청

(가) 건물의 소유권이전등기를 신청하는 경우에는 건축물대장의 등본 또는 부동산의 표시를 증명하는 서면을 제출하여야 하므로, 건축물대장이 작성되어 있지 아니한 미등기 건물에 대하여 민사집행법 제81조 제1항 제2호 단서의 서류를 첨부하여 집행법원으로부터 처분제한의 등기촉탁이 있어 등기관이 직권으로 소유권보존등 기를 경료한 건물에 대하여 소유권이전등기를 신청하는 경우에도 부동산의 표시를 증명하는 서면을 제출하여야 한다.

(나) 이 경우 건축물대장이 작성되어 있지 아니하여 건축물대장 등본을 발급받을 수 없는 때에는 '등기할 건축물이 건축물대장에 등재되지 않았다는 사실 및 부동산의 표시를 소명할 수 있는 시장·군수·구청장의 확인서'를 첨부하면 건축물대장 등본의 첨부 없이도 소유권이전등기를 신청할 수 있는데, 그 서면은 서면의 형식·명칭· 종류에 관계없이 등기부상 부동산의 표시를 소명하는데 족한 서면이어야 한다.

(다) 즉 등기관이 직권으로 소유권보존등기를 경료한 건물에 대하여는 건축물대장 정 보를 제공하지 않고도 소유권이전등기를 신청할 수 있는 경우가 있다. [17 등기서기보]

관련 기출지문

1 등기관은 처분제한의 등기를 마쳤을 때에는 등기필정보를 작성하여 등기권리자에게 통지하여야 한다. (×) [17 등기주사보]

2 등기관이 직권으로 보존등기를 한 때에는 등기명의인에게 등기필정보 및 등기완료통지서를 발송하여야 한다. (×) [14 등기서기보]

3 처분제한의 촉탁에 따라 직권으로 한 소유권보존등기는 보존등기 명의인의 말소신청, 그 말소등기의 이행 을 명하는 확정판결 또는 처분제한을 발한 법원의 말소촉탁에 의하여 말소할 수 있다. (×) [19 법무사]

4 미등기건물의 직권보존등기의 원인이 된 처분제한의 신청이 취하되어 처분제한등기의 말소등기를 촉탁한 경우 등기관은 처분제한등기와 함께 보존등기도 말소하여야 한다. (×) [19 등기주사보 / 11 법무사]

2. 축사의 소유권보존등기

축사의 소유권보존등기에 관하여서는 총론의 등기사항에 관한 절에서 설명하였으므로 여기서는 생략한다.

3. 구분건물의 소유권보존등기

오늘날 경제발전과 도시화의 진전에 따라 고층아파트, 연립주택, 상가, 사무실용 빌딩 등 많은 집합건물이 세워져 이용되고 있다. 이러한 **집합건물의 경우** 그 대지를 수십 수백 명의 전유부분 소유자가 공유하는 등 일반건물과 다른 특수성이 있다.

1984년 집합건물법이 제정되어 집합건물에 관한 종합적인 규율이 이루어지고, 이와 함께 부동산 등기법도 개정되어 집합건물에 관한 등기절차를 자세히 규정함으로써 현재와 같은 등기절차의 틀이 마련되었다. 따라서 집합건물에 관한 등기절차에 대하여는 집합건물법과 부동산등기법을 유기적으로 결합하여 이해해야 한다.

민법상 토지와 건물은 별개의 부동산으로 취급되어 별도의 등기기록에 등기되지만, **건물은 그 대지인 토지와 분리되어서는 그 기능을 발휘할 수 없으므로** 건물과 그 대지인 토지는 일체로서 처분되는 것이 보통이다. 특히 그 건물이 **1동의 건물을 구분한 건물인 경우**에는 그 일체성이 더욱 강력히 나타나서 건물과 대지가 분리되어 처분되는 경우는 거의 없다.

이에 따라 **집합건물법**에서는 전유부분 및 대지사용권에 관하여 처분의 일체성을 규정하여 분리처분을 금지하며(동법 제20조 내지 제22조), **부동산등기법**에서는 처분의 일체성을 등기절차상 구현하는 제도로서 대지권등기절차를 두고 있다. 즉 구분건물의 등기기록에 대지권의 등기를, 토지 등기기록에 대지권이라는 뜻의 등기를 한 후에는 구분건물 및 대지에 대하여 일체성이 인정되는 물권변동은 건물 등기기록에만 등기하도록 함으로써 구분건물과 그 대지의 권리관계를 일원적으로 공시하고 있다.

(1) 구분건물의 소유권보존등기

1) 기본개념

가. 구분건물

일반적으로 외형상 1동의 건물은 그 전체에 대하여 하나의 소유권이 성립함이 원칙이나 (1물1권주의), 예외적으로 구조상 구분된 여러 개의 부분이 독립된 건물로서 사용될 수 있을 때 그 구분된 각 부분도 독립한 소유권의 객체로 삼을 수 있다(「민법」 제215조, 「집합건물법」 제1조).

구분건물은 1동의 건물 중 독립된 구분소유권의 대상이 되는 것을 말하며, 집합건물은 그와 같은 1동의 건물 전체를 말한다. 또 **구분건물은** 구분소유권의 객체가 되며, 구분건물의 소유자를 구분소유자라고 한다.

1동의 집합건물을 2개 이상의 구분건물로 구분하는 방법으로는, 통상 횡적(층별)으로 구분하지만 구조상 이용상 독립성이 인정된다면 종적(수직)으로 구분하거나(선례 5-800), 양자의 결합형태(선례 6-590)도 있을 수 있다.

(가) 구분건물의 구성

가) 전유부분

전유부분이란 1동의 건물 중 다른 부분으로부터 독립하여 **구분소유권의 목적**이 되고 **구분소유자의 배타적 사용·수익·처분의 권능이 미치는** 건물부분을 말한다(「집합건물법」 제2조 제3호).

나) 공용부분

① 의의

공용부분이란 **전유부분 외의 건물부분**, 전유부분에 속하지 않는 건물의 부속물, 전유부분과 부속건물 중 규약으로 공용부분으로 정한 것을 말한다(「집합건물법」 제2조 제4호). 공용부분은 구분소유자의 전원 또는 그 일부의 공용에 제공되는 건물부분으로서 구분소유권의 목적이 될 수 없다. 각 공유자는 공용부분을 그 용도에 따라 사용하며, 그가 가지는 전유부분의 지분 비율에 따라 공용부분을 공유한다.

공용부분은 그 성질에 따라 **구조상 공용부분**과 **규약상 공용부분**으로 나눌수 있다. 또한 공용부분은 1동 건물의 구분소유자 전원의 공용부분인 경우와 1동의 건물 중 일부 구분소유자의 공용부분인 경우로 나눌 수 있으며, 그 공용부분에 대하여 다른 등기기록에 등기된 건물의 구분소유자 전부 또는 일부가 공용하는 경우도 있다(규칙 제104조 제2항).

② 구조상 공용부분

구조상 공용부분은 **전유부분 외의 건물부분**(복도, 계단, 집합건물의 옥상, 엘리베이터 등), 전유부분에 속하지 아니하는 건물의 부속물(전기·가스·수도의 주된 배관, 소방, 냉난방 설비 등)을 말한다.

구조상 공용부분은 등기능력이 없으므로 비록 건축물대장에 등재되어 있다 하더라도 이 부분을 독립하여 등기할 수 없음이 원칙이다. 즉 소유권보존등기를 할 수 없다.

③ 규약상 공용부분

규약상 공용부분이란 1동의 건물 중 원래 구분소유권의 목적이 될 수 있는 전유부분과 **독립된 소유권의 목적이 될 수 있는 부속건물**(아파트 관리사무소, 노인정 등)을 **규약**(전유부분 전부 또는 부속건물을 소유하는 자가 1인인 경우는 공정증서)에 의하여 **공용부분으로 정한 것**을 말한다.

규약상 공용부분에는 "공용부분이라는 뜻"의 등기를 하여야 한다(「집합건물법」 제3조 제1항). 거래의 안전을 위하여 공용부분임을 객관적으로 공시할 필요가 있기 때문이다.

규약상 공용부분에 대한 등기는 보통의 등기와는 다른 특수한 형태의 등기로서, **표제부에 공용부분이라는 뜻의 등기**를 하고 **갑구·을구의 소유권**과 그 밖의 권리에 관한 등기를 말소하는 표시를 하여야 한다.

④ 공용부분의 소유 형태 및 전유부분과의 처분의 일체성

공용부분(구조상 및 규약상 공용부분)은 수 개의 **전유부분에 대하여 종물로서의 성질**을 가지므로 그 구분소유자 전원의 공동소유에 속하며, 그 공동소유의 형태는 공유이다(「집합건물법」 제10조 제1항 본문). 다만 일부 구분소유자만의 공용에 제공되는 것이 명백한 공용부분은 그 구분소유자들만의 공유가 된다(동법 제10조 제1항 단서).

공용부분에 대한 각 구분소유자의 공유지분은 민법의 일반원칙과는 달리 규약으로 그 비율을 정하지 않는 한 각 **전유부분의 면적의 비율**에 의한다(동법 제12조 제1항, 제10조 제2항). 구분소유자가 공용부분에 대하여 갖는 공유지분은 구분소유자인 지위에서 갖는 것이므로 **전유부분과 처분의 일체성**을 갖는다. 따라서 구분소유자는 전유부분과 분리하여 공용부분에 대한 공유지분을 처분할 수 없고, 공용부분에 관한 물권의 득실변경은 따로 등기를 요하지 아니한다(동법 제13조). 공용부분에 대한 분할청구도 성질상 허용되지 않는다.

(나) 구분건물의 요건

구분건물은 1물1권주의의 예외로서 1동의 건물의 일부에 대하여 독립된 소유권의 객체로 하여야 할 사회·경제적 필요가 인정되고, 그 권리관계를 적절하게 공시(등기)할 수 있는 경우에 입법정책적으로 인정되는 개념이다. 1동 건물의 일부분이 독립한 건물로서 구분소유권의 객체가 될 수 있기 위해서는 다음의 요건을 갖추어야 한다.

가) 객관적·물리적 요건

구분건물이 인정되기 위해서는 구조상 독립성과 이용상 독립성의 요건을 갖추어야 한다.

1동의 건물의 일부분이 **구분소유권의 객체**가 될 수 있으려면 그 부분이 **이용상**은 물론 **구조상**으로도 다른 부분과 구분되는 **독립성**이 있어야 하고, 그 이용상황 내지 이용 형태에 따라 구조상의 독립성 판단의 엄격성에 차이가 있을 수 있으나, 구조상의 독립성은 주로 소유권의 목적이 되는 객체에 대한 물적 지배의 범위를 명확히 할 필요성 때문에 요구된다고 할 것이므로, 구조상의 구분에 의하여 구분소유권의 객체 범위를 확정할 수 없는 경우에는 구조상의 독립성이 있다고 할 수 없다. 그리고 구분소유권의 객체로서 적합한 **물리적 요건**을 갖추지 못한 건물의 일부는 그에 관한 **구분소유권이 성립할 수 없는 것**이어서, 건축물관리대장상 독립한 별개의 구분건물로 등재되고 등기부상에도 구분소유권의 목적으로 등기되어 있어 이러한 등기에 기초하여 **경매절차가 진행되어**

매각허가를 받고 매수대금을 납부하였다 하더라도, 그 등기는 그 자체로 무효이
므로 매수인은 소유권을 취득할 수 없다(대결 2010.1.14, 2009마1449). [23
법무사]

① 구조상 독립성

어떤 건물의 부분이 구분건물로 인정되기 위하여는 해당 건물의 부분이 1
동의 건물 중 **다른 부분과 구조상 구분되어 있어야 한다.** 여기서 말하는
구조상의 독립성이란 연립주택 및 아파트의 각 호실, 사무실용 빌딩의 각
호실 등과 같이 종적 또는 횡적으로 구분되고, 건물의 구획된 한 부분이
다른 부분으로부터 벽, 문, 천장과 마룻바닥 등에 의하여 물리적으로 차단
되어 그 자체로서 독립된 건물부분으로서의 외형을 갖추고 있는 것을 의미
한다. 건물의 구성부분이 아닌 커튼이나 합판, 목책 등에 의해 비록 공간
적으로 차단은 되었으나 쉽게 이동, 제거할 수 있는 것과 단순히 바닥에
표시한 선으로 구획된 건물부분은 구조상의 독립성이 있다고 인정하기 어
렵다.

② 이용상 독립성

구분건물은 이용상으로도 독립성을 가져야 한다. 건물의 일부가 독립한
건물로서의 용도에 제공될 수 없는 것은 구분소유권의 객체로 삼을 실익이
없기 때문이다. 따라서 구분건물은 독립한 건물로서의 용도(통상 주거·
점포·사무실·창고·강당·극장 등)로 사용될 수 있는 기능과 효용을 갖
추어야 한다. 독립한 건물로서 사용할 수 있는가를 판단하는 경우, 구체적
사정에 따라 다를 것이나 **독립된 출입구의 유무가 일응의 기준이 된다.** 즉
구조상의 독립성이 인정되는 건물부분이라 하더라도 출입구가 없어서 인
접한 건물부분을 통하지 않으면 외부로 나갈 수 없는 때에는 이용상 독립
성이 인정되지 않는다.

나) 주관적 요건(구분행위)

구분행위는 1동의 건물을 수개의 건물부분으로 나누어 그 부분마다 독립된 소
유권을 설정하는 행위를 말한다. 건물의 구분소유권이 성립하기 위하여는 객
관적 요건으로서 건물부분이 구조상 및 이용상의 독립성을 갖춘 것만으로는
부족하고, 이를 구분소유권의 객체로 하고자 하는 소유자의 의사가 있어야 한
다. 이러한 구분의사는 구분소유권 성립의 주관적 요건에 해당한다.

따라서 **구분건물로 될 수 있는** 객관적 요건을 갖춘 경우에도 건물 소유자는 자
유의사에 의하여 이를 구분건물로 등기하지 아니하고 **하나의 일반건물로 등기
할 수도 있고, 1동의 건물을 수개로 구분하여 각각 구분소유할 수도 있다.**
구분행위는 구체적으로 건물 소유자가 대장소관청에 대하여 (i) 자기소유의 신
축건물을 집합건축물대장에 등록하여 줄 것을 신청하는 신규등록신청(「집합건

물법」제56조, 「건축물대장규칙」제12조) (ii) 기존의 일반건물을 집합건물로 전환하는 건축물대장의 전환신청(「건축물대장규칙」제15조)을 하는 형태로 나타난다. 이 밖에도 건축허가신청이나 분양계약 등을 통하여 장래 신축되는 건물을 구분건물로 하겠다는 구분의사가 객관적으로 표시되면 구분행위의 존재를 인정할 수 있다. 즉 대법원은 "구분행위는 건물의 물리적 형질에 변경을 가함이 없이 법률관념상 건물의 특정부분을 구분하여 별개의 소유권의 객체로 하려는 일종의 법률행위로서, 그 시기나 방식에 특별한 제한이 있는 것은 아니고 처분권자의 구분의사가 객관적으로 외부에 표시되면 인정된다. 따라서 구분건물이 물리적으로 완성되기 전에도 건축허가신청이나 분양계약 등을 통하여 장래 신축되는 건물을 구분건물로 하겠다는 구분의사가 객관적으로 표시되면 구분행위의 존재를 인정할 수 있고, 이후 1동의 건물 및 그 구분행위에 상응하는 구분건물이 객관적·물리적으로 완성되면 아직 그 건물이 집합건축물대장에 등록되거나 구분건물로서 등기부에 등기되지 않았더라도 그 시점에서 구분소유가 성립한다."고 판시하였다(대판(전) 2013.1.17, 2010다71578).

한편 집합건축물대장에 등록된 건물이 착오로 일반건물로 등기된 경우에는 등기명의인은 착오를 증명하는 서면 등을 첨부정보로 제공하여 표시경정등기의 의미로서 구분등기를 신청할 수 있다(선례 201307-2).

나. 구분건물의 대지

(가) 의의

구분건물의 대지란 전유부분이 속하는 1동의 건물(집합건물)이 있는 토지(법정대지) 및 규약으로써 그 토지와 일체로 관리 또는 사용할 것으로 정한 토지(규약상 대지)를 말한다(「집합건물법」제2조 제5호).

한편 구분건물의 대지와 지적법상의 지목으로서의 대지(垈地)를 구별하여야 한다. 등기기록상 지목이 대지가 아니더라도 그 지상에 건물을 소유하는 것은 가능하므로 지목이 대지가 아닌 토지도 구분건물의 대지가 될 수 있다.

따라서 잡종지도 구분건물의 대지가 될 수 있다.

(나) 종류

가) 법정대지

법정대지란 전유부분이 속하는 1동의 건물이 있는 토지, 즉 건물이 실제로 서 있는 토지를 말하며[14 등기서기보], 법률상 당연히 건물의 대지가 된다. 법정대지는 건물 등기기록상의 건물의 소재지번과 일치한다. 토지는 1필의 단위로 파악하고 있으므로 건물이 1필의 토지의 일부 위에 서 있는 경우에는 그 1필의 토지 전부가 법정대지가 되며, 건물이 수필의 토지 위에 걸쳐 서 있는 경우에는 그 수필의 토지 전부가 법정대지로 된다.

나) 규약상 대지

규약상 대지란 전유부분이 속하는 1동의 건물이 서 있는 토지(법정대지) 외의 토지로서, 전유부분이 속하는 1동의 건물 및 그 건물이 있는 토지와 일체로 관리 또는 사용하기 위하여 구분소유자들이 규약으로써 건물의 대지로 삼은 토지를 말한다(「집합건물법」 제4조). [14 등기서기보] 보통 아파트 단지 내에 있는 테니스장, 광장, 어린이 놀이터, 관리사무소와 같은 부속건물의 대지 등이 이에 해당한다. 구분건물의 전부 또는 부속건물을 소유하는 자는 공정증서에 의하여 단독으로 규약상 대지를 설정할 수 있다(동법 제4조 제2항, 제3조 제3항). 규약상 대지는 반드시 건물이 소재하는 토지(법정대지)와 인접해 있을 필요는 없으며(예 아파트 건물과 떨어진 곳에 있는 주차장), 또한 등기소의 관할을 달리하는 토지라도 무방하다. 그러나 그 토지가 건물 및 법정대지와 일체로 관리 또는 사용되는 것이 사회통념상 불가능하다고 볼 만큼 멀리 떨어져 있는 경우에는 규약상 대지로 삼을 수 없다.

또한 이미 다른 건물의 법정대지 또는 규약상 대지로 된 토지라 하더라도 이를 구분건물의 규약상 대지로 삼을 수 있다. [10 법무사]

규약상 대지를 정하거나 폐지하는 규약은 관리단집회에서 구분소유자 및 의결권의 4분의 3 이상의 찬성을 얻어야 한다(「집합건물법」 제29조 제1항). 전유부분의 전부 또는 부속건물을 단독으로 소유하는 자는 공정증서로써 규약에 상응하는 것을 정할 수 있다(동법 제4조 제2항, 제3조 제3항). 이때에는 공정증서가 규약에 갈음한다.

다. 대지사용권

(가) 의의

대지사용권이란 구분소유자가 전유부분을 소유하기 위하여 건물의 대지에 대하여 가지는 권리를 말하며(「집합건물법」 제2조 제6호) [14 등기서기보], 대지사용권의 대상인 토지는 법정대지뿐만 아니라 규약상 대지도 포함한다. 어떤 토지 위에 건물을 소유하기 위하여는 그 토지에 대하여 사용권원이 있어야 하는데, 이는 구분건물을 소유하는 경우에도 마찬가지이기 때문이다.

대지사용권은 전유부분을 소유하기 위한 권리이므로 전유부분에 대하여 종된 권리로서의 성질을 갖는다. 따라서 대지사용권의 분리처분이 가능하도록 규약으로 정하였다는 등의 특별한 사정이 없는 한 전유부분에 대한 처분이나 압류 등의 효력은 종된 권리인 대지사용권에까지 미친다(대판 2006.10.26, 2006다29020 참조). 대지사용권은 후술하는 대지권과 구별하여야 하는데, 대지사용권이 구분건물을 소유하기 위하여 대지를 사용할 수 있는 실체법상 권리(본권)인 반면, 대지권(법 제40조 제3항)은 대지사용권이 전유부분과 분리처분될 수 없음을 등기기록상 공시하기 위하여 고안된 절차법상 개념이다.

(나) 대지사용권의 내용 및 형태

가) 대지사용권은 대지를 사용할 수 있으면 족한 권리이므로 **소유권**뿐만 아니라 용익권인 지상권, **전세권** 또는 **임차권** 등도 대지사용권이 될 수 있다. 19 등기주사보 / 17 법무사 / 10 법무사 그러나 대지사용권은 유효한 권리이어야 하므로 존속기간이 만료된 임차권이나 지상권은 대지사용권이 될 수 없다.

나) **대지사용권은 반드시 등기된 권리이어야 할 필요는 없다.** 따라서 미등기토지의 소유권이나 임차권, 법정지상권은 등기 없이도 대지사용권이 될 수 있다. 그러나 지상권이나 전세권은 등기되지 않으면 성립될 여지가 없으므로 당연히 등기되어야 할 것이다.

다) 구분소유자들의 대지사용권은 건물의 대지별로 각각 다른 종류의 것이라도 무방하다. 예컨대 대지권의 목적인 토지가 A 토지와 B 토지인 경우에 A 토지에 대하여는 소유권, B 토지에 대하여는 지상권이어도 된다.

(다) 전유부분과 대지사용권의 처분의 일체성

현행법상 건물과 그 대지는 별개의 부동산으로 원칙적으로 분리처분이 가능하지만, 예외적으로 구분건물의 경우에는 특칙이 있다. 즉, 집합건물법은 "**구분소유자의 대지사용권**은 그가 가지는 전유부분의 처분에 따른다. 구분소유자는 그가 가지는 전유부분과 분리하여 대지사용권을 처분할 수 없다."고 하여(동법 제20조 제1항, 제2항 본문), "전유부분과 대지사용권의 일체성"을 명시하고 있다.

이러한 일체성의 원칙을 채택한 이유는, 구분건물의 전유부분과 대지사용권은 통상 일체로서 거래의 객체가 되는 점, 만약 분리처분을 허용할 경우 구분소유자가 그 대지에 관한 사용권원을 상실하게 됨으로 인하여 건물의 철거나 그 밖의 복잡한 법률문제가 발생할 염려가 있기 때문이다. 또한 등기절차상으로도 일체성의 원칙을 적용하여 건물의 등기기록 중 표제부에 대지권에 관한 등기를 함으로써(법 제40조 제3항) 이후 전유부분과 대지사용권에 일체적으로 생기는 권리변동은 건물의 등기기록에만 공시하여 구분건물의 토지 등기기록의 복잡성 및 매수과다현상을 완화하기 위한 것이다.

라. 대지권

(가) 의의

대지권이란 대지사용권이 전유부분과 분리처분될 수 없음을 등기기록상 공시하기 위한 절차법상의 개념으로, 대지사용권 중에서 **규약이나 공정증서로 특별히 분리처분할 수 있음을 정하지 않은 것**을 말한다.

즉 구분건물의 소유자는 전유부분을 소유하기 위하여 건물의 대지에 관하여 어떠한 권리를 가져야 하는데 이를 대지사용권이라 하고, **대지사용권은 규약이나 공정증서로써 분리처분할 수 있다고 별도로 정한 경우를 제외하고는 전유부분과 분리**

하여 처분할 수 없는데, 이러한 대지사용권 중에서 규약이나 공정증서로 특별히 분리처분할 수 있음을 정하지 않은 것을 대지권이라고 한다(법 제40조 제3항).

[17 법원사무관]

대지권은 대지사용권으로서 전유부분과 처분의 일체성이 인정되는 권리이면 족하므로, 지상권등기(선례 5-809)나 임차권등기와 같은 용익권의 등기, 근저당권이나 그 밖의 설정등기, 가등기, 가처분·가압류와 같은 보전처분의 등기, 신탁등기(선례 5-618)가 마쳐져 있는 소유권도 대지권이 될 수 있다. **[10 법무사]** 이 경우 구분건물의 전유부분 표제부에는 후술하는 바와 같이 "토지 등기기록에 별도의 등기가 있다는 뜻"을 기록하여야 한다.

(나) 대지권의 성립요건

대지권이 성립하기 위하여는 ① 토지 위에 집합건물이 존재하여야 하고 ② 구분소유자가 해당 대지에 대하여 대지사용권을 갖고 있어야 하며 ③ 전유부분과 대지사용권에 대하여 처분의 일체성이 있어야 한다. 다만 대지사용권을 가진 구분소유자가 규약이나 공정증서로 일체성을 배제하지 않는 이상 처분의 일체성은 당연히 인정된다.

대지권은 전유부분과 처분의 일체성이 인정되는 대지사용권을 뜻하므로 대지권등기가 이루어지기 전이라도 대지권은 성립할 수 있다. 즉 대지권등기는 대지권의 성립요건이 아니다. 따라서 대지권은 대지사용권이 등기된 때에 성립하는 것이 아니다. **[14 등기서기보]** 자세한 사항은 이하에서 검토하도록 한다.

(다) 대지권의 발생시점

대지권등기는 대지권이 새로이 발생한 경우에 하는데, 대지권의 발생시점은 다음과 같다. 다만 대지권의 발생 시점과 대지권등기의 가능 시점은 구별해야 한다. 대지권은 위 (나)에서 본 바와 같이 원칙적으로 집합건물의 존재와 대지사용권이라는 두 가지 요건이 갖추어진 때에 발생하지만, 대지권등기는 원칙적으로 집합건축물대장에 따라 집합건물 등기가 마쳐지는 것과 동시 또는 그 후에 가능하기 때문이다.

가) **구분행위를 하고 집합건물을 신축한 경우**, 즉 대지사용권을 갖는 자(대지의 소유권자, 지상권자 등)가 건축허가신청이나 분양계약 등을 통하여 장래 신축되는 건물을 구분건물로 하겠다는 구분의사를 객관적으로 표시한 후 집합건물을 신축한 경우에는 그 신축 시점에 대지권이 발생한다. 앞에서 본 바와 같이 객관적으로는 1동의 건물을 구분한 건물이라도 소유자의 선택에 따라 일반건물로 등록할 수도 있기 때문에 단순히 건물을 완공하였다고 해서 대지권이 발생하는 것은 아니다.

나) **일반건물을 구분하여 집합건물로 하는 경우**에는 구분행위 시에(단, 구분행위 후에 증·개축이나 합병을 한 경우에는 증·개축이나 합병을 완료한 때에) 대지권이 발생한다.

다) 기존 건물을 증·개축하거나 합병하여 집합건물로 하는 경우에도 구분행위 시에 대지권이 발생한다.

라) 인접 토지를 규약상 대지로 하는 경우에는 인접 대지에 대하여 권리를 취득하고 규약을 정한 때에 대지권이 발생한다.

마) 분리처분할 수 있음을 정한 규약이나 공정증서가 있는 경우에는 이를 폐지하는 규약이나 공정증서를 작성한 때 대지권이 발생한다. 한편, 대지에 대한 지적정리 미비 등의 사유로 분양자로부터 전유부분에 대한 소유권이전등기만 먼저 받은 자는 전유부분을 취득한 때에 대지사용권도 취득한다. 이 경우의 대지사용권도 전유부분과 분리처분할 수 없는 대지권에 해당한다. 다만 대지권등기를 하기 위해서는 대지사용권에 관한 등기를 먼저 하여야 한다.

마. 대지권등기

(가) 서설

가) 의의

대지권이 있어도 이를 등기하지 않을 경우에는 구분건물과 대지권이 분리처분될 가능성이 존재하므로 부동산등기법은 대지권등기 제도를 두고 있다.

대지권등기 제도는 전유부분과 일체로서 처분되는 토지의 권리관계를 토지 등기기록에 등기하지 아니하고 건물 등기기록에 기록하여 그 등기의 효력을 토지에도 미치도록 하는 것으로, 구분건물에만 인정되는 독특한 등기제도이다. 요컨대 대지권등기란 일체로서 처분되어야 할 전유부분과 대지사용권에 관한 권리관계의 공시를 건물 등기기록으로 일원화시키는 등기를 말한다. 부동산등기법은 대지권이 발생한 경우에는 구분건물의 소유명의인에게 그 등기를 신청하도록 의무지움으로써 대지권이 공시되도록 하고 있다(법 제41조 제1항).

나) 대지권등기의 성질

대지권등기는 그 자체가 물권변동을 공시하는 권리등기가 아니고, 구분건물과 일체화된 대지사용권이 있음을 건물 등기기록의 표제부에 공시하는 것에 불과하므로 구분건물의 표시에 관한 등기로서의 성질을 갖는다. 대지권등기가 마쳐진 집합건물의 구분소유자들이 대지권의 일부를 다른 구분소유자들에게 양도하여 대지권의 비율을 변경하기 위해서는 대지권등기를 말소하지 않고 곧바로 대지권의 비율을 변경하는 대지권변경등기를 할 수는 없다. 왜냐하면 대지권등기는 전유부분의 소유자가 이미 취득한 대지사용권에 대하여 전유부분과의 처분의 일체성을 명시하는 구분건물의 표시에 관한 등기에 불과한 것이고, 대지사용권을 법률행위에 의하여 취득하기 위해서는 권리취득의 등기를 하여야 하기 때문이다. 그러므로 우선 구분소유자들이 대지사용권을 전유부분과 분리하여 처분할 수 있다는 규약을 첨부하여 대지권등기를 말소하고,

대지사용권의 일부지분을 특정한 양수인에게 이전하는 등기를 한 후 대지권등기를 새로이 신청하여야 한다(선례 8-319).

(나) 대지권등기의 요건

가) 일반적인 요건

① 전술한 바와 같이 대지사용권은 구분건물의 소유자가 그 구분건물을 소유하기 위하여 대지를 사용할 수 있는 본권(소유권, 지상권, 임차권, 전세권)을 말한다. 이러한 **대지사용권**은 등기된 권리가 아니어도 무방하지만 **대지권등기를 하기 위해서는 대지사용권이 반드시 등기된 권리이어야 한다.**

② 대지권등기는 전유부분의 소유자가 가지는 대지사용권을 등기부상 기록하는 등기이므로, **대지권등기를 하기 위해서는 전유부분의 소유자의 표시와 대지사용권을 가지고 있는 토지의 등기명의인의 표시가 일치하여야 한다.** 일치하지 않는 경우에는 먼저 등기명의인표시 변경 또는 경정 등기절차를 밟아야 하며, 그렇지 아니하고 동일성을 증명하는 서면을 첨부하여 대지권등기를 할 수는 없다.

③ 위 **대지사용권**은 권리의 전부가 아닌 **일부라도** 무방하다. 예컨대 **단독소유권** 또는 **공유지분 중 일부지분**에 대하여서만 대지권등기를 할 수 있다. 이 경우에는 소유권의 일부지분을 전유부분과 분리하여 처분할 수 있도록 하는 취지의 공정증서를 첨부하여야 한다(선례 5-805). [24 등기서기보]

나) 관련 선례

① 전유부분이 속하는 1동의 건물이 소재하는 토지(법정대지) 또는 그 대지와 일체적으로 관리 또는 사용하기 위하여 규약으로써 건물의 대지로 삼은 토지(규약상 대지)에 대하여 구분건물의 소유명의인이 대지사용권을 가지고 있는 경우에는 그 토지를 대지권의 목적으로 하는 대지권등기를 신청할 수 있는바, 이 경우 **토지의 지목이 반드시 "대"이어야 하는 것은 아니므로,** 지목이 "잡종지"인 경우에도 대지권등기를 신청할 수 있다(선례 201903-4). [20 법무사]

② **지상권설정등기가 경료되어 있는 토지 위에 토지소유자가 집합건물을 신축한 경우에도 건물의 소유권보존등기 시 지상권설정등기를 말소하지 않고 그 토지의 소유권을 대지사용권으로 하는 대지권등기를 경료받을 수 있다**(선례 5-809). [13 법무사]

③ 지역권이 설정되어 있는 토지(승역지)를 대지권의 목적으로 하는 대지권등기를 할 수 있다. 다만, 등기관은 직권으로 그 건물의 등기기록 중 전유부분 표제부에 토지 등기기록에 별도의 등기가 있다는 뜻을 기록하여야 한다(선례 201705-3).

④ 토지의 소유명의인 갑과 그 토지 위에 소재하는 대지권 없는 구분건물의 소유명의인 을이 위 토지 및 구분건물에 대하여 신탁행위로 인한 소유권 이전등기 및 신탁등기를 각 경료한 경우, 수탁자가 동일인이라 할지라도 수탁자는 위탁자인 갑과 을의 동의 여부에 관계없이 신탁된 토지를 대지권의 목적으로 하여 위 구분건물을 위한 대지권등기를 신청할 수 없다(선례 200510-2). [20 법무사]

(다) 대지권의 비율

대지권의 비율이란 전유부분과 분리하여 처분할 수 없는 대지사용권의 지분비율을 말한다. 각 전유부분 표제부의 대지권의 표시란에 기록하는 대지권 비율은 전유부분의 소유자가 대지권의 목적인 토지에 대하여 갖는 대지사용권의 지분비율을 의미한다. 따라서 1동의 건물에 속한 전유부분의 대지권 비율을 전부 합하면 대지권이라는 뜻이 기록된 토지의 소유권 비율이 된다.

공용부분의 일부가 전유부분에 편입되어 전유부분의 면적이 늘어난 경우에도 대지권 비율은 변동이 없으므로 전유부분의 면적이 늘어난 구분소유자가 대지권 비율을 그대로 유지한다는 취지가 기재된 서면이나 규약을 첨부할 필요 없이 집합건축물대장만을 첨부정보로 제공하여 전유부분 면적의 표시변경등기를 신청할 수 있다. 만약 전유부분 면적이 늘어난 특정 구분건물의 대지권 비율을 늘리기 위해서는 1동 건물 전체의 대지권등기를 말소한 후 지분이전등기를 하고 다시 대지권등기를 할 수밖에 없고, 대지권 비율을 변경하는 규약의 설정만으로 바로 대지권 비율의 변경등기를 할 수 없다(선례 201305-4).

전유부분의 공유지분비율과 대지사용권의 공유지분비율이 상이한 경우에는 대지권표시등기를 할 수 없다. [10 법무사]

(라) 대지권등기의 가능 여부

실무상 소유권보존등기와 함께 대지권등기를 할 수 있는지, 한다면 대지권 비율 등은 어떻게 표시하여야 하는지 등이 문제되는 경우를 구체적으로 살펴본다.

가) 단독소유건물 + 단독소유토지(1인이 단독소유하는 1필 또는 수필의 토지에 대하여 수개의 구분건물을 단독소유하는 경우)

1인이 단독소유하는 1필 또는 수필의 토지에 대하여 수개의 구분건물을 단독소유하는 경우에는 대지권등기를 할 수 있다. 예컨대 갑이 단독소유하는 A 토지에 10개의 구분건물을 신축한 경우 소유권보존등기와 함께 대지권등기를 할 수 있다. [9 법무사] 이때 각 구분건물의 대지권 비율은 그 전유부분의 면적에 의한다(「집합건물법」 제21조 제1항 본문). 다만 규약으로(이 경우에는 갑 단독소유이므로 공정증서) 전유부분의 면적과 다른 비율을 정할 수 있다(동항 단서). 대지가 수필지인 경우에는 각 필지마다 위와 같은 비율로 대지권등기를 한다.

나) 개별소유건물 + 개별소유토지(수필의 토지를 각 단독소유하는 자들이 공동으로 구분건물을 신축하여 각 구분건물을 단독소유로 하는 경우)

수필의 토지를 각 단독소유하는 자들이 공동으로 구분건물을 신축하여 각 구분건물을 단독소유로 하는 경우에는 각자가 소유하는 토지에 대하여만 대지권의 목적인 토지로 할 수 있다. 예컨대 A 토지는 갑, B 토지는 을의 소유인 2필지의 토지 위에 6세대의 전유부분으로 된 집합건물(3층)을 신축하여 갑과 을이 각 3세대씩 단독소유로 하는 소유권보존등기를 경료한 경우, 각 구분소유자는 자신의 소유 토지만을 자신이 단독으로 소유하고 있는 전유부분의 대지권으로 하는 대지권표시등기를 신청할 수 있다. [20 법무사 / 9 법무사] 이 경우 갑·을이 공동으로 4층에 전유부분 1세대를 증축하여 그 전유부분을 2분의 1씩 공유하기로 하였다면 증축한 전유부분에 대하여 소유권보존등기를 신청할 수는 있으나 대지권표시등기는 할 수 없다. 이는 위 전유부분 전부에 대하여 대지권등기를 하기 전이라도 마찬가지이다(선례 7-515).

다) 공동소유건물 + 개별소유토지(수필의 토지를 각 단독소유하는 자들이 공동으로 구분건물을 신축하여 각 구분건물을 공유로 하는 경우)

수필의 토지를 각 단독소유하는 자들이 공동으로 구분건물을 신축하여 각 구분건물을 공유로 하는 경우에는 대지권등기를 할 수 없다.

예를 들면 갑 소유의 A 토지와 을 소유의 B 토지의 양 필지상에 갑과 을이 공동으로 10개의 구분건물을 신축하여 각 구분건물을 갑·을이 1/2의 지분으로 공유하는 것으로 집합건축물대장이 작성된 경우에는 대지권등기를 할 수 없다. 왜냐하면 이와 같은 경우에도 대지권등기를 허용한다면 갑과 을은 각 구분건물뿐만 아니라 A와 B토지에 대하여도 1/2의 지분(대지사용권)을 갖는 것으로 공시되는데, 이는 원래의 토지 소유관계와 일치하지 않기 때문이다. [24 등기서기보]

A 토지는 甲의 단독소유이고 B 토지는 乙, 丙, 丁, 戊의 공동소유로 乙, 丙과 丁, 戊의 지분이 서로 다른 상태에서 위 A, B 양 지상에 甲, 乙, 丙, 丁, 戊가 공동으로 구분건물을 신축하여 각 전유부분마다 5분의 1씩을 공유하기로 한 경우에는 대지사용권이 없거나 대지사용권의 지분비율과 전유부분의 지분비율이 상이하여 대지권표시등기를 할 수 없다(선례 7-488). [18 법무사]

라) 개별소유건물 + 공동소유토지(수인이 공유하는 1필의 토지에 대하여 공유자가 집합건물을 신축하여 각 구분건물을 단독소유하는 것으로 집합건축물대장이 작성된 경우)[9 법무사]

[예시 1]

갑·을·병이 대지를 각 5/10, 3/10, 2/10의 지분으로 공유하면서 그 지상에 연립주택을 신축하여 1호, 2호, 3호의 구분건물을 각 단독소유하는 경우에 대지권등기를 할 때, 1호의 대지권 비율은 5/10, 2호는 3/10, 3호는 2/10로 하여야 한다. 대지권등기에 의하여 갑·을·병이 갖는 토지소유권의 지분이 변경될 수는 없기 때문이다. 마찬가지로 甲·乙·丙이 대지를 각 1/6, 2/6, 3/6의 지분으로 공유하는 지상에 면적이 동일한 3개의 전유부분(101호, 201호, 301호)을 가진 집합건물을 신축하였다. 101호는 甲, 201호는 乙, 301호는 丙의 각 단독소유일 때에 대지권의 비율은 101호는 1/6, 201호는 2/6, 301호는 3/6이다. [12 법무사] 위와 같은 경우 각 전유부분의 대지권 비율은 갑·을·병이 각 소유하고 있는 전유부분의 면적비율과는 상관이 없음에도 불구하고, 실무상 각 구분건물의 전유면적 비율에 따라 대지권 비율을 정하거나 규약을 첨부하여 대지권 비율을 임의대로 신청하는 경우가 있다. 그러나 이러한 대지권등기는 할 수 없다. 굳이 각 건물의 전유부분 면적에 따라 대지권 비율을 정하고 싶다면 갑·을·병 사이에 지분이전등기를 먼저 하여야 한다(선례 6-601).

[예시 2]

위 [예시 1]과 같은 토지 공유지분을 갖는 경우에 12개의 구분건물이 신축되어 갑·을·병이 각 6개·4개·2개씩 단독소유하는 경우 갑이 소유하는 전유부분 6개의 대지권 비율의 합은 5/10가 되어야 하고, 을·병이 소유하는 전유부분의 대지권 비율의 합은 각 3/10과 2/10가 되어야 한다. 또한 갑이 소유하는 6개의 전유부분의 대지권 비율은 5/10 지분을 각 전유부분의 면적비율에 따라 나누게 된다. 만약 면적비율과 달리 대지권 비율을 정하고 싶다면 그러한 취지의 공정증서를 첨부하여야 한다. 을과 병이 소유하는 전유부분에 대하여도 같다.

[예시 3]

위 [예시 1]과 같은 상황에서 구분건물 1호·2호·3호의 소유자가 갑·을·정인 경우, 정에게는 대지사용권이 없으므로 정 소유의 3호에 대하여는 대지권등기를 할 수 없다. 대지권등기를 하기 위해서는 갑 등이 정에게 지분이전등기를 먼저 하여야 한다.

마) 공동소유건물 + 공동소유토지(수인이 공유하는 1필의 토지상에 전체 공유자가 공동으로 집합건물을 신축하여 각 구분건물을 공유하는 것으로 집합건축물대장이 작성된 경우)

수인이 공유하는 1필의 토지상에 전체 공유자가 공동으로 집합건물을 신축하여 각 구분건물을 공유하는 것으로 집합건축물대장이 작성된 경우 토지의 공유지분과 건물의 공유지분이 일치한다면 당연히 대지권등기를 할 수 있다. 예를 들면, 토지를 각 1/2 지분으로 공유하는 갑과 을이 공동으로 10개의 구분건물을 신축하여 모든 구분건물을 1/2 지분으로 공유하는 경우에는 대지권

등기를 할 수 있다. [24 등기서기보 / 9 법무사]

또한, 토지와 건물의 공유지분이 다른 경우라도 각 전유부분의 대지권 비율의 합계가 토지의 공유지분과 일치하는 대지권등기는 할 수 있다. 예컨대 갑·을·병이 각 1/3 지분으로 공유하는 토지상에 면적이 같은 4개의 구분건물(1호에서 4호)을 신축하여 갑·을·병이 각 1개씩 단독소유하고 마지막 4호 건물을 갑·을·병이 각 1/3 지분으로 공유하는 경우, 1호 내지 4호 구분건물의 대지권 비율을 모두 3/12으로 하는 대지권등기를 할 수 있다. 갑을 예로 들면, 갑의 1호 건물에 대한 대지권비율 3/12과 4호 건물에 대한 대지권 비율 1/12(1/3 × 3/12)을 합하면 애초의 토지 공유지분 1/3과 일치하기 때문이다. 을 및 병의 대지권 비율이 타당한지 여부를 확인하는 방법도 이와 같다.

(마) 대지권등기의 효과

가) 등기의 일체적 효력(법 제61조 제1항)

① 대지권등기 전에 마쳐진 등기의 효력

대지권 발생 전에 토지와 건물 어느 일방에 마쳐진 등기는 그 후 대지권등기를 하더라도 그 효력이 다른 일방에 미치지 않는다. 예컨대 나대지인 상태에서 근저당권설정등기를 하고 구분건물을 신축한 후 소유권보존등기를 하면서 대지권등기를 한 경우 근저당권의 효력은 구분건물에는 미치지 않는다. 이 경우 구분건물에 대하여 추가설정을 하여야 한다.

그러나 대지권이 발생하였지만 대지권등기는 하지 않은 상태에서 구분건물에 대하여 저당권을 설정하거나 가처분등기를 한 때에는 그 등기의 효력은 대지사용권에까지 미친다고 보아야 한다. 대지사용권은 전유부분에 대하여 종된 권리이기 때문이다(「민법」 제358조 참조). 판례도 구분건물의 전유부분만에 관하여 설정된 저당권의 효력은 대지사용권의 분리처분이 가능하도록 규약으로 정하는 등의 특별한 사정이 없는 한, 그 전유부분의 소유자가 사후에라도 대지사용권을 취득함으로써 전유부분과 대지권이 동일 소유자의 소유에 속하게 되었다면 그 대지사용권에까지 미치고 여기의 대지사용권에는 지상권 등 용익권 외에 대지소유권도 포함된다고 한다(대판 1995.8.22, 94다12722). 구분건물의 전유부분만에 관하여 등기된 처분금지가처분등기의 효력도 위와 같다(선례 5-654).

② 대지권등기 후에 마쳐진 등기의 효력

대지권을 등기한 후에는 원칙적으로 토지 등기기록은 더 이상 사용하지 않고, 대지권등기가 된 건물 등기기록에만 권리관계를 등기한다. 따라서 건물의 권리에 관한 등기는 건물만에 관한 것이라는 뜻의 부기가 없는 한 토지에 관한 권리(대지권)에도 동일한 효력이 있다(법 제61조 제1항).

[22 등기서기보 / 18 등기주사보]

1. 따라서 대지권을 등기한 후에 한 건물에 대한 소유권에 관한 등기(소유권이전등기, 소유권에 관한 가등기, 압류등기, 소유권 변경 및 경정 등기), 소유권 외의 권리에 관한 등기(저당권설정등기)는 건물만에 관한 것이라는 뜻의 부기가 없는 한 토지에 관한 권리에도 동일한 효력이 있다(법 제61조 제1항).

2. 예컨대 대지권을 등기한 건물에 대한 저당권설정등기를 신청하는 경우에 1개의 구분건물과 대지권의 목적인 토지는 그 전부를 1개의 부동산으로 본다. [13 법무사]

나) 분리처분의 금지

① 의의

구분건물 등기기록에 대지권의 표시등기와 대지권의 목적인 토지의 등기기록에 대지권이라는 뜻의 등기를 하게 되면, 그 후에 전유부분과 대지사용권에 대하여 일체적으로 생기는 물권변동은 구분건물 등기기록에 의하여 공시되고 그 효력은 대지권에 대하여도 미치게 된다. 따라서 토지 또는 건물의 어느 일방만에 관한 등기신청은 원칙적으로 허용되지 않는다(법 제29조 제2호, 규칙 제52조 제3호 참조).

전유부분의 소유권과 대지사용권은 그 자체로서 분리처분이 금지되지만 건물 등기기록과 토지 등기기록이 따로 유지되는 한 분리처분될 가능성이 있는데, 대지권등기에 의하여 그러한 가능성이 봉쇄되는 것이다.

② 대지권이 소유권인 경우(법 제61조 제2항, 제3항)

1. 할 수 없는 등기

토지의 소유권이 대지권인 경우에 전유부분의 소유권과 대지사용권인 소유권의 분리처분을 금지하는 것이므로, 건물만에 관하여 또는 토지만에 관하여 소유권이전등기 또는 그 밖에 이와 관련이 있는 등기(저당권설정등기, 소유권이전가등기, 저당권설정가등기, 가압류등기, 강제경매개시결정등기, 체납처분에 의한 압류등기 등)를 할 수 없다. [22 등기서기보 / 18 등기주사보 / 9 법무사] 만약 이러한 신청이 있으면 등기관은 부동산등기법 제29조 제2호에 의하여 각하해야 한다.

저당권설정등기가 허용되지 않는 이유는 저당권등기를 허용한다면 나중에 저당권의 실행으로 토지와 건물의 소유자가 달라질 수 있기 때문이다.

2. 대지권등기를 말소하지 않고 할 수 있는 등기

㉠ 대지권등기에 의하여 금지되는 것은 대지사용권과 건물소유권의 귀속주체가 달라지는 등기이므로 그러한 우려가 없는 등기는 대지권등기가 있어도 할 수 있다.

즉 **토지만을 목적으로 하는 지상권·지역권·임차권**(선례 7-280)의 설정등기, **전유부분만을 목적으로 임차권·전세권의 설정등기**는 대지권등기를 둔 채로(대지권등기를 말소하지 않고) 할 수 있다. [24 법무사 / 22 등기서기보 / 18 등기주사보 / 17 등기서기보·등기주사보]

이는 소유권의 분리를 가져오는 등기가 아니기 때문이다.

ⓛ 대지권이라는 뜻의 등기를 하기 전에 이미 마쳐진 근저당권설정등기에 대하여 그 내용(채권최고액 증액 또는 감액이나 채무자 변경 등)을 변경하는 근저당권변경등기는 신청할 수 있다(선례 201903-2).

ⓒ 구분건물과 그 대지권의 어느 일방에만 설정되어 있는 저당권의 추가담보로서 다른 일방을 제공하는 것도 가능하다.

ⓔ 대지권이 발생하기 전에 어느 일방에 설정된 저당권을 실행하는 경우의 임의경매개시결정등기, 어느 일방에 마쳐진 가압류등기에 기한 강제경매개시결정등기는 대지권등기를 말소하지 않고 할 수 있다.

ⓜ 토지 또는 전유부분만의 귀속에 관하여 분쟁이 있는 경우 그 일방만을 목적으로 하는 처분금지가처분등기는 대지권등기를 말소하지 않고 할 수 있다. [20 법무사 / 18 법무사 / 17 등기서기보·등기주사보]

3. 대지권등기를 말소하고 할 수 있는 등기

ⓠ 대지권이 발생하기 전에 전유부분 또는 토지 어느 일방에 대하여 마쳐진 가등기에 기한 본등기를 하는 경우에도 먼저 대지권등기를 말소하고 전유부분 또는 토지 일방에 대한 본등기(소유권이전등기)를 하여야 한다.

ⓛ 대지권이 발생하기 전에 토지만에 대하여 소유권이전등기말소등기청구권 보전을 위한 가처분을 하고 그 후에 본안판결에 의하여 소유권이전등기말소등기 및 가처분등기에 대항할 수 없는 등기의 말소등기를 신청하는 경우, 먼저 대지권변경등기(대지권말소 의미의 대지권표시변경등기)신청을 하고 소유권이전등기 등을 하여야 한다.

ⓒ 건물만에 소유권이전등기를 하기 위해서 대지권표시등기가 된 건물에 대하여 전유부분만에 대한 이행판결을 얻은 경우에는 분리처분가능규약 또는 공정증서를 첨부하여 대지권표시등기를 말소하여 처분 일체성의 공시를 배제한 후에 그 판결에 따른 이전등기를 할 수 있다(선례 4-835). [18 등기주사보]

ⓔ 대지권의 목적이 된 **토지의 전부**를 수용하여 소유권이전등기를 신청하기 위해서는, 먼저 대지권이 대지권이 아닌 권리로 됨을 원인으로 한 건물의 표시변경등기(대지권말소)를 신청한 후, 수용을 등

기원인으로 하는 **소유권이전등기를 신청**하여야 한다(선례 202312
-3).

③ 대지권이 지상권·전세권·임차권인 경우(법 제61조 제5항)

   1. 할 수 없는 등기

     지상권, 전세권 또는 임차권이 대지권이고 토지 등기기록에 그러한 뜻의
등기를 한 때에는 그 토지의 등기기록에는 **지상권 또는 임차권의 이전
등기를 할 수 없다**(법 제61조 제5항). [24 법원사무관] 지상권 또는 임차권이
대지사용권으로서 전유부분과 분리하여 처분될 수 없기 때문이다.

   2. 할 수 있는 등기

     분리처분이 금지되는 것은 대지사용권인 지상권 등이므로 그 토지의 등
기기록에 **소유권이전등기 또는 그 밖에 이와 관련이 있는 등기**(저당권
설정등기, 소유권이전가등기, 저당권설정가등기, 가압류등기, 강제경
매개시결정등기, 체납처분에 의한 압류등기 등)는 **할 수 있다.** [24 법원사
무관] 이에 따라 소유권이전등기를 마친 자는 지상권 등의 부담을 받는
소유권을 취득한 것이 된다.

다) 분리처분금지의 배제

  ① 구분소유자가 분리처분가능규약을 설정한 경우 등

    구분소유자가 **규약으로 전유부분과 대지사용권을 분리하여 처분할 수 있
음을 정한 때**에는 처분의 일체성이 배제된다(「집합건물법」 제20조 제2항
단서). 따라서 이 경우에는 전유부분 또는 대지사용권의 **어느 일방만을 처
분**할 수 있다. 다만 먼저 **대지권변경등기(대지권말소 의미의 대지권표시
변경등기)를 신청**하여야 한다.

  ② 대지권의 목적인 토지에 대한 공유물분할 등기 등

    1. 원칙

      1동의 건물이 있는 대지 부분을 다른 수동의 건물이 있는 대지부분으로
부터 **분할**하여 그에 따른 **분필등기**를 먼저 하고 그 **분필된 토지**에 대하
여 **분리처분가능규약을 첨부**하여 대지권이 대지권이 아닌 것으로 되는
구분건물표시변경등기(대지권말소 의미의 대지권표시변경등기)신청을
한 다음 공유물분할계약서 또는 공유물분할의 확정판결을 첨부하여 공
유지분이전등기를 한다(선례 7-238 참조).

      또한 법정대지인 토지의 일부분에 대하여 매매 등을 원인으로 소유권
이전등기를 하는 경우 그 대지 중 매매 등의 목적인 부분에 대하여 분
필등기를 먼저 하여 분필한 부분에 대하여만 구분건물표시변경등기(대
지권말소 의미의 대지권표시변경등기)를 실행하면 된다.

2. 예외

1필의 토지 소유권 중 일부 지분이 대지권의 목적인 토지에 관하여 구분건물 소유자들과 구분건물을 소유하지 아니한 토지 공유자 사이에 공유물분할판결이 확정되어 그 판결에 따라 소유권이전등기를 신청할 경우, 먼저 1동의 건물에 속하는 구분건물 전체에 대하여 대지권이 대지권이 아닌 것으로 되는 구분건물표시변경등기(대지권말소 의미의 대지권표시변경등기)신청을 하고 그 토지에 대하여 분필등기를 한 다음, 공유물분할의 확정판결을 첨부하여 소유권이전등기를 하여야 한다.

이러한 대지권변경등기(대지권등기의 말소)는 구분소유자가 1동의 건물에 속하는 구분건물 전체에 대하여 전유부분과 대지사용권의 분리처분을 허용하는 규약을 첨부하여 신청하는 것이 원칙이지만, 공유물분할판결에 의하여 건물 사용에 필요한 범위 외의 대지에 대한 단독소유권을 취득한 당사자는 구분건물의 소유자들을 대위하여 그 토지에 관하여 대지권말소등기를 신청할 수 있으며, 이 경우 공유물분할판결이 대지권의 소멸을 증명하는 정보에 해당하므로 분리처분가능규약을 첨부정보로 제공할 필요가 없다(선례 201405-2). [18 법무사]

③ 수용에 의한 소유권이전등기 신청의 경우 등

1. 분리처분의 금지되는 "처분"은 권리자의 의사표시가 반영된 법률행위에 의한 처분만을 의미한다. 따라서 법률행위에 의하지 아니한 물권변동은 여기에 포함되지 않는다. 따라서 매매·증여·저당권설정 등은 포함되나, 상속·수용·시효취득 등은 포함되지 아니하므로, 분리처분이 가능하다.

다만, 등기형식상 대지권은 먼저 말소하여야 한다.

따라서 대지권의 목적이 된 토지의 전부를 수용하여 소유권이전등기를 신청하기 위해서는, 먼저 대지권이 대지권이 아닌 권리로 됨을 원인으로 한 건물의 표시변경등기(대지권말소)를 신청한 후, 수용을 등기원인으로 하는 소유권이전등기를 신청하여야 한다(선례 202312-3).

2. 예컨대 1동의 건물이 소재하는 토지(법정대지)를 수필지로 분할하여 그 중 1동의 건물이 소재하는 토지가 아닌 것으로 분할된 토지(간주규약대지)에 관하여

㉠ 사업시행자가 「공공용지의 취득 및 손실보상에 관한 특례법」에 의한 협의취득을 한 경우에는, 먼저 위 간주규약대지에 관하여 간주규약이 폐지되거나 새로 분리처분가능규약이 제정되고 그에 따른 대지권표시변경등기가 경료되어 위 간주규약대지에 대한 대지권등

기가 말소된 후에 사업시행자 명의로의 소유권이전등기를 할 수 있다(선례 5-337).

협의취득은 그 법적 성질이 매매이므로 권리자의 의사에 의한 처분에 해당하기 때문이다.

ⓒ 토지보상법에 의한 수용을 한 경우에는 구분건물과 그 대지사용권의 처분의 일체성이 적용되지 아니하므로, 위 폐지규약 등의 첨부 없이 위와 같은 대지권표시변경등기가 경료되어 대지권등기가 말소된 후에 사업시행자 명의로 수용을 원인으로 한 소유권이전등기를 할 수 있으며, 위 협의취득이나 수용의 경우 대지권표시변경등기에 대하여는 사업시행자의 대위신청도 가능하다(선례 5-337).

[2] 등기서기보

즉, 사업시행자는 위 폐지규약을 첨부하지 않고도 위와 같은 대지권변경등기(대지권 말소의미의 대지권표시변경등기)의 대위신청과 수용을 원인으로 한 소유권이전등기의 신청을 할 수 있다.

바. 규약 및 공정증서

(가) 의의

건물에 대하여 **구분소유관계가 성립**되면 **구분소유자 전원을 구성원으로 하여 건물과 그 대지 및 부속시설의 관리에 관한 사업의 시행을 목적으로 하는 관리단이 설립**된다(「집합건물법」 제23조 제1항). 즉 집합건물법은 집합건물의 공동관리를 구분소유자 전원으로 구성된 관리단에 맡김으로써 집합건물의 관리에 단체법적 사고를 도입하였다고 할 수 있다. 관리단에는 사단법인의 **정관에 준하는 기본규칙의 설정**이 필요한데 이러한 것을 "규약"이라고 한다. 다만 사단법인의 정관은 필수적이지만 관리단의 규약은 임의적이다.

규약은 자치법규의 성질을 가지므로 건물과 대지 또는 부속시설의 관리 또는 사용에 관한 구분소유자들 사이의 사항 중 집합건물법에서 정하지 아니한 사항에 대하여 규약으로 정하면 결의에 참석하지 않았거나 반대한 구분소유자 및 나중에 구분소유권을 취득한 자(포괄 및 특정승계인)는 물론 관리인에게도 효력을 미친다(동법 제28조 제1항, 제42조 제1항).

(나) 규약으로 정할 사항

규약으로 정할 사항은 관리단의 조직·운영에 관한 사항, 건물과 대지 또는 부속시설의 관리·사용에 관한 사항, 구분소유권 및 대지사용권의 권리 내용에 관한 것이다. 이 중 등기절차와 관련이 있는 것은 ① **규약상의 공용부분에 관한 사항**(「집합건물법」 제3조 제2항), ② **규약상의 대지에 관한 사항**(동법 제4조 제1항), ③ 공용부분의 공유지분에 관한 사항(동법 제10조 제2항 단서, 제12조), ④ **전유**

부분과 분리하여 대지사용권을 처분할 수 있다는 내용(동법 제20조 제2항 단서), ⑤ 전유부분의 처분에 따르는 대지사용권의 비율(동법 제21조) 등이다.

(다) 공정증서

1동의 건물의 전부 또는 부속건물을 소유하는 자는 공정증서로써 규약에 상응하는 것을 정할 수 있다(「집합건물법」제4조 제2항, 제3조 제3항). 규약은 구분소유자들의 의결로 정하는데 구분소유자가 1인인 경우에는 규약을 정할 수 없으므로 규약으로 정할 내용에 대하여 공증을 받도록 하여 규약과 동일하게 취급하는 것이다.

2) 개시

가. 일괄신청

앞서 본 바와 같이 1동의 건물을 구분한 건물은 1동의 건물에 속하는 전부에 대하여 1등기기록을 사용하기 때문에(법 제15조 제1항 단서) 1동의 건물에 속하는 구분건물의 전부를 소유하는 자가 일괄신청하거나, 각 구분건물의 소유자가 다른 경우에는 각자 자기 소유의 구분건물에 관한 보존등기를 동시에 신청하는 것이 바람직하다.

그러나 사정상 일부 구분건물에 대하여만 소유권보존등기를 신청하는 경우에는 나머지 구분건물의 표시등기도 같이 신청하여야 한다.

나. 대위신청

(가) 구분건물의 표시등기의 대위신청

구분건물 중 일부만에 대하여 소유권보존등기를 신청하는 경우 그 신청인은 다른 구분건물의 소유자를 대위하여 그 건물의 표시에 관한 등기를 신청할 수 있다(법 제46조 제2항).

또한 건물의 신축으로 인하여 구분건물이 아닌 건물이 구분건물로 된 경우에도 그 신축건물의 소유자는 다른 건물의 소유자에 대위하여 다른 건물의 표시에 관한 등기 또는 표시변경등기를 신청할 수 있다(동조 제3항).

이러한 대위등기신청은 민법 제404조의 규정에 의한 채권자대위신청에 해당하는 것은 아니지만, 일괄신청의 필요성에 의하여 그 절차는 대위등기의 절차에 따른다(법 제28조 제2항).

(나) 대지권에 관한 등기의 대위신청

대지권의 변경이나 소멸, 경정으로 인한 등기를 신청하는 경우에도 구분건물의 소유자는 다른 구분건물의 소유자에 대위하여 그 등기를 신청할 수 있다(법 제41조 제3항). [22 법무사] 이 규정 역시 대지권에 관한 사항을 일괄적으로 공시하기 위한 필요에서 인정되는 것이다.

3) 신청절차

구분건물의 소유권보존등기 절차에는 집합건물의 특성상 일반건물의 보존등기와는 다른 여러 가지 특칙이 있다. 이하에서는 이러한 특칙을 등기의 신청과 등기의 실행으로 나누어 설명한다.

가. 신청인

> **부동산등기법 제65조(소유권보존등기의 신청인)**
> 미등기의 토지 또는 건물에 관한 소유권보존등기는 다음 각 호의 어느 하나에 해당하는 자가 신청할 수 있다.
> 1. 토지대장, 임야대장 또는 건축물대장에 최초의 소유자로 등록되어 있는 자 또는 그 상속인, 그 밖의 포괄승계인[17 등기서기보 / 16 등기서기보]
> 2. 확정판결에 의하여 자기의 소유권을 증명하는 자
> 3. 수용(收用)으로 인하여 소유권을 취득하였음을 증명하는 자
> 4. 특별자치도지사, 시장, 군수 또는 구청장(자치구의 구청장을 말한다)의 확인에 의하여 자기의 소유권을 증명하는 자(건물의 경우로 한정한다)[21 등기서기보 / 12 법무사]

구분건물의 소유권보존등기도 일반건물의 경우와 마찬가지로 법 제65조의 각 호의 하나에 해당하는 자가 신청할 수 있다. 다만 다음과 같은 특칙이 있다.

(가) 구분소유자 전원의 동시신청

1동의 건물을 구분한 건물은 1동의 건물에 속하는 전부에 대하여 1등기기록을 사용하기 때문에(법 제15조 제1항 단서), 구분건물의 소유권보존등기는 1동의 건물에 속하는 **구분건물의 전부를 소유하는 자가 일괄신청하거나 각 구분건물의 소유자가 다른 경우에는 각자 자기 소유의 구분건물에 관한 보존등기를 동시에 신청하여야 한다.**

(나) 구분소유자 중 일부가 자기 소유의 구분건물에 대하여만 보존등기를 신청하는 경우

가) 1동의 건물에 속하는 **구분건물의 소유자가 여러 명인 경우 각 구분소유자는 각자 일부 구분건물에 대하여만 소유권보존등기를 신청할 수는 있으나, 그와 함께 반드시 소유권보존등기를 신청하지 아니한 나머지 구분건물의 표시에 관한 등기를 동시에 신청(하나의 신청정보로)하여야 한다**(법 제46조 제1항, 제3항). [21 법무사 / 20 등기서기보 / 18 법원사무관 / 17 등기서기보 · 등기주사보 · 법원사무관] 그래야만 1동의 건물과 그에 속하는 전체 구분건물과의 관계, 대지권 및 공용부분에 관한 사항 등을 정확히 공시할 수 있기 때문이다.

나) 이 경우 **보존등기를 신청하는 구분건물의 소유자는 1동의 건물에 속하는 다른 구분건물의 소유자에 대위하여 표시에 관한 등기를 신청할 수 있다**(법 제46조 제2항). [21 법무사 / 18 등기주사보 · 법무사]

다) 「부동산등기법」 제46조 제1항에서 "1동의 건물에 속하는 구분건물 중 일부만에 관하여 소유권보존등기를 신청하는 경우에는 나머지 구분건물의 표시에 관한 등기를 동시에 신청하여야 한다."고 규정하고 있는 바, 이 규정의 취지는 1동 건물과 그에 속하는 전체 구분건물과의 관계 등을 정확히 공시하기 위한 것이므로 **"동시에 신청하여야 한다."**의 의미는 "동시에 신청하되 하나의 신청정보로 일괄하여 신청하여야 한다."라고 보는 것이 합리적이다. 나아가 같은 법 제46조 제2항에 따라 구분건물의 소유자가 1동에 속하는 다른 구분건물의 소유자를 대위하여 그 건물의 표시에 관한 등기를 신청하는 경우에도 마찬가지이다(선례 202008-1).

라) 이러한 규정은 촉탁에 의한 등기에도 마찬가지로 적용이 된다. 따라서 <u>1동 건물의 일부 구분건물에 대하여 **처분제한등기의 촉탁**이 있는 경우 등기관은 직권으로 처분제한의 목적물인 구분건물의 소유권보존등기와 나머지 구분건물의 표시에 관한 등기를 하여야 한다.</u> [14 등기서기보]

마) 또한 1동의 건물에 속하는 구분건물 중 일부만에 관하여 소유권보존등기를 하기 위해서는 그 일부 구분건물뿐만 아니라 나머지 구분건물도 등기능력이 있어야 한다. [13 법무사] 나머지 구분건물에 대하여 표시등기만 하는 경우에도 등기능력이 있어야지만 표제부가 개설될 수 있기 때문이다.

바) 따라서 어느 일부 구분건물에 대하여 소유권보존등기를 신청하면서 동시에 나머지 구분건물에 대한 표시등기를 신청하지 아니하였거나, 1동의 건물에 속하는 구분건물 전체에 대해 일괄하여 보존등기를 신청하였으나 그 등기사항 중 일부분에 대하여 각하사유가 있는 경우에는 그 등기신청 전체를 법 제29조 제2호에 의하여 각하해야 한다.

(다) 구분건물이 아닌 건물로 등기된 건물에 접속하여 구분건물을 신축한 경우

구분건물이 아닌 건물로 등기된 건물에 접속하여 구분건물을 신축한 경우에 그 신축건물의 소유권보존등기를 신청할 때에는 **구분건물이 아닌 건물을 구분건물로 변경하는 건물의 표시변경등기를 동시에** 신청하여야 한다(법 제46조 제3항).

[21 법무사 / 20 등기서기보 / 18 법원사무관 / 17 등기주사보]

나. 신청정보

(가) 부동산의 표시

구분건물의 경우에는 1동 건물의 표제부와 전유부분의 표제부가 별도로 존재하고 있으므로 일반건물의 경우와 부동산의 표시방법이 다르다.

가) "1동의 건물의 표시"에는 그 구분한 건물이 속하는 1동의 건물의 소재와 지번, 건물명칭 및 번호, 종류, 구조와 면적(공용부분의 면적을 포함)을 기재한다(법 제40조 제1항, 제2항, 규칙 제43조 제1항 제1호 다목). 다만 1동 건물의 종류,

구조와 면적은 건물의 표시에 관한 등기나 소유권보존등기를 신청하는 경우에
만 기재하면 된다(규칙 제43조 제1항 제1호 다목 단서). 건물의 소재와 지번은
건물을 특정하기 위한 토지의 표시이므로 그 법정대지인 토지가 수필인 경우는
이를 모두 기재한다. 그 밖의 토지(규약상 대지 등)는 기재할 필요가 없다.

나) "전유부분의 표시"에는 전유부분의 구조, 면적, 건물번호(제101호 등)를 기재
한다(법 제40조 제1항, 제2항, 규칙 제43조 제1항 제1호 다목). 이때 그 건물
의 소재와 지번 등은 중복하여 기재할 필요가 없다.

다) 1동의 건물에 속하는 구분건물 중 일부에 대하여만 소유권보존등기를 신청하
는 경우에는 나머지 건물에 관하여는 구분건물의 표시에 관한 등기신청을 동
시에 하여야 한다. 이때 그 부동산표시는 1동의 건물의 표시와 1동의 건물에
속하는 전유부분 중 소유권보존등기를 신청하지 않는 전유부분에 대한 표시
를 하면 된다.

(나) 대지권의 표시

가) 구분건물에 관한 소유권보존등기를 신청하는 경우 구분건물에 대지사용권으
로서 건물과 분리하여 처분할 수 없는 것, 즉 대지권이 있을 때에는 신청서에
그 권리의 표시를 기재하여야 한다(법 제40조 제3항, 규칙 제43조 제1항 제1
호 다목). 즉 어떤 토지의 소유권자, 지상권자나 그 밖에 그 토지에 건물을
소유할 수 있는 본권을 가진 자가 그 지상에 구분건물을 신축한 경우에는 대
지권이 발생하므로, 분리처분을 가능케 하는 규약 또는 공정증서의 첨부가 없
는 한 그 구분건물에 관한 소유권보존등기의 신청서에는 대지권의 표시를 하
여야 한다.

나) 1동 건물의 표제부에 기록되는 사항 중 대지권의 목적인 토지의 표시로는 대
지권의 목적인 토지의 일련번호·소재지번·지목·면적을, 전유부분의 표제
부에 기록되는 사항 중 대지권의 표시로는 대지권의 목적인 토지의 일련번호,
대지권의 종류, 대지권의 비율, 등기원인 및 그 연월일을 각각 기재하여야 한
다(규칙 제88조 제1항 참조). 대지권의 종류로는 소유권·지상권·전세권·
임차권 등 대지사용권이 된 권리를 기재한다.

다) 대지권의 비율은 구분소유자가 대지권의 목적인 토지에 대하여 가지는 대지
사용권의 지분비율을 기록한다. 소유권보존등기의 경우 통상 구분건물 전부를
1인이 단독소유하는 경우가 많은데, 이 경우 원칙적으로 전유부분의 면적 비
율에 따라 대지권 비율이 결정된다.

라) 대지사용권을 가지고 있는 자가 구분건물을 신축하여 소유권보존등기와 함께
대지권등기를 신청할 때에 대지권 발생원인일자로서 집합건축물대장상의
사용승인란에 기재된 일자를 신청정보의 내용으로 제공하여야 한다(선례
201804-6).

(다) 신청 근거조항

소유권보존등기 신청서에는 신청의 근거조항을 기재하게 되어 있는데(규칙 제121조 제1항), 구분건물의 경우 다음과 같이 기재하면 된다.

가) 구분건물 전부에 대하여 소유권보존등기를 신청하는 경우에는 근거규정으로 "부동산등기법 제65조 제1호"라고 기재한다.

나) 구분건물의 일부에 대하여 소유권보존등기를 신청하고 나머지 구분건물에 대하여는 표시에 관한 등기를 신청하는 경우, 보존등기신청서에는 "부동산등기법 제65조 제1호"로, 표시등기신청서에는 "부동산등기법 제46조 제1항"이라고 각 기재한다.

다) 건물신축으로 인하여 구분건물이 아닌 건물이 구분건물로 된 경우에 신축건물의 보존등기는 다른 건물의 표시에 관한 등기와 동시에 신청하여야 하는데(법 제46조 제3항), 이 경우 표시에 관한 등기신청의 근거규정으로는 "부동산등기법 제46조 제3항"이라고 기재한다.

(라) 대위원인

구분건물의 표시에 관한 등기를 대위신청하는 경우에는 신청서에 대위자와 피대위자의 성명, 주소 외에 대위원인을 기재하여야 한다. 위 ②의 경우 대위원인으로는 "부동산등기법 제46조 제1항 및 제2항"으로, 위 ③의 경우 "부동산등기법 제46조 제2항 및 제3항"으로 각 기재한다.

다. 첨부정보

소유권보존등기의 일반적인 첨부정보(소유권증명서면, 부동산의 표시를 증명하는 서면, 주소증명서면, 부동산등기용등록번호를 증명하는 서면 등)는 일반건물과 같다. 여기서는 구분건물의 보존등기시에 문제되는 첨부정보에 관해서만 설명한다.

(가) 등기원인과 관련된 첨부정보

가) 법 제65조에 따른 소유자 증명정보 – 대장등본, 판결정본 및 확정증명서 등

나) 부동산표시 증명정보 – 대장 또는 그 밖의 정보

구분건물에 대한 소유권보존 등기신청의 경우에도 소유권을 증명하는 서면 또는 집합건물의 표시를 증명하는 서면으로 집합건축물대장 등본을 첨부함이 원칙이다(규칙 제121조 제2항).

구분소유자 중 일부가 자기 소유의 구분건물에 관한 소유권보존등기신청을 하거나 미등기인 1동의 건물의 일부 구분건물에 대한 소유권의 처분제한등기를 촉탁하는 경우에도 1동의 건물에 속하는 구분건물의 전부에 대한 건축물대장 등본을 첨부하여야 한다.

또한 집합건축물대장은 구분건물의 소유권보존 또는 표시에 관한 등기를 대위로 신청하는 경우에 대위자가 동일한 1동의 건물에 속하는 구분건물의 소유권을 취득한 것을 증명하는 서면(대위원인을 증명하는 서면)의 역할도 한다.

(나) 등기의무자와 관련된 첨부정보 - ×

(다) 등기권리자(신청인)와 관련된 첨부정보 - ○

(라) 부동산과 관련된 첨부정보(소재도 등)

집합건물의 소유권보존등기를 신청하는 경우에는 1동 건물의 소재도, 각 층의 평면도, 각 구분건물의 평면도를 첨부하여야 한다. 다만 건축물대장 정보를 등기소에 제공한 경우에는 그러하지 아니하다(규칙 제121조 제3항, 제4항 참조).

1동의 건물의 소재도는 건물의 위치를 명확히 하여 인근의 유사한 건물과 구별, 특정하기 위한 것으로, 건물의 번호, 방위, 건물의 대지(법정대지)의 경계·지번 및 인접지의 지번 등이 기재된 것이어야 한다.

각 층의 평면도는 각 층의 둘레의 길이, 면적, 전유부분의 배열상황이 나타나야 한다. 각층의 형상이 동일한 경우에는 하나만 작성하여 첨부해도 무방하다.

구분건물의 평면도는 각 구분건물의 길이, 면적, 구분상황이 나타나야 하며, 동일한 형상의 구분건물에 대하여 하나만 작성·첨부하면 된다.

구분건물에 대한 소유권보존등기를 신청히는 경우에는 1동의 건물의 소재도, 각 층의 평면도와 전유부분의 평면도를 첨부정보로서 등기소에 제공하여야 하는데, 다만 건물의 표시를 증명하는 정보로서 건축물대장 정보를 등기소에 제공한 경우에는 그러하지 아니하다(규칙 제121조 제3항, 제4항).

(마) 규약 또는 공정증서(규칙 제46조 제2항)

가) 규약 또는 공정증서를 첨부하여야 하는 경우

① 대지권의 목적인 토지가 규약상 대지인 때

대지권의 목적인 토지가 **규약상 대지인 경우** 신청서에 그 규약을 첨부하여야 한다. 전유부분의 전부를 소유하거나 또는 부속건물을 소유하는 자는 위와 같은 토지를 건물의 대지로 하기 위하여 공정증서로써 규약에 상응하는 것을 정할 수 있으므로(「집합건물법」 제4조 제2항), 이때에는 신청서에 그 공정증서를 첨부한다.

② 대지권의 비율이 전유부분의 면적 비율에 따르지 아니한 때

구분소유자가 **2개 이상의 전유부분을 소유한** 때에는 각 전유부분의 처분에 따르는 대지사용권은 그가 가지는 **전유부분의 면적의 비율**에 의함이 원칙이나(「집합건물법」 제21조 제1항 본문), **규약 또는 공정증서로써 이를 달리 정할 수 있다**(동조 제1항 단서, 동조 제2항). [19 등기주사보 / 17 등기주사보 · 법원사무관 · 법무사 / 10 법무사] 따라서 구분소유자가 2개 이상의 전유부분을 소유한 때에 그 각 전유부분의 처분에 따르는 **대지사용권이 전유부분의 면적 비율에 따르지 않을 경우에는 이에 관한 규약 또는 공정증서를 제공하여야 한** 다(규칙 제46조 제2항). [20 등기서기보 / 18 법원사무관 / 17 등기서기보]

전체 구분건물의 소유자가 1인인 경우에도 마찬가지로 공정증서를 첨부한

다. 다만, 구분소유자가 갖는 대지사용권의 비율이 전유부분의 면적 비율과 다소 다르다고 하더라도 그것이 단수처리에 의한 결과임이 명백한 경우에는 그 비율을 정하는 공정증서를 제출하지 않아도 무방하다(예규 1470). 주택건설사업 시행자가 1필지의 토지 위에 집합건물인 주거시설과 비주거시설을 별개의 동으로 건축하기로 하고 각 구분건물의 대지권비율을 그 전유부분의 면적비율에 따라 정하였으나, 이후 건축 과정에서 비주거시설의 연면적이 증가되었음에도 주거시설에 속하는 구분건물의 대지권비율은 종전 그대로 둔 상태에서 비주거시설에 속하는 구분건물의 대지권비율만을 변경하였다면 결과적으로 각 구분건물의 대지권비율이 전유부분의 면적비율과 달라졌으므로, 이 구분건물에 대한 대지권등기를 신청할 때에는 이러한 내용이 기재된 규약이나 공정증서를 첨부정보로서 제공하여야 한다(선례 201906-6).

③ 법정대지에 대한 대지사용권을 대지권으로 등기하지 않는 경우(규약으로 분리처분을 할 수 있도록 정한 경우)

구분소유자는 그가 가지는 전유부분과 분리하여 대지사용권을 처분할 수 없는 것이 원칙이나(「집합건물법」 제20조 제2항 본문) 규약으로써 분리처분을 할 수 있도록 정할 수 있고(동조 제2항 단서), 전유부분의 전부를 소유하는 자는 공정증서에 의하여 규약에 갈음하는 것을 정할 수 있다(동조 제4항). 즉 **대지사용권을 전유부분과 분리처분할 수 있는 것으로 정한 경우**에는 **규약 또는 공정증서를 제공하여야** 한다. [17 등기주사보]

따라서 법정대지에 대하여 대지사용권은 있으나 이에 대한 대지권의 등기를 하지 않고 구분건물의 소유권보존등기를 신청하는 경우 또는 이미 대지권등기가 되어 있는 구분건물에 대해 전유부분과 대지사용권을 분리하여 처분하고자 할 경우에는 대지사용권과 전유부분의 처분의 일체성을 제거하는 분리처분가능규약(또는 공정증서)을 설정하고 신청서에 규약 또는 공정증서를 첨부하여야 한다.

④ 규약상 공용부분에 관한 사항

1동의 건물 중 원래 구분소유권의 목적이 될 수 있는 건물부분과 부속건물을 규약(전유부분의 전부 또는 부속건물을 소유하는 자는 공정증서)에 의하여 공용부분으로 정할 수 있는 바, 이러한 규약상 공용부분(또는 단지공용부분)의 등기를 신청할 경우에는 규약 또는 공정증서를 첨부하여야 한다.

나) 규약 또는 공정증서의 작성 및 처리

규약은 반드시 서면으로 작성히어야 한다. 다만 서면이 명칭이 반드시 규약일 필요는 없고, 규약으로 의결한 것이면 되므로 결의서나 관리단집회의 의사록의 기재 중 일부라도 무방하다.

4) 실행절차(등기실행)

가. 등기부 작성·기입

구분건물의 소유권보존등기 시에는 1동의 건물의 표제부와 각 전유부분의 표제부 및 갑구를 같이 개설하여야 하고, 대지권등기를 동시에 신청한 경우에는 대지권의 목적인 토지의 등기기록 중 해당 구에 직권으로 "대지권이라는 뜻의 등기"도 하여야 한다.

(가) 1동의 건물의 표제부

가) 1동의 건물의 표시(법 제40조 제1항, 제2항)

여기에는 표시번호, 신청서 접수연월일, 소재와 지번, 건물명칭 및 번호, 건물의 종류, 구조와 면적(부속건물이 있는 경우에는 부속건물의 종류, 구조와 면적도 함께 기록한다), 도면의 번호 등을 기록한다(법 제40조 제1항, 제2항). 다만 건물의 표시를 증명하는 정보로서 건축물대장 정보를 제공한 경우에는 도면(소재도, 평면도 등)을 제공할 필요가 없으므로(규칙 제121조 제3항 단서, 제4항 단서) 도면의 번호도 기록하지 아니한다.

나) 대지권의 목적인 토지의 표시(규칙 제88조 제1항)

표시번호, 대지권의 목적인 토지의 일련번호(토지가 1필지뿐이라도 생략할 수 없다), 토지의 소재·지번·지목·면적, 등기연월일을 기록한다(규칙 제88조 제1항). 1동 건물의 소재와 지번의 표시로는 법정대지만을 기록하지만, **대지권의 목적인 토지의 표시란**에는 법정대지뿐만 아니라 규약상 대지도 기록한다.

① 1동 건물의 일부 토지만이 대지권의 목적인 경우

1동의 건물의 법정대지 중 일부 토지만이 대지권의 목적인 때에는 대지권의 목적인 토지의 표시를 함에 있어서 **그 토지만을 기록**하여 대지권의 등기를 하여야 한다. [20 등기서기보 / 18 법원사무관 / 16 법무사]

② 구분소유자들이 대지 중 각각 일부 토지에만 대지사용권을 갖는 경우

구분소유자들이 1동의 건물의 대지 중 **각각 일부의 토지에 대하여 대지사용권을 갖는 경우**에는 각 구분소유자별로 일부 토지만을 목적으로 하는 대지권의 등기를 하여야 한다. [16 법무사 / 13 법무사] 이 경우 1동의 건물의 표제부 중 대지권의 목적인 토지의 표시란에 **대지권의 목적인 토지의 표시**를 함에 있어서는 **토지 전부를 기록**하여야 한다(예규 1470). [16 법무사 / 13 법무사] 예컨대 A, B, C 필지상에 신축한 1동의 건물의 구분소유자 중 갑은 A 필지에, 을은 B 필지에, 병은 C 필지에 각 공유지분을 가지고 있는 경우에 1동 건물 표제부의 대지권의 목적인 토지의 표시란에는 A, B, C 필지를 모두 기록한다.

(나) 전유부분인 건물의 표제부

가) 전유부분인 건물의 표시(법 제40조 제1항, 제2항)

표시번호, 신청서의 접수연월일, 건물의 구조와 면적, 건물번호(층수 및 호수), 부속건물이 있는 경우에는 그 종류, 구조와 면적을 기록한다(법 제40조 제1항, 제2항). 여기서 건물의 면적은 전유부분의 면적만을 의미한다. 집합건물의 경우 복도와 계단 같은 공유부분은 구분소유권의 목적으로 등기할 수 없기 때문이다.

나) 대지권의 표시(법 제40조 제3항, 규칙 제88조 제1항)

① 대지권의 종류

대지권의 목적인 토지의 일련번호와 그 토지에 대한 대지권의 종류를 기록한다. 건물의 대지가 수필지인 경우에 그 대지사용권의 종류가 같은 때에는 "1, 2 소유권대지권"과 같이 일괄하여 기록하고, 종류가 다를 때에는 "1, 2 소유권대지권, 3 지상권대지권, 4 임차권대지권"과 같이 각 대지마다 권리의 종류를 표시한다.

② 대지권의 비율

구분건물의 소유자가 건물의 대지에 가지는 대지사용권의 지분을 대지권의 비율로 하는 것이므로 그 지분을 기록한다. 실무상 대지의 전체면적을 분모로 하여 대지권 비율을 표시하는 경우가 많지만, 반드시 그래야만 하는 것은 아니다.

③ 등기원인 및 기타사항란

등기원인은 대지권의 발생원인을 말하며 그 연월일은 대지권의 발생일을 말한다. 실무상 대지권의 발생원인(예 구분건물의 신축, 대지사용권의 사후취득)은 따로 기록하지 않고 그 발생일자만 "○년 ○월 ○일 대지권"과 같이 등기한다. 등기연월일은 등기신청서의 접수연월일을 기록한다.

(다) 대지권이라는 뜻의 등기(법 제40조 제4항) – 토지 등기기록 중 해당구

구분건물 등기기록에 대지권등기(대지권의 표시등기)를 한 경우 등기관은 대지권의 목적인 **토지의 등기기록 중 해당구**(대지권이 소유권인 때에는 **갑구**, 대지권이 지상권, 전세권, 임차권인 때에는 **을구**)에 해당 **대지사용권**(소유권, 지상권, 전세권 또는 임차권)이 대지권이라는 뜻을 **직권으로 기록**한다(법 제40조 제4항). [22 법무사

/ 19 등기서기보 / 18 등기주사보 / 17 법무사 / 16 법무사]

대지권이라는 뜻의 등기는 토지 등기기록에도 그 권리가 전유부분과 분리하여 처분할 수 없다는 것을 공시하기 위한 등기로서 이러한 대지권이라는 뜻의 등기는 대지권의 표시등기와 동시에 등기관이 직권으로 행하여야 한다. 대지권이라는 뜻의 등기에 경정의 사유가 있는 때에도 그 경정등기는 등기관이 직권으로 한다(선례 7-359).

대지권의 목적인 토지의 등기기록에 법 제40조 제4항의 대지권이라는 뜻의 등기를 할 때에는 해당 구에 어느 권리가 대지권이라는 뜻과 그 대지권을 등기한 1동의 건물을 표시할 수 있는 사항 및 그 등기연월일을 기록하여야 한다(규칙 제89조 제1항). 대지권의 목적인 토지가 다른 등기소의 관할에 속하는 경우에는 그 등기소에 지체 없이 제1항에 따라 등기할 사항을 통지하여야 한다. 통지를 받은 등기소의 등기관은 대지권의 목적인 토지의 등기기록 중 해당 구에 통지받은 사항을 기록하여야 한다(규칙 제89조 제2항, 제3항). [22 법무사]

(라) 별도등기가 있다는 뜻의 등기(규칙 제90조) – 건물 등기기록 중 전유부분의 표제부

가) 의의

대지권등기를 한 후부터는 토지의 권리에 관한 사항도 원칙적으로 건물 등기기록에의 등기로서 공시하게 된다. 그러나 대지권등기 전에 토지 등기기록에 이루어진 등기(◉ 토지에 대한 근저당권, 가압류등기) 또는 대지권등기 후에 토지만에 관하여 이루어진 등기(◉ 구분지상권, 지상권)가 있는 경우에는 여전히 토지 등기기록을 열람할 필요가 있다.

이와 같은 경우 건물 등기기록에 공시되지 아니한 등기사항이 토지등기기록에 별도로 있다는 뜻을 직권으로 건물 등기기록에 기록하여, 이러한 기록이 있는 경우에만 토지 등기기록을 열람하게 하고 그러한 기록이 없는 경우에는 토지 등기기록을 사실상 활용하지 않아도 되도록 하는 것이 별도등기가 있다는 뜻을 기록하는 목적이다.

나) 별도등기가 있다는 뜻을 기록하여야 하는 경우

대지권의 목적인 토지의 등기기록에 대지권이라는 뜻의 등기를 한 경우로서 토지 등기기록에(소유권보존등기나 소유권이전등기 외의) 소유권에 관한 등기(갑구의 가등기, 가압류·가처분·압류·특별법상의 금지사항의 부기 등기 등) 또는 소유권 외의 권리에 관한 등기(을구의 대지사용권 아닌 지상권, 전세권, 임차권 등기, 저당권등기 등)가 있을 때에는 등기관은 그 건물의 등기기록 중 전유부분 표제부에 토지등기기록에 별도의 등기가 있다는 뜻을 직권으로 기록하여야 한다(규칙 제90조 제1항 본문). [19 등기서기보 / 18 등기주사보 / 17 법원사무관 · 등기서기보 · 법무사]

토지 등기기록에 대지권이라는 뜻의 등기를 한 후에 그 토지 등기기록에 관하여만 새로운 등기를 한 경우에도 마찬가지이다.

토지 등기기록에 별도의 등기가 있다는 뜻의 기록은 전유부분의 표제부 중 대지권의 표시란에 한다. 이때 그 뜻의 기입 및 말소 등기는 그 내용을 특정하여 기록(갑구 또는 을구 ○번 ○○등기)하여야 한다(예규 1470).

다만 대지권등기 전에 토지와 구분건물에 대하여 공동저당이 설정되어 양 등기기록의 저당권설정등기의 등기원인, 그 연월일과 접수번호가 같은 경우에는 토지 등기기록의 저당권등기를 말소하므로(규칙 제92조 제2항) 별도등기가 있다는 뜻을 기록할 필요가 없다.

다) 별도등기가 있다는 뜻의 기록의 말소

건물 등기기록의 전유부분의 표제부의 토지 등기기록에 별도의 등기가 있다는 뜻의 기록은 그 **별도등기 기록의 전제가 된 등기가 말소**되면 등기관이 직권으로 말소하여야 한다(규칙 제90조 제3항). [19 등기주사보 / 17 등기서기보·법무새] 예컨대 토지 등기기록의 어느 공유자의 지분에 가압류등기가 되어 있는 경우에 그 공유자 소유의 구분건물의 전유부분 표제부에 가압류등기가 있다는 뜻의 등기를 한 후에 그 가압류등기에 대한 말소등기를 실행한 경우에는 전유부분에 기록된 별도등기가 있다는 뜻의 기록도 등기관이 직권으로 말소하여야 한다(선례 5-486).

(마) 건물만에 관한 것이라는 뜻의 등기(규칙 제92조) - 건물 등기기록 중 해당구

가) 의의

대지권등기를 하기 전에 건물에 대하여 마쳐진 등기가 있는 경우 그대로 대지권등기를 실행하면 그 등기가 건물과 토지 모두에 효력이 미치는 것으로 공시될 우려가 있다. 따라서 이러한 경우 대지권등기와 동시에 직권으로 그 등기가 건물에 대하여만 효력이 있다는 뜻을 기록하여야 한다. 대지권등기 후에 **건물만에 대하여 효력이 미치는 등기**를 한 경우에도 마찬가지이다.

나) 건물만에 관한 것이라는 뜻의 등기를 하는 경우

대지권의 등기를 하는 경우에 건물에 대하여만 효력이 미치는 등기, 즉 **건물만에 관하여**(소유권보존등기와 소유권이전등기 외의) **소유권에 관한 등기**(갑구의 가등기, 압류등기 등) 또는 **소유권 외의 권리**(을구에 저당권등기, 임차권등기 등)**에 관한 등기가 있을 때**에는 그 등기(예컨대 **건물 등기기록 중 해당구**)[19 등기서기보]**에 건물만에 관한 것이라는 뜻을 직권으로 기록**하여야 한다(규칙 제92조 제1항 본문). 이 경우 "○번 등기는 건물만에 관한 것임"이라는 뜻과 등기연월일을 기록한다(규칙 제92조 제1항 본문).

다만 구분건물과 대지사용권이 있는 해당 토지에 공동담보로 설정되어 있는 저당권이 있는 경우에는 위 별도등기가 있다는 뜻 및 건물만에 관한 것이라는 뜻의 등기를 하지 아니하며, 이때에는 대지권등기 후 토지 등기기록에 마쳐진 저당권등기를 직권으로 말소하여야 한다(법 제92조 제1항 단서, 제2항).

이는 건물에 대한 저당권에 건물만에 관한 것이라는 뜻을 부기하는 것보다는 대지권등기에 의하여 저당권이 토지에 대하여도 미치는 것으로 공시하는 것이 간명하기 때문이다. 이와 같이 대지권에 대한 저당권의 말소등기를 하는 경우에는 그 원인을 명백히 하기 위하여 "○번 저당권말소, 부동산등기규칙 제92조 제2항의 규정에 의하여"와 같이 기록한다(규칙 제92조 제3항).

나. 각종 통지

신청인인 등기명의인에게 등기필정보를 작성·통지하며(법 제50조), 등기완료통지도 함께 한다(법 제30조).

대장소관청에는 소유권변경사실의 통지를 하고(법 제62조), 세무서장에게는 과세자료의 제공을 위한 통지를 하여야 한다(법 제63조).

관련기출지문

1 대지권이란 대지사용권으로서 전유부분과 분리처분을 할 수 없는 것을 말하며 등기된 때에 성립한다. (×)
[14 등기서기보]

2 A토지는 甲, B토지는 乙의 소유인 양 토지 위에 甲과 乙이 공동으로 집합건물을 신축하여 각 구분건물을 각 1/2 지분으로 공유하기로 한 경우에는 대지권등기를 할 수 있다. (×)　[24 법원사무관]

3 지상권설정등기가 되어 있는 토지 위에 토지 소유자가 집합건물을 신축한 경우 지상권설정등기를 말소하지 않고서는 대지권등기를 할 수 없다. (×)
[13 법무사]

4 토지의 소유명의인 甲과 그 토지 위에 소재하는 대지권 없는 구분건물의 소유명의인 乙이 위 토지 및 구분건물에 대하여 신탁행위로 인한 소유권이전등기 및 신탁등기를 각 마친 경우, 수탁자가 동일인이라면 신탁된 토지를 대지권의 목적으로 하여 위 구분건물을 위한 대지권등기를 신청할 수 있다. (×) [20 법무사]

5 지상권이 대지권이고 토지 등기기록에 그러한 뜻의 등기를 한 때에는 지상권의 이전등기를 할 수 없고, 그 토지의 등기기록에 소유권이전청구권 보전의 가등기도 할 수 없다. (×)
[24 법원사무관]

6 대지권등기가 되어 있는 경우에 토지만을 목적으로 하는 지상권 설정등기를 할 수 없다. (×)　[18 등기주사보]

7 지역권이 설정되어 있는 토지를 대지권의 목적으로 하는 대지권등기는 할 수 있으나, 대지권이라는 뜻의 등기가 마쳐진 토지에 대해서는 지역권설정등기를 할 수 없다. (×)
[24 법무사]

8 토지 또는 전유부분만의 귀속에 관하여 분쟁이 있어 그 일방만을 목적으로 하는 처분금지가처분등기의 촉탁이 있는 경우 등기관은 대지권등기를 말소한 후 토지나 전유부분에 가처분등기를 하여야 한다. (×)
[17 등기서기보·등기주사보]

9 대지권의 목적이 된 토지의 일부를 분할하여 1동의 건물이 소재하는 토지가 아닌 그 분할된 부분을 수용하고 수용으로 인한 소유권이전등기를 신청하기 위하여는 그 분할된 토지에 관한 간주규약을 폐지하거나 분리처분가능규약을 작성하여야 한다. (×)
[21 등기서기보]

10 대지권을 등기한 구분건물의 경우에 그 건물 또는 토지만에 대한 가압류등기를 할 수 있다. (×) [9 법무사]

11 소유권의 일부 지분만이 대지권의 목적인 토지에 대하여 구분건물 소유자들과 구분건물을 소유하지 아니한 토지 공유자 사이에 공유물분할판결이 확정된 경우, 대지권변경등기(대지권등기의 말소)를 할 때에 대지권의 소멸을 증명하는 정보로서 분리처분가능규약을 첨부정보로서 제공하여야 한다. (×)　[18 법무사]

12 1동의 건물에 속하는 구분건물 중 일부만에 관하여 소유권보존등기를 신청하는 경우에는 구분건물의 소유자는 다른 구분건물의 소유자를 대위하여 1동의 건물에 속하는 구분건물 전부에 대하여 소유권보존등기를 신청할 수 있다. (×)
[24 법무사]

13 1동의 건물에 속하는 구분건물 중 일부만에 관하여 소유권보존등기를 신청하는 경우에는 구분건물의 소유자는 다른 구분건물의 소유자를 대위하여 그 구분건물 전부에 대하여 소유권보존등기를 신청할 수 있다. (×)
[18 등기주사보]

14 1동의 건물에 속하는 구분건물 중 일부만에 관하여 소유권보존등기를 신청하는 경우에는 나머지 구분건물의 표시에 관한 등기를 등기관이 직권으로 하여야 한다. (×) [17 법원사무관]

15 구분소유자가 2개 이상의 전유부분을 소유한 때에는 각 전유부분의 대지권의 비율은 규약 또는 공정증서로 달리 정하지 않는 한 각 전유부분별로 균등한 것으로 본다. (×) [17 등기주사보]

16 구분소유자가 1개의 전유부분을 소유한 때에 전유부분의 대지권의 비율은 전유부분의 면적비율에 의하나, 규약으로써 이와 달리 정할 수 있다. (×) [10 법무사]

17 1동의 건물의 대지 중 일부 토지만이 대지권의 목적인 때에도 1동 건물의 표제부에 대지권의 목적인 토지의 표시를 함에 있어서는 1동 건물의 대지 전부를 기록하여 대지권의 등기를 하여야 한다. (×) [20 등기서기보 / 18 법원사무관]

18 등기기록에 대지권이라는 뜻의 등기를 할 때에 대지권의 목적인 토지의 관할이 다른 등기소에 속할 경우에도 대지권등기를 접수한 등기소의 등기관이 대지권이라는 뜻의 등기를 함께 실행할 수 있다. (×) [22 법무사]

19 토지 등기기록에 대지권의 뜻을 등기한 후 그 토지 등기기록에 관하여만 새로운 등기를 한 경우에는 그 건물의 표제부에 별도의 등기가 있다는 뜻을 기록하지 않는다. (×) [18 등기주사보]

20 토지의 등기기록에 대지권이라는 뜻의 등기를 한 경우로서 그 토지 등기기록에 소유권보존등기 또는 소유권이전등기 외의 소유권에 관한 등기가 있을 때에는 등기관은 그 건물의 등기기록 중 1동 건물의 표제부에 토지 등기기록에 별도의 등기가 있다는 뜻을 기록하여야 한다. (×) [17 법원사무관 · 등기서기보]

21 건물의 표제부에 있는 토지등기기록에 별도등기가 있다는 뜻의 기록을 말소하기 위해서는 그 별도등기기록의 전제가 된 등기의 말소등기신청과 동시에 그 기록의 말소를 신청하여야 한다. (×) [19 등기주사보 / 17 법무사]

22 대지권등기를 하는 경우에 이미 건물에 관하여 소유권보존등기와 소유권이전등기 외의 소유권에 관한 등기 또는 소유권 외의 권리에 관한 등기가 있을 때에는 등기관은 그 건물의 등기기록 중 전유부분 표제부에 건물만에 관한 등기가 있다는 뜻을 기록하여야 한다. (×) [19 등기서기보]

(2) 대지사용권이전등기 및 대지권변경등기

1) 대지사용권이전등기

> 부동산등기법 제60조(대지사용권의 취득)
> ① **구분건물을 신축한 자**가 「집합건물의 소유 및 관리에 관한 법률」 제2조 제6호의 대지사용권을 가지고 있는 경우에 대지권에 관한 등기를 하지 아니하고 구분건물에 관하여만 소유권이전등기를 마쳤을 때에는 현재의 **구분건물의 소유명의인**과 공동으로 대지사용권에 관한 이전등기를 신청할 수 있다.
> ② 구분건물을 신축하여 양도한 자가 그 건물의 대지사용권을 나중에 취득하여 이전하기로 약정한 경우에는 제1항을 준용한다.
> ③ 제1항 및 제2항에 따른 등기는 대지권에 관한 등기와 동시에 신청하여야 한다.

가. 서설

(가) 문제의 제기

판례는(대판(전) 2000.11.16. 98다45652·45669 외 다수)집합건물의 건축자로부터 전유부분과 대지지분을 함께 분양의 형식으로 매수하여 그 대금을 모두 지급함으로써 소유권취득의 실질적 요건은 갖추었지만 전유부분에 대한 소유권이전등기만 받고 대지지분에 대하여는 소유권이전등기를 받지 못한 경우에도, 매수인은 매매계약의 효력으로써 건물의 대지를 점유·사용할 권리를 가지며, 매수인의 지위에서 전유부분의 소유를 위하여 가지는 위와 같은 대지의 점유·사용권은 본권으로서 "대지사용권"에 해당한다고 판시하고 있다. 다만 대지사용권이 미등기인 상태에서는 전유부분과 대지사용권의 처분의 일체성을 공시하기 위한 대지권의 등기는 할 수 없으므로 구분소유자 명의로 대지사용권에 관한 등기를 마쳐야만 대지권등기를 할 수 있다(이른바 사후대지권).

즉 구분건물을 신축하여 분양한 자가 대지사용권을 갖고 있지만 지적정리 미완결 등의 사유로 대지권등기를 하지 못한 채 구분건물에 대하여만 소유권보존등기를 한 후 수분양자에게 이전등기를 하여준 경우 또는 위 분양자가 그 건물의 대지사용권을 나중에 취득하여 이전하기로 약정한 경우, 나중에 어떠한 방법으로 구분건물의 소유자에게 대지권표시등기를 하여 줄 것인가가 문제된다.

(나) 종전 절차의 문제점

사후대지권등기에 관한 등기절차는 다음과 같은 문제가 있었다. 대규모 아파트 단지가 분양된 경우 통상 구분건물의 소유권보존 및 이전등기 후 몇 년이 지나서야 대지에 대한 지적정리 등이 완결되어 대지권등기를 할 수 있게 되는데, 그동안 구분건물의 소유자가 여러 번 바뀐 경우 최종 소유명의인이 중간자 명의의 등기를 모두 마치는 것은 매우 힘든 일이었다.

(다) 현행 절차

가) 지분이전등기와 대지권등기의 동시신청

2006.6.1. 이후에는 구분건물의 **현 소유자가 분양자**와 공동으로 대지사용권 (토지 지분)에 관한 이전등기신청을 할 수 있으며, 위 신청과 동시에 단독으로 대지권표시등기를 신청할 수 있다. 즉 대지권등기의 일반원칙(대지사용권을 가진 자와 전유부분 소유자의 일치)에 맞게 구분건물의 소유자가 대지권등기를 하기 위해서는 먼저 자기 명의로 대지지분이전등기를 하도록 한 것이다. 분양자의 단독신청에 의한 대지권표시등기는 현행법상 할 수 없다.

나) 중간생략등기의 허용

대지권표시등기를 하기 위해서는 지분이전등기를 동시에 신청하여야 하는데, 다른 구분소유자의 지분이전등기를 대위로 신청할 수 없으므로 대지권등기 역시 1동 건물 전체에 대하여 할 필요 없이 각 전유부분별로 신청할 수 있다.

위의 경우, 구분건물이 전전양도된 경우라 하더라도 전유부분의 최종소유명의인은 중간자 명의의 등기를 할 필요 없이 분양자로부터 바로 자신에게 지분이전등기를 공동 또는 판결을 얻어 단독으로 신청할 수 있다(중간생략등기의 허용). 왜냐하면 구분소유자의 대지사용권은 그가 가지는 전유부분의 처분에 따르기 때문에(「집합건물법」 제20조 제1항) 구분건물의 소유자는 전유부분에 대한 소유권이전등기를 함으로써(대지에 대한 지분이전등기가 되기 전에) 이미 대지사용권을 취득한 것이므로 굳이 중간자 명의의 지분이전등기를 거칠 필요가 없기 때문이다. 주택건설 사업주체가 파산 등의 사유로 분양계약을 제대로 이행할 수 없게 되어 대한주택보증주식회사가 분양이행의 방법으로 주택분양 보증채무를 이행하는 경우 해당 주택의 분양보증 이행에 있어서는 분양자로서의 지위를 승계하게 되므로 대한주택 보증주식 회사와 수분양자는 이를 소명하는 자료를 첨부하여 주택건설대지에 대한 소유권이전등기를 할 수 있다(선례 8-313).

(라) 관련 선례

가) 갑이 단독으로 소유하는 토지 위에 갑과 을이 구분건물을 신축하여 대지권에 관한 등기를 하지 아니하고 갑과 을의 합유로 소유권보존등기만을 마친 후 수분양자 병에게 구분건물에 관하여 소유권이전등기를 마친 상태에서 구분건물의 현재 소유명의인인 병이 대지권등기를 신청하기 위해서는, 갑과 병의 공동신청에 의해 일반적인 권리이전절차에 따라 병 앞으로 대지 지분 취득의 등기를 마친 후 병 단독으로 대지권등기를 신청할 수 있다. 이때 대지 지분 이전등기의 신청정보와 등기원인을 증명하는 정보의 내용이 일치하여야 하는 바, 이에 관하여는 구체적인 등기사건에서 담당등기관이 판단할 사항이다(선례 202009-2).

나) 위 가)의 신청방법과 달리, 「부동산등기법」 제60조 제2항 및 제3항의 절차에 따라 구분건물의 현재 소유명의인인 병 앞으로의 대지사용권(소유권)에 관한 이전등기와 대지권등기를 신청하기 위해서는 먼저 갑과 을은 그들의 합유로 대지사용권을 취득하는 등기를 마쳐야 한다(선례 202009-2).

나. 개시

(가) 대지사용권이전등기

가) **구분건물을 신축한 자가 대지사용권을 가지고 있는 경우에 대지권에 관한 등기를 하지 아니하고 구분건물에 관하여만 소유권이전등기를 마쳤을 때에는 현재의 구분건물의 소유명의인과 공동으로 대지사용권에 관한 이전등기를 신청**할 수 있다(법 제60조 제1항). [23 등기서기보 / 20 법원사무관 / 18 법무사]

나) 구분건물을 신축하여 양도한 자가 그 건물의 **대지사용권을 나중에 취득하여 이전하기로 약정한 경우에도 마찬가지이다**(법 제60조 제2항). [23 등기서기보 / 19 등기주사보]

다) 즉 **구분건물을 신축하여 분양한 자가 대지사용권을 가지고 있지만 지적정리**

의 미완결 등의 사유로 대지권등기를 하지 못한 채 전유부분에 대해서만 수분양자 앞으로 이전등기를 하고 전전양도된 경우 최후의 구분건물의 소유명의인은 분양자와 공동으로 대지사용권에 관한 이전등기를 신청할 수 있다. [17 등기서기보·등기주사보]

(나) 대지권등기

대지권등기(대지권의 표시등기)는 구분건물의 현 소유권의 등기명의인이 단독으로 신청한다(법 제41조 제1항). [23 등기서기보 / 20 법원사무관]

(다) 동시신청

대지사용권이전등기와 대지권등기는 동시에 신청하여야 한다(법 제60조 제3항). [23 등기서기보 / 22 법무사 / 20 법원사무관]

다. 신청절차

(가) 신청인

(나) 신청정보

가) 대지사용권이전등기

① 등기원인 및 그 연월일

대지사용권 이전등기는 매매계약서에 의한 등기가 아니기 때문에 등기원인을 매매로 할 수 없다. 따라서 **등기원인과 그 연월일은** "○년 ○월 ○일 ○동 ○호 전유부분 취득"으로 기재하며 그 **연월일은 전유부분에 관한 소유권이전등기를 마친 날을** 기재한다(선례 제202406-3호). [20 법원사무관]

② 등기목적

소유권 전부이전의 경우에는 '소유권이전'으로, 소유권 일부이전의 경우에는 '소유권 일부이전'으로 기재한다. 다만 공유자의 지분을 전부이전하는 경우에는 '갑구 ○번 ○○○지분 전부이전'으로, 공유자의 지분 중 일부이전하는 경우에는 '갑구 ○번 ○○○지분 공유자지분 ○분의 ○중 일부(○분의 ○)이전'으로 기재한다.

나) 대지권등기

① 등기원인 및 그 연월일

등기원인은 '토지소유권 취득'으로, **연월일은** 대지사용권에 관한 이전등기를 마친 날을 기재한다.

② 등기목적

등기의 목적은 '구분건물표시변경(대지권의 표시)'라고 기재한다.

③ 변경할 사항

변경 후 즉 새로이 기록하는 대지권의 표시를 기재하여야 하며, 대지권의 목적인 토지의 표시, 대지권의 종류, 비율을 기재한다.

(다) 첨부정보

가) 대지사용권이전등기

① 등기원인과 관련된 첨부정보

대지사용권에 관한 이전등기를 신청할 때에 별도의 등기원인증서(최초 분양계약서와 매매계약서)를 증명할 필요가 없다(규칙 제46조 제4항). 건물에 관한 등기를 취득할 때 대지사용권도 이미 취득하였고 그에 따른 등기만 신청하는 것으로 보기 때문이다.

② 등기의무자와 관련된 첨부정보

1. 공동신청의 경우 원칙적으로 등기필정보를 제공하여야 하나, **대지사용권에 관한 이전등기를 신청하는 경우에는 등기필정보를 제공할 필요가 없다**(예규 1647). [23 등기서기보 · 법무사 / 20 법원사무관 / 19 법원서기보] 이미 대지사용권을 취득한 것이므로 그 진정성이 인정되기 때문이다.

2. 등기신청서에 첨부할 분양자의 인감증명은 매도용 인감이 아닌 **일반 인감을 첨부하여도 상관없다.** [23 등기서기보 / 20 법원사무관] 등기원인이 매매가 아니기 때문이다.

③ 등기권리자와 관련된 첨부정보

1. 취득세의 경우 최초 수분양자 등이 건물과 토지 모두에 관하여 이미 납부한 것을 증명하는 정보를 제공한 경우에는 다시 납부할 필요가 없고, 표시변경등기에 관하여만 등록면허세를 납부하면 된다. 이러한 정보를 제공할 수 없는 경우에는 토지 지분이전에 대한 취득세를 납부하여야 한다. 국민주택채권의 경우도 마찬가지이다.

2. 대지사용권에 관한 이전등기를 신청할 때에 등기권리자의 주소를 증명하는 서면도 첨부할 필요가 없다(규칙 제46조 제4항). 이미 건물등기기록에 공시가 되기 때문이다.

나) 대지권등기

일반적인 대지권등기와 같다.

2) 대지권등기 후의 대지권변경등기

> **부동산등기법 제41조(변경등기의 신청)**
> ① 건물의 분할, 구분, 합병이 있는 경우와 제40조의 등기사항에 변경이 있는 경우에는 그 건물 소유권의 등기명의인은 그 사실이 있는 때부터 1개월 이내에 그 등기를 신청하여야 한다.
> ② 구분건물로서 표시등기만 있는 건물에 관하여는 제65조 각 호의 어느 하나에 해당하는 자가 제1항의 등기를 신청하여야 한다.

③ 구분건물로서 그 대지권의 변경이나 소멸이 있는 경우에는 구분건물의 소유권의 등기명의인은 1동의 건물에 속하는 다른 구분건물의 소유권의 등기명의인을 대위하여 그 등기를 신청할 수 있다. [18 등기서기보·등기주사보 / 17 등기서기보·등기주사보]

④ 건물이 구분건물인 경우에 그 건물의 등기기록 중 1동 표제부에 기록하는 등기사항에 관한 변경등기는 그 구분건물과 같은 1동의 건물에 속하는 다른 구분건물에 대하여도 변경등기로서의 효력이 있다.

대지권의 변경등기란 대지권이 발생, 변경, 소멸한 경우와 대지권표시에 경정사유가 있는 경우에 대지권표시등기를 실체와 일치하도록 하는 등기이다. 전술한 바와 같이 대지권의 변경등기는 구분건물의 표시변경등기의 일종이다.

대지권표시의 변경등기를 하는 경우는 다음과 같다. ① 대지권 없는 구분건물에 관하여 새로이 대지권이 발생하거나 비대지권의 목적인 토지가 추가된 경우, ② 대지권의 목적인 토지에 분필, 합필, 지목변경 등의 등기가 마쳐짐으로 인하여 대지권표시에 관한 사항에 관하여 변경이 생긴 경우, ③ 대지권이 대지권이 아닌 권리로 되거나 대지권 자체가 소멸한 때에 그 대지권을 말소하는 경우, ④ 대지권이 있음에도 불구하고 착오로 대지권표시등기를 누락하거나 반대로 대지권이 없는데도 대지권표시등기를 한 경우에 이를 시정하기 위한 경우 등이 있다.

가. 대지권이 새로 생긴 때

(가) 서설

대지권이 새로 생긴 때란 규약상 대지를 설정하거나 분리처분가능규약의 폐지로 대지권이 발생한 때, 비구분건물이 구분건물로 된 때, 등기되지 않은 대지사용권을 갖고 있다가 토지에 관한 등기를 취득한 때(사후대지권)와 같이 대지권이 없는 구분건물에 대지권이 생긴 경우를 말한다. 한편 대지권이 있음에도 대지권등기를 누락하여 이를 경정하는 경우에도 그 등기절차는 대지권이 새로 생긴 때에 준한다.

(나) 신청절차

가) 대지권에 관한 등기(대지권표시등기 및 대지권표시변경등기)는 구분건물 소유권의 등기명의인이 단독으로 신청하는 것이 원칙인데, 구분건물로서 그 표시등기만이 있는 건물에 대한 대지권등기는 해당 구분건물에 대하여 소유권보존등기를 할 수 있는 자가 신청하여야 한다(법 제41조). [17 법원사무관]

나) 대지권에 관한 등기(예컨대 대지권설정규약에 의하여 대지권이 아닌 것이 대지권으로 된 경우에 하는 대지권의 표시에 관한 건물의 표시변경등기)는 해당 구분소유자 전원이 신청하거나 일부가 다른 구분소유자를 대위하여 일괄 신청하여야 한다. [16 법무사 / 13 법무사] 이는 구분건물 전체에 대하여 그 표시를 일치시키기 위함이다. 이 경우 대위원인을 증명하는 서면으로는 대위신청인의 구

분건물과 피대위자의 구분건물이 동일한 1동의 건물에 속하는 것을 증명하는 서면(집합건축물대장 등본)을 첨부하여야 한다.

다) 규약의 설정으로 인하여 대지권을 추가하는 경우를 예시하면, 등기의 목적은 "구분건물표시변경(대지권의 표시)", 등기원인은 "규약설정"으로 기재하고, 변경할 사항으로 변경 전 대지권의 표시와 추가할 대지권의 표시를 기재한다. 위 신청서에는 규약을 첨부하여야 한다.

(다) 실행절차

대지권이 전혀 없던 구분건물에 대지권이 새로 생긴 경우의 등기절차는 소유권보존등기와 같다. 규약상 대지를 추가하는 대지권표시등기의 경우 대지권의 목적인 토지란에 규약상 대지를 추가하고, 대지권의 표시란에는 대지권의 종류와 대지권 비율을 기록한다. 그리고 토지 등기기록에는 대지권이라는 뜻의 등기를 함으로써 토지만을 처분할 수 없도록 공시한다. 또한 대지권등기를 하기 전에 토지 등기기록에 근저당권등기 등이 이루어져 있는 경우에는 등기관은 직권으로 전유부분 표제부에 별도등기가 있다는 뜻을 기록하여야 한다.

나. 대지권표시의 변경등기

(가) 서설

대지권의 표시에 변경이 있는 경우의 예로는, 대지권의 목적인 토지에 분필·합필, 지목변경, 면적의 증감 등의 변경이 생긴 경우, 구분건물의 합병 또는 재구분의 등기로 인하여 대지권의 비율에 변경이 생긴 경우, 부속건물의 신축 또는 별도의 전유부분을 부속건물로 하는 합병의 등기로 인하여 부속건물에 따른 대지권을 새로이 표시하게 되는 경우 등이 있다.

(나) 신청절차

신청인 및 신청의무에 관한 것은 대지권이 새로 생긴 때와 같다. 신청서에는 통상 변경 전 대지권의 표시와 변경 후 대지권의 표시로 나누어 기재하는데 등기연월일은 토지대장상의 지적변동일 등이 된다. 등기신청서에는 토지대장 등본 등을 첨부하여야 한다. 토지 또는 건물의 등기기록상의 소유권 외의 권리의 등기명의인(근저당권자, 가압류권자, 가등기권자 등)의 승낙서는 첨부할 필요는 없다(선례 2-669).

(다) 실행절차

대지권의 목적인 토지의 표시란에 건물의 소재지번, 지목, 면적 등 변경된 사항에 대하여 등기한다. 전유부분 표제부의 대지권의 종류란에서 대지권의 목적인 토지가 분필·합필된 경우 그 일련번호는 변경되지만 대지권 비율에는 변경이 일어나지 않는다.

다. 대지권의 말소

(가) 서설

대지권이 대지권이 아닌 것으로 되거나 대지권 자체가 소멸한 경우(지상권, 임차권 등의 소멸)에는 대지권등기를 말소하는 의미의 구분건물표시변경등기를 신청하여야 한다. 대지권이 대지권이 아닌 것으로 되는 경우로는 규약상 대지를 정한 규약의 폐지, 분리처분가능규약의 설정, 수용재결에 의한 대지권인 소유권의 이전, 매각에 의한 대지권인 소유권의 이전 등이 있다.

(나) 신청절차

가) 신청인 및 신청의무에 관한 것은 대지권표시의 변경과 같다. 그 밖에 대지권 등기가 마쳐지기 전에 전유부분이나 대지사용권의 어느 한쪽에만 가등기, 가처분등기, 저당권설정등기가 이루어진 후에 대지권등기가 마쳐진 경우로서, 그 권리가 실행되어 이전등기, 말소등기 등을 신청할 때에는 그 등기를 하기 위한 전제로서 가등기권리자·가처분권리자·매수인 등도 구분소유자를 대위하여 대지권표시변경등기를 신청할 수 있다.

나) 등기의 목적에는 "구분건물표시변경(대지권등기의 말소)", 등기원인 및 그 연월일로는 "○년 ○월 ○일 대지권이 아닌 것으로 됨"이라고 기재한다. 등기원인일자는 규약상 대지를 폐지한 날 또는 분리처분가능규약을 설정한 날 등이된다. 변경할 사항으로는 변경 전 대지권의 표시와 말소할 대지권의 표시를 기재하면 된다.

다) 대지권이 대지권이 아닌 권리로 된 경우 첨부정보로는 (i) 규약상대지를 정한 규약을 폐지한 경우 그 규약을 폐지하였음을 증명하는 서면(다만 구분소유자 1인이 1동의 건물에 속하는 구분건물의 전부를 소유하는 때에는 규약에 상당하는 공정증서), (ii) 분리처분가능규약을 설정한 경우에는 그 규약, (iii) 수용에 의하여 대지소유권이 이전되는 경우에는 재결서 또는 협의성립확인서와 보상금지급증명서(규약 불요), (iv) 대지의 매각으로 인한 소유권이전의 경우 매각허가결정 정본(규약 불요), (v) 대지권인 지상권·전세권·임차권이 해지 등으로 소멸한 경우 그 해지증서 등을 들 수 있다.

(다) 실행절차

대지권등기를 말소하는 경우 1동 건물과 전유부분 표제부의 대지권의 표시를 말소하고 토지 등기기록의 대지권이라는 뜻의 등기도 직권으로 말소한다. 그 다음 대지권의 표시를 말소한 전유부분의 유효사항 등기를 토지 등기기록에 전사한다. 이는 건물 등기기록에 된 권리등기가 토지에 관한 등기로서의 효력을 갖고 있었으나 대지권등기가 말소되었으므로 토지 등기기록에 그 권리등기를 할 필요가 생겼기 때문이다.

라. 대지권표시의 경정등기

대지권표시의 경정등기는 대지권표시등기를 신청할 때부터 착오 또는 누락이 있어서 그를 바로 잡기 위한 것이다. 대지권표시의 경정은 다음과 같은 경우에 주로 문제된다. ① 대지권이 있음에도 불구하고 대지권표시등기를 하지 않은 경우, 예를 들면 규약상 대지를 정하는 규약이 있음에도 불구하고 신청서에 그 규약을 첨부하지 않아서 대지권이 없는 것으로 건물에 관한 등기가 마쳐진 경우이다. ② 대지권이 없음에도 대지권표시등기가 마쳐진 경우, 예를 들면 구분소유자에게 대지사용권이 없는데도 불구하고 대지권표시등기가 마쳐진 경우 또는 대지권으로 등기한 지상권설정등기가 원인무효로서 말소된 경우가 이에 해당한다. ③ 그 밖에 대지권의 표시에 착오 또는 누락이 있는 경우, 예를 들면 대지권의 목적인 토지의 지번, 지목과 면적의 표시 착오, 대지권의 종류와 비율의 기록에 착오가 있는 경우 등이다.

위와 같은 사유가 있는 경우 신청착오 또는 착오발견(직권경정의 경우)을 원인으로 ①의 경우 대지권표시등기를 하고 ②의 경우 대지권표시등기의 말소에 준하여 경정등기를 하며 ③의 경우에는 등기의 착오 또는 누락을 바로 잡는 경정등기를 하면 된다.

관련 기출지문

1. 대지사용권에 관한 이전등기의 등기원인은 건물 ○동 ○호 전유부분 취득으로 기록하고, 등기연월일은 구분건물을 신축한 자가 대지사용권을 취득한 날을 기록한다. (×) [20 법원사무관]

2. 구분건물을 신축하여 분양한 자가 대지권등기를 하지 아니한 상태에서 수분양자에게 구분건물에 대하여만 소유권이전등기를 마쳐준 다음, 부동산등기법 제60조 제1항 또는 제2항에 따라 현재의 구분건물의 소유명의인과 공동으로 대지사용권에 관한 이전등기를 신청하는 경우에는 등기필정보를 제공하여야 한다. (×) [24 법원사무관]

3. 대지사용권에 관한 이전등기신청 시 등기의무자의 등기필정보를 신청정보로 제공할 필요는 없으나, 매도용 인감증명을 첨부하여야 한다. (×) [23 등기서기보]

---

(3) 구분건물의 표시변경등기

구분건물의 표시변경등기란 구분건물의 등기기록 중 표제부의 기록사항에 대하여 변경 또는 경정을 하는 등기를 말하는데, 여기에는 일반건물 또는 구분건물의 구분등기와 구분건물의 합병등기, 대지권에 관한 등기가 있다.

소유권보존등기가 이루어진 후 집합건축물대장상 전유부분의 호수가 변경되어 대장과 등기기록상의 전유부분 호수가 서로 달라진 경우, 변경 전후의 전유부분의 구조·면적·소유자 등에 있어 동일성이 유지되고 단순히 전유부분의 호수만 변경되었다면 등기기록상 소유명의인은 전유부분의 호수를 변경하는 부동산표시변경등기를 신청할 수 있다(선례 8-138).

1) 구분등기

가. 서설

건물의 구분등기란 갑 건물을 구분하여 이를 을 건물로 한 경우에 하는 등기이다(규칙 제97조). 건물의 구분은 구분건물이 아닌 갑 건물을 구분하여 갑 구분건물과 을 구분건물로 하는 경우, 구분건물인 갑 구분건물을 다시 구분하여 갑 구분건물과 을 구분건물로 하는 경우, 구분 외의 사유로 구분건물이 성립하는 경우로 나눌 수 있다.

일반건축물로 소유권보존등기가 마쳐진 건물에 대하여 구분하는 등기를 할 수 있는지 여부는 그 건물이 구조상·이용상의 독립성을 갖추고 있는지 여부에 의하여 결정된다. 그런데 건물의 구조상·이용상의 독립성에 대한 판단은 일차적으로 대장소관청이 하므로 등기관으로서는 일반건축물대장이 집합건축물대장으로 전환등록된 경우 그에 따라 구분등기를 하면 될 것이다.

예컨대 지하1층, 지상4층의 건물을 지하층, 지상1층 1/2 및 2, 3층(① 부분)과 지상1층 중 나머지 1/2과 4층(② 부분)으로 구분하는 등기는 통상적인 경우에는 불가능하다. 그러나 특별한 설계 등을 통하여 위 ①과 ② 부분이 각 구조상의 일체성을 갖추고 있고 또한 구조상·이용상의 독립성이 인정된다면 먼저 ① 부분과 ② 부분으로 구분하여 기존의 일반건축물대장을 집합건축물대장으로 전환한 후 그에 따른 구분등기를 할 수 있다(선례 6-590).

나. 개시

다. 신청절차

(가) 신청인

건물의 구분이 있는 때에는 그 건물 소유권의 등기명의인이 1개월 내에 구분등기를 신청하여야 한다(법 제41조 제1항). **구분건물로서 그 표시등기만이 있는 건물에 관한 구분등기는 소유권의 보존등기를 신청할 수 있는 자가 신청할 수 있다**(법 제41조 제2항). [17 등기서기보]

(나) 신청정보

건물의 구분등기를 신청하는 경우에는 신청서에 구분한 면적을 기재하여야 한다(규칙 제86조 제1항). 신청서에는 건물의 표시로서 구분 전 건물의 표시, 구분한 건물의 표시와 구분 후 건물의 표시를 하는 것이 실무이다.

(다) 첨부정보

가) 건축물대장 등본

일반건물을 집합건물로 등기하기 위해서는 일반건축물대장을 집합건축물대장으로 전환신청을 하여 집합건축물대장에 신규등록을 한 후 그 대장 등본을 첨부하여 건물구분등기를 신청하여야 한다(규칙 제46조 제1항 제1호, 제86조 제3항). 구분건물을 다시 구분하여 구분등기를 신청하는 경우에도 건물의 소유자는 집합건축물대장의 변경등록을 신청하여 변경등록을 한 후(「집합건물법」 제57조) 그 변경등록된 대장을 첨부하여야 한다.

나) 권리가 존속할 건물을 증명하는 서면 및 권리가 존속할 건물의 도면

구분 전 건물의 일부에 전세권 또는 임차권의 등기가 있는 경우에 그 건물의 구분등기를 신청하는 때에는 구분 후의 건물 중 어느 건물에 종전의 권리가 존속하는지 여부를 신청서에 기재하고, 이를 증명하는 권리자의 서면(권리존속증명서)과 인감증명을 첨부하여야 한다(규칙 제95조, 제74조, 제60조 제1항 제5호). 이 경우 그 권리가 구분 후 건물의 일부에 존속할 때에는 신청서에 그 건물부분을 기재하고 그 부분을 표시한 도면을 첨부하여야 한다(규칙 제95조, 제74조).

다) 건물의 소재도 등(규칙 제121조 제4항 참조)

건물에 대한 구분의 등기를 신청하는 경우에는 1동의 건물의 소재도, 각 층의 평면도와 구분한 건물의 평면도를 각 제출하여야 한다. 다만 건물의 표시를 증명하는 정보로서 건축물대장 정보를 등기소에 제공한 경우에는 그러하지 아니하다.

라) 소유권 외의 권리의 소멸승낙서 및 위 권리를 목적으로 하는 제3자의 권리가 있는 경우 그의 승낙서

구분 전 건물에 대한 소유권 외의 권리의 등기명의인이 구분 후 건물의 어느 한쪽에 관하여 그 권리의 소멸승낙을 한 경우 신청서에 그 권리의 소멸을 승낙한 것을 증명하는 서면 또는 이에 대항할 수 있는 재판의 등본을 첨부하여야 한다. 이 경우 위 권리를 목적으로 하는 제3자의 권리에 관한 등기가 있는 때에는 그 자의 승낙을 증명하는 서면 또는 이에 대항할 수 있는 재판의 등본을 첨부하여야 한다(규칙 제76조 제3항부터 제6항까지, 제97조 제3항). 위 각 승낙을 증명하는 서면에는 승낙자의 인감증명서를 첨부하여야 한다(규칙 제60조 제1항 제7호).

라. 실행절차

구분건물이 아닌 갑 건물을 구분하여 갑 건물과 을 건물로 한 경우에 등기관이 구분등기를 할 때에는 구분 후의 갑 건물과 을 건물에 대하여 등기기록을 개설하고[17 법무사], 각 등기기록 중 표제부에 건물의 표시와 구분으로 인하여 종전의 갑 건물의 등기기록에서 옮겨 기록한 뜻을 기록하여야 한다(규칙 제97조 제1항).

위의 등기(구분건물이 아닌 갑 건물을 구분하여 갑 건물과 을 건물로 하는 등기)를 마치면 구분건물이 아닌 갑 건물을 구분하여 갑 건물과 을 건물로 한 경우 종전의 갑 건물의 등기기록 중 표제부에 구분으로 인하여 개설한 갑 건물과 을 건물의 등기기록에 옮겨 기록한 뜻을 기록하고, 표제부의 등기를 말소하는 표시를 한 후 그 등기기록을 폐쇄하여야 한다(규칙 제97조 제2항). [17 등기서기보]

2) 합병등기

구분건물에 대한 합병등기는 일반적인 합병등기와 비슷하므로 여기에서는 설명을 생략한다.

⑷ 규약상 공용부분인 뜻의 등기

1) 규약설정 등으로 인한 공용부분인 뜻의 등기

가. 서설

구분건물의 (구조상·규약상)공용부분은 구분소유자 전부 또는 일부의 공유에 속하고, 공용부분에 대한 공유자의 지분은 전유부분의 처분에 따르며 전유부분과 분리하여 공용부분에 대한 지분을 처분할 수 없다. 그러므로 공용부분에 관한 물권의 득실변경은 등기가 필요하지 않다(「집합건물법」 제13조). [23 법무사 / 17 등기주사보 / 16 등기서기보·법무사]

구조상 공용부분(복도, 계단, 집합건물의 옥상, 기계실 등)은 독립하여 등기능력이 없으므로 문제가 없으나, 규약상 공용부분은 구분소유권의 목적이 될 수 있는 전유부분과 부속건물을 규약에 의하여 공용부분으로 정한 것이므로 구조상으로만 보아서는 공용부분인지 여부가 명백하지 않기 때문에 객관적으로 공시할 필요가 있다. 이에 따라 집합건물법은 "공용부분이라는 뜻"을 등기하도록 규정하고(「집합건물법」 제3조 제4항), 부동산등기법에서는 그 등기절차에 관한 규정을 두고 있다.

나. 개시

다. 신청절차

(가) 신청인

규약상 공용부분이라는 뜻의 등기는 규약에서 공용부분으로 정한 구분건물 또는 부속건물 소유권의 등기명의인이 단독으로 신청하여야 한다(법 제47조 제1항).

[23 법무사 / 22 등기서기보 / 19 등기주사보 / 17 등기주사보 / 16 등기서기보·법무사]

따라서 미등기인 건물에 대하여 곧바로 공용부분이라는 뜻의 등기를 할 수 없고, 먼저 소유권보존등기를 하여야 한다(선례 2-657). [23 법무사] 구분건물의 표시에 관한 등기만이 이루어져 있는 건물을 공용부분으로 할 경우에는 소유권보존등기를 한 후 또는 소유권보존등기와 동시에 그 등기명의인이 신청하여야 할 것이다.

공용부분이 구분소유자의 공유로 된 경우 그 공유자 중의 1인은 보존행위로서 공유자들이 약정한 규약을 첨부하여 공용부분이라는 뜻의 등기를 신청할 수 있다.

이미 전유부분 또는 독립된 건물로서 활용되고 있는 건물을 구분소유자들이 취득하여 규약상 공용부분으로 삼는 경우에는 소유권이전등기를 생략하고 등기의무자에 해당하는 기존 등기명의인(매도인 등)이 단독으로 규약상 공용부분이라는 뜻의 등기를 신청할 수 있다.

(나) 신청정보

등기의 목적은 "공용부분이라는 뜻의 등기", 등기원인은 "규약 설정", 등기연월일은 "규약설정일(공정증서 작성일)"을 각 기재한다. 그리고 공용자의 범위를 기재하여야 한다.

공용자의 범위를 기재하는 방법(규칙 제104조 제2항 참조)은 (i) 1동의 건물 중 일부의 구분소유자의 공용부분인 경우에는 그 범위를 기재하고(예 서울특별시 서초구 서초동 56 무지개아파트 제가동 제1층 제101호 내지 제가동 제1층 106호의 공용부분), (ii) 1동의 건물의 구분소유자 전원의 공용부분인 경우에는 1동의 건물만을 표시하며 (iii) 공용부분을 다른 등기기록에 등기된 건물의 구분소유자 일부 또는 전부가 공용하는 경우에도 위 (i), (ii)와 같이 그 건물의 표시와 범위를 기재하거나 그 1동의 건물의 표시만을 기재한다.

(다) 첨부정보

가) 등기원인과 관련된 첨부정보

이미 전유부분 또는 독립된 건물로서 활용되고 있는 건물을 구분소유자들이 취득하여 규약상 공용부분으로 삼는 경우에는 소유권이전등기를 생략하고 등기의무자에 해당하는 기존 등기명의인(매도인 등)이 단독으로 규약상 공용부분이라는 뜻의 등기를 신청할 수 있다.

그러나 전유부분 또는 **독립된 건물로서 활용되고 있는 건물을 구분소유자들이 증여받아 이를 규약상 공용부분**으로 삼는 경우, 비록 구분소유자들 앞으로 소유권이전등기를 생략하고 등기명의인(증여자)이 단독으로 규약상 공용부분인 취지의 등기를 신청하더라도 이는 **실질적인 소유권이전등기**에 해당하므로 위 등기신청서에는 **검인을 받은 계약서의 원본을 제출**하여야 할 뿐 아니라, 소유권이전등기에 해당하는 등록세를 납부하고 국민주택채권도 매입하여야 한다 (선례 200805-1). [18 법무사]

나) 등록면허세 및 등기신청수수료 등

전유부분이나 부속건물 소유권의 등기명의인이 규약상 공용부분의 등기를 신청하는 경우에는 통상의 변경등기로 보아 변경등기신청에 따른 등록면허세와 신청수수료를 납부하면 된다. 그러나 타인 명의로 되어 있던 부동산을 취득하면서 그 소유권이전등기를 생략하고 바로 규약상 공용부분이라는 뜻의 등기를 신청하는 경우에는 실질적으로 소유권이전등기에 해당하므로 그에 해당하는 취득세(지방교육세 포함)를 납부하고 국민주택채권을 매입하여야 한다. 다만 등기신청수수료는 등기목적이 소유권이전등기가 아니라 건물표시변경등기이므로 3,000원을 납부한다.

다) 규약 또는 공정증서

그 건물을 공용부분으로 정한 규약 또는 공정증서를 첨부하여야 한다(규칙 제 104조 제1항). [22 등기서기보] 규약을 결의한 집회의 의사록, 구분소유자 전원의 합의에 의하여 규약을 설정한 경우의 합의서 등도 규약에 해당한다. 규약을 증명하는 서면에는 공용부분이 되는 구분건물 또는 부속건물이 표시되어야 하고, 규약이 성립된 뜻과 그 성립연월일, 규약을 설정한 자의 성명과 주소 및 그가 소유한 건물부분 등이 기재되어 있어야 한다.

라) 소유권 외의 권리의 등기명의인의 승낙 또는 이에 대항할 수 있는 재판이 있음을 증명하는 정보

공용부분인 건물에 소유권 외의 권리에 관한 등기가 있는 때에는 그 등기명의 인의 승낙 또는 이에 대항할 수 있는 재판이 있음을 증명하는 정보를 제공하여야 한다(규칙 제104조 제1항 후단). [23 법무사 / 22 등기서기보 / 19 등기주사보] 소유권과 그 밖의 소유권 외의 권리에 관한 등기(기존 제한물권등기 등)가 직권으로 말소되기 때문이다.

라. 실행절차(등기실행)

(가) 공용부분이라는 뜻의 기록

전유부분 건물의 표제부에 공용부분이라는 뜻과 공용자의 범위를 기록하여야 한다(규칙 제104조 제3항). [23 법무사 / 17 등기주사보 / 16 등기서기보·법무사] 표제부에 신청서 접수 연월일, 등기원인과 그 연월일을 기록하고, 공용부분이라는 뜻으로서 "공용부분" 이라 기록한다. 공용자의 범위로는 공유자의 성명, 주소를 기록하는 것이 아니라 그 건물의 번호를 기록한다.

(나) 권리에 관한 등기의 말소

공용부분은 전유부분과 분리하여 처분할 수 없고 전유부분의 처분에 수반하므로 공용부분에 대한 권리의 득실변경은 등기가 필요하지 않다(「집합건물법」제13 조). 따라서 규약상 공용부분에 대한 건물의 등기기록에는 갑구·을구의 소유권과 그 밖의 권리에 관한 등기를 말소하는 표시를 하여야 한다(규칙 제104조 제3항). [23 법무사 / 19 등기주사보 / 16 법무사] 다만 갑구 및 을구를 등기기록으로부터 제거하여서는 안 된다. 이는 그 규약이 폐지된 경우에 그 기록에 다시 등기를 하기 위함이다.

2) 규약 폐지(공용부분이라는 뜻의 등기의 말소)

가. 서설

규약상 공용부분은 구조상 공용부분과는 달리 구분건물 또는 일반건물로서의 실체를 갖추고 있으므로 필요한 경우에는 언제든지 공용부분으로 정한 규약을 폐지하여 독자 적인 등기능력을 가지는 건물로 되돌릴 수 있다. 따라서 이러한 규약을 폐지한 경우에 는 소유권보존등기를 하면서 공용부분이라는 뜻의 등기를 말소하여야 한다.

나. 개시

다. 신청절차

(가) 신청인

공용부분이라는 뜻을 정한 규약을 폐지한 경우에 공용부분의 취득자는 지체 없이 소유권보존등기를 신청하여야 한다(법 제47조 제2항). [23 법무사 / 22 등기서기보 / 19 등기주사보 / 17 등기주사보 / 16 등기서기보 · 법무사] 공용부분이라는 뜻을 정한 규약을 폐지하여 그 건물을 다른 사람에게 처분하는 경우 일반적인 등기절차에 따르면 공유자와 취득자가 공동신청을 하여야 한다. 그런데 단지공용부분과 같이 공유자가 매우 많은 때에는 등기절차상 복잡하게 되므로 등기권리자인 취득자가 단독으로 신청하도록 특례규정을 둔 것이다.

다만 공용부분을 제3자에게 처분하지 아니하고 소유권보존등기와 공용부분이라는 뜻의 말소등기를 하여 이를 공유물로 하는 경우에는 그 건물의 공유자가 이를 신청한다. 이 경우 규약을 첨부하여 공유자 중 1인 또는 일부만의 신청이 가능하다.

(나) 신청정보

등기의 목적은 "소유권보존"이라고 기재하고, 등기원인은 "규약 폐지"라고 기재한다.

(다) 첨부정보

가) 등기원인과 관련된 첨부정보

등기신청서에는 규약의 폐지를 증명하는 서면을 첨부하여야 한다(규칙 제104조 제4항).

공용부분을 처분하기 위하여 공용부분이라는 뜻의 규약을 폐지하는 경우에는 규약이 바로 등기원인을 증명하는 서면이 되므로 이 규약에 취득자가 특정되어 있어야 하고, 규약의 폐지는 구분소유자 전원의 동의에 의해 하여야 한다. 만약 규약의 폐지를 증명하는 서면에 등기신청인인 취득자가 특정되어 있지 않으면 원인서면(매매계약서 등)을 별도로 첨부하여야 한다. 공용부분을 처분하여 소유권보존등기와 공용부분이라는 뜻의 등기의 말소등기를 하는 경우에는 해당 공용부분을 공유하였던 구분소유자 전원의 인감증명서를 첨부하여야 한다. 공유자 전원의 지분전부이전등기에 해당하기 때문이다.

나) 등기권리자(등기신청인)와 관련된 첨부정보

공용부분의 신취득자가 소유권보존등기를 신청하는 경우 형식은 건물표시 변경등기와 소유권보존등기를 합한 것이지만 실질은 소유권이전등기이므로 소유권이전등기의 취득세를 납부하고 그에 해당하는 국민주택채권을 매입하여야 한다. 그러나 소유자의 변동 없이 공용부분이라는 뜻만을 폐지하는 경우에는 말소등기신청에 해당하는 등록면허세만 납부하면 된다.

소유권보존등기를 하게 되므로 등기명의인의 주소를 증명하는 서면을 제출하여야 한다.

라. 실행절차(등기실행)

공용부분이라는 뜻을 정한 규약을 폐지함에 따라 소유권보존등기를 하는 경우 등기관은 공용부분이라는 뜻의 등기를 말소하는 표시를 하여야 한다(규칙 제104조 제5항). 소유자가 신취득자이든 기존 공유자이든 불문한다. 공용부분 처분을 위하여 규약을 폐지한 때에는 먼저 공유자를 기록한 후에 공유자로부터 취득자에게 소유권이전등기를 함이 원칙이나, 절차의 간략화를 위하여 소유권보존등기를 직접 하도록 특례를 인정한 것이다. 따라서 이러한 등기를 신청함에 있어서는 부동산등기법의 소유권보존등기에 관한 규정(법 제65조)은 적용될 여지가 없다.

> **관련기출지문**
>
> **1** 공용부분이라는 뜻의 등기는 규약에서 공용부분으로 정한 구분건물 또는 부속건물의 소유자가 신청하여야 하며, 미등기인 건물에 대하여는 소유권보존등기를 하지 않고 곧바로 공용부분이라는 뜻의 등기를 할 수 있다. (×)　　　　　　　　　　　　　　　　　　　　　　　　　　　　　　　　[23 법무사]
>
> **2** 규약상 공용부분이라는 뜻의 등기는 관리단을 대표하는 관리인이 신청하여야 한다. (×)　[22 등기서기보]
>
> **3** 공용부분이라는 뜻을 정한 규약을 폐지한 경우 공용부분의 취득자는 기존의 구분소유자와 공동으로 소유권이전등기를 신청하여야 한다. (×)　　　　　　[19 등기주사보 / 17 등기주사보 / 16 등기서기보 · 법무사]

II. 소유권이전등기

소유권이전등기는 어떤 사람에게 귀속되어 있던 소유권이 다른 사람에게 옮겨가거나 그 지위가 승계되는 때 이를 공시하기 위하여 하는 등기를 말한다.

민법은 부동산소유권의 이전이 매매·증여 등 법률행위로 인한 경우에는 등기하여야 물권변동의 효력이 발생하고(「민법」 제186조), 상속·공용징수·판결·경매 그 밖의 법률의 규정에 의한 경우에는 등기 없이도 물권변동의 효력이 발생한다고 규정하여(「민법」 제187조 본문) "법률행위"와 "법률규정"이라는 등기원인에 의해 소유권이전등기를 분류할 수 있다.

포괄승계란 상속·포괄적 유증과 같이 적극·소극 재산을 포괄하는 재산의 전부 또는 그 비율에 의한 승계가 하나의 취득원인에 의하여 일괄적으로 이루어지는 것을 말하며, 특정승계는 매매·특정적 유증과 같이 하나의 취득원인에 의하여 개별적인 재산상 이익이 구체적으로 특정되어 취득되는 것을 말한다.

소유권이전등기는 등기원인이나 물권의 발생형태에 따른 구분 없이 공동신청에 의하는 것이 원칙(법 제23조 제1항)이고, 단독신청은 상속·판결(법 제23조 제3항, 제4항)·수용(법 제99조 제1항)과 같이 법에 규정되어 있는 경우에만 허용된다.

관공서의 촉탁에 의한 경우는 관공서가 지닌 고도의 신용성 때문에 당사자의 신청을 갈음하여 촉탁이라는 방법을 허용한 것일 뿐이므로 그 등기절차에 관하여 다른 규정이 없는 한 신청으로 인한 등기에 관한 규정을 준용하여야 한다(법 제22조 제2항).

1. 특정승계 등

(1) 법률행위에 의한 소유권이전등기

법률행위를 원인으로 한 소유권이전등기로는 매매·증여·사인증여·재산분할·양도담보·교환·법률행위(계약)의 해제·현물출자·대물변제 등을 들 수 있다. 그 종류는 다음과 같다.

1) 매매

매매는 당사자자 일방이 부동산을 상대방에게 이전할 것을 약정하고 상대방이 그 대금을 지급할 것을 약정하는 계약이다(「민법」 제563조). 매매의 경우 등기원인은 "매매"로 기재하고 등기원인일자는 통상적인 매매에 있어서는 매매계약이 성립한 날이다.

매매를 원인으로 소유권이전등기 신청 시에는 매매계약서를 등기원인을 증명하는 정보(「부동산등기규칙」 제46조 제1항 제1호)로 제공하여야 하고, 이 계약서에는 대금 및 그 지급일자에 관한 사항이 기재되어 있어야 하므로(「부동산등기 특별조치법」 제3조 제1항 제4호 참조), 부동산 매매계약서를 작성하고 부동산거래신고필증을 발급받은 후 잔금지급일을 변경한 경우, 원칙적으로는 변경된 잔금지급일이 기재된 계약서 및 그에 대한 부동산거래신고필증을 첨부정보로 제공하여야 한다(등기선례 3-98 참조)(선례 제202302-03호). 한편, 매매계약서상의 잔금지급일 전에 매매를 원인으로 소유권이전등기를 신청한 경우, 매도인은 기한의 이익 또는 동시이행의 항변권을 포기하고 소유권이전등기의무를 이행할 수 있으므로, 등기관은 다른 각하사유가 존재하지 아니하는 한 그 신청을 수리하여야 한다(선례 제202302-03호).

2) 교환

교환은 당사자가 금전 외의 재산권을 상호 이전할 것을 약정하는 계약이다(「민법」 제596조). 다만 재산권이전과 금전의 보충지급을 약정한 때는 그 금전에 대하여는 매매대금에 관한 규정이 준용된다(「민법」 제597조). 등기원인은 "교환"이며, 그 일자는 교환계약의 성립일이다.

3) 현물출자

현물출자란 금전 외의 재산을 목적으로 하는 출자로서 주식회사 설립의 경우 재산의 출자(「상법」 제290조 제2호), 신주발행의 경우에 있어서의 신주인수인의 재산출자(「상법」 제416조 제4호) 등을 말한다. 현물출자는 출자의 목적만 다를 뿐 그 법적 성질은 금전출자와 다를 바 없는 상법상 출자의 한 형태이다. 등기원인은 "현물출자", 그 일자는 출자계약의 성립일을 기재한다. [17 법무사]

현물출자를 원인으로 한 소유권이전등기를 신청하는 경우에 등기원인을 증명하는 정보를 적은 서면은 "현물출자계약서"이다(선례 201211-5). [17 법무사]

4) 양도담보

양도담보는 채권의 "담보"목적으로 "소유권 이전"이라는 형식을 취한다. 등기원인은 "양도담보"이며, 그 일자는 양도담보계약의 성립일이다. 양도담보계약에 의하여 소유권이전등기

신청을 할 때에도 부동산등기특별조치법상의 **검인**을 받아야 한다(선례 4-399). [19 등기서기보
· 등기주사보]

5) **대물변제**

대물변제계약이란 본래의 급부 목적물에 대신하여 다른 급부를 하여 채무를 소멸시키는 계약을 말하는 것으로, 예를 들면 금전소비대차의 경우에 있어서 금전을 반환하는 대신에 특정부동산의 소유권을 이전(급부)하여 금전소비대차상의 채무를 소멸시키는 계약이다. 등기원인은 "대물변제"이며, 그 일자는 대물변제 계약의 성립일이다.

6) **사인증여**

가. **사인증여**란 증여자와 수증자 간에 생전에 체결한 **증여계약**이 증여자의 **사망에 의해 효력**이 발생하는 것을 말한다. 사인증여의 경우라면 등기원인은 "**증여**"로 기재하여야 하나 등기원인일자는 **증여자의 사망일**이다.

나. 사인증여를 원인으로 소유권이전등기를 신청할 때에는 등기의무자인 증여자가 사망한 상태이므로 **증여자의 상속인**이 **등기의무자**로서 수증자가 **등기권리자**로서 **공동**으로 신청한다. 이 경우 **증여자의 사망사실**을 증명하는 서면과 **등기의무자가 상속인임을 증명**하는 서면을 첨부하여야 하고, 이는 **수증자가 상속인 중의 1인**인 경우에도 동일하다(선례 3-497). [19 등기서기보 · 등기주사보 / 18 등기주사보]

다. 사인증여를 원인으로 한 소유권이전등기신청에서 **유언집행자가 지정되어 있다면** 등기의무자인 **지정된 유언집행자**와 등기권리자인 수증자가 **공동**으로 신청하게 되는 바, 유언집행자가 수인인 경우에는 그 **과반수** 이상으로 등기신청을 할 수 있다. [17 법무사]

7) **이혼에 따른 재산분할**

가. 재산분할은 이혼을 한 자의 일방이 **상대방에 대해 재산의 분할을 청구**(「민법」 제839조의2 제1항, 제843조)하여 당사자 간에 재산분할에 대한 협의가 이루어진 때에는 그 협의에 의하여, 협의가 이루어지지 않은 때 또는 협의할 수 없을 때에는 **가정법원의 협의에 대신하는 처분**(「민법」 제839조의2 제2항)에 의하여 분할하는 것을 말한다. 협의이혼은 가정법원의 확인을 받아 **가족관계등록법에 정한 바에 의하여 신고함으로써 그 효력이 발생**하고, 가족관계등록부의 기록은 이미 완료한 신고사항의 기록일 뿐이다(「민법」 제836조). "**재산분할**"이 등기원인이며, 그 일자는 **협의가 성립한 날**을 기재하되 조정 또는 심판으로 인한 분할의 경우에는 그 **조정이 성립한 날** 또는 **심판이 확정된 날**이다.

나. 혼인 중 부부의 협의이혼을 전제로 한 재산분할협의는 협의상 이혼을 정지조건으로 하는 조건부 의사표시로서, **재산분할협의의 효력**은 당사자가 약정한 대로 **협의상 이혼이 이루어진 경우에 발생**하는 것이므로, 재산분할을 원인으로 한 소유권이전등기신청서에는 **이혼하였음을 소명하는 서면(⊕ 혼인관계증명서)**을 첨부하여야 한다(선례 8-170). [19 등기주사보]

다. 분할의 대상 부동산이 농지인 경우에는 이혼에 따른 재산분할 협의이든지 판결이든지 마찬가지로 검인을 받아야 하나 농지취득자격증명, 토지거래허가서 등은 첨부할 필요가 없다(선례 4-261). [19 등기서기보] / 18 등기주사보 / 16 등기서기보]

라. 「민법」 제839조의2에서 "재산분할청구권은 이혼한 날로부터 2년을 경과한 때에는 소멸한다."라고 규정하고 있으나 재산분할협의결과 발생한 소유권이전등기를 반드시 위 기간 내에 신청하도록 제한하는 것은 아니므로 협의이혼 당시 재산분할약정을 한 후 15년이 경과하더라도 재산분할협의서에 검인을 받고 혼인관계증명서와 일반적인 소유권이전등기신청에 필요한 서면 등을 첨부하여 재산분할을 원인으로 소유권이전등기신청을 할 수 있다(선례 200901-2). [17 법무사]

8) 계약의 해제로 인한 원상회복

가. 매매 또는 증여로 인한 소유권이전등기가 경료된 후 그 매매계약 또는 증여계약의 해제가 있을 때 원상회복의 방법으로 그 소유권이전등기의 말소가 아닌 당사자가 계약해제를 원인으로 한 소유권이전등기신청을 할 수 있다(예규 1343호, 선례 5-367). 따라서 매매계약을 해제하였다면 이해관계 있는 제3자가 없는 한 계약해제의 효과인 원상회복의 방법으로 그 등기의 말소를 청구할 수 있고, 소유권이전등기신청을 할 수도 있다. [18 등기주사보 / 17 법원사무관 / 16 등기서기보 / 10 법무사] 등기원인은 "합의해제(또는 해제)", 그 일자는 해제계약의 성립일이다.

나. 해제를 원인으로 하는 소유권이전등기는 말소등기가 아니므로 제3자의 승낙이 있음을 요하지 않는다. 예컨대 증여를 원인으로 한 소유권이전등기와 체납처분에 의한 압류등기가 순차 경료된 후 위 증여계약의 해제를 원인으로 한 위 소유권이전등기의 말소등기를 신청하는 경우에는 그 신청서에 체납처분권자의 승낙서 또는 이에 대항할 수 있는 재판의 등본을 첨부하여야 하지만 위 증여계약의 해제를 원인으로 새로운 소유권이전등기를 신청할 경우에는 위 서면의 첨부는 필요하지 아니하다(선례 2-411). [19 법무사]

관련 기출지문

1 매매를 원인으로 소유권이전등기가 마쳐진 후에 그 매매계약을 해제한 경우에는 원상회복의 방법으로 소유권이전등기의 말소등기를 신청하여야 하며, 계약해제를 원인으로 한 소유권이전등기를 신청할 수는 없다. (×)   [18 등기주사보]

2 매매계약 해제로 인한 원상회복 방법으로 소유권이전등기의 말소등기신청이 아닌 계약해제를 원인으로 한 소유권이전등기를 신청하는 경우에는 이를 수리할 수 없다. (×)   [17 법원사무관 / 16 등기서기보]

3 양도담보계약에 의하여 소유권이전등기신청을 할 때에 부동산등기 특별조치법상의 검인을 받을 필요가 없다. (×)   [19 등기주사보]

4 협의이혼 당시 재산분할약정을 한 후 15년이 경과하면 재산분할을 원인으로 소유권이전등기신청을 할 수 없다. (×)   [17 법무사]

(2) 진정명의회복을 원인으로 한 소유권이전등기

1) 서설

가. 의의(「민법」 제214조)

실체관계와 부합하지 않는 원인무효의 등기가 있는 경우에는 그 등기를 말소하는 것이 가장 합당한 방법이다. 그러나 말소등기의 방법으로는 그 목적을 달성할 수 없는 경우, 즉 등기의 무효를 제3자에게 대항할 수 없는 등의 경우에는 진정한 소유자가 말소등기를 신청할 수 없으므로 그 대안으로 진정명의회복등기를 신청할 수 있다.

예컨대 갑·을 사이의 소유권이전등기가 통정허위표시에 의해 이루어진 다음 선의의 제3자인 병의 근저당권이 경료된 경우 병의 승낙 없이 을 명의의 소유권이전등기를 말소할 수 없으므로, 병의 근저당권을 부담하면서도 자신명의를 회복할 수 있는 방법을 마련한 것이다.

결론적으로 진정명의회복을 원인으로 하는 소유권이전등기는 진정한 소유자가 말소의 방식이 아닌 소유권이전등기에 의하여 자신의 등기명의를 회복하는 등기이다.

나. 말소등기청구와의 구별개념

진정한 등기명의의 회복을 위한 소유권이전등기청구는 이미 자기 앞으로 소유권을 표상하는 등기(「민법」 제186조)가 되어 있었거나 법률에 의하여 소유권을 취득한 자(「민법」 제187조)가 진정한 등기명의를 회복하기 위한 방법으로 현재의 등기명의인을 상대로 그 등기의 말소를 구하는 것에 갈음하여 허용되는 것인데, 말소등기에 갈음하여 허용되는 **진정명의회복을 원인으로 한 소유권이전등기청구권**과 **무효등기의 말소청구권**은 어느 것이나 진정한 소유자의 등기명의를 회복하기 위한 것으로서 실질적으로 그 (🎙 소송) 목적이 동일하고, 두 청구권 모두 소유권에 기한 방해배제청구권으로서 그 법적 근거와 성질이 동일하므로, 비록 전자는 이전등기, 후자는 말소등기의 형식을 취하고 있다고 하더라도 그 소송물은 실질상 동일한 것으로 보아야 한다. 따라서 소유권이전등기말소청구소송에서 패소확정판결을 받았다면 그 **기판력**은 그 후 제기된 진정명의회복을 원인으로 한 소유권이전등기청구소송에도 미친다(대판(전) 2001.9.20, 99다37894).

다만 **진정명의회복판결**은 소유권이전등기판결이므로 해당 판결을 가지고 말소등기를 신청하는 것은 허용되지 않는다(선례 7-226).

2) 개시

진정명의회복을 원인으로 한 소유권이전등기는 **등기권리자**가 **판결**을 얻어서 **단독**으로 신청할 수도 있고 **현재의 등기명의인과 공동**으로 신청할 수도 있다. [19 등기주사보]

3) 신청절차

가. 신청인

(가) 공동신청의 신청인

이미 자기 앞으로 소유권을 표상하는 등기가 되어 있었던 자 또는 지적공부상 소유자로 등록되어 있던 자로서 소유권보존등기를 신청할 수 있는 자가 현재의 등기명의인과 공동으로 "진정명의회복"을 등기원인으로 하여 소유권이전등기신청을 한 경우 그 등기신청은 수리하여야 한다(예규 1631). [20 법무사 / 16 법무사]

(나) 단독신청(판결)의 신청인

이미 자기 앞으로 소유권을 표상하는 등기(「민법」 제186조)가 되어 있었거나 법률의 규정에 의하여 소유권을 취득한 자가 현재의 등기명의인(「민법」 제187조)을 상대로 "진정명의회복"을 등기원인으로 한 소유권이전등기절차의 이행을 명하는 판결을 받아 단독으로 소유권이전등기신청을 한 경우 그 등기신청은 수리하여야 한다(대판(전) 1990.11.27, 89다카12398 참조, 예규 1631). [20 법무사 / 16 법무사]

(다) 승소판결의 변론종결 후 승계인

가) 판결의 효력은 변론종결 후의 승계인에게도 미치므로 승계인을 위하여 또는 승계인에 대하여 판결에 따른 등기를 신청할 때에는 승계집행문을 첨부하여야 한다.

나) 채권적청구권은 대인적 효력밖에 없기 때문에 피고로부터 권리를 취득한 자는 변론종결 후의 승계인에 해당하지 아니한다. 따라서 별도의 소송을 제기하여 받은 판결로 등기를 신청하여야 한다.

다) 물권적청구권은 대세적 효력이 인정되므로 피고로부터 권리를 취득한 자는 변론종결 후의 승계인에 해당한다. 따라서 승계집행문을 부여받아 판결에 따른 등기를 할 수 있다.

라) 권리이전등기(**예** 진정명의회복을 원인으로 하는 소유권이전등기)절차를 이행하라는 확정판결의 변론종결 후 그 판결에 따른 등기신청 전에 그 권리에 대한 제3자 명의의 이전등기가 경료된 경우로서 제3자가 「민사소송법」 제218조 제1항의 **변론을 종결한 뒤의 승계인**에 해당하여 위 판결의 기판력이 그에게 미친다는 이유로 원고가 위 제3자에 대한 승계집행문을 부여받은 경우에는, 원고는 그 제3자를 등기의무자로 하여 곧바로 판결에 따른 권리이전등기를 단독으로 신청할 수 있다. 이때에 제3자 명의의 소유권이전등기는 말소할 필요가 없다. [21 법무사 / 18 등기주사보]

(라) 등기권리자의 상속인 또는 포괄승계인

이미 자기 앞으로 소유권을 표상하는 등기가 되어 있었거나 법률의 규정에 의하여 소유권을 취득한 자의 **상속인이 현재의 등기명의인**을 상대로 "진정명의회복"을 등기원인으로 한 소유권이전등기절차의 이행을 명하는 **판결**을 받아 단독으로 소유권이전등기신청을 한 경우 그 등기신청은 수리하여야 한다. [15 등기서기보]

나. 신청정보

(가) 등기원인 및 그 연월일

등기원인은 "**진정명의회복**"이라고 기재하며, 등기원인일자는 기재할 필요가 없다 (예규 1631). 이는 **판결**의 경우도 마찬가지로 기재하지 않는다. [24 등기서기보 / 20 법무사 / 19 등기주사보 / 16 법무사]

등기원인일자를 기재하지 않는 이유는 원래 소유하던 부동산을 회복하는 것이지 별도의 원인으로 취득한 것이 아니기 때문이다.

(나) 등기목적

"소유권이전"이라고 기재한다.

다. 첨부정보

(가) 등기원인과 관련된 첨부정보

가) 등기원인을 증명하는 정보

판결에 의하여 등기신청을 하는 경우에는 **판결정본** 및 **확정증명**을, 당사자의 공동신청에 의하는 경우에는 **당사자의 확인서** 등을 등기원인을 증명하는 정보로서 제공하여야 한다.

나) 등기원인에 대한 허가·동의·승낙을 증명하는 정보 등

① 검인(계약서)	×	(∵ 계약이 아니므로)
② 부동산거래계약신고필증	×	(∵ 계약이 아니므로)
③ 토지거래계약허가증 [24 등기서기보 / 20 법무사]	×	(∵ 계약이 아니므로)
④ 농지취득자격증명 [24 등기서기보]	×	(∵ 농지법상 취득이 아니므로)
⑤ 재단법인의 기본재산 처분 주무관청의 허가서	×	(∵ 적극적 처분이 아니므로)

(나) 등기의무자와 관련된 첨부정보

가) **공동신청**에 의할 경우에는 등기의무자의 **등기필정보를** 제공하여야 한다(법 제 50조 제2항).

나) **공동신청**에 의할 경우에는 등기의무자인 **소유권자의 인감증명**을 제공하여야 한다(규칙 제60조 제1항 제1호). 다만 그 인감증명서가 **매도용일 필요는 없 다.** [24 등기서기보]

(다) 등기권리자와 관련된 첨부정보

가) 취득세 등 세금납부영수증

「지방세법」 제11조 제1항에 따른 **취득세** 또는 같은 법 제28조 제1항 제1호 나목에 따른 **등록면허세를** 납부하여야 하며, 「주택도시기금법」 제8조 및 같은 법 시행령 제8조에 따라 **국민주택채권을** 매입하여야 한다(예규 1631).

나) 주소를 증명하는 정보 및 번호를 증명하는 정보

등기권리자(새로 등기명의인이 되는 경우로 한정한다)의 **주소**(또는 사무소 소재지) 및 **주민등록번호**(또는 부동산등기용등록번호)를 증명하는 정보를 제공하여야 한다(규칙 제46조 제1항 제6호).

(라) 부동산과 관련된 첨부정보

소유권이전등기를 신청하는 경우이므로 토지대장·임야대장·건축물대장 정보나 그 밖에 부동산의 표시를 증명하는 정보를 제공하여야 한다(규칙 제46조 제1항 제7호).

4) 실행절차(등기실행)

가. 등기부 작성·기입

(가) 등기사항

등기원인은 "**진정명의회복**"이라고 기록하며, 등기원인일자는 기록할 필요가 없다(예규 1631). [20 법무사]

(나) 등기형식

소유권이전등기이므로 주등기로 한다.

나. 각종 통지

등기완료 후에는 등기완료통지(법 제30조)를 하며 대장소관청에도 소유권변경사실의 통지를 하고(법 제62조), 세무서장에게는 과세자료를 위한 통지를 한다(법 제63조).

관련 기출지문

1　등기원인일자를 신청정보의 내용으로 등기소에 제공하여야 한다. (×)　　　[19 등기주사보]

2　진정명의회복을 원인으로 한 소유권이전등기절차의 이행을 명하는 판결을 받아 소유권이전등기를 신청할 때에 원인일자로 판결선고일을 신청정보로 제공하여야 한다. (×)　　　[24 법원사무관]

3　진정명의 회복을 원인으로 하는 소유권이전등기를 신청하는 경우 신청서에 등기원인일자로 판결의 확정일을 기재하여야 한다. (×)　　　[16 법무사]

4　부동산 거래신고 등에 관한 법률 제11조의 토지거래 허가구역에 있는 토지에 대해 진정명의회복을 원인으로 한 소유권이전등기를 신청할 때에는 토지거래허가증을 첨부정보로 제공하여야 한다. (×)　　　[20 법무사]

---

(3) 시효취득

1) 서설

가. 의의

타인 소유의 부동산을 20년간 소유의사를 가지고 평온·공연하게 점유한 자는 등기함으로써 그 소유권을 취득하게 되는데 (「민법」 제245조 제1항), 이를 부동산의 시효취득이라고 한다. 이러한 **시효취득**은 **법률에 의한 물권변동**이나 **민법 제187조의 예외**로서 **등기하여야 소유권을 취득한다**(「민법」 제245조 제1항). [24 법무사]

취득시효완성 후 이를 원인으로 한 소유권이전등기가 경료되기 전에 종전 소유자에 의하여 저당권 및 지상권설정등기가 경료된 경우, 이러한 저당권 등의 등기는 일반의 말소등기절차에 따라 저당권 등의 등기 명의인을 등기의무자, 시효취득에 인한 소유권의 등기명의인을 등기권리자로 하는 공동신청에 의하거나, 등기의무자를 상대로 말소등기절차 이행을 명하는 판결을 얻은 등기권리자의 단독신청에 의하여서만 말소될 수 있다(제정 1989.4.19. 선례 제2-435호). [24 법무사]

나. 적용범위

(가) 미등기 토지의 대장상 최초 소유자를 상대로 판결을 받은 경우

미등기토지에 관하여 시효취득 완성을 원인으로 한 소유권이전등기판결을 얻은 경우에 원고는 최초의 소유자를 대위하여 그 명의로 소유권보존등기를 한 다음 자기 명의로 이전등기를 한다.

(나) 미등기 토지에 대하여 국가를 상대로 판결을 받은 경우

대장상 소유자미복구인 미등기토지에 대하여 국가를 상대로 한 소송에서 시효취득을 원인으로 한 소유권이전등기절차 이행의 판결이 확정된 경우 원고는 위 판결에 의하여 국가를 대위할 필요 없이 직접 자기명의로 소유권보존등기를 신청할 수 있다(선례 4-220). [24 법무사 / 14 법무사 / 11 법무사]

2) 개시

시효취득으로 인한 소유권이전등기도 권리에 관한 등기이므로 일반 원칙에 따라 공동으로 신청한다(법 제23조 제1항).

3) 신청절차

가. 신청인

시효취득으로 인한 소유권이전등기는 현재 등기기록상 소유자를 등기의무자로 하고 시효취득한 자를 등기권리자로 하여 공동으로 신청하여야 한다. [11 법무사]

나. 신청정보

(가) 공동신청 시의 신청정보

등기권리자와 등기의무자가 시효취득을 증명하는 정보(당사자 간에 작성된 시효취득 확인서)를 등기원인을 증명하는 정보로서 제공하여 공동으로 소유권이전등기를 신청하는 경우에는 신청정보의 내용 중 등기원인은 "시효취득"으로, 그 연월일은 "시효기간의 기산일" 즉 "점유개시일"로 하여 이를 제공하여야 한다(선례 201807 -6). 시효취득에 의한 소유권취득의 효력은 점유를 개시한 때에 소급하기 때문이다. [11 법무사]

(나) 단독신청 시의 신청정보

그런데 등기권리자가 "○년 ○월 ○일 취득시효 완성을 원인으로 한 소유권이전등기절차를 이행하라"는 주문이 기재된 판결정본을 등기원인을 증명하는 정보로서 제공하여 단독으로 소유권이전등기를 신청하는 경우에는 신청정보의 내용 중 등기원인은 "취득시효 완성"으로, 그 연월일은 주문에 기재된 "취득시효완성일"로 하여 이를 제공하면 된다(선례 201807-6). [20 등기서기보] 판결에 의한 등기신청의 경우 등기원인과 그 연월일은 판결주문에 기재된 대로 제공하여야 하기 때문이다.

다. 첨부정보

(가) 등기원인과 관련된 첨부정보

가) 등기원인을 증명하는 정보

공동신청하는 경우에는 당사자 간에 작성된 시효취득 확인서 등을 제공하며, 판결에 의한 경우에는 판결정본 및 확정증명서를 첨부한다. 즉 시효취득을 증명하는 서면은 판결정본에 한정되지 않는다. [11 법무사]

나) 등기원인에 대한 허가·동의·승낙을 증명하는 정보 등

① 검인(계약서)	×	(∵ 계약이 아니므로)
② 부동산거래계약신고필증	×	(∵ 계약이 아니므로)
③ 토지거래계약허가증	×	(∵ 계약이 아니므로)
④ 농지취득자격증명	×	(∵ 원시취득이므로)
⑤ 재단법인의 기본재산 처분 주무관청의 허가서	×	(∵ 적극적 처분이 아니므로)
⑥ 전통사찰 소유 부동산의 양도 문화체육관광부 장관의 허가서	×	(∵ 적극적 처분이 아니므로) [19 등기주사보]

4) 실행절차

[갑구]		(소유권에 관한 사항)		
순위번호	등기목적	접수	등기원인	권리자 및 기타사항
3	소유권이전	2007년 4월 9일 제2312호	1985년 1월 1일 시효취득	소유자 홍길동 431203-1245335 서울특별시 강동구 천호동 34

(4) 물리적 일부에 대한 소유권이전등기 등

1) 서설

1물 1권주의의 원칙을 취하는 현행 민법하에서 토지의 분필등기나 건물의 구분등기 등을 하지 않고는 일부만에 관한 이전등기를 할 수 없다.

1필지 토지의 특정된 부분에 대한 일부이전등기를 하기 위해서는 1물 1권주의의 원칙상 지적관계법에 따른 분필과 그에 따른 분필등기를 선행해야 소유권이전등기를 할 수 있다는 점에서 소유권의 일부이전등기와 구별된다.

2) 관련 선례

가. 토지대장상 공유인 미등기토지에 대한 공유물분할의 판결은 법 제65조 제2호와 관련된 것이다. 다만 이 경우 공유물분할의 판결에 따라 토지의 분필절차를 먼저 거친 후에 보존등기를 신청하여야 한다. [12 법무사]

나. 1필지의 토지 중 그 일부를 특정하여 소유권이전등기를 명한 판결이 확정되어 그 판결에 따른 소유권이전등기를 신청하기 위하여는 먼저 그 부분을 토지대장상 분할하여 분필 등기를 하여야 하고[16 법무사], 지적법상 지적분할이 불가능하다고 하여 전체면적에 대한 특정부분의 면적비율에 상응하는 공유지분의 이전등기를 신청할 수는 없을 것이다(선례 5-382). [19 법원사무관] 마찬가지로 1필지 부동산의 특정된 부분에 대한 일부이전등기를 신청하는 경우에 도면을 첨부하여서 등기를 할 수 있는 것은 아니다. [17 법무사]

다. 부동산의 일부에 대한 소유권이전등기의 말소등기절차이행을 명한 판결에 기하여 말소등 기를 하려면, 분할절차를 밟은 후 말소등기를 하여야 한다. [24 법원사무관 / 10 법무사]

갑 토지에 합병되기 전의 을·병 토지에 관한 소유권이전등기가 원인무효임을 이유로 합병 후에 을·병 토지부분에 관하여 소유권이전등기를 말소하려는 경우에는 합병 후의 토지 중 을·병 토지부분을 각 특정하거나 을·병 토지부분 전체를 특정하여 이에 관한 소유이전등기의 말소를 명하는 확정판결을 받고 위 특정부분을 토지대장상 분할하여 분 필등기의 신청과 소유권이전등기의 말소등기신청을 하여야 한다(예규 제610호).

즉 1필지의 토지의 특정된 일부에 대하여 소유권이전등기의 말소를 명하는 판결을 받은 등기권리자는 그 판결에 따라 토지의 분할을 명하는 주문기재가 없더라도 그 판결에 기 하여 등기의무자를 대위하여 그 특정된 일부에 대한 분필등기절차를 마친 후 소유권이 전등기를 말소할 수 있으므로, 토지의 분할을 명함이 없이 1필지의 토지의 일부에 관하 여 소유권이전등기의 말소를 명한 판결을 집행불능의 판결이라 할 수 없다(예규 639). [24 법무사 / 19 등기주사보]

라. 1필의 토지(또는 1개의 건물)의 특정 일부만을 유증한다는 취지의 유언이 있는 경우, 유 언집행자는 유증할 부분을 특정하여 분할(또는 구분)등기를 한 다음 수증자 명의로 소 유권이전등기를 신청하여야 한다(예규 1512). [20 법무사]

마. 마찬가지로 특정유증의 수증자가 유증자의 사망 후에 1필의 토지(또는 1개의 건물)의 특정일부에 대하여 유증의 일부포기를 한 경우에도 유언집행자는 포기한 부분에 대하여 분할(또는 구분)등기를 한 다음 포기하지 아니한 부분에 대하여 유증을 원인으로 한 소 유권이전등기를 신청하여야 한다(예규 1512). [21 법무사]

바. 합필 전 어느 1필의 토지를 목적으로 하였던 저당권설정등기가 합필 후 토지의 특정일부 에 존속하는 것으로 잘못하여 등기된 상태에서, 그 저당권의 실행을 위한 임의경매신청의 기입등기를 하기 위하여는, 먼저 합필 후 토지 중 그 저당권의 목적인 토지부분을 특정 하여 다시 분필등기를 하여야 한다(선례 2-488). [19 법무사]

사. 등기부상 1필지 토지의 특정된 일부분에 대한 처분금지가처분등기는 할 수 없으므로, 1필지 토지의 특정 일부분에 관한 소유권이전등기청구권을 보전하기 위하여는 바로 분할등기가 될 수 있다는 등 특별한 사정이 없으면 그 1필지 토지 전부에 대한 처분금지가처분결정에 기한 등기촉탁에 의하여 그 1필지 토지 전부에 대한 처분금지가처분등기를 할 수 밖에 없다(대판 1975.5.27, 75다190 참조, 예규 881). [22 사무관] 따라서 **부동산의 특정 일부에 대한 가처분결정이 있는 경우에는** 채권자가 가처분결정을 대위원인으로 하여 **분할등기를 한 후에 가처분등기를 할 수 있다.** [18 등기주사보]

아. **지상권·전세권·임차권은 부동산의 일부에 대하여 설정할 수 있다.** [16 법무사]

자. 건물의 특정부분이 아닌 **공유지분에 대하여는** 전세권이 설정될 수 없으므로 수인의 공유자들이 전세권설정등기를 한 후 그 일부 공유자의 **지분에 대하여만 전세권말소등기를** 신청할 수는 없으므로 등기관은 그 등기신청을 수리할 수 없고[12 법무사], 이는 판결을 받는다고 하더라도 마찬가지이다. 다만, 전세권이 설정된 부분 중 일정 부분을 전세권범위변경등기의 형식으로 말소할 수는 있으며 이 경우의 등기는 전세권자와 건물의 공유자 전원이 공동으로 신청하여야 한다(1999.6.24. 선례 6-315).

차. 토지의 전부에 관하여 지상권설정등기가 경료된 후 위 토지의 일부지분에 대한 **지상권설정등기의 말소를 명하는 승소확정판결에 따라** 지상권말소등기를 신청한 경우에는 그 등기전부를 말소하여야 한다(1990.10.31. 선례 3-636). [16 법무사]

관련 기출지문

1 시효취득의 경우 시효완성일자를 등기원인일자로 신청서에 기재하여야 한다. (×) [11 법무사]

2 1필의 토지의 특정일부에 관하여 소유권이전등기를 명하는 판결이 있었다면 토지대장상 토지를 분할함이 없이도 분필등기만을 할 수 있다. (×) [16 법무사]

3 1필지 토지의 특정된 일부에 대하여 소유권이전등기절차 또는 소유권이전등기의 말소등기절차의 이행을 명하는 판결로는 그 판결에 따로 분필을 명하는 주문기재가 없으면 이전등기 또는 말소등기를 신청할 수 없다. (×) [19 등기주사보]

4 1필지 부동산의 특정된 부분에 대한 일부이전등기를 신청하는 때에는 그 위치를 특정하는 도면을 첨부하여야 한다. (×) [17 법무사]

5 토지의 전부에 관하여 지상권설정등기가 마쳐진 후 위 토지의 일부 지분에 대한 지상권설정등기의 말소를 명하는 승소확정판결에 따라 지상권말소등기를 신청한 경우 등기관은 그 등기신청을 각하하여야 한다. (×) [16 법무사]

6 수인의 공유자들이 전세권설정등기를 한 후 그 일부 공유자의 지분에 대하여만 전세권말소등기를 신청할 수 있다. (×) [16 등기서기보]

---

2. 포괄승계

포괄승계란 상속·포괄적 유증과 같이 적극·소극 재산을 포괄하는 재산의 전부 또는 그 비율에 의한 승계가 피상속인 또는 유증자의 사망이라는 하나의 취득원인에 의하여 이루어지는 것을 말하며, 법인의 분할·합병의 경우에도 마찬가지이다.

(1) 상속으로 인한 소유권이전등기

1) 서설

가. 기본개념

(가) 의의(「민법」 제997조, 제1005조, 제187조, 법 제23조 제3항)

상속이라 함은 피상속인의 사망으로 그에게 속하였던 모든 재산상의 지위(다만 일신전속권은 제외)를 상속인이 포괄적으로 승계하는 것을 말한다(「민법」 제1005조). 따라서 상속인은 피상속인의 사망과 동시에 적극재산뿐만 아니라 소극재산도 포괄승계하게 된다.

이러한 상속으로 인한 부동산물권의 변동은 등기를 요하지 아니하므로 **상속등기를 하지 않더라도** 피상속인의 사망으로 법률상 당연히 상속인에게 이전된다. 그러나 이를 다시 처분하려면 상속으로 인한 물권의 취득을 등기하고 그 후에 처분에 따르는 등기를 하여야 한다(「민법」 제187조). 즉 상속을 원인으로 하는 소유권이전등기는 법률규정에 의해 이미 취득한 권리를 상속인 명의로 공시하기 위한 등기이며, 처분요건으로서의 기능을 가지고 있다.

(나) 구별개념

가) **포괄승계**에 따른 등기는 법률규정에 의한 물권변동을 공시하는 것이며, 단독신청이다(법 제23조 제3항).

나) **포괄승계인**에 의한 등기는 법률행위이든 법률규정이든 불문하고 등기원인이 발생한 후 포괄승계인 경우에 적용되는 것이며, 상대방과 공동으로 신청한다(법 제27조).

(다) 상속제도의 변천

우리의 상속제도는 그 상속순위·상속분 등에 관하여 구민법(1959.12.31.까지의 관습법)과 신민법(1960.1.1. 시행 신민법과 1979.1.1. 및 1991.1.1. 시행 개정민법)은 많은 차이점이 있고, 신민법 시행 후에도 상속에 관한 부분이 1979.1.1. 및 1991.1.1. 자로 각 바뀌었다. 민법 부칙의 경과규정에 의하여 현행법 시행 전에 피상속인의 사망으로 개시된 상속에 관하여는 피상속인의 사망 당시의 법을 적용하도록 되어 있다(「민법」 부칙 1958.2.22. 제25조, 1977.12.31. 제5조, 1990.1.13. 제12조 제1항 등). 따라서 상속으로 인한 이전등기의 신청을 심사함에 있어서는 먼저 상속의 개시일자를 가려 어느 법을 적용할 것인가를 판정한 후에 그 상속순위 내지 상속분을 따져 보아야 한다. 예컨대 **1960년 1월 1일 전에 상속의 원인이 있는 경우 그 상속순위와 상속분은 관습에 의한다.** [17 등기서기보]

(라) 상속순위(「민법」제1000조, 제1001조, 제1003조)

　가) 원칙

　　상속순위라 함은 법률상 정해진 상속의 순서(「민법」제1000조)를 말하고 그 순위는 ① 피상속인의 직계비속, ② 피상속인의 직계존속, ③ 피상속인의 형제자매, ④ 피상속인의 4촌 이내의 방계혈족의 순으로 상속되고, 동순위의 상속인이 수인인 때에는 최근친을 선순위로 한다.

　나) 대습상속

　　① 상속인이 될 직계비속 또는 형제자매가 상속개시 전에 사망하거나 결격자가 된 경우에 그 직계비속이 있는 때에는 그 직계비속이 사망하거나 결격된 자의 순위에 갈음하여 상속인이 된다(민법 제1001조). [20 법원사무관]

　　② 위 대습상속의 경우 상속개시 전에 사망 또는 결격된 자의 배우자는 동조의 규정에 의한 상속인과 동순위로 공동상속인이 되고 그 상속인이 없는 때에는 단독상속인이 된다(민법 제1003조 제2항).

　　③ 민법 제1003조 제2항의 "상속개시 전에 사망 또는 결격된 자의 배우자"라 함은 부의 사망 후에도 계속 혼가와의 인척관계가 유지되는 배우자를 의미하므로, **남편의 사망 후 재혼한 처는 전남편의 순위에 갈음하는 대습상속인으로 될 수 없다**(예규 694). [17 등기서기보]

　　④ 따라서 피상속인 갑남이 1993.5.17. 사망하였으나, 그 상속인 중 1인인 장녀 을은 직계비속이 없이 1975.8.14. 사망하였고 을의 배우자 병남은 1978.8.25. 재혼하였으며, 을의 생모 정은 갑의 사망 전인 1972.5.19. 갑과 이혼한 경우, 갑의 사망 당시 시행 중인 민법(1990.1.13. 법률 제4199호로 개정된 것)의 규정 (동법 제775조 제2항)에 의하면, **병남은 재혼으로 인하여 갑과 인척관계가 소멸된 것으로 보여지므로 병은 갑의 사망으로 개시된 상속에 있어서 을의 순위에 갈음하는 대습상속인이 될 수 없을 것이다**(선례 제6-224호).

　　⑤ 이와 달리, **처가 부모보다 먼저 사망한 경우 남편이 재혼하지 아니하면 처의 직계존속이 피상속인인 경우 남편은 처의 대습상속인이 된다.** [23 법무사]

(마) 종류

　가) 법정상속

　　상속인들의 법정 지분대로 상속등기를 하는 것을 말한다.

　나) 협의상속(협의분할에 의한 상속 = 조정분할에 의한 상속 = 심판분할에 의한 상속)

　　① 피상속인의 사망으로 **공동상속인은 피상속인의 권리·의무를 각자의 상속분에 따라 승계하게 되므로**(「민법」제1007조) 상속재산은 공동상속인이

일응 **공동소유하는 형태**로 된다. 상속재산의 협의분할은 이러한 잠정적인 공동소유관계를 해소하고 상속재산을 각 공동상속인에게 귀속시키기 위하여 포괄적으로 행하여지는 **분배의 절차**이다.

② 상속재산의 협의분할은 상속이 개시되어 공동상속인 사이에 잠정적 공유가 된 상속재산에 대하여 그 전부 또는 일부를 각 상속인의 단독소유로 하거나 새로운 공유관계로 이행시킴으로써 **상속재산의 귀속을 확정시키는 것**으로 그 성질상 재산권을 목적으로 하는 행위이다(대판 2001.2.9, 2000다51797).

③ 공동상속인은 피상속인의 분할금지의 유언이 없는 한 언제든지 협의분할을 할 수 있고 협의가 성립하면 그에 따라 분할하게 된다(「민법」 제1013조 제1항). [13 법무사] 이러한 협의분할의 형식에는 아무런 제한이 없으므로 상속재산을 구체적으로 어떻게 분할하느냐도 협의의 성질상 **공동상속인이 자유롭게 결정**할 수 있다.

따라서 공동상속인 전원이 참가하여 그중 **1인만이 상속재산 전부를 받고** 나머지 상속인들은 상속재산을 받지 않기로 하는 상속재산의 협의분할을 한 경우에도, 그러한 협의분할에 따른 상속등기를 할 수 있다(선례 2-267). 또한 **법정상속분에 따라 상속재산을 분할하는 것도 「민법」상 금지하고 있지 않으므로**, 이에 따라 상속등기를 신청할 때는 등기원인을 '**협의분할에 의한 상속**'으로 기재하고, 등기원인에 따라 공동상속인 **전원의 인감증명서**와 그 인감을 날인한 **상속재산분할협의서**를 첨부정보로 제공하여야 한다(선례 제202408-1호).

상속재산 전체를 일괄하여 분할할 필요는 없으며 상속재산 중 일부만 먼저 분할하고 나머지를 다시 협의하여 분할해도 무방하다.

④ 협의분할에 의한 상속등기나 조정분할에 의한 상속등기나 **심판분할**에 의한 상속등기 모두 협의의 성질을 가지고 있다.

⑤ 상속재산의 분할은 상속이 개시된 때에 **소급하여 효력이 생기고**(「민법」 제1015조) 상속재산의 분할에 의하여 특정상속인이 단독 상속하더라도 그가 법정상속분을 초과하여 취득한 상속분은 다른 공동상속인에게 귀속된 권리를 승계하는 것이 아니고 **피상속인으로부터 직접 승계하는 것으로 본다**(대판 1989.9.12, 88다카5836). 따라서 민법 제1013조 제2항 규정의 **상속재산분할심판에 따른 소유권이전등기는 법정상속분에 따른 상속등기를 거치지 않고 직접 할 수 있다**(선례 5-288). [19 법원사무관·법무사]

⑥ 이와 달리 상속인간에 상속재산협의분할이 이루어지지 않아 법원이 상속재산의 **경매분할**을 명한 경우, 동 심판은 상속재산의 현물분할을 명한 것이 아니므로 동 심판에 따른 **협의분할 상속등기를 할 수 없고**, [13 법무사] 동 심

판에 따른 경매신청을 하기 위하여서는 법정상속등기가 선행되어야 하며[19 등기주사보], 법정상속등기가 이미 경료된 등기를 동 심판서의 주문에 기재된 상속비율로 경정등기신청을 할 수 없다(선례 201612-4).

다) 상속포기

① 상속의 포기는 상속개시된 때에 소급하여 그 효력이 있다(「민법」제1042조). 따라서 상속을 포기한 자는 소급하여 상속인이 아닌 것으로 되므로 상속등기신청권이 없다(「민법」제1041조, 제1042조).

② 공동상속인 전원이 상속을 포기한 경우에는 상속인 전원이 소급하여 상속권을 상실하기 때문에 차순위상속인에게 상속되는데, 이 경우 차순위상속인의 상속은 대습상속이 아니고 본위상속에 해당한다. 차순위상속인도 다시 상속을 포기할 수 있는데, 전원이 상속을 포기한 경우에는 차차순위상속인에게 순차적으로 상속된다고 할 것이다(선례 제201211-4호).

③ 상속인이 수인인 경우에 어느 상속인이 상속을 포기한 때에는 그 상속분은 다른 상속인의 상속분의 비율로 그 상속인에게 귀속된다(「민법」제1043조). [17 등기사무관] 따라서 수인의 공동상속인 중 일부가 상속을 포기한 경우에 포기한 상속인의 직계비속 또는 형제자매가 그 상속재산을 대습상속하는 것이 아니다(선례 201211-4). [20 법원사무관]

④ 피상속인의 배우자와 자녀 중 자녀 전부가 상속을 포기한 경우,「민법」제1043조에 따라 상속을 포기한 자녀의 상속분은 남아있는 '다른 상속인'인 배우자에게 귀속되므로, 배우자가 단독상속인이 된다(선례 제202305-01호).

⑤ 피상속인(甲)의 사망으로 상속이 개시된 후 상속등기를 마치지 아니한 상태에서 상속인 중 1인(A)이 사망하고 A의 상속인(a')이 상속포기한 경우, A의 상속인(a')은 甲의 재산을 대습상속하는 것이 아니라 A를 거쳐 본위상속하는 것이고, 상속포기자는 처음부터 상속인이 아니었던 것으로 되는 것이므로, 결국 A의 상속인(a')은 甲을 상속할 수 없다. [선례 제202307-4호] 따라서 甲의 상속재산에 대한 상속재산분할협의의 당사자는 '甲의 나머지 상속인들(B,C)'과 '상속포기자(a')를 제외한 나머지 A의 상속인들(a'',a''')(A의 상속인들 중 일부가 상속포기하였을 경우)' 혹은 '甲의 나머지 상속인들(B,C)'과 'A의 후순위 상속인들(A의 상속인들 전부가 상속포기하였을 경우)'이라 할 것이다(선례 제202307-4호).

나. 적용범위

(가) 물리적 일부만에 대한 소유권이전등기(법 제15조, 법 제29조 제2호) - ×

(나) 상속지분만에 대한 상속등기(법 제29조 제2호, 규칙 제52조 제7호) - ×

공동상속인 중 일부가 자신의 상속지분만에 대한 상속등기를 신청한 경우는 허용되지 아니한다. [20 등기서기보·법무사 / 19 등기주사보 / 18 등기주사보 / 15 등기서기보·법원사무관 / 13 법무사 / 11 법무사 / 10 법무사]

따라서 공동상속인이 수인인 경우

① 공동상속인이 모두 함께 신청하거나

② 상속인 중 1인이 민법 제265조 단서의 공유물 보존행위로서 공유자 전원을 위하여 상속등기를 신청할 수는 있으나

③ 상속인 중 1인이 자신의 지분만에 관한 상속등기를 신청할 수 없다(법 제29조 제2호, 규칙 제52조 제6호).

상속인 중 1인이 전원을 위하여 상속등기를 신청할 때에는 신청서에 상속인 전원을 표시하고 나머지 상속인의 주소 및 주민등록번호 등을 증명하는 정보를 제공하여야 한다(선례 5-276). [18 등기주사보 / 16 등기서기보]

2) 개시

상속, 법인의 합병, 그 밖에 대법원규칙으로 정하는 포괄승계에 따른 등기는 등기권리자가 단독으로 신청한다(법 제23조 제3항). [19 법무사 / 14 법무사] 일정한 포괄승계에 따른 등기를 신청하는 시점에는 등기의무자인 피상속인이나 소멸법인 등이 이미 사망·해산하여 공동신청이 불가능하고, 포괄승계 개시 사실과 상속인의 범위, 존속법인 등은 가족관계등록사항별 증명서 및 제적부 등·초본, 법인 등기사항증명서 등에 의하여 증명되기 때문이다.

3) 신청절차

가. 신청인

(가) 당사자 본인

가) 원칙

등기권리자인 상속인이 단독으로 신청한다.

나) 공동상속인이 수인인 경우

① 공동상속인이 모두 함께 신청하거나

② 상속인 중 1인이 민법 제265조 단서의 공유물 보존행위로서 공유자 전원을 위하여 상속등기를 신청할 수는 있으나

③ 상속인 중 1인이 자신의 지분만에 관한 상속등기를 신청할 수 없다(법 제29조 제2호, 규칙 제52조 제6호).

상속인 중 1인이 전원을 위하여 상속등기를 신청할 때에는 신청서에 상속인 전원을 표시하고 나머지 상속인의 주소 및 주민등록번호 등을 증명하는 정보를 제공하여야 한다(선례 5-276). [18 등기주사보 / 16 등기서기보]

> 🔖 **관련 선례**
>
> **공동상속인 중 1인이 상속등기에 필요한 서면의 교부 청구에 협력하지 않는 경우, 그 서면을 발급받기 위한 절차 (선례변경) (선례 제202202-1호)**
>
> 1. 공동상속의 경우 상속인 중 1인이 법정상속분에 의하여 나머지 상속인들의 상속등기까지 신청할 수 있는데(등기선례 5-276), 이 경우 등기신청인은 등기원인을 증명하는 정보(제적 등·초본, 가족관계 등록사항별 증명서)와 주소 및 주민등록번호를 증명하는 정보를 첨부정보로서 등기소에 제공하여야 한다(「부동산등기규칙」 제46조 제1항 제6호)(선례 제202202-1호).
>
> 2. 제적 등·초본, 가족관계 등록사항별 증명서는 본인 또는 배우자, 직계혈족(이하 "본인 등"이라 한다)에 한하여 교부 청구가 가능하고 본인 등이 아닌 경우에는 원칙적으로 본인 등의 위임을 받아야 하지만, 소송, 비송, 민사집행·보전의 각 절차에서 필요한 경우로서 신청서에 청구사유를 기재하고 소명자료로 신청대상자의 등록사항별 증명서를 제출할 것을 요구하는 **법원(등기관 등 포함)의 보정명령서, 재판서, 사실조회서, 촉탁서 등을 제출하는 경우에는 본인 등의 위임이 없더라도** 위 서류들의 교부를 청구할 수 있다(「가족관계의 등록 등에 관한 법률」 제14조 제1항 제2호, 부칙 제4조, 「가족관계의 등록 등에 관한 규칙」 제19조, 가족관계등록예규 제578호 제2조 제5항 제2호, 제14조)(선례 제202202-1호).
>
> 3. **주민등록 등·초본의 교부신청은 본인이나 세대원이 할 수 있다. 다만, 본인이나 세대원의 위임이 있거나 관계 법령에 따른 소송·비송사건·경매목적 수행상 필요한 경우에는 본인 등의 위임이 없더라도 주민등록 등·초본의 교부를 신청할 수 있다**(「주민등록법」 제29조 제2항). 이 경우 신청자는 증명자료로 주소보정명령서, 주소보정권고 등 사건관계인의 주소를 알기 위해 법원(등기관 등 포함)에서 발행한 문서를 제출하여야 한다(「주민등록법 시행규칙」 제13조 제1항)(선례 제202202-1호).

다) 협의분할을 한 경우

협의분할을 통하여 상속을 받는 자가 상속등기를 신청할 수 있다. 협의를 통해 상속을 받지 않는 자는 등기를 신청할 수 없으므로 등기신청인이 될 수 없다.

[14 등기서기보]

라) 상속을 포기한 경우

상속의 포기는 상속개시된 때에 소급하여 그 효력이 있다(「민법」 제1042조). 따라서 상속을 포기한 자는 소급하여 상속인이 아닌 것으로 되므로 상속등기 신청권이 없다(「민법」 제1041조, 제1042조).

또한 상속인이 수인인 경우에 어느 상속인이 상속을 포기한 때에는 그 상속분은 다른 상속인의 상속분의 비율로 그 상속인에게 귀속되므로(「민법」 제1043조). [17 등기서기보] 그 포기자가 다른 상속인을 위하여 상속등기를 신청할 수도 없다(선례 2-246). [16 등기서기보]

마찬가지 법리로 채무자인 **상속인이 상속포기를** 한 경우에는 채무자에게 등기 신청권이 없으므로 **채권자는 상속인을 대위하여 상속등기를 신청할 수도 없** 다. [17 등기주사보 / 13 법무사]

마) 공동상속인 중 1인이 행방불명이 된 경우

행방불명된 자에 대하여 **실종선고를 받지 않는 한** 그 자를 포함하여 **법정상속** **등기를** 신청하여야 한다. 마찬가지로 위 행방불명된 상속인에 대한 실종선고 를 받지 않는 한 그 자를 제외하여 협의분할을 할 수 없고, 공동상속인 중 일 부는 법정상속분에 따라 공동상속인 전원의 상속등기를 신청할 수 있다.

(나) 제3자

가) 대리

상속을 원인으로 한 소유권이전등기는 당사자가 직접 할 수도 있지만 **대리인에** **게 위임할** 수도 있다.

나) 대위

① **상속등기를 하지 아니한 부동산에** 대하여 **가압류결정이 있을 때** 가압류채 권자는 그 기입등기촉탁 이전에 먼저 대위에 의하여 상속등기를 함으로써 등기의무자의 표시가 등기기록과 부합하도록 하여야 한다(예규 1432). [21 법원사무관 / 18 법무사 / 17 등기서기보 / 11 법무사 / 10 법무사]

② **상속인으로부터 부동산을 매수하여** 그 상속인을 상대로 소유권이전등기 승소판결을 얻은 원고는 대위원인을 증명하는 서면인 판결정본을 첨부하여 **상속을 원인으로 한 소유권이전등기를 상속인을 대위하여** 신청할 수 있다. [18 법무사]

③ 관공서가 **체납처분으로 인한 압류등기를** 촉탁하는 경우에는 등기명의인 또는 상속인, 그 밖의 포괄승계인을 갈음하여 부동산의 표시, 등기명의인 의 표시의 변경, 경정 또는 상속, 그 밖의 포괄승계로 인한 권리이전(권리 이전)의 등기를 함께 촉탁할 수 있다(법 제96조).

④ **수용으로** 인한 소유권이전등기를 신청하는 경우에 등기명의인이나 상속 인, 그 밖의 포괄승계인을 갈음하여 부동산의 표시 또는 등기명의인의 표 시의 변경, 경정 또는 상속, 그 밖의 포괄승계로 인한 소유권이전의 등기 를 신청할 수 있다.

나. 신청정보

(가) 등기원인 및 그 연월일

1959.12.31.까지	1960.1.1. ~ 1990.12.31.	1991.1.1. 이후			
호주상속 (호주가 상속받은 경우)	재산상속	법정 상속	협의분할	조정분할	심판분할
유산상속 (호주가 아닌 가족의 재산을 상속하는 경우)		상속	협의분할에 의한 상속	조정분할에 의한 상속	심판분할에 의한 상속

가) 법정상속분에 따른 경우

① 법정상속분에 따라 상속등기를 신청할 때에는 등기원인을 **"상속"**으로, 그 연월일을 **피상속인이 사망한 날**로 한다. 다만 1959.12.31. 이전에 개시된 상속으로 인한 소유권이전등기를 신청할 때에는 등기원인을 "호주상속 또는 유산상속"으로, 1960.1.1.부터 1990.12.31.까지의 기간 중에 개시된 상속으로 인한 소유권이전등기를 신청할 때에는 등기원인을 "재산상속"으로 한다.

② 하나의 상속등기사건에 2개의 등기원인이 있는 경우에 등기원인란에는 먼저 개시된 원인과 연월일을 기재하고, 후에 개시된 상속 원인은 신청인 표시란에 "공동상속인 중 ○○○는 ○년 ○월 ○일 사망하였으므로 상속"이라고 기재하고 그 상속인을 표시한다(예규 57). 즉 **상속개시 후 그 상속등기를 하기 전에 상속인 중 한 사람이 사망하여 또다시 상속이 개시된 경우에는 상속개시일자를 순차로 모두 신청정보로 하여 1건으로 상속등기를 신청할 수 있다.** [23 법무사 / 18 등기주사보]

③ **피상속인의 사망일자가 호적부에 "특정일자"가 아닌 "기간(○○년 ○○월 상순경)"으로 기재되어 있다고 하더라도, 그 기간 중에 어떠한 일자로 특정하여도 상속인의 범위 및 상속지분 등이 달라지지 아니한다면,** 등기관은 다른 각하사유가 없는 한 당해 상속등기신청을 수리할 수 있을 것이나, 구체적인 사건에서 그러한 등기신청을 수리할지 여부는 해당 사건을 심사하는 등기관이 구체적·개별적으로 판단할 사항이다(선례 제202207-1호).

나) 협의분할에 의한 경우

상속재산 협의분할에 따라 상속등기를 신청할 때에는 등기원인을 **"협의분할에 의한 상속"**으로, 그 **연월일을 피상속인이 사망한 날**로 한다. [20 등기서기보 / 14 등기서기보·법무사]

다) 조정분할 또는 심판분할에 의한 경우

상속재산 조정분할 또는 상속재산 심판분할에 따라 상속등기를 신청할 때에는 **등기원인**을 각각 **"조정분할에 의한 상속"** 또는 **"심판분할에 의한 상속"**으로, 그 **연월일**을 피상속인이 사망한 날로 한다. [22 등기서기보]

(나) 등기목적

"소유권이전"이라고 기재한다.

(다) 신청인의 표시

수인의 **공동상속인**을 위한 소유권이전등기를 신청하는 경우에는 그 상속지분을 반드시 기재하여야 하며 이는 상속분이 같을 때에도 마찬가지이다. 상속인의 지분표시는 상속지분에 대한 합을 분모로 하고 각자의 상속분을 분자로 하여 ○분의 ○으로 기재한다.

다. 첨부정보

(가) 등기원인과 관련된 첨부정보

가) 등기원인을 증명하는 정보

① 상속 및 상속인임을 증명하는 서면

상속으로 인한 소유권이전등기를 신청할 경우 그 신청서에는 **피상속인의 사망사실**과 **상속인 전원**을 알 수 있는 제적등본과 가족관계등록사항별 증명서를 첨부하여야 한다(선례 2-131 참조). 따라서 **제적부 등·초본, 가족관계 등록사항별 증명서는 상속등기의 등기원인을 증명하는 정보가 될 수 있다.** [15 법무사]

1. 피상속인

㉠ 제적등본- ○

(a) 현재의 가족관계증명서뿐만 아니라 제적부 등·초본을 첨부하게 하는 이유는 2007.12.31. 이전에 사망신고된 사람은 가족관계등록부가 작성되지 아니하였을 뿐만 아니라 피상속인의 사망 시 과거에는 대부분 호주승계(호주상속)로 인하여 호적부를 다시 편제하였는데 피상속인의 사망사실이 피상속인이 호주였던 제적부 등·초본에 기재되기 때문이다. 또한 호주승계가 된 제적부 등·초본에는 구 호적법상 분가나 출가에 의하여 제적된 다른 상속인은 나타나지 아니하므로 상속인 전원의 범위와 그 상속인임을 소명하기 위해서 제적부 등·초본을 첨부한다.

(b) 등기원인이 상속인 때에는 신청서에 상속의 원인을 증명하는 시·구·읍·면의 장의 서면 또는 이를 증명함에 족한 서면을 첨부하여야 하는 바, 이 서면은 개인의 신분에 관한 기본 공부인 제적등본 또는 가족관계등록사항별 증명서를 말하고 주민등록표는 이에 해당하는 서면이라고 볼 수 없다. 그러므로 비록 주민등록표에 사망으로 기재되어 있다 하더라도 제적등본 또는 기본증명서에 사망으로 등재되어 있지 않으면 그 주민등

록표를 상속을 증명하는 서면으로 하여 상속등기를 할 수 없다
(선례 5-213).

  ⓛ 기본증명서 - ○
  피상속인의 사망사실과 사망일자를 증명하는 정보로서 피상속인의
  기본증명서를 제공한다.

  ⓒ 가족관계증명서 - ○
  피상속인의 상속인의 범위를 확정하기 위하여 가족관계증명서를
  제공한다.

  ⓔ 친양자입양관계증명서 - ○
  친양자입양관계증명서를 첨부하게 하는 이유는 친양자 입양으로
  입양 전의 친족관계는 종료하는 바(「민법」 제908조의3 제2항), 피
  상속인의 사망시점과 친양자 입양시점을 비교하여 상속인의 범위
  를 확정할 필요가 있기 때문이다.

  ⓜ 입양관계증명서 - △
  「가족관계의 등록 등에 관한 법률」의 개정으로 2010년 6월 30일
  부터는 자의 **가족관계증명서**의 부모란에 양부모만을 부모로 기록
  하고, **친생부모**는 양부모와 함께 자의 입양관계증명서에 기록하는
  것으로 변경됨에 따라 **2순위 이하의 상속인이 등기권리자가 되어**
  상속등기를 신청할 때에는 2순위 상속인(직계존속 중 친생부모 +
  양부모)을 확인하기 위하여 추가로 피상속인의 **입양관계증명서를**
  첨부하여야 한다(선례 9-213). [19 등기주사보 / 18 법무사]

  ⓗ 혼인관계증명서 - △
  피상속인이 2008.1.1.(가족관계등록제도 시행) 이후에 사망하였
  는데 피상속인의 배우자가 2008.1.1. 전에 국적을 상실하여 그 배
  우자에 대한 가족관계등록부가 작성되지 아니한 경우, 그 배우자
  가 상속을 원인으로 하는 소유권이전등기신청을 할 때에는 상속인
  임을 증명하는 정보로서 피상속인의 혼인관계증명서(상세)를 제공
  하여야 하고, 국적을 상실한 후 성명이 변경되었다면 위 증명서에
  기록된 배우자와 등기신청인이 동일인임을 증명하는 정보도 제공
  하여야 한다(선례 201901-2).

2. 상속인

  ㉠ 기본증명서
  상속인의 사망 · 실종선고 등을 판단하기 위하여 제공한다. 사망한
  상속인은 등기권리자가 될 수 없으며 대습상속의 여부도 판단하여
  적확한 지분을 산정하기 위함이다.

ⓛ 가족관계증명서

등기원인이 상속인 경우에 등기신청서에 첨부하여야 상속을 증명
하는 서면(「부동산등기법」 제46조 참조)은, 피상속인이 2008.1.
1. 이전에 사망한 경우에는 피상속인의 제적등본 및 상속인의 기
본증명서가 해당하고, 피상속인이 2008.1.1. 이후에 사망한 경우
에는 피상속인의 제적등본(폐쇄등록부의 기본증명서, 가족관계증
명서, 친양자입양관계증명서 포함) 및 상속인의 기본증명서가 해당
한다(가족관계등록선례 200904-2). 즉 상속인의 가족관계증명서
는 반드시 요구되는 서면은 아니나 실무상으로는 제공하고 있다.

3. 피상속인이 외국인인 경우

상속을 원인으로 소유권이전등기를 신청할 때에는 등기원인을 증명하
는 정보로서 피상속인의 사망사실과 상속인 전원을 확인할 수 있는 정
보를 제공하여야 하는 바, 피상속인이 외국인인 경우에 피상속인의 사
망사실을 증명하는 정보로는 본국(피상속인) 관공서에서 발행한 사망
증명서나 의료기관이 발행한 사망진단서를 제공할 수 있으며, 상속인
전원을 확인할 수 있는 정보로는 본국(피상속인)에 이에 관한 증명제도
가 있다면 그 증명서를 제공하여야 하지만, 본국(피상속인)에 이에 관
한 증명제도가 없다면 각 상속인의 상속인임을 증명하는 정보(출생증
명서, 혼인증명서 등)와 함께 "등기신청인 외에 다른 상속인은 없다"는
내용의 본국(상속인) 공증인[대한민국에 주재하는 본국(상속인) 공증담
당영사 포함]의 인증을 받은 상속인 전원의 선서진술서를 제공할 수 있
다[이 선서진술서의 경우, 본국(상속인) 공증인 제도 또는 본국(상속
인) 영사 제도상으로 선서진술서 제공의 업무가 가능한 경우에 한함].
다만, 구체적인 사건에서 피상속인의 사망사실과 상속인 전원을 확인
할 수 있는 정보가 제공되었는지 여부는 담당 등기관이 판단할 사항이
다(선례 202006-2).

4. 제적등본 등을 발급받을 수 없는 경우

1972.8.25. 사망한 갑의 공동상속인 중 1인인 을은 1945.7.29. 혼인
신고에 따라 본가 호적에서 제적되었으나 그 호적부의 사항란에 기재
된 혼가의 본적지를 관할하는 등록관서에는 을이 등재된 호적부가 존
재하지 않아 '을이 호적에 등재된 사실이 없음을 확인하는 증명서(무
적증명서)'를 해당 등록관서로부터 발급받았다면 갑의 나머지 공동상
속인들은 피상속인 갑의 제적등본, 을에 대한 무적증명서 및 나머지
상속인들의 기본증명서 등 상속을 증명하는 정보를 제공하여 생사불
명인 을을 포함한 공동상속인 전원 명의의 상속등기를 신청할 수 있

다. 이 경우 을의 주소로는 본가의 제적등본에 기재된 혼가의 본적지를 제공하면 되며, 을의 주소를 증명하는 정보로는 혼가의 본적지가 기재된 본가의 제적등본을 제공하면 된다(선례 201807-5).

5. 상속을 증명하는 정보를 제공하여야 하는지 여부

   ㉠ 등기권리자의 상속인이 등기기록상 최종 소유자를 상대로 하여 **진정명의회복을 원인으로 하는 승소판결을 받은 경우에 그 판결에 의하여 소유권이전등기를 신청함에 있어서는 상속을 증명하는 서면을 제공할 필요가 없다**(선례 7-179). [18 법무사] 상속인이 원고가 되어 소송을 하였으므로 주문에는 "피고는 갑(상속인)에게 진정명의회복을 원인으로 한 소유권이전등기절차를 이행하라."고 기재되므로 등기관은 판결의 주문대로 상속인에게 바로 등기를 하면 되는 것이고 소송 시에 이미 제출한 서면을 등기신청 시에 다시 제출케 하는 것은 불합리하기 때문이다. [22 법무사] 甲의 증조부가 사정받은 토지를 망조부를 거쳐 망부로 순차 단독상속된 후 망부의 공동상속인들 사이에 상속재산 협의분할을 통하여 甲이 망부의 토지를 단독으로 상속받은 사실이 인정되어, 甲이 소유권보존등기명의인인 국가를 상대로 진정명의회복을 원인으로 한 소유권이전등기절차이행을 명하는 승소확정판결을 받은 경우와 같이 상속인이 등기권리자로서 승소판결을 받은 경우, 위 판결에 의하여 소유권이전등기를 신청함에 있어서는 호적등본, 제적등본, 망부의 상속인들 사이의 상속재산협의분할서 등 부동산등기법 제46조 소정의 상속을 증명하는 서면을 첨부할 필요가 없다(선례 7-179).

   ㉡ (🖋 예컨대 소유권이전등기의 청구사건) 승소한 등기권리자(원고)가 승소판결의 **변론종결 후 사망**하였다면, 상속인이 상속을 증명하는 서면을 첨부하여 **직접 자기(상속인)** 명의로 등기를 신청할 수 있다(선례 7-107). [19 등기서기보·법무사 / 17 법원사무관 / 15 등기서기보 / 14 법무사 / 12 법무사 / 9 법무사]

② 상속재산분할협의서

1. 의의

   공동상속인은 피상속인의 분할금지의 유언이 없는 한 언제든지 협의분할을 할 수 있고 협의가 성립하면 그에 따라 분할하게 된다(「민법」 제1013조 제1항). [13 법무사] 협의분할의 효력은 상속이 개시된 때 소급하여 효력이 발생한다. 공동상속인 사이에 상속재산의 협의분할이 성립하여 협의분할에 의한 상속을 등기원인으로 하여 소유권이전등기를 신청할 때에는 상속을 증명하는 정보(시장 등의 서면 또는 이를 증명함에 족한 서면 등) 외에 그 **협의가 성립하였음을 증명하는 정보로서 상속재산 분할협의서 및 협의서에 날인한 상속인 전원의 인감증명**을 제출하여야 한다(「부동산등기규칙」 제60조 제1항 제6호).

2. 작성방법

㉠ **상속재산 분할협의는 반드시 상속인 전원이 참여하여야 하나, 반드시 한장으로 이루어질 필요는 없고, 순차적으로 이루어질 수도 있다**(대판 2001.11.27, 2000두9731). 즉 상속재산의 협의분할은 공동상속인 간의 일종의 계약이므로 상속재산 분할협의서를 작성함에 있어 상속인 전원이 참석하여 그 협의서에 연명으로 날인하는 것이 바람직하나, 공동상속인의 주소가 상이하여 **동일한 분할협의서(복사본이나 프린트 출력물 등)를 수통 작성하여 각각 날인**하였더라도 결과적으로 **공동상속인 전원이 분할협의에 참가하여 합의한 것으로 볼 수 있다면**, 그 소유권이전등기신청을 수리하여도 무방하다(선례 8-192). [19 등기주사보 / 14 법무사 / 13 법무사]

㉡ 규칙 제56조 제2항에서의 등기권리자 또는 등기의무자가 여러 명일 때에는 그중 1명이 간인하는 규정은 등기신청서의 간인에 관한 것이며, 그 **부속서류에는 동 규정이 적용되지 아니 한다.** [10 법무사] 따라서 등기신청서의 부속서류인 **상속재산분할협의서**(선례 3-43)[19 등기서기보 / 17 등기서기보 / 16 법무사]**의 간인은 공동상속인 전원**이 하여야 한다.

㉢ **공동상속인 중 일부의 행방을 알 수 없는 경우에는 위 행방불명된 상속인에 대한 실종선고를 받지 않는 한 협의분할을 할 수 없다.** [10 법무사] 다만 공동상속인 중 일부는 법정상속분에 따라 공동상속인 전원의 상속등기를 신청할 수 있다(선례 5-275).

㉣ **공동상속인 중 상속을 포기한 자가 있는 경우** 그러한 자는 상속포기의 소급효로 처음부터 상속인이 아니었던 것으로 되므로 **상속을 포기한 자까지 참여한 상속재산분할협의서 및 상속을 포기한 자의 인감증명을** 첨부정보로서 등기소에 제공할 필요는 **없으나**, 상속을 포기한 자에 대하여는 법원으로부터 교부받은 **상속포기신고를 수리하는 뜻의 심판정본을 제출하여야 한다**(선례 202006-1). [22 법무사]

㉤ [임의대리]

ⓐ **상속재산분할협의는 본인이 직접 참여할 수도 있고, 대리인에게 위임하여 할 수 있으며, 이 경우 본인이 미성년자가 아닌 한 그 공동상속인 중 한 사람을 위 분할협의에 관한 대리인으로 선임하여도 무방하다**(선례 4-26). 따라서 **공동상속인 중 1인**

이 외국에 거주하고 있어(**예** 재외국민·외국인 등의 경우) 직접 분할협의에 참가할 수 없다면 **다른 공동상속인 중 1인에게 상속재산 분할협의를 위임할 수 있다.** [22 법무사]

ⓗ [법정대리]

법정대리친권자와 미성년자인 자가 공동상속인이 되어 협의분할을 하고 상속등기를 신청하는 경우

ⓐ 상속재산에 대하여 그 소유의 범위를 정하는 내용의 **상속재산 협의분할**은 그 행위의 객관적 성질상 상속인 상호 간의 이해의 대립이 생길 우려가 있는 **민법 제921조 소정의 이해상반되는 행위**에 해당한다. 따라서 공동상속인인 친권자와 미성년 사이에 상속재산 협의분할을 하게 되는 경우에는 **특별대리인**을 선임하여 상속재산의 협의분할을 하여야 한다.

ⓑ 이는 친권자가 **상속재산을 전혀 취득하지 아니하는 경우**라 하더라도 이해상반행위에 해당하므로 특별대리인을 **선임하여야 한다.** [23 법무사 / 22 법무사 / 19 등기주사보·법원사무관 / 18 등기주사보 / 17 등기주사보 / 16 법무사 / 14 법무사 / 13 법무사 / 9 법무사]

ⓒ 다만 **상속포기**[14 등기서기보]를 하고 상속재산분할협의를 하는 경우와 **이혼하여 상속권이 없는**[20 법원사무관 / 17 등기주사보] 피상속인의 전처가 자기가 낳은 미성년자 1인을 대리하여 상속재산분할협의를 하는 경우에는 이해상반행위에 해당하지 않으므로 특별대리인을 선임할 필요가 없다.

ⓢ 상속재산 협의분할의 경우 특별대리인의 자격에는 제한이 없으나, **상속인들 중 1인이 미성년자의 특별대리인으로 선임된 경우에는 결국 미성년자와 특별대리인 사이에 이해가 상반되는 관계에 있으므로, 그러한 특별대리인이 미성년자를 대리한 상속재산 협의분할서를 첨부하여 협의분할에 의한 상속을 등기원인으로 하는 소유권이전등기를 신청할 수는 없을 것이다**(선례 6-19).

3. 문서의 진정성 담보(상속인 전원의 인감날인 및 인감증명 첨부 등)

㉠ 협의분할에 의한 상속등기를 신청하는 경우에는 상속재산분할협의서에 상속인 전원의 인감을 날인하고 인감증명을 제공하여야 한다(규칙 제60조 제1항 제6호).

㉡ 다만 이러한 서면이 공정증서이거나 공증인의 인증을 받은 경우에는 인감증명을 제공할 필요가 없다(규칙 제60조 제1항 제6호). 협의분할에 의한 상속을 원인으로 소유권이전등기를 신청할 때에

공동상속인 전원이 인감을 날인한 상속재산분할협의서와 인감증명 서를 제공하는 대신 공증인의 공증을 받은 상속재산분할협의서를 첨부정보로서 제공할 수 있다. 상속재산분할협의서에 공증을 받을 때에는 상속인이 날인(또는 서명)을 하고 본인의 의사에 따라 작성 되었음을 확인하는 뜻의 **공증을 해당 서면 그 자체에 받아야 하며**, **상속재산분할협의서가 여러 장인 경우에는 상속인 전원이 간인**(또 는 연결되는 서명)을 하고, 공증인 또한 각 장에 걸쳐 직인으로 간 인을 하여야 한다(「공증인법」 제38조 제5항). 공동상속인 중 일부 가 외국인인 경우로서 그 외국인이 본국에서 상속재산분할협의서 에 공증을 받을 때에도 위와 다르지 아니한 바, 상속재산분할협의 서에 그 상속인이 날인(또는 서명)을 하고 본인의 의사에 따라 작 성되었음을 확인하는 뜻의 공증을 해당 서면 그 자체에 받아야 하 며, 상속재산분할협의서가 여러 장인 경우에는 그 상속인이 간인 (또는 연결되는 서명)을 하고, 공증인 또한 여러 장의 서면을 하나 의 문서로서 공증하였음을 나타내는 표시(ⓐ 각 장에 걸쳐 간인하 는 방식, ⓑ 각 장을 끈으로 묶어 압인하는 방식, ⓒ 각 장을 끈으 로 묶고 스티커를 붙인 다음 직인을 찍는 방식 등)를 하여야 한다. 다만, 구체적인 사건에서 외국 공증인의 공증을 받은 상속재산분 할협의서가 여러 장인 경우에 그 서면 전체가 하나의 문서로서 공 증이 이루어진 것으로 볼 수 있는지 여부는 담당 등기관이 판단할 사항이다(선례 202001-1).

ⓒ 외국인의 경우에는 규칙 제61조 제3항의 규정을, 재외국민의 경우 규칙 제61조 제4항의 규정에 따른 방법에 의하며, 재외국민이 재 외공관의 인증을 받는 경우 재외국민등록부등본을 제공할 필요는 없다.

4. 판결에도 적용되는지 여부

취득시효완성을 원인으로 한 소유권이전등기 소송에서 원고들에게 일정 지분대로 이행을 명한 승소확정판결을 받았고, 그 판결이유 중에 원고 들의 피상속인이 부동산을 시효취득한 사실 및 원고들이 소유권이전등 기청구권을 공동상속한 사실이 기재되어 있는 경우에는 판결정본과 상 속재산협의분할서(상속인 전원의 인감증명서 첨부) 및 가족관계증명 서, 기본증명서, 친양자입양관계증명서, 제적등본 등 부동산등기법 제 46조 소정의 상속을 증명하는 서면을 첨부하여 원고들 중 1인의 단독 소유로 하는 소유권이전등기를 신청할 수 있다(선례 8-190). [22 법무사]

③ 상속포기심판서
1. 의의
   상속의 포기는 상속개시된 때에 소급하여 그 효력이 있다(「민법」제1042조). 따라서 **상속을 포기한 자는 소급하여 상속인이 아닌 것으로 되므로 상속등기신청권이 없다**(「민법」제1041조, 제1042조).
2. 제공할 서류
   일부 상속인이 상속재산 전부를 상속하고 나머지 상속인들은 그들의 상속지분을 포기하는 내용의 상속등기를 신청하는 경우에는, 상속등기 신청 시 통상 제출할 서면 외에 상속지분을 포기하는 상속인들이 관할 법원에 상속포기신고를 하여 그 법원으로부터 교부받은 상속포기신고를 수리하는 뜻의 심판의 정본을 제출하여야 한다. 또한 상속포기신고로써 재산상속포기의 효력이 발생하는 것이 아니고 법원의 수리심판이 있는 경우 상속 개시 시에 소급하여 그 효력이 발생하는 것이므로, **상속포기신고접수증명이 아니라 수리증명(상속포기심판서정본)을 제출하여야 한다**. 따라서 이 경우 상속포기신고 접수증명의 사본에 대하여 원본과 대조하여 그와 부합함을 인증한 인증서로는 이에 갈음할 수 없다(선례 7-200). [19 등기주사보 / 18 등기주사보·법무사]

④ 공동상속인 중 특별수익자가 있는 경우(「민법」제1008조)
   공동상속인 중에 피상속인으로부터 재산의 증여 또는 유증을 받은 자가 있는 경우에 그 수증재산이 자기의 상속분에 달하지 못한 때에는 그 부족한 부분의 한도에서 상속분이 있다(「민법」제1008조).
   공동상속인 중에 피상속인으로부터 **자기의 상속분을 초과하여 증여를 받은 특별수익자가 있는 경우**, 그 특별수익자에게는 **상속분이 없음을 증명하는 정보**(판결 또는 위 특별수익자가 작성하고 그의 인감증명서를 첨부한 확인서)를 첨부정보로 제공하여 그 **특별수익자를 제외한 나머지 공동상속인들이 그들 명의로 상속등기를 신청할 수 있는 바**[19 등기사기보], 위 판결의 이유 중에 망인으로부터 피고들이 생전증여로 받은 특별수익으로 인해 상속개시 시에 피고들에게는 상속분이 없음이 명시되어 있는 경우라면 이러한 판결은 피고들에게 상속분이 없음을 증명하는 정보가 될 수 있다(선례 201803-4)
   피상속인(1997.5.5. 사망)의 재산의 유지 또는 증가에 특별히 기여한 자(피상속인을 특별히 부양한 자 포함)가 있을 경우에는 그 자의 기여분을 공동상속인의 협의로 정하거나, 협의가 되지 아니하거나 협의할 수 없을 때에는 기여자가 가정법원에 상속재산의 분할 및 기여분의 심판청구를 하여 결정된 심판서에 따라 상속등기를 할 수 있다(선례 7-712).

⑤ 상속권을 상실(결격)한 것을 증명하는 서면

공동상속인 중 1인이 피상속인인 **직계존속을 살해함으로써** 민법 제1004조 제1호에 의하여 **상속결격자가** 되었고 위 존속살인 범행이 **대법원판결에 의하여 유죄로 확정된** 경우, 나머지 공동상속인이 상속등기를 신청함에 있어서는 위 상속결격자에 대한 결격사유를 증명하는 서면으로 존속살인 범행에 대한 유죄의 사실심 판결등본과 대법원판결등본을 첨부하여야 하지만 그 이외에 별도의 **확정증명원까지** 첨부할 필요는 **없다**(선례 4-359).

나) 등기원인에 대한 허가·동의·승낙을 증명하는 정보 등

① 검인(계약서)	×	(∵ 계약이 아니므로)
② 부동산거래계약신고필증	×	(∵ 계약이 아니므로)
③ 토지거래계약허가증	×	(∵ 계약이 아니므로)
④ 농지취득자격증명	×	(∵ 농지법상 취득이 아니므로)

(나) 등기의무자와 관련된 첨부정보

가) 등기필정보 등

권리에 관한 등기에 관해 공동신청을 할 때에는 등기의무자의 등기필정보를 등기소에 제공하여야 한다. 다만 권리에 관한 등기라 하더라도 등기권리자나 등기명의인이 **단독으로 신청할 수 있는 경우**, 즉 **상속 등의 포괄승계에 따른 등기를** 신청하는 경우에는 등기의무자가 없기 때문에 등기필정보를 제공할 필요가 없다. [15 등기서기보] 따라서 **협의분할에 의한 상속등기를 신청하는 경우에도** 상속을 증명하는 서면을 첨부하여야 함은 물론이나 등기의무자의 등기필정보는 제출할 필요가 **없다.** [19 법원사무관 / 10 법무사]

나) 인감증명서 등

피상속인의 인감증명서를 제공할 필요도 없고 또한 사망한 피상속인의 인감증명을 발급받을 수도 없다(형사처벌 대상임).

다) 주소를 증명하는 정보(소유권이전 시)

① 본래의 목적(등기부 기입목적)

피상속인의 주소증명서면은 법률에서 요구되는 첨부정보는 아니다(선례 3-672). [18 등기주사보]

② 동일성을 소명하기 위한 목적

1. 다만 **피상속인과 등기기록상의 등기명의인이 동일인인지 여부를 확인하기 위하여 제출하여야 하는 경우가 있다.** [19 등기주사보]

2. 즉 기본증명서와 제적등·초본만으로 등기기록상의 등기명의인과 피상속인이 동일인임이 인정된다고 볼 수 없는 경우(등기기록상 또는 제적부 등·초본, 기본증명서에 주민등록번호가 기재되어 있지 않는 등)

에는 그 동일성 확인을 위하여 피상속인의 주소를 증명하는 서면(말소된 주민등록표 초본 등)을 제출할 필요가 있으며(선례 4-351), 이에 실무상 피상속인의 주소증명서면을 첨부하고 있다.

3. 1962.6.20. 「주민등록법」 시행에 따라 폐지된 「기류법」과 1962.1.15. 「기류법」 시행에 따라 폐지된 「조선기류령」(1942.10.15. 시행)에 따르면 일정 기간 거주할 목적으로 본적지 이외의 일정한 장소에 주소 또는 거소를 정한 경우에는 이를 기류부에 등록하도록 하였으므로, 1942.10.15.부터 1962.6.19.까지의 기간에는 등기권리자가 본적지에 거주하는 경우에는 호적등본이, 본적지 이외의 장소에 거주하는 경우에는 기류부등본이 주소를 증명하는 서면에 해당되었다고 할 것인바, 위 기간 중에 등기된 권리의 등기명의인의 주소가 제적등본상의 본적지와 일치하는 경우라면 원칙적으로 그 동일성을 인정할 수 있을 것이나, 구체적인 사건에서 등기명의인의 동일성 여부는 해당 등기신청사건을 처리하는 등기관이 판단하여야 할 사항이다(선례 201808-8).

4. 이 경우에 피상속인이 주민등록표등본 등에 등록된 사실도 없는 경우(주민등록법이 시행되기 전에 피상속인이 사망한 경우 등)에는 시장 등의 동일인 증명이나 그 사실을 확인하는데 상당하다고 인정되는 자의 보증서면과 그 인감증명 및 그 밖에 보증인자격을 인정할 만한 서면(공무원 재직증명, 법무사등록증 사본 등)을 첨부하여 상속등기를 신청할 수 있다. 다만 구체적인 사건에서 이러한 서면에 의한 동일인 인정 여부는 그 등기사건을 처리하는 등기관이 판단할 사항이다(선례 7-176).

(다) 등기권리자와 관련된 첨부정보

가) 취득세 등 세금납부영수증

나) 주소를 증명하는 정보

① 본래의 목적

1. 의의

㉠ 등기권리자가 새로 등기명의인이 되는 경우에는 주소 및 주민등록번호를 증명하는 정보를 제공하여야 하므로(규칙 제46조 제1항 제6호), 등기명의인이 될 상속인의 주소증명서면으로 주민등록표등·초본 등을 제공하여야 한다.

㉡ 그러나 등기명의인이 아닌 상속인의 주소증명서면은 제출할 필요가 없으므로, 협의분할에 따라 상속을 받지 않는 상속인이나[14 법무사], 상속을 포기한 자의 주소를 증명하는 정보는 제공할 필요가 없다.

2. 제공하여야 하는 서면

㉠ 주소를 증명하는 정보는 그 목적에 맞게 행정공부상 주소를 증명하

는 서면으로 인정되는 주민등록등·초본 등을 제공하는게 원칙이나, 예외적으로 말소된 주민등록표등본·초본이나 가족관계등록사항별증명서 및 제적부 등본·초본, 대장 등이 주소증명정보가 되는 경우가 있다.

ⓛ 공동상속인 중 일부가 행방불명되어 주민등록이 말소된 경우에는 그 말소된 주민등록표등본·초본[19 등기주사보]을 첨부하여 그 최후 주소를 주소지로 하여 상속등기를 신청할 수 있으며, 제적부 등·초본이나 기본증명서상 주민등록번호가 기재되어 있지 않고 달리 주소를 확인할 수 없어 주민등록표 등·초본을 발급받을 수 없는 때에는 이를 소명하여 제적부 등·초본상의 본적지 또는 가족관계등록부상(기본증명서)의 등록기준지[18 법무사 / 14 등기서기보]를 그 주소지로 하여 상속등기의 신청을 할 수 있다(예규 1218, 선례 6-257, 2-94, 201307-3 등 참조).

ⓒ 상속인이 거주불명자로서 그의 주민등록표에 「주민등록법」 제20조 제6항 단서에 따른 행정상 관리주소가 등록된 경우에는 그 행정상 관리주소를 상속인의 주소로 제공하여야 한다(선례 201906-11).

ⓔ 공유자 중 1인이 행방불명되어 주소를 증명하는 서면을 발급받을 수 없다 하더라도 동인의 주소가 토지대장에 기재된 경우에는 주소를 증명하는 서면을 제출할 수 없는 사유를 소명하고 그 대장상의 주소를 행방불명된 자의 주소지로 하여 소유권보존등기를 신청할 수 있다(선례 4-795). [18 법무사]

ⓜ 공동상속인 중 1인이 미수복지구에 호적을 가진 자와 혼인한 사유로 제적된 사실만 나타날 뿐 혼가의 본적지 이외의 주소지나 최후 주소지를 알 수 없을 때에는 제적사유에 기재된 혼가의 본적지를 주소지로 하고, 그 제적 또는 호적등본을 상속을 증명하는 서면과 주소를 증명하는 서면으로 하여 상속등기를 신청할 수 있다(예규 577). [22 등기서기보 / 18 법무사]

3. 재외국민 또는 외국인의 경우

ⓖ 공동상속인 중 1인이 공유물의 보존행위로서 공동상속인 전원 명의의 상속등기를 신청할 때에 재외국민인 다른 공동상속인 갑, 을 및 병이 상속등기에 협력하지 아니하여 그들의 현 주소를 알 수 없는 경우에는 (i) 그들이 주민등록을 한 사실이 있다면 말소된 주민등록표상의 최후 주소를 주소로 제공하고, 이를 증명하는 정보로서 말소된 주민등록표의 등본을 첨부정보로서 제공할 수 있으며, (ii) 그들이 주민등록을 한 사실이 없다면 가족관계등록부상의 등록기준지를

주소로 제공하고, 이를 증명하는 정보로서 기본증명서를 첨부정보로서 제공할 수 있다(선례 201809-4). [19 등기서기보]

    ⓛ 한편, 또 다른 공동상속인 A 및 B가 **재외국민**이었다가 외국 국적을 취득하여 현재는 **외국인**인 경우로서 이들 역시 **상속등기에 협력하지 아니하여** 그들의 현 주소를 알 수 없는 경우에는 (ⅰ) 그들이 주민등록을 한 사실이 있다면 **말소된 주민등록표상의 최후 주소**를 주소로 제공하고, 이를 증명하는 정보로서 말소된 주민등록표의 등본을 첨부정보로서 제공할 수 있으며, (ⅱ) **그들이 주민등록을 한 사실이 없다면 제적부(또는 가족관계등록부)상의 본적지(또는 등록기준지)**를 주소로 제공하고, 이를 증명하는 정보로서 제적등본(또는 기본증명서)을 첨부정보로서 제공할 수 있다(선례 201809-4).

② 동일성을 소명하기 위한 목적

상속을 증명하는 서면(제적부 등·초본, 기본증명서, 가족관계증명서, 친양자입양관계증명서 등)과 **상속재산분할협의서 및 인감증명서상의 상속인의 표시만으로 각 서면상의 상속인이 동일인임을 알 수 없는 경우**(예컨대 각 서면의 주소가 부합하지 않는 경우)에는 동일인임을 증명하는 서면을 제출하여야 하는 바, 그 동일인임을 증명하는 서면으로서 **실무상 주민등록표등본·초본**을 제출토록 하고 있다(선례 7-76). [18 법무사]

다) 번호를 증명하는 정보

① 의의

등기권리자가 새로 등기명의인이 되는 경우에는 주소 및 주민등록번호를 증명하는 정보를 제공하여야 하므로(규칙 제46조 제1항 제6호), 등기명의인이 될 상속인의 주민등록번호증명서면으로 주민등록표등본·초본 등을 제공하여야 한다.

② 제공하여야 하는 서면

자연인의 주민등록번호를 증명하는 정보는 그 목적에 맞게 행정공부상 주소를 증명하는 서면으로 인정되는 주민등록등·초본 등을 제공하는 것이 원칙이며, 재외국민 또는 외국인 등의 경우에는 부동산등기용등록번호를 부여받아 제공하는 경우가 있다.

③ 재외국민 또는 외국인의 경우

1. 공동상속인 중 1인이 재외국민(또는 외국인)인 다른 공동상속인이 상속등기에 협력하지 않는다고 하여 별도의 위임을 받지 않고서 그 다른 공동상속인의 부동산등기용등록번호의 부여 신청을 직접 할 수는 없다(선례 201809-4).

2. 재외국민인 갑, 을 및 병이 주민등록번호를 부여받은 적이 없고, 또한 「부동산등기법」 제49조 제1항 제2호에 따른 **부동산등기용등록번호**를 부여받을 수도 없다면 이를 소명하여 그들의 주민등록번호나 부동산등기용등록번호를 제공하지 않고서도 상속등기를 신청할 수 있다(선례 201809−4).

3. 외국인인 A 및 B에 대한 「부동산등기법」 제49조 제1항 제4호에 따른 **부동산등기용등록번호**를 부여받을 수 없는 경우에는 이를 소명하여 그들의 부동산등기용등록번호를 제공하지 않고서도 상속등기를 신청할 수 있다(선례 201809−4).

4. 공동상속인 중 외국 국적을 취득하여 우리나라 국적을 상실한 자에 대하여 **부동산등기용등록번호**를 부여받을 수 없는 경우에는 이를 소명하여 부동산등기용등록번호를 병기하지 아니하고 위 대위에 의한 상속등기를 신청할 수 있다(선례 7−78). [17 등기서기보]

(라) 부동산과 관련된 첨부정보

소유권이전등기를 신청하는 경우이므로 토지대장·임야대장·건축물대장 정보나 그 밖에 부동산의 표시를 증명하는 정보를 제공하여야 한다(규칙 제46조 제1항 제7호).

4) 실행절차

가. 접수·배당

나. 조사(형식적 심사)

상속을 증명하는 시, 구, 읍, 면의 장의 서면 또는 이를 증명함에 족한 서면과 관계법령에 기한 **상속인의 범위 및 상속지분의 인정**은 등기공무원의 형식적 심사권한의 범위 내라고 할 것이므로, 위와 같은 서면과 관계법령에 의하여 인정되는 정당한 상속인의 범위 및 상속지분과 다른 내용으로 상속등기를 신청하였을 경우 등기공무원으로서는 신청 내용이 확정된 판결의 내용과 동일하다고 하더라도 위 등기신청을 각하하여야 한다(대결 1995.2.22. 94마2116).

다. 문제○ (취하·보정·각하)

라. 문제× (등기실행)

(가) 등기부 작성·기입

가) 등기사항

등기원인과 그 연월일은 신청정보와 동일하며, **상속인이 2인 이상인 경우**에는 공유지분을 기록한다(법 제48조 제4항).

나) 등기형식

소유권이전등기이므로 주등기로 기록한다.

(나) 각종 통지

등기명의인인 신청인에게 등기필정보를 작성·통지하며(법 제50조), 등기완료통지도 함께 한다(법 제30조).

대장소관청에는 소유권변경사실의 통지를 하고(법 제62조), 세무서장에게는 과세자료의 제공을 위한 통지를 하여야 한다(법 제63조).

5) **상속등기를 생략하고 다른 등기를 할 수 있는 경우**

가. **포괄승계인에 의한 등기**

(가) 피상속인이 생전에 자기 소유 부동산을 매도하고 매매대금을 모두 지급받기 전에 사망한 경우, 상속인은 당해 부동산에 관하여 **상속등기를 거칠 필요 없이** 상속을 증명하는 서면을 첨부하여 피상속인으로부터 바로 매수인 앞으로 소유권이전등기를 신청할 수 있다(선례 6-216). [22 법무사]

(나) 가처분권리자가 **피상속인과의 원인행위에 의한 권리의 이전·설정의 등기청구권**을 보전하기 위하여 상속인들을 상대로 처분금지가처분신청을 하여 집행법원이 이를 인용하고, 피상속인 소유 명의의 부동산에 관하여 상속관계를 표시하여(등기의무자를 '망 ○○○의 상속인 ○○○' 등으로 표시함) 가처분기입등기를 촉탁한 경우에는 **상속등기를 거침이 없이** 가처분기입등기를 할 수 있다(예규 881). [22 법무사

/ 21 등기서기보 / 18 등기주사보 / 15 등기서기보]

나. **유증으로 인한 소유권이전등기**

(가) 유증을 원인으로 한 소유권이전등기는 포괄유증이든 특정유증이든 불문하고 **상속등기를 거치지 않고** 유증자로부터 **직접 수증자 명의로** 등기를 신청하여야 한다.

[19 법무사 / 18 등기주사보 / 17 등기주사보 / 12 법무사 / 11 법무사 / 10 법무사]

(나) 유증을 원인으로 한 소유권이전등기 전에 상속등기가 이미 마쳐진 경우에는 **포괄유증이든 특정유증이든 불문하고 상속등기를 말소하지 않고** 상속인으로부터 **직접 수증자에게로** 유증을 원인으로 한 소유권이전등기를 신청할 수 있다. [19 법무사 / 16 법무사]

관련 기출지문

1 상속재산분할심판이 확정된 경우에는 법정상속분에 따른 상속등기를 먼저 한 후에 심판정본에 따른 소유권경정등기를 신청하여야 한다. (×)　　　　　　　　　　　　[19 법원사무관·법무사]

2 법원이 상속재산의 경매분할을 명한 경우 분할심판에서 정한 비율에 따라 협의분할에 따른 상속등기를 할 수 있다. (×)　　　　　　　　　　　　　　　　　　　　　　　　[13 법무사]

3 수인의 공동상속인 중 일부가 상속을 포기한 경우에 그 상속분은 포기한 상속인의 상속인에게 상속된다. (×)　　　　　　　　　　　　　　　　　　　　　　　　　　　[17 등기서기보]

4 피상속인의 배우자는 피상속인의 직계비속이 있으면 그들과 동순위로 공동상속인이 되고, 피상속인의 직계비속이 없고 직계존속이 있는 경우에는 직계존속보다 우선하여 상속인이 된다. (×)　　[20 법원사무관]

5 수인의 공동상속인 중 일부가 상속을 포기한 경우에 포기한 상속인의 직계비속 또는 형제자매가 있는 경우에는 이들이 그 상속재산을 대습상속한다. (×)　　　　　　　　　　　　　　　　　　　　　　[20 법원사무관]

6 협의분할에 의한 상속등기신청은 협의분할에 의하여 상속을 받는 자뿐만 아니라 상속을 받지 아니하는 다른 공동상속인 전원도 함께 등기신청인이 되어야 한다. (×)　　　　　　　　　　　　　[14 등기서기보]

7 협의분할에 의한 상속을 원인으로 소유권이전등기를 신청할 때에 등기원인일자는 "피상속인이 사망한 날" 이 아닌 "협의분할을 한 날"로 하여야 한다. (×)　　　　　　　　　　　　　　　　　　[14 등기서기보]

8 피상속인의 직계비속이 상속인인 경우 피상속인의 친양자입양관계증명서와 입양관계증명서를 첨부하여야 한다. (×)　　　　　　　　　　　　　　　　　　　　　　　　　　　　　　　　　　[19 등기주사보]

9 피상속인의 사망으로 그 공동상속인들이 협의에 의하여 상속재산을 분할하는 경우에 공동상속인 중 1인이 외국에 거주하고 있어 직접 분할협의에 참가할 수 없다면 이러한 분할협의를 대리인에게 위임하여 할 수 있는 바, 다만 그 공동상속인 중 한 사람을 위 분할협의에 관한 대리인으로 선임할 수는 없다. (×)　　　　　　　　　　　　　　　　　　　　　　　　　　　　　　　　　　　　　　[19 등기서기보]

10 협의에 의하여 상속재산을 분할하는 경우 그 상속인 중에 재외국민이 있는 때에는 그 재외국민을 포함한 공동상속인 전원이 협의에 참가하여야 하며, 이때 재외국민이 입국할 수 없는 경우에는 국내에 거주하는 공동상속인 이외의 자에게 이를 위임하여 상속재산의 분할협의를 할 수 있으나 공동상속인에게는 이를 위임할 수는 없다. (×)　　　　　　　　　　　　　　　　　　　　　　　　　　　　　　[22 법무사]

11 공동상속인 중 일부 상속인이 상속을 포기하는 경우에는 상속포기신고 접수증명을 제공하여야 한다. (×)　　　　　　　　　　　　　　　　　　　　　　　　　　　　　　　　　　　　　[18 법무사]

12 상속으로 인한 소유권이전등기를 신청할 때에는 첨부정보로 피상속인과 상속인 모두의 주소를 증명하는 정보를 제공하여야 한다. (×)　　　　　　　　　　　　　　　　　　　　　　　[18 등기주사보]

6) 상속등기와 소유권경정등기

가. 협의분할 등을 원인으로 한 소유권경정등기

(가) 서설

가) 의의

공동상속인은 피상속인의 분할금지의 유언이 없는 한 언제든지 협의분할을 할 수 있고 협의가 성립하면 그에 따라 분할하게 된다(「민법」 제1013조 제1항). [13 법무사] 이러한 협의분할의 형식에는 아무런 제한이 없으므로 상속재산을 구체적으로 어떻게 분할하느냐도 협의의 성질상 공동상속인이 자유롭게 결정할 수 있다. 여기서의 협의란 당사자 간의 협의분할, 법원의 조정에 따른 조정분할, 법원의 심판에 따른 심판분할 모두 포함하는 개념이다.

따라서 상속등기가 마쳐진 후에도 협의분할 등을 할 수 있고 그에 따른 소유권경정등기를 신청할 수 있다.

이러한 소유권경정등기는 일부말소의미의 경정등기에 해당한다. 그러므로 그 등기를 함에 있어 등기상 이해관계 있는 제3자가 있는 때에는 신청서에 반드시 그 승낙서 또는 이에 대항할 수 있는 재판의 등본을 첨부하게 하여 부기등기의 방법으로 등기를 하여야 하고, 이해관계인의 승낙서 등이 첨부되어 있지 않은 경우 등기관은 그 등기신청을 수리하여서는 아니 된다(수리요건).

나) 종류

① 법정상속분에 따라 상속등기를 마친 후에 상속재산 협의분할 등이 있는 경우의 소유권경정등기(○) [17 등기주사보 / 16 법무사]

② 상속재산 협의분할에 따라 상속등기를 마친 후에 그 협의를 해제한 경우에 법정상속분대로의 소유권경정등기(○) [20 등기서기보 / 19 법무사 / 16 법무사 / 13 법무사 / 11 법무사]

③ 상속재산 협의분할에 따라 상속등기를 마친 후에 그 협의를 해제하고 다시 새로운 협의분할(재협의)을 하는 경우의 소유권경정등기(△) [17 등기주사보 / 14 등기서기보]
따라서 상속인 전원이 상속인 중 갑, 을 공동으로 상속하기로 하는 상속재산 분할협의를 하여 상속등기를 마친 후 다시 공동상속인 전원의 합의에 따라 갑이 단독으로 상속하기로 하는 새로운 상속재산 분할협의를 한 경우 갑, 을 공유를 갑 단독소유로 하는 소유권경정등기를 신청할 수 있다. [14 법무사] 그러나 상속인 전원을 교체하는 재협의분할은 동일성이 인정되지 않으므로 허용되지 않는다.

다) 서술방식
위 소유권경정등기의 업무처리에 관하여 「상속등기와 그 경정등기에 관한 업무처리지침(예규 1675)」이 제정되었으므로 이 예규를 중심으로 서술하도록 한다.

(나) 법정상속분에 따라 상속등기를 마친 후에 상속재산 협의분할 등이 있는 경우

가) 서설

① 원칙
원칙적으로 법정상속등기가 마쳐진 후에도 협의분할 등을 할 수 있고 그에 따른 소유권경정등기를 신청할 수 있다.

② 상속등기 전 공동상속인 중 1인이 사망한 경우
피상속인(甲)의 사망으로 상속이 개시된 후 상속등기를 경료하지 아니한 상태에서 공동상속인 중 1인(A)이 사망한 경우, 나머지 상속인들(B, C)과 사망한 공동상속인(A)의 상속인(a, b, c)들이 피상속인(甲)의 재산에 대한 협의분할을 할 수 있다(선례 7-178). [22 등기서기보·법무사 / 20 등기서기보 / 19 등기주사보·법원사무관·법무사 / 17 등기주사보 / 14 등기서기보·법무사 / 10 법무사]

③ 상속등기 후 공동상속인 중 1인이 사망한 경우
피상속인(甲)의 사망으로 그 소유 부동산에 관하여 법정상속등기가 경료된 후, 공동상속인(A, B, C) 중 어느 1인(A)이 사망하였다면 그 공동상

등기에 대해서는 **상속재산분할협의서에 의한 소유권경정등기를 할 수 없는바**, 이는 위 B, C와 A의 상속인(a, b, c) 사이에 상속재산 협의분할을 원인으로 한 지분이전등기절차의 이행을 명하는 조정에 갈음하는 결정이 확정된 경우에도 마찬가지이다(선례 8-197). [19 등기주사보 / 10 법무사]

④ 상속등기 후 공동상속인 중 1인의 지분이 경매로 이전된 경우

공동상속인(A, B, C, D, E)의 명의로 법정상속등기가 마쳐진 이후 경매절차에 의하여 공동상속인 중 1인(A)의 지분이 나머지 공동상속인 중 1인(B)에게 이전되었다면, 종전 공동상속인 전원(또는 A를 제외한 상속인들 전원)이 **협의분할을 등기원인으로 하여 소유권경정등기를 신청하더라도 등기관은 이를 수리할 수 없다**(선례 202108-2). [22 법무사]

나) 개시

권리의 일반원칙에 따라 등기의무자와 등기권리자가 공동으로 신청한다.

다) 신청절차

① 신청인

등기기록상 불이익을 받는 자가 등기의무자, 이익을 받는 자가 등기권리자가 되어 소유권의 경정등기를 공동으로 신청하여야 한다(법 제23조 제1항).

② 신청정보

1. 등기원인 및 그 연월일

법정상속분에 따라 여러 명의 공동상속인들을 등기명의인으로 하는 상속등기를 마친 후에 그 공동상속인들 중 일부에게 해당 부동산을 상속하게 하는 등의 상속재산 협의분할, 상속재산 조정분할 또는 상속재산 심판분할이 있어 이를 원인으로 상속등기의 경정등기를 신청할 때에는 등기원인을 각각 '협의분할', '조정분할' 또는 '심판분할'로, 그 연월일을 각각 협의가 성립한 날, 조정조서 기재일 또는 심판의 확정일로 한다. [22 등기서기보]

2. 등기목적

"소유권경정"이라고 기재한다.

3. 경정할 사항

경정 전의 등기원인인 "상속"을 '협의분할에 의한 상속', '조정분할에 의한 상속' 또는 '심판분할에 의한 상속'으로, 경정 전의 등기명의인을 협의분할, 조정분할 또는 심판분할에 따라 해당 부동산을 취득한 상속인으로 경정한다는 뜻을 신청정보의 내용으로 제공한다.

[갑구]			(소유권에 관한 사항)	
순위번호	등기목적	접수	등기원인	권리자 및 기타사항
2	소유권 이전	2019년 5월 3일 제4000호	2019년 5월 1일 ~~상속~~	공유자 ~~지분 3분의 1~~ ~~이대한 701115-1201257~~ ~~서울특별시 서초구 강남대로~~ ~~21(서초동)~~ ~~지분 3분의 1~~ ~~이민국 680703-1562316~~ ~~서울특별시 마포구 마포대로~~ ~~25(공덕동)~~ ~~지분 3분의 1~~ ~~이거래 750614-1035852~~ ~~서울특별시 종로구 창덕궁길~~ ~~105(원서동)~~
2-1	2번 소유권 경정	2019년 6월 3일 제5000호	2019년 5월 27일 협의분할	등기원인 협의분할에 의한 상속 공유자 　지분 2분의 1 　이대한 701115-1201257 　　서울특별시 서초구 강남대로 　　21(서초동) 　지분 2분의 1 　이민국 680703-1562316 　　서울특별시 마포구 마포대로 　　25(공덕동)

③ 첨부정보

　1. 등기원인과 관련된 첨부정보

　　ⓐ 상속재산분할협의서(＋상속인 전원의 인감증명), 조정조서, 상속
　　　재산분할 심판서 등을 등기원인을 증명하는 정보로 제공한다.

　　ⓑ 토지거래계약허가서나 농지취득자격증명을 제공할 필요는 없다.

　2. 등기의무자와 관련된 첨부정보

　　ⓐ 권리(소유권)에 관한 공동신청이므로 등기의무자의 등기필정보를 제
　　　공한다.

　　ⓑ 소유권에 관한 경정등기를 신청하기 위해서는 그 경정등기로 인히여
　　　소유권이 감축되는 자의 인감증명을 등기신청서에 첨부하여야 한다
　　　(예규 1564). [23 등기서기보 / 20 법무사 / 15 법원사무관]

3. 등기권리자와 관련된 첨부정보

ⓐ 법정상속분에 따른 상속등기 또는 협의분할에 의한 상속등기 후에 새로이 협의분할을 하여 소유권경정등기를 신청하는 경우에는 특정 상속인이 당초 상속분을 초과하여 취득하는 재산가액은 상속분이 감소한 상속인으로부터 증여받아 취득한 것으로 보게 되므로(「지방세법」 제7조 제13항) 초과분에 대하여 새로이 취득세를 납부하여야 한다(선례 9-409).

ⓑ 상속등기 후의 상속재산 협의분할로 인한 소유권경정등기는 그 실질이 상속등기이므로 그 경정등기를 신청하는 경우에는 상속인은 국민주택채권을 매입하여야 할 것이다. 다만 그 전의 상속등기를 신청할 때에 국민주택채권을 매입하였다면 상속인은 위 경정등기의 법정매입금액에서 상속등기 시에 상속인들이 매입한 채권 금액만큼 공제하고 나머지 금액만 매입하면 될 것이다.

ⓒ 상속인이 새로이 등기기록에 기입되는 경우에는 주소 및 주민등록번호증명정보를 제공하여야 하는 것은 당연하나 법정상속인 중 일부가 상속을 받지 아니하는 것으로 협의를 하여 소유권경정등기를 하는 경우에는 나머지 지분이 늘어나는 상속인은 등기권리자로서 등기를 신청하게 되는데 이때에 실무상 주소 및 주민등록번호증명정보를 제공하고 있다.

4. 기타 첨부정보

이러한 소유권경정등기는 일부말소의미의 경정등기에 해당한다. 일부말소의미의 경정등기는 경정등기라는 명칭을 사용하고는 있으나 그 실질은 말소등기에 해당하는 것을 말한다. 따라서 경정등기의 방식(법 제52조 제5호)이 아닌 말소등기의 방식(법 제57조)으로 등기를 하여야 한다. 그러므로 그 등기를 함에 있어 등기상 이해관계 있는 제3자가 있는 때에는 신청서에 반드시 그 승낙서 또는 이에 대항할 수 있는 재판의 등본을 첨부하게 하여 부기등기의 방법으로 등기를 하여야 하고, 이해관계인의 승낙서 등이 첨부되어 있지 않은 경우 등기관은 그 등기신청을 수리하여서는 아니 된다(수리요건).

따라서 등기상 이해관계인이 있는 경우에는 그 자의 승낙서를 제공하여야 한다.

(다) 상속재산 협의분할에 따라 상속등기를 마친 후에 그 협의를 해제한 경우

가) 서설

협의분할에 의한 상속등기 후 전원의 합의에 의하여 해제를 하는 경우에는 소유권경정등기를 신청할 수 있다.

나) 개시

권리의 일반원칙에 따라 등기의무자와 등기권리자가 공동으로 신청한다.

다) 신청절차

① 신청인

등기기록상 불이익을 받는 자가 등기의무자, 이익을 받는자가 등기권리자가 되어 소유권의 경정등기를 공동으로 신청하여야 한다(법 제23조 제1항).

② 신청정보

1. 등기원인 및 그 연월일

상속재산 협의분할에 따라 상속등기를 마친 후에 공동상속인들이 그 협의를 전원의 합의에 의하여 해제하고 이를 원인으로 상속등기의 경정등기를 신청할 때에는 등기원인을 "협의분할해제"로, 그 연월일을 "협의를 해제한 날"로 한다.

2. 등기목적

"소유권경정"이라고 기재한다.

3. 경정할 사항

경정 전의 등기원인인 "협의분할에 의한 상속"을 "상속"으로, 경정 전의 등기명의인을 법정상속분에 따라 해당 부동산을 취득한 상속인으로 경정한다는 뜻을 신청정보의 내용으로 제공한다.

[갑구]		(소유권에 관한 사항)		
순위번호	등기목적	접수	등기원인	권리자 및 기타사항
2	소유권이전	2019년 5월 3일 제4000호	2019년 5월 1일 ~~협의분할에 의한~~ ~~상속~~	공유자 ~~지분 2분의 1~~ ~~이태한 701115-1201257~~ ~~서울특별시 서초구 강남대로~~ ~~21(서초동)~~ ~~지분 2분의 1~~ ~~이민국 680703-1562316~~ ~~서울특별시 마포구 마포대로~~ ~~25(공덕동)~~

2-1	2번 소유권 경정	2019년 6월 3일 제5000호	2019년 5월 27일 협의분할해제	등기원인 상속 공유자 　지분 3분의 1 　이대한 701115-1201257 　　서울특별시 서초구 강남대로 　　21(서초동) 　지분 3분의 1 　이민국 680703-1562316 　　서울특별시 마포구 마포대로 　　25(공덕동) 　지분 3분의 1 　이겨레 750614-1035852 　　서울특별시 종로구 창덕궁길 　　105(원서동)

③ 첨부정보

　1. 등기원인과 관련된 첨부정보

　　ⓐ 협의해제증서(+상속인 전원의 인감증명) 등을 등기원인을 증명하는 정보로 제공한다.

　　ⓑ 토지거래계약허가서나 농지취득자격증명을 제공할 필요는 없다.

　2. 등기의무자 또는 등기권리자와 관련된 첨부정보와 기타 첨부정보

　　위 법정상속등기 후에 협의분할을 하여 소유권경정등기를 하는 경우와 같다.

(라) 상속재산 협의분할에 따라 상속등기를 마친 후에 그 협의를 해제하고 다시 새로운 협의분할을 한 경우

　가) 상속인 일부만이 교체되는 경우

　　① 서설

　　　협의분할에 의한 상속등기 후 전원의 합의에 의하여 해제한 후 다시 재협의분할을 하는 경우에는 소유권경정등기를 신청할 수 있다.

　　② 개시

　　　권리의 일반원칙에 따라 등기의무자와 등기권리자가 공동으로 신청한다.

　　③ 신청절차

　　　1. 신청인

　　　　등기기록상 불이익을 받는 자가 등기의무자, 이익을 받는 자가 등기권리자가 되어 소유권의 경정등기를 공동으로 신청하여야 한다(법 제23조 제1항).

2. 신청정보

  ⓐ 등기원인 및 그 연월일

    상속재산 협의분할에 따라 상속등기를 마친 후에 공동상속인들이 그 협의를 전원의 합의에 의하여 해제한 후 다시 새로운 협의분할을 하고 이를 원인으로 상속등기의 경정등기를 신청할 때에는 등기원인을 "재협의분할"로, 그 연월일을 "재협의가 성립한 날"로 한다. [22 법무사 / 19 법무사]

  ⓑ 등기목적

    "소유권경정"이라고 기재한다.

  ⓒ 경정할 사항

    경정 전의 등기명의인을 재협의분할에 따라 해당 부동산을 취득한 상속인으로 경정한다는 뜻을 신청정보의 내용으로 제공한다.

[갑구]		(소유권에 관한 사항)		
순위번호	등기목적	접수	등기원인	권리자 및 기타사항
2	소유권 이전	2019년 5월 3일 제4000호	2019년 5월 1일 협의분할에 의한 상속	공유자 ~~지분 2분의 1~~ ~~이태한 701115 - 1201257~~ ~~서울특별시 서초구 강남대로~~ ~~21(서초동)~~ ~~지분 2분의 1~~ ~~이만국 680703 - 1562316~~ ~~서울특별시 마포구 마포대로~~ ~~25(공덕동)~~

2-1	2번
	소유권
	경정
		2019년 6월 3일
		제5000호
			2019년 5월 27일
			재협의분할
				공유자
				지분 2분의 1
				이대한 701115 - 1201257
				   서울특별시 서초구 강남대로
				   21(서초동)
				지분 2분의 1
				이겨레 750614 - 1035852
				   서울특별시 종로구 창덕궁길
				   105(원서동)

3. 첨부정보

  ⓐ 등기원인과 관련된 첨부정보

    ㉠ 합의해제증서 및 재협의를 증명하는 서면(+상속인 전원의 인감증명) 등을 등기원인을 증명하는 정보로 제공하며,

ⓒ 토지거래계약허가서나 농지취득자격증명을 제공할 필요는 없다.

ⓓ 등기의무자 또는 등기권리자와 관련된 첨부정보와 기타 첨부정보

위 법정상속등기 후에 협의분할을 하여 소유권경정등기를 하는 경우와 같다.

나) 상속인 전부가 교체되는 경우

① 서설

1. 경정등기의 가부

경정등기는 현재 효력이 있는 등기의 일부가 원시적인 사유(착오 또는 누락)로 실체관계와 **불일치한 경우**에 이를 일치시키는 등기이다. 따라서 경정 전·후의 동일성이 인정되어야 한다.

그런데 **상속인 전원이 교체되는** 재협의를 하는 경우 소유권경정 전·후의 동일성이 인정되지 않으므로 상속등기의 **경정등기를 할 수 없다.** 예컨대, 상속재산 **협의분할**에 따라 甲과 乙을 등기명의인으로 하는 상속등기가 마쳐진 후에 공동상속인들이 그 협의를 전원의 합의에 의하여 해제하고 丙을 상속인으로 하는 새로운 협의분할을 한 경우와 같이 재협의분할로 인하여 **상속인 전부가 교체될** 때에는 상속등기의 **경정등기를 신청할 수 없다.** [23 법무사]

이러한 경우에 재협의 내용을 반영하고 싶으면 기존 상속등기의 말소등기 및 새로운 상속등기를 신청하여야 한다.

2. 상속등기의 신청방법(기존 상속등기의 말소등기 및 새로운 상속등기의 신청)

기존 상속등기의 명의인을 등기의무자로, 재협의분할에 따라 해당 부동산을 취득한 상속인을 등기권리자로 하여 기존 상속등기의 말소등기를 **공동으로 신청**하고,

재협의분할에 따라 해당 부동산을 취득한 상속인이 등기권리자가 되어 상속등기를 단독으로 신청한다. [22 등기서기보]

② 개시

③ 신청절차

1. 신청인

ⓐ 기존 상속등기의 말소등기(법 제23조 제1항)

(기존의 상속등기 명의인)등기의무자와, (재협의분할에 따라 해당 부동산을 취득하는 상속인)등기권리자가 공동으로 신청한다.

ⓑ 새로운 상속등기(법 제23조 제3항)

재협의분할에 따라 해당 부동산을 취득하는 상속인이 단독으로 신청한다.

2. 신청정보

    ⓐ 기존 상속등기의 말소등기

        상속등기의 말소등기를 신청할 때에는 등기원인을 "재협의분할"로, 그 연월일을 "재협의가 성립한 날"로 한다.

    ⓑ 새로운 상속등기

        새로운 상속등기를 신청할 때에는 등기원인을 "협의분할에 의한 상속"으로, 그 연월일을 "피상속인이 사망한 날"로 한다.

[갑구]	(소유권에 관한 사항)			
순위번호	등기목적	접수	등기원인	권리자 및 기타사항
2	소유권 이전	~~2019년 5월 3일 제4000호~~	~~2019년 5월 1일 협의분할에 의한 상속~~	공유자 ~~지분 2분의 1~~ ~~이태한 701115-1201257~~ ~~서울특별시 서초구 강남대로 21(서초동)~~ ~~지분 2분의 1~~ ~~이민국 680703-1562316~~ ~~서울특별시 마포구 마포대로 25(공덕동)~~
3	2번 소유권 이전등기 말소	2019년 6월 3일 제5000호	2019년 5월 27일 재협의분할	
4	소유권 이전	2019년 6월 3일 제5001호	2019년 5월 1일 협의분할에 의한 상속	소유자 이겨레 750614-1035852 서울특별시 종로구 창덕궁길 105(원서동)

3. 첨부정보

    ⓐ 등기원인과 관련된 첨부정보

        ㉠ 합의해제증서 및 재협의를 증명하는 서면(+상속인 전원의 인감증명) 등을 등기원인을 증명하는 정보로 제공하며,

        ㉡ 토지거래계약허가서나 농지취득자격증명을 제공할 필요는 없다.

    ⓑ 등기의무자와 관련된 첨부정보

        ㉠ 기존 상속등기의 말소등기(법 제23조 제1항)

            (a) 권리(소유권)에 관한 공동신청이므로 등기의무자의 등기필정보를 제공한다.

ⓛ 새로운 상속등기(법 제23조 제3항)

⒜ 권리에 관한 등기에 관해 공동신청을 할 때에는 등기의무자의 등기필정보를 등기소에 제공하여야 한다. 다만 권리에 관한 등기라 하더라도 등기권리자나 등기명의인이 **단독으로 신청할 수 있는 경우**, 즉 상속 등의 포괄승계에 따른 등기를 신청하는 경우에는 등기의무자가 없기 때문에 등기필정보를 제공할 필요가 **없다.** [15 등기서기보]

즉 협의분할에 의한 상속등기를 신청하는 경우에도 상속을 증명하는 서면을 첨부하여야 함은 물론이나 **등기의무자의 등기필정보는 제출할 필요가 없다.** [19 법원사무관 / 10 법무사]

⒝ 또한 **새로운 상속등기**는 단독신청이므로 피상속인의 **인감증명서**를 제공할 필요도 없고 또한 사망한 피상속인의 인감증명을 발급받을 수도 없다(형사처벌 대상임).

⒞ 상속인 전원이 교체되는 재협의를 하는 경우 소유권경정 전·후의 동일성이 인정되지 **않으므로** 상속등기의 **경정등기를 할 수 없으므로**, 재협의 내용을 반영하고 싶으면 **기존 상속등기의 말소등기 및 새로운 상속등기를 신청하여야 한다.** 이 경우 교체 후 상속인들은 법정매입금액에서 교체 전 상속인들이 매입한 금액만큼 공제한 나머지 금액만 매입할 것이 아니라, 법정매입금액 전부를 매입하여야 한다(선례 제202406-2호).

(마) 공통되는 실행절차

가) 등기부 작성·기입(일부말소의미의 경정등기)

① 신청대상등기(수리요건)

일부말소의미의 경정등기의 경우 실질은 말소등기이므로 등기상 이해관계인의 승낙은 수리요건이다. 승낙서 등 제공한 경우에는 부기등기로 실행하며, 승낙서 등 제공하지 못한 경우에는 수리할 수 없다.

② 등기상 이해관계 있는 제3자 등기

일부말소의미의 경정등기를 한 경우 등기관은 이해관계인 명의의 처분제한 등의 등기를 아래 구분에 따라 직권으로 말소 또는 경정하여야 한다.

1. 이해관계인의 등기를 말소하여야 하는 경우

甲, 乙 공유부동산 중 乙 지분에 대해서만 처분제한 또는 담보물권의 등기가 되어 있는 상태에서 甲 단독소유로 하는 경정등기(乙 지분 말소의미의)를 하는 경우 등, 이해관계인의 등기가 경정등기로 인하여 상실되는 지분만을 목적으로 하는 경우에는 이해관계인의 등기를 직권으로 말소하여야 한다. [21 등기서기보 / 18 법무사]

2. 이해관계인의 등기를 경정하여야 하는 경우

甲, 乙 공유 부동산 전부에 대하여 처분제한 또는 담보물권의 등기가 되어 있는 상태에서 甲 단독소유로 하는 경정등기(乙 지분 말소 의미 의)를 하는 경우 등, 이해관계인의 등기가 경정등기로 인하여 상실되는 지분 이외의 지분도 목적으로 하는 경우에는 이해관계인의 등기를 직권으로 경정하여야 한다. [16 법원사무관]

3. 용익물권의 등기

부동산의 공유지분에 대해서는 용익물권(지상권 등)을 설정·존속시킬 수 없으므로 처분제한 등의 등기를 경정(일부말소 취지의)하는 경우에도 용익물권의 등기는 이를 전부 말소한다.

나) 각종 통지

① 소유권경정등기로 하여 추가되는 권리자가 있는 경우(예 갑 단독소유를 갑, 을 공유로 경정하는 경우)[20 등기서기보 / 19 등기주사보 / 17 법무사·등기주사보 / 13 법무사 / 12 법무사 / 9 법무사]를 하는 경우에는 등기필정보를 작성하여야 한다(예규 1749).

② 가압류, 가처분 등 법원의 촉탁에 의한 처분제한의 등기를 직권으로 말소 또는 경정(일부말소 의미)하는 경우 등기관은 지체 없이 그 뜻을 집행법원에 통지하여야 한다.

나. 상속포기와 소유권경정등기

① 근저당자인 채권자가 사망한 채무자 명의의 부동산에 대하여 상속등기를 대위로 신청하여 공동상속인 전원의 명의로 그 등기를 마쳤으나, 이후 공동상속인 중 일부가 상속을 포기한 사실을 알게 되었다면 이 상속등기를 신청한 채권자는 이러한 사실을 증명하는 정보를 첨부정보로서 제공하여 그 상속등기에 대한 경정등기 또한 단독으로 대위신청할 수 있다(선례 201907-10).

② 상속등기 및 가압류등기가 마쳐진 후 공동상속인 전원이 상속을 포기한 경우 위 상속등기를 말소하고 진정한 상속인으로의 상속등기를 마치기 위해서는 가압류권자의 승낙서 또는 이에 대항할 수 있는 재판의 등본을 첨부정보로 제공하여야 한다(수리요건). 만약 진정한 상속인이 가압류권자의 승낙서 또는 이에 대항할 수 있는 재판의 등본을 첨부정보로 제공할 수 없는 경우, 진정한 상속인은 '진정명의회복'을 등기원인으로 하는 소유권이전등기를 할 수 있을 것이다(선례 제202311-2호).

> **📌 관련 선례**
>
> 상속인들 전원이 상속포기를 하였으나 이를 간과하고 상속등기를 마친 경우 진정한 상속인으로의 등기목적 등(선례 제202309-7호)
>
> ① 채권자(근저당권자)의 대위신청으로 상속인 갑, 을, 병 명의의 **상속등기를 마친 후** 임의경매개시결정등기가 기입되고 그 후 순차적으로 상속들의 전부 또는 일부에게 각 **가압류기입등기가 마쳐졌으나**, 이미 **을과 병이 상속포기한 사실이 밝혀진 경우**, 권리자를 갑, 을, 병에서 갑으로 하는 권리자 **경정등기를 할 수 있다.**
> 다만 이는 **경정등기**라는 명칭을 사용하고는 있으나 그 **실질은 말소등기**(일부말소 의미)이므로, **가압류권자의 승낙서** 또는 이에 대항할 수 있는 재판서 등본을 첨부정보로 제공하여야 하고, 가압류권자의 승낙서 등이 **첨부되어 있지 않은 경우** 등기관은 그 **등기신청을 수리할 수 없다.**
>
> ② 채권자의 대위신청으로 상속등기를 마친 후 경매신청 전에 상속인들 **전원의 상속포기** 사실을 알게 된 경우 채권자는 **위 상속등기를 말소함과 동시에** 상속을 증명하는 서면을 첨부하여 **진정한 상속인 명의로의 등기**(상속을 원인으로 한 소유권이전등기)를 대위신청한 후 강제경매신청을 할 수 있다.
>
> ③ 채권자의 대위 상속등기 후 상속포기가 있는 경우
>   가. **경매개시결정 전에 상속포기**가 있었다면 **진정한 상속인으로의 등기를 먼저 한 후** 경매개시신청을 하여야 한다(「민법」제187조 단서 참조).
>   나. **경매개시결정 후에 상속포기**가 있었다면 상속포기로 상속인 지위를 소급하여 상실하거나 상속분이 소급하여 변동된다 하더라도 경매개시결정의 효력에 영향을 미칠 수 없다 할 것이므로, **진정한 상속인으로의 등기가 선행될 필요는 없다.**

다. 한정승인과 소유권경정등기

한정승인은 **상속으로 인하여 취득할 재산의 한도에서 피상속인의 채무를 변제할 것을 조건으로 상속을 승인하는 제도**로서 한정승인을 하였다 하더라도 그 한정승인 전에 이미 이루어진 특정 부동산에 대한 **상속인들의 협의분할 및 이를 원인으로 한 상속등기의 효력이 상실되는 것이 아니므로 한정승인을 원인으로 위 상속등기를 말소 또는 경정할 수 없다**(선례 200901-3). [22 법무사]

라. 실종선고와 소유권경정등기

공동상속등기가 경료된 후 공동상속인 중 1인에 대하여 **실종선고심판이 확정**되었는데 그 실종기간이 상속개시 전에 만료된 경우, 실종선고심판이 확정된 자에 대한 **상속인(대습상속인)이 없고, 등기상의 이해관계인도 없다면** 신청착오를 원인으로 하여 나머지 공동상속인들이 **경정등기를 신청할 수 있다**(선례 제6-414호). [23 법무사]

관련 기출지문

1　피상속인의 사망으로 상속이 개시된 후 상속등기를 마쳤는지 여부에 관계없이 공동상속인 중 1인이 사망한 경우에는 피상속인의 재산에 대한 협의분할을 할 수 없다. (×)　　[19 등기주사보]

2　공동상속인(甲, 乙, 丙, 丁, 戊)의 명의로 법정상속등기가 마쳐진 이후 경매절차에 의하여 공동상속인 중 1인(甲)의 지분이 나머지 공동상속인 중 1인(乙)에게 이전되었더라도 종전 공동상속인 전원은 이 재산에 대한 협의분할을 하고 이를 등기원인으로 하여 소유권경정등기를 신청할 수 있다. (×)　　[22 법무사]

3　상속재산의 분할은 법정의 공동상속분에 따른 상속등기의 완료 후에도 이를 할 수 있는 것이며 이때에는 권리를 취득하는 자가 등기권리자, 권리를 잃는 자가 등기의무자로서 소유권의 경정등기를 신청하여야 한다. 이 경우 등기원인일자는 상속재산분할의 소급효에 따라 상속개시일자를 기재하여야 한다. (×)　　[10 법무사]

4　법정상속분에 따라 여러 명의 공동상속인들을 등기명의인으로 하고 상속을 원인으로 한 소유권이전등기를 마친 후에 그 공동상속인들 중 일부에게 해당 부동산을 상속하게 하는 상속재산 협의분할이 있어 이를 원인으로 상속등기의 경정등기를 신청할 때에는 등기원인을 '협의분할'로, 그 연월일은 피상속인이 사망한 날로 한다. (×)　　[22 등기서기보]

5　협의분할에 따른 상속등기가 마쳐진 후에는 협의해제를 원인으로 하여 다시 법정상속분대로의 소유권경정등기를 할 수 없다. (×)　　[20 등기서기보]

6　법정상속분대로 등기된 후 협의분할에 의하여 소유권경정등기를 신청한 경우 또는 협의분할에 의한 상속등기 후 협의해제를 원인으로 법정상속분대로 소유권경정등기를 신청한 경우에는 당사자 사이의 동일성이 없으므로 등기관은 이러한 등기신청을 수리할 수 없다. (×)　　[16 법무사]

7　일단 협의분할에 따른 상속등기를 한 후에는 재협의를 통하여 소유권을 경정하는 것은 가능하지 않다. (×)　　[17 등기주사보]

8　협의분할에 따른 상속등기 후에는 재협의를 통하여 소유권을 경정하는 것은 절대로 허용되지 아니한다. (×)　　[14 등기서기보]

9　협의에 의한 상속재산의 분할등기 후 재협의에 의한 경정등기를 신청하는 경우에는 등기원인은 "협의분할로 인한 상속"이고 등기원인일자는 "재협의분할일"이다. (×)　　[19 법무사]

---

(2) 유증으로 인한 소유권이전등기(예규 1512)

1) 서설

가. 기본개념

(가) 의의(「민법」 제1073조, 제1078조)

유증은 유언자가 유언에 의하여 자신의 재산 전부 또는 일부를 수증자에게 사후에 무상으로 양도(증여)하는 단독행위를 말하며, 유증은 **상속과는 달리** 유언자의 자유로운 의사를 존중하기 위하여 인정되는 제도이다.

유증은 특정적 유증과 포괄적 유증으로 나눌 수 있다.

유증의 효력은 원칙적으로 유언자의 사망 시에 발생하며, 정시조건이 있는 경우에는 조건을 성취한 때에 효력이 발생한다.

(나) 구별개념

유증은 상대방 없는 단독행위로서 수증자의 승낙을 요하지 아니하고, 법정의 방식에 따라야 하며, 유언자가 사망하여야만 효력이 발생하는 사후행위이다.

유증은 재산의 무상공여라는 점에서는 증여와 같으나, **증여**는 증여자와 수증자와의 계약에 의하여 이루어지는 점에서 단독행위인 유증과 다르다.

재산의 사후처분이라는 점에서 사인증여와 같으나, **사인증여**는 증여자와 수증자 간에 생전에 체결한 증여계약이 증여자의 사망에 의해 효력이 발생하는 점에서 단독행위인 유증과 다르다.

(다) 종류

가) 포괄유증

포괄적 유증은 물권적 효력을 갖는 포괄승계로서 유증자의 재산(적극재산 및 소극재산)의 전부 또는 그 전부의 일정비율을 취득하는 유증을 말하고, 이 유증을 받는 자가 포괄수증자이다. 예컨대 자신의 재산 전부 또는 3분의 1을 甲에게 유증한다고 하는 것은 포괄유증에 해당한다.

포괄유증은 유증자의 재산이 수증자에게 포괄적으로 이전하며 상속인과 동일한 권리의무가 있다(「민법」 제1078조). 따라서 포괄수증자는 유증자의 사망과 동시에 유증이 있었다는 사실을 알고 있는지 여부를 묻지 않고 유증자의 일신에 전속하는 것을 제외하고 유증자의 재산에 속한 일체의 권리의무를 취득한다. 즉 이전등기 없이도 포괄수증자에게 소유권이 이전한다(「민법」 제187조).

재산 전부에 대하여 포괄적 유증을 받은 경우에는 그 재산 전부를 취득할 뿐만 아니라 부채의 전부도 부담하고, 일정 비율에 대하여 포괄적 유증을 받은 경우에는 그 비율액에 상당한 부채도 부담하게 된다. 만약 다른 상속인 또는 포괄수증자가 있으면 그들과 공동으로 각각 상속분 또는 수증분에 대하여 승계하게 된다.

나) 특정유증

특정적 유증은 포괄적 유증과는 달리 특정의 재산적 이익을 목적으로 하는 유증으로, 유증자의 재산을 구체적으로 특정하여 유증하는 것을 의미한다. 예컨대 서울에 있는 아파트는 甲에게, 용인에 있는 임야는 乙에게 유증한다고 하는 것은 특정유증에 해당한다.

특정유증물은 상속재산으로 일단 상속인에게 귀속되며 **수증자**는 상속인에 대하여 유증의 이행을 청구할 수 있는 채권적 효력(재산이전청구권)만을 가진다. 즉 재산은 일단 상속인에게 포괄적으로 이전하고 그 후 상속인의 이행에 의하여 수증자에게 이전되는 것이다.

(라) 유언의 의의 및 방식

가) 의의

유언은 유언자의 사망과 동시에 일정한 법률효과의 발생을 목적으로 하는 상대방 없는 단독의 의사표시이다.

이처럼 **유언**은 유언자의 사망 후에 그 효력이 발생하므로 그 유언이 유언자의 진의에 의한 것인가의 여부 또 유언이 있었는가의 여부에 관한 다툼이 있을 경우 그것을 확인할 길이 없다. 따라서 유언자의 진의를 명확히 하고 또한 사후의 혼란과 분쟁을 방지하기 위하여서는 그 형식을 엄격하게 할 필요가 있으므로, 민법은 유언의 방식을 법정하고 이에 따르지 아니한 유언은 무효로서 그 효력을 인정하지 않는다.

나) 유언의 방식

유언의 방식으로는 ① 자필증서에 의한 유언(「민법」 제1066조), ② 녹음에 의한 유언(「민법」 제1067조), ③ 공정증서에 의한 유언(「민법」 제1068조), ④ 비밀증서에 의한 유언(「민법」 제1069조), ⑤ 구수증서에 의한 유언(「민법」 제1070조)이 있다.

나. 요건

유언은 유언자의 진정한 의사를 확인하는 것이 중요하므로 엄격한 요식행위이다. 따라서 유언의 방식이 흠결되었거나 수증결격자에 대한 유언은 무효이다(「민법」 제1064조). 따라서 민법 제1066조의 요건을 구비하지 못한 자필증서(작성년월일, 주소, 성명, 날인의 누락)를 첨부하여 유증을 원인으로 하는 소유권이전등기를 경료받을 수는 없다(선례 5-334). 또한 유언무능력자, 즉 17세 미달자와 의사능력이 없는 자의 유언도 무효이다.

다. 적용범위

(가) 물리적 일부만에 대한 소유권이전등기(법 제15조, 법 제29조 제2호) - ×

가) 1필의 토지(또는 1개의 건물)의 특정 일부만을 유증한다는 취지의 유언이 있는 경우, 유언집행자는 유증할 부분을 특정하여 분할(또는 구분)등기를 한 다음 수증자 명의로 소유권이전등기를 신청하여야 한다(예규 1512). [20 법무사]

나) 마찬가지로 특정유증의 수증자가 유증자의 사망 후에 1필의 토지(또는 1개의 건물)의 특정 일부에 대하여 유증의 일부포기를 한 경우에도 유언집행자는 포기한 부분에 대하여 분할(또는 구분)등기를 한 다음 포기하지 아니한 부분에 대하여 유증을 원인으로 한 소유권이전등기를 신청하여야 한다(예규 1512).

[23 법원사무관 / 21 법무사]

(나) 자기의 지분만에 관한 소유권이전등기 - ○

(다) 유증의 가등기 - △

유증은 유언자의 사망으로 그 효력이 발생하므로 유언자의 생존 중에 있어서는 수증자는 아무런 구체적인 권리가 없으며, 유증은 유증자의 최종 의사에 기초를 둔 것으로 유언의 효력발생 전에는 언제라도 유언자는 그 유언을 철회할 수 있으므로 (「민법」 제1108조), 유언자가 생존해 있는 동안에는 가등기를 할 수 없다. 따라서 **유증을 원인으로 한 소유권이전등기청구권보전의 가등기는 유언자가 사망한 후인** 경우에는 이를 수리하되, **유언자가 생존 중인 경우에는 이를 수리하여서는 아니** 된다(예규 1512). [23 법원사무관 / 20 등기서기보 / 19 법무사 / 18 등기서기보 / 17 등기주사보 / 16 법무사 / 14 등기서기보 · 법무사 / 12 법무사 / 11 법무사 / 10 법무사]

(라) 유언집행자가 유증자보다 먼저 사망한 경우

유언집행자가 유언자의 사망 이전에 사망한 경우에는 민법 제1089조 제1항과 제2항, 제1090조 본문과 단서 등을 유추 적용하여 유언집행자의 지정에 관한 유언의 효력이 발생하지 않으므로 민법 제1095조에 따라 상속인이 유언집행자가 되는 것으로 보아야 한다. 따라서 유언집행자가 유언자보다 먼저 사망한 경우에는 상속인이 유언집행자가 되어 유증을 원인으로 소유권이전등기를 신청할 수 있고, 이 경우 수증인은 민법 제1102조 공동 유언집행자에 관한 규정에 의하여 과반수의 상속인들이 소유권이전등기절차에 협력한다면, 등기절차에 협력하지 아니한 일부 상속인들에 대하여 별도로 소유권이전등기절차의 이행을 명하는 판결을 받지 않아도 수증인 명의의 소유권이전등기를 신청할 수 있다(선례 201508-6).

(마) 수증자가 유증자보다 먼저 사망한 경우

유증의 효력은 발생하지 않으므로, 유증을 등기원인으로 하는 소유권이전등기를 할 수 없다.

라. 효과

유언은 원칙적으로 유언자가 사망한 때로부터 그 효력이 생긴다. 다만, 유언에 **정지조건**이 있는 경우에 그 조건이 유언자의 사망 후에 성취한 때에는 그 조건이 성취한 때로부터 유언의 효력이 생긴다(「민법」 제1073조).

2) 개시

유증을 등기원인으로 하는 소유권이전등기는 **포괄유증이든 특정유증이든 불문하고 공동으로 신청하여야 하므로**, **비록 공정증서에 의한 유언인 경우에도** 등기의무자인 유언집행자가 유증을 등기원인으로 하는 소유권이전등기를 **단독으로 신청할 수는 없다**(선례 6-249). [21 법무사]

3) 신청절차

가. 신청특칙

(가) 소유권보존(미등기 부동산)

가) 포괄유증

포괄적 유증을 받은 자는 상속인과 동일한 권리의무가 있다(「민법」 제1078조). 따라서 유증의 목적 부동산이 미등기인 경우에는 토지대장, 임야대장 또는 건축물대장에 최초의 소유자로 등록되어 있는 자 또는 그 상속인의 포괄유증을 받은 자(포괄적 수증자)가 단독으로 소유권보존등기를 신청할 수 있다(예규 1512). [21 법무사 / 19 등기주사보 / 15 법원사무관 / 14 법무사 / 13 법무사 / 11 법무사 / 10 법무사]

나) 특정유증

그러나 유증의 목적 부동산이 미등기인 경우라도 특정유증을 받은 자는 소유권보존등기를 신청할 수 없고, 유언집행자가 상속인 명의로 소유권보존등기를 마친 후에 유증을 원인으로 한 소유권이전등기를 신청하여야 한다(예규 1512). [20 등기서기보 · 법무사 / 18 등기서기보 / 15 법무사 / 14 등기서기보 · 법무사 / 11 법무사]

(나) 소유권이전(등기된 부동산)

가) 유증을 원인으로 한 소유권이전등기는 포괄유증이든 특정유증이든 불문하고 모두 상속등기를 거치지 않고 유증자로부터 직접 수증자 명의로 등기를 신청하여야 한다. [23 법원사무관 / 19 법무사 / 18 등기주사보 / 17 등기주사보 / 12 법무사 / 11 법무사 / 10 법무사]

나) 유증을 원인으로 한 소유권이전등기 전에 상속등기가 이미 마쳐진 경우에는 상속등기를 말소하지 않고 상속인으로부터 수증자에게로 유증을 원인으로 한 소유권이전등기를 신청할 수 있다. [19 법무사 / 16 법무사]

다) 다만, 상속등기가 경료되고 타인에게 소유권이 이전된 경우에는 그 타인명의의 등기를 먼저 말소하여야만 유증을 원인으로 한 소유권이전등기를 신청할 수 있다.

따라서 유증을 원인으로 한 소유권이전등기 전에 상속등기가 마쳐진 후 제3자인 재건축정비사업조합에게 신탁을 원인으로 한 소유권이전등기 및 신탁등기가 마쳐진 경우, 원칙적으로 유증을 원인으로 한 소유권이전등기를 신청할 수 없으나, 정당한 말소사유에 의하여 위 신탁등기가 말소되고, 상속인에게로 소유권이 회복된 경우에는 유증을 원인으로 한 소유권이전등기를 신청할 수 있다(선례 제202309-6호).

라) 유증을 원인으로 한 소유권이전등기 전에 상속등기가 이미 마쳐진 경우, 상속등기를 유증을 원인으로 한 소유권이전등기로 경정하는 등기는 신청할 수 없고, 그 상속등기를 말소할 필요 없이 유언집행자와 수증자가 공동으로 상속인으로부터 수증자 앞으로 유증을 원인으로 한 소유권이전등기를 신청할 수 있다. 이 경우 수증자 중 일부가 공동상속인 중 일부에 해당하고 그가 유증받은 지분이 법정상속지분을 초과하는 경우라면 그 수증자의 상속지분을 제외한 나머지 지분에 대하여 위의 등기를 신청하여야 한다(선례 201804-5).

마) 유언집행자가 여럿인 경우(유언집행자의 지정이 없어서 여러 명의 상속인들이 유언집행자가 된 경우를 포함한다)에는 그 과반수 이상이 수증자 명의의 소유권이전등기절차에 동의하면 그 등기를 신청할 수 있으며(등기예규 제1512호

2. 나. (2)), 유증을 원인으로 한 소유권이전등기 전에 상속등기가 이미 마쳐진 경우에도 상속등기를 말소하지 않고 상속인으로부터 수증자에게로 유증을 원인으로 한 소유권이전등기를 신청할 수 있다(등기예규 제1512호 3. (1)). 따라서 망 갑의 채권자인 A의 대위신청에 의하여 을, 병, 정을 등기명의인으로 하는 상속으로 인한 소유권이전등기가 마쳐진 경우에는 상속등기를 말소하지 않은 채로 상속인으로부터 수증자에게로 유증을 원인으로 한 소유권이전등기를 신청할 수 있고, 만일 과반수 이상(을, 병)이 수증자 명의의 소유권이전등기절차에 동의하는 경우에는 등기신청서의 등기의무자란에는 "을, 병, 정, 유증자 망 갑의 유언집행자 을, 병"을 표시하고 각 그들의 주소 등을 기재하면 될 것이다(선례 제202203-1호).

나. 신청인

(가) 원칙

유증을 원인으로 한 소유권이전등기는 포괄유증이나 특정유증을 불문하고 유언집행자 또는 상속인을 등기의무자, 수증자를 등기권리자로 하여 공동으로 신청하여야 한다. 수증자가 유언집행자로 지정되거나 상속인인 경우에도 같다. [19 법무사 / 18 등기서기보 · 등기주사보 / 17 등기주사보 / 14 등기서기보 · 법무사 / 12 법무사 / 10 법무사]

이때 신청서에는 "등기의무자 망 ○○○, 위 유언집행자 ○○○, 등기권리자 ○○○"를 표시하고 그들의 주소를 각각 기재한다.

(나) 유언집행자

가) 의의

① 유언집행자는 유언자가 유언으로 지정할 수 있고, 그 지정을 제3자에게 위탁할 수도 있다(「민법」 제1093조, 제1094조). 그러나 유언자가 유언집행자를 지정하지 않거나 그 지정을 위탁하지 않아 유언집행자가 없을 때에는 상속인이 유언집행자가 되며(「민법」 제1095조, 선례 5-330), 상속인도 없을 때에는 이해관계인의 청구에 의하여 가정법원이 유언집행자를 선임하게 된다(「민법」 제1096조).

② 지정·선임 유언집행자가 장기간 행방불명되어 그 직무를 수행할 수 없다면 상속인 그 밖의 이해관계인이 가정법원에 유언집행자의 해임심판을 청구할 수 있다. 그리고 그 해임심판이 확정된 후 상속인들이 유언집행자가 되어 유증으로 인한 소유권이전등기를 신청하거나, 가정법원으로부터 새로운 유언집행자를 선임받아 위 등기를 신청한다(선례 5-279).

나) 유언집행자의 자격

무능력자 또는 파산자가 아닌 한 유언집행자의 자격에 특별한 제한이 없으므로 수증자도 유언집행자가 될 수 있으며, 설령 지정 유언집행자와 수증자가 동일

인인 경우라도 그 자격을 달리하는 것이기 때문에, 등기신청서에 등기의무자
망 ○○○, 위 유언집행자 ○○○, 등기권리자 ○○○를 표시는 방법으로 유
증으로 인한 소유권이전등기를 신청하여야 할 것이다(선례 5-327).

다) 유언집행자가 수인인 경우

① 유언집행자가 여럿인 경우(유언집행자의 지정이 없어서 여러 명의 상속인
들이 유언집행자가 된 경우를 포함한다)에는 그 과반수 이상이 수증자 명의
의 소유권이전등기절차에 동의하면 그 등기를 신청할 수 있다(예규 1512,
선례 5-329, 5-331). [23 법원사무관 / 20 법무사 / 16 법무사 / 12 법무사 / 11 법무사 / 10 법무사]
예컨대 상속인 6명이 공동유언집행자가 된 경우에는 4명 이상의 동의를 얻
어야 한다.

그런데 이때 동의한 유언집행자들의 유언집행에 동의한다는 취지의 서면
을 별도로 첨부할 것이 반드시 요구되는 것은 아니며(선례 5-334), 인감
날인과 그 증명서의 첨부로도 가능하다.

② 유증을 원인으로 한 소유권이전등기 전에 상속등기가 이미 마쳐진 경우에도
상속등기를 말소하지 않고 상속인으로부터 수증자에게로 유증을 원인으로
한 소유권이전등기를 신청할 수 있다(등기예규 제1512호 3. (1)).

따라서 망 갑의 채권자인 A의 대위신청에 의하여 을, 병, 정을 등기명의인으
로 하는 상속으로 인한 소유권이전등기가 마쳐진 경우에는 상속등기를 말소
하지 않은 채로 상속인으로부터 수증자에게로 유증을 원인으로 한 소유권
이전등기를 신청할 수 있고, 만일 과반수 이상(을, 병)이 수증자 명의의 소
유권이전등기절차에 동의하는 경우에는 등기신청서의 등기의무자란에는
"을, 병, 정, 유증자 망 갑의 유언집행자 을, 병"을 표시하고 각 그들의 주
소 등을 기재하면 될 것이다(선례 제202203-1호).

(다) 수증자

가) 수증자가 여럿인 포괄유증의 경우에는 수증자 전원이 함께 소유권이전등기를
신청할 수도 있고, 수인의 수증자가 각각 자기의 지분만에 대해서 소유권이전
등기를 신청할 수도 있다(선례 5-331). [21 법무사 / 19 법무사 / 18 등기서기보 · 등기주사보 / 16
법무사 / 14 법무사] 따라서 수증자 중 1인이 등기절차에 협력하지 않는 경우 그 수증
자를 제외한 나머지 수증자들의 각 지분에 대해서만 유증을 원인으로 소유권
이전등기를 신청할 수 있다(선례 6-249).

수증자가 여럿인 특정유증의 경우, 수증자 중 일부는 유언집행자와 공동으로 자
기 지분만에 대하여 소유권이전등기를 신청할 수 있다(선례 제202205-1호).

나) 그러나 유증과 상속은 별개의 등기원인이므로 포괄적 수증자 외에 유언자의
다른 상속인이 있는 경우에는 유증으로 인한 소유권이전등기와 상속으로 인

한 소유권이전등기를 각각 신청하여야 한다. [21 법무사]

다) 피상속인 甲이 사망하고 상속등기를 경료하지 아니한 상태에서 공동상속인 중 乙이 다른 공동상속인 丙에게 상속받은 지분을 유증한 후 사망한 경우에는, 먼저 사망한 乙을 제외한 甲의 상속인과 乙의 상속인 명의로 상속등기를 경료한 후 乙의 상속인 또는 유언집행자와 수증자가 공동으로 유증으로 인한 소유권이전등기를 신청할 수 있다(선례 8-210). [21 법무사]

다. 신청정보

유증을 원인으로 한 소유권이전등기를 신청하는 경우에는 규칙 제43조에 규정된 사항을 신청정보의 내용으로 등기소에 제공한다.

(가) 등기원인 및 그 연월일

등기원인은 "○년 ○월 ○일 유증"으로 기재하되, 그 연월일은 유증자가 사망한 날을 기재한다. [12 법무사]

다만 유증에 조건 또는 기한이 붙은 경우에는 그 조건이 성취한 날 또는 그 기한이 도래한 날을 신청정보의 내용으로 제공한다. [18 등기주사보 / 12 법무사]

(나) 등기목적

"소유권이전"이라고 기재한다.

라. 첨부정보

(가) 등기원인과 관련된 첨부정보

가) 등기원인을 증명하는 정보

① 유언증서 및 검인조서 등

1. 유언증서가 자필증서, 녹음, 비밀증서에 의한 경우에는 유언검인조서등본을 제공한다. [17 등기주사보] 유언검인의 신청은 유언서의 위조 변조를 방지하고 유언자의 진의를 보호하기 위해 유언의 집행 전에 유언의 증서나 녹음의 보관자 등이 유언자의 사망 후 지체 없이 가정법원에 유언서를 제출하여 그 검인을 받아 등기신청 시 제출하게 하는 것으로, 공정증서에 의한 경우에는 별도의 검인을 받을 필요가 없다.

2. 구수증서에 의한 경우에는 검인신청에 대한 심판서등본을 증명하는 서면을 각 첨부하여야 한다. 구수증서에 의한 유언인 경우에는 그 성립을 위해서는 급박한 사유가 종료한 날로부터 7일 이내에 검인을 신청하고(「민법」 제1070조 제2항), 등기신청 시에는 유언검인조서 등본이 아닌 검인신청에 대한 심판서 등본을 첨부한다.

3. 검인기일에 출석한 상속인들이 "유언자의 자필이 아니고 날인도 유언자의 사용인이 아니라고 생각한다"는 등의 다툼 있는 사실이 기재되어 있는 검인조서를 첨부한 경우에는 유언 내용에 따른 등기신청에 이의가

없다는 위 상속인들의 진술서(인감증명서 첨부) 또는 위 상속인들을 상대로 한 유언유효확인의 소나 수증자 지위 확인의 소의 승소 확정판결문을 첨부하여야 한다. 이는 검인조서의 기재 사실로 보아 상속인과 수증인의 다툼 있는 사실이 기재된 경우까지 등기하는 것은 타당하지 못하므로, 검인제도의 취지를 고려하고 상속인과 수증인과의 형평성을 유지하는 방안으로 검인기일에 출석한 상속인이 유언서의 효력을 다투는 경우에는 위 상속인의 동의서를 첨부하도록 하여 차후 발생할 수 있는 분쟁을 방지하고 등기의 진정성을 확보하기 위한 것이다.

4. 외국에 거주하는 **대한민국 국민**이 행위지법이 정한 방식에 따라 공정증서에 의한 유언을 한 경우, 수증자는 공정증서를 첨부하여 유증을 원인으로 한 소유권이전등기신청을 할 수 있으며, 이 경우 공정증서의 내용이 행위지법의 법규와 부합하는지 여부는 형식적 심사권을 가진 등기관의 판단 사항이 아니다(선례 8-28).

5. **아일랜드 국민**인 갑이 그 나라에서 아일랜드 민법에 따라 그가 소유하는 국내 부동산에 관하여 공정증서에 의한 유언을 한 후 사망하였고, 이에 따라 유언집행자와 수증자가 공동으로 그 부동산에 대하여 유증을 원인으로 한 소유권이전등기를 신청하는 경우, 「국제사법」 제50조 제3항에 따르면 유언자가 유언 당시 국적을 가지는 국가의 법에서 정하는 방식에 따라 유언을 할 수 있으므로 아일랜드 민법에 따라 작성한 유언공정증서를 등기원인을 증명하는 정보로 제공할 수 있는바, 다만 이 공정증서에는 아일랜드 정부가 발행한 아포스티유(Apostille)를 붙여야 하고, 공정증서(아포스티유 포함)에 대한 번역문도 제공하여야 한다. 그리고 이러한 유언공정증서가 아일랜드 민법에 따라 적법하게 작성되었음을 소명하기 위하여 해당 법령의 내용과 그 번역문도 함께 제공하여야 한다(선례 201809-5).

② 유증자의 사망을 증명하는 정보

유언자의 사망을 증명하는 정보로 유언자의 기본증명서 또는 제적등본 등을 제공한다.

③ 조건성취를 증명하는 서면

유증에 정지조건 등이 붙은 경우에는 그 조건성취를 증명하는 서면을 각 첨부하여야 한다. [17 등기주사보]

나) 등기원인에 대한 허가·동의·승낙을 증명하는 정보 등

① 검인(계약서)	×	(∵ 계약이 아닌 단독행위이므로)
② 부동산거래계약신고필증	×	(∵ 계약이 아닌 단독행위이므로)
③ 토지거래계약허가증	×	(∵ 계약이 아닌 단독행위이므로)
④ 농지취득자격증명	△	포괄적 유증과 상속인에 대한 특정적 유증은 농지취득자격증명을 제공할 필요가 없으나, 상속인 외의 자에 대한 특정적 유증은 농지취득자격증명을 제공하여야 한다(예규 1635). [22 법무사 / 19 법무사]

(나) 등기의무자와 관련된 첨부정보

가) 유언집행자의 자격을 증명하는 서면

유언집행자의 자격을 증명하는 서면으로, 유언집행자가 유언으로 지정된 경우에는 유언증서, 유언에 의해 유언집행자의 지정을 제3자에게 위탁한 경우에는 유언증서 및 제3자의 지정서(그 제3자의 인감증명 첨부), 가정법원에 의해 선임된 경우에는 유언증서 및 심판서를 각각 제출하여야 한다.

유언자의 상속인이 유언집행자인 경우에는 상속인임을 증명하는 서면을 첨부하여야 한다.

나) 등기필정보 등

유증을 원인으로 하는 소유권이전등기는 공동신청이므로 일반 원칙에 따라 유증자의 등기필정보(또는 등기필증)를 신청정보의 내용으로 제공한다. [20 등기서 기보·법무사 / 16 법무사] 이러한 등기필정보를 제공할 수 없는 경우에는 신청서에 등기의무자로 기재된 유언집행자 또는 상속인을 확인한 확인서면 등(법 제51조)이 첨부되어야 한다.

주의할 점은 유언집행자의 등기필정보를 제공하는 것이 아니라는 점이다. 유언집행자는 그 부동산에 대한 권리를 취득한 적이 없으므로 등기필정보를 부여받은 적도 없기 때문이다.

유증을 등기원인으로 하여 소유권이전등기를 신청하는 경우, 유언집행자(지정되지 않은 경우에는 상속인이 유언집행자)가 여럿인 경우에는 그 과반수 이상이 수증자 명의의 소유권이전등기절차에 동의하면 그 등기를 신청할 수 있으며, 이 경우 유증자의 등기필정보를 신청정보의 내용으로 등기소에 제공하여야 한다. 멸실 등의 사유로 이러한 등기필정보를 제공할 수 없는 경우, 그 등기신청을 위임받은 자격자 대리인은 신청서에 등기의무자로 기재된 유언집행자로부터 등기신청을 위임받았음을 확인하고 그 확인한 사실을 증명하는 정보(확인서면 등의 확인정보)를 첨부정보로서 등기소에 제공할 수 있으며, 만일

유언집행자 전원(A, B, C, D, E) 중 과반수인 3인(A, B, C)이 소유권이전등기를 신청하는 경우 신청서에 첨부된 확인정보는 유언집행자의 과반수 이상(A, B, C)의 것이면 충분하고 반드시 유언집행자 전원(A, B, C, D, E)의 것이 첨부될 필요는 없다(선례 제202202-3호).

다) 인감증명서 등

등기의무자의 인감증명을 제공하여야 하는 바, 유언집행자가 지정된 경우에는 유언집행자의 인감증명을, 상속인이 유언집행자가 된 경우에는 상속인의 인감증명을 제공하여야 한다(규칙 제60조 제1항 제1호).

(다) 등기권리자(수증자)와 관련된 첨부정보 – ○

(라) 부동산과 관련된 첨부정보 – ○

4) 실행절차

가. 접수·배당

나. 조사(형식적 심사)

(가) 유류분 침해

① 피상속인의 직계비속, 배우자는 법정상속분의 2분의 1까지, 직계존속은 법정상속분의 3분의 1까지 유류분반환청구를 할 수 있는데(「민법」 제1112조), 상속개시 시를 기준으로 하여 피상속인의 유증 또는 증여가 위 유류분을 침해한 경우에 유류분을 가지는 상속인은 유류분의 반환청구를 행사할 수 있다. 상속등기 후에 이러한 유류분 반환청구가 인정되면 그 상속등기는 유류분 반환을 원인으로 한 소유권이전등기를 하여야 하고, 상속등기를 하기 전에 유류분 반환청구가 이미 인정되었으면 그 유류분이 인정되는 상속분에 따라 상속등기를 하여야 할 것이다.

② 다만 이러한 유류분반환청구가 있는지 여부는 등기관이 알 수 없으므로 포괄적 수증자의 소유권보존등기 및 유증으로 인한 소유권이전등기 신청이 상속인의 유류분을 침해하는 내용이라 하더라도 등기관은 이를 수리하여야 한다. [20 등기서기보·법무사 / 14 등기서기보·법무사] 상속인은 그의 유류분에 부족이 생긴 때에는 부족한 한도 내에서 그 재산의 반환을 청구할 수 있을 뿐이다(선례 2-329).

③ 피상속인 갑 소유명의의 A 부동산에 대하여 갑 생전에 증여를 원인으로 소유권이전등기를 마친 갑의 공동상속인 중 1인인 을이 갑 사망 이후에 다른 공동상속인 병과 "유류분반환"을 원인으로 A 부동산 전부에 대하여 을에서 병 앞으로의 소유권이전등기를 신청한 경우, 형식적 심사권밖에 없는 등기관으로서는 유류분액의 초과 여부를 확인할 수 있는 것은 아니므로 위 등기신청을 수리할 수밖에 없다. 다만, 이 경우 등기권리자인 병이 갑의 상속인임을 소명하는 정보를 첨부정보로서 제공하여야 한다(선례 201812-3). [24 법무사]

(나) 유언증서

가) 요식행위

유언은 민법이 정한 방식에 의하지 아니하면 그 효력이 생기지 아니하는 요식행위로서 자필증서에 의한 유언은 유언자가 그 전문과 연월일, 주소, 성명을 자서하고 날인하여야 하며, 또한 법원의 유언증서의 검인은 유언의 집행 전에 유언서의 형식 기타의 상태를 확증하고 그 위조 또는 변조되는 것을 예방하며 그 보존을 확실하게 하기 위한 목적에서 나온 검증절차에 지나지 아니한 것으로서 유언의 효력을 인정한 것이 아니므로, 등기신청서에 첨부한 유언증서에 유언자의 날인이 누락된 경우에는 비록 가정법원의 검인절차에서 상속인들의 진술, 피상속인의 일기장 필적제시 등을 통하여 피상속인의 자필유언증서임을 확인하는 유언검인조서가 작성되는 등의 과정을 거쳤다고 하더라도 이는 적법한 유언증서라고 볼 수 없으므로, 등기관은 그러한 등기신청을 수리하여서는 아니 될 것이다.

따라서 유언증서에 가정법원의 검인이 되어 있어도 등기관은 유언자의 날인이 누락되는 등 그 유언증서가 적법한 요건을 갖추지 아니한 경우에는 그 유언은 무효이므로 등기신청을 수리하여서는 안 된다(선례 5-289). [11 법무사 / 10 법무사]

나) 부동산의 기재

① 유증한 부동산을 생전에 처분한 경우 - ○

수 개의 부동산을 유증하기로 하는 유언증서를 작성한 후 그 부동산 중 일부를 유증자가 생전에 처분한 경우라도, 유증하기로 한 재산의 일부를 처분한 사실만으로 다른 재산에 대한 유언을 철회한 것으로 볼 수는 없으므로, 나머지 부동산에 대하여는 유증을 원인으로 수증자 앞으로 소유권이전등기를 신청할 수 있다(선례 8-204).

② 유증한 부동산의 일부 지분을 생전에 처분한 경우 - ○

갑이 을에게 A부동산 전체를 유증하기로 하는 공정증서를 작성한 후, 유증한 A부동산의 지분 2분의 1을 병에게 증여하고 증여로 인한 소유권이전등기를 마침으로써 A부동산의 소유권을 갑과 병이 2분의 1씩 공유하고 있는 경우, A부동산 전체를 을에게 유증하기로 한 공정증서 자체를 첨부정보로서 등기소에 제공하여 A부동산 갑 지분 2분의 1에 대하여 을을 등기권리자로 하는 소유권이전등기를 신청할 수 있을 것이다(선례 제202212-2호).

③ 소유권이전등기청구권을 유증한 후 유언자가 사망 전에 소유권을 취득한 경우 - ○

공정증서에 의하여 구분건물에 대한 소유권이전등기청구권을 특정유증한 후에 유증자 명의로 위 구분건물에 대해 소유권이전등기가 마쳐진 상태에서 유증자가 사망하여 위 구분건물이 상속재산 중에 존재하는 경우에는 위 **구분건물 자체를 유증의 목적으로 한 것으로 보아야 할 것이므로**(「민법」 제1084조 제1항) 공정증서를 첨부정보로 하여 유언집행자 또는 상속인은 수증자와 공동으로 **소유권이전등기를 신청할 수 있다**(등기선례 9-246) (선례 제202302-01호).

④ 유언증서에 특정되지 않은 부동산 − △

1. 특정유증과 달리 상속재산의 전부 또는 비율에 의한 유증을 의미하는 **포괄유증**에 있어서는 유증 대상을 "나의 모든 재산" 또는 "나의 모든 재산의 50%"와 같이 기재한 경우에도 그 유언증서를 등기원인을 증명하는 정보로서 제공하여 유언자 소유명의의 **모든 부동산에 대하여 유증을 원인으로 한 소유권이전등기를 신청할 수 있다**(선례 201811-1). 또한, 유언증서에 "본인의 유고 시 자산은 ○○○에게 모두 귀속됩니다."라고만 기재하고 별도로 재산목록을 기재하지 않은 경우 유언자 명의의 **모든 부동산에 대하여 유증을 원인으로 하는 소유권이전등기를 신청할 수 있다**(선례 제202303-01).

2. 유언증서에 수인의 수증자들에 대한 수증 비율과 유증할 일부 부동산을 특정하여 기재하면서 증서의 마지막 부분에 "추기 : 위 부동산에 누락된 부분이 있다면 유언자 소유는 전부를 이 유언의 취지에 의하여 처리한다."라는 문구가 적시된 사실만으로는 위 유언증서에 의하여 **포괄적으로 유증된 것이라고 단정할 수 없으므로**, 위 서면에 기재되지 않은 부동산에 대한 소유권이전등기신청이 있는 경우 **형식적 심사권밖에 없는 등기관은 등기신청을 수리할 수 없다**(선례 8-211).

다) 수증자의 기재(유언증서에 특정되지 않은 포괄수증자) − ×

갑 소유명의의 부동산에 대하여 "나의 모든 재산은 사회복지를 위하여 쓰여져야 한다. 유언집행자로 A와 B를 지명한다."라고 기재된 **자필유언증서**와 "위 상속재산 모두를 사회복지법인 ○○에 기부한다."라고 기재된 유언집행자들과 사회복지법인 ○○이 함께 작성한 기부합의서를 등기원인을 증명하는 정보로서 제공하여 유증을 원인으로 한 소유권이전등기를 신청한 경우, 포괄적 수증자가 유언증서에 특정되어 있지 않은 상태에서 유언자가 유언집행자에게 포괄적 수증자를 선택할 권한을 위임한다는 내용 또한 유언증서에 명시되어 있지 않다면 **형식적 심사권밖에 없는 등기관으로서는 위 등기신청을 수리할 수 없다**(선례 201811-1).

다. 문제○ (취하·보정·각하)

라. 문제× (등기실행)

(가) 등기부 작성·기입

가) 등기사항

등기원인과 그 연월일은 신청정보와 동일하며, **수증자가 2인 이상인 경우**에는 공유지분을 기록한다(법 제48조 제4항).

나) 등기형식

소유권이전등기이므로 주등기로 기록한다.

(나) 각종 통지

신청인인 등기명의인에게 등기필정보를 작성·통지하며(법 제50조), 등기완료통지도 함께 한다(법 제30조).

대장소관청에는 소유권변경사실의 통지를 하고(법 제62조), 세무서장에게는 과세자료의 제공을 위한 통지를 하여야 한다(법 제63조).

5) 사인증여

가. 서설

사인증여란 증여자와 수증자 간에 생전에 체결한 증여계약이 증여자의 사망에 의해 효력이 발생하는 것을 말한다.

나. 신청절차

① 등기원인은 "증여"로 기재하여야 하나 등기원인일자는 증여자의 사망일이다.

② 사인증여를 원인으로 소유권이전등기를 신청할 때에는 등기의무자인 증여자가 사망한 상태이므로 증여자의 상속인이 **등기의무자**로서 수증자가 **등기권리자**로서 공동으로 신청한다. 이 경우 증여자의 사망사실을 증명하는 서면과 등기의무자가 상속인임을 증명하는 서면을 첨부하여야 하고, 이는 수증자가 상속인 중의 1인인 경우에도 동일하다(선례 3-497). [19 등기서기보·등기주사보 / 18 등기주사보]

③ 사인증여를 원인으로 한 소유권이전등기신청에서 **유언집행자가 지정되어 있다면** 등기의무자인 지정된 유언집행자와 등기권리자인 수증자가 공동으로 신청하게 되는 바, **유언집행자가 수인인 경우**에는 그 과반수 이상으로 등기신청을 할 수 있다. [17 법무사]

④ **사인증여**를 원인으로 한 소유권이전등기신청은 등기의무자인 유언집행자(지정되지 않은 경우에는 상속인이 유언집행자)와 등기권리자인 수증자가 공동으로 신청하게 되는바, 이러한 등기를 신청할 때 첨부정보로서 제공하여야 할 등기원인서면(**사인증여계약서 등**)에는 「민법」 제1065조 내지 제1072조를 준용할 수 없으나, 당사자가 유언집행자를 지정한 경우 유언집행자의 자격을 증명하는 서면으로 제출하는 유언증서에는 「민법」 제1068조에 다른 요건이나 그 밖의 가정법원의 검인 등 필요한 요건(민법 제1065조 내지 제1072조, 제1091조 등)을 갖추어야 한다(선례 제202104-2호).

⑤ **사인증여**를 원인으로 한 소유권이전등기신청은 등기의무자인 유언집행자(지정되지 않은 경우에는 상속인이 유언집행자)와 등기권리자인 수증자가 공동으로 신청하게 되는바, 이러한 등기를 신청할 때 첨부정보로서 제공하여야 할 등기원인서면(**사인증 여계약서**)에 유언집행자가 지정되어 있고 그 유언집행자 부분이 「민법」 제1068조의 요건을 갖춘 공정증서인 경우에는 가정법원의 검인이나 상속인들의 동의서를 제공할 필요 없이 소유권이전등기를 신청할 수 있다(선례 제202104-1호).

PART 02

관련 기출지문

1 유증을 원인으로 한 소유권이전등기청구권 보전의 가등기는 유언자가 생존 중인 경우에는 이를 수리하되, 유언자가 사망한 후인 경우에는 이를 수리하여서는 아니 된다. (×) [23 법원사무관]

2 유언자의 사망 전이라도 유증을 원인으로 한 소유권이전등기청구권보전의 가등기는 할 수 있다. (×) [14 법무사]

3 유증으로 인한 소유권이전등기청구권보전의 가등기는 유언자의 사망 전·후와 관계없이 언제든지 신청할 수 있다. (×) [11 법무사]

4 특정유증의 경우에는 반드시 상속등기를 거친 후에 상속인으로부터 수증자 명의로 소유권이전등기를 신청하여야 한다. (×) [18 등기주사보]

5 유증을 원인으로 한 소유권이전등기는 포괄유증이든 특정유증이든 모두 상속등기를 거친 후 수증자 명의로 등기를 신청하여야 한다. (×) [23 법원사무관]

6 유증을 원인으로 한 소유권이전등기는 포괄유증이든 특정유증이든 모두 상속등기를 거친 후 신청하여야 한다. (×) [17 등기주사보]

7 유증으로 인한 소유권이전등기는 포괄유증인 경우에는 상속등기를 거치지 않고 유증자로부터 직접 수증자 명의로 등기를 신청하고, 특정유증인 경우에는 상속등기를 한 다음 유증으로 인한 등기를 하여야 한다. (×) [12 법무사]

8 유증으로 인한 소유권이전등기 전에 상속등기가 이미 마쳐진 경우에는 반드시 상속등기를 말소하고 유증으로 인한 소유권이전등기를 신청하여야 한다. (×) [16 법무사]

9 유증을 원인으로 한 소유권이전등기는 포괄유증이든 특정유증이든 모두 상속등기를 거치지 않고 유증자로부터 직접 수증자 명의로 등기를 신청하여야 하는데, 유증을 원인으로 한 소유권이전등기 전에 상속등기가 이미 마쳐진 경우에는 상속등기를 말소하고 유증자로부터 수증자에게로 유증을 원인으로 한 소유권이전등기를 신청할 수 있다. (×) [19 법무사]

10 유증을 등기원인으로 하는 소유권이전등기는 수증자를 등기권리자, 유언집행자를 등기의무자로 하여 공동으로 신청하는 것이 원칙이나, 공정증서에 의한 유언인 경우에는 등기의무자인 유언집행자가 유증을 등기원인으로 하는 소유권이전등기를 단독으로 신청할 수 있다. (×) [21 법무사]

11 특정유증의 경우에는 수증자를 등기권리자, 유언집행자 또는 상속인을 등기의무자로 하여 공동으로 신청하여야 하지만, 포괄유증의 경우는 수증자가 단독으로 소유권이전등기를 신청한다. (×) [14 법무사]

12 유증으로 인한 소유권이전등기는 수증자가 유언집행자로 지정된 경우를 제외하고는 수증자를 등기권리자, 유언집행자(상속인)를 등기의무자로 하여 공동신청하여야 한다. (×) [10 법무사]

13 유언집행자가 여럿인 경우에는 그 전원이 수증자 명의의 소유권이전등기절차에 동의해야만 그 등기를 신청할 수 있다. (×) [23 법원사무관]

14 유증을 원인으로 소유권이전등기를 유언집행자와 수증자가 공동으로 신청할 때에 유언집행자에게는 등기
필정보가 없으므로 등기의무자의 등기필정보는 제공할 필요가 없다. (×)　　　[20 등기서기보]

15 포괄적 수증자의 소유권보존등기 및 유증으로 인한 소유권이전등기 신청이 상속인의 유류분을 침해하는
경우에는 등기관은 이를 수리할 수 없다. (×)　　　[20 법무사 / 14 등기서기보]

16 유증으로 인한 소유권이전등기 신청이 상속인의 유류분을 침해하는 경우에는 그 신청을 각하하여야 한다.
(×)　　　[14 법무사]

(3) 법인의 합병·분할 등으로 인한 소유권이전등기

1) 서설

회사가 합병하게 되면 합병 후 존속한 회사 또는 합병으로 인하여 설립된 회사는 합병으로
인하여 소멸된 회사의 권리의무를 포괄승계한다(「상법」 제235조, 제269조, 제530조 제2항,
제603조). 이는 상속인이 피상속인의 권리의무를 포괄승계하는 것과 같이 법률의 규정에 의
한 물권변동이므로 승계되는 각각의 부동산에 관하여는 개별적인 소유권이전등기를 하지 않
더라도 합병 후 존속하는 회사가 그 소유권을 취득하게 되고 그 부동산을 처분하기 위해서
는 먼저 존속하는 회사 명의로 소유권이전등기를 하여야 한다(「민법」 제187조).

또한 갑 회사가 그 일부를 분할하여 을 회사를 설립하거나 기존의 을 회사와 합병한 경우,
을 회사는 분할계획서 또는 분할합병계약서가 정하는 바에 따라서 분할하는 갑 회사의 권리
와 의무를 포괄승계한다(「상법」 제530조의10). 따라서 위 포괄적인 승계에 의해 부동산의
소유권이 이전한 경우에는 설립회사 또는 승계회사가 등기권리자, 분할회사가 등기의무자가
되어 소유권이전등기를 신청하게 된다. 다만 분할로 인하여 분할 전 회사가 소멸하는 경우
에는 설립회사 또는 승계회사가 단독으로 신청한다(법 제23조 제3항, 규칙 제42조 제1호).

2) 등기신청방법

가. 합병으로 존속하는 회사 명의로의 등기

합병으로 인하여 소멸된 회사의 명의로 등기되어 있는 부동산에 대하여 합병 후 존속한
회사 또는 합병으로 인하여 설립된 회사의 명의로 등기하기 위해서는 등기명의인표시변
경등기를 할 것이 아니라, 회사합병을 등기원인으로 하는 소유권이전등기절차를 거쳐
야 한다(선례 6-235, 3-464). [24 법무사 / 16 등기서기보]

만약 회사합병이 순차 이루어진 경우에는 최초의 합병으로 인하여 소멸된 회사 명의의
부동산에 대하여 최후의 합병 후 존속한 회사 또는 합병으로 인하여 설립된 회사 명의
로 바로 소유권이전등기를 경료할 수 있다(선례 5-347). 이때에는 합병이 순차 이루어
진 사실이 나타나는 법인등기사항증명서를 첨부하여 합병을 원인으로 하는 소유권이전
등기를 신청하여야 한다(선례 5-312).

예컨대, 乙 회사가 甲 회사를 흡수합병한 후 丙 회사가 乙 회사를 다시 흡수합병한 경우
에는 甲 회사로부터 丙 회사 앞으로 바로 소유권이전등기를 할 수 있다. [24 법무사]

마찬가지로, 乙 회사가 甲 회사를 흡수합병한 후 丙 회사가 乙 회사를 다시 흡수합병한 경우에는 甲 회사로부터 丙 회사 앞으로 바로 근저당권이전등기를 할 수 있다(선례 제1-439호). [22 법원사무관]

나. 회사분할로 인한 권리승계

등기원인으로서 "회사분할"이라 기재하고 그 일자로는 설립회사 또는 승계회사가 본점 소재지에 있어서 분할등기(설립회사의 설립등기 또는 승계회사의 변경등기)를 한 날로 기재한다.

甲 회사가 乙 회사로 흡수합병된 후 乙 회사가 乙 회사의 일부를 분할하여 丙 회사를 설립한 경우, 분할 전 乙 회사는 존속하므로 「부동산등기규칙」 제42조 제1호의 '법인의 분할로 인하여 분할 전 법인이 소멸하는 경우'에 해당하지 않는다. 따라서 분할계획서에 분할로 인하여 丙 회사로 이전될 재산으로 기재된 甲 회사 명의의 소유권 또는 근저당권의 이전등기는 丙 회사가 등기권리자로서, 분할 전 乙 회사가 등기의무자로서 공동으로 신청하여야 한다. [24 법무사]

이 경우 甲 회사, 乙 회사, 丙 회사로의 합병·분할을 증명하는 서면(법인등기사항증명서 등), 분할계획서 및 등기의무자 乙 회사의 인감증명서(소유권이전등기의 경우)가 첨부정보로 제출되어야 하고, 등기필정보는 제출될 필요가 없다.

또한 甲 회사와 乙 회사 사이의 합병으로 인한 소유권이전등기 또는 근저당권이전등기도 선행될 필요가 없다.

분할로 인하여 분할 전 乙 회사가 소멸하는 경우에는 丙 회사가 회사분할을 원인으로 하여 단독으로 신청할 수 있다(선례 제202102-1호).

다. 행정구역의 폐치·분합에 따른 승계

행정구역의 폐치·분합으로 기존의 A군과 B시가 폐지되고 그 일원을 관할구역으로 하여 C시가 설치된 경우 C시는 지방자치법 제5조에 의하여 구 A군과 B시 명의의 부동산을 승계하게 되므로, 그에 따른 등기절차를 경료하려면 C시가 "승계"를 등기원인으로 하여 C시 명의로의 소유권이전등기를 신청하여야 한다(선례 5-926).

라. 특별법에 의하여 신설된 법인으로 포괄승계가 이루어진 경우

(가) 특별법에 의하여 신설된 법인의 경우 해당 특별법에 "신설된 법인이 위 법에 의하여 폐지되는 법인의 재산과 권리·의무를 포괄승계하는 것으로 하고, 이 경우 승계한 재산에 관한 등기기록 등에 표시된 폐지되는 법인의 명의는 신설되는 법인의 명의로 본다"고 규정하는 경우가 있다. 이 경우 폐지되는 법인의 명의로 되어 있는 재산을 처분함에는 민법 제187조 단서의 규정에 관계없이 신설되는 법인의 명의로 승계를 위한 등기절차를 밟지 않고도 신설법인 명의로 처분할 수 있다.

(나) 예컨대 수차례의 법률 개정으로 특수법인의 변경이 있고, 새로운 법인이 등기기록상 종전 법인 명의로 등기되어 있는 부동산을 처분하고 제3자 명의로 소유권이전

등기를 신청하고자 하는 때에 해당 법률에서 종전 법인의 재산에 관한 등기기록 등에 표시된 종전 법인의 명의는 이를 새로운 법인의 명의로 본다고 규정하였다면 새로운 법인은 이러한 사실을 소명하여 자신의 명의로의 등기절차를 밟지 아니하고 직접 제3자 명의로 소유권이전등기를 신청할 수 있다(선례 6-400).

(다) 이러한 예로서, ㉠ 한국농어촌공사가 승계한 농어촌진흥공사, 농지개량조합, 농지개량조합연합회 명의의 부동산(선례 6-616), ㉡ 한국담배인삼공사가 승계한 한국전매공사 명의의 부동산(선례 2-295), ㉢ 한국수자원공사가 승계한 산업기지개발공사 명의의 부동산(선례 2-294), ㉣ 농업협동조합중앙회가 승계한 군조합 명의의 부동산(예규 375호), ㉤ 신용협동조합중앙회가 승계한 신용협동조합연합회 명의의 부동산(선례 6-229) 등이 있다.

(라) 새마을금고법 제39조 제2항은 "금고를 합병한 후 등기부나 그 밖의 공부에 표시된 소멸된 금고의 명의는 존속되거나 설립된 합병 금고의 명의로 본다"고 규정하고 있으므로, 합병 후 신설 또는 존속하는 새마을금고가 합병으로 인하여 소멸한 새마을금고 명의로 등기된 근저당권의 말소등기 또는 변경등기 등을 신청하는 경우에는 합병 후 신설 또는 존속하는 새마을금고 명의로 근저당권 이전등기를 거치지 않고 합병을 증명하는 서면을 첨부하여 직접 말소 또는 변경등기 등을 신청할 수 있다(선례 201705-1).

(마) 마찬가지로 수산업협동조합중앙회로부터 회사분할을 원인으로 근저당권을 이전받은 수협은행은 근저당권이전등기 절차를 거치지 않고 수협은행 자신의 명의로 위 근저당권의 말소등기를 신청할 수 있다. [17 법무사]

(4) 남북 주민 사이의 가족관계와 상속 등에 관한 특례법 시행에 따른 업무처리지침(예규 1457)

1) 서설

북한주민이란 북한지역에 거주하는 주민을 말한다(「남북 주민 사이의 가족관계와 상속 등에 관한 특례법」 제3조). 이러한 북한주민이 상속·유증 또는 상속재산반환청구권의 행사로 남한 내 부동산에 관한 권리(이하 "상속·유증재산 등"이라 한다)를 취득한 경우 그에 따른 등기를 신청할 수 있다. [19 등기서기보 / 13 법무사]

2) 개시

3) 신청절차

가. 신청인

특례법에 따라 북한주민이 남한 내의 부동산에 관한 권리를 상속이나 유증 등으로 취득한 경우 그에 따른 등기는 법원이 선임한 재산관리인이 북한주민을 대리하여 신청한다. [19 등기주사보 / 18 등기주사보]

나. 신청정보

특례법에 따른 북한주민의 상속·유증재산 등에 관한 등기를 신청하는 경우에는 법무부장관이 발급한 "북한주민 등록번호 및 주소 확인서"에 기재된 사항을 「부동산등기규칙」(이하 "규칙"이라 함) 제43조 제1항 제2호의 신청정보로 제공하여야 한다.

다. 첨부정보

특례법에 따른 북한주민의 상속·유증재산 등에 관한 등기를 신청하는 경우에는 첨부정보로 다음의 서류를 제출하여야 한다.

(가) 법원의 재산관리인 선임(변경)을 증명하는 정보

(나) 법무부장관이 발급한 북한주민의 부동산등기용등록번호 및 주소를 확인하는 정보

[19 등기주사보 / 16 법무사]

(다) 재산관리인이 「민법」 제118조를 초과하는 처분행위를 원인으로 등기를 신청하는 경우에는 법무부장관이 발급한 북한주민의 재산처분 등을 허가(변경)한 정보[19 등기주사보 / 17 등기주사보](다만 처분 등을 할 수 있는 허가기간이 도과한 경우에는 위 허가정보를 제공하지 않은 것으로 본다)

규칙 제60조 제1항에 따라 인감증명을 제출하여야 하는 경우에는 재산관리인의 인감증명을 제출하여야 한다. [19 등기주사보]

관련 기출지문

1 북한주민이 남한 내의 부동산에 관한 권리를 상속이나 유증 등으로 취득한 경우 그에 따른 등기는 법무부장관이 선임한 재산관리인이 북한주민을 대리하여 신청하여야 한다. (×)   [19 등기주사보]

2 북한주민의 재산을 재산관리인이 처분하고 등기를 신청하는 경우에는 통일부장관이 발급한 재산처분 허가서를 첨부하여야 한다. (×)   [17 등기주사보]

---

3. 원시취득(공익사업을 위한 토지 등의 취득 및 보상에 관한 법률에 따른 등기)

(1) 토지보상법의 기본개념

1) 이 법은 공익사업에 필요한 토지 등을 협의 또는 수용에 의하여 취득하거나 사용함에 따른 손실의 보상에 관한 사항을 규정함으로써 공익사업의 효율적인 수행을 통하여 공공복리의 증진과 재산권의 적정한 보호를 도모하는 것을 목적으로 한다(「토지보상법」 제1조).

2) 토지보상법에 의하면 공익사업을 위하여 토지 등을 수용 또는 사용할 수 있는 경우로는 ① **사업인정 전**에 수용 또는 사용절차에 의하지 않고 협의에 의해 토지 등을 취득하는 공공용지 협의취득, ② **사업인정 이후** 재결로의 강제절차 전에 한 번 더 상대방의 협력을 구하는 협의성립으로 인한 수용(「토지보상법」 제26조), ③ 재결을 원인으로 한 수용(「토지보상법」 제34조)을 규정하고 있다.

3) 공공용지의 협의취득은 사업시행자가 토지 등 소유자의 협력을 바탕으로 이루어지는 사법 상의 계약에 해당하므로 승계취득이다. 이에 반해 **협의성립**으로 인한 수용(동법 제26조)은 관할 토지수용위원회로부터 협의성립의 확인을 받음으로 원시취득을 하게 되며 그 성질은 공법상의 계약에 해당한다.

(2) 공공용지 협의취득을 원인으로 한 소유권이전등기

1) 서설

공공용지 협의취득이란 사업인정 전에 수용 또는 사용절차에 의하지 않고 협의에 의해 토지 등을 취득하는 것을 말하고 사법상의 계약에 해당하고 이는 원시취득이 아닌 승계취득에 해당한다. 그러나 설명의 편의를 위해 이 절에서 설명하도록 한다.

2) 개시

가. 공공용지의 협의 취득을 원인으로 하는 소유권이전등기신청은 일반원칙에 따라 **사업시행 자와 등기의무자의 공동신청**에 의하여야 한다. 다만 사업시행자가 관공서일 때에는 촉탁 에 의할 수 있다. 여기에서 사업시행자는 공익사업을 시행하는 자를 말하는데 관공서뿐 만 아니라 한국농어촌공사 등 공사도 사업시행자가 될 수 있다(선례 7-486, 5-364).

나. 사업인정고시 전에 미등기토지의 대장상 최초의 소유명의인과 협의가 성립된 경우에는 먼저 그 **대장상 소유명의인** 앞으로 소유권보존등기를 한 후 **사업시행자 명의**로 이전등 기를 하여야 한다. [2] 법무사

다. 등기된 토지에 대하여 등기기록상 소유명의인과 협의가 성립된 경우에는 공동신청으로 사업시행자 명의로 소유권이전등기를 한다.

3) 신청절차

가. 신청인

사업인정 전에 공공용지 협의취득을 원인으로 하는 소유권이전등기신청은 일반원칙에 따라 **사업시행자와 등기의무자의 공동신청**에 의하여야 한다. [24 법무사]

나. 신청정보

사업시행자 명의로의 권리이전의 등기원인은 위의 어떤 경우에나 "공공용지의 협의취 득"으로 기재한다. 그 등기원인 일자는 보상금 지급을 증명하는 서면에 표시된 보상금 지급일자 또는 공탁증명서에 표시된 공탁일자를 기재한다.

다. 첨부정보

공공용지 협의취득을 원인으로 사업시행자 명의로 소유권이전등기를 함에 있어서는 그 등기신청서에 등기원인을 증명하는 정보로 **공공용지의 취득협의서(촉탁 시에는 승낙서 도 첨부)**를 첨부하여야 한다. [2] 법무사 다만 보상금의 지급을 증명하는 서면을 첨부할 필요는 없다(선례 6-253).

등기의무자의 인감증명을 첨부하여야 하나(선례 3-890)[2] 법무사], 매도용 인감증명일 필요는 없다(선례 2-129).

(3) 수용으로 인한 소유권이전(협의성립 및 재결) (예규 1782)

1) 서설

가. 의의

(가) 수용 또는 공용수용이라 함은 공익사업에 필요한 타인의 특정한 재산권을 사업시행자를 위하여 권리자에게 보상을 하고 법률의 힘에 의하여 강제적으로 취득하게 하는 것을 말하는데(「토지보상법」 제1조), **강제적으로 취득한다고** 함은 사법상의 임의매수와는 달라서 권리자의 의사 여하를 불문하고 법률에 의거하여 공권력적 일방행위에 의해 재산권 자체에 대한 권리를 **원시취득**하는 것을 말한다(「민법」 제187조). [23 법무사] 즉, 사업시행자는 수용에 의하여 수용의 개시일에 토지 또는 물건의 소유권을 취득하며 이와 동시에 그 토지나 물건에 관한 다른 권리는 소멸하게 되는 것이다(동법 제45조).

(나) 수용을 하기 위해서는 법률의 근거가 있어야 하는데, 일반법으로는 토지보상법이 있고 특별법에는 도시 및 주거환경정비법, 도로법, 하천법, 징발법 등 많은 법률이 있다.

(다) 수용으로 인한 소유권취득이 원시취득이라는 점을 고려하면 이미 등기된 부동산에 관하여도 종전 등기기록을 폐쇄하고 사업시행자를 위하여 새로이 보존등기를 하여야 할 것이나, 기존의 권리변동 과정을 그대로 나타내 주는 것이 등기부의 공시기능을 더 잘 살릴 수 있다는 점 등을 고려하여 법은 **이미 등기된 부동산에 대하여는 종전 등기기록에 이전등기의 형식으로 사업시행자가 단독으로 소유권이전의 등기를 신청할 수 있다**(법 제99조). [14 등기서기보]

나. 절차

토지보상법에서는 공익사업을 위하여 필요한 토지 등을 취득하는 절차를 규정하고 있는 바, 앞서 본 것과 같이 수용은 공익사업을 위하여 상대방의 의사에 반하여 재산권을 강제적으로 취득하는 제도이므로 수용자와 피수용자의 상반되는 이해를 조정하기 위하여 법률이 정하는 일정한 절차에 따라 행하여짐이 원칙이다. 토지보상법이 정하는 수용의 절차는 다음과 같다.

(가) 사업인정

사업인정이라 함은 당해 사업이 토지보상법 제4조에 열거되어 있는 공익사업에 해당함을 인정하여(동법 제20조) 사업시행자를 위하여 그 후의 일정한 절차를 거칠 것을 조건으로 하여 일정한 내용의 수용권을 설정하는 행위이다. 즉 사업인정은 특정 사업이 토지등 수용을 할 수 있는 공익사업에 해당함을 인정하는 것으로서 이러한 사업인정을 고시함으로써 수용할 목적물의 범위를 확정하고, 수용의 목적물에 관한 현재 및 장래의 권리자에게 대항할 수 있는 일종의 공법상의 물권으로서의 효력을 발생시킨다(동법 제22조). 이러한 사업인정절차는 토지수용절차에 있어서 가장 기본이 되는 절차이다.

(나) 토지조서 · 물건조서의 작성

사업인정의 다음 단계는 토지조서 · 물건조서의 작성이다. 이 절차의 존재이유는 토지수용위원회에 있어서의 심리의 신속과 원활을 기하려는 데 있다. 사업시행자는 미리 재결하여야 할 토지 등에 대하여 필요한 사항을 확인하고, 이를 토지소유자 및 관계인에게도 확인시켜 토지 및 물건에 대한 상황을 명확히 파악하여 조서를 작성하여야 한다.

(다) 협의

사업인정의 고시가 있은 후 사업시행자는 그 토지에 관하여 권리를 취득하거나 소멸시키기 위하여 토지소유자 및 관계인과 협의하여야 한다(동법 제26조). 이 협의는 반드시 하여야 하며, 협의절차를 거치지 않고 재결을 신청함은 위법이다.

사업시행자는 **협의가 성립**된 경우 사업인정의 고시가 있은 날로부터 1년 이내에 당해 토지소유자 및 관계인의 동의를 얻어 관할 토지수용위원회에 협의성립의 확인을 신청할 수 있고(동법 제29조 제1항), 사업시행자가 대통령령이 정하는 사항에 대하여 공증인법에 의한 **공증**을 받아 관할 토지수용위원회에 협의성립의 확인을 신청한 때에는 관할 토지수용위원회가 이를 수리함으로써 협의성립이 확인된 것으로 본다(동법 제29조 제3항).

협의의 확인은 재결로 간주되며, 사업시행자 · 토지소유자 및 관계인은 협의의 성립이나 내용을 다툴 수 없고(동법 제29조 제4항) 이로써 수용의 효과가 발생한다. 즉 사업시행자는 수용의 개시일까지 보상금을 지급 또는 공탁하고(동법 제40조) 피수용자는 그 시기까지 토지 · 물건을 사업시행자에게 인도 또는 이전함으로써(동법 제43조) 사업시행자는 목적물에 대한 권리를 취득하고 피수용자는 그 권리를 상실한다(동법 제45조). **협의성립의 확인을** 받은 경우에는 원시취득이므로 소유권이전은 단독신청에 의한다.

그러나 토지수용위원회로부터 협의성립의 **확인을 받지 않은** 협의매수에 의한 토지취득은 원시취득이 될 수 없고, 승계취득한 것이므로 공동신청을 하여야 한다.

(라) 재결 · 화해

재결은 협의가 성립되지 아니하거나 협의를 할 수 없는 때 또는 토지소유자 등의 협의의 요구가 없는 경우에 행하는 수용의 종국적인 절차로서, 재결은 수용권 자체의 행사가 아니라 사업시행자에게 부여된 수용권의 구체적인 내용을 결정하고 그 실행을 완성시키는 형성적 행위이다.

토지수용위원회는 재결신청이 있는 경우 그 재결이 있기 전에 사업시행자 · 토지소유자 및 관계인에게 화해를 권고할 수 있고, 화해가 성립되면 화해에 참여한 위원·사업시행자·토지소유자 및 관계인이 서명 또는 날인을 하여야 하며, 화해조서에 서명 또는 날인이 된 경우에는 당사자 간에 화해조서와 동일한 내용의 합의가 성립된 것으로 본다(동법 제33조).

협의 또는 합의가 성립되지 아니한 경우에 토지수용위원회에서는 서면으로 재결을 하여야 한다(동법 제34조). 수용의 절차는 재결로써 종결되며, 일정한 조건 아래 수용의 효과를 발생시킨다. 즉 사업시행자는 보상금의 지급 또는 공탁을 조건으로 수용의 개시일에 토지에 관한 권리를 원시취득하게 되며, 수용의 개시일까지 사업시행자가 **보상금**을 지급하거나 공탁하지 아니하면 재결은 효력을 상실한다(동법 제42조).

2) 개시

가. **수용으로 인한 소유권이전등기는 등기권리자가 단독으로 신청할 수 있다**(법 제99조 제1항). [21 법무사 / 17 법무사 / 14 법무사] 수용으로 인한 사업시행자의 **소유권취득**은 등기의무자의 자유의사에 기한 것이 아니어서 그의 협력을 얻기가 어려울 뿐만 아니라 수용은 공연한 데다가 토지수용위원회의 재결서(또는 협의성립확인서)를 등기원인증서로 제출하게 되면 등기의 진정을 해칠 염려가 없으므로 사업시행자의 단독신청을 인정하고 있다(법 제99조 제1항).

나. **관공서가 사업시행자인 경우에는 그 관공서가 소유권이전등기를 촉탁하여야** 한다(법 제99조 제3항). [15 법무사 / 12 법무사] 그러나 수용을 원인으로 하는 소유권이전등기는 신청과 실질적으로 아무런 차이가 없으므로, 관공서는 등기의무자와 공동으로 신청할 수도 있다.

다. 왜냐하면 부동산등기법에서 관공서가 등기를 촉탁할 수 있는 경우를 2개의 범주로 나눌 수 있는데 그 1은 관공서가 부동산에 관한 거래관계의 주체로서 등기를 요구하는 때이고 그 2는 관공서가 당사자의 권리관계에 끼어들어가거나 참견하는 공권력의 주체로서 등기를 요구하는 때라고 하겠는데, 전자의 경우인 촉탁은 신청과 실질적으로 아무런 차이가 없으므로 이 경우에 촉탁등기를 하라는 명문에도 불구하고 권리자와 의무자가 공동으로 등기를 신청함을 거부할 이유가 없다고 할 것이기 때문이다(대판 1977.5. 24, 77다206).

3) 신청절차

가. 신청인

수용으로 인한 소유권이전등기는 통상적으로 사업시행자가 단독으로 신청할 수 있다(법 제99조 제1항). 또한 **관공서가 등기권리자로서 촉탁**하는 수용을 원인으로 한 소유권이전등기에 대하여도 **자격자대리인**이 이를 대리하여 신청할 수 있다. [21 등기서기보]

나. 신청정보

(가) 토지등 수용으로 인한 소유권이전등기 신청서의 기재사항도 일반적인 소유권이전등기에 있어서의 기재사항과 같으나, 다만 그 **등기원인**은 "**수용**"으로, 원인일자는

"수용의 개시일"을 각 기재하여야 하며 등기기록에의 기록도 마찬가지이다. [19 등기서기보·법무사 / 14 등기서기보 / 13 법무사 / 12 법무사 / 10 법무사]

수용개시일이 토·일·공휴일로 기재되어 있는 재결서를 첨부정보로 제공하여 수용을 원인으로 하는 소유권이전등기를 신청할 경우 신청서상 등기원인일은 '재결서상의 수용개시일'로 기재하여야 한다(선례 제202303-03호).

(나) 수용으로 인한 소유권이전등기를 신청하는 경우에 토지수용위원회의 재결로써 존속이 인정된 권리가 있으면 이에 관한 사항을 신청정보의 내용으로 등기소에 제공하여야 한다(규칙 제156조 제2항).

(다) ○○시장이 비록 △△△도지사로부터 위임을 받아 생태하천 복원사업을 시행하는 경우라도 이 사업과 관련한 수용재결서에 사업시행자가 "○○시"로 기재되어 있다면 그 사업시행자가 수용의 개시일에 토지의 소유권을 취득하는 것이므로(「공익사업을 위한 토지 등의 취득 및 보상에 관한 법률」 제45조 제1항), 수용을 원인으로 한 소유권이전등기를 신청할 때에 등기권리자의 명의를 "△△△도"로 할 수는 없으며, "○○시"로 하여야 한다(선례 201907-3).

다. 첨부정보

(가) 등기원인과 관련된 첨부정보

가) 등기원인을 증명하는 정보

신청서에는 일반적인 첨부정보 외에 등기원인을 증명하는 서면으로 수용을 증명하는 서면과 보상금을 지급하였음을 증명하는 서면을 첨부하여야 한다(규칙 제46조 제1항 제1호, 제156조 제2항).

① 수용을 증명하는 서면

1. 협의성립의 경우

협의성립에 의한 수용일 때에는 (i) 토지수용위원회의 협의성립확인서 [21 법무사 / 13 법무사 / 10 법무사] 또는 (ii) 협의성립의 공정증서와 그 수리증명서를 제공한다.

2. 재결에 의한 수용

협의가 성립되지 아니하거나 협의를 할 수 없어서 재결에 의한 수용을 한 경우에는 토지수용위원회의 재결서등본을 첨부하여야 한다. [14 등기서기보 / 10 법무사] 만약 이를 분실 또는 훼손한 경우에는 재발급 받아 제출하여야 한다(선례 6-255).

3. 건물 등 수용의 경우

> ↪ 「공익사업을 위한 토지 등의 취득 및 보상에 관한 법률」제75조
> (건축물등 물건에 대한 보상)
> ① 건축물·입목·공작물과 그 밖에 토지에 정착한 물건(이하 "건축물
> 등"이라 한다)에 대하여는 이전에 필요한 비용(이하 "이전비"라 한다)
> 으로 보상하여야 한다.
> 다만, 다음 각 호의 어느 하나에 해당하는 경우에는 해당 물건의 가격
> 으로 보상하여야 한다.
> 1. 건축물 등을 이전하기 어렵거나 그 이전으로 인하여 건축물등을
> 종래의 목적대로 사용할 수 없게 된 경우
> 2. 건축물 등의 이전비가 그 물건의 가격을 넘는 경우
> 3. 사업시행자가 공익사업에 직접 사용할 목적으로 취득하는 경우
> ⑤ 사업시행자는 사업예정지에 있는 건축물 등이 제1항 제1호 또는 제2
> 호에 해당하는 경우에는 관할 토지수용위원회에 그 물건의 수용 재결
> 을 신청할 수 있다.

㉠ 사업시행자가 사업시행에 방해가 되는 지장물에 관하여 토지보상법
제75조 제1항 단서 제1호 또는 제2호에 따라 물건의 가격으로 보상
(재결서 주문에 지장물을 '이전하게 한다'고 기재됨)한 후 지장물에
대한 소유권이전등기를 신청한 경우에는, 수용 절차를 거치지 아니한
이상 사업시행자가 그 보상만으로 당해 물건의 소유권까지 취득한다
고 볼 수 없고, 따라서 등기원인을 증명하는 정보도 존재한다고 볼
수 없으므로, 등기관은 당해 등기신청을 「부동산등기법」제29조 제9
호에 해당하는 것으로 보아 각하하여야 한다(선례 제202312-2호).

㉡ 사업시행자가 공익사업에 직접 사용할 목적으로 '건축물 등'을 취득하여
수용을 등기원인으로 하는 소유권이전등기를 신청하기 위해서는 당해
건축물 등을 '수용'하였음이 주문에 기재된 재결서 등본을 첨부정보로
제공하여야 하고, 주문에 위와 같은 기재가 누락된 재결서 등본을 제
공한 경우 등기관은 당해 등기신청을 「부동산등기법」제29조 제9호
에 해당하는 것으로 보아 각하하여야 한다(선례 제202312-2호).

② 보상을 증명하는 정보(규칙 제156조 제2항)

보상을 증명하는 서면으로 보상금수령증 원본(수령인의 인감증명은 첨부
할 필요 없음)[21 법무사 / 19 법원사무관] 또는 공탁을 증명하는 서면(공탁서 원본)
[19 법원사무관 / 14 등기서기보]을 첨부하여야 한다.

만일 공탁서원본을 분실 또는 훼손하여 이를 첨부할 수 없는 경우에는 공
탁번호 및 그 연월일, 공탁자 및 피공탁자의 주소, 성명, 공탁금액, 공탁
원인사실 등이 기재된 공탁사실증명서를 첨부하여도 된다(선례 6-255).

보상을 증명하는 서면으로서 피수용자의 보상금계좌입금청구서와 사업시
행자의 계좌입금증을 등기촉탁서에 함께 첨부한 경우에는 별도의 보상금
수령증원본을 첨부할 필요가 없다(선례 7-57).

나) 등기원인에 대한 허가·동의·승낙을 증명하는 정보 등

등기 형식은 이전등기라 하더라도 원시취득이므로 행정관청의 허가 등을 요하
는 경우라 하더라도 수용을 원인으로 하는 소유권이전등기 시에는 원칙적으로
이러한 허가를 받을 필요는 없다.

① 검인(계약서)	×	(∵ 법률의 규정이므로)
② 부동산거래계약신고필증	×	(∵ 법률의 규정이므로)
③ 토지거래계약허가증	×	(∵ 법률의 규정이므로)
④ 농지취득자격증명	×	(∵ 농지법상 취득이 아니므로) [17 등기서기보]
⑤ 재단법인의 기본재산 처분 주무관청의 허가서	×	(∵ 적극적 처분이 아니므로) [18 등기주사보 / 13 법무사 / 11 법무사]

(나) 등기의무자와 관련된 첨부정보

가) 등기필정보 등 - ×

나) 인감증명서 등 - ×

다) 주소를 증명하는 정보(소유권이전시)

사업시행자가 등기신청하는 경우 공탁서상의 피공탁자의 주소와 등기부상의
피수용자의 주소가 일치하면 **피수용자의 주소를 증명하는 서면은 첨부할 필요
가 없다.** [11 법무사]

(다) 등기권리자와 관련된 첨부정보 - ○

(라) 부동산과 관련된 첨부정보 - ○

(마) 등기신청인의 자격과 관련한 정보 - ○

4) 실행절차

가. 접수·배당

나. 조사

(가) 형식적 심사

수용으로 인한 소유권이전등기신청서에 협의서만 첨부한 경우에는 **협의성립확인
서를 첨부하도록 보정을 명하고, 이를 제출하지 않는 경우에는 등기신청을 수리하
여서는 아니 된다**(법 제29조 제9호). [15 법무사] 이는 협의가 성립된 경우에도 관할
토지수용위원회의 확인을 받지 아니한 것이면 그 토지를 원시적으로 취득한 것으
로는 볼 수 없고 원래의 소유자로부터 승계취득을 한 것이라고 해석할 수밖에 없
기 때문이다(대판 1978.11.14, 78다1528).

(나) 법 제29조 제6호 및 제7호의 각하사유

신청정보의 부동산의 표시가 **등기기록**과 일치하지 않는 경우에는 각하사유이므로 먼저 부동산표시변경등기를 하여 그 표시를 일치시켜야 한다(법 제29조 제6호). 신청정보의 등기의무자의 표시가 **등기기록**과 일치하지 않는 경우에는 각하사유이므로 먼저 등기명의인표시변경등기를 하여 그 표시를 일치시켜야 한다(법 제29조 제7호). 사업시행자가 등기를 신청할 때에 위 각하사유에 해당하면 그 등기를 할 수 없으니 사업시행자로 하여금 대위로(부동산 또는 등기명의인) 표시변경 또는 소유권이전 등기신청을 할 수 있도록 한 것이다.

(다) 대위등기의 신청

가) 수용을 원인으로 한 소유권이전등기를 신청함에 있어 필요한 때에는 **등기권리자(사업시행자)**는 등기명의인이나 상속인, 그 밖의 포괄승계인을 갈음(대위)하여 **부동산의 표시 또는 등기명의인의 표시의 변경, 경정 또는 상속, 그 밖의 포괄승계로 인한 소유권이전의 등기를** 「부동산등기법」 제28조에 의하여 **대위신청할 수 있다**(법 제99조 제2항). [15 법무사] 이 경우 이때 대위등기 신청인인 사업시행자가 관공서일 경우에도 **취득세는 납부하여야 한다.** [11 법무사]

나) 이 경우 **대위원인**은 "○년 ○월 ○일 수용으로 인한 소유권이전등기청구권"으로 기재하고, 대위원인을 증명하는 정보로 재결서등본 등을 첨부한다. 다만 소유권이전등기신청과 동시에 대위신청하는 경우에는 이를 원용하면 된다.

다) 그러나 일반적으로 채무자를 대위하여 **등기신청을** 하기 위하여는 그 대위원인이 존재하여야 하는 바, 주택건설촉진법, 택지개발촉진법, 도시계획법상의 사업시행자라도 **수용대상 토지에** 대하여 **토지소유자와 그 소유권이전에 대한 협의가 이루어지거나 또는 수용의 효력이 발생하기 전까지는** 위 대위원인이 있다고 볼 수 없을 것이며 따라서 **토지소유자를 대위하여 토지표시변경등기를 신청할 권한이 없다.** [22 법무사 / 20 등기서기보] 한편 도시재개발등기처리규칙에 도시재개발사업 시행자에게 부동산표시변경등기를 해당 신청권자에 대위하여 신청할 수 있도록 규정을 둔 것은 일반원칙에 대한 특례로서 도시재개발법 제51조 제1항 및 동조 제2항에 근거한 것이며 이와 같은 특별규정이 없는 위 주택건설촉진법등의 사업시행자의 경우에는 일반 원칙에 따라 등기를 신청하여야 한다(선례 4-264).

(라) 소유자 변경

사업인정의 고시와 재결 그리고 재결서에서 정한 **수용의 개시일** 사이에는 시간의 간격이 있기 때문에 **소유자의 변동**이 생길 수 있는 바, 그런 경우 등기신청에 있어 문제가 생기게 된다.

가) 사업인정 고시 전에 등기기록상 소유자가 사망한 경우

토지의 **등기기록상 소유명의인이 사망**하였다면 상속인 명의로의 등기 여부와 관계없이 피상속인이 사망한 때에 **상속인이 그 토지에 대한 소유권을 취득하**는 것이므로(「민법」 제1005조), **사업인정 고시 전에 소유명의인이 사망한 경우** 라면 사업시행자는 토지조서의 토지소유자란에 상속인을 기재하고 수용을 위한 협의단계에서 그 **상속인과 협의**해야 하며, 협의가 성립되지 아니하거나 협의를 할 수 없을 때에는 그 **상속인을 그 토지의 소유자로 기재하여 재결을 신청**하여야 한다. 그러므로 사업인정 고시 후 재결절차 진행 중에 등기기록상 소유명의인이 사망한 경우와는 달리, 사업인정 고시 전 이미 등기기록상 소유명의인이 사망하였다면 사업시행자가 수용을 원인으로 소유권이전등기를 신청할 때에 등기원인을 증명하는 정보로서 제공하는 **재결서등본**에는 원칙적으로 그 **상속인이 피수용자로 기재**되어 있어야 한다. 다만 상속인의 존부가 분명하지 아니한 경우에는 이를 소명하는 자료를 첨부정보로서 제공하였다면 사망자가 피수용자로 기재된 재결서등본을 제공할 수 있으며, 이 경우 그 피수용자가 사망한 사실은 표시[예 홍길동(망)]되어 있어야 한다(선례 201910-1).

나) 사업인정 고시 후 재결 전에 소유권의 변동이 있는 경우[재결 전 + 특정승계 (매매)] : 경정재결 ○

사업인정고시 후 재결 전에 **매매 등 특정승계로 인한 소유권의 변동(甲→乙)**이 있었음에도 사업인정 당시의 소유자(甲)를 피수용자로 하여 재결하고 그(甲)에게 보상금을 지급(공탁)한 후 소유권이전등기를 신청한 경우에는 등기신청을 수리하여서는 아니 된다. 12 법무사 다만 등기기록상 소유자가 사망하였음을 간과하고 재결한 후 상속인에게 보상금을 지급(공탁)한 경우에는 등기신청을 수리한다(예규 1782).

이 경우 **재결 당시의 소유자로 재결서상의 피수용자 명의를 경정재결(甲→乙)**을 하고 **경정재결된 재결서상의 피수용자(乙)에게 보상금을 지급(공탁)**한 후 소유권이전등기를 신청하여야 한다(선례 2-336, 4-401).

다) 사업인정 고시 후 재결 전에 등기기록상 소유자가 사망한 경우[재결 전+포괄 승계(사망)] : 경정재결× (단, 먼저 상속등기신청 또는 대위상속등기)

사업인정 고시 후 재결절차 진행 중에 등기기록상 소유자가 **사망하여 상속등기**가 경료되었으나 이를 간과하고 **사망자(甲)를 피수용자로 하는 수용재결**을 하고 그 사망자(甲)에게 보상금을 공탁하였으나 그 공탁금을 상속인들(甲)이 수령한 경우 또는 그 상속인(甲)에게 보상금을 지급(공탁)한 경우는 재결서상의 피수용자를 상속인으로 하는 **경정재결을 받을 필요 없이 수용에 의한 소유권 이전등기를 신청(촉탁)할 수 있다.** 이 경우에도 재결서의 경정이 필요하지 않은가 하는 의문이 들 수 있으나, **상속은 재산상의 권리의무를 포괄승계하므로**

재결서의 경정은 필요치 않은 것으로 봄이 타당하다.

다만 사업인정 고시 후 재결 전에 등기기록상 소유자가 사망하여 상속인 또는 피상속인을 피수용자로 하여 재결하고 보상금을 공탁하였으나 **피상속인의 소유 명의로 등기가 되어 있는 경우(즉 상속등기가 경료되지 않은 경우)**에는 사업시행자는 대위에 의한 상속등기를 먼저 거친 후 소유권이전등기를 신청하여야 한다.

[21 법무사 / 19 법원사무관·법무사 / 17 등기서기보 / 15 법무사 / 10 법무새] 이 경우 **기업자가 관공서라 할지라도 취득세 및 국민주택채권**은 상속인들이 직접 신청하는 경우와 동일하게 **납부하여야 한다**(선례 7-19, 6-261, 6-256, 5-339). 상속등기를 하지 아니한 채 소유권이전등기신청을 한 경우에는 이를 수리하여서는 아니 된다.

라) **재결 후 수용 개시일 전에 소유권의 변동이 있는 경우[재결 후 + 특정승계/포괄승계] : 경정재결×**

원칙적으로 수용으로 인한 등기가 보존등기의 형식이 아니라 이전등기의 형식을 취하는 현행 제도하에서는 **등기기록상의 등기의무자(수용의 개시일 당시 소유명의인) 및 신청서와 등기원인증서(재결서)의 등기의무자가 일치하여야** 할 것이며, 종전소유자를 상대로 한 재결서(등기원인증서)를 첨부하여서는 그 이전등기를 촉탁할 수 없다.

그러나 **재결 후 수용의 개시일 전에 소유권이 변경된 경우(甲→乙)**에는 사업시행자는 보상금의 지급 또는 공탁을 조건부로 하여 수용의 개시일에 권리를 취득하지만 재결이 있게 되면 그로써 수용의 절차는 형식적으로 종결되므로 재결 당시의 등기기록상 소유자(甲)를 재결서에 기재할 수밖에 없을 것이고, 따라서 재결서상의 피수용자에게 공탁을 한 후 그 공탁서와 재결서를 첨부하여 등기를 촉탁할 수 있다고 하여야 할 것이다. 다만 이 경우에도 신청서상의 등기의무자(乙)는 수용의 개시일 당시의 등기기록상의 등기명의인(재결서상의 피수용자의 승계인)을 표시할 수밖에 없다고 할 것이며 따라서 **등기원인증서 (재결서)의 명의인(피수용자 甲)과는 부합되지 않게 되나 이는 어쩔 수 없는 것으로서 법 제29조 제8호의 각하사유에 해당하지는 않는다**고 해야 한다.

예컨대 등기기록상 토지소유자인 甲을 피수용자로 하는 수용재결을 하고 甲에게 보상금을 지급(공탁)하였으나 수용의 개시일 전에 甲에서 乙로의 소유권이전등기가 경료된 경우에는 사업시행자는 재결서를 경정할 필요 없이 乙을 등기의무자로 하고 위 재결서의 등본(甲)과 甲에게 보상금을 지급하였음을 증명하는 서면(보상금지급증명서 또는 공탁서원본)을 첨부하여 토지등 수용을 원인으로 하는 소유권이전등기를 촉탁할 수 있는 것이다(선례 5-343, 5-151).

[19 법원사무관]

마) 수용의 개시일 이후에 소유권의 변동이 있는 경우

사업시행자는 수용의 개시일에 토지에 관한 권리를 원시취득하게 되므로 수용의 개시일 이후에 등기기록상 소유권의 이전등기가 경료된 경우 그 취득자는 사업시행자에게 그 소유권의 이전을 대항할 수 없어 등기관이 그 소유권이전등기를 직권으로 말소하게 된다(법 제99조 제4항).

(마) 사업시행자의 변경

재결 후 수용 개시일 전에 사업시행자의 변동이 있는 경우[재결 후 + 사업시행자 변동] : 경정재결× (다만 별도의 서면으로 사업시행자 변경증명)

토지수용위원회의 수용재결이 있은 후 사업시행자가 변경(A→B)되어 새로운 사업시행자가 수용의 개시일까지 보상금을 공탁소에 공탁하거나 소유자에게 직접 지급하였다면 그 사업시행자(B)는 수용을 원인으로 한 소유권이전등기를 단독으로 신청할 수 있다. 이 경우 일반적인 첨부정보 외에 재결서 등본(A), 보상금을 지급하였음을 증명하는 정보 및 사업시행자의 변경을 증명하는 정보(B)를 첨부정보로서 제공하면 족하다. 즉 수용재결 후 사업시행자의 변경은 재결의 경정사유에 해당하지 않으므로 경정된 재결서 등본을 첨부정보로 제공할 필요는 없다(선례 201803 -7). [19 등기서기보 · 법무사 / 18 등기주사보]

다. 문제○ (취하 · 보정 · 각하)

라. 문제× (등기실행)

(가) 등기기록 작성 · 기입

가) 등기사항

법 제48조의 일반적인 사항을 갑구에 기록한다.

나) 등기형식

소유권이전등기에 해당하므로 주등기로 기록한다.

다) 수용으로 인한 직권말소 등기

등기관이 수용으로 인한 소유권이전등기를 하는 경우 그 부동산의 등기기록 중 소유권, 소유권 외의 권리, 그 밖의 처분제한에 관한 등기가 있으면 그 등기를 직권으로 말소하여야 한다. 다만 그 부동산을 위하여 존재하는 지역권의 등기 또는 토지수용위원회의 재결로써 존속이 인정된 권리의 등기는 직권말소하지 아니한다(법 제99조 제4항). [2] 법무사] 위 권리를 원칙적으로 말소하는 이유는 수용으로 인한 소유권의 취득은 원시취득이기 때문이다.

① 소유권

1. 수용의 개시일 이전에 경료된 소유권이전등기는 직권 말소하지 않는다.

[11 법무사]

2. 수용의 개시일 이후에 경료된 소유권이전등기는 직권 말소한다. [10 법무새] 다만, 수용의 개시일 이후에 경료된 소유권이전등기라도 수용의 개시일 이전의 상속을 원인으로 한 소유권이전등기는 직권말소하지 않는다. [19 등기서기보 · 법무사 / 17 등기주사보 · 법무사 / 14 등기서기보 / 13 법무사 / 11 법무새] 따라서 수용재결로 소유권이전등기를 할 때 수용 개시일 이전에 甲이 사망하여 그 상속을 원인으로 한 소유권이전등기가 이루어져 있다면 그 등기는 등기관이 직권으로 말소할 등기가 아니다. [17 등기서기보]

② 소유권 이외의 권리

1. 지상권, 승역지 지역권, 전세권, (우선변제권 있는) 임차권[17 등기주사보 · 법무새], (근)저당권, 권리질권, 가등기[17 등기주사보 · 법무새], 가처분[17 법무사 / 11 법무새], 가압류, 압류, 환매특약등기(선례 201912-7), 예고등기[17 등기주사보 · 법무사 / 10 법무새]는 직권으로 말소하여야 한다.

2. 다만 그 부동산을 위하여 존재하는 지역권의 등기와 토지수용위원회의 재결에 의하여 인정된 권리는 직권말소하지 않는다.

(나) 각종 통지

등기관이 위 등기를 말소한 때에는 「부동산등기사무의 양식에 관한 예규」(예규 1707) 양식의 말소통지서에 의하여 등기권리자에게 등기를 말소한 취지를 통지하여야 한다. 말소한 등기가 채권자대위에 의한 것인 경우에는 채권자에게도 통지하여야 한다.

5) 등기 완료 후의 사정변경

가. 재결의 실효를 원인으로 한 소유권이전등기의 말소신청 등

(가) 수용재결로 인한 소유권이전등기가 경료되어 있으나 그 후 토지수용의 재결이 실효된 경우에는 그 소유권이전등기는 재결의 실효를 원인으로 하여 말소하여야 한다. 따라서 토지수용의 재결의 실효를 원인으로 하는 수용으로 인한 소유권이전등기의 말소의 신청은 일반 원칙에 따라 등기의무자와 등기권리자가 공동으로 신청하여야 한다. [23 등기서기보 / 21 법무사 / 19 법원사무관 / 17 등기서기보 / 15 법무사 / 13 법무사 / 12 법무사 / 10 법무새] 수용을 원인으로 소유권이전등기를 할 때에 단독신청을 인정하는 취지는 공익사업을 위한 등기이기 때문에 이러한 특칙을 주는 것인데 재결의 실효를 원인으로 말소를 하는 경우에까지 이러한 특칙을 인정할 것은 아니기 때문이다.

(나) 공동신청에 의하여 수용으로 인한 소유권이전등기를 말소한 때에는 등기관은 수용으로 인한 소유권이전등기를 경료하면서 직권말소한 등기를 다시 직권으로 회복하여야 한다. [21 법무사 / 19 법원사무관] 예컨대 소유권이전청구권보전의 가등기가 토지등수용을 원인으로 말소되고 수용으로 인한 소유권이전등기가 사업시행자 명의로 경료된 후에 토지수용(재결)이 실효되었다면, 수용으로 인한 소유권이전등기는 신

청에 의하여 말소하여야 하고 말소된 가등기는 위 소유권이전등기를 말소할 때 등기관이 직권으로 회복하여야 하는 것이다(선례 2-413).

나. 사업시행계획의 변동

「공익사업을 위한 토지 등의 취득 및 보상에 관한 법률」에 따라 토지등 수용을 원인으로 한 소유권이전등기를 마친 부동산에 대하여 사업의 시행에 불필요한 토지임을 이유로 **사업시행계획이 변경되었다고 하더라도, 위 토지수용의 재결이 실효되지 않는 한** 그 소유권이전등기의 말소등기를 신청할 수 없다(선례 200505-1). [19 등기서기보·법무사 / 18 등기주사보]

관련 기출지문

1 수용으로 인한 소유권이전등기를 신청할 때에 등기원인은 "토지수용"으로, 원인일자는 "재결일"로 한다. (×)
[19 법무사 / 14 등기서기보 / 10 법무사]

2 등기원인은 "토지수용"으로, 원인일자는 "재결 또는 협의의 성립일"을 각각 기재한다. (×)　[13 법무사]

3 토지등 수용을 원인으로 한 소유권이전등기를 할 때 등기원인일자는 재결일자로 기록한다. (×)
[12 법무사]

4 수용절차의 진행 중에 토지 소유자와 협의가 성립된 경우에는 등기원인증서로서 '공공용지의 취득협의서'를 소유권이전등기신청서에 첨부한다. (×)　[13 법무사]

5 등기원인을 증명하는 서면으로 재결에 의한 수용일 때에는 토지수용위원회의 재결서등본을, 협의성립에 의한 수용일 때에는 공공용지의 협의취득서를 첨부한다. (×)　[10 법무사]

6 수용으로 인한 소유권이전등기신청 시 사업시행자와 토지소유자의 협의서를 첨부정보로 제공한 경우에는 협의성립확인서를 제공하지 않은 경우라도 등기신청을 수리하여야 한다. (×)　[24 법무사]

7 수용대상 토지가 재단법인 소유인 경우 주무관청의 허가를 증명하는 서면을 첨부하여야 한다. (×)
[13 법무사]

8 피상속인의 소유명의로 등기가 되어 있는 부동산에 대하여 상속인 또는 피상속인을 피수용자로 하여 재결을 하고 상속인에게 보상금을 지급하였다면 피상속인 명의에서 사업시행자 명의로 바로 소유권이전등기를 신청할 수 있다. (×)　[21 법무사]

9 재결 전에 등기기록상 소유자가 사망한 경우라도 상속인을 피수용자로 하여 재결하고 상속인에게 보상금을 지급(공탁)하였다면 상속등기를 하지 아니한 채 수용을 원인으로 소유권이전등기를 신청할 수 있다. (×)　[19 법무사]

10 등기기록상 소유자가 사망한 사실을 간과하고 사망자를 피수용자로 해서 재결한 후에 상속인에게 보상금을 지급한 경우에는 피상속인의 소유명의에서 직접 사업시행자명의로의 소유권이전등기를 신청할 수 있다. (×)　[19 법원사무관]

11 상속인 또는 피상속인을 피수용자로 하여 재결하고 상속인에게 보상금을 지급(공탁)하였으나 피상속인의 소유명의로 등기가 되어 있는 경우에는 상속등기를 하지 않고도 수용을 원인으로 하는 소유권이전등기를 할 수 있다. (×)　[15 법무사]

12 수용재결 후 수용의 개시일 전에 소유권이 변동된 경우 사업시행자가 재결 당시의 소유자에게 보상금을 지급하였더라도 재결경정절차를 밟은 후 소유권이전등기를 신청하여야 한다. (×)　[23 등기서기보]

13 토지수용위원회의 수용재결이 있은 후 사업시행자가 변경되어 새로운 사업시행자가 수용의 개시일까지 보상금을 공탁소에 공탁하거나 소유자에게 직접 지급하였다면 그 사업시행자는 일반적인 첨부정보 외에 새로운 사업시행자로 경정된 재결서 등본 및 보상금을 지급하였음을 증명하는 정보를 첨부정보로서 제공하여 수용을 원인으로 한 소유권이전등기를 단독으로 신청할 수 있다. (×) 〔19 법무사〕

14 토지수용위원회의 수용재결이 있은 후 사업시행자가 변경되어 새로운 사업시행자가 수용의 개시일까지 보상금을 공탁소에 공탁하거나 소유자에게 직접 지급하였다면 그 사업시행자는 수용을 원인으로 한 소유권이전등기를 단독으로 신청할 수 있는바, 수용재결 후 사업시행자의 변경은 재결의 경정사유에 해당하므로 경정된 재결서 등본을 첨부정보로서 제공하여야 한다. (×) 〔19 등기서기보〕

15 수용으로 인한 소유권이전등기를 할 때에 수용의 개시일 이후에 마쳐진 소유권이전등기는 모두 예외 없이 등기관이 직권으로 말소하여야 한다. (×) 〔19 법무사〕

16 수용의 개시일 이후에 경료된 소유권이전등기는 등기관이 직권 말소한다. 다만, 예고등기는 말소의 대상이 아니다. (×) 〔10 법무사〕

17 수용으로 인한 소유권이전등기를 하는 경우에 가처분등기는 원칙적으로 등기관이 직권으로 말소할 사항이 아니다. (×) 〔11 법무사〕

18 수용재결로 소유권이전등기가 된 후 그 재결이 실효된 경우에는 사업시행자가 단독으로 그 소유권이전등기의 말소등기를 신청하여야 한다. (×) 〔17 등기서기보〕

19 수용재결이 실효된 경우 피수용자는 수용으로 인한 소유권이전등기의 말소등기를 단독으로 신청할 수 있다. (×) 〔13 법무사〕

20 수용 재결의 실효를 원인으로 하는 수용으로 인한 소유권이전등기의 말소 신청은 사업시행자가 단독 신청한다. (×) 〔10 법무사〕

21 토지등 수용을 원인으로 한 소유권이전등기를 마친 부동산에 대하여 사업의 시행에 불필요한 토지임을 이유로 사업시행계획이 변경되었다면, 위 토지수용의 재결이 실효되지 않았더라도 그 소유권이전등기의 말소등기를 신청할 수 있다. (×) 〔18 등기주사보〕

4. 부동산소유권 이전등기 등에 관한 특별조치법

과거 8.15 해방과 6.25 사변 등을 거치면서 부동산 소유관계 서류 등이 멸실되거나, 권리관계를 증언해 줄 수 있는 관계자들이 사망하거나 주거지를 떠나 소재불명이 되는 경우들이 많아 부동산에 관한 사실상의 권리관계와 등기부상의 권리가 일치하지 아니하는 경우가 많았다.

이로 인하여 재산권을 행사하지 못하는 사람들이 간편한 절차를 통해 사실과 부합하는 등기를 할수 있도록 1978년(시행기간 6년), 1993년(시행기간 2년), 2006년(시행기간 2년) 세 차례에 걸쳐 「부동산소유권 이전등기 등에 관한 특별조치법」이 시행되었으나, 이를 알지 못하거나 해태하여 아직도 소유권이전등기 등을 하지 아니한 부동산 실소유자가 많이 있는 것이 현실이었다.

이에 소유권보존등기가 되어 있지 아니하거나 등기부기재가 실제 권리관계와 일치하지 아니하는 부동산에 대하여 간편한 절차에 따라 등기를 하게 함으로써 진정한 권리자의 소유권을 보호하기 위해 「부동산소유권 이전등기 등에 관한 특별조치법」이 제정되었다.

그 절차에 대하여 구체적으로 규정한 「부동산소유권 이전등기 등에 관한 특별조치법 시행에 따른 등기업무처리지침(예규 1695)」를 기준으로 설명한다.

「부동산소유권 이전등기 등에 관한 특별조치법 시행에 따른 등기업무처리지침(예규 1695)」

부동산소유권 이전등기 등에 관한 특별조치법 제1조(목적)
이 법은 「부동산등기법」에 따라 등기하여야 할 부동산으로서 이 법 시행 당시 소유권보존등기가 되어 있지 아니하거나 등기부의 기재가 실제 권리관계와 일치하지 아니하는 부동산을 용이한 절차에 따라 등기할 수 있게 함을 목적으로 한다.

1. 목적
    이 예규는 「부동산소유권 이전등기 등에 관한 특별조치법」(법률 제16913호, 이하 '법'이라 한다)에 따른 등기신청 등과 관련한 절차를 규정함을 목적으로 한다.

2. 적용 범위 및 적용 지역
    가. 적용 범위
        1995년 6월 30일 이전에 매매·증여·교환·공유물분할 등 법률행위로 인하여 사실상 양도받은 부동산 및 상속(사망일자 기준. 위 날짜 이후에 협의분할이 이루어진 경우 적용 가능)받은 부동산과 소유권보존등기가 되어 있지 아니한 부동산에 대하여 법에 따른 등기신청이 가능하다. 다만, 명의신탁 해지의 경우에는 그러하지 아니하다. [22 등기서기보]

        > [관련 최신 선례]
        > 토지소유자가 1995.6.30. 이전에 사망하고, 그 상속인이 상속으로 인한 소유권이전등기를 신청하고자 할 경우 단순히 다른 상속인들의 소재를 파악할 수 없다는 사유만으로는 「부동산소유권 이전등기 등에 관한 특별조치법」(이하 '특별조치법' 이라 한다)을 적용할 수 없으며, 이 경우에는 소재파악을 할 수 없는 상속인들을 포함하여 모든 상속인을 등기권리자로 하는 법정상속등기를 하여야 한다. 다만 1995.6.30. 이전에 토지소유자가 사망하고 그의 상속인 중에 특정인이 단독으로 협의분할에 의한 상속을 받았다는 내용의 확인서가 발급된 경우에는 특별조치법에 따라 소유권이전등기를 신청할 수 있다(선례 202011-1).

    나. 적용 지역 및 대상
        등기관은 토지(임야)대장정보나 건축물대장정보 등 첨부정보에 의하여 법 제5조의 적용 지역 및 대상인지를 확인하여야 한다. 다만, 「부동산소유권 이전등기 등에 관한 특별조치법」 제11조에 따라 발급된 확인서가 제공되었거나 그러한 확인서에 의하여 변경등록 또는 복구등록된 사실이 기록된 대장정보가 제공된 경우에는 법 제5조의 요건을 갖춘 것으로 인정하고 법에 따른 등기신청을 수리할 수 있다.

    다. 등기신청의 유효기간
        법에 따른 등기신청은 2022년 8월 4일까지 하여야 한다. 다만, 그 기간 이내에 확인서 발급을 신청한 사실을 증명한 경우에는 2023년 2월 6일까지 법에 따른 등기신청을 할 수 있다.

    라. 소유권의 귀속에 관하여 소송이 계속 중인 부동산
        등기관은 법 제4조 제2항(소유권의 귀속에 관하여 소송이 계속 중인 부동산에 관하여는 이 법을 적용하지 아니함)에도 불구하고 소송이 계속 중인 부동산인지 여부에 대하여는 조사할 필요 없이 법에 따른 등기신청을 수리한다. [21 법무사]

3. 소유권보존등기
  가. 등기의 신청
    1) 소유자미복구부동산(대장에 소유명의인이 등록되어 있지 아니한 미등기 부동산)의 사실상의
       소유자는 법 제7조에 따라 복구등록된 사실이 기록된 대장정보를 제공하여 자기 명의로 소유
       권보존등기를 신청할 수 있다. [22 등기서기보 / 21 법무사]
    2) 미등기부동산을 사실상 양도받았거나 상속받은 사람은 법 제7조에 따라 변경등록된 사실이
       기록된 대장정보를 제공하여 자기명의로 소유권보존등기를 신청할 수 있다.
    3) 법에 따른 소유권보존등기신청서의 양식은 별지1과 같다.
  나. 특정일부 양수의 경우
    미등기부동산의 '특정 일부'를 양수한 경우에는 그 부동산을 분할하여 분할된 대장상 소유명의인
    을 복구등록 또는 변경등록한 후 그 대장정보를 제공하여 분할 후의 부동산에 대하여 소유권보존
    등기를 신청하여야 한다.

4. 소유권이전등기
  가. 등기의 신청
    1) 법에 따른 소유권이전등기는 「부동산등기법」 제23조 제1항에도 불구하고 확인서를 발급받은
       사실상의 양수인이 단독으로 신청할 수 있다. [22 등기서기보 / 21 법무사]
    2) 법에 따른 소유권이전등기신청서의 양식은 별지2와 같다.
  나. 첨부정보
    1) 「부동산등기규칙」 제46조 제1항 제1호의 등기원인을 증명하는 정보를 갈음하여 확인서의 원
       본을 제공하여야 한다.
    2) 등기의무자의 등기필정보·등기필증, 주소를 증명하는 정보 및 인감증명은 이를 제공할 필요
       가 없다. [21 법무사]
    3) 법과 이 예규에 특별규정이 있는 경우를 제외하고는 「부동산등기법」의 일반원칙에 따른다.
  다. 등기신청의 심사
    1) 등기기록상 소유자의 소유권취득시점보다 확인서상의 원인일자가 앞선 경우에도 등기신청을
       수리하여야 한다.
    2) 부동산의 등기기록상 또는 대장상 명의인이 '국'인 경우에도 등기신청을 수리하여야 한다.
  라. 다른 등기가 마쳐진 경우
    〈1995년 7월 1일 이후〉에 다른 등기(예를 들어, 근저당권 말소등기, 상속등기, 제3자에 대한
    이전등기의 말소등기 등)가 마쳐진 경우에는 법에 따른 등기신청을 수리하여서는 아니 된다. 다
    만, 등기기록상 소유자 또는 상속인의 신청에 의하지 않고 마쳐진 경우(예를 들어, 압류등기, 가
    압류등기, 직권경정등기, 환지등기 등)에는 그러하지 아니하다.

5. 소유권의 등기명의인을 갈음한 표시변경등기
  가. 등기의 신청
    법에 따라 이전등기를 하기 위하여 필요한 경우에는 사실상의 양수인은 소유권의 등기명의인 또
    는 그 상속인을 갈음하여 부동산에 관한 표시변경등기를 신청할 수 있다.
  나. 대위원인을 증명하는 정보
    위 가.에 따른 등기를 신청할 때에는 대위원인을 증명하는 정보로서 확인서를 제공하여야 한다.

다. 등기의 기록방법

위 가.에 따라 등기를 하는 경우 '법률 제16913호 제10조'를 대위원인으로 기록한다.

6. 기타

가. 취득세 등의 납부와 국민주택채권의 매입

법에 따른 등기를 신청할 때에도 취득세 또는 등록면허세를 납부하고 국민주택채권을 매입하여야 하며, 그 기준시점은 등기신청한 때로 한다. [21 법무사]

나. 지목이 농지인 경우

1) 종중이나 법인 등의 농지 소유 가부

법에 따른 등기를 신청하는 경우에도 「농지법」에 특별규정이 없는 한 종중이나 법인 등의 농지소유는 허용되지 아니한다. [22 등기서기보]

2) 농지취득자격증명의 제공

농지에 대하여 법에 따른 등기를 신청할 때에도 「농지법」 제8조 제4항에 따른 농지취득자격증명서를 첨부정보로서 제공하여야 한다.

다. 과태료 사유의 통지

등기관은 「부동산등기 특별조치법」 제11조에 따른 과태료에 처할 사유가 있음을 발견한 때에는 목적부동산의 소재지를 관할하는 시장 등에게 이를 통지하여야 한다.

🔖 관련 선례

「부동산소유권 이전등기 등에 관한 특별조치법」에 따른 소유권보존등기와 「부동산등기법」에 따른 소유권보존등기를 하나의 신청서로 신청할 수 있는지 여부(선례 제202112-3호)

1. 「부동산등기법」 제65조 제1호에 따라 미등기의 토지에 대하여 소유권보존등기를 신청하려면 토지대장, 임야대장에 최초의 소유자로 등록되어 있는 자 또는 그 상속인, 그 밖의 포괄승계인에 해당하여야 하며, 만일 대장상 소유권이전등록을 받은 소유명의인 또는 그 상속인, 그 밖의 포괄승계인은 원칙적으로 자기 명의로 직접 소유권보존등기를 신청할 수 없고, 대장상 최초의 소유자 명의로 소유권보존등기를 한 다음 자기 명의로 소유권이전등기를 신청하여야 한다(등기예규 제1483호 2. 가. (3)).

2. 미등기된 토지의 토지대장상의 소유자가 갑, 을, 병(지분동일)이며, 그중 을과 병만이 「부동산소유권 이전등기 등에 관한 특별조치법」에 따라 확인서를 발급받아 대장상 소유명의인의 변경등록을 마친 자인 경우, 을, 병 지분만의 소유권보존등기신청은 각하사유에 해당하므로(부동산등기법 제29조 제2호, 부동산등기규칙 제52조 제6호), 갑, 을, 병 전부의 소유권보존등기가 신청되어야 한다(선례 제202112-3호).

3. 위와 같은 소유권보존등기신청은 하나의 신청서로 작성하되 '신청서의 제목'과 '신청 근거 규정'은 「부동산등기법」 제65조 제○호와 법률 제16913호 제7조를 병기하여야 하며, 각 근거 규정에 해당하는 공유자가 누구인지를 명확하게 하기 위해 근거 규정 우측에 해당 신청인의 성명을 기재하여야 한다(선례 제202112-3호).

4. 등기관이 위 신청에 따른 등기를 실행할 때에는 「부동산등기법」 제65조상의 소유권보존등기와 「부동산소유권 이전등기 등에 관한 특별조치법」상의 소유권보존등기를 구별하여 공시하여야 한다(아래 등기기록례 참조)(선례 제202112-3호).

【 갑구 】				(소유권에 관한 사항)
순위번호	등기목적	접수	등기원인	권리자 및 기타사항
1	소유권보존	2020년8월5일 제3005호		공유자 지분 3분의 1 　김갑동 600707-******* 　서울특별시 서초구 서초대로 *** 지분 3분의 1 　김을동 740427-******* 　서울특별시 관악구 신림동 *** 지분 3분의 1 　김병동 760329-******* 　서울특별시 광진구 자양동 *** 공유자 김을동, 김병동 법률 제16913호에 의하여 등기

「부동산소유권 이전등기 등에 관한 특별조치법」 적용대상 여부(불법하게 마쳐진 소유권이전등기에 대한 말소등기청구소송에서 승소판결을 받은 상속인이 소유권이전등기를 말소하고 피상속인 명의로 소유권을 회복한 경우)(선례변경)(선례 제202210-1호)

1. 1995년 7월 1일 이후에 다른 등기가 마쳐진 경우에는 원칙적으로 「부동산소유권 이전등기 등에 관한 특별조치법」에 따른 등기신청을 수리할 수 없을 것이나, 그 등기가 등기기록상 소유자 또는 그 상속인의 신청에 의하지 아니하고 사실상의 양수인이나 관공서 촉탁 등 제3자에 의하여 마쳐진 경우에는 확인서 등의 다른 요건을 갖추는 한 위 법에 따른 등기신청을 수리할 수 있을 것이다(등기예규 제1695호 4. 라. 선례 제202210-1호).

2. 등기기록상 망 갑(1995년 7월 1일 이전에 사망)이 소유권의 등기명의인으로 되어 있던 부동산에 대하여 제3자인 을에게 원인무효의 소유권이전등기가 마쳐지자, 위 갑의 상속인들이 을을 상대로 소유권이전등기에 대한 말소등기청구소송을 제기하여 승소의 확정판결을 받아 을명의의 소유권이전등기를 말소하고 피상속인 명의로 소유권 명의를 회복하였다면, 「부동산소유권 이전등기 등에 관한 특별조치법」에 따른 소유권이전등기신청을 수리할 수 없을 것이다(선례 제202210-1호).

관련 기출지문

1. 소유권의 귀속에 관하여 소송이 계속 중인 부동산에 관하여는 특조법이 적용되지 않으므로 등기관은 소송이 계속 중인 부동산인지 여부에 대하여 조사한 후 특조법에 의한 등기신청의 수리 여부를 결정하여야 한다. (×) [21 법무사]

2. 1995년 6월 30일 이전에 매매, 증여, 교환, 공유물분할, 명의신탁 해지 등 법률행위로 인하여 사실상 양도받은 부동산 및 상속(사망일자 기준. 위 날짜 이후에 협의분할이 이루어진 경우 적용 가능)받은 부동산과 소유권보존등기가 되어 있지 아니한 부동산에 대하여 특조법에 따른 등기신청이 가능하다. (×) [22 등기서기보]

Ⅲ. 공동소유에 관한 등기

공동소유라 함은 하나의 물건을 2인 이상의 다수인이 공동으로 소유하는 것을 말한다. 우리 민법에서 인정하고 있는 공동소유의 형태는 공유(「민법」 제262조 내지 제270조), 합유(「민법」 제271조 내지 제274조), 총유(「민법」 제275조 내지 제277조)가 있다.

공유·합유·총유의 분류는 하나의 물건에 대한 공동소유자 상호 간의 인적 결합의 정도를 기준으로 하여, (ⅰ) 공유는 공동소유자 사이에 아무런 인적 결합관계 내지 단체적 통제가 없이 목적물에 대한 각 공유자의 지배권한은 서로 완전히 자유·독립적이며, 다만 목적물이 동일하여 그 행사에 제한을 받고 있는 것, (ⅱ) 합유는 조합의 소유형태로 서로 인적인 결합관계를 가지고 있어 약하기는 하나 단체를 이루고 있으므로 조합재산에 대한 지분의 양도는 제한되고 조합관계가 끝날 때까지는 일정한 사유에 의하여 분할을 청구하지 못하는 것, (ⅲ) 총유는 다수인이 하나의 단체로서 결합하였고 목적물의 관리·처분권한이 단체 자체에 있으나 단체의 구성원들은 일정한 범위 내에서 각자 사용·수익하는 권능이 인정되는 것을 말한다.

1. 공유

(1) 공유의 일반 개념

민법은 "물건이 지분에 의하여 수인의 소유로 된 때"(「민법」 제262조 제1항) 공유로 한다고 규정하고 있다. 공유의 법적 성질에 관하여 판례는 "공유는 물건에 대한 공동소유의 한 형태로서 물건에 대한 1개의 소유권이 분량적으로 분할되어 여러 사람에게 속하는 것이므로 특별한 사정이 없는 한 각 공유자는 공유물의 분할을 청구하여 기존의 공유관계를 폐지하고 각 공유자 간에 공유물을 분배하는 법률관계를 실현하는 일방적인 권리를 가지는 것"(대판 1991.11.12, 91다27228)으로 보고 있다(이른바 양적 분할설).

지분이란 1개의 소유권을 수인의 소유자에게 분할하는 비율, 즉 목적물에 대하여 가지는 소유의 비율을 의미하며, 이러한 지분은 공유자가 자유롭게 처분할 수 있는 것으로서(「민법」 제263조) 자기의 지분을 양도하거나 다른 공유자의 지분과 교환하거나 담보로 제공하거나 포기하는 등의 행위를 함에 있어 아무런 제약을 받지 않으므로 그 처분에 다른 공유자의 동의를 받을 필요가 없다. 또한 공유자 사이에 지분을 처분하지 않는다는 특약을 하였더라도 그것은 채권적 효력밖에 없으며, 그러한 특약은 등기할 수도 없다.

우리 민법상 위와 같이 공동소유의 한 형태로서 공유가 인정되고, 공유지분이 독립한 1개의 소유권으로 파악되는 이상 이를 등기기록상에 공시할 수 있어야 함은 당연하다. 이를 전제로 법 제48조 제4항, 규칙 제105조 제1항은 "등기할 권리자가 2인 이상일 때에는 그 지분을 신청정보의 내용으로 등기소에 제공하여야 한다."라고 규정하고 있으므로, 부동산에 대한 권리의 이전등기 등을 신청할 때에 등기권리자가 다수인 경우에는 신청서에 그 지분을 기재하여야 하고, 이를 기재하지 아니한 등기신청은 수리하여서는 아니 된다.

공유지분의 등기로는 ① 공유물의 소유권보존등기, ② 공유지분의 이전등기, ③ 공유지분에 대한 권리의 설정, ④ 공유물분할등기 등으로 나눌 수 있으므로 이러한 순서대로 후술한다.

(2) 공유물의 보존등기

소유권보존등기는 이른바 보존행위(「민법」 제265조 단서)에 해당되므로 **공유자 중 1인이 단독**으로 공유자 전원을 위하여 그 전원 명의로의 소유권보존등기는 신청할 수 있으나(선례 4-288, 선례 4-297), 미등기 부동산의 소유자가 수인으로서 공유관계에 있는 경우 그중 1인 또는 수인이 각자의 지분에 대하여 소유권보존등기를 신청할 수는 없다(선례 3-344).

따라서 대장상 피상속인이 최초의 소유자로 등록되어 있는 경우 그 상속인 중 1인이 자기의 지분만에 대한 보존등기의 신청은 허용되지 않으나(선례 2-187, 선례 6-176), 다른 상속인까지 포함한 전원 명의의 보존등기신청은 보존행위로 보아 허용된다. 그러나 토지의 2분의 1 지분에 대하여 공유지분권 확인판결을 받은 경우(선례 2-178)와 같이 나머지 공유자가 확정되지 않은 경우에는 소유권보존등기를 할 수 없다.

(3) 공유등기의 기재례

1) 공유물의 등기

이를 전제로 법 제48조 제4항, 규칙 제105조 제1항은 "등기할 권리자가 2인 이상일 때에는 그 지분을 신청정보의 내용으로 등기소에 제공하여야 한다."라고 규정하고 있으므로, 부동산에 대한 권리의 이전등기 등을 신청할 때에 등기권리자가 다수인 경우에는 신청서에 그 지분을 기재하여야 하고, 이를 기재하지 아니한 등기신청은 수리하여서는 아니 된다.

2) 공유지분의 이전등기

가. 총설

공유지분의 이전등기는 ① 단독 소유권의 일부를 이전하여 공유로 하는 경우, ② 공유자 전원의 지분 전부를 1인에게 이전하는 경우, ③ 어느 공유자의 공유지분 전부를 이전하는 경우, ④ 공유지분 중의 일부를 이전하는 경우 등을 말하며, 이에 관한 등기목적의 기록방법에 관하여는 후술한다.

나. "갑구"권리자 및 기타사항란의 공유지분 기록방법

공유자의 지분이전 등기 시 이전받은 각 공유자의 지분은 이전받는 지분을 기록하되, "공유자 지분 ○분의 ○"과 같이 부동산 전체에 대한 지분을 기록한다. 다만 수인의 공유자로부터 지분 일부씩을 이전받는 경우에는 이를 합산하여 기록한다.

예컨대 "갑 지분 5분의 2 중 2분의 1(10분의 2)과 을 지분 5분의 1 중 2분의 1(10분의 1)을 정이 이전받는 경우"라면, "공유자 지분 10분의 3"으로 기록하며, 전산정보처리조직에 의하여 기입하는 경우에는 자동적으로 이전받는 지분의 합이 기록된다.

다. 등기목적 기록방법

(가) 단독 소유권의 일부를 이전하여 공유로 하는 경우

갑 단독명의의 소유의 일부를 이전하여 공유로 하는 경우에 등기목적은 "소유권 일부이전"으로 기재한다.

(나) 공유자 전원의 지분 전부를 1인에게 이전하는 경우

갑과 을의 공유지분 전부를 공유자 아닌 제3자인 병에게 이전하는 경우에는 등기 목적은 "공유자 지분 전부이전"으로 기재하되, 공유자 중 1인인 을에게 단독명의 로 이전하는 경우에는 "갑 지분 전부이전"으로 기재한다.

(다) 어느 공유자의 공유지분 전부를 이전하는 경우

공유자 중 갑의 공유지분을 모두 이전하는 경우에는 등기목적은 "갑 지분 전부이 전"으로 기재한다.

(라) 공유지분 중의 일부를 이전하는 경우

등기의 목적은 "갑지분 ○분의 ○ 중 일부(○분의 ○)이전"으로 기재하되, 괄호 안 의 지분은 부동산 전체에 대한 지분을 기록한다. [19 등기주사보 / 17 법무사 / 12 법무사]

> [예시 1]
> 갑 지분 2분의 1 중 2분의 1을 을이 이전받는 경우 "갑 지분 2분의 1 중 일부(4분의 1)이전"
>
> [예시 2]
> 다만 이전하는 갑의 지분이 별도로 취득한 지분 중 특정순위로 취득한 지분 전부 또는 일부인 경우, 소유권 이외의 권리가 설정된 지분인 경우, 가등기 또는 가압류 등 처분 제한의 등기 등이 된 경우로써 이전되지 않는 지분과 구분하여 이를 특정할 필요가 있을 경우에는 이를 특정하여 괄호 안에 기재하여야 한다.
> "갑 지분 ○분의 ○ 중 일부(갑구 ○번으로 취득한 지분전부 또는 일부 ○분의 ○, 을구 ○번 ○○권 설정된 지분 ○분의 ○, 갑구 ○번으로 가압류된 지분 ○분의 ○ 등)이전"

라. 같은 순위번호에 성명이 같은 공유자가 있는 경우

같은 순위번호에 있는 성명이 같은 공유자들 중 일부 공유자만이 그 지분 전부 또는 일부를 이전하는 경우에는 등기목적에 그 공유자를 특정할 수 있도록 다음 예시와 같이 해당 공유자의 주소를 괄호 안에 기록하여야 한다.

> [예시 1]
> "1번 홍길동지분 전부이전(갑구 1번 홍길동의 주소 서울특별시 서초구 서초동 12)"

마. 공유자의 지분 일부에 대한 저당권등기 등이 있는 경우

어느 공유자의 지분 일부에 대하여 저당권(근저당권을 포함한다. 이하 같다)의 등기를 한 후 그 공유자의 지분 일부에 대하여 권리이전의 등기를 하거나 다시 저당권의 등기를 하는 경우에는, 그 등기의 목적이 이미 저당권이 설정된 부분인가 아닌가를 명백히 하 기 위하여 신청인은 그 등기의 목적이 선순위 근저당권이 설정된 부분인가 아닌가를 분명히 표시해 신청하여야 하고, 등기관은 등기기록의 목적란에 구체적으로 그 권리를 특정하여 기록하여야 한다(예규 1356). [23 등기서기보 / 22 등기서기보 / 19 등기주사보 / 17 법무사]

공유토지 중 어느 공유자의 지분 일부에 대하여 가등기 또는 처분제한의 등기 등이 마처진 후 그 공유자가 나머지 지분의 전부 또는 일부에 대하여 소유권이전등기를 신청하는 경우에는 그 지분이 가등기 등이 된 지분인지 아닌지를 특정하여 신청하여야 한다. [2] 법무사] 지분이 특정되지 아니한 신청은 각하대상이지만, 등기관이 이를 간과하여 등기가 마쳐진 경우에도 그 등기는 직권말소할 것은 아니고, 당사자는 공동으로 그 기재를 보충(특정)하는 내용의 경정등기를 신청할 수 있다(이때 등기상 이해관계 있는 제3자가 있으면 그의 승낙서를 첨부하여야 한다). 다만 이러한 경정등기가 되기 전에 다른 등기의 신청 또는 촉탁이 있을 경우에는 가등기 등이 되지 않은 지분이 이전된 것으로 처리될 것이다(선례 201208-1).

구분	이전등기의 경우	저당권설정등기의 경우
별도 순위로 각 취득등기를 한 지분 중 특정 순위로 취득한 지분 전부의 이전등기 또는 저당권설정등기를 하는 경우	『아무개 지분 얼마 중 일부(몇 번 지분)이전』 또는 『몇 번 아무개 지분 전부이전』	『아무개 지분 얼마 중 일부(갑구 몇 번 지분) 저당권 설정』 또는 『갑구 몇 번 아무개 지분 전부 저당권 설정』
특정 순위로 취득등기를 한 지분 중 일부의 이전 등기 또는 저당권설정등기를 하는 경우		
(1) 저당권이 설정된 부분인 때	『몇 번 아무개 지분 얼마 중 일부(을구 몇 번 저당권등기 된 지분)이전』	『갑구 몇 번 아무개 지분 얼마 중 일부(몇 번 저당권등기 된 지분) 저당권 설정』
(2) 저당권이 설정되지 아니한 부분인 때	『몇 번 아무개 지분 얼마 중 일부(저당권등기 되지 아니한 지분)이전』	『갑구 몇 번 아무개 지분 얼마 중 일부(저당권등기되지 아니한 지분) 저당권 설정』
(3) 저당권이 설정된 부분과 설정되지 아니한 부분이 경합된 때	『몇 번 아무개 지분 얼마 중 일부(을구 몇 번 저당권등기 된 지분 얼마와 저당권등기되지 아니한 지분 얼마)이전』	『갑구 몇 번 아무개 지분 얼마 중 일부(몇 번 저당권등기 된 지분 얼마와 저당권등기 되지 아니한 지분 얼마) 저당권 설정』

(4) 수인의 공유자가 수인에게 소유권을 이전하는 경우

1) 수인의 공유자가 수인에게 지분의 전부 또는 일부를 이전하려고 하는 경우 등기의 목적과 원인이 동일하다고 하여도 일괄신청을 할 수 없다. 따라서 한 장의 신청서에 함께 기재한 경우 등기관은 이를 수리해서는 아니 된다(예규 1363).

이 경우 등기신청인은 등기신청서에 등기의무자들의 각 지분 중 각 ○분의 ○ 지분이 등기권리자 중 1인에게 이전되었는지를 기재하고 **신청서는** 등기권리자별로 작성하여 제출하거나 또는 등기의무자 1인의 지분이 등기권리자들에게 각 ○분의 ○ 지분씩 이전되었는지를 기재하고 등기의무자별로 작성하여 제출하여야 한다(예규 1363). [20 등기서기보 · 법원사무관 / 19 법무사 · 등기주사보 / 17 법무사 / 15 등기서기보]

2) 위 각 이전등기를 동시에 신청할 때도 각 신청서마다 등기원인증서를 첨부하여야 한다. 다만 등기원인증서가 한장으로 작성되어 있는 경우에는 **먼저 접수되는 신청서**에만 등기원인증서를 첨부하고, **다른 신청서**에는 먼저 접수된 신청서에 그 등기원인증서를 첨부하였다는 뜻을 기재하여야 한다(규칙 제47조 제2항).

3) 다만 동일한 원인으로 1인으로부터 수인에게 지분을 이전하거나 수인으로부터 1인에게 지분을 이전하는 경우에는 비록 지분을 처분하는 당사자 또는 지분을 취득하는 당사자가 여럿이어서 동일한 당사자라고 할 수 없는 경우이지만 실무상 1개의 등기신청서로 신청함이 받아들여지고 있다. ㈐ 법무사ㅣ 예컨대 甲과 乙이 공유하고 있는 토지를 丙이 매수하였다면 일괄신청을 할 수 있다. 마찬가지로 1개의 부동산에 관하여 별도 순위로 지분취득등기를 한 공유자가 하나의 등기원인에 의하여 자신의 지분 전부를 여러 명에게 이전하고자 하는 경우, 그 지분이전등기는 1건의 신청정보로 신청할 수 있다(선례 201906-3). 이 경우는 1개의 부동산에 관한 1개의 신청이므로 '1부동산 1신청서'의 원칙에 부합하는 것으로서 허용된다.

(5) 공유물분할을 원인으로 하는 소유권이전등기

1) 서설(「민법」 제268조, 제269조)

가. 의의

공유자 사이에는 아무런 인적 결합이 존재하지 않으므로 **공유자**는 분할금지약정이 없는 한 언제든지 공유물의 분할을 청구할 수 있다(「민법」 제268조 제1항).

공유물분할에 의하여 공유관계는 종료하고 각 공유자가 각 분할부분에 관하여 단독소유권을 취득하게 되므로 공유물분할은 소유권의 일부이전의 성질을 갖는다. 즉 분할의 결과 취득되는 각 공유자의 단독소유권은 공유자 간의 권리의 상호적 이전의 결과라고 보아 공유자 간에 지분권의 교환 내지 매매가 성립한다고 본다(대판 1984.4.24, 83누717, 대판 2003.11.14, 2002두6422).

나. 분할방법

공유물분할은 현물분할, 대금분할, 가액배상의 방법이 있으며, **부동산등기의 대상이 되는 것은 현물분할이다.** 공유물분할은 협의분할을 원칙으로 하고, 협의가 불성립할 시 재판상 분할을 인정하고 있다(「민법」 제269조 제1항).

(가) 협의분할

가) **공유물분할협의**는 공유자 전원이 참여하여야 하며, **공유자 이외의 자는 공유물분할에 참가할 수 없다.**

따라서 3필지의 부동산 중 A, B필지는 甲, 乙, 丙 3인의 공유로 되어 있고 C필지는 甲, 乙, 丙, 丁의 4인의 공유로 되어 있는 경우, 공유물분할은 각 공유자들이 공유관계를 종료시키려는 것이므로(「민법」 제268조, 제269조) A, B필지의 공유자가 아닌 丁을 포함한 4인의 합의에 의하여 A필지는 甲의 단독소유로, B필지는 丁의 단독소유로, C필지는 乙의 단독소유로 하기로 하는 공유물분할을 등기원인으로 한 등기신청은 할 수 없다(선례 6-285). [24 법무사 / 20 법무사 / 10 법무사]

마찬가지로, 공유물분할소송에서 **변론종결 전에 일부공유자의 지분이 제3자에게 이전되었으나 당사자가 소송승계절차를 취하지 아니하여 판결이 종전의 공유자를 포함하여 선고된 경우에는 위 판결에 기하여는 공유물분할에 의한 소유권이전등기신청을 할 수 없다.** [24 법무사]

나) **공유물분할협의**는 계약자유의 원칙상 공유자의 지분비율에 구속되지는 않는다. 따라서 협의에 의한 공유물분할은 언제나 공유자 전원이 분할절차에 참여하여 합의하여야 하지만, 반드시 원래의 지분비율에 따라서 분할하여야 하는 것은 아니므로, 당초의 자기지분비율을 초과하여 이루어진 공유물 분할을 원인으로 한 이전등기의 신청도 가능하다(선례 2-344). [21 법무사]

다) **공유물분할협의**는 그 지분이전등기를 마친 경우 비로소 소유권을 취득한다.

(나) 재판상 분할

가) **공유물분할판결**은 필수적 공동소송으로 전원이 참여하여야 하며, 누락이 있는 경우 당사자적격의 흠결로 소각하한다.

나) **공유물분할판결**은 형식적 형성의 소로서, 법원은 공유물분할을 청구하는 자가 구하는 방법에 구애받지 아니하고 자유로운 재량에 따라 공유관계나 그 객체인 물건의 제반 상황에 따라 공유자의 지분 비율에 따른 합리적인 분할을 하면 된다(대판 2004.10.14, 2004다30583).

다) **공유물분할의 판결이 확정되면 공유자는 등기하지 않아도 각자 분할된 부분에 대한 단독소유권을 취득하게 되는 것이므로, 그 소송의 당사자는 그 확정판결을 첨부하여 원·피고인지 여부에 관계없이 등기권리자 또는 등기의무자가 단독으로 공유물 분할을 원인으로 한 지분이전등기를 신청할 수 있다.**

[23 법원사무관 / 21 법원사무관·법무사(2) / 20 법무사 / 18 등기주사보·법무사 / 14 법무사]

라) **공유물분할의 소송절차 또는 조정절차에서 공유자 사이에 공유토지에 관한 현물분할의 협의가 성립하여 그 합의사항을 조서에 기재함으로써 조정이 성립**하였다고 하더라도, 그와 같은 사정만으로 재판에 의한 공유물분할의 경우와 마찬가지로 그 즉시 공유관계가 소멸하고 각 공유자에게 그 협의에 따른 새로운 법률관계가 창설되는 것은 아니고, 공유자들이 협의한 바에 따라 토지의 분필 절차를 마친 후 각 단독소유로 하기로 한 부분에 관하여 다른 공유자의 공유지분을 이전받아 **등기를 마침으로써 비로소 그 부분에 대한 대세적 권리로서의 소유권을 취득하게 된다고 보아야 한다**(대판(전) 2013.11.21, 2011두1917).

[23 법무사 / 18 법무사·등기서기보]

(다) 공유물분할의 전제로서 분필등기

공유물분할은 일반적으로 분할에 의하여 단독소유권을 취득하는 것을 목적으로 하는 것이므로 공유물분할의 협의가 성립하거나 공유물분할의 판결이 확정되면 그 취지에 따라 먼저 토지대장의 분필절차를 밟은 후 그 토지대장에 의하여 분필 등기를 해야 한다(예규 514호).

그러나 공유물분할등기를 하기 위해서 반드시 분필등기가 선행하여야 할 필요는 없다. 수인이 처음부터 수개의 부동산을 공유하고 있다가 분할한 결과 각 하나의 부동산을 각 단독소유하기로 한 경우에는 분필절차를 거칠 필요가 없다. 이미 분 필을 거친 것과 마찬가지이기 때문이다. 즉 **갑과 을이 공유하는 2필의 부동산을 갑과 을이 1필씩 각각 단독으로 소유하기로 하는 공유물분할도 가능하다.** [10 법무사]

결과적으로 수인이 하나의 부동산을 공유한 경우에는 먼저 분필절차를 거친 후 지 분이전등기를 하여야 하지만, 수인이 수 개의 부동산을 공유한 경우에는 반드시 먼저 분필절차를 거칠 필요가 없다.

2) 개시

가. 공동신청

공유물분할협의에 의하여 분할된 각 부동산에 관해서 그 권리자 명의의 소유권이전등 기는 일반원칙에 따라 공동신청에 의해야 한다(법 제23조 제1항). 따라서 공유물분할 을 원인으로 한 소유권이전등기는 **각 분필등기된 부동산별로 각각 독립**하여 등기권리 자와 등기의무자가 **공동으로 신청할 수** 있다. [18 등기서기보]

나. 단독신청

공유물분할판결에 의한 등기는 원고·피고·승소·패소 불문하고 등기권리자 또는 등 기의무자가 단독으로 신청한다(법 제23조 제4항).

다. 동시신청

공유물분할을 원인으로 한 각 소유권이전등기는 **동시에 하지 않고도** 각 분필등기된 부 동산별로 각각 독립하여 공동(등기권리자와 등기의무자)신청할 수 있다(예규 514). [18 법무사] 즉 공유물분할 대상인 모든 부동산에 대하여 모든 공유자가 등기권리자 또는 등기 의무자로서 한꺼번에 공유물분할에 따른 등기를 신청해야 하는 것은 아니다.

3) 신청절차

가. 신청인

나. 신청정보

(가) 등기원인 및 그 연월일

등기원인은 "○년 ○월 ○일 공유물분할"로 기재하되, 그 연월일은 협의분할이라 면 공유물분할협의일을, 재판상분할(판결)이라면 판결확정일을 기재한다.

(나) 등기목적

등기의 목적은 "갑구 ○번 ○○○지분 전부이전"라고 기재한다.

(다) 이전할 지분

소유권의 일부에 대한 이전등기를 신청하는 경우에는 이전되는 지분을 신청정보의 내용으로 등기소에 제공하여야 한다(규칙 제121조).

다. 첨부정보

(가) 등기원인과 관련된 첨부정보

가) 등기원인을 증명하는 정보

협의에 의하여 신청하는 경우에는 공유물분할계약서를, 판결에 의한 등기를 신청하는 경우에는 판결정본 및 확정증명서를 첨부정보로 제공한다.

나) 등기원인에 대한 허가·동의·승낙을 증명하는 정보 등

① 검인 - ○(지분초과 불문)

공유물분할계약서를 등기원인을 증명하는 정보로서 제공하여 소유권이전등기를 신청할 때에는 그 계약서에 부동산 소재지를 관할하는 시장 등의 검인을 받아야 하는바(「부동산등기특별조치법」 제3조 제1항), 이러한 계약서를 대신하여 공유물분할에 관한 판결서·조정조서·화해조서·조정을 갈음하는 결정서·화해권고결정서를 등기원인을 증명하는 정보로서 제공하여 소유권이전등기를 신청할 때에도 그 판결서 등에 검인을 받아야 한다(동법 제3조 제2항)(선례 201907-11). 이는 공유지분을 초과하는지 묻지 않고 검인을 받아야 한다.

② 토지거래계약허가증 - △(지분초과 限)

토지거래허가구역 안의 토지에 대하여 공유물분할을 원인으로 소유권이전등기를 신청하는 경우 종전 공유지분을 초과하는 면적이 허가대상면적 이상일 때에는 토지거래계약허가증을 첨부정보로 제공하여야 하나, 공유지분을 초과하는 면적이 허가대상면적 이하이거나 종전 공유지분에 따른 공유물분할인 때에는 토지거래계약허가증을 첨부정보로 제공하지 아니한다.

③ 농지취득자격증명 - ×(지분초과 불문)

공유물분할 대상 부동산이 농지인 경우에는 취득하는 면적이 **공유지분비율에 의한 면적과 같은지에 관계없이 농지취득자격증명을 첨부할 필요가 없다**(「농지법」 제8조, 선례 6-562). [18 등기서기보·법무사] 따라서 종중이 자연인과 공유하고 있는 수필지의 농지를 공유물분할하는 경우에도 농지취득자격증명을 제출하지 않고 신청할 수 있다(선례 6-573). [10 법무사]

④ 민법상 재단법인의 기본재산 처분 시 주무관청의 허가 - ○

타인과 공유하는 재단법인의 기본재산인 부동산에 관하여 공유자들 사이에 공유물분할이 이루어진 경우 이는 공유자들 상호 간에 지분의 매매 또는

교환이 이루어지는 것으로서 재단법인의 기본재산의 변경에 해당한다 할 것이므로 재단법인이 위 부동산에 관하여 공유물분할을 원인으로 하여 소유권이전등기를 함에 있어서는 주무장관의 허가를 받아야 할 것이다(선례 4-436).

⑤ 공익법인의 기본재산 처분 시 주무관청의 허가 - ○

공익법인의 설립·운영에 관한 법률 제2조 및 동법 시행령 제2조에 해당하는 사단법인과 재단법인 소유 명의의 부동산에 관하여는 제2항의 규정에 의한 매매, 증여, 교환, 신탁해지, 공유물분할, 그 밖의 처분행위를 원인으로 한 소유권이전등기신청 이외에 근저당권 등의 제한물권 또는 임차권의 설정등기를 신청함에 있어서도 그 등기신청서에 주무관청의 허가를 증명하는 서면을 첨부하여야 한다(예규 886).

⑥ 학교법인의 수익용재산 처분 시 관할청의 허가 - ○ **(종전지분보다 많은 공유지분 취득이라도)**

공유물분할은 공유지분의 교환 또는 매매의 실질을 가지는 것이므로, 학교법인이 공유자 중 1인인 부동산에 관하여 공유물분할을 원인으로 하는 공유지분이전등기를 신청하는 경우에도 관할청의 허가를 증명하는 서면을 첨부하여야 하는바, 이는 학교법인이 공유물분할에 의하여 종전의 공유지분보다 더 많은 공유지분을 취득하게 되는 경우에도 마찬가지이다(선례 6-48).

(나) 등기의무자와 관련된 첨부정보 - ○

(다) 등기권리자와 관련된 첨부정보 - ○

가) 취득세 등 세금납부영수증

① 취득세

공유부동산을 분할등기하는 경우에는 지방세법에 따른 세율을 적용한 취득세를 납부하여야 하고 그 영수증을 제공하여야 한다.

② 국민주택채권 - △**(지분초과 限)**

공유물분할로 인한 소유권이전등기신청 시 **종전 공유지분을 초과하는 면적**에 대하여는 위 **국민주택채권** 매입대상이 된다. [10 법무사] 그러나 **종전 공유지분에 따른 공유물분할**인 때에는 **국민주택채권**을 매입할 필요가 없다(선례 5-891). [17 등기서기보]

③ 인지 - △**(지분초과 限)**

공유자들이 각자의 **공유지분 비율**에 따라서 공유물분할등기를 신청할 경우에 원인서면으로 제출되는 **공유물분할계약서**는 대가성 있는 소유권이전에 관한 증서로 볼 수 없으므로 인지세법에서 정하는 **인지세를 납부할 필요가 없다**(선례 7-552). [15 법무사] 다만 공유지분 비율을 초과하는 부분에 대하여는 인지세를 납부하여야 한다.

	지분범위 이내 (무상)	지분범위 초과 (유상)
① 검인(계약서·판결서) (계약+유상·무상)	○	
② 토지거래계약허가증 (계약 + 유상)	×	○
③ 농지취득자격증명 (他人 → 本人)	×	
④ 국민주택채권	×	○
⑤ 인지	×	○

4) 실행절차(등기실행)

가. 등기부 작성·기입

(가) 지분이전등기 방법

공유물에 대한 분필등기 후 특정 부동산에 대하여 소유권을 취득하는 공유자를 등기권리자로, 다른 공유자를 등기의무자로 하여 지분(소유권을 취득한 자의 종전 지분을 제외한 지분)이전등기의 형식으로 분할한다.

(나) 등기기록방법

공유 부동산을 매매 등을 원인으로 공유자 중 1인 단독명의로 등기할 경우 과거에는 등기기록 갑구 권리자란에 "소유자"로 기록하였으나 지금은 "공유자"로 기록한다. 공유물분할에 의하여 공유자 중 1인 단독명의로 등기할 경우에도 마찬가지로 "공유자"로 표시한다.

나. 각종 통지

신청인인 등기명의인에게 등기필정보를 작성·통지하며(법 제50조), 등기완료통지도 함께 한다(법 제30조).

대장소관청에는 소유권변경사실의 통지를 하고(법 제62조), 세무서장에게는 과세자료의 제공을 위한 통지를 하여야 한다(법 제63조).

공유물분할을 원인으로 소유권을 취득한 자가 등기의무자가 되어 분할된 부동산에 대해 등기신청을 할 때에는 ㉠ 위 **공유물분할을 원인으로 한 지분이전등기를 마친 후 수령한 등기필정보뿐**만 아니라 ㉡ **공유물분할 이전에 공유자로서 지분을 취득할 당시 수령한 등기필정보도 함께 제공하여야 한다.** [24 법무사 / 23 등기서기보 / 21 법무사 / 19 등기서기보]

공유물분할로 인하여 다른 토지의 등기부에 전사된 근저당권설정등기는 통상의 말소절차에 따라 근저당권자가 등기의무자, 근저당권설정자 또는 현재의 등기부상 소유자가 등기권리자로서 **공동으로 말소신청**을 하거나 근저당권설정등기의 말소를 명하는 확정**판결**에 의하여 등기권리자가 **단독으로 말소신청**을 함으로써 이를 말소 할 수 있다(제정 1985.4.10. 선례 제1−504호). [24 법무사]

(6) 구분소유적 공유

1) 서설

부동산의 위치와 면적을 특정하여 2인 이상이 구분소유하기로 하는 약정을 하고 그 구분소유자의 공유로 등기하는 것을 **구분소유적 공유관계** 또는 **상호명의신탁등기**라고 한다. 이러한 상호명의신탁관계에 있는 부동산에 관하여 각 구분소유자가 취득한 특정부분을 단독소유하도록 하는 등기를 상호명의신탁해지를 원인으로 한 소유권이전등기라 한다.

구분소유적 공유관계의 등기에 관하여 판례(대판 1979.6.26, 79다741)는 수인의 매수인이 각기 1필지 토지 일부를 특정하여 취득하고 등기는 편의상 전체에 관하여 공유지분으로 이전등기를 경료한 경우 각자가 취득한 특정부분 이외의 부분(다른 공유자의 소유부분)에 관한 등기는 상호명의신탁에 의한 등기로서 유효하고 각자는 적어도 외부관계에 있어서는 1필지 전체에 관하여 적법한 공유관계가 성립되어 공유자로서의 소유권을 행사한다고 보아 그 유효성을 인정하고 있다.

2) 해소방법

가. 토지에 관하여 **상호명의신탁관계**가 성립한 경우 공유지분등기명의자 일방이 토지의 공유자임을 전제로 **공유물분할을 청구할 수 없다**(대판 1992.12.8, 91다44216). [19 등기서기보]

나. 부동산의 위치와 면적을 특정하여 2인 이상이 구분소유하기로 하는 약정을 하고 그 구분소유자의 공유로 등기한 이른바 상호명의신탁등기(예컨대 토지의 특정부분을 매수하고도 소유권의 지분이전등기를 한 경우 등)는 부동산실권리자명의등기에 관한 법률이 금지하는 명의신탁등기가 아니므로(동법 제2조 제1호 나목 참조), 이 경우에는 위 법률 제11조가 정하는 유예기간에 상관없이 상호명의신탁해지를 원인으로 하여 공유지분에 대한 소유권이전등기를 신청할 수 있으며[17 법무사], 이는 판결에 의하지 아니하고 당사자가 공동으로 소유권이전등기를 신청하는 경우에도 마찬가지이다(선례 6-485).

(7) 공유지분의 포기와 등기

1) 서설

일반적으로 물권의 포기라 함은 물권을 소멸시키는 단독행위를 말하므로 공유지분권의 포기는 지분권자의 일방적 의사표시에 의하여 그 지분권을 소멸시키는 것이라고 해석된다. 물권의 포기는 제3자의 이익을 해하지 않는 범위 내에서 공서양속에 반하지 아니하는 한 원칙적으로 권리자가 자유로이 할 수 있으며 지분권의 포기도 이와 같다.

공유지분권에 대하여 **민법 제267조**는 "공유자가 그 지분을 포기하거나 상속인 없이 사망한 때에는 그 지분은 다른 공유자에게 각 지분의 비율로 귀속한다"라고 규정하고 있다.

공유지분의 포기 시 그 등기가 필요한지에 대해서는 공유지분의 포기로 인한 지분의 귀속은 원시취득이고 법률의 규정(「민법」 제267조)에 의한 물권의 취득이므로 등기를 요하지 않는다고 보아야 하며(「민법」 제187조) 다만 이를 처분하려면 등기를 해야 할 것이다.

2) 개시

결국 공유지분의 포기는 민법 제267조의 법률규정에 의한 물권변동이나 부동산등기법에 단독신청 규정이 없으므로 공동신청에 의할 수밖에 없다. 따라서 공유자 중 1인의 지분포기로 인한 등기는 포기하는 공유자를 등기의무자로 다른 공유자를 등기권리자로 하여 공동신청에 의한 공유지분이전등기의 방식에 의하는 것이 타당하다.

3) 신청절차

가. 신청정보

"지분포기"를 등기원인으로 하고, 그 일자는 그 자가 공유지분의 포기의 의사표시를 한 날을 기재하여야 한다. 또한 일반적인 공유지분이전등기와 같이 등기필정보를 제공하여야 한다.

나. 첨부정보

공유지분권의 포기는 본래 일정한 방식을 필요로 하지 않는 단독행위이나, 등기신청 시 등기원인을 증명하는 정보를 제공하여야 하므로(규칙 제46조 제1항 제1호) 지분포기의 의사표시가 기재된 서면은 첨부하여야 한다. 다만 계약을 원인으로 소유권이전등기를 신청하는 경우가 아니므로 그 서면에 검인(「부동산등기 특별조치법」 제3조)을 받을 필요는 없다.

일반적 공유지분이전등기와 같이 등기의무자의 인감증명, 등기의무자 및 등기권리자의 주소증명서면 등을 제공하여야 한다. 특히 농지의 경우 지분포기를 통한 편법취득을 방지하기 위해 농지취득자격증명을 첨부해야 하나(선례 4-715), 토지거래계약허가서는 제출할 필요는 없다고 본다(선례 3-167).

(8) 소유권의 포기와 등기

건물 또는 토지의 소유권을 포기한 경우 그 소유권을 포기한 자는 **단독으로 그에 따른 등기를 신청할 수 없으며**, 민법 제252조 제2항에 의하여 그 소유권을 취득하는 국가와 공동으로 소유권 포기를 원인으로 한 소유권이전등기를 신청하여야 한다. 다만 위 등기를 신청하는 경우에 **등기상 이해관계가 있는 제3자가 있는 때**에는 **제한물권자의 손해가 없도록 하기 위하여** 신청서에 그 자의 승낙서 또는 이에 대항할 수 있는 재판의 등본을 첨부하여야 한다(예규 제816호). [24 법무사]

위 등기의 신청이 있는 경우에 등기관은 소유권이외의 권리에 관한 등기를 **직권**으로 말소하여야 한다(예규 제816호).

> **관련기출지문**
>
> l 부동산의 소유권을 포기한 경우 그 소유권을 포기한 자는 그에 따른 등기를 단독으로 신청할 수 있으며, 등기상 이해관계 있는 제3자가 있는 때에도 그 자의 승낙이 있음을 증명하는 정보를 제공할 필요는 없다. (×)
> [24 법무사]

2. 합유(예규 911)

(1) 서설

1) 의의(「민법」 제271조 이하)

합유란 법률의 규정 또는 계약에 의하여 수인이 **조합체로서 물건을 소유하는 공동소유 형태**를 말하며, 법률의 규정 또는 계약에 의하여 수인이 조합체로서 물건을 소유하는 때에는 합유로 한다(「민법」 제271조 제1항). **조합재산**은 조합원의 합유로 하고(「민법」 제704조), **신탁재산 중 수탁자가 여럿인 경우 수탁자들의 합유로 한다(「신탁법」 제50조).**

합유지분은 공유지분과 달리 **조합체의 목적과 단체성에 의하여 제한을 받는 것**이므로 합유자는 단독으로 자신의 지분을 조합체의 구성원인자격과 분리하여 양도할 수 없다. **합유자가 자신의 지분을 처분하기 위해서는 합유자 전원의 동의가 필요하다**(「민법」 제273조 제1항, 대판 1970.12.29, 69다22). [14 법무사]

여기서의 동의는 조합원 지위의 가입과 탈퇴에 대한 동의로 해석할 수 있다. 그러나 **합유지분의 처분은 등기기록상으로 지분이전등기하는 모습으로 구현되는 것이 아니라 합유명의인 변경등기의 형식으로 구현**된다. 따라서 합유관계가 존속하는 한 합유자의 지분에 대한 이전등기는 허용되지 않는다.

2) 요건

3) 적용범위

가. 합유지분이전등기의 금지

① 공유지분은 소유권의 분량적 일부로서 자유로이 양도할 수 있고 독립하여 담보권의

목적이 되거나 **강제경매**의 대상이 될 수 있으므로 공유지분에 대한 **가압류가 가능**하다.

② 그러나 합유의 경우 합유관계가 존속하는 한 **합유자의 지분에 대한 이전등기는 허용되지 않는다.** 마찬가지로 **합유지분의 이전**을 초래하는 **(근)저당권등기, 소유권이전청구권가등기**(선례 6-436)[19 등기주사보], **가처분등기, 가압류등기**(선례 7-243)[19 등기주사보 / 14 법무사], **경매개시결정등기**[24 등기서기보], **체납압류등기**(선례 3-560) 모두 허용되지 않는다. 이는 다른 합유자의 동의를 받은 경우에도 마찬가지로 허용되지 않는다. [24 등기서기보]

나. **합유물의 처분등기의 허용(합유물 이전등기)**

합유물의 처분 또는 변경을 위해서는 합유자 전원의 동의가 필요하므로(「민법」 제272조) **합유자 전원이 등기의무자가 되어**(전원의 인감증명의 첨부가 필요하다) 제3자 앞으로의 소유권이전등기를 신청해야 한다(선례 2-258).

합유물 전체에 대해 설정된 근저당권 실행을 위한 **경매개시결정**이 있는 경우에는 그에 따른 경매신청의 기입등기는 **가능하고**[19 등기서기보 · 법무사 / 16 등기서기보], **조합사업으로 발생한 지방세의 체납처분**에 대하여 지방자치단체의 장은 조합(합유)재산에 대하여 **압류등기의 촉탁을 할 수 있다**(선례 6-498, 7-441). [17 등기주사보 · 법무사]

마찬가지로, **합유물인 부동산에 대한 가압류등기도 할 수 있다.** [24 등기서기보]

4) **효과**

수인의 합유자 명의인 부동산에 관하여 **합유자 중 1인의 지분에 대하여 가압류기입등기촉탁**이 있는 경우에는, 부동산등기법 제29조 제2호에 의하여 **각하하여야 할 것인바**, 위 합유지분에 대하여 **가압류등기가 이미 경료되어 있다면** 그 등기는 등기관이 부동산등기법 제58조의 규정에 의하여 **직권으로 말소하여야 한다**(선례 7-314). [22 법무사 / 9 법무사]

(2) **합유관계의 표시방법**

1) **신청정보**

등기할 권리자가 2인 이상(공유)일 때에는 그 지분을 신청정보의 내용으로 등기소에 제공하여야 한다. 그러나 등기할 권리가 합유일 때에는 **합유라는 뜻**을 신청정보의 내용으로 등기소에 제공하여야 한다(규칙 제105조).

2) **등기기록**

권리자가 2인 이상(공유)인 경우에는 권리자별 지분을 기록하여야 한다(법 제48조 제4항). 그러나 **합유등기**에 있어서는 **합유인 뜻을 기록하여야 하며, 각 합유자의 지분을 표시하지 아니한다**(법 제48조 제4항, 예규 911). [24 등기서기보 / 22 등기서기보]

수탁자가 여러 명인 경우 등기관은 신탁재산이 **합유인 뜻**을 기록하여야 한다(법 제84조 제1항).

3) 첨부정보

합유자 중 일부가 사망하여 이를 원인으로 합유명의인 변경등기를 신청할 때에 합유명의인 (잔존 합유자, 사망한 합유자 포함)의 동일성을 증명하는 정보로서 주소를 증명하는 정보를 제공할 수 없다면 동일인 보증서와 함께 동일인임을 보증하는 자의 인감증명서 및 보증인의 자격을 인정할 만한 서면(공무원 재직증명, 법무사 인가증 사본 등)을 제출할 수 있는 바, 여기에서 보증인은 반드시 공무원이나 법무사 등으로 한정되는 것은 아니며, 그 밖에 동일인임을 보증함에 있어 신뢰할 만한 자격이 있다고 인정되는 자 또한 보증인이 될 수 있다. 다만, 구체적인 사건에서 그러한 자격이 있는 보증인인지 여부는 해당 등기신청사건을 심사하는 담당등기관이 판단할 사항이다(선례 201911-5).

(3) 등기부상 합유자가 변경되는 경우

1) 합유지분을 처분하는 경우

가. 합유자 중 일부가 교체된 경우

합유자 중 일부가 나머지 합유자들 전원의 동의를 얻어 그의 합유지분을 타에 매도 기타 처분하여 종전의 합유자 중 일부가 교체되는 경우

(가) 합유지분을 처분한 합유자와 합유지분을 취득한 합유자 및 잔존 합유자의 공동신청으로 한다. [22 등기서기보 / 19 법무사 / 17 법무사 / 16 등기서기보]

(나) "○년 ○월 ○일 합유자 변경"을 원인으로 한다.

(다) (합유지분을 취득한 합유자 및 잔존 합유자의 합유로 하는) 합유명의인 변경등기 신청을 하여야 한다. [14 법무사 / 13 법무사]

(라) 이 경우 합유지분을 처분한 합유자의 인감증명을 첨부하여야 한다.

나. 합유자 중 일부가 탈퇴한 경우

(가) 잔존합유자가 수인인 경우[19 법무사]

잔존 합유자가 수인인 경우 합유자 중 일부가 그 합유지분을 잔존 합유자에게 처분하고 합유자의 지위에서 탈퇴한 경우 잔존 합유자가 수인인 때

가) 탈퇴한 합유자와 잔존 합유자의 공동신청으로 한다.

나) "○년 ○월 ○일 합유자 ○○○ 탈퇴"를 원인으로 한다.

다) (잔존 합유자의 합유로 하는) 합유명의인 변경등기신청을 하여야 한다.

라) 이 경우 탈퇴한 합유자의 인감증명을 첨부하여야 한다.

(나) 잔존합유자가 1인인 경우[21 법무사 / 19 등기주사보 / 13 법무사]

잔존 합유자가 1인이 된 경우 합유자 중 일부가 탈퇴하고 잔존 합유자가 1인만 남은 경우

가) 탈퇴한 합유자와 잔존 합유자의 공동신청으로 한다.

나) "○년 ○월 ○일 합유자 ○○○ 탈퇴"를 원인으로 한다.

다) (잔존 합유자의 단독소유로 하는) 합유명의인 변경등기신청을 하여야 한다.

라) 이 경우 탈퇴한 합유자의 인감증명을 첨부하여야 한다.

다. 합유자가 추가된 경우[16 등기서기보]

합유자 중 일부 또는 전부가 그 합유지분 중 일부를 제3자에게 처분하여 제3자가 합유자로 추가된 경우

(가) 기존의 합유자 및 새로 가입하는 합유자의 공동신청으로 한다.

(나) "○년 ○월 ○일 합유자 ○○○ 가입"을 원인으로 한다.

(다) (기존 합유자와 새로 가입하는 합유자의 합유로 하는) 합유명의인 변경등기신청을 하여야 한다.

(라) 이 경우 기존 합유자의 인감증명을 첨부하여야 한다.

2) 합유자 중 일부가 사망한 경우

가. 합유지분의 상속금지

(가) 합유자 중 일부가 사망한 경우, 합유자들 사이에 특별한 약정이 없는 한 사망한 합유자의 상속인은 민법 제719조의 규정에 의한 지분반환청구권을 가질 뿐이다. 따라서 사망한 합유자의 합유지분은 잔존 합유자에게 귀속되고 사망한 합유자의 상속인에게 그 합유자로서의 지위가 승계되는 것이 아니므로, 사망한 합유자의 지분에 관하여 그 상속인 앞으로 상속등기를 신청할 수 없다. [14 법무사]

(나) 따라서 비록 사망한 합유자의 상속인들 중 일부가 다른 상속인을 상대로 상속지분 이전등기절차의 이행을 명하는 판결을 받은 경우에도 위 판결에 의하여 사망한 합유자의 합유지분에 대한 소유권이전등기를 신청할 수는 없다(선례 6-295). [20 법무사 / 19 등기서기보]

(다) 갑과 을이 합유하는 부동산에 대하여 갑의 상속인 병이 상속을 원인으로 갑 지분 전부에 대한 이전등기를 신청한 경우, 등기관은 「부동산등기법」 제29조 제5호에 따라 이를 각하하여야 할 것이나, 이러한 등기신청이 수리되어 병을 공유자로 표시한 지분이전등기가 이미 마쳐졌고 이 상태에서 을의 상속인 정 또한 상속을 원인으로 을 지분 전부에 대한 이전등기를 신청하였다면 형식적 심사권밖에 없는 등기관으로서는 이 등기신청을 수리하여 정을 공유자로 표시한 지분이전등기를 실행할 수밖에 없다(선례 201906-10).

(라) 합유지분의 상속에 관한 특약이 없는 경우라 할지라도 합유지분에 대한 상속등기가 이미 경료되었다면 등기공무원이 직권으로 그 상속등기를 말소할 수가 없으며 쌍방 당사자가 공동으로 말소등기 신청을 하거나 소로서 말소를 구하여야 할 것이다(선례 4-442).

나. 3인의 합유자 중 1인 사망[19 등기서기보]

합유자가 3인 이상인 경우에 그중 1인이 사망한 때에는 해당 부동산은 잔존 합유자의 합유로 귀속되는 것이다.

(가) 잔존 합유자의 단독신청으로 한다.

(나) "○년 ○월 ○일 합유자 ○○○ 사망"을 원인으로 한다.

(다) (잔존 합유자의 합유로 하는) 합유명의인 변경등기신청을 할 수 있다.

(라) 이 경우 사망한 합유자의 사망사실을 증명하는 서면을 첨부하여야 한다.

다. 2인의 합유자 중 1인 사망[24 등기서기보 / 19 등기서기보·법무사 / 17 법무사 / 17 등기주사보]

합유자가 2인인 경우에 그중 1인이 사망한 때에는 해당 부동산은 잔존 합유자의 단독소유로 귀속되는 것이다.

(가) 잔존 합유자의 단독신청으로 한다.

(나) "○년 ○월 ○일 합유자 ○○○ 사망"을 원인으로 한다.

(다) (잔존 합유자의 단독소유로 하는) 합유명의인 변경등기신청을 할 수 있다.

(라) 이 경우 사망한 합유자의 사망사실을 증명하는 서면을 첨부하여야 한다.

라. 합유자가 순차로 사망한 경우

위 나.의 등기를 하지 않고 있는 사이에 다시 잔존 합유자 중 일부가 사망한 때에는 현재의 잔존 합유자는 해당 부동산의 소유명의인을 당초의 합유자 전원으로부터 바로 현재의 잔존 합유자의 합유로 하는 합유명의인 변경등기신청을 할 수 있고, 잔존 합유자가 1인인 경우에는 그 단독소유로 하는 합유명의인 변경등기신청을 할 수 있다.

(가) 잔존 합유자의 단독신청으로 한다.

(나) 등기원인으로서 사망한 합유자들의 사망일자와 사망의 취지를 모두 기재한다.

(다) (그 단독소유로 하는) 합유명의인 변경등기신청을 할 수 있다.

(라) 그들의 사망사실을 증명하는 서면을 첨부하여야 한다.

마. 합유자가 모두 사망한 경우

위 라.의 등기를 하지 않고 있는 사이에 그 잔존 합유자도 사망한 때에는 그 잔존 합유자의 상속인은 바로 자기 앞으로 상속등기를 신청할 수 있다.

(가) 잔존 합유자의 상속인의 단독신청으로 한다.

(나) 등기원인으로서 피상속인이 아닌 다른 합유자(들)의 사망일자 및 사망의 취지와 등기신청인인 상속인의 상속일자 및 상속의 취지를 함께 기재한다.

(다) (바로 자기 앞으로) 상속등기신청을 할 수 있다.

(라) 다른 합유자(들)의 사망사실을 증명하는 서면과 상속을 증명하는 서면을 첨부하여야 한다.

관련 기출지문

1 공유지분에 대한 가압류등기는 가능하나, 합유물인 부동산에 대한 가압류등기는 할 수 없다. (×)
[24 법원사무관]

2 甲, 乙 명의로 등기된 합유 부동산 중 甲 지분에 대하여 甲의 채권자 丙에 의한 강제집행신청은 乙의 동의가 있는 경우에는 허용될 수 있다. (×)
[24 법원사무관]

3 합유지분에 대한 가압류의 촉탁은 부동산등기법 제29조 제2호의 "사건이 등기할 것이 아닌 때"에 해당하나, 위 합유지분에 대하여 이미 마쳐진 등기는 직권말소의 대상은 아니다. (×)
[9 법무사]

4 합유자 중 1인의 지분에 대한 가압류등기는 할 수 없으므로 위 촉탁이 있는 경우 이를 각하하여야 하나 합유지분에 대하여 가압류등기가 이미 마쳐져 있다면 등기관은 위 등기를 직권말소 할 수 없다. (×)
[22 법무사]

5 합유자 중 일부가 나머지 합유자들 전원의 동의를 얻어 그의 합유지분을 타에 매도 기타 처분하여 종전의 합유자 중 일부가 교체되는 경우에는 합유지분을 처분한 합유자와 합유지분을 취득한 합유자만의 공동신청으로 합유명의인 변경등기신청을 하여야 한다. (×) [22 등기서기보 / 19 법무사 / 17 법무사 / 16 등기서기보]

6 합유자 중 일부가 나머지 합유자들 전원의 동의를 얻어 그의 합유지분을 다른 사람에게 매도하여 종전의 합유자 중 일부가 교체되는 경우에는, 합유지분을 처분한 합유자와 합유지분을 취득한 합유자 및 잔존합유자의 공동신청으로 합유지분이전등기신청을 하여야 한다. (×)
[14 법무사]

7 사망한 합유자의 상속인들 중 일부가 다른 상속인을 상대로 상속지분이전등기절차의 이행을 명하는 판결을 받은 경우에 이 판결에 의해 소유권이전등기를 신청할 수 있다. (×) [19 등기서기보]

3. 총유

총유는 법인 아닌 사단의 소유형태인 바 이는 총론에서 이미 설명하였으므로 생략한다.

4. 소유관계의 변경

(1) 단독소유 → 합유

단독소유를 수인의 합유로 이전하는 경우, 단독소유자와 합유자들의 공동신청으로 소유권이전등기신청을 하여야 한다. [24 등기서기보 / 19 등기서기보 / 13 법무사] 그 단독소유자를 포함한 합유로 되었을 경우에도 전소유자인 그 단독소유자를 합유자로 표시하여야 한다.

(2) 공유 ↔ 합유

1) 공유자 전부 또는 일부가 그 소유관계를 합유로 변경하는 경우, 합유로 변경하려고 하는 공유자들의 공동신청으로 「○년 ○월 ○일 변경계약」을 원인으로 한 합유로의 변경등기신청을 하여야 하며[19 등기서기보·법무사], 이 등기는 부기등기의 형식으로 이루어진다.

2) 반대로 수인의 합유자 명의로 등기되어 있는 부동산은 합유자 전원의 합의에 의하여 수인의 공유로(공유지분의 소유형태로)의 소유권변경등기신청을 할 수 있고[19 등기서기보·등기주사보 / 17 등기주사보·법무사], 이 등기는 부기등기의 형식으로 이루어진다.

3) 법원의 가처분등기촉탁에 의하여 직권에 의한 소유권보존등기가 3인 공유형태로 경료되었으나, 실제로는 그 소유형태가 공유가 아니라 위 3인의 합유인 경우, 그 합유자들은 이 사실을 소명하여 착오발견을 원인으로 **공유를 합유로 경정**하는 등기를 신청할 수 있다. 이 경우 위 **공유지분을 목적으로 한 가처분등기, 가압류등기, 가등기,** 등기된 지분이전청구권가처분 및 체납처분에 의한 압류등기가 각각 경료된 경우에는 그 등기부상 권리자 **전원의 승낙서** 또는 이에 대항할 수 있는 재판의 등본을 신청서에 **첨부한 때에 한하여** 부기에 의한 **경정등기를 하는 것이며**[13 법무사], 이런 방식으로 부기에 의한 경정등기가 이루어지면 위 가처분등기 등은 등기공무원에 의하여 **직권으로 말소**된다(선례 4-571).

4) 이와 달리 **공유자 전부가 그 소유관계를 합유로 변경**하는 경우에는 공유자들의 공동신청으로「○년 ○월 ○일 변경계약」을 원인으로 한 **합유로의 변경등기를** 신청할 수 있는 바, **공유자 전원의 지분 전부에 대하여 처분금지가처분등기가 경료된 경우에도 (🖐 가처분권자의 승낙 없이) 할 수 있다**(선례 7-244). [20 법무사] 즉 합유물 전부에 대해서는 가처분 등이 있을 수 있으므로 해당 가처분등기는 말소대상이 되지 않는다.

(3) 합유 ↔ 총유

부동산 소유권의 등기가 **합유자(조합) 공동명의로 된 것을 법인 아닌 사단(종중)**명의로 변경하기 위하여는 소유권이전등기의 방식에 의하여야 한다(선례 2-351). [21 법무사 / 17 등기주사보 · 법무사 / 13 법무사] **권리능력 없는 사단의 소유명의로 된 부동산을 그 구성원들의 합유로 등기하기 위하여는 부동산등기법 제52조의 규정에 의한 권리변경등기를 할 수 없고, 권리능력 없는 사단으로부터 그 구성원 전원의 합유로의 소유권이전등기를 신청하여야 한다**(선례 4-539).

(4) 총유 ↔ 공유

법인격 없는 사단이 소유하는 토지를 그 구성원들의 공동소유로 등기하려면 총유물분할의 등기를 할 것이 아니라 각 **구성원에게 소유권의 일부(지분) 이전**의 등기를 하는 방법에 의하여야 할 것이다(선례 1-418).

관련 기출지문

1 단독소유인 부동산에 대하여 그 단독소유자를 포함한 수인의 합유로 하고자 하는 경우에는 단독소유자와 합유자들이 공동으로 합유로의 변경등기를 신청하여야 한다. (×)　　　　　　　　[19 등기서기보]

2 수인의 합유자 명의로 등기되어 있는 부동산에 관해서는 합유자 전원의 합의에 의하여 수인의 공유로 소유권이전등기를 할 수 있다. (×)　　　　　　　　[19 등기주사보]

3 수인의 합유자 명의로 등기되어 있는 부동산에 관해서는 합유자 전원의 합의가 있더라도 공유지분의 소유형태로의 소유권변경등기를 할 수 없다. (×)　　　　　　　　[17 등기주사보]

4 권리능력 없는 사단의 소유명의로 된 부동산을 그 구성원들의 합유로 등기하기 위하여는 권리변경등기를 할 수 있으며, 권리능력 없는 사단으로부터 그 구성원 전원의 합유로의 소유권이전등기를 신청할 필요 없다. (×)　　　　　　　　[21 법무사]

IV. 특약사항에 관한 등기

1. 환매특약

(1) 환매특약등기

1) 서설

가. 의의(「민법」 제590조, 제592조, 법 제53조, 규칙 제113조, 법 제52조 제6호)

민법상 환매란 매도인이 매매계약과 동시에 매매목적물을 환매할 권리(환매권)를 유보한 경우 일정한 기간 내에 그 환매권을 행사함으로써 매매목적물을 다시 매수하는 것을 말한다(「민법」 제590조). 환매특약등기는 이러한 환매할 권리를 등기부상 공시하는 등기이며, 등기를 한 때에 대항력이 생긴다(「민법」 제592조, 법 제53조).

다만 전술한 바와 같이 **특별법상 규정된 환매권**은 법이 정한 일정한 요구를 구비하였을 때 비로소 발생하여 환매등기를 신청할 수 있는 것으로서, 이러한 환매권의 등기는 민법상의 환매특약등기와 달리 등기할 수 있는 절차규정이 없다. 따라서 환매권의 등기를 할 수 없고, 환매권의 이전 또는 말소등기도 할 수 없다(선례 3-571).

나. 요건

다. 적용범위

한 필지 전부를 매매의 목적물로 하여 매매계약을 체결함과 동시에 그 목적물소유권의 일부 지분에 대한 환매권을 보류하는 약정은 민법상 환매특약에 해당하지 않으므로 이러한 환매특약등기신청은 할 수 없다(선례 201111-3). [19 법무사 / 17 등기주사보 / 12 법무사]

라. 효과

(가) 처분금지적 효력 - ×

환매특약의 등기에 처분금지의 효력이 인정되어 있는 것은 아니므로, 환매특약의 등기가 경료된 이후에도 소유자는 제3자에게 동 부동산을 전매하고 그에 따른 소유권이전등기를 신청할 수 있다(선례 5-396). [20 법무사]

(나) 대항력 - ○

환매특약등기는 이러한 환매할 권리를 등기부상 공시하는 등기이며, 등기를 한 때에 대항력이 생긴다(「민법」 제592조, 법 제53조). [19 등기주사보 / 17 법원사무관]

환매특약등기를 한 때에는 그때부터 제3자에게 대항할 수 있으므로(「민법」 제592조) 이후 환매권자인 매도인은 제3취득자에게 직접 환매권을 행사할 수 있고, 환매특약등기 후에 설정된 소유권 이외의 권리(지상권, 저당권, 질권 등)에 대해서도 환매권 행사를 이유로 그 등기의 말소를 청구할 수 있다.

(다) 재산성 - ○

환매권은 일종의 권리취득권으로서 거래의 대상이 될 수 있는 독립된 재산권이므로, 환매권의 양도(이전등기) · 압류 · 가압류도 가능하다. [19 등기주사보 / 17 등기주사보 · 법원사무관]

환매권의 이전등기를 신청할 때에는 **등기의무자가 제공할 등기필정보는 환매권자가 환매특약등기를 마쳤을 때** 통지받은 등기필정보이고, 이전등기의 방법은 **환매특약등기(부기등기)에** 부기등기 형식으로 실행한다. [24 등기서기보]

2) 개시

환매특약의 등기신청은 매매로 인한 권리이전등기와는 별개로 신청(**별개의 신청서**)하나 반드시 동시(**동시신청**)에 하여야 하고, 동일 접수번호로 접수된다. [20 등기서기보 / 19 등기주사보 / 17 등기주사보 · 법원사무관 / 15 등기서기보 · 법무사]

3) 신청절차

가. 신청인

환매특약등기는 매매로 인한 소유권이전등기 신청의 경우와는 반대로 매도인이 **등기권리자**, 매수인이 **등기의무자**로 하여 공동신청하여야 하고(법 제23조 제1항), **환매권리자는 매도인에 한정되므로 제3자를 환매권리자로 하는 환매특약등기는 할 수 없다**(선례 3-66. 5-402). [20 법무사 / 17 등기주사보 / 15 등기서기보 · 법무사] 따라서 환매권자를 매도인이 아닌 제3자로 한 경우 등기관은 그 신청을 각하하여야 한다. [12 법무사]

나. 신청정보

(가) 일반적인 신청정보

가) 등기원인 및 그 연월일

환매특약등기신청 시 등기원인은 "특약"으로 기재하되, 원인일자는 특약이 성립한 일자, 즉 매매계약의 성립일을 기재한다. 환매특약등기신청서상의 원인일자가 소유권이전등기의 원인일자와 다른 때에는 그 등기신청을 수리하여서는 안 된다. 한편, 통상 매매에 의한 소유권이전등기신청 시 등기원인을 "매매"로 기재하는 것과 달리 환매특약등기와 동시에 신청하는 소유권이전등기의 등기원인은 "환매특약부매매"로 기재한다.

나) 등기목적

등기목적은 "환매특약"이라고 기재한다.

(나) 개별적인 신청정보

환매특약등기를 신청하는 경우에는 신청서에 매수인이 지급한 대금 및 매매비용을 기재하고(필요적 기재사항), 등기원인에 환매기간(임의적 기재사항)이 정하여져 있는 때에는 이를 기재하여야 한다(법 제53조).

가) 필요적 기재사항

① 매수인이 지급한 대금

매수인이 지급한 대금이란 매수인이 등기하는 시점까지 매도인에게 현실로 지급한 대금을 말하며 매매대금 또는 환매대금이라 한다. 매매계약에서 대금을 분할하여 지급하기로 한 경우에는 등기하는 시점까지 매수인이 실제 지급한 대금과 매매의 총대금을 신청서에 함께 기재하여야 하며, 매매대금의 이자는 특별한 약정이 없으면 목적물의 과실과 상계되므로(「민법」 제590조 제3항) 이를 합산하지 않는다.

② 매매비용

매매비용이란 계약서의 첩용인지대, 공정증서 작성수수료, 측량비용, 감정비용 등과 같이 매매계약체결에 필요한 비용으로서 매수인이 지급한 것을 말하는데 계약비용이라고도 한다. 이러한 환매대금 및 계약비용은 필요적 기재사항이다.

나) 임의적 기재사항

① 환매기간

환매기간은 임의적 기재사항이므로 그 약정이 없는 때에는 이를 기재하지 않는다. 즉 **환매기간은 반드시 기재(기록)하지 않는다.** [20 등기서기보] 환매기간은 5년을 넘지 못하며 만약 이 기간을 넘는 약정이 있더라도 5년으로 단축된다. 또한 당사자가 환매기간을 정하지 아니한 때에는 그 기간은 5년으로 하고 환매기간을 정한 경우에도 이를 연장하지 못한다(「민법」 제591조).

다. 첨부정보

(가) 등기원인을 증명하는 정보

매매계약서와 동일한 서면으로 환매특약을 한 경우에는 그 매매계약서는 매매로 인한 소유권이전등기 신청서에 첨부하고 환매특약등기신청서에서 이를 원용하면 된다(규칙 제47조 제2항). 매매계약서와 별도로 환매특약증서를 작성한 때에는 이를 환매특약의 등기신청서에 첨부한다.

(나) 등기의무자와 관련된 첨부정보

가) 환매특약의 등기신청에 있어서 등기의무자는 매수인이 된다. 그러나 매매등기와 동시신청이라는 점에서 진정성이 담보되고, 매수인은 아직 등기기록상 소유권의 등기명의인이라고 할 수 없어 등기필정보가 존재하지 않으므로, 소유권이전등기신청과 동시에 **환매특약의 등기**를 신청하는 경우에 **환매특약의 등기신청**에 대하여는 등기필정보를 제공하지 않아도 된다. [20 등기서기보]

나) 또한 아직 소유권자도 아니므로 등기실무상 인감증명도 제출하지 않는다.

4) 실행절차

가. 접수・배당

나. 조사(형식적 심사)

환매기간은 5년을 넘지 못한다(「민법」 제591조). 따라서 **환매기간을 5년을 넘게 정한** 경우에는 등기관은 그 등기신청을 **각하**하여야 한다. [15 등기서기보・법무사]

환매특약은 매매계약에 종된 권리이므로 매매계약이 실효되면 그 특약도 효력을 잃는

다. 그러나 반대로 특약이 실효되어도 당사자가 그 특약의 유효를 조건으로 하지 않는
한 매매계약의 효력에는 영향을 미치지 않는다.

(가) 따라서 매매로 인한 소유권이전등기신청을 각하하는 경우에는 **환매특약등기신청**
도 반드시 각하하여야 한다. [12 법무사]

(나) 그러나 **환매특약 등기신청을 각하하는 경우에는** 별도의 특약이 없다면 소유권이전
등기신청 자체에 각하사유가 없는 한 소유권이전등기신청을 수리할 수밖에 없다.

다. 문제O (취하 · 보정 · 각하)

라. 문제X (등기실행)

환매특약 등기는 환매특약부매매를 원인으로 한 소유권이전등기신청과 동시에 신청하
여야 하므로 동일한 접수번호를 부여하며, 매수인의 권리취득의 등기에 부기등기의 형
식으로 기록하여야 한다(법 제52조 제6호). [19 법무사]

(2) 환매권 행사로 인한 소유권이전등기

1) 서설

환매권을 행사한 경우에는 환매특약부 매매로 인한 종전의 소유권이전등기를 말소하는 것이
아니고 환매권부매매의 매도인 명의로 **소유권이전등기를 한다.** [19 등기주사보 / 17 법원사무관]

2) 개시

3) 신청절차

가. 신청인

(가) 환매권의 행사에 따른 소유권이전등기는 **환매권부매매의 매수인**이 등기의무자,
환매권부매매의 매도인이 등기권리자가 되어 환매권 행사로 인한 소유권이전등기
를 **공동**으로 **신청**한다. [24 법무사 / 20 법무사 / 18 등기서기보]

(나) (환매권은 처분금지적 효력이 없어 목적 부동산이 양도될 수 있으므로) 환매권부매
매의 목적 부동산이 환매특약의 등기 후 양도된 경우에는 **현재 등기기록상 소유명**
의인인 제3취득자가 등기의무자가 되며, (환매권은 재산성이 있어 양도가 가능하
므로) **환매권의 매도인으로부터 환매권을 양수받은 자**가 있는 경우에는 그 **양수인**이
등기권리자가 된다. [24 법무사 / 19 법무사 / 18 등기주사보]

나. 신청정보

환매로 인한 소유권이전등기의 등기원인은 "**환매**"로 하고 **환매의 의사표시가 상대방에**
게 도달한 날을 등기원인일자로 기재한다. [18 등기서기보 · 등기주사보]

다. 첨부정보

신청서에는 등기원인증서 등 소유권이전등기신청 시 필요한 첨부정보를 제공하여야 한다.

4) 실행절차(등기실행)

가. 등기부 작성ㆍ기입

(가) 소유권이전등기의 일반적인 사항

(나) 환매특약등기의 직권말소

가) 원칙

환매권의 행사로 목적 부동산의 소유권이 환매권자에게 복귀되면 환매권은 목적을 달성하여 소멸하므로 등기관은 환매권의 행사로 인한 소유권이전등기를 할 때에는 **환매특약의 등기를 직권으로 말소하여야 한다**(규칙 제114조 제1항). [20 법무사 / 18 등기서기보ㆍ등기주사보 / 12 법무사] 환매권등기의 말소는 주등기의 형식으로 하고, 환매권의 이전 및 변경등기 등이 있는 때에는 말소하는 표시를 한다.

나) 환매권에 가압류, 가처분, 가등기 등의 부기등기가 경료되어 있는 경우

환매권에 가압류, 가처분, 가등기 등의 부기등기가 경료되어 있는 경우에는 그 등기명의인의 승낙서 또는 이에 대항할 수 있는 재판서의 등본이 첨부되어 있지 아니하면 환매특약의 등기를 말소할 수 없고(법 제57조, 규칙 제46조 제1항 제3호, 규칙 제60조 제1항 제7호). [19 법무사] 위 이해관계인의 승낙서를 받을 수 없어서 환매특약의 등기를 말소할 수 없는 경우에는 환매권 행사로 인한 소유권이전등기를 할 수 없다.

예컨대 환매권에 가압류의 부기등기가 마쳐져 있는 경우 그 승낙서를 받지 못하여 환매특약의 등기를 말소할 수 없는 경우에는 환매권행사로 인한 소유권이전등기를 할 수 없다. [15 법무사 / 12 법무사]

(다) 소유권 이외의 제3자등기의 공동신청말소

환매권행사로 인한 소유권이전등기를 한 경우, 환매특약의 등기 이후 환매권 행사전에 마쳐진 제3자 명의의 소유권 외의 권리(예 저당권설정등기 등)에 관한 등기에 관한 말소등기는 등기관이 직권으로 할 수 없고, 일반원칙에 따라 저당권자 등과 소유자가 된 자의 공동신청으로 말소한다. 이 경우 말소등기의 원인은 "**환매권행사로 인한 실효**"로 기록한다. [24 법무사 / 20 등기서기보 / 19 등기주사보ㆍ법무사 / 18 등기서기보ㆍ등기주사보 / 17 법원사무관ㆍ법무사 / 15 등기서기보ㆍ법무사]

이 경우 일반원칙에 따른 공동신청에 의한다 함은 환매권을 행사하여 소유권등기명의인이 된 자를 등기권리자로 하고 소멸되는 권리의 등기명의인이 등기의무자가 되어 공동신청하거나(등기의무자가 말소등기의 신청에 응하지 않는다면 등기의무자(예 근저당권자 등)에 대한 판결을 받아 등기권리자의 단독신청에 의하여야 할 것임) 처분제한의 등기의 경우에는 법원의 촉탁에 의하여야 한다는 것을 의미하는 것이며, 위의 경우에 환매를 원인으로 한 소유권이전등기절차이행의 판결문을 첨부한 환매권자의 단독신청에 의하여는 말소등기를 경료할 수 없다(선례 제6-297호). [24 등기서기보]

1 한 필지 전부를 매매의 목적물로 하여 매매계약을 체결함과 동시에 그 목적물의 일부 지분에 대한 환매권을 보류하는 약정의 환매특약등기신청도 가능하다. (×) [19 법무사]

2 1필지의 토지 전부를 매도하면서 그 일부 지분에 대해서만 환매특약등기의 신청을 한 경우에도 등기관은 그 신청을 수리하여야 한다. (×) [12 법무사]

3 환매권은 독립된 권리로 볼 수 없으므로 권리이전등기에 부기로 등기하고 압류의 대상도 되지 않는다. (×) [17 등기주사보]

4 환매특약등기는 매매로 인한 권리이전등기와는 별개로 신청하여야 하는 것이므로 그 권리이전등기와 동시에 신청할 필요는 없다. (×) [19 등기주사보]

5 환매권자는 매도인에 국한되는 것이 아니므로 제3자를 환매권자로 하는 환매특약의 등기를 할 수 있다. (×) [15 등기서기보 · 법무사]

6 환매특약의 등기를 할 때에는 매수인이 지급한 대금, 매매비용 및 환매기간을 반드시 기록하여야 한다. (×) [20 등기서기보]

7 환매권의 행사로 인한 소유권이전등기를 신청할 때 환매특약 등기의 말소도 등기권리자와 등기의무자가 공동으로 신청하여야 한다. (×) [20 법무사]

8 환매권행사로 인한 소유권이전등기를 할 때 등기관은 환매권특약등기와 환매권특약의 등기 이후 환매권 행사 전에 경료된 제3자 명의의 소유권 이외의 권리에 관하여 "환매권 행사로 인한 실효"를 원인으로 직권 말소한다. (×) [24 법무사]

9 환매특약의 등기 이후 환매권 행사 전에 경료된 제3자 명의의 소유권 이외의 권리에 관한 등기는 등기관이 직권으로 말소하는데, 등기원인을 '환매권행사로 인한 실효'로 기록한다. (×) [18 등기서기보 · 등기주사보]

10 환매특약의 등기 후 환매권 행사 전에 마쳐진 제3자 명의의 소유권 외의 권리에 관한 등기는 '환매권 행사로 인한 실효'를 원인으로 환매권자가 단독으로 말소등기를 신청한다. (×) [17 법원사무관]

11 환매권자가 환매를 원인으로 한 소유권이전등기를 이행하라는 판결을 받은 경우 환매권자의 단독신청으로 그 판결에 의하여 환매특약의 등기 이후 환매권 행사 전에 마쳐진 제3자 명의의 소유권 외의 권리에 관한 등기를 말소할 수 있다. (×) [24 법원사무관]

2. 권리소멸약정

(1) 권리소멸약정등기

1) 서설

권리소멸의 약정이란 등기의 원인인 법률행위에 해제조건 또는 종기 등을 붙인 것을 말한다. 예를 들어 매수인에게 이전된 소유권이 일정한 기한의 도래(일정한 기일까지 대금의 지급이 없는 때) 또는 조건의 성취(매수인의 사망)로 매도인에게 복귀한다는 약정이 매매계약서에 나타나 있는 것을 말한다. **권리소멸약정**은 등기원인행위와 동일한 계약에서 부가되어야 하고 별개의 계약에 의한 권리소멸의 약정은 여기서의 등기의 대상이 아니다. [18 등기주사보 · 법무사]

등기원인에 권리의 소멸에 관한 약정이 있을 경우 신청인은 그 약정에 관한 등기를 신청할 수 있다(법 제54조). 이와 같이 법조문에서 '등기를 신청할 수 있다'고 규정하고 있으므로 등기원인에 권리의 소멸에 관한 약정이 있다고 해서 반드시 등기를 해야 하는 것은 아니며, [18 등기주사보·법무사] 신청인이 그러한 사항을 등기해 줄 것을 신청한 경우에만 등기할 수 있도록 하였다. 소유권이전등기신청서에 권리소멸의 약정사항을 기재하여 권리소멸의 약정 등기를 신청하는 경우 이와 동시에 별개의 신청서에 의해 환매특약의 등기를 신청할 수도 있다(선례 201412−1). [18 법무사]

2) 실행절차

권리소멸약정의 등기는 권리취득등기에 이를 부기등기로 한다(법 제52조 제7호). [18 등기주사보·법무사]

(2) 권리소멸약정등기의 실행으로 인한 말소등기

1) 등기명의인인 사람의 사망 또는 법인의 해산으로 권리가 소멸한다는 약정이 등기되어 있는 경우에 사람의 사망 또는 법인의 해산으로 그 권리가 소멸하였을 때에는, 등기권리자는 그 사실을 증명하여 단독으로 해당 등기의 말소를 신청할 수 있다(법 제55조). [18 법무사 / 17 법무사 / 15 등기서기보]

2) 권리소멸약정의 등기는 권리취득등기를 말소하였을 때에 직권으로 말소한다(규칙 제114조 제2항). [18 등기주사보·법무사]

> **관련기출지문**
>
> **1** 소유권이전등기신청서에 권리소멸의 약정사항을 기재하여 권리소멸의 약정등기를 신청하는 경우에는 이와 동시에 별개의 신청서에 의해 환매특약의 등기를 신청할 수 없다. (×)   [18 법무사]
>
> **2** 등기원인증서에 등기의 목적인 권리에 대한 소멸의 약정이 있으면 이를 반드시 신청서에 기재하여 등기를 신청하여야 한다. (×)   [18 등기주사보]

3. 기타 특별법 「특별법에 의한 특약사항 등의 등기에 관한 예규(예규 1734)」

(1) 원칙

특별법에 의한 특약사항, 금지사항 등은 그러한 사항을 등기할 수 있다는 법령상의 근거가 있어야만 이를 등기할 수 있다.

(2) 특별법에 의한 특약사항 등을 등기할 수 있는 경우

1) 「국유재산법」에 의한 국유재산 양여 등에 따른 특약등기

가. 「국유재산법」 제49조의 규정에 의하여 국유재산을 용도를 지정하여 매각하고 소유권이전등기를 하는 경우, "「국유재산법」 제52조 제3호 사유가 발생한 때에는 해당 매매

계약을 해제한다"는 내용의 특약사항은 「국유재산법 시행령」 제53조 제3호의 규정에 의하여 이를 등기할 수 있다.

나. 「국유재산법」 제55조 제1항 제1호의 규정에 의하여 국유재산을 양여하고 소유권이전 등기를 하는 경우, "「국유재산법」 제55조 제2항의 사유가 발생한 때에는 해당 양여계약을 해제한다"는 내용의 특약사항은 「국유재산법 시행령」 제59조의 규정에 의하여 이를 등기할 수 있다.

다. 특약등기의 말소 위 가. 또는 나.에 따라 등기된 특약사항이 그 효력을 상실한 경우, 현재의 소유권의 등기명의인은 소관청의 확인서 등 위 특약의 효력이 상실하였음을 증명하는 서면을 첨부하여 특약등기의 말소를 신청할 수 있다. 다만 그 양여 부동산의 반환, 원상회복 및 손해배상 등에 관한 사항은 이를 등기할 수 없다.

2) 「공유수면 관리 및 매립에 관한 법률」 제46조 제2항 및 「공유수면 관리 및 매립에 관한 법률」 제35조 제5항의 규정에 의하여 매립지에 대한 소유권보존등기 시 소유권행사의 제한의 부기등기

가. 「공유수면 관리 및 매립에 관한 법률」 제46조 제1항 제3호의 규정에 의하여 매립면허를 받은 자가 취득한 매립지, 「공유수면 관리 및 매립에 관한 법률」 제46조 제1항 제4호의 규정에 의하여 국가가 취득한 잔여매립지 및 「공유수면 관리 및 매립에 관한 법률」 제35조 제4항의 규정에 의하여 국가·지방자치단체 또는 정부투자기관이 매립승인(또는 협의)을 얻어 취득한 매립지(이상 다른 법률에서 공유수면매립면허를 의제한 경우를 포함한다)에 대하여 소유권보존등기를 하는 때에는 그 신청서에 「공유수면 관리 및 매립에 관한 법률 시행령」 제53조의 소유권행사의 제한사항을 기재하여야 하며, 등기관은 소유권보존등기 시 직권으로 소유권행사의 제한에 관한 사항을 부기하여야 한다.

나. 부기등기의 대상여부 확인

부기등기의 대상여부는 공유수면매립공사준공인가필증 또는 공유수면매립면허를 의제한 다른 법률에 의한 인·허가의 준공인가서를 제출 받아 매립면허연월일 또는 매립면허의제일을 확인한다.

다. 매립목적의 변경등기

「공유수면 관리 및 매립에 관한 법률」 제49조 제1항 「공유수면 관리 및 매립에 관한 법률」 제49조 제2항 및 「공유수면 관리 및 매립에 관한 법률」 제35조 제5항의 규정에 의하여 면허관청으로부터 매립목적의 변경인가를 받은 자, 「공유수면 관리 및 매립에 관한 법률」 제50조 제3항의 규정에 의하여 재평가매립지를 매수한 자는 매립목적변경인가서를 첨부하여 매립목적의 변경등기를 신청할 수 있다.

라. 부기등기의 말소

부기등기의 말소등기 신청 시 등기관은 등기부에 기재된 준공인가일로부터 10년이 경과하였는지 여부를 확인한 후 실행하여야 한다.

3) 「주택법」 제61조 제3항에 따른 금지사항의 부기등기

「주택법」 규정에 의한 사업주체는 「주택법」 제15조 제1항의 규정에 의한 사업계획승인을 얻어 시행하는 주택건설사업에 의하여 건설된 주택 및 대지에 대하여 **입주예정자의 동의 없이는** 양도하거나 제한물권을 설정하거나 **압류·가압류·가처분 등**의 목적물이 될 수 없는 재산임을 소유권등기에 부기등기하여야 한다. [18 법원사무관]

1. 금지사항 부기등기의 신청

(가) 주택건설대지에 대한 신청

주택법 규정에 의한 사업주체(이하 "사업주체"라 한다)가 주택건설대지에 관하여 주택법 제61조 제3항에 따른 금지사항 부기등기(이하 "금지사항 부기등기"라 한다)를 신청하기 위해서는 신청서에 주택건설사업계획승인서 및 입주자모집공고승인신청을 하였다는 관할 관청의 확인서를 첨부하여야 한다.

금지사항 부기등기는 신청에 의한 등기이므로 **등록면허세 및 등기신청수수료**를 납부하여야 한다. [18 법원사무관 / 17 등기주사보 / 9 법무사]

(나) 주택에 대한 금지사항 부기등기

가) 건물 준공 전에 입주자를 모집한 경우

① 사업주체가 입주예정자가 있는 건설된 주택에 관하여 소유권보존등기를 신청하면서 금지사항 부기등기를 신청하기 위해서는, 신청서에 「주택법」 제61조 제3항 및 같은 법 시행령 제72조 제1항 제2호에 따른 금지사항을 기재하여야 하고, 관할 관청이 사업주체의 입주자모집공고안을 승인하였다는 확인서와 입주예정자가 있다는 사실을 소명하는 서면(분양계약서 사본 등)을 첨부하여야 한다.

② 건물 준공 전에 입주자를 모집한 경우 주택법 제40조 제3항의 규정에 의한 금지사항의 부기등기는 사업주체가 건설된 주택에 대한 **소유권보존등기와 동시에 신청하도록 규정하고 있으나**, 이는 그 주택에 대한 소유권보존등기가 경료된 후의 금지사항 부기등기를 금지하는 취지는 아니라고 보이므로 (소유권보존등기 시 금지사항 부기등기의 누락 등을 이유로) 그 이후에도 사업주체는 관할 관청이 사업주체의 입주자모집공고안을 승인하였다는 확인서와 입주예정자가 있다는 사실을 소명하는 서면(분양계약서 사본 등)을 첨부하여 위 규정에 의한 금지사항의 부기등기를 신청할 수 있다. 다만, 주택법 제40조 제3항에 의하여 금지되는 등기가 소유권보존등기 이후에 이미 경료되어 있는 경우에는 위 금지사항의 등기를 부기등기로 할 수는 없고 **주등기로 하여야 한다**(선례 201002-3). [18 법원사무관]

③ 위 ①의 경우 일부 주택에 관하여 입주예정자가 없어 그 주택에 대하여는 금지사항 부기등기를 신청하지 아니하는 경우에는 그 주택의 대지 지분에

대한 금지사항을 말소하는 의미로서 하는 주택건설대지에 관한 금지사항 부기등기의 변경등기절차는 이하 3. 나.의 규정에 따른다. [17 등기주사보]

나) 건물 준공 후에 입주자를 모집하는 경우

사업주체가 당해 주택에 관하여 소유권보존등기 후에 입주자모집공고승인신청을 하는 경우에는 그 사실을 증명하는 관할 관청의 확인서를 첨부하여 금지사항 부기등기를 신청하여야 한다.

다) 위 가) 및 나) 의 등기신청이 있는 경우 등기관은 그 금지사항을 소유권보존등기에 부기한다.

(다) 관련 선례

대지권등기가 마쳐진 구분건물이 아직 멸실되지 아니한 상태로 건설대지상에 존재하는 경우, 이 구분건물에 대하여는 위 금지사항 부기등기를 신청할 수 없으며, 또한 토지 등기기록에 대지권이라는 뜻의 등기가 마쳐진 상태에서는 대지에 대하여만 위 금지사항 부기등기를 신청할 수도 없으므로, 이 대지에 대하여 금지사항 부기등기를 신청하기 위해서는 먼저 분리처분가능 규약(공정증서)을 첨부정보로서 제공하여 구분건물에 대한 대지권변경등기(대지권등기를 말소하는 의미)를 신청하여야 한다(선례 201906-8). [20 법무사]

2. 금지사항 부기등기 이후에 주등기에 기초한 등기신청이나 촉탁이 있는 경우

금지사항 부기등기 이후에 당해 대지 또는 주택에 관하여 입주예정자의 동의 없이 소유권이전등기신청이 있거나 제한물권설정등기신청이 있는 경우, 또는 압류·가압류[9 법무사] · 가처분 등의 등기촉탁이 있는 경우, 등기관은 법 제29조 제9호에 의하여 그 등기신청(촉탁)을 각하하여야 한다(그럼에도 이러한 등기가 이미 경료된 경우에는 등기관이 직권말소할 수 없다[9 법무사]). 다만 다음 각 호 중 어느 하나에 해당하는 경우에는 그러하지 아니하다.

(가) 사업주체가 당해 주택의 입주자에게 주택구입자금의 일부를 융자하여 줄 목적으로 국민주택기금이나 금융기관(「은행법」에 따른 은행 등 「주택법 시행령」 제71조 제1호 각 목의 금융기관을 말한다. 이하 같다)으로부터 주택건설자금의 융자를 받고 그 사실을 소명하는 서면(예 당해 대출기관의 확인서 등)을 첨부하여 저당권설정등기 등을 신청하는 경우

(나) 사업주체가 당해 주택의 입주자에게 주택구입자금의 일부를 융자하여 줄 목적으로 금융기관으로부터 주택구입자금의 융자를 받고 그 사실을 소명하는 서면(예 당해 대출기관의 확인서 등)을 첨부하여 저당권설정등기 등을 신청하는 경우

(다) 사업주체가 파산(「채무자 회생 및 파산에 관한 법률」 등에 의한 법원의 결정·인가를 포함한다)·합병·분할·등록말소·영업정지 등의 사유로 사업을 시행할 수 없게 됨에 따라, 사업주체가 변경되어 다른 사업주체가 당해 대지를 양수하거나, 시공보증자 또는 입주예정자가 당해 대지의 소유권을 확보하거나 압류·가압류·

가처분 등을 하고 그 사실을 소명하는 서면(예 법인등기사항증명서나 관할관청의 변경승인서 등)을 첨부하여 등기신청(촉탁)을 하는 경우

(라) 주택건설사업이 완성되어 사업주체가 주택법상의 입주예정자 앞으로 소유권이전 등기를 신청하면서 그 사실을 소명하는 서면(예 사업주체의 확인서나 분양계약서 등)을 첨부한 경우

(마) 「주택법」 제61조 제6항의 규정에 의하여 사업주체가 당해 주택건설대지를 대한 주택보증주식회사에 신탁하고 그에 따른 등기신청을 하는 경우

(바) 위 (가), (나), (다)의 저당권설정·가압류·압류·가처분등기 등에 기초한 등기 촉탁(신청)이 있는 경우(예 저당권에 의한 임의경매신청 기입등기의 촉탁 등)

3. 금지사항 부기등기의 말소

(가) 사업계획승인의 취소로 인한 말소

사업계획승인이 취소된 경우 사업주체는 그 취소를 증명하는 서면을 첨부하여 금 지사항 부기등기의 말소를 신청하여야 한다.

(나) 입주예정자 앞으로의 소유권이전등기신청이 있는 경우

주택건설사업이 완성되어 건설된 주택에 대하여 사업주체가 주택법상 입주예정자 앞으로 소유권이전등기를 신청한 경우, 등기관은 그 소유권이전등기를 실행한 후 직권으로 주택에 대한 금지사항 부기등기를 말소한다. [19 법무사] 그 주택의 대지권의 표시란에 주택건설대지에 대한 금지사항 부기등기로 인하여 별도의 등기가 있다 는 뜻의 기록이 있는 경우에는 대지권의 목적인 토지의 금지사항 부기등기를 당해 주택의 대지권비율만큼 직권으로 말소(일부말소 의미의 변경등기)한다.

입주예정자 앞으로 소유권이전등기를 할 때에는 금지사항 부기등기를 등기관이 직권말소하므로 등록면허세 등을 납부할 필요가 없다. [18 법원사무관]

(다) 사업주체가 입주예정자에게 입주가능일을 통보한 경우

사업주체가 입주예정자에게 통보한 입주가능일로부터 60일이 경과한 후에 그 통 보를 증명하는 서면(예 사업주체의 확인서나 내용증명서 등)을 첨부하여 금지사항 부기등기의 말소를 신청한 경우, 등기관은 그 등기신청을 수리하여야 한다. 여기 에서의 입주가능일이란 입주 가능한 첫날을 의미한다. [18 등기주사보·법원사무관]

(라) 금지사항 부기등기 후 당해 부동산이 매각된 경우

금지사항 부기등기 후 당해 부동산이 매각되고 집행법원이 그 매각에 따른 소유권 이전등기를 촉탁하면서 금지사항 부기등기의 말소도 촉탁한 경우, 등기관은 그 부 기등기를 말소하여야 한다. [18 등기주사보 / 15 법무사 / 9 법무사]

(마) 입주예정자가 없는 경우

입주자모집공고에 따른 분양계약의 체결로 입주예정자가 발생하였으나, 나중에 분양계약의 무효 또는 취소 등으로 인하여 당해 주택에 입주예정자가 없는 경우, 사업주체는 그 사실을 증명하는 서면을 첨부하여 당해 주택에 관한 금지사항 부기

등기의 말소를 신청할 수 있다. [18 등기주사보] 이 경우 주택건설대지에 관한 금지사항 부기등기의 변경(일부말소)절차는 위 나.의 예에 따른다.

가압류채권자는 당해 주택에 입주예정자가 없다는 사실을 증명하는 서면과 대위원인을 증명하는 서면(가압류결정문 등)을 첨부하여 위 부기등기의 말소를 대위신청할 수 있다(선례 제200507-8호). [24 법무사]

(바) 사업주체가 변경된 경우

사업주체가 파산(「채무자 회생 및 파산에 관한 법률」 등에 의한 법원의 결정·인가를 포함한다)·합병·분할·등록말소·영업정지 등의 사유로 사업을 시행할 수 없게 됨에 따라, 사업주체가 변경되어 다른 사업주체가 당해 대지를 양수하여 이를 원인으로 소유권이전등기를 신청하는 경우 등기관은 그 소유권이전등기를 실행한 후 직권으로 대지에 대한 금지사항 부기등기를 말소한다. 이 경우 신사업주체는 소유권이전등기를 신청하면서 금지사항 부기등기를 함께 신청하여야 한다.

(사) 주택건설대지를 대한주택보증주식회사에 신탁한 경우

「주택법」 제61조 제6항의 규정에 의하여 사업주체가 당해 주택건설대지를 대한주택보증주식회사에 신탁하고 그에 따른 등기신청을 하는 경우 등기관은 그 소유권이전등기 및 신탁등기를 실행한 후 직권으로 대지에 대한 금지사항 부기등기를 말소한다. [18 등기주사보 / 15 법무사 / 9 법무사] 이 경우 후에 신탁해지를 원인으로 사업주체 앞으로 다시 소유권이전등기를 신청하는 경우에는 금지사항 부기등기를 함께 신청하여야 한다.

(아) 대위등기신청

주택법에 의한 금지사항 부기등기의 말소신청은 채권자 대위에 의한 신청이 허용된다. [10 법무사]

4의1. 주상복합건축물(주택 외의 시설과 주택을 동일 건축물로 하는 경우를 말한다. 이하 같다)의 경우에 대한 특칙

(가) 대지에 대한 신청

가) 주상복합건축물 건설사업이 사업계획승인 대상인 경우

위 1.(가)의 예에 따른다.

나) 주상복합건축물의 건축이 건축허가 대상인 경우

① 그 대지 위에 건축될 예정인 주상복합건축물에 주택이 30세대(「주택법 시행령」 제27조 제1항 제2호 각 목의 어느 하나에 해당하는 경우에는 50세대) 이상인 경우에 한하여 금지사항 부기등기를 신청할 수 있다. [15 법무사]

② 첨부서면

1. 건축허가서
2. 입주자모집공고승인신청을 하였다는 관할 관청의 확인서

3. 위 (가)의 주택 세대수 이상임을 증명하는 서면(위 1.과 2.의 서면에 의하여 증명되지 않는 경우에 한한다.)

다) 금지사항 부기등기의 방법

주상복합건축물의 대지에 대한 금지사항 부기등기는 사업주체의 소유권이나 그 지분 전부에 대하여 한다.

(나) 주상복합건축물에 대한 금지사항 부기등기

주상복합건축물에 대한 금지사항 부기등기 및 그 변경등기는 위 1.(나)의 규정에 따르는 외에 다음과 같은 방법으로 한다.

가) 금지사항 부기등기의 대상 및 신청 방법

① 금지사항 부기등기는 전유부분 중 **주택에 대하여만** 신청하고, **주택 외의 시설을 대상으로 신청하여서는 아니** 된다. [17 등기주사보]

② 등기관은 금지사항 부기등기를 주택의 소유권보존등기에만 부기하고, 주택 외의 시설의 소유권보존등기에는 부기하지 않도록 주의하여야 한다.

나) 대지에 대한 금지사항 부기등기의 변경등기

① 사업주체는 대지에 대한 금지사항 부기등기를 주택 외의 시설의 대지권비율만큼 말소(일부 말소 의미의 변경등기)하는 등기(선행)와 주상복합건축물의 소유권보존등기(후행)를 동시에 신청하여야 한다.

② 등기관은 주택 외의 시설의 소유권보존등기 시 금지사항 부기등기로 인하여 별도의 등기가 있다는 뜻을 기록하지 않도록 주의하여야 한다.

4의2. 사업주체가 지역·직장주택조합인 경우(「주택법」 제4조의 등록사업자와 함께 공동사업주체인 경우를 포함한다)에 대한 특칙

대지에 대하여 사업계획승인신청을 하였다는 관할 관청의 확인서나 사업계획승인서를 첨부하여 입주자모집공고 승인신청 전이라도 금지사항 부기등기를 신청할 수 있다.
[15 법무사]

4의3. 금지사항 부기등기를 할 수 없는 경우

금지사항 부기등기를 신청한 부동산이 사업주체의 소유명의가 아니거나 다음의 어느 하나에 해당하는 경우에는 금지사항 부기등기를 할 수 없다.

(가) 대지의 경우

가) **사업주체가 국가·지방자치단체·한국토지주택공사 또는 지방공사인 경우**[17 등기주사보]

나) **조합원이 주택조합에 대지를 신탁하여 신탁등기를 한 경우**[15 법무사]

다) 대지에 저당권, 가등기담보권, 선세권, 지상권 및 등기되는 부동산임차권이 설정된 경우. 다만 사업주체가 「주택법 시행령」 제71조 제1호 또는 제2호에

따른 융자를 받기 위해 해당 금융기관에 대하여 저당권 등을 설정한 경우임을 증명하는 정보를 제공한 경우에는 그러하지 아니하다.

(나) 주택의 경우

해당 주택의 입주자로 선정된 지위를 취득한 자가 없는 경우. 다만, 소유권보존등기 후 입주자모집공고의 승인을 신청하는 경우를 제외한다.

4) 「주택법」 제64조 제4항에 따른 금지사항의 부기등기

가. 「주택법」 규정에 의한 사업주체가 「주택법」 제64조 제1항 제2호 또는 제3호에 해당하는 주택을 공급하는 경우에는 당해 주택의 소유권을 제3자에게 이전할 수 없음을 소유권에 관한 등기에 부기등기하여야 한다.

나. 부기등기의 말소

(가) 「주택법」 제64조 제1항 및 「주택법 시행령」 제73조 제1항에서 정한 전매제한기간이 경과한 경우, 현재의 소유권의 등기명의인은 그 기간이 경과한 사실을 증명하는 서면을 첨부하여 위 가.의 금지사항 부기등기의 말소를 신청할 수 있다.

(나) 「주택법」 제64조 제2항 및 「주택법」 시행령 제73조 제2항에 해당하여 사업주체의 동의서를 첨부하여 전매에 따른 소유권이전등기를 신청하는 경우, 위 (1)의 금지사항 부기등기의 말소도 동시에 신청할 수 있다. 다만 그 부기등기의 말소가 동시에 신청되지 아니한 경우, 현재의 소유권의 등기명의인은 위의 절차에 따라 소유권이전등기가 경료되었음을 증명하는 사업주체의 확인서 등을 첨부하여 그 부기등기의 말소를 신청할 수 있다.

5) 「한국주택금융공사법」 제43조의7 제2항에 따른 금지사항의 부기등기

가. 「한국주택금융공사법」 규정에 의하여 주택담보노후연금보증을 받은 자는 그 담보주택에 대하여 저당권설정과 동시에 한국주택금융공사의 동의 없이는 제한물권을 설정하거나 압류·가압류·가처분 및 임대차 등의 목적물이 될 수 없는 재산임을 소유권등기에 부기등기하여야 한다.

나. 위 금지사항의 부기등기 신청서에는 당해 주택이 주택담보노후연금보증의 담보주택임을 증명하는 한국주택금융공사의 서면을 첨부하여야 한다.

다. 부기등기의 말소

위 가.의 부기등기를 말소하기 위해서는 그 말소등기 신청서에 한국주택금융공사의 동의가 있음을 증명하는 서면을 첨부하여야 한다. 다만 주택담보노후연금대출의 원리금을 모두 상환하여 이를 이유로 말소하는 경우에는 이러한 사실을 증명하는 금융기관의 서면을 첨부한다(「한국주택금융공사법 시행령」 제28조의6 제3항 참조).

라. 관련 선례

「한국주택금융공사법」 제43조의7 제2항에 따른 금지사항의 부기등기가 마쳐진 주택이 저당권의 실행으로 매각된 경우, 집행법원은 이 주택에 대하여 매각을 원인으로 소유권이전등기를 촉탁하면서 매수인이 인수하지 아니한 부동산의 부담에 관한 기입을 말소하는 등기도 함께 촉탁하여야 하므로(「민사집행법」 제144조 제1항), 이러한 부기등기가 매수인이 인수하지 아니한 부동산의 부담에 관한 기입에 해당한다면 집행법원은 그 등기의 말소등기도 함께 촉탁하여야 한다. 다만, 구체적인 사건에서 위 부기등기가 매수인이 인수하지 아니한 부동산의 부담에 관한 기입에 해당하는지 여부는 그 집행법원에서 판단할 사항이다(선례 202003-2). [20 법무사]

6) 「한강수계 상수원수질개선 및 주민지원 등에 관한 법률」 제11조의2, 「금강수계 물관리 및 주민지원 등에 관한 법률」 제21조의2, 「낙동강수계 물관리 및 주민지원 등에 관한 법률」 제23조의2, 「영산강·섬진강수계 물관리 및 주민지원 등에 관한 법률」 제21조의2에 따른 금지사항 부기등기

가. 위 각 법률에 따라 마을회 등 주민공동체가 부기등기를 신청하는 경우 등기관은 주민지원사업으로 취득한 토지 등 부동산의 소유권이전등기(또는 소유권보존등기)에 관리청의 동의 없이는 양도하거나 제한물권을 설정하거나 압류·가압류·가처분 등의 목적물이 될 수 없는 재산이라는 뜻을 부기하여야 한다.

나. 등기관은 위 금지사항 부기등기의 신청이 있는 경우 그 부동산이 주민지원사업으로 취득한 부동산임을 증명하는 관리청의 서면이 첨부정보로 제공되었는지를 확인하여야 한다.

다. 위 가.의 부기등기 말소등기의 신청이 있는 경우 등기관은 관리청의 동의가 있음을 증명하는 서면이 첨부정보로 제공되었는지를 확인하여야 한다.

7) 「주차장법」 제19조의24에 따른 부기등기

가. 부기등기의 기입등기

(가) 등기신청

가) 신청방법

① 시설물의 소유자는 「주차장법」 제19조 제4항에 따라 시설물의 부지 인근에 부설주차장을 설치하거나 「주차장법」 제19조의4 제1항 제2호 및 「주차장법 시행령」 제12조 제1항 제6호에 따라 시설물의 내부 또는 그 부지에 설치된 주차장을 인근 부지로 위치를 변경한 경우, 「주차장법 시행령」 제12조의17 제1항에 따라 시설물의 소유권등기에 부기등기(이하 "시설물의 부기등기"라 한다)와 부설주차장의 소유권등기에 부기등기(이하 "부설주차장의 부기등기"라 한다)를 동시에 신청하여야 한다.

② 해당 시설물의 소유권보존등기를 할 수 없는 시설물인 경우에는 「주차장법 시행령」 제12조의17 제3항에 따라 부설주차장의 부기등기만을 신청한다.

③ 「주차장법」 제19조의24에 의한 부기등기는 그 시설물의 소유자가 시설물의 부기등기와 부설주차장의 부기등기를 동시에 신청하는 것(「주차장법 시행령」 제12조의17 제3항의 예외 있음)이며, 시설물의 소유자와 부설주

차장의 소유자는 동일하여야 한다. 시설물의 부지 인근에 설치하는 부설
주차장은 단독 또는 공동으로 설치할 수 있으며(「주차장법」 제19조 제4
항), 이를 공동으로 설치한 경우에 그 부기등기를 공유자 전원이 반드시
동시에 신청하여야 하는 것은 아니므로, **부설주차장을 공동으로 설치한
각 시설물의 소유자는 시설물에 대한 부기등기와 함께 부설주차장에 대하
여는 자신의 지분에만 부기등기를 신청할 수 있다**(선례 201909-5). [20 법무사]

나) 신청정보

① 시설물의 부기등기

등기목적은 "부설주차장등기"로, 등기원인은 "부설주차장의 인근 설치"로 한다.

② 부설주차장의 부기등기

등기목적은 "용도변경금지등기"로, 등기원인은 "부설주차장 설치"로 한다.

③ 시설물의 소유자는 「주차장법 시행령」 제12조의18 제1항·제2항에 따라
그 시설물의 소재지와 그 부설주차장의 소재지를 신청정보의 내용으로 제
공하여야 한다.

다) 첨부정보

시설물의 소유자는 부설주차장이 시설물의 부지 인근에 설치되어 있음을 확인
하는 특별자치시장·특별자치도지사·시장·군수 또는 구청장이 발급한 '부
설주차장 인근 설치 확인서'(「주차장법 시행규칙」 제16조의24)를 첨부정보로
서 제공하여야 한다.

(나) 등기실행

가) 등기관이 시설물의 부기등기와 부설주차장의 부기등기를 할 때에는 소유권보
존등기 또는 소유권이전등기에 부기등기로 실행하여야 한다.

나) 시설물의 부기등기에는 "주차장법에 따른 부설주차장이 시설물의 부지 인근
에 별도로 설치되어 있음"이라는 내용과 그 부설주차장의 소재지를, 부설주차
장의 부기등기에는 "이 토지(또는 건물)는 주차장법에 따라 시설물의 부지 인
근에 설치된 부설주차장으로서 「주차장법 시행령」 제12조 제1항 각 호의 어
느 하나에 해당하여 용도변경이 인정되기 전에는 주차장 외의 용도로 사용할
수 없음"이라는 내용과 그 시설물의 소재지를 각 명시하여야 한다.

(다) 관련 선례

「주차장법」 제19조의24에 의한 부기등기는 그 시설물의 소유자가 시설물의 부기
등기와 부설주차장의 부기등기를 동시에 신청하는 것(「주차장법 시행령」 제12조
의17 제3항의 예외 있음)이며, 시설물의 소유자와 부설주차장의 소유자는 동일하
여야 한다. 시설물의 부지 인근에 설치하는 부설주차장은 단독 또는 공동으로 설
치할 수 있으며(「주차장법」 제19조 제4항), 이를 공동으로 설치한 경우에 그 부기
등기를 공유자 전원이 반드시 동시에 신청하여야 하는 것은 아니므로, 부설주차장

을 공동으로 설치한 각 시설물의 소유자는 시설물에 대한 부기등기와 함께 부설주차장에 대하여는 자신의 지분에만 부기등기를 신청할 수 있다(선례 201909-5).

나. 부기등기의 변경등기

(가) 신청방법

가) 시설물의 소유자는 「주차장법 시행령」 제12조 제1항 제5호에 따라 부설주차장을 그 부지 인근의 범위에서 위치 변경하여 설치한 경우, 「주차장법 시행령」 제12조의17 제2항에 따라 시설물의 부기등기에 명시된 부설주차장 소재지의 변경등기와 새로 이전된 부설주차장의 부기등기를 동시에 신청하여야 한다.

나) 해당 시설물의 소유권보존등기를 할 수 없는 시설물인 경우에는 「주차장법 시행령」 제12조의17 제3항에 따라 새로 이전된 부설주차장의 부기등기만을 신청한다.

(나) 신청정보

가) 시설물의 부기등기의 변경등기의 경우 등기원인은 "부설주차장 이전"으로 한다.

나) 새로 이전된 부설주차장의 부기등기의 경우 등기원인은 "부설주차장 설치"로 한다.

(다) 첨부정보

시설물의 소유자는 부설주차장이 위치 변경되어 시설물의 부지 인근에 설치되어 있음을 확인하는 특별자치시장·특별자치도지사·시장·군수 또는 구청장이 발급한 '부설주차장 인근 설치 확인서'(「주차장법 시행규칙」 제16조의24)를 첨부정보로서 제공하여야 한다.

다. 부기등기의 말소등기

(가) 신청방법

가) 「주차장법 시행령」 제12조 제1항 제1호·제3호 또는 제4호 중 어느 하나에 해당하여 해당 부설주차장 전부에 대한 용도변경이 인정된 경우

① 시설물의 소유자는 「주차장법 시행령」 제12조의19 제1항 제1호에 따라 시설물의 부기등기의 말소등기와 부설주차장의 부기등기의 말소등기를 동시에 신청하여야 한다.

② 해당 시설물에 대하여 부기등기가 되어 있지 아니한 경우에는 「주차장법 시행령」 제12조의19 제2항 제1호에 따라 부설주차장의 부기등기의 말소등기만을 신청한다.

③ 시설물의 소유자와 부설주차장이 설치된 토지·건물의 소유자가 다른 경우에는 「주차장법 시행령」 제12조의19 제2항 제2호에 따라 각자 해당 부기등기의 말소등기를 신청할 수 있다.

나) 「주차장법 시행령」 제12조 제1항 제5호에 따라 종전 부설주차장의 용도변경이 인정된 경우

종전 부설주차장의 소유자는 「주차장법 시행령」 제12조의19 제1항 제2호에 따라 부설주차장의 부기등기의 말소등기를 신청하여야 한다.

(나) 신청정보

가) 시설물의 부기등기의 말소등기

등기원인은 "부설주차장의 용도변경"으로 한다.

나) 부설주차장의 부기등기의 말소등기

등기원인은 "용도변경"으로 한다.

(다) 첨부정보

해당 부설주차장의 용도변경이 인정되었음을 확인할 수 있는 정보(시설물의 건축물대장정보 등)를 첨부정보로서 제공하여야 한다.

8) 「농어업경영체 육성 및 지원에 관한 법률」 제7조의2에 따른 금지사항 부기등기

가. 위 법률에 따라 농어업경영체가 「보조금 관리에 관한 법률」에 따른 보조금으로 취득하였거나 그 효용가치가 증가한 토지 등 부동산에 관한 소유권보존등기, 소유권이전등기 또는 건물 표시변경등기와 동시에 금지사항 부기등기를 신청하는 경우 등기관은 보조금을 지원받아 취득 또는 효용가치가 증가한 부동산으로서 중앙행정기관의 장이 정하는 기간이 경과하지 아니하였음에도 보조금의 교부 목적에 위배되는 사용, 양도, 교환, 대여 및 담보제공을 할 경우 중앙행정기관의 장의 승인을 받아야 하는 재산이라는 뜻을 부기하여야 한다.

나. 위 금지사항 부기등기의 신청이 있는 경우 등기관은 농업경영체(또는 어업경영체) 등록(변경등록)확인서와 보조금이 지원된 부동산 증명서 첨부정보로서 제공되었는지를 확인하여야 한다.

다. 위 가.의 부기등기 말소등기의 신청이 있는 경우 등기관은 부기등기 말소 대상 부동산 증명서가 첨부정보로서 제공되었는지를 확인하여야 한다.

9) 「공유재산 및 물품 관리법」에 따른 공유재산의 양여계약 또는 매매계약 해제특약의 부기등기

가. 특약사항에 관한 등기의 신청 등

(가) 「공유재산 및 물품 관리법」에 따라 공유재산을 양여하면서 「공유재산 및 물품 관리법」 제19조 제2항 또는 「공유재산 및 물품 관리법」 제40조 제2항에 따른 특약등기를 신청하는 경우 등기관은 "이 재산은 10년 이내에 그 양여목적 외의 용도로 사용되면 양여계약을 해제한다"는 내용을 부기하여야 한다.

(나) 「공유재산 및 물품 관리법」에 따라 공유재산을 매각하면서 「공유재산 및 물품 관리법」 제36조 제2항, 「공유재산 및 물품 관리법」 제37조의3 제2항에 따른 특약등기를 신청하는 경우 등기관은 "이 재산은 「공유재산 및 물품 관리법」 제38조 제1항 제2호의 사유가 발생하면 매매계약을 해제한다"는 내용을 부기하여야 한다.

나. 위 가.의 부기등기의 말소등기신청이 있는 경우 등기관은 양여 또는 매각한 지방자치단체의 장의 특약사항의 효력이 소멸하였음을 증명하는 정보가 첨부정보로서 제공되었는지를 확인하여야 한다.

10) 「보조금 관리에 관한 법률」 제35조의2 제1항에 따른 금지사항 등의 부기등기

　가. 보조사업자 또는 간접보조사업자가 보조금 또는 간접보조금으로 취득하거나 그 효용이 증가된 부동산에 대하여 「보조금 관리에 관한 법률」 제35조의2 제1항에 따른 금지사항 등의 부기등기를 신청하는 경우 등기관은 "이 부동산은 보조금 또는 간접보조금을 교부받아 취득하였거나 그 효용가치가 증가한 재산으로서 보조금 또는 간접보조금의 교부 목적과 해당 부동산의 내용연수를 고려하여 중앙관서의 장이 정한 기간이 지나지 아니하였음에도 그 부동산을 보조금 또는 간접보조금의 교부 목적에 위배되는 용도에 사용, 양도, 교환, 대여 및 담보로 제공하려는 경우에는 중앙관서의 장의 승인을 받아야 한다"는 내용을 부기하여야 한다.

　나. 위 부기등기는 「보조금 관리에 관한 법률」 제35조의2 제2항에 따라 소유권보존등기, 소유권이전등기 또는 토지·건물표시변경등기와 동시에 신청하여야 한다. 다만 부동산의 등기내용이 변경되지 아니하는 경우에는 같은 법 제27조에 따른 보조사업실적보고서 제출 전까지 신청하여야 한다. 이 경우 등기관은 같은 법에 따라 보조금 또는 간접보조금으로 취득하거나 그 효용이 증가된 부동산임을 증명하는 정보가 첨부정보로서 제공되었는지를 확인하여야 한다.

　다. 부기등기의 말소

　　보조사업자 또는 간접보조사업자가 위 가.의 부기등기의 말소등기를 신청하는 경우 등기관은 「보조금 관리에 관한 법률」 제35조의2 제4항에 해당함을 증명하는 중앙관서의 장의 확인서 등의 정보가 첨부정보로서 제공되었는지를 확인하여야 한다.

　라. 관련 선례

　　(가) 「보조금 관리에 관한 법률」 제35조의2 제1항에 따른 금지사항에 관한 등기는 원칙적으로 보조사업자 또는 간접보조사업자 명의의 소유권보존등기 또는 소유권이전등기에 부기등기로 하여야 하지만, 이 소유권등기가 마쳐진 이후로 근저당권설정등기와 같이 금지되는 등기가 이미 마쳐져 있다면 이 금지사항의 등기는 소유권등기에 부기등기로 할 수 없고 주등기로 하여야 한다(선례 201912-9). [20 법무사]

　　(나) 금지사항등기가 마쳐지기 전에 이미 마쳐진 근저당권의 실행으로 인하여 부동산이 매각된 경우에 집행법원은 매각을 원인으로 한 소유권이전등기를 촉탁하면서 매수인이 인수하지 아니한 부동산의 부담에 관한 기입의 말소등기도 함께 촉탁하여야 하는 바, 이 금지사항등기기 매수인이 인수하지 아니한 부동산의 부담에 관한 기입에 해당한다면 이 금지사항등기의 말소등기도 함께 촉탁하여야 한다. 그런데 착오로 이 금지사항등기의 말소등기촉탁이 누락되었다면 매수인은 이러한 사

실을 소명하여 집행법원에 그 등기의 말소등기촉탁을 신청할 수 있다. 다만 구체적인 사건에서 이 금지사항등기가 매수인이 인수하지 아니한 부동산의 부담에 관한 기입에 해당하는지 여부는 그 집행법원에서 판단할 사항이다(선례 201912-9).

11) 「민간임대주택에 관한 특별법」 제5조의2에 따른 부기등기 및 그 말소등기

    가. 부기등기의 기입등기

        (가) 등기신청

            가) 신청방법

                ① 「민간임대주택법」상의 임대사업자(이하 "임대사업자"라 한다)는 같은 법 제5조에 따라 등록한 민간임대주택이 같은 법 제43조에 따른 임대의무기간과 같은 법 제44조에 따른 임대료 증액기준을 준수하여야 하는 재산임을 표기하기 위하여 소유권등기에 부기등기를 신청하여야 한다.

                ② 위 ①에 따른 부기등기 신청은 임대사업자의 등록 후 지체 없이 하여야 한다. 다만 임대사업자로 등록한 이후에 민간임대주택에 관한 소유권 보존등기를 하는 경우에는 소유권보존등기와 동시에 신청하여야 한다.

            나) 신청정보

                등기목적은 "민간임대주택등기"로, 등기원인은 "민간임대주택 등록"으로 한다.

            다) 첨부정보

                임대사업자는 해당 주택이 같은 법 제5조에 따라 등록되어 있음을 확인하는 특별자치시장·특별자치도지사·시장·군수 또는 자치구청장(이하 "시장·군수·구청장"이라 한다)이 발급한 '임대사업자 등록증'(「민간임대주택법 시행규칙」 별지 제3호 서식)을 첨부정보로서 제공하여야 한다.

        (나) 등기실행

            가) 등기관이 민간임대주택의 부기등기를 할 때에는 소유권보존등기 또는 소유권이전등기에 부기등기로 실행하여야 한다.

            나) 민간임대주택의 부기등기에는 "이 주택은 「민간임대주택에 관한 특별법」 제43조 제1항에 따라 임대사업자가 임대의무기간 동안 계속 임대해야 하고 같은 법 제44조의 임대료 증액기준을 준수해야 하는 민간임대주택임"이라는 내용을 표기하여야 한다.

(다) 위 부기등기에 관한 기록례는 별지 제2-1호와 같다.

[별지 2-1호] 「민간임대주택법」 제5조의2에 따른 민간임대주택 부기등기 기록례

[갑구]		(소유권에 관한 사항)		
순위번호	등기목적	접수	등기원인	권리자 및 기타사항
3	소유권 이전	2019년 3월 6일 제3000호	2019년 3월 5일 매매	소유자 정다운 571017-1231258 서울특별시 종로구 인사동길 8(인사동) 거래가액 금80,000,000원
3-1	민간 임대주택 등기	2020년 12월 11일 제5001호	2020년 12월 10일 민간임대주택 등록	이 주택은 민간임대주택에 관한 특별법 제43조 제1항에 따라 임대사업자가 임대의무기간 동안 계속 임대해야 하고 같은 법 제44조의 임대료 증액기준을 준수해야 하는 민간임대주택임

나. 부기등기의 말소등기

(가) 신청방법

임대사업자는 「민간임대주택법」 제5조의2 제1항에 따른 부기등기가 된 민간임대주택이 「민간임대주택법」 제6조 제1항·「민간임대주택법」 제6조 제5항 또는 「민간임대주택법」 제43조 제4항에 따라 등록이 말소된 경우에는 해당 부기등기의 말소등기를 신청하여야 한다.

(나) 신청정보

등기목적은 "○-○번민간임대주택등기말소"로, 등기원인은 "민간임대주택 등록 말소"로 한다.

(다) 첨부정보

임대사업자는 해당 주택이 「민간임대주택법」 제6조 제1항·「민간임대주택법」 제6조 제5항 또는 「민간임대주택법」 제43조 제4항에 따라 등록이 말소되었음을 확인하는 시장·군수·구청장이 발급한 '임대사업자 등록증'(「민간임대주택법 시행규칙」 별지 제3호 서식)을 첨부정보로서 제공하여야 한다.

(라) 위 부기등기 말소등기에 관한 기록례는 별지 제2-2호와 같다.

[별지 2-2호] 「민간임대주택법」 제5조의2에 따른 민간임대주택 부기등기 말소등기 기록례

[갑구]			(소유권에 관한 사항)	
순위번호	등기목적	접수	등기원인	권리자 및 기타사항
3	소유권 이전	2019년 3월 6일 제3000호	2019년 3월 5일 매매	소유자 정다운 571017-1231258 서울특별시 종로구 인사동길 8(인사동) 거래가액 금80,000,000원
3-1	~~민간 임대주 택 등기~~	~~2020년 12월 11일 제5001호~~	~~2020년 12월 10일 민간임대주택 등록~~	~~이 주택은 민간임대주택에 관한 특별법 제43조 제1항에 따라 임대사업자가 임대의무기간 동안 계속 임대해야 하고 같은 법 제44조의 임대료 증액기준을 준수해야 하는 민간임대주택임~~
4	3-1번 민간 임대주택 등기말소	2022년 4월 3일 제2001호	2022년 4월 2일 민간임대주택 등록 말소	

다. 관련 선례

구 「임대주택법」 제18조 제2항의 금지사항 부기등기가 마쳐진 임대주택에 대하여는 양도가 금지되는 것은 아니므로, 신탁을 원인으로 「주택도시기금법」에 따른 주택도시보증공사 명의의 소유권이전등기 및 신탁등기를 신청할 수 있다. [20 법무사] 위와 같이 금지사항 부기등기가 마쳐진 임대주택에 대하여 임대사업자가 주택도시보증공사에 신탁을 하고 이에 따른 등기신청을 한 경우, 등기관은 소유권이전등기 및 신탁등기를 실행한 후 위 금지사항 부기등기를 직권으로 말소하여야 한다. 이 경우 후에 신탁해지를 원인으로 임대사업자 앞으로 다시 소유권이전등기를 신청하는 경우에는 금지사항 부기등기를 함께 신청하여야 한다(구 「임대주택법 시행령」 제17조 제2항)(선례 201909-4).

12) 「주택법」 제57조의2 제1항 제1호 분양가상한제 적용주택 및 같은 항 제2호 행정중심복합도시에서 별도로 공급되는 주택(이하 "「주택법」 제57조의2 제1항의 주택"이라 한다)의 입주자의 거주의무 등의 부기등기 및 그 말소등기

가. 부기등기의 기입등기

(가) 등기신청

사업주체(거주의무자를 포함한다)가 「주택법」 제57조의2 제1항 제1호의 주택을

공급하는 경우에는 위 주택의 소유권보존등기신청과 동시에 같은 조 제5항에 따른 부기등기를 신청하여야 한다.

(나) 등기실행

위 (가)의 부기등기에는 "이 주택은 「주택법」 제57조의2 제1항 제1호에 따른 거주의무자가 거주의무기간 동안 계속하여 거주해야 하며, 이를 위반할 경우 한국토지주택공사가 해당 주택을 매입함"이라는 내용을 표기하여야 한다.

나. 부기등기의 말소등기

「주택법」 제57조의2 제1항 제1호의 주택의 소유자(거주의무자를 포함한다)가 「주택법 시행규칙」 제23조의3에 따라 위 가.의 부기등기의 말소등기를 신청하는 경우에는 거주의무기간이 지났음을 증명하는 정보를 첨부정보로서 제공하여야 한다.

13) 「지방자치단체 보조금 관리에 관한 법률」 제22조 제1항에 따른 부기등기

가. 부기등기의 기입등기

(가) 신청정보

지방보조사업자가 지방보조금으로 취득하거나 그 효용이 증가된 부동산에 대하여 「지방자치단체 보조금 관리에 관한 법률」 제22조 제1항에 따라 부기등기를 신청하는 경우 "이 부동산은 지방보조금을 교부받아 취득하였거나 그 효용가치가 증가한 재산으로서 지방자치단체의 장이 정한 기간 내에 해당 부동산을 지방보조금의 교부 목적 외의 용도로 사용, 양도, 교환, 대여하거나 담보로 제공하려는 경우에는 지방자치단체의 장의 승인을 받아야 한다."는 내용을 신청정보로 제공하여야 한다.

(나) 첨부정보

신청인이 지방보조사업자임을 증명하는 정보와 해당 부동산이 지방보조금으로 취득하거나 효용이 증가된 부동산임을 증명하는 정보를 첨부정보로 제공하여야 한다.

(다) 동시신청

위 부기등기는 「지방자치단체 보조금 관리에 관한 법률」 제22조 제1항에 따라 소유권보존등기, 소유권이전등기 또는 토지·건물표시변경등기와 동시에 신청하여야 한다. 다만 지방보조금의 교부로 부동산의 등기내용이 변경되지 아니하는 경우에는 실적보고서 제출 전까지 부기등기를 신청하여야 한다.

나. 부기등기의 말소등기

부기등기의 말소등기를 신청하는 경우 지방보조사업자는 "지방보조사업자가 「지방자치단체 보조금 관리에 관한 법률」 제9조 제2항 또는 제31조에 따라 지방보조금의 전부를 지방자치단체에 반환하고, 지방자치단체의 장으로부터 이러한 사실을 확인받은 경우" 또는 "지방보조금의 교부 목적과 부동산의 내용연수를 고려하여 지방자치단체의 장이 정한 기간이 지난 경우"에 해당함을 증명하는 정보를 첨부정보로 제공하여야 한다.

(3) 특별법에 의한 특약사항 등을 등기할 수 없는 경우

특별법에 의한 특약사항 등을 등기할 수 없는 경우의 예시는 다음과 같다.

1) 「산업집적활성화 및 공장설립에 관한 법률」 제39조 및 「산업집적활성화 및 공장설립에 관한 법률」 제43조의 규정에 의한 처분제한 사항

2) 삭제(2016.4.28. 제1597호)

3) 「공익사업을 위한 토지 등의 취득 및 보상에 관한 법률」 제91조에서 규정하는 환매권

(4) 특별법에 의한 특약사항 등의 등기가 있는 부동산에 대한 업무처리

1) 특별법에 의한 특약사항 등의 등기가 되어 있는 부동산에 대하여는 관련기관 등의 동의·허가 또는 승인 없이는 양도, 담보제공 등 특약사항에 위배되는 처분을 할 수 없는 것이므로, 등기관은 위 부동산에 대한 등기신청사건을 처리함에 있어서는 이 점을 유의하여야 한다.

2) 삭제(2008.7.14. 제1256호)

3) 주차장법에 따른 시설물의 부기등기와 부설주차장의 부기등기는 다른 특별법에 의한 특약사항 등의 등기와는 달리 처분제한의 등기가 아니므로, 그 부기등기가 마쳐진 부동산에 대하여 양도, 담보제공 등 다른 등기신청이 있는 경우에도 그 신청을 수리할 수 있다.

관련 기출지문

1 금지사항 부기등기일 이후의 당해 집합건물에 대한 가압류결정은 주택법 제40조 제5항에 의하여 원칙적으로 무효이므로, 그 가압류에 기한 가압류등기가 이미 경료된 경우에는 등기관이 이를 직권으로 말소하여야 한다. (×)　　　　　　　　　　　　　　　　　　　　　　　　　　　　　[9 법무사]

2 건물 준공 전에 입주자를 모집한 결과 입주예정자가 있어 소유권보존등기와 동시에 금지사항 부기등기를 했어야 했는데 누락된 경우에는, 보존등기 이후에라도 관할관청이 사업주체의 입주자모집공고안을 승인하였다는 확인서와 입주예정자가 있음을 소명하는 정보를 제공하여 금지사항 부기등기를 신청할 수 있다. 다만 이미 금지되는 등기가 되어 있다면 금지사항 등기를 하지 못한다. (×)　　　　　　[18 법원사무관]

3 주상복합건축물에 대하여는 그 건설사업이 주택법에 따른 사업계획승인 대상일 때에 한하여 그 대지에 금지사항 부기등기를 신청할 수 있을 뿐 그 건축이 건축허가 대상일 때에는 그 대지 위에 건축될 예정인 주상복합건축물의 주택 세대수와 관계없이 금지사항 부기등기를 신청할 수 없다. (×)　　　　[15 법무사]

4 금지사항 부기등기를 신청할 때 등록면허세 및 등기신청수수료는 납부하지 않는다. (×)　　[17 등기주사보]

5 주택법에 의한 금지사항 부기등기의 말소신청은 채권자 대위에 의한 신청이 허용되지 않는다. (×)
　　　　　　　　　　　　　　　　　　　　　　　　　　　　　　　　　　　　　　[10 법무사]

6 주택건설사업이 완성되어 건설된 주택에 대하여 사업주체가 주택법상 입주예정자 앞으로 소유권이전등기를 신청한 경우, 등기관은 그 소유권이전등기를 실행할 때에 당사자 신청으로 주택에 대한 금지사항 부기등기를 말소한다. (×)　　　　　　　　　　　　　　　　　　　　　　　　　　[19 법무사]

7 금지사항 부기등기 후 해당 부동산이 매각되고 집행법원이 그 매각에 따른 소유권이전등기를 촉탁한 경우, 금지사항 부기등기는 등기관이 직권으로 말소하여야 한다. (×)　　　　　　　　[18 등기주사보]

8 주차장법 제19조 제4항에 따라 시설물의 부지 인근에 부설주차장을 공동으로 설치한 경우, 각 시설물의 소유자 전원은 반드시 주차장법 제19조의24에 의한 부기등기를 동시에 신청하여야 한다. (×)[20 법무사]

---

02 절 용익권에 관한 등기

1. 용익권의 일반론

부동산의 소유자는 법률의 범위 내에서 부동산을 사용·수익·처분할 수 있고, 그중 사용·수익권능을 타인에게 넘겨 줄 수도 있다. 이와 같이 타인의 부동산을 일정한 목적과 범위 내에서 사용·수익할 수 있는 제한물권을 **용익물권**이라 한다.

민법상 **용익물권**에는 지상권·지역권·전세권이 있다. 용익물권은 법률행위나 법률의 규정에 의하여 성립하는 것이 일반적이나, 관습법상의 법정지상권과 같이 판례에 의해 인정되는 경우도 있다. 한편 **임차권**은 채권으로서 그 자체로는 용익물권이 아니지만 법 제3조에서 등기할 사항으로 규정하고 있을 뿐만 아니라 등기된 임차권(「민법」 제621조)은 제3자에게 대항할 수 있다는 점에서 용익물권과 유사하므로 이 장에서 함께 설명하기로 한다.

2. 용익권 설정등기의 공통점

(1) 부동산 일부에 대한 설정

지상권·전세권·임차권은 부동산의 일부에 대하여 설정할 수 있다. 그러나 **지역권**의 경우에는 승역지는 토지의 일부에도 설정할 수 있으나 요역지는 1필지의 토지 전부여야 한다(「민법」 제293조 제2항 단서, 법 제70조).

(2) 공유지분에 대한 설정 - ×

용익물권은 설정행위에 의하여 정하여진 목적의 범위 내에서 목적 부동산을 전면적·배타적으로 사용·수익하는 것을 내용으로 하는 물권이므로 공유지분상에 용익물권을 설정하면 그 효력은 공유물 전체에 미치게 되고, 이는 다른 공유자가 공유물 전부를 자기의 지분비율에 따라 사용·수익하는 권한(「민법」 제263조)과 상호 저촉된다.

따라서 수인이 공유하는 토지의 전부 또는 그 일부에 대하여 용익물권을 설정하기 위해서는 공유자 전원을 등기의무자로 하여 그 등기를 경료해야 하고 공유자 중 1인 또는 수인을 등기의무자로 하여 그의 지분만을 목적으로 하는 용익물권의 설정등기를 경료할 수는 없다(선례 6-305). 이런 이유로 토지의 전부에 관하여 지상권설정등기가 경료된 후 위 토지의 일부지분에 대한 공유지분에 대한 전세권등기도 허용되지 않는다(선례 5-417). 따라서 대지권등기가 경료된 집합건물에 대하여는 구분건물의 전유부분과 그 대지권을 함께 전세권의 목적으로 하는 전세권 설정등기는 할 수 없으므로(선례 5-418, 4-449) 건물만에 대하여 전세권 설정등기를 신청하고 그 등기에 "건물만에 관한 것이라는 뜻"을 부기하는 것이 실무이다(선례 2-363, 규칙 제119조 제2항). 다만 판례는 구분건물의 매각대금의 배당과 관련하여 건물에 대한 전세권은 대지지분에 효력이 미친다는 입장이다(대판 2002.6.14, 2001다68389).

(3) 용익물권의 중복 설정 등기

1) 중복된 범위

1물 1권주의의 원칙상 **동일한 용익물권**은 중복하여 설정할 수 없다. 또한 용익물권은 부동산을 직접 사용·수익하는 배타성이 있으므로 동일한 부동산 위에는 **종류가 상이한 용익물권**이라 하더라도 그 물권들이 상충된다면 중복하여 설정할 수 없다. 그러나 지역권의 경우에는 편익의 종류를 달리 하거나 요역지가 서로 상이하다면 수 개의 지역권을 순차로 설정할 수 있을 것이다.

후등기저지력이란 어떤 등기가 존재하는 이상 그것이 비록 실체법상 무효라고 하더라도 형식상의 효력은 있는 것이므로 그것을 말소하지 않고서는 그것과 양립할 수 없는 등기는 할수 없다는 것을 말한다. [17 등기주사보 / 16 등기서기보] 예컨대 **지상권(전세권)**의 존속기간이 만료되어 실체법상 소멸되었다 하더라도 등기의 후등기저지력으로 인하여 그 지상권(전세권)설정등기를 말소하지 않는 한 동일한 부분에 대하여 후순위로 중복하여 지상권(전세권)설정등기를 할 수 없다(선례 7-268). [20 등기서기보 / 18 등기주사보 / 14 법무사 / 11 법무사] 이를 허용하면 등기의 형식상 용익물권이 중복되어 등기기록상의 권리관계가 불분명하게 되기 때문이다.

또한 지상권은 타인의 토지를 배타적으로 사용하는 용익물권이므로 동일한 토지에 대한 이중의 지상권설정등기는 허용되지 않지만, **이미 지상권설정등기가 경료되어 있는 상태에서** 기존 지상권설정등기의 말소를 정지조건으로 하여 조건부 지상권설정청구권가등기는 신청할 수 있으며 위 가등기에 기한 지상권설정의 본등기는 기존의 지상권설정등기가 말소되기 전에는 신청할 수 없다(선례 6-439). [22 법무사 / 18 등기주사보]

2) 중복되지 않는 범위

범위가 중복되지 않는 경우라면 이중으로 설정할 수 있다.

(4) 농지에 대한 용익물권의 설정

농지법은 농지의 소유권 취득과 임대차를 제한하고 있고(「농지법」 제6조, 제23조), 민법은 농지에 대한 전세권의 설정을 금지(「민법」 제303조 제2항)하고 있다. 다만, 지상권의 설정을 제한하는 법률은 없다.

따라서 농지에 대한 소유권 취득과 임대차는 제한적으로 허용되고, 전세권은 설정할 수 없으며, 지상권은 제한 없이 그 설정이 가능하다고 해석된다. 다만, 농지의 소유권 취득에 관해서는 농지취득자격증명의 발급(「농지법」 제8조)과 같은 절차규정이 있는데 반해 임대차에 관해서는 농지임차자격증명과 같이 임차권의 취득요건을 규정한 법 규정이 없다. 따라서 농지임차권등기의 신청이 있는 경우 등기관은 농지임대차를 허용하는 사유를 소명하는 자료(예 보호감호시설에 수용 중인 경우 그 증명서 등)를 첨부토록 하여 심사하여야 할 것이다.

(5) 건물 옥상에 대한 용익물권의 설정

> 1. 건축물대장에 등재된 건축물에 대하여 건물로서 등기능력이 인정되어 **소유권보존등기를 마친 경우**라면 그 건물의 일부인 옥상에 대하여 그 **전부 또는 일부를 사용**하기 위한 **전세권설정등기를 신청할 수 있다**(선례 201812-1). [20 법무사 / 19 등기서기보]
> 2. 다만 집합건물의 옥상은 구조상 공용부분으로서 **등기능력이 없어** 이에 대한 등기기록이 개설될 수는 **없으므로** 이를 사용하기 위한 **전세권설정등기는 신청할 수 없다**(선례 201812-1).
> 3. 마찬가지로 건물의 일부에 대해서 임차권설정등기를 할 수 있는 것이므로(「부동산등기법」 제74 제6호), 건물의 일부에 해당하는 지붕이나 옥상에 대하여도 임차권설정등기를 신청할 수 있다. 이 경우 지붕이나 옥상의 일부에 대해서만 임차권설정등기를 신청할 때에는 그 부분을 표시한 도면을 첨부정보로서 제공하여야 한다(선례 201812-8). [22 법무사 / 20 등기서기보 / 19 등기주사보]
> 4. 기존 건물의 옥상에 건물이나 기타 공작물을 소유하기 위한 경우 그 대지에 대하여 **통상의 지상권설정등기를 신청할 수 있지만**, **구분지상권설정등기는 신청할 수 없다**(선례 201812-1).

Ⅰ. 지상권에 관한 등기

1. 지상권의 설정등기

(1) 일반적인 지상권

1) 서설

가. 의의

지상권은 ① 타인 소유의 토지에 ② 건물 그 밖의 공작물이나 수목을 소유하기 위하여 ③ 그 토지를 사용할 수 있는 물권이다(「민법」 제279조).

지상권은 그 효력이 미치는 범위에 따라 통상의 지상권과 구분지상권으로, 취득 형태에 따라 당사자의 계약에 의한 약정지상권과 법률의 규정 또는 관습법에 의한 법정지상권으로 구분할 수 있다.

판례에 의하여 인정되는 분묘기지권도 관습법상의 법정지상권의 일종이지만, **분묘기지권은 분묘 자체가 공시기능을 하여 별도의 등기가 필요 없으므로 등기할 수 없다.** [19 법무사]

민법 제186조에서 "부동산에 관한 법률행위로 인한 물권의 득실변경은 등기하여야 그 효력이 생긴다."고 규정함으로써 부동산 물권변동에 관하여 성립요건주의를 채택하였다. 즉 성립요건주의하에서 **법률행위로 인한 부동산의 물권변동**은 물권행위가 있고 그에 부합하는 등기가 마쳐져야 효력이 있다(「민법」 제186조). [18 등기주사보]

따라서 지상권은 토지소유자와 지상권을 취득하려는 자 사이의 지상권설정계약과 등기에 의하여 성립한다(「민법」 제186조).

나. 요건(내용)

(가) 타인 소유의 토지 설정

(나) 건물 기타 공작물이나 수목을 소유하기 위함

(다) 토지를 사용할 수 있는 물권

다. 적용범위

(가) 타인 소유의 토지에 설정할 것

가) 지상권은 타인 소유의 토지에 대한 권리이므로, 자신의 토지에는 지상권을 설정할 수 없다. 이미 소유하고 있는 토지는 소유권 그 자체로 사용할 수 있는 권리가 있기 때문이다.

나) 지상권의 객체인 토지는 보통 1필의 토지 전부이지만 용익권의 일반원칙에 따라 1필의 토지 일부에도 지상권을 설정할 수 있다. 그러나 앞서 본 바와 같이 토지의 지분에는 지상권설정등기를 할 수 없으며 이러한 신청이 있으면 법 제29조 제2호로 각하하여야 한다.

다) 농지도 지상권의 목적이 될 수 있으므로 타인의 **농지**에 건물 기타의 공작물이나 수목을 소유하기 위하여 **지상권설정등기**를 할 수 있다(예규 555). [18 등기주사보]

(나) 건물 기타 공작물이나 수목을 소유하기 위할 것

지상권은 건물 기타 공작물이나 수목을 소유하기 위하여 설정하는 것이다.

이미 그 **토지 위에 등기된 건물이 있다** 하더라도 해당 토지의 등기기록상 지상권과 양립할 수 없는 용익물권이 존재하지 않는다면 **그 토지에 대하여 지상권설정등기를 신청할 수 있다**(선례 3-573). [22 법무사 / 19 등기주사보 / 18 등기주사보] 왜냐하면 그 건물을 철거하고 새로운 건물을 신축하여 소유할 수도 있기 때문이다.

또한 현재 공작물이나 수목이 없는 경우에도 지상권을 설정할 수 있고, 지상권이 설정된 후 기존의 공작물이나 수목이 멸실하더라도 지상권은 계속 존속한다.

(다) 사용하는 권리일 것

가) 배타성

① **지상권**은 토지를 사용하는 권리로서 용익물권의 성격상 그 토지를 배타적으로 사용·수익할 수 있다. 따라서 **동일한 토지**에 대하여 **중첩되는 부분**이라면 이중으로 지상권을 설정할 수 없지만, **중첩되지 않는 부분**이라면 이중으로 지상권을 설정할 수 있다.

② 그러나 지역권은 토지 소유자의 토지에 대한 사용·수익 권능을 전면적으로 배제하는 것은 아니어서 그 소유자는 지역권과 저촉되지 않는 한도에서 승역지를 직접 점유하면서 지역권자와 공동으로 그 토지를 사용·수익할 수 있으므로(「민법」 제291조 참조), 토지의 일부에 지역권이 설정되어 있는 경우라도 토지 소유명의인은 지상권자와 함께 후순위로 토지 전부에 대하여 철근콘크리트조 건물의 소유를 위한 지상권설정등기를 신청할 수 있다(선례 201810-2). [19 등기주사보]

나) 후등기저지력

후등기저지력이란 어떤 등기가 존재하는 이상 그것이 비록 실체법상 무효라고 하더라도 형식상의 효력은 있는 것이므로 그것을 말소하지 않고서는 그것과 양립할 수 없는 등기는 할 수 없다는 것을 말한다. [17 등기주사보 / 16 등기서기보]
예컨대 **지상권(전세권)**의 존속기간이 만료되어 실체법상 소멸되었다 하더라도 등기의 후등기저지력으로 인하여 그 지상권(전세권)설정등기를 말소하지 않는 한 동일한 부분에 대하여 후순위로 중복하여 지상권(전세권)설정등기를 할 수 없다(선례 7-268). [20 등기서기보 / 18 등기주사보 / 14 법무사 / 11 법무사] 이를 허용하면 등기의 형식상 용익물권이 중복되어 등기기록상의 권리관계가 불분명하게 되기 때문이다.

다) 가등기의 허용여부

지상권은 타인의 토지를 배타적으로 사용하는 용익물권이므로 동일한 토지에 대한 이중의 지상권설정등기는 허용되지 않지만, **이미 지상권설정등기가 경료되어 있는 상태**에서 기존 지상권설정등기의 말소를 정지조건으로 하여 조건부 지상권설정청구권가등기는 신청할 수 있으며 위 가등기에 기한 지상권설정의 본등기는 기존의 지상권설정등기가 말소되기 전에는 신청할 수 없다(선례 6-439). [22 법무사 / 18 등기주사보]

2) 개시

지상권설정등기는 지상권설정자(등기의무자)와 지상권자(등기권리자)가 공동으로 신청한다(법 제23조 제1항).
지상권설정계약을 체결한 후 지상권설정자가 의무의 이행에 협력하지 않는 경우 **지상권설정등기의 이행을 명하는 판결**을 받아 지상권자가 단독으로 신청할 수 있다(법 제23조 제4항). 그러나 갑이 을을 상대로 한 토지인도소송의 판결이유 중의 판단에서 을에게 관습법상의 법정지상권이 인정된 경우라도 위 판결에 의하여는 을이 단독으로 지상권설정등기를 신청할 수 없다(선례 7-259). 이러한 판결은 주문에 등기절차의 이행을 명한 것이 아니기 때문이다.

3) 신청절차

가. 신청인

지상권설정자(토지소유자)가 **등기의무자**, 지상권자(지상권을 취득하는 자)가 **등기권리자**가 되어 공동으로 신청한다(법 제23조 제1항).

나. 신청정보

(가) 일반적 신청정보

가) 등기원인 및 그 연월일

나) 등기목적

(나) 개별적 신청정보

가) 필요적 기재사항

지상권 설정등기신청서에는 부동산의 표시, 신청인의 성명 또는 명칭과 주소, 등기원인과 그 연월일 등과 같이 규칙 제43조 제1항에서 정한 일반적인 기재사항 외에 지상권설정의 목적과 범위를 기재하여야 한다(규칙 제126조 제1항). 즉 지상권설정등기를 신청할 때에는 <u>지상권설정의 목적</u>과 <u>범위</u>를 신청정보의 내용으로 <u>반드시 제공</u>하여야 한다. [19 등기주사보]

① 지상권설정의 목적

지상권은 타인의 토지 위에 건물 그 밖의 공작물이나 수목을 소유하기 위한 것이므로 그 목적을 명확히 기재해야 한다. 이는 지상권의 최단기간이 견고한 건물의 소유를 목적으로 하는 경우와 그 밖의 건물의 소유를 목적으로 하는 경우에 따라 다르기 때문이다(「민법」 제280조, 제281조). 건물의 소유를 목적으로 하는 경우에는 "철근콘크리트조 건물의 소유", "목조 건물의 소유" 등과 같이 구체적으로 표시해야 하고 단지 "건물의 소유"라 표시하여서는 안된다.

② 지상권설정의 범위

지상권은 1필의 토지 전부에 설정등기를 할 수 있을 뿐만 아니라 물리적 일부에 대하여서도 지적도면을 첨부하여 설정등기를 할 수 있다(규칙126조 제2항). 통상의 지상권은 그 목적범위 내에서 사용가능한 지표의 상하 전부에 효력이 미치지만, 구분지상권은 토지의 수직적 일부에 대하여 효력이 미친다(「민법」 제289조의2).

지상권설정의 범위가 일필의 토지의 전부인 때에는 "토지의 전부"라 기재하고 1필의 토지의 일부인 때에는 "동측 100㎡"와 같이 어느 부분인가를 명확히 기재하여야 한다.

나) 임의적 기재사항

지상권설정등기를 신청하는 경우 설정계약서에 존속기간, 지료 및 지급시기에 관한 약정이 있는 때에는 신청서에 기재하여야 한다(임의적 기재사항, 규칙 제126조 제1항). 즉 <u>존속기간, 지료와 지급시기는 등기원인에 그 약정이 있는 경우에만 기재(기록)</u>한다. [22 등기서기보 / 21 법무사 / 17 법원사무관]

① 존속기간

1. 민법은 지상권자를 보호하기 위하여 지상권의 설정목적에 따라 지상권의 최단기간을 규정하고 있으므로(「민법」 제280조) 이에 반하는 지상권설정계약은 강행법규 위반으로 무효이고 민법 제280조에 따른 기간까지 효력을 갖게 된다.

2. 그러나 이보다 긴 기간을 존속기간으로 하는 약정은 유효하므로 존속기간을 100년, 120년 또는 그보다 장기[22 등기서기보 / 21 법무사]로 하는 등기도 경료할 수 있고(선례 5-412), 존속기간을 민법에서 정한 법정기간보다 장기[19 법무사]로 하거나 불확정기간(예 철탑존속기간으로 한다[22 법원사무관 / 19 법무사 / 18 등기주사보 / 17 법원사무관 / 15 법원사무관 / 12 법무사])으로 정할 수도 있다(예규 1425, 선례 3-576).

3. 판례에 따르면, 민법상 지상권의 존속기간은 최단기만이 규정되어 있을 뿐 최장기에 관하여는 아무런 제한이 없으며, 존속기간이 영구인 지상권을 인정할 실제의 필요성도 있고, 이러한 지상권을 인정한다고 하더라도 지상권의 제한이 없는 토지의 소유권을 회복할 방법이 있을 뿐만 아니라, 특히 구분지상권의 경우에는 존속기간이 영구라고 할지라도 대지의 소유권을 전면적으로 제한하지 아니한다는 점 등에 비추어 보면, 지상권의 존속기간을 영구로 약정[15 등기서기보]하는 것도 허용된다(대판 2001.5.29, 99다66410).

4. 다만 「민법」 제280조 제1항 제1호의 30년은 수목의 소유를 목적으로 하는 때에는 그 원인(예 수목의 육림, 벌채 등)에 관계없이 일률적으로 최단기인 30년보다 단축하지 못한다는 것이나, 등기신청서에 지상권의 존속기간을 같은 조 제1항 각 호의 기간보다 단축한 기간으로 기재한 경우라도(예컨대 10년) 그 기간은 같은 조 제2항에 의하여 법정기간까지 연장되므로, 신청서 기재대로 수리하여야 한다. [22 법무사 / 19 등기주사보]

② 지료 및 그 지급시기

지료는 지상권의 요소는 아니지만 토지의 사용대가로서 지료 지급을 약정하여 그러한 약정이 설정계약서에 표시되었다면 신청서에 기재해야 한다(규칙 제126조 제1항). 지료는 반드시 금전으로 정하지 않아도 되고, 그 시기는 정기 또는 일시라도 무방하므로 "매월 말일" 또는 "12월 말일" 등과 같이 표시한다.

다. 첨부정보

등기원인을 증명하는 서면 등 규칙 제46조 제1항, 법 제50조 제2항 등에서 정한 일반적인 첨부정보를 제공한다.

(가) 등기원인과 관련된 첨부정보

가) 약정에 의한 지상권설정등기라면 지상권설정계약서를 제공하며, 판결에 의한 지상권설정등기신청의 경우에는 판결정본과 확정증명을 첨부정보로 제공하여야 한다.

나) 토지거래허가구역 안의 토지에 대하여 지상권의 등기시 **대가(지료)를 받고 지상권을 설정하는 경우**에는 **토지거래계약허가서**를 첨부하여야 한다. [21 법무사 / 15 법원사무관] 다만 **지료가 없는 지상권**을 설정하는 경우에는 토지거래계약허가서를 제공할 필요가 없다.

(나) 등기의무자(지상권설정자)와 관련된 첨부정보

가) 등기필정보 등 – ○

나) 인감증명서 등 – ○

(다) 등기권리자(지상권자)와 관련된 첨부정보

가) 취득세 등 세금납부영수증 – ○

나) 주소를 증명하는 정보 – ○

다) 번호를 증명하는 정보 – ○

(라) 부동산과 관련된 첨부정보

지상권은 1필의 토지 전부뿐만 아니라 그 일부에 대하여도 설정등기를 할 수 있으므로 **지상권설정의 범위가 토지의 물리적 일부인 경우**에는 그 부분을 표시한 **지적도**를 첨부정보로 제공하여야 한다(규칙 제126조 제2항). [21 법무사 / 17 법원사무관 / 12 법무사] 지적도는 지상권의 목적인 토지부분을 특정할 수 있을 정도의 것이면 되고 반드시 측량성과에 따라 정밀하게 작성될 필요는 없다(선례 5-412).

4) 실행절차(등기실행)

부동산의 등기기록 중 을구에 주등기로 기록하며 등기의 목적·접수연월일·접수번호·등기원인과 그 연월일·목적·범위·등기권리자 등을 기록한다. 신청서에 존속기간·지료 등의 기재가 있는 경우에는 그 사항도 기록한다. 또한 부동산의 일부에 대한 지상권인 경우에는 도면의 번호를 기록한다.

관련기출지문

1 지상권은 타인의 토지를 배타적으로 사용하는 용익물권으로 동일한 토지에 대한 이중의 지상권설정등기는 허용되지 않으므로 이미 지상권설정등기가 경료되어 있는 상태에서 기존 지상권설정등기의 말소를 조건으로 하는 정지조건부 지상권설정등기청구권을 보존하기 위한 조건부지상권설정청구권가등기는 신청할 수 없다. (×)　　　　[22 법무사]

2 토지의 일부에 지역권이 설정되어 있다면 후순위로 토지전부에 대하여 철근콘크리트조 건물의 소유를 위한 지상권설정등기를 신청할 수 없다. (×)　　　　[19 등기주사보]

3 지상권설정등기를 신청하는 경우 존속기간, 지료 및 지급시기는 필요적 기재사항이므로 이를 반드시 신청정보로 제공하여야 한다. (×)　　　　[21 법무사]

4 대법원 판례에 따르면 지상권의 존속기간을 영구로 약정하는 것은 소유권에 대한 지나친 제약으로서 허용되지 않으므로, 등기관은 그 존속기간을 영구로 한 지상권설정등기신청을 각하하여야 한다. (×)　　[15 등기서기보]

5 지상권의 존속기간은 불확정기간으로 정할 수 없고 반드시 확정기간으로 특정하여야 한다. (×)　　[18 등기주사보]

---

6 지상권의 존속기간을 불확정기간(예 철탑존속기간으로 한다)으로 정하여 등기할 수는 없다. (×)

[17 법원사무관 / 15 법원사무관]

7 토지거래허가구역 안의 토지에 관하여 지상권을 설정하는 경우에는 지료의 지급 유무를 불문하고 토지거래허가증을 첨부정보로 제공하여야 한다. (×)

[24 법원사무관]

8 국토의 계획 및 이용에 관한 법률 제118조 제1항의 규정에 의한 허가 대상 토지에 관하여 지료의 약정이 있는 지상권을 설정하는 경우에도 소유권이전계약에 따른 것은 아니므로 그 등기신청서에 토지거래계약허가증을 첨부할 필요가 없다. (×)

[15 법원사무관]

(2) 구분지상권

1) 서설

가. 기본개념

(가) 의의

지하 또는 지상의 공간은 상하의 범위를 정하여 건물 기타 공작물을 소유하기 위한 지상권의 목적으로 할 수 있다. 이 경우 설정행위로써 지상권의 행사를 위하여 토지의 사용을 제한할 수 있다(「민법」 제289조의2 제1항).

구분지상권이라 함은 ① 타인 소유 토지의 ② 지하 또는 지상의 공간에 상하의 범위를 정하여 ③ 건물 그 밖의 공작물을 소유하기 위해 ④ 사용하는 지상권을 말한다(「민법」 제289조의2 제1항). 구분지상권은 그 권리가 미치는 지하 또는 지상의 공간 상하의 범위를 정하여 등기할 수 있다(예규 1040). [21 법무사 / 17 법원사무관] 일반적으로 고가도로, 고가철도 등 공중공작물이나 지하철, 지하주차장, 지하상가 등 지하공작물을 소유하기 위하여 설정할 수 있다.

(나) 구별개념(통상의 지상권과의 차이)

구분지상권도 토지소유자와 지상권을 취득하는 자 사이에 구분지상권 설정에 관한 합의와 그에 따른 등기가 있어야 하므로 통상의 지상권에 관한 규정이 준용된다. 그러나 통상의 지상권과 달리 **구분지상권**은 ① 목적인 토지의 지하 또는 지상공간의 상하의 범위를 정해야 하고 ② 건물 그 밖의 공작물을 소유하기 위한 경우에만 허용되고 수목을 소유하기 위한 경우에는 설정할 수 없으며 ③ 구분지상권의 목적인 토지의 상하의 범위 외의 부분에 대해서는 사용제한의 특약을 할 수 있고 ④ 구분지상권의 목적인 부분에 이미 제3자가 사용·수익할 권리 등을 가지는 경우에는 그 제3자의 승낙을 받아야 하는 등(「민법」 제289조의2 제2항, 다만 특별법에 의한 수용의 경우에는 제3자의 승낙을 받을 필요가 없음)의 차이가 있다.

나. 요건(내용)

(가) 다인 소유의 토지 설정

(나) 건물 기타 공작물(수목×)을 소유하기 위함

(다) 지하 또는 지상의 공간을 정하여

(라) 사용하는 권리

다. 적용범위

(가) 타인 소유의 토지에 설정할 것

일반적인 지상권과 마찬가지로 타인 소유의 토지에만 지상권을 설정할 수 있다.

(나) 건물 기타 공작물(수목×)을 소유하기 위할 것

가) 수목의 소유를 목적으로 하는 구분지상권의 설정

그러나 건물 그 밖의 공작물이 아닌 **수목을 소유하기 위한 구분지상권은 허용되지 않는다.** [19 등기서기보 / 17 등기주사보·법무사 / 16 등기서기보 / 13 법무사 / 10 법무사] 따라서 수목을 소유하기 위하여는 통상의 지상권을 설정하여야 한다.

나) 계층적 구분건물 중 특정계층의 구분소유를 목적으로 하는 구분지상권의 설정

① 구분지상권은 그 권리가 미치는 지하 또는 지상 공간을 상하로 범위를 정하여 등기하는 것으로서 **계층적 구분건물의 특정계층의 구분 소유를 목적으로 하는 구분지상권의 설정등기는 할 수 없다**(예규 1040). [22 법무사 / 19 등기주사보 / 13 법무사 / 10 법무사]

② 따라서 **1동의 건물을 횡단적으로 구분한 경우에 상층의 건물을 소유하기 위하여 구분지상권의 설정등기는 할 수 없다.** [17 등기주사보·법무사 / 16 등기서기보]

③ 예컨대 타인의 토지 위에 2층은 주택부분, 1층은 점포 등의 시설부분인 1동의 건물을 층별로 구분소유하는 경우에 **2층만의 구분소유를 목적**으로 구분지상권을 설정할 수 없다. [19 등기서기보] 2층은 건물의 1층 부분을 매개로 하여 대지지반에 의하여 받쳐져 있으므로 2층의 이용권한만으로 이 부분을 공작물이나 건물로 볼 수 없기 때문이다.

(다) 지하 또는 지상의 공간을 정하여 사용하는 권리일 것

가) 지하 또는 지상의 공간을 정할 것

구분지상권의 설정에 있어서 지하 또는 지상의 공간의 상하의 범위는 평균 해면 또는 지상권을 설정하는 토지의 특정지점을 포함한 수평면을 기준으로 하여 명백히 해야 한다.

나) 사용하는 권리(배타성)

동일 토지에 관하여 **구분지상권이 미치는 범위가 다르다면 2개 이상의 구분지상권을 그 토지의 등기기록에 각기 등기할 수 있다**(예규 1040). [19 등기서기보·등기주사보·법무사 / 13 법무사 / 10 법무사]

2) 개시

3) 신청절차

가. 신청인

나. 신청정보

신청인과 신청서의 기재사항 및 첨부정보는 통상의 지상권 설정등기의 경우와 대부분 동일하다. 그러나 구분지상권은 그 목적과 범위를 신청서에 명확히 기재해야 하며, 소유자와 구분지상권자 간의 사용제한특약을 기재할 수 있다는 차이가 있다. 또한 제3자의 승낙서를 첨부해야 하는 경우가 있는데, 이하에서는 이런 점들을 중심으로 설명한다.

(가) 구분지상권설정의 목적

구분지상권은 지하 또는 지상의 공간에 상하의 범위를 정하여 건물 그 밖의 공작물을 소유하기 위한 것이므로 그 목적을 명확히 하여야 한다. 예컨대 지하에 지하철도 소유를 목적으로 할 경우에는 "지하철도 소유"로, 고가철도의 소유가 목적이라면 "고가철도 소유"라고 기재한다.

(나) 구분지상권설정의 범위

구분지상권의 설정에 있어서 지하 또는 지상의 공간의 상하의 범위는 평균 해면 또는 지상권을 설정하는 토지의 특정지점을 포함한 **수평면을 기준으로 하여 명백히** 해야 한다. 예컨대 "평균 해면 위 100미터로부터 150미터 사이" 또는 "토지의 동남쪽 끝 지점을 포함한 수평면을 기준으로 하여 지하 20미터부터 50미터 사이"로 기재해야 한다. 이 경우 **원칙적으로 도면을 첨부할 필요는 없으나**[19 등기주사보 / 10 법무사] 수평면 전체가 아닌 **부동산의 일부의 수평면**이라면 도면을 첨부해야 할 것이다.

(다) 사용제한의 특약

구분지상권자는 **설정행위에서 정한 범위 내에서 토지를 사용할 권리**를 갖고, **구분지상권이 미치지 못하는 토지부분에 관하여는 여전히 토지소유자가 사용권**을 가지게 된다.

그러나 설정행위에서 구분지상권의 행사를 위하여 **토지의 사용을 제한하는 특약을 할 수도 있고**(「민법」 제289조의2 제1항 후단), 이러한 특약을 한 때에는 신청서에 기재하여야 한다(법 제69조 제5호, 규칙 제126조 제1항). 즉 **구분지상권 행사를 위하여 소유자의 토지 사용을 제한하는 약정을 한 때에는 그 약정을 신청정보의 내용으로 하여야 한다.** [24 법무사 / 17 법무사]

한편 특약에 의하여 제한되는 것은 사용에 관한 사실행위이다. [24 법무사] 예를 들면 "지상에 10톤 이상의 공작물을 설치하여서는 아니 된다", "고가철도의 운행에 장해가 되는 공작물을 설치하여서는 아니 된다" 등과 같은 것이다.

(라) 존속기간, 지료 및 그 지급시기

존속기간, 지료 및 그 지급시기는 통상의 지상권설정등기의 경우와 동일하다.

다. 첨부정보

(가) 일반적인 첨부서면

구분지상권설정등기도 통상의 지상권설정등기의 경우와 동일한 서면을 첨부하여야 한다.

(나) 제3자의 승낙서

가) 제공하는 경우

구분지상권은 제3자가 토지를 사용·수익할 권리를 가진 때에도 그 권리자 및 그 권리를 목적으로 하는 권리를 가진 자 전원의 승낙이 있으면 이를 설정할 수 있다(「민법」 제289조의2 제2항). 따라서 **구분지상권 등기를 하고자 하는 토지의 등기용지에 그 토지를 사용하는 권리에 관한 등기(통상의 지상권, 전세권, 임차권 등)와 그 권리를 목적으로 하는 권리에 관한 등기(저당권 또는 처분제한 등)가 있는 때에는 신청서에 제3자 전원의 승낙서를 제공하여야 한다**(예규 1040). [24 법무사 / 22 법원사무관 / 13 법무사 / 10 법무사]

제3자의 승낙의 효과는 제3자의 권리가 구분지상권의 목적인 부분에 관하여 소멸하는 것은 아니고 단지 구분지상권이 존재하는 한도에서 권리행사가 제한될 뿐이므로, 제3자의 등기를 직권말소할 것은 아니다. [24 법무사]

만약 제3자의 승낙서를 첨부하지 아니한 경우에는 그 등기신청은 수리할 수 없다(법 제29조 제9호).

> **비교 선례**
> 구분지상권이 설정되어 있는 토지에 대하여 일반적인 지상권설정등기가 가능한지가 문제될 수 있다. 이 경우에도 즉 **구분지상권이 설정되어 있는 토지에 대하여도 기존 구분지상권자의 승낙을 증명하는 정보(인감증명 포함)를 첨부정보로서 제공하여 통상의 지상권설정등기를 신청할 수 있다**(선례 201407-2). [19 등기서기보
> · 법무사 / 15 법원사무관]

나) 제공하지 않는 경우

구분지상권이 미치는 범위가 다르다면 2개 이상의 구분지상권을 그 토지의 등기기록에 각기 등기할 수 있다(예규 1040). [19 등기서기보·등기주사보·법무사 / 13 법무사 / 10 법무사]

따라서 **이미 구분지상권이 설정되어 있는 동일 범위의 토지에 대하여 다른 구분지상권의 설정은 그 배타적 효력에 의하여 불가능하나 중복되지 아니한 범위에 구분지상권이 설정되어 있다면 새로운 구분지상권의 설정도 가능하고, 이와 같은 경우에는 다른 구분지상권자나 제3자의 승낙서를 첨부하지 않아도 될 것이다.** [24 법무사]

4) 실행절차

통상의 지상권설정등기의 경우와 동일하다.

5) 일반적인 지상권과 구분지상권의 상호 변경

통상의 지상권등기를 **구분지상권** 등기로 변경하거나, **구분지상권** 등기를 **통상의 지상권** 등기로 변경하는 등기신청이 있는 경우에는 등기상의 이해관계인이 없거나, 이해관계인이 있더라도 그의 승낙서 또는 이에 대항할 수 있는 재판의 등본을 제출한 때에 한하여 부기등기에 의하여 그 변경등기를 할 수 있다(예규 1040). [22 법무사 / 19 등기주사보 / 17 등기주사보 · 법무사 / 16 등기서기보 / 13 법무사]

관련 기출지문

1 타인의 토지 위에 2층은 주택, 1층은 점포인 1동의 건물을 층별로 구분소유 하는 경우에 2층만의 구분소유를 목적으로 하는 구분지상권을 설정할 수 있다. (×) [19 등기서기보]

2 1동의 건물을 횡단적으로 구분한 경우에 상층의 건물을 소유하기 위하여 구분지상권의 설정등기는 할 수 있다. (×) [17 등기주사보 · 법무사]

3 지하 또는 공간의 상하의 범위는 평균 해면 또는 지상권을 설정하는 토지의 특정지점을 포함한 수평면을 기준으로 하여 이를 명백히 하고, 그 도면을 등기신청서에 첨부하여야 한다. (×) [19 등기주사보]

4 구분지상권에서 지하 또는 공간의 상하의 범위는 평균 해면 또는 지상권을 설정하는 토지의 특정지점을 포함한 수평면을 기준으로 하여 이를 명백히 하여야 하므로 도면을 등기신청서에 반드시 첨부하여야 한다. (×) [10 법무사]

5 구분지상권등기신청 시 토지의 등기기록에 그 토지를 사용하는 권리에 관한 등기와 그 권리를 목적으로 하는 권리에 관한 등기가 있는 때에는 이들 전원의 승낙서가 첨부정보로 제공되어야 하며, 구분지상권등기 시 등기관은 이들의 권리를 직권말소한다. (×) [24 법무사]

6 통상의 지상권을 구분지상권으로 변경하거나, 구분지상권을 통상의 지상권으로 변경하는 내용의 등기는 할 수 없다. (×) [13 법무사]

---

(3) 도시철도법 및 도로법, 전기사업법 등에 의한 구분지상권등기

1) 서설

도시철도 건설을 위하여 필요한 구분지상권은 당사자 간의 협의가 있으면 전술한 구분지상권설정등기절차에 따라 공동으로 신청할 수 있으나(선례 5-406), 도시철도법은 위 협의에 의한 취득 외에도 같은 법 제2조 제7호의 도시철도 건설자가 토지보상법에 의한 수용 또는 사용의 재결에 의하여 구분지상권을 설정하거나 이전할 수 있도록 규정하고 있다(「도시철도법」 제12조). 또한 도로법에도 도로가 있는 지역의 적정하고 합리적인 토지이용을 촉진하기 위하여 필요한 구분지상권의 취득을 위하여 위 도시철도법과 유사한 규정(「도로법」 제28조)을 두고 있으며, 전기사업법도 제89조의2에서 같은 취지의 규정을 두고 있다.

2) 개시

가. 「도시철도법」, 「도로법」, 「전기사업법」, 「전원개발촉진법」, 「하수도법」, 「수도법」, 「농어촌정비법」, 「철도의 건설 및 철도시설 유지관리에 관한 법률」에 따라 구분지상권의 설정을 내용으로 하는 수용·사용의 재결을 받은 경우 그 재결서와 보상 또는 공탁을 증명하는 정보를 첨부정보로서 제공하여 단독으로 권리수용이나 토지사용을 원인으로 하는 구분지상권설정등기를 신청할 수 있다. [12 법무사]

나. 한국전력공사가 「전기사업법」 또는 「전원개발촉진법」을 근거로 하여 구분지상권의 설정을 내용으로 하는 사용재결을 받은 경우에는 같은 법 제89조의2 제2항에 따라 단독으로 구분지상권설정등기를 신청할 수 있다. [24 법무사]

다. 전기사업자가 토지의 지상 또는 지하 공간의 사용에 관한 구분지상권의 설정을 내용으로 하는 사용재결을 받은 경우 「전기사업법」 제89조의2 제2항에 따라 단독으로 토지사용을 원인으로 한 구분지상권설정등기를 신청할 수 있으나, 전기사업자가 토지의 사용에 관한 지상권의 설정을 내용으로 하는 사용재결을 받은 경우에는 이에 관한 법령상의 근거규정이 없으므로, 토지사용을 원인으로 한 지상권설정등기를 단독으로는 물론 소유명의인(등기의무자)과 공동으로도 신청할 수 없다. [22 법원사무관] 다만 전기사업자와 소유명의인(등기의무자)은 지상권설정계약서를 등기원인을 증명하는 정보로서 제공하여 공동으로 지상권설정등기를 신청할 수 있다(선례 202104-3).

라. 사회기반시설에 대하여 사업시행자가 「사회기반시설에 대한 민간투자법」 및 「공익사업을 위한 토지 등의 취득 및 보상에 관한 법률」에 따라 중앙토지수용위원회의 사용재결을 받았다고 하더라도 「사회기반시설에 대한 민간투자법」에 "사업시행자가 사용재결을 받으면 단독으로 구분지상권설정등기를 신청할 수 있다"는 취지의 규정이 없는 이상 그 사용재결에 의해서는 단독으로 구분지상권설정등기를 신청할 수 없다(선례 202104-4).

3) 신청절차의 특칙

가. 일반적인 구분지상권

구분지상권은 제3자가 토지를 사용·수익할 권리를 가진 때에도 그 권리자 및 그 권리를 목적으로 하는 권리를 가진 자 전원의 승낙이 있으면 이를 설정할 수 있다(「민법」 제289조의2 제2항). 따라서 구분지상권 등기를 하고자 하는 토지의 등기용지에 그 토지를 사용하는 권리에 관한 등기(통상의 지상권, 전세권, 임차권 등)와 그 권리를 목적으로 하는 권리에 관한 등기(저당권 또는 처분제한 등)가 있는 때에는 신청서에 제3자 전원의 승낙서를 제공하여야 한다(예규 1040). [24 법무사 / 22 법원사무관 / 13 법무사 / 10 법무사]

나. 특별법에 따라 수용된 구분지상권

전기사업법 등의 수용 또는 사용 재결에 의하여 구분지상권을 설정할 때에는 구분지상권 등기를 하고자 하는 토지의 등기용지에 그 토지를 사용하는 권리에 관한 등기(통상의 지상권, 전세권, 임차권 등)와 그 권리를 목적으로 하는 권리에 관한 등기(저당권

또는 처분제한 등)가 있는 경우에도 그 권리자들의 승낙을 받지 아니하고 구분지상권설
정등기를 신청할 수 있다. [16 등기서기보 / 12 법무사]

4) 경매절차에서의 특칙

가. 일반적인 구분지상권

압류의 효력 이후에 설정되었거나, 선순위로 소멸하는 담보권이 있는 경우에는 말소촉
탁의 대상이 된다.

나. 특별법에 따라 수용된 구분지상권

전기사업법 등의 수용 또는 사용 재결에 의하여 마친 구분지상권설정등기는 다음 각 호
의 경우에도 말소할 수 없다. [24 법무사 / 22 법원사무관 / 17 등기주사보·법무사 / 12 법무사] 이는 수용 또는
사용 재결에 의하여 설정된 구분지상권이 지니는 공익목적을 고려하였기 때문이다.

① 구분지상권설정등기보다 먼저 마친 강제경매개시결정의 등기, 근저당권 등 담보물
권의 설정등기, 압류등기 또는 가압류등기 등에 기하여 경매 또는 공매로 인한 소유
권이전등기를 촉탁한 경우

② 구분지상권설정등기보다 먼저 가처분등기를 마친 가처분채권자가 가처분채무자를
등기의무자로 하여 소유권이전등기, 소유권이전등기말소등기, 소유권보존등기말소
등기 또는 지상권·전세권·임차권설정등기를 신청한 경우

③ 구분지상권설정등기보다 먼저 마친 가등기에 의하여 소유권이전의 본등기 또는 지
상권·전세권·임차권설정의 본등기를 신청한 경우

그러나 도시철도건설자와 토지소유자 간에 협의에 의하여 구분지상권을 취득한 경
우 관할토지수용위원회의 협의성립 확인을 받지 않은 경우에는 단순한 승계취득에
불과하기 때문에 위와 같은 구분지상권의 존속에 관한 특례는 적용되지 않는다(선
례 6-354, 7-305). 따라서 경매 등으로 인하여 소유권이전등기를 촉탁하는 경우
에는 말소의 대상이 될 것이다.

관련 기출지문

1 한국전력공사가 전기사업법이 아니라 전원개발사업자로서 전원개발사업의 시행을 위하여 전원개발촉진
법을 근거로 하여 토지의 사용에 관한 재결을 받은 경우에는 같은 법에 "전원개발사업자가 사용재결을
받으면 단독으로 구분지상권설정등기를 신청할 수 있다."는 취지의 규정이 없는 이상 단독으로 구분지상
권설정등기를 신청할 수 없다. (×)　　　　　　　　　　　　　　　　　　　　　　　　　　[24 법무사]

2 전기사업법 제2조 제2호의 전기사업자가 수용·사용의 재결을 받아 구분지상권설정등기를 하고자 하는
토지의 등기기록에 그 토지를 사용·수익하는 권리에 관한 등기 또는 그 권리를 목적으로 하는 권리에
관한 등기가 있는 경우에는 그 권리자의 승낙을 받거나 그에 대항할 수 있는 판결서 등의 서면을 첨부하여
야 한다. (×)　　　　　　　　　　　　　　　　　　　　　　　　　　　　　　　　　[16 등기서기보]

3 도시철도법, 도로법 및 전기사업법의 규정에 의한 구분지상권설정등기를 하고자 하는 토지의 등기기록에
그 토지를 사용·수익하는 권리에 관한 등기 또는 그 권리를 목적으로 하는 권리에 관한 등기가 있는 경우
에는 그 권리자들의 승낙을 받아 구분지상권설정등기를 신청할 수 있다. (×)　　　　　　　[12 법무사]

> **4** 도시철도법 제2조 제7호의 도시철도건설자가 토지사용의 재결을 받아 구분지상권설정등기를 마쳤으나 위 등기보다 먼저 마친 가등기에 의하여 소유권이전의 본등기를 실행하는 경우에는 등기관은 구분지상권설 정등기를 직권으로 말소하여야 한다. (×)
>
> [22 법원사무관]

2. 지상권의 이전등기

(1) 서설

지상권은 양도·상속에 따른 이전등기를 할 수 있으며, 그 이전등기에는 토지 소유자의 승낙이 필요 없다.

(2) 신청절차

지상권의 이전등기는 양수인과 양도인이 공동신청해야 하고, 지상권이전등기신청서에는 부동산의 표시, 신청인의 성명 또는 명칭과 주소, 등기원인과 그 연월일과 같이 규칙 제43조에서 정한 일반적인 기재사항 외에 이전할 지상권의 접수연월일과 접수번호를 기재하여야 한다. 또한 등기원인을 증명하는 서면 등 규칙 제46조 제1항, 법 제50조 제2항 등에서 정한 일반적인 첨부정보 외에 토지거래허가구역 안의 지상권 이전 시 지료의 약정이 있는 경우에는 토지거래 계약허가서를 첨부하여야 한다.

다만 양도인인 등기의무자는 소유권의 등기명의인이 아니므로 인감증명을 제출할 필요는 없으나, 등기필정보가 없는 경우에는 법 제51조의 규정에 따라 확인서면과 인감증명을 제출하여야 한다.

(3) 실행절차

소유권 외의 권리의 이전등기는 부기에 의하여 하므로(법 제52조 제2호), **지상권의 이전등기**는 부기등기로 하여야 한다.

3. 지상권의 변경등기

(1) 서설

지상권의 내용 즉 지상권설정의 목적(예 공작물 또는 수목의 소유를 목적으로 하는 지상권에서 건물의 소유를 목적으로 하는 지상권으로의 변경 등), 존속기간(연장 또는 단축, 폐지 또는 신설), 지료(증액 또는 감액, 폐지 또는 신설), 지료의 지급시기 등이 변경된 때에는 등기를 하여야 제3자에게 대항할 수 있다.

지상권의 변경등기로 통상의 지상권을 구분지상권으로 변경(지상권이 미치는 범위의 축소)하거나 반대의 등기도 할 수 있다. 다만 구분지상권을 통상의 지상권으로 변경하는 경우에 그 토지상에 이미 다른 용익물권이 등기되어 있다면 그 용익물권을 말소하지 않고는 변경등기를 할 수 없다.

(2) 신청절차

1) 신청인

지상권변경등기는 권리의 변경등기로서 지상권자와 지상권설정자(토지의 소유권등기명의인)의 공동신청에 의한다. 위 당사자 중 변경등기에 의하여 등기기록상 이익을 받는 자가 등기권리자이고, 반대로 불이익을 받는 자가 등기의무자가 된다.

2) 신청정보

지상권변경등기신청서에는 부동산의 표시, 신청인의 성명 또는 명칭과 주소, 등기원인과 그 연월일 등과 같이 규칙 제43조에서 정한 일반적인 기재사항 외에 변경할 사항과 변경하고자 하는 지상권을 특정하여 기재한다.

3) 첨부정보

등기원인을 증명하는 서면 등 규칙 제46조 제1항, 법 제50조 제2항에서 정한 일반적인 첨부정보 외에 지료의 폐지와 같이 지상권 변경등기의 등기의무자가 소유권의 등기명의인(지상권설정자)인 때에는 그의 인감증명서를(규칙 제60조 제1항), 등기상 이해관계 있는 제3자가 있는 경우에는 승낙을 증명하는 정보 또는 이에 대항할 수 있는 재판의 등본을 제출하여야 한다.

(3) 실행절차

지상권변경등기는 부기등기에 의하나(법 제52조 제5호), 해당 토지를 목적으로 하는 후순위의 저당권자나 압류권자 등과 같이 등기상 이해관계인이 존재하는 경우 그 자의 승낙을 증명하는 정보 또는 이들에게 대항할 수 있는 재판의 등본을 첨부하지 않은 때는 주등기로 한다.

4. 지상권의 말소등기

(1) 서설

지상권은 목적 토지의 멸실, 존속기간의 만료, 혼동(「민법」 제191조), 소멸시효 완성(「민법」 제162조 제2항), 선순위 담보권의 실행으로 인한 경매, 토지의 수용, 토지소유자와 지상권자의 합의해제, 지상권자의 포기, 당사자 간의 약정 소멸사유발생(법 제54조), 지상권설정자의 소멸청구(「민법」 제287조) 등으로 소멸한다.

(2) 신청절차

1) 신청인

지상권말소등기는 지상권자(지상권이전등기가 되어 있는 때에는 그 이전등기를 받은 현재의 등기명의인)가 등기의무자, 토지의 소유권자가 등기권리자가 되어 공동신청하는 것이 원칙이다.

2) 신청정보

지상권말소등기신청서에는 부동산의 표시, 신청인의 성명 또는 명칭과 주소, 등기원인과 그 연월일 등과 같이 규칙 제43조에서 정한 일반적인 기재사항 외에 말소할 지상권의 표시로서 신청서 접수연월일과 접수번호를 기재한다.

3) 첨부정보

등기원인을 증명하는 서면 등 규칙 제46조 제1항, 법 제50조 제2항에서 정한 일반적인 첨부정보 외에 제권판결을 받아 등기권리자가 단독으로 지상권말소등기를 신청하는 때에는 제권판결의 등본을(법 제56조), 지상권을 목적으로 하는 저당권 등 이해관계 있는 제3자가 있는 경우에는 그 승낙을 증명하는 정보 또는 대항할 수 있는 재판의 등본을 첨부하여야 한다(법 제57조 제1항).

(3) 실행절차

말소등기의 일반원칙에 따라 주등기의 형식으로 말소등기를 한 후 지상권등기를 말소하는 표시를 한다(규칙 제116조 제1항). 이때 말소되는 지상권을 목적으로 한 등기상 이해관계 있는 제3자의 승낙을 증명하는 정보 또는 이에 대항할 수 있는 재판의 등본을 첨부한 때에는 그 제3자의 권리에 관한 등기도 직권으로 말소한다(법 제57조 제2항, 규칙 제116조 제2항).

예컨대 지상권을 목적으로 하는 저당권등기가 있는 경우에 신청서에 저당권자의 지상권말소에 대한 승낙서를 첨부한 때에는 저당권등기를 말소해야 한다.

II. 지역권에 관한 등기

1. 지역권 설정등기

(1) 서설

1) 의의

지역권이란 ① 일정한 목적을 위하여 ② 타인의 토지를 자기 토지의 ③ 편익에 이용하는 권리를 말한다(「민법」 제291조). [17 등기주사보] 편익을 받는 토지를 "요역지(要役地)"라 하고 편익을 주는 토지를 "승역지(承役地)"라 한다.

지역권은 요역지 소유권의 내용이 아닌 독립된 권리이지만 요역지를 위하여 존재하는 권리이므로 당사자 간에 다른 약정이 없는 한 **요역지 소유권에 부종하여** 이전한다.

또한 요역지에 대한 소유권 외의 권리의 목적이 되므로 예컨대 요역지에 대한 지상권자, 전세권자나 임차권자는 지역권을 행사할 수 있다(「민법」 제292조 제1항).

2) 요건(내용)

가. 일정한 목적을 위하여

나. 타인의 토지를 자기의 토지에

다. 편익에 이용하는 권리

3) 적용범위

가. 일정한 목적(편익)을 위하여

편익의 종류는 민법상 상린관계에 관한 강행법규에 위반되지만 않으면 아무런 제한이 없다. 예컨대 요역지의 소유자가 **타인의 토지를 통행하기 위하여** 설정하거나 요역지의 이용을 위하여 승역지로부터 인수(引水)하거나 또는 승역지로 배수할 목적으로 도랑 혹은 송수관을 설치하기 위하여 설정할 수 있다. 즉 요역지의 사용가치를 증대시키는 것을 말한다.

그러나 요역지에 거주하는 사람의 개인적인 이익을 위하여서는 지역권을 설정하지 못한다.

나. 타인의 토지를 자기의 토지에

(가) 타인의 토지(승역지)

지역권은 타물권으로서 자신의 소유물에 성립할 수 없는데, A 토지의 공유자 중 일부가 B 토지를 소유하는 경우에 B 토지의 소유자들은 A 토지의 공유자들로서 이미 A 토지의 전부를 지분의 비율로 사용·수익할 수 있는 지위에 있으므로, A 토지를 B 토지의 편익에 이용하기 위하여 지역권을 설정하는 등기를 신청할 수 없다(선례 201803-6). [20 등기서기보 / 18 등기주사보]

타인의 토지(승역지)는 1필의 토지 전부 또는 물리적 일부에 할 수 있다. [23 법원사무관] 그러나 지분에는 할 수 없다.

(나) 자기의 토지(요역지)

자기의 토지(요역지)는 1필의 토지 전부여야 하고 물리적 일부에는 할 수 없다. 또한 1필 토지의 지분에도 할 수 없다.

다. 편익에 이용하는 권리(비배타성)

지역권은 편익에 이용하는 권리로서 배타성이 없다. 따라서 지역권은 서로 양립할 수 있다.

지역권은 토지 소유자의 토지에 대한 사용·수익 권능을 전면적으로 배제하는 것은 아니어서 그 소유자는 지역권과 저촉되지 않는 한도에서 승역지를 직접 점유하면서 지역권자와 공동으로 그 토지를 사용·수익할 수 있으므로(「민법」 제291조 참조), **토지의 일부에 지역권이 설정되어 있는 경우라도 토지 소유명의인은 지상권자와 함께 후순위로 토지 전부에 대하여 철근콘크리트조 건물의 소유를 위한 지상권설정등기를 신청할 수 있다**(선례 201810-2). [19 등기주사보]

또한 편익에 이용하기 위해서 **요역지와 승역지가 반드시 인접할 필요는 없으며, 서로 다른 등기소의 관할**에 속하는 경우에도 무방하다(「부동산등기실무Ⅱ」 p.419). [23 법원사무관]

4) 효과

지역권은 요역지소유권에 부종하여 이전하며 또는 요역지에 대한 소유권 이외의 권리의 목적이 된다. 그러나 다른 약정이 있는 때에는 그 약정에 의한다(「민법」 제292조 제1항).

(2) 개시

1) 승역지와 요역지를 관할하는 등기소가 같은 경우 지역권에 관한 등기는 승역지를 관할하는 등기소에 신청하여야 하고, 요역지에 대한 등기는 등기관이 직권으로 한다. [17 법무사]

2) 이는 승역지와 요역지를 관할하는 등기소가 다른 경우에도 마찬가지이므로 승역지를 관할하는 등기소에 지역권설정등기를 신청하여야 한다. [22 등기서기보 / 20 등기서기보 / 18 등기주사보 / 16 등기서기보]

3) 일괄신청은 법 제25조 및 규칙 제47조의 예외적인 경우에만 허용되므로, 규칙 제47조 제1항 제1호에서 소유자를 달리하는 수개의 부동산에 대하여 공동저당권설정 시에 일괄신청을 허용하는 것과는 달리 1개의 토지를 요역지로 하고 소유자를 달리하는 여러 개의 토지를 승역지로 할 경우의 지역권설정등기에 대하여 일괄신청을 허용하는 규정이 없으므로 위 지역권설정등기를 일괄하여 신청할 수 없다(법 제25조, 규칙 제47조, 예규 제192호).

(3) 신청절차

1) 신청인

지역권설정등기는 지역권설정자(소유자·지상권자·전세권자·등기된 임차권자)가 등기의무자[20 등기서기보 / 16 등기서기보], 지역권자(소유자·지상권자·전세권자·등기된 임차권자)가 등기권리자[19 등기주사보]로서 공동신청하여야 한다.

2) 신청정보

가. 일반적 신청정보

(가) 등기원인 및 그 연월일

(나) 등기목적

나. 개별적 신청정보

(가) 필요적 기재사항

지역권설정등기신청서에는 부동산(요역지 또는 승역지)의 표시, 신청인의 성명 또는 명칭과 주소, 등기원인과 그 연월일 등과 같이 규칙 제43조에서 정한 일반적인 사항을 기재한다.

또한 지역권설정등기를 신청할 때에는 **지역권설정의 목적, 범위 및 요역지 표시**를 반드시 신청정보의 내용으로 제공하여야 한다(규칙 제127조, 법 제70조). [18 등기주사보] 다만 이러한 정보는 **한 장의 신청정보로** 제공한다. [15 등기서기보]

가) 요역지 또는 승역지의 표시

신청서에는 요역지와 함께 승역지를 기재한다.

나) 지역권설정의 목적

목적은 승역지가 요역지에 제공하고 있는 편익의 종류를 기재해야 하는데, 상린관계에 관한 강행규정에 반하는 것을 목적으로 하여서는 아니 된다.

다) 지역권설정의 범위

지역권이 승역지의 전부에 설정되는지 또는 일부에 설정되는지를 명확히 하기 위하여 그 범위를 구체적으로 특정해야 하므로, "전부" 또는 "동쪽 20㎡" 등과 같이 기재한다.

(나) 임의적 기재사항

민법 제292조 제1항 단서, 민법 제297조 제1항 단서의 약정이나 민법 제298조의 약정이 있는 경우에는 이를 신청서에 기재하여야 하고(규칙 제127조 제1항, 법 제70조 제4호) 그 약정은 승역지의 등기기록상에 표시된다.

3) 첨부정보

등기원인을 증명하는 서면 등 규칙 제46조 제1항, 법 제50조 제2항에서 정한 일반적인 첨부정보를 제공하여야 한다.

가. 지역권 설정의 범위가 승역지의 **물리적 일부**인 경우에는 그 부분을 표시한 **지적도**를 첨부정보로서 등기소에 제공하여야 한다(규칙 제127조 제2항). [21 법무사 / 17 등기주사보]

나. 지역권설정등기를 신청할 때의 **과세표준액**은 **요역지의 시가표준액**이 되므로[17 법무사], 요역지의 부동산가액의 1,000분의 2에 해당하는 등록면허세 등을 납부하고, 등록면허세 영수필확인서를 첨부정보로서 제공한다.

(4) 실행절차

1) 접수·배당

2) 조사(형식적 심사)

가. 주위토지통행권 확인 판결을 받았다고 하더라도 토지통행권은 부동산등기법 제3조에서 정하는 등기할 사항이 아니므로 등기할 수 없다(선례 5-4).

나. 또한 원고에게 **통행권이 있음(주위토지통행권)**을 확인하는 확정판결에 의하여서는 지역권설정등기를 할 수 없다(선례 7-322). [23 법원사무관 / 19 등기주사보 / 17 법무사]

등기관의 착오로 위 판결에 의하여 지역권 설정등기가 경료된 경우 이는 부동산등기법 제29조 제1호 또는 제2호에 해당하지 아니하기 때문에 등기관이 직권으로 말소할 수 없고, 당사자의 공동 신청에 의하여 말소하여야 하나 등기의무자의 협력을 받을 수 없는 경우에는 지역권설정등기말소절차의 이행을 명하는 확정판결을 첨부하여 단독으로 말소 신청할 수 있다(선례 제7-322호). [23 법원사무관]

3) 문제○ (취하·보정·각하)

4) 문제× (등기실행)

가. 등기기록 작성·기입

(가) 일반론

지역권은 요역지를 위하여 존재하는 권리이므로 요역지의 소유권에 대하여 부종성 (수반성)을 가지며, 당사자 사이에 다른 약정이 없으면 지역권은 요역지 소유권이 이전되면 당연히 이전된다.

즉, 요역지의 소유권이전등기가 있으면 지역권의 이전등기 없이도 지역권이전의 효력이 생기므로, [23 법원사무관 / 17 법무사] 지역권의 이전등기는 할 필요가 없다. [23 법원사무관 / 19 등기주사보]

위와 같은 이유로 지역권설정등기를 할 때에는 다른 권리의 등기와 달리 권리자(지역권자)를 기록하지 않는다. [20 등기서기보 / 18 등기주사보 / 17 등기주사보·법무사 / 16 등기서기보]

(나) 승역지의 등기기록

가) 지역권설정의 목적, 범위, 요역지를 반드시 기록하여야 한다. [21 법무사 / 16 등기서기보]

나) 승역지의 소유권을 목적으로 한 지역권의 설정등기는 주등기로 이를 실행하나, 승역지의 지상권·전세권·임차권을 목적으로 한 지역권의 설정등기는 부기등기로 한다.

(다) 요역지의 등기기록

가) 승역지와 요역지가 같은 등기소의 관할인 경우

승역지와 요역지가 같은 등기소의 관할에 속하는 경우 등기관이 승역지에 지역권설정의 등기를 하였을 때에는 직권으로 요역지의 등기기록에 승역지, 지역권설정의 목적, 범위 등을 기록하여야 한다(법 제71조 제1항). [23 등기서기보 / 21 법무사 / 17 등기주사보]

나) 승역지와 요역지가 다른 등기소의 관할인 경우

종래 승역지와 요역지가 다른 등기소의 관할에 속하는 경우 승역지 등기소의 등기관은 요역지의 등기사무를 처리할 수가 없어 요역지의 기재사항의 내용을 통지하는 방식이었으나, 개정 법률에 따르면 승역지와 요역지의 관할 등기소가 다른 때에도 승역지 등기소의 등기관은 요역지의 등기기록에 해당 등기를 할 수 있다(법 제7조의 2). [개정 2024.9.20, 시행일 : 2025.1.31.]

이는 지역권 변경 또는 말소등기에도 마찬가지로 적용되므로, 등기관이 승역지에 지역권변경 또는 말소의 등기를 하였을 때에는 직권으로 요역지의 등기기록에 변경 또는 말소의 등기를 하여야 한다. [개정 2024.9.20, 시행일: 2025.1.31.]

> **관련기출지문**
>
> **1** 승역지는 반드시 1필의 토지 전부이어야 하는 것은 아니고 그 일부에 대하여도 설정할 수는 있으나, 요역지와 승역지는 서로 인접하고 있어야 한다. (×) [23 법원사무관]
>
> **2** 요역지와 승역지를 관할하는 등기소가 다른 경우에 지역권설정등기의 신청은 요역지를 관할하는 등기소에 하여야 한다. (×) [20 등기서기보 / 16 등기서기보]
>
> **3** 지역권의 등기는 승역지와 요역지에 대하여 각 별개의 신청정보를 제공함으로써 하여야 한다. (×) [15 등기서기보]
>
> **4** 지역권설정등기를 하는 경우에 승역지의 시가표준액이 과세표준액이 된다. (×) [17 법무사]
>
> **5** 원고에게 통행권이 있음을 확인하는 확정판결에 의하여서는 지역권설정등기를 할 수 없는바, 등기관의 착오로 위 판결에 의하여 지역권 설정등기가 경료된 경우 이는 부동산등기법 제29조 제2호에 해당하여 등기관이 직권으로 말소할 수 있다. (×) [23 법원사무관]
>
> **6** 지역권도 권리에 관한 등기이므로 다른 권리에 관한 등기와 마찬가지로 권리자를 기록하여야 한다. (×) [18 등기주사보]
>
> **7** 등기관이 승역지의 등기기록에 지역권설정의 등기를 할 때에는 지역권자를 기록하여야 한다. (×) [17 등기주사보]
>
> **8** 지역권은 특별한 약정이 없는 한 요역지 소유권이 이전되면 당연히 이전되나, 지역권 이전의 효력이 발생하려면 지역권 이전등기를 하여야 한다. (×) [23 법원사무관]

2. 지역권 이전등기

지역권은 요역지소유권에 부종하여 이전하며 또는 요역지에 대한 소유권 이외의 권리의 목적이 된다. 그러나 다른 약정이 있는 때에는 그 약정에 의한다(「민법」 제292조 제1항).

따라서 지역권은 요역지의 소유권에 대하여 부종성(수반성)을 가지므로 당사자 사이에 다른 약정이 없으면 지역권은 요역지 소유권이 이전되면 당연히 이전되며, 요역지의 소유권이전등기가 있으면 지역권의 이전등기 없이도 지역권이전의 효력이 생긴다. [17 법무사] 따라서 지역권의 이전등기는 할 필요가 없다. [19 등기주사보]

3. 지역권 변경등기

지역권 변경계약에 의하여 지역권 설정의 목적 또는 범위를 변경하거나 임의적 기록사항(「민법」 제292조 제1항 단서 등)의 폐지 또는 신설이 있는 경우 또는 요역지 부동산의 표시변경이나 지역권 일부가 시효로 인하여 소멸함에 따라 그 범위가 변경되는 등 지역권의 내용에 변경이 생긴 때에는 지역권변경등기를 해야 제3자에게 대항할 수 있다.

4. 지역권 말소등기

지역권은 승역지 또는 요역지의 멸실, 권리혼동, 소멸시효, 제3자의 승역지의 취득시효, 선순위 담보권의 실행으로 인한 경매, 수용, 합의해제, 지역권자의 권리포기 또는 약정소멸사유 발생 등을 원인으로 말소된다.

요역지에 지상권, 전세권 또는 임차권 등의 소유권 외의 권리가 있는 경우 지역권의 부종성에 의하여 지상권자 등은 당연히 지역권을 행사할 수 있기 때문에 지역권을 말소하기 위해서는 지상권자 등의 동의서를 첨부하여야 한다(「부동산등기실무Ⅱ」 p.425). [24 법무사]

Ⅲ. 전세권에 관한 등기

1. 전세권 설정등기

(1) 서설

1) 의의(「민법」 제303조)

전세권은 ① 전세금을 지급하고 ② 타인의 부동산을 점유하여 그 부동산의 ③ 용도에 따라 사용·수익하며(용익권능), 그 부동산 ④ 전부에 대하여 후순위 권리자 그 밖의 채권자보다 전세금의 우선변제를 받을 수 있는(담보권능) 물권을 말한다(「민법」 제303조 제1항). [17 등기주사보] 즉 전세권자는 타인의 부동산을 사용·수익할 수 있을 뿐만 아니라 전세금의 우선변제권을 가지며 전세권설정자가 전세금의 반환을 지체한 때에는 전세권의 목적물에 대한 경매청구권도 가진다(「민법」 제381조). 따라서 전세권은 용익물권적 성격과 담보물권적 성격을 함께 가진다고 할 수 있다.

2) 요건(내용)

가. 전세금을 지급

나. 타인의 부동산

다. 용도에 따라 사용·수익

라. 우선변제

3) 적용범위

가. 전세금을 지급

전세금의 지급은 전세권 성립의 요소가 되는 것이지만 그렇다고 하여 전세금의 지급이 반드시 현실적으로 수수되어야만 하는 것은 아니고 기존의 채권으로 전세금의 지급에 갈음할 수도 있다(대판 1995.2.10, 94다18508).

나. 타인의 부동산

(가) 전세권은 타인의 부동산에 설정할 수 있으므로, 토지 또는 건물에 각 전세권을 설정할 수 있다.

(나) 토지와 건물은 별개의 부동산이므로 **건물의 일부 또는 전부에 전세권설정등기가** 경료되어 있는 경우에도 그 대지인 토지의 일부 또는 전부에 전세권설정등기를 신청할 수 있다(선례 2-368, 5-420). [23 법무사 / 18 등기주사보 / 9 법무사]

(다) 마찬가지로 토지의 일부에 이미 전세권이 설정된 경우에도 그 **토지부분과 중복되지 않는 다른 토지부분에 대하여 전세권설정등기를** 할 수 있다. [21 등기서기보 / 20 법원사무관]

(라) 농경지는 전세권의 목적으로 하지 못하므로(「민법」제303조 제2항), 농지에 대하여는 원칙적으로 전세권설정등기를 신청할 수 없다(법 제29조 제2호, 규칙 제52조 제4호). 따라서 **농지를 전세권 설정의 목적**으로 하는 등기를 신청한 경우는 '사건이 등기할 것이 아닌 경우'에 해당하므로 **각하**하여야 한다. [19 법무사 / 18 등기주사보 / 16 법무사 / 15 등기서기보·법원사무관 / 14 법무사 / 13 법무사 / 10 법무사] 그러나 「국토의 계획 및 이용에 관한 법률」제36조의 용도지역 중 **도시지역**(녹지지역의 농지에 대하여는 도시·군계획시설사업에 필요한 농지에 한함) 내의 농지에 대하여는 **전세권**설정등기를 신청할 수 있다. [20 법무사] 다만 이 경우 도시지역 내의 농지임을 소명하기 위한 토지이용계획확인서를 첨부정보로서 제공하여야 한다(선례 201811-9).

(마) 부동산의 전부 또는 물리적 일부에 전세권을 설정할 수 있다.

(바) 전세권은 부동산을 사용하는 용익물권이므로 부동산의 공유지분에는 전세권을 설정할 수 없다. [17 등기주사보 / 9 법무사] 따라서 2층짜리 단독건물을 각 층의 면적 비율에 상응하는 지분 비율로 甲과 乙이 공유하고 있는 경우 甲이 그의 공유지분에 대하여만 전세권설정등기를 할 수는 없다. [16 법무사]

(사) 마찬가지로 구분건물의 **대지권**의 기본적인 속성은 토지에 대한 지분이므로 전세권설정등기는 신청할 수 **없다**. [19 등기주사보] 즉 대지권이 경료된 경우 전유부분과 대지권을 일체로 하는 **전유부분과 그 대지권을 함께 동일한 전세권의 목적으로 하는** 전세권설정등기를 마칠 수는 없으므로 등기관은 그러한 등기신청이 있는 경우에는 **각하**한다. [21 등기서기보 / 18 등기주사보 / 17 법원사무관 / 12 법무사] 이 경우 신청인은 **전유부분만**에 대한 전세권설정등기를 하여야 하고, 등기관은 그 등기에 건물만에 관한 것이라는 뜻을 직권으로 기록하여야 한다(규칙 제119조 제2항).

다. 용도에 따라 사용·수익

(가) 사용·수익하는 권능

전세권이 용익물권적 성격과 담보물권적 성격을 겸비하고 있다는 점 및 목적물의 인도는 전세권의 성립요건이 아닌 점 등에 비추어 볼 때, 당사자가 주로 채권담보의 목적으로 전세권을 설정하였고, 그 설정과 동시에 목적물을 인도하지 아니한 경우라 하더라도, 장차 전세권자가 목적물을 사용·수익하는 것을 완전히 배제하는 것이 아니라면, 그 전세권의 효력을 부인할 수는 없다(대판 1995.2.10, 94다18508).

(나) 배타성

전세권은 부동산을 사용하는 권리로서 용익물권의 성격상 그 부동산을 배타적으로 사용·수익할 수 있다. 따라서 동일한 부동산이라도 **중첩되지 않는 부분**이라면 이중으로 전세권을 설정할 수 있다. 그러나 **중첩되는 부분**이라면 이중으로 전세권을 설정할 수 없다.

(다) 후등기저지력

후등기저지력이란 어떤 등기가 존재하는 이상 그것이 비록 실체법상 무효라고 하더라도 형식상의 효력은 있는 것이므로 그것을 말소하지 않고서는 그것과 양립할 수 없는 등기는 할 수 없다는 것을 말한다. [17 등기주사보 / 16 등기서기보]

예컨대 전세권(지상권)의 **존속기간이 만료되어** 실체법상 소멸되었다 하더라도 등기의 후등기저지력으로 인하여 그 전세권(지상권)설정등기를 말소하지 않는 한 동일한 부분에 대하여 후순위로 **중복하여 전세권(지상권)설정등기를 할 수 없다**(선례 7-268). [20 등기서기보 / 18 등기주사보 / 14 법무사 / 11 법무사] 이를 허용하면 등기의 형식상 용익물권이 중복되어 등기기록상의 권리관계가 불분명하게 되기 때문이다. 다만 먼저 설정된 물권과 범위가 중복되지 않거나, 범위가 중복되더라도 물권변동의 효력이 없는 가등기는 가능하다.

라. 우선변제

부동산 전부에 대하여 후순위권리자 기타 채권자보다 전세금의 우선변제(담보권능)를 받을 권리가 있다(「민법」 제303조 제1항).

(2) **개시**

1) 전세권설정등기는 전세권설정자와 전세권자가 공동으로 신청한다(법 제23조 제1항).

2) 전세권설정계약을 체결한 후 전세권설정자가 의무의 이행에 협력하지 않는 경우 **전세권설정등기의 이행을 명하는 판결**을 받아 전세권자가 단독으로 신청할 수 있다(법 제23조 제4항). 그러나 전세권설정등기를 명하는 판결주문에 필요적 기재사항인 **전세금**이나 전세권의 목적인 **범위가 명시되지 아니한** 경우에는 판결에 따른 등기를 신청할 수 **없다.** [15 법무사] 이와 달리 전세권설정등기를 명하는 판결 주문에 **존속기간은 명시되어 있지 않지만** 전세금과 전세권의 목적인 범위가 명시되어 있다면 이 판결에 의하여 등기권리자는 단독으로 전세권설정등기를 신청할 수 있다. [20 등기서기보]

(3) **신청절차**

1) 신청인

전세권설정자(부동산의 소유자)가 등기의무자, 전세권자(전세권을 취득하는 자)가 등기권리자가 되어 공동으로 신청한다(법 제23조 제1항).

2) 신청정보

가. 일반적 신청정보

나. 개별적 신청정보

(가) **필요적 기재사항**

전세권설정등기신청서에는 부동산의 표시, 신청인의 성명 또는 명칭과 주소, 등기원인과 그 연월일 등과 같이 규칙 제43조에서 정한 일반적인 기재사항 외에 **전세금과 전세권의 목적인 범위를 반드시 기재하여야 한다**(규칙 제128조 제1항). [24 법원사무관]

가) 전세금

전세금은 전세권자가 전세권설정자에게 교부하는 금전으로 전세권이 소멸한 때에 반환을 받게 되는 전세권의 요소이며, 등록면허세의 기준이 된다. 전세금은 전세권의 본질적 요소이므로 전세권설정등기신청서에는 전세금을 반드시 기재하여야 하고(규칙 제128조 제1항), 전세금을 지급하지 않는다는 특약은 전세권의 성질에 반하여 무효이다.

나) 전세권의 목적인 범위

신청서에는 전세권의 목적이 토지(건물)의 전부 또는 일부인지를 표시해야 한다(규칙 제128조 제1항). 전세권의 목적이 부동산의 전부인 때에는 "토지 전부", "건물 전부" 등으로, 부동산의 일부인 때에는 "건물 2층 전부", "건물 1층 동쪽 300㎡" 등으로 표시한다.

(나) 임의적 기재사항

전세권설정계약서에 **존속기간, 위약금이나 배상금 또는 민법 제306조 단서에 의한 약정**(양도, 임대금지의 약정)이 **있는 때**에는 신청서에 기재하여야 한다(규칙 제128조 제1항). [24 법원사무관 / 9 법무사]

가) 존속기간

전세권의 존속기간은 10년을 넘지 못한다. 당사자의 약정기간이 10년을 넘는 때에는 이를 10년으로 단축한다. 건물에 대한 전세권의 존속기간을 1년 미만으로 정한 때에는 이를 1년으로 한다. 전세권의 설정은 이를 갱신할 수 있다. 그 기간은 갱신한 날로부터 10년을 넘지 못한다. 건물의 전세권설정자가 전세권의 존속기간 만료 전 6월부터 1월까지 사이에 전세권자에 대하여 갱신거절의 통지 또는 조건을 변경하지 아니하면 갱신하지 아니한다는 뜻의 통지를 하지 아니한 경우에는 그 기간이 만료된 때에 전전세권과 동일한 조건으로 다시 전세권을 설정한 것으로 본다. 이 경우 전세권의 존속기간은 그 정함이 없는 것으로 본다(「민법」 제312조).

부동산 전세권등기를 신청할 때에 **존속기간은 전세권설정계약서에 따라야 하는 것이므로, 존속기간의 시작일이 등기신청접수일자보다 이전이나 이후라도** 등기관으로서는 당해 전세권설정등기신청을 **수리하여야 한다**(선례 제200304-19호). [23 법무사]

나) 위약금 또는 배상금

계약서 위약금 또는 배상금에 관한 약정이 있는 경우에는 신청서에 기재하여야 한다(규칙 제128조 제1항).

다) 민법 제306조 단서에 의한 약정(전세권의 양도금지 또는 임대금지의 특약)

전세권은 물권으로서 그 **처분의 자유가** 있으므로 전세권자는 **전세권설정자의 동의 없이 전세권을 양도하거나 담보로 제공할 수 있고** 그 존속기간 내에서 그 목적물을 타인에게 전전세 또는 임대할 수 있다(「민법」 제306조). 그러나 당사자 간의 약정으로 이를 금지할 수 있는데 이 경우 금지약정사항을 신청서에 기재하여야 한다(규칙 제128조 제1항).

즉 전전세란 전세권자의 전세권은 그대로 존속·유지하면서 그 전세권자가 전세 목적물에 대하여 전세권을 다시 설정하는 것을 말한다. 전세권자는 설정행위에서 전전세가 금지되어 있지 않는 한 전세권설정자의 동의 없이 전세권의 존속기간 내에서 전세권 목적물의 전부 또는 일부를 전전세할 수 있다(선례 5-415, 「부동산등기실무Ⅱ」 p.435 참조). [23 법무사]

3) 첨부정보

가. 등기원인과 관련된 첨부정보

(가) 등기원인을 증명하는 정보

약정에 의한 전세권설정등기라면 전세권설정계약서를 제공하며, 판결에 의한 전세권설정등기신청의 경우에는 판결정본과 확정증명을 첨부정보로 제공하여야 한다.

(나) 등기원인에 대한 허가·동의·승낙을 증명하는 정보 등

① 검인(계약서·판결서)	(계약 + 유상·무상)	×	(∵ 소이등이 아니므로)
② 부동산거래계약신고필증	(계약 + 매매)	×	(∵ 소이등이 아니므로)
③ 토지거래계약허가증	(계약 + 유상)	×	(∵ 소이등·지상권이 아니므로)
④ 농지취득자격증명	(他人 → 本人)	×	(∵ 소이등이 아니므로)
⑤ 재단법인의 기본재산 처분 주무관청의 허가서		×	(∵ 소이등이 아니므로)
⑥ 공익법인의 기본재산 처분 주무관청의 허가서		○	
⑦ 학교법인의 수익용재산 처분 주무관청의 허가서		○	

나. 등기의무자와 관련된 첨부정보

(가) 등기필정보 등 - ○

(나) 인감증명서 등 - ○

다. 등기권리자와 관련된 첨부정보

(가) 취득세 등 세금납부영수증 - ○

(나) 주소를 증명하는 정보 - ○

(다) 번호를 증명하는 정보 - ○

라. 부동산과 관련된 첨부정보

(가) 전세권설정 또는 전전세의 범위가 부동산의 일부인 경우에는 그 부분을 표시한 지적도나 건물도면을 첨부정보로서 등기소에 제공하여야 한다(규칙 제128조 제2항).

[19 등기주사보]

(나) 부동산의 일부에 대한 전세권(임차권)설정등기 신청서에는 그 도면을 첨부하여야 할 것인바, 다만 전세권(임차권)의 목적인 범위가 건물의 일부로서 특정층 전부인 때에는 그 도면을 첨부할 필요가 없다(선례 200707-4). [20 등기사무보·법무사 / 16 법무사]

(다) 방문신청을 하는 경우라도 등기소에 제공하여야 하는 도면은 전자문서로 작성하여야 하며, 그 제공은 전산정보처리조직을 이용하여 등기소에 송신하는 방법으로 하여야 한다(다만 예외사유 있음).

(4) 실행절차(등기실행)

1) 등기부 작성 · 기입

가. 전세권설정등기는 등기기록 중 을구에(법 제15조 제2항) 등기의 목적 · 접수연월일 · 접수번호 · 등기원인과 그 연월일 · 전세금 · 범위 · 전세권자 등을 기록하며, 신청서에 존속기간 등의 기재가 있는 경우에는 그 사항도 기재한다(법 제48조). 또한 부동산의 일부에 대한 전세권인 경우에는 도면의 번호를 기록한다(법 제72조).

나. 전세권을 여러 명이 준공유하는 경우에는 <u>전세권자별 지분을 기록</u>하여야 하는 바(「민법」 제278조, 「부동산등기법」 제48조 제4항 참조), 공동전세권자 갑, 을, 병, 정이 준공유하는 건물전세권을 등기할 때에 그들의 각 지분을 기록하여야 함에도 착오로 이를 누락하였다면 갑, 을, 병, 정은 자신들의 각 지분을 추가 기록하는 경정등기를 신청할 수 있다. 이 경우 **공동전세권자별 지분이 4분의 1로 균등**하다면 별도의 지분을 증명하는 정보를 첨부정보로서 제공할 필요가 없으나, 만일 **공동전세권자별 실제 지분이 균등하지 않다면** 공동전세권자들 사이에 작성된 실제 지분 비율을 증명하는 정보(공동전세권자 전원이 함께 작성한 확인서 등)와 현재 등기 기록상 균등하게 추정되는 지분보다 지분이 적은 자의 인감증명을 첨부정보로 제공하여야 한다. 이와 같이 누락된 **공동전세권자별 지분을 추가 기록하는 경정등기**는 그 전세권의 존속기간이 만료된 경우라 하더라도 신청할 수 있다(선례 201807-3). [20 법무사 / 19 등기서기보]

다. 여러 개의 부동산에 관한 권리를 목적으로 하는 **전세권설정의 등기**를 하는 경우에는 각 부동산의 등기기록에 그 부동산에 관한 권리가 다른 부동산에 관한 권리와 함께 전세권의 목적으로 제공된 뜻을 기록하여야 한다. [21 등기서기보]

2) 각종 통지

등기명의인인 신청인에게 등기필정보를 작성 · 통지하며(법 제50조), 등기완료통지도 함께 한다(법 제30조).

관련 기출지문

1 공유지분에 대하여는 전세권설정등기를 하지 못하지만 집합건물의 전유부분과 대지권을 동일한 전세권의 목적으로 하는 등기신청의 경우에는 등기관은 수리하여야 한다. (×) [24 법원사무관]

2 전세권이 존속기간의 만료로 소멸한 경우에는 그 전세권설정등기를 말소하지 않고도 후순위로 중복하여 전세권설정등기를 신청할 수 있다. (×) [14 법무사]

3 전세금, 범위 및 존속기간은 반드시 신청정보로 제공하여야 하나 위약금이나 배상금 · 진세권 양도나 담보 제공 금지, 전전세나 임대 금지 등의 약정은 그러한 약정이 있는 경우에만 신청정보로 제공한다. (×) [24 법원사무관]

---

4 공동전세권자 甲, 乙, 丙, 丁이 준공유하는 건물전세권을 등기할 때에 그들의 각 지분을 기록하여야 함에도 착오로 이를 누락하였다면 甲, 乙, 丙, 丁은 자신들의 각 지분을 추가 기록하는 경정등기를 신청할 수 있는 바, 다만 이러한 경정등기는 그 전세권의 존속기간이 만료된 경우에는 신청할 수 없다. (×) [20 법무사]

5 전세권을 여러 명이 준공유하는 경우에는 전세권자별 지분을 기록하여야 하는데 착오로 이를 누락하였다면 공동전세권자들은 자신들의 각 지분을 추가 기록하는 경정등기를 신청할 수 있는 바, 다만 그 전세권의 존속기간이 만료된 경우에는 이 경정등기를 신청할 수 없다. (×) [19 등기서기보]

---

2. 전세권 이전등기

(1) 서설

1) 의의(「민법」 제306조, 법 제3조, 법 제73조)

이전등기는 권리의 주체가 변동된 경우에 하는 등기이므로 **전세권이전등기**는 전세권의 주체가 변동된 경우에 하는 등기이다.

전세권자는 전세권을 타인에게 양도 또는 담보로 제공할 수 있고 그 존속기간 내에서 그 목적물을 타인에게 전전세 또는 임대할 수 있다. 그러나 설정행위로 이를 금지한 때에는 그러하지 아니하다(「민법」 제306조, 법 제72조 제1항).

전세권자는 설정행위로 금지하지 않는 한 전세권을 설정자의 동의 없이 타인에게 양도하거나 담보로 제공할 수 있고, 제3자에게 전세권의 일부(준공유지분)를 양도하는 전세권일부이전도 허용된다(선례 6-320).

전세금반환채권의 일부양도에 따른 전세권 일부이전등기는 존속기간의 만료 후에 할 수 있고, 만료 전에는 원칙적으로 할 수 없지만, 해당 전세권이 소멸하였음을 증명하는 경우에는 신청할 수 있다(법 제73조 제2항).

2) 요건

3) 적용범위

가. 특정승계에 의한 경우

(가) 존속기간의 만료 전

가) **전세권**은 물권이므로 전세권자는 전세권을 자유로이 처분할 수 있으며 그에 따른 전세권이전등기도 신청할 수 있다. 또한 전세권을 전부 양도하는 것만이 아니라 일부만 양도하는 것도 허용되는데, 현재의 전세권자가 제3자와 공동으로 전세권을 준공유하기 위하여는 제3자에게 전세권의 일부(준공유지분)를 양도하는 전세권일부이전등기를 부기등기로 할 수 있다(선례 6-320).

나) 이와 같이 전세권의 **존속기간이 만료되기 전**이라면 전세권자의 계약상 지위를 일부양도하는 전세권 일부이전등기를 신청하여야 하고, 전세금반환채권의 일부양도로 전세권 일부이전등기를 신청할 수 없다.

즉 전세금반환채권의 일부 양도를 원인으로 한 전세권 일부이전등기의 신청은 전세권의 존속기간의 만료 전에는 할 수 없다. 다만, 존속기간 만료 전이라도 해당 전세권이 소멸하였음을 증명하여 신청하는 경우에는 신청할 수 있다 (법 제73조 제2항). [21 등기서기보 / 20 법원사무관 / 16 등기서기보 / 14 법무사]

다) 전세권의 존속기간 만료 전에 전세권의 기초가 되는 기본계약상의 채권자 지 위가 제3자에게 양도된 경우 양도인이 등기의무자, 양수인이 등기권리자가 되어 공동으로 "매매"를 원인으로 전세권이전등기를 신청할 수 있다.

(나) 존속기간의 만료 후

가) 전세권설정등기를 마친 민법상의 **전세권**은 그 성질상 용익물권적 성격과 담보 물권적 성격을 겸비한 것으로서, **전세권의 존속기간이 만료되면 전세권의 용익 물권적 권능**은 전세권설정등기의 말소 없이도 당연히 소멸하고 단지 전세금반 환채권을 담보하는 **담보물권적 권능**의 범위 내에서 전세금의 반환 시까지 그 전세권설정등기의 효력이 존속하고 있다 할 것인데, 이와 같이 존속기간의 경 과로서 본래의 용익물권적 권능이 소멸하고 담보물권적 권능만 남은 전세권 에 대해서도 그 피담보채권인 전세금반환채권과 함께 제3자에게 이를 양도할 수 있다(대판 2005.3.25, 2003다35659).

나) 전세금의 반환과 전세권설정등기의 말소 및 전세권목적물의 인도와는 **동시이행 의 관계**에 있으므로 전세권이 존속기간의 만료로 인하여 소멸된 경우에도 당 해 전세권설정등기는 전세금반환채권을 담보하는 범위 내에서는 유효한 것이 라 할 것이어서, **전세권의 존속기간이 만료되고 전세금의 반환시기가 경과된 전세권의 경우에도 설정행위로 금지하지 않는 한 전세권의 이전등기는 가능** 하며[23 법무사 / 17 등기주사보·법원사무관], 이 경우 전세권설정등기 후에 경료된 소유권 가압류 등기권자는 위 전세권이전등기에 관하여 이해관계 있는 제3자에 해당 하지 않는다(선례 7-263).

다) **존속기간이 만료된 전세권의 전세금반환채권에 대하여 집행법원이 압류 및 전부명령에 기한 전세권이전등기촉탁을 한 경우에도 마찬가지로 그 전세권이 전등기가 가능**하다(선례 7-265). [14 법무사]

라) 그러나 **전세권설정등기가 경료되지 않은 채 전세금반환채권에 대하여 압류 및 전부명령이 있고 이후에 전세권설정등기가 경료된 경우 위 전부명령을 원 인으로 한 전세권이전등기를 할 수 없다**(선례 5-422). [9 법무사]

마) 전세권의 존속기간 만료 후에 그 전세금반환채권이 양도된 경우 양도인이 등 기의무자, 양수인이 등기권리자가 되어 공동으로 "전세금반환채권 양도" 또는 "전세금반환채권 일부양도"를 원인으로 전세권이전등기를 신청할 수 있다.

나. 포괄승계에 의한 경우(상속·합병·분할 등)

피상속인이 사망하면 상속인은 모든 재상상의 권리·의무를 포괄승계하므로, 전세권자가 사망한 경우에는 전세권자의 상속인은 단독으로 전세권의 이전등기를 신청할 수 있다 (법 제23조 제3항).

(2) 개시

전세권이전등기는 전세권의 양도인과 전세권의 양수인이 공동으로 신청한다(법 제23조 제1항).

(3) 신청절차

1) 신청인

전세권의 양도인이 등기의무자, 전세권의 양수인이 등기권리자가 되어 공동으로 신청한다(법 제23조 제1항).

2) 신청정보

전세권이전등기신청서에는 부동산의 표시, 신청인의 성명 또는 명칭과 주소, 등기원인과 그 연월일과 같이 규칙 제43조에서 정한 일반적인 기재사항 외에 이전할 전세권의 접수연월일과 접수번호를 기재하여야 한다.

전세권의 지분 일부를 양도한 경우에는 "이전할 지분"도 함께 기재하며, **전세금반환채권의 일부를 양도한 경우에는 '양도액'**을 신청정보의 내용으로 등기소에 제공하여야 한다. [17 등기주사보]

3) 첨부정보

가. 첨부정보로는 등기원인을 증명하는 서면 등 규칙 제46조, 법 제50조 제2항에서 정한 일반적인 첨부정보를 제공하여야 한다.

나. 전세금반환채권의 일부양도를 원인으로 전세권 일부이전등기를 신청할 때에는 **전세권의 존속기간 만료 전에 등기를 신청하는 경우에는 전세권이 소멸하였음을 증명하는 정보**(전세권의 소멸청구나 소멸통고 등)를 첨부정보로서 등기소에 제공하여야 한다(예규 1406).

다. 건물전세권의 존속기간이 만료되어 등기를 신청하는 경우에는 전세권이 소멸하였음을 증명하는 정보(갱신거절의 통지 등)를 첨부정보로서 등기소에 제공하여야 한다(예규 1406).

(4) 실행절차(등기실행)

1) 소유권 외의 권리의 이전등기는 부기등기에 의하므로(법 제52조 제2호), **전세권의 이전등기는 부기등기로 한다.**

2) 전세권의 존속기간 만료 전 전세권의 **지분 일부를 양도**한 경우에는 **"이전할 지분"**을 기록한다. [19 등기주사보 / 12 법무사]

3) 전세권의 존속기간 만료 후 전세금반환채권의 일부를 양도한 경우에는 **'양도액'**을 기록한다.

관련 기출지문

1 전세권의 존속기간이 만료되고 전세금의 반환시기가 경과 된 전세권의 경우에는 설정행위로 금지하지 않았더라도 전세권의 이전등기를 할 수 없다. (×) [17 등기주사보]

2 전세권의 존속기간 만료 전 전세권의 일부지분을 양도하는 경우 그 양도액을 등기하여야 한다. (×) [19 등기주사보]

3 전세권 일부 지분의 양도를 원인으로 한 전세권 일부이전등기를 할 때에는 양도액을 등기하여야 한다. (×) [12 법무사]

3. 전세권 변경등기

(1) 서설

1) 의의

전세권변경등기는 현재 효력이 있는 전세권등기의 권리의 내용인 전세금, 범위, 존속기간 등이 후발적인 사유(전세금의 증감, 존속기간의 변경, 범위의 확대·축소 등)로 실체관계와 불일치한 경우에 이를 일치시키는 등기이다. 이러한 등기를 하여야 제3자에게 대항할 수 있다.

2) 요건

가. 현재 효력이 있는 등기일 것

나. 일부에 관한 불일치가 있을 것(동일성)

전세권변경등기를 하기 위해서는 변경 전·후의 권리의 동일성이 유지되어야 하고 동일성이 인정되지 않으면 새로이 전세권설정등기를 하여야 한다.

건물의 일부를 목적으로 하는 전세권설정등기가 마쳐진 후 전세권의 범위를 다른 일부로 변경하는 등기는 변경 전후 전세권의 동일성이 인정되지 아니하므로 별개의 전세권설정등기신청으로 해야 한다. [24 법원사무관]

따라서 건물의 일부(17층 북쪽 201.37㎡)를 목적으로 하는 전세권설정등기와 근저당권설정등기가 순차로 경료된 이후, 당사자 사이에 전세권의 범위를 건물의 3층 동쪽 484.58㎡로 변경하는 계약이 체결된 경우 등기부상 이해관계인의 유무와 관계없이 전세권의 목적물 자체의 동일성이 인정되지 아니하므로 새로운 전세권의 등기는 **전세권변경등기에 의할 것이 아니고 별개의 전세권설정등기신청으로** 하여야 할 것이다(선례 6-321). [19 등기서기보 / 14 법무사 / 9 법무사]

다. 후발적 사유로 불일치가 있을 것

라. 등기상 이해관계 있는 제3자의 승낙을 받을 것

(가) 등기상 이해관계 있는 제3자의 의미

등기상 이해관계 있는 제3자란 전세권변경등기를 함으로써 등기기록의 형식상 손해를 받을 우려가 있는 자를 말한다.

(나) 등기상 이해관계 있는 제3자의 범위(터잡은 – 수리요건 / 후순위 – 부기요건)

가) 전세금의 증액

전세금의 **증액**의 경우 전세권의 선순위 근저당권자 등이나 전세권을 터잡은 근저당권자 등은 손해가 없으므로 등기상 이해관계인이 아니나, 전세권의 후순위 근저당권자 등은 등기상 이해관계인에 해당한다.

이러한 후순위 근저당권자의 승낙은 부기요건에 해당한다.

나) 전세금의 감액

전세금의 **감액**의 경우 전세권의 선순위 근저당권자 등이나 전세권의 후순위 근저당권자 등은 손해가 없으므로 등기상 이해관계인이 아니나, 전세권을 터 잡은 근저당권자 등은 등기상 이해관계인에 해당한다.

이러한 전세권을 터잡은 근저당권자의 승낙은 수리요건에 해당한다.

예컨대, 전세권설정등기 후 그 전세권을 목적으로 하는 근저당권설정등기 또는 그 전세권에 대한 가압류등기 등이 있는 상태에서 **전세금을 감액**하는 변경등기 를 하는 때에 그 근저당권자 또는 가압류권자 등은 등기상 이해관계 있는 제3자 에 해당하므로 그의 승낙이 있으면 그 변경등기를 전세권설정등기에 부기로 하 고, 그의 승낙이 없으면 그 변경등기를 할 수 없다(예규 제1671호, 2-나-2)).

다) 존속기간의 연장

존속기간의 연장의 경우 전세권의 선순위 근저당권자 등이나 전세권을 터잡은 근저당권자 등은 손해가 없으므로 등기상 이해관계인이 아니나, 전세권의 후 순위 근저당권자 등은 등기상 이해관계인에 해당한다.

이러한 후순위 근저당권자의 승낙은 부기요건에 해당한다.

① 4층 근린생활시설 건물 중 1층 전부 및 2층 일부에 대하여 갑 명의의 전세권설 정등기가 경료되고, 이어 4층 전부에 대하여 을 명의의 전세권설정등기가 경료된 상태에서, 갑 명의의 전세권설정등기의 존속기간 연장을 위한 변경 등기를 할 경우 을은 등기상 이해관계 있는 제3자라 할 것이므로[23 법무사 / 15 등기사키보], 위 변경등기를 부기등기의 방식으로 하기 위해서는 신청서에 을 의 승낙서 또는 이에 대항할 수 있는 재판의 등본을 반드시 첨부하여야 하 며, 승낙서 등을 첨부할 수 없는 경우에는 주등기(독립등기)의 방식으로 그 등기를 할 수 있을 것이다(선례 7-264). 층수가 다르더라도 등기상 이해관계인 에 반영되는 이유는 전세권은 부동산의 일부에 설정이 되어도 그 부동산 전 부에 대하여 우선변제를 받을 수 있기 때문이다(「민법」 제303조 제1항).

② 전세권설정등기에 대한 변경등기를 신청하는 경우, 그 변경등기에 대하여 등기상 이해관계 있는 제3자가 있는 경우에는 신청서에 그 승낙서 또는 그에 대항할 수 있는 재판등본을 첨부한 때에 한하여 부기에 의하여 그 등 기를 하고, 승낙서 등을 첨부하지 않은 때에는 주등기에 의하여 그 등기를 하게 되는 바, **전세권설정등기 후에 제3자 명의의 근저당권설정등기가 경 료된 후 전세권설정등기의 변경등기를 신청하는 경우,** 그 내용이 전세금 의 감액인 경우에는 근저당권자의 승낙서 등을 첨부하지 않아도 부기에 의 하여 그 등기를 할 것이나, **전세권의 존속기간 연장과 전세금의 감액을 함 께 신청하는 경우에는 근저당권자의 승낙서 등을 첨부한 때에 한하여 부기 에 의하여 그 등기를 할 수 있다**(선례 5-421). [14 법무사]

3) 전세권이 법정갱신된 경우

가. 건물의 전세권설정자가 전세권의 존속기간 만료 전 6월부터 1월까지 사이에 전세권자에 대하여 갱신거절의 통지 또는 조건을 변경하지 아니하면 갱신하지 아니한다는 뜻의 통지를 하지 아니한 경우에는 그 기간이 만료된 때에 전전세권과 동일한 조건으로 다시 전세권을 설정한 것으로 본다. 이 경우 **전세권의 존속기간은 그 정함이 없는 것으로 본다**(「민법」 제312조 제4항).

나. 따라서 전세기간을 갱신하는 전세권변경계약을 체결하였으나 그에 따른 변경등기를 하지 않은 경우 존속기간이 만료되면 용익물권으로서의 전세권은 소멸하는 것이 원칙이지만, 민법 제312조 제4항의 규정에 의하여 건물전세권이 법정갱신되는 경우에는 전세권갱신에 관한 등기 없이도 전세권자는 전세권설정자나 그 건물을 취득한 제3자에 대하여 그 권리를 주장할 수 있다(선례 5-424).

다. 즉 건물 전세권의 경우에는 토지 전세권과 달리 법정갱신이 인정되므로 **존속기간이 만료된 때에도 존속기간이나 전세금에 대한 변경등기를 신청할 수 있다.** [19 등기주사보 / 16 등기서기보 / 12 법무사]

라. 「민법」 제312조 제4항에 따라 **법정갱신된 건물전세권에 대하여 전세권이전등기**[20 법무사 / 18 등기주사보 / 17 법원사무관 / 15 등기서기보]나 **전세권에 대한 저당권을 설정**[22 등기서기보 / 18 등기주사보 / 15 등기서기보]하기 위해서는 **존속기간을 연장하는 변경등기의 신청을 선행 또는 동시에 하여야 한다**(선례 201302-1).

마. 존속기간이 만료된 건물 전세권에 대하여 **전세권의 범위를 축소하는 전세권변경등기를** 신청하기 위해서는 **존속기간을 연장하는 변경등기를 선행 또는 동시에 신청하여야 한다**(선례 200802-1).

바. 건물과 그 대지에 공동으로 전세권등기가 마쳐지고 그 존속기간이 만료된 경우 그 **건물에 대한 전세권은 「민법」 제312조 제4항에 따라 법정갱신될 수 있으며, 이 경우 전세금 감액을 위한 전세권변경등기를 신청하기 위해서는 존속기간을 연장하는 전세권변경등기를 먼저 신청하거나, 별개의 신청서로 위 전세금 감액을 위한 전세권변경등기와 동시에 신청하여야 한다**(선례 제202203-2호).

(2) 개시

전세권변경등기는 전세권설정자와 전세권자가 공동으로 신청한다(법 제23조 제1항).

이 경우 그 소유권을 이전받은 **제3취득자는 전세권설정자의 지위까지 승계하였다고 할 것이므로, 그 존속기간을 단축하거나 연장하기 위한 전세권변경등기신청은 전세권자와 제3취득자가 공동으로 신청하여야 한다.** [22 등기서기보]

(3) 신청절차

관련 기출지문

1 존속기간이 만료된 건물전세권에 존속기간 연장을 위한 변경등기 없이 건물전세권을 목적으로 한 저당권 설정등기를 신청할 수 있다. (×)
[22 등기서기보]

1) 신청인

전세권변경등기는 전세권설정자와 전세권자가 공동으로 신청한다(법 제23조 제1항). 이 경우 변경등기에 의하여 등기기록상 이익을 받는 자가 등기권리자, 불이익을 받는 자가 등기의무자가 된다.

가. 전세금의 **증액**, 존속기간의 **연장**은 전세권설정자가 등기의무자, **전세권자가 등기권리자**가 된다.

나. 전세금의 **감액**, 존속기간의 **단축**은 **전세권자가 등기의무자**, 전세권설정자가 등기권리자가 된다. [12 법무사]

2) 신청정보

전세권변경등기신청서에는 부동산의 표시, 신청인의 성명 또는 명칭과 주소, 등기원인과 그 연월일 등과 같이 규칙 제43조에서 정한 일반적인 사항을 기재한다. 또한 변경할 사항과 변경하고자 하는 전세권을 특정하여 기재한다.

건물전세권이 법정갱신된 경우 이는 법률규정에 의한 물권변동에 해당하여 전세권갱신에 관한 등기를 하지 아니하고도 전세권 설정자나 그 목적물을 취득한 제3자에 대하여 그 권리를 주장할 수 있으나, 등기를 하지 아니하면 이를 처분하지 못하므로, 갱신된 전세권을 다른 사람에게 이전하기 위해서는 먼저 전세권의 존속기간을 변경하는 등기를 하여야 한다. 전세권이 법정갱신되면 그 존속기간은 정함이 없는 것이므로, 등기관이 법정갱신을 원인으로 전세권변경등기를 할 때에는 존속기간을 기록하지 않고 종전의 존속기간을 말소하는 표시만을 하게 된다. [19 등기서기보] 따라서 전세권변경등기를 신청할 때에 신청정보 중 변경할 사항으로는 변경하고자 하는 전세권을 특정하여 그 등기사항 중 존속기간을 말소한다는 뜻을 제공하고(예 2016년 3월 10일 접수 제1000호로 마친 전세권 등기사항 중 존속기간을 말소함), 등기원인은 "법정갱신"으로, 그 연월일은 "등기된 존속기간 만료일의 다음날"로 제공하여야 한다. 다만, 등기상 이해관계 있는 제3자가 있으나 그의 승낙이 없어 변경등기를 주등기로 하는 경우에는 등기관이 종전의 존속기간을 말소하는 표시를 하지 않으므로, 변경할 사항이 없다는 뜻을 신청정보의 내용으로 등기소에 제공하여야 한다. 법정갱신을 원인으로 전세권변경등기를 신청할 때에는 일반적인 첨부정보 외에 등기원인을 증명하는 정보로서 건물의 전세권설정자가 갱신거절의 통지 등을 하지 않아 법정갱신되었음을 소명하는 정보(예 전세권설정자가 작성한 확인서)를 제공하여야 한다(선례 201805-6).

3) 첨부정보

등기원인을 증명하는 서면 등 규칙 제46조 제1항, 법 제50조 제2항 등에서 정한 일반적인 첨부정보를 제공한다.

(4) 실행절차(등기실행)

1) 등기상 이해관계 있는 제3자의 승낙이 부기요건인 경우

전세금의 증액의 경우 전세권의 후순위 근저당권자 등은 등기상 이해관계인에 해당하며 이러한 후순위 근저당권자의 승낙은 부기요건에 해당한다. 따라서 전세금의 변경등기를 할 때 승낙서 등을 제공한 경우에는 부기등기로 실행하며, 승낙서 등 제공하지 못한 경우에는 주등기로 실행한다(규칙 제112조 제1항, 선례 2-366). [18 등기주사보 / 16 등기서기보]

2) 등기상 이해관계있는 제3자의 승낙이 수리요건인 경우

전세금의 감액의 경우 전세권을 터잡은 근저당권자[21 등기서기보 / 20 법원사무관], 가압류권자[21 법원사무관] 등은 등기상 이해관계인에 해당하며 이러한 전세권을 터잡은 근저당권자·가압류권자 등의 승낙은 수리요건에 해당한다. 따라서 승낙서 등을 제공한 경우에는 부기등기로 실행하며, 승낙서 등 제공하지 못한 경우에는 주등기로도 실행할 수 없다.

(5) 전세권변경등기 등의 기록방법에 관한 사무처리지침(예규 1671)

1) 목적

이 예규는 전세금을 증액 또는 감액하는 변경등기, 전세권의 이전등기 그리고 전세권을 목적으로 한 근저당권의 설정등기를 하는 경우의 기록방법을 규정함을 목적으로 한다.

2) 전세금을 증액 또는 감액하는 변경등기를 하는 경우

가. 전세권을 목적으로 하는 권리에 관한 등기 또는 전세권에 대한 처분제한의 등기가 없는 경우

(가) 전세금 증액의 변경등기

전세권설정등기 후 근저당권설정등기와 주등기로 마쳐진 전세금 증액의 변경등기가 있는 상태에서 다시 그 전세금을 증액하는 변경등기를 하는 경우, 그 변경등기는 종전 전세금 증액의 변경등기에 부기로 한다(기록례 1 참조). 다만 주등기로 마쳐진 전세금 증액의 변경등기 이후 등기상 이해관계 있는 제3자(후순위 근저당권자 등)가 있는 때에는 그의 승낙이 있으면 종전 전세금 증액의 변경등기에 부기로 그 변경등기를 하고[기록례 2 참조], 그의 승낙이 없으면 주등기로 그 변경등기를 한다[기록례 3 참조].

[기록례 1]

[을구]		(소유권 외의 권리에 관한 사항)		
순위번호	등기목적	접수	등기원인	권리자 및 기타사항
1	전세권 설정	2018년 2월 2일 제100호	2018년 2월 1일 설정계약	전세금 금100,000,000원 범 위 건물 전부 존속기간 2018년 2월 2일부터 　　　　　2020년 2월 1일까지 전세권자 배현정 890703-2567891 　　　서울특별시 서초구 명달로11길 17-3
2	근저당권 설정	(생략)	(생략)	(생략)
3	1번전세권 변경	2018년 4월 2일 제300호	2018년 4월 1일 변경계약	~~전세금 금200,000,000원~~
3-1	3번전세권 변경	2019년 2월 8일 제120호	2019년 2월 7일 변경계약	전세금 금300,000,000원

(주) 1. 순위번호 2번 근저당권자의 승낙이 없어 순위번호 3번 주등기로 전세금을 증액하는 변경등기를 마친 후, 다시 그 전세금을 증액하는 변경등기를 할 때의 기록례이다.
　　2. 등기상 이해관계 있는 제3자가 없으므로 변경등기는 순위번호 3번의 주등기에 부기로 한다.

[기록례 2]

[을구]		(소유권 외의 권리에 관한 사항)		
순위번호	등기목적	접수	등기원인	권리자 및 기타사항
1	전세권 설정	2018년 2월 2일 제100호	2018년 2월 1일 설정계약	전세금 금100,000,000원 범 위 건물 전부 존속기간 2018년 2월 2일부터 　　　　　2020년 2월 1일까지 전세권자 배현정 890703-2567891 　　　서울특별시 서초구 명달로11길 17-3
2	근저당권 설정	(생략)	(생략)	(생략)
3	1번전세권 변경	2018년 4월 2일 제300호	2018년 4월 1일 변경계약	~~전세금 금200,000,000원~~
3-1	3번전세권 변경	2019년 2월 8일 제120호	2019년 2월 7일 변경계약	전세금 금300,000,000원

(주) 1. 순위번호 2번 근저당권자의 동의가 없어 순위번호 3번 주등기로 전세금을 증액하는 변경등기를 마친 후, 다시 그 전세금을 증액하는 변경등기를 할 때의 기록례이다.
　　2. 등기상 이해관계 있는 제3자(순위번호 4번 근저당권자)의 승낙이 있는 때에는 변경등기를 순위번호 3번의 주등기에 부기로 한다.

[기록례 3]

[을구]			(소유권 외의 권리에 관한 사항)	
순위번호	등기목적	접수	등기원인	권리자 및 기타사항
1	전세권 설정	2018년 2월 2일 제100호	2018년 2월 1일 설정계약	전세금 금100,000,000원 범　위 건물 전부 존속기간 2018년 2월 2일부터 　　　　　2020년 2월 1일까지 전세권자 배현정 890703-2567891 　　　　　서울특별시 서초구 명달로11길 17-3
2	근저당권 설정	(생략)	(생략)	(생략)
3	1번전세권 변경	2018년 4월 2일 제300호	2018년 4월 1일 변경계약	전세금 금200,000,000원
4	근저당권 설정	(생략)	(생략)	(생략)
5	1번전세권 변경	2019년 2월 8일 제120호	2019년 2월 7일 변경계약	전세금 금300,000,000원

(주) 1. 순위번호 2번 근저당권자의 승낙이 없어 순위번호 3번 주등기로 전세금을 증액하는 변경등기를 마친 후, 다시 그 전세금을 증액하는 변경등기를 할 때의 기록례이다.

　　2. 등기상 이해관계 있는 제3자(순위번호 4번 근저당권자)의 승낙이 없는 때에는 변경등기를 주등기로 한다.

(나) 전세금 감액의 변경등기

가) 원래의 전세금보다 많은 금액으로 전세금을 감액하는 경우

전세권설정등기 후 근저당권설정등기와 주등기로 마쳐진 전세금 증액의 변경등기가 있는 상태에서 원래의 전세금보다 많은 금액으로 전세금을 감액하는 변경등기를 하는 경우, 그 변경등기는 종전 전세금 증액의 변경등기에 부기로 한다(기록례 4 참조).

[기록례 4]

[을구]		(소유권 외의 권리에 관한 사항)		
순위번호	등기목적	접수	등기원인	권리자 및 기타사항
1	전세권 설정	2018년 2월 2일 제100호	2018년 2월 1일 설정계약	전세금 금100,000,000원 범 위 건물 전부 존속기간 2018년 2월 2일부터 　　　　　　2020년 2월 1일까지 전세권자 배현정 890703-2567891 　　　서울특별시 서초구 명달로11길 17-3
2	근저당권 설정	(생략)	(생략)	(생략)
3	1번전세권 변경	2018년 4월 2일 제300호	2018년 4월 1일 변경계약	~~전세금 금200,000,000원~~
3-1	3번전세권 변경	2019년 2월 8일 제120호	2019년 2월 7일 변경계약	전세금 금150,000,000원

(주) 1. 순위번호 2번 근저당권자의 동의가 없어 순위번호 3번 주등기로 전세금을 증액하는 변경등기를 마친 이후, 그 전세금을 원래의 전세금보다 많은 금액으로 감액하는 변경등기를 할 때의 기록례이다.
2. 변경등기는 순위번호 3번의 주등기에 부기로 한다.

　나) 원래의 전세금보다 적거나 같은 금액으로 전세금을 감액하는 경우

　　전세권설정등기 후 근저당권설정등기와 주등기로 마쳐진 전세금 증액의 변경등기가 있는 상태에서 원래의 전세금보다 적거나 같은 금액으로 전세금을 감액하는 변경등기를 하는 경우, 그 변경등기는 전세권설정등기에 부기로 하되, 종전의 전세금 증액의 변경등기는 직권으로 말소한다(기록례 5 참조).

[기록례 5]

[을구]		(소유권 외의 권리에 관한 사항)		
순위번호	등기목적	접수	등기원인	권리자 및 기타사항
1	전세권 설정	2018년 2월 2일 제100호	2018년 2월 1일 설정계약	전세금 금100,000,000원 범　위 건물 전부 존속기간 2018년 2월 2일부터 　　　　　2020년 2월 1일까지 전세권자 배현정 890703－2567891 　　서울특별시 서초구 명달로11길 17-3
1-1	1번전세권 변경	2019년 2월 8일 제120호	2019년 2월 7일 변경계약	전세금 금50,000,000원
2	근저당권 설정	(생략)	(생략)	(생략)
3	~~1번전세권 변경~~	~~2018년 4월 2일 제300호~~	~~2018년 4월 1일 변경계약~~	~~전세금 금200,000,000원~~
4	3번전세권 변경등기 말소			1-1번 전세권변경등기로 인하여 　　2019년 2월 8일 등기

(주) 1. 순위번호 2번 근저당권자의 동의가 없어 순위번호 3번 주등기로 전세금을 증액하는 변경등기를
　　　마친 이후, 그 전세금을 원래의 전세금보다 적은 금액으로 감액하는 변경등기를 할 때의 기록례이다.
　　2. 변경등기는 순위번호 1번의 주등기에 부기로 하고, 순위번호 3번의 변경등기를 직권으로 말소한다.

나. 전세권을 목적으로 하는 권리에 관한 등기 또는 전세권에 대한 처분제한의 등기가 있는
　　경우

　(가) 전세금 증액의 변경등기

　　　전세권설정등기 후 그 전세권을 목적으로 하는 근저당권설정등기 또는 그 전세권에
　　　대한 가압류등기 등이 있는 상태에서 전세금을 증액하는 변경등기를 하는 때에 그
　　　근저당권자 또는 가압류권자 등은 등기상 이해관계 있는 제3자가 아니므로 그의 승
　　　낙 여부에 관계없이 그 변경등기는 전세권설정등기에 부기로 한다(기록례 6 참조).

[기록례 6]

[을구]		(소유권 외의 권리에 관한 사항)		
순위번호	등기목적	접수	등기원인	권리자 및 기타사항
1	전세권 설정	2018년 2월 2일 제100호	2018년 2월 1일 설정계약	전세금 ~~금100,000,000원~~ 범 위 건물 전부 존속기간 2018년 2월 2일부터 　　　　　 2020년 2월 1일까지 전세권자 배현정 890703-2567891 　　서울특별시 서초구 명달로11길 17-3
1-1	1번전세권 근저당권 설정	2018년 4월 2일 제300호	2018년 4월 1일 설정계약	채권최고액 금50,000,000원 채무자 배현정 　　서울특별시 서초구 명달로11길 17-3 근저당권자 강탁 841102-1234567 　　서울특별시 강남구 강남대로5 9-1
1-2	1번전세권 변경	2019년 2월 8일 제120호	2019년 2월 7일 변경계약	전세금 금200,000,000원

(나) 전세금 감액의 변경등기

　　전세권설정등기 후 그 전세권을 목적으로 하는 근저당권설정등기 또는 그 전세권
에 대한 가압류등기 등이 있는 상태에서 전세금을 감액하는 변경등기를 하는 때에
그 근저당권자 또는 가압류권자 등은 등기상 이해관계 있는 제3자에 해당하므로
그의 승낙이 있으면 그 변경등기를 전세권설정등기에 부기로 하고(기록례 7 참조),
그의 승낙이 없으면 그 변경등기를 할 수 없다.

[기록례 7]

[을구]			(소유권 외의 권리에 관한 사항)	
순위번호	등기목적	접수	등기원인	권리자 및 기타사항
1	전세권 설정	2018년 2월 2일 제100호	2018년 2월 1일 설정계약	전세금 금100,000,000원 범　위 건물 전부 존속기간 2018년 2월 2일부터 　　　　　2020년 2월 1일까지 전세권자 배현정 890703-2567891 　　　서울특별시 서초구 명달로11길 17-3
1-1	1번전세권 근저당권 설정	2018년 4월 2일 제300호	2018년 4월 1일 설정계약	채권최고액 금50,000,000원 채무자 배현정 　　　서울특별시 서초구 명달로11길 17-3 근저당권자 강탁 841102-1234567 　　　서울특별시 강남구 강남대로5 9-1
1-2	1번전세권 변경	2019년 2월 8일 제120호	2019년 2월 7일 변경계약	전세금 금50,000,000원

다. 전세권이전등기를 하는 경우

소유권 외의 권리의 이전등기는 해당 권리에 관한 등기에 부기로 하여야 하므로(「부동산등기법」 제52조 제2호), 전세금 증액의 변경등기가 주등기로 마쳐진 경우라도 그 전세권을 이전하는 등기는 전세권설정등기에 부기로 한다(기록례 8 참조).

[기록례 8]

[을구]			(소유권 외의 권리에 관한 사항)	
순위번호	등기목적	접수	등기원인	권리자 및 기타사항
1	전세권 설정	2018년 2월 2일 제100호	2018년 2월 1일 설정계약	전세금 금100,000,000원 범　위 건물 전부 존속기간 2018년 2월 2일부터 　　　　　2020년 2월 1일까지 전세권자 배현정 890703-2567891 　서울특별시 서초구 명달로11길 17-3
1-1	1번전세권 이전	2019년 2월 8일 제120호	2019년 2월 7일 매매	전세권자 최미숙 590103-2345671 　　　광주광역시 북구 대자실로23 10-1
2	근저당권 선정	(생략)	(생략)	(생략)
3	1번전세권 변경	2018년 4월 2일 제300호	2018년 4월 1일 변경계약	전세금 금200,000,000원

라. 전세권근저당권설정등기를 하는 경우

소유권 외의 권리를 목적으로 하는 권리에 관한 등기는 해당 권리에 관한 등기에 부기로 하여야 하므로(「부동산등기법」 제52조 제3호), 전세금 증액의 변경등기가 주등기로 마쳐진 경우라도 그 전세권에 근저당권을 설정하는 등기는 전세권설정등기에 부기로 한다(기록례 9 참조).

전세권설정등기(순위번호 1번) 및 근저당권설정등기(순위번호 2번)가 차례로 마쳐지고 이어서 전세금 증액을 원인으로 한 전세권변경등기가 2번 근저당권자의 승낙을 얻지 못하여 주등기(순위번호 3번)로 이루어진 상태에서 위 전세권을 목적으로 하는 근저당권설정등기신청이 있는 경우에 등기관은 순위번호 1번의 전세권등기에 부기등기로 전세권근저당권설정등기를 실행해야 한다(선례 201810-6). [20 법원사무관 / 19 법무사]

[기록례 9]

[을구]		(소유권 외의 권리에 관한 사항)		
순위번호	등기목적	접수	등기원인	권리자 및 기타사항
1	전세권 설정	2018년 2월 2일 제100호	2018년 2월 1일 설정계약	전세금 금100,000,000원 범 위 건물 전부 존속기간 2018년 2월 2일부터 2020년 2월 1일까지 전세권자 배현정 890703-2567891 서울특별시 서초구 명달로11길 17-3
1-1	1번전세권 근저당권 설정	2019년 2월 8일 제120호	2019년 2월 7일 설정계약	채권최고액 금50,000,000원 채무자 배현정 서울특별시 서초구 명달로11길 17-3 근저당권자 강탁 841102-1234567 서울특별시 강남구 강남대로5 9-1
2	근저당권 설정	(생략)	(생략)	(생략)
3	1번전세권 변경	2018년 4월 2일 제300호	2018년 4월 1일 변경계약	전세금 금200,000,000원

마. 관련 선례

(가) 전세권의 변경등기(감액)

주택 일부를 목적으로 하는 전세권설정등기가 마치고 이후 다른 일부를 목적으로 하는 주택임차권등기를 마친 다음 임차권자의 승낙을 얻지 못하여 전세금 증액 및 존속기간 연장을 내용으로 하는 전세권변경등기가 주등기로 마친 상태에서 원래의 전세금보다 적은 금액으로 전세금을 감액하는 전세권변경등기의 신청이 있는 경우, 등기관은 그 전세권변경등기를 전세권설정등기에 부기등기로 실행하고 원래의 전세금에 대하여는 말소하는 표시를 한 다음 주등기로 마친 전세권변경등기에 대하여는 전세금을 말소하는 표시를 하는 형태로 전세권변경등기를 직권으로 실행하여야 한다(하단 기록례 참조)(선례 202006-3).

[기록례]

[을구]		(소유권 외의 권리에 관한 사항)		
순위번호	등기목적	접수	등기원인	권리자 및 기타사항
1	전세권설정	2017년 7월 2일 제1521호	2017년 7월 1일 설정계약	전세금 금100,000,000원 범 위 3층 전부 존속기간 2017년 7월 2일부터 　　　　　 2019년 7월 1일까지 전세권자 배현진 890703-2567111 　　　　　 서울특별시 서초구 명달로11길 14-3
1-1	1번전세권변경	2020년 4월 8일 제1405호	2020년 4월 7일 변경계약	전세금 금90,000,000원
2	주택임차권	(생략)	(생략)	(생략)
3	1번전세권변경	2019년 7월 2일 제1301호	2019년 7월 1일 변경계약	전세금 금120,000,000원 존속기간 2019년 7월 2일부터 　　　　　 2021년 7월 1일까지
3-1	3번전세권변경			1-1번 전세권변경등기로 인하여 2020년 4월 8일 등기

(나) 근저당권의 변경등기(감액)

갑 명의의 근저당권설정등기가 순위번호 1번으로, 을 명의의 근저당권설정등기가 순위번호 2번으로 그리고 1번 근저당권의 채권최고액을 증액하는 변경등기가 을의 승낙이 없어 순위번호 3번의 주등기로 마친 다음, 병 명의의 근저당권설정등기가 순위번호 4번으로 그리고 1번 근저당권의 채권최고액을 다시 증액하는 변경등기가 병의 승낙이 없어 순위번호 5번의 주등기로 마친 상태에서, 1번 근저당권의 채권최고액을 감액하는 변경등기의 신청이 있는 경우, 변경되는 채권최고액이 최초 근저당권설정등기의 채권최고액보다는 많으나 순위번호 3번으로 변경된 채권최고액보다 적다면 그 변경등기를 3번 근저당권변경등기에 부기로 실행하고(「부동산등기법」 제52조 본문), 5번 근저당권변경등기는 직권으로 말소하여야 한다(「부동산등기규칙」 제112조 제1항)(선례 201903-10).

[기록례]

[을구]		(소유권 외의 권리에 관한 사항)		
순위번호	등기목적	접수	등기원인	권리자 및 기타사항
1	근저당권설정	2019년 1월 2일 제100호	2019년 1월 1일 설정계약	채권최고액 금100,000,000원 채무자 최미숙 광주광역시 북구 대자실로23 10-1 근저당권자 배상길 780423-1035852 서울특별시 서초구 명달로11길 17-3
2	근저당권설정	(생략)	(생략)	(생략)
3	1번 근저당권변경	2019년 2월 2일 제200호	2019년 2월 1일 변경계약	~~채권최고액 금200,000,000원~~
3-1	3번 근저당권변경	2019년 3월 28일 제400호	2019년 3월 27일 변경계약	채권최고액 금150,000,000원
4	근저당권설정	(생략)	(생략)	(생략)
5	~~1번 근저당권변경~~	~~2019년 3월 2일 제300호~~	~~2019년 3월 1일 변경계약~~	~~채권최고액 금300,000,000원~~

관련 기출지문

1 건물의 일부인 17층 북쪽 100㎡로 설정된 것을 건물의 3층 동쪽 100㎡로 전세권의 범위를 변경하는 전세권변경등기 신청은 이해관계인이 없을 때에만 가능하다. (×)
[9 법무사]

2 등기기록상 존속기간이 만료되었으나 법정갱신된 건물 전세권에 대한 이전등기는 존속기간 연장등기 없이도 가능하다. (×)
[17 법원사무관]

3 전세권의 법정갱신은 법률의 규정에 의한 물권변동이므로 전세권자는 전세권갱신에 관한 등기 없이도 전세권설정자나 그 건물을 취득한 제3자에 대하여 권리를 주장할 수 있으므로, 존속기간이 만료된 건물전세권을 목적으로 한 저당권설정등기신청을 하기 위하여 먼저 존속기간에 대한 변경등기를 할 필요는 없다. (×)
[24 법원사무관]

4 민법 제312조 제4항에 따라 법정갱신된 건물 전세권에 대하여 전세권이전등기나 전세권에 대한 저당권을 설정하기 위해서는 존속기간을 연장하는 변경등기의 신청을 선행하거나 동시에 할 필요가 없다. 건물전세권의 법정갱신은 법률의 규정에 의한 물권변동이기 때문이다. (×)
[15 등기서기보]

5 변경계약에 따라 전세금의 변경등기를 신청하는 경우에 등기상 이해관계 있는 제3자의 승낙서 또는 이에 대항할 수 있는 재판의 등본을 제공하지 않았을 때에는 그 등기신청을 수리할 수 없다. (×) [18 등기주사보]

6 전세권설정등기 후 그 전세권에 대한 가압류등기가 있는 상태에서 전세금을 감액하는 변경등기를 하는 때에 가압류권자의 승낙이 있으면 그 변경등기를 전세권설정등기에 부기로 하고, 그의 승낙이 없으면 그 변경등기를 주등기로 실행한다. (×)
[21 법원사무관]

7 전세권설정등기 후 그 전세권을 목적으로 하는 근저당권설정등기가 있는 상태에서 전세금을 감액하는 변경등기를 하는 때에 근저당권자의 승낙이 있으면 그 변경등기를 전세권설정등기에 부기로 하고, 그의 승낙이 없으면 주등기로 이를 실행한다. (×)　　　　　　　　　　　　　　　　　[21 등기서기보 / 20 법원사무관]

8 건물 중 1층 전부 및 2층 일부에 대하여 甲 명의의 전세권설정등기가 경료되고 이어 4층 전부에 대하여 乙 명의의 전세권설정등기가 경료된 상태에서, 甲 명의의 전세권설정등기의 존속기간 연장을 위한 변경등기를 할 경우 乙은 등기상 이해관계 있는 제3자에 해당하지 않는다.(×)　　　　　　[23 법무사]

4. 전세권 말소등기

(1) 서설

전세권은 목적 부동산의 멸실, 존속기간의 만료, 혼동(「민법」제191조), 소멸시효(「민법」제162조 제2항) 등의 사유로 소멸한다.

토지 또는 건물의 멸실로 인하여 전세권이 소멸하는 경우에는 부동산의 멸실등기로 인하여 그 등기기록을 폐쇄하게 되므로 부동산의 멸실등기에 앞서서 전세권소멸의 등기를 할 필요는 없다.

(2) 신청절차

1) 신청인

전세권말소등기는 전세권자(전세권이전등기가 되어 있는 때에는 그 이전등기를 받은 현재의 등기명의인)가 등기의무자, 부동산소유권자가 등기권리자가 되어 공동신청하는 것이 원칙이다.

2) 신청정보

전세권말소등기신청서에는 부동산의 표시, 신청인의 성명 또는 명칭과 주소, 등기원인과 그 연월일 등 규칙 제43조에서 정한 일반적인 기재사항 외에 말소할 전세권의 표시로서 신청서 접수연월일과 접수번호를 기재한다.

3) 첨부정보

등기원인을 증명하는 서면 등 규칙 제46조 제1항, 법 제40조 제2항에서 정한 일반적인 첨부정보 외에 등기상 이해관계인의 승낙을 증명하는 정보 또는 제권판결을 첨부해야 하는 경우가 있다.

전세권을 목적으로 하는 저당권자, 전전세권자 등 이해관계 있는 제3자의 등기가 있는 경우에 그 전세권의 말소를 위해서는 이해관계 있는 제3자의 승낙을 증명하는 정보 또는 대항할 수 있는 재판의 등본을 첨부하여야 한다(법 제57조 제1항).

(3) 실행절차

말소등기의 일반원칙에 따라 주등기의 형식으로 말소등기를 한 후 전세권등기를 말소하는 표시를 한다(규칙 제116조 제1항). 이때 전세권을 목적으로 한 등기기록상 이해관계 있는 제3자의 승낙을 증명하는 정보 또는 이에 대항할 수 있는 재판의 등본을 첨부한 때에는 그 제3자의 권리에 관한 등기도 직권으로 말소한다(규칙 제116조 제2항).

Ⅳ. 임차권에 관한 등기

임대차는 당사자의 일방이 상대방에게 임차목적물을 사용·수익하게 할 것을 약정하고, 상대방은 이에 대하여 차임을 지급할 것을 약정함으로써 효력이 발생하는 채권계약이다(「민법」 제618조). 임대차계약에 의하여 임차인이 임차목적물을 사용·수익할 수 있는 권리를 임차권이라 하며, 목적물이 부동산인 경우 임차권등기를 할 수 있다.

민법 외에 주택임대차보호법과 상가건물임대차보호법에서도 ① 임대인과 임차인이 공동으로 임차권 설정등기를 신청하거나 ② 임대인이 임차권등기절차에 협력하지 않을 경우 법원에 임차권등기명령을 신청할 수 있다. 이러한 임차권설정등기나 임차권등기명령에 의한 임차권등기에는 민법상 인정되는 대항력뿐만 아니라 우선변제권이 인정된다.

따라서 현행법상 임차권등기는 ① 민법 제621조에 의한 임차권설정등기, ② 주택임대차보호법 제3조의4 제2항(「상가건물임대차보호법」 제7조 제2항)에 의한 주택임차권설정등기, ③ 주택(상가건물)임차인이 신청한 임차권등기명령에 의한 주택임차권등기 3가지가 있다.

이러한 임차권등기는 등기목적을 ① 민법 제621조에 의한 임차권등기는 "임차권설정", ② 주택임대차보호법에 의한 임차권설정등기는 "주택임차권설정(또는 상가건물임차권설정)", ③ 임차권등기명령에 의한 임차권등기는 "주택임차권(또는 상가건물임차권)"으로 기록하므로 각 임차권등기의 근거법령이 무엇인지를 구분할 수 있다.

1. 민법상의 임차권등기

(1) 임차권의 설정등기

1) 일반적인 임차권

가. 서설

(가) 의의

임대차는 당사자의 일방이 상대방에게 ① 임차목적물을 ② 사용·수익하게 할 것을 약정하고, 상대방은 이에 대하여 ③ 차임을 지급할 것을 약정함으로써 효력이 발생하는 채권계약이다(「민법」 제618조).

부동산임차인은 당사자 간에 반대약정이 없으면 임대인에 대하여 그 임대차등기절차에 협력할 것을 청구할 수 있으며, 부동산임대차를 등기한 때에는 그때부터 제3자에 대하여 효력(대항력)이 생긴다(「민법」 제621조).

(나) 요건(내용)

가) 임차목적물

나) 사용·수익

다) 차임

(다) 적용범위

임차권은 타인의 부동산에 설정할 수 있으므로, 토지 또는 건물에 각 임차권을 설정할 수 있다.

부동산의 전부 또는 물리적 일부에 임차권을 설정할 수 있지만, 임차권은 부동산을 사용하는 용익권이므로 부동산의 일부가 아닌 공유자의 공유지분에 대하여는 임차권을 설정할 수 없다. [10 법무사]

(라) 효과

부동산임대차를 등기한 때에는 그때부터 제3자에 대하여 효력(대항력)이 생긴다(「민법」 제621조).

나. 개시

임차권설정등기는 임차권설정자와 임차권자가 공동으로 신청한다(법 제23조 제1항).

다. 신청절차

(가) 신청인

임차권설정등기는 임차권설정자가 **등기의무자**, 임차권자가 **등기권리자**로서 공동신청하여야 하며, 임차권설정자는 일반적으로 부동산의 소유자이지만, 전세권자, 지상권자도 그 권리의 범위와 존속기간 내에서 임차권을 설정할 수 있다(「민법」 제282조, 제645조).

(나) 신청정보

임차권설정등기신청서에는 부동산의 표시, 신청인의 성명 또는 명칭과 주소, 등기원인과 그 연월일 등과 같이 규칙 제43조에서 정한 일반적인 기재사항 외에 다음 사항을 기재한다(예규 1688).

가) 필요적 기재사항

① 차임

1. 임차인이 임대인에게 지급하는 차임은 임차물에 대한 사용·수익의 대가로서 임대차의 요소를 이루므로 임차권설정등기 신청서에 기재하여야 한다.

2. 그러나 **차임을 정하지 아니하고 보증금의 지급만을 내용**으로 하는 임대차 즉 "채권적 전세"의 경우에는 차임 대신 임차보증금을 기재하여야 한다.

3. 임대차계약의 내용은 사적자치의 원칙에 의해 당사자들이 자유롭게 정할 수 있으므로 **차임**에 대해서도 **임차인의 연매출의 일정비율(가변적인 비율)로 정하는 계약도 기능하며**[19 등기주사보 / 16 법무사], 등기부상 차임에 대한 기재를 가변적인 비율(예를 들어, 연 매출이 400억 미만일 경우 : 차임 없음, 연매출이 400억 이상 500억 미만일 경우 : 연매출의 2.0%,

연매출이 500억 이상 600억 미만일 경우 : 연매출의 2.5%, 연매출이 600억 이상 700억 미만일 경우 : 연매출의 3.0%, … 연매출이 1,000억원 이상일 경우 : 연매출의 4.2%)로 하더라도 차임등기의 제도적 취지에 반하지 않으므로 이러한 임차권설정등기를 신청할 수 있다(선례 201008-4).

② 임차권의 범위

임차권의 목적이 토지 또는 건물의 물리적 일부인 때에는 임차권의 범위를 특정하여 기재하여야 한다.

나) 임의적 기재사항

임차권설정등기신청 시 등기원인에 **존속기간, 차임의 지급시기나 임차보증금**의 약정이 있는 때 또는 임차권의 양도나 임차물의 전대에 대한 임대인의 동의가 있는 때, 처분능력 또는 처분권한 없는 임대인에 의한 민법 제619조의 단기임대차인 때에는 신청서에 기재하여야 한다(규칙 제130조 제1항).

① 존속기간

임대차계약에서 임대차의 존속기간에 관한 약정이 있는 때에는 신청서에 기재하여야 한다. 불확정기간을 존속기간으로 하는 임대차계약도 허용된다 할 것인 바, 송전선이 통과하는 선하부지에 대한 임대차의 존속기간을 **"송전선이 존속하는 기간"**[22 법무사 / 12 법무사 / 10 법무사]으로 하는 임차권설정등기도 가능할 것이다(선례 5-457).

② 차임의 지급시기

등기원인에서 차임의 지급시기를 약정하지 않은 때에는 건물이나 대지에 대하여는 매월 말에, 그 밖의 토지에 대하여는 매년 말에 지급하는 것으로 결정되므로 당사자가 다른 약정을 한 때에는 신청서에 기재하여야 한다.

③ 임차보증금

보증금은 차임채무 그 밖의 임차인의 채무를 담보하기 위하여 임차인 또는 제3자가 임대인에게 교부하는 금전 그 밖의 유체물로서, 보증금의 약정이 있으면 신청서에 기재하여야 한다. 따라서 **임차보증금이 없는 임차권등기도 가능하며**[12 법무사] 임차보증금이 없는 경우에는 등기기록에 기록하지 아니한다.

④ 임차권의 양도나 임차물의 전대에 대한 임대인의 동의

임차인은 임대인의 동의가 있으면 그 권리를 양도하거나 임차물을 전대할 수 있다(「민법」 제629조 제1항의 반대해석). 양도 또는 전대에 관한 임대인의 동의가 있는 경우에는 신청서에 기재하여야 하고(규칙 제130조 제1항, 법 제74조 제5호), 이는 특약사항으로 등기하게 된다. 이러한 취지의

등기가 있는 경우에는 추후 임차권이전등기나 임차물전대의 등기신청을 할 때 임대인의 동의서를 첨부할 필요가 없다.

(다) 첨부정보

가) 등기원인과 관련된 첨부정보

공유 부동산에 대한 임차권 등기를 경료하기 위해서는 **공유자 전원이 등기의 무자로서 계약당사자가 되어 체결한 임대차계약서를** 등기원인서류로 첨부하여 임차권 등기를 신청하여야 한다(선례 201205-4). [18 법무사 / 16 법무사]

나) 부동산과 관련된 정보

① 임차권은 부동산의 전부뿐만 아니라 그 물리적 일부에 대하여도 설정등기를 할 수 있으므로 임차권설정의 범위가 물리적 일부인 경우에는 그 부분을 표시한 도면을 첨부정보로 제공하여야 한다(규칙 제130조 제2항).

② 따라서 **부동산의 물리적 일부에 대한 전세권(임차권)**설정등기 신청서에는 그 **도면을 첨부하여야** 할 것인 바, 다만 전세권(임차권)의 목적인 범위가 건물의 일부로서 **특정층 전부인 때에는 그 도면을 첨부할 필요가 없다**(선례 200707-4). [20 등기서기보 · 법무사 / 16 법무사]

라. 실행절차(등기실행)

부동산의 등기기록 중 을구에 등기의 목적, 접수연월일, 접수번호, 등기원인과 그 연월일, 차임, 등기권리자 등을 기록하며 임차권설정등기 시 **임차보증금, 존속기간 및 차임지급시기는 등기원인에 그 사항이 있는 경우에만** 기록한다. [14 등기서기보]

또한 임차권설정등기 시 **임차권설정의 범위가 부동산의 일부인 때에는 그 부분을 표시한 도면의 번호를 기록하여야** 한다. [14 등기서기보]

[기록례] 부동산의 일부에 대한 임차권설정등기

[을구]			(소유권 외의 권리에 관한 사항)	
순위번호	등기목적	접수	등기원인	권리자 및 기타사항
2	임차권 설정	2007년 6월 8일 제6231호	2007년 6월 7일 설정계약	임차보증금 금30,000,000원 차 임 월 금100,000원 차임지급시기 매월 말일 범 위 건물 2층 동남쪽 40㎡ 존속기간 2007년 6월 8일부터 2009년 6월 7일까지 임차권자 김갑동 560508-1456223 서울특별시 서초구 서초동 12 도면편철장 제3책 제5면

2) 구분임차권

현행법상 구분지상권은 인정되지만 **구분임차권**에 대하여는 법령의 규정이 없으므로 선하부지의 공중공간에 상하의 범위를 정하여 송전선을 소유하기 위하거나 토지의 지하 공간에 상하의 범위를 정하여 송수관을 매설하기 위한 **구분임차권등기를 할 수 없다**(선례 7-283).

[23 법원사무관 / 19 등기주사보 / 18 등기주사보 / 16 법무사 / 15 법무사 / 12 법무사 / 10 법무사]

관련 기출지문

1 차임을 가변적인 비율(예를 들어, 연 매출이 400억 미만일 경우 : 차임 없음, 연매출이 400억 이상 500억 미만일 경우 : 연매출의 2.0%, … 연매출이 1,000억 원 이상일 경우 : 연매출의 4.2%)로 하는 임차권설정등기신청은 수리할 수 없다. (×) [16 법무사]

2 임차보증금이 없는 임차권등기는 할 수 없다. (×) [12 법무사]

3 송전선이 통과하는 선하부지에 대한 임대차의 존속기간을 "송전선이 존속하는 기간"으로 정한 임차권설정등기는 그 존속기간이 확정되지 않아 허용되지 않는다. (×) [10 법무사]

---

(2) 임차권의 이전등기

(3) 임차권의 변경 및 말소등기

임차권등기의 변경등기 또는 말소등기의 절차 또는 실행은 전세권등기의 변경 또는 말소등기의 경우와 동일하다.

2. 주임법(임차권등기명령에 따른 주택임차권등기)

(1) 서설

1) 의의

임대차가 종료된 후 보증금을 반환받지 못한 **임차인**은 임차주택 또는 임차상가건물의 소재지를 관할하는 지방법원·지원 또는 시·군법원에 임차권등기명령을 신청할 수 있다(「주택임대차보호법」 제3조의3 제1항, 「상가건물임대차보호법」 제6조 제1항).

2) 요건

3) 적용범위

가. 주체

「중소기업기본법」 제2조에 따른 중소기업에 해당하는 법인이 소속 직원의 주거용으로 주택을 임차한 후 그 법인이 선정한 직원이 해당 주택을 인도받고 주민등록을 마쳤을 때에는 제1항을 준용한다. 임대차가 끝나기 전에 그 직원이 변경된 경우에는 그 법인이 선정한 새로운 직원이 주택을 인도받고 주민등록을 마친 다음 날부터 제3자에 대하여 효력이 생긴다(「주택임대차보호법」 제3조 제3항).

즉 주택임대차보호법상 주거용건물에 대한 대항력은 일반적으로 자연인에게 인정되지만 예외적으로 법인에게 인정되는 경우도 있다. [15 법무사]

나. 객체

(가) 임차권은 타인의 부동산에 설정할 수 있으므로, **토지 또는 건물**에 각 임차권을 설정할 수 있다. 그러나 부동산의 **전부** 또는 **물리적 일부**에 임차권을 설정할 수 있지만, 부동산의 일부가 아닌 공유자의 공유지분에 대한 주택임차권등기촉탁은 수리할 수 **없다.** [16 법무사]

(나) 임차보증금만 있고 차임의 약정이 없는 주택임차권도 임차권등기명령의 대상이 될 수 있다. [11 법무사]

(다) 이미 전세권설정등기가 마쳐진 주택에 대하여 전세권자와 동일인이 아닌 자를 등기명의인으로 하는 주택임차권등기명령에 따른 등기의 촉탁이 있는 경우 등기관이 당해 등기촉탁을 수리할 수 있는지 여부와 관련하여,

① 임대차는 그 등기가 없는 경우에도 임차인이 **주택의 인도와 주민등록**을 마친 때에는 그 다음 날부터 제3자에 대하여 **효력**이 생기고(「주택임대차보호법」 제3조 제1항), 그 주택에 임차권등기명령의 집행에 따라 임차권등기가 마쳐지면 그 대항력이나 우선변제권은 그대로 유지된다는 점(같은 법 제3조의3 제5항), ② 위 임차권등기는 이러한 대항력이나 우선변제권을 유지하도록 해 주는 **담보적 기능만을 주목적**으로 하는 점(대판 2005.6.9, 2005다4529) 및 ③ 임차인의 권익보호에 충실을 기하기 위하여 도입된 임차권등기명령제도의 취지 등을 볼 때, 주택임차인이 대항력을 취득한 날이 전세권설정등기의 접수일자보다 선일이라면, 기존 전세권의 등기명의인과 임차권의 등기명의인으로 되려는 자가 동일한지 여부와는 상관없이 주택임차권등기명령에 따른 등기의 촉탁이 있는 경우 등기관은 그 촉탁에 따른 등기를 수리할 수 있을 것이다(선례 제202210-2호). [23 등기서기보 · 법원사무관 / 22 법무사 / 20 등기서기보 / 19 등기주사보 / 18 등기주사보 · 법무사 / 17 법원사무관 / 16 법무사]

4) 효과

가. 임차권등기명령은 판결에 의한 때에는 선고를 한 때에, 결정에 의한 때에는 상당한 방법으로 임대인에게 고지를 한 때에 그 효력이 발생한다(「임차권등기명령 절차에 관한 규칙」 제4조).

나. 주택임대차보호법이 적용되는 주거용건물의 임대차는 그 등기가 없는 경우에도 임차인이 **주택의 인도와 주민등록**을 마친 때에는 그 다음 날부터 제3자에 대하여 **효력(대항력)**이 생긴다. [18 등기주사보] 이 경우 전입신고를 한 때에 주민등록이 된 것으로 본다(「주택임대차보호법」 제3조 제1항 등).

다. 임차인은 **임차권등기명령의 집행**에 따른 **임차권등기**를 마치면 대항력과 우선변제권을 취득한다. 다만 임차인이 임차권등기 이전에 이미 대항력이나 우선변제권을 취득한 경우에는 그 대항력이나 우선변제권은 그대로 유지되며, **주택임차권등기 이후에는 대항요건을 상실하더라도** 이미 취득한 대항력이나 우선변제권을 상실하지 아니한다(「주택임대차보호법」 제3조의3 제5항 등). [11 법무사]

라. 임차권은 임차주택에 대하여 「민사집행법」에 따른 경매가 행하여진 경우에는 그 임차주택의 경락에 따라 소멸한다. 다만 보증금이 모두 변제되지 아니한, 대항력이 있는 임차권은 그러하지 아니하다(「주택임대차보호법」 제3조의5).

마. 임대차의 존속기간이 만료되거나 임차권등기명령에 의한 주택임차권 및 상가건물임차권 등기가 경료된 경우에는 그 등기에 기초한 임차권이전등기나 임차물전대등기를 할 수 없다(예규 1688). [23 법원사무관 / 22 법무사 / 20 등기서기보 / 19 등기주사보 / 15 법무사 / 14 등기서기보 / 12 법무사 / 11 법무사]

(2) 개시

임차권등기명령에 따른 등기는 임대차 종료 후 보증금을 반환받지 못한 임차인의 단독신청에 따라 법원사무관 등의 촉탁에 의해서만 가능하다. [19 등기주사보 / 18 등기서기보]

(3) 촉탁절차

1) 촉탁인

법원사무관 등은 임차권등기명령의 효력이 발생하면 지체 없이 촉탁서에 재판서 등본을 첨부하여 등기관에게 임차권등기의 기입을 촉탁하여야 한다(「임차권등기명령 절차에 관한 규칙」 제5조). [21 법무사]

2) 촉탁정보

차임을 정하지 아니하고 보증금의 지급만을 내용으로 하는 임대차, 즉 채권적 전세의 경우에는 차임 대신 임차보증금을 기재한다. [18 등기서기보]

(4) 실행절차

1) 접수·배당

2) 조사(형식적 심사)

3) 문제○ (취하·보정·각하)

주택임차권등기명령의 결정 후 주택의 소유권이 이전(甲→乙)된 경우, 등기촉탁서에 전소유자(甲)를 등기의무자로 기재하여 임차권등기의 기입을 촉탁한 때에는 촉탁서에 기재된 등기의무자의 표시(甲)가 등기부(乙)와 부합하지 아니하므로 등기관은 그 등기촉탁을 각하하여야 한다(법 제29조 제7호, 선례 7-285). [23 등기서기보·법원사무관 / 21 법무사 / 18 등기서기보·등기주사보·법무사 / 15 법무사 / 11 법무사 / 10 법무사]

갑과 을 사이에 주택임대차계약이 체결된 후 임대인 갑이 사망함에 따라, 임차인 을이 당해 주택임대차계약에 기하여 망 갑의 상속인(들)을 피신청인으로 「주택임대차보호법」 제3조의3에 따른 임차권등기명령신청을 하여 집행법원이 이를 인용하고, 피상속인 갑소유 명의의 부동산에 관하여 상속관계를 표시하여(등기의무자를 '망 ○○○의 상속인 ○○○' 등으로 표시함) 임차권등기의 기입을 촉탁한 경우, 등기관은 상속등기가 마쳐지지 않았더라도 그 등기촉탁을 수리할 수 있을 것이다(선례 제202301-1호, 직권선례). [23 등기서기보]

4) 문제× (등기실행)

가. 등기부 작성·기입

(가) 임차권등기명령에 의한 주택임차권등기(이하 "**주택임차권등기**"라 한다)를 하는 경우에는 임대차계약을 체결한 날 및 임차보증금액, 임대차의 목적인 주택의 범위(임대차의 목적이 주택의 일부인 경우에는 그 목적인 부분을 표시한 도면의 번호를 함께 기록한다), 임차주택을 점유하기 시작한 날, 주민등록을 마친 날, 임대차계약증서상의 확정일자를 받은 날을 등기기록에 기록하고[19 등기주사보], 등기의 목적을 "**주택임차권**"이라고 하여야 한다. [21 법무사] 이 경우 **차임의 약정**이 있는 때에는 이를 기록한다(예규 1688).

(나) 다만 임차주택의 점유를 이미 상실하였거나 전입신고 또는 확정일자 미비 등의 사유가 있어 **촉탁서**에 주택을 점유하기 시작한 날, 주민등록을 마친 날, 임대차계약서상의 확정일자를 받은 날의 전부 또는 일부가 기재되지 않은 경우에는 이러한 사항들을 기록하지 않고 주택임차권등기를 한다.
즉 임차권등기명령의 촉탁서에 주민등록을 마친 날이나 확정일자를 받은 날이 기재되어 있지 않더라도 수리할 수 있다. [15 법무사] 왜냐하면 **임차권등기명령의 요건**은 임대차가 종료된 후 보증금을 돌려받지 못하였다는 사실뿐이고 다른 사실들은 대항력 또는 우선변제권의 유지요건일 뿐이기 때문에 이러한 사항들이 없더라도 주택임차권등기를 하는 데 지장은 없는 것이다.

(다) 임차권등기명령에 의한 상가건물임차권등기(이하 "상가건물임차권등기"라 한다)를 하는 경우에는 임대차계약을 체결한 날, 임대차의 목적인 건물의 범위(임대차의 목적이 건물의 일부인 경우에는 그 목적인 부분을 표시한 도면의 번호를 함께 기록한다), 임차보증금액, 임차상가건물을 점유하기 시작한 날, 사업자등록을 신청한 날, 임대차계약서상의 확정일자를 받은 날을 등기기록에 기록하고, 등기의 목적을 "상가건물임차권"이라고 하여야 한다. 이 경우 차임의 약정이 있는 때에는 이를 기록한다(예규 1688).

(라) 미등기 주택이나 상가건물에 대하여 임차권등기명령에 의한 등기촉탁이 있는 경우에는 등기관은 「부동산등기법」 제66조의 규정에 의하여 **직권**으로 소유권보존등기를 한 후 주택임차권등기나 상가건물임차권등기를 하여야 한다(예규 1688).

[23 등기서기보 / 21 법무사 / 19 등기주사보 / 18 등기서기보·법무사 / 14 등기서기보 / 12 법무사 / 11 법무사]

나. 각종 통지

등기관은 법원사무관등의 임차권등기명령촉탁에 의하여 임차권등기의 기입을 마친 후에 **등기완료통지서**을 작성하여 **촉탁법원**에 송부하여야 한다(「임차권등기명령 절차에 관한 규칙」 제7조). [21 법무사]

[기록례] 당사자의 신청에 의한 주택임차권설정등기

[을구]		(소유권 외의 권리에 관한 사항)		
순위번호	**등기목적**	**접수**	**등기원인**	**권리자 및 기타사항**
2	주택 임차권 설정	2007년 6월 8일 제6232호	2007년 6월 1일 설정계약	임차보증금　　금80,000,000원 차　임　　　　월 금200,000원 차임지급시기 매월 말일 범　위　　　　주택 전부 존속기간　　　2007년 6월 5일부터 　　　　　　　2009년 6월 4일까지 주민등록일자 2007년 6월 5일 점유개시일자 2007년 6월 5일 확정일자　　　2007년 6월 5일 임차권자　　　이을동 　　　　　　　360408-1456923 　　　　　　　서울특별시 노원구 중계동 24

※ 「주택임대차보호법」 제3조 제2항의 규정에 따라 대항력을 취득한 법인(「한국토지주택공사법」에 따른 한국토지주택공사 및 「지방공기업법」 제49조의 규정에 따라 주택사업을 목적으로 설립된 지방공사에 한함)이 임차권자인 경우, 주민등록일자와 점유개시일자란에는 지방자치단체장 또는 해당 법인이 선정한 입주자가 주민등록을 마친 날과 그 주택을 점유하기 시작한 날을 기재함

[기록례] 임차권등기명령을 원인으로 한 주택임차권등기

[을구]		(소유권 외의 권리에 관한 사항)		
순위번호	**등기목적**	**접수**	**등기원인**	**권리자 및 기타사항**
2	주택 임차권	2007년 6월 8일 제6233호	2007년 6월 5일 서울중앙지방법 원의 임차권등기 명령(2007카기 780)	임차보증금　　금80,000,000원 차　임　　　　월 금200,000원 범　위　　　　주택 전부 임대차계약일자 2005년 5월 20일 주민등록일자 2005년 5월 23일 점유개시일자 2005년 5월 23일 확정일자　　　2005년 5월 23일 임차권자　　　박병동 　　　　　　　450521-1456223 　　　　　　　서울특별시 성북구 종암동 36

[기록례] 미등기 주택이나 상가건물에 대한 등기명령에 의한 경우

[갑구]			(소유권 외의 권리에 관한 사항)	
순위번호	등기목적	접수	등기원인	권리자 및 기타사항
1	소유권 보존			소유자 이을순 621011-2345678 서울특별시 광진구 자양동 64 임차권등기의 촉탁으로 인하여 2007년 6월 8일 등기

[을구]			(소유권 외의 권리에 관한 사항)	
순위번호	등기목적	접수	등기원인	권리자 및 기타사항
2	주택 (상가 건물) 임차권	2007년 6월 8일 제6236호	2007년 6월 5일 서울중앙지방법 원의 임차권등기 명령(2007카기 234)	임차보증금　　　금80,000,000원 차　임　　　　월 금200,000원 범　위　　　주택(상가건물) 전부 임대차계약일자 2005년 5월 20일 주민등록일자(사업자등록신청일자) 2005년 5월 23일 점유개시일자　 2005년 5월 23일 확정일자　　　 2005년 5월 23일 임차권자　　　 박병순 　　　　　　　 650302-2456223 서울특별시 강남구 청담동 76

관련 기출지문

1 이미 전세권설정등기가 마쳐진 주택에 대하여 전세권자와 동일인이 아닌 자를 등기명의인으로 하는 주택 임차권등기명령에 따른 등기의 촉탁이 있는 경우 등기관은 사건이 등기할 것이 아닌 때에 해당함을 이유로 각하하여야 한다.(×)　　　　　　　　　　　　　　　　　　　　　　　　　　　　　　[23 등기서기보]

2 이미 전세권설정등기가 경료된 주택에 대하여 동일인을 권리자로 하는 법원의 주택임차권등기명령에 따른 촉탁등기는 이를 수리할 수 없다. (×)　　　　　　　　　　　　　　　　　　　　　　[22 법무사]

3 임대차의 존속기간이 만료된 경우나 주택임차권등기가 경료된 경우에도 그 등기에 기초한 임차권이전등기나 임차물전대등기는 할 수 있다. (×)　　　　　　　　　　　　　　　　　　　　　　[23 법원사무관]

4 임대차의 존속기간이 만료된 경우에도 그 등기에 기초한 임차권이전등기를 할 수 있다. (×)　[20 등기서기보]

5 임대차의 존속기간이 만료된 경우 임차보증금의 일부양도에 따른 임차권 일부이전등기를 신청할 수 있다. (×)　　　　　　　　　　　　　　　　　　　　　　　　　　　　　　　　　[14 등기서기보]

6 임차권등기명령에 의한 주택임차권등기가 마쳐진 경우에도 그 등기에 기초한 임차권이전등기나 임차물전대등기를 할 수 있다. (×)　　　　　　　　　　　　　　　　　　　　　　　　　[18 등기주사보]

7 임차권등기명령을 원인으로 한 임차권등기가 마쳐진 경우 그 등기에 기초한 임차물전대의 등기는 할 수 없으나 임차권이전등기는 할 수 있다. (×)　　　　　　　　　　　　　　　　　　　[12 법무사]

> **8** 임차권등기명령이 결정으로 고지되어 효력이 발생하면 주택의 소유권이 이전되었다 하더라도 전 소유자를 등기의무자로 하여 임차권등기의 기입을 촉탁할 수 있고 등기관은 그 등기촉탁을 수리하여야 한다. (×)
> [18 등기서기보]
>
> **9** 임차권등기명령이 결정으로 고지되어 효력을 발생한 후 주택의 소유권이 이전된 경우에는 임차권등기명령의 촉탁서에 전소유자를 등기의무자로 기재하였다 하더라도 등기관은 이를 이유로 그 촉탁을 각하할 수 없다. (×)
> [11 법무사]
>
> **10** 임차권등기명령의 촉탁서에 주민등록을 마친 날이나 확정일자를 받은 날이 기재되어 있지 않으면 등기관은 그 촉탁을 각하하여야 한다. (×)
> [15 법무사]
>
> **11** 미등기건물에 대하여 임차권등기명령에 따른 임차권등기의 촉탁이 있는 경우에는 등기관은 직권으로 소유권보존등기를 할 수 없다. (×)
> [21 법무사]
>
> **12** 미등기 주택에 대하여 임차권등기명령에 의한 등기촉탁이 있는 경우에는 등기관이 직권으로 소유권보존등기를 할 수 없으므로 그 촉탁을 각하하여야 한다. (×)
> [12 법무사]

03 절 담보권에 관한 등기

1. 담보권의 일반론(저당권을 중심으로)

(1) 의의

저당권은 채무자 또는 제3자(물상보증인)가 채무의 담보로 제공한 부동산 그 밖의 목적물을 채권자가 담보제공자로부터 인도받지 아니하고 그 사용·수익에 맡겨 두면서, 채무가 변제되지 아니할 경우에 그 목적물의 환가대금으로부터 우선변제를 받을 수 있는 담보물권이다(「민법」 제356조). 저당권은 담보물권의 특성인 부종성, 수반성, 불가분성, 물상대위성을 갖는다.

(2) 저당권의 성립

1) 저당권의 성질(약정담보물권)

저당권은 약정담보물권으로서 당사자 사이의 저당권설정에 관한 물권적 합의와 등기에 의하여 성립하는 것이 보통이다. 저당권설정계약은 특별한 형식을 요하지 아니하며 조건이나 기한을 붙일 수 있으므로 저당권설정등기청구권을 보전하기 위한 가등기를 할 수 있다(법 제3조, 제88조).

2) 저당권설정계약의 당사자

저당권설정계약의 당사자는 저당권자와 저당권설정자이다. 저당권의 부종성 때문에 **저당권자**는 피담보채권의 채권자에 한한다. **저당권설정자**는 저당권의 목적인 부동산의 소유자, 지상권자 또는 전세권자이다(「민법」 제356조, 제371조). 저당권설정자는 피담보채권의 채무자인 것이 보통이지만 채무자 외의 제3자가 될 수도 있는데 이를 "물상보증인"이라고 한다.

자기소유의 부동산에 관하여 저당권을 취득할 수 있도록 하는 입법례도 있으나(독일 민법 제1196조), 현행 민법은 혼동에서의 예외적인 경우를 제외하고는 소유자가 자기 부동산에 관하여 저당권을 취득하는 것을 허용하지 않는다.

3) 법정저당권

약정저당권 외에 민법은 일정한 경우에 법률상 성립하는 법정저당권을 인정하고 있다. 토지임대인이 변제기를 경과한 최후 2년의 차임채권에 의하여 그 지상에 있는 임차인 소유의 건물을 압류한 때 성립하는 법정저당권(「민법」 제649조), 부동산 공사의 수급인에게 인정되는 저당권설정청구권의 행사에 의한 저당권(「민법」 제666조)이 그것이다. 이러한 법정저당권을 등기하는 경우에도 등기권리자와 등기의무자의 공동신청에 의하여야 하고, 단독신청을 하기 위해서는 판결을 얻어야 한다.

(3) 저당권의 객체

1) 부동산 등

저당권은 등기·등록 등의 공시방법이 마련되어 있는 것에 관하여 설정할 수 있는 바, 민법상 저당권설정등기의 목적이 될 수 있는 것은 부동산과 부동산 물권 중에서 지상권 및 전세권이다(「민법」 제356조, 제371조).

저당권은 권리의 일부에 관하여도 설정할 수 있으므로 1필의 토지 또는 1동의 건물의 공유지분에 대하여 공유자는 다른 공유자의 동의 없이 자기지분에 대한 저당권을 설정할 수 있다. 단독소유권의 일부 또는 공유지분의 일부에 대해서도 저당권설정등기를 할 수 있다. 예컨대, 소유권 중 1/2 지분에 관하여 또는 공유지분 1/2 중 1/4에 관하여 저당권을 설정할 수 있다.

그러나 부동산의 특정 일부(물리적 일부)에 대해서는 저당권을 설정하지 못한다. 즉 1필의 토지 또는 1동의 건물 중 특정 일부에 대하여는 이를 분할 또는 구분하기 전에는 저당권을 설정할 수 없다(선례 1-429). 1동의 건물의 일부이더라도 그 일부가 구분소유권의 목적이 되는 때에는 당연히 저당권을 설정할 수 있다.

농지인 토지는 전세권의 목적으로 할 수 없으나 저당권은 설정할 수 있고, 신탁목적에 반하지 않는 한 수탁 부동산도 저당권을 설정할 수 있다. 또한 영유아보육시설은 교육법 소정의 교육기관이 아니므로 사인 소유의 영유아보육시설용 건물에 대해서도 저당권을 설정할 수 있다(선례 5-433).

2) 권리

지상권과 전세권도 저당권의 목적이 될 수 있다. 전세권을 목적으로 하는 저당권의 채권액 또는 근저당권의 채권최고액이 전세금 범위 내이어야 하는 것은 아니며, 동일한 전세권을 목적으로 하는 수 개의 근저당권설정등기의 채권최고액을 합한 금액이 대상 전세권의 선세금을 초과하는 등기도 가능하다(선례 5-435).

존속기간이 만료된 지상권이나 전세권을 목적으로 하는 근저당권은 설정할 수 없지만, 건물전세권의 경우 법정갱신제도가 있으므로 전세권변경등기를 한 다음에 저당권설정등기를 할 수 있다(선례 6-322, 200111-4). 전세권(지상권)에 저당권이 설정되면 전세권(지상권)자는 저당권자의 동의 없이는 저당권의 목적이 된 권리를 소멸시키는 행위를 할 수 없다(「민법」 제371조 제2항).

3) 특별법에 의한 저당권의 객체

특별법에 의한 저당권의 객체로는 「입목에 관한 법률」에 의하여 등기된 입목, 등기된 선박(「상법」 제787조 제1항), 공장재단(「공장 및 광업재단저당법」 제10조), 광업권(「광업법」 제10조 제1항, 제11조 제2항, 제38조 제1항 제2호), 어업권(「수산업법」 제16조 제2항), 자동차, 항공기, 건설기계, 소형선박 등(「자동차 등 특정동산 저당법」 제3조)이 있다.

(4) 저당권의 효력이 미치는 범위

저당권의 효력은 설정행위에서 다른 약정을 하지 아니하는 한 저당부동산에 부합된 물건과 종물에 미친다(「민법」 제358조). 설정행위에서 다른 약정을 한 경우에는 그 약정을 등기하여야 제3자에게 대항할 수 있다(법 제75조 제1항 제7호).

위와 같은 약정이 없는 경우 건물에 대한 증축부분, 부속건물 등은 그것이 저당권설정 당시에 이미 부합된 것인가 아니면 설정 후에 부합된 것인가를 묻지 아니하고 저당권의 효력이 미친다. 예컨대 증축한 건물이나 부속건물을 별개 독립한 건물로 보존등기를 하지 않고 기존건물에 건물표시변경등기 형식으로 증축등기나 부속건물등기를 하였다면 기존건물에 대한 근저당권의 효력은 다른 특별한 규정이나 약정이 없는 한 증축된 부분에도 미친다(선례 4-460).

"저당권의 효력은 저당부동산에 부합된 물건과 종물에 미친다"는 규정은 저당부동산의 종된 권리에도 유추적용된다. 따라서 구분건물의 전유부분만에 관하여 설정된 저당권의 효력은 대지사용권의 분리처분이 가능하도록 규약으로 정하는 등의 특별한 사정이 없는 한 그 전유부분의 소유자가 사후에라도 대지사용권을 취득함으로써 전유부분과 대지권이 동일 소유자의 소유에 속하게 되었다면 그 대지사용권에까지 미치고, 여기의 대지사용권에는 지상권 등 용익권 외에 대지소유권도 포함된다(대판 1995.8.22, 94다12722).

2. 서술방법

현행 민법과 부동산등기법은 부동산 담보물권의 기본적인 형태를 저당권으로 보고 그에 관하여 자세히 규정한 반면에, 근저당권에 관하여는 단 1개의 조문만을 두고 있다. 그러나 거래관계에서는 채권최고액의 한도 내에서 피담보채권의 증감변동에 관계없이 채권원본과 이자 및 지연손해금 등을 담보할 수 있고 부종성이 완화되는 특성 때문에 근저당권이 압도적으로 많이 활용되고 있다. 따라서 이하에서는 근저당권을 중심으로 등기절차를 설명하고 저당권에 관한 것은 근저당권과 다른 점에 대해서만 간단히 언급하기로 한다.

Ⅰ. 근저당권에 관한 등기

1. 일반

(1) 근저당권 설정등기

1) 서설

가. 기본개념

(가) 의의(「민법」 제186조, 제357조, 제371조, 법 제3조, 법 제75조 이하)

근저당권은 계속적인 거래관계로부터 발생하는 다수의 불특정채권을 장래의 결산기에 이르러 일정한 한도(채권최고액)까지 담보하는 특수한 저당권이다(「민법」 제357조). 그러므로 근저당권의 성립, 객체, 효력이 미치는 범위 등은 보통 저당권의 경우와 같다.

근저당권은 당좌대월계약, 계속적 어음할인(대부)계약, 상인 간의 계속적 물품공급계약 등 계속적인 거래관계(통상 "기본계약"이라 한다)가 있는 당사자 사이에 그 거래에서 채권이 발생할 때마다 새로운 저당권을 설정하지 않고 다수의 채권을 일정한 시기에 이르기까지 일정한 금액의 범위 내에서 담보하기 위해 고안된 것으로, 채권최고액과 기본계약을 그 본질적 요소로 하고 있다.

근저당권은 물권이므로 설정계약과 그에 따른 등기를 함으로써 성립한다(「민법」 제186조).

한편 특수한 근저당권으로 공동근저당과 「공장 및 광업재단 저당법」 제3조, 제4조에 의한 근저당권의 설정이 있는데, 이에 관하여는 따로 설명하기로 한다.

(나) 구별개념(저당권과 구별)

근저당권이 보통의 저당권과 다른 점은 ① 보통 저당권이 채권자와 채무자 사이의 특정채권을 담보하기 위한 것임에 반하여 **근저당권**은 계속적인 거래관계에서 발생하는 다수의 "불특정채권"을 담보하며, ② 보통 저당권은 특정한 채권을 담보하는 것이므로 피담보채권이 소멸하면 저당권도 당연히 소멸하게 되나 **근저당권**은 채권이 증감·변동하다가 개별채무가 일시적으로 전부 소멸되는 경우에도 그로 인하여 소멸하지 않고 근저당권이 확정될 때까지 채권이 다시 발생하면 근저당권은 동일성을 유지한 채 그 채권을 담보한다는 것이다. 즉 보통 저당권은 부종성이 엄격하게 적용되는 반면, 근저당권은 "소멸에 있어서 부종성"이 완화되어 있다.

(다) 등기실무

본래 근저당권은 장래의 증감·변동하는 불특정채권의 담보를 위한 제도이지만 **현재의 거래관행**은 금융기관의 대출이나 개인 간의 자금거래를 가리지 않고 특정한 금전채권을 담보하기 위한 경우에도 거의 전부 보통의 저당권을 설정하지 않고 근저당권을 설정하고 있는 실정이다.

이는 보통 저당권은 피담보채권의 범위가 원본·이자·위약금·경매실행비용 및 1년 이내의 지연배상금에 그치지만 근저당권은 채권최고액의 범위 내에서 지연배상금의 제한이 없고 채무가 일시적으로 소멸한 경우에도 근저당권은 소멸하지 않는 편리함이 있기 때문이다. 이와 같은 특정 금전채권을 담보하기 위한 근저당권등기도 채권최고액이라는 한도로 충분하게 공시의 기능을 하고 있으므로 유효하다고 본다.

나. 요건(내용)

(가) 채무자 또는 제3자

(나) 채무의 담보로 제공

(다) 부동산

(라) 우선변제

(마) 최고액만을 정할 것

(바) 채무의 확정을 장래에 보류할 것

(사) 채무가 확정될 때까지의 채무의 소멸 또는 이전은 저당권에 영향을 미치지 아니할 것

다. 적용범위

(가) 채무자 또는 제3자

근저당권설정자는 대부분 채무자이나 제3자가 채무자의 채무를 담보할 수도 있으므로, 물상보증인도 근저당권설정자가 되어 근저당권설정을 할 수 있다.

(나) 채무의 담보로 제공

증감변동하는 불특정채권이 아닌 특정채권을 담보하기 위한 근저당권등기와 일정한 기본계약을 열거하고 그와 관련하여 채무자가 부담하게 될 현재 또는 장래의 모든 채무를 담보하는 형식의 포괄근저당도 유효하다.

'어음할인, 대부, 보증 기타의 원인에 의하여 부담되는 일체의 채무'를 피담보채무로 하는 내용의 근저당권설정계약을 원인으로 한 근저당권설정등기도 신청할 수 있다(예규 1656). [22 법무사]

(다) 부동산

가) 근저당권은 타인의 부동산에 설정할 수 있으므로, 토지 또는 건물에 각 근저당권을 설정할 수 있다. 또한 농지에 대해서도 근저당권을 설정할 수 있다.

나) 부동산의 물리적 일부에는 근저당권을 설정할 수 없지만 부동산의 소유지분에는 근저당권을 설정할 수 있다.

다) 따라서 대지권의 기본적인 속성은 토지에 대한 지분이므로 대지권이 경료된 경우 **전유부분과 대지권**을 일체로 하는 근저당권설정는 신청할 수 있다. 다만, 대지권이 등기된 후 토지 또는 건물만에 대한 근저당권설정등기는 할 수 없다.

라) 부동산의 소유권·지상권·전세권은 근저당권의 목적이 되지만, 임차권은 근저당권의 목적이 될 수 없다. 따라서 임차권이 대지권인 경우에 임차권은 저당권의 목적으로 할 수 없는 권리이므로 건물소유권과 대지권(토지임차권)을 공동저당의 목적으로 할 수 없고, 대지권을 제외한 건물만에 관하여 저당권이 설정되어야 하며, 이 경우 건물만의 취지의 부기등기를 하여야 한다(선례 201604-1). [23 법무사 / 20 법무사 / 18 법무사 / 17 등기서기보]

(라) 우선변제

(마) 최고액만을 정할 것

가) 저당권은 확정된 채권액이 필수적 등기사항인 반면 근저당권은 채권최고액을 등기하여야 한다. 근저당권은 설정계약에서 정하여지고 등기된 최고액을 한도로 결산기에 실제로 존재하는 채권액을 피담보채권으로 한다. 따라서 확정된 피담보채권액이 최고액을 넘는 경우에는 최고액까지만 우선변제를 받을 수 있다. 그러나 이것이 근저당권자와 채무자 겸 근저당권설정자 사이에서도 최고액의 범위 내의 채권에 한해서만 변제를 받을 수 있다는 뜻은 아니며, 초과부분은 무담보채권이 될 뿐이다. 즉 담보되는 채무액이 부동산의 가액을 초과할 수도 있다.

나) 전세권을 목적으로 하는 (근)저당권설정등기를 할 수 있으며 그러한 등기를 할 경우 계약자유의 원칙상 동일한 전세권을 목적으로 하는 수 개의 근저당권설정등기의 채권최고액을 합한 금액이 대상 전세권의 전세금을 초과하는 등기도 가능하다 할 것이므로[21 등기서기보 / 9 법무사], 전세금이 5,000만원인 전세권을 목적으로 한 채권최고액이 3,500만원인 선순위 근저당권설정등기가 경료되어 있는 경우에 다시 위 전세권을 목적으로 한 채권최고액이 2,000만원인 후순위 근저당권설정등기를 할 수 있다(선례 5-435).

(바) 채무의 확정을 장래에 보류할 것

저당권의 피담보채권은 특정 채권이지만 근저당권의 피담보채권은 기본계약이 존속하는 동안에는 특정되지 않고 증감·변동하다가 일정한 사유가 있으면 구체적으로 확정된다. 현행 민법은 근저당권의 확정사유에 관하여 아무런 규정을 두고 있지 않지만 이론상 ① 근저당권의 존속 기간의 도래 또는 설정계약에서 정한 확정시기(결산기)의 도래, ② 존속기간이 정하여지지 않은 경우에는 기본계약의 종료(기본계약의 해제·해지 등), ③ 채권자의 경매신청, ④ 채무자 또는 물상보증인에 대한 파산선고 등을 근저당권의 확정사유로 볼 수 있다.

근저당권이 확정되면 그때를 기준으로 피담보채권이 특정되어 그 이후에 발생하는 채권은 근저당권에 의하여 담보되지 않는다. 다수 학설과 판례(대판 1963.2.7, 62다796)는 근저당권이 확정되면 일반저당권으로 전환된다고 본다.

(사) 채무가 확정될 때까지의 채무의 소멸 또는 이전은 저당권에 영향을 미치지 아니할 것

근저당권은 피담보채권의 소멸에 의하여 당연히 소멸하는 것은 아니고 근저당권 설정계약의 기초가 되는 기본적인 법률관계가 종료될 때까지 계속 존속하므로, 근저당권설정등기의 말소등기를 신청할 때에는 등기원인을 증명하는 정보로서 근 저당권이 소멸하였음을 증명하는 근저당권 해지증서 등을 제공하여야 하며, 단지 피담보채권이 소멸하였음을 증명하는 대출완납확인서 등을 제공할 수는 없다(선례 201906-7). [16 등기서기보]

라. 효과(「민법」 제358조)

저당권의 효력은 저당부동산에 부합된 물건(증축)과 종물(종된 권리, 대지사용권)에 미 친다. 그러나 법률에 특별한 규정 또는 설정행위에 다른 약정이 있으면 그러하지 아니 하다(「민법」 제358조).

(가) 부합물

가) 증축건물이 건물의 구조나 이용상 기존건물과 동일성이 인정되어 기존건물에 건물표시변경등기 형식으로 증축등기를 하였다면, 그 부분은 기존건물에 부합 되는 것으로 보아야 하고, (근)저당권의 효력은 다른 특별한 규정이나 약정이 없는 한 근저당 부동산에 부합된 부분에도 미치므로, 증축등기만을 하면 되지 증축된 건물에 근저당권의 효력을 미치게 하는 변경등기는 할 필요가 없다. [10 법무사]

나) 그러나 건물의 구조나 이용상 기존건물과 별개의 독립건물을 신축한 경우에는 별도의 소유권보존등기를 신청하여야 하는 것이며, 기존건물에 경료된 저당 권의 효력을 신축건물에 미치게 하기 위해서는 그 보존등기를 바탕으로 저당 권을 추가로 설정하여야 한다.

(나) 종물

구분건물의 전유부분만에 관하여 설정된 (근)저당권의 효력은 대지사용권의 분리 처분이 가능하도록 규약으로 정하는 등 특별한 사정이 없는 한, 그 전유부분의 소 유자가 사후에 대지사용권을 취득함으로써 전유부분과 대지권이 동일 소유자의 소유에 속하게 되었다면, 그 대지사용권에까지 미친다. [9 법무사]

2) 개시

가. 신청

(가) 공동신청

근저당권설정등기는 법률에 다른 규정이 없는 경우에는 등기권리자와 등기의무자 가 공동으로 신청한다(법 제23조 제1항).

(나) 단독신청

근저당권설정계약을 한 후 등기의무자(근저당권설정자)가 등기신청절차에 협력하지

않으면 '(채권최고액과 채무자가 주문에 나타난) 근저당권설정등기절차를 이행하라'
는 취지의 이행판결을 받아 등기권리자 단독으로 신청할 수 있다(법 제23조 제4항).

(다) 일괄신청

일괄신청은 원칙적으로 등기원인과 등기목적이 동일한 때에 한하여 허용되지만
(법 제25조), 창설적 공동근저당의 경우 각 근저당권설정자가 다른 경우에도 일괄
신청이 가능하다(규칙 제47조 제1항 제1호). 그 이유는 각 근저당권의 피담보채
권이 동일하므로 각 등기의 목적이 동일하고 일괄신청을 허용하는 것이 신청서 작
성의 편의성, 심사의 용이성, 등록면허세 납부절차(규칙 제45조)에 비추어 보아
더 효율적이기 때문이다.

따라서 같은 채권의 담보를 위하여 소유자가 다른 여러 개의 부동산에 대한 저당
권설정등기를 1건의 신청정보로 일괄하여 제공하는 방법으로 할 수 있다. [20 등기서
기보 / 19 등기주사보 / 18 등기서기보 · 법무사 / 17 등기주사보] 이 경우 근저당권설정자가 동일할 필요가
없다.

(라) 동시신청

(근)저당권의 설정등기를 신청할 때에 동시신청을 하게 되면 접수번호는 동일한 번
호를 부여한다. 그 후 채권최고액을 증액하는 근저당권변경등기를 신청하는 경우
동일인 명의의 후순위 근저당권자는 등기상 이해관계 있는 제3자가 아니므로[17 등기
서기보 / 15 법무사], 다른 이해관계인이 없다면 위 후순위 근저당권자의 승낙이 있음을
증명하는 정보 또는 이에 대항할 수 있는 재판이 있음을 증명하는 정보를 제공하
지 않더라도 근저당권변경등기를 부기등기로 할 수 있다(선례 201508-4). [16 법무사]

나. 촉탁

한편 신청이 아닌 촉탁에 의하여 저당권설정등기가 되는 경우가 있는데, 가정법원이 부
재자 재산관리인에게 담보제공방법으로서 그 소유의 부동산에 저당권을 설정할 것을
명한 때(「가사소송규칙」 제46조)와 납세자가 토지, 건물 등을 납세담보로 제공한 경우
에 세무서장이 저당권의 설정등기를 촉탁하는 경우(「국세기본법」 제31조 제3항, 동법
시행령 제14조 제6항)가 그것이다.

3) 신청절차

가. 신청인

근저당권설정등기는 근저당권설정자가 등기의무자, 근저당권자가 등기권리자가 되어
공동으로 신청한다(법 제23조 제1항).

(가) 등기의무자

등기의무자는 통상 소유권자이나 지상권이나 전세권도 근저당권의 목적이 될 수
있으므로 지상권자나 전세권자도 등기의무자가 될 수 있다.

(나) 등기권리자

① 일반적으로 **수인의 권리자**가 어떤 재산권을 준공유하는 경우 그 공유지분을 표시하는 것이 원칙이다. 예컨대 여러 명의 채권자가 피담보채권과 **저당권**을 준공유하는 경우에는 각각의 지분을 저당권설정등기의 신청서에 기재하여야 하고 이에 따라 등기기록에도 지분을 기록한다.

② 그러나 근저당권설정등기를 함에 있어 **근저당권자가 여럿인 경우**(예컨대 여러 명의 채권자가 근저당권을 준공유하는 경우)에는 각 **근저당권자의 지분을 기재(기록)하지 않는 것이** 실무이다(선례 8-251). **[14 법무사]** 그 이유는 피담보채권이 확정되기 전까지는 각 근저당권자별로 채권액이 유동적이어서 저당권과 같은 지분개념을 상정할 수 없기 때문이다. 예컨대 채무자 갑, 채권최고액 1억원, 근저당권의 준공유자 을 및 병인 근저당권설정등기의 경우 을과 병이 준공유하는 근저당권은 나중에 근저당권이 확정되는 시점까지 합계 1억원의 한도 내에서 갑이 을 및 병에 대하여 지는 채무를 각 0원에서 1억원까지의 범위 내에서 담보하고 있는 것이다. 즉 저당권은 하나의 확정채권액에 대하여 준공유자의 지분대로 나누어지지만, 근저당권은 준공유자와 채무자 사이에 별개의 기본계약(별개의 증감변동하는 불확정채권)이 존재하는 차이가 있다.

나. 신청정보

근저당권의 설정등기를 신청하는 경우 신청서에는 일반적인 기재사항 외에 등기원인이 근저당권설정계약이라는 뜻과 채권의 최고액 및 채무자를 기재하여야 한다(규칙 제131조). 신청서의 기재와 관련하여 주의할 점은 다음과 같다.

(가) 일반적 신청정보

가) 등기원인 및 그 연월일

등기원인은 근저당권설정계약이 되고 원인일자는 계약 연월일을 기재한다. 실무상 근저당권의 기초가 되는 계속적 거래관계, 즉 기본계약의 내용은 등기하지 않으므로 신청서에도 기재하지 않는다.

나) 등기목적

소유권 전부에 대하여 근저당권을 설정하는 때에는 "근저당권 설정"이라고 기재하고, 지상권 또는 전세권을 목적으로 하는 근저당권 설정은 "○번 지상권(또는 전세권) 근저당권 설정"이라 기재한다. 어느 공유자의 지분 일부에 대하여 근저당권의 등기를 한 후 그 공유자의 지분 일부에 대하여 다시 근저당권의 등기를 하는 경우에는 등기예규 1356호에 따라 처리한다.

(나) 개별적 신청정보

가) 필요적 기재사항

① 채권최고액

1. 반드시 단일하게 기재할 것

ⓐ 근저당설정등기를 함에 있어 그 근저당권의 **채권자 또는 채무자가 수인일지라도 채권최고액은 반드시 단일하게 기록하여야 하고**, 각 채권자 또는 채무자별로 채권최고액을 구분하여(ⓔ '채권최고액 채무자 갑에 대하여 1억원, 채무자 을에 대하여 2억원', 또는 '채권최고액 3억원 최고액의 내역 채무자 갑에 대하여 1억원', '채무자 을에 대하여 2억원' 등) 기재(기록)할 수 없다(예규 1656). [21 법무사 / 19 등기주사보 / 16 법무사 / 14 법무사 / 9 법무사] 1개의 근저당권에 관하여 수인의 채권자 또는 채무자별로 채권최고액을 정하는 것은 실질적으로 수 개의 근저당권을 설정하는 것과 마찬가지인데, 이러한 등기를 허용하는 법적 근거가 없으므로 그러한 등기를 할 수 없다고 본다.

ⓛ 또한 채권자 또는 채무자가 각 1인인 상태에서 **1개의 설정계약을 분할하여 여러 개의 근저당권을 설정할 수 없다.** 예컨대 채권최고액을 105,000,000원으로 약정한 1개의 근저당권설정계약을 체결한 후 이를 원인서면으로 첨부하여 채권최고액을 9,900,000원으로 하는 10개의 근저당권설정등기와 채권최고액을 6,000,000원으로 하는 1개의 근저당권설정등기로 분리하여 등기신청을 할 수 없다(선례 5-436). [20 법무사]

ⓒ 동일 부동산에 대하여 **甲과 乙을 공동채권자로 하는 하나의 근저당권설정계약을 체결한 경우 각 채권자별로 채권최고액을 구분하여 등기하거나 甲과 乙을 각각 근저당권자로 하는 2개의 동순위의 근저당권설정등기를 신청할 수 없다**(선례 7-274). [21 등기서기보·법무사] 이 경우 법 제29조 제8호(신청정보와 등기원인을 증명하는 정보가 일치하지 아니한 경우)의 각하사유에 해당한다.

> 🔁 **관련 선례**
> ① 현행 등기법제하에서는 공동근저당권의 채권최고액을 각 부동산별로 분할하여 각 별개의 근저당권등기가 되도록 하는 내용으로 근저당권을 변경하는 제도가 없으므로, **공동근저당권이 설정된 후에 비록 등기상 이해관계인이 없다고 하더라도 위 공동근저당권의 채권최고액을 각 부동산별로 분할하여 각 별개의 근저당권등기가 되도록 하는 내용의 근저당권변경등기를 신청할 수는 없다**(선례 6-342). [21 법무사]
> ② 동일한 피담보채권을 담보하기 위하여 수 개의 부동산에 **공동근저당권을** 설정한 경우에 **공동근저당권의 채권최고액을 각 부동산별로 분할하여 각 별개의 근저당권등기가 되도록 함으로써 각 부동산 사이의 공동담보관계를 해소하는 내용의 근저당권변경등기는 현행 등기법제상 인정되지 아니하는바, 구분건물 100세대를 공동담보로 하여 설정된 근저당권의 채권최

고액 5,200,000,000원을 각 **구분건물별로** 52,000,000원으로 분할하여 별개의 근저당권등기가 되도록 하는 내용의 근저당권변경등기를 신청할 수는 **없다**(선례 200412-2). [22 등기서기보]

③ 원칙적으로 **공동근저당권의 채권최고액**을 각 부동산별로 **분할**하여 각 별개의 근저당권설정등기가 되도록 하는 내용의 근저당권변경등기신청은 수리될 수 **없을** 것이나(등기선례 6-342 참조), 「**민간임대주택에 관한 특별법**」 제49조 제3항 제1호에 근거하여, 근저당권의 **공동담보를 해제**하면서 **채권최고액을 감액**하는 내용의 근저당권변경등기신청은 수리될 수 있을 것이다. 위와 같은 내용의 근저당권변경등기를 신청함에 있어서 **등기상 이해관계 있는 제3자**가 존재하여 그 자의 승낙이 필요한 경우에는 이를 증명하는 정보 또는 이에 대항할 수 있는 재판이 있음을 증명하는 정보를 첨부정보로서 등기소에 제공하여야 한다. 근저당권변경등기는 부기등기로 실행하여야 하며, 이 경우 등기의 목적은 "○번 근저당권 변경"으로 기록하여야 한다(아래 등기기록례 참조)(선례 제202208-1호).

순위번호	등기목적	접수	등기원인	권리자 및 기타사항
【 을구 】			(소유권 이외의 권리에 관한 사항)	
3	근저당권 설정	2019년 11월 5일 제1108호	2019년 10월 5일 설정계약	채권최고액 금600,000,000원 채무자 김○동 전라남도 여수시 고소1길 (고소동) 근저당권자 주식회사○○은행 ******-******* 서울특별시 종로구 창덕궁길 100(계동) 공동담보목록 제2019-13호
3-1	3번근저당권변경	2021년 1월 15일 제163호	2021년 1월 1일 근저당권변경계약	채권최고액 금100,000,000원 공동담보 해제 2021년 1월 15일 부기

(주) 부동산이 5개 이상인 경우임

2. 외화채권

외화채권인 때에는 채권액은 외화로 표시하고 **등록면허세 과세표준액의 산정을 위하여 원화로 환산한 금액을 병기**하여야 한다. 등록면허세는 등기신청 당시의 공정환율로 환산한 금액을 과세표준액으로 산정한다. 다만 **환산금액**은 등기사항이 아니므로 등기기록에 기록하지는 않는다. 당사자 간에 "환율이 변경될 때에는 그 변경된 환율에 의한 원화 환산액으로 한다"는 특약이 있더라도 이는 등기사항이 아니므로 신청서에 기재할 수 없다.

따라서 채권최고액을 외국통화로 표시하여 신청정보로 제공한 경우에는 외화표시금액을 채권최고액으로 기록한다(**예** "미화 금 ○○달러")(예규 1656).

3. 채권의 평가액

저당권의 피담보채권은 **특정채권임을 요하나 반드시 금전채권에 한하지 아니하고**, 특정물의 급부나 종류물의 일정량의 급부를 목적으로 하는 채권이라도 좋다. 다만 **담보권 실행 시에는 금전채권으로 될 수 있어야** 한다. [9 법무사]

즉 금전채권이 아닌 채권도 등기할 수 있으며 피담보채권이 금전채권이 아닌 경우에는 신청서에 그 채권의 평가액을 기재하여야 한다(규칙 제131조 제3항). 예컨대 "채권액 백미 100가마(가마당 80킬로그램) 채권액 금 25,000,000원"이라 표시한다. 1인의 저당권자가 2인 이상의 채무자에 대하여 각각 다른 분할채권을 갖고 있는 경우 근저당권과는 달리 채무자별로 채권액을 기재하고, 채권액으로는 그 합계액을 기재한다.

② 채무자

1. 원칙

근저당권의 설정등기를 신청하는 경우에는 신청서에 **채무자의 성명(명칭)과 주소(사무소 소재지)**를 기재하여야 한다(규칙 제131조 제1항, 법 제75조 제2항 제2호). 채무자와 근저당권설정자가 동일인인 경우에도 반드시 신청서에 채무자를 표시하여야 하고 등기기록에도 채무자를 기록하여야 한다(예규 264호). 채무자는 등기당사자가 아니므로 주민등록번호(또는 부동산등기용등록번호)를 기재할 필요는 없다.

법인 아닌 사단 또는 재단도 자기 명의의 부동산에 관하여 근저당권을 설정하든 타인이 물상보증인으로서 근저당권을 설정하든지 묻지 않고 채무자가 될 수 있다. 다만 민법상 조합을 채무자로 표시하여 근저당권설정등기를 할 수는 없다(선례 1-59).

2. 채무자가 수인인 경우

㉠ 채무자가 수인인 경우 그 수인의 채무자가 연대채무자라 하더라도 등기기록에는 단순히 **"채무자"로 기록한다**(예규 1656). [23 등기서기보 / 21 법무사 / 9 법무사]

㉡ 수인의 채무자들 사이에서 발생한 채무가 연대채무인지 여부는 단순히 그 피담보채권의 내용에 불과하여 공시할 실익이 없기 때문이다. 피담보채무의 연대보증인은 해당 근저당권설정등기의 채무자가 아니므로 신청서에 기재할 수 없다.

ⓒ 전술한 바와 같이, 채무자가 2인 이상이고 채권이 각각 다르다 하더라도 채무자별로 채권최고액을 분리하여 등기할 수 없고, 반대로 채권자가 수인인 경우에도 그 지분을 표시할 수 없다. 근저당권의 피담보채권은 특정되어 있지 않으므로 그 채권의 확정 전에는 채권액이나 지분을 알 수 없기 때문이다.

나) 임의적 기재사항

보통 저당권 설정등기를 신청하는 경우 설정계약에 **변제기, 이자 및 그 발생시기·지급시기, 원본 또는 이자의 지급장소**, 채무불이행으로 인한 손해배상에 관한 약정, **저당권의 효력이 부합물과 종물에 미치지 않는다는 약정,** 채권이 조건부(정지조건 및 해제조건)라는 취지와 같은 임의적 기재사항이 있는 때에는 이를 신청서에 기재하여야 한다(규칙 제131조 제1항, 법 제75조 제1항). 원인서면에 위와 같은 약정이 있음에도 불구하고 신청서에 이를 기재하지 아니하면 이는 신청서가 방식에 적합하지 아니한 것에 해당되어 각하사유가 된다(법 제29조 제5호).

① 저당부동산의 부합된 물건과 종물에 근저당권의 효력이 미치지 아니한다는 약정

근저당권의 효력은 설정계약에서 다른 약정을 하지 아니하는 한 저당부동산에 부합된 물건과 종물에 미치는 것이 원칙이다(「민법」 제358조). 그러나 법률에 특별한 규정이 있거나 당사자 사이에 부합물이나 종물에 저당권의 효력을 미치지 않게 하는 약정을 하고 이를 설정계약서에 명시하였다면 신청서에도 이를 기재하고 그 등기도 하여야 한다.

② 근저당권의 존속기간, 소멸약정

설정계약에서 근저당권의 존속기간을 정한 경우 그 존속기간은 피담보채권의 확정기 또는 기본계약에 따른 거래의 결산기의 의미를 갖는다. 근저당권의 존속기간이나 소멸약정은 등기할 수 있다(규칙 제131조 제1항, 법 제75조 제2항 제4호, 법 제54조).

다. 첨부정보

(가) 등기원인과 관련된 첨부정보

가) 등기원인을 증명하는 정보

① 통상 근저당권설정등기의 등기원인증서로서 근저당권설정계약서를 제출한다. 원인증서에는 부동산의 표시, 채권최고액, 당사자의 표시 등 근저당권설정등기의 필수사항이 기재되어 있어야 한다.

단순한 금전소비대차계약서는 등기원인증서라 할 수 없다.

② 근저당권설정등기의 등기원인인 근저당권설정계약의 당사자는 근저당권자와 근저당권설정자이므로, 근저당권설정계약서에는 근저당권설정계약의

당사자인 근저당권자와 근저당권설정자 사이에 근저당권설정을 목적으로 하는 물권적 합의가 있었음이 나타나 있으면 되고, 반드시 채무자의 동의나 승인이 있었음이 나타나 있어야만 하는 것은 아닌 바, 근저당권설정등기신청서에 등기원인을 증명하는 서면으로서 첨부하는 **근저당권설정계약서**에는 **채권최고액과 채무자의 표시 등은 기재되어 있어야 하지만, 채무자의 인영이 반드시 날인되어 있어야만 하는 것은 아니다**(선례 6-32). [21 등기서기보 / 20 법무사 / 15 법무사] 또 설정계약서에 날인된 인영이 저당권설정자의 인감일 필요도 없다(선례 2-51, 6-32).

나) 등기원인에 대한 허가·동의·승낙을 증명하는 정보 등

① 검인(계약서·판결서)	(계약 + 유상·무상)	×	(∵ 소이등이 아니므로)
② 부동산거래계약신고필증	(계약 + 매매)	×	(∵ 소이등이 아니므로)
③ 토지거래계약허가증	(계약 + 유상)	×	(∵ 소이등·지상권이 아니므로)
④ 농지취득자격증명	(他人 → 本人)	×	(∵ 소이등이 아니므로)
⑤ 재단법인의 기본재산 처분 주무관청의 허가서		×	(∵ 소이등이 아니므로)
⑥ 공익법인의 기본재산 처분 주무관청의 허가서		○	
⑦ 학교법인의 수익용재산 처분 주무관청의 허가서		○	

사회복지법인이 기본재산인 부동산에 대하여 근저당권설정등기를 신청할 때에는 시·도지사의 허가가 있음을 증명하는 정보를 첨부정보로서 제공하여야 하는 바(「사회복지사업법」 제23조 제3항 제1호), 이러한 허가를 증명하기 위한 정보에는 원칙적으로 근저당권의 채권최고액이 명시되어 있어야 한다. 다만 시·도지사의 허가가 있음을 증명하는 정보로서 제공된 "**기본재산 처분 및 장기차입 허가서**"에 근저당권의 채권최고액이 명시되어 있지 않지만, "기본재산의 담보제공은 ○○은행 대출금 ○○○원의 약정에 따른 근저당권 설정에만 제공하도록 함"이라는 내용의 장기차입 허가조건이 기재되어 있다면 이러한 허가서를 제공하여 근저당권설정등기를 신청할 수 있다. 이 경우(🔵 채권최고액은) 위 대출금을 초과하는 금액을 채권최고액으로 하는 근저당권설정등기를 신청할 수 없고, 이를 초과하지 않는 범위 내의 금액을 채권최고액으로 하는 근저당권설정등기만을 신청할 수 있다(선례 201912-8).

(나) 등기의무자와 관련된 첨부정보

가) 등기필정보 등

근저당권설정자가 부동산의 소유권자인 경우에는 소유권을 취득할 때 교부받은 등기필정보, 즉 소유권보존 또는 소유권이전등기의 등기필정보를 제공하여야 하며, 지상권자(전세권자)가 지상권(전세권)에 대한 근저당권을 설정하는 경우에는 지상권(전세권)의 설정 또는 이전 등기필정보를 제공하여야 한다.

이러한 등기필정보를 제공할 수 없는 경우에는 법 제51조의 규정에 따른 확인 서면 등을 제출한다.

나) 인감증명서 등

소유권의 등기명의인이 등기의무자로서 근저당권을 설정하는 경우에는 그의 인감증명서를 제출하여야 한다(규칙 제60조 제1항 제1호). 부동산매도용인 경우를 제외하고는 인감증명에 기재되어 있는 사용용도와 다르게 등기신청을 한 경우라 하더라도 등기신청서나 그 부속서류에 날인된 인영이 인감증명의 인영과 동일한 경우에는 등기신청의 진정을 증명할 수 있다 할 것이므로 그 등기신청은 수리하여야 한다(선례 3-206). 따라서 인감증명에 기재된 사용용 도가 "저당권설정"이 아니라도 상관없다.

지상권 또는 전세권을 목적으로 하는 저당권설정등기인 경우에는 등기의무자의 인감증명을 제출할 필요가 없다. 다만 등기의무자의 권리에 관한 **등기필정보 를 제공할 수 없어 법 제51조 단서에 의한 확인서면을 제출하는 경우에는 인 감증명을 제출하여야 한다(규칙 제60조 제1항 제3호).

(다) 등기권리자와 관련된 첨부정보

가) 취득세 등 세금납부영수증

등록면허세는 채권최고액을 기준으로 납부하며 **국민주택채권**은 채권최고액이 2,000만원 이상인 경우에만 매입한다.

나) 주소 및 번호를 증명하는 정보

근저당권자의 주소(또는 사무소 소재지) 및 주민등록번호(또는 부동산등기용 등록번호)는 등기사항이므로(법 제48조 제1항 제5호, 제2항, 제3항) 이를 증 명하는 서면으로서 주민등록표 등·초본 등을 제출하여야 한다.

4) 실행절차(등기실행)

가. 등기부 작성·기입

(가) 등기사항

가) 일반적인 사항

부동산의 등기기록 중 을구에 기록하며 등기의 목적·접수연월일·접수번호 ·등기원인과 그 연월일·채권최고액·채무자·등기권리자 등을 기록한다. 임의적 기록사항으로서 등기원인서면에 기재되어 있는 당사자 간의 약정 모두를 등기할 수 있는 것이 아니고 법에 근거규정이 있는 경우에만 등기할 수 있다.

나) 근저당권자가 수인인 경우

근저당권자가 근저당권을 준공유하더라도 그 지분을 기록하지 않는다.

다) 근저당권자가 법인인 경우

법인이 (근)저당권자·가압류권자·가처분권자·경매개시결정의 채권자 등인 경우 등기신청서에 취급지점 등의 표시가 있는 때에는 등기부에 그 **취급지점** 등을 기재(기록)하여야 한다(**예** ○○지점, △△출장소, ××간이예금취급소 등). [10 법무사] 그러나 취급지점의 소재지는 기록하지 아니한다.

근저당권자인 법인의 취급지점이 변경된 때에는 **등기명의인표시 변경(취급지점 변경)등기를 먼저 하여야만** 다른 등기(예컨대 채무자변경으로 인한 **근저당권변경등기**[17 법무사], **근저당권이전등기**[17 등기주사보 / 16 법무사])를 할 수 있다.

그러나 **법인이 전세권자인 경우**에는 법적 근거가 없기 때문에 권리자에 관한 사항에 **취급지점을 기록할 수는 없다**(선례 제202309-8호).

라) 근저당권자가 법인 아닌 사단 또는 재단인 경우

① 법인 아닌 사단이나 재단은 법인등기와 같은 공시제도가 없으므로 그 대표자나 관리인을 분명히 하기 위하여 **대표자나 관리인의 성명·주소 및 주민등록번호를 등기사항**으로 하고 있다(법 제48조 제3항). [18 법무사 / 10 법무사] 따라서 법인 아닌 사단이나 재단 명의의 등기를 할 때에는 그 대표자나 관리인의 성명, 주소 및 주민등록번호를 함께 기록하여야 한다.

② 그러나 (근)저당권의 채무자는 성명과 주소만 기재하므로(법 제75조 참조), **법인 아닌 사단이나 재단이 (근)저당권설정등기신청서에 채무자로 기재되어 있는 경우, 등기부에 그 사단 또는 재단의 부동산등기용등록번호나 대표자에 관한 사항은 기록할 필요가 없다**(예규 1621). [22 등기서기보 / 18 법무사 / 17 등기주사보 / 16 등기서기보 / 15 법무사 / 10 법무사]

마) 근저당권의 피담보채권액에 관한 내용

등기관이 일정한 금액을 목적으로 하지 아니하는 채권을 담보하기 위한 저당권설정의 등기를 할 때에는 그 **채권의 평가액을 기록**하여야 한다(법 제77조). **채권최고액을 외국통화로 표시**하여 신청정보로 제공한 경우에는 **외화표시금액을 채권최고액으로 기록**한다. [20 법무사 / 12 법무사]

(나) 등기형식

소유권을 목적으로 하는 근저당권설정등기는 주등기의 방법에 의하고 **지상권이나 전세권을 목적**으로 하는 근저당권설정등기는 그 지상권이나 전세권에 부기등기(법 제52조 제3호)의 방법으로 한다. 또한 동일 부동산에 관하여 동시에 2개 이상의 근저당권의 설정등기신청이 있는 경우에는 동일한 접수번호와 동일한 순위번호를 기록하여야 한다.

나. 각종 통지

신청인인 등기명의인에게 등기필정보를 작성·통지하며(법 제50조), 등기완료통지도 함께 한다(법 제30조).

관련 기출지문

1 근저당권설정등기를 함에 있어 근저당권자가 여럿인 경우에는 각 근저당권자의 지분을 표시하여야 한다. (×)
[14 법무사]

2 근저당설정등기를 함에 있어 그 근저당권의 채권자 또는 채무자가 수인인 경우, 각 채권자 또는 채무자별로 채권최고액을 구분하여(예 채권최고액 채무자 甲에 대하여 1억원, 채무자 乙에 대하여 2억원) 기록할 수 있다. (×)
[21 법무사]

3 근저당설정등기를 함에 있어 그 근저당권의 채무자가 여럿인 경우에는 각 채무자별로 채권최고액을 구분하여 신청하여야 한다. (×)
[14 법무사]

4 같은 부동산에 대하여 甲과 乙을 공동채권자로 하는 하나의 근저당권설정계약을 체결한 경우에 甲과 乙을 각각 근저당권자로 하는 2개의 동순위의 근저당권설정등기를 신청할 수 있다. (×)
[21 등기서기보]

5 공동근저당권의 채권최고액을 각 부동산별로 분할하여 각 별개의 근저당권등기가 되도록 하는 근저당권변경등기는 등기상 이해관계인이 없거나 그 승낙을 증명하는 정보 또는 이에 대항할 수 있는 재판의 등본을 첨부정보로 제공한 경우에는 원칙적으로 허용된다. (×)
[24 법원사무관]

6 5개의 구분건물을 공동담보로 하여 채권최고액 5억원으로 설정된 근저당권을 각 건물별로 채권최고액 1억원으로 하는 근저당권변경등기를 신청할 수 있다. (×)
[22 등기서기보]

7 근저당권설정등기신청서에 등기원인을 증명하는 정보로서 첨부하는 근저당권설정계약서에는 채무자의 인영이 날인되어 있어야 한다. (×)
[15 법무사]

8 금액의 표시는 아라비아숫자로 하되 외화 채권인 경우에는 등기신청 당시의 공정환율로 환산한 국내 화폐 가액을 기록하여야 한다. (×)
[12 법무사]

---

(2) 근저당권이전등기(예규 1656)

1) 서설

가. 의의(「민법」 제361조, 법 제3조, 법 제79조)

이전등기는 권리의 주체가 변동된 경우에 하는 등기이므로 **근저당권이전등기**는 근저당권의 주체가 변동된 경우에 하는 등기이다.

근저당권은 물권이므로 근저당권자는 자유로이 양도 기타의 처분을 할 수 있다. 다만 그 담보한 채권과 분리하여 타인에게 양도하거나 다른 채권의 담보로 하지 못한다(「민법」 제361조, 법 제29조 제2호, 규칙 제52조 제5호). 따라서 피담보채권과 분리하여 근저당권만을 양도할 수 없다.

근저당권의 이전에는 상속, 합병 등의 포괄승계로 인한 것과 계약양도·계약가입 등의 특정승계로 인한 것이 있다. 또한 근저당권도 신탁법상 신탁할 수 있는 재산권에 포함되므로 근저당권자를 위탁자, 신탁업의 인가를 받은 신탁회사를 수탁자로 하여 신탁을 원인으로 근저당권이전등기와 신탁의 등기를 신청할 수 있다(선례 7-400).

근저당권의 이전원인 중 특정승계의 경우에는 근저당권의 확정 전인지 후인지에 따라 원인이 달라지며, 포괄승계의 경우에도 보통 저당권과 근저당권의 취급이 다르다.

나. 요건

다. 적용범위

(가) 특정승계에 의한 경우

가) 의의

근저당권의 이전원인 중 특정승계의 경우에는 근저당권의 확정 전인지 후인지에 따라 원인이 달라진다. 근저당권이 확정되면 그 이후에 발생하는 원금채권은 그 근저당권에 의하여 담보되지 않고 일반 저당권에 준하게 된다.

나) 근저당권의 확정사유

① 존속기간이 정하여진 경우에는 존속기간의 도래 또는 설정계약에서 정한 확정시기(결산기)의 도래 시, ② 존속기간이 정하여지지 않은 경우에는 기본계약의 종료 시(기본계약의 해제·해지 등), ③ 선순위 근저당권자가 경매를 신청하는 경우에는 경매신청 시, 후순위 근저당권자가 경매를 신청하는 경우에는 경락대금 완납 시에 근저당권이 확정된다. 이때 근저당권이 확정되면 저당권과 동일한 효력을 가지게 된다.

다) 피담보채권 확정 전

① 근저당권은 물권이므로 근저당권자는 피담보채권과 함께 근저당권을 자유로이 처분할 수 있으며 그에 따른 근저당권이전등기도 신청할 수 있다. 또한 근저당권을 전부 양도하는 것이 아니라 일부만 양도하는 것도 허용된다.

② 피담보채권의 확정 전에는 근저당권의 기본 계약상 지위를 (일부)양도하여 근저당권(일부)이전등기를 할 수 있을 뿐이고, 확정되지도 않은 피담보채권의 (일부)양도 또는 (일부)대위변제를 원인으로 근저당권(일부)이전등기를 할 수는 없다. [24 법원사무관 / 23 등기서기보 / 19 등기주사보 / 14 법무사 / 13 법무사 / 9 법무사] 기본계약의 일부가 이전되면 근저당권도 일부 이전되어 준공유의 상태가 되고, 전부 이전된 경우에는 근저당권도 전부 이전한다.

③ 근저당권의 피담보권이 확정되기 전에 근저당권의 기초가 되는 기본계약상의 채권자 지위가 제3자에게 전부 또는 일부 양도된 경우, 그 양도인 및 양수인은 "계약 양도"(채권자의 지위가 전부 제3자에게 양도된 경우), "계약의 일부 양도"(채권자의 지위가 일부 제3자에게 양도된 경우) 또는 "계약가입"(양수인이 기본계약에 가입하여 추가로 채권자가 된 경우)을 등기원인으로 하여 근저당권이전등기를 신청할 수 있다. [16 법원사무관 / 13 법무사]

④ 이 경우 "계약 일부양도"나 "계약가입"을 원인으로 근저당권 일부이전등기가 경료되면 양수인과 양도인 또는 기존 근저당권자와 계약가입자는 근저당권을 준공유하게 된다. 근저당권의 준공유지분은 등기하지 않는다.

⑤ 기본계약상의 채권자의 지위를 양도하는 계약은 양도인, 양수인, 채무자의 3면 계약에 의하여야 하지만 근저당권이전등기의 신청인은 근저당권의 양도인 및 양수인이 된다.

⑥ 근저당권의 **피담보채권이 확정된 후**에 그 피담보채권이 **양도** 또는 **대위변제**된 경우에는 근저당권자 및 그 채권양수인 또는 대위변제자는 근저당권이전등기를 신청할 수 있으며, 이 경우 등기원인은 "확정채권 양도" 또는 "확정채권 대위변제" 등으로 기록하게 되고, **채권의 일부에 대한 양도** 또는 대위변제로 인한 근저당권 일부이전 등기를 할 때에는 양도액 또는 변제액을 기록하여야 한다. 하나의 근저당권을 여럿이 준공유하는 경우에 근저당권자 중 1인이 확정채권의 전부 또는 일부 양도를 원인으로 근저당권이전등기를 하는 경우에는 근저당권의 피담보채권이 확정되었음을 증명하는 서면 또는 나머지 근저당권자 전원의 동의가 있음을 증명하는 서면(동의서와 인감증명서)을 첨부하여야 한다. 또한 근저당권의 확정 후에 피담보채권과 함께 복수의 양수인에게 이전하는 경우에는 각 양수인 별로 양도액을 특정하여 신청하여야 한다(선례 제201211-3호). [22 법무사[2]]

라) 피담보채권 확정 후

① 피담보채권이 확정된 경우에는 근저당권은 채권최고액을 한도로 하여 확정채권액을 담보하는 보통저당권과 같은 성질을 갖게 된다. 따라서 **피담보채권이 확정된 후**에는 저당권과 같이 피담보채권의 (일부)양도, (일부)대위변제 등을 원인으로 근저당권(일부)이전등기를 할 수 있으나, 종료된 기본계약상의 지위를 (일부)양도하여 근저당권(일부)이전등기를 할 수는 없다.

② 근저당권의 **피담보채권이 확정된 후**에 그 피담보채권이 양도 또는 대위변제된 경우에는 근저당권자 및 그 채권양수인(또는 대위변제자)는 **채권양도에 의한 저당권이전등기에 준하여 근저당권이전등기를 신청할 수 있다.** [13 법무사] 이 경우 등기원인은 "**확정채권 양도**" 또는 "**확정채권 대위변제**" 등으로 기록한다. [21 법무사]

(나) **포괄승계에 의한 경우**

근저당권자에 대하여 상속, 합병 등의 사유가 생긴 경우 근저당권은 법률상 당연히 기본계약상의 지위와 함께 상속인, 합병 후의 법인에게 이전한다.

따라서 상속이나 회사합병 등 **포괄승계를 원인으로 한 근저당권이전등기는 피담보채권의 확정 전·후 불문하고 가능**하다. [24 법원사무관]

가) 상속

근저당권자에게 상속이 개시된 경우 **근저당권이전등기를 하지 아니하여도 근저당권을 취득한다**(「민법」 제187조). 다만 이를 처분하거나 공시하기 위해서 **상속인이 단독으로 근저당권이전등기를 한다**(법 제23조 제3항). 피상속인과 상속인은 별개의 인격체이므로 등기명의인 표시변경등기를 하지 않는 점에 주의한다.

또한 저당권의 이전은 소유권에 있어서 상속으로 인한 이전의 경우와 같으므로 상속인들의 지분을 등기기록에 기록한다. 그러나 근저당권에 있어서는 상속인이 수인이 있는 경우라 하더라도 공유지분을 기록하지 않는다.

나) 합병

> **상법 제235조(합병의 효과)**
> 합병 후 존속한 회사 또는 합병으로 인하여 설립된 회사는 합병으로 인하여 소멸된 회사의 권리의무를 (❀ 포괄)승계한다.

근저당권자인 회사가 합병된 경우 그 등기절차는 상속에 준하여 생각하면 된다. 회사가 합병된 경우에는 권리의무를 포괄승계하므로 합병으로 인한 근저당권이전등기를 거치지 아니하고도 근저당권을 취득한다(「민법」 제187조). 다만 이를 처분하거나 공시하기 위해서 존속하는 법인이 단독으로 근저당권이전등기를 한다(법 제23조 제3항). 합병 전 회사와 합병 후 회사는 법인격이 다르기 때문에 등기명의인표시의 변경등기를 하지 않는 점에 주의한다.

합병 후 존속하는 회사 또는 합병으로 인하여 설립된 회사는 합병으로 인하여 소멸한 회사의 권리의무를 포괄승계하므로, **乙 회사가 甲 회사를 흡수합병한 후 丙 회사가 乙 회사를 다시 흡수합병한 경우에는 甲 회사로부터 丙 회사 앞으로 바로 근저당권이전등기를 할 수 있다**(선례 제1-439호). [22 법원사무관]

다) 분할

> **상법 제530조의10(분할 또는 분할합병의 효과)**
> 단순분할신설회사, 분할승계회사 또는 분할합병신설회사는 분할회사의 권리와 의무를 분할계획서 또는 분할합병계약서에서 정하는 바에 따라 승계한다.

① 회사의 분할도 합병과 마찬가지로 포괄승계의 원인이다. 예컨대 갑 회사가 그 일부를 분할하여 을 회사를 설립한 경우 분할로 인하여 설립되는 을 회사는 분할계획서가 정하는 바에 따라서 등기 없이도 분할하는 갑회사의 권리와 의무를 승계한다(「상법」 제530조의10). 즉 회사가 분할된 경우에도 권리의무를 포괄승계한다. 다만 이를 처분하거나 공시하기 위해서 근저당권이전등기를 한다(법 제23조 제3항).

② 법 제23조 제3항에서 단독신청이 허용되는 포괄승계는 규칙 제42조 제1호에 따라 소멸분할만 해당된다(규칙 제42조 제1호). 따라서 소멸분할의 경우 (존속하는 회사)등기권리자가 단독으로 신청하고, 존속분할의 경우 (분할 전 회사)등기의무자, (존속하는 회사)등기권리자가 공동으로 신청한다.

③ 회사가 분할된 경우 분할에 의하여 설립되는 회사는 분할회사의 권리와 의무를 분할계획서에서 정하는 바에 따라 승계하므로, 회사가 수차 분할된 경우에도 순차로 작성된 각 분할계획서에 근저당권이 분할에 의하여 설립되는 회사에 이전될 재산임이 각각 기재되어 있다면 최초 분할회사로부터 최후 분할에 의하여 설립된 회사로 바로 근저당권이전등기를 신청할 수 있다(선례 201609-1).

④ 을 회사가 갑 회사를 **흡수합병**하고 다시 병 회사가 을 회사를 **흡수합병**한 다음 병 회사가 그 **일부를 분할**하여 정 회사를 설립하고 이어 정 회사가 다시 그 **일부를 분할**하여 무 회사를 설립한 경우, 갑 회사 명의의 근저당권이 순차로 작성된 분할계획서에 정 회사를 거쳐 다시 무 회사에 이전될 재산으로 기재되어 있다면, 무 회사는 갑 회사 명의의 근저당권에 대하여 자신 명의로의 이전등기를 곧바로 신청할 수 있다. 이 경우 근저당권이전등기 신청을 1건만 하는 것이므로 등록면허세도 1건에 해당하는 금액만 납부하면 된다(선례 201910-3). [22 법원사무관(2)]

2) 개시

근저당권이전등기는 근저당권의 양도인과 양수인이 공동으로 신청한다(법 제23조 제1항).

3) 신청절차

가. 신청인

근저당권이전등기는 근저당권자가 **등기의무자**, 근저당권의 전부 또는 일부의 이전을 받은 자가 **등기권리자**로서 공동신청을 하여야 한다. 다만 상속 또는 회사합병으로 인한 근저당권이전등기의 경우에는 상속인 또는 합병 후 신설(또는 존속)하는 회사가 단독으로 근저당권의 이전등기를 신청한다. 또 전부명령이나 양도명령에 의한 근저당권의 이전등기는 집행법원의 촉탁에 의한다.

금융위원회의 계약이전결정에 따라 부실금융기관 명의의 근저당권을 인수금융기관 명의로 하기 위해서는 인수금융기관과 부실금융기관(관리인이 대표함)이 공동으로 근저당권이전등기를 신청하여야 한다(예규 1365).

나. 신청정보

일반적인 등기신청서의 기재사항(규칙 제43조) 외에 다음과 같은 사항을 기재하여야 한다.

(가) 등기원인 및 그 연월일

등기원인으로는, 근저당권의 피담보채권이 확정되기 전에 근저당권의 기초가 되는 기본계약상의 채권자 지위가 제3자에게 전부 또는 일부양도된 경우에는 "계약양도", "계약의 일부 양도" 또는 "계약가입"으로 기재한다.

근저당권의 피담보채권이 확정된 후에 그 피담보채권이 양도 또는 대위변제된 경우에 그 등기원인은 "확정채권 양도" 또는 "확정채권 대위변제" 등으로 기재한다.

회사의 합병(분할)을 원인으로 하는 경우에는 등기원인은 "회사합병(분할)"으로, 그 원인일자는 법인등기사항증명서상의 합병(분할)일자를 기재한다.

금융위원회의 계약이전결정에 의한 근저당권이전의 경우에 등기원인은 "계약이전결정"으로, 그 연월일은 "공고된 날"을 기재한다.

(나) 등기목적

등기의 목적은 근저당권이 전부 이전되는 때에는 "근저당권 이전"으로 기재하고, 계약의 일부양도 또는 계약가입을 원인으로 하는 경우에는 "근저당권 일부이전"이라 기재한다. 또 확정채권의 일부 양도나 일부 대위변제를 원인으로 근저당권 일부이전등기를 신청하는 경우에는 신청서에 양도나 대위변제의 목적인 채권액(양도액 또는 변제액)을 기재하여야 한다(규칙 제137조 제2항). [17 등기주사보 / 16 법원사무관·법무사]

(다) 이전할 근저당권의 표시

근저당권의 이전에 있어서는 근저당권은 피담보채권과 분리하여 타인에게 양도하거나 다른 채권의 담보로 하지 못하므로 신청서에는 "근저당권이 채권과 같이 이전한다"는 뜻을 기재하여야 한다(규칙 제137조 제1항). 다만 등기기록에는 이를 기록하지 않는다. 또 이전대상인 근저당권의 접수연월일, 접수번호 및 순위번호를 기재한다.

다. 첨부정보

일반적인 첨부정보 외에 문제되는 사항만 설명한다.

근저당권의 피담보채권이 확정되기 전에 "계약양도" 등을 원인으로 근저당권이전등기를 신청하는 경우 위 계약은 양도인, 양수인, 채무자의 3면 계약에 의하여야 하므로 원인서면인 근저당권이전계약서에 양도인, 양수인은 물론 채무자의 표시와 날인이 있어야 한다. [24 법무사]

반면 피담보채권이 확정된 후에 "확정채권 양도"를 원인으로 근저당권이전등기를 신청하는 경우 위 채권양도는 양도인과 양수인의 계약에 의하여야 하므로 원인서면인 근저당권이전계약서에 채무자의 표시와 날인이 반드시 있어야만 하는 것은 아니다(선례 201011-3). [24 법무사]

(가) 등기원인을 증명하는 정보

가) 근저당권이 확정되기 전에 근저당권이전등기를 하는 경우 기본계약의 양도에 의하여 근저당권이 이전하는 것이므로 이론상 근저당권이전등기의 원인증서로는 계약양도계약서(전부이전)또는 계약가입계약서(일부이전. 단 양자 모두 부동산 및 근저당권의 표시가 된 것이어야 함)를 제출하여야 할 것이다. 그러나 이들 계약서에는 부동산의 표시 및 이전되는 근저당권의 표시가 없는 것이 보통이므로 실무상 근저당권이전계약서를 제출하고 있는 실정이다. 따라서 특정한 근저당권을 이전한다는 취지가 기재되지 않은 계약양도(가입)계약서는 여기에서 말하는 등기원인증서에 해당하지 않는다.

나) 근저당권이 확정된 후에 근저당권이전등기를 하는 경우에도 확정 전의 이전과 마찬가지로 부동산 및 근저당권의 표시가 된 **확정채권양도계약서**를 제출하여야 하나, **실무상 근저당권이전계약서를 제출하고 있다.** 이 경우에도 근저당권을 이전한다는 취지가 없는 채권양도계약서는 등기원인증서가 될 수 없다. 다만 변제할 정당한 이익이 있는 자가 채무자를 위하여 근저당권부 채권을 대위변제하여 확정채권의 대위변제를 원인으로 하는 근저당권이전등기를 신청하는 경우 법률행위(계약)가 아니라 **법률규정에 의한 물권변동**(「민법」 제480조, 제481조, 제482조 제1항)이므로 **근저당권이전계약서는 제출할 필요 없고, 대위변제증서를 첨부한다**(선례 5-441). [24 법무사]

다) 금융위원회의 계약이전결정을 원인으로 하는 저당권이 전등기의 경우에는 금융위원회의 계약이전결정서 원본 또는 사본(인수금융기관의 인증이 있을 것), 이전등기의 대상이 된 근저당권(근저당권의 목적물, 접수연월일, 접수번호, 순위번호 등의 특정 요함)이 기재된 금융감독원장이 발행한 세부명세서의 초본, 계약이전결정의 요지 및 계약이전사실의 공고를 증명하는 서면을 제출하여야 한다(예규 1365호, 선례 5-453 참조).

(나) 등기의무자(양도인)와 관련된 첨부정보

가) 등기필정보로서는 근저당권설정 당시 등기소로부터 통지받은 것을 제공한다. 근저당권을 양수한 자가 다시 양도한 경우에 근저당권 양도인은 자기가 근저당권이전등기의 등기권리자로서 통지받은 등기필정보를 제공하면 되고 설정 당시의 등기필정보는 제공하지 않아도 된다.

나) 근저당권자가 등기의무자로서 근저당권이전등기를 신청하는 경우 그 권리에 관한 등기필정보가 없어 법 제51조의 규정에 의한 서면을 첨부하여 등기를 신청하는 경우를 제외하고는 근저당권이전등기신청 시에 등기의무자(근저당권자)의 인감증명을 첨부할 필요가 없다(선례 5-449).

(다) 등기권리자(양수인)와 관련된 첨부정보

가) 취득세 등 세금납부영수증 - ○

나) 주소를 증명하는 정보 - ○

다) 번호를 증명하는 정보 - ○

(라) 제3자의 승낙서 등

가) 근저당권이전등기를 신청할 때 근저당권설정자가 물상보증인이거나 소유자가 제3취득자인 경우에도 그의 승낙서를 첨부할 필요가 없다(선례 5-446). [19 등기주사보·법원사무관·법무사] 이들의 승낙서를 첨부하도록 하여 그 여부에 따라 근저당권의 이전등기여부가 달라지면 근저당권의 수반성에 반하기 때문이다.

나) 또한 채무자에 대한 **피담보채권 양도의 통지서**나 **채무자의 승낙서**를 신청서
에 첨부할 필요는 **없다**(선례 5-104). [17 등기주사보 / 16 법무사]

다) 채권양도와 동일한 효력이 발생하는 대위변제에 의한 근저당권이전등기신청의
경우에도 채무자의 변제 동의서 내지 승낙서를 첨부할 필요가 없다(선례 5-448).

4) 실행절차(등기실행)

가. 등기부 작성 · 기입

(가) 확정채권의 일부에 대한 양도로 근저당권의 일부이전등기를 할 때에는 양도액을
기록하여야 한다. [18 등기주사보]

(나) 소유권 외의 권리의 이전등기는 부기에 의하여 하므로(법 제52조 제2호), (근)저당
권이전등기는 **언제나 부기등기**에 의한다. [18 등기주사보 / 17 등기주사보 / 16 법무사]

(다) 근저당권을 전부 이전하는 경우에는 전 근저당권자의 표시를 지우는 기호를 기록
하지만 일부이전의 경우에는 지우지 않는다(규칙 제112조 제3항).

(라) 또 확정채권 일부양도나 일부대위변제의 경우 그 금액을 등기기록에 기록한다. 근
저당권의 피담보채권이 확정된 후에 근저당권의 일부 또는 전부 이전의 경우 근저
당권을 저당권으로 변경하는 등기를 하지 않는다.

나. 각종 통지

등기명의인의 신청인(양수인)에게 등기필정보를 작성 · 통지하며(법 제50조), 등기완료
통지도 함께 한다(법 제30조).

등기기록례

1. 근저당권 이전

가. 근저당권의 피담보채권이 확정되기 전에 기본계약상의 채권자 지위가 양도된 경우

(1) 기본계약상 채권자 지위의 전부양도

[을구]		(소유권 외의 권리에 관한 사항)		
순위번호	등기목적	접수	등기원인	권리자 및 기타사항
6-1	6번 근저당권 이전	2003년 3월 5일 제3005호	2003년 3월 4일 계약양도	근저당권자 김을동 561213-2015427 서울시 종로구 원서로 6

(주) 6번 근저당권자의 표시를 말소하는 표시를 기록한다.

(2) 수 개의 기본계약 중 그 일부의 양도

[을구]		(소유권 외의 권리에 관한 사항)		
순위번호	등기목적	접수	등기원인	권리자 및 기타사항
6-1	6번근저당권 일부이전	2003년 11월 5일 제8000호	2003년 9월 1일 계약일부양도	근저당권자 김을동 561213-1089723 서울시 중구 필로 6

(3) 기본계약에 가입한 경우

[을구]		(소유권 외의 권리에 관한 사항)		
순위번호	등기목적	접수	등기원인	권리자 및 기타사항
6-1	6번근저당권 일부이전	2003년 11월 5일 제8000호	2003년 9월 1일 계약가입	근저당권자 김을동 561213-1089723 서울시 중구 필로 6

나. 근저당권의 피담보채권이 확정된 후에 피담보채권이 양도된 경우

(1) 전부양도

[을구]		(소유권 외의 권리에 관한 사항)		
순위번호	등기목적	접수	등기원인	권리자 및 기타사항
6-1	6번근저당권 일부이전	2003년 11월 5일 제8000호	2003년 9월 1일 확정채권양도	근저당권자 김을동 561213-1089723 서울시 중구 필로 6

(주) 6번 근저당권자의 표시를 말소하는 표시를 기록한다.

(2) 일부양도

[을구]		(소유권 외의 권리에 관한 사항)		
순위번호	등기목적	접수	등기원인	권리자 및 기타사항
6-1	6번근저당권 일부이전	2003년 11월 5일 제8000호	2003년 9월 1일 확정채권일부양도	양도액 금2,000,000원 근저당권자 김을동 561213-1089723 서울시 중구 필로 6

다. 근저당권의 피담보채권이 확정된 후에 피담보채권이 대위변제된 경우

(1) 전부 대위변제

[을구]		(소유권 외의 권리에 관한 사항)		
순위번호	등기목적	접수	등기원인	권리자 및 기타사항
6-1	6번근저당권 일부이전	2003년 11월 5일 제8000호	2003년 9월 1일 확정채권대위변제	근저당권자 김을동 561213-1089723 서울시 중구 필로 6

(주) 6번 근저당권자의 표시를 말소하는 표시를 기록한다.

(2) 일부 대위변제

[을구]		(소유권 외의 권리에 관한 사항)		
순위번호	등기목적	접수	등기원인	권리자 및 기타사항
6-1	6번근저당권 일부이전	2003년 11월 5일 제8000호	2003년 9월 1일 확정채권대위변제	변제액 금2,000,000원 근저당권자 김을동 561213-1089723 서울시 중구 필로 6

관련 기출지문

1　피담보채권이 확정되기 전에 계약양도 등을 원인으로 근저당권이전등기를 신청하는 경우 등기원인을 증명하는 정보인 근저당권이전계약서에 채무자의 표시와 날인이 반드시 있어야만 하는 것은 아니다. (×)
[24 법무사]

2　근저당권의 피담보채권이 확정되기 전에 그 피담보채권이 양도 또는 대위변제된 경우에 이를 원인으로 하여 근저당권이전등기를 신청할 수 있다. (×)
[24 법무사]

3　근저당권의 피담보채권이 확정되기 전에도 그 피담보채권이 양도 또는 대위변제된 경우에는 이를 원인으로 하여 근저당권이전등기를 신청할 수 있다. (×)
[23 등기서기보]

4　근저당권의 피담보채권이 확정되기 전에 그 피담보채권이 양도 또는 대위변제된 경우에는 이를 원인으로 하여 근저당권이전등기를 신청할 수 있다. (×)
[13 법무사]

5　확정채권의 대위변제를 원인으로 하는 근저당권이전등기의 경우에는 근저당권이전계약서와 대위변제증서를 첨부정보로 제공하여야 한다. (×)
[24 법무사]

6　근저당권이전등기를 신청할 때에 근저당권설정자가 물상보증인이거나 소유자가 제3취득자인 경우에는 그의 승낙을 증명하는 정보를 첨부정보로서 제공하여야 한다. (×)
[19 법무사]

7 근저당권이전등기를 신청하는 경우에 근저당권설정자가 물상보증인인 경우에는 그의 승낙을 증명하는 정보를 등기소에 제공하여야 한다. (×) [19 등기주사보]

8 피담보채권이 확정되기 전에 근저당권의 기초가 되는 기본계약상의 채권자지위의 양도를 원인으로 근저당권이전등기를 신청하는 경우 근저당권설정자가 물상보증인이면 그의 승낙을 증명하는 정보를 첨부정보로 제공하여야 한다. (×) [24 법무사]

9 근저당권의 피담보채권이 확정되기 전에 근저당권의 기본계약상의 채권자 지위가 제3자에게 양도된 경우에는 그 양도인 및 양수인은 근저당권설정자 또는 소유자의 승낙을 증명하는 정보를 제공하여 "계약 양도"를 원인으로 한 근저당권이전등기를 신청할 수 있다. (×) [19 법원사무관]

10 저당권의 이전등기 시 채권양도가 전제가 되므로 채권양도의 통지를 증명하는 서면 또는 채무자의 승낙서 등을 첨부하여야 한다. (×) [17 등기주사보 / 16 법무사]

11 甲 회사가 乙 회사로 흡수합병된 후 乙 회사가 乙 회사의 일부를 분할하여 丙 회사를 설립한 경우, 분할계획서에 분할로 인하여 丙 회사로 이전될 재산으로 기재된 甲 회사 명의의 소유권이전등기는 丙 회사가 단독으로 신청할 수 있다. (×) [24 법무사]

(3) 근저당권변경등기

근저당권변경등기는 현재 효력이 있는 근저당권등기의 권리의 내용인 채권최고액, 채무자 등이 후발적인 사유(채무자의 변경, 채무자의 표시변경, 채권최고액의 증감, 근저당권의 목적 변경 등)로 실체관계와 불일치한 경우에 이를 일치시키는 등기이다. 이러한 등기를 하여야 제3자에게 대항할 수 있다.

근저당권의 변경사유는 ① 채무자의 (표시)변경, ② 채권최고액의 증감, ③ 근저당권의 목적변경 등이 있다.

1) 채무자 변경

가. 서설

(가) 의의

근저당권설정등기를 할 때에는 채무자를 반드시 기록하여야 하는 바, **채무자에 변경**이 있는 경우 또는 **채무자의 표시의 변경**이 있는 경우에는 근저당권변경등기를 할 수 있다.

(나) 요건

가) 현재 효력이 있는 등기일 것

나) 일부에 관한 불일치가 있을 것(동일성)

다) 후발적 사유로 불일치가 있을 것

라) 등기상 이해관계 있는 제3자의 승낙을 받을 것

① 등기상 이해관계 있는 제3자의 의미

등기상 이해관계 있는 제3자란 변경등기를 함으로써 등기기록의 형식상 손해를 받을 우려가 있는 자를 말한다.

② 등기상 이해관계 있는 제3자의 범위

> 1. 채권최고액의 **증액** – 선순위·타잡은·[후순위](부기요건)
> 2. 채권최고액의 **감액** – 선순위·[타잡은]·후순위(수리요건)
> 3. 채무자   변경 – ×
> 4. 채무자 표시 변경 – ×

(다) 적용범위

가) 특정승계에 의한 경우

당사자 사이의 계약에 의하여 채무자가 변경되는 경우의 등기원인은 근저당권이전등기의 원인과 유사하다. 즉 근저당권의 피담보채권이 확정되기 전에 기본계약상 채무자의 지위를 인수하는 "계약인수"와 확정된 후 그 피담보채무를 제3자가 면책적 또는 중첩적으로 인수하는 "채무인수"를 들 수 있다.

① 피담보채권 확정 전

1. 근저당권의 **피담보채권이 확정되기 전**에 그 피담보채무를 면책적 또는 중첩적으로 인수한 경우에는 이를 원인으로 하여 **근저당권변경등기를 신청할 수는 없다.**

2. 근저당권의 **피담보채권이 확정되기 전**에 근저당권의 기초가 되는 **기본계약상의 채무자 지위의 전부 또는 일부를 제3자가 계약에 의하여 인수한 경우**, 근저당권설정자(소유자) 및 근저당권자는 "계약인수"(제3자가 기본계약을 전부 인수하는 경우). "계약의 일부 인수"(제3자가 수개의 기본계약 중 그 일부를 인수하는 경우), "중첩적 계약인수"(제3자가 기본계약상의 채무자 지위를 중첩적으로 인수하는 경우)를 등기원인으로 하여 채무자변경을 내용으로 하는 **근저당권변경등기를 신청할 수 있다**(예규 1656).

3. 계약인수의 경우에는 인수인만이 채무자가 되고 기존채무자는 기본계약에서 탈퇴한다. 계약의 일부인수 또는 중첩적 계약인수의 경우에는 기존 채무자와 계약인수인이 모두 채무자가 된다.

4. 계약인수의 경우에는 인수인만이 채무자가 되고 기존채무자는 기본계약에서 탈퇴한다. 계약의 일부인수 또는 중첩적 계약인수의 경우에는 기존 채무자와 계약인수인이 모두 채무자가 된다.

② 피담보채권 확정 후

1. 근저당권의 **피담보채권이 확정된 후**에는 근저당권의 기초가 되는 기본계약상의 채무자 지위가 제3자에게 전부 또는 일부 인수될 여지가 없다.

2. 근저당권의 피담보채권이 확정된 후에 제3자가 그 피담보채무를 면책적 또는 중첩적으로 인수한 경우에는 채무인수로 인한 **저당권변경등기**

에 준하여 채무자 변경의 근저당권변경등기를 신청할 수 있다. 이 경우 등기원인은 "확정채무의 면책적 인수" 또는 "확정채무의 중첩적 인수" 등으로 기록한다(예규 1656). [16 법원사무관 / 13 법무사]

3. 채무인수를 원인으로 채무자를 교체하는 근저당권변경등기가 마쳐진 경우 그 근저당권은 당초 구 채무자가 부담하고 있다가 신 채무자가 인수하게 된 채무만을 담보하는 것이지 그 후 신 채무자(채무인수인)가 다른 원인으로 부담하게 된 새로운 채무까지 담보하는 것은 아니다(대판 2000.12.26, 2000다56204).

나) 포괄승계에 의한 경우

① 상속, 합병 등의 포괄승계에 의하여 채무자가 변경되는 것은 보통저당권의 경우와 동일하다.

② 종래 실무는 근저당권자 및 상속인이 상속재산분할협의서를 첨부하여 "협의분할에 의한 상속"을 등기원인으로 한 채무자변경의 근저당권변경등기를 공동으로 신청할 수 있었지만, **금전채무와 같이 급부의 내용이 가분인 채무가 공동상속된 경우, 이는 상속 개시와 동시에 당연히 법정상속분에 따라 공동상속인에게 분할되어 귀속되는 것이므로, 상속재산 분할의 대상이 될 여지가 없다는 판결**의 내용을 반영하여 예규가 개정되었다.

③ 현행실무에 따르면 근저당권의 채무자가 사망하고 그 공동상속인 중 1인만이 채무자가 되려는 경우에 근저당권자와 근저당권설정자 또는 소유자(담보목적물의 상속인, 제3취득자 등)는 **근저당권변경계약정보**를 첨부정보로서 제공하여 **"계약인수"** 또는 **"확정채무의 면책적 인수"**를 등기원인으로 하는 채무자 변경의 근저당권변경등기를 공동으로 신청할 수 있다(예규 1656). [21 등기서기보 / 20 법무사 / 19 법원사무관 / 13 법무사]

나. 개시

다. 신청절차

(가) 신청인

근저당권의 확정 전후를 불문하고 **채무자변경을 원인으로 한 근저당권변경등기는 근저당권자가 등기권리자, 근저당권설정자(또는 제3취득자)가 등기의무자가 되어 공동으로 신청하여야 한다.** [18 등기주사보 / 15 등기서기보] 채무자는 등기신청권이 없고 채무자의 동의를 얻어야 하는 것도 아니다.

따라서 근저당권의 피담보채권이 확정된 후에 제3자가 그 피담보채무를 면책적으로 인수한 경우에는 "확정채무의 면책적 인수"를 원인으로 한 근저당권변경등기를 근저당권자 및 근저당권설정자 또는 소유자가 공동으로 신청할 수 있다. [19 법원사무관]

(나) 신청정보

근저당권의 피담보채권이 확정된 후에 제3자가 그 피담보채무를 면책적 또는 중첩적으로 인수한 경우에는 채무인수로 인한 저당권 변경등기에 준하여 근저당권 변경등기를 할 수 있다. 이 경우 등기원인은 "확정채무의 면책적 인수" 또는 "확정채무의 중첩적 인수"가 된다.

(다) 첨부정보

가) 등기원인과 관련된 첨부정보

① 근저당권 확정 전의 채무자 변경으로 인한 근저당권변경등기의 등기원인 증서는 이론상 계약인수(가입)계약서(부동산과 근저당권의 표시가 있어야 함)가 되어야 하지만 실무에서는 통상 근저당권변경계약서를 첨부하고 있다.

② 근저당권 확정 후의 채무자 변경으로 인한 근저당권변경등기의 등기원인 증서에는 근저당권이 확정된 사실과 그 채권액, 그 채무에 대하여 면책적 또는 중첩적 채무인수가 있다는 사실이 기재되어야 한다.

나) 등기의무자와 관련된 첨부정보

① **채무자변경**을 원인으로 하는 (근)저당권변경등기를 신청하는 경우에는 등기의무자의 등기필정보를 제공하여야 한다. [20 법무사] 예컨대 등기의무자(근저당권설정자)가 **소유권자**인 경우에는 **소유권취득 당시**(소유권보존 또는 소유권이전등기 시) 등기소로 통지받은 것을 제공하여야 하며[15 법무사], 근저당권설정자가 전세권자나 지상권자인 경우에는 전세권 또는 지상권 설정등기의 등기필정보를, 전세권이나 지상권을 이전받은 자가 등기의무자인 경우에는 그 이전등기의 등기필정보를 제공한다.

② 등기의무자(근저당권설정자)가 **소유자**인 경우 그의 인감증명을 제공하여야 하지만, **지상권자**나 **전세권자**인 경우에는 인감증명을 제공할 필요가 없다. 채무인수인은 등기의무자가 아니므로 그의 인감증명은 제출할 필요가 없다.

다) 등기권리자와 관련된 첨부정보

라) 부동산과 관련된 첨부정보

마) 기타 제3자의 승낙서

채무자를 변경하는 근저당권변경등기의 경우 후순위 저당권자 등은 등기상 이해관계인이 아니므로 후순위 근저당권자의 동의 없이 근저당권의 채무자 변경등기를 할 수 있다(선례 1-437). 즉 승낙서도 필요 없고, 언제나 부기등기로 실행한다. [24 등기서기보]

라. 실행절차

(가) 접수 · 배당

(나) 조사(형식적 심사)

채무자변경으로 인한 근저당권변경등기를 신청하는 경우 종전 채무자의 표시에 변경사유가 있더라도 그러한 사실이 명백히 나타나는 서면(주민등록등 · 초본 또는 법인등기부등 · 초본 등)을 첨부하였다면 종전 채무자에 관한 사항의 변경등기를 생략하고 신채무자로의 변경등기를 할 수 있다(선례 200803-4).

(다) 문제○ (취하 · 보정 · 각하)

(라) 문제× (등기실행)

가) 등기부 작성 · 기입

채무자가 변경되더라도 후순위 저당권자 등은 등기상 이해관계인이 아니므로 그의 승낙서 등이 필요 없고, 근저당권변경등기는 언제나 부기등기로 실행한다. 즉 채무자를 변경하는 근저당권변경등기의 경우에는 후순위 근저당권자의 동의 없이 변경등기를 신청할 수 있다. [19 등기서기보]

나) 각종 통지

권리에 관한 등기가 새롭게 기입되는 것이 아니므로 등기필정보를 작성 · 통지하지 않고(법 제50조), 등기완료통지를 한다(법 제30조).

마. 채무자표시변경등기

(가) 채무자의 표시에 변경이 생긴 경우라 함은 채무자가 개인인 경우 그의 성명 및 주소, 법인인 경우에는 소재지 및 명칭 등의 표시에 변경이 생긴 것을 말한다. 갑구란의 소유자 주소 표시변경등기를 경료하였다고 해서 을구란에 채무자의 주소 변경의 효력이 있는 것은 아니므로(선례 5-532) 별도로 근저당권변경등기를 하여야 한다.

(나) 채무자 표시변경을 원인으로 근저당권 변경등기를 신청하는 경우 그 실질은 등기명의인이 단독으로 등기명의인 표시변경등기를 신청하는 경우와 다를 바가 없기 때문에 등기의무자의 인감증명을 첨부할 필요가 없고, 또한 권리에 관한 등기가 아닌 표시변경등기에 불과하므로 등기필증(등기필정보)도 첨부할 필요가 없다(선례 201110-1). [19 등기서기보 / 15 법원사무관]

2) 채권최고액의 변경

가. 서설

(가) 의의

근저당권설정등기를 할때에는 채권최고액를 반드시 기록하여야 하는 바, 채권최고액에 변경이 있는 경우에는 근저당권변경등기를 할 수 있다.

채권최고액을 증액하거나 감액하는 변경계약을 한 경우 근저당권자와 근저당권설정자는 공동으로 근저당권변경등기를 신청하게 된다. 채무의 일부변제를 원인으로 채권최고액을 감액하는 근저당권변경등기를 할 수 있는지 문제이다.

저당권은 채무의 일부변제를 원인으로 하는 채권액변경등기신청이 가능하나 근저당권의 경우에는 채무의 일부변제가 있더라도 당연히 채권최고액이 감액되는 것은 아니므로 이를 원인으로 하는 채권최고액을 감액하는 변경등기신청은 할 수 없고, 당사자 간의 근저당권변경계약(채권최고액 변경)에 의하여서만 그 신청이 가능하다.

근저당권설정등기와 같이 피담보채권은 반드시 단일하게 기재하여야 하므로, 동일한 기본채권을 담보하기 위해 공동근저당권이 설정된 후 공동근저당권의 채권최고액을 각 부동산별로 분할하여 각 별개의 근저당권등기가 되도록 하는 근저당권변경등기는 등기상 이해관계인이 없거나 그 승낙서를 첨부한 경우라도 허용되지 않는다(선례 6-342).

또 준공유하고 있는 근저당권을 공유자별로 분할하는 변경등기도 허용되지 않는다. 예컨대 채권최고액이 2억원인 甲, 乙 준공유의 근저당권을 저당권 분리(분할)를 원인으로 하여 채권최고액을 각 1억원으로, 근저당권자를 각각 甲과 乙로 하는 두 개의 근저당권으로 변경하는 등기신청은 이를 수리할 수 없다(선례 2-396).

(나) 요건

가) 현재 효력이 있는 등기일 것

나) 일부에 관한 불일치가 있을 것(동일성)

다) 후발적 사유로 불일치가 있을 것

라) 등기상 이해관계 있는 제3자의 승낙을 받을 것

① 등기상 이해관계 있는 제3자의 의미

등기상 이해관계 있는 제3자란 변경등기를 함으로써 등기기록의 형식상 손해를 받을 우려가 있는 자를 말한다.

② 등기상 이해관계 있는 제3자의 범위

> 1. 채권최고액의 **증액** ─ 선순위 · 터잡은 · 후순위(부기요건)
> 2. 채권최고액의 **감액** ─ 선순위 · 터잡은 · 후순위(수리요건)
> 3. **채무자**　　변경 ─ ×
> 4. **채무자 표시 변경** ─ ×

1. 을구에 **근저당권설정등기**, 갑구에 **체납처분에 의한 압류등기**가 순차로 경료된 후에 근저당권의 **채권최고액을 증액**하는 경우, 그 변경등기를 부기등기로 실행하게 되면 을구의 근저당권변경등기가 갑구의 체납처분에 의한 압류등기보다 권리의 순위에 있어 우선하게 되므로, 갑구의 **체납처분에 의한 압류등기의 권리자(처분청)**는 을구의 근저당권변경

등기에 대하여 등기상 이해관계 있는 제3자에 해당한다. [17 등기서기보 / 16 법원사무관]

2. 이 경우 갑구의 체납처분에 의한 압류등기의 권리자(처분청)의 승낙서나 그에게 대항할 수 있는 재판의 등본이 첨부정보로서 **제공된 경우**에는 을구의 근저당권변경등기를 부기등기로 실행할 수 있으나, 그와 같은 첨부정보가 **제공되지 않은 경우**에는 **주등기**로 실행하여야 한다. [19 법무사 / 16 법무사] 이는 갑구의 주등기가 민사집행법에 따른 가압류·가처분등기나 경매개시결정등기인 경우에도 동일하다(선례 201408-2).

3. 채권최고액을 증액하는 근저당권변경등기를 신청하는 경우 **동일인 명의의 후순위 근저당권자는 등기상 이해관계 있는 제3자가 아니므로**[17 등기서기보 / 15 법무사], 다른 이해관계인이 없다면 위 **후순위 근저당권자의 승낙이 있음을 증명하는 정보** 또는 이에 대항할 수 있는 재판이 있음을 증명하는 정보를 제공하지 않더라도 근저당권변경등기를 **부기등기**로 할 수 있다(선례 201508-4). [16 법무사]

나. 개시

다. 신청절차

(가) 신청인

근저당권의 변경등기도 일반적인 경우와 같이 근저당권자와 근저당권설정자가 공동으로 신청하여야 한다. 근저당권자가 여러 명인 경우에는 전원이 신청하여야 한다. 채권최고액을 **증액**하는 경우에는 근저당권설정자가 등기의무자, **근저당권자가 등기권리자**가 된다.

채권최고액을 **감액**하는 경우에는 **근저당권자가 등기의무자**, 근저당권설정자가 등기권리자가 된다. [22 법무사 / 19 등기서기보]

외화표시채권최고액을 원화로 변경하는 경우에는 등기의 형식상 유불리를 판단하기 어려운 경우이므로 근저당권설정자를 등기의무자로 본다.

(나) 신청정보

규칙 제43조에서 규정한 내용을 일반적인 신청정보의 내용으로 제공한다. 변경할 사항과 변경하고자 하는 근저당권을 특정하여 신청정보의 내용으로 제공한다.

(다) 첨부정보

가) 등기원인과 관련된 첨부정보

등기원인을 증명하는 서면으로는 근저당권변경계약서를 제출한다.

나) 등기의무자와 관련된 첨부정보

① 소유권의 등기명의인인 설정자가 등기의무자인 경우에는 그 소유권보존 또는 이전의 등기필정보를, 지상권자 또는 전세권자가 등기의무자인 경우

에는 지상권 또는 전세권의 설정 또는 이전의 등기필정보를, 근저당권자가 등기의무자인 경우에는 근저당권의 설정 또는 이전(근저당권의 양수인이 다시 양도하는 경우)의 등기필정보를 각 제공하여야 한다.

② 인감증명서는 소유권의 등기명의인이 등기의무자인 때에 제출한다(규칙 제60조 제1항 제1호). 다만, 소유자 아닌 자가 등기필정보가 없어 법 제51조의 규정에 의한 정보를 제출하여 등기를 신청하는 때에는 그 등기의무자의 인감증명서를 제출하여야 한다(규칙 제60조 제1항 제3호).

라. 실행절차(등기실행)

(가) 등기상 이해관계 있는 제3자의 승낙이 부기요건인 경우

가) (근)저당권변경의 등기는 원칙적으로 부기등기에 의하지만 등기상의 이해관계인이 있는 경우에 그의 승낙서 또는 대항할 수 있는 재판이 있음을 증명하는 정보를 첨부하지 못한 경우에는 주등기에 의한다(법 제52조 제5호). [24 등기서기보·법무사 / 19 등기서기보 / 18 등기주사보 / 15 법무사]

나) 채권최고액의 증액의 경우 해당 근저당권의 후순위 근저당권자 등은 등기상 이해관계인에 해당하며 이러한 후순위 근저당권자의 승낙은 부기요건에 해당한다.

따라서 채권최고액의 변경등기를 할 때 승낙서 등을 제공한 경우에는 부기등기로 실행하며, 승낙서 등 제공하지 못한 경우에는 주등기로 실행한다(규칙 제112조 제1항).

다) 예컨대 채권최고액 1억원을 2억원으로 증액하는 근저당권변경등기를 신청하는 경우 등기상 이해관계인(후순위 근저당권자 등)의 승낙서 등을 첨부한 때에는 부기에 의하여 변경등기를 하게 되므로 변경 후의 금액이 채권최고액이 되지만, 위 서면을 첨부하지 아니한 때에는 증액된 1억원에 관하여는 주등기로 변경등기를 하게 되므로 그 부분은 다른 등기보다 후순위가 된다.

(나) 등기상 이해관계 있는 제3자의 승낙이 수리요건인 경우

채권최고액의 감액의 경우 해당 근저당권을 터잡은 권리질권자 또는 가압류권자 등은 등기상 이해관계인에 해당하며 이러한 해당 근저당권을 터잡은 권리질권자 또는 가압류권자 등의 승낙은 수리요건에 해당한다. 따라서 승낙서 등을 제공한 경우에는 수리하여 부기등기로 실행하며, 승낙서 등 제공하지 못한 경우에는 주등기로도 수리할 수 없다.

근저당권부 채권에 질권이 설정된 경우 질권자의 동의 없이는 근저당권의 채권최고액을 감액하는 근저당권변경등기를 할 수 없다(선례 201105-1). [22 등기서기보 / 21 법원사무관 / 19 등기주사보 / 15 법무사] 즉, 제3자의 승낙을 증명하는 정보를 첨부정보로 제공하지 않으면 주등기로도 변경등기를 할 수 없다(수리요건). [24 등기서기보]

관련 기출지문

1 저당권의 채무자가 사망한 후 공동상속인 중 1인만이 채무자가 되려는 경우에는 근저당권자 및 근저당권 설정자 또는 소유자가 상속재산분할협의서를 첨부하여 채무자 변경의 근저당권변경등기를 공동으로 신청할 수 있다. (×)

[13 법무사]

2 채무자변경을 원인으로 하는 근저당권변경등기를 신청하는 경우에는 등기권리자인 근저당권자의 등기필 정보를 제공하여야 한다. (×)

[20 법무사]

3 채무자변경으로 인한 저당권변경등기신청은 저당권자가 등기권리자, 저당권설정자가 등기의무자로서 공동으로 신청하나, 등기의무자가 소유권취득 당시 등기소로부터 통지받은 등기필정보를 등기소에 제공할 필요가 없다. (×)

[15 법무사]

4 채권최고액을 증액하는 근저당권변경등기를 신청하는 경우 동일인 명의의 후순위 근저당권자는 등기상 이해관계 있는 제3자에 해당한다. (×)

[17 등기서기보]

5 을구에 근저당권설정등기, 갑구에 체납처분에 의한 압류등기가 순차로 경료된 후에 근저당권의 채권최고 액을 증액하는 경우 갑구의 체납처분에 의한 압류등기의 권리자(처분청)는 을구의 근저당권변경등기에 대하여 등기상 이해관계 있는 제3자로 볼 수 없다. (×)

[16 법원사무관]

6 채권최고액을 감액하는 근저당권변경등기는 근저당권설정자가 등기의무자가 되고 근저당권자가 등기권리자가 되어 공동으로 신청하여야 한다. (×)

[19 등기서기보]

7 근저당권의 변경등기는 언제나 부기등기로 한다. (×)

[18 등기주사보]

8 채무자를 변경하는 근저당권변경등기 시 후순위 근저당권자 등이 있는 경우에는 후순위 근저당권자의 동의가 필요하다. (×)

[24 법원사무관]

3) 근저당권의 목적 변경

가. 서설

근저당권의 목적변경이 문제되는 경우는 다음과 같다.

(가) 목적물 전부에 미치게 하는 변경

공유지분을 목적으로 하는 근저당권설정등기를 소유권 전부에 대한 근저당권으로 변경하는 것은 주로 공유물분할 후에 근저당권을 어느 한 부동산에 집중하고자 할 때 이용된다(예규 1347).

가) 예컨대 갑·을의 공유토지 중 을 지분만에 관하여 병 명의의 근저당권설정등기가 경료된 상태에서 그 토지를 2필지로 분할하여 이를 갑과 을의 각 단독소유로 하는 공유물분할등기를 하고 병의 근저당권은 을이 단독소유하는 토지에만 집중하고자 하는 경우, 갑이 단독으로 소유하게 되는 토지의 등기기록에도 위 근저당권설정등기가 전사(근저당권의 소멸승낙이 있는 경우에는 전사되지 아니함)되므로 갑과 근저당권자의 공동신청으로 근저당권설정등기를 말소하며, 을이 단독으로 소유하게 되는 토지 전부에 관하여 위 근저당권의 효력을 미치게 하기 위하여는 근저당권의 변경등기를 하여야 한다(예규 1347, 선례 2-433).

나) 이 경우 을이 취득한 갑의 지분에 대한 선행 근저당권등기와 같은 이해관계 있는 제3자의 등기가 있으면 그 제3자의 승낙을 증명하는 정보를 제공하여야 변경등기를 부기로 할 수 있음을 주의하여야 한다. 이 경우 근저당권변경등기에 의하지 않고 을이 새로 취득한 지분에 대하여 추가설정등기를 할 수도 있다.

(나) 일부지분에만 미치게 하는 변경

1필의 토지 소유권 전부에 대한 근저당권설정등기를 공유지분에 대한 근저당권으로 하는 변경등기를 할 수 있는데, 이는 근저당권의 일부말소등기의 의미를 갖는다. 예컨대 甲·乙 공유의 부동산에 근저당권설정등기를 한 경우 또는 甲 소유권 전부에 대하여 근저당권설정등기를 하고 乙에게 일부 지분이전을 한 경우 근저당권자가 乙 지분에 대하여 일부포기를 한 때에는 乙 지분에 대한 일부 포기를 등기원인으로 근저당권의 목적을 甲 지분만으로 하는 근저당권변경(권리변경)등기를 부기등기로 한다. [15 법무사]

나. 개시

다. 신청절차

(가) 신청인

근저당권의 목적인 공유지분을 넓히는 경우에는 근저당권설정자가 등기의무자가 되고, 반대의 경우에는 근저당권자가 등기의무자가 되어 등기권리자와 공동신청하여야 한다.

(나) 신청정보

규칙 제43조에서 규정한 내용을 일반적인 신청정보의 내용으로 제공한다. 변경할 사항과 변경하고자 하는 근저당권을 특정하여 신청정보의 내용으로 제공한다.

(다) 첨부정보

등기 원인 증서로는 근저당권변경계약서를 첨부하여야 하고, 인감증명은 일반적인 경우와 같다. 또 목적지분 변경등기에 대하여 등기상 이해관계인이 존재하는 경우에는 그의 승낙을 증명하는 정보 또는 그에 대항할 수 있는 재판의 등본을 첨부하여야 한다.

예컨대 공유자의 지분을 목적으로 하는 근저당권등기를 소유권 전부에 대한 근저당권으로 하는 변경등기를 하는 경우, 근저당권설정등기 후에 경료된 가압류 또는 압류 등기의 명의인은 등기상 이해관계 있는 제3자에 해당한다. 따라서 근저당권변경등기신청서에 가압류 또는 압류채권자의 승낙을 증명하는 정보 또는 이에 대항할 수 있는 재판의 등본을 첨부한 때에는 부기등기의 방법으로, 위 서면을 첨부하지 아니한 때에는 주등기의 방법으로 그 근저당권변경등기를 하게 된다(선례 4-454). [24 등기서기보]

라. 실행절차

근저당권변경등기 신청서에 가압류 또는 압류채권자의 승낙을 증명하는 정보 또는 이에 대항할 수 있는 재판의 등본을 첨부한 때에는 **부기등기**의 방법으로, 위 서면을 첨부하지 아니한 때에는 **주등기**의 방법으로 그 근저당권변경등기를 하게 된다(선례 4-454).

관련 기출지문

1 공유자의 지분을 목적으로 하는 근저당권등기를 소유권 전부에 대한 근저당권으로 하는 변경등기를 하는 경우, 근저당권설정등기 후에 마쳐진 가압류등기의 명의인은 등기상 이해관계 있는 제3자에 해당하지 않는다. (×)

[24 법원사무관]

등기기록례

1. 근저당권 변경 또는 경정의 등기

가. 채무자변경으로 인한 근저당권변경등기

(1) 근저당권의 피담보채권이 확정되기 전에 기본계약상 채무자 지위가 인수된 경우

(가) 기본계약상의 채무자 지위 전부 인수

[을구]	(소유권 외의 권리에 관한 사항)			
순위번호	등기목적	접수	등기원인	권리자 및 기타사항
6-1	6번근저당권 변경	2003년 11월 5일 제8000호	2003년 9월 1일 계약인수	채무자　김삼남 　　　서울시 종로구 원남로 3-1

(주) 변경 전의 채무자 표시를 말소하는 표시를 기록한다.

(나) 수 개의 기본계약 중 그 일부의 인수

[을구]	(소유권 외의 권리에 관한 사항)			
순위번호	등기목적	접수	등기원인	권리자 및 기타사항
6-1	6번 근저당권 이전	2003년 11월 5일 제8000호	2003년 9월 1일 계약일부인수	채무자　김삼남 　　　서울시 종로구 원남로 3-1

(다) 인수인이 기본계약에 가입한 경우

[을구]	(소유권 외의 권리에 관한 사항)			
순위번호	등기목적	접수	등기원인	권리자 및 기타사항
6-1	6번 근저당권 이전	2003년 11월 5일 제8000호	2003년 9월 1일 중첩적 계약인수	채무자　김삼남 　　　서울시 종로구 원남로 3-1

(2) 근저당권의 피담보채권이 확정된 후에 피담보채무가 인수된 경우

(가) 면책적 채무인수

[을구]			(소유권 외의 권리에 관한 사항)	
순위번호	**등기목적**	**접수**	**등기원인**	**권리자 및 기타사항**
6-1	6번 근저당권 이전	2003년 11월 5일 제8000호	2003년 9월 1일 확정채무의 면책적 인수	채무자 김삼남 서울시 종로구 원남로 3-1

(주) 변경 전의 채무자 표시를 말소하는 표시를 기록한다.

(나) 중첩적 채무인수

[을구]			(소유권 외의 권리에 관한 사항)	
순위번호	**등기목적**	**접수**	**등기원인**	**권리자 및 기타사항**
6-1	6번 근저당권 이전	2003년 11월 5일 제8000호	2003년 9월 1일 확정채무의 중첩적 인수	채무자 김삼남 서울시 종로구 원남로 3-1

(3) 채무의 승계(상속)의 경우

(가) 채무자가 사망한 후 공동상속인 중 1인만이 상속재산협의분할에 의하여 기본계약 또는 확정채무를 인수한 경우

[을구]			(소유권 외의 권리에 관한 사항)	
순위번호	**등기목적**	**접수**	**등기원인**	**권리자 및 기타사항**
6-1	6번 근저당권 이전	2003년 11월 5일 제8000호	2003년 9월 1일 협의분할에 의한 상속	채무자 김삼남 서울시 종로구 원남로 3-1

(주) 1. 변경 전의 채무자 표시를 말소하는 표시를 기록한다.
　　2. 원인일자는 상속개시일자를 기록한다.

나. 관련 선례(공유지분에 대한 가압류 일부해제에 따른 가압류변경등기 및 공유자 중 1인의 지분에 대한 근저당권을 소멸케 하는 근저당권변경등기의 기록 방법, 선례 202004-2)

1. 갑 단독 소유명의의 부동산에 대하여 가압류등기가 마쳐지고 이후 갑으로부터 을(지분 2분의 1) 및 병(지분 2분의 1) 앞으로 소유권이전등기가 마쳐진 상태에서 병에게 이전된 지분(2분의 1)에 대하여만 가압류신청이 해제되고 이를 원인으로 한 가압류변경등기의 촉탁이 있는 경우, 등기관은 그 변경등기를 할 때에 등기목적 "가압류"를 "소유권일부(2분의 1)가압류"로 변경기록하고, 어느 지분에 대한 해제인지를 명확히 하기 위하여 권리자 및 기타사항란에 "해제한 지분 ○번으로 병에게 이전한 지분전부"라고 추가 기록하여야 한다(기록례 1 참조).

[기록례 1]

[갑구]		(소유권에 관한 사항)		
순위번호	등기목적	접수	등기원인	권리자 및 기타사항
2	소유권이전	2018년 2월 6일 제345호	2018년 1월 6일 매매	소유자 홍길동 760908-1234567 　서울특별시 서초구 법원로 3(서초동) 거래가액 금300,000,000원
3	가압류	2019년 7월 6일 제1345호	2019년 7월 5일 수원지방법원의 가압류결정 (2019카단1456)	청구금액 금80,000,000원 채권자 김갑동 750908-3456789 　서울특별시 강서구 마곡로 3(마곡동)
3-1	3번가압류 변경	2020년 2월 6일 제2345호	2020년 2월 4일 일부해제	**목적 소유권일부(2분의 1)가압류** **해제한 지분 4번으로 최정동에게 이전한 지분전부**
4	소유권이전	2020년 2월 3일 제1945호	2020년 1월 2일 매매	공유자 지분 2분의 1 　이을순 810104-2345678 　서울특별시 마포구 공덕로 5(공덕동) 지분 2분의 1 　최정동 850409-1232123 　서울특별시 서초구 법원로 8(서초동) 거래가액 금500,000,000원

2. 갑 단독 소유명의의 부동산에 대하여 근저당권설정등기가 마쳐지고 이후 갑으로부터 을 앞으로 소유권일부(3분의 1)이전등기가 마쳐진 상태에서 갑지분전부(3분의 2)에 대하여만 근저당권을 포기하고 이를 원인으로 근저당권변경등기를 신청한 경우, 등기관은 그 변경등기를 할 때에 등기목적 "근저당권설정"을 "갑구○번을지분전부근저당권설정"으로 변경기록하고, 어느 지분에 대한 포기인지를 명확히 하기 위하여 권리자 및 기타사항란에 "포기한 지분 갑구○번갑지분전부(3분의 2)"라고 추가 기록하여야 한다(기록례 2 참조).

[기록례 2]

[갑구]			(소유권에 관한 사항)		
순위번호	등기목적	접수	등기원인	권리자 및 기타사항
2	소유권이전	2018년 2월 6일 제1345호	2018년 1월 6일 매매	소유자 홍길동 760908-1234567 서울특별시 서초구 법원로 3(서초동) 거래가액 금300,000,000원
3	소유권 일부이전	2020년 2월 3일 제1945호	2020년 1월 2일 증여	공유자 지분 3분의 1 이을순 810104-2345678 인천광역시 중구 중앙로 5(중앙동)

[을구]			(소유권 외의 권리에 관한 사항)		
순위번호	등기목적	접수	등기원인	권리자 및 기타사항
1	근저당권 설정	2018년 2월 6일 제1346호	2018년 2월 6일 설정계약	채권최고액 금200,000,000원 채무자 홍길동 서울특별시 서초구 법원로 3(서초동) 근저당권자 장길산 651203-1234345 서울특별시 광진구 뚝섬로 7(자양동)
1-1	1번 근저당권 변경	2020년 2월 3일 제1946호	2020년 2월 3일 일부포기	**목적** 갑구3번이을순지분전부근저당권설정 **포기한 지분** 갑구2번홍길동지분전부 (3분의 2)

⑷ 근저당권 말소등기

1) 서설

가. 의의(법 제57조)

근저당권은 설정계약의 해제·해지·취소, 근저당권의 포기, 혼동 등의 사유로 소멸하며, 이때 근저당권말소등기를 한다. 즉 근저당권의 말소등기는 현재 효력이 있는 근저당권등기의 전부가 실체법상 무효·취소·해제·해지 등의 사유로 근저당권이 전부 소멸되어 실체관계와 불일치한 경우에 이를 일치시키는 등기이다.

근저당권은 피담보채권의 소멸에 의하여 당연히 소멸하는 것은 아니고 근저당권설정계약의 기초가 되는 기본적인 법률관계가 종료될 때까지 계속 존속하므로, 근저당권설정등기의 말소등기를 신청할 때에는 등기원인을 증명하는 정보로서 근저당권이 소멸하였음을 증명하는 근저당권 해지증서 등을 제공하여야 하며, 단지 피담보채권이 소멸하였음을 증명하는 대출완납확인서 등을 제공할 수는 없다(선례 201906-7). [16 등기서기보]

근저당권의 말소와 근저당권의 이전등기의 말소를 구별하여야 한다. 전자는 주등기의 말소이고, 후자는 부기등기를 말소하고 양도인의 명의로 회복등기를 한다는 차이가 있다.

나. 요건

(가) 현재 효력이 있는 등기일 것

(나) 전부에 관한 불일치가 있을 것(동일성요건 없음)

가) 원칙

말소등기는 등기의 전부에 대하여 불일치가 있어야 하며, 일부에 관한 것은 변경·경정등기로 해결한다.

나) 부기등기의 말소

① 원칙

부기등기는 주등기에 종속되어 주등기와 일체성을 이루는 등기로서 주등기와 별개의 등기는 아니다. [19 법무사] 즉 부기등기는 주등기에 종속되어 주등기와 일체성을 이루는 등기로서 주등기를 말소하면 부기등기는 직권말소하게 된다.

예컨대 근저당권이전의 부기등기가 된 경우 주등기인 근저당권설정등기의 말소신청이 있으면 부기등기인 근저당권이전등기는 직권으로 말소되며[18 등기서기보 / 11 법무사] 이 경우 말소할 등기의 대상은 주등기인 '근저당권설정등기'를 기재하며, 등기의무자는 근저당권의 양수인으로 표시하고, 등기필정보는 근저당권의 양수인이 소지하고 있는 근저당권이전등기필정보를 제공한다. 등기관은 근저당권설정등기를 말소한 다음 그 근저당권이전의 부기등기를 주말한다.

② 예외(부기등기만의 말소)

다만 예외적으로 부기등기의 원인만이 무효·취소·해제된 경우에는 부기등기만의 말소신청도 가능하다. [17 법원사무관]

근저당권의 이전원인만이 무효로 되거나 취소 또는 해제된 경우, 즉 근저당권의 주등기 자체는 유효한 것을 전제로 이와는 별도로 근저당권이전의 부기등기에 한하여 무효사유가 있다는 이유로 부기등기만의 효력을 다투는 경우에는 그 부기등기의 말소를 소구할 필요가 있으므로 예외적으로 소의 이익이 있고(대판 2005.6.10, 2002다15412·15429), [9 법무사] 이 경우 부기등기인 근저당권이전등기만을 말소하여야 한다. [23 법무사]

부기등기만의 말소를 신청하는 경우 양수인이 등기의무자, 양도인이 등기권리자가 되어 공동으로 신청하거나, 양도인이 판결을 받아 단독으로 신청할 수 있다.

이때 등기관은 이전에 따른 부기등기만을 말소하고 동시에 종전 권리자를 직권으로 회복하여야 한다.

(다) 권리의 소멸로 인한 불일치가 있을 것

부적법의 원인이 원시적(신청착오, 원인무효)·후발적(채무변제로 인한 저당권 소멸 등)·실체적(등기원인의 무효·취소·해제 등)·절차적(중복등기, 관할위반의 등기) 사유인지 불문한다.

(라) 등기상 이해관계 있는 제3자의 승낙을 받을 것(법 제57조)

가) 등기상 이해관계 있는 제3자의 의미

등기상 이해관계 있는 제3자는 말소등기를 함으로써 등기기록의 형식상 손해를 입을 우려가 있는 자를 말한다.

나) 등기상 이해관계 있는 제3자의 범위

① 말소대상권리의 선순위 등기 - ×

② 말소대상권리에 터잡은 등기 - ○

③ 말소대상권리의 후순위 등기 - ×

2) 개시

가. 공동신청

근저당권말소등기는 근저당권자와 근저당권설정자가 공동으로 신청한다(법 제23조 제1항).

공유물의 보존행위는 각자가 할 수 있으므로(「민법」 제265조 단서 참조), 공유물 전부에 설정된 근저당권의 효력이 상실된 경우 공유자 중 1인은 근저당권자와 공동으로 공유물 전부에 관한 근저당권설정등기의 말소신청을 할 수 있다(선례 제202409-1호).

나. 단독신청(혼동)

(가) 동일 부동산에 대한 소유권이전청구권 보전의 가등기상의 권리자와 근저당권자가 동일인이었다가 그 가등기에 기한 소유권이전의 본등기가 경료됨으로써 소유권과 근저당권이 동일인에게 귀속된 경우와 같이 혼동으로 근저당권이 소멸(그 근저당권이 제3자의 권리의 목적이 된 경우 제외)하는 경우에는 등기명의인이 근저당권 말소등기를 단독으로 신청한다. [14 법무사] 다만, 그 근저당권설정등기가 말소되지 아니한 채 제3자 앞으로 다시 소유권이전등기가 경료된 경우에는 현 소유자와 근저당권자가 공동으로 근저당권말소등기를 신청하여야 한다(예규 1656). [22 법무사]

(나) A 토지에 대한 근저당권자 갑이 그 토지의 소유권을 취득함으로써 혼동이 발생하였다면 소유자 겸 근저당권자인 갑이 그 근저당권의 말소등기를 단독으로 신청할 수 있으나, 갑이 근저당권말소등기를 신청하지 않은 상태에서 사망하였고 이후 갑의 공동상속인 사이에 상속재산분할협의가 성립하여 이를 원인으로 한 을 단독명

의의 소유권이전등기가 마쳐졌다면 그 근저당권의 말소등기는 을이 단독으로 신청할 수 없고[19 법무사], 일반원칙에 따라 등기권리자인 현재의 소유자 을과 등기의무자인 갑의 공동상속인 전원이 공동으로 신청하여야 한다. 한편, 등기의무자의 **소재불명으로** 공동으로 등기의 말소등기를 신청할 수 없는 때에는 「부동산등기법」 제56조의 규정에 의하여 공시최고신청을 하여 제권판결을 받아 등기권리자가 단독으로 말소등기를 신청할 수 있다(선례 201805-5).

3) 신청절차

가. 신청인

(가) 원칙

근저당권의 말소등기도 권리등기의 일반원칙과 같이 공동신청주의에 의한다. 현재의 소유권(지상권, 전세권)의 등기명의인이 **등기권리자**이고 현재의 근저당권의 등기명의인이 **등기의무자**가 된다.

(나) 근저당권이 이전된 후 말소

가) 주등기인 설정등기의 말소

근저당권이 이전된 후 근저당권설정등기의 말소등기를 신청하는 경우에는 근저당권의 양수인(현재의 근저당권의 등기명의인)이 등기의무자, 근저당권설정자(종전 소유자) 또는 제3취득자(현재 소유자)가 등기권리자가 되어 공동으로 그 말소등기를 신청할 수 있다(예규 1656). [23 등기서기보 / 19 법원사무관 / 18 등기주사보 / 17 법무사 / 16 등기서기보 / 14 법무사 / 9 법무사]

나) 부기등기인 이전등기의 말소

근저당권양도계약의 무효, 취소, 해제를 원인으로 근저당권이전등기를 말소하는 경우에는 근저당권의 양수인이 **등기의무자**, 근저당권 양도인이 **등기권리자**가 되어 공동으로 신청한다.

(다) 소유권이 이전된 후 말소

근저당권설정등기의 말소등기를 함에 있어 근저당권 설정 후 소유권이 제3자에게 이전된 경우에는 근저당권자가 **등기의무자**, 근저당권설정자(또는 제3취득자)가 등기권리자가 되어 **공동**으로 그 말소등기를 신청할 수 있다(예규 1656). [22 법원사무관 / 19 등기주사보·법무사 / 16 등기서기보 / 15 등기서기보]

(라) 포괄승계인에 의한 신청(근저당권자에게 상속이 발생한 경우)

상속의 개시 전에 근저당권의 말소원인이 발생하였으나 그 등기를 하지 않고 있는 사이에 **상속**이 개시된 경우에는 상속으로 인한 근저당권이전등기를 하지 않고 상속인이 상속을 증명하는 서면을 첨부하여 근저당권말소등기를 신청할 수 있다. 합병의 경우도 이와 같다(선례 2-385).

그러나 근저당권의 소멸사유가 상속 개시 후에 발생한 경우에는 상속으로 인한 근저당권이전등기를 먼저 하여야만 근저당권말소등기를 할 수 있다. 다만 목적 부동산의 멸실과 같이 법률행위에 의한 처분이 아닌 사유로 근저당권을 말소할 경우에는 상속(합병)으로 인한 이전등기를 할 필요가 없다.

나. 신청정보

신청서에는 일반적인 기재사항 외에 말소할 근저당권의 표시를 기재하여야 한다. 예를 들면 "2007년 4월 12일 접수 제4852호로 마쳐진 순위 2번의 근저당권"과 같다. 다만 근저당권이 이전된 후에 말소등기를 신청하는 경우 **말소할 등기의 표시는 주등기인 근저당권설정등기만 기재한다.** [10 법무사] 주등기가 말소되면 이전에 관한 부기등기는 효력이 없어지므로 따로 신청서에 기재할 필요가 없는 것이다. 이 경우 **등기의무자는 근저당권의 양수인을 표시한다.**

다. 첨부정보

(가) 등기원인과 관련된 첨부정보

근저당권말소등기신청서에는 등기원인을 증명하는 서면으로 해지증서, 근저당권포기증서, 판결정본 및 확정증명서 등을 첨부한다.

(나) 등기의무자와 관련된 첨부정보

가) 근저당권의 설정에 관한 등기필정보를 제공하여야 한다. 그러나 **근저당권이 이전된 후 그 근저당권의 말소등기를 신청하는 경우에는 근저당권이전등기를 마친 후 통지받은 근저당권 양수인의 등기필정보를 제공하여야 한다.** [2] 법원사무관 / 18 등기주사보]

나) 소유권자가 의무자인 경우에는 인감증명을 제공한다(규칙 제60조 제1항 제1호). 제한물권자가 의무자인 경우에는 원칙적으로 인감증명을 제공하지 않지만, 등기필정보를 멸실하여 법 제51조에 따라 등기를 신청하는 경우에는 인감증명을 제공한다(규칙 제60조 제1항 제3호).

(다) 등기의무자와 관련된 첨부정보

가) 취득세 등 세금납부영수증 - ○

나) 주소를 증명하는 정보 - ×

다) 번호를 증명하는 정보 - ×

(라) 제3자의 승낙서

근저당권의 말소를 신청하는 경우에 그 말소에 대하여 등기상 이해관계 있는 제3자가 있을 때에는 **제3자의 승낙이 있어야 한다**(법 제57조, 규칙 제46조 제1항 제3호, 규칙 제60조 제1항 제7호). [16 등기서기보]

4) 실행절차

가. 접수·배당

나. 조사(형식적 심사)

다. 문제○ (취하·보정·각하)

(가) 법 제29조 제7호

신청정보의 등기의무자의 표시가 등기기록과 일치하지 아니한 경우에는 각하하여야 한다. 따라서 먼저 등기의무자의 표시를 일치시키는 등기명의인표시변경등기를 하여야 한다.

다만 소유권 이외의 권리(전세권·근저당권·가등기 등)에 관한 등기의 말소를 신청하는 경우에 있어서는 그 등기명의인의 표시에 변경 또는 경정의 사유가 있는 때라도 신청서에 그 변경 또는 경정을 증명하는 서면을 첨부함으로써 등기명의인의 표시변경 또는 경정의 등기를 생략할 수 있을 것이다(예규 451). [23 법무사 / 22 법무사 / 19 법무사 / 18 등기주사보 / 15 등기서기보 / 14 법무사(2)]

(나) 법 제29조 제9호

등기에 필요한 첨부정보를 제공하지 아니한 경우에는 각하하여야 한다. 따라서 등기상 이해관계인의 승낙서를 제공하지 않은 경우에는 각하하여야 한다.

라. 문제× (등기실행)

(가) 등기부 작성·기입

가) 신청대상 등기

등기를 말소할 때에는 말소의 등기를 한 후 해당 등기를 말소하는 표시를 하여야 한다(규칙 제116조 제1항).

나) 근저당권이전의 부기등기

근저당권이전등기 등의 부기등기가 있는 경우에는 그 부기등기는 직권으로 주말한다. 다만 이전등기만을 말소하는 경우에는 종전의 근저당권자의 표시는 직권으로 회복한다.

다) 등기상 이해관계 있는 제3자 등기

등기의 말소를 신청하는 경우에 그 말소에 대하여 등기상 이해관계 있는 제3자가 있을 때에는 제3자의 승낙이 있어야 한다(법 제57조 제1항).

말소에 대하여 등기상 이해관계 있는 제3자의 승낙이 있음을 증명하는 정보를 제공하여 등기의 말소를 신청한 경우 해당 등기를 말소할 때에는 등기상 이해관계 있는 제3자 명의의 등기는 등기관이 직권으로 말소한다(법 제57조 제2항). 말소할 권리를 목적으로 하는 제3자의 권리에 관한 등기가 있을 때에는 등기기록 중 해당구에 그 제3자의 권리의 표시를 하고 어느 권리의 등기를 말소함으로 인하여 말소한다는 뜻을 기록하여야 한다(규칙 제116조 제2항).

(나) 각종 통지

등기가 경료되면 등기완료통지를 하게 되지만 권리에 관한 등기가 기입되는 등기가 아니므로 등기필정보는 작성·통지하지 아니한다.

1 근저당권은 피담보채권의 소멸에 의하여 당연히 소멸하므로 근저당권설정계약의 기초가 되는 기본적인 법률관계가 아직 존속하더라도 근저당채무가 소멸하였음을 이유로 근저당권설정등기의 말소등기를 신청할 수 있다. (×) [16 등기서기보]

2 동일 부동산에 대한 소유권이전청구권 보전의 가등기상의 권리자와 근저당권자가 동일인이었다가 그 가등기에 기한 소유권이전의 본등기가 경료됨으로써 소유권과 근저당권이 동일인에게 귀속된 경우, 본등기를 하면서 직권으로 근저당권말소등기를 한다. (×) [14 법무사]

3 동일 부동산에 대한 소유권이전청구권 보전의 가등기상의 권리자와 근저당권자가 동일인이었다가 그 가등기에 기한 소유권이전의 본등기가 경료됨으로써 소유권과 근저당권이 동일인에게 귀속된 경우와 같이 근저당권이 혼동으로 소멸한 경우에는 그 근저당권설정등기가 말소되지 아니한 채 제3자 앞으로 다시 소유권이전등기가 경료된 경우라도 현 소유자가 단독으로 말소등기를 신청할 수 있다. (×) [22 법무사]

4 근저당권설정등기 후에 소유권이 제3자에게 이전된 경우에는 현재 소유권의 등기명의인만이 근저당권의 말소등기신청에 있어서의 등기권리자이다. (×) [18 등기주사보]

5 근저당권 설정 후 소유권이 제3자에게 이전된 경우에는 그 제3취득자가 근저당권자와 공동으로 그 말소등기를 신청할 수 있을 뿐 근저당권설정자는 신청할 수 없다. (×) [17 법무사]

6 근저당권 설정 후 소유권이 제3자에게 이전된 경우에는 종전의 근저당권설정자는 근저당권자와 공동으로 그 말소등기를 신청할 수 없다. (×) [14 법무사]

7 근저당권설정등기 이후에 소유권이 제3자에게 이전된 경우에는 현재 소유명의인이 아닌 근저당권설정 당시의 소유자인 근저당권설정자는 근저당권자와 공동으로 그 말소등기를 신청할 수 없다. (×) [9 법무사]

8 저당권이전등기가 마쳐진 후에 저당권말소등기의 등기의무자는 현재의 저당권의 등기명의인이 되며, 이 경우 말소할 저당권의 표시로는 주등기(설정등기)와 부기등기(이전등기)를 각 특정하여 신청서에 기재하여야 한다. (×) [10 법무사]

2. 특수한 저당권

(1) 공동저당권

1) 기본개념

가. 의의(법 제78조)

공동저당의 등기는 동일한 채권에 관하여 **여러 개의 부동산**에 관한 권리를 목적으로 하는 저당권설정의 등기를 말한다. [17 등기서기보] 공동근저당이 성립하기 위해서는 설정행위에서 정한 **기본계약이 동일**하여야 한다. [17 등기서기보]

공동근저당은 **채무자의 입장**에서는 여러 개의 부동산을 묶어서 담보에 제공함으로써 보다 많은 자금을 융통할 수 있고, **채권자의 입장**에서는 담보물의 멸실 그 밖의 담보가치의 하락으로 인한 위험을 분산시킬 수 있는 장점이 있으므로 많이 이용되고 있다. 특히 우리 민법은 토지와 그 지상건물을 별개의 부동산으로 취급하므로 양자를 공동담보로 파악할 필요성이 크다.

공동근저당권은 수개의 부동산에 대하여 설정할 수 있을 뿐만 아니라 공유물에 대한 각 공유자의 공유지분, 1필의 토지에 대하여 수개의 지상권 또는 구분지상권이 설정되어 있거나 1개의 건물에 대하여 여러개의 전세권이 존재하는 경우에 그 지상권이나 전세권에 대하여도 설정할 수 있다. 즉 1개의 부동산 위에도 공동저당이 성립될 수 있다.

나. 법적 성질

(가) 근저당권의 복수성

공동근저당의 객체인 각 저당물마다 별개로 하나의 근저당권이 성립하고 공동저당으로 된다. 즉 공동근저당은 1물 1권주의의 원칙에 따라 각 저당목적물에 대하여 1개씩 근저당권이 성립하고 각각의 근저당권이 기본계약의 동일성으로 인하여 결속되어 있는 것으로 이해되고 있다.

(나) 근저당권의 독립성

근저당권의 복수성에 따라 공동근저당을 이루는 복수의 근저당권은 각각 독립된 근저당권으로서의 성질을 가진다. 즉 각각의 근저당권별로 성립요건을 갖추어야 하며 각 근저당권의 성립 시기나 순위를 달리할 수 있다.

(다) 공동근저당권의 공동부종성

공동근저당을 이루는 복수의 근저당권은 피담보채권을 공통으로 하고 있기 때문에 부종성과 수반성의 적용에 있어서는 공동운명의 관계에 있다.

(라) 공동근저당권의 연대성

공동근저당권을 이루는 복수의 근저당권은 각각 향후 확정될 피담보채권의 전부를 담보하고, 피담보채권의 각 부분은 복수의 근저당권 전부에 의하여 담보된다. 공동근저당권자는 복수의 근저당권을 동시에 실행하거나 일부만을 골라서 실행할 수도 있다.

(마) 기본계약의 동일성

공동저당이 성립하기 위해서는 수개의 저당물이 담보하는 채권이 동일하여야 하는데, 공동근저당권의 경우에는 설정행위에서 정한 기본계약이 동일함을 의미한다. 이러한 기본계약의 동일성은 공동근저당권 성립의 본질적 요소로서 수개의 저당물상에 성립하는 수개의 근저당권을 공동저당으로 결속시키는 요인이다.

공동저당은 수개의 부동산 위에 동일한 채권을 담보하기 위한 저당권을 설정한 경우에 성립하게 되는데, 동일한 채권을 담보한다는 의미는 채권자와 채무자, 채권의 발생원인, 채권액 등이 동일한 것을 의미하고, 또한 공동저당을 이루는 각 부동산에 대한 복수의 저당권은 그 불가분성에 의하여 서로 연대관계를 형성하고 있기 때문에, 공동저당권이 설정된 후에 그 담보 부동산의 일부를 취득한 제3자가 그 취득한 일부 부동산에 대한 피담보채무만을 인수하고 그 채무인수를 원인으로 하여 채무자를 변경하기 위한 저당권변경등기는 공동저당관계가 존속되는 한 이를 할 수 없다(선례 5-450). [24 법원사무관 / 23 법무사 / 15 법무사]

그러나 근저당권의 설정자가 동일할 필요는 없다.

다. 적용범위

(가) 부동산등기의 대상이 되는 것은 공동저당권의 목적이 될 수 있다. 채권자는 동일한 채권의 담보로 갑 부동산에 관한 소유권과 을 부동산에 관한 지상권에 대하여 공동근저당권설정등기를 신청할 수 있으며, 이때 갑 부동산의 소유자와 을 부동산의 지상권자가 반드시 동일할 필요는 없다(선례 201009-4). [23 법무사 / 18 등기서기보ㆍ법무사 / 15 법원사무관]

(나) 현행법상 공동저당의 등기는 동일채권을 담보하기 위한 수개의 동종 목적물에 대해서만 가능하므로 부동산과 등기된 선박은 공동으로 근저당권을 설정할 수 없다(선례 4-962). 따라서 등기된 선박이나 어업권 등은 부동산과 함께 공동근저당의 목적물이 될 수 없다. [9 법무사]

관련 기출지문

1 채권자는 동일한 채권의 담보로 甲 부동산에 관한 소유권과 乙 부동산에 관한 지상권에 대하여 공동근저당권설정등기를 신청할 수 있으며, 이때 甲 부동산의 소유자와 乙 부동산의 지상권자는 동일인이어야 한다. (×) [23 법무사]

2 채권자는 동일한 채권의 담보로 甲 부동산에 관한 소유권과 乙 부동산에 관한 지상권에 대하여 공동근저당권설정등기를 신청할 수 있는데, 이때에는 甲 부동산의 소유자와 乙 부동산의 지상권자가 동일하여야 한다. (×) [18 법무사]

3 채권자는 동일 채권의 담보로 甲 부동산에 관한 소유권과 乙 부동산에 관한 지상권에 대하여 공동근저당권설정등기를 신청할 수는 있으나, 이때 甲 부동산의 소유자와 乙 부동산의 지상권자는 동일해야 한다. (×) [15 법원사무관]

라. 효력

공동근저당권의 실행절차는 원칙적으로 보통저당권과 같지만 공동근저당권자에게 실행선택권이 인정되는 점이 특색이다. 즉 공동근저당권자는 복수의 근저당권 전부를 동시에 실행하거나 일부만을 실행할 수 있고, 일부만을 실행하는 경우에도 그 매각대금으로부터 피담보채권의 전액을 변제받을 수 있다. 이는 공동저당의 대위파트에서 다시 살펴보도록 한다.

마. 종류

공동근저당은 처음부터 동일 채권을 담보하기 위하여 수개 부동산을 일괄하여 동시에 근저당권의 목적으로 하여 설정되는 창설적 공동근저당과 1개 또는 수개의 부동산에 관하여 먼저 근저당권을 설정한 후 그 동일 채권을 담보하기 위하여 다른 부동산에 추가로 근저당권을 설정하는 추가적 공동근저당으로 구분된다.

공동근저당은 수개의 저당물을 목적으로 하므로 각각의 저당물마다 근저당권설정등기를 하여야 한다(개별등기의 원칙). 그렇지만 각각의 근저당권은 동일한 채권의 담보라는 공동목적에 의하여 결속되어 있으므로 신청절차 및 등기실행절차에 관하여 보통 근저당권과 다른 특칙이 있다. 창설적 공동근저당과 추가적 공동근저당으로 나누어 설명한다.

2) 창설적 공동저당(법 제78조 제1항)

가. 서설

창설적 공동근저당권은 동일한 채권에 관하여 여러 개의 부동산에 관한 권리를 목적으로 하는 저당권설정등기이다(법 제78조 제1항).

나. 개시

창설적 공동근저당권설정등기를 신청하는 경우에는 실무상 일괄신청이 허용된다.

일괄신청은 원칙적으로 등기원인과 등기목적이 동일한 때에 한하여 허용되지만(법 제25조), 창설적 공동근저당의 경우 각 근저당권설정자가 다른 경우에도 일괄신청이 가능하다(규칙 제47조 제1항 제1호). 그 이유는 각 근저당권의 피담보채권이 동일하므로 각 등기의 목적이 동일하고 일괄신청을 허용하는 것이 신청서 작성의 편의성, 심사의 용이성, 등록면허세 납부절차(규칙 제45조)에 비추어 보아 더 효율적이기 때문이다.

따라서 같은 채권의 담보를 위하여 소유자가 다른 여러 개의 부동산에 대한 저당권설정등기(창설적 공동저당등기)를 1건의 신청정보로 일괄하여 제공하는 방법으로 할 수 있다. [20 등기서기보 / 19 등기주사보 / 18 등기서기보·법무사 / 17 등기주사보] 이 경우 근저당권자는 동일하여야 하지만 근저당권설정자는 동일할 필요가 없다.

다. 신청절차

신청서에는 공동담보의 대상이 되는 각 부동산에 관한 권리를 표시하여야 한다(규칙 제133조 제1항). 근저당권설정등기의 신청서에 2개 이상의 부동산이 기재되어 있으면 공동담보라는 취지가 기재되어 있지 않더라도 공동근저당권설정등기의 신청으로 본다.

라. 실행절차

(가) 공동근저당에 있어서는 수개의 근저당권이 공동저당관계에 있음을 공시하기 위하여 공동저당관계에 있는 각 근저당권의 설정등기마다 "다른 부동산에 관한 권리와 함께 저당권의 목적으로 제공된 뜻"을 등기하여야 한다(법 제78조 제1항). 또한 공동저당물에 변동이 생긴 경우에는 등기관이 공동저당관계에 있는 다른 등기를 직권으로 변경하여야 한다(규칙 제136조 제1항).

(나) 등기관은 공동저당의 등기를 한 경우 **부동산이 5개 이상**일 때에는 공동담보목록을 작성하여야 한다(법 제78조 제2항). [22 등기서기보] 이 경우 **공동담보목록**은 등기기록의 일부로 본다(법 제78조 제3항). 공동담보목록을 작성하는 경우에는 각 부동산의 등기기록에 **공동담보목록 번호를 기록한다.** [17 등기주사보]

마. 합필등기의 가부

(가) 합필하려는 모든 토지에 있는 등기원인 및 그 연월일과 접수번호가 동일한 (근)저당권에 관한 등기(**창설적 공동저당**)가 있는 경우에는 합필등기가 허용된다. [19 법원사무관 / 18 등기주사보]

(나) 다만 이러한 경우라도 갑 토지의 저당권은 토지 전부를 목적으로 하고 있으나, 을 토지의 저당권은 소유권의 일부 지분만을 목적으로 하고 있다면 갑 토지를 을 토지에 합병하는 합필등기를 신청할 수는 없다(선례 201904-1). [21 법무사 / 20 등기서기보]

3) 추가적 공동저당(법 제78조 제4항)

가. 서설

추가적 공동근저당권은 이미 근저당권을 설정한 후 동일한 채권에 관하여 추가로 하는 저당권설정등기이다(법 제78조 제4항).

나. 개시

추가적 공동저당에서 **추가되는 부동산이 여러 개**라면 이 경우에도 **일괄신청이 가능**하다 (규칙 제47조).

다. 신청절차

추가근저당권설정의 등기를 신청하는 경우에는 신청서에 종전의 등기를 표시하는 사항으로서 공동담보목록의 번호 또는 부동산의 소재지번(건물에 번호가 있는 경우에는 그 번호도 포함한다), 종전 등기의 순위번호와 접수연월일 및 접수번호를 기재하여야 한다 (규칙 제134조, 예규 1429). 종전에 등기를 한 부동산에 순위를 달리하는 수개의 근저당권이 존재할 수 있어 그중 어느 근저당권에 추가하는 것인지를 표시하기 위함이다. **추가근저당권설정등기를 할 때에는 종전 부동산의 소유권에 대한 등기필정보나 저당권등기에 관한 등기필정보를 제공할 필요는 없고, 추가되는 부동산에 대한 등기필정보를 제공하여야 한다.** [18 등기서기보 · 법무사 / 17 등기주사보]

관련 기출지문

1 추가근저당권설정등기신청을 하는 경우에는 종전 부동산의 등기필정보가 아니라 종전 부동산에 설정된 근저당권설정등기에 관한 등기필정보를 제공하여야 한다. (×)　　　　　[18 등기서기보]

2 추가저당권설정등기를 신청할 때에는 추가되는 부동산의 소유권에 관한 등기필정보와 전에 등기한 저당권의 등기필정보를 함께 제공하여야 한다. (×)　　　　　[17 등기주사보]

라. 실행절차

(가) 공동근저당이 성립하기 위해서는 설정행위에서 정한 **기본계약이 동일하여야** 하므로 추가근저당권설정등기신청을 하는 경우 신청서에 기재된 채무자의 주소와 종전의 근저당권설정등기에 기록되어 있는 채무자의 주소가 다른 경우에는 먼저 종전 근저당권설정등기의 채무자 주소를 변경하는 근저당권변경등기를 선행하여야 한다(선례 201201-1). [18 등기서기보 · 법무사]

(나) 나만, 추가되는 부동신과 종전 부동산의 근저당권설정자(소유자)는 동일할 필요가 없으므로, 설령 추가되는 부동산과 종전 부동산의 근저당권설정자의 주소가 다르

다고 하더라도 종전 부동산의 근저당권설정자의 등기명의인표시변경등기를 선행하여야 하는 것은 아니다(선례 201201-1).

(다) 등기관이 추가적저당권설정의 등기를 할 때에는 그 등기와 종전의 등기에 각 부동산에 관한 권리가 함께 저당권의 목적으로 제공된 뜻을 기록하여야 한다. 이 경우 제2항 및 제3항을 준용한다(법 제78조 제1항, 제2항, 제4항). [22 등기서기보]

(라) 추가설정하는 부동산에 관하여 근저당권설정등기를 하는 경우 그 등기의 끝부분에 공동담보라는 뜻을 기록하고 종전에 등기한 부동산의 등기기록에는 해당 등기에 부기등기로 그 뜻을 기록하여야 한다(규칙 제135조 제3항).

(마) 추가설정하는 부동산과 전에 등기한 부동산이 합하여 5개 이상일 때에는 창설적 공동저당과 마찬가지로 등기관은 공동담보목록을 작성한다. [17 등기주사보]

마. 합필등기의 가부

(가) 갑 토지에 (근)저당권설정등기를 한 후 동일한 채권에 대하여 을 토지에 추가로 (근)저당권설정등기를 한 경우(추가적 공동저당)에 위 두 저당권설정등기는 등기원인 및 그 연월일과 접수번호가 동일한 (근)저당권등기가 아니어서 합필등기를 할 수 없다(선례 3-654). [19 법무사 / 16 등기서기보 / 12 법무사]

(나) 다만 1992.2.1. 현재 이미 토지대장상 합병된 토지에 대하여는 합필등기가 허용된다. 따라서 甲 토지에 근저당권설정등기를 한 후 동일한 채권에 대하여 乙 토지에 추가로 근저당권설정등기를 한 경우 위 두 토지를 합필할 수 없지만, 위 두 토지가 1992.2.1. 현재 이미 토지대장상 합병되어 있는 경우라면 합필등기가 가능하다. [15 법무사]

4) 구분건물과 그 대지권의 어느 일방에만 설정되어 있는 저당권의 추가담보로써 다른 일방을 제공하려는 경우(예규 1470)

가. 대지에 관하여 이미 저당권이 설정되어 있는 상태에서 대지권의 등기를 하고, 그와 아울러 또는 그 후에 구분건물에 관하여 동일채권의 담보를 위한 저당권을 추가설정하려는 경우에는, 구분건물과 대지권을 일체로 하여 그에 관한 추가저당권설정등기의 신청을 할 수 있다. [23 법무사 / 21 등기서기보 / 17 등기주사보 / 16 법무사]

> **[비교선례]**
> 구분건물의 대지권의 기본적인 속성은 토지에 대한 지분이므로 전세권설정등기는 신청할 수 없다. [19 등기주사보] 즉 대지권이 경료된 경우 전유부분과 대지권을 일체로 하는 전유부분과 그 대지권을 함께 동일한 전세권의 목적으로 하는 전세권설정등기를 마칠 수는 없으므로 등기관은 그러한 등기신청이 있는 경우에는 각하한다. [21 등기서기보 / 18 등기주사보 / 17 법원사무관 / 12 법무사] 이 경우 신청인은 전유부분만에 대한 전세권설정등기를 하여야 하고, 등기관은 그 등기에 건물만에 관한 것이라는 뜻을 직권으로 기록하여야 한다(규칙 제119조 제2항).

나. 위 추가저당권설정등기를 신청하는 경우에는 구분건물 외에 그 **대지권의 표시에 관한 사항**(「부동산등기규칙」 제119조 제1항)과 대지에 관하여 설정된 종전의 저당권등기를 **표시하는 사항을 신청정보의 내용으로 제공**하여야 한다(「부동산등기규칙」 제134조).

다. 위 추가저당권설정의 등기는 구분건물에 관한 등기의 일반원칙에 따라 **구분건물의 등기기록 을구에만 이를 기록**하고, 대지권의 목적인 **토지**에 관하여 설정된 종전의 저당권등기에 **저당권담보추가의 부기등기를 할 필요는 없다.** [24 법원사무관]

라. 위 가.와 반대로 구분건물에 관하여 먼저 저당권이 설정되고 새로 건물의 대지권의 목적이 된 토지에 관하여 동일채권의 담보를 위한 저당권을 추가설정하려는 경우에도 위가. 및 나.에 준하여 처리한다.

관련 기출지문

1 대지에 관하여 이미 근저당권이 설정되어 있는 상태에서 대지권의 등기를 하고 그 후에 구분건물에 관하여 동일 채권의 담보를 위한 근저당권을 추가 설정하려는 경우에는 대지권을 제외하고 구분건물만에 관한 추가 근저당권설정의 등기를 신청하여야 한다. (×) [16 법무사]

2 대지에 대하여 먼저 저당권이 설정되고 대지권등기 후 구분건물에 관하여 동일채권의 담보를 위한 저당권을 추가설정하려는 경우 대지권의 목적인 토지에 대하여 설정된 종전의 저당권등기에 저당권담보추가의 부기등기를 하여야 한다. (×) [24 법원사무관]

---

5) 공동저당 대위등기(예규 1407)

가. 서설(「민법」 제187조, 민법 제368조 제2항, 법 제80조, 규칙 제138조)

공동근저당권의 실행절차는 원칙적으로 보통저당권과 같지만 공동근저당권자에게 실행선택권이 인정되는 점이 특색이다. 즉 **공동근저당권자는 복수의 근저당권 전부를 동시에 실행하거나 일부만을 실행할 수 있고, 일부만을 실행하는 경우에도** 그 매각대금으로부터 피담보채권의 **전액을 변제**받을 수 있다.

민법은 공동저당권자의 실행선택권을 보장하는 한편 후순위저당권자와의 이해를 조절하기 위하여 다음과 같은 규정을 두고 있는데, 이는 공동근저당권의 경우에도 적용된다. **부동산 전부의 경매대가를 동시에 배당하는 때에는** 각 부동산의 경매대가에 비례하여 각 부동산별 책임분담액을 정하고, 각 부동산에 관하여 그 비례안분액을 초과하는 부분은 후순위저당권자에게 배당된다(「민법」 제368조 제1항).

일부 부동산의 매각대금만 배당하는 경우에는 공동저당권자는 그 대가에서 채권 전부의 **변제를 받을 수 있다.** 이때 공동저당권자가 부동산별 책임분담액을 넘어서 일부 부동산의 경매대가를 차지함으로 말미암아 불이익하게 된 후순위저당권자는 공동부동산 전부가 경매되어 동시에 배당되었더라면 공동저당권자가 다른 부동산의 경매대가로부터 변제받을 수 있는 책임분담액의 한도에서 공동저당권자를 대위하여 공동저당부동산 중 경매되지 아니한 다른 부동산에 대한 저당권을 행사할 수 있다(「민법」 제368조 제2항).

위와 같은 후순위저당권자의 대위는 선순위 공동저당권자의 미실행 저당권이 법률상 당연히 후순위 저당권자에게 일정 한도에서 이전하는 것이다. 이러한 법정대위는 **법률의 규정에 의한 물권변동**이기 때문에 대위 또는 저당권이전등기가 없어도 그 효력이 생긴 다(「민법」 제187조).

나. 개시

등기는 법률에 다른 규정이 없는 경우에는 등기권리자와 등기의무자가 **공동**으로 신청한 다(법 제23조 제1항). 배당이의 소송이 확정되지 않았더라도 신청이 가능하다. [24 법무사]

다. 신청절차

(가) 신청인

공동저당 대위등기는 선순위저당권자가 **등기의무자**로 되고 대위자(차순위저당권 자)가 **등기권리자**로 되어 **공동**으로 신청하여야 한다. [24 법무사 / 23 법무사 / 15 법무사]

(나) 신청정보

공동저당의 대위등기를 신청할 때에는 규칙 제43조에서 정한 일반적인 신청정보 외에 **매각부동산, 매각대금, 선순위저당권자가 변제받은 금액** 및 매각 부동산 위 에 존재하는 **차순위저당권자의 피담보채권**에 관한 사항을 신청정보의 내용으로 등기소에 제공하여야 한다.

등기의 목적은 "○번 저당권 대위"로, 등기원인은 "「민법」 제368조 제2항에 의한 대위"로, 그 연월일은 "선순위저당권자에 대한 경매대가의 배당기일"로 표시한다. [24 법무사]

(다) 첨부정보

공동저당의 대위등기를 신청하는 경우에는 규칙 제46조에서 정한 일반적인 첨부 정보 외에 집행법원에서 작성한 **배당표 정보**를 첨부정보로서 등기소에 제공하여 야 한다. [24 법무사 / 23 법무사 / 17 등기서기보 / 15 법무사]

공동저당의 대위등기를 신청할 때에는 매 1건당 6,000에 해당하는 등록면허세를 납부하고, 매 부동산별로 3,000에 해당하는 등기신청수수료를 납부하여야 하며, 공동저당의 대위등기를 신청하는 경우에는 국민주택채권을 매입하지 아니한다. [24 법무사 / 15 법무사]

라. 실행절차(등기실행)

등기관이 공동저당 대위등기를 할 때에는 법 제48조의 일반적인 등기사항 외에 **매각부 동산 위에 존재하는 차순위저당권자의 피담보채권**에 관한 내용과 **매각부동산, 매각대 금, 선순위 저당권자가 변제받은 금액**을 기록하여야 한다. [24 법무사]

소유권 외의 권리가 저당권의 목적일 때에는 그 권리를 기록한다. [24 법무사]

공동저당 대위등기는 후순위 이해관계인의 유무나 그 이해관계인의 동의 유무와 관련 없이 대위등기의 목적이 된 저당권등기에 **부기등기**로 한다. [24 법무사 / 15 법무사]

별지 : 공동저당의 대위등기에 따른 등기기록례

[을구]		(소유권 외의 권리에 관한 사항)		
순위번호	등기목적	접수	등기원인	권리자 및 기타사항
1	근저당권설정	2009년 10월 12일 제13578호	2009년 10월 11일 설정계약	채권최고액 금 300,000,000원 채무자 장동군 서울특별시 송파구 방이동 45 근저당권자 이병한 700407-1234567 서울특별시 종로구 혜화동 45 공동담보 토지 서울특별시 서초구 서초동 12
1-1	1번 근저당권대위	2011년 11월 7일 제13673호	2011년 11월 4일 민법 제368조 제2항에 의한 대위	매각부동산 토지 서울특별시 서초구 서초동 12 매각대금 금 700,000,000원 변제액 금 250,000,000원 채권최고액 금 200,000,000원 채무자 장동군 서울특별시 송파구 올림픽대로 45 (방이동) 대위자 김희선 740104-2012345 서울특별시 송파구 송파대로 345 (송파동)

(2) 공장저당권(「공장 및 광업재단 저당 법」에 의한 공장저당등기)

1) 일반론

가. 서설

(가) 의의

「공장 및 광업재단 저당법」은 공장을 담보로 이용하는 방법으로서, 협의의 공장저당과 공장재단저당이 있다. 우리 부동산등기법의 대상이 되는 것은 협의의 공장저당이므로 이에 대하여 설명한다.

협의의 공장저당(이하 "공장저당"이라고 함)은 공장 소유자가 공장에 속하는 토지(건물)에 설정한 저당권의 효력은 설정행위에 특별한 약정이 없는 한 그 토지(건물)에 부가되어 이와 일체를 이루는 물건과 그 토지(건물)에 설치된 기계·기구 그 밖의 공용물에 미친다는 것을 전제로 한다(동법 제3조).

이러한 공장저당은 보통의 저당권과 같이 토지 또는 건물에 저당권을 설정하되 저당권의 효력이 미치는 기계·기구 등의 목록을 제출하는 것에 특색이 있다. 공장저당을 인정하는 이유는 공장에 속하는 토지 또는 건물과 이에 설치된 기계·기구 등은 전체로서 담보가치를 파악하는 것이 사회경제적으로 유익하기 때문이다. 따라서 공장에 속하는 부동산과 저당권의 목적이 되는 목록에 기재된 기계·기구 등은 일체로서 집행의 대상이 된다.

(나) 요건

가) 공장일 것

① 공장이란 영업을 하기 위하여 물품의 제조·가공, 인쇄, 촬영, 방송 또는 전기나 가스의 공급 목적에 사용하는 장소를 말한다(「공장 및 광업재단 저당법」 제2조 제1호). 「공장 및 광업재단 저당법」의 입법취지는 기업시설 등을 일체로 하여 저당권의 목적으로 삼을 수 있게 하는 것이므로 기업시설은 일반적인 제조업의 기업시설에 국한된다고 할 수는 없고 상당한 정도의 기계설비를 갖추었으면 동물의 사육시설이나 식물의 경작시설도 공장으로 보아야 한다.

② 등기선례에서는 주유소의 주유기 및 유류저장탱크(선례 3-6)[18 등기주사보], 상당한 기계설비가 되어 있는 양식시설(선례 6-327)[15 법원사무관], 상당한 기계설비가 되어 있는 축산시설(선례 2-389), 꽃재배를 위한 시설 등은 공장으로 인정하고 있다.

③ 또한 기업들로부터 인터넷서비스 업무를 위탁받아 서버와 네트워크를 제공하고 콘텐츠를 대신 관리해 주는 사업을 하기 위하여 건물에 서버컴퓨터 및 관련시설을 설치하였다면 이를 그 건물과 함께 「공장 및 광업재단저당법」 제6조의 근저당권의 목적으로 할 수 있다(선례 201111-1). [20 등기사기보 / 15 법원사무관]

④ 반면에 볼링장이나 주차빌딩(선례 6-330), 풀장과 물탱크 등으로 되어 있는 수영장 시설(대판 1995.9.15, 94다25902)은 공장에 해당되지 않는다고 한다. 자동차와 같은 이동성이 있는 기계·기구도 공장저당의 효력이 미치는 기계·기구가 아니다. 이처럼 공장에 속하지 않는 건물과 구축물에 대한 근저당권설정등기가 마쳐진 경우 그 부분에는 근저당권의 효력이 미치지 아니한다(위 판례 참조).

나) 토지 또는 건물이 공장에 속하는 것일 것

공장저당의 목적으로 하는 토지 또는 건물은 공장이라는 장소 즉 공장 구내에 소재하는 것이어야 하고, 그 토지 또는 건물에는 기계·기구 등이 설치되어 있어야 한다.

따라서 공장에서 떨어져 있는 사원기숙사 건물과 그 대지 등과 같은 것은 공장저당의 목적으로 될 수 없다.

다) 부동산과 기계·기구의 소유자가 같을 것

① 공장저당권의 설정등기를 하기 위해서는 **부동산(토지 또는 건물)과 기계·기구 그 밖의 공장의 공용물의** 소유자가 동일하여야 한다. [20 등기서기보 / 15 법원사무관 / 13 법무사]

따라서 기계·기구의 소유자와 토지 또는 건물의 소유자가 다르다면 기계·기구 소유자의 동의서를 첨부하여도 공장저당권의 설정등기를 신청할 수 없다. [23 법무사 / 18 등기주사보 / 17 등기주사보 / 16 등기서기보]

② 다만 **토지와 공장건물의** 소유자는 상이하고 **공장건물의 소유자와 공장에 속하는 기계기구의 소유자가 동일할 경우**에는 공장건물만을 공장저당법 제7조에 의한 근저당으로 하고 **토지**에 대하여는 **보통근저당**으로 하여 공동담보로 근저당설정등기를 신청할 수 있다(선례 8-269). [18 법무사]

③ 갑·을 2인 공유의 공장건물 전부와 공장건물에 설치된 공장저당법 제7조 목록에 의한 갑 단독 소유인 기계기구를 담보목적으로 하여 공장저당법 제7조에 의한 근저당권을 설정할 수 있다(선례 제3-2호). [24 등기서기보]

나. 개시

공장저당권의 설정등기는 공장에 속하는 토지 또는 건물에 설치된 기계·기구 등에 대하여도 저당권의 효력이 미친다는 점 외에는 보통저당권과 같다. 이하에서는 공장근저당권의 등기절차에 관하여 설명한다.

다. 신청절차

(가) 신청인

근저당권설정등기는 근저당권설정자가 등기의무자, 근저당권자가 등기권리자가 되어 공동으로 신청한다(법 제23조 제1항). 이는 공장저당권설정등기도 마찬가지이다.

(나) 신청정보

신청서의 표제는 "「공장 및 광업재단 저당법」 제6조에 의한 '근저당권설정등기신청'이라고 기재하지만, 등기 목적은 공장근저당권설정이 아니라 "근저당권설정"이라고 기재한다. 또 부동산의 표시란에는 「공장 및 광업재단 저당법」 제6조에 의한 기계·기구목록이 제출되어 있음을 표시한다. 나머지 기재사항은 일반 근저당권과 같다. 당사자 간에 저당목적 부동산에 설치된 기계·기구 그 밖의 공장공용물의 일부에 관하여 저당권의 목적에서 제외하기로 특약한 때에는 이를 신청서에 기재하여야 한다(동법 제5조).

(다) 첨부정보

가) 공장증명서

공장저당의 등기를 신청할 때에는 **토지 또는 건물이 공장 및 광업재단 저당법의 공장에 속하는 것임을 증명하는 정보**(실무상 채권자인 저당권자 명의로 작성한 공장증명서)를 첨부정보로 제공하여야 한다. [23 법무사 / 19 법무사 / 18 등기주사보 / 17 등기주사보·법무사 / 16 등기서기보 / 14 법무사 / 13 법무사]

나) 기계·기구 등의 목록

공장저당등기의 신청에는 공장저당법 제6조의 규정에 의한 **기계, 기구, 그 밖의 공장의 공용물의 목록** 정보를 제공하여야 하는데, 이 목록에 기재된 기계, 기구, 그 밖의 공장의 공용물은 **공장소유자의 것이어야** 한다(예규 1475). [19 법무사 / 17 법무사(2)]

이러한 기계·기구목록은 전자문서로 작성하고, 그 제공은 전산정보처리조직을 이용하여 등기소에 송신하는 방법으로 하여야 한다. 다만 자연인 또는 법인 아닌 사단이나 재단이 직접 등기신청을 하는 경우, 자연인 또는 법인 아닌 사단이나 재단이 변호사나 법무사[법무법인·법무법인(유한)법무조합 또는 법무사합동법인을 포함한다] 아닌 사람에게 위임하여 등기신청을 하는 경우에는 서면으로 작성하여 등기소에 제출할 수 있다.

라. 실행절차(등기실행)

등기기록의 을구에는 보통의 저당권과 동일한 등기사항을 등기하되, 그 말미에 「공장 및 광업재단 저당법」 제6조에 의한 목록의 제출이 있다는 뜻을 기록한다(위 규칙 제3조). **기계·기구의 목록**은 공장저당권설정의 등기가 된 때에는 **등기기록의 일부로 보고 그 기록은 등기로 본다**(동법 제6조 제2항, 제36조). [23 법무사 / 17 등기주사보 / 16 등기서기보] 즉 공장에 속하는 토지 또는 건물의 등기기록 중 을구의 등기사항 말미에 위 목록의 제출이 있다는 뜻을 기록하면 위 목록은 을구 등기기록의 일부를 이루는 것이 된다.

2) 목록기재변경등기

가. 서설

(가) 새로이 기계·기구 등을 설치하거나, 목록기재 물건이 멸실하거나, 목록기재 물건의 표시에 변경이 있는 경우에 소유자는 목록기재변경등기를 신청하여야 한다(동법 제6조 제2항, 제42조 제1항).

(나) 이러한 신청은 실질적으로는 저당권의 목적을 변경하는 변경등기의 신청이지만, **현행실무는 그 목록을 추가 또는 분리하는 조치를 취할 뿐 등기기록에는 별도의 기입을 하지 않는 점을 주의하여야 한다.**
즉 **목록의 변경등기를 함에 있어서는 목록을 전부 폐지하고 일반 저당권으로 변경등기를 하는 경우 외에는 을구 사항란에 부기에 의한 변경등기를 하지 아니한다**(예규 1475). [19 법무사 / 14 법무사]

(다) 기계·기구 목록 자체가 등기기록의 일부이므로 목록에 추가 또는 분리가 있으면 저당권의 효력이 미치는 범위가 충분히 공시되기 때문이다. 이는 공동담보목록의 기록 내용에 변경이 있다고 해서 등기기록의 을구에 부기하지 않는 것과 같은 원리이다.

(라) 목록 기재의 **변경신청**은 물건의 소유자가 단독으로 신청한다. 다만 목록의 일부멸실 또는 분리에 의한 변경신청의 경우에는 저당권자의 동의를 얻어 그 동의서(인감증명 첨부)를 신청서에 첨부하여야 한다(「공장 및 광업재단 저당법」 제6조 제2항, 제42조 제2항, 「공장 및 광업재단 저당등기 규칙」 제29조 제1항, 규칙 제60조 제1항 제7호).

나. 목록을 추가하는 경우

(가) 신청인

공장저당권의 설정등기를 한 후 종전 목록에 기록한 사항이 변경(기계·기구의 일부 멸실 또는 분리 / 새로운 기계·기구의 추가)된 경우 **목록기재변경등기는 소유자가 단독으로 신청**하여야 한다. [20 등기서기보 / 19 법무사(2) / 17 등기주사보·법무사(2) / 15 법원사무관]

(나) 신청정보

등기의 목적은 "「공장 및 광업재단 저당법」 제6조에 의한 목록기재변경", 등기원인과 그 연월일은 "○년 ○월 ○일 설치", 변경할 사항으로는 "○년 ○월 ○일 접수 제○○○호로 등기한 근저당권설정 등기사항 중 기계·기구목록 제○○○호에 별지목록 기재의 기계·기구를 추가함"과 같이 기재한다.

(다) 첨부정보

종전 목록에 새로운 기계·기구를 추가하는 **목록추가의 변경등기**를 신청하는 경우 일반적인 첨부서류 외에 **새로 추가된 목록에 관한 정보**만을 제공하여야 한다. [14 법무사]

목록추가의 변경등기는 단독신청이므로 등기필정보도 첨부할 필요가 없고, 소유자의 인감증명서도 첨부할 필요가 없다(선례 6-330) [24 등기서기보],

또한, 토지 또는 건물이 「공장 및 광업재단 저당법」 제2조 제1호의 공장에 속하는 것임을 증명하는 서면을 첨부할 필요도 없다(선례 5-431).

(라) 등기실행

종전 목록에 새로운 목록추가의 신청이 있는 경우 등기관은 변경내역표에 신청정보의 접수연월일, 접수번호 및 종전 목록에 추가한다는 뜻을 기록하고 전산정보처리조직을 이용하여 추가목록을 종전 목록에 결합한다(예규 1475).

다. 목록기재 기계·기구의 일부 멸실 또는 분리되는 경우

멸실은 목록에 기재된 기계·기구가 물리적으로 멸실된 경우이고, **분리**는 공장의 소유자가 저당권자의 동의를 얻어 토지 또는 건물에 설치한 기계·기구 그 밖의 물건을 기계·기구목록에서 제외하여 저당권의 효력이 미치지 않게 변경하는 것(동법 제9조 제2항)을 말한다.

(가) 신청인

공장저당권의 설정등기를 한 후 종전 목록에 기록한 사항이 변경(기계 · 기구의 일부 멸실 또는 분리 / 새로운 기계 · 기구의 추가)된 경우 **목록기재변경등기**는 소유자가 **단독**으로 신청하여야 한다. [20 등기서기보 / 19 법무사(2) / 17 등기주사보 · 법무사(2) / 15 법원사무관]

(나) 신청정보

등기의 목적은 ""「공장 및 광업재단 저당법」 제6조에 의한 목록기재변경", 등기원인과 그 연월일은 "○년 ○월 ○일 분리(멸실)", 변경할 사항으로는 "○년 ○월 ○일 접수 제○○○호로 등기한 근저당권설정 등기사항 중 기계 · 기구목록 제○○○호에서 별지목록 기재의 기계 · 기구를 분리함"과 같이 기재한다.

(다) 첨부정보

종전 목록에 기록한 기계 · 기구의 일부가 멸실되거나 또는 기계 · 기구에 관하여 저당권이 일부 소멸한 경우에는 **멸실 또는 분리된 목록에 관한 정보만**을 제공하여야 한다. [14 법무사]

공장저당권의 목적으로 제공된 **기계 · 기구의 일부 멸실 또는 분리에 의한 변경등기신청**의 경우에는 **저당권자의 동의가 있음을 증명**하는 정보 또는 이에 대항할 수 있는 **재판이 있음을 증명**하는 정보를 등기소에 제공하여야 한다(동법 제42조 제2항, 「공장 및 광업재단 저당등기 규칙」 제29조). [23 법무사 / 13 법무사]

(라) 등기실행

종전목록에 기계 · 기구의 분리 또는 일부멸실의 신청이 있는 경우 등기관은 변경내역표에 신청정보의 접수연월일, 접수번호 및 종전 목록에서 분리하거나 멸실된 뜻을 기록하고, 전산정보처리조직을 이용하여 분리 또는 멸실목록을 종전 목록에 결합한다(예규 1475).

3) 일반저당권과 공장저당권의 상호변경(일반 ↔ 공장)

가. 「공장 및 광업재단 저당법」 제6조 목록제출로 인한 공장저당권으로의 저당권변경

(가) 서설

보통저당권의 설정 후에 기계 · 기구 등이 설치되는 경우 등에는 보통저당에서 공장저당으로 변경할 수 있다. 따라서 **일반저당권을 공장저당권으로 변경**하기 위해서는 그 **변경계약서와 목록**을 제출하여 **저당권변경등기신청**을 하여야 한다. [14 법무사]
예컨대 토지에 대하여 보통근저당권을 설정한 후 그 지상의 건물과 주유소의 주유기 등을 추가로 근저당권의 목적물로 하고자 하는 경우 토지에 대하여(목록을 제출하여) 보통근저당권을 「공장 및 광업재단 저당법」에 의한 근저당권으로 하는 변경등기와 건물을 위 토지에 대한 공장저당에 추가하는 근저당권설정등기를 함께 신청하면 된다(선례 3-6).

(나) 개시

권리의 변경등기에 해당하므로 등기의무자와 등기권리자가 공동으로 신청하여야 한다(법 제23조 제1항). [18 등기주사보]

(다) 신청절차

가) 신청인

이러한 등기는 근저당권변경등기에 해당하므로 근저당권설정자가 등기의무자, 근저당권자가 등기권리자가 되어 공동으로 신청하여야 한다(법 제23조 제1항).

나) 신청정보

신청서의 표제는 "「공장 및 광업재단 저당법」 제6조에 의한 근저당권변경등기신청"으로 하고, 등기원인은 변경계약, 등기목적은 "「공장 및 광업재단 저당법」 제6조에 의한 근저당권변경", 변경할 사항으로는 "○년 ○월 ○일 접수 제 ○○○호로 등기한 근저당권설정등기사항 중 「공장 및 광업재단 저당법」 제6조 목록을 제출함"과 같이 기재한다.

다) 첨부정보

① 첨부정보로는 변경계약서와 목록을 제출하여야 한다.

② 등기권리자와 등기의무자가 공동으로 권리에 관한 등기를 신청하는 경우에는 「부동산등기법」 제50조 제2항에 따라 등기의무자의 등기필정보를 등기소에 제공하여야 하는 바, 공장 토지(건물)에 대하여 등기된 일반 저당권을 「공장 및 광업재단 저당법」 제6조에 의한 목록을 제출하여 공장저당권으로 변경하는 등기는 권리에 관한 등기로서 등기권리자(저당권자)와 등기의무자(저당권설정자)가 공동으로 신청하여야 하므로 그 등기를 신청할 때에는 등기의무자(저당권설정자)가 소유자로서 통지받은 등기필정보를 제공하여야 한다(선례 201804-4). [20 등기서기보 / 13 법무사]

③ 또한 등기의무자가 소유자인 경우에 그의 인감증명서도 첨부하여야 한다.

④ 권리변경등기의 일반원칙에 따라 등기상 이해관계 있는 제3자가 있는 때에는 그의 승낙서 등을 제출한 경우에만 부기등기로서 그 등기를 할 수 있다(법 제52조 제5호).

(라) 실행절차

기존 근저당권설정등기에 부기로 변경등기를 하고 권리자 및 기타사항란에는 "「공장 및 광업재단 저당법」 제6조 목록 제○○호"와 같이 기록한다.

나. 「공장 및 광업재단 저당법」 제6조 목록폐지로 인한 일반저당권으로의 저당권변경

(가) 서설

위 가.의 경우와 반대로 공장저당이 설정된 후에 기계·기구 등이 전부 제거되거나 그 전부에 대하여 저당권의 목적에서 제외하기로 하는 특약(통상 "목록폐지"라고 한다)을 한 경우에는 공장저당을 보통저당으로 변경할 수 있다.

공장저당법 제6조의 규정에 의한 목록에 기재된 **기계·기구 전부를 새로이 다른 기계·기구로 교체한 경우에는**, 종전 목록에 관하여는 공장저당법 제6조 **목록폐지로 인한 저당권변경등기**를 신청하여 공장저당법에 의한 저당권을 **보통저당권으로 변경**하고, 새로운 기계·기구에 관하여는 공장저당법 제6조 **목록 제출로 인한 저당권변경등기신청**을 하여 다시 그 보통저당권을 **공장저당법에 의한 저당권으로 변경**하여야 할 것이다(선례 5-430). [23 법무사 / 16 등기서기보 / 13 법무사]

(나) 개시

권리의 변경등기에 해당하므로 등기의무자와 등기권리자가 공동으로 신청하여야 한다(법 제23조 제1항).

(다) 신청절차

가) 신청인

등기의무자는 근저당권자, **등기권리자는** 근저당권설정자가 되어 공동신청한다(법 제23조 제1항).

나) 신청정보

신청서의 기재방법은 위 가.와 같다. 다만 변경할 사항은 "○년 ○월 ○일 접수 제○○○호로 등기한 근저당권설정등기사항 중 「공장 및 광업재단 저당법」 제6조에 의한 목록 제○○호를 폐지함"과 같이 기재한다.

다) 첨부정보

등기원인 증명정보로는 근저당권변경계약서를 제출한다.

(라) 실행절차

변경 전의 「공장 및 광업재단 저당법」 제6조 제출의 목록기호를 말소하는 표시를 하고, 목록을 폐쇄한다.

관련 기출지문

1 공장저당권의 목적으로 제공되는 기계·기구의 소유자와 토지 또는 건물의 소유자가 같지 않은 경우에도 공장저당권 설정등기를 할 수 있다. (×)
[13 법무사]

2 토지 또는 건물과 기계·기구의 소유자가 동일하지 않은 경우에 공장 및 광업재단 저당법에 따른 공장저당의 목적으로 하기 위해서는 그 목적물인 그 기계·기구의 소유자의 동의서를 첨부하여야 한다. (×)
[23 법무사]

3 토지 또는 건물과 기계·기구의 소유자가 동일하지 않은 경우에 '공장 및 광업재단 저당법'에 따른 공장저당의 목적으로 하기 위해서는 그 목적물인 그 기계·기구의 소유자의 동의서를 첨부하여야 한다. (×)
[17 등기주사보 / 16 등기서기보]

4 공장저당권의 설정등기를 한 후 목록에 기록한 사항에 변경이 발생하였을 때에는 저당권자와 저당권설정자가 공동으로 목록의 변경등기를 신청하여야 한다. (×)
[15 법원사무관]

5 「공장 및 광업재단 저당법」 제6조 목록에 기록된 물건의 일부 멸실 또는 분리에 의한 목록기록의 변경등 기신청은 저당권자가 등기의무자가 되고 소유자가 등기권리자가 되어 공동으로 신청하여야 한다. (×)
[20 등기서기보]

6 공장저당법 제6조에 따른 목록의 변경이 기계·기구의 일부 멸실 또는 분리로 인한 경우에는 저당권자의 동의가 필요하므로 소유자와 저당권자가 공동으로 목록기재변경등기를 신청한다. (×) [19 법무사]

7 목록 변경이 기계·기구의 일부 멸실 또는 분리로 인한 경우에는 저당권자가 목록기재변경등기를 신청한다. (×) [17 법무사]

8 기계·기구의 일부멸실 또는 분리에 의한 목록의 변경등기신청의 경우에는 저당권자의 동의가 있음을 증명하는 정보 또는 이에 대항할 수 있는 재판이 있음을 증명하는 정보를 제공할 필요는 없다. (×) [24 법원사무관]

9 종전 목록에 새로운 기계·기구를 추가하는 경우에는 신청인은 새로 추가된 목록에 관한 정보를 제공하여 야 하며 이때 신청인의 인감증명을 첨부정보로 제공하여야 한다. (×) [24 법원사무관]

10 새로운 기계·기구의 추가로 인하여 목록의 변경등기를 하는 경우에는 등기관은 직권으로 등기기록의 을 구에 부기에 의한 변경등기를 한다. (×) [14 법무사]

11 보통 저당권의 설정 후 기계·기구 등의 설치로 인하여 공장저당권으로 변경등기를 할 때에는 저당권자가 단독으로 신청할 수 있다. (×) [24 법원사무관]

12 일반 저당권을 공장저당권으로 변경하고자 할 때에는 변경계약서와 목록을 제공하여 저당권자가 단독으로 변경등기를 신청할 수 있다. (×) [18 등기주사보]

13 보통저당권을 공장저당권으로 변경하는 등기를 신청할 경우 등기필정보는 등기소에 제공할 필요가 없다. (×) [13 법무사]

II. 권리질권 및 채권담보권에 관한 등기

1. 서설

(1) 의의

재산권을 목적으로 하는 질권을 **권리질권**이라 한다. 또한 채권을 목적으로 하는 담보제도로 채권담보권도 인정된다.

저당권으로 담보한 채권을 **질권** 또는 **채권담보권**(이하 "질권 등"이라 함)의 목적으로 한 때에는 그 저당권등기에 질권 등의 부기등기를 하여야 질권 등의 **효력이 저당권에도 미친다**(법 제348 조, 「동산·채권 등의 담보에 관한 법률」 제37조). [23 법무사 / 21 법무사 / 17 등기주사보(2) / 15 법무사(2)]

저당권에 의하여 담보되는 채권에 대하여 질권을 설정하면 저당권의 부종성에 의하여 저당권 도 당연히 권리질권의 목적으로 되지만, 만약 이를 공시하지 않으면 거래안전에 위협이 될 수 있기 때문에 민법 제348조의 특칙을 두고 있다. 이는 저당권부 질권을 이전하는 경우에도 마 찬가지이다.

(2) 적용범위

1) 권리질권

명문의 규정은 없으나 저당권부 채권뿐만 아니라 근저당권부 채권도 질권의 목적으로 할 수 있다(선례 7-278). 이는 근저당권의 확정여부는 묻지 않는다. 저당권부 채권에 대한 질권의 등기사항으로서 채권최고액을 규정함으로써 저당권부 채권에 대한 <u>근질권도</u> 등기할 수 있음을 분명히 하였다(법 제76조 제1항 제1호). [19 등기주사보] <u>근저당권에 의하여 담보되는 채권을 질권의 목적으로 하는 경우에는 근저당권부질권의 부기등기를 신청할 수 있는바,</u> 이는 그 근저당권이 확정되기 전에도 마찬가지이다(선례 7-278). [19 등기주사보]

2) 채권담보권

금전의 지급을 목적으로 하는 지명채권을 담보로 제공하는 경우에는 채권담보등기를 할 수 있다. 현행법상 저당권 혹은 근저당권에 대하여 채권담보권을 등기할 수 있다.

2. 개시

3. 신청절차

(1) 신청인

근저당권자가 **등기의무자**가 되고 질권자 또는 채권담보권자가 **등기권리자**가 되어 공동으로 신청한다(법 제23조 제1항). [21 법무사 / 17 등기서기보]

(2) 신청정보

1) 등기관이「민법」제348조에 따라 저당권부채권에 대한 질권의 등기를 할 때에는 제48조에서 규정한 사항 외에 다음 각 호의 사항을 신청정보의 내용으로 등기소에 제공하여야 한다.

   가. 채권액 또는 채권최고액 [22 등기서기보]

   나. 채무자의 성명 또는 명칭과 주소 또는 사무소 소재지 [22 등기서기보]

   다. 변제기와 이자의 약정이 있는 경우에는 그 내용

2) 등기관이「동산·채권 등의 담보에 관한 법률」제37조에서 준용하는「민법」제348조에 따른 채권담보권의 등기를 할 때에는 제48조에서 정한 사항 외에 신청정보의 내용으로 등기소에 제공하여야 한다.

   가. 채권액 또는 채권최고액

   나. 채무자의 성명 또는 명칭과 주소 또는 사무소 소재지

   다. 변제기와 이자의 약정이 있는 경우에는 그 내용

관련 기출지문

1   저당권으로 담보한 채권에 대한 채권담보권의 등기를 신청하는 경우 등기의 목적은 '저당권부 채권담보권의 설정'이라 하고, 채권담보권의 목적이 되는 저당권의 표시는 '접수 ○년 ○월 ○일 제○○○호 순위 제○번의 저당권'과 같이 하여 신청정보로서 제공한다. (○)

                                                                          [15 법무사]

(3) 첨부정보

등기원인서면으로 권리질권설정계약서 또는 채권담보권설정계약서를 첨부한다.

권리질권자나 채권담보권자의 주민등록번호나 부동산등기용등록번호를 증명하는 서면을 첨부하여야 한다.

등기의무자(근저당권자)의 인감증명은 첨부할 필요가 없다.

(근)저당권부 채권에 대한 질권 또는 채권담보권의 부기등기를 신청하는 경우에는 등록면허세를 납부하여야 하지만, 국민주택채권매입의무가 없다. [22 등기서기보 / 21 법무사 / 19 등기주사보 / 17 등기서기보 / 15 법무사]

4. 실행절차(등기실행)

해당 부동산의 등기기록 중 을구에 등기의 목적·접수연월일·접수번호·등기원인과 그 연월일 등을 기록하고, 채권자·채무자·채권액·변제기와 이자의 약정이 있는 때에는 그 내용, 저당권이 공동저당인 경우에는 공동담보인 취지 등을 기록한다. 등기목적은 "○번 근저당권부 질권"이라고 기록한다.

즉 채권액 또는 채권최고액은 근저당권부 채권에 대한 (근)질권의 등기사항 중 하나이다. [22 등기서기보 / 21 법무사 / 17 등기서기보·등기주사보] 권리질권의 등기는 저당권 등기에 부기등기로 한다(법 제52조 제3호).

5. 질권 등의 이전등기 등

근저당권부 채권의 질권자가 해당 질권을 제3자에게 전질한 경우 「부동산등기법」 제2조에 의하여 질권의 이전등기를 할 수 있다. [22 등기서기보 / 21 법무사 / 17 등기서기보·등기주사보]

근저당권부 채권에 질권이 설정된 경우 질권자의 동의 없이는 근저당권의 채권최고액을 감액하는 근저당권변경등기를 할 수 없다(선례 201105-1). [22 등기서기보 / 21 법원사무관 / 19 등기주사보 / 15 법무사] 즉, 제3자의 승낙을 증명하는 정보를 첨부정보로 제공하지 않으면 주등기로도 변경등기를 할 수 없다(수리요건). [24 등기서기보]

> **관련 기출지문**
>
> **1** 부동산등기법에 근저당권에 의하여 담보되는 채권에 대하여 근질권설정등기를 신청할 수 있다는 명문의 규정이 없으므로, 근저당권부채권에 대한 근질권설정등기는 신청할 수 없다. (×) [19 등기주사보]
>
> **2** 등기관이 근저당권부채권에 대한 질권의 등기를 할 때에는 채권최고액을 등기할 수 없다. (×) [17 등기주사보]
>
> **3** 근저당권부 채권의 질권자가 해당 질권을 제3자에게 전질한 경우 등기사항 법정주의상 질권의 이전등기를 할 수는 없다. (×) [17 등기서기보]

01 절 가등기 및 본등기

1. 가등기

(1) 일반적인 가등기

1) 가등기 설정등기

가. 서설

(가) 기본개념

가) 의의(법 제3조, 법 제88조, 법 제91조 등)

가등기는 부동산소유권이나 그 밖에 법 제3조에 규정된 권리의 변동을 목적으로 하는 청구권을 보전하려는 경우, 이들 청구권이 시기부 또는 정지조건부일 경우나 그 밖에 장래에 확정될 것인 경우에 하는 등기로서(법 제88조) 강학상 종국등기에 대비되는 예비등기의 일종이다.

가등기는 본등기를 전제로 하는 예비등기이므로 본등기를 할 수 있는 권리에 대해서만 허용된다. [24 등기서기보]

따라서 **가등기는 소유권, 지상권, 지역권, 전세권, 저당권, 권리질권, 채권담보권, 임차권의 설정, 이전, 변경 또는 소멸의 청구권을 보전하려는 경우나 그 청구권이 시기부 또는 정지조건부일 경우, 그 밖에 장래에 확정될 것인 경우에 한다고 볼 수 있다**(법 제3조, 제88조). [21 법무사 / 16 법원사무관]

이러한 가등기는 장차 본등기를 할 수 있을 때에 그 본등기의 **순위를 미리 확보해 두도록 함으로써 채권자를 보호하는** 데 그 목적이 있다(대판 1972.6.2. 72마399 참조). 즉 가등기는 장차 본등기를 하기 전 순위를 확보하기 위해서 하는 등기를 말한다.

나) 종류

한편 가등기는 본등기의 순위보전을 목적으로 하는 법 제88조에 따른 통상의 가등기 외에 가등기담보법의 적용을 받는 담보가등기(「가등기담보법」 제2조 제3호)가 있다. 담보가등기는 별도로 설명하기로 한다.

① 청구권보전의 가등기(법 제3조, 법 제88조)

청구권보존의 가등기는 법 제3조 각 호의 권리의 설정·이전·변경·소멸의 청구권을 보전하는 때에 한다.

② 담보가등기(「가담법」제2조, 제3조)

　　담보가등기는 대물반환예약을 체결하고 가등기를 한 경우를 말하며, 담보가등기가 경료된 때에 저당권의 설정등기가 행하여진 것으로 본다.

(나) 요건(내용)

가) 법 제3조 각 호의 권리

나) 권리변동을 목적으로 하는 채권적 청구권을 보전

다) 시기부·정지조건부

라) 그 밖에 장래에 확정될 것

(다) 적용범위

가등기는 본등기를 전제로 하는 예비등기이므로 본등기를 할 수 있는 권리에 대해서만 허용된다. [24 등기서기보]

가) 법 제3조 각 호의 권리에 대한 청구권

① 가등기는 **부동산등기법 제3조 각 호의 어느 하나에 해당하는 권리(소유권, 지상권, 지역권, 전세권, 저당권, 권리질권, 채권담보권, 임차권)의 설정, 이전, 변경 또는 소멸의 청구권을 보전하려는 때에 한다.** 그 청구권이 시기부 또는 정지조건부일 경우나 그 밖에 장래에 확정될 것인 경우에도 같다(법 제88조).

② 그러나 **부동산표시 또는 등기명의인표시의 변경등기 등은 권리의 변경을 가져오는 것이 아니고 등기명의인의 단독신청으로 행해지는 것으로서 청구권의 개념이 있을 수 없으므로 가등기를 할 수 없다**(「부동산등기실무Ⅲ」 p.47 참조). [23 법무사]

나) 권리변동을 목적으로 하는 채권적 청구권을 보전

① 위에서 본 바와 같이 가등기는 장차 본등기를 하여 물권을 취득하는 것을 목적으로 하나 가등기 되는 권리는 물권 그 자체가 아니라, 법 제3조에 규정된 물권 또는 부동산 임차권의 변동을 목적으로 하는 청구권이다. 즉 **물권변동을 목적으로 하는 청구권에 관하여서는 가등기능력이 인정된다.** [18 등기서기보] 그런데 여기서의 청구권은 아직 물권 등의 변동이 일어나기 전에 그 변동을 가져오기 위한 청구권 즉 **채권적 청구권**을 의미한다. 따라서 소유권이전청구권가등기[17 등기주사보], 지상권설정청구권가등기[17 등기주사보]는 가능하다.

② 말소등기청구권도 가등기의 대상으로 규정하고 있다. 예컨대 당사자 간의 **명의신탁약정이 유효**한 경우(「부동산실명법」제8조), 일방당사자 갑이 그 소유의 부동산을 을에게 명의신탁하면서 장차 일정한 사유가 발생하면 신탁관계를 종료시키고 을 명의의 등기를 말소하기로 약정하는 경우를 생각할 수 있다. 그러나 말소등기는 채권적 청구권에 기한 것이 거의 없고 대

부분 물권적 청구권에 기한 것이므로 등기실무상 실제로 활용되는 경우는 없는 것으로 보인다.

③ 이와 달리 이미 물권변동이 있은 다음 그 물권에 기한 청구권, 즉 물권적 청구권(◉ 원인무효로 인한 소유권말소등기청구권)을 보전하기 위한 가등 기는 할 수 없다(대판 1982.11.23, 81다카1110). [19 등기주사보 / 15 등기서기보 / 12 법무사 / 10 법무사 / 9 법무사]

④ 소유권보존의 가등기를 인정하기 위해서는 법령의 근거가 있어야 하는데, 법 제88조는 권리의 설정, 이전, 변경, 소멸의 청구권을 보전하기 위한 가등 기만을 인정하고 있을 뿐이므로 소유권보존의 가등기는 허용할 수 없다. [19 등기주사보 / 17 등기주사보 / 15 등기서기보 / 12 법무사]

⑤ 유증을 원인으로 한 소유권이전등기청구권보전의 가등기는 유언자가 사망한 후인 경우에는 이를 수리하되, 유언자가 생존 중인 경우에는 이를 수리 하여서는 아니 된다(예규 1512). [20 등기서기보 / 19 법무사 / 18 등기서기보 / 17 등기주사보 / 16 법무사 / 14 등기서기보 · 법무사 / 12 법무사 / 11 법무사 / 10 법무사]

다) 시기부 · 정지조건부

시기부 또는 정지조건부의 청구권이란 권리의 설정 · 이전 · 변경 또는 소멸의 청구권 발생이 시기부 또는 정지조건부인 것을 말한다. 즉 법률행위의 효력이 장래의 일정 시점이나 조건의 성취 여부에 따라 발생되는 청구권을 말한다. 여기서 **시기부 청구권이란 2014.1.1.부터 어느 건물을 전세한다는 계약을** 한 경우의 전세권설정청구권처럼 청구권의 효력이 장래 일정 기일에 발생하는 경우를 말한다. 또한 **정지조건부청구권이란 예컨대 농지취득자격 증명의 발급을 정지조건으로 한 농지매매계약**처럼 소유권이전등기청구권의 발생이 정지조건에 걸려 있는 경우를 말한다.

가등기는 권리의 이전청구권이 시기부 또는 정지조건부인 때에도 할 수 있으므로, **사인증여로 인하여 발생한 소유권이전등기청구권을 보전하기 위하여 가등기를 할 수 있다.** [24 법무사]

라) 그 밖에 장래에 확정될 것

법 제3조에서 규정한 권리의 변동을 목적으로 하는 소유권이전청구권 등이 장래에 확정될 것인 경우에도 이를 보전하기 위하여 가등기를 할 수 있다.

청구권이 장래에 확정될 것인 경우라 함은 막연히 장래 청구권이 발생할 가능성이 있는 모든 경우를 의미하는 것이 아니고, 장래 청구권을 발생케 할 기본적인 법률관계는 이미 성립되어 있는 경우를 의미한다. 예컨대 매매예약이 체결되어 장차 예약완결권의 행사에 의해 소유권이전등기청구권이 발생될 경우와 같이 특정 부동산에 관하여 청구권을 발생케 할 기본적인 법률관계는 이미 성립되어 있어야 하는 것이다.

배우자 명의로 명의신탁한 부동산에 대하여 당사자는 명의신탁계약의 해지약정에 대한 예약을 하고 장차 명의신탁해지약정의 효력이 발생한 경우 생기는 소유권이전청구권을 보전하기 위한 가등기를 할 수도 있는데, 이 경우 등기원인은 '명의신탁 해지약정 예약이 된다(선례 201211-6).

(1) 가능한 경우	(2) 불가능한 경우
	소유권보존등기를 위한 가등기
채권적 청구권을 보전하기 위한 가등기	물권적 청구권을 보전하기 위한 가등기
유언자가 사망한 후에 하는 유증을 원인으로 한 소유권이전등기청구권보전을 위한 가등기	유언자가 생존 중에 하는 유증을 원인으로 한 소유권이전등기청구권보전을 위한 가등기
공유지분 이전을 초래하는 가등기	합유지분의 이전을 초래하는 가등기

(라) 효과

가) 본등기 전 가등기 자체의 효력

① 청구권보전의 효력 - ○

가등기는 장차 본등기를 하기 전 순위를 확보하기 위하여 하는 등기가 일반적인데, 소유권이전등기청구권의 **가등기가 경료된 이후** 부동산의 소유권이 **갑에서 을에게로 이전**된 경우라도 가등기에 기한 본등기를 할 때의 **본등기의무자는 을이 아니라 갑이 된다.** 이와 같은 효력을 청구권보전의 효력이라고 한다.

② 추정력 - ×

소유권이전청구권 보전을 위한 가등기가 있다 하여, 소유권이전등기를 청구할 어떤 법률관계가 있다고 추정되지 아니한다(대판 1979.5.22, 79다239).

③ 권리변동의 효력 - ×

가등기는 부동산등기법 제6조 제2항의 규정에 의하여 그 본등기 시에 본등기의 순위를 가등기의 순위에 의하도록 하는 순위보전적 효력만이 있을 뿐이고, 가등기만으로는 아무런 실체법상 효력을 갖지 아니하고 그 본등기를 명하는 판결이 확정된 경우라도 본등기를 경료하기까지는 마찬가지이므로, 중복된 소유권보존등기가 무효이더라도 가등기권리자는 그 말소를 청구할 권리가 없다(대판 2001.3.23, 2000다51285).

나) 본등기 후 본등기의 효력

① 순위보전의 효력 - ○

일반적인 등기순위와는 달리 가등기는 청구권을 보전하기 위한 경우에 하는 예비등기이므로 가등기에 의한 본등기를 한 경우 그 **본등기의 순위**

는 가등기의 순위에 따르게 된다(법 제91조). [20 법원사무관 / 19 등기서기보 / 16 법원사무관 / 11 법무사]

1. 가등기는 그에 기한 본등기가 이루어지기 전에는 물권변동의 효력이 없고, 또한 가등기의무자의 처분권을 제한하는 효력도 없다. 따라서 물권변동의 효력은 본등기를 한 때부터 발생하고, 그 본등기의 순위를 결정하는 시점이 가등기를 한 때로 소급할 뿐이다.

2. 예컨대 갑 소유의 부동산에 을 명의로 소유권이전청구권보전의 가등기가 되어 있다 하더라도, 갑은 제3자인 병에게 소유권을 양도하거나 병을 위하여 저당권 등 제한물권을 설정하는 등의 처분행위를 할 수 있다.

3. 그러나 을이 가등기에 의한 본등기를 하면 본등기는 가등기의 순위에 따르므로 을의 본등기는 병의 등기에 우선하게 된다. 따라서 병의 소유권 취득 또는 제한물권 취득은 을에 대한 관계에 있어서 그 효력을 상실하게 된다. 즉 가등기 후 본등기가 있을 때까지 이루어진 제3자의 권리에 관한 등기(이하 "중간등기"라고 한다)는 본등기된 권리와 저촉되는 범위 내에서 모두 실효되거나 후순위가 되므로 가등기는 그 가등기 후의 중간등기에 대하여 본등기의 순위를 보전하게 되는 것이다.

4. 따라서 가등기에 의한 본등기를 하게 되면 가등기 후에 마쳐진 제3자의 권리에 관한 등기, 즉 중간처분의 등기는 본등기의 내용과 저촉되는 범위 내에서 실효되거나 후순위로 된다. 따라서 등기관은 본등기를 한 후에 대법원규칙으로 정하는 바에 따라 가등기 이후에 된 등기로서 가등기에 의하여 보전되는 권리를 침해하는 등기를 직권으로 말소하여야 한다(법 제92조, 규칙 제147조, 제148조).

② 물권변동의 시점

본등기에 의한 물권변동의 효력은 가등기를 한 때로 소급하는 것이 아니라 본등기를 한 때부터 발생하지만 그 순위를 결정하는 기준은 가등기를 한 때라는 것에 주의한다.

나. 개시

(가) 공동신청

가등기의 신청은 등기의 일반원칙에 따라 **가등기의무자와 가등기권리자가 공동**으로 신청한다(법 제23조 제1항). [24 법무사]

(나) 단독신청

가) 가등기의무자의 의사(승낙)에 의한 단독신청

그러나 가등기가 **예비등기라는 성격을** 고려하여 아래와 같이 공동신청의 원칙에 대한 예외를 인정하고 있다.

가등기권리자는 **가등기의무자의 승낙**이 있을 때에는 단독으로 가등기를 신청할 수 있다(법 제89조). [24 법무사 / 21 법무사] 이 경우 가등기의무자의 **승낙**이 있음을 **증명**하는 정보를 첨부정보로서 등기소에 제공하여야 한다(규칙 제145조 제2항).

나) 판결

가등기절차의 이행을 명하는 판결에 의한 등기는 **승소한 등기권리자**가 단독으로 신청한다(법 제23조 제3항).

다) 가등기 가처분명령

가등기권리자는 가등기를 명하는 법원의 가처분명령이 있을 때에는 단독으로 가등기를 신청할 수 있다(법 제89조). 이 경우 가처분명령이 있음을 증명하는 정보를 첨부정보로서 등기소에 제공하여야 한다(규칙 제145조 제2항).

다. 신청절차

(가) 신청인

가) **가등기의무자**가 등기의무자 **가등기권리자**가 등기권리자가 되어 공동으로 신청한다(법 제23조 제1항).

나) **가등기권리자**는 (제23조 제1항에도 불구하고) 가등기의무자의 승낙이 있거나 가등기를 명하는 법원의 가처분명령이 있을 때에는 단독으로 가등기를 신청할 수 있다(법 제89조).

(나) 신청정보

가등기신청서에는 규칙 제43조, 제44조에서 규정하는 소정의 사항을 기재하여야 하며, 가등기의 경우에 있어 특유한 점을 중심으로 살펴보면 다음과 같다.

가) 등기목적과 등기원인

① 법 제3조에 규정된 권리의 청구권 보전을 위한 경우

등기목적은 (ⅰ) 소유권이전청구권가등기, (ⅱ) 지상권(지역권, 전세권, 저당권 등)설정(이전, 변경)청구권가등기 등으로 기재한다.

등기원인은 그 청구권의 발생원인에 따라 매매·설정계약·변경계약 등으로 기재하고, 등기원인일자는 매매계약일 등 그 발생원인이 생긴 날을 기재한다.

② 청구권의 발생이 시기부 또는 정지조건부인 경우

등기목적은 (ⅰ) 시기부(조건부)소유권이전청구권가등기, (ⅱ) 시기부(조건부) 지상권(지역권, 전세권, 저당권 등)설정(이전, 변경)청구권가등기 등으로 기재한다.

등기원인은 청구권의 발생원인에 따라 매매, 설정계약, 변경계약 등으로 기재하고, 등기원인일자로는 시기부(조건부) 매매계약등의 체결일을 기재

한다. 다만 이러한 시기부 또는 조건부권리를 가등기할 경우에는 등기원인란에 "매매(시기 2013년 6월 1일), 매매(조건 소방도로개설)" 등으로 시기 또는 조건을 기재한다.

③ 청구권이 장래에 확정될 것인 경우

등기 목적은 (ⅰ) 소유권이전청구권가등기, (ⅱ) 지상권설정청구권가등기 등으로 기재한다.

다만 등기원인은 매매예약, 설정예약, 변경예약 등으로 기재하고, 등기원인일자는 그 예약일을 기재한다.

나) 신청인의 표시(가등기권리자가 수인인 경우 그 지분의 기재)

여러 사람이 **가등기할 권리를 공유**하고 있는 때에는 신청서에 각자의 지분을 기재하여야 하고 등기기록에도 신청서에 기재된 지분을 기재(기록)하여야 한다. 그리고 여러 사람 공유의 부동산에 관하여 여러 사람 이름으로 가등기를 신청할 때에는 그 성질에 반하지 아니하는 한 '수인의 공유자가 수인에게 지분의 전부 또는 일부를 이전하는 경우의 등기신청방법 등에 관한 예규(등기예규 제1363)'를 준용한다.

(다) 첨부정보

규칙 제46조 소정의 등기신청에 필요한 일반적인 첨부정보를 제공하여야 하고, 가등기의 경우에 있어 특유한 점을 중심으로 살펴보면 다음과 같다.

가) 등기원인과 관련된 첨부정보

① 등기원인을 증명하는 정보

1. 법 제3조에 규정된 권리의 청구권 보전을 위한 경우에는 해당 권리의 계약서 또는 예약서 등을 제공한다.

2. 판결에 의한 경우에는 판결에 의한 가등기신청의 경우에는 판결 정본 및 확정증명을 제출하여야 한다.

② 등기원인에 대한 허가·동의·승낙을 증명하는 정보 등

1. 검인 - ×

검인의 대상은 계약을 원인으로 하여 물권변동의 효력을 발생시키는 소유권이전등기이므로, 소유권이전을 내용으로 한 예약(계약)을 원인으로 하여 소유권이전등기청구권 보전의 가등기를 신청할 때 제출하는 등기원인증서에는 검인이 되어 있지 않아도 무방하다. [20 법무사 / 17 등기주사보 / 14 등기서기보·법무사 / 13 법무사 / 12 법무사] 그러나 그 가등기에 터잡은 본등기를 신청할 때 제출하는 원인증서에는 검인이 되어 있어야 한다(예규 1727). [18 법무사]

2. 부동산거래계약신고필증 - ×

   매매계약에 따른 등기가 아니므로 부동산거래계약신고필증을 제공할 필요가 없다.

3. 토지거래계약허가증 - △

   토지거래허가구역 내의 토지에 관하여 소유권이전청구권가등기를 신청하거나 지료에 관한 약정이 있는 지상권설정청구권가등기를 신청하는 경우에는 토지거래계약허가서를 첨부하여야 한다. [20 법무사 / 19 등기주사보] 다만 가등기를 신청할 당시 그 등기원인이 된 토지거래계약 또는 예약에 대한 토지거래계약허가증을 제출한 경우, 그 가등기에 의한 본등기를 신청할 때에 별도로 토지거래계약허가증을 제출할 필요가 없다 (예규 1634). [19 등기주사보 · 법무사]

4. 농지취득자격증명 - ×

   가등기는 물권변동의 효력이 발생하지 않아 농지법상의 취득이라고 볼 수 없으므로 농지의 매매예약에 의한 소유권이전청구권 보전 가등기신청의 경우에는 농지취득자격증명을 첨부할 필요가 없다. [21 법무사 / 19 등기주사보 / 18 법무사 / 15 등기서기보 · 법무사] 이처럼 가등기 시에는 농지취득자격증명이 필요하지 않으므로 법인 아닌 사단(종중)명의의 가등기는 허용되며 농지취득자격증명도 요구되지 않는다. [18 법무사]

① 검인(계약서 · 판결서)	(계약 + 유상 · 무상)	×	(∵ 물권변동효×)
② 부동산거래계약신고필증	(계약 + 매매)	×	(∵ 물권변동효×)
③ 토지거래계약허가증	(계약 + 유상)	△	
④ 농지취득자격증명	(他人 → 本人)	×	(∵ 물권변동효×)

나) 등기의무자와 관련된 첨부정보

① 등기필정보 등 - △

   등기필정보는 등기권리자와 등기의무자가 공동으로 권리에 관한 등기를 신청하는 경우에 제공하여야 한다(법 제50조 제2항).

   그러나 가등기권리자가 가등기의무자의 승낙을 받아 단독으로 신청하는 경우에는 공동신청의 경우가 아니므로 제공할 필요가 없다.

② 인감증명 등 - △

   공동신청에서 가등기의무자가 소유권의 등기명의인인 경우에는 가등기의무자의 인감증명을 제공한다(규칙 제60조 제1항 제1호).

   단독신청에서 가등기의무자의 승낙을 받아 가등기권리자가 단독신청하는 경우에는 승낙서에 가등기의무자의 인감증명(부동산매도용일 필요는 없음)을 첨부하여야 한다(규칙 제60조 제1항 제7호).

다) 등기권리자와 관련된 첨부정보

① 취득세 등 세금납부영수증 – ○

② 주소를 증명하는 정보 – ○

③ 번호를 증명하는 정보 – ○

라. 실행절차(등기실행)

(가) 등기부 작성·기입

가) 등기사항

가등기도 일반적인 등기와 같이 ① 소유권이전청구권가등기는 등기기록 갑구에 ② 소유권 외의 권리에 관한 청구권 가등기는 등기기록 을구에 기록한다. 가등기권자가 수인인 경우에는 각 지분을 기록한다.

나) 등기형식

① 가등기의 형식은 가등기에 의하여 실행되는 본등기의 형식에 의하여 결정되는 바, 본등기가 독립등기의 방식으로 하여야 할 경우에는 가등기도 독립등기로 하나 본등기를 부기등기로 하는 경우에는 그 가등기도 부기등기의 방식으로 하여야 한다.

② 예컨대 ㉠ 소유권이전청구권보전의 가등기·지상권 등 제한물권설정청구권 보전의 가등기는 주등기로 하나 ㉡ 소유권 외의 권리의 이전청구권보전의 가등기·지상권을 목적으로 하는 저당권설정청구권보전의 가등기 등은 부기등기로 한다.

(나) 각종 통지

신청인인 등기명의인에게 등기필정보를 작성·통지하며(법 제50조), 등기완료통지도 함께 한다(법 제30조).

관련 기출지문

1 채권적 청구권뿐 아니라 물권적 청구권을 보전하기 위한 가등기나 소유권보존등기의 가등기도 가능하다. (×)

[12 법무사]

2 원인무효로 인한 소유권말소등기청구권을 보전하기 위한 가등기도 할 수 있다. (×)

[9 법무사]

---

2) 가등기 이전등기

가. 서설

가등기된 권리의 이전등기는 가등기된 소유권이전등기청구권 등을 제3자에게 양도하고 그것을 등기기록에 공시하는 것을 말한다(예규 1632 참조). 가등기된 권리 중 일부만의 이전이나 가등기권리자가 공유자인 경우 공유자 중 1인의 지분만에 대한 이전도 할 수 있다. 또한 **가등기가처분명령에 의한 가등기인 경우에도 그 이전등기는 가능하다**(선례 5-574).

대법원 전원합의체 판결은 가등기는 원래 장차 하게 될 본등기의 순위를 확보하는 데에 그 목적이 있으나, 순위보전의 대상이 되는 물권변동의 청구권은 그 성질상 양도될 수 있는 재산권일 뿐만 아니라 가등기로 인하여 그 권리가 공시되어 결과적으로 공시방법까지 마련된 셈이라고 하며 가등기의 이전등기를 허용하고 있다.

가등기상 권리를 제3자에게 양도한 경우에 양도인과 양수인은 공동신청으로 그 가등기상 권리의 이전등기를 신청할 수 있고, 그 이전등기는 가등기에 대한 부기등기의 형식으로 한다(법 제52조 제2호). [23 법무사 / 20 등기서기보 / 19 법원사무관 / 17 등기서기보]

결과적으로 가등기는 거래의 대상이 될 수 있는 독립된 재산권이므로, 가등기의 양도·압류·가압류도 가능하다.

나. 개시

가등기된 권리를 양도한 경우에 양도인과 양수인은 공동으로 그가 등기된 권리의 이전등기를 신청하여야 한다(법 제23조 제1항).

다. 신청절차

가등기된 권리의 이전등기신청 시 등기원인 등의 기재사항과 첨부정보 등은 가등기신청 시와 대부분 동일하고, 이하에서는 가등기된 권리의 이전등기에 있어 특유한 점을 중심으로 설명한다.

(가) 신청인

가등기된 권리를 양도한 경우에 양도인이 등기의무자, 양수인이 등기권리자가 되어 공동으로 등기된 권리의 이전등기를 신청하여야 한다(법 제23조 제1항).

(나) 신청정보

가) 등기목적은 가등기된 소유권이전청구권의 이전등기의 경우에는 "○번 소유권이전청구권의 이전"으로, 등기원인은 가등기신청 시와 동일한 방법으로 기재하면 될 것이다.

나) 그리고 **가등기상 권리의 이전등기 신청은 가등기 된 권리 중 일부지분에 관해서도 할 수 있다.** 예컨대 하나의 가등기에 대하여 수인의 가등기권리자가 있는 경우에 그 권리자 중 1인의 지분만에 대한 이전등기도 신청할 수 있고, 가등기의 권리를 단독으로 가지고 있는 경우에도 그 권리의 일부 지분만에 대하여는 이전등기를 신청할 수 있다. [20 등기서기보 / 19 법원사무관] 이 경우 등기신청서에는 이전되는 지분을 기재하여야 하고 등기기록에도 그 지분을 기록하여야 한다.

다) 여러 사람 이름으로 가등기가 되어 있으나 **공동가등기권자의 지분이 기록되어 있지 아니한 때에는 그 지분은 균등한 것으로 보아 가등기의 이전등기를 허용**하고, 일부의 가등기권자가 **균등하게 산정한 지분과 다른 가등기지분을 주장하여 그 가등기의 이전등기를 신청하고자 할 경우에는 먼저 가등기지분을 기록하는 의미의 경정등기를 신청하여야 한다.** [20 등기서기보 / 19 법원사무관] 이 경우 그 경정등기신청은 **가등기권자 전원이 공동으로 하여야** 하고 등기신청서에는 **가등기**

권자 전원 사이에 작성된 실제의 지분비율을 증명하는 서면과, 실제의 지분이 균등하게 산정한 지분보다 적은 가등기권자의 인감증명을 첨부하여야 한다.

(다) 첨부정보

가) 등기원인을 증명하는 정보로 가등기상 청구권의 양도증서를 제공한다.

나) 가등기된 권리를 이전하는 경우에도 그 목적물이 소유권이전청구권가등기이거나 지료가 있는 지상권설정청구권가등기라면 토지거래계약허가서를 첨부하여야 할 것이다.

다) 소유권이전등기청구권을 보전하기 위하여 소유권이전청구권가등기를 마친 상태에서 제3자에 대한 채무를 담보하기 위하여 소유권이전등기청구권을 양도한 경우에는, 양도담보를 원인으로 가등기된 권리의 이전등기를 신청할 수 있고, 이후 양도담보계약이 해제된 경우에는 양도담보계약의 해제를 원인으로 이전등기의 말소등기를 신청할 수 있다. 다만, 매매로 인한 소유권이전등기청구권은 특별한 사정이 없는 이상 그 권리의 성질상 양도가 제한되고 그 양도에 매도인의 승낙이나 동의를 요한다고 할 것이므로(대판 2001.10.9, 2000다51216 참조), 위 가등기의 이전등기를 신청하는 경우에는 매도인인 소유명의인의 승낙이 있음을 증명하는 정보와 인감증명을 첨부정보로서 등기소에 제공하여야 한다. [23 법무사 / 20 등기서기보 / 19 법원사무관] 또한, 채무의 변제를 담보하기 위하여 채권을 양도하는 경우이므로 「부동산 실권리자명의 등기에 관한 법률」 제3조 제2항을 유추적용하여 채무자, 채권금액 및 채무변제를 위한 담보라는 뜻의 정보도 첨부정보로서 등기소에 제공하여야 한다(선례 201803-1).

라. 실행절차(등기실행)

소유권 외의 권리의 이전등기는 부기등기로 하므로 가등기된 권리의 이전등기는 가등기에 대한 부기등기의 형식으로 기록한다(법 제52조 제2호). 가등기상 권리의 일부만 이전한 경우 그 이전하는 지분을 기록한다.

마. 가등기된 권리의 처분제한과 그 등기

(가) 서설

가등기된 권리도 재산적 가치가 있는 채권으로서 양도할 수 있으므로, 가등기된 권리에 관한 가압류, 압류 또는 가처분과 같은 처분제한이 가능할 것이다. 한편 가등기된 권리에 대한 이러한 처분제한 외에 가등기에 의한 본등기를 금지한다는 취지의 가처분이 가능한지 여부도 문제된다. 이하에서는 가등기된 권리에 대한 처분제한 등기의 구체적인 내용을 살펴보기로 한다.

(나) 가등기된 권리에 대한 가압류

소유권이전등기청구권에 대한 강제집행은 민사집행법 제244조에 따라 먼저 채무자 명의로 소유권이전등기를 한 후 부동산에 관한 집행의 방법으로 할 수 있다.

따라서 소유권이전등기청구권에 대한 가압류는 허용되고 부기등기 방법에 의하여 가압류등기를 한다(대결(전) 1978.12.18, 76마381).

(다) 가등기된 권리에 대한 가처분 및 체납처분에 의한 압류

가등기된 권리는 재산적 가치와 양도성이 있는 채권이므로 그 권리에 대한 처분금지가처분, 체납처분에 의한 압류를 할 수 있다. 그에 따른 등기도 부기등기 방법에 의하여 가처분·압류등기를 하여야 한다.

(라) 본등기금지가처분의 허용여부

등기할 수 있는 권리의 설정, 이전, 변경 또는 소멸의 청구권을 보전하기 위하여 가등기를 한 경우(법 제88조)에는 그 청구권도 가처분의 대상이 된다.

즉 법 제88조에 따라 가등기를 할 수 있는 권리의 경우 그 <u>가등기상의 권리 자체의 처분을 금지하는 가처분은 등기사항</u>이라고 할 것이나, 가등기에 기한 본등기를 금지하는 내용의 가처분은 가등기상의 권리 자체의 처분의 제한에 해당하지 아니하므로 그러한 <u>본등기를 금지하는 내용의 가처분등기는 수리하여서는 아니 된다</u> (예규 881). [22 등기서기보·법원사무관 / 21 등기서기보 / 18 등기주사보 / 16 법무사 / 15 등기서기보 / 10 법무사 / 9 법무사]

<u>본등기를 금지하는 가처분은 등기할 사항이 아니므로 본등기금지가처분등기의 촉탁이 있는 경우 등기관은 이를 각하하여야 하고(법 제29조 제2호), 잘못하여 등기가 되더라도 아무 효력이 없다.</u> [24 법무사]

관련 기출지문

1 가등기는 순위보전적 효력만이 인정되므로 가등기의 이전등기는 할 수 없다. (×) [17 등기서기보]

2 하나의 가등기에 대하여 수인의 가등기권리자가 있는 경우에 그 권리자 중 1인의 지분만에 대한 이전등기는 신청할 수 있으나, 가등기의 권리를 단독으로 가지고 있는 경우에는 그 권리의 일부 지분만에 대하여는 이전등기를 신청할 수 없다. (×) [20 등기서기보 / 19 법원사무관]

---

3) 가등기 변경등기

일반적인 변경등기의 경우와 같다. 따라서 이 장에서는 별도로 설명하지 않도록 한다.

4) 가등기 말소등기

가. 서설

(가) 의의(법 제57조, 법 제93조 등)

가등기의 말소등기는 현재 효력이 있는 가등기의 전부가 실체법상 무효·취소·해제·해지 등의 사유로 전부 소멸되어 실체관계와 불일치한 경우에 이를 일치시키는 등기이다. 즉 가등기는 당사자 간의 약정이나 법정해제 등의 말소사유가 발생한 때에는 그 말소등기를 신청할 수 있다. 그러나 가등기에 의한 **본등기가 이루**

어진 후에는 가등기와 본등기를 함께 말소하거나 본등기만을 말소할 수는 있으나, 가등기만을 말소할 수는 없다.

이러한 가등기말소등기는 당사자 간의 공동신청에 의하는 것이 원칙이나 예외적으로 단독신청이 가능한 경우도 있다. 이하에서는 가등기말소등기 절차에 대하여 설명한다.

(나) 요건

가) 현재 효력이 있는 등기일 것

나) 전부에 관한 불일치가 있을 것(동일성요건 없음)

부기등기는 주등기에 종속되어 주등기와 일체성을 이루는 등기로서 주등기와 별개의 등기는 아니다. [19 법무사] 즉 부기등기는 주등기에 종속되어 주등기와 일체성을 이루는 등기로서 주등기를 말소하면 부기등기는 직권말소하게 된다. 즉 가등기이전의 부기등기가 된 경우 주등기인 가등기설정등기의 말소신청이 있으면 부기등기인 가등기이전등기는 직권으로 말소된다.

다만 예외적으로 부기등기만의 원인만이 무효·취소·해제된 경우에는 **부기등기만의 말소신청도 가능하다.** [17 법원사무관]

다) 권리의 소멸로 인한 불일치가 있을 것

라) 등기상 이해관계있는 제3자의 승낙을 받을 것(법 제57조)

① 등기상 이해관계 있는 제3자의 의미

등기상 이해관계 있는 제3자는 말소등기를 함으로써 등기기록의 형식상 손해를 입을 우려가 있는 자를 말한다.

② 등기상 이해관계 있는 제3자의 범위

1. 말소대상권리의 선순위 등기 - ×
2. 말소대상권리에 터잡은 등기 - ○
3. 말소대상권리의 후순위 등기 - ×

나. 개시

가등기의무자나 가등기 후 소유권을 취득한 제3취득자는 가등기의 말소를 신청할 수 있다.

(가) 공동신청

등기권리자와 등기의무자의 공동신청에 의하여 말소한다. 등기의무자는 가등기명의인이 되나, 가등기된 권리가 제3자에게 이전된 경우에는 양수인, 즉 현재의 가등기명의인이 등기의무자가 된다(대판 1994.10.21, 94다17109). 등기권리자는 가등기의무자이고 제3취득자가 있다면 그를 등기권리자로 하여도 된다(예규 1632).

(나) **단독신청**

가) 가등기명의인의 의사(승낙)에 기한 단독 말소신청

① **가등기명의인(가등기권리자)은 단독으로 가등기의 말소를 신청할 수 있다** (법 제93조 제1항). [22 등기서기보 / 21 법무사 / 9 법무사]

② **가등기의무자(가등기 후 소유권을 취득한 제3자)**[22 등기서기보 · 법원사무관 / 21 등기서기보 / 19 법무사 / 18 등기서기보 / 16 법원사무관 / 12 법무사] 또는 **가등기에 관하여 등기상 이해관계 있는 자**[22 등기서기보 / 21 등기서기보 / 17 법무사 / 14 등기서기보]는 **가등기명의인(가등기권리자)의 승낙(인감증명 포함)**[13 법무사]을 받아 **단독**으로 가등기의 말소를 신청할 수 있다(법 제93조 제2항).

나) **판결**

공유자 중 1인이 공유물의 보존행위로서 가등기명의인을 상대로 가등기말소를 명하는 확정판결을 받은 경우, 그 공유자는 위 판결을 첨부하여 단독으로 가등기 말소신청을 할 수 있다(선례 201009-3). [19 법무사]

다) **혼동(가등기권리자가 가등기에 의하지 않고 다른 원인으로 소유권이전등기를 하였을 경우)**

가등기권자가 가등기에 의하지 않고 다른 원인으로 소유권이전등기를 하였을 경우 그 부동산의 소유권이 제3자에게 이전되기 전에는 가등기권자의 단독신청으로 혼동을 등기원인으로 하여 단독으로 가등기를 말소신청할 수 있으나, 그 부동산의 소유권이 제3자에게 이전된 후에는 통상의 가등기 말소절차에 따라 가등기를 말소한다(예규 1632).

이때 통상의 가등기말소절차란 공동신청 또는 위의 단독신청에 따른 절차를 말한다. 혼동을 등기원인으로 하는 경우에는 등기필정보를 제공할 필요가 없지만 (단독신청이므로 규칙 제60조 제1항 제2호에 따른 인감증명의 제출 필요). 통상의 절차에 따르는 경우에는 등기필정보를 제공하여야 한다는 점에서 차이가 있다.

다. **신청절차**

(가) **신청인**

가등기명의인 또는 양수인이 **등기의무자**, 가등기의무자 또는 제3취득자가 **등기권리자**가 되어 공동으로 신청한다(법 제23조 제1항).

다만 가등기명의인의 승낙을 받거나 판결을 받은 경우에는 단독으로 신청할 수 있다.

(나) **신청정보**

일반적으로 규칙 제43조에 규정된 내용을 신청정보로 제공한다. 따라서 등기원인 및 그 연월일과 등기목적 등을 신청서에 기재한다.

(다) 첨부정보

등기원인을 증명하는 정보 등 말소등기에 있어 일반적인 첨부정보를 제공하여야 한다.

가) 등기원인과 관련된 첨부정보

등기원인을 증명하는 정보로 해제증서 또는 판결정본 및 확정증명서를 제공한다.

나) 등기의무자와 관련된 첨부정보

① 등기필정보 등

1. 소유권에 관한 **가등기명의인**이 가등기의 말소등기를 **공동신청**하든 **단독신청**하든 가등기에 관한 **등기필정보를 제공하여야** 한다. [19 법무사 / 18 등기주사보] 공동신청이 아님에도 예규가 등기필정보를 제공하도록 한 이유는 가등기명의인의 권리침해를 방지하기 위해서다. 마치 승소한 등기의무자의 등기신청에서 등기의무자의 등기필정보의 제공이 필요한 경우와 마찬가지이다.

2. 반면 가등기명의인이 아닌 **가등기의무자 또는 가등기상 이해관계 있는 자**가 단독으로 가등기말소를 신청하는 경우에는 가등기명의인의 **등기필정보는 제공할 필요가 없다**고 보아야 할 것이다. 근거규정이 없을 뿐만 아니라 이때에는 가등기명의인의 승낙을 증명하는 정보가 제공되기 때문에 가등기명의인의 권리를 침해할 우려도 없기 때문이다.

② 인감증명 등

1. 소유권에 관한 **가등기명의인**이 가등기의 말소등기를 신청하는 경우 **공동신청**이든 **단독신청**이든 신청서 또는 위임장에 자기(가등기명의인)의 인감을 날인하고 그 **인감증명**을 제출하여야 한다(규칙 제60조 제1항 제2호). [18 등기주사보]

2. 반면 가등기명의인이 아닌 **가등기의무자 또는 가등기상 이해관계 있는 자**가 단독으로 말소등기를 신청하는 경우에도, 가등기명의인의 승낙서에 인감을 날인하고 그 **인감증명**을 제출하여야 한다(규칙 제60조 제1항 제2호의 유추 적용).

다) 기타

① 등기의 말소를 신청하는 경우에 그 말소에 대하여 등기상 이해관계 있는 제3자가 있을 때에는 제3자의 승낙이 있어야 한다(법 제57조).

② '○번 갑지분전부, ○번 을지분전부 이전청구권가등기'가 마쳐지고, 후에 이 가등기의 목적이 부기등기로 '○번 을지분전부 이전청구권가등기'로 변경된 상태에서 이 가등기에 대한 말소등기를 신청할 때에는 신청정보 중 말소할 사항에 대하여 주등기만을 표시하여 제공하면 되고, 이 신청에 따

라 등기관이 가등기의 말소등기를 할 때에 주등기에 대하여 말소하는 표시를 하면서 부기등기로 마쳐진 변경등기에 대하여도 직권으로 말소하는 표시를 하게 된다(선례 201912-3).

라. 실행절차

(가) 접수·배당

(나) 조사(형식적 심사)

(다) 문제○ (취하·보정·각하)

가) 법 제29조 제7호

신청정보의 등기의무자의 표시가 등기기록과 일치하지 아니한 경우에는 각하하여야 한다. 따라서 먼저 등기의무자의 표시를 일치시키는 등기명의인표시변경등기를 하여야 한다.

① 다만 소유권 이외의 권리(전세권·근저당권·가등기 등)에 관한 등기의 말소를 신청하는 경우에 있어서는 그 등기명의인의 표시에 변경 또는 경정의 사유가 있는 때라도 신청서에 그 변경 또는 경정을 증명하는 서면을 첨부함으로써 **등기명의인의 표시변경 또는 경정의 등기를 생략할 수 있을 것이다**(예규 451). [23 법무사 / 22 법무사 / 19 법무사 / 18 등기주사보 / 15 등기서기보 / 14 법무사(2)]

② 또한 **가등기명의인이 사망한** 후에 상속인이 **가등기의 말소**를 신청하는(공동신청이든 단독신청이든) 경우에도 **상속등기를 거칠 필요 없이** 신청서에 상속인임을 증명하는 서면과 인감증명서를 첨부하여 가등기의 말소를 신청할 수 있다(예규 1632). [19 법무사 / 18 등기서기보 / 15 등기서기보]

나) 법 제29조 제9호

등기에 필요한 첨부정보를 제공하지 아니한 경우에는 각하하여야 한다. 따라서 등기상 이해관계인의 승낙서를 제공하지 않은 경우에는 각하하여야 한다.

(라) 문제× (등기실행)

가) 등기부 작성·기입

① 일반적인 사항

가등기의 말소등기는 주등기로 하여야 하나, 가등기권리자가 지분을 일부 포기하는 등의 사유로 가등기권리의 일부에 말소원인이 있는 경우에는 권리변경등기에 준하여 부기등기의 형식으로 그 일부를 말소할 수 있다(선례 5-589).

② 신청대상 등기

등기의 말소를 신청하는 경우에 그 말소에 대하여 등기상 이해관계 있는 제3자가 있을 때에는 제3자의 승낙이 있어아 한다(법 제57조 제1항). 등기를 말소할 때에는 말소의 등기를 한 후 해당 등기를 말소하는 표시를 하여야 한다(규칙 제116조 제1항).

③ 등기상 이해관계 있는 제3자 등기

말소에 대하여 등기상 이해관계 있는 제3자의 승낙이 있음을 증명하는 정보를 제공하여 등기의 말소를 신청한 경우 해당 등기를 말소할 때에는 등기상 이해관계 있는 제3자 명의의 등기는 등기관이 직권으로 말소한다(법 제57조 제2항).

말소할 권리를 목적으로 하는 제3자의 권리에 관한 등기가 있을 때에는 등기기록 중 해당 구에 그 제3자의 권리의 표시를 하고 어느 권리의 등기를 말소함으로 인하여 말소한다는 뜻을 기록하여야 한다(규칙 제116조 제2항). 가등기이전등기 등의 부기등기가 있는 경우에는 그 부기등기는 직권으로 말소한다. 다만 이전등기만을 말소하는 경우에는 종전의 가등기권자의 표시는 직권으로 회복한다.

나) 각종 통지

등기가 경료되면 등기완료통지를 하게 되지만 권리에 관한 등기가 기입되는 등기가 아니므로 등기필정보는 작성·통지하지 아니한다.

관련 기출지문

1 가등기명의인이 사망한 후에 그 상속인이 가등기의 말소를 신청하는 경우에는 그 전제로서 먼저 상속인 앞으로 상속등기를 하여야 한다. (×)　　[15 등기서기보]

2 가등기권리자는 가등기의무자의 승낙이 있을 때에는 단독으로 가등기를 신청할 수 있으나, 가등기의무자는 가등기명의인의 승낙을 받더라도 단독으로 가등기의 말소를 신청할 수 없다. (×)　　[16 법원사무관]

3 등기상 이해관계인과 달리 가등기의무자는 가등기명의인의 승낙을 받더라도 단독으로 가등기의 말소를 신청할 수 없다. (×)　　[12 법무사]

4 가등기 이후에 소유권을 이전받은 제3취득자가 있는 경우 제3취득자는 가등기말소에 대한 등기권리자가 될 수 없다. (×)　　[22 법원사무관]

5 가등기명의인이 스스로 가등기의 말소를 단독으로 신청하는 경우에는 가등기명의인의 가등기에 관한 등기필정보를 제공하지 않아도 된다. (×)　　[19 법무사]

---

(2) 가등기가처분

1) 서설

가. 의의

일반적인 등기절차에 따르면 **등기의무자가 공동신청에 협력하지 않을 때에는** 등기권리자는 판결을 받아 단독으로 그 등기를 신청할 수 있다(법 제23조 제4항). 그러나 부동산등기법은 **비송사건절차법에 의한 간편한 절차**로서 가등기권리자가 가등기의무자의 승낙에 갈음한 가등기가처분명령이 있음을 증명하는 정보(가등기가처분명령의 정본)를 제공하여 단독으로 가등기를 신청할 수 있도록 하고 있다(법 제89조). **가등기가처분명령은 부동산의 소재지를 관할하는 지방법원이 가등기권리자의 신청으**

로 가등기 원인사실의 소명이 있는 경우에 할 수 있다. [21 법무사 / 17 법무사] 가등기를 명하는 가처분명령의 신청을 각하한 결정에 대하여는 즉시항고를 할 수 있다. [17 법무사]

나. 효과

(가) 가등기가처분명령에 의하여 마쳐진 가등기의 효력은 일반적인 가등기의 효력과 아무런 차이가 없으므로, 이러한 명령에 의하여 마쳐진 근저당권설정등기청구권 보전 가등기의 경우에도 그 이전등기를 부기등기의 형식으로 할 수 있다. [21 법무사 / 17 법무사]

(나) 가등기가처분명령에 의한 가등기의 효력도 일반적인 가등기와 동일하므로 가등기가처분명령에 의한 가등기 후에 마쳐진 제3자 명의의 소유권이전등기도 위 가등기에 기한 본등기가 이루어지면 가등기의 순위보전의 효력과 물권의 배타성에 의하여 등기관이 직권으로 말소하여야 한다. [21 법무사]

2) 특색

가. 가등기 신청 시

(가) 이러한 가등기가처분은 당사자의 이해관계 대립을 요건으로 하지 아니하는 특수보전처분으로 본등기의 순위보전 효력밖에 없으므로 민사집행법상의 가처분과 성질이 달라 민사집행법상 가처분에 관한 규정이 준용되지 않는다. 따라서 가등기권리자가 가등기가처분명령의 정본을 첨부하여 직접 등기소에 신청하여야 하고, 따라서 가등기가처분명령을 등기원인으로 하여 법원이 가등기촉탁을 하는 때에는 이를 각하한다. [23 법원사무관 / 21 법무사 / 19 등기주사보 / 17 등기서기보·법무사 / 12 법무사]

(나) 가등기가처분명령에 의하여 가등기권리자가 단독으로 가등기신청을 할 경우에는 등기의무자의 권리에 관한 등기필정보를 신청정보의 내용으로 등기소에 제공할 필요가 없다. [17 법무사 / 15 등기서기보]

(다) 가등기가처분명령에 의한 신청의 경우에는 소유권의 등기명의인이 가등기의무자라 하더라도 그 인감증명을 제출할 필요가 없다.

나. 가등기 말소 시

가등기가처분명령에 의하여 이루어진 가등기는 통상의 가등기 말소절차에 따라야 하며, 「민사집행법」에서 정한 가처분 이의의 방법으로 가등기의 말소를 구할 수 없다. [21 법무사 / 19 법무사 / 18 등기서기보·등기주사보 / 14 법무사]

관련 기출지문

1 가등기를 명하는 법원의 가처분명령이 있을 때에는 법원사무관등은 즉시 등기소에 그 등기를 촉탁하여야 한다. (×) [23 법원사무관]

2 가등기가처분명령을 등기원인으로 하여 법원이 가등기촉탁을 한 경우 등기관은 다른 각하사유가 없는 한 이를 수리하여야 한다. (×) [21 법무사]

3 가등기권리자는 법원에 가등기가처분명령을 신청할 수 있고, 이에 따라 가처분한 법원이 가등기촉탁을 한 경우에는 이를 수리한다. (×) [19 등기주사보]

4 가등기를 명하는 법원의 가처분명령을 등기원인으로 하여 법원이 가등기촉탁을 하는 때에는 다른 각하사유가 없는 한 이를 수리하여야 한다. (×)
[17 법무사]

5 가등기권리자는 법원에 가등기가처분명령을 신청할 수 있고, 이에 따라 가처분한 법원이 가등기촉탁을 한 경우에는 이를 수리한다. (×)
[17 등기서기보]

6 가등기가처분명령에 의하여 이루어진 가등기는 민사집행법에서 정한 가처분이의의 방법으로 가등기말소를 하여야 한다. (×)
[18 등기주사보]

7 가등기가처분명령에 의하여 이루어진 가등기는 「민사집행법」에서 정한 가처분 이의의 방법으로 가등기의 말소를 구할 수 있다. (×)
[18 등기서기보]

8 가등기가처분명령에 의하여 이루어진 가등기는 민사집행법에서 정한 가처분 이의의 방법으로 가등기의 말소를 구하여야 한다. (×)
[14 법무사]

2. 본등기

가등기에 의한 본등기도 그 등기가 이루어짐에 따라 물권변동의 효력이 생기는 것은 통상의 등기와 다르지 않다. 다만 ① 전술한 바와 같이 가등기에 의한 본등기를 하면 가등기를 한 때에 본등기를 한 것과 같은 순위보전의 효력이 있고 ② 본등기의 신청과 실행절차에서 특유한 점이 있으며 ③ 가등기 후 본등기 전에 이루어진 중간등기를 어떻게 처리할지의 문제가 있다. 따라서 이하에서는 "가등기에 관한 업무처리지침"(예규 1632)을 중심으로 본등기절차를 설명하며, 가등기에 의한 본등기의 실행에 따른 중간등기의 처리방법에 관해서는 따로 설명하기로 한다.

(1) 일반

1) 서설

가. 기본개념(법 제3조, 제88조, 제92조 등)

본등기는 가등기를 한 후에 본등기를 할 수 있는 실체법적 요건이 구비된 경우에 가등기시와 동일한 순위번호로 본등기사항을 기록하는 것을 말한다.

나. 요건

다. 적용범위(소유권이전등기)

(가) 물리적 일부만에 대한 본등기(법 제15조, 제29조 제2호) - ×

(나) 지분만에 대한 본등기(법 제29조 제2호, 규칙 제52조 제7호) - ○

가) 단독 가등기권자인 경우

가등기에 의한 본등기 신청은 가등기된 권리 중 일부지분에 관해서도 할 수 있다. [14 법무사] 이 경우 등기신청서에는 본등기될 지분을 기재하여야 하고 등기기록에도 그 지분을 기록하여야 한다. 따라서 하나의 가등기에 가등기권리자가 한명인 경우 가등기 전부에 대하여 본등기를 할 수도 있으며 자신의 지분 중 일부만의 본등기도 가능하다. [20 법원사무관]

나) 공동 가등기권자인 경우

하나의 가등기에 관하여 **여러 사람의 가등기권자**가 있는 경우에는 가등기권자 **모두가 공동의 이름으로 본등기를 신청하거나, 그중 일부의 가등기권자가 자기의 가등기 지분**(예컨대 자기의 지분 전부 또는 자기의 지분 일부)에 관하여 본등기를 신청할 수 있다. [18 법원사무관·법무사 / 17 등기서기보 / 11 법무사]

그러나 일부의 가등기권자가 공유물보존행위에 준하여 가등기 전부에 관한 본등기를 신청할 수는 없다. [18 등기주사보 / 13 법무사]

공동가등기권자 중 일부의 가등기권자가 자기의 지분만에 관하여 본등기를 신청할 때에는 신청서에 그 뜻을 기재하여야 하고 등기기록에도 그 뜻을 기록하여야 한다.

다) 공동가등기권자이지만 지분이 기록되어 있지 않은 경우

공동가등기권자의 **지분이 기록되어 있지 아니한** 때에는 그 지분은 균등한 것으로 보아 본등기를 허용하고, 일부의 가등기권자가 균등하게 산정한 지분과 **다른 가등기지분을 주장**하여 그 가등기에 의한 본등기를 신청하고자 할 경우에는 먼저 가등기지분을 기록하는 의미의 경정등기를 신청하여야 한다. 이 경우 그 경정등기신청은 가등기권자 전원이 공동으로 하여야 하고 등기신청서에는 가등기권자 전원 사이에 작성된 실제의 지분비율을 증명하는 서면과, 실제의 지분이 균등하게 산정한 지분보다 적은 가등기권자의 인감증명을 첨부하여야 한다.

라) 공유자 간의 지분 양도 후 본등기를 신처하는 경우

두 사람의 가등기권자 중 한 사람이 가등기상 권리를 다른 가등기권자에게 양도한 경우, 양수한 가등기권자 한 사람의 이름으로 본등기를 신청하기 위해서는, 먼저 가등기상 권리의 양도를 원인으로 한 지분이전의 부기등기를 마쳐야 한다. [14 법무사]

(다) 혼동의 경우(가등기권자가 별도의 소유권이전등기를 한 경우 다시 본등기를 할 수 있는지 여부)

가) 혼동으로 소멸하는 경우

① 본등기의 허용 여부

가등기권리자가 가등기에 의한 본등기 절차에 의하지 아니하고 별도의 소유권이전등기를 한 경우, 그 가등기 후에 본등기와 저촉되는 중간등기가 없다면 가등기는 혼동으로 실질적으로 소멸하였기 때문에 가등기에 의한 본등기를 할 수 없다. 그리고 이와 같은 소유권이전등기에는 가등기에 의한 본등기와 마찬가지의 순위보전적 효력을 인정할 수 없다.

② 혼동으로 소멸한 가등기의 말소방법

1. 가등기에 의하여 보전된 소유권이전등기청구권의 채권자가 그 채무자를 상속하여 혼동이 발생하였다고 하더라도 **혼동을 원인으로 한 말소등기 신청이 없는 한** 등기관이 그 가등기를 **직권으로 말소할 수 없다.** [9 법무사]

2. 가등기권자가 가등기에 의하지 않고 다른 원인으로 소유권이전등기를 하였을 경우 그 부동산의 소유권이 제3자에게 이전되기 전에는 가등기 권자의 단독신청으로 **혼동을 등기원인으로** 하여 **가등기의 말소를 단독 으로 신청할 수 있으나**[18 등기서기보], 그 부동산의 소유권이 제3자에게 이 전된 후에는 통상의 가등기 말소절차에 따라 가등기를 말소한다.

3. 가등기권리자인 갑이 가등기에 기한 본등기를 하지 아니하고 별도의 소유권이전등기를 함과 동시에 위 가등기를 **혼동을 원인으로 가등기명 의인 갑이 자발적으로** 말소등기를 하였다면 그 가등기에 대한 말소회 복등기는 할 수 없다(선례 3-753). [18 법무사]

나) 혼동으로 소멸하지 않는 경우 – 본등기의 허용여부

소유권이전청구권보전의 **가등기권자가 가등기에 의한 본등기를 하지 않고 다른 원인에 의한 소유권이전등기를 한 경우** 가등기와 별도의 원인으로 이루어진 소유권이전등기 사이에 **제3자 명의의 처분제한 등기 등 중간등기가 있는 경우** (⑩ 전세권, 근저당권, 가압류등기 등)에는, 그 가등기는 혼동으로 소멸하지 않고 유효하게 존속하게 되므로 이때 가등기권리자는 다시 가등기에 의한 본 등기를 할 수 있다(대판 1988.9.27, 87다카1637, 선례 5-581). [23 법무사 / 20 법무사 / 9 법무사]

새로이 본등기를 한 경우 등기관은 가등기 후 본등기 전에 이루어진 **제3자의 처분제한 등기** 등과 함께 가등기권리자 앞으로 마쳐진 종전 소유권이전등기도 직권말소하여야 할 것이다.

(라) 중복 가등기 시 본등기 가능 여부

동일한 가등기권리자 명의의 소유권이전담보가등기와 소유권이전청구권가등기가 선·후로 각 등기된 다음 후행 소유권이전청구권가등기에 의한 본등기가 마쳐진 후에도 선행 가등기에 기하여 다시 본등기신청을 할 수 있다(선례 6-445). 이와 같은 경우에 후행 가등기에 의한 본등기로 가등기의무자의 소유권이전의무는 그 이행이 완료되었으므로 선행 가등기에 의하여 보전될 소유권이전등기청구권이 소 멸되었다고 볼 수는 있으나, 형식적 심사권만 가지고 있는 등기관으로서는 양 가 등기의 동일성 여부를 심사할 수 없으므로 선행 가등기가 존재하고 있는 한 이에 기한 본등기를 수리할 수밖에 없기 때문이다.

2) 개시

가등기에 의한 본등기도 등기신청에 관한 일반원칙에 따라 공동신청하는 것이 원칙이며 (법 제23조 제1항), 등기의무자의 협력이 없는 경우에는 의사의 진술을 명하는 판결을 받 아 등기권리자가 단독으로 신청할 수 있다(법 제23조 제4항).

3) 신청절차

가. 신청인

가등기의무자가 등기의무자, 가등기권리자(가등기명의인)이 등기권리자가 되어 공동으로 신청한다(법 제23조 제1항).

(가) 특정승계

가) 가등기 후 제3자에게 소유권이 이전된 경우(🔢 의무자의 특정승계)

소유권이전청구권 보전 가등기 후 본등기 전에 제3자에게 소유권이 이전된 경 우 가등기에 의한 **본등기 신청의 등기의무자는 가등기를 할 때의 소유자이며** [21 법무사 / 19 등기서기보 / 18 등기주사보 · 법원사무관 / 13 법무사 / 12 법무사 / 11 법무사 / 9 법무사], 가등기 후에 제3자에게 소유권이 이전된 경우에도 가등기의무자는 변동되지 않는다. 이 경우 **제3자 명의의 소유권이전등기는 중간등기로서 원칙적으로 직권말소의 대상**이 된다.

나) 가등기된 권리의 이전등기가 이루어진 경우(🔢 권리자의 특정승계)

가등기된 권리의 이전등기가 이루어진 경우에는 그 제3자(양수인)가 본등기의 권리자가 된다.

(나) 포괄승계(🔢 의무자 및 권리자의 특정승계)

가등기를 마친 후 가등기당사자가 **사망한 경우에는 사망한 사람이 가등기상의 권리자이든 의무자이든 관계없이 그 상속인은 상속등기를 거치지 않고 상속을 증명하는 서면 등을 첨부하여 상대방과 공동으로 본등기를 신청**할 수 있다(예규 1632).

[22 법무사 / 18 등기주사보 · 법무사 / 14 법무사 / 13 법무사 / 11 법무사]

나. 신청정보

(가) 본등기라는 취지의 기재 등

규칙 제43조에서 규정한 일반적인 기재사항 외에, 가등기를 특정(접수일자와 접 수번호)하여 가등기에 의한 본등기라는 취지를 기재하여야 한다.

(나) 등기원인과 그 일자

가) 일반적인 경우

가등기는 권리의 설정 · 이전 · 변경 · 소멸의 청구권보전을 위한 것이므로 본 등기의 등기원인은 위에서 설명한 가등기의 원인과 동일하다. 따라서 본등기 되는 청구권의 발생 원인에 따라 매매, 설정계약, 변경계약 등으로 기재하고, 등기원인일자는 그 발생원인일을 기재한다. 다만 가등기의 원인이 매매예약,

설정예약, 변경예약 등인 경우, 본등기의 등기원인은 매매, 설정계약, 변경계약이 되고, 가등기에 의한 본등기의 원인일자는 매매예약 완결의 의사표시를 한 날을 기재해야 하며, 가등기의 원인일자인 매매예약을 한 날이 아니다(선례 2-561).

나) 판결에 의한 본등기의 경우

가등기상 권리가 매매예약에 의한 소유권이전청구권일 경우, 판결주문에 매매예약 완결일자가 있으면 그 일자를 등기원인일자로 기재하여야 하고, 판결주문에 매매예약 완결일자가 기재되어 있지 아니한 때에는 **등기원인**은 확정판결로, **등기원인일자**를 그 확정판결의 선고연월일로 기재하여야 한다.

(다) 신청인 등

가등기에 의한 본등기 신청은 가등기된 권리 중 일부지분에 관해서도 할 수 있다. 이 경우 등기신청서에는 본등기될 지분을 기재하여야 하고 등기기록에도 그 지분을 기록하여야 한다.

다. 첨부정보

가등기에 의한 본등기에 있어서 제공하여야 할 정보는 등기의 일반적인 첨부정보와 동일하고, 이하에서는 본등기 시 유의할 점을 중심으로 살펴본다.

(가) 등기원인과 관련된 첨부정보

가) 등기원인을 증명하는 정보

매매예약을 원인으로 한 가등기에 의한 본등기를 신청함에 있어서, 본등기의 원인일자는 매매예약완결의 의사표시를 한 날로 기재하여야 하나, 등기원인을 증명하는 서면은 **매매계약서**를 제출하여야 한다.

그러나 매매예약을 원인으로 한 가등기에 의한 본등기를 신청함에 있어서, **형식상 매매예약을 등기원인으로 하여 가등기가 되어 있으나, 실제로는 매매예약 완결권을 행사할 필요 없이 가등기권리자가 요구하면 언제든지 본등기를 하여 주기로 약정한 경우에는, 매매예약완결권을 행사하지 않고서도 본등기를 신청할 수 있으며, 이때에는 별도로 매매계약서를 제출할 필요가 없다.** [20 법무사]

판결에 의해 본등기를 신청하는 경우 판결정본 및 확정증명을 제공한다.

나) 등기원인에 대한 허가·동의·승낙을 증명하는 정보 등

① 검인(계약서·판결서)	(계약 + 유상·무상)	○
② 부동산거래계약신고필증	(계약 + 매매)	○
③ 토지거래계약허가증	(계약 + 유상)	△
④ 농지취득자격증명	(他人 → 本人)	○

(나) 등기의무자와 관련된 첨부정보

가) 등기필정보 등 - ○

가등기에 의한 본등기를 신청할 때에는 가등기의 등기필정보가 아닌 <u>등기의</u>
<u>무자의 권리에 관한 등기필정보</u>를 신청정보의 내용으로 등기소에 제공하여야
한다. [20 법원사무관 / 19 등기주사보 / 18 법원사무관 / 17 등기서기보 / 14 법무사 / 13 법무사 / 11 법무사]

나) 인감증명서 등 - ○

등기의무자가 소유권의 등기명의인인 경우 그 인감증명을 첨부해야 한다. 이
때 매매를 원인으로 한 소유권이전청구권가등기에 의한 본등기를 신청하는 경
우에는 부동산매도용 인감증명을 제출하여야 한다.

(다) 등기권리자와 관련된 첨부정보

가) 취득세 등 세금납부영수증 - ○

나) 주소를 증명하는 정보 - ○

다) 번호를 증명하는 정보 - ○

4) 실행절차

가. 접수・배당

나. 조사(형식적 심사)

(가) 판결에 의한 본등기시의 심사

가) 원칙 - 주문

판결에 의한 등기를 하는 경우 등기관은 원칙적으로 판결 <u>주문</u>에 나타난 등기
권리자와 등기의무자 및 이행의 대상인 등기의 내용이 등기신청서와 부합하는
지를 심사하는 것으로 족하다.

나) 예외 - 이유

<u>소유권이전등기가 가등기에 기한 본등기인지를 가리기 위하여 판결이유</u>를 보
는 경우에는 예외적으로 등기관이 판결이유를 고려하여 신청에 대한 심사를
하여야 한다.

(나) 판결주문에 가등기에 의한 본등기라는 취지의 기재가 없는 경우

판결의 주문에 피고에게 소유권이전청구권가등기에 의한 본등기 절차의 이행을 명
하지 않고 매매로 인한 소유권이전등기 절차의 이행을 명한 경우라도, 판결이유에
의하여 피고의 소유권이전등기 절차의 이행이 가등기에 의한 본등기 절차의 이행
임이 명백한 때에는, 그 판결을 원인증서로 하여 가등기에 의한 본등기를 신청할
수 있다. [21 법원사무관 / 20 법무사 / 13 법무사 / 11 법무사 / 9 법무사]

판결의 주문과 이유에 본등기라는 취지의 기재가 모두 누락된 경우에는 그 판결로
는 가등기에 의한 본등기를 신청할 수 없다(선례 6-141).

(다) **판결주문에 가등기에 의한 본등기라는 취지의 기재가 있는 경우지만 등기부상의 가등기원인일자와 본등기를 명한 판결주문의 가등기원인일자가 서로 다른 경우**

매매를 원인으로 한 가등기가 되어 있는 경우, 그 가등기의 원인일자와 판결주문에 나타난 원인일자가 다르다 하더라도 판결이유에 의하여 매매의 동일성이 인정된다면 그 판결에 의하여 가등기에 의한 본등기를 신청할 수 있다. [18 법무사]

(라) **관련 선례(선례 제202309-9호)**

① 2012.11.15. 매매예약을 체결하고 소유권이전청구권가등기를 마친 후
2013.11.15. 가등기 권리자가 예약완결권을 행사하고
2023.7. 가등기에 의한 본등기를 신청하는 경우,
예약완결권은 '매매완결의 의사를 표시'함으로써 행사하는 것이므로, 다른 특별한 사정이 없는 한, 2013.11.15. 매매완결의 의사를 표시함으로써 매매계약이 성립한 것으로 보아야 한다.

② 2013.11.15. 위 예약완결권의 행사로 인하여 발생하게 되는 소유권이전등기청구권이 2023.7. 현재 소멸시효기간이 도과하지 아니하였음은 역수상 명백하고, 가사 소유권이전등기청구권 발생 시로부터 10년이 경과하였다 할지라도 소유권이전등기신청을 할 수 있다고 할 것이다.

③ 따라서 2013.11.15. 예약완결의 의사를 표시하여 매매의 효력이 발생하였음을 소명하는 자료로 위 일자가 계약일자로 기재된 매매계약서가 제출된 이상, 등기관이 매매예약일인 2012.11.15.로부터 10년의 제척기간이 도과되었음을 이유로 위 가등기에 의한 본등기신청을 각하할 수는 없다.

다. **문제○ (취하·보정·각하)**

라. **문제× (등기실행)**

(가) **등기부 작성·기입**

가) 일반적인 등기순위와는 달리 가등기는 청구권을 보전하기 위한 경우에 하는 예비등기이므로 가등기에 의한 본등기를 한 경우 그 본등기의 순위는 가등기의 순위에 따르게 된다(법 제91조). [20 법원사무관 / 19 등기서기보 / 16 법원사무관 / 11 법무사]

나) 따라서 가등기를 한 후 본등기의 신청이 있을 때에는 가등기의 순위번호를 사용하여 본등기를 하여야 한다(규칙 제146조). [21 법원사무관 / 16 법원사무관] 즉 본등기의 순위번호는 새로이 부여되지 않고 가등기를 말소하는 표시를 하지 않는다.

다) 따라서 가등기에 의한 본등기가 마쳐진 상태에서는 가등기의 말소등기절차를 이행할 것을 명하는 판결을 받아 그 가등기만의 말소등기를 신청할 수 없다. [18 등기주사보 / 14 법무사]

라) 또한 가등기에 의한 본등기를 하게 되면 가등기 후에 마쳐진 제3자의 권리에 관한 등기, 즉 중간처분의 등기는 본등기의 내용과 저촉되는 범위 내에서 실효되거

나 후순위로 된다. 따라서 등기관은 본등기를 한 후에 대법원규칙으로 정하는 바에 따라 가등기 이후에 된 등기로서 가등기에 의하여 보전되는 권리를 침해하는 등기를 직권으로 말소하여야 한다(법 제92조, 규칙 제147조, 제148조).

(나) 각종 통지

신청인인 등기명의인에게 등기필정보를 작성·통지하며(법 제50조), 등기완료통지도 함께 한다(법 제30조).

대장소관청에는 소유권변경사실의 통지를 하고(법 제62조), 세무서장에게는 과세자료의 제공을 위한 통지를 하여야 한다(법 제63조).

관련기출지문

1 가등기에 의한 본등기 신청은 가등기된 권리 중 일부지분만에 대하여는 할 수 없다. (×) [20 법원사무관]

2 하나의 가등기에 관하여 여러 사람의 가등기권자가 있는 경우에 그중 일부의 가등기권자는 공유물보존행위에 준하여 가등기 전부에 관한 본등기를 신청할 수 있다. (×) [24 법원사무관]

3 하나의 가등기에 관하여 여럿의 가등기권자가 있는 경우에 그중 일부의 가등기권자가 공유물 보존행위에 준하여 가등기 전부에 관한 본등기를 신청할 수 있다. (×) [18 등기주사보]

4 2인의 공동가등기권자 중 한 사람이 가등기상 권리를 다른 가등기권자에게 양도한 경우 양수한 가등기권자 한 사람의 이름으로 본등기를 신청하기 위하여 먼저 가등기상 권리의 양도를 원인으로 한 지분이전의 부기등기를 할 필요는 없다. (×) [24 법원사무관]

5 甲 명의 부동산에 대하여 乙 명의의 소유권이전청구권보전을 위한 가등기와 丙 명의의 가압류등기가 순차 경료된 후, 乙이 위 가등기에 기한 본등기절차에 의하지 아니하고 甲으로부터 별도의 소유권이전등기를 경료받은 경우 乙의 가등기는 혼동으로 소멸하기 때문에 가등기에 기한 본등기를 할 수 없다. (×) [23 법무사]

6 소유권이전청구권가등기권자가 가등기에 의한 본등기를 하지 않고 다른 원인에 의한 소유권이전등기를 한 후에는 어떤 경우에도 다시 그 가등기에 의한 본등기를 할 수 없다. (×) [9 법무사]

7 가등기 후에 제3자에게 소유권이 이전된 경우에 가등기의무자는 현재의 소유권의 등기명의인이 된다. (×) [13 법무사]

8 소유권이전청구권가등기 후 그 본등기 전에 제3자에게 소유권이 이전되었다면 가등기 당시 소유자 또는 제3취득자를 등기의무자로 하여 본등기를 신청할 수 있다. (×) [12 법무사]

9 가등기 후 소유권이 제3자에게 이전된 경우, 본등기신청의 등기의무자는 그 제3자(현재의 소유권의 등기명의인)가 된다. (×) [9 법무사]

10 가등기를 마친 후에 가등기의무자가 사망한 경우, 가등기의무자의 상속인은 상속등기를 한 후에 가등기권자와 공동으로 본등기를 신청하여야 한다. (×) [13 법무사]

11 가등기 후 가등기권리자가 사망한 경우와 달리 가등기의무자가 사망하였다면, 그 상속인은 상속등기를 경료한 후 본등기를 신청하여야 한다. (×) [11 법무사]

12 가등기를 마친 후에 가등기권자가 사망한 경우, 가등기권자의 상속인이 가등기의무자와 공동으로 본등기를 신청하기 위해서는 먼저 상속등기를 마쳐야 한다. (×) [18 법무사]

13 매매예약을 원인으로 한 가등기에 의한 본등기를 신청할 때에는 본등기의 원인일자는 매매예약완결의 의사표시를 한 날을 기재하며, 등기원인을 증명하는 서면으로 매매계약서와 가등기할 때 통지받은 가등기의 등기필정보를 제공하여야 한다. (×)　　　　　　　　　　　　　　　　　　　　　　[18 법원사무관]

14 가등기에 의한 본등기를 신청할 때에는 가등기의 등기필정보를 제공하여야 한다. (×)　　　[17 등기서기보]

15 가등기에 의한 본등기를 신청할 때에는 등기의무자의 권리에 관한 등기필정보와 가등기의 등기필정보를 같이 등기소에 제공하여야 한다. (×)　　　　　　　　　　　　　　　　　　　　　　　　[13 법무사]

16 판결주문에 가등기에 의한 본등기라는 취지의 기재가 없는 경우에, 판결의 주문에 피고에게 소유권이전청구권가등기에 의한 본등기 절차의 이행을 명하지 않고 매매로 인한 소유권이전등기 절차의 이행을 명한 경우라면, 판결이유에 의하여 피고의 소유권이전등기 절차의 이행이 가등기에 의한 본등기 절차의 이행임이 명백한 경우에도 등기관은 판결이유를 심사할 권한이 없기 때문에 그 판결을 원인증서로 하여 가등기에 의한 본등기를 신청할 수 없다. (×)　　　　　　　　　　　　　　　　　　　　　　　　[20 법무사]

17 판결주문에서 피고에게 가등기에 의한 본등기절차의 이행을 명하지 않은 경우에는 그 판결로써 가등기에 의한 본등기를 신청할 수 없다. (×)　　　　　　　　　　　　　　　　　　　　　　　　[13 법무사]

18 판결의 주문에서 매매로 인한 소유권이전등기 절차의 이행을 명한 경우에는 판결이유에 가등기에 기한 본등기라는 취지가 나와도 그 판결에 의하여 가등기에 기한 본등기신청을 할 수 없다. (×)　　　[9 법무사]

(2) 가등기 후 본등기와 침해등기의 직권말소(가등기에 의한 본등기 시 중간등기의 처리)

제92조(가등기에 의하여 보전되는 권리를 침해하는 가등기 이후 등기의 직권말소)

① 등기관은 가등기에 의한 본등기를 하였을 때에는 대법원규칙으로 정하는 바에 따라 가등기 이후에 된 등기로서 가등기에 의하여 보전되는 권리를 침해하는 등기를 직권으로 말소하여야 한다.

② 등기관이 제1항에 따라 가등기 이후의 등기를 말소하였을 때에는 지체 없이 그 사실을 말소된 권리의 등기명의인에게 통지하여야 한다.

규칙 제147조(본등기와 직권말소)

① 등기관이 소유권이전등기청구권보전 가등기에 의하여 소유권이전의 본등기를 한 경우에는 법 제92조 제1항에 따라 가등기 후 본등기 전에 마쳐진 등기 중 다음 각 호의 등기를 제외하고는 모두 직권으로 말소한다.

　1. 해당 가등기상 권리를 목적으로 하는 가압류등기나 가처분등기

　2. 가등기 전에 마쳐진 가압류에 의한 강제경매개시결정등기

　3. 가등기 전에 마쳐진 담보가등기, 전세권 및 저당권에 의한 임의경매개시결정등기

　4. 가등기권자에게 대항할 수 있는 주택임차권등기, 주택임차권설정등기, 상가건물임차권등기, 상가건물임차권설정등기(이하 "주택임차권등기등"이라 한다)

② 등기관이 제1항과 같은 본등기를 한 경우 그 가등기 후 본등기 전에 마쳐진 체납처분으로 인한 압류등기에 대하여는 직권말소대상통지를 한 후 이의신청이 있으면 대법원예규로 정하는 바에 따라 직권말소 여부를 결정한다.

규칙 제148조(본등기와 직권말소)

① 등기관이 지상권, 전세권 또는 임차권의 설정등기청구권보전 가등기에 의하여 지상권, 전세권 또

는 임차권의 설정의 본등기를 한 경우 가등기 후 본등기 전에 마쳐진 다음 각 호의 등기(동일한 부분에 마쳐진 등기로 한정한다)는 법 제92조 제1항에 따라 직권으로 말소한다.

1. 지상권설정등기
2. 지역권설정등기
3. 전세권설정등기
4. 임차권설정등기
5. 주택임차권등기등

다만, 가등기권자에게 대항할 수 있는 임차인 명의의 등기는 그러하지 아니하다. 이 경우 가등기에 의한 본등기의 신청을 하려면 먼저 대항력 있는 주택임차권등기등을 말소하여야 한다.

② 지상권, 전세권 또는 임차권의 설정등기청구권보전 가등기에 의하여 지상권, 전세권 또는 임차권의 설정의 본등기를 한 경우 가등기 후 본등기 전에 마쳐진 다음 각 호의 등기는 직권말소의 대상이 되지 아니한다.

1. 소유권이전등기 및 소유권이전등기청구권보전 가등기
2. 가압류 및 가처분 등 처분제한의 등기
3. 체납처분으로 인한 압류등기
4. 저당권설정등기
5. 가등기가 되어 있지 않은 부분에 대한 지상권, 지역권, 전세권 또는 임차권의 설정등기와 주택임차권등기등

③ 저당권설정등기청구권보전 가등기에 의하여 저당권설정의 본등기를 한 경우 가등기 후 본등기 전에 마쳐진 등기는 직권말소의 대상이 되지 아니한다.

1) 서설(법 제91조, 제92조, 규칙 제147조, 제148조, 제149조)

가등기만으로는 물권변동을 일으키는 효력도 없고 처분금지적 효력도 없으므로 가등기가 이루어진 후에도 **가등기의무자**는 얼마든지 그 가등기와 모순되는 내용의 처분행위를 하고 그에 따른 등기를 할 수 있다. 그러나 가등기의무자가 가등기 후에 한 **중간등기**는 본등기가 있게 되면 가등기의 순위보전적효력(법 제91조)에 의하여 그 효력이 상실된다.

그러므로 가등기 후 본등기 전의 제3취득자의 등기는 '사건이 등기할 것이 아닌 때'에 해당하므로(법 제29조 제2호), 등기관은 직권으로 말소하여야 한다. 다만 통상적인 법 제29조 제2호는 사전통지를 하게 되지만, 본등기에 의한 직권말소등기는 사후통지를 하게 되는 점에 주의한다.

따라서 가등기에 의한 본등기 시 대법원규칙으로 정하는 바에 따라 가등기 이후에 된 등기로서 **가등기에 의하여 보전되는 권리를 침해하는 등기를 직권으로 말소**하여야 한다(법 제92조 제1항). [20 법원사무관] 등기관이 가등기 이후의 등기를 말소하였을 때에는 지체 없이 그 사실을 말소된 권리의 등기명의인에게 통지하여야 한다(법 제92조 제2항). [17 등기주사보]

아래에서는 법 제92조, 규칙 제147조부터 제149조까지 및 등기예규 1632호를 중심으로 가등기에 의한 본등기를 하는 경우 직권말소해야 하는 등기와 직권말소할 수 없는 등기에 관하여 설명하기로 한다.

2) 소유권에 관한 가등기(예규 1632)

가. 소유권이전등기청구권보전가등기에 기하여 소유권이전의 본등기를 한 경우

(가) 직권말소 대상이 되는 등기

가) 소유권이전등기 제한물권의 설정등기(근저당권, 전세권 등)는 모두 직권말소하여야 한다. 다만 지분이전청구권 보전의 가등기가 마쳐진 후 본등기 전에 제한물권이 설정된 경우 그 제한물권이 용익물권이라면 전부를 직권말소하며 (용익물권은 지분에 대하여는 존속할 수 없는 권리이므로), 그 제한물권이 담보물권이라면 담보하는 범위를 일부말소 의미의 경정등기로 축소하여야 한다 (지분에 대하여 존속할 수 있는 권리이므로).

나) 가등기·가처분·가압류·압류등기는 원칙적으로 모두 직권말소한다.

다) 경매개시결정등기, 가등기보다 후순위인 압류 또는 담보권 실행에 의하여 마쳐진 소유권이전등기는 가등기에 의한 본등기시 원칙적으로 직권말소한다(선례 3-723).

라) 임차권설정등기·주택임차권등기·주택임차권설정등기·상가건물임차권등기·상가건물임차권설정등기도 원칙적으로 직권말소한다.

(나) 직권말소 대상이 되지 않는 등기 [12 법무사]

가) 해당 가등기상 권리를 목적으로 하는 가압류등기나 가처분등기 [21 법무사 / 19 등기서기보 / 16 법무사]

나) 가등기 전에 마쳐진 가압류에 의한 강제경매개시결정등기 [23 법무사 / 17 등기주사보]

다) 가등기 전에 마쳐진 담보가등기, 전세권 및 (근)저당권에 의한 임의경매개시결정등기 [17 등기주사보 / 16 법무사]

라) 가등기권자에게 대항할 수 있는 주택임차권등기, 주택임차권설정등기, 상가건물임차권등기, 상가건물임차권설정등기(이하 "주택임차권등기 등"이라 한다)

마) 해당 가등기

(다) 체납처분에 의한 압류등기의 직권말소 여부

가) 원칙

소유권이전등기청구권보전의 가등기에 기한 소유권이전의 본등기를 신청한 경우 등기관은 등기기록의 기록사항만으로는 위 가등기가 담보가등기인지 여부를 알 수 없을 뿐 아니라, 담보가등기라 하더라도 체납처분에 의한 압류등기가 말소의 대상인지 여부를 알 수 없으므로 일단 직권말소대상통지를 한 후, 이의 신청이 있는 경우 제출된 소명자료에 의하여 말소 또는 인용여부를 결정한다. [20 법무사 / 18 등기주사보 / 16 법무사]

나) 본등기가 된 후 직권말소대상통지 중의 등기처리

가등기에 의한 본등기를 하고 가등기와 본등기 사이에 이루어진 체납처분에

의한 압류등기에 관하여 등기관이 직권말소대상통지를 한 경우에는 비록 이의
신청기간이 지나지 않았다 하더라도 본등기에 기초한 등기의 신청이나 촉탁은
수리하며, 체납처분에 의한 압류등기에 기초한 등기의 촉탁은 각하한다. [22 법무사 /
21 법원사무관]

나. 소유권이전등기말소등기청구권보전가등기에 기하여 소유권이전의 본등기를 한 경우

소유권이전등기 말소등기청구권은 대부분이 물권적 청구권인데, 이러한 물권적 청구권
은 가등기의 대상이 되지 않으므로 별도로 검토하지 않는다.

3) 소유권 외의 권리에 관한 가등기(예규 1632)

가. 지상권, 전세권 또는 임차권설정의 가등기에 기하여 본등기를 한 경우

(가) 직권말소 대상이 되는 등기

지상권, 전세권 또는 임차권설정의 가등기가 마쳐진 후 그 부분과 중첩되는 범위
의 용익권은 본등기가 되었을 때 보전되는 권리와 양립할 수 없으므로 등기관은 직
권말소한다.

즉 지상권, 전세권 또는 임차권설정청구권 보전을 위한 가등기에 의하여 본등기를
한 경우에는 위 가등기 후 본등기 전에 가등기와 동일한 부분에 마쳐진(중첩되는
범위) ① 지상권설정등기, ② 지역권설정등기, ③ 전세권설정등기 [16 법무사], ④ 임차
권설정등기 [19 등기서기보], ⑤ 주택임차권등기 등은 직권말소한다.

(나) 직권말소 대상이 아닌 등기

가) 용익권의 가등기와 중첩되지 않는 범위의 등기

용익권(지상권, 전세권 또는 임차권)설정의 가등기가 마쳐진 후 그 부분과 중
첩되지 않는 범위의 용익권은 본등기가 되었을 때 보전되는 권리와 양립할 수
있으므로 등기관은 직권말소하지 않는다.

따라서 가등기가 되어 있지 않은 부분에 대한 지상권, 지역권, 전세권 또는
임차권설정등기와 주택임차권등기는 직권말소하지 않는다.

나) 용익권을 침해하지 않는 소유권의 변동을 초래하는 등기

용익권(지상권, 전세권 또는 임차권)이 설정된 후 소유권이전등기 및 소유권
이전을 초래하는 등기는 직권말소하지 않는다. 왜냐하면, 소유권의 이전이 있
더라도 용익권자는 계속하여 사용·수익할 수 있으므로 소유권의 이전은 용
익권을 침해하지 않기 때문이다.

---

① 소유권이전등기 [16 법무사]
② 소유권이전청구권가등기
③ 소유권에 관한 가처분 및 가압류 등 처분제한의 등기
④ 소유권에 관한 체납처분으로 인한 압류등기
⑤ 소유권에 관한 저당권설정등기 [23 법무사 / 20 법무사]

다) 가등기권자에게 대항할 수 있는 등기

가등기권리자에 **대항할 수 있는 주택임차인명의의 등기**는 직권말소의 대상이 아니며, 이 경우 가등기에 의한 본등기의 신청을 하려면 먼저 대항력 있는 주택임차권등기 등을 말소하여야 한다.

나. (근)저당권설정의 가등기에 기하여 본등기를 한 경우

(근)저당권설정청구권가등기에 의하여 (근)저당권설정의 본등기를 한 경우에는 가등기 후에 이루어진 **제3자 명의의 등기(근저당권설정등기 등)**는 본등기와 양립할 수 있으므로 **직권말소할 수 없다.** [19 등기서기보 / 18 법원사무관·법무사 / 17 등기주사보]

4) 중간등기의 직권말소 절차

가. 직권말소

가등기에 의한 본등기를 한 다음 가등기 후 본등기 전에 마쳐진 등기를 등기관이 직권으로 말소할 때에는 가등기에 의한 본등기로 인하여 그 등기를 말소한다는 뜻을 기록하여야 한다.

나. 직권말소 대상인 중간등기를 말소하지 않은 경우

가등기에 의한 본등기로 **직권말소되어야 할 소유권이전등기**를 등기관이 간과하여 말소하지 않는 경우가 있을 수 있다. 이는 중간등기의 말소절차는 등기관이 직권으로 하여야 하는데, 말소대상인 등기를 누락할 수 있기 때문이다. 이와 같이 그 말소가 누락된 등기의 처리방법에 관하여 살펴보면 다음과 같다.

(가) 이해관계인이 없는 경우

가등기에 의한 본등기를 한 후 가등기와 본등기 사이에 이루어진 직권말소 대상인 중간등기가 말소되지 않은 경우에는 등기관은 언제라도 위 중간등기의 직권말소 절차에 따라 직권말소할 수 있다(선례 5-578). 즉 가등기에 의한 본등기로 인하여 직권말소하여야 할 가압류등기를 말소하지 아니한 사실을 사후에 등기관이 발견한 경우에는 위 가압류등기를 직권으로 말소할 수 있다(선례 7-368).

(나) 이해관계인이 있는 경우

가등기에 의한 본등기를 하였으나 가등기 후에 이루어진 소유권이전등기를 직권말소하지 아니한 상태에서 그 소유권이전등기를 기초로 하여 새로운 소유권이전등기 또는 제한물권 설정등기나 임차권설정등기가 마쳐진 경우에는 위 등기는 모두 직권말소할 수 없다.

직권말소 대상인 소유권이전등기가 말소되지 않은 채 이를 기초로 다른 등기가 이루어진 이상 다른 등기까지 직권말소 대상으로 볼 수 없고 그렇다고 소유권이전등기만을 말소할 수도 없기 때문이다.

1 소유권이전등기청구권 가등기에 의한 본등기를 하는 경우 가등기 후의 모든 등기는 본등기와 동시에 등기관이 직권으로 말소하고 그 사실을 등기명의인에게 통지하여야 한다. (×) [12 법무사]

2 소유권이전등기청구권 보전가등기에 기하여 소유권이전의 본등기를 한 경우 가등기 전에 마쳐진 가압류에 의한 강제경매개시결정등기가 가등기 후 본등기 전에 마쳐진 경우에는 해당 강제경매개시결정등기는 직권말소 대상이 된다. (×) [24 법원사무관]

3 등기관이 소유권이전등기청구권 보전 가등기에 의하여 소유권이전의 본등기를 한 경우 가등기 전에 마쳐진 가압류에 의한 강제경매개시결정등기는 직권으로 말소한다. (×) [17 등기주사보]

4 소유권이전등기청구권보전 가등기에 의하여 소유권이전의 본등기를 한 경우 가등기 후 본등기 전에 마쳐진 해당 가등기상 권리를 목적으로 하는 가압류등기는 등기관이 직권으로 말소하여야 한다. (×) [21 법무사]

5 가등기 후 본등기 전에 마쳐진 체납처분에 의한 압류등기는 등기관이 직권으로 말소한다. (×) [16 법무사]

6 가등기에 의한 본등기를 하고 압류등기에 대하여 직권말소대상통지를 마친 상태에서 이의신청 기간이 지나기 전에 본등기에 기초한 등기의 신청이 있는 경우에는 부동산등기법 제29조 제2호의 "사건이 등기할 것이 아닌 경우"에 해당한다. (×) [21 법원사무관]

7 가등기에 의한 본등기를 하고 가등기와 본등기 사이에 이루어진 체납처분으로 인한 압류등기에 대하여 직권말소대상통지를 한 후 이의신청 기간이 지나지 않은 상태에서 본등기에 기초한 등기의 신청이나 촉탁이 있는 경우에는 "사건이 등기할 것이 아닌 때"에 해당한다. (×) [22 법무사]

8 등기관이 지상권설정등기청구권보전 가등기에 의하여 지상권 설정의 본등기를 한 경우 가등기 후 본등기 전에 마쳐진 저당권설정등기를 직권으로 말소하여야 한다. (×) [20 법무사]

9 근저당권설정등기청구권가등기에 의하여 근저당권설정의 본등기를 한 경우에는 그 가등기 후에 마쳐진 저당권설정등기를 직권으로 말소하여야 한다. (×) [19 등기서기보]

3. 담보가등기

(1) 담보가등기

1) 서설

가. 의의

담보가등기라 함은 채무자가 금전소비대차에 기한 차용금 반환채무를 담보하기 위하여 [14 법무사] 채무불이행 시에는 자기 또는 제3자 소유의 물건에 대한 소유권을 이전해 주기로 예약(대물반환예약 또는 매매예약)하고, 그 소유권이전청구권을 보전하기 위한 가등기를 말한다(「가등기담보법」 제1조, 대판 2004.4.27, 2003다29968 등). 이와 같은 담보가등기도 가등기의 일종이므로 통상의 가등기 법리가 적용되나, ① 본등기를 하기 위해서는 가등기담보법에 따른 일정한 청산절차를 필요로 하고 ② 본등기 시 중간등기의 말소 등에 있어서 통상의 가등기와 차이가 있다.

한편 등기예규는 담보가등기의 등기목적과 등기원인 등에 관하여 통상의 가등기와 구별하고 있으나, **판례는 가등기가 담보가등기인지 여부는** 해낭 가등기가 실세상 채권 담보를 목적으로 한 것인지 여부에 의하여 결정되는 것이지 해당 가등기의 등기기록상 원인이 매매예약으로 기록되어 있는지 아니면 대물변제예약으로 기록되어 있는가 하는 **형식적 기록에 의하여 결정되는 것이 아닌 것**으로 보고 있다(대결 1998. 10. 7, 98마1333).

[21 법무사]

나. 효과

담보가등기의 경우에도 청구권보전을 위한 가등기와 같이 순위보전적 효력을 가지므로 일정한 청산절차를 거친 후 본등기를 함으로써 소유권을 취득할 수 있다. 그러나 담보 가등기는 채권의 담보를 목적으로 하므로 통상의 가등기와 달리 가등기담보법 제3조의 규정에 의한 담보권실행이나 목적 부동산의 경매청구 시에는 저당권으로 보게 되고(「가등기담보법」 제12조), 이 범위 내에서 우선변제적 효력을 지닌다. 또한 가등기담보권자는 이러한 우선변제적 효력을 실현하기 위하여 목적 부동산의 소유권을 취득하는 형식으로 피담보채권을 회수하거나 경매를 신청하여 목적 부동산을 환가하여 그 대가로부터 피담보채권의 변제를 받을 수 있고(「가등기담보법」 제12조), 그 밖에 다른 채권자에 의하여 목적 부동산에 대한 경매절차가 실행된 경우에 그 절차 내에서 우선변제권을 행사할 수 있다(「가등기담보법」 제13조).

2) 신청절차

담보가등기의 신청절차는 통상의 가등기절차와 대부분 동일하므로, 여기에서는 담보가등기 신청에 있어 주의할 점을 중심으로 설명한다.

가. 대물반환의 예약을 원인으로 한 가등기신청을 할 경우 등기신청서 기재사항 중 등기의 목적은 본등기될 권리의 이전담보가등기(⑩ 소유권이전담보가등기, 저당권이전담보가 등기 등)라고 기재한다. [16 법원사무관]「부동산등기법」제89조의 가처분명령에 의하여 가등기신청을 할 때에도 등기원인이 대물반환의 예약인 경우에는 마찬가지이다. 등기원인은 "○년 ○월 ○일 대물반환예약" 등과 같이 기재한다.

나. 등기원인증서로는 대물반환예약서 등을 제출하여야 하고, 담보가등기인 경우에도 토지거래허가구역 안에 있는 토지인 경우에는 토지거래계약허가서를 첨부하여야 한다. 등록면허세는 부동산 가액의 1천분의 2의 세율을 적용하여 계산한 금액을 납부하여야 하나(「지방세법」제28조 제1항 제1호 라목), 국민주택채권의 매입에 관하여는 규정이 없으므로 매입을 요하지 않는다.

관련 기출지문

1 매매대금의 지급을 담보하기 위하여 마쳐진 가등기에 의한 본등기를 신청하는 경우에는 「가등기담보 등에 관한 법률」 소정의 청산절차가 필요하다. (×)

[14 법무사]

(2) 담보가등기에 기한 본등기

1) 신청절차

가. 신청정보

담보가등기에 의한 본등기를 신청할 경우 등기신청서에는 「부동산등기규칙」 제43조에서 신청정보의 내용으로 정하고 있는 사항 외에 **본등기할 담보가등기의 표시,** 「가등기담보 등에 관한 법률」 제3조에서 정하고 있는 **청산금 평가통지서가 채무자 등에게 도달한 날을** 신청정보의 내용으로 등기소에 제공하여야 한다. [18 법무사]

나. 첨부정보

담보가등기에 기한 본등기를 신청할 때에는 규칙 제46조에서 정하고 있는 **통상적인 첨부정보** 외에 청산금 **평가통지서 또는 청산금이 없다는 통지서가 도달하였음을 증명하는 정보**와 「가등기담보 등에 관한 법률」 제3조에서 정하고 있는 **청산기간이 경과한 후에 청산금을 채무자에게 지급(공탁)하였음을 증명하는 정보**(청산금이 없는 경우는 제외한다)를 첨부정보로서 등기소에 제공하여야 한다. [21 법무사] 다만 판결에 의하여 본등기를 신청하는 경우에는 그러하지 아니하다.

위에서 정한 요건을 갖추지 아니하였거나 청산금평가통지서가 채무자 등에게 도달한 날로부터 2월이 경과하기 전의 본등기신청은 이를 각하하여야 할 것이다. 가등기담보권자 갑이 청산금이 없다는 뜻의 통지서를 채무자에게 적법하게 발송하여 2월의 청산기간이 경과한 후 가등기담보권을 양도한 경우, 이를 양도받은 을은 갑이 발송한 청산금이 없다는 뜻의 통지서가 채무자 등에게 도달한 날을 신청정보의 내용으로 하고 그 통지서가 도달하였음을 증명하는 정보를 첨부정보로 하여 담보가등기에 의한 본등기를 신청할 수 있다(선례 201312-2).

2) 실행절차(담보가등기에 의한 본등기 시 중간등기의 직권말소)

등기관은 담보가등기의 경우에도 본등기가 이루어지면 중간등기는 직권말소하는 것이 원칙이다. 다만 중간등기가 압류등기일 경우에는 조세채권의 확보를 위해 일정한 경우 직권말소 대상이 되지 않는 경우가 있다(「국세기본법」 제35조 제2항, 「지방세기본법」 제99조 제2항 참조).

02 절 관공서의 처분제한에 따른 등기

부동산등기법은 소유권 등 법 제3조 소정의 권리에 대한 처분제한의 등기를 가능한 것으로 규정하고 있다. 처분제한의 등기란 소유권이나 그 밖의 권리자가 가지는 처분권능을 제한하는 것으로서 ① 가처분·가압류에 관한 등기(「민집」 제293조, 제305조), ② 경매개시결정의 등기(「민집」 제94조, 제141조, 제268조), ③ 체납처분에 의한 압류등기(「국세징수법」 제45조, 「지방세기본법」 제91조, 제98조), ④ 회생절차개시결정, 파산선고등기 등 도산절차에 관한등기(「채무자회생법」 제24조) 등이 있다. 이 장에서는 ① 내지 ②를 중심으로 살펴본다.

1. 가처분등기

(1) 가처분등기

> **민사집행법 제300조(가처분의 목적)**
> ① 다툼의 대상에 관한 **가처분**은 **현상이 바뀌면 당사자가 권리를 실행하지 못하거나 이를 실행하는** 것이 매우 곤란할 염려가 있을 경우에 한다.
>
> **민사집행법 제301조(가압류절차의 준용)**
> 가처분절차에는 **가압류절차에 관한 규정을 준용**한다.
>
> **민사집행법 제305조(가처분의 방법)**
> ② 가처분으로 보관인을 정하거나, 상대방에게 어떠한 **행위를 하거나 하지 말도록**, 또는 급여를 지급하도록 명할 수 있다.
> ③ 가처분으로 **부동산의 양도나 저당을 금지**한 때에는 법원은 제293조의 규정을 준용하여 **등기부에 그 금지한 사실을 기입하게 하여야** 한다.

1) 서설

가. 의의(「민사집행법」 제300조, 동법 제305조)

민사집행법상 가처분(협의의 가처분)은 금전채권 외의 권리 또는 법률관계에 관한 확정판결의 강제집행을 보전하기 위한 집행보전제도이다. 가처분은 다툼의 대상(계쟁물)에 관한 가처분과 임시의 지위를 정하기 위한 가처분으로 나뉘는데, 부동산등기와 관련하여서 문제되는 것은 계쟁물에 관한 가처분이다(「민집」 제300조, 제305조 제3항). 부동산등기와 관련하여 문제되는 것은 처분금지가처분과 관련한 등기이므로 이하에서는 이를 중심으로 설명하기로 한다.

부동산에 대한 처분금지가처분의 피보전권리로는 금전채권은 될 수 없고, 대부분은 특정 부동산에 대한 이전등기청구권 또는 말소등기청구권과 같은 이행청구권을 보전하기 위하여 그 부동산에 대한 채무자의 소유권이전, 저당권·전세권·임차권의 설정 그 밖에 일체의 처분행위를 금지하는 것이다.

가처분으로써 목적물의 처분을 금지하여 두면 그 이후 채무자로부터 목적물을 양수한 자는 가처분채권자에게 대항할 수 없게 되어 **피보전권리의 실현을 위한 소송과 집행절차에서 당사자를 항정(恒定)시킬 수 있게 된다.**

가처분등기란 이와 같이 부동산에 대한 가처분의 집행으로서 등기기록에 가처분재판에 관한 사항(일정한 사항을 금지시키는 내용)을 등기하는 것을 말하고(「민집」제305조 제3항, 제293조 제1항), 가처분등기가 이루어짐으로써 가처분 집행의 효력이 발생한다.

나. 요건

다. 적용범위(소유권이전등기)

(가) 물리적 일부만에 대한 가처분(법 제15조, 법 제29조 제2호) - ×(먼저, 대장상 분할등록 및 등기부상 분필등기 요함)

등기부상 1필지 토지의 특정된 일부분에 대한 처분금지가처분등기는 할 수 없으므로, 1필지 토지의 특정 일부분에 관한 소유권이전등기청구권을 보전하기 위하여는 **바로 분할등기가 될 수 있다는 등 특별한 사정이 없으면** 그 1필지 토지 전부에 대한 처분금지가처분결정에 기한 등기촉탁에 의하여 그 1필지 **토지 전부에 대한 처분금지가처분등기를 할 수밖에 없다**(대판 1975.5.27, 75다190 참조)(예규 881). [23 법무사 / 22 법원사무관] 따라서 **부동산의 특정 일부에 대한 가처분결정이 있는 경우에는** 채권자가 가처분결정을 대위원인으로 하여 **분할등기를 한 후에 가처분등기를 할 수 있다.** [18 등기주사보]

(나) 지분만에 대한 가처분(법 제29조 제2호, 규칙 제52조 제7호) - ○

공유지분에 대한 가처분결정 및 그에 따른 등기가 가능함은 의문이 없다.

(다) 상속등기되지 않은 부동산에 대하여 상속인을 상대로 가처분 결정

상속등기를 하지 아니한 부동산에 대하여 상속인을 상대로 한 가처분결정이 있는 때에는, 가압류등기 촉탁과 마찬가지로 가처분채권자는 그 등기의 촉탁 전에 먼저 대위에 의하여 상속등기를 함으로써 등기의무자의 표시가 등기기록과 일치하도록 하여야 한다.

다만 가처분권리자가 **피상속인과의 원인행위에 의한** 권리의 이전·설정의 등기청구권을 보전하기 위하여 상속인들을 상대로 처분금지가처분신청을 하여 집행법원이 이를 인용하고, 피상속인 소유 명의의 부동산에 관하여 상속관계를 표시하여(등기의무자를 '망 ○○○의 상속인 ○○○' 등으로 표시함) 가처분기입등기를 촉탁한 경우에는 **상속등기를 거침이 없이 가처분기입등기를 할 수 있다**(예규 881). [22 법무사 / 21 등기서기보 / 18 등기주사보 / 15 등기서기보] 이는 부동산등기법이 상속인(포괄승계인)에 의한 등기신청을 인정하기 때문이다(법 제27조).

따라서 **피상속인과 원인행위가 있었던 경우에는 대위상속등기를 거치지 않고 바로 가처분 기입등기를 할 수 있으나, 상속인과 원인행위가 있었던 경우에는 대위상속등기를 거친 후 가처분 기입등기를 하여야 한다.**

(라) 기타

가) 미등기 부동산 : ○(직권보존등기 후)

미등기 부동산이라도 채무자의 소유임을 증명하는 서면과 부동산의 표시를 증명하는 서면을 가처분 등기촉탁서에 첨부한 경우에는 가처분을 할 수 있다 (법 제66조). 이 경우 등기관은 직권으로 채무자 명의의 소유권보존등기를 한 후 가처분등기를 한다.

나) 합유지분 : ×

합유물인 부동산에 대한 가처분등기는 가능하나 합유지분에 대한 가처분등기는 할 수 없다. 합유지분은 공유지분과 달리 조합의 목적과 단체성에 의하여 제한을 받으므로 조합원의 지위와 분리하여 지분만을 처분할 수는 없기 때문이다. 합유지분에 대한 가처분의 촉탁은 법 제29조 제2호의 "사건이 등기할 것이 아닌 경우"에 해당하고, 위 합유지분에 대하여 이미 마쳐진 등기는 법 제58조에 따른 직권말소 대상이다.

다) 가등기된 청구권 : ○(부기등기)

등기할 수 있는 권리의 설정, 이전, 변경 또는 소멸의 청구권을 보전하기 위하여 가등기를 한 경우(법 제88조)에는 그 청구권도 가처분의 대상이 된다.

즉 법 제88조에 따라 가등기를 할 수 있는 권리의 경우 그 가등기상의 권리 자체의 처분을 금지하는 가처분은 등기사항이라고 할 것이나, 가등기에 기한 본등기를 금지하는 내용의 가처분은 가등기상의 권리 자체의 처분의 제한에 해당하지 아니하므로 그러한 본등기를 금지하는 내용의 가처분등기는 수리하여서는 아니 된다(예규 881). [22 등기서기보·법원사무관 / 21 등기서기보 / 18 등기주사보 / 16 법무사 / 15 등기서기보 / 10 법무사 / 9 법무사]

본등기를 금지하는 가처분은 등기할 사항이 아니므로 본등기금지가처분등기의 촉탁이 있는 경우 등기관은 이를 각하하여야 하고(법 제29조 제2호), 잘못하여 등기가 되더라도 아무 효력이 없다. [24 법무사]

라. 효과

(가) 처분금지의 효력

가처분등기가 마쳐지면 채무자 및 제3자에 대하여 구속력을 갖게 된다. 이는 그 등기 후에 채무자가 가처분의 내용에 위배하여 제3자에게 목적부동산에 관하여 양도, 담보권설정 등의 처분행위를 한 경우에 채권자가 그 처분행위의 효력을 부정할 수 있는 것, 즉 무효로 할 수 있다는 것을 의미한다. 다만 위 가처분에 위반한 처분행위는 가압류 등기의 효력과 같이 가처분채무자와 그 상대방 및 제3자 사이에서는 완전히 유효하고 단지 가처분채권자에게만 대항할 수 없음에 그친다 (상대적 효력, 대판 1968.9.30, 68다1117).

가처분채권자가 가처분 위반행위의 **효력을 부정할 수 있는 시기**는 본안소송에서 승소확정판결을 받거나 이와 동일시할 수 있는 사정이 발생한 때이다. 단순히 가처분채권자인 지위만으로는 가처분채무자로부터 목적 부동산의 소유권이전등기를 받은 제3자에 대하여 말소등기를 청구하는 등 위법한 처분행위의 효력을 부인할 수 없다(대판 1996.3.22, 95다53768). 가처분채권자의 권리가 본안에서 확정될 때까지는 가처분등기 후의 처분행위라도 등기가 허용됨은 물론이다(대판 1999.7.9, 98다13754 참조). 따라서 그 제3취득자는 비록 목적 부동산에 관하여 가처분등기가 되어 있더라도 그 부동산을 임대하여 임차인에게 차임의 지급을 청구할 수 있고 가처분채무자에게 취득한 목적 부동산의 인도를 구할 수 있다. 또한 가처분채무자를 상대방으로 하는 타인의 강제집행에 대하여 제3자 이의의 소를 제기할 수 있고, 제3취득자의 채권자도 제3취득자를 채무자로 하여 목적 부동산에 대하여 강제집행이나 보전처분을 할 수 있다.

즉 가처분이 등기되면 가처분의 내용에 위배하여 양도, 담보권설정 등의 처분행위를 금지하는 효력이 생긴다. 따라서 가처분채권자는 위 처분행위의 효력을 부정하여 판결을 받아 말소신청할 수 있다.

(나) 상대적 무효

가압류나 가처분의 효력은 상대적 효력에 그치는데, 그 처분행위가 절대적으로 무효가 된다는 것이 아니라 채무자와 제3자 사이에서는 거래행위가 여전히 유효하고, 단지 그것을 가압류채권자 또는 가처분채권자에게 대항할 수 없을 뿐이다.

2) 개시

부동산에 대한 가압류의 집행은 가압류재판에 관한 사항을 등기부에 기입하여야 하며, 가압류등기는 법원사무관 등이 촉탁하며(「민집」 제293조 제1항, 제3항), 가처분절차에는 가압류절차에 관한 규정을 준용한다(「민집」 제301조). 즉 **가처분**등기는 법원사무관 등이 촉탁한다.

3) 촉탁절차

가. 촉탁인

가처분으로 부동산의 양도 등 일체의 처분을 금지한 때에는 법원은 부동산가압류집행에 관한 민사집행법 제293조를 준용하여 등기기록에 그 금지한 사실을 등기하게 하여야 한다(「민집」 제305조 제3항). 가처분등기는 집행법원의 법원사무관 등이 촉탁한다.

나. 촉탁정보

가처분등기 촉탁서에는 ① 부동산의 표시, ② 사건번호와 사건명, ③ 피보전권리, ④ 채권자의 성명·주소·번호, ⑤ 채무자의 성명·주소, ⑥ 등기원인 및 그 일자 ["○년 ○월 ○일 가처분결정"]를 기재한다.

등기관이 가처분등기를 할 때에는 가처분의 피보전권리를 기록하여야 하는바, 피보전권리가 등기청구권인 경우 "피보전권리 소유권이전등기청구권, 소유권말소등기청구권"과 같이 기재한다.

다. 첨부정보

등기원인을 증명하는 정보로 가처분결정정본을 첨부정보로 제공한다.

해당 부동산이 미등기 부동산인 경우 ① 부동산의 표시를 증명하는 서면, ② 채무자의 성명·주소·주민등록번호를 증명하는 서면(촉탁서에 기재된 등기의무자가 곧 보존등기명의인이 되므로)을 제공한다. 그러나 촉탁대상 건물이 채무자의 소유에 속하는지 여부는 그 집행법원에서 판단할 사항이므로 집행법원이 이러한 건물에 대한 처분제한의 등기를 촉탁할 때에 채무자의 소유임을 증명하는 정보는 첨부정보로서 제공할 필요가 없다(선례 202001-3).

4) 실행절차(등기실행)

가. 등기부 작성·기입

(가) 등기사항

등기관이 가처분등기를 할 때에는 가처분의 피보전권리와 금지사항을 기록하여야 한다(규칙 제151조 제1항). 예컨대 "피보전권리 소유권이전등기청구권", "금지사항 양도, 담보권설정 기타 일체의 처분행위의 금지"로 기재한다.

이때 등기청구권의 원인(⑩ 매매, 사해행위 취소)은 기재(기록)하지 않는다(예규 881). [18 등기주사보 / 15 등기서기보]

가처분사건의 사건번호와 사건명, 결정법원 등의 등기사항과 채권자가 다수인 경우의 기록방법은 채권자 전원을 기록하고 채권자가 선정당사자인 경우에도 마찬가지로 채권자 전원을 기재한다. 이러한 부분은 가압류등기와 같으므로 가압류등기에서 자세히 설명한다(예규 1358).

(나) 등기형식

소유권에 대한 가처분은 주등기로, 소유권 외의 권리 및 가등기에 대한 가처분은 부기등기로 한다.

가처분의 피보전권리가 소유권의 이전 또는 말소등기청구권·소유권 이외(지상권·근저당권 등의 제한물권 또는 임차권등기)의 권리설정등기청구권으로서 **소유명의인을 가처분채무자로 하는 경우에는 그 가처분등기를 등기기록 중 갑구에 한다** (규칙 제151조 제2항). [22 등기서기보·법무사 / 21 등기서기보 / 20 법원사무관 / 18 법원사무관·법무사 / 15 등기서기보] 가처분채권자 명의의 소유권 외의 권리 설정등기를 할 때에는 그 등기가 가처분에 기초한 것이라는 뜻을 기록하여야 한다(법 제95조).

가처분의 피보전권리가 소유권 이외(제한물권 또는 임차권등기)의 권리이전등기청구권 또는 말소등기청구권인 경우에는 그 가처분등기를 등기기록 중 을구에 한다.

나. 각종 통지

등기가 경료되면 등기완료통지를 하게 되지만 신청인이 등기명의인이 되는 등기가 아니므로 등기필정보는 작성·통지하지 아니한다.

5) 가처분등기의 말소

가. 가처분등기는 가압류등기와 같이 법원의 촉탁에 따라 말소하는 것이 원칙이고, 당사자가 직접 가처분등기의 말소를 신청할 수는 없다.

나. 따라서 채무자가 가처분취소결정[9 법무사] 또는 "피고가 원고를 상대로 한 가처분 집행은 해제키로 한다"는 내용의 조정이 성립된 경우[23 법무사 / 15 법무사]에도 가처분채무자가 위 결정 등에 의하여 직접 등기소에 말소등기를 신청할 수는 없고 집행법원의 촉탁에 의하여 가처분등기를 말소하여야 한다(선례 6-491).

다. 법원의 말소등기촉탁 외의 사유로 가처분등기를 말소한 때에는 가압류등기 말소의 경우와 같이 그 뜻을 집행법원에 통지하여야 한다(예규 1368).

관련 기출지문

1 가처분의 피보전권리가 소유권 이외의 권리설정등기청구권으로서 소유명의인을 가처분채무자로 하는 경우에는 그 가처분등기를 등기기록 중 을구에 한다. (×) [22 등기서기보]

2 가처분의 피보전권리가 지상권설정등기청구권인 경우에는 그 가처분등기를 등기기록 중 을구에 한다. (×) [22 법무사 / 15 등기서기보]

3 가처분채무자가 법원으로부터 가처분취소결정을 받은 경우 그 결정에 의하여 직접 등기소에 말소등기를 신청할 수 있다. (×) [9 법무사]

4 "피고가 원고를 상대로 한 가처분집행은 해제키로 한다."는 내용의 조정이 성립된 경우에 가처분채무자인 원고는 그 조정조서에 의하여 직접 등기소에 가처분등기의 말소등기를 신청할 수 있다. (×) [15 법무사]

---

(2) 가처분등기 후 판결에 따른 등기와 침해등기의 신청말소

제94조(가처분등기 이후의 등기 등의 말소)

① 민사집행법 제305조 제3항에 따라 권리의 이전, 말소 또는 설정등기청구권을 보전하기 위한 처분금지가처분등기가 된 후 가처분채권자가 가처분채무자를 등기의무자로 하여 권리의 이전, 말소 또는 설정의 등기를 신청하는 경우에는, 대법원규칙으로 정하는 바에 따라 그 가처분등기 이후에 된 등기로서 가처분채권자의 권리를 침해하는 등기의 말소를 단독으로 신청할 수 있다.

② 등기관이 제1항의 신청에 따라 가처분등기 이후의 등기를 말소할 때에는 직권으로 그 가처분등기도 말소하여야 한다. 가처분등기 이후의 등기가 없는 경우로서 가처분채무자를 등기의무자로 하는 권리의 이전, 말소 또는 설정의 등기만을 할 때에도 또한 같다.

③ 등기관이 제1항의 신청에 따라 가처분등기 이후의 등기를 말소하였을 때에는 지체 없이 그 사실을 말소된 권리의 등기명의인에게 통지하여야 한다.

규칙 제152조(가처분등기 이후의 등기의 말소)

① 소유권이전등기청구권 또는 소유권이전등기말소등기(소유권보존등기말소등기를 포함한다. 이하 이 조에서 같다)청구권을 보전하기 위한 **가처분등기**가 마쳐진 후 그 가처분채권자가 가처분채무자를 등기의무자로 하여 소유권이전등기 또는 소유권말소등기를 신청하는 경우에는, 법 제94조 제1항에 따라 가처분등기 이후에 마쳐진 **제3자 명의의 등기의 말소**를 단독으로 신청할 수 있다. 다만, 다음 각 호의 등기는 그러하지 아니하다.

1. 가처분등기 전에 마쳐진 가압류에 의한 강제경매개시결정등기
2. 가처분등기 전에 마쳐진 담보가등기, 전세권 및 저당권에 의한 임의경매개시결정등기
3. 가처분채권자에게 대항할 수 있는 주택임차권등기등

② 가처분채권자가 제1항에 따른 소유권이전등기말소등기를 신청하기 위하여는 제1항 단서 각 호의 권리자의 승낙이나 이에 대항할 수 있는 재판이 있음을 증명하는 정보를 첨부정보로서 등기소에 제공하여야 한다.

규칙 제153조(가처분등기 이후의 등기의 말소)

① 지상권, 전세권 또는 임차권의 설정등기청구권을 보전하기 위한 **가처분등기**가 마쳐진 후 그 가처분채권자가 가처분채무자를 등기의무자로 하여 지상권, 전세권 또는 임차권의 설정등기를 신청하는 경우에는, 그 가처분등기 이후에 마쳐진 **제3자 명의의 지상권, 지역권, 전세권 또는 임차권의 설정등기**(동일한 부분에 마쳐진 등기로 한정한다)의 말소를 단독으로 신청할 수 있다.

② 저당권설정등기청구권을 보전하기 위한 가처분등기가 마쳐진 후 그 가처분채권자가 가처분채무자를 등기의무자로 하여 저당권설정등기를 신청하는 경우에는 그 가처분등기 이후에 마쳐진 **제3자 명의의 등기라 하더라도 그 말소를 신청할 수 없다.**

규칙 제154조(가처분등기 이후의 등기의 말소신청)

제152조 및 제153조 제1항에 따라 **가처분등기** 이후의 등기의 말소를 신청하는 경우에는 등기원인을 "가처분에 의한 실효"라고 하여야 한다. 이 경우 제43조 제1항 제5호에도 불구하고 그 연월일은 신청정보의 내용으로 등기소에 제공할 필요가 없다.

---

1) 서설(법 제94조, 규칙 제152조 등)

가처분등기는 처분금지적 효력이 있으나 가처분 위반행위의 효력을 부정할 수 있는 시기는 본안소송에서 승소확정판결 등을 받은 경우이므로, 권리가 본안에서 확정되기 전까지 채무자는 얼마든지 가처분에 저촉되는 처분행위를 할 수 있다. 그러나 가처분채권자가 본안소송에서 승소확정판결 등에 따라 피보전권리의 실현등기를 하게 되면 가처분을 침해하는 등기는 상대적으로 효력을 상실하게 된다. 이 경우 가처분에 저촉되는 제3자 명의의 등기를 어떻게 처리하여야 하는지가 문제된다.

이 점에 관하여 법 제94조는 민사집행법 제305조 제3항에 따라 권리의 이전, 말소 또는 설정등기청구권을 보전하기 위한 처분금지가처분등기가 된 후 가처분채권자가 가처분채무자를 등기의무자로 하여 권리의 이전, 말소 또는 설정의 등기를 신청하는 경우에는, 대법원 규칙으로 정하는 바에 따라 그 가처분등기 이후에 된 등기로서 **가처분채권자의 권리를 침해**

하는 등기의 말소를 단독으로 신청할 수 있고, 등기관이 이러한 신청에 따라 가처분등기 이후의 등기를 말소할 때에는 직권으로 **그 가처분등기도 말소하여야 한다**고 규정하고 있다. 그 구체적 절차는 규칙 제152조부터 제154조까지와 예규 1690호 및 1691호에서 정하고 있는바, 이러한 규정들을 중심으로 말소절차를 살펴보기로 한다.

2) 소유권에 관한 가처분등기(예규 1690)

가. 피보전권리가 소유권이전등기청구권인 경우

소유권이전등기청구권을 보전하기 위한 가처분등기가 마쳐진 후 그 가처분채권자가 본안소송에서 승소하여 가처분채무자를 등기의무자로 하여 소유권이전등기를 신청하는 경우에는 그 가처분등기 이후에 된 등기로서 가처분채권자의 권리를 침해하는 등기(가처분채권자에게 대항할 수 없는 등기)의 말소를 가처분채권자가 단독으로 신청할 수 있다(규칙 제152조 제1항). [20 법원사무관 / 18 법무사 / 13 법무사]

(가) 제3자 명의의 등기가 소유권이전등기인 경우

　가) 신청말소 대상이 되는 등기

　　① 가처분채권자가 본안사건에서 승소하여 그 확정판결의 정본을 첨부하여 소유권이전등기를 신청하는 경우, 그 가처분등기 이후에 **제3자 명의의 소유권이전등기가 경료되어 있을 때에는** ㉠ 가처분에 기한(판결에 따른) 소유권이전등기신청과 ㉡ 가처분등기 이후에 경료된 제3자 명의의 소유권이전등기의 말소신청을 ㉢ **반드시 동시에** ㉣ **단독**으로 신청하여야 한다.

　　[21 등기서기보 / 19 법무사 / 12 법무사]

　　② 이 경우 그 가처분등기 이후의 제3자 명의의 소유권이전등기를 말소하고 **가처분채권자의 소유권이전등기를 하여야 한다**(🌐 제3자의 등기는 가처분권자에게 대항할 수 없으므로 말소의 대상이 된다). [18 등기주사보]

　　③ 甲에서 乙로, 乙에서 丙으로, 丙에서 丁으로 순차 각 소유권이전등기가 마쳐진 부동산에 대하여 사해행위취소로 인한 소유권이전등기말소등기청구권을 피보전권리로 한 A 명의의 처분금지가처분등기가 마쳐진 다음 丁에서 甲으로 '진정명의회복'을 원인으로 한 소유권이전등기가 마쳐진 경우라도 본안소송에서 승소확정판결을 받은 A는 이 판결에 의하여 단독으로 丁 명의의 소유권이전등기의 말소등기를 신청하면서 가처분등기 이후에 마쳐진 甲 명의의 소유권이전등기의 말소등기도 함께 신청할 수 있다(선례 201806-5).

　나) 신청말소 대상이 되지 않는 등기

　　제3자 명의의 소유권이전등기가 가처분등기에 우선하는 저당권 또는 압류에 기한 경매절차에 따른 매각을 원인으로 하여 이루어진 것인 때에는 가처분채권자의 말소신청이 있다 하더라도 이를 말소할 수 없는 것이므로, 그러한 말소신청이 있으면 경매개시결정의 원인이 가처분등기에 우선하는 권리에 기한 것인지 여부를 조사(새로운 등기기록에 이기된 경우에는 폐쇄등기기록 및 수작업 폐쇄등기부까지 조사[24 법무사])하여, 그 소유권이전등기가 가처분채권자에 우선하는 경우에는 ㉠ 가처분에 기한(판결에 따른) 소유권이전등기신청과 ㉡ 제3자 명의 소유권이전등기의 말소신청)을 전부 수리하여서는 아니 된다. [12 법무사] 왜냐하면, 소유권은 양립할 수 없으므로 가처분 후의 소유권이전등기를 말소할 수 없다면 가처분에 기한 소유권이전등기신청도 수리할 수 없기 때문이다. [12 법무사]

(나) 제3자 명의의 등기가 소유권이전 외의 등기인 경우

가) 신청말소 대상이 되는 등기

① 가처분채권자가 본안사건에서 승소하여 그 확정판결의 정본을 첨부하여 소유권이전등기를 신청하는 경우 그 가처분등기 이후에 제3자 명의의 가등기 · 가처분 · 가압류 · 국세체납 압류[13 법무사 / 12 법무사] · 경매개시결정등기, 소유권 이외의 권리에 관한 등기 등이 경료되어 있을 때에는 ㉠ 가처분에 기한(판결에 따른) 소유권이전등기신청과 ㉡ 가처분등기 이후에 경료된 제3자 명의의 등기(소유권이전등기 이외의 등기)의 말소신청을 ㉢ 동시에 ㉣ 단독으로 신청하여야 한다.

② 이 경우 그 가처분등기 이후의 등기를 말소하고 가처분채권자의 소유권이전등기를 하여야 한다(⑬ 제3자의 등기는 가처분권자에게 대항할 수 없으므로 말소의 대상이 된다).

③ 만약 가처분채권자가 그 가처분에 기한 소유권이전등기만 하고 가처분등기 이후에 경료된 제3자 명의의 소유권 이외의 등기의 말소를 동시에 신청하지 아니하였다면 그 소유권이전등기가 가처분에 기한 소유권이전등기였다는 소명자료를 첨부하여 다시 가처분등기 이후에 경료된 제3자 명의의 등기의 말소를 신청하여야 한다. [24 법무사]

④ 따라서 부동산처분금지가처분등기 후 제3자가 근저당권설정등기를 하고 가처분권리자가 그 부동산의 소유권이전등기를 구하는 본안소송에서 승소하여 그 확정판결에 기한 소유권이전등기를 신청할 때에는 위 제3자명의의 근저당권설정등기의 말소신청도 동시에 하여 그 근저당권설정등기를 말소하고 소유권이전등기를 하여야 하나, 가처분에 기한 소유권이전등기만 하고 근저당권설정등기는 말소되지 않은 상태에서 가처분등기가 법원의 촉탁에 의하여 말소된 경우에도, 가처분채권자는 그 소유권이전등기가 가처분에 기한 소유권이전등기였다는 소명자료를 첨부하여 다시 제3자 명의의 근저당권설정등기를 말소신청할 수 있다(선례 3-771).

나) 신청말소 대상이 되지 않는 등기(규칙 제152조)

① 가처분등기 전에 마쳐진 가압류에 의한 강제경매개시결정등기 [24 법무사 / 13 법무사]

② 가처분등기 전에 마쳐진 담보가등기, 전세권 및 저당권에 의한 임의경매개시결정등기 [12 법무사]

③ 가처분채권자에 대항할 수 있는 임차인 명의의 주택임차권등기, 주택임차권설정등기, 상가건물임차권등기 및 상가건물임차권설정등기 등 [13 법무사]

이러한 등기가 있는 경우에는 제3자의 등기를 말소하지 아니하고 가처분채권자의 소유권이전등기를 하여야 한다.

왜냐하면, 소유권 외의 권리는 소유권과 양립할 수 있으므로 가처분 후의 말소할 수 없는 소유권 이외의 권리의 등기가 있다면 이를 인수하여 말소하지 않고 가처분에 기한 소유권이전등기신청을 수리할 수 있기 때문이다.

(다) 토지거래허가절차이행청구권을 피보전권리로 하는 가처분등기의 효력

토지거래허가절차이행청구권을 피보전권리로 하는 가처분등기가 경료되고, 가처분채권자가 본안소송에서 승소확정판결(또는 이와 동일시할 청구의 인낙이나 조정, 화해)을 받아 소유권이전등기를 신청하는 경우 당해 가처분등기 이후에 경료된 제3자 명의의 가등기, 소유권 이외의 권리에 관한 등기, 가압류등기, 경매개시결정등기, 처분금지가처분등기 등의 말소등기도 위 소유권이전등기신청과 함께 신청할 수 있다(선례 201006-2). [16 법원사무관 / 15 법무사]

(라) 부동산 전부에 대하여 가처분등기 후 일부 지분에 대하여 소유권이전등기 판결을 받은 경우

부동산 전부에 대하여 가처분등기를 한 후 일부지분에 대하여 소유권이전을 내용으로 하는 승소판결을 받은 경우에는, 승소한 일부지분에 대한 이전등기를 하여야 한다. 만일 위 가처분 후에 제3자 앞으로 부동산 전부를 목적으로 하는 소유권이전등기가 있거나 근저당권이 설정된 경우에는 가처분에 기한 승소판결 부분과 저촉되는 부분에 대한 일부말소 의미의 경정등기를 하여야 한다(선례 4-623 등).

(마) 가액배상판결을 받은 경우

처분금지가처분등기가 이루어진 후 가처분채권자가 본안사건에서 승소한 경우, 그 승소판결에 의한 소유권이전등기(말소)신청과 동시에 가처분채권자에게 대항할 수 없는 등기의 말소도 단독으로 신청할 수 있으나, 이 경우의 본안사건은 소유권이전등기나 그 등기의 말소를 명하는 판결이어야 한다.

따라서 사해행위 취소로 인한 원상회복청구권을 피보전권리로 하여 처분금지가처분등기가 되고 그 후 근저당권설정등기가 이루어진 상태에서 가처분채권자가 본안사건에서 소유권이전등기나 소유권이전등기의 말소를 명하는 판결이 아닌 **가액**

배상을 명하는 판결을 받았다면, 그 판결로는 소유권이전등기나 소유권이전등기의 말소를 신청할 수 없으므로 **가처분등기 후에 마쳐진 근저당권설정등기의 말소도 신청할 수 없다**(선례 201112-1). [23 법무사 / 16 법원사무관 / 15 법무사]

(바) 가처분채권자가 승소판결에 의하지 아니하고 가처분채무자와 공동으로 가처분에 기한 소유권이전등기 또는 소유권이전등기말소등기를 신청하는 경우

① 가처분에 기한 것이라는 소명자료를 첨부하여 가처분채권자가 가처분채무자와 공동으로 가처분에 기한 소유권이전등기 또는 소유권말소등기를 신청하는 경우 그 가처분등기 이후에 경료된 제3자 명의의 등기의 말소도 가처분채권자가 단독으로 신청한다. [18 등기주사보] 이러한 경우에도 말소된 권리의 등기명의인에게 말소등기통지를 하여야 한다. [24 법무사] 해당 가처분등기는 일반원칙에 따라 직권으로 말소된다.

② 가처분권리자가 승소판결에 의하지 아니하고 가처분채무자와 공동으로 가처분에 기한 소유권이전등기를 신청하는 경우, 그 소유권이전등기가 가처분에 기한 것이라는 소명자료를 첨부하여 그 가처분등기 이후에 경료된 제3자 명의의 등기의 말소등기를 신청할 수 있는바, 위 '가처분에 기한 것이라는 소명자료'란 그 소유권이전등기가 당해 가처분의 피보전권리를 실현하는 내용의 소유권이전등기임을 소명하는 자료를 의미하는 것으로서 예컨대 그러한 사실이 나타나는 가처분신청서 사본 등이 있을 수 있다.

그러나 **가처분채무자가 작성한 서면**(예) 채무자가 당해 가처분결정에 기한 소유권이전등기임을 확인하는 내용의 서면)은 위 '가처분에 기한 것이라는 소명자료'에 해당하지 않는다(선례 6-489). [16 법원사무관] 따라서 이러한 서면을 제공하여 가처분에 저촉되는 등기의 말소도 **단독으로 신청할 수 없다.**

(사) 가처분의 효력이 승계되는지 여부

① 부동산이 최초양도인(갑), 중간자(을), 최종양수인(병)으로 전전 양도된 경우 소유권이전등기는 먼저 체결된 계약에 따라 순차적으로 이루어져야 하므로(「부동산등기 특별조치법」 제2조 제2항, 제3항), 위 계약을 토대로 소유권이전등기청구권을 피보전권리로 하는 을명의의 가처분등기가 된 후 병이 그 피보전채권을 양수하였다 하더라도 갑으로부터 바로 병 명의로 소유권이전등기를 신청할 수 없다. 다만 갑과 소유권이전계약을 체결한 을이 반대급부의 이행이 완료되기 전에 병과 계약당사자의 지위를 이전하는 계약을 체결한 때에는 병은 갑과 공동신청 또는 갑을 상대로 소유권이전등기절차를 이행하라는 승소확정판결을 받아 단독으로 소유권이전등기를 신청할 수 있는바, 이 경우 을 명의의 가처분등기가 되었다면 병은 그 피보전권리의 승계인임을 소명하여 소유권이전등기신청과 함께 가처분등기 후에 마쳐진 제3자 명의의 가등기, 가압류등기, 처분금지가처분등기 등에 대한 말소등기를 신청할 수 있다(선례 200912-

3).

② 즉 甲(매도인)과 매매계약을 체결한 乙(매수인)이 甲 소유의 부동산에 가처분을 한 후 그 지위를 반대급부의 이행 전에 丙에게 이전하고, 나중에 丙이 甲을 상대로 한 소유권이전등기소송에서 승소하였다면, 丙은 판결에 따른 소유권이전등기를 신청할 때에 가처분에 저촉되는 등기의 말소를 동시에 신청할 수 있다. [16 법원사무관]

나. 피보전권리가 소유권이전등기 말소등기청구권인 경우(소유권보존등기말소등기 포함)

소유권이전등기말소등기청구권을 보전하기 위한 가처분등기가 마쳐진 후 그 가처분채권자가 본안소송에서 승소하여 가처분채무자를 등기의무자로 하여 소유권말소등기를 신청하는 경우에는 그 가처분등기 이후에 된 등기로서 가처분채권자의 권리를 침해하는 등기의 말소를 단독으로 신청할 수 있다(규칙 제152조 제1항).

(가) 제3자 명의의 등기가 소유권이전등기인 경우

가) 가처분채권자가 본안사건에서 승소하여 그 확정판결의 정본을 첨부하여 소유권이전등기말소등기를 신청하는 경우, 그 가처분등기 이후에 제3자 명의의 소유권이전등기가 경료되어 있을 때에는 ㉠ 가처분에 기한(판결에 따른) 소유권이전등기 말소등기신청과 ㉡ 가처분등기 이후에 경료된 제3자 명의의 소유권이전등기의 말소등기신청을 ㉢ 동시에 ㉣ 단독으로 신청하여야 한다. [22 등기서기보]

나) 이 경우 그 가처분등기 이후의 제3자 명의의 소유권이전등기를 말소하고 가처분채권자의 소유권이전등기말소등기를 하여야 한다(🔒 제3자의 등기는 가처분권자에게 대항할 수 없으므로 말소의 대상이 된다). [22 등기서기보]

(나) 제3자 명의의 등기가 소유권이전 외의 등기인 경우

가) 신청말소 대상이 되는 등기

① 가처분채권자가 본안사건에서 승소하여 그 확정판결의 정본을 첨부하여 소유권이전등기말소등기를 신청하는 경우, 가처분등기 이후에 경료된 제3자 명의의 소유권이전등기를 제외한 가등기, 소유권 이외의 권리에 관한 등기, 가압류등기, 국세체납에 의한 압류등기, 경매신청등기와 처분금지가처분등기 등이 경료되어 있을 때에는 ㉠ 가처분에 기한(판결에 따른) 소유권이전등기말소등기신청과 ㉡ 가처분등기 이후에 경료된 제3자 명의의 등기말소등기신청을 ㉢ 동시에 ㉣ 단독으로 신청하여야 한다.

② 이 경우 그 가처분등기 이후의 제3자 명의의 소유권이전 외의 등기를 말소하고 가처분채권자의 소유권이전등기말소등기를 하여야 한다.

나) 신청말소 대상이 되지 않는 등기(규칙 제152조 제2항)

① 가처분채권자가 본안사건에서 승소하여 그 확정판결의 정본을 첨부하여 소유권이전등기말소등기를 신청하는 경우 아래와 같은 등기 등이 가처분

등기 이후에 경료된 때에는 그 자들의 승낙이 없는 한 말소등기를 할 수 없다(⬢ 가처분권자에게 대항할 수 있는 위 권리자들은 가처분에 기한 소유권이전(보존)등기의 말소에 대해서 등기상 이해관계인이므로).

> ㉠ 가처분등기 전에 마쳐진 가압류에 의한 강제경매개시결정등기[22 법원사무관]
> ㉡ 가처분등기 전에 마쳐진 담보가등기, 전세권 및 저당권에 의한 임의경매개시결정등기
> ㉢ 가처분채권자에게 대항할 수 있는 주택임차권등기등

② 이 경우 가처분채권자가 가처분채무자의 소유권이전등기의 말소등기를 신청하기 위해서는 위 권리자의 승낙이나 이에 대항할 수 있는 재판이 있음을 증명하는 정보를 제공하여야 한다(규칙 제152조 제2항). [22 법원사무관 / 18 등기주사보]

③ 가처분 채권자가 본안소송에서 소유권이전등기의 말소를 명하는 확정판결을 받았으나 가처분등기 전에 그 말소 대상인 소유권이전등기에 터잡아 마쳐진 가압류등기가 있는 경우, 그 소유권이전등기의 말소신청과 관련하여 위 가압류등기는 말소할 권리를 목적으로 하는 제3자의 권리에 관한 등기에 해당하므로(법 제57조 제1항), 위 가압류채권자는 그 소유권이전등기의 말소에 관하여 등기상 이해관계 있는 제3자라고 할 것이고 따라서 그 소유권이전등기의 말소를 신청하기 위해서는, 위 가압류채권자의 승낙이 있음을 증명하는 정보 또는 이에 대항할 수 있는 재판이 있음을 증명하는 정보를 첨부정보로서 등기소에 제공하여야(규칙 제46조 제1항 제3호) 한다. 만약 위와 같은 정보를 제공하지 아니한 경우에는 법 제29조 제9호의 각하사유에 해당한다(선례 201301-1).

④ 규칙 제152조 제1항 제1호 및 제2호에서 말하는 "가처분등기 전에 마쳐진 가압류등기 또는 담보가등기, 전세권 및 저당권 등기"라 함은 등기기록상 가처분등기 전에 마쳐진 것을 말하고, "가처분(소유권이전등기말소등기청구권 보전 가처분)의 목적인 소유권이전등기 후 가처분등기 전에 마쳐진 가압류등기 또는 담보가등기, 전세권 및 저당권등기"로 제한된다고 볼 수 없다. 따라서 갑 소유의 부동산에 을 명의의 근저당권설정등기가 마쳐지고 이어서 병에게 소유권이 이전된 후 갑의 채권자인 정에 의한 가처분등기(사해행위를 원인으로 하는 소유권이전등기말소등기 청구권 보전 가처분)와 근저당권자 을의 신청에 의한 임의경매개시결정등기가 순차로 마쳐진 상태에서, 가처분권리자 정이 병을 피고로 한 사해행위취소소송의 본안소송에서 승소하여 그 판결문을 가지고 병 명의의 소유권이전등기에 대한 말소등기를 신청한 경우, 근저당권자 겸 경매신청채권자 을의 승낙이나 이에 대항할 수 있는 재판이 있음을 증명하는 정보의 제공 없이는 병

명의의 소유권이전등기의 말소등기를 할 수 없다(선례 201308-2).

(다) 가처분의 피보전권리가 말소등기청구권이나 소유권이전등기판결을 받은 경우

가) 보전처분의 피보전권리와 본안의 소송물인 권리는 <u>청구의 기초의 동일성이</u> 인정되는 한 보전의 효력은 본안소송의 권리에 미치는 것이다.

나) 따라서 사해행위취소에 의한 보존등기말소청구권을 피보전권리로 하는 처분금 지가처분결정을 받아 가처분등기가 경료된 후 본안소송에서 사해행위취소로 인한 원상회복을 원인으로 한 소유권이전등기절차의 이행을 명하는 확정판결을 받은 경우, 가처분신청서 사본에 의하여 소유권이전등기가 가처분에 기한 등기 임이 확인된다면 원고는 소유권이전등기신청과 함께 단독으로 그 가처분등기 이후에 경료된 등기로서 자신에게 대항할 수 없는 등기의 말소를 신청할 수 있고, 만일 소유권이전등기만 하고 자신에게 대항할 수 없는 등기의 말소를 동시 에 신청하지 아니하였다면 그 소유권이전등기가 가처분에 기한 소유권이전등기 였다는 소명자료를 첨부하여 위 등기의 말소를 신청할 수 있다(선례 8-287).

다) 마찬가지로 <u>소유권이전등기말소청구권</u>을 피보전권리로 하는 처분금지가처분 등기가 기입된 후 <u>본안소송에서 소유권이전등기절차를 이행한다는 조정</u>이 성 립되어 가처분권리자가 위 조정에 의해 소유권이전등기를 신청하는 경우, 위 조정에 의한 소유권이전등기가 가처분의 피보전권리인 소유권이전등기말소청 구권과 <u>비록 그 등기 유형이 상이하더라도 그 청구의 기초의 동일성이 인정된</u> <u>다면</u> 그 보전처분의 보전의 효력은 본안소송의 권리에 미친다고 보아야 할 것 이므로, <u>판결에 따른 등기와 가처분등기 이후에 경료된 가압류등기도 말소신</u> <u>청을 동시에 할 수 있을 것이다</u>(선례 8-289). [10 법무사]

3) 소유권 외의 권리에 관한 가처분등기(예규 1691)

가. 피보전권리가 부동산의 사용·수익을 목적으로 하는 소유권 이외의 권리(지상권, 전세권, 임차권, 주택임차권, 상가건물임차권, 다만 지역권은 제외)의 설정등기를 신청하는 경우

(가) 신청말소 대상이 되는 등기

가) 처분금지가처분에 기하여 부동산의 사용·수익을 목적으로 하는 소유권 이외 의 권리(지상권, 전세권, 임차권, 주택임차권, 상가건물임차권, 다만 지역권 은 제외)의 <u>(용익권)설정등기</u>를 신청하는 경우, 그 가처분등기 이후에 그 부분 과 중첩되는 범위(동일한 부분에 마쳐진) 부동산의 사용·수익을 목적으로 하 는 제3자 명의의 소유권 이외의 권리(지상권, 지역권, 전세권, 임차권, 주택임 차권, 상가건물임차권)의 등기가 경료되어 있는 경우에 가처분권자는 ㉠ 가처 분에 기한 지상권, 전세권 또는 임차권·주택임차권·상가건물임차권의 설정 등기신청과 ㉡ 그 가처분등기 이후에 경료된 제3자 명의의 등기(저촉되는 용 익권)의 말소신청을 ㉢ 동시에 ㉣ 단독으로 신청하여야 한다. [18 법무사]

나) 이 경우 그 가처분등기 이후의 제3자 명의의 등기를 말소하고 가처분채권자의
용익권설정등기를 하여야 한다.

(나) 신청말소 대상이 되지 않는 등기

가) 용익권의 가처분과 중첩되지 않는 범위의 등기

처분금지가처분에 기하여 용익권의 설정등기를 신청하는 경우, 그 가처분등
기 이후에 그 부분과 중첩되지 않는 범위의 용익권은 가처분의 피보전채권과
양립할 수 있으므로 신청말소의 대상이 되지 않는다.

따라서 처분금지가처분에 기하여 부동산의 사용·수익을 목적으로 하는 소유
권 이외의 권리(지상권, 전세권, 임차권, 주택임차권, 상가건물임차권, 다만
지역권은 제외)의 설정등기를 하는 경우 그 설정등기와 양립할 수 있는(중첩
되는 범위가 아닌) 용익물권설정등기, 임차권설정등기, 주택임차권등기, 주택
임차권설정등기, 상가건물임차권등기, 상가건물임차권설정등기는 가처분등기
이후에 경료된 것이라도 이를 말소하지 아니한다.

나) 용익권을 침해하지 않는 소유권의 변동을 초래하는 등기

따라서 처분금지가처분에 기하여 부동산의 사용·수익을 목적으로 하는 소유
권 이외의 권리(지상권, 전세권, 임차권, 주택임차권, 상가건물임차권, 다만
지역권은 제외)의 설정등기를 하는 경우, 부동산의 사용·수익을 목적으로 하
는 소유권 이외의 권리(용익권)가 아닌 제3자 명의의 등기(소유권이전등기,
가등기, 가압류, 국세체납에 의한 압류등기, 처분금지가처분등기, 저당권 등)
는 가처분등기 이후에 경료된 것이라도 이를 말소하지 아니한다. 소유권의 이
전이 있더라도 용익권자는 계속하여 사용·수익할 수 있으므로 **용익권을 침
해하지 않기 때문**이다.

> ① 소유권이전등기
> ② 소유권이전청구권가등기
> ③ 소유권에 관한 가처분 및 가압류 등 처분제한의 등기
> ④ 소유권에 관한 체납처분으로 인한 압류등기
> ⑤ 소유권에 관한 (근)저당권설정등기 [23 법무사 / 21 등기서기보]

다) 가처분권자에게 대항할 수 있는 등기

가처분채권자에게 대항할 수 있는 임차인 명의의 주택임차권등기, 주택임차
권설정등기, 상가건물임차권등기, 상가건물임차권설정등기가 가처분등기 이
후에 경료되어 있는 때에는 말소대상이 되지 않는다.

이 경우 가처분에 의한 설정등기를 신청하기 위해서는 먼저 위 대항력 있는
임차인 명의의 주택임차권등기, 주택임차권설정등기, 상가건물임차권등기,
상가건물임차권설정등기를 말소하여야 한다.

나. 피보전권리가 부동산의 사용·수익을 목적으로 하지 않는 소유권 이외의 권리(지역권, (근)저당권)의 설정등기를 신청하는 경우

처분금지가처분에 기하여 지역권설정등기 또는 (근)저당권설정등기를 하는 경우, 그 가처분등기 이후에 경료된 제3자 명의의 등기(근저당권설정등기 등)는 이를 말소하지 아니한다. [18 등기주사보·법원사무관·법무사]

다. 처분금지가처분에 기한 소유권 이외의 권리의 설정등기의 방법

소유권 이외의 권리의 설정등기청구권을 보전하기 위한 처분금지가처분에 기하여 그 보전하여야 할 소유권 이외의 권리의 설정등기를 하는 때에는 그 등기의 목적 아래에 "○년 ○월 ○일 접수 제○○○호 가처분에 기함"이라고 기록하여 당해 설정등기가 가처분에 기한 것이라는 표시를 한다.

4) 가처분에 저촉되는 제3자등기의 말소절차

가처분채권자의 신청에 따라 가처분등기 이후의 등기의 말소를 신청하는 경우에는 등기원인을 "가처분에 의한 실효"라고 하여야 한다. 이 경우에도 불구하고 그 연월일은 신청정보의 내용으로 등기소에 제공할 필요가 없다(규칙 제154조).

5) 당해 가처분등기의 직권말소(법 제94조 제2항)

가처분등기 이후의 등기를 말소할 때에는 그 가처분등기도 직권으로 말소하여야 한다. 가처분등기 이후의 등기가 없는 경우로서 가처분채무자를 등기의무자로 하는 권리의 이전, 말소 또는 설정의 등기만을 할 때에도 또한 같다(당해 가처분등기의 직권말소). [24 법무사 / 23 등기서기보 / 22 법원사무관 / 18 법원사무관·법무사 / 14 등기서기보 / 13 법무사 / 12 법무사]

이러한 규정은 「부동산등기법」(법률 제16912호)이 시행(2020. 8. 5.)되기 전에 이미 마쳐진 가처분등기에 대하여도 동일하게 적용될 수 있을 것이다(선례 202112-4).

6) 집행법원 등에 통지(법 제94조 제3항)

등기관이 가처분등기 이후의 등기를 말소하였을 때에는 말소하는 이유 등을 명시하여 지체 없이 말소된 권리의 등기명의인에게 통지하여야 한다.

등기관이 집행법원의 촉탁으로 이루어지는 등기인 가압류등기, 가처분등기, 경매개시결정등기, 주택임차권등기, 상가건물임차권등기를 말소한 경우와 당해 가처분등기를 직권으로 말소한 때에는 지체 없이 그 뜻을 집행법원에 통지하여야 한다.

관련 기출지문

1. 가처분권리자가 승소판결에 의하지 아니하고 가처분채무자와 공동으로 가처분에 기한 소유권이전등기를 신청할 때에 그 등기가 해당 가처분결정에 기한 것임을 확인하는 내용의 가처분채무자가 작성한 서면을 첨부정보로서 제공하였다면 가처분에 저촉되는 등기의 말소도 함께 신청할 수 있다. (×) [16 법원사무관]

2. 처분금지가처분에 기하여 지상권, 전세권 또는 임차권의 설정등기를 신청하는 경우, 그 가처분등기 이후에 근저당권설정등기가 마쳐져 있는 때에는 그 근저당권설정등기의 말소신청도 동시에 하여 근저당권설정등기를 말소하고 가처분채권자의 등기를 하여야 한다. (×) [21 등기서기보]

3 저당권설정등기청구권을 보전하기 위한 가처분등기가 마쳐진 후 그 가처분권자가 가처분채무자를 등기의무자로 하여 저당권설정등기를 신청하는 경우에는 그 가처분등기 이후에 마쳐진 제3자 명의의 저당권설정등기의 말소를 단독으로 신청할 수 있다. (×) [18 법원사무관·법무사]

4 근저당권설정등기청구권을 보전하기 위한 가처분등기가 마쳐진 후 가처분에 따른 근저당권설정등기를 신청하는 경우에 가처분등기 이후에 마쳐진 제3자의 근저당권설정등기의 말소를 가처분채권자가 단독으로 신청한다. (×) [18 등기주사보]

5 등기관이 가처분채권자의 신청으로 가처분등기 이후의 등기를 말소할 때에는 직권으로 해당 가처분등기를 말소하지만, 가처분등기 이후의 등기가 없는 경우로서 가처분채무자를 등기의무자로 하는 소유권이전등기 또는 소유권이전(보존)등기말소등기만을 신청하는 경우에는 그러하지 아니하다. (×) [22 법원사무관]

2. 가압류등기 등

(1) 가압류등기

1) 서설

가. 의의(「민사집행법」 제276조, 동법 제293조)

가압류는 매매대금·대여금 등의 금전채권이나 금전으로 환산할 수 있는 채권에 관하여 장래에 실시할 강제집행을 보전하기 위하여 채무자의 재산을 잠정적으로 압류함으로써 그 처분권을 제한하는 보전처분이다. 가압류는 금전채권의 보전수단이라는 점에서 다툼의 대상(계쟁물) 자체에 대한 청구권보전을 위한 가처분과 구별된다.

가압류는 집행의 대상이 되는 재산의 종류에 따라 실무상 ① 부동산가압류, ② 자동차 등 등기·등록의 대상이 되는 동산가압류, ③ 유체동산가압류, ④ 금전채권가압류, ⑤ 유체물인도청구권 등 가압류, ⑥ 그 밖의 재산에 대한 가압류로 구분된다.

부동산 가압류에는 강제경매 보전을 목적으로 하는 부동산 소유권에 대한 가압류와 강제관리 보전을 목적으로 하는 부동산 수익권에 대한 가압류의 두 가지가 있다. 이 중 등기절차와 관련하여 주로 문제되는 것은 부동산 소유권에 대한 가압류이므로 이하에서는 이를 중심으로 설명하기로 한다.

가압류등기는 부동산 소유권에 대한 가압류의 집행방법으로서 가압류재판에 관한 사항을 기록하는 등기를 말한다(「민집」 제293조 제1항). 부동산 소유권에 대한 가압류 집행의 효력은 가압류등기를 마침으로써 발생하고, 가압류등기 후에는 해당 부동산에 대한 채무자의 매매 등 처분행위를 금지하는 효력을 가지게 된다.

나. 요건

다. 적용범위

(가) 물리적 일부만에 대한 가압류(법 제15조, 법 제29조 제2호) - ×(먼저, 대장상 분할등록 및 등기부상 분필등기 요함)

(나) 지분만에 대한 가압류(법 제29조 제2호, 규칙 제52조 제7호) - ○

공유지분은 소유권의 분량적 일부로서 자유로이 양도할 수 있고 독립하여 담보권의 목적이 되거나 강제경매의 대상이 될 수 있으므로 공유지분에 대한 가압류가 가능하다. 공유지분이 가압류의 목적물인 경우에는 촉탁서에 등기의 목적인 지분을 특정하여 표시하여야 한다. 예컨대 "57㎡ 중 23㎡"이라고 표시하여서는 아니되고, "57㎡에 대한 23/57 지분"과 같이 지분을 정확히 표시하여야 한다.

(다) 상속등기 되지 않은 부동산에 대하여 상속인을 상대로 가압류 결정

상속등기를 하지 아니한 부동산에 대하여 상속인을 상대로 한 가압류결정이 있을 때에는 가압류채권자는 가압류등기촉탁 이전에 먼저 대위에 의한 상속등기를 함으로써 등기의무자의 표시를 등기기록과 일치시켜야 한다(법 제29조 제7호, 예규 1432). [21 법원사무관 / 18 법무사 / 17 등기서기보 / 11 법무사 / 10 법무사] 이때 대위원인은 "○년 ○월 ○일 ○○지방법원의 가압류 결정"이라고 기재하고, 대위원인증서로 가압류결정의 정본 또는 등본을 첨부한다.

가압류등기는 금전채권 등에 관하여 장래에 실시할 강제집행을 보전하기 위한 제도로서 그 원인이 등기원인을 발생시키는 것이 아니므로 포괄승계인에 대한 등기신청(촉탁)의 법리가 적용될 수 없다(법 제27조). 따라서 피상속인과 원인행위가 있었는지, 상속인과 원인행위가 있었는지를 불문하고 대위상속등기를 거친 후 가압류기입등기를 하여야 한다. 이 경우 대위상속등기에 관하여 법원이 할 수 있다는 규정이 없으므로 가압류신청인이 취득세 등을 납부하고 대위상속등기를 경료하여야 할 것이다.

(라) 기타

가) 미등기 부동산 : ○(직권보존등기 후)

미등기 부동산이라도 채무자의 소유임을 증명하는 서면과 부동산의 표시를 증명하는 서면을 가압류 등기촉탁서에 첨부한 경우에는 가압류를 할 수 있다(법 제66조). 이 경우 등기관은 직권으로 채무자 명의의 소유권보존등기를 한 후 가압류등기를 한다.

나) 합유지분 : ×

합유물인 부동산에 대한 가압류 등기는 가능하나 합유지분에 대한 가압류 등기는 할 수 없다. 합유지분은 공유지분과 달리 조합의 목적과 단체성에 의하여 제한을 받으므로 조합원의 지위와 분리하여 지분만을 처분할 수는 없기 때문이다. 합유지분에 대한 가압류의 촉탁은 법 제29조 제2호의 "사건이 등기할 것이 아닌 경우에 해당하고, 위 합유지분에 대하여 이미 마쳐진 등기는 법 제58조에 따른 직권말소 대상이다(선례 7-314)."

다) 가등기된 청구권 : ○(부기등기)

등기이전청구권은 등기된 때(「부동산등기법」 제3조의 규정에 의하여 그 청구권이 가등기된 때)에 한하여 부기등기의 방법에 의하여 가압류의 등기를 할 수 있으므로, 소유권 등의 권리에 대한 이전등기청구권에 대한 **가압류등기는 그 청구권이 가등기된 때에 한하여 부기등기의 방법으로 할 수 있다.** [22 법무사 / 19 등기서기보 · 등기주사보 / 18 법원사무관 / 17 등기주사보 / 14 등기서기보] 즉 소유권이전등기청구권에 대한 가압류는 그 청구권이 **가등기되지 않으면** 등기를 할 수 없다. [14 법무사] 그러므로 가처분등기의 피보전권리가 소유권이전등기청구권이라고 하더라도 '가처분소유권이전등기청구권가압류등기'는 등기할 것이 아니다(선례 8-295). [10 법무사]

라) 대지권등기를 한 구분건물

대지권을 등기한 구분건물의 경우에는 그 건물 또는 토지만에 대한 가압류등기를 할 수 없다. 전유부분과 대지권의 일체성은 강제집행에 의한 환가 및 그 보전을 위한 가압류등기에도 적용되기 때문이다.

마) 용익물권에 대한 가압류 [11 법무사]

① 전세권

채권자는 그 밖의 재산권에 대한 집행방법에 따라 전세권 자체를 가압류할 수 있다(「민집」 제251조 제1항). 전세권을 가압류한 경우에는 법원사무관 등이 그 사유를 등기기록에 기입하도록 등기소에 촉탁하여야 한다(「민집」 제94조 제1항, 제291조, 「민집규」 제213조 제2항).

다만 전세권의 존속기간이 만료되거나 합의해지된 경우에는, 전세권에 대한 가압류는 허용되지 않고 전세금반환채권에 대한 가압류의 방법으로 집행하여야 한다. 즉 **전세금반환청구권의 가압류는 전세권이 종료된 경우에는 제한 없이 인정되나, 전세권이 존속하고 있는 경우에는 전세권의 종료를 조건부 또는 기한부로 한 경우에 허용된다**(「부동산등기실무Ⅲ」 p. 97). [24 등기서기보]

② 등기된 임차권

등기된 임차권의 경우에는 전세권과 같이 임차권 자체에 대하여 가압류등기를 할 수 있다(「민집규」 제213조 제2항).

바) 저당권이 있는 채권의 가압류

저당권이 있는 채권이 가압류되면 저당권이 있는 채권의 압류에 관한 민사집행법 제228조를 준용하여 채권가압류 사실을 등기기록에 기록할 수 있다. 이러한 가압류등기는 채권자의 신청에 의하여 법원사무관 등이 등기소에 촉탁하여야 한다(「민집」 제228조, 제291조 참조). 이 경우 촉탁서에는 ① 등기권리자로 가압류채권자를, 등기의무자로는 저당권자(채무자)를 각각 기재하고 ② 등기원인은 법원의 가압류결정으로 기재한다.

라. 효과

　　(가) 처분금지의 효력

　　　　가압류의 집행으로 그 등기가 이루어지면 해당 부동산에 대하여 채무자가 매매·증여·근저당권설정, 그 밖에 일체의 처분을 금지하는 효력이 생긴다. 그러나 채무자가 가압류등기 후에 처분행위를 하였더라도 그 처분행위가 **절대적으로 무효가 되는 것이 아니다.** [19 법무사] 처분행위의 당사자, 즉 채무자와 제3취득자(소유권 또는 담보권 등을 취득한 자) 사이에서는 그들 사이의 거래행위가 여전히 유효하고, 단지 그것을 가압류채권자에 대하여 집행보전의 목적을 달성하는 데 필요한 범위 안에서 주장할 수 없음에 그친다(상대적 효력, 대판 1987.6.9, 86다카2570, 대판 1994.11.29, 94마417 등). 가압류의 목적이 장차 목적물을 현금화하여 그로부터 금전적 만족을 얻자는 데 있는 것이므로, 그러한 목적달성에 필요한 범위를 넘어서까지 채무자의 처분행위를 막을 필요는 없기 때문이다.

　　　　즉 가압류가 등기되면 부동산에 대하여 채무자가 매매·증여·근저당권설정, 그 밖에 일체의 처분행위를 금지하는 효력이 생긴다. 따라서 **가압류 후의 권리를 취득한 자는** 매각에 있어서 말소촉탁의 대상이 된다.

　　(나) 상대적 무효

　　　　위와 같이 부동산에 대한 가압류는 **상대적 효력을 가질 뿐이므로 채무자의 처분행위로 부동산을 취득한 자가 이에 따른 등기를 신청하면 등기관은** 가압류집행 중임을 이유로 이를 **거부할 수 없고(수리하여야 하고)**[11 법무사], 취득자가 그 등기를 마치면 가압류채권자 외의 자에 대해서는 그 취득의 효과를 주장할 수 있다.

　　　　가압류나 가처분의 효력은 상대적 효력에 그치는데, 그 처분행위가 절대적으로 무효가 된다는 것이 아니라 채무자와 제3자 사이에서는 거래행위가 여전히 유효하고, 단지 그것을 가압류채권자 또는 가처분채권자에게 대항할 수 없을 뿐이다.

　　(다) 기타

　　　　근저당권설정등기에 부기등기의 방법으로 **피담보채권의 가압류등기가 집행**된 경우 담보물권의 수반성에 의해 **종된 권리인 근저당권에도 가압류의 효력**이 미친다.

　　　　[20 법원사무관]

2) 개시

부동산에 대한 가압류의 집행은 가압류재판에 관한 사항을 등기부에 기입하여야 하며, 가압류등기는 법원사무관 등이 촉탁한다(「민집」 제293조 제1항, 제3항).

3) 촉탁절차

가. 촉탁인

　　가압류등기는 가압류 집행법원의 법원사무관 등이 촉탁한다(「민집」 제293조 제3항).

나. 촉탁정보

가압류등기 촉탁서에는 ① 부동산의 표시, ② 사건번호와 사건명(예규 1129), ③ 청구금액(예규 1023), ④ 채권자의 성명(명칭)·주소(사무소 소재지)·주민등록번호(부동산등기용등록번호), ⑤ 채무자의 성명(명칭)·주소(사무소 소재지), ⑥ 등기원인 및 그 일자["ㅇ년 ㅇ월 ㅇ일 가압류결정"]로 가압류결정 및 그 연월일을 기재하여야 한다. 부동산의 표시를 할 때 구분건물인 경우에는 1동 건물의 표시와 전유부분 건물의 표시, 대지권이 있는 때에는 대지권의 표시도 하여야 한다.

다. 첨부정보

가압류의 등기원인을 증명하는 정보로 가압류결정 정본을 첨부하여야 한다.

해당 부동산이 미등기 부동산인 경우 ① 부동산의 표시를 증명하는 서면, ② 채무자의 성명·주소·주민등록번호를 증명하는 서면(촉탁서에 기재된 등기의무자가 곧 보존등기명의인이 되므로)을 제공한다. 그러나 촉탁대상 건물이 채무자의 소유에 속하는지 여부는 그 집행법원에서 판단할 사항이므로 집행법원이 이러한 건물에 대한 처분제한의 등기를 촉탁할 때에 채무자의 소유임을 증명하는 정보는 첨부정보로서 제공할 필요가 없다(선례 202001-3).

4) 실행절차(등기실행)

가. 등기부 작성·기입

(가) 등기사항

가) 청구금액

① 가압류의 등기를 하는 경우에는 사건번호와 청구금액을 기재(기록)하여야 한다.

② 등기관이 가압류등기를 할 때에는 가압류의 **청구금액을 기록**하여야 하지만, 가압류 촉탁서에 청구금액과 관련한 이자 또는 다른 조건 등이 있다 하더라도 이는 **기재(기록)하지 아니한다.** [21 법원사무관 / 17 등기주사보]

③ **청구금액**은 권리에 관한 등기가 아니고 민원인 편의와 관련 업무의 신속한 처리를 위하여 기록하는 사항이다. 따라서 등기실행 과정에서 (**⊕ 등기관의**) 착오로 가압류 청구금액을 잘못 기재(기록)하여 이를 법 제32조에 따라 직권으로 경정하는 경우에 가압류 후 다른 등기권리자(후순위 저당권자 등)가 있더라도 그 권리자의 승낙서 또는 이에 대항할 수 있는 재판이 있음을 증명하는 정보를 첨부할 필요가 없으며 **언제나 부기등기의 방법에 의한다**(예규 1023). [19 등기서기보·등기주사보 / 14 등기서기보 / 10 법무사]

④ **법원이 가압류등기를 촉탁하면서 착오로 채권금액을 잘못 기재하여 그 등기가 완료된 경우** 그 촉탁에 착오가 있음을 증명하는 서면을 첨부하여 그 기재의 **경정을 촉탁할 수 있다.** [19 등기주사보 / 10 법무사]

나) 등기권리자가 법인인 경우

　　법인이 (근)저당권자 · 가압류권자 · 가처분권자 · 경매개시결정의 채권자 등
인 경우 등기신청서에 취급지점 등의 표시가 있는 때에는 등기부에 그 **취급지
점 등(예 ○○지점, △△출장소, ××간이예금취급소 등)을 기재(기록)하여야**
한다. [10 법무사] 그러나 취급지점의 소재지는 기록하지 아니한다. 이후 취급지점
이 변경된 경우에는 **등기명의인표시변경등기를 한다**(예규 1188).

다) 채권자가 다수인 경우

　　채권자가 다수인 가압류 · 가처분등기 및 경매개시결정등기의 촉탁이나 다수
채권자 중 일부 채권자의 해제신청에 의한 그 등기의 변경등기촉탁이 있는 경
우에는 다음과 같이 처리한다. 채권자가 다수라는 것은 1개의 촉탁사건에 채
권자가 2인 이상인 경우를 말한다.

① 가압류 · 가처분등기 또는 경매개시결정등기의 촉탁이 있는 경우

　　1. 등기관은 촉탁에 의하여 위 가압류등기 등을 하는 경우 **채권자가 다수
인 경우라면 다수의 채권자 전부를 등기기록에 채권자로 기록하여야**
하며, 채권자 ○○○ 외 ○○인과 같이 채권자 **일부만을 기록하여서는
아니 된다.** [22 법무사 / 21 법원사무관 / 20 법원사무관 / 19 등기서기보 · 등기주사보 / 17 등기주사보]

　　2. **채권자가 선정당사자인 경우에도** 선정자 목록에 의하여 **채권자 전부를**
등기기록에 채권자로 기록하여야 한다. [22 법무사 / 21 법원사무관 / 20 법원사무관 /
19 등기서기보 · 등기주사보 / 18 법무사 / 16 법무사 / 14 등기서기보 · 법무사 / 11 법무사]

　　3. 등기촉탁서에 채권자로 선정당사자만 기재되어 있고 선정자 목록이 없는
경우에는 결정서에 첨부되어 있는 선정자 목록의 사본을 만들어 이를
등기촉탁서에 첨부하여 등기촉탁서와 함께 보존하도록 한다.

② 착오로 잘못 경료된 가압류 · 가처분 등기 또는 경매개시결정등기를 발견한
경우

　　1. 등기관은 가압류 · 가처분등기 또는 경매개시결정등기에 **채권자 ○○○
외 ○○인으로 기록되어 있는 등기를 발견한 경우에는 「부동산등기법」**
제32조의 규정에 의한 직권경정등기를 하여야 한다.

　　2. 위 1.의 경정등기를 함에 있어 그 등기촉탁서가 보존기간의 경과로 폐
기되어 다수의 채권자를 알 수 없게 된 경우에는 촉탁법원에 등기촉탁
서 및 결정서 사본을 모사전송 등의 방법으로 송부받은 다음 위 경정등
기를 하여야 한다.

(나) 등기형식

소유권에 대한 가압류는 주등기로, 소유권 외의 권리 및 가등기에 대한 가압류는
부기등기로 한다.

나. 각종 통지

등기가 경료되면 등기완료통지를 하게 되지만 신청인이 등기명의인이 되는 등기가 아니므로 등기필정보는 작성·통지하지 아니한다.

등기완료통지는 전자촉탁의 경우에는 전산정보처리조직을 이용하여 송신하는 방법에 의하고, 서면촉탁의 경우에는 등기완료통지서를 출력하여 직접 교부하거나 우편으로 송부한다. 다만 우편 송부는 경매개시결정등기촉탁을 제외하고는 등기촉탁서에 등기완료통지서 송부용 봉투가 첨부된 경우에 한한다.

5) 가압류등기의 말소

가. 촉탁에 의한 말소

(가) 원칙

가압류등기의 말소는 법원의 말소촉탁에 의하는 것이 원칙이므로 당사자의 신청에 의하여 가압류등기를 말소할 수는 없다. 즉 채권자의 가압류 취하 및 집행취소(해제)신청 등이 있는 경우, 집행법원은 이 신청서 부본 등을 첨부하여 가압류등기의 말소촉탁을 하고 등기관은 이 촉탁에 의하여 그 등기를 말소한다.

(나) 일부 채권자의 해제신청에 의한 변경등기 촉탁이 있는 경우(예규 1358호)

① 다수의 채권자 중 **일부 채권자의 해제신청**에 의한 변경등기 촉탁이 있는 경우에는 'O번 OO변경', 접수 'O년 O월 O일 제OOO호', 원인 'O년 O월 O일' 일부채권자 해제로 **한 변경등기**를 하고, 이 경우 등기촉탁서에 **가압류의 청구금액**이나 가처분할 지분의 **변경이 포함**되어 있을 때에는 **청구금액** 또는 가처분할 지분의 **변경등기도 하여야** 한다. [22 법무사 / 18 법무사]

② **채권자 OOO 외 OO인으로** 잘못 등기된 가압류·가처분등기 또는 경매개시결정등기에 대하여 일부 채권자의 해제신청에 의한 변경등기 촉탁이 있는 경우에는 법 제32조에 의한 **직권경정등기를 한 다음 촉탁에 의한 변경등기**를 하여야 한다. [18 법무사[2]]

③ 권리자 OOO 외 OO인으로 잘못 등기된 등기에 대한 전부말소 촉탁이 있는 경우에는 위의 직권경정등기 절차를 거치지 않고 촉탁에 의한 말소등기를 할 수 있다.

④ 이와 같이 채권자가 다수인 가압류에 대하여 말소촉탁이 있는 경우에 등기관은 촉탁서에 기재된 등기의무자가 그 등기상의 채권자 전부인지 또는 그 일부인지 여부를 살펴 말소되어서는 아니 될 등기가 말소되지 않도록 하여야 한다. 예컨대 촉탁서상에 ① 해제(취하)신청을 한 채권자를 등기의무자로 하고 ② 등기원인은 "일부 해제"로 기재하였으나 ③ 등기목적은 "OOOO년 O월 O일 접수 제OO호로 등기된 OOO말소"로 기재된 경우, 등기목적은 등기전부의 말소를 촉탁한 것으로 보이나 등기의무자와 등기원인을 보면 일부 채권자의

해제(취하)신청에 의한 채권자변경등기 촉탁의 취지이다. 이와 같은 경우 등기관은 위 등기촉탁을 법 제29조 제7호 소정의 "신청정보의 등기의무자의 표시가 등기기록과 일치하지 아니한 경우"에 해당함을 이유로 이를 각하하여야 하고, 위 가압류등기를 전부 말소하여서는 안 된다.

(다) 가압류가 본압류로 이행된 경우 등

부동산에 대한 가압류가 본압류로 이행되어 강제경매개시결정등기가 마쳐지고 강제집행절차가 진행 중이라면 그 본집행의 효력이 유효하게 존속하는 한 가압류등기만을 말소할 수 없는 것이므로, 그 가압류등기에 대한 집행법원의 말소촉탁은 그 취지 자체로 보아 법률상 허용될 수 없음이 명백한 경우에 해당하여 등기관은 「부동산등기법」 제29조 제2호에 의하여 촉탁을 각하하여야 한다(선례 201210-5).

[22 등기서기보·법무사 / 20 법원사무관 / 19 등기서기보·등기주사보 / 18 법원사무관·법무사 / 17 등기주사보 / 15 법원사무관 / 14 법무사]

이 경우 등기관이 각하사유를 간과하고 집행법원의 촉탁에 의하여 그 가압류등기를 말소하였더라도 본집행이 취소·실효되지 않는 이상, 본집행에 아무런 영향을 미치지 아니하므로, 가압류등기를 직권으로 회복하는 절차를 선행할 필요 없이 말소된 해당 가압류 이후의 가처분, 가압류, 소유권이전등기에 대하여 매각을 원인으로 한 말소등기의 촉탁이 있을 경우 등기관은 이를 수리할 수 있다(선례 201210-5).

[20 법원사무관]

나. 말소촉탁 외의 사유로 말소되는 경우

가압류등기는 **가압류 법원의 말소촉탁** 외에 매각으로 인한 **경매법원의 말소촉탁, 가처분권리자의 승소판결에 따른 등기, 가등기에 의한 본등기**[14 법무사] 수용 등으로 인하여 말소되기도 한다.

위와 같이 가압류등기가 가압류법원의 말소촉탁 외의 사유로 말소된 경우 등기관은 지체 없이 그 뜻을 예규 1368호에서 정한 양식에 따라 집행법원에 통지하여야 한다. 가압류등기를 직권으로 경정(일부말소 의미)하는 경우에도 마찬가지이다(예규 1366). 예컨대 소유권 1/2지분에 의한 가등기에 의한 본등기가 실행된 경우 그 가등기 후에 이루어진 가압류등기의 목적지분을 1/2로 경정하고 그 뜻을 가압류법원에 통지하여야 한다.

관련 기출지문

1 용익물권에 대해서는 가압류등기를 할 수 없다. (×)　　　　　　　　　　　　　　　　　　[11 법무사]

2 가처분등기의 피보전권리가 소유권이전등기청구권인 경우 그에 관한 가압류등기(가처분소유권이전등기청구권가압류등기)를 할 수 있다. (×)　　　　　　　　　　　　　　　　　　[10 법무사]

3 소유권가압류등기가 마쳐진 후 그 소유권의 등기명의인을 등기의무자로 하는 등기신청이 있는 경우 등기관은 그 신청을 각하하여야 한다. (×)　　　　　　　　　　　　　　　　　　[11 법무사]

4 가압류의 집행으로 등기가 경료되면 해당 부동산에 대하여 채무자의 일체의 처분을 금지하는 효력이 생기므로 가압류등기 후에 처분행위를 하였다면 그 처분행위가 절대적으로 무효이다. (×) [9 법무사]

5 가압류등기에는 가압류 청구금액과 그 이자를 기록한다. (×) [17 등기주사보]

6 가압류 청구금액을 잘못 기재하여 이를 경정하는 경우 가압류 후 다른 등기권리자가 있다면 그 권리자의 승낙서 또는 이에 대항할 수 있는 재판이 있음을 증명하는 정보를 첨부하여야 한다. (×) [19 등기서기보]

7 가압류채권자가 다수인 경우에는 그 다수의 채권자 전부를 등기기록에 채권자로 기재하여야 하지만, 채권자가 선정당사자인 경우에는 그 선정당사자만 기록할 수 있다. (×) [19 등기주사보]

8 가압류등기 등을 하는 경우에 채권자가 다수인 경우 채권자 전부를 등기기록에 채권자로 기록하여야 하며, 다만 채권자가 선정당사자인 경우에는 선정당사자만을 등기기록에 채권자로 기록한다. (×) [21 법원사무관]

9 촉탁에 의하여 가압류등기를 하는 경우 등기촉탁정보에 채권자로 선정당사자만 표시되어 있다면 선정당사자만을 채권자로 기록하여도 무방하다. (×) [14 등기서기보]

10 채권자가 선정당사자인 경우에는 선정당사자만을 등기부에 채권자로 기록한다. (×) [11 법무사]

11 가압류채권자가 다수인 경우에는 채권자 1인과 그 외 채권자의 수를 기록할 수 있다. (×) [17 등기주사보]

12 채권자 ○○○ 외 ○인으로 등기된 가압류등기에 대하여 일부 채권자의 해제로 인한 변경등기 촉탁이 있는 경우에는 신청정보와 등기기록상의 등기의무자가 일치하지 아니한 경우에 해당하므로 그 촉탁을 각하하여야 한다. (×) [18 법무사]

13 가압류가 본압류로 이행되어 강제경매절차가 진행 중이라도 집행법원의 그 가압류등기만에 대한 말소촉탁은 이를 수리하여야 한다. (×) [17 등기주사보]

14 가압류의 본집행인 강제경매개시결정등기가 마쳐진 후 가압류등기에만 말소등기가 실행된 이후 말소된 가압류등기 이후의 매수인이 인수하지 않은 부담에 관한 등기에 대하여 매각을 원인으로 한 말소등기의 촉탁이 있는 경우, 위 촉탁에 따른 등기를 실행하기 위해 등기관은 가압류등기를 직권으로 회복하는 절차를 선행하여야 한다. (×) [20 법원사무관]

15 가압류등기는 법원의 말소촉탁에 의하여서만 말소할 수 있으므로 등기관이 직권으로 가압류말소등기를 할 수 있는 경우는 없다. (×) [14 법무사]

(2) 경매개시결정등기

부동산등기 절차와 관련한 민사집행에는 강제경매와 임의경매가 있다. 이 중 강제경매는 채권자가 집행권원에 의하여 채무자 소유의 부동산을 압류, 현금화하여 그 매각대금을 가지고 채권자의 금전채권의 만족을 얻음을 목적으로 하는 강제집행 절차를 말한다. 이러한 강제경매에 대비되는 것으로서 그 실행에 집행권원을 요하지 아니하는 경매, 즉 민사집행법 제3편에 규정된 담보권의 실행 등을 위한 임의경매가 있다. 민사집행법은 몇 가지 특별 규정 외에는 임의경매에 관한 절차에도 강제경매에 관한 규정을 준용하도록 함(「민집」 제268조)으로써 집행절차의 통일을 기하고 있다. 따라서 강제경매 또는 임의경매와 관련한 등기절차에 있어서도 양자가 큰 차이점은 없으므로 양자를 구별하지 않고 설명하기로 한다.

경매에 관한 등기에 있어서 목적물(⑩ 미등기 부동산에 대한 경매등기 등)에 관한 사항은 위 가압류·가처분의 대상의 문제와 동일하므로 따로 설명하지 않는다.

1) 서설

경매개시결정에 의한 압류는 목적 부동산에 대한 법률상 또는 사실상 처분을 금지하는 효력이 있다. 따라서 압류 후 부동산의 양도 또는 제한물권의 설정 등은 압류채권자에게 대항할 수 없다. 예컨대 채무자로부터 압류등기 후에 부동산을 양수한 양수인은 그 선악을 불문하고 매수인에게 대항할 수 없으므로, 압류 부동산이 경매절차에서 매각되면 양수인의 소유권이전등기는 경매법원이 말소촉탁을 하게 된다.

2) 개시

가. 법원의 경매개시결정이 있으면 **법원사무관** 등은 즉시 그 사유를 등기기록에 등기하도록 등기관에게 **촉탁**하여야 한다(「민집」 제94조 제1항). [21 등기서기보 / 16 법무사]

나. 이미 **경매개시결정 및 그 등기가 이루어진 부동산(이중경매)**에 대하여 다른 채권자의 경매신청이 있을 때에도 법원은 경매개시결정 및 그 등기를 **촉탁하여야** 한다. [21 등기서기보]

3) 촉탁절차

가. 촉탁인

경매개시결정등기는 집행법원의 법원사무관 등이 촉탁한다.

나. 촉탁정보

촉탁서에는 사건번호·부동산의 표시·등기권리자·등기의무자·등기원인과 그 일자(경매개시결정을 한 일자)·등기목적(부동산 강제경매개시결정등기 또는 부동산 임의경매개시결정등기) 등 부동산등기법 소정의 일반적인 사항을 기재하여야 한다(법 제22조 제2항, 규칙 제43조, 제44조).

(가) 등기의무자의 표시

가) 강제경매

① 강제경매에서 등기의무자는 부동산소유자, 즉 채무자를 기재한다.

② 그러나 가압류된 부동산을 취득한 제3자는 가압류채권자에게 대항할 수 없어 말소촉탁의 대상이 되므로, **가압류등기 후에 제3자에게 소유권이 이전된 후 가압류채권자가 집행권원을 얻어 경매신청을 하여 강제경매개시결정등기의 촉탁을 하는 경우의 등기의무자는 말소촉탁의 대상인 제3취득자가 아닌 가압류 당시의 소유권의 등기명의인**이다(예규 1352). [21 법원사무관 / 17 법무사 / 16 등기서기보 / 12 법무사]

③ 예컨대 **甲 명의의 부동산을 채권자 乙이 가압류한 후 소유권이 丙에게 이전된 경우 乙이 집행권원을 받아 강제경매를 신청한 때에는 강제경매개시결정 등기촉탁서상의 등기의무자를 甲으로 표시하여도 그 촉탁을 수리하여야 한다. [16 법무사]**

④ 위와 같이 부동산이 현재 채무자의 소유가 아닌 경우에 등기관이 촉탁서 표시의 등기의무자와 등기기록상의 소유명의인이 일치되지 않는 것을 이유로 각하(법 제29조 제7호)할 우려가 있으므로, 집행실무에서는 강제경매개시결정에 채무자 외에 현재 소유명의인도 표시하고 있다.

나) 임의경매

① 임의경매는 (판결을 받아 채무자를 상대로 하는 강제경매와 달리) 부동산에 설정된 권리의 행사이므로 근저당권설정 당시의 소유명의인과 현재의 소유명의인의 일치 여부에 상관없이 **현재의 소유명의인만을 등기의무자로** 하여 촉탁하여야 한다.

② 따라서 임의경매(담보권 실행을 위한 경매)는 **임의경매개시결정 후** 임의경매개시결정에 따른 등기 전에 **소유권이 이전되어 현재 소유명의인과 촉탁서상의 등기의무자가 일치하지 않는 경우라도** 등기관은 촉탁을 수리하여 촉탁에 따른 경매개시결정등기를 하여야 한다. [21 등기서기보 / 17 등기서기보 · 등기주사보]

③ 마찬가지의 의미로 **임의경매개시결정등기의 촉탁은 경매개시결정에 기재된 소유자로부터 제3자에게로 소유권이전등기가 이루어져 변동사항이 생겼더라도 이를 수리하여야** 한다. [19 법원사무관 · 등기주사보 / 17 법무사 / 16 법무사]

④ 이러한 경우에는 등기사항증명서발급일(촉탁서에 기재된 등기사항증명서 발급 연월일) 이후의 변동사항이 있는 것에 해당되므로(「민사집행법」 제95조 참조) 법원에 새로운 등기사항증명서를 송부하여 소유권이 변동된 사실을 알려주어야 한다(예규 1342).

(나) 등기권리자의 표시

채권자를 기재한다.

다. 첨부정보

경매개시결정등기의 등기원인을 증명하는 정보로 경매개시결정의 정본을 첨부한다. 해당 부동산이 미등기 부동산인 경우 ① 부동산의 표시를 증명하는 서면, ② 채무자의 성명 · 주소 · 주민등록번호를 증명하는 서면(촉탁서에 기재된 등기의무자가 곧 보존등기명의인이 되므로)을 제공한다. 그러나 촉탁대상 건물이 채무자의 소유에 속하는지 여부는 그 집행법원에서 판단할 사항이므로 집행법원이 이러한 건물에 대한 처분제한의 등기를 촉탁할 때에 채무자의 소유임을 증명하는 정보는 첨부정보로서 제공할 필요가 없다(선례 202001-3).

4) 실행절차(등기실행)

가. 등기부 작성 · 기입

(가) 등기사항

등기관은 등기기록의 갑구에 경매개시결정의 등기를 한다.

가) 일반적인 사항 및 청구금액의 기재여부

이 등기는 그 부동산이 압류의 목적이 되었다는 사실을 공시하는 데 목적이 있으므로, 채권자·집행법원·사건번호등을 기록한다. 그러나 가압류등기와는 달리 등기기록에 청구금액을 표시할 필요는 없다.

나) 등기권리자가 법인인 경우

법인이 (근)저당권자·가압류권자·가처분권자·경매개시결정의 채권자 등인 경우 등기신청서에 취급지점 등의 표시가 있는 때에는 등기부에 그 취급지점 등(예 ○○지점, △△출장소, ××간이예금취급소 등)을 기재(기록)하여야 한다. [10 법무사] 그러나 취급지점의 소재지는 기록하지 아니한다. 이후 취급지점이 변경된 경우에도 등기명의인표시변경등기를 한다(예규 1188).

다) 채권자가 다수인 경우

등기관은 촉탁에 의하여 채권자가 2인 이상인 경매개시결정의 등기를 하는 경우 가압류·가처분등기와 마찬가지로 다수의 채권자 전부를 등기기록에 채권자로 기록하여야 하며, 채권자 ○○○ 외 ○○인과 같이 채권자 일부만을 기록하여서는 아니 된다. 채권자가 선정당사자인 경우에도 채권자 모두를 등기기록에 기록하여야 한다(예규 1358). [16 법무사]

라) 가압류의 피보전채권자를 등기권리자로 하는 경매개시결정등기

강제경매개시결정 등기촉탁서의 등기목적란에 그 등기권리자가 가압류의 피보전채권자라는 취지의 기재(○번 가압류의 본압류로의 이행)가 있는 때에는 등기기록의 등기목적란에 '강제경매개시결정(○번 가압류의 본압류로의 이행)'이라고 기록한다. [17 등기서기보 / 16 법무사]

(나) 등기형식

주등기 / 부기

나. 각종 통지

등기관은 집행법원에 등기완료의 통지를 하여야 한다(법 제30조. 규칙 제53조 제1항 제5호, 예규 1623). 전자촉탁의 경우에는 전산정보처리조직을 이용하여 송신하는 방법에 의하고, 서면촉탁의 경우에는 등기완료통지서를 출력하여 직접 교부하거나 우편으로 송부한다(다만 우편송부는 경매개시결정등기촉탁을 제외하고는 등기촉탁서에 등기완료통지서 송부용 봉투가 첨부된 경우에 한한다).

5) 경매개시결정등기의 말소

법원은 경매개시결정의 취소결정·경매신청의 취하·부동산이 경매절차에서 매각된 경우에 경매개시결정등기의 말소를 촉탁하여야 하고, 등기관은 촉탁에 따라 등기를 말소하여야 한다.

1 부동산 임의경매 사건에 있어 법원으로부터 경매개시결정 등기촉탁이 있는 경우, 등기기록에 위 개시결정에 기재된 소유자로부터 제3자에게 소유권이전등기가 되어있다면 등기관은 그 촉탁에 따른 임의경매개시결정등기를 할 수 없다. (×)

[21 등기서기보]

2 임의경매개시결정 등기촉탁이 있는 경우 등기기록에 위 개시결정에 기재된 소유자로부터 제3자로의 소유권이전등기의 변동사항이 발생하였다면 등기관은 그 등기촉탁을 각하하여야 한다. (×)

[16 법무사]

3. 매각에 따른 등기절차

민사집행법 제91조(인수주의와 잉여주의의 선택 등)

② 매각부동산 위의 <u>모든</u> 저당권은 매각으로 소멸된다.

③ 지상권·지역권·전세권 및 등기된 임차권은 저당권·압류채권·가압류채권에 대항할 수 없는 경우에는 매각으로 소멸된다.

④ 제3항의 경우 외의 지상권·지역권·전세권 및 등기된 임차권은 매수인이 인수한다. 다만, 그중 전세권의 경우에는 전세권자가 제88조에 따라 배당요구를 하면 매각으로 소멸된다.

민사집행법 제135조(소유권의 취득시기)

매수인은 매각대금을 다 낸 때에 매각의 목적인 권리를 취득한다.

민사집행법 제144조(매각대금 지급 뒤의 조치)

① 매각대금이 지급되면 법원사무관등은 매각허가결정의 등본을 붙여 다음 각 호의 등기를 촉탁하여야 한다.

　1. 매수인 앞으로 소유권을 이전하는 등기

　2. 매수인이 인수하지 아니한 부동산의 부담에 관한 기입을 말소하는 등기(누락 시 추후에 말소촉탁 가능)

　3. 제94조 및 제139조 제1항의 규정에 따른 경매개시결정등기를 말소하는 등기

부동산등기법 제25조(신청정보의 제공방법)

등기의 신청은 1건당 1개의 부동산에 관한 신청정보를 제공하는 방법으로 하여야 한다. 다만, 등기목적과 등기원인이 동일하거나 그 밖에 **대법원규칙**으로 정하는 경우에는 여러 개의 부동산에 관한 신청정보를 **일괄하여 제공하는** 방법으로 할 수 있다. 〈개정 2024.9.20.〉[시행일 : 2025.1.31.] 제25조

부동산등기규칙 제47조(일괄신청과 동시신청)

① 법 제25조 단서에 따라 다음 각 호의 경우에는 1건의 신청정보로 일괄하여 신청하거나 촉탁할 수 있다.

　1. 같은 채권의 담보를 위하여 소유자가 다른 여러 개의 부동산에 대한 저당권설정등기를 신청하는 경우

　2. 법 제97조 각 호의 등기를 촉탁하는 경우

　3. 「민사집행법」 제144조 제1항 각 호의 등기를 촉탁하는 경우

(1) 매각에 따른 소유권이전등기의 촉탁(「민사집행법」 제144조 등)

매수인이 대금을 모두 지급하면 매각 부동산의 소유권을 취득하므로 법원사무관 등은 매각을 원인으로 하여 매수인 앞으로 소유권을 이전하는 등기를 관할등기소 등기관에게 촉탁하여야 한다(「민집」 제144조 제1항 제1호). 매수인은 매각대금을 다 낸 때에 소유권을 취득하게 되므로 **매각으로 인한 소유권이전등기는 소유권의 변동을 위한 것이 아니라 매각으로 인한 물권변동의 내용을 공시하기 위함이다.** 즉 매각으로 소유권의 변동이 생기게 됨에 따라 등기명의인과 실소유자를 일치시키기 위함이다. 소유권이전등기의 촉탁과 관련한 사항을 살펴보면 다음과 같다.

1) 등기의무자

가. 소유권이전등기의 등기의무자는 **경매개시결정등기 시의 소유명의인이다.** 따라서 **경매개시결정등기 후에 제3자에게 소유권이 이전된 경우라도 제3자인 현재의 소유자를 표시할 것은 아니다.** [11 법무사]

나. 그러나 경매개시결정등기 당시의 등기기록상 소유명의자라도 그 소유권이 매각으로 인하여 말소될 것인 경우(예컨대 부동산에 대한 가압류가 집행된 후 그 가압류가 강제경매개시결정으로 인하여 본압류로 이행된 경우에는 가압류집행이 본집행에 포섭됨으로써 당초부터 본집행이 행하여진 것과 같은 효력이 있으므로 **가압류등기 후에 제3자에게 소유권이 이전된 후 가압류채권자가 집행권원을 받아 신청한 경매절차에서 매각된 경우**) 제3자의 소유권이전등기는 말소되게 된다. 따라서 이와 같은 경우에는 **등기의무자는 현재의 소유명의인이 아닌 가압류등기 당시의 소유명의인이 된다.**

다. 경매개시결정의 등기 후에 소유자가 사망하여 상속등기가 된 경우에는 그 **상속인을 등기의무자로 표시** [11 법무사]하고 상속등기가 되어 있지 아니한 경우에는 **사망한 사람을 등기의무자로 표시**하면 되고, 소유권이전등기의 촉탁을 위하여 따로 상속등기를 하게 할 필요는 없다.

2) 등기권리자

가. 원칙

매각허가결정 당시의 매수인(경락인)이 등기권리자가 된다.

나. 매각허가결정 확정 후 매수인(경락인)의 지위 승계

(가) 특정승계(매수인 지위 양도)

매각허가결정 확정 후 매수인이 그 매수인의 지위를 제3자에게 양도하고 그 제3자가 매각대금을 지급한 경우라 하더라도 법원은 제3자가 아닌 **매수인(경락인)을 위하여 소유권이전등기촉탁을 하여야 할 것이며 제3자를 등기권리자로 하여 이전등기촉탁을 하여서는 안 된다.** [13 법무사 / 9 법무사]

(나) 포괄승계(사망 등)

가) 대금지급 전 사망

매각허가결정 확정 후 대금지급 전에 매수인이 **사망**하고 그 **상속인이 매수인의 지위를 승계**하여 매각대금을 지급한 경우, 집행법원은 매수인(경락인＝피상속인)이 아닌 **상속인을 등기권리자로 하여** 소유권이전등기 촉탁을 하여야 한다. [13 법무사]

매각허가결정 확정 후 대금지급 전에 매수인이 사망함으로써 그 상속인이 매수인의 지위를 승계하여 매각대금을 지급한 경우에는, 상속인명의로 소유권이전등기를 촉탁한다(등기촉탁서의 등기 권리자로서 "매수인 ○○○의 상속인 ○○○"라고 표시한다).

이 경우에 등기촉탁서에는 매각허가결정 등본 외에 상속을 증명하는 제적부등·초본, 가족관계등록사항별증명서 등의 서면을 첨부하여야 한다.

나) 대금지급 후 사망

또한 매수인이 대금지급 후에 사망한 경우에도, 사망한 피상속인 앞으로의 등기는 허용되지 않으므로 상속인 명의로 이전등기를 촉탁하여야 한다.

다. 제3취득자가 경락인이 된 경우

(가) 경매개시결정등기 전에 소유권을 취득한 자가 매수인이 된 경우

가) 경매개시결정등기 전에 소유권이전등기를 받은 제3취득자가 매수인이 된 경우에는 매수인이 인수하지 않는 부담기입의 말소촉탁 및 경매개시결정등기의 말소촉탁 외에 매각을 원인으로 하는 소유권이전등기촉탁은 하지 않는다. [22 등기서기보 / 19 법원사무관 / 17 등기주사보·법무사 / 15 법원사무관 / 14 법무사 / 12 법무사 / 11 법무사 / 9 법무사]

나) 그 후 매수인(경락인)이 등기의무자로서 등기신청할 때에는 종전 소유권이전등기 시 등기소로부터 통지받은 등기필정보를 제공한다. [14 법무사]

(나) 경매개시결정등기 후에 소유권을 취득한 자가 매수인이 된 경우

가) 경매개시결정등기(국세체납처분에 의한 압류등기, 매각에 의하여 소멸되는 가압류등기도 같다) 후에 소유권이전등기를 받은 제3취득자가 매수인이 된 경우에는 매수인이 인수하지 않는 부담기입의 말소촉탁 및 경매개시결정등기의 말소촉탁 외에 제3취득자 명의의 소유권등기의 말소촉탁과 동시에 매각을 원인으로 한 소유권이전등기촉탁을 하여야 한다. [22 등기서기보 / 19 등기주사보 / 16 등기서기보 / 14 법무사 / 13 법무사]

나) 그 후 매수인(경락인)이 등기의무자로서 등기신청할 때에는 매각으로 인한 소유권이전등기 시 등기소로부터 통지받은 등기필정보를 제공한다.

(다) 공유부동산의 일부지분이 매각되어 다른 일부 공유자가 매수인이 된 경우

가) 공유부동산에 대한 경매개시결정등기가 경료되고, 경매절차에서 일부 공유자가 매수인이 된 경우에는 <u>경매개시결정등기의 말소촉탁 및 매수인이 인수하지 않는 부담기입의 말소촉탁</u>을 하되 <u>소유권이전등기촉탁</u>은 위 매수인의 지분을 제외한 나머지 지분(● 공유자 전원 지분 전부×)에 대한 공유지분이전등기촉탁을 한다. [21 법무사 / 14 법무사]

나) 그 후 매수인(경락인)이 등기의무자로서 등기신청할 때에는 종전 등기필정보와 공유지분이전등기 후 통지받은 등기필정보를 등기의무자의 등기필정보로 제공한다. [14 법무사]

구분		경매개시결정 기입등기 前 제3취득자가 매수인(경락인)이 된 경우	경매개시결정 기입등기 後 제3취득자가 매수인(경락인)이 된 경우	공유부동산의 일부 지분 매각 시 다른 일부 공유자가 매수인(경락인)이 된 경우
촉탁 하는 등기	제3취득자 명의의 소유권등기의 말소촉탁	×	○	−
	매각을 원인으로 한 소유권이전등기 촉탁	×	○	△ (매수인의 지분을 제외한 나머지 지분에 대한 공유지분이전등기촉탁)
	매수인이 인수하지 않는 부담기입의 말소촉탁	○	○	○
	경매개시결정등기의 말소촉탁	○	○	○
매수인(경락인)이 등기의무자로 신청 시 제출할 등기필정보		종전 소유권이전등기 시 등기소로부터 통지받은 등기필정보	−	종전 지분취득등기 시 등기소로부터 통지받은 등기필정보
		−	매각으로 인한 소유권이전등기 시 등기소로부터 통지받은 등기필정보	매각으로 인한 공유지분이전등기 시 등기소로부터 통지받은 등기필정보

(2) 인수하지 않는 부담에 관한 기입등기의 말소촉탁

매각대금이 지급된 경우에는 법원사무관 등은 직권으로 매수인이 인수하지 아니한 부동산의 부담에 관한 등기를 말소하는 등기를 촉탁하여야 한다(「민집」 제144조 제1항 제2호). 말소되는 등기는 ① 매각 부동산 위의 모든 저당권, ② 저당권·압류채권·가압류채권에 대항할 수

없는 지상권·지역권·전세권 및 등기된 임차권을 말한다(「민집」 제91조). 말소의 대상이 되는 등기를 구체적으로 살펴보면 다음과 같다.

1) 금전과 관련된 등기

　가. (근)저당권(「민사집행법」 제91조 제1항)

　　(가) 일반 원칙

　　　가) (근)저당권은 압류채권자보다 선순위라도 매각에 의하여 소멸되므로(「민집」 제91조 제2항). 이들은 경매개시결정등기의 전·후에 이루어졌는지 묻지 않고 부동산이 매각된 경우 모두 말소촉탁의 대상이 된다.

　　　나) 즉 매각대금이 지급된 경우에는 매각 부동산 위의 모든 저당권 및 담보가등기는 선후를 불문하고 소멸되므로 이에 대한 말소촉탁은 수리하여야 한다. [18 등기주사보]

　　(나) (근)저당권등기에 부기된 등기의 말소방법

　　　가) 매각으로 인한 소유권이전등기촉탁을 할 때에, 매수인이 인수하지 아니하는 부담의 기입이 부기등기로 되어 있는 경우 집행법원은 주등기의 말소만 촉탁하면 되고 부기등기에 관하여는 별도로 말소촉탁을 할 필요가 없다. [21 법무사]

　　　나) 예컨대, 매각으로 인한 소유권이전등기 촉탁을 할 때에 저당권의 일부이전등기 또는 저당권부채권가압류등기와 같이 매수인이 인수하지 아니하는 등기의 말소에 관하여 이해관계 있는 제3자 명의의 부기등기가 마쳐진 경우 집행법원은 주등기의 말소만 촉탁하면 되고 부기등기에 관하여는 별도로 말소촉탁을 할 필요가 없다. [11 법무사]

　　　다) 마찬가지로, 매각으로 인한 소유권이전등기 촉탁을 할 때에 매수인이 인수하지 아니하는 전세권등기에 이전등기가 부기되어 있는 경우 집행법원은 주등기의 말소만 촉탁하면 되고 부기등기에 관하여는 별도로 말소촉탁을 할 필요가 없다. [23 법무사]

　　　라) ㉠ (근)저당권에 권리의 전부 또는 일부 이전으로 인한 부기등기가 마쳐진 경우, ㉡ (근)저당권부채권 가압류등기와 같이 매수인이 인수하지 아니하는 등기의 말소에 관하여 이해관계 있는 제3자 명의의 부기등기가 마쳐진 경우에 (승낙서×), 부기등기는 주등기인 (근)저당권설정등기에 종속되어 주등기와 일체를 이루는 것이므로 집행법원은 주등기의 말소만 촉탁하면 되고 부기등기에 관하여는 별도로 말소촉탁을 할 필요가 없다. 등록면허세도 주등기의 말소에 대한 것만 납부하게 된다.

　　　　다만 등기방법에서 양자는 차이가 있는바, 위와 같은 주등기의 말소촉탁이 있는 경우 등기관은 위 ㉠의 경우에는 주등기를 말소한 후 부기등기에 관하여 말소의 표시를 하면 되고, ㉡의 경우에는 주등기를 말소한 후 부기등기를 규칙 제116조에 따라 직권으로 말소한다(선례 7-436).

나. 담보가등기

  (가) 담보가등기가 마쳐진 부동산에 대하여 경매 등이 행해진 때에는 담보가등기권리는 그 부동산의 매각에 의하여 소멸한다(「가등기담보법」 제15조).

  (나) 즉 매각대금이 지급된 경우에는 매각 부동산 위의 <u>모든 저당권 및 담보가등기는 선후를 불문하고 소멸</u>되므로 이에 대한 말소촉탁은 수리하여야 한다. [18 등기주사보]

다. 가압류

  (가) 경매개시결정등기 전에 이루어진 가압류등기는 가압류채권자가 배당절차에 참가할 수 있으므로 말소촉탁의 대상이 되며, 경매개시결정등기 후의 가압류등기는 매수인에게 대항할 수 없으므로 매각에 의하여 소멸하고 말소촉탁의 대상이 된다.

  (나) 즉 가압류등기는 경매개시결정등기의 전·후에 경료되었는지 불문하고 부동산이 매각된 경우 <u>모두 말소촉탁</u>의 대상이 된다.

  (다) 따라서 가압류등기 후 가압류부동산의 소유권이 제3자에게 이전된 경우, 제3취득자의 채권자가 신청한 경매절차에서 <u>전 소유자에 대한 가압류채권자</u>는 배당에 가입할 수 있으므로, 그 가압류등기는 <u>말소촉탁</u>의 대상이 될 것이다(선례 8-299).

[17 등기서기보 / 16 등기서기보 / 13 법무사 / 11 법무사 / 9 법무사]

라. 국세체납처분에 의한 압류등기

조세는 원칙적으로 다른 채권에 우선적으로 변제되어야 한다. 다만 법정기일 전에 마쳐진 전세권·저당권 등이 피담보채권에는 우선할 수 없다. 어느 경우에도 배당에는 참가하므로 압류등기는 <u>모두 말소촉탁</u>의 대상이 된다. 체납처분에 의한 압류등기 후 소유권이 이전되어 새로운 소유자의 채권자가 경매신청을 하여 매각이 된 경우, 체납처분에 의한 압류권자에게도 배당을 하고 그 압류등기도 말소할 수 있다.

2) 금전과 관련되지 않은 등기

가. 소유권이전등기

  (가) 경매개시결정등기 후에 마쳐진 제3자 명의의 소유권이전등기는 매수인에게 대항할 수 없으므로 말소촉탁의 대상이 된다.

  (나) 경매개시결정등기 전에 마쳐진 제3자 명의의 소유권이전등기는 말소촉탁의 대상이 아니다.

나. 용익물권·가등기·가처분(「민집」 제91조 제3항, 제4항)

  (가) 경매개시결정등기 후에 이루어진 용익물권·가등기·가처분의 등기는 매수인에게 대항할 수 없으므로 말소촉탁의 대상이 된다(「민집」 제91조 제3항).

  (나) 경매개시결정등기 전에 이루어진 용익물권·가등기·가처분의 등기는 말소촉탁의 대상이 아니지만, 경매개시결정등기 전에 이루어진 가등기·가처분의 등기 등이라 할지라도 그보다 선순위로서 매각으로 소멸하는 담보물권·압류·가압류등기가 존재하는 경우에는 말소촉탁의 대상이 된다.

가) 가등기가 **압류등기**보다 먼저 **경료된 경우**라면 매각으로 인해 소멸하지 않으므로, 가등기 이후에 마쳐진 압류등기의 압류권자는 체납처분에 따른 공매로 인한 소유권이전등기를 촉탁할 때 별도로 **가등기권자의 승낙서** 또는 이에 대항할 수 있는 재판의 등본을 첨부하여 그 가등기의 말소등기촉탁을 할 수 있다. [14 법무사]

나) 이와 달리 경매개시결정등기 이전에 경료된 제3자 명의의 가등기의 경우에는 **가등기보다 앞선 선순위**로서 매각에 의하여 **소멸되는 담보권에 관한 등기**가 존재하는 경우에는 **말소촉탁**의 대상이 된다. [19 법무사]

다) 마찬가지로 **근저당권설정등기 후** 강제(임의)경매개시결정등기 전에 등기된 소유권이전청구권가등기는 매각으로 인한 말소촉탁대상 등기이다. [19 등기주사보 · 법원사무관 / 17 법무사]

한편 전세권은 담보물권 등에 대항할 수 있는 경우라도 전세권자가 민사집행법 제88조에 따라 배당요구를 하면 매각으로 소멸되므로(「민집」 제91조 제4항 단서) 말소촉탁의 대상이 된다.

3) 기타 등기

가. 대항력 있는 주택임차권 등

(가) 주택임대차보호법 제3조의3 및 제3조의4에 의한 임차권등기의 경우에는, 그것이 매수인에게 대항할 수 있는 것인지는 등기기록의 순위가 아닌 등기기록에 기록된 주민등록을 마친 날과 주택의 점유일이 기준이 됨을 유의하여야 한다.

(나) 임차권은 임차주택에 대하여 「민사집행법」에 따른 경매가 행하여진 경우에는 그 임차주택의 경락(매각)에 따라 소멸하므로 **원칙적으로 말소대상**이 되나, **보증금이 전액 변제되지 아니한 대항력 있는 임차권은 말소대상이 되지 않는다**(「주택임대차보호법」 제3조의5). [19 법원사무관 · 등기주사보 / 17 등기주사보 · 법무사]

나. 특별법상 구분지상권

(가) 도시철도법, 도로법 및 전기사업법 등의 **수용 또는 사용의 재결**에 의해 **취득한 구분지상권설정등기**는 그보다 먼저 **등기된 강제경매, 근저당권 등 담보물권, 압류, 가압류** 등에 기하여 경매 또는 공매로 인한 소유권이전등기의 촉탁이 있는 경우에도 이를 **말소하여서는 아니 된다**(「도시철도법 등에 의한 구분지상권 등기규칙」 제4조). [17 등기주사보 · 법무사 / 12 법무사] 이는 수용 또는 사용 재결에 의하여 설정된 구분지상권이 지니는 공익목적을 고려하였기 때문이다.

(나) 그러나 도시철도건설자와 토지소유자 간에 협의에 의하여 구분지상권을 취득한 경우 관할토지수용위원회의 **협의성립 확인을 받지 않은 경우**에는 단순한 승계취득에 불과하기 때문에 위와 같은 구분지상권의 존속에 관한 특례는 적용되지 않는다(선례 6-354, 7-305). 따라서 경매 등으로 인하여 소유권이전등기를 촉탁하는 경우에는 말소의 대상이 될 것이다.

다. **예고등기**

예고등기는 권리에 관한 공시를 목적으로 하는 것이 아니어서 부동산의 부담으로 되지 아니하므로 말소촉탁의 대상이 되지 않는다. 다만 등기관이 발견하면 **직권말소**를 할 뿐이다.

(3) 경매개시결정등기의 말소촉탁

매수인이 매각대금을 지급하면 **법원사무관 등은 직권으로** 경매개시결정등기의 말소를 **촉탁한다**(「민집」 제144조 제1항 제3호). [19 법무사]

경매절차에서 경락대금이 완납된 경우 경매신청기입등기의 말소등기는 집행법원의 촉탁에 의하여 경락을 원인으로 한 소유권이전등기와 함께 이루어져야 하는 것이므로, 경매절차에서 경락대금이 납부된 후 경료된 소유권이전등기를 말소함과 동시에 경락이전등기를 하지 아니하고서는 경매신청기입등기만을 말소할 방법은 없다(선례 3-637). [17 등기주사보 / 13 법무사]

(4) 등기촉탁절차

1) 일반론

매수인은 매각대금을 다 낸 때에 부동산에 대한 소유권을 취득한다(「민집」 제135조). 따라서 매수인이 대금을 지급하여 소유권을 취득하면 집행법원의 법원사무관 등은 ① 매수인 앞으로 소유권을 이전하는 등기, ② 매각에 따라 소멸한 권리 즉 매수인이 인수하지 아니한 부동산의 부담에 관한 등기를 말소하는 등기, ③ 경매개시결정등기를 말소하는 등기를 등기관에게 촉탁하여야 한다(「민집」 제144조 제1항).

2) 개시(일괄촉탁)

가. 매수인이 매각대금을 완납한 때에는 ㉠ 매수인 앞으로 **소유권을 이전하는 등기**[21 등기사무기법], ㉡ 매수인이 인수하지 아니한 부동산의 부담에 관한 등기의 말소등기, ㉢ 경매개시결정등기의 말소등기를 촉탁하여야 한다(「민집」 제144조).

나. 이와 같은 등기들은 그 목적은 다르나 서로 관련성이 있으므로 실무상으로 동일한 촉탁서이다. 즉 **일괄하여 촉탁**할 수 있다(법 제25조 단서, 규칙 제47조 제1항 제3호). [19 등기주사보 · 법무사 / 18 등기주사보 / 15 법원사무관]

다. 그러나 **촉탁수수료 및 등록면허세** 등을 산정할 때에는 등기의 목적에 따라 건수를 계산한다. [18 등기주사보] 예컨대 1건의 촉탁서로 매각을 원인으로 하여 하나의 부동산에 등기된 2건의 가압류의 말소를 촉탁하는 경우 그 가압류등기의 말소등기에 대하여는 2건의 신청에 대한 수수료와 등록면허세를 납부하여야 한다. [15 법무사]

라. 매각에 따른 소유권이전등기를 촉탁하면서 매수인이 인수하지 아니한 **부담기입등기**(말소할 등기)의 말소촉탁을 누락하였다면 추후에 말소촉탁을 할 수 있다(예규 442). [11 법무사]

마. 관공서가 촉탁정보 및 첨부정보를 적은 서면을 제출하는 방법으로 등기촉탁을 하는 경우에는 우편으로 그 촉탁서를 제출할 수 있다(규칙 제155조 제1항).

바. 그리고 매각 부동산이 여러 개라 하더라도(각 부동산별로 매각허가결정이 된 경우를 포함한다) 매수인이 동일인이면 1통의 촉탁서를 작성하여도 무방하다. 또한 1개의 부동산을 여러 사람이 공동으로 매수한 경우에도 1통의 촉탁서로 촉탁한다. 그러나 매각되는 부동산이 여러 개이고 매수인도 각 다를 경우에는 매수인별로 별도의 촉탁서를 작성하여야 할 것이고, 부동산마다 관할등기소가 다르면 등기소마다 촉탁서를 달리 작성하여야 한다.

3) 촉탁절차

가. 촉탁인

위 각 등기는 법원사무관 등이 촉탁한다(「민집」 제144조).

나. 촉탁정보

법원사무관 등이 민사집행법 제144조에 따라 촉탁하는 등기도 부동산등기법이 준용되므로(법 제22조 제2항), 촉탁서에는 규칙 제43조 등의 각 사항을 기재하여야 한다. 이하에서는 매각을 원인으로 한 소유권이전등기 등에 있어서 특유한 점을 중심으로 살펴본다.

(가) 부동산의 표시

촉탁할 등기의 목적이 되는 매각 부동산은 등기기록의 표시와 일치하여야 한다. 따라서 매각허가결정 후 매각 부동산에 관하여 행정구역 변경·환지·증축·합필·분필 등으로 등기기록상에 지번·지적·구조 등의 변경이 있음이 확인된 때에는 그 표시변경등기 일자가 매각허가결정 전이면 매각허가결정을 경정한 다음 촉탁서에 변경된 표시를 기재하여야 한다. 그리고 매각허가결정 후이면 촉탁서에 변경 전의 부동산의 표시를 하고 그 밑에 변경된 현재의 등기기록의 내용대로 표시하여 촉탁한다.

(나) 등기원인과 그 연월일

등기원인은 "**강제경매(임의경매)로 인한 매각**"이고, 등기원인인 일자는 매각대금지급일을 기재한다. [17 등기서기보]

예컨대 "2014.12.1. 자 강제(임의)경매로 인한 매각"이라고 표시한다.

(다) 등기목적

촉탁에 의하여 이루어질 이전등기나 말소할 등기를 구체적으로 표시한다. 소유권이전등기의 경우에는 단순히 "소유권이전등기"라고 표시하고 부담등기 및 경매개시결정등기의 말소의 경우에는 말소할 각 등기를 특정할 수 있을 정도로 접수일자와 접수번호도 아울러 표시한다. 예컨대 저당권설정등기의 경우에는 "○. ○. ○. 접수 제○○○호 저당권설정등기의 말소 또는 저당권설정등기 말소(○. ○. ○. 접수 제○○○호)"라고 표시한다.

(라) 등기의무자와 등기권리자

원칙적으로 경매개시결정 당시의 소유자 또는 가압류당시의 소유자가 등기의무자, 매각허가결정 당시의 경락인이 등기권리자로 하여 등기촉탁을 하여야 하며 경락인의 지위승계나, 제3취득자가 경락인이 되는 경우는 앞서 본 바와 같다.

(마) 취득세 및 과세표준

촉탁서에는 취득세액을 기재하여야 하며, 그 과세표준액은 매각대금액이다.

다. 첨부정보

전술한 바와 같이 촉탁에 관한 등기에 관하여도 신청에 의한 등기에 관한 규정이 준용되므로(법 제22조 제2항), 촉탁서에는 규칙 제46조 소정의 서면을 첨부하여야 한다. 이하에서는 매각을 원인으로 한 소유권이전등기 등에 있어서 특유한 점을 중심으로 살펴보기로 한다.

(가) 등기원인과 관련된 첨부정보

가) 등기원인을 증명하는 정보

등기원인을 증명하는 정보로 등기촉탁서에는 매각허가결정의 등본을 첨부하여야 한다(「민집」 제144조 제1항, 제268조).

매각허가결정 후 매수인이 사망한 경우에는 전술한 바와 같이 상속인을 위하여 소유권이전등기를 촉탁하므로 상속을 증명하는 서면(제적부 등·초본, 가족관계등록사항별증명서 등)을 첨부정보로서 제공하여야 한다.

나) 등기원인에 대한 허가·동의·승낙을 증명하는 정보 등

① 검인(계약서·판결서)	(계약 + 유상·무상)	×	(∵ 계약이 아니므로)
② 부동산거래계약신고필증	(계약 + 매매)	×	(∵ 매매계약이 아니므로)
③ 토지거래계약허가증	(계약 + 유상)	×	(∵ 토지거래계약허가규정 적용×) [21 법무사]
④ 농지취득자격증명	(他人 → 本人)	×	(∵ 매각허부 재판 시에 직권으로 조사하므로) (공매 시에는 제공해야 함) [21 법무사 / 15 법원사무관]

(나) 등기의무자와 관련된 첨부정보 – ×

(다) 등기권리자와 관련된 첨부정보 – ○

관공서가 매각 또는 공매처분 등을 원인으로 소유권이전등기를 촉탁하는 경우에는 등기의무자의 주소를 증명하는 정보를 제공할 필요가 없고, <u>등기권리자의 주소(또는 사무소 소재지)를 증명하는 정보만</u> 제공하면 된다. [20 법무사·등기서기보 / 19 등기주사보 / 14 법무사]

(라) 부동산과 관련된 첨부정보 - ○

매각을 원인으로 한 소유권이전등기촉탁의 경우에도 토지대장 등본·건축물대장 등본을 첨부하여야 한다.

(마) 등기신청인의 자격과 관련한 정보 - ○

관공서가 등기촉탁을 하는 경우로서 소속 공무원이 직접 등기소에 출석하여 촉탁서를 제출할 때에는 그 소속 공무원임을 확인할 수 있는 신분증명서를 제시하여야 한다(규칙 제155조 제2항).

4) 실행절차

가. 접수·배당

나. 조사(형식적 심사)

(가) 등기관은 신청정보 또는 등기기록의 부동산의 표시가 토지대장·임야대장 또는 건축물대장과 일치하지 아니한 경우에는 이유를 적은 결정으로 신청을 각하하여야 한다(법 제29조 제11호).

(나) 그러나 법 제29조 제11호의 규정은 그 등기명의인이 등기신청을 하는 경우에 적용되는 규정이므로 국가기관이 등기촉탁을 하는 경우에는 그 적용이 없다.

(다) 따라서 **관공서가 등기촉탁을 하는 경우에는 등기기록과 대장상의 부동산의 표시가 부합하지 아니하더라도** 그 등기촉탁을 **수리하여야 하며**, 이를 이유로 촉탁을 각하할 수 없다(예규 1625). [20 법무사 / 19 등기주사보·법원사무관 / 17 등기서기보 / 14 법무사]

　가) 매각에 따른 소유권이전등기를 촉탁하는 경우에는 경매절차 진행 중에 토지가 분할된 후 **분필등기를 경료하지 않아 등기부상의 토지의 표시와 토지대장상의 표시가 부합하지 아니하더라도** 등기관은 그 등기촉탁을 **수리하여야 한**다(선례 7-36). [18 등기주사보 / 16 등기서기보 / 15 법원사무관]

　나) 토지대장상 갑·을 토지가 지적법에 의하여 합병이 되었으나 **합필등기를 경료하지 아니한** 채 갑 토지에 대하여 국가기관인 법원이 매각으로 인한 소유권이전등기촉탁을 하는 경우, 등기관은 **등기부상 부동산의 표시가 토지대장과 부합하지 않더라도** 그 등기 촉탁을 **수리하여야 할** 것이다(선례 200701-4). [15 법무사]

다. 문제○ (취하·보정·각하)

라. 문제× (등기실행)

(가) 등기부 작성·기입

매각에 의한 등기는 (i) 매수인에 대한 소유권이전등기, (ii) 매수인이 인수하지 아니한 부동산의 부담에 관한 등기를 말소하는 등기, (iii) 경매개시결정등기의 말소등기가 일괄해서 동일한 촉탁서로 하게 된다. 이러한 등기는 등기원인 및 등기목적이 동일하지 않으나 일괄하여 촉탁할 수 있으므로(법 제25조 단서, 규칙 제47

조 제1항 제3호), 현재 등기실무는 동일한 접수번호를 부여한다. 그리고 등기의 기록은 통상의 등기와 마찬가지로 해당 구에 소유권이전등기와 말소의 등기를 하면 되므로 따로 설명할 내용은 없다.

(나) 각종 통지

등기필정보를 작성·통지하며(법 제50조), 등기완료통지도 함께 한다(법 제30조). 매수인은 우편에 의하여 등기필정보를 송부받기 위해서는 등기필정보 우편송부신청서를 작성하여 등기촉탁신청서와 함께 법원에 제출하여야 한다.

매수인이 여러 사람인 경우 등기필정보통지서의 우편송부 또는 교부는 등기필정보통지서를 송부 또는 교부받을 자로 촉탁서에 지정되어 있는 자(지정매수인)에게 하여야 한다. [21 법무사] 다만 다른 매수인이 등기소에 출석하여 지정매수인의 인감이 첨부된 위임장을 제출하며 교부를 청구한 경우에는 그 매수인에게 교부한다. 등기소는 위 영수증과 위임장을 집행법원에 송부하여야 한다.

관련기출지문

1. 매각으로 인한 소유권이전등기의 등기의무자는 현재의 등기부상 소유명의인, 즉 경매개시결정등기 이후에 상속등기를 한 때에는 상속인을, 제3자에게 소유권이전등기가 된 경우에는 그 제3자인 현재의 소유자를 표시하여야 한다. (×) [11 법무사]

2. 매각허가결정 확정 후에 매수인이 그 매수인의 지위를 제3자에게 양도하고 그 제3자가 매각대금을 지급한 경우, 집행법원은 제3자를 등기권리자로 하여 소유권이전등기 촉탁을 할 수 있다. (×) [13 법무사]

3. 매각허가결정 확정 후 대금지급 전에 매수인이 사망하고 그 상속인이 매수인의 지위를 승계하여 매각대금을 지급한 경우, 집행법원은 상속인이 아닌 매수인(피상속인)을 등기권리자로 하여 소유권이전등기 촉탁을 하여야 한다. (×) [13 법무사]

4. 경매개시결정등기 전 또는 후에 소유권을 취득한 자가 매수인이 된 경우에는 매각을 원인으로 하는 소유권이전등기를 하지 않는다. (×) [17 법무사]

5. 경매개시결정등기 전에 소유권이전등기를 받은 제3취득자가 매수인이 된 경우에도 등기관은 촉탁에 따라 매수인 앞으로의 소유권이전등기, 매수인이 인수하지 아니한 부동산의 부담에 관한 등기의 말소등기, 경매개시결정등기의 말소등기를 하여야 한다. (×) [15 법원사무관]

6. 경매개시결정등기 후에 소유권이전등기를 받은 제3취득자가 매수인이 된 경우에는 경매개시결정등기의 말소촉탁 및 매수인이 인수하지 않는 부담기입의 말소촉탁 외에 소유권이전등기촉탁은 하지 않는다. (×) [24 법원사무관]

7. 경매개시결정등기 후에 소유권이전등기를 받은 자가 매수인이 된 경우에는 경매개시결정등기와 매수인이 인수하지 않은 부담기입의 말소촉탁 외에 매각을 원인으로 한 소유권이전등기를 하지 않는다. (×) [19 등기주사보]

8. 경매개시결정등기 후 소유권이 제3자에게 이전되고 그 제3취득자가 매수인이 된 경우에는 경매개시결정등기의 말소 및 매수인이 인수하지 않는 부담기입의 말소만 하면 되고 소유권이전등기는 촉탁할 필요가 없다. (×) [13 법무사]

9. 공유부동산에 대한 경매개시결정등기가 마쳐지고, 경매절차에서 일부 공유자가 매수인이 된 경우에는, 경매개시결정등기의 말소촉탁과 동시에 공유자전원의 지분 전부에 대하여 매수인인 일부 공유자 앞으로 각 매각지분에 관하여 매각을 원인으로 한 소유권이전등기 촉탁을 하여야 한다. (×) [14 법무사]

10 가압류된 부동산의 소유권이 제3자에게 이전된 후 제3자의 채권자의 신청으로 경매가 진행되어 해당 부동산이 매각된 경우 종전 소유자에 대한 가압류등기는 말소촉탁의 대상이 되지 않는다. (×) [13 법무사]

11 갑 명의의 가압류등기가 경료된 부동산의 소유권이 제3자인 A에게 이전된 이후 제3취득자인 A의 채권자 B가 신청한 강제경매절차에서 매각된 경우에는 갑 명의의 가압류 등기는 말소 촉탁의 대상이 되지 않는다. (×) [11 법무사]

12 근저당권 등 다른 선순위의 부담이 없는 갑을 채권자로 하는 가압류등기가 경료된 부동산의 소유권이 을에게로 이전된 후 을의 채권자인 병의 경매신청으로 해당 부동산이 매각이 된 경우, 갑의 가압류등기는 말소될 등기가 아니다. (×) [9 법무사]

13 근저당권설정등기 후 강제경매개시결정등기 전에 등기된 소유권이전청구권가등기는 매각으로 인한 말소 대상 등기가 아니다. (×) [19 법원사무관]

14 주택임차권은 보증금이 전액 변제되지 아니한 대항력 있는 임차권이라도 그 주택에 대하여 민사집행법상의 경매가 행하여진 경우 말소의 대상이 된다. (×) [17 등기주사보]

15 소유권이전등기를 촉탁하는 경우 매수인이 인수하지 아니한 부담기입등기를 누락하였다면 이는 일괄촉탁에 위배되므로 각하하여야 한다. (×) [11 법무사]

16 강제경매의 매각으로 인한 소유권이전등기의 등기원인은 '강제경매로 인한 매각'이고 등기원인 연월일은 매각허가결정일을 기재한다. (×) [17 등기서기보]

17 토지거래허가구역 내의 민사집행법에 따른 경매의 경우에도 토지거래허가에 관한 규정이 적용되므로 토지거래허가증명을 첨부하여야 한다. (×) [21 법무사]

(5) 구분건물의 전유부분에 설정된 근저당권의 실행으로 매각된 경우 건물대지에 대한 소유권이전등기 등에 대한 사무처리지침(예규 1367)

구분건물의 전유부분에만 설정된 근저당권의 실행으로 매각된 경우 건물대지에 대한 매수인 앞으로의 소유권이전등기 등은 다음 절차에 의한다.

1. 매각허가 결정(경정결정 포함)에 대지에 대한 표시가 있는 경우
   가. 대지권 등기가 경료되지 않은 경우
      (1) 전유부분에 대한 등기
          전유부분만에 대하여 매각을 원인으로 한 소유권이전등기 촉탁이 있는 경우에는 통상의 절차에 따른다.
      (2) 대지부분에 대한 등기
          ㈎ 전유부분 소유자와 토지의 소유자가 일치한 경우
             1) 등기촉탁서 및 매각허가 결정의 토지의 표시가 등기기록과 동일하고, 등기의무자가 토지등기기록의 소유자와 동일한 경우에는 토지에 대하여 경매개시결정등기가 경료되지 않았다 하더라도 (⊕ 전유부분에 대하여는 등기하고) 토지 부분에 대한 소유권이전등기촉탁은 이를 수리한다. [22 등기서기보 / 15 법무사 / 12 법무사]
             2) 위 1)의 경우 토지 부분에 경료된 부담기입등기 또한 경매법원의 말소등기 촉탁이 있으면 이를 수리한다.

3) 등기실행과 관련하여 등기원인은 전유부분의 등기와 동일하게 "○년 ○월 ○일 매각"으로 기록한다.

   (나) 전유부분 소유자와 토지의 소유자가 다른 경우

    1) 전유부분과 토지부분에 대하여 동시에 소유권이전등기를 촉탁하였으나 등기촉탁서의 등기의무자와 토지등기기록의 소유자가 다를 경우에는 **전유부분**에 대하여는 **등기하고 토지부분에 대한 촉탁은 이를 각하**한다(「부동산등기법」 제29조 제7호).
    [15 법무사]

    2) 토지부분에 대하여는 순차이전등기를 통하여 등기의무자가 일치된 후, 경매법원의 소유권이전등기 촉탁이 있으면 이를 수리한다.

    3) 이 경우 등기실행절차는 위 (가)와 같이 처리한다.

나. 대지권등기가 경료된 경우

(1) 경매절차 진행 중 또는 대금납부 후에 대지권 등기가 경료된 경우, 경매법원으로부터 **대지권까지 포함한 소유권이전등기촉탁**이 있으면 이를 수리한다. [15 법무사]

(2) 등기촉탁서와 매각허가결정(경정결정)의 **부동산 표시**는 **등기기록과 일치**하여야 한다. 단, 토지의 **이전할 지분이 대지권 비율과 같으면 이는 동일한 것**으로 본다. [15 법무사]

(3) 등기실행과 관련하여 등기원인은 "○년 ○월 ○일 매각(대지권 포함)"으로 기록한다.

(4) 토지 부분에 경료된 부담기입등기에 대한 경매법원의 말소등기 촉탁은 이를 수리한다.

2. 매각허가 결정에 대지에 대한 표시가 없는 경우

가. 대지권등기가 경료되지 않은 경우

매각허가 결정에 전유부분만 기재된 경우 형식적 심사권밖에 없는 등기관은 토지까지 매각되었는지 여부를 판단할 수 없으므로 전유부분에 대하여는 통상의 절차에 의하여 이를 수리하고 **토지부분**에 대한 등기 촉탁은 **각하**한다(「부동산등기법」 제29조 제8호). [22 등기서기보 / 15 법무사]

나. 대지권등기가 경료된 경우

(1) 대지권등기가 경료된 후에는 **전유부분만에 대한 소유권이전등기 촉탁은 불가**[15 법무사]하므로 전유부분만에 대하여 매수인 앞으로 소유권이전등기를 실행하기 위하여는 대지권변경(대지권말소)등기 절차를 선행하여야 한다.

(2) 따라서 위 절차가 선행되지 않은 상태에서 매수인 앞으로 소유권이전등기 촉탁이 있는 경우에는 이를 **전부 각하**[18 등기주사보]한다(「부동산등기법」 제29조 제2호, 제61조 제3항).

(3) 위 (1)의 경우 매수인의 대위 신청에 의한 대지권변경등기(대지권말소)는 「부동산등기규칙」 제86조 제2항 및 제91조부터 제94조까지 정한 절차에 따라 처리하고, 이후 전유부분만에 대하여 매각을 원인으로 한 소유권이전등기 촉탁이 있으면 이를 수리한다.

다. 토지 소유권이전등기

(1) 이후 토지 부분에 대한 소유권이전등기는 경매법원의 촉탁에 의할 수 없고 통상의 절차에 의하여야 한다. 이 경우 전유부분 취득을 원인으로 한 소유권이전등기신청(공동신청)이 있는 경우의 등기는 "○년 ○월 ○일 건물 ○동 ○○호 전유부분 취득"으로 기록한다.

(2) 토지등기 위에 등기된 부담에 관한 등기는 경매법원의 촉탁에 의할 수 없고 통상의 절차에 의하여 말소하여야 한다.

1 전유부분에만 설정된 근저당권의 실행으로 매각된 경우에 촉탁서에 제공된 매각허가결정에는 대지에 대한 표시가 없으나 이미 대지권등기가 마쳐졌다면 근저당권의 효력은 대지사용권에 미치므로 그 건물과 대지에 대한 이전촉탁은 수리하여야 한다. (×) [18 등기주사보]

2 매각허가 결정(경정결정 포함)에 대지에 대한 표시가 있고 대지권 등기가 경료되지 않은 경우 전유부분과 토지부분에 대하여 동시에 소유권이전등기를 촉탁하였으나 등기촉탁서의 등기의무자와 토지등기기록의 소유자가 다를 때에는 전유부분과 토지부분에 대한 촉탁을 모두 각하한다. (×) [15 법무사]

3 구분건물의 전유부분에 설정된 근저당권의 실행으로 매각된 경우, 매각허가결정의 토지의 표시가 등기기록과 일치하고 토지 소유자와 등기의무자가 일치하더라도 경매개시결정등기가 마쳐지지 않았다면 소유권이전등기촉탁은 수리할 수 없다. (×) [12 법무사]

4 매각허가 결정에 대지에 대한 표시가 있고 전유부분 소유자와 토지의 소유자가 일치하나 대지권등기가 경료되지 않은 경우, 등기의무자가 토지등기기록의 소유자와 동일하더라도 토지에 대하여 경매개시결정 등기가 경료되지 않았다면 토지부분에 대한 소유권이전등기 촉탁은 이를 각하한다. (×) [22 등기서기보]

03 절 신탁등기

1. 신탁설정의 등기

(1) 신탁의 일반론

1) 서설

가. 의의

신탁법상 신탁(이하 "신탁"이라고 한다)이란, 신탁을 설정하는 자(이하 "위탁자"라 한다)와 신탁을 인수하는 자(이하 "수탁자"라 한다) 간의 신임관계에 기하여 위탁자가 수탁자에게 특정의 재산을 이전하거나 담보권의 설정 또는 그 밖의 처분을 하고 수탁자로 하여금 일정한 자(이하 "수익자"라 한다)의 이익 또는 특정의 목적을 위하여 그 재산의 관리, 처분, 운용, 개발, 그 밖에 신탁 목적의 달성을 위하여 필요한 행위를 하게 하는 법률관계를 말한다(신탁법 제2조).

신탁재산이란 위탁자가 수탁자에게 신탁의 목적으로 이전하거나 처분한 재산 및 그 재산의 관리, 처분, 운용, 개발, 멸실, 훼손, 그 밖의 사유로 수탁자가 얻은 재산을 말한다(「신탁법」 제27조).

나. 종류

(가) 임의신탁과 법정신탁

신탁은 신탁의 성립원인에 따라 당사자의 법률행위에 의하여 성립되는 임의(설정)신탁과 법률에 의한 추정 또는 강제로 성립되는 법정신탁으로 분류할 수 있다. 임의신탁은 다시 신탁행위의 형식에 따라 당사자의 법률행위인 계약에 의하여 성립되는 계약신탁(생전신탁)과 위탁자의 단독행위인 유언으로 설정하는 유언신탁(사후신탁), 위탁자의 선언에 의한 신탁으로 나눌 수 있다(「신탁법」 제3조).

(나) 관리신탁과 처분신탁

신탁은 수탁자의 의무내용에 따라 신탁재산의 관리만을 목적으로 하는 관리신탁(부동산의 임대·수리 등)과 신탁재산의 처분만을 목적으로 하는 처분신탁(부동산의 매각·저당권설정 등)으로 나눌 수 있다. 물론 신탁재산의 관리와 처분을 동시에 의무로 하는 신탁도 가능하다.

신탁법 제2조는 신탁 목적의 다양성을 고려하여 "관리, 처분" 외에 별도로 "운용, 개발, 그 밖에 신탁 목적의 달성을 위하여 필요한 행위"를 명시하고 있다. **운용행위**는 수탁자가 금전 등 신탁재산을 대여하거나, 신탁재산을 이용하여 부동산, 유가증권 그 밖의 유동성 자산을 매입·투자하는 등의 방법으로 신탁재산을 증가시키는 일련의 행위로서, 주로 금전신탁, 담보신탁 등에서 이용된다. 개발행위는 수탁자(신탁회사)가 위탁자로부터 토지의 소유권이나 그 밖의 부동산에 대한 권리를 이전받아 건물을 신축한 후 분양, 임대 등을 하여 수익자에게 그 사업수익을 교부하는 일련의 행위로서, 주로 토지신탁(특히 개발신탁)에서 이용된다.

(다) 영업신탁과 비영업신탁

신탁은 신탁의 인수를 영업으로 하는지 여부에 따라 영업신탁과 비영업신탁으로 분류할 수 있다. **영업신탁**은 상행위가 되므로(「상법」 제46조 제15호) 신탁법 외에 상법이 적용되고 자본시장법이 정한 일정한 요식의 서면으로 하여야 하며, 신탁업의 인가를 받은 신탁회사 외의 영리회사를 수탁자로 하는 신탁의 등기는 수리하여서는 안 된다(예규 1726).

(라) 사익신탁과 공익신탁

신탁은 신탁을 설정할 때 위탁자가 의도하는 신탁의 목적이 공익이냐 또는 사익이냐에 따라 공익신탁과 사익신탁으로 분류할 수 있다. **공익신탁**은 공익신탁법 제2조 제1호 각 목의 사업을 목적으로 하는 신탁법에 따른 신탁으로서, 공익신탁법 제3조에 따라 법무부장관의 인가를 받은 신탁을 말한다(「공익신탁법」 제2조 제2호). 공익신탁의 경우에는 사익신탁과 달리 신탁사무의 처리에 있어 법무부장관의 감독을 받게 된다. 예컨대 신탁의 설정, 신탁의 변경, 신탁의 합병 등의 경우에 법무부장관의 인가를 받아야 한다(「공익신탁법」 제3조 제1항, 제7조, 제20조 제2항).

다. 신탁관계의 당사자

(가) 위탁자

위탁자란 수탁자로 하여금 신탁재산의 관리 또는 처분 등을 하도록 하기 위하여 수탁자에게 재산의 이전, 담보권의 설정 또는 그 밖의 처분을 하는 자를 말한다. 위탁자의 능력에 대하여는 신탁법상 특별한 규정이 없으므로 민법의 일반규정에 따라 행위능력을 필요로 한다. 따라서 위탁자가 미성년자·피성년후견인·피한정후견인 등인 경우에는 각각의 능력 범위에 따라 법정대리인이 대리하거나 그의 동의를 받아 신탁행위를 할 수 있다(「민법」 제5조). 파산선고를 받은 자는 관리처분권이 없으므로 위탁자가 될 수 없다. 법인이 위탁자인 경우에는 정관에 규정된 목적범위 내에서만 신탁행위를 할 수 있다.

(나) 수탁자

가) 수탁자의 자격

수탁자란 위탁자로부터 재산의 이전, 담보권의 설정 또는 그 밖의 처분을 받아 특정한 신탁목적에 따라 신탁재산의 관리·처분 등을 하는 자를 말한다. 수탁자는 행위능력자이어야 한다. 따라서 제한능력자와 파산선고를 받은 자는 법정대리인이나 파산관재인의 동의가 있어도 수탁자가 될 수 없다(「신탁법」 제11조).

① 자연인

행위능력이 있는 자연인도 수탁자가 될 수 있다. 따라서 미성년자·피성년후견인·피한정후견인은 수탁자가 될 수 없다.

② 법인

1. 수탁자가 **법인**인 경우, 법인의 목적 범위 내에서 수탁자로 될 수 있다. [19 법원사무관 / 18 등기주사보]

2. 다만 **신탁업의 인가를 받지 않은 영리회사**가 신탁을 업으로 하는 경우, 그 회사를 수탁자로 하는 신탁의 등기는 허용되지 **않는다**(예규 1726, 자본시장법 참조). [18 등기주사보 / 16 법무사] 따라서 등기절차에 있어서 영리회사(주로 상법상의 회사가 이에 해당한다)가 수탁자가 되기 위해서는 자본시장법상의 인가를 받은 회사임을 소명하여야 한다.

3. **건설회사가 아파트를 건설하면서 업무편의상 그 사업부지에 대하여 신탁을 받는 행위**는 건설사업을 영위하면서 계속하여 반복적으로 신탁을 받을 의사를 가지고 하는 것이므로, 비록 부지소유자들로부터 신탁에 따른 대가를 수수하지 않더라도 신탁업법 제2조 소정의 "**신탁을 업으로 하는**" 경우에 해당한다 할 것이다. 따라서 건설회사가 **신탁업의 인가를 받지 아니한 이상** 위와 같이 신탁을 받아 건설회사를 수탁자로 하는 신탁등기를 신청할 수 없다(선례 5-610). [10 법무사]

③ 법인 아닌 사단 또는 재단

권리능력 없는 사단 또는 재단의 경우에도 단체로서의 실체를 갖추어 등기능력이 인정되는 경우에는 수탁자로 될 수 있다고 본다. [19 법원사무관 / 18 등기주사보] 따라서 사단법인이 아닌 직장주택조합(선례 2-586)을 수탁자로 하는 신탁등기를 할 수 있다(선례 4-607).

나) 수탁자가 여럿인 경우

수탁자는 반드시 1인으로 한정되지 않고 여럿이 될 수도 있다. 수탁자가 여럿인 경우에는 신탁재산은 그들의 합유로 한다(「신탁법」제50조 제1항). 이 경우 신탁행위로 달리 정한 바가 없으면 신탁사무의 처리는 수탁자가 공동으로 하여야 한다(「신탁법」제50조 제3항). 수탁자가 여럿인 경우에 그중 1인이 사망하거나 탈퇴한 경우에는 잔존 합유자의 합유가 되고 잔존 합유자가 1인인 경우에는 그의 단독소유로 된다(대판 1996.12.10, 96다23238, 「신탁법」제50조 제2항).

(다) 수익자

가) 수익자의 자격

수익자란 위탁자가 신탁의 이익을 주려고 의도한 자 또는 그러한 권리를 승계한 자를 말한다. 수익자는 신탁행위의 당사자는 아니나, 신탁행위는 수익자를 위하여 설정되는 것이므로 수익자의 지위는 신탁관계에 있어서 중요하다. 이러한 수익자의 자격에는 신탁법상 제한이 없으므로 민법상 권리능력이 있는 자는 행위능력을 묻지 않고 모두 수익자가 될 수 있다. 권리능력 없는 사단 또는 재단을 수익자로 하는 신탁도 가능하다.

위탁자는 수익자의 지위는 겸할 수 있다. 따라서 위탁자가 신탁행위에서 수익자를 지정하지 아니한 경우에는 위탁자가 수익자를 겸하게 된다.

반면에 수탁자는 수익자가 될 수 없다. 다만 수탁자가 공동수익자 중 1인인 경우에는 예외이다(「신탁법」제36조).

나) 수익자의 변경

수익자는 신탁행위로 특별히 정한 경우를 제외하고, 수익의 의사표시를 하지 않아도 신탁이익을 받으므로 수익자의 수익권은 당연히 발생하는 것이다(「신탁법」제56조 제1항). 수익자를 A에서 B로 변경하거나 새로운 수익자 C를 추가하는 수익자의 변경은, 신탁계약의 내용에서 수익자를 지정하거나 변경할 수 있는 권한(이하 "수익자지정권 등"이라 한다)을 위탁자나 수탁자 또는 제3자에게 부여하지 않는 한(구체적으로는 신탁원부에 표시되어야 할 것이다. 법 제81조 제1항 제2호), 이해관계인 전원의 합의가 있어야 한다. 일반적인 신탁관계에서 이해관계인으로는 위탁자·수탁자·수익자가 될 것이다.

라. 효과

(가) 신탁재산의 독립성

신탁재산은 형식적으로는 수탁자에게 귀속하고 있지만 실질적으로는 수탁자의 고유재산과는 독립된 별개의 재산이다. 이러한 신탁재산의 독립성을 전제로 신탁법은 신탁재산을 수탁자의 상속재산에서 제외하는 등의 규정을 두고 있다. 이에 관하여는 신탁등기와 다른 등기의 관계 부분에서 자세히 살펴보기로 한다.

(나) 대내적 · 대외적 소유권의 이전

부동산의 신탁에 있어서 위탁자의 신탁에 의하여 수탁자 앞으로 그 소유권이전등기가 마쳐지게 되면 **대내외적으로 소유권이 수탁자에게 완전히 이전되고**[9 법무사], 위탁자와의 내부관계에 있어서 소유권이 위탁자에게 유보되어 있는 것도 아니며, 다만 수탁자는 신탁의 목적 범위 내에서 신탁계약에 정하여진 바에 따라 신탁재산을 관리하여야 하는 제한을 부담함에 불과하다(대판 2003.8.19, 2001다47467).

(다) 신탁등기와 다른 등기와의 관계

가) 위탁자를 등기의무자로 한 등기

① 일반적인 등기신청

위탁자를 등기의무자로 하는 **일반적인 등기신청**은 수리하여서는 아니 된다. 예컨대 신탁등기가 경료된 부동산의 경우, 신탁등기가 말소되고 위탁자에게 소유권이전등기가 경료되기 전에는 위탁자를 등기의무자로 하는 근저당권설정등기를 할 수 없다(선례 6-335).

② 처분제한의 등기 등

1. 위탁자를 등기의무자로 하는 **처분제한 등의 등기**(가압류등기 등)의 촉탁은 **수리하여서는 아니** 된다. [21 등기서기보 / 14 법무사 / 10 법무사]

2. 다만 **신탁 전에 설정된 담보물권에 의한 임의경매등기** 또는 **신탁 전의 가압류등기에 기한 강제경매등기**의 촉탁은 위탁자를 등기의무자로 한 경우에도 이를 **수리하여야 한다.** [21 등기서기보 / 19 법무사 / 11 법무사 / 9 법무사]

3. 부동산에 대하여 신탁에 의한 소유권이전등기가 마쳐진 후에는 위탁자에 대한 파산선고의 등기촉탁이 있더라도 이를 수리할 수 없다(선례 7-444).

4. 위탁자가 신탁대상인 재산을 취득함으로써 발생한 조세(취득세)채권이라고 하더라도 신탁법상 **신탁이 이루어지기 전에 압류를 하지 않은 이상** 그 조세채권이 신탁법 제22조 제1항 단서의 "**신탁 전의 원인으로 발생한 권리**"에 해당된다고 볼 수 없으므로, 부동산의 양수인이 수탁자명의로 소유권이전등기를 마친 후에는 양수인에 대한 조세채권에 의하여 **수탁자 명의로 신탁등기가 마쳐진** 부동산에 대한 **압류등기를 촉탁할 수는 없을 것이다**(선례 5-684). [21 법원사무관] 그러므로 수탁자 명의의 신탁부동산에 대하여 위탁자에 대한 압류조서를 첨부하고 수탁자를 등기의무자로 하여 압류등기를 촉탁한 경우 등기관은 그 촉탁을 각하하여야 한다(선례 201001-1).

나) 수탁자를 등기의무자로 한 등기

① 일반적인 등기신청

신탁등기가 마쳐진 부동산에 대하여 **수탁자를 등기의무자로** 하는 등기의

신청이 있을 경우에는, 등기관은 그 등기신청이 **신탁목적에 반하는지 여부를 심사하여**[17 등기주사보] 반하지 않는 경우에만 그 신청을 수리할 수 있으며, 반하는 경우에는 **위탁자의 동의가 있다 하더라도 수리할 수 없다**(선례 7-279). [19 법무사(2) / 18 법원사무관 / 11 법무사]

② 처분제한의 등기 등

신탁법 제22조 제1항에 의한 강제집행 등이 허용되는지 여부는 신탁재산에 대한 강제집행 여부를 결정하는 단계에서 집행법원이 심사하여야 할 사항이므로, 수탁자를 등기의무자로 하는 강제경매개시 결정등기 등의 촉탁이 있다면 등기관은 그 촉탁을 수리하여야 할 것이다(선례 6-470). 따라서 **등기관은 수탁자를 등기의무자로 하는 처분제한의 등기, 강제경매등기, 임의경매등기 등의 촉탁은 수리한다.** [21 등기서기보 / 19 법무사 / 10 법무사]

관련 기출지문

1 법인은 그 목적 범위 내에서 수탁자가 될 수 있지만, 권리능력 없는 사단이나 재단은 단체의 실체를 갖추어 등기당사자능력이 인정되는 경우에도 수탁자가 될 수 없다. (×) [19 법원사무관]

2 신탁등기가 경료된 후에는 위탁자를 등기의무자로 한 처분제한 촉탁은 수리할 수 없으므로 비록 신탁 전에 설정된 담보물권에 기한 임의경매등기의 촉탁이 있더라도 위탁자를 등기의무자로 하였다면 이는 각하할 수밖에 없다. (×) [11 법무사]

3 신탁등기가 마쳐진 부동산에 대하여 수탁자를 등기의무자로 하는 등기의 신청이 신탁목적에 부합하지 않더라도 위탁자의 승낙서를 제공하여 신청한 것이라면 이를 수리하여야 한다. (×) [19 법무사]

4 신탁등기가 경료된 부동산에 대하여 수탁자를 등기의무자로 하는 등기의 신청이 있을 경우 등기관은 그 등기신청이 신탁목적에 반하지 아니하는가를 심사할 권한이 없다. (×) [17 등기주사보]

5 신탁의 가등기 또는 신탁목적에 반하는 등기신청이 있는 경우 수리하지 아니한다. (×) [11 법무사]

6 위탁자가 신탁 대상인 재산을 취득함으로써 발생한 조세채권인 경우에는 신탁법상 신탁이 이루어지기 전에 압류를 하지 않더라도 그 조세채권이 신탁법 제22조 제1항 소정의 "신탁 전의 원인으로 발생한 권리"에 해당된다고 볼 수 있으므로, 양수인이 수탁자 명의로 소유권이전등기를 마친 후에는 양수인에 대한 조세채권에 의하여 압류등기를 촉탁할 수는 있다. (×) [21 법원사무관]

---

(2) 신탁등기의 일반론

1) 신탁등기의 의의

앞에서 본 바와 같이 신탁으로 재산의 이전, 담보권의 설정 또는 그 밖의 처분이 있는 경우에 수탁자는 신탁재산을 자기의 고유재산과는 구별하여 관리하여야 하므로(신탁재산의 독립성), 그 재산이 신탁재산인지 여부를 제3자가 확실히 알 수 있도록 대외적으로 공시할 필요성이 있다.

이와 같이 어떠한 **부동산이 신탁의 목적물인지 여부를 대외적으로 공시하기 위한 것이 신탁등기이다.** 신탁법 제4조 제1항은 "등기 또는 등록할 수 있는 재산권에 관하여는 신탁의 등기 또는 등록을 함으로써 그 재산이 신탁재산에 속한 것임을 제3자에게 대항할 수 있다."고 하여, 신탁의 등기를 제3자에게 대한 **대항요건**으로 규정하고 있다. [23 등기서기보] 따라서 신탁행위를 원인으로 하여 재산의 이전, 담보권의 설정 또는 그 밖의 처분에 관한 통상의 등기를 하였다 하더라도 신탁등기를 하지 않는 한, 그 재산이 신탁재산임을 제3자에게 주장할 수 없다. 예컨대 수탁자 개인의 채권자가 신탁재산이 수탁자의 고유재산임을 전제로 그에 대한 강제집행을 신청한 경우에, 신탁등기가 되어 있지 않으면 수탁자는 그 재산이 신탁재산임을 주장하여 강제집행을 배제할 수 없다.

> **관련 기출지문**
>
> 1 부동산에 관하여 신탁법상의 신탁계약을 맺은 경우 신탁의 등기를 함으로써 그 재산이 신탁재산으로서의 효력을 가진다. (×)
>
> [23 등기서기보]

2) 신탁설정의 등기

신탁의 목적이 된 부동산에 관한 권리를 대외적으로 공시하기 위한 등기가 신탁설정의 등기이다. 일반적으로 신탁등기라 함은 신탁설정의 등기를 말한다. 신탁설정의 방법으로는 ① 위탁자와 수탁자 간의 계약, ② 위탁자의 유언, ③ 신탁의 목적, 신탁재산, 수익자(공익신탁법에 따른 공익신탁의 경우에는 신탁법 제67조 제1항의 신탁관리인을 말한다) 등을 특정하고 자신을 수탁자로 정한 위탁자의 선언이 있다.

3) 수탁자변경의 등기

신탁관계에 있어서 수탁자의 사망 등 수탁자 변경이 있는 경우에 이를 공시하기 위한 등기를 말한다.

4) 신탁원부 기록의 변경등기

신탁등기를 신청하는 경우 위탁자·수탁자·수익자·신탁관리인·신탁목적 등을 기재한 신탁원부를 제출하여야 하는 바, 이러한 신탁원부에 변동이 생긴 경우, 이를 변경하는 등기를 말한다.

5) 신탁등기의 말소등기

신탁의 목적물인 부동산이 신탁재산이 아닌 것으로 되는 때에 이를 말소하여 신탁의 목적에 의한 구속상태가 해소된 것을 공시하기 위한 등기이다.

6) 신탁의 합병·분할 등에 따른 신탁등기

신탁의 합병·분할·분할합병이 있는 경우 이루어지는 신탁의 합병·분할로 인한 권리변경등기, 기존 신탁등기의 말소등기 및 새로운 신탁등기를 말한다.

신탁의 합병은 수탁자가 자신이 관리하는 복수의 신탁을 하나의 신탁으로 만드는 것을 의미하고, 신탁의 분할은 합병과 반대로 하나의 신탁을 2개 이상으로 나누어 새로운 신탁을 설정하거나 기존의 다른 신탁과 합병(분할합병)하여 별도의 신탁으로 운영하는 것을 의미한다. 신탁의 합병은 신탁사무 처리의 편의성, 신탁재산의 관리와 운영에 있어서 규모의 경제 실현, 수탁자의 보수와 세금의 절감 등을 위해 필요하고, 신탁의 분할은 수익자 간에 신탁에 관한 의견이 충돌하는 경우나 수익자의 수익권에 대한 수요모델이 달라지는 경우 등에 있어 각 수익자의 수요를 최대한 충족시키기 위해 필요하다.

(3) 신탁등기의 절차

1) 신청절차

가. 신청인(수탁자 등의 단독신청)

(가) 신탁재산에 속하는 부동산의 신탁등기는 수탁자가 단독으로 신청한다(법 제23조 제7항). [19 등기서기보 / 18 법원사무관 / 17 등기주사보 / 15 등기서기보 / 14 법무사]

(나) 수탁자가 신탁법 제3조 제5항(재신탁)에 따라 타인에게 신탁재산에 대하여 신탁을 설정하는 경우에는, 해당 신탁재산에 속하는 부동산의 신탁등기는 새로운 신탁의 수탁자가 단독으로 신청한다(법 제23조 제8항 제2문).

(다) 수익자나 위탁자는 수탁자를 대위하여 신탁등기를 단독으로 신청할 수 있다(법 제82조 제2항). [17 등기주사보]

나. 유형별 신청방법

(가) 일괄신청의 원칙(법 제82조 제1항, 예규 1726호)

가) 신탁등기의 신청은 해당 부동산에 관한 권리의 설정등기, 보존등기, 이전등기 또는 변경등기의 신청과 동시에(1건의 신청정보로 일괄) 하여야 한다(법 제82조 제1항, 규칙 제139조 제1항). [23 등기서기보]

나) 신탁등기는 수익자나 위탁자가 수탁자를 대위하여 신청할 수도 있는데, 이 경우에는 권리의 이전등기 등의 신청과 동시에(1건의 신청정보로 일괄) 하여야 하는 것은 아니다(법 제82조 제2항 제2문). [21 등기서기보 / 18 등기주사보 / 17 등기서기보 / 15 법무사 / 9 법무사]

다) 위탁자가 여러 명이라 하더라도 수탁자와 신탁재산인 부동산 및 신탁목적이 동일한 경우에는 1건의 신청정보로 일괄하여 신탁등기를 신청할 수 있다. [22 법무사 / 19 법원사무관]

(나) 신탁행위에 의한 신탁등기

신탁행위에 의하여 소유권을 이전하는 경우에는 신탁등기의 신청은 신탁을 원인으로 하는 소유권이전등기의 신청과 함께 1건의 신청정보로 일괄하여 하여야 한다. [22 법무사 / 16 등기서기보 · 법무사]

등기원인이 신탁임에도 신탁등기만을 신청하거나 소유권이전등기만을 신청하는 경우에는 법 제29조 제5호에 의하여 신청을 각하한다.

등기의 목적은 "소유권이전 및 신탁", 등기원인과 그 연월일은 "○년 ○월 ○일 신탁"으로 하여 신청정보의 내용으로 제공한다.

(다) 신탁법 제3조 제5항의 재신탁등기

가) 의의

재신탁이란 수탁자가 인수한 신탁재산을 스스로 위탁자가 되어 다른 수탁자에게 신탁함으로써 새로운 신탁을 설정하는 것을 의미하며 이러한 재신탁은 허용된다. [14 등기서기보] 즉 수탁자는 신탁행위로 달리 정한 바가 없으면 신탁 목적의 달성을 위하여 필요한 경우 수익자의 동의를 받아 신탁재산을 재신탁할 수 있다.

종래의 등기실무는, 신탁법 및 부동산등기법에 신탁된 부동산을 재신탁할 수 있다는 규정은 없으므로 주택조합원과 조합 간의 신탁계약에서 주택조합이 신탁받은 부동산을 부동산신탁회사에 재신탁할 수 있다고 규정하였다 하더라도 그에 따른 재신탁등기는 할 수 없다고 하여(선례 6-465) 재신탁을 인정하지 않았다. 그러나 수탁자가 신탁재산에 관한 전문가에게 신탁재산의 운용을 맡기는 것이 신탁의 목적 달성에 더 유리할 수 있고, 수탁자가 신탁재산인 금전을 운용하는 방법 중의 하나로 투자신탁의 수익권을 매입한다거나 재개발사업 시행을 위하여 조합원들로부터 부동산을 인수한 재개발조합이 그 재개발사업의 안정적인 진행을 보장하기 위하여 신탁부동산을 다시 신탁회사에 신탁하는 것이 허용될 필요가 있어 전부개정 신탁법은 재신탁을 명문으로 인정하였다. 따라서 현행 규정상 재건축조합원과 조합 간의 신탁계약에서 재건축조합이 신탁받은 부동산을 신탁의 목적범위 내에서 다른 수탁자에게 신탁할 수 있다고 규정하였다면 그에 따른 재신탁등기도 가능하다. [11 법무사]

나) 신청방법

① 수탁자는 신탁행위로 달리 정한 바가 없으면 신탁 목적의 달성을 위하여 필요한 경우에는 수익자의 동의를 받아 타인에게 신탁재산에 대하여 재신탁을 설정할 수 있다(「신탁법」 제3조). [23 등기서기보 / 21 법원사무관 / 20 법무사 / 17 법무사]

② 수탁자가 신탁법 제3조 제5항(재신탁)에 따라 타인에게 신탁재산에 대하여 신탁을 설정하는 경우에는, 해당 신탁재산에 속하는 부동산의 신탁등기는 새로운 신탁의 수탁자가 단독으로 신청한다(법 제23조 제8항 제2문).

③ 신탁법 제3조 제5항에 따라 타인에게 신탁재산에 대하여 설정하는 신탁 즉 수탁자가 수익자의 동의를 받아 타인에게 신탁재산에 대하여 (재)신탁을 설정하고 소유권이전등기를 신청하는 경우에 의한 신탁등기는 재신탁을 원인으로 하는 소유권이전등기와 함께 1건의 신청정보로 일괄하여 신청하여야 한다.

④ 등기의 목적은 "**소유권이전 및 신탁**", 등기원인과 그 연월일은 "○년 ○월 ○일 재신탁"으로 하여 신청정보의 내용으로 제공한다. [15 법무사]

관련기출지문

1 수탁자가 인수한 신탁재산을 스스로 위탁자가 되어 다른 수탁자에게 신탁하여 새로운 신탁을 설정하는 것은 허용되지 않는다. (×) [14 등기서기보]

2 신탁법 제3조 제5항에 따른 재신탁등기를 신청하는 경우에는 위탁자의 동의가 있음을 증명하는 정보(인감증명 포함)를 첨부정보로서 제공하여야 한다. (×) [20 법무사]

3 수탁자는 신탁행위로 달리 정한 바가 없으면 신탁 목적의 달성을 위하여 필요한 경우에는 위탁자의 동의를 받아 신탁재산을 재신탁할 수 있다. (×) [17 법무사]

[별지 등기기록례 2] 재신탁에 따른 등기

[갑구]		(소유권에 관한 사항)		
순위번호	등기목적	접수	등기원인	권리자 및 기타사항
2	소유권이전	2018년 1월 9일 제670호	2018년 1월 8일 매매	소유자 김우리 600104-1056429 서울특별시 서초구 반포대로 60 (반포동) 거래가액 금200,000,000원
3	소유권이전	2018년 3월 5일 제3005호	2018년 3월 4일 신탁	수탁자 대한부동산신탁주식회사 110111-2345671 서울특별시 강남구 테헤란로 15 (삼성동)
	신탁			신탁원부 제2018-25호
4	소유권이전	2019년 5월 31일 제12345호	2019년 5월 30일 재신탁	수탁자 한국부동산신탁주식회사 110111-1234563 서울특별시 강남구 테헤란로 35 (삼성동)
	신탁			신탁원부 제2019-47호

(주) 1. 수탁자가 「신탁법」 제3조 제5항에 따라 타인에게 신탁을 설정하는 경우에는 "재신탁"을 등기원인으로 하고, 수익자의 동의가 있음을 증명하는 정보를 첨부정보로서 제공하여야 한다.
2. **재신탁**등기를 하는 경우에는 원신탁의 신탁등기를 말소하지 아니한다.

(라) 신탁법 제3조 제1항 제3호의 위탁자의 선언에 의한 신탁등기(🔵 자기신탁 / 위탁자 = 수탁자)

가) 의의

위탁자의 선언에 의한 신탁이란 신탁의 목적, 신탁재산, 수익자 등을 특정하고 자신을 수탁자로 정하는 신탁을 말한다. 이러한 신탁은 공익신탁법에 따른 공익신탁인 경우를 제외하고는 공정증서를 작성하는 방법으로 하여야 한다. 위탁자의 선언에 의한 신탁의 방법으로 목적신탁(수익자가 없는 특정의 목적을 위한 신탁)을 하기 위해서는 그 신탁이 공익신탁에 해당하여야 한다.

위탁자의 선언에 의한 신탁을 인정하면 기업이 스스로 수탁자가 되어 보유 중인 채권 등의 자산을 신탁재산으로 삼아 이를 유동화하여 자금을 조달할 수 있어 기업의 부담이 경감되고 수탁자에게 지급해야 하는 수수료 등의 비용을 절감할 수 있으므로 자산유동화가 용이하다. 또한 금융기관이 대출채권 등을 유동화하는 경우 채무자에 대한 정보를 가장 많이 보유하고 있으므로 다른 금융기관을 수탁자로 지정하는 경우보다 더 적절한 신탁재산의 관리가 가능하다. 이러한 취지에서 전부개정 신탁법은 위탁자의 선언에 의한 신탁을 명문으로 인정하였다. 따라서 **공동위탁자 중 1인을 수탁자로 한 신탁등기는 신청할 수 있다.** [10 법무사]

나) 신청방법

① 「신탁법」 제3조 제1항 제3호에 따라 신탁의 목적, 신탁재산, 수익자 등을 특정하고 자신을 수탁자로 정한 위탁자의 선언에 의한 신탁의 경우에는 신탁등기와 신탁재산으로 된 뜻의 권리변경등기를 1건의 신청정보로 일괄하여 수탁자가 단독으로 신청한다.

② 등기의 목적은 "신탁재산으로 된 뜻의 등기 및 신탁", 등기원인과 그 연월일은 "○년 ○월 ○일 신탁"으로 하여 신청정보의 내용으로 제공한다.

③ **공동위탁자(甲, 乙) 중 1인(乙)을 단독수탁자, 甲과 乙을 공동수익자로 하는 신탁설정 시, 등기신청은 甲지분에 대하여는 "甲지분전부이전 및 신탁"을 등기목적으로, 乙지분에 대하여는 "乙지분전부 신탁재산으로 된 뜻의 등기 및 신탁"을 등기목적으로 하는 별개의 등기신청서를 제출하는 방법에 의한다**(등기예규 제1726호 1. 나. (2), (3) 참조)(선례 제202206-2호).

관련 기출지문

1 신탁의 성질상 위탁자가 수탁자의 지위를 겸할 수 없으므로 공동위탁자 중 1인을 수탁자로 한 신탁등기는 신청할 수 없다. (×)
　　　　　　　　　　　　　　　　　　　　　　　　　　　　　　　　　　　　　　　[10 법무사]

[별지 등기기록례 1] 위탁자의 신탁선언에 의한 신탁등기

[갑구]	(소유권에 관한 사항)			
순위번호	등기목적	접수	등기원인	권리자 및 기타사항
2	소유권이전	2019년 1월 9일 제670호	2019년 1월 8일 매매	소유자 김우리 600104-1056429 서울특별시 서초구 반포대로 60 (반포동) 거래가액 금200,000,000원
3	신탁재산으로 된 뜻의 등기	2019년 5월 31일 제3005호	2019년 5월 30일 신탁	수탁자 김우리 600104-1056429 서울특별시 서초구 반포대로 60 (반포동)
	신탁			신탁원부 제2019-25호

(주) 「신탁법」 제3조 제1항 제3호에 따라 자신을 수탁자로 정한 위탁자의 선언에 의한 신탁을 설정하는 경우에는 "신탁 재산으로 된 뜻의 등기 및 신탁등기"를 신청할 수 있다.

(마) 신탁법 제27조에 따라 신탁재산에 속하게 되는 경우(신탁재산 처분신탁)

가) 의의

신탁재산(금전 등)의 관리·처분·운용·개발·멸실·훼손 그 밖의 사유로 수탁자가 얻은 재산(부동산 등)은 신탁재산에 속하게 된다(「신탁법」 제27조). 예를 들어 위탁자가 수탁자에게 일정 금원을 신탁하면서 그 금원으로 부동산 을 매수하도록 하고 수탁자가 신탁계약에 따라 특정 부동산을 매수한 경우에 그 부동산은 신탁재산에 속한다. 그러므로 해당 부동산에 관하여 매매를 원인 으로 수탁자 명의로 소유권이전등기를 할 경우 신탁등기를 할 필요가 있게 된 다. 이것이 신탁법 제27조에 따른 신탁등기이다.

나) 신청방법

① 신탁법 제27조에 따라 신탁재산에 속하게 되는 경우, 예컨대 수탁자가 신 탁재산(금전 등)의 처분에 의하여 제3자로부터 부동산에 관한 소유권을 취 득하는 경우에는 그 부동산도 신탁재산에 속하게 되는데, 그에 따른 신탁 등기의 신청은 해당 부동산에 관한 **소유권이전등기**의 신청과 함께 1건의 신청정보로 일괄하여 하여야 한다.

② 등기의 목적은 **"소유권이전 및 신탁재산처분에 의한 신탁"**으로[18 법원사무관 / 17 법무사], 등기권리자란은 "등기권리자 및 수탁자"로 표시하여 신청정보의 내용으로 제공한다.

③ 다만 위 제3자와 공동으로 소유권이전등기만을 먼저 신청하여 수탁자 앞으 로 소유권이전등기가 이미 마쳐진 경우에는 수탁자는 그 후 단독으로 신탁 등기만을 신청할 수 있고, 수익자나 위탁자도 수탁사를 대위하여 단독으 로 신탁등기만을 신청할 수 있다. [15 법무사] 이 경우 등기의 목적은 "신탁재 산처분에 의한 신탁"으로 하여 신청정보의 내용으로 제공한다.

④ 주택재개발조합이 조합원들이 신탁한 금전으로 재개발구역 내의 부동산을 취득하고 이를 원인으로 소유권이전등기를 마친 상태에서 나중에 수탁자로서 신탁등기만을 별도로 신청할 때에 신청정보 중 등기목적은 "신탁재산처분에 의한 신탁"으로 하여 이를 제공하여야 하며, 다만 등기원인과 그 연월일은 제공할 필요가 없다. 이 경우 신탁원부 작성을 위한 정보뿐만 아니라 등기원인을 증명하는 정보로서 신탁행위가 있었음을 증명하는 정보(신탁계약서 등)도 첨부정보로서 함께 제공하여야 하는 바, 신탁행위가 있었음을 증명하는 정보로서 제공하는 신탁계약서 등은 반드시 공정증서이어야 하는 것은 아니다(선례 201911-4).

⑤ <u>근저당권자가 여러 명인 근저당권설정등기와 함께 근저당권자 중 1인의 지분만에 대한 신탁재산처분에 의한 신탁등기를 신청할 때에는 1건의 신청정보로 일괄하여 신청할 수 없고, 각각 별개의 신청정보로 신청하여야 한다.</u> [20 법무사] 등기관이 위 신청에 따른 등기를 실행할 때에는 하나의 순위번호를 사용할 수 없고, 신탁재산처분에 의한 신탁등기는 부기등기로 실행하여야 하며, 이 경우 등기의 목적은 "○번 근저당권○○○지분전부신탁재산처분에 의한 신탁"으로 기록하여야 한다(이하 등기기록례 참조)(선례 201912-10).

[을구]	(소유권 외의 권리에 관한 사항)			
순위 번호	등기목적	접수	등기원인	권리자 및 기타사항
1	근저당권 설정	2019년 3월 5일 제3005호	2019년 3월 4일 설정계약	채권최고액 금250,000,000원 채무자 김우리 　서울특별시 서초구 서초대로46길 60, 　101동 201호(서초동, 서초아파트) 근저당권자 　박나라 620201-2024425 　서울특별시 서초구 서초대로62길 31, 　102동 103호(서초동, 한양아파트) 　김예린 790521-2035332 　서울특별시 서초구 서초대로62길 31, 　101동 202호(서초동, 한양아파트)
1-1	1번 근저당권 박나라지분 전부신탁 재 산처분에 의 한 신탁	2019년 3월 5일 제3006호		신탁원부　제2019-5호

(바) 신탁법 제43조에 따라 신탁재산으로 회복 또는 반환되는 경우

가) 의의

수탁자가 그 의무를 위반하여 신탁재산에 손해가 생기거나 신탁재산이 변경된 경우 위탁자, 수익자 또는 수탁자가 여럿인 경우의 다른 수탁자는 그 수탁자에게 신탁재산의 원상회복을 청구할 수 있고, 수탁자의 일정한 의무 위반의 경우 수탁자는 그로 인하여 수탁자나 제3자가 얻은 이득 전부를 신탁재산에 반환하여야 한다(「신탁법」 제43조). 이러한 경우 수탁자 명의로 회복·반환된 부동산에 대하여도 신탁재산임을 공시할 필요성이 있다. 이러한 경우에 하는 등기를 신탁재산의 회복·반환에 의한 신탁등기라 한다.

나) 신청방법

위 (마)에 준하여 신청하되, 소유권이전등기와 함께 1건의 신청정보로 일괄하여 신청하는 경우에는 등기의 목적을 "소유권이전 및 신탁재산회복(반환)으로 인한 신탁"으로 하고, 소유권이전등기가 이미 마쳐진 후 신탁등기만을 신청하는 경우에는 등기의 목적을 "신탁재산회복(반환)으로 인한 신탁"으로 하여 신청정보의 내용으로 제공한다.

(사) 담보권신탁등기

가) 의의

담보권신탁은 예를 들어 채무자가 수탁자에게 자기 소유 재산에 대한 담보권을 신탁재산으로 하여 신탁을 설정하고 채권자를 수익자로 지정하면 수탁자가 채권자에게 수익권증서를 발행해 주는 형태의 신탁을 말한다. 부동산등기와 관련하여서는 위탁자가 자기 또는 제3자 소유의 부동산에 채권자가 아닌 수탁자를 저당권자로 하여 설정한 저당권을 신탁재산으로 하고 채권자를 수익자로 지정한 신탁이라고 할 수 있다(법 제87조의2).

담보권신탁을 인정할 경우 채권자는 담보권의 효력을 유지한 채 별도의 이전등기 없이도 수익권을 양도하는 방법으로 사실상 담보권을 양도할 수 있어서 법률관계가 간단해지고 자산유동화의 수단으로서 활용이 용이해지기 때문에 전부개정 신탁법에 도입되었다. 이러한 담보권신탁은 담보신탁과 구별되는데, 담보신탁에는 다음과 같은 유형들이 있다.

① 먼저, 채무자(위탁자 겸 수익자)가 수탁자에게 자기소유의 부동산 등을 신탁재산으로 하여 자익신탁을 설정한 후 수탁자(신탁회사)가 발급한 수익권을 표창하고 있는 수익권증서를 채권자에게 양도하고, 수탁자는 신탁재산을 담보력이 유지되도록 관리하다가 채무이행 시에는 신탁재산을 채무자에게 돌려주며, 채무불이행 시에는 신탁재산을 처분하여 채권자에게 변제하여 주는 유형이다.

② 다음으로는 채무자(위탁자)가 수탁자에게 부동산의 소유권을 이전하면서 채권자를 수익자로 정하는 타익신탁을 설정하고 수탁자는 채무자의 채무불이행 시에 부동산을 처분하여 채무를 변제하는 유형이다.

나) 신청방법

① 수탁자는 위탁자가 자기 또는 제3자 소유의 부동산에 채권자가 아닌 수탁자를 (근)저당권자로 하여 설정한 (근)저당권을 신탁재산으로 하고 채권자를 수익자로 지정한 담보권신탁등기를 신청할 수 있다.

② 담보권신탁등기는 신탁을 원인으로 하는 근저당권설정등기와 함께 1건의 신청정보로 일괄하여 신청한다. **등기의 목적은 "(근)저당권설정 및 신탁",** **등기원인과 그 연월일은 "○년 ○월 ○일 신탁"으로 하여** 신청정보의 내용으로 제공한다.

③ 신탁재산에 속하는 (근)저당권에 의하여 담보되는 피담보채권이 여럿이고 각 피담보채권별로「부동산등기법」제75조에 따른 등기사항이 다른 경우에는 법 제75조에 따른 등기사항을 각 채권별로 구분하여 신청정보의 내용으로 제공하여야 한다.

④ **신탁재산에 속하는 (근)저당권에 의하여 담보되는 피담보채권이 이전되는** **경우에는 수탁자는 신탁원부기록의 변경등기를 신청하여야 한다.** 담보권신탁에서는 담보권자와 채권자가 애초에 분리되어 있으므로 저당권의 부종성의 원칙이 적용되지 않고, 채권이 양도되었다고 해서 저당권이 이전되는 것은 아니다. 따라서 신탁재산에 속하는 (근)저당권에 의하여 담보되는 피담보채권이 이전되는 경우에는 **수탁자는 신탁원부 기록의 변경등기를 신청하여야 하고**[17 법무사], **이 경우 부동산등기법상 (근)저당권의 이전등기를 하지 않는다.** [19 법원사무관 / 15 법무사]

관련 기출지문

1 위탁자가 채권자가 아닌 수탁자를 저당권자로 하여 설정한 저당권을 신탁재산으로 하고 채권자를 수익자로 지정한 신탁의 경우 그 저당권에 의하여 담보되는 피담보채권이 이전되는 때에는 수탁자는 그 저당권의 이전등기를 신청하여야 한다. (×)   [19 법원사무관 / 15 법무사]

[별지 등기기록례 3] 담보권신탁등기에 따른 등기

[을구]	(소유권 외의 권리에 관한 사항)			
순위번호	등기목적	접수	등기원인	권리자 및 기타사항
1	근저당설정	2019년 5월 31일 제12345호	2019년 5월 30일 신탁	채권최고액 금250,000,000원 존속기간 1년 채무자 김우리 　　서울특별시 서초구 서초대로46길 60, 　　101동 201호(서초동, 서초아파트) 수탁자　대한부동산신탁주식회사 　　110111-2345671 　　서울특별시 강남구 테헤란로 15 　　(삼성동)
	신탁			신탁원부　제2019-38호

(주) 위탁자가 자기 또는 제3자 소유의 부동산에 채권자가 아닌 수탁자를 저당권자로 하여 설정한 저당권을 신탁재산으로 하고 채권자를 수익자로 지정한 담보권신탁등기에 관한 기록례이다.

(아) 유언대용신탁

신탁법 제31조(수탁자의 권한)
수탁자는 신탁재산에 대한 권리와 의무의 귀속주체로서 신탁재산의 관리, 처분 등을 하고 신탁 목적의 달성을 위하여 필요한 모든 행위를 할 권한이 있다. 다만, 신탁행위로 이를 제한할 수 있다.

제33조(충실의무)
수탁자는 수익자의 이익을 위하여 신탁사무를 처리하여야 한다.

제36조(수탁자의 이익향수금지)
수탁자는 누구의 명의로도 신탁의 이익을 누리지 못한다. 다만, 수탁자가 공동수익자의 1인인 경우에는 그러하지 아니하다.

제59조(유언대용신탁)
① 다음 각 호의 어느 하나에 해당하는 신탁의 경우에는 위탁자가 수익자를 변경할 권리를 갖는다. 다만, 신탁행위로 달리 정한 경우에는 그에 따른다.
　1. 수익자가 될 자로 지정된 자가 위탁자의 사망 시에 수익권을 취득하는 신탁
　2. 수익자가 위탁자의 사망 이후에 신탁재산에 기한 급부를 받는 신탁
② 제1항 제2호의 수익자는 위탁자가 사망할 때까지 수익자로서의 권리를 행사하지 못한다. 다만, 신탁행위로 달리 정한 경우에는 그에 따른다.

> **제98조(신탁의 종료사유)**
> 신탁은 다음 각 호의 어느 하나에 해당하는 경우 종료한다.
> 1~5. 생략
> 6. 신탁행위로 정한 종료사유가 발생한 경우
>
> **제101조(신탁종료 후의 신탁재산의 귀속)**
> ① 제98조 제1호, 제4호부터 제6호까지, 제99조 또는 제100조에 따라 신탁이 종료된 경우 신탁재산은 수익자(잔여재산수익자를 정한 경우에는 그 잔여재산수익자를 말한다)에게 귀속한다. 다만, 신탁행위로 신탁재산의 잔여재산이 귀속될 자(이하 "귀속권리자"라 한다)를 정한 경우에는 그 귀속권리자에게 귀속한다.

가) 위탁자의 사망을 신탁종료사유로, 수탁자를 잔여재산에 대한 귀속권리자로 하는 신탁등기신청 가부 – ○

신탁의 종료사유는 신탁행위로 자유롭게 정할 수 있으며, 신탁이 종료된 경우 신탁재산의 잔여재산이 귀속될 자 또한 신탁행위로 자유롭게 정할 수 있는 것이므로, 신탁의 종료사유를 '위탁자의 사망'으로 하고, 신탁이 종료된 경우 신탁재산의 잔여재산이 귀속될 자를 '수탁자'로 하는 내용의 신탁등기도 신청할 수 있다(선례 201911-2). [20 법무사]

나) 위탁자와 생전수익자를 동일인으로 하는 유언대용신탁이 가능한지 여부 – ○

위탁자가 수익자의 지위를 겸하는 자익신탁은 일반적으로 허용되므로, 유언대용신탁의 경우에도 위탁자가 생전수익자의 지위를 겸하는 것은 가능하다(선례 201808-4).

다) 수탁자와 사후수익자를 동일인으로 하는 유언대용신탁이 가능한지 여부 – ×

「신탁법」은 수탁자가 공동수익자 중 1인인 경우를 제외하고는 수탁자로 하여금 신탁의 이익을 누리는 것을 금지하고 있는 바(「신탁법」 제36조), 유언대용신탁에서 생전수익자와 사후수익자가 별도로 존재하는 경우라도 위탁자의 사망을 기준으로 생전수익자와 사후수익자가 시간적으로 분리되는 결과 생전수익자와 사후수익자가 동시에 공동수익자로서 권리행사를 할 수는 없으므로(「신탁법」 제59조), 위탁자의 사망 이후에 수탁자만이 단독 사후수익자가 되는 신탁은 「신탁법」 제36조를 위반하게 되는 것이어서 생전수익자를 위탁자와 동일인으로 하고, 사후수익자를 수탁자와 동일인으로 하는 신탁등기는 신청할 수 없다(선례 201808-4). [19 등기서기보 · 등기주사보]

라) 유언대용신탁의 효력(유효인 부분과 무효인 부분의 경합) – 일부무효

① 신탁법상 신탁이란 위탁자가 수탁자에게 처분한 신탁재산에 관하여 수탁자로 하여금 수익자의 이익을 위하여 관리, 운용 등을 하게 하는 것을 목적으로 하는 법률관계로서(신탁법 제2조) 수탁자는 수익자의 이익을 위하

여 신탁사무를 처리할 의무를 부담하게 되는데(신탁법 제32조, 제33조), 만약 수탁자가 동시에 수익자가 되면 수탁자는 자신의 이익을 위하여 신탁재산을 관리 또는 운용하는 결과가 되므로 사실상 위탁자가 수탁자에게 재산을 증여한 것과 다름없는 법률관계가 되고 신탁의 효력을 인정할 실익이 없게 된다(대판 2024.4.16, 2022다307294).

② 신탁법 제36조도 "수탁자는 누구의 명의로도 신탁의 이익을 누리지 못한다. 다만, 수탁자가 공동수익자의 1인인 경우에는 그러하지 아니하다."라고 규정하고 있는데, 앞서 본 바와 같이 위 규정도 수탁자가 신탁재산에 관하여 유일한 수익자가 되는 신탁계약은 허용되지 않는다는 것을 분명하게 규정한 것으로 해석된다. 나아가 신탁법 제5조 제2항이 "목적이 위법하거나 불능인 신탁은 무효로 한다."라고 규정하고 있는 사정까지 고려하면, 수탁자가 신탁재산에 관하여 유일한 수익자가 되는 신탁계약은 무효라고 보는 것이 타당하다. 따라서 유언대용신탁에서 위탁자가 사망한 후 유일한 수익자를 수탁자로 정하였다면 그 부분은 무효가 된다(대판 2024.4.16, 2022다307294).

③ 한편 신탁법 제5조 제3항은 '신탁 목적의 일부가 제1항(선량한 풍속이나 그 밖의 사회질서에 위반하는 사항을 목적으로 하는 신탁) 또는 제2항(목적이 위법하거나 불능인 신탁)에 해당하는 경우 그 신탁은 제1항 또는 제2항에 해당하지 아니한 나머지 목적을 위하여 유효하게 성립한다. 다만, 제1항 또는 제2항에 해당하는 목적과 그렇지 아니한 목적을 분리하는 것이 불가능하거나 분리할 수 있더라도 제1항 또는 제2항에 해당하지 아니한 나머지 목적만을 위하여 신탁을 유지하는 것이 위탁자의 의사에 명백히 반하는 경우에는 그 전부를 무효로 한다.'고 규정하고 있다. 따라서 유언대용신탁에서 위탁자가 사망한 후 유일한 수익자를 수탁자로 정한 부분이 무효가 된다고 하더라도 나머지 부분, 즉 위탁자가 사망하기 전 수익자를 위탁자로 하여 수탁자로 하여금 신탁재산을 관리 또는 운용하도록 하는 부분(이하 '생전 자익신탁 부분'이라 한다)은 분리하기 불가능하거나 분리하더라도 생전 자익신탁 부분만으로 신탁을 유지하는 것이 위탁자의 의사에 명백히 반한다는 사정이 없는 이상 유효하다고 보아야 하고, 위탁자 사망 후 유일한 수익자가 수탁자가 된다는 사정만으로 곧바로 유언대용신탁 계약 전체를 무효라고 할 수는 없다(대판 2024.4.16, 2022다307294).

마) 수탁자와 사후수익자를 동일인으로 하는 유언대용신탁이 접수된 경우 등기관의 조치 – 각하(법 제29조 제9호)

생전수익자를 위탁자로 하고(이하 '생전 자익신탁 부분'이라 함) 유일한 사후수익자를 수탁자로 정한(이하 '사후 타익신탁 부분'이라 함) 유언대용신탁(「신탁법」제59조 제1항)에 따라 신탁등기를 신청한 경우, 사후 타익신탁 부분은 무효로 되는 것이어서, '(사후)수익자의 성명 및 주소'를 증명하는 정보를 첨부정보로서 등기소에 제공하지 않은 것으로 볼 수밖에 없을 것이므로, 등기관은 당해 등기신청을 「부동산등기법」제29조 제9호에 따라 각하하여야 한다(선례 제202404-1호).

바) 수탁자와 사후수익자를 동일인으로 하는 유언대용신탁이 등기된 후 위탁자가 사망한 경우의 조치

① 사후 타익신탁 부분이 무효가 된다고 하더라도 생전 자익신탁 부분은 분리하기 불가능하거나 분리하더라도 생전 자익신탁 부분만으로 신탁을 유지하는 것이 위탁자의 의사에 명백히 반한다는 사정이 없는 이상 유효하다고 보아야 하고, 유일한 사후수익자가 수탁자가 된다는 사정만으로 곧바로 유언대용신탁 계약 전체를 무효라고 할 수는 없는데, 형식적 심사권만 가지는 등기관이 위와 같은 사정의 유무를 판단할 수는 없으므로, 다른 특별한 사정이 없는 한, 생전 자익신탁은 유효한 것으로 판단할 수밖에 없을 것이다. 따라서 생전수익자를 위탁자로 하고 유일한 사후수익자를 수탁자로 정한 유언대용신탁에 따라 신탁등기를 신청하였으나 등기관이 이를 간과하여 등기가 마쳐진 다음 위탁자가 사망한 경우 신탁의 목적을 달성하게 되어 신탁이 종료된 것으로 보아야 한다(선례 제202404-1호).

② 위의 경우 신탁재산 귀속을 등기원인으로 하는 소유권이전등기의 등기권리자는 다음과 같다(선례 제202404-1호).

㉠ 귀속권리자를 정한 경우에는 잔여재산은 그에게 귀속되므로, '귀속권리자'가 등기권리자가 된다. 한편 수탁자를 귀속권리자로 정하는 것도 허용되므로, 신탁계약에서 수탁자를 귀속권리자로 정한 경우에는 수탁자가 등기권리자가 된다.

㉡ 귀속권리자를 정하지 않은 경우에는 잔여재산은 수익자에게 귀속될 것인데, 유효한 생전 자익신탁 부분의 수익자는 위탁자이므로 신탁재산의 잔여재산은 위탁자에게 귀속될 수밖에 없고 이에 따라 상속재산에 편입되게 될 것이므로, '위탁자의 상속인'이 등기권리자가 된다.

다. 첨부정보

(가) 등기원인을 증명하는 정보

가) 신탁 계약서 등

신탁행위에 의한 신탁등기를 신청하는 경우에는 당해 부동산에 대하여 신탁행위가 있었음을 증명하는 정보(신탁계약서 등)를 등기원인을 증명하는 정보로서 제공하여야 한다.

신탁법 제27조에 따라 신탁재산에 속하게 되는 경우 및 동법 제43조에 따라

신탁재산으로 회복 또는 반환되는 경우에 대하여 신탁등기를 신청하는 경우에도 신탁행위가 있었음을 증명하는 정보를 첨부정보로서 제공하여야 한다.

나) 신탁원부 작성을 위한 정보

등기관이 신탁등기를 할 때에는 한 신탁원부를 작성하고, 등기기록에는 법 제48조에서 규정한 사항 외에 그 신탁원부의 번호를 기록하여야 한다(법 제81조). 따라서 **신탁등기를 신청하는 경우에는 법 제81조 제1항 각 호의 사항을** 신탁원부 작성을 위한 정보로서 제공하여야 한다.

이러한 정보의 제공은 방문신청을 하는 경우라도 원칙적으로 전자문서로 작성하여 전산정보처리조직을 이용하여 등기소에 송신하는 방법으로 하여야 한다(규칙 제139조 제4항). **여러 개의 부동산에 관하여 1건의 신청정보로 일괄하여** 신탁등기를 신청하는 경우에는 각 **부동산별로 신탁원부 작성을 위한 정보를 제공하여야 하지만, 부동산의 표시에 관한 사항은** 신탁원부 작성을 위한 정보의 내용으로 **제공할 사항이 아니다**(선례 201912-4). [23 등기서기보 / 20 법무사 / 18 등기주사보]

신탁등기를 신청할 때에는 원칙적으로 "수익자의 성명(명칭)과 주소(사무소 소재지)"를 신탁원부 작성을 위한 정보로서 제공하여야 하지만, 「부동산등기법」 제81조 제2항에 따른 경우에는 이를 제공할 필요가 없는바, 이 외에도 신탁을 설정할 때에 수익자를 지정할 권한을 갖는 자를 정한 경우나 수익자를 지정할 방법을 정한 경우로서 아직 수익자가 특정되어 있지 않은 경우라면 "수익자의 성명과 주소"를 신탁원부 작성을 위한 정보로서 제공하지 아니하고 신탁등기를 신청할 수 있다(선례 201906-9).

(나) 등기원인에 대한 허가 · 동의 · 승낙을 증명하는 정보 등

가) 검인

특히 **신탁계약에 의하여 소유권을 이전**하는 경우에는 등기원인을 증명하는 정보에 검인을 받아 제공하여야 한다.

다만 **한국주택금융공사가 「한국주택금융공사법」 제22조 제1항 제9호의2의 주택담보노후연금보증과 관련된 신탁업무를 수행하기 위하여 신탁을 설정하거나 해지하는 경우에는 「부동산등기 특별조치법」 제3조를 적용하지 아니하므로 등기원인을 증명하는 정보에 검인을 받지 않고 제공할 수 있다.**

나) 토지거래계약허가

대가가 없는(유상이 아닌) 신탁을 원인으로 하는 경우에는 허가 대상이 아니므로 토지거래계약허가증을 첨부하지 않는다. 그러나 신탁에 관련한 등기라도 그것이 대가성이 있다면 토지거래계약허가를 받아야 한다. 즉 토지거래허가구역으로 지정된 토지에 대하여 신탁등기를 경료한 이후 신탁이 종료함에 따라 '신탁재산귀속'을 원인으로 위탁자 이외의 수익자나 제3자 명의로의 소유권이전 및 신탁등기말소를 신청하는 경우 신탁재산의 귀속이 대가에 의한 것인 때에는 토지거래계약허가증을 첨부하여야 한다(선례 201101-1). [18 법원사무관·법무사 / 17 등기서기보·등기주사보]

다) 농지취득자격증명

이 규정에서의 취득은 농지를 취득할 수 있는 자가 실제 현황이 농지인 토지를 타인에게서 본인에게 실질적으로 이전되어 새롭게 취득하는 것을 말한다. 따라서 자연인 또는 농업회사법인이 농지에 대하여 신탁법상의 신탁 또는 신탁해 등을 등기원인으로 하여 소유권이전등기를 신청하는 경우에는 농지취득자격증명을 제공하여야 한다.

라) 공익신탁에 대한 법무부장관의 인가

공익신탁법에 따른 공익신탁에 대하여 신탁등기를 신청하는 경우에는 법무부장관의 인가를 증명하는 정보를 첨부정보로서 제공하여야 한다. [16 등기서기보]

(다) 신탁설정에 관한 공정증서

신탁법 제3조 제1항 제3호에 따라 신탁의 목적, 신탁재산, 수익자 등을 특정하고 자신을 수탁자로 정한 위탁자의 선언에 의한 신탁등기를 신청하는 경우에는 공익신탁법에 따른 공익신탁인 경우를 제외하고는 신탁설정에 관한 공정증서를 첨부정보로서 제공하여야 한다(🔁 공익신탁 : 공정증서× / 사익신탁 : 공정증서○). [16 법무사]

(라) 지방세 납세증명서

신탁법 제3조 제1항 제1호(위탁자와 수탁자 간의 신탁계약) 및 제2호(위탁자의 유언)에 따라 신탁을 원인으로 소유권이전(🔁 지상권이전×)등기 및 신탁등기를 신청하는 경우와 「신탁법」 제3조 제5항(수탁자가 타인에게 신탁재산에 대하여 설정하는 신탁)에 따라 재신탁을 원인으로 소유권이전등기 및 신탁등기를 신청하는 경우에는 「지방세징수법」 제5조 제1항 제4호에 따라 지방세 납세증명서를 첨부정보로서 제공하여야 한다. [19 등기서기보·등기주사보 / 16 등기서기보 / 15 법원사무관]

다만, 등기원인을 증명하는 정보로서 확정판결, 그 밖에 이에 준하는 집행권원(집행권원)을 제공하는 경우에는 지방세 납세증명서를 제공할 필요가 없다. [19 등기서기보·등기주사보]

(마) 재신탁의 경우 수익자의 동의가 있음을 증명하는 정보

신탁법 제3조 제5항에 따른 재신탁등기를 신청하는 경우에는 수익자의 동의가 있음을 증명하는 정보(인감증명 포함)를 첨부정보로서 제공하여야 한다.

재신탁이란 수탁자가 스스로 위탁자가 되어 신탁재산에 대하여 다른 자에게 다시 신탁을 설정하는 것으로서, 신탁행위로 달리 정한 바가 없다면 수탁자는 신탁 목적의 달성을 위하여 필요한 경우 수익자의 동의를 받아 신탁재산을 재신탁할 수 있다. 수인의 조합원으로부터 각각 신탁을 설정받은 주택재건축조합이 신탁재산을 재신탁하는 경우에는 신탁행위로 달리 정한 바가 없다면 각 신탁계약의 수익자 즉, **조합원 전원의 동의서(인감증명 첨부)**를 첨부정보로서 제공하여야 하고, 「신탁법」 제71조에 따른 수익자집회의 결의로써 수익자의 동의를 갈음할 수 **없다**(선례 201403-4). [16 법무사]

(바) 대위원인을 증명하는 정보 및 신탁재산임을 증명하는 정보

위탁자 또는 수익자가 신탁등기를 대위신청하는 경우에는 대위원인을 증명하는 정보 및 해당 부동산이 신탁재산임을 증명하는 정보를 첨부정보로서 제공하여야 한다.

(사) 유한책임신탁 등기사항증명서

신탁법 제114조 제1항에 따라 유한책임신탁의 목적인 부동산에 대하여 신탁등기를 신청하는 경우에는 유한책임신탁의 등기가 되었음을 증명하는 등기사항증명서를 첨부정보로서 제공하여야 한다.

라. 수탁자가 수인인 경우

수탁자가 여러 명인 경우에는 그 공동수탁자가 합유(◉ 공유×)관계라는 뜻을 신청정보의 내용으로 제공하여야 한다.

마. 신탁가등기

신탁가등기는 소유권이전청구권보전을 위한 가등기의 신청과 함께 1건의 신청정보로 일괄하여 신청하되, 신탁원부 작성을 위한 정보도 첨부정보로서 제공하여야 한다. [22 법무사]

바. 신탁등기 등기명의인의 표시방법

(가) 신탁행위에 의하여 신탁재산에 속하게 되는 부동산에 대하여 수탁자가 소유권이전등기와 함께 신탁등기를 1건의 신청정보로 일괄하여 신청하는 경우에는 소유권이전등기의 등기명의인은 "수탁자 또는 수탁자(합유)"로 표시하여 등기기록에 기록한다. 위탁자의 선언에 의한 신탁의 경우에는 등기명의인을 "수탁자"로 표시한다.

(나) 신탁법 제27조에 따라 신탁재산에 속하게 되거나 신탁법 제43조에 따라 신탁재산으로 회복 또는 반환되는 부동산에 대하여 수탁자가 소유권이전등기와 함께 신탁등기를 1건의 신청정보로 일괄하여 신청하는 경우에는 소유권이전등기의 등기명의인은 "소유자 또는 공유자"로 표시하여 등기기록에 기록하고, 공유자인 경우에는 그 공유지분도 등기기록에 기록한다. [16 법무사 / 15 법원사무관]

(다) 신탁법 제27조에 따라 신탁재산에 속하게 되거나 신탁법 제43조에 따라 신탁재산으로 회복 또는 반환되는 부동산에 대하여 수탁자가 소유권이전등기만을 먼저 신청하여 소유권이전등기의 등기명의인이 "소유자 또는 공유자"로 표시된 후 수탁자가 단독으로 또는 위탁자나 수익자가 수탁자를 대위하여 단독으로 신탁등기를 신청하는 경우에는 이미 마쳐진 소유권이전등기의 등기명의인의 표시는 이를 변경하지 아니하고 그대로 둔다.

(라) 위 (나), (다)의 경우 등기명의인으로 표시된 "소유자 또는 공유자"는 신탁관계에서는 수탁자의 지위를 겸하게 되므로, 그 "소유자 또는 공유자"의 등기신청이 신탁목적에 반하는 것이면 이를 수리하여서는 아니 된다.

2) 실행절차(등기실행)

가. 등기관이 신탁등기를 할 때에는 다음 각 호의 사항을 기록한 **신탁원부를 작성하고**, 등기기록에는 제48조에서 규정한 사항 외에 그 **신탁원부의 번호** 및 신탁재산에 속하는 **부동산의 거래에 관한 주의사항을 기록**하여야 하며, 주의사항의 내용 및 등기방법 등에 관하여 필요한 사항은 대법원규칙으로 정한다(법 제81조 제1항 및 제4항).

개정 법률에서는 **신탁재산에 속하는 부동산의 거래에서 신탁원부를 확인하지 아니하여 발생하는 피해를 방지하기 위하여** 신탁재산에 속하는 부동산의 거래에 관한 주의사항을 신탁등기에 기록하도록 하였다. [본조신설 2024.9.20, 시행일 : 2024.12.21.]

나. 등기관이 권리의 이전 또는 보존이나 설정등기와 함께 신탁등기를 할 때에는 하나의 순위번호를 사용하여야 한다(규칙 제139조 제7항). [19 등기주사보 / 17 등기주사보 / 16 등기서기보 / 15 법원사무관 / 14 등기서기보]

다. 따라서 **신탁으로 인한 권리이전등기 등**을 한 다음 등기목적란부터 권리자 및 기타사항란까지 횡선을 그은 후 '**등기목적란**'에 신탁등기의 등기목적을 기록하여 권리이전등기 등과 구분하며, '**권리자 및 기타 사항란**'에는 신탁원부 번호를 기록하는 방법으로 실행하여야 한다. [21 등기서기보 / 20 법원사무관] 따라서 **신탁을 원인으로 한 소유권이전등기와 함께 신탁등기를 할 때에는 주등기로 하여야 한다.** [22 등기서기보]

라. 소유권이전등기의 등기명의인은 "**수탁자 또는 수탁자(합유)**"로 표시하여 등기기록에 기록한다.

마. 등기관이 신탁등기를 할 때 작성한 **신탁원부**는 등기기록의 일부로 본다. [21 등기서기보]

관련 기출지문

1 신탁법 제3조 제1항 제3호에 따라 신탁의 목적, 신탁재산, 수익자 등을 특정하고 자신을 수탁자로 정한 위탁자의 선언에 의한 신탁등기를 신청하는 경우에는 사익신탁이나 공익신탁을 불문하고 신탁설정에 관한 공정증서를 첨부정보로서 제공하여야 한다. (×) [16 법무사]

2 여러 개의 부동산에 관하여 1건의 신청정보로 일괄하여 신탁등기를 신청하는 경우에는 그 여러 개의 부동산에 대한 1건의 신탁원부 작성을 위한 정보를 제공할 수 있다. (×) [23 등기서기보]

3 동일한 위탁자 및 수탁자가 수개의 부동산에 대하여 같은 신탁목적으로 신탁계약을 체결한 경우 한 개의 신청정보로써 신탁등기를 신청할 수 있는데, 이 경우 신탁원부가 될 서면은 한 개만 첨부하면 되고 매 부동산마다 별개로 등기소에 제공할 필요는 없다. (×) [18 등기주사보]

4 부동산에 관하여 신탁을 원인으로 소유권이전등기를 신청할 때에는 지방세 납세증명서를 제공하여야 하므로, 수탁자가 판결 등 집행권원에 의하여 단독으로 신청하는 경우에도 이를 제공하여야 한다. (×) [19 등기서기보]

5 신탁을 원인으로 지상권이전등기 및 신탁등기를 신청하는 경우에는 지방세 체납액이 없음을 증명하는 납세증명서를 첨부정보로서 등기소에 제공하여야 한다. (×) [16 등기서기보 / 15 법원사무관]

6 권리의 이전등기와 함께 신탁등기를 할 때에는 하나의 순위번호를 사용하여야 하므로 신탁으로 인한 권리이전등기를 한 다음 '권리자 및 기타사항란'에 횡선을 그어 횡선 아래에 신탁등기의 등기목적과 신탁원부번호를 기록한다. (×) [21 등기서기보 / 20 법원사무관]

7 신탁등기를 권리의 설정, 보존 또는 이전등기와 함께 동시에 할 때에는 권리의 설정, 보존 또는 이전등기에 부기등기로 하여야 한다. (×) [15 법원사무관]

8 신탁을 원인으로 한 소유권이전등기와 함께 신탁등기를 할 때에는 소유권이전등기에 부기로 하여야 한다. (×) [22 등기서기보]

2. 수탁자변경의 등기

(1) 수탁자의 경질로 인한 권리이전등기

1) 신청인

가. 공동신청

신탁행위로 정한 바에 의하여 수탁자의 **임무가 종료**[15 법원사무관]하고 새로운 수탁자가 취임한 경우 및 수탁자가 사임, 자격상실[20 법무사]로 임무가 종료되고 새로운 수탁자가 선임된 경우에는 새로운 수탁자와 종전 수탁자가 공동으로 권리이전등기를 신청한다.

나. 단독신청

(가) 사망, 금치산, 한정치산, 파산[20 법무사], 해산의 사유로 수탁자의 임무가 종료되고 새로운 수탁자가 선임된 경우에는 새로운 수탁자가 단독으로 권리이전등기를 신청한다.

(나) 수탁자인 신탁회사가 합병으로 소멸되고 합병 후 존속 또는 설립되는 회사가 신탁회사인 경우에는 그 존속 또는 설립된 신탁회사가 단독으로 권리이전등기를 신청한다.

(다) 수탁자가 법원 또는 법무부장관(「공익신탁법」에 따른 공익신탁)에 의하여 해임된 경우에는 등기관은 법원 또는 법무부장관의 촉탁에 의하여 신탁원부 기록을 변경한 후 직권으로 등기기록에 해임의 뜻을 기록하여야 하고(이 경우 수탁자를 말소하는 표시를 하지 아니한다), 권리이전등기는 나중에 새로운 수탁자가 선임되면 그 수탁자가 단독으로 신청하여야 한다.

2) 신청정보(등기원인일자 및 등기원인)

위의 경우 등기원인일자는 "새로운 수탁자가 취임 또는 선임된 일자", 등기원인은 "수탁자 경질"로 하여 신청정보의 내용으로 제공한다. [22 법무사]

3) 첨부정보

가. 종전의 수탁자가 등기의무자, 새로운 수탁자가 등기권리자로서 소유권이전등기를 공동으로 신청할 때에는 종전 수탁자의 임무종료 및 새로운 수탁자의 선임을 증명하는 정보, 종전 수탁자의 등기필정보와 인감증명, 새로운 수탁자의 주소증명정보 등을 첨부정보로서 제공하여야 한다. 이 경우 수탁자의 임무종료 원인이 신탁행위에서 특별히 정한

사유가 아니라 종전의 수탁자가 위탁자 및 수익자의 승낙을 얻어 사임한 것이라면 수익자 및 위탁자의 승낙이 있음을 증명하는 정보(인감증명 포함)도 첨부정보로서 제공하여야 한다(선례 7-401).

나. 「공익신탁법」에 따른 공익신탁의 경우 수탁자가 변경된 경우에는 법무부장관의 인가를 증명하는 정보를 첨부정보로 제공하여야 한다.

(2) 여러 명의 수탁자 중 1인의 임무종료로 인한 합유명의인 변경등기

1) 신청인

가. 신청

(가) 공동신청

가) 여러 명의 수탁자 중 1인이 신탁행위로 정한 **임무종료사유**, **사임**[19 법무사], **자격상실**의 사유로 임무가 종료된 경우에는 나머지 수탁자와 임무가 종료된 수탁자가 공동으로 **합유명의인 변경등기**를 신청한다. [22 법무사]

나) 수탁자 중 1인인 신탁회사가 합병으로 인하여 소멸되고 신설 또는 존속하는 회사가 신탁회사인 경우에는 나머지 수탁자와 합병 후 신설 또는 존속하는 신탁회사가 공동으로 합유명의인 변경등기를 신청한다.

(나) 단독신청

여러 명의 수탁자 중 1인이 **사망**, **금치산**, **한정치산**, **파산**, **해산**의 사유로 임무가 종료된 경우에는 나머지 수탁자가 단독으로 **합유명의인 변경등기**를 신청한다. 이 경우 나머지 수탁자가 여러 명이면 그 전원이 공동으로 신청하여야 한다.

나. 법원 또는 법무부장관의 촉탁

여러 명의 수탁자 중 1인이 법원 또는 법무부장관에 의하여 해임된 경우에는 등기관은 법원 또는 법무부장관의 촉탁에 의하여 신탁원부 기록을 변경한 후 직권으로 등기기록에 해임의 뜻을 기록하여야 한다. 이 경우 종전 수탁자를 모두 말소하고 해임된 수탁자를 제외한 나머지 수탁자만을 다시 기록하는 합유명의인 변경등기를 하여야 한다.

2) 신청정보(등기원인일자 및 등기원인)

위의 경우 등기원인일자는 "수탁자의 임무종료일", 등기원인은 "임무가 종료된 수탁자의 임무종료원인"으로 하여 신청정보의 내용으로 제공한다("○년 ○월 ○일 수탁자 ○○○ 사망" 등).

3) 첨부정보

가. 등기신청인은 임무가 종료된 수탁자의 임무종료를 증명하는 정보를 첨부정보로서 제공하여야 하고, 여러 명의 수탁자 중 1인이 신탁행위로 정한 임무종료사유·사임·자격상실의 사유로 임무가 종료된 경우에는 임무가 종료된 수탁자의 인감증명 및 등기필정보도 함께 제공하여야 한다.

나. 「공익신탁법」에 따른 공익신탁의 경우 수탁자가 변경된 경우에는 법무부장관의 인가를 증명하는 정보를 첨부정보로 제공하여야 한다.

관련 기출지문

1 수탁자가 신탁행위로 정한 특정한 자격을 상실하여 수탁자의 임무가 종료되고 새로운 수탁자가 선임된 경우에는 새로운 수탁자가 단독으로 권리이전등기를 신청할 수 있다. (×) [15 법원사무관]

2 수인의 수탁자 중 1인이 사임으로 인하여 임무가 종료된 경우, 임무종료된 수탁자를 제외하고 잔존 수탁자가 합유명의인 변경등기를 신청한다. (×) [9 법무사]

3 여러 명의 수탁자 중 1인이 신탁행위로 정한 임무종료사유, 사임, 자격상실의 사유로 임무가 종료된 경우에는 나머지 수탁자가 합유명의인 변경등기를 신청하는바, 나머지 수탁자가 1인이면 단독으로, 나머지 수탁자가 여러 명이면 그 전원이 공동으로 합유명의인 변경등기를 신청한다. (×) [22 법무사]

---

3. 신탁원부기록의 변경등기

(1) 수탁자의 신청에 의한 경우

1) 원칙

가. 수탁자는 제85조(법원 및 법무부장관의 촉탁) 및 제85조의2(등기관의 직권)에 해당하는 경우를 제외하고 신탁원부에 기록된 사항이 변경되었을 때에는 지체 없이 신탁원부기록의 변경등기를 신청하여야 한다(법 제86조).

나. 수익자 또는 신탁관리인이 변경된 경우나 위탁자, 수익자 및 신탁관리인의 성명(명칭), 주소(사무소 소재지)가 변경된 경우에는 수탁자는 지체 없이 신탁원부 기록의 변경등기를 신청하여야 한다. [24 법무사 / 22 등기서기보]

다. 수익자를 지정하거나 변경할 수 있는 권한을 갖는 자의 성명(명칭) 및 주소(사무소 소재지), 수익자를 지정하거나 변경할 방법, 수익권의 발생 또는 소멸에 관한 조건, 「부동산등기법」 제81조 제1항 제6호에서 제12호까지의 신탁인 뜻, 신탁의 목적, 신탁재산의 관리방법, 신탁종료의 사유, 그 밖의 신탁조항을 변경한 경우에도 위 나.와 같다.

라. A 부동산에 대하여 신탁을 원인으로 갑 명의의 소유권이전등기 및 신탁등기가 마쳐지고 다시 재신탁을 원인으로 을 명의의 소유권이전등기 및 신탁등기가 마쳐진 상태에서 원신탁의 신탁원부에 기록된 사항이 변경된 경우에 원신탁의 수탁자인 갑은 신탁원부 기록의 변경등기를 신청할 수 있다(선례 201901-1). [23 등기서기보 / 21 법원사무관 / 19 등기주사보]

마. A부동산에 대한 갑의 공유지분 전부에 대하여 갑을 위탁자 및 수익자, 을을 우선수익자, 병을 수탁자로 하는 담보신탁계약을 원인으로 병 앞으로의 지분이전등기 및 신탁등기가 마쳐진 상태에서 갑의 정에 대한 채무 미변제를 이유로 정을 채권자, 갑을 채무자, 병을 제3채무자로 하는 법원의 양도명령에 따라 갑의 수익권 전부가 정에게 양도된 경우, 수탁자 병은 이를 증명하는 정보(양도명령 결정정본)를 첨부정보로서 제공하여 수익자를 갑에서 정으로 변경하는 신탁원부 기록의 변경등기를 신청할 수 있는바(「부동

산등기법」 제86조), 수탁자 병이 이러한 변경등기를 신청하지 않는 경우에는 새로운 수익자 정이 수탁자 병을 대위하여 위 신탁원부 기록의 변경등기를 신청할 수 있다. 그리고 신탁종료에 따른 신탁재산의 귀속권리자가 수익자인 경우로서 법원의 수익권 양도명령에 따라 수익자가 변경되었다면 신탁종료를 원인으로 신탁부동산에 대하여 새로운 수익자 앞으로 소유권이전등기를 신청하기 위해서는 먼저 신탁원부상의 종전 수익자를 새로운 수익자로 변경하는 신탁원부 기록의 변경등기를 신청하여야 한다(선례 201811-5). [19 등기주사보]

신탁원부상 신탁조항에 수익자변경권이 위탁자 및 수탁자에게 유보되어 있다는 취지가 기재되어 있다면 수탁자가 수익자의 변경으로 신탁원부기재변경등기를 신청하는 경우 수익자변경을 증명하는 서면 이외에 종전 수익자의 승낙서를 첨부할 필요는 없다. [24 법무사 / 22 법무사]

수탁자 경질로 인하여 구 수탁자가 등기의무자, 신 수탁자가 등기권리자로서 소유권이전등기를 공동신청할 때 구 수탁자의 인감증명·등기필증·신 수탁자의 주소증명서면·수탁자 경질을 증명하는 서면 등을 첨부하여야 하는바, 이 경우 수탁자의 임무종료원인이 신탁행위에서 특별히 정한 사유가 아니라 구 수탁자가 위탁자 및 수익자의 승낙을 얻어 사임한 것이라면 수익자 및 위탁자의 승낙서(인감증명 포함)도 첨부하여야 한다(선례 7-401).

2) 위탁자 지위의 이전에 따른 신탁원부 기록의 변경

가. 「신탁법」 제10조에 따라 위탁자 지위의 이전이 있는 경우에는 수탁자는 신탁원부 기록의 변경등기를 신청하여야 한다. [22 등기서기보 / 17 등기서기보 / 15 법무사]

나. 이 경우 등기원인은 "위탁자 지위의 이전"으로 하여 신청정보의 내용으로 제공한다. [22 등기서기보 / 15 법무사]

다. 위탁자 지위의 이전이 신탁행위로 정한 방법에 의한 경우에는 이를 증명하는 정보를 첨부정보로서 제공하여야 하고, 신탁행위로 그 방법이 정하여지지 아니한 경우에는 수탁자와 수익자의 동의가 있음을 증명하는 정보(인감증명 포함)를 첨부정보로서 제공하여야 한다. [24 법무사]

이 경우 위탁자가 여러 명일 때에는 다른 위탁자의 동의를 증명하는 정보(인감증명 포함)도 함께 제공하여야 한다.

[별지 등기기록례 6] 위탁자 지위의 이전에 따른 신탁원부 기록의 변경등기

[갑구]	(소유권에 관한 사항)			
순위번호	등기목적	접수	등기원인	권리자 및 기타사항
2	소유권이전	2019년 1월 9일 제670호	2019년 1월 8일 매매	소유자 김우리 600104-1056429 서울특별시 서초구 반포대로 60 (반포동) 거래가액 금200,000,000원
3	소유권이전	2019년 3월 5일 제3005호	2019년 3월 4일 신탁	수탁자 대한부동산신탁주식회사 110111-2345671 서울특별시 강남구 테헤란로 15 (삼성동)
	신탁			신탁원부 제2019-25호

(주) 위탁자 지위의 이전이 있는 경우에는 수탁자가 위탁자 지위의 이전을 원인으로 하여 신탁원부 기록의 변경등기를
신청하므로, 등기기록에는 변경사항이 없다.

3) 「공익신탁법」에 따른 신탁원부 기록의 변경

가. 유한책임신탁을 공익유한책임신탁으로 변경하거나 공익유한책임신탁을 유한책임신탁
으로 변경하는 경우에는 변경이 되었음을 증명하는 등기사항증명서를 첨부정보로 제공
하여야 한다.

나. 공익신탁을 유한책임신탁으로 변경하는 경우에는 법무부장관의 인가를 증명하는 정보
및 변경이 되었음을 증명하는 등기사항증명서를 첨부정보로 제공하여야 한다.

다. 신탁관리인의 변경이 있는 경우(법원 또는 법무부장관의 촉탁에 의한 경우는 제외)에는
법무부장관의 인가를 증명하는 정보를 첨부정보로 제공하여야 한다.

(2) 법원 또는 법무부장관의 촉탁에 의한 경우

1) 법원의 촉탁에 의한 경우

가. 법원이 수탁자를 해임하는 재판을 한 경우, 신탁관리인을 선임하거나 해임하는 재판을
한 경우, 신탁 변경의 재판을 한 경우에는 등기관은 법원의 촉탁에 의하여 신탁원부 기
록을 변경하여야 한다. [24 법무사 / 17 등기서기보[2]]

나. 법원이 「신탁법」 제20조 제1항에 따라 신탁재산관리인을 선임하거나 그 밖의 필요한
처분을 명한 경우, 신탁재산관리인의 사임결정 또는 해임결정을 한 경우, 신탁재산관리
인의 임무가 동조 제2항에 따라 종료된 경우에도 위 가.와 같다.

2) 법무부장관의 촉탁에 의한 경우

「공익신탁법」에 따른 공익신탁에 대하여 법무부장관이 수탁자를 직권으로 해임한 경우, 신탁관리인을 직권으로 선임하거나 해임한 경우, 신탁내용의 변경을 명한 경우에는 등기관은 법무부장관의 촉탁에 의하여 신탁원부 기록을 변경하여야 한다.

3) 등기기록의 직권 기록

수탁자를 해임한 법원 또는 법무부장관의 촉탁에 의하여 신탁원부 기록을 변경한 경우에는 등기관은 직권으로 등기기록에 그 뜻을 기록하여야 한다. [22 등기서기보]

4) 첨부정보

법원 또는 법무부장관의 촉탁에 의한 해임 등의 경우 법원의 재판서 또는 법무부장관의 해임 등을 증명하는 정보를 첨부정보로 제공하여야 한다.

(3) 직권에 의한 경우

등기관이 신탁재산에 속하는 부동산에 관한 권리에 대하여 수탁자의 변경으로 인한 이전등기(수탁자의 경질로 인한 권리이전등기), 여러 명의 수탁자 중 1인의 임무 종료로 인한 합유명의인변경등기, 수탁자인 등기명의인의 성명 및 주소(법인인 경우에는 그 명칭 및 사무소 소재지를 말한다)에 관한 변경등기 또는 경정등기에 해당하는 등기를 할 경우 등기관은 직권으로 신탁원부 기록의 변경등기를 하여야 한다. [24 법무사 / 22 등기서기보 / 21 법무사 / 17 등기서기보]

> **관련 기출지문**
>
> **1** 신탁을 원인으로 갑 명의의 소유권이전등기 및 신탁등기가 마쳐지고 다시 재신탁을 원인으로 을 명의의 소유권이전등기 및 신탁등기가 마쳐진 상태에서 원신탁의 신탁원부에 기록된 사항이 변경된 경우라도 원신탁의 수탁자인 갑은 현재 유효한 소유명의인이 아니므로 원신탁의 신탁원부 기록에 대한 변경등기를 신청할 수 없다. (×)　[19 등기주사보]
>
> **2** 신탁원부상 신탁조항에 수익자변경권이 위탁자 및 수탁자에게 유보되어 있다는 취지가 기재되어 있더라도 수탁자가 수익자의 변경으로 신탁원부 기록의 변경등기를 신청하는 경우 수익자변경을 증명하는 정보 이외에 종전 수익자의 승낙이 있음을 증명하는 정보를 제공하여야 한다. (×)　[24 법무사]
>
> **3** 등기관이 법원 또는 주무관청의 촉탁에 의하여 등기기록에 수탁자 해임의 등기를 하였을 때에는 신탁원부에 직권으로 그 뜻을 기록하여야 한다. (×)　[17 등기서기보]
>
> **4** 수탁자를 해임한 법원 또는 법무부장관의 촉탁에 의하여 신탁원부 기록을 변경한 경우 등기관은 직권으로 등기기록에 그 뜻을 기록하여서는 아니 된다. (×)　[22 등기서기보]

4. 신탁등기의 말소등기

(1) 일반론

수탁자가 신탁재산을 제3자에게 처분한 경우, 신탁이 종료되어 신탁재산이 귀속권리자에게 귀속된 경우 또는 수탁자가 신탁재산을 자신의 고유재산으로 한 경우에는 해당 부동산은 더 이상 신탁재산이 아닌 것으로 되어 신탁에 의한 구속 상태에서 벗어나게 되므로 신탁재산이라는 뜻의 등기인 신탁등기를 말소할 필요가 있다. [17 등기주사보]

(2) 등기신청방법

1) 일반원칙

가. 신탁등기의 말소등기는 수탁자가 단독으로 신청할 수 있다(법 제87조 제3항). [17 법무사 / 14 법무사]

나. 신탁등기의 말소등기는 수익자나 위탁자가 수탁자를 대위하여 그 등기를 신청할 수 있다. [18 등기주사보]

다. 신탁재산에 속한 권리가 이전, 변경 또는 소멸됨에 따라 신탁재산에 속하지 아니하게 된 경우 신탁등기의 말소신청은 신탁된 권리의 이전등기, 변경등기 또는 말소등기의 신청과 동시에 하여야 하며(법 제87조 제1항), 1건의 신청정보로 일괄하여 하여야 한다(규칙 제144조 제1항).

2) 판결을 받은 경우

가. 甲이 乙에게 신탁한 부동산에 대하여 丙이 乙을 상대로 취득시효 완성을 원인으로 한 소유권이전등기절차의 이행을 명하는 확정판결을 받은 경우, 丙은 이 확정판결을 첨부하여 단독으로 소유권이전등기와 신탁등기의 말소를 동일한 신청서에 의하여 신청할 수 있다(선례 7-408). [19 법원사무관] 즉 신탁등기를 말소하라는 내용의 판결이 없더라도 수탁자를 상대로 판결을 얻은 경우에는 신탁등기의 말소와 함께 판결에서 명한 등기를 신청할 수 있다.

나. 수탁자 甲 소유명의의 부동산에 대하여 전 소유명의인 乙이 甲을 상대로 제기한 소송에서, "피고(甲)는 원고(乙)에게 ○○지방법원 등기국 2017.○○.○○. 접수 제○○○○호로 마친 소유권이전등기의 말소등기절차를 이행하라."는 판결이 확정된 경우, 乙이 이 판결에 의하여 단독으로 소유권이전등기의 말소등기를 신청할 때에 이와 함께 1건의 신청정보로 일괄하여 신청하여야 하는 신탁등기의 말소등기는 乙이 甲을 대위하여 신청할 수 있다(선례 201806-2). [19 등기서기보]

(3) 신탁재산을 처분한 경우

1) 신청절차

가. 수탁자가 신탁재산을 제3자에게 처분하거나 신탁이 종료되어 신탁재산이 위탁자 또는 수익자에게 귀속되는 경우에는 그에 따른 권리이전등기와 신탁등기의 말소등기는 1건의 신청정보로 일괄하여 신청하여야 한다. [17 법무사]

나. 등기관은 등기기록과 신청정보 및 첨부정보만에 의하여 등기신청의 수리 여부를 결정하여야 하는 바, 신탁원부는 등기기록의 일부로 보게 되므로 "위탁자와 수탁자가 신탁계약을 중도 해지할 경우에는 우선수익자의 서면동의가 있어야 한다"는 내용이 신탁원부에 기록되어 있다면 신탁해지를 원인으로 소유권이전등기 및 신탁등기의 말소등기를

신청할 때에는 일반적인 첨부정보 외에 신탁계약의 **중도해지에 대한 우선수익자의 동의가 있었음을 증명하는 정보(동의서)**와 그의 **인감증명**을 첨부정보로서 제공하여야 한다(선례 201805-3). [21 법원사무관 / 19 등기서기보]

2) 실행절차

가. 등기원인이 신탁재산의 처분 또는 신탁재산의 귀속임에도 신탁등기의 말소등기 또는 권리이전등기 중 어느 하나만을 신청하는 경우에는 등기관은 이를 수리하여서는 아니 된다.

나. 등기관이 권리의 이전 또는 말소등기나 수탁자의 고유재산으로 된 뜻의 등기와 함께 신탁등기의 말소등기를 할 때에는 하나의 순위번호를 사용하고, 종전의 신탁등기를 말소하는 표시를 하여야 한다(제144조 제2항).

(4) 신탁종료로 인해 신탁재산이 귀속된 경우

1) 서설

가. 의의(귀속권리자)

(가) 신탁의 목적을 달성하였거나 달성할 수 없게 된 경우, 수탁자의 임무가 종료된 후 신수탁자가 취임하지 아니한 상태가 1년 간 계속된 경우, 목적신탁에서 신탁관리인이 취임하지 아니한 상태가 1년 간 계속된 경우, 신탁행위로 정한 종료사유가 발생한 경우, 합의나 법원의 명령에 따라 신탁이 종료된 경우 등에 있어서 신탁재산은 수익자(잔여재산수익자를 정한 경우에는 그 잔여재산수익자를 말한다)에게 귀속한다. 다만 신탁행위로 신탁재산의 잔여재산이 귀속될 자(이하 "귀속권리자"라 한다)를 정한 경우에는 그 귀속권리자에게 귀속한다.

(나) 수익자와 귀속권리자로 지정된 자가 신탁의 잔여재산에 대한 권리를 포기한 경우, 잔여재산은 위탁자와 그 상속인에게 귀속한다.

(다) 집행의 면탈이나 그 밖의 부정한 목적으로 설정된 위탁자의 선언에 의한 신탁이 법원의 재판에 따라 종료된 경우, 신탁재산은 위탁자에게 귀속한다.

(라) 위 (가), (나)에 따라 잔여재산의 귀속이 정하여지지 아니하는 경우 잔여재산은 국가에 귀속된다.

나. 효과

신탁법상 신탁의 효력은 대내외적으로 소유권이 수탁자에게 완전히 이전되고 위탁자와의 내부관계에 있어서 소유권이 위탁자에게 유보되는 것은 아니다. 따라서 **신탁기간의 만료 등 신탁종료의 사유가 발생하더라도 수탁자가 수익자나 위탁자에게 목적 부동산의 소유권을 이전할 의무를 부담하게 됨에 불과할 뿐, 당연히 목적 부동산의 소유권(신탁재산)이 수익자나 위탁자에게 복귀되지는 않는다**(대판 1991.8.13, 91다12608). [9 법무사]

2) 개시

가. 수탁자가 신탁재산을 제3자에게 처분하거나 신탁이 종료되어 신탁재산이 위탁자 또는 수익자에게 귀속되는 경우에는 그에 따른 권리이전등기와 신탁등기의 말소등기는 1건의

신청정보로 일괄하여 신청하여야 한다. [17 법무사]

즉, 신탁등기의 말소를 위해서 당사자의 신청이 있어야 하며 등기관이 소유권이전등기를 실행한 후 직권으로 신탁등기를 말소하는 것은 아니다. [23 등기서기보]

나. 신탁등기를 마친 부동산에 관하여 신탁이 종료되어 신탁재산이 위탁자에게 귀속되었으나, 위탁자가 수탁자에 대한 신탁재산 귀속을 원인으로 한 소유권이전 및 신탁등기말소등기청구권을 행사하지 않는 경우 위탁자의 조세채권자는 압류조서 등 대위원인을 증명하는 서면을 첨부하여 수탁자와 공동으로 소유권이전등기 및 신탁등기의 말소등기를 대위 신청할 수 있으나, 관공서가 위와 같이 제3자와 공동신청에 의하여야 하는 등기의 당사자 일방을 대위하는 경우에는 촉탁에 의할 수 없다(선례 201007-2).

다. 재건축조합을 수탁자로 하는 신탁등기가 경료된 경우, 조합원인 수익자(위탁자)에 대하여 대여금지급을 명하는 확정판결을 받은 채권자는 수탁자에 대한 수익자의 신탁재산귀속을 원인으로 한 소유권이전 및 신탁등기말소등기청구권을 대위행사하여 등기의무자인 수탁자와 공동으로 그 소유권이전 및 신탁등기말소등기를 신청할 수 있다(선례 7-407).
[10 법무사]

3) 신청절차

가. 신청인

나. 신청정보

신탁부동산에 대하여 매매 또는 신탁재산 귀속을 원인으로 소유권이전등기 및 신탁등기의 말소등기를 신청할 때에는 말소할 사항으로서 말소의 대상인 신탁등기를 특정하여 신청정보의 내용으로 등기소에 제공하여야 하는바, 다만 이전등기의 대상인 소유권등기와 말소등기의 대상인 신탁등기가 같은 순위번호를 사용하고 있는 경우에는 신청정보의 내용 중 "말소할 사항"에 관하여는 그 제공을 생략할 수 있다(선례 201906-1).

다. 첨부정보

(가) 토지거래허가구역으로 지정된 토지에 대하여 신탁등기를 경료한 이후 신탁이 종료함에 따라 '신탁재산귀속'을 원인으로 위탁자 이외의 수익자나 제3자 명의로의 소유권이전 및 신탁등기말소를 신청하는 경우 신탁재산의 귀속이 대가에 의한 것인 때에는 토지거래계약허가증을 첨부하여야 한다(선례 201101-1). [18 법원사무관·법무사 / 17 등기서기보
·등기주사보]

(나) 부동산에 관한 신탁이 종료되어 신탁재산의 귀속권리자와 수탁자가 공동으로 신탁재산귀속을 원인으로 한 소유권이전 및 신탁말소등기를 신청하는 경우에는 수탁자가 전에 등기권리자로서 소유권이전 및 신탁등기를 마친 후 교부받은 등기필증을 제출하여야 하며, 그 후 신탁재산의 귀속권리자가 그 부동산을 제3자에게 처분하여 소유권이전등기를 신청하는 경우에는 위 소유권이전 및 신탁말소등기를 마친 후 교부받은 등기필증을 제출하여야 한다(선례 201004-3).

라. 관련 선례

(가) 신탁계약을 원인으로 갑 소유명의의 토지에 대하여 수탁자 을 앞으로 소유권이전등기 및 신탁등기를 먼저 마친 다음, 을이 이 토지 위에 구분건물을 신축하여 그 신축건물에 대하여 을 명의의 소유권보존등기, 갑을 위탁자로 하고 을을 수탁자로 하는 신탁재산처분에 의한 신탁등기, 그리고 위 토지를 대지권의 목적으로 하는 대지권등기를 마친 상태에서 이후 분양되지 아니한 나머지 구분건물 전부에 대하여 신탁재산 귀속을 원인으로 갑 앞으로 소유권을 이전하려는 경우에는 구분건물에 대한 소유권이전등기 및 신탁등기의 말소등기를 1건의 신청정보로 일괄하여 신청하고, 이와 동시에 별개의 신청정보로 토지에 대한 신탁등기의 말소등기를 신청하여야 한다(선례 201804-7).

(나) 신탁계약을 원인으로 갑 소유명의의 토지에 대하여 수탁자 을 앞으로 소유권이전등기 및 신탁등기를 마친 다음, 을이 이 토지 위에 구분건물을 신축하여 그 신축건물에 대하여 을 명의의 소유권보존등기, 갑을 위탁자로 하고 을을 수탁자로 하는 신탁재산처분에 의한 신탁등기, 그리고 위 토지를 대지권의 목적으로 하는 대지권등기를 마친 상태에서 구분건물에 대하여 분양계약을 원인으로 수분양자 앞으로 소유권을 이전하는 경우와 신탁재산 귀속을 원인으로 위탁자 갑 앞으로 소유권을 이전하는 경우, 그 등기신청 방법은 다르지 않다. 즉, 두 경우 모두 구분건물에 대한 소유권이전등기 및 신탁말소등기를 1건의 신청정보로 일괄하여 신청하고, 이와 동시에 별개의 신청정보로 토지에 대한 신탁등기의 말소등기(또는 일부말소 의미의 신탁변경등기)를 신청하여야 한다(선례 201906-13).

(다) 신탁계약을 원인으로 갑(甲) 소유명의의 토지에 대하여 수탁자 을(乙) 앞으로 소유권이전등기 및 신탁등기(이하 "제1신탁등기"라 함)를 마친 다음, 을(乙)이 위 토지 위에 구분건물을 신축하여 그 신축건물에 대해 을(乙) 명의의 소유권보존등기, 갑(甲)을 위탁자로 하고 을(乙)을 수탁자로 하는 신탁재산처분에 의한 신탁등기(이하 "제2신탁등기"라 함), 그리고 위 토지를 대지권의 목적으로 하는 대지권등기를 마친 상태에서 구분건물에 대하여 분양계약을 원인으로 수분양자 앞으로의 소유권이전등기를 신청하는 경우, 위 수분양자 명의로의 소유권이전등기 및 제2신탁등기의 말소등기(이러한 각 등기는 일괄신청하여야 함)와 토지(대지)에 대한 제1신탁등기의 변경등기(일부 말소의 의미)는 동시에 신청하여야 하는데, 이 경우 소유권이전등기 및 제2신탁등기의 말소등기 신청의 등기원인을 증명하는 정보로 분양계약서를 제공하여야 하나, 토지(대지)에 대한 제1신탁등기의 변경등기의 등기원인인 신탁종료 사유는 등기관이 신탁원부와 해당 구분건물 등기기록에 의하여 판단하면 되므로 별도로 그에 대한 정보는 제공할 필요가 없다(선례 202205-2).

4) 실행절차

가. 등기원인이 신탁재산의 처분 또는 신탁재산의 귀속임에도 신탁등기의 말소등기 또는 권리이전등기 중 어느 하나만을 신청하는 경우에는 등기관은 이를 수리하여서는 아니 된다.

나. 등기관이 권리의 이전 또는 말소등기나 수탁자의 고유재산으로 된 뜻의 등기와 함께 신탁등기의 말소등기를 할 때에는 하나의 순위번호를 사용하고, 종전의 신탁등기를 말소하는 표시를 하여야 한다(제144조 제2항).

(5) 수탁자의 고유재산으로 된 뜻의 등기(「신탁법」 제34조)

「신탁법」 제34조 제2항에 따라 신탁재산이 수탁자의 고유재산으로 되는 경우에는 신탁행위로 이를 허용하였거나 수익자의 승인을 받았음을 증명하는 정보(인감증명 포함) 또는 법원의 허가 및 수익자에게 통지한 사실을 증명하는 정보를 첨부정보로서 제공하여 "수탁자의 고유재산으로 된 뜻의 등기 및 신탁등기의 말소등기"를 수탁자가 신청할 수 있다. [17 법무사]

이 경우 신탁등기의 말소등기신청과 수탁자의 고유재산으로 된 뜻의 등기신청은 1건의 신청정보로 일괄하여 하여야 한다(규칙 제144조 제1항).

등기관이 수탁자의 고유재산으로 된 뜻의 등기를 할 때에는 이를 주등기로 하여야 한다(규칙 제143조). 수탁자의 고유재산으로 된 뜻의 등기와 함께 신탁등기의 말소등기를 할 때에는 하나의 순위번호를 사용하고, 종전의 신탁등기를 말소하는 표시를 하여야 한다(규칙 제144조 제2항).

[별지 등기기록례 8] 신탁부동산의 수탁자 고유재산으로의 전환으로 인한 말소

[갑구]	(소유권에 관한 사항)			
순위번호	등기목적	접수	등기원인	권리자 및 기타사항
2	소유권이전	2018년 9월 7일 제15009호	2018년 9월 6일 매매	소유자 김우리 600104-1056429 서울특별시 서초구 반포대로 60 (반포동) 거래가액 금200,000,000원
	~~신탁재산처분에 의한 신탁~~			~~신탁원부 제2018-52호~~
3	2번수탁자의 고유재산으로 된 뜻의 등기	2019년 5월 31일 제6000호	2019년 5월 30일 신탁재산의 고유재산 전환	
	2번신탁등기 말소		신탁재산의 고유재산 전환	

(6) 「공익신탁법」에 따른 공익신탁의 경우

「공익신탁법」 제24조 제3항에 따라 선임된 보관수탁관리인이 신탁재산을 증여하거나 무상 대부하는 경우에는 위 (3), (4)의 예에 의한다. 이 경우 보관수탁관리인의 선임을 증명하는 정보

및 법무부장관의 승인을 증명하는 정보를 첨부정보로 제공하여야 한다.

「공익신탁법」 제11조 제6항에 따라 신탁재산을 처분하는 경우에는 법무부장관의 승인을 증명하는 정보를 첨부정보로 제공하여야 한다. 다만, 공익사업 수행을 위한 필수적인 재산이 아님을 소명한 경우에는 그러하지 아니하다.

관련기출지문

1 신탁이 종료되어 신탁재산귀속을 원인으로 소유권이전등기를 신청한 경우 등기관은 소유권이전등기를 실행한 후 직권으로 신탁등기를 말소한다. (×)

[23 등기서기보]

---

5. 신탁의 합병·분할에 따른 등기

(1) 신청인

신탁의 합병·분할('분할합병'을 포함한다. 이하 같다)에 따른 신탁등기는 수탁자가 같은 경우에만 신청할 수 있으며, 수탁자는 해당 신탁재산에 속하는 부동산에 관한 권리변경등기를 단독으로 신청한다.

(2) 신청방법

1) 신탁의 합병·분할로 인하여 하나의 신탁재산에 속하는 부동산에 관한 권리가 다른 신탁의 신탁재산에 귀속되는 경우에는 신탁등기의 말소등기 및 새로운 신탁등기의 신청은 신탁의 합병·분할로 인한 권리변경등기의 신청과 함께 1건의 신청정보로 일괄하여 하여야 한다.

2) 「신탁법」 제34조 제1항 제3호 및 동조 제2항에 따라 여러 개의 신탁을 인수한 수탁자가 하나의 신탁재산에 속하는 부동산에 관한 권리를 다른 신탁의 신탁재산에 귀속시키는 경우 그 신탁등기의 신청방법에 관하여는 위 1)을 준용한다.

(3) 첨부정보

1) 신탁의 합병등기를 신청하는 경우에는 위탁자와 수익자로부터 합병계획서의 승인을 받았음을 증명하는 정보(인감증명 포함), 합병계획서의 공고 및 채권자보호절차를 거쳤음을 증명하는 정보를 첨부정보로서 제공하여야 한다.

2) 신탁의 분할등기를 신청하는 경우에는 위탁자와 수익자로부터 분할계획서의 승인을 받았음을 증명하는 정보(인감증명 포함), 분할계획서의 공고 및 채권자보호절차를 거쳤음을 증명하는 정보를 첨부정보로서 제공하여야 한다.

3) 「공익신탁법」 제20조 제1항에 따른 공익신탁 합병의 경우 법무부장관의 인가를 증명하는 정보를 첨부정보로 제공하여야 한다.

(4) 「공익신탁법」에 따른 공익신탁의 경우

등기관은 공익신탁에 대한 분할 또는 분할합병의 등기신청이 있는 경우에는 「공익신탁법」 제21조에 따라 이를 수리하여서는 아니 된다.

[별지 등기기록례 5] 신탁의 합병·분할에 따른 등기

(1) 신탁의 합병

[갑구]	(소유권에 관한 사항)			
순위번호	등기목적	접수	등기원인	권리자 및 기타사항
3	소유권이전	2018년 3월 5일 제3005호	2018년 3월 4일 신탁	수탁자 대한부동산신탁주식회사 110111-2345671 서울특별시 강남구 테헤란로 15 (삼성동)
	~~신탁~~			~~신탁원부 제2018-25호~~
4	신탁합병으로 인하여 다른 신탁의 목적으로 된 뜻의 등기	2019년 5월 31일 제12345호	2019년 5월 30일 신탁합병	
	3번신탁등기말소			
	신탁			신탁원부 제2019-45호

(주) 신탁의 합병 또는 분할로 인하여 하나의 신탁재산에 속하는 부동산에 관한 권리가 다른 신탁의 신탁재산에 귀속되는 경우 신탁등기의 말소 및 새로운 신탁등기의 신청은 신탁의 합병 또는 분할로 인한 권리변경의 신청과 동시에 하여야 한다.

(2) 신탁의 분할

[갑구]	(소유권에 관한 사항)			
순위번호	등기목적	접수	등기원인	권리자 및 기타사항
3	소유권이전	2018년 3월 5일 제3005호	2018년 3월 4일 신탁	수탁자 대한부동산신탁주식회사 110111-2345671 서울특별시 강남구 테헤란로 15 (삼성동)
	~~신탁~~			~~신탁원부 제2018-25호~~
4	신탁분할로 인하여 다른 신탁의 목적으로 된 뜻의 등기	2019년 5월 31일 제12345호	2019년 5월 30일 신탁분할	
	3번 신탁등기말소			
	신탁			신탁원부 제2019-45호

6. 부동산의 합필·분필에 따른 등기

(1) 합필등기

1) 일반원칙

신탁등기가 마쳐진 토지에 대하여는 「부동산등기법」 제37조 제1항 제3호의 경우 외에는 합필등기를 할 수 없다. 다만 다음 각 호에 해당하는 경우로서 신탁목적이 동일한 경우에는 신탁토지 상호 간의 합필등기를 할 수 있다. 합필등기가 허용되는 경우로서 위탁자가 상이한 경우의 등기절차는 아래 2)에 따른다.

가. 주택법 제15조에 따라 주택건설사업계획의 승인을 얻어 공동주택을 건설하는 경우 (2003년 7월 1일 이전에 구「주택건설촉진법」에 따라 승인을 받은 주택재건축사업을 포함한다.)

나. 건축법 제11조에 따른 건축허가를 받아 주택 외의 시설과 주택을 동일 건축물로 하여 「주택법」 제15조 제1항에서 정한 호수(공동주택 30세대, 동법 시행령 제27조 제1항 제2호 각 목의 어느 하나에 해당하는 경우에는 50세대) 이상을 건설·공급하는 경우로서 같은 법 제54조 제1항 제1호에 따른 입주자모집공고의 승인을 받은 경우

2) 위탁자가 상이한 경우의 합필등기

가. 첨부정보

(가) 토지대장등본

(나) 위탁자의 합필승낙서 및 인감증명

합필승낙서에는 위탁자 전원이 성명, 주민등록번호, 주소, 신탁원부번호, 합필 전 토지의 소재지번, 지목 및 면적(또는 지분), 합필 후의 지분을 표시하고 그 인감을 날인하여야 한다. 법무사나 변호사가 위탁자 전원이 합필승낙서에 직접 서명 또는 날인하였다는 것을 확인한 경우에는 인감증명 대신에 법무사나 변호사의 확인서를 첨부정보로서 제공할 수 있다.

(다) 2003년 7월 1일 이전에 구「주택건설촉진법」에 따라 주택건설사업계획의 승인을 받았음을 소명하는 자료(주택재건축사업인 경우에 한한다.)

나. 합필등기절차

(가) 수탁자는 단독으로 합필등기를 신청할 수 있다. 이 경우 신청정보에는 합필 후의 지분을 표시하여야 하고, 위 가.의 정보를 첨부정보로서 제공하여야 한다.

(나) 등기관은 신청정보에 표시된 합필 후의 공유지분에 따라 변경등기를 하여야 한다.

(2) 분필등기

신탁등기가 마쳐진 토지가 분할되어 그에 따른 분필등기의 신청이 있는 경우에는 등기관은 분필된 토지에 대하여 분필 전 토지의 신탁원부와 같은 내용의 신탁원부를 작성(조제)하여야 한다. [19 법무사 / 11 법무사] 다만 분필된 토지에 대하여 신탁등기의 말소등기가 동시에 신청되는 경우에는 신탁원부를 따로 작성하지 아니하여도 무방하다.

7. 명의신탁

(1) 서설

1) 의의

부동산실명법상 명의신탁약정이란 부동산에 관한 소유권이나 그 밖의 물권을 보유한 자 또는 사실상 취득하거나 취득하려고 하는 자(이하 "실권리자"라 한다)가 타인과의 사이에서 대내적으로는 실권리자가 부동산에 관한 물권을 보유하거나 보유하기로 하고 그에 관한 등기(가등기를 포함한다. 이하 같다)는 그 타인의 명의로 하기로 하는 약정[위임·위탁매매의 형식에 의하거나 추인에 의한 경우를 포함한다]을 말한다(동법 제2조 제1호). 또한 이러한 명의신탁약정에 따른 등기를 명의신탁등기라고 한다.

2) 종류

명의신탁은 강학상 등기명의신탁과 계약명의신탁으로 나눌 수 있고, 등기명의신탁은 다시 "2자 간 등기명의신탁"과 "3자 간 등기명의신탁"으로 구분할 수 있다.

가. 2자 간 등기명의신탁

등기기록상 명의인인 갑(신탁자)과 을(수탁자) 간에 명의신탁약정을 체결하고, 갑이 을 명의로 소유권을 이전하는 형식의 명의신탁을 말한다.

나. 3자 간 등기명의신탁

갑(신탁자)과 병(매도인)이 매매계약을 체결하되, 갑과 을(수탁자) 간에는 명의신탁약정을 체결하여 등기는 병으로부터 을로 이전하는 형식의 명의신탁을 말한다.

다. 계약명의신탁

갑(신탁자)과 을(수탁자) 간에 명의신탁약정을 체결하고, 을이 매매계약의 당사자가 되어 병(매도인)으로부터 을 명의로 소유권이전을 받는 형식의 명의신탁을 말한다. 위 3자 간 등기명의신탁의 경우에는 갑과 병이 매매계약의 당사자이나, 계약명의신탁의 경우에는 을과 병이 매매계약의 당사자라는 점에서 차이가 있다.

3) 적용범위

4) 효과

> **「부동산 실권리자명의 등기에 관한 법률」 제4조(명의신탁약정의 효력)**
> ① 명의신탁약정은 무효로 한다.
> ② 명의신탁약정에 따른 등기로 이루어진 부동산에 관한 물권변동은 무효로 한다. 다만, 부동산에 관한 물권을 취득하기 위한 계약에서 명의수탁자가 어느 한쪽 당사자가 되고 상대방 당사자는 명의신탁약정이 있다는 사실을 알지 못한 경우에는 그러하지 아니하다.
> ③ 제1항 및 제2항의 무효는 제3자에게 대항하지 못한다.
>
> **「부동산 실권리자명의 등기에 관한 법률」 제8조(종중, 배우자 및 종교단체에 대한 특례)**
> 다음 각 호의 어느 하나에 해당하는 경우로서 조세 포탈, 강제집행의 면탈 또는 법령상 제한의 회피를 목적으로 하지 아니하는 경우에는 제4조부터 제7조까지 및 제12조 제1항부터 제3항까지를 적용하지 아니한다.
> 1. 종중이 보유한 부동산에 관한 물권을 종중(종중과 그 대표자를 같이 표시하여 등기한 경우를 포함한다) 외의 자의 명의로 등기한 경우
> 2. 배우자 명의로 부동산에 관한 물권을 등기한 경우
> 3. 종교단체의 명의로 그 산하 조직이 보유한 부동산에 관한 물권을 등기한 경우

가. 원칙

명의신탁약정은 무효로 하고, 명의신탁약정에 따른 등기로 이루어진 부동산에 관한 물권변동은 무효로 한다(「부동산실명법」 제4조 제1항, 제2항). 전술한 명의신탁의 유형에서 살펴본 갑과 을 간의 명의신탁약정은 모두 무효가 된다.

나. 예외

부동산에 관한 물권을 취득하기 위한 계약에서 명의수탁자가 어느 한쪽 당사자가 되고 상대방 당사자는 명의신탁약정이 있다는 사실을 알지 못한 경우에는 그 물권변동은 유효하다(「부동산실명법」 제4조 제2항 단서). 예컨대 전술한 계약명의신탁에서 병(매도인)이 선의라면 을(수탁자)명의로의 물권변동은 유효하게 된다.

다. 관련 선례

(가) 명의신탁이 아닌 경우

가) 토지에 관하여 **상호명의신탁관계**가 성립한 경우 공유지분등기명의자 일방이 토지의 공유자임을 전제로 **공유물분할을 청구할 수 없다**(대판 1992.12.8, 91다44216). [19 등기서기보]

나) 부동산의 위치와 면적을 특정하여 2인 이상이 구분소유하기로 하는 약정을 하고 그 구분소유자의 공유로 등기한 이른바 상호명의신탁등기(예컨대 **토지의 특정부분을 매수하고도 소유권의 지분이전등기를 한 경우 등**)는 부동산실권리자명의 등기에 관한 법률이 금지하는 **명의신탁등기가 아니므로**[15 등기서기보](동법 제2조 제1호 나목 참조), 이 경우에는 위 법률 제11조가 정하는 **유예기간**

에 상관없이 상호명의신탁해지를 원인으로 하여 공유지분에 대한 소유권이전등기를 신청할 수 있으며[17 법무사], 이는 판결에 의하지 아니하고 당사자가 공동으로 소유권이전등기를 신청하는 경우에도 마찬가지이다(선례 6-485).

(나) 배우자 간의 유효한 명의신탁

가) 배우자 명의로 부동산에 관한 소유권이전등기를 한 경우에는 "조세포탈, 강제집행의 면탈 또는 법령상 제한의 회피를 목적으로 하는 경우"가 아닌 한 「부동산 실권리자명의 등기에 관한 법률」상의 유예기간과 관계없이 명의신탁해지를 원인으로 하는 소유권이전등기를 신청할 수 있으며, 이 경우 「부동산 실권리자명의 등기에 관한 법률」 제8조의 규정에 의한 "조세포탈, 강제집행의 면탈 또는 법령상 제한의 회피를 목적으로 하지 아니하는 경우"에 해당함을 증명하는 서면을 첨부정보로 제공할 필요는 없다. [17 등기주사보]

나) 배우자 명의로 명의신탁한 부동산에 대하여 명의신탁 해지 후의 소유권이전청구권을 보전하기 위한 가등기를 할 수 있으며[17 등기주사보], 이 경우 등기원인은 '명의신탁해지'가 된다.

다) 나아가 당사자는 명의신탁계약의 해지약정에 대한 예약을 하고 장차 명의신탁 해지약정의 효력이 발생한 경우 생기는 소유권이전청구권을 보전하기 위한 가등기를 할 수도 있는데[15 등기서기보], 이 경우 등기원인은 '명의신탁해지약정 예약'이 될 것이다(선례 201211-6).

(2) 개시

(3) 신청절차

등기관은 양도담보를 원인으로 하는 부동산에 관한 소유권 기타 물권의 이전등기신청이 있는 경우(예컨대 채무의 변제를 담보하기 위하여 채권자가 부동산에 관한 물권을 이전받는 경우) 부동산 실권리자명의 등기에 관한 법률 제3조 제2항에 규정된 채무자, 채권금액 및 채무변제를 위한 담보라는 뜻이 기재된 서면을 제공하여야 하며, 등기관은 이와 같은 서면의 제출 여부를 확인하여야 한다. [17 등기주사보] 다만 위 사항이 전부 기재된 원인증서 부본으로 위 서면을 갈음할 수 있다(예규 824).

(4) 실행절차

1) 접수·배당

2) 조사(형식적 심사)

가. 등기관의 심사원칙

우리나라 등기관은 형식적 심사주의를 선택하고 있는바 이는 등기관은 등기신청에 대하여 그 등기신청이 실체법상의 권리관계와 일치하는지 여부를 심사할 실질적인 심사권한은 없으나, 오직 제출된 서면 자체(신청서 및 그 첨부서류)를 검토하거나 이를 등기부와 대조하는 등의 방법으로 등기신청의 적법 여부(신청서 및 첨부서면이 부동산등기법 등 제반 법령에 부합되는지의 여부 및 제출된 서면이 형식적으로 진정한 것인지 여부 등)를 심사하여 등기요건에 합당하는지 여부를 심사한다. [21 등기서기보 · 법무사 · 등기서기보 / 20 법무사 / 18 등기주사보 / 17 법원사무관]

나. 판결에 의한 등기신청에 따른 등기관의 심사범위

(가) 원칙 – 주문

판결에 의한 등기를 하는 경우 등기관은 원칙적으로 판결 주문에 나타난 등기권리자와 등기의무자 및 이행의 대상인 등기의 내용이 등기신청서와 부합하는지를 심사하는 것으로 족하다.

(나) 예외 – 이유

명의신탁해지를 원인으로 소유권이전등기절차를 명한 판결의 경우 그 명의신탁이 「부동산 실권리자명의 등기에 관한 법률」에서 예외적으로 유효하다고 보는 상호명의신탁, 배우자 또는 종중에 의한 명의신탁인지 여부를 가리기 위한 경우[20 법원사무관 / 15 등기서기보]에는 예외적으로 등기관이 판결 이유를 고려하여 신청에 대한 심사를 하여야 한다.

3) 문제○ (취하 · 보정 · 각하)

부동산 실권리자명의 등기에 관한 법률상 유예기간이 경과한 후 명의신탁약정의 해지를 원인으로 한 명의신탁자의 소유권이전등기신청은 특례에 해당하지 않는 한 부동산등기법 제29조 제2호의 '사건이 등기할 것이 아닌 때'에 해당하므로 등기관은 이를 각하하여야 한다. [20 등기서기보 / 17 등기주사보 / 14 법무사]

4) 문제× (등기실행)

관련 기출지문

1 배우자의 명의로 된 부동산에 관하여 명의신탁 해지를 원인으로 한 소유권이전등기를 하기 위해서는 조세포탈, 강제집행의 면탈 또는 법령상 제한의 회피를 목적으로 하지 아니하는 경우에 해당함을 증명하는 서면을 첨부정보로 제공하여야 한다. (×)　　　　　　　　　　　　　　　　　　　　　　[17 등기주사보]

2 배우자 명의로 명의신탁한 부동산에 대하여 명의신탁계약의 해지약정에 대한 예약을 하고 장차 명의신탁 해지약정의 효력이 발생한 경우 생기는 소유권이전청구권을 보전하기 위한 가등기는 할 수 없다. (×)　　　　　　　　　　　　　　　　　　　　　　　　　　　　　　[24 법무사]

3 배우자 명의로 명의신탁한 부동산에 대하여 명의신탁 해지 후의 소유권이전청구권을 보전하기 위한 가등기를 할 수 있으며, 이 경우 등기원인은 '명의신탁해지'가 된다. 그러나 명의신탁계약의 해지약정에 대한 예약을 하고 장차 명의신탁해지약정의 효력이 발생한 경우 생기는 소유권이전청구권을 보전하기 위한 가등기는 할 수 없다. (×)　　　　　　　　　　　　　　　　　　　　　　[15 등기서기보]

4 판결에 의한 등기를 하는 경우 등기관은 판결 주문만을 심사하여야 하므로, 명의신탁해지를 원인으로 소유권이전등기절차를 명한 판결의 경우 그 명의신탁이 부동산 실권리자명의 등기에 관한 법률에서 예외적으로 유효하다고 보는 상호명의신탁, 배우자 또는 종중에 의한 명의신탁인지 여부를 가리기 위해 판결이유를 고려하여서는 아니 된다. (×)　　　　　　　　　　　　　　　　　[15 등기서기보]

---

04 절 특별법에 의한 등기

1. 토지개발사업법에 따른 등기

(1) 서설

1) 의의

대규모의 토지개발사업이 완료되어 「공간정보의 구축 및 관리 등에 관한 법률」에 따라 환지를 수반하지 아니하고 새로 지적공부가 작성되는 경우에는 「부동산등기법」상의 일반적인 등기절차와 다른 특별한 등기절차를 따르게 되는바, 이에 관하여 별도의 규칙을 제정하여 토지개발사업에 따른 등기절차를 체계적으로 정비하기 위해 토지개발등기규칙이 제정되었다. 특히 현행 등기실무에 따르면 종전 모든 토지의 등기기록에 등기원인 및 그 연월일과 접수번호가 같은 저당권 또는 근저당권(이하 "저당권"이라 함)의 등기가 있는 경우에 토지개발사업에 따른 등기신청이 불가능하나, 토지개발사업의 대상 토지에는 저당권이 설정되어 있는 경우가 대다수인 현실을 고려하여 종전 토지에 대한 저당권을 말소하지 않고도 새로 보존되는 토지의 등기기록에 같은 내용의 저당권을 다시 등기할 수 있도록 하는 등 토지개발에 따른 등기신청 요건을 완화하였다.

따라서 등기원인 및 그 연월일과 접수번호가 동일한 저당권에 관한 등기가 모든 토지의 등기기록에 있는 경우에도 종전 토지에 관한 등기의 말소등기와 새로운 토지에 관한 소유권보존등기를 신청할 수 있다. [15 등기서기보]

2) 요건

이 규칙에 따른 등기를 신청하기 위해서는 다음 각 호의 요건을 갖추어야 한다.

가. 토지개발사업의 완료에 따른 지적확정측량에 의하여 종전 토지의 지적공부가 전부 폐쇄되고 새로 조성된 토지에 대하여 지적공부가 작성될 것

나. 종전 토지의 소유권의 등기명의인이 모두 같을 것

따라서 토지개발사업시행자는 자신 소유명의의 토지 외 다른 제3자 명의의 토지에 대하여도 토지개발사업에 따른 등기를 직접 신청할 수는 없다. [18 등기주사보] 문제가 되는 경우를 살펴보도록 한다.

(가) 토지개발사업의 공사가 완료된 지역 내에 소유명의인을 달리하는 일부 토지가 있어 그 토지를 지적확정측량의 대상에서 제외하고 소유명의인이 동일한 나머지 토지에 대하여만 지적확정측량을 실시하여 그에 따라 지적공부가 정리된 경우, 해당 토지의 소유명의인은 지적확정측량의 대상이 된 토지만에 대하여 「토지개발 등기규칙」 제3조 제1항에 따라 종전 토지에 관한 말소등기와 새로 조성된 토지에 대한 소유권보존등기를 신청할 수 있다. [19 법무사] 그리고 종전 토지의 능기기록에 지상권 또는 구분지상권의 등기가 있는 경우에도 해당 토지의 소유명의인은 「토지개발 등

기규칙」 제3조 제1항에 따른 등기를 신청할 수 있는바(동규칙 제2조 제2항 제3호), 이 경우에는 새로 조성된 토지에 관한 소유권보존등기신청 다음에 별개의 신청정보로 지상권 또는 구분지상권의 설정등기를 신청하여야 하며, 지상권 등이 여러 개 존재하는 경우에는 각각 별개의 신청정보로 종전 토지의 등기기록에 등기된 순서에 따라 신청하여야 한다(동규칙 제4조 제4항)(선례 201902-2).

(나) 토지개발사업시행자 A가 토지개발사업지구 내의 소유권을 모두 취득한 이후, 사업지구 내 토지 중 일부 토지가 민자고속도로구역으로 지정됨에 따라 사업시행자가 그 구역을 고속도로 사업주체인 B에 매각함으로써 토지개발사업지구 내 민자고속도로구역과 나머지 구역의 소유명의인이 상이하게 된 경우, 각 구역별로 지번별조서가 작성되고 그에 따라 지적공부가 정리된 경우라면 각 구역별 소유명의인인 A와 B는 각각 토지개발사업 완료에 따른 등기(종전 토지에 관한 등기의 말소등기와 새로이 조성된 토지에 관한 소유권보존등기)를 신청할 수 있다(선례 201811-3).
[19 법무사]

(다) 환지를 수반하지 아니하는 토지개발사업의 경우에는 사업시행자가 사업지역 내 토지 전부를 소유하는 것이 일반적이지만, 다만 예외적으로 사업지역 내에 존치시설 부지 등 특별한 구역이 있고 이 구역을 사업시행자 외의 자가 소유하는 경우가 있을 수 있는바, 이러한 경우에도(단, 각 구역 내의 모든 토지의 소유명의인은 같아야 함) 사업지역 내의 토지 전부에 대한 지적확정측량에 의하여 종전 지적공부가 전부 폐쇄된 다음, 구역별로 지번별 조서가 작성되고 그에 따라 지적공부가 새로 작성되었다면 각 구역별로 소유명의인은 「토지개발 등기규칙」에 따른 등기를 신청할 수 있다. 즉 토지개발사업 지역 내의 토지 전부가 「토지개발 등기규칙」 제2조 제1항 제2호의 요건을 갖춘 경우뿐만 아니라 토지개발사업 지역 내에 소유명의인을 달리하는 특별한 구역이 있는 경우에도 각 구역별로 위 요건을 갖추고 있다면 이 규칙에 따른 등기신청을 할 수 있다(선례 201907-5). [18 등기주사보]

(라) 환지를 수반하지 아니하는 토지개발사업에 있어서 사업지역 내에 사업시행자 외의 자가 소유하는 존치시설 부지 등 특별한 구역이 있는 경우, 구역별로 지번별 조서가 작성되고 그에 따라 지적공부가 정리되었다면 각 구역별 소유명의인은 「토지개발 등기규칙」에 따른 등기를 신청할 수 있는 바, 사업지역 내에 도로, 하천부지 또는 상수도용지 등과 같이 용도를 달리하는 국·공유지나 공공용지 등이 존재하고 이 토지를 사업시행자가 아닌 국가나 지방자치단체 등이 소유하는 경우에도 소유명의인을 달리하는 각 구역별로 지번별 조서가 작성되고 그에 따라 지적공부가 정리되었다면 마찬가지로 각 구역별 소유명의인은 위 규칙에 따른 등기를 신청할 수 있다(선례 201912-11).

(마) 공유지분의 합이 1이 아닌 토지에 대하여 다른 공유자 없이 유일한 소유명의인이 된 경우로서 그 토지에 대한 토지개발사업이 완료되어 종전 토지에 대한 토지대장

이 말소되고 새로 조성된 토지에 대한 토지대장이 작성된 경우라면 토지개발사업에 따른 등기를 신청할 수 있다. [18 등기주사보]

다. 종전 토지의 등기기록에 소유권등기 외의 권리에 관한 등기가 없을 것

다만 다음 각 호의 어느 하나에 해당하는 경우에는 이 규칙에 따른 등기를 신청할 수 있다.

(가) 종전 모든 토지의 등기기록에 부동산등기법 제81조 제1항 각 호의 등기사항이 같은 신탁등기가 있는 경우[18 등기주사보]

(나) 종전 모든 토지의 등기기록에 주택법 제61조 제3항의 금지사항 부기등기가 있는 경우

(다) 종전 토지의 등기기록에 지상권, 전세권, 임차권 또는 승역지(承役地 : 편익제공지)에 하는 지역권의 등기가 있는 경우

(라) 종전 모든 토지의 등기기록에 등기원인 및 그 연월일과 접수번호가 같은 (근)저당권의 등기가 있는 경우

(2) 신청절차

1) 동시신청

가. 토지개발사업의 완료에 따른 지적확정측량에 의하여 지적공부가 정리되고 이에 대한 확정시행 공고가 있는 경우 해당 토지의 소유명의인은 종전 토지에 대한 말소등기와 새로 조성된 토지에 대한 소유권보존등기는 동시에 신청하여야 한다. [21 법무사 / 15 등기서기보·등기서기보]

나. 종전 토지의 등기기록에 (i) 등기사항이 같은 신탁등기, (ii) 주택법상 금지사항 부기등기, (iii) 지상권·전세권·임차권·승역지지역권, (iv) 창설적 공동(근)저당권이 있는 경우에는 제1항의 등기의 신청과 동시에 그 등기를 신청하여야 한다.

다. (i) 등기사항이 같은 신탁등기, (ii) 주택법상 금지사항 부기등기는 토지의 소유명의인이 단독으로 신청한다.

라. (iii) 지상권·전세권·임차권·승역지지역권, (iv) 창설적 공동(근)저당권등기는 토지의 소유명의인과 해당 권리의 등기명의인이 공동으로 신청한다. [21 법무사]

2) 일괄신청

가. 종전 토지에 관한 말소등기는 모든 토지에 대하여 1건의 신청정보로 일괄하여 신청하여야 하고[21 법무사], 토지개발사업의 시행으로 인하여 등기를 신청한다는 뜻을 신청정보의 내용으로 등기소에 제공하여야 한다.

나. 새로 조성된 토지에 관한 소유권보존등기도 모든 토지에 대하여 1건의 신청정보로 일괄하여 신청하여야 한다. [21 법무사]

다. (i) 등기사항이 같은 신탁등기, (ii) 주택법상 금지사항 부기등기는 새로 조성된 토지에 관한 소유권보존등기와 함께 함께 1건의 신청정보로 일괄하여 신청하여야 한다. [21 법무사 / 15 등기서기보]

라. (iii) 지상권·전세권·임차권·승역지지역권 (iv) 창설적 공동(근)저당권등기는 새로 조성된 토지에 관한 소유권보존등기 다음에 **별개의 신청정보**로 신청하여야 한다. [21 법무사 / 19 법무사] 만약 그 등기가 여러 개 존재하는 경우에는 각각 별개의 신청정보로 종전 토지의 등기기록에 등기된 순서에 따라 신청하여야 한다. 이 경우 등기의무자의 등기필정보는 신청정보의 내용으로 등기소에 제공할 필요가 없다.

마. 새로 조성된 토지의 일부에 대하여 지상권, 전세권, 임차권이나 승역지에 하는 지역권의 등기가 존속하는 경우에는 해당 권리가 존속할 부분에 관한 정보를 신청정보의 내용으로 등기소에 제공하여야 한다.

3) 첨부정보

가. 등기원인과 관련된 첨부정보

종전 토지에 관한 말소등기 및 새로 조성된 토지에 관한 소유권보존등기를 신청하는 경우 다음 각 호의 정보를 첨부정보로서 등기소에 제공하여야 한다.

(가) 종전 토지의 폐쇄된 토지대장 정보

(나) 새로 조성된 토지의 토지대장 정보

(다) 종전 토지 및 확정 토지의 각 지번별 조서 정보

(라) 지적공부 확정시행 공고를 증명하는 정보

🔘 농업기반 등 정비확정도 또는 도시개발정비도는 제공하지 아니한다(이는 환지절차에 필요한 첨부정보임). [19 법무사]

나. 등기의무자와 관련된 첨부정보 - ×

다. 등기권리자와 관련된 첨부정보

(가) 등록면허세

규칙 제3조에 따른 등기를 신청할 때에는 「지방세법」이 정하는 바에 따라 등록면허세를 납부하여야 한다. 다만 소유권보존등기 및 소유권 외의 물권이나 임차권의 설정등기를 신청하는 경우에도 「지방세법」 제28조 제1항 제1호 가목 및 다목이 아닌 같은 호 마목(그 밖의 등기)에 따른 세율을 적용한 등록면허세(건당 6천원)를 납부한다.

> [예시]
> 종전의 20필의 토지에 대한 말소등기와 새로 조성되는 5필의 토지에 대한 소유권보존등기, 신탁등기, 근저당권설정등기를 신청하는 경우 : (종전 토지에 관한 말소등기 6천원 × 20) + (새로 조성된 토지에 관한 소유권보존등기 6천원 × 5) + (신탁등기 6천원 × 5) + (근저당권설정등기 6천원 × 5) = 21만원

(나) 등기신청수수료

등기신청인은 신청하는 등기의 목적에 따라 「등기사항증명서 등 수수료규칙」 제5조의2에서 정하고 있는 소정의 수수료액을 납부하여야 하며, 수개의 부동산에 관

한 등기신청을 하나의 신청정보로 일괄하여 신청하는 경우에는 신청 대상이 되는 부동산 개수를 곱한 금액을 등기신청수수료로 납부하여야 한다.

> [예시]
> 종전의 20필의 토지에 대한 말소등기와 새로 조성되는 5필의 토지에 대한 소유권보존
> 등기, 신탁등기 및 그 중 2필의 토지에 대하여 지상권설정등기를 신청하는 경우 : (종
> 전 토지에 관한 말소등기 3천원 × 20) + (새로 조성된 토지에 관한 소유권보존등기
> 1만 5천원 × 5) + (지상권 설정등기 1만 5천원 × 2) = 16만 5천원
> ※ 신탁등기는 「등기사항증명서 등 수수료규칙」 제5조의2 제2항 제9호에 따라 신청
> 　　수수료를 납부하지 아니함

(다) 국민주택채권 매입

규칙 제3조에 따라 소유권보존등기, 저당권설정등기 또는 근저당권설정등기를 신청할 때에는 「주택도시기금법」 제8조에 따른 **국민주택채권**을 매입할 필요가 없다. [19 법무사]

(3) 실행절차(등기실행)

1) 등기부 작성·기입

가. 종전 토지에 관한 말소등기를 하는 경우

종전 토지에 관한 말소등기를 할 때에는 종전 토지의 등기기록 중 표제부에 접수연월일과 토지개발사업시행으로 인하여 말소한다는 뜻을 기록하고, 종전의 표시에 관한 등기를 말소하는 표시를 한 후 그 등기기록을 폐쇄하여야 한다.

나. 새로 조성된 토지에 관한 소유권보존등기를 하는 경우

(가) 새로 조성된 토지에 관한 소유권보존등기를 할 때에는 새로 조성된 토지에 관하여 등기기록을 새로 개설하고, 그 등기기록 중 표제부에 표시번호, 접수연월일, 소재지번, 지목, 면적 및 토지개발사업 시행으로 인하여 등기한다는 뜻을 기록한다.

(나) 종전 토지의 등기기록에 지상권, 전세권, 임차권, 승역지에 하는 지역권, 저당권 또는 근저당권의 등기가 있어 소유권보존등기와 함께 그 등기를 신청한 경우 등기원인 및 그 연월일은 종전 토지의 등기기록에 기록된 등기원인 및 연월일을 기록한다.

다. 새로 조성된 토지에 관하여 소유권 외의 권리가 있는 경우

종전 토지의 등기기록에 지상권, 전세권, 임차권 또는 근저당권의 등기가 있어 소유권보존등기와 함께 그 등기를 신청한 경우, 등기원인 및 그 연월일은 **종전 토지의 등기기록에 기록된 등기원인 및 그 연월일을 기록한다.** [19 법무사] 이 경우 그 등기가 여러 개 있을 때에는 종전 토지의 등기기록에 등기된 순서에 따라 기록하여야 한다.

2) 각종 통지

등기관이 제4조 제2항에 따른 소유권보존등기 및 제4조 제4항 전단에 따른 등기를 마쳤을 때에는 등기필정보를 작성하여 등기명의인이 된 신청인에게 각각 통지하여야 한다.

관련 기출지문

1 토지개발사업시행자는 자신 소유명의의 토지 외 다른 제3자 명의의 토지에 대하여도 토지개발사업에 따른 등기를 직접 신청할 수 있다. (×)
[18 등기주사보]

2 종전 모든 토지의 등기기록에 등기원인 및 그 연월일과 접수번호가 같은 저당권 또는 근저당권의 등기가 있는 경우에 그 등기는 새로 조성된 토지에 관한 소유권보존등기와 함께 1건의 신청정보로 일괄하여 신청하여야 한다. (×)
[21 법무사]

3 새로 조성된 토지에 관한 소유권보존등기, 저당권 또는 근저당권의 설정등기를 신청할 때에는 국민주택채권을 매입하여야 한다. (×)
[19 법무사]

---

2. 환지등기절차(예규 1588)

(1) 서설

1) 의의

환지처분이라 함은 농업생산기반정비사업, 도시개발사업 등의 시행자가 환지계획에 따라 사업 시행 전의 토지(종전 토지)를 대신하여 사업 시행 후의 새로운 토지(환지)를 교부하거나, 종전 토지와 환지에 관한 권리 사이의 과부족으로 인하여 생긴 이해관계의 불균형을 금전으로 청산하는 형성적 행정처분을 말한다.

환지처분은 농업생산기반 정비사업 등의 시행자가 공권력의 주체라는 우월적 지위에서 발하는 행정처분으로서 물적 공용부담의 일종이다. 같은 물적 공용부담인 토지수용이 금전보상을 전제로 사업시행자가 재산권을 강제취득하는 것인 반면 환지처분은 사업시행자가 종전의 토지에 대한 소유권이나 그 밖의 권리를 가지는 자에게 종전 토지에 갈음하여 정비된 토지를 할당하고, 종전 토지의 권리관계를 환지에 이전시킬 뿐 권리관계에는 변동이 없다는 점이 특색이다.

환지처분에 따른 환지등기가 이루어지는 경우로는 농어촌정비법에 따른 농업생산기반정비등기[동법 제42조, 「도시개발법」 제43조에 따른 등기, 산업입지법에 따른 환지등기(동법 제24조)] 등이 있다. 이 중에서 농어촌정비법에 의한 환지와 도시개발법에 의한 환지가 전형적인 경우이고 실무에서 주로 문제되고 있으므로 이하에서는 위 법에 의한 환지등기절차를 중심으로 설명한다.

한편 도시정비법에 따른 등기는 환지등기와 유사한 면이 있긴 하지만 공용환권에 관한 등기절차인 점에서 다르므로 별도로 서술한다.

2) 환지처분의 절차

환지등기와 관련하여 농어촌정비법과 도시개발법상 환지처분절차를 간단히 살펴보면 다음과 같다.

가. 농어촌정비법에 따른 환지등기의 경우

농어촌정비법에 의한 농업생산기반시설사업은 환지계획의 수립 → 공사의 준공 → 환지계획의 인가 및 고시 → 환지처분에 의한 등기의 촉탁 등의 순서로 진행된다.

나. 도시개발법에 따른 환지등기의 경우

도시개발법에 의한 도시개발사업은 환지계획서의 작성 → 환지계획의 인가 → 공사의 완료 및 환지처분의 공고 → 환지처분에 관한 등기의 촉탁의 순서로 진행된다. [17 등기주사보 / 17 법무사]

다. 서술방식

여기서 (i) 환지처분의 효과가 발생하는 시기, (ii) 다른 등기가 정지되는 시기, (iii) 환지등기촉탁을 하는 시기 등을 보면 농어촌정비법상 환지계획의 인가는 도시개발법상 환지처분과 동일한 의미인 것으로 보인다. 따라서 이하에서는 환지계획인가의 고시 또는 환지처분의 공고를 모두 "환지계획인가의 고시 등"으로 표시하기로 한다.

3) 적용범위

4) 효과(환지계획인가의 고시 등을 통지받은 경우 다른 등기의 정지)

가. 기본개념

환지계획인가의 고시 등이 있으면 다음 날부터 환지계획에 따라 교부될 환지 또는 환지계획에서 정하여진 환지를 종전 토지로 보게 된다. 즉 "환지를 종전 토지로 본다"는 법률상 의제에 의하여 종전 토지에 대한 소유권이나 그 밖의 권리가 그 동일성을 유지하면서 환지상에 이행(존속)하게 된다. 따라서 종전 토지에 대한 소유권, 지상권, 저당권 등의 권리는 그대로 환지에 대하여 효력을 가지게 되며, 또한 환지계획인가의 고시 등이 있은 후에는 종전 토지에 대하여 소유권이전등기 등 다른 등기를 할 수 없게 된다(「농어촌정비법」제122조, 「도시개발법」제43조 제3항).

환지에 대한 등기로서의 효력이 존속되는 것은 환지처분의 공고 당시 종전 토지 위에 있는 등기에 한하고 그 공고 이후에 종전토지에 대하여 한 등기는 비록 환지등기 이전에 한 것이라 할지라도 환지에 대한 등기로서의 효력이 없다(대판 1970.4.28, 69다1688 · 1689). [24 법무사]

나. 다른 등기가 정지되는 시점

환지계획인가의 고시 등이 있은 후에는 종전 토지에 관한 등기를 할 수 없다(⊕ 법 제29조 제2호).

다. 정지되는 다른 등기

권리에 관한 등기[소유권이전등기, 근저당권설정등기, 가압류등기, 경매개시결정등기(정지되는 시점 이전에 설정된 근저당권에 기한 경우라도) 등]뿐만 아니라 표시에 관한 등기도 할 수 없다. [23 법무사 / 19 등기주사보(2) / 18 등기주사보 / 17 등기주사보 · 법무사 / 12 법무사]

종전 토지에 관하여 이와 같은 신청이 있는 경우 등기관은 법 제29조 제2호에 따라 각하하여야 한다. 그러나 등기신청인이 확정일부 있는 서류에 의하여 환지계획인가의 고시 등이 있기 전에 등기원인이 생긴 것임을 증명한 경우에는 그러하지 아니하다(「농어촌정비법」 제122조 단서, 「도시개발법」 제43조 제3항 단서).

라. 다른 등기가 마쳐진 경우 환지계획인가의 고시 등이 있었음에도 불구하고, 종전 토지에 관한 등기가 마쳐진 경우

환지처분의 효과로서 환지계획인가의 고시 등이 있으면 등기 없이도 종전 토지에 대한 소유권을 상실함과 동시에 새로 교부된 환지의 소유권을 취득하게 된다. 따라서 환지계획인가의 고시 등이 있은 후 환지등기 전에 이루어진 종전 토지에 관한 등기는 소유권을 상실한 토지에 대한 등기로서 무효의 등기이고, 또한 환지된 토지에 대해서도 효력이 없다(대판 1983.12.27, 81다1039 참조).

즉 환지계획인가의 고시 등이 있었음에도 불구하고, 종전 토지에 관한 등기가 마쳐진 경우 등기관은 그 등기를 부동산등기법 제58조에 따라 직권으로 말소한다(예규 제1588호, 3-다-(3)). [23 법무사]

(2) 개시

환지절차와 등기절차를 연관시켜 살펴보면 환지처분은 일거에 다수의 토지를 대상으로 행하여지므로 등기절차의 번잡을 최소화하기 위하여 농어촌정비법 등은 다음과 같은 특례를 규정하고 있다. 즉 (i) 사업시행자는 시행계획 승인(또는 실시계획 인가 등) 후에는 환지처분이 있기 전이라도 토지표시변경등기 등을 대위하여 신청·촉탁할 수 있고 (ii) 환지계획인가 고시 등이 있는 경우에는 이를 등기소에 통지하게 되고 등기관은 이에 관하여 부전지 처리를 하여 다른 등기가 이루어지지 않게 한다. 그리고 (iii) 환지등기촉탁에 따른 환지등기의 실행으로 환지등기절차를 마치게 된다. 이하에서는 「농업생산기반정비등기규칙」, 「환지등기절차 등에 관한 업무처리지침」(예규 1588) 등을 중심으로 살펴보기로 한다.

1) 일반

시행자는 아래의 절차에 따라 「농어촌정비법」 제42조 제1항 또는 「도시개발법」 제43조 제1항에 따른 환지등기를 촉탁하여야 한다.

2) 일괄촉탁의 원칙

환지에 대하여 권리의 설정 또는 이전 등의 등기를 하여야 하는 때나 그 밖에 특별한 사유가 있는 때를 제외하고는 환지등기촉탁은 사업지역 내의 토지 전부에 관하여 일괄하여 동시에 하여야 한다. 다만 사업지역을 수 개의 구역으로 나눈 경우에는 각 구역마다 등기촉탁을 할 수 있다. [23 법무사 / 19 등기주사보]

환지에 대하여 권리의 설정 또는 이전 등의 등기를 하여야 하는 때 기타 특별한 사유가 있는 때를 제외하고는 환지등기 촉탁은 사업지역 내의 토지 전부에 관하여 동시에 하여야 하

는바(등기예규 제1588호 4. 다. (1)), 「도시개발법」에 따른 **"환지를 교부받은 자가 청산금을 납부하지 않는 경우"**를 여기서의 "기타 특별한 사유가 있는 때"로 볼 수는 없을 것이므로, 이 경우에도 **환지등기촉탁**은 그 사업지역 내의 토지 전부에 관하여 동시에 하여야 한다(선례 202202-2).

3) 촉탁이 누락된 경우

만일 환지 토지에 관한 **등기촉탁이 누락**된 경우 사업시행자는 누락된 환지에 대하여 다시 환지등기를 촉탁할 수 있다(선례 7-456 참조). [17 등기주사보·법무사 / 12 법무사]

(3) 촉탁절차

1) 촉탁인

가. 도시개발사업의 시행자는 환지처분이 공고되면 공고 후 14일 내에(「도시개발법」제43조 제1항), 농업생산기반정비사업의 시행자는 환지계획의 인가를 받은 때에는 지체 없이 (「농어촌정비법」제42조 제1항) 해당 환지처분과 관련된 토지 및 건물에 관한 등기를 촉탁하여야 한다.

나. 시행자가 아닌 일반 사인(종전 토지상의 소유권이나 그 밖의 권리를 가지는 자 등)은 시행자가 환지등기의 촉탁을 해태하고 있는 경우에도 자신이 환지등기를 신청하거나 사업시행자를 대위하여 환지등기를 촉탁할 수 없다(선례 8-321).

2) 촉탁정보

가. 필요적 기재사항

촉탁서에는 다음과 같은 사항을 기재하여야 한다.

(가) 종전 토지 및 환지의 표시(입체환지의 경우에는 건물의 표시도 하여야 함)와 환지를 교부받은 자의 성명, 주민등록번호 및 주소(법인의 경우에는 그 명칭, 부동산등기용등록번호 및 주사무소의 소재지)

(나) 농업기반등정비사업 또는 도시개발사업으로 인하여 등기를 촉탁한다는 취지

(다) 촉탁의 연월일

나. 임의적 기재사항

아래의 사항에 해당하는 경우에는 촉탁서에 그 취지를 기재하여야 한다.

(가) 종전 토지 수개에 대하여 1개 또는 수개의 환지를 교부한 경우 그 수개의 종전 토지 중 미등기인 것이 있는 때 [23 법무사]

(나) 농어촌정비법 제34조 제1항에 의한 창설환지를 교부한 때 또는 도시개발법 제34조 제1항에 의한 체비지 또는 보류지를 정한 때

(다) 종전 토지에 환지를 교부하지 아니한 때

PART 02

3) 첨부정보 등

가. 첨부정보 [19 등기서기보]

사업시행자는 등기촉탁 시 다음과 같은 서면을 첨부정보로 제공하여야 한다.

(가) 환지계획서 및 환지계획서 인가서 등본

(나) 환지계획인가의 고시 등이 있었음을 증명하는 서면

(다) 농업기반등정비확정도(또는 도시개발정비도)

그러나 위와 같은 서면을 첨부하지 않고 단지 구획정리가 완료(환지)되었음을 이유로 하여 새로이 생성된 토지대장과 폐쇄된 종전 토지대장만을 첨부하여 환지등기를 신청할 수 없다(선례 8-327). 환지의 효력발생여부는 위 각 서면으로 증명되는 것이지 대장으로 증명할 수 있는 것이 아니기 때문이다.

나. 환지등기 촉탁서의 첨부서면이 아닌 토지대장만을 첨부하여 환지등기 촉탁을 한 경우

환지등기 촉탁서에 위의 서면이 아닌 **토지대장만을 첨부**하여 환지등기 촉탁을 한 경우, 등기관은 그 토지대장에 '환지' 또는 '구획정리 완료' 등의 사실이 기재되어 있다 하더라도 그 등기촉탁을 **수리하여서는 안 된다.** [23 법무사]

다. 첨부서면의 생략

시행자가 환지계획인가의 고시 등의 사실을 등기소에 통지하면서 위 가.의 서면을 첨부한 때에는 등기촉탁서에 그 서면을 첨부할 필요가 없다.

(4) 실행절차

1) 접수·배당

2) 조사(형식적 심사)

가. 법 제29조 제6호 및 제7호의 각하사유

신청정보의 부동산의 표시가 등기기록과 일치하지 않는 경우에는 각하사유이므로 먼저 부동산표시변경등기를 하여 그 표시를 일치시켜야 하며(법 제29조 제6호), 신청정보의 등기의무자의 표시가 등기기록과 일치하지 않는 경우에는 각하사유이므로 먼저 등기명의인표시변경등기를 하여 그 표시를 일치시켜야 한다(법 제29조 제7호).

사업시행자가 등기를 신청할 때에 위 각하사유에 해당하면 그 등기를 할 수 없으니 사업시행자로 하여금 대위로 (부동산 또는 등기명의인)표시변경 또는 소유권이전등기신청을 할 수 있도록 한 것이다.

나. 대위등기의 촉탁

「농어촌정비법」 제25조 제1항의 사업시행자나 「도시개발법」 제28조 제1항의 도시개발사업의 시행자(이하 모두 "시행자"라 한다)는 사업시행인가 후에 사업시행을 위하여 **환지계획인가의 고시 또는 환지처분의 공고 전이라도**(이하 모두 "환지계획인가의 고시 등"이라 한다) 종전 토지에 관한 아래의 등기를 각 해당등기의 신청권자를 **대위하여 촉탁할 수 있다**

(🏛 법 제29조 제6호, 제7호로 각하되지 않도록).

① 토지 표시의 변경 및 경정 등기[23 법무사 / 19 등기주사보]

② 등기명의인 표시의 변경 및 경정 등기[23 법무사]

③ 상속을 원인으로 한 소유권이전등기[19 등기서기보·등기주사보 / 17 등기주사보·법무사]

다. 일괄촉탁

위의 대위등기를 촉탁하는 경우에는 등기원인 또는 등기의 목적이 동일하지 아니한 경우라도 하나의 촉탁서로 일괄하여 촉탁할 수 있다. [23 법무사 / 19 등기서기보·등기주사보]

라. 첨부정보

시행자가 위의 대위등기를 촉탁할 때에는 등기촉탁서, 등기원인을 증명하는 서면(토지대장 등), 사업시행인가가 있었음을 증명하는 서면을 제출하여야 한다.

3) 문제O (취하·보정·각하)

가. 환지등기를 할 수 없는 경우

(가) 소유자가 동일 또는 중복되는 여러 필지의 종전 토지에 대하여 여러 필지의 환지를 교부한 경우

우리나라 부동산등기에는 공신력이 없으므로 등기기록상 연결되는 등기 중 어느 등기에 무효의 원인이 있는 경우 그 등기를 기초로 한 다른 등기도 무효가 된다. 따라서 현재의 등기가 어느 등기에 기초하고 있는지가 등기기록에 명확히 나타나야 한다.

이는 환지등기에도 적용되므로 환지의 어느 등기가 종전 토지의 어느 등기에서 비롯되었는지 여부가 불분명한 등기는 할 수 없다(등기절차상의 한계). 예컨대 소유자가 동일한 3필지(A·B·C 토지)의 종전 토지에 대하여 2필지의 환지(D·E 토지)를 교부하는 경우에는 종전 토지와 환지의 연결관계를 등기기록에 표시하기가 어렵다. 만일 위의 예에서 종전의 B 토지에 관하여 원인 무효를 주장하여 분쟁이 발생한 경우 당사자는 D 토지와 E 토지 중 어느 토지를 분쟁대상으로 삼아야 할지 등기기록만 보아서는 판단할 수가 없다. 따라서 소유자가 동일한 여러 필지 대 여러 필지의 환지처분에 따른 등기는 등기절차의 한계상 허용될 수 없다.

[예시 1]
갑 단독 소유인 3필지의 토지에 관하여 2필지의 환지를 교부한 경우임

[예시 2]
갑이 종전 토지 2필지 이상에 소유자로 등기되어 있는 경우임

(나) 공유토지에 관하여 각 단독소유로 환지를 교부하는 경우

갑과 을이 공유하고 있는 1필지의 토지에 관하여 2필지의 환지를 지정하면서 그 중 1필지는 갑의 단독소유로, 다른 1필지는 을의 단독소유로 하는 환지처분은 허용되지 않는다.

환지는 환지처분에 의하여 종전의 토지에 갈음하여 새로운 토지를 교부받는 것이므로 종전 토지에 관한 권리관계는 환지에 그대로 옮겨지는 것을 본질로 한다. 예컨대 갑·을이 공유하고 있는 토지에 대하여 2개의 환지가 지정되면 종전 토지의 권리관계(즉 공유관계)는 각 환지에 그대로 옮겨주어야 하고 이를 공유물분할을 하듯이 개별적으로 나누어 줄 수는 없다.

> [예시]
> 갑과 을이 공유하고 있는 1필지의 토지에 관하여 갑과 을을 각 단독소유로 하는 2필지의 환지를 교부한 경우임

(다) 종전 토지 중 일부를 다른 토지에 합쳐서 환지를 교부한 경우

종전 토지를 분필하여 다른 토지에 합필하는 형태의 환지등기, 예컨대 종전 토지 4개(A·B·C·D)에 관하여 3개의 환지를 교부하면서 종전 토지를 분필하여 다른 토지에 합필하는 형태의 환지는 허용되지 않는다. 이는 앞 (가)에서 설명한 바와 같이 환지는 종전 토지의 권리관계가 환지의 등기기록에 그대로 표시되어야 하기 때문이다.

> [예시]
> 종전 토지 4개에 관하여 3개의 환지를 교부하면서 종전 토지를 분필하여 다른 토지에 합필하는 형태로 환지를 교부한 경우임

4) 문제× (등기실행)

가. 등기부 작성·기입

환지등기의 방법에 관하여 종래 기존 등기기록을 폐쇄하고 환지에 관하여 보존등기를 하는 방법과 종전 등기기록을 이용하는 방법이 논의되어 왔다. 등기실무는 기존 등기기록을 이용하는 것이 등기절차가 간편하고 등기의 연혁을 가급적 현 등기기록에 남겨두는 것이 바람직하다는 점을 고려하여, 원칙적으로 종전 토지의 등기기록을 그대로 이용해 환지에 관한 등기를 하는 방법을 취하고 있다(농업생산기반정비등기규칙 제11조 내지 제18조 참조). 즉 (i) 1필의 종전 토지에 대하여 1필의 환지가 교부된 경우에는 통상의 토지의 표시변경등기의 경우에 준하여 (ii) 1필의 종전 토지에 대하여 수필의 환지가 교부된 경우에는 통상의 토지의 분필등기의 경우에 준하여 (iii) 수필의 종전 토지에 대하여 1필의 환지가 교부된 경우에는 토지의 합필등기에 준하여 (iv) 환지가 교부되지

않는 경우에는 통상의 토지의 멸실등기의 경우에 준하여, 각각 그 등기를 실행하도록 규정하고 있다.

(가) 1필지 대 1필지의 환지처분(표시변경형)

종전 토지 1개에 대하여 1개의 환지를 교부하는 경우에는 등기관은 종전 토지의 등기기록 중 표제부에 환지의 표시와 농업생산기반정비사업 또는 도시개발사업으로 인하여 등기를 하는 뜻을 기록하고 종전 표시와 그 번호를 말소한다(「농업생산기반등기규칙」 제11조 제1항). 예컨대 종전 토지(갑 토지)의 등기기록 중 표제부에 환지(을 토지)의 표시를 하고 종전의 표시를 말소한다. 이와 같이 표제부의 부동산 표시의 기록을 정정하는 등기를 함으로써 환지(을 토지)가 종전의 갑 토지의 등기기록에 표시되고 갑 토지의 등기기록 중 소유권에 관한 등기 및 소유권 외의 권리에 관한 등기가 그대로 환지(을 토지)의 소유권 및 그 외의 권리의 등기로서 존속하게 된다.

(나) 1필지 대 여러 필지의 환지처분(분필형)

종전 토지 1필지에 대하여 여러 필지의 환지를 교부하는 경우이다. 그 등기절차는 환지 중 1필지에 관해서는 위 1필지 대 1필지의 환지처분과 같이 종전 등기기록을 이용하여 표제부 부동산표시의 기록을 정정하는 등기를 하고, 그 외 다른 필지에 대하여는 신 등기기록을 개설하되 갑구 및 을구에 종전 토지의 등기사항 중 현재 유효사항을 전사한다(「농업생산기반정비등기규칙」 제13조).

(다) 미등기 토지에 관하여 환지를 교부한 경우

가) 미등기 상태의 종전 토지에 관하여 환지를 교부한 경우, 시행자는 환지등기절차에 의하여 그 환지에 관한 **소유권보존등기를 촉탁**할 수 있다. [10 법무사]

나) 그러나 미등기 상태의 종전 토지에 대하여 환지를 교부하는 경우로서 **환지계획서에 종전 토지대장에 최초의 소유자로 등록되어 있는 자로부터 이전등록을 받은 자가** 환지의 소유자로 기재되어 있다면 사업시행자는 해당 환지에 대하여 **소유권보존등기를 촉탁할 수 없다.** [18 등기주사보]

나. 각종 통지

(가) 환지등기를 마친 등기관은 등기완료의 통지를 **사업시행자에게** 하여야 한다. [12 법무사]

(나) 환지절차에 의해 소유권보존등기를 하는 경우에는 등기필정보통지서를 사업시행자에게 함께 내어주고, 사업시행자는 그 등기필정보통지서를 환지 소유자에게 교부하여야 한다.

(5) 환지등기 후의 절차

1) 환지된 후 등기원인을 증명하는 정보

가. 환지처분이 있게 되면 종전 토지에 대한 소유권, 지상권, 저당권 등의 권리는 그 동일성을 잃지 않고 환지에 대하여 효력을 가지게 된다. 따라서 종전 토지에 관한 매매계약 후 등기 전에 종전 토지에 대하여 환지가 확정되었다면 종전 토지를 매도한 자의 이전등기의무는 그 확정된 환지에 옮겨진다. 예컨대 종전 토지에 관하여 지분을 이전하기로 약정하였는데 그 등기 전에 종전의 토지가 다른 토지 두필과 합동으로 환지가 확정되어 각 종전 토지의 면적 비율로 지분등기를 하였다면 그 합동환지 중의 매도인의 지분은 위 종전 토지의 권리에 의하여 취득된 것으로서 동일한 권리라 할 것이므로 매도인은 환지받은 자신의 지분 중 위 매도된 지분의 이전등기를 하여줄 의무가 있다(대판 1972. 5.31, 72다490).

나. 종전 토지에 관하여 매매 등 계약을 체결하고 아직 그 계약에 따른 등기 전에 환지등기가 마쳐진 경우에는 매수인은 확정된 환지를 대상으로 하여 소유권이전등기신청을 하여야 하고 원인서면으로는 종전 토지에 관한 계약서를 첨부하면 된다. 즉 신청인이 환지에 관한 등기신청을 하면서 **종전 토지에 관한 계약서를 등기원인증서로 신청서에 첨부하였다 하더라도 등기관은 그 등기신청을 수리하여야 한다.** [18 등기주사보]

2) 환지된 후 제공하는 등기필정보

가. 환지를 교부받은 자가 등기의무자로서 등기신청을 할 때에는 **종전 토지에 관하여 소유자로서 통지받은 등기필정보**[18 등기주사보/17 법무사 / 12 법무사 / 10 법무사]를 신청정보로 제공하여야 한다(📌 그 이유는 환지등기는 표시변경등기에 불과하고 권리에 관한 등기는 아니기 때문에 종전의 등기기록을 그대로 사용하기 때문이다).

나. 다만, 창설환지나 체비지 등 환지등기절차에 의하여 소유권보존등기가 이루어진 경우에는 그 등기에 관한 등기필정보를 제공하여야 한다.

(6) 합동환지와 합필환지의 경우

1) 합동환지

가. 합동환지의 정의

합동환지는 소유자가 각각 다른 수필의 종전 토지에 대하여 1필 또는 수필의 환지를 교부하는 것을 말한다. [10 법무사] 위에서 살펴본 합필환지의 경우는 종전 토지에 대하여 소유명의인 및 소유지분이 동일하여서 그 소유명의 및 소유지분이 환지에 그대로 옮겨지게 되므로 종전 토지와 환지와의 사이에 실체적인 권리관계의 변동은 없다. 그러나 합동환지는 소유자가 다른 수필의 토지를 합치는 것으로 환지상에 그 소유권 및 소유권 외의 권리관계를 명확히 하는 것이 중요하다.

나. 공유지분의 기재

(가) 합동환지가 있게 되면 종전 토지의 소유자들은 환지된 토지를 종전 토지에 상응하는 비율에 따라 공유하는 것으로 본다(대판 1993.2.23, 92다38904).

(나) 따라서 합동환지의 경우 시행자는 등기촉탁서에 **종전 토지 소유자들의 환지에 관한 공유관계의 지분 비율을 기재하여야 하고**, 등기관은 환지등기를 완료한 후 그 **지분비율을 공유자 지분으로 하는 변경등기를 하여야 한다.** [110 법무사] 이러한 공유지분의 표시가 없으면 법 제29조 제5호에 의한 각하사유에 해당하게 된다.

(다) 합동환지처분으로 인한 환지등기 시 종전 토지소유자의 환지에 대한 공유지분 기입이 누락된 경우 촉탁관서는 종전 토지소유자의 공유지분을 표시하여 경정등기 촉탁을 할 수 있다. 이러한 경정등기 촉탁을 할 수 없는 때에는 공유자 전원이 환지등기 촉탁 당시의 실제 지분을 확인한 서면(공유자 전원의 인감증명서가 필요함)을 첨부하여 경정등기를 신청할 수 있다(선례 6-516).

(라) 합동환지등기의 누락으로 추가 촉탁하는 경우 사업시행 당시에 작성된 환지계획서, 환지계획인가서 등본, 환지계획인가의 고시 등이 있었음을 증명하는 서면 등을 첨부(등기소에 보관 중에 있는 경우 제외)하여야 하고, 촉탁서에 사업시행 당시에 이미 결정(환지처분)된 종전 토지 소유자들의 환지에 관한 공유관계의 지분 비율을 기재하여야 한다.

(마) 이와 달리 재산세 부과 면적기준 또는 공유자들의 약정에 의하여 공유지분을 결정한 서면을 첨부하고 그 지분 비율을 기재한 추가 촉탁은 허용되지 않는다(선례 200811-2).

다. 종전 토지에 소유권 이외의 권리가 등기되어 있는 경우

종전 토지의 소유권 이외의 권리에 관한 등기는 환지의 공유자 지분에 존속하는 것으로 변경등기를 하여야 한다. 단, 그 등기가 표창하고 있는 권리가 지상권이나 전세권 등과 같이 토지의 지분에 존속할 수 없는 등기인 경우, 시행자는 촉탁서에 환지의 어느 부분에 그 권리가 존속한다는 것을 기재하여야 하고, 등기관은 이를 환지의 등기기록에 기록하여야 한다.

2) 합필환지

가. 합필환지의 정의

합필환지란 소유자가 동일한 수필지의 토지에 관하여 1필지의 환지를 교부하는 경우로서 종전 토지 소유명의인 및 지분내역이 동일하여야 한다. 만일 소유명의인이 다르거나 지분내역이 상이하면 합동환지의 경우에 해당하게 된다.

나. 종전 토지 중 일부의 토지에 소유권 이외의 권리가 등기되어 있는 경우

(가) 물리적 일부에 존속할 수 없는 등기

가) 종전 토지의 등기가 근저당권설정등기나 가압류등기 등과 같이 지분 위에 존속할 수 있는 등기인 경우, 시행자는 촉탁서에 환지 중 얼마의 지분이 그 등기

의 목적이라는 것을 구체적으로 기재하여야 하고, 등기관은 이를 환지의 등기기록에 기록하여야 한다. 예컨대 근저당권설정등기가 되어 있는 종전 토지 1 토지와 소유권 이외의 권리(근저당권설정등기)가 등기되어 있지 않은 2토지에 대하여 1필지를 환지로 지정한 경우, 시행자는 환지등기 촉탁서에 위 1토지의 근저당권이 환지의 몇 분의 몇 지분 위에 존속한다는 취지를 기재하여야 하고, 등기관은 환지등기를 실행하면서 당해 근저당권설정등기를 위 몇 분의 몇 지분에 대한 근저당권설정등기로 변경하여야 한다. 즉 <u>합필환지를 할 수 있다</u>. [10 법무사]

나) 위와 같이 종전 토지의 일부에 관한 권리가 합필환지 후 지분 위에 존속하게 되는 경우 시행자는 촉탁서에 환지 중 얼마의 지분이 그 등기의 목적이라는 것을 구체적으로 기재하여야 하고, 등기관은 이를 환지의 등기기록에 기록하여야 한다. 즉 근저당권설정등기가 되어 있는 종전의 A 토지와 소유권 외의 권리가 등기되어 있지 않은 B 토지에 대하여 1필지를 환지로 지정한 경우 시행자는 촉탁서에 위 A 토지의 근저당권이 환지의 몇 분의 몇 지분 위에 존속한다는 뜻을 기재하여야 하고, 등기관은 환지등기를 실행하면서 해당 근저당권설정등기를 환지된 토지의 전체 지분을 기준으로 하여 몇 분의 몇 지분에 대한 근저당권설정등기로 변경하여야 한다. 만약 이와 같은 변경등기를 누락한 경우 등기관은 직권으로 경정등기를 하여야 하지만, 등기관의 직권 경정등기를 촉구하는 의미에서 농업생산기반정비사업의 시행자가 환지계획서를 첨부하여 근저당권의 목적을 변경하는 경정등기를 촉탁할 수도 있다(선례 7-453).

(나) 물리적 일부에 존속할 수 있는 등기

종전 토지의 등기가 지상권설정등기나 전세권설정등기 등과 같이 토지의 특정 부분에 존속할 수 있는 경우, 시행자는 환지의 어느 부분에 그 권리가 존속한다는 것을 촉탁서에 기재하여야 하고, 등기관은 이를 환지의 등기기록에 기록하여야 한다.

(7) 창설환지·체비지·보류지에 관한 소유권보존등기절차

「농어촌정비법」 제34조에 의한 창설환지의 소유권보존등기 또는 「도시개발법」 제34조 제1항의 체비지나 보류지에 관한 소유권보존등기도 환지등기 절차에 의하여야 하고, 이 경우 등기관은 등기기록의 표제부에 농어촌정비법에 의한 환지 또는 도시개발법에 의한 체비지나 보류지임을 표시하여야 한다. 다만 보류지 중 그에 대응하는 종전 토지가 있고 나중에 환지계획의 변경 등을 통하여 환지를 교부받을 자가 정해지는 경우(당해 토지에 분쟁이 발생하여 시행자가 환지를 교부받을 자를 정하지 못하고 우선 보류지로 정하고 있는 경우 등)에는 통상의 환지등기절차에 의하여 처리하여야 한다.

1 환지계획인가의 고시가 있은 후에는 종전 토지에 대한 소유권이전등기, 근저당권등기 등 권리에 관한 등기의 신청은 정지되지만, 종전 토지의 표시에 관한 등기는 신청할 수 있다. (×) [19 등기서기보]

2 환지계획인가의 고시가 있은 후에는 종전 토지에 관하여 소유권이전등기, 근저당권설정등기, 가압류등기, 경매개시결정등기 등 권리에 관한 등기는 할 수 없으나, 표시에 관한 등기는 할 수 있다. (×) [18 등기주사보]

3 등기관이 사업시행자로부터 환지계획인가고시의 통지를 받아 해당 토지의 등기기록에 그 뜻이 표시된 경우에는 그 등기기록에 권리에 관한 등기는 할 수 없으나 표시변경등기는 할 수 있다. (×) [12 법무사]

4 환지처분공고가 있은 후에는 권리에 관한 등기뿐만 아니라 표시에 관한 등기도 할 수 없지만, 등기가 정지되는 시점 이전에 등기된 가압류나 근저당권에 기한 경매개시결정등기의 촉탁은 수리하여야 한다. (×) [19 등기주사보]

5 도시개발법에 의한 환지처분의 공고가 있으면 종전 토지에 대한 다른 등기를 할 수 없다. 다만 다른 등기가 정지된 시점 이전에 설정된 근저당권에 기한 경매개시결정등기는 가능하다. (×) [17 등기주사보·법무사]

6 사업시행자는 사업시행인가 후에 사업시행을 위하여 환지계획인가의 고시 전이라도 종전 토지에 관한 토지 표시나 등기명의인 표시의 변경 및 경정등기를 대위하여 촉탁할 수 있으나, 대위등기를 촉탁하는 경우 등기원인 또는 등기목적이 동일하지 아니한 경우에는 하나의 촉탁정보로 일괄하여 촉탁할 수 없다. (×) [23 법무사]

7 환지 토지에 관한 등기촉탁이 누락된 경우 사업시행자가 누락된 토지에 대하여 다시 환지등기를 촉탁할 수는 없다. (×) [12 법무사]

8 환지등기를 마친 경우 등기관은 환지를 교부받은 자에게 등기완료의 통지를 하여야 한다. (×) [12 법무사]

9 근저당권설정등기가 되어 있는 종전 토지(1토지)와 근저당권설정등기가 없는 종전 토지(2토지)에 대하여 1필지를 환지로 지정하는 합필환지를 할 수는 없다. (×) [10 법무사]

3. 도시 및 주거환경정비법(예규 1590)

(1) 서설

1) 의의

주택재개발사업이란 도로·상하수도·공원 등 정비기반시설이 열악하고 노후·불량건축물이 밀집한 지역에서 주거환경을 개선하기 위하여 시행하는 사업을 말한다.

주택재건축사업은 정비기반시설은 양호하나 노후 불량건축물이 밀집한 지역에서 주거환경을 개선하기 위하여 시행하는 사업을 말한다(「도시정비법」 제2조).

재개발 재건축사업은 모두 노후·불량건축물을 대상으로 주거환경을 개선하기 위한 사업이라는 점에서 동일하다. 다만 재개발사업은 도로·상하수도·공원 등 사회기반시설의 정비를 전반적으로 포함하는 사업으로서, 건축물의 낙후를 주된 사유로 하는 재건축사업보다 공공적인 측면이 강조된다는 점에서 차이가 있다.

도시정비법의 제정 전에는 (i) 재개발사업은 구 도시재개발법에 의하여 (ii) 재건축사업은 구 주택건설촉진법과 집합건물법 중 재건축 관련 조항에 의하여 규율되었다. 즉 종전에는 재개발·재건축사업은 모두 주거환경 개선을 위한 주택재정비사업이라는 점에서 그 목적은 유사하지만 규율하는 법률이 다름에 따라 그 절차 및 등기방법도 상이하였다.

Chapter 04 기타등기 981

도시정비법은 이원화되어 있던 재개발 및 재건축 절차를 일원화하여 동일한 절차로 규율하기 위해 도시재개발법, 구 주택건설촉진법 등의 규정을 통합한 법률로서, 2003.7.1.부터 시행되고 있다.

2) 재개발·재건축사업에 의한 권리의 변환(이전고시)

가. 재개발·재건축 사업을 시행함에 있어서 종전 건축물의 멸실과 새로운 건축물의 축조가 있게 되고, 종전 토지를 사업의 목적에 맞게 정비하여 토지를 새로이 조성하게 된다(⑩ 시행자의 기부채납·정비구역 안 도로의 위치변경 등). 이 경우 정비사업의 시행자는 분양받을 자에게 관리처분계획에 따라 새로운 건물과 토지에 대한 소유권을 이전하고 이를 지방자치단체의 공보에 고시(이하 "이전고시"라 한다)하도록 하고 있다(「도시정비법」 제54조). 이러한 이전고시로 새로운 대지·건축물에 대한 권리는 분양받을 자에게 이전되고, 그에 따라 (i) 종전 토지에 관한 등기의 말소등기, (ii) 새로운 대지와 건축물에 대한 소유권보존등기 등을 실행하게 된다(「도시 및 주거환경정비등기처리규칙」 제5조, 이하 "도시정비등기규칙"이라 한다).

나. 도시정비법상의 이전고시는 사업시행이 완료된 후에 정비사업으로 조성된 대지 및 건축물 등의 소유권을 분양받을 자에게 이전하는 행정처분으로, 종전의 토지 또는 건축물에 대한 소유권 등의 권리를 정비사업으로 조성된 대지 및 건축물에 대한 권리로 강제적으로 변환시키는 공용환권에 해당한다. 즉 공용환권인 이전고시가 있으면 종전의 토지 또는 건축물에 관하여 존재하던 권리관계는 정비사업 후에 분양받은 대지 또는 건축물에 대한 권리관계로 권리변환되고, 양자는 동일성을 유지하게 된다(대판 1995.6.30, 95다10570).

다. 이전고시는 물적 공용부담의 일종으로서 환지처분과 유사하므로, 도시정비법은 이전고시에 의하여 취득하는 대지 또는 건축물 중 기존건축물 등의 소유자에게 분양하는 대지 또는 건축물은 도시개발법 제40조의 환지로 보며, 일정한 보류지와 일반에게 분양하는 대지 또는 건축물은 도시개발법 제34조의 보류지 또는 체비지로 본다고 규정하고 있다(「도시정비법」 제55조 제2항). 다만 등기절차에 관하여는 환지처분의 경우 기본적으로 종전의 토지등기기록을 이용하지만, 이전고시의 경우에는 정비사업으로 조성·축조된 대지 및 건축물 모두에 대하여 새로운 등기기록을 개설하여 소유권보존등기를 하는 점에 차이가 있다.

3) 적용되는 법조항

가. 주택재건축 사업시행자가 구「주택건설촉진법」 제33조에 따라 사업계획승인을 받은 상태에서 「도시 및 주거환경정비법」 시행(2003.7.1.) 후에도 그 사업의 후속절차를 구「주택건설촉진법」에 따라 진행하였다면 새로이 건설되는 주택이나 그 대지에 대한 등기절차는 「부동산등기법」의 일반적인 절차에 따르게 된다. 다만 재건축사업을 구「주택건설촉진법」에 따라 진행하면서 같은 법 제44조의3 제5항에 따라 특별히 구「도시재개

발법」 제33조부터 제45조까지에서 정한 절차를 거친 경우라면 새로이 건설되는 주택이나 그 대지에 관한 등기절차는 구「도시재개발등기처리규칙」에 따르게 된다.

나. 반면 주택재건축 사업시행자가 구「주택건설촉진법」 제33조에 따라 사업계획승인을 받았으나, 「도시 및 주거환경정비법」 시행 후에 그 사업의 후속 절차를 이 법에 따라 진행하였다면 새로이 건설되는 주택이나 그 대지에 대한 등기절차는 같은 법 제88조 및 「도시 및 주거환경정비 등기규칙」에 따르게 된다(선례 201911-3). [20 법무사]

4) 이전고시의 효과(이전고시의 통지를 받은 경우 다른 등기의 정지)

가. 일반적인 효과

(가) 소유권의 이전

공용환권의 성질을 갖는 이전고시의 효과에 의하여 종전의 토지 또는 건축물에 관하여 존재하던 권리관계는 분양받는 대지 또는 건축물에 그 동일성을 유지하면서 이행된다(대판 1995.6.30, 95다10570 참조). 따라서 토지 또는 건물을 분양받은 자는 그 대지 또는 건축물에 대한 소유권을 취득한다. 소유권의 취득시기는 이전고시가 있은 날의 다음날이다(「도시정비법」 제54조 제2항 제2문). 이전고시에 의한 이러한 물권변동은 법률의 규정에 의한 물권변동이므로 등기가 없어도 새로운 대지 및 건축물의 소유권을 취득한다.

(나) 소유권 외의 권리의 이행

대지 또는 건축물을 분양받을 자에게 이전고시에 따라 소유권을 이전한 경우 종전의 토지 또는 건축물에 설정된 지상권·전세권·저당권·임차권·가등기담보권·가압류 등 등기된 권리 및 주택임대차보호법 제3조 제1항의 요건을 갖춘 임차권은 소유권을 이전받은 대지 또는 건축물에 설정된 것으로 본다(「도시정비법」 제55조 제1항).

나. 등기절차 관련 효과

(가) 다른 등기가 정지되는 시점

사업시행자는 이전의 고시가 있은 때에는 지체 없이 그 사실을 관할등기소에 통지하여야 하고, 이전고시가 있은 후에는 종전 토지에 관한 등기를 할 수 없다(「도시정비법」 제56조 제3항, 「도시정비등기규칙」 제5조 제1항, 예규 1590).

(나) 정지되는 다른 등기

권리에 관한 등기[소유권이전등기, 근저당권설정등기, 가압류등기, 경매개시결정등기(정지되는 시점 이전에 설정된 근저당권에 기한 경우라도) 등]뿐만 아니라 표시에 관한 등기도 할 수 없다. [23 등기서기보 / 18 법무사 / 16 등기서기보 / 15 법무사] 종전 토지에 관하여 이와 같은 신청이 있는 경우 등기관은 법 제29조 제2호에 따라 각하하여야 한다.

조합 명의로 신탁된 부동산에 관하여 신탁해지나 신탁종료원인이 발생한 경우, 이전고시 전에는 이에 따른 소유권이전등기 및 신탁말소등기를 신청할 수 있지만, 이전고시 후에는 종전 토지에 대한 권리에 관한 등기와 표시에 관한 등기가 모두 정지되므로 이에 따른 소유권이전등기 및 신탁말소등기를 신청할 수 없다(선례 201909-3). [20 법무사]

(다) 다른 등기가 마쳐진 경우 환지계획인가의 고시 등이 있었음에도 불구하고, 종전 토지에 관한 등기가 마쳐진 경우

이전고시가 있었음에도 불구하고 이를 간과하고 종전 토지에 관한 등기가 마쳐진 경우에는 등기관은 그 등기를 법 제58조에 따라 직권으로 말소한다. [19 등기주사보 / 13 법무사]

(2) 개시

재개발·재건축사업과 관련한 등기는 종전 건축물과 토지에 갈음하여 새로운 건축물과 토지가 축조·조성됨에 따른 멸실등기와 소유권보존등기를 주된 내용으로 한다.

즉, 이전고시에 따른 공용환권으로 분양받은 자들이 새로운 대지·건축물에 관하여 소유권을 취득하게 되면 시행자는 ① 정비사업시행에 의한 종전 토지에 관한 등기의 말소등기, ② 정비사업시행으로 축조된 건축시설과 조성된 대지에 관한 소유권보존등기, ③ 종전 건물과 토지에 관한 지상권, 전세권, 임차권, 저당권, 가등기, 환매특약이나 권리소멸의 약정, 처분제한의 등기(이하 "담보권 등에 관한 권리의 등기"라 한다)로서 분양받은 건축시설과 대지에 존속하게 되는 등기를 촉탁 또는 신청(이하 "신청"이라 한다)하여야 한다(「도시정비등기규칙」 제5조). 이와 같은 ①, ②, ③의 등기를 신청함에 있어서는 1개의 건축물 및 그 대지인 토지를 1개의 단위로 하여 동시에 신청하여야 한다.

(3) 신청절차

1) 신청인

가. 재건축·재개발사업에서의 이전고시에 따른 등기는 정비사업시행자 또는 그 시행자의 위임을 받은 대리인만이 신청할 수 있으며[19 법무사 / 18 등기주사보], 조합원 개인이나 그 밖의 시행자 아닌 다른 자로부터 위임을 받은 대리인 등은 그 등기를 신청할 수 없다(선례 6-532 참조). [18 등기주사보 / 13 법무사]

나. 즉 도시 및 주거환경정비법의 적용을 받아 축조된 (건축시설)에 대한 소유권보존등기는 사업시행자인 정비사업조합이 건축시설 전부(구분건물인 경우에는 1동의 건물에 속하는 구분건물 전부)에 대하여 동일한 신청서로 (대지)의 소유권보존등기 및 담보권 등 권리에 관한 등기와 동시에 신청하여야 하고, [23 등기서기보] 사업시행자 외의 자에 의한 신청 또는 건축시설의 일부에 대한 신청은 허용되지 않으므로 정비사업조합의 조합원이 개별적으로 법 제46조, 제65조에 의한 소유권보존등기신청을 할 수 없다. [15 법무사]

다. 또한 도시정비등기규칙 제2조 제1항 제3호는 종전의 토지나 건축물이 미등기인 경우 사업시행자가 소유자를 대위하여 보존등기를 신청할 수 있도록 한 것이므로 이를 근거로 하여 조합원이 개별적으로 새로이 축조된 건축물에 대한 소유권보존등기신청을 할 수도 없다(선례 200809-2).

2) 종전 토지 및 건물에 관한 등기의 말소등기

가. 분양받은 자들이 이전고시에 따라 새로운 대지·건축물에 관하여 소유권을 취득하는 경우, 시행자는 종전 토지 및 건물에 관한 등기의 말소등기를 신청하여야 한다. 이 경우 동일한 신청서로 하여야 하고(예규 1590), 정비사업시행으로 인하여 등기를 신청한다는 취지를 기재하여야 한다.

나. 신청서에는 ㉠ 관리처분계획서 및 인가서, ㉡ 이전고시 증명서면, ㉢ 신청인이 조합인 경우에는 대표자 자격증명서, ㉣ 토지대장 등본을 첨부하여야 한다. 다만 이와 같은 첨부정보가 이미 시행자로부터 등기소에 제출된 경우에는 그 첨부를 요하지 않는다(「도시정비등기규칙」 제15조). 그리고 말소등기에 따른 등록면허세와 등기신청수수료를 납부하여야 한다.

다. 종전 토지 등기기록의 표제부에 정비사업시행으로 인하여 말소한 취지를 기록하고 부동산의 표시를 말소하는 표시를 하며, 그 등기기록을 폐쇄한다(도시정비등기규칙 제6조).

3) 새로이 축조된 건축물에 관한 등기

가. 등기신청

이전고시에 따라 수분양자들이 이전고시에 따라 새로운 건축물에 관하여 소유권을 취득하는 경우 **시행자는** 이에 관하여 **소유권보존등기 및 담보권 등에 관한 권리의 등기를 신청하여야 한다.**

「도시 및 주거환경정비법」에 따라 주택재건축사업을 시행하면서 **재건축정비사업에 관한 공사가 전부 완료되기 전이라도** 완공된 건축물에 대하여 **시장·군수의 준공인가를 받은 경우, 사업시행자는 공사의 완공 부분만에 관하여 이전고시를 하고 그에 따른 정비사업시행으로 축조된 건물에 대하여 소유권보존등기를 신청할 수 있고, 이 경우 관리처분계획에서 분양받을 건축시설에 존속하게 되는 것으로 정해진 담보권 등에 관한 권리의 등기를 함께 신청하여야 한다(선례 제201410-1호). [24 법무사]**

(가) 소유권보존등기신청

가) 이 경우 건축물(**구분건물인 경우에는 1동의 건물에 속하는 구분건물 전부**)에 관하여 **동일한 신청서로 하여야 한다**(도시정비등기규칙 제10조 제1항). 따라서 이전고시에 의한 소유권보존등기의 경우에는 1동의 건물에 속하는 **구분건물 중의 일부만에 관한 소유권보존등기(법 제46조 참조)는 허용되지 않는다**(선례 7-459, 200809-2). [18 법무사 / 16 등기서기보]

나) 「도시 및 주거환경정비법」에 의하여 정비사업의 시행인가를 받아 축조된 건축물에 관한 등기는 사업시행자가 동법 제54조 제2항의 규정에 의한 이전의 고시가 있은 때에 동일한 신청서로 동시에 신청(촉탁)하여야 하므로, 위와 같이 **축조된 건축물에 대하여 아직 등기가 이루어지지 아니한 상태에서 집행법원으로부터 처분제한의 등기촉탁이 있는 경우 등기관은 이 처분제한의 등기**를 하기 위한 전제로써 당해 건축물에 관한 **소유권보존등기를 직권**으로 경료할 수 **없다**(선례 8-291). [20 법무사 / 19 등기주사보 / 16 법원사무관]

(나) 존속하는 권리의 등기신청

가) 한편 **담보권(근저당권)** 등에 관한 권리의 등기로서 새로운 건물과 토지에 존속하게 되는 등기는 종전 건물과 토지의 등기기록으로부터 이기되는 등기가 아니라, 시행자가 종전 건물과 토지에 관한 등기의 말소등기 및 새로운 대지와 건축물에 관한 소유권보존등기와 함께 신청하는 등기이다. 따라서 **시행자가 이를 신청하지 않은 경우에는 등기되지 않는다**(선례 6-535). [19 등기주사보 / 15 법무사 / 13 법무사]

나) 「도시 및 주거환경정비법」 제87조 제1항에 따르면 종전의 토지 또는 건축물에 설정된 지상권·전세권·저당권·임차권·가등기담보권·가압류 등 등기된 권리 및 「주택임대차보호법」 제3조 제1항의 요건을 갖춘 임차권은 이전고시가 있게 되면 그 다음 날에 새로 축조된 건축물과 조성된 대지에 설정된 것으로 보게 되므로, **비록 종전 토지 또는 건축물에 마쳐진 근저당권설정등기가 채무상환으로 소멸되었다고 하더라도 아직 말소등기가 되지 아니한 상태에서** 관리처분계획서에 이 근저당권설정등기가 분양대상자의 종전 토지 또는 건축물에 관한 소유권 외의 권리명세로서 기재되었다면(「도시 및 주거환경정비법」 제74조 제1항 제7호), 이전고시 후 사업시행자가 새로 축조된 건축물과 조성된 대지에 관한 **소유권보존등기를 신청할 때에 이 근저당권설정등기도 함께 신청하여야 한다**(선례 201909-3). [20 법무사]

나. 신청정보

(가)
신청서에는 위의 양식과 같이 건축물별로 소유권보존등기, 담보권 등에 관한 권리의 등기의 순서로 등기사항을 기재하여야 하며, 정비사업시행으로 인하여 등기를 신청한다는 취지를 기재한다. 만약 **건축시설에 이전고시를 받은 자보다 선순위의 가등기 또는 처분제한의 등기가 존속하는 때에는** 신청서에 그 선순위의 가등기 또는 처분제한의 목적이 된 소유권등기 명의인의 소유권보존등기, 그 선순위의 가등기 또는 처분제한의 등기, 이전고시를 받은 자 명의의 소유권이전등기의 순서로 등기사항을 기재하여야 한다. [23 등기서기보 / 19 등기주사보]

(나)
담보권 등에 관한 권리의 등기를 신청하는 경우에는 신청서에 등기원인 및 그 연월일로서 이전고시 전의 그 담보권등에 관한 권리의 등기원인 및 그 연월일을 기재하여야 한다. 이 경우 정비사업으로 인한 **이전고시가 있었다는 취지** 및 그 연월일을 함께 기재하여야 한다(「도시정비등기규칙」 제16조). [18 법무사]

(다) 담보권 등에 관한 권리의 등기를 기재함에 있어 동일한 건축물에 관한 권리를 목적으로 하는 2개 이상의 담보권 등에 관한 권리의 등기를 하는 경우에는 등기순위가 중요하므로 등기할 순서에 따라 등기사항을 기재하여야 한다(「도시정비등기규칙」 제10조 제2항).

다. 첨부정보

(가) 이전고시에 따른 등기신청서에는 ㉠ **관리처분계획 및 그 인가를 증명하는 서면**, ㉡ **이전고시증명서면**, ㉢ 신청인이 조합인 경우에는 대표자 자격증명서, ㉣ 건축물대장등본, ㉤ 도면 등을 첨부하여야 한다. [18 등기주사보 / 16 등기서기보]

(나) 이전고시에 따른 소유권보존등기를 신청할 경우에는 소유자의 주소를 증명하는 서면은 첨부할 필요가 없다(선례 7-459).

(다) 도시정비법 제56조에 따라 정비사업시행자가 조성된 대지에 관한 소유권보존등기를 신청하는 경우 등기신청수수료는 보존되는 필지수를 기준으로 납부하여야 한다. 종전 토지에 관한 지상권, 전세권, 임차권, 저당권, 가등기, 환매특약이나 권리소멸의 약정, 처분제한의 등기로서 분양받은 대지에 존속하게 되는 등기는 종전 토지의 등기기록으로부터 이기되는 등기가 아니라 도시정비법에 따라 정비사업시행자의 신청에 의하여 이루어지는 등기이고, 또한 등기신청서에 소유권보존등기와 함께 종전 토지에 있던 권리내용을 그대로 기재하며 등기원인도 이전고시 전의 등기원인 및 그 연월일과 정비사업으로 인한 이전고시가 있었다는 취지를 기재하는 점 등을 볼 때, 이는 일반적인 담보권 등에 관한 권리의 등기신청과 다르다고 볼 수 있으므로 **그 밖의 등기에 해당하는 등기신청수수료**(「등기사항증명서 등 수수료규칙」 제5조의2 제2항 본문)**를 납부하여야 한다.** [16 법원사무관]

(라) 동일한 토지에 관한 권리를 목적으로 2개 이상의 담보권등에 관한 권리의 등기를 신청하는 경우에는 등기사항마다 별개의 접수번호를 부여하므로 등기사항마다 등기신청수수료를 납부하여야 한다(선례 201101-4).

라. 등기방법

등기관은 보존등기 시 등기기록의 표제부(구분건물의 경우에는 1동의 건물의 표제부)에 한 등기의 끝부분에 정비사업 시행으로 인하여 등기하였다는 취지를 기록하여야 한다(「도시정비등기규칙」 제11조). 구분건물에 관하여 대지권의 목적인 대지와 함께 보존등기를 하는 경우 등기관은 건물 등기기록에 대지권의 등기를 하여야 한다.

⑷ 실행절차

1) 접수·배당

가. 담보권 등에 관한 권리의 등기를 신청하는 경우에는 신청서에 등기원인 및 그 연월일로서 이전고시 전의 그 담보권 등에 관한 권리의 등기원인 및 그 연월일을 기재하여야 한다. 이 경우 정비사업으로 인한 이전고시가 있었다는 취지 및 그 연월일을 함께 기재하여야 한다(도시 및 주거환경정비 등기규칙 제16조). [24 법무사]

나. 새로이 조성된 대지 및 축조된 건축시설에 관하여 이전고시에 따른 등기신청(건축시설에 관한 소유권보존등기 및 담보권 등에 관한 권리의 등기의 신청)이 있는 경우 신청서에 접수번호를 부여함에 있어서는 등기사항마다 신청서에 기재한 순서에 따라 별개의 번호를 부여하여야 한다. [18 법무사 / 15 법무사] 그러나 구분건물의 소유권보존등기신청의 경우에는 모든 구분건물에 대하여 1개의 번호를 부여하여야 한다(「도시정비등기규칙」 제17조). [15 법무사]

2) 조사(형식적 심사)

가. 대위등기의 신청

(가) 법 제29조 제6호 및 제7호의 각하사유

신청정보의 부동산의 표시가 등기기록과 일치하지 않는 경우에는 각하사유이므로 먼저 부동산표시변경등기를 하여 그 표시를 일치시켜야 하며(법 제29조 제6호). 신청정보의 등기의무자의 표시가 등기기록과 일치하지 않는 경우에는 각하사유이므로 먼저 등기명의인표시변경등기를 하여 그 표시를 일치시켜야 한다(법 제29조 제7호).

사업시행자가 등기를 신청할 때에 위 각하사유에 해당하면 그 등기를 할 수 없으니 사업시행자로 하여금 대위로 (부동산 또는 등기명의인)표시변경 또는 소유권이전등기신청을 할 수 있도록 한 것이다.

(나) 대위등기의 촉탁

> 정비사업시행자는 도시정비법에 의한 사업시행 인가 후에는 그 사업시행을 위하여 이전고시가 있기 전이라도 종전 토지에 관한 아래의 등기를 각 해당등기의 신청권자를 대위하여 촉탁할 수 있다(⊕ 법 제29조 제6호, 제7호로 각하되지 않도록). [24 법무사 / 23 등기서기보 / 18 등기주사보 / 16 등기서기보 / 15 법무사 / 13 법무사]
> ① 부동산표시의 변경 및 경정등기
> ② 등기명의인표시의 변경 및 경정등기
> ③ 상속에 의한 소유권이전등기
> ④ 소유권보존등기

(다) 일괄촉탁

한편 시행자가 위의 등기를 신청하는 경우에는 **등기원인, 등기의 목적 등이 상이한 수건의 등기를 하나의 신청서로 일괄하여 신청할 수 있다**(도시정비등기규칙 제2조, 제3조). [24 법무사]

(라) 첨부정보 등

가) 위와 같은 대위등기를 신청하는 경우에는 **등기원인을 증명하는 서면, 사업시행 인가가 있었음을 증명하는 서면**을 첨부하여야 한다. [18 법무사]

나) 등기관이 소유권보존등기 상속에 의한 소유권이전등기의 대위등기를 마쳤을 때에는 등기필정보통지서를 신청인에게 교부하고 신청인은 지체 없이 이를 해당 부동산의 등기권리자에게 넘겨주어야 한다(「도시정비등기규칙」 제4조).

나. 등기관의 심사대상

「도시 및 주거환경정비법」에 따른 정비사업시행자는 같은 법 제86조 제2항에 따른 이전고시가 있은 후 종전 토지에 관한 말소등기, 새로 조성된 대지 및 축조된 건축물에 관한 소유권보존등기, 새로 조성된 대지 및 축조된 건축물에 존속하게 되는 담보권 등에 관한 권리의 등기를 신청하여야 하는바, 이때 첨부정보로서 관리처분계획 및 그 인가를 증명하는 서면과 이전고시를 증명하는 서면을 제공하여야 한다(「도시 및 주거환경정비 등기규칙」 제5조 제3항)(선례 202001-4).

위의 신청에 따라 등기관이 새로 조성된 대지와 축조된 건축물에 대하여 소유권보존등기 및 담보권 등에 관한 권리의 등기를 실행할 때에 **신청정보의 내용으로 제공된 사항(등기권리자 등)이 첨부정보로 제공된 관리처분계획 및 그 인가를 증명하는 서면, 이전고시를 증명하는 서면의 내용(등기권리자 등)과 일치하는지 여부를 심사하는 것으로 충분하고, 폐쇄된 종전 토지 및 건물의 등기기록상 등기사항과 일치하는지 여부는 심사하지 아니한다**(선례 202001-4). [20 법무사 / 18 등기주사보 / 16 법원사무관 / 13 법무사]

3) 문제○ (취하 · 보정 · 각하)

4) 문제× (등기실행)

등기관은 새로운 건축물에 대한 소유권보존등기를 마쳤을 때에는 등기필증을 신청인에게 교부하고 신청인은 지체 없이 이를 각 등기권리자에게 넘겨주어야 한다(「도시정비등기규칙」 제18조).

(5) 기타

「도시 및 주거환경정비법」 제47조에서 재건축조합이 분양신청을 하지 아니하거나 철회한 조합원이 출자한 토지 등에 대하여 **현금으로 청산하도록 규정한 취지는**, 조합원이 조합 정관에 따라 현물출자의무를 이행한 후 조합원의 지위를 상실함으로써 청산을 하여야 하는 경우에 조합원이 출자한 현물의 반환을 인정하지 아니하고 현금으로 지급하도록 정한 것으로 보아야 하고, 이 경우 **신탁재산이었던 부동산**은 당연히 재건축조합에 귀속되므로, 재건축조합이 먼저 토지 등 소유자에게 신탁등기의 말소등기와 신탁재산의 귀속을 원인으로 한 소유권이전등기를 한 뒤 다시 토지 등 소유자가 재건축조합 앞으로 청산을 원인으로 하는 소유권이전등기를 하는 절차를 밟을 필요는 없다(선례 201509-1).

따라서 재건축사업의 위탁자인 **조합원이 분양계약 등을 하지 않아 현금청산대상자가 된 경우**에는 종전 토지등기기록에 재건축조합을 수탁자로 하는 신탁등기가 있는 경우에도 위탁자의 동의 없이 **종전 토지의 말소등기** 및 「도시 및 주거환경정비법」 제54조(이전고시 등)에 따른 **조합 명의로의 소유권보존등기를 할 수 있다**(선례 201509-1). [16 법원사무관]

관련기출지문

1   시행자로부터 이전고시를 통지받은 등기관은 대지 및 건축물에 관한 등기가 있을 때까지는 표시에 관한 등기를 제외하고는 권리에 관한 등기를 하여서는 아니되며, 이에 위반한 등기는 부동산등기법 제58조를 적용하여 직권으로 말소한다. (×)
[24 법무사]

2   이전고시의 통지에 따른 부전지 표시가 된 후에는 종전 토지에 대한 소유권이전등기, 근저당권설정등기, 가압류등기, 경매개시결정등기 등 권리에 관한 등기는 할 수 없으나 표시에 관한 등기는 할 수 있다. (×)
[23 등기서기보]

3   종전 토지에 관한 지상권, 전세권, 임차권, 저당권, 가등기, 환매특약이나 권리소멸의 약정, 처분제한의 등기로서 분양받은 대지에 존속하게 되는 등기는 종전 토지의 등기부로부터 이기되는 등기이다. (×)
[15 법무사]

4   종전 토지 또는 건물에 있던 담보권 등에 관한 권리의 등기는 새로운 토지와 건물에 존속하게 되므로 신청하지 않아도 자동으로 이기된다. (×)
[13 법무사]

5   종전 건물에 설정된 저당권이 새로 축조된 건물에 존속하게 되는 경우에는 새로 축조된 건물에 대하여 그 저당권등기를 신청하여야 하는 바, 이 경우 저당권등기에 대한 등기신청수수료는 일반적인 저당권설정 등기와 같다. (×)
[16 법원사무관]

6   담보권등에 관한 권리의 등기를 신청하는 경우에는 신청서에 '등기원인'으로 정비사업으로 인한 이전고시가 있었다는 취지를 기재하고, '그 연월일'은 이전고시가 있은 다음 날짜를 기재한다. 이때 접수번호는 소유권보존등기와 동시에 신청하므로 동일한 접수번호를 부여한다. (×)
[24 법무사]

7   이전고시에 따른 등기를 신청하는 경우 정비사업시행자는 관리처분계획을 증명하는 서면이나 이전고시를 증명하는 서면 중 어느 하나를 첨부하면 된다. (×)
[16 등기서기보]

8   조합에 토지 등을 신탁한 조합원이 분양신청을 하지 않아 현금청산대상자가 된 경우에는 신탁등기의 말소 등기와 신탁재산의 귀속을 원인으로 한 소유권이전등기를 한 뒤 다시 조합 앞으로 청산을 원인으로 하는 소유권이전등기를 하여야만 이전고시에 따른 등기를 할 수 있다. (×)
[16 법원사무관]

9   정비사업시행자(이하 "시행자"라 한다)는 그 사업시행을 위하여 신청권자를 대위하여 부동산의 표시변경 (경정)등기와 등기명의인의 표시변경(경정)등기를 신청할 수 있으며, 등기원인 또는 등기의 목적이 동일한 경우에만 일괄 신청할 수 있다. (×)
[24 법무사]

10   정비사업시행자는 그 사업시행을 위하여 필요한 때에는 소유권보존등기 또는 상속에 의한 소유권이전등기 등을 각 해당 등기의 신청권자를 대위하여 신청할 수 있는데, 이때에는 관리처분계획 및 그 인가를 증명하는 서면을 첨부하여야 한다. (×)
[18 법무사]

11 등기관은 신청정보의 내용으로 제공된 사항이 첨부정보로 제공된 관리처분계획 및 그 인가를 증명하는 서면, 이전고시를 증명하는 서면의 내용과 일치하는지 여부와 함께 종전 토지 및 건물의 등기기록상 등기사항과 일치하는지 여부를 심사한다. (×)　　　　　　　　　　　　　　　　　　　　　　[24 법무사]

12 등기관이 새로 조성된 대지와 축조된 건축물에 대하여 소유권보존등기 및 담보권 등에 관한 권리의 등기를 실행할 때에 신청정보의 내용으로 제공된 사항이 첨부정보로 제공된 관리처분계획 및 그 인가를 증명하는 서면과 이전고시를 증명하는 서면의 내용과 일치하는지 여부와 함께 종전 토지 및 건물의 등기기록상 등기사항과 일치하는지 여부도 심사하여야 한다. (×)　　　　　　　　　　　　　　　　[20 법무사]

13 새로 조성된 대지와 건축시설에 관한 등기를 할 때에 등기관은 신청서에 기재된 등기명의인과 관리처분계획 등에 나타난 권리자가 일치하는지 여부와 폐쇄된 종전 토지 및 건물의 등기기록상 명의인과 일치하는지 여부를 심사하여야 한다. (×)　　　　　　　　　　　　　　　　　　　　[18 등기주사보]

14 새로이 축조된 건축물에 대하여 아직 등기가 이루어지지 아니한 상태에서 처분제한의 등기촉탁이 있는 경우 등기관은 이 처분제한의 등기를 하기 위하여 해당 건축물의 소유권보존등기를 직권으로 하여야 한다. (×)　　　　　　　　　　　　　　　　　　　　　　　　　　　　　　　[19 등기주사보]

15 도시 및 주거환경정비법에 따라 정비사업의 시행인가를 받아 축조된 건축물에 대하여 아직 등기가 이루어지지 아니한 상태에서 집행법원으로부터 처분제한의 등기촉탁이 있는 경우 등기관은 이 처분제한의 등기를 하기 위한 전제로써 해당 건축물에 관한 소유권보존등기를 직권으로 실행할 수 있다. (×)　　　　　　　　　　　　　　　　　　　　　　　　　　　　[16 법원사무관]

4. 채무자 회생 및 파산에 관한 등기절차(예규 1516)

「채무자 회생 및 파산에 관한 법률」에 따른 부동산 등의 등기 사무처리지침
개정 2014.4.24. [등기예규 제1516호, 시행 2014.4.28.]

제1편 총칙
제1장 통칙
제1조(목적)
이 예규는 「채무자 회생 및 파산에 관한 법률」(이하 "법"이라 한다) 및 「채무자 회생 및 파산에 관한 규칙」(이하 "규칙"이라 한다)에 따른 부동산 등의 등기절차를 규정함을 목적으로 한다.

제2조(촉탁에 의한 등기 및 그 방법)
① 회생절차, 파산절차, 개인회생절차, 국제도산절차와 관련하여, 법 제24조 및 규칙 제10조의 규정에 의한 법원 또는 법원사무관 등의 촉탁이 있는 때에는 관할등기소의 등기관은 이를 수리하여 그에 따른 등기를 하여야 하고, 당사자가 이러한 등기를 신청한 경우 이를 수리하여서는 아니 된다.
② 제1항에 따른 등기촉탁의 절차 및 방법에 대하여는 「집행법원의 등기촉탁에 관한 업무처리지침」을 준용하고, 전자촉탁의 대상과 전자촉탁서 양식은 [별표 1]과 같이 한다.

제3조(촉탁등기사항 이외의 등기사항에 대한 등기신청권자)
① 법 제43조 제3항의 규정에 의한 보전관리명령이 있는 때에는 회생절차개시 전까지 채무자의 업무수행, 재산의 관리 및 처분을 하는 권한은 보전관리인에게 전속하므로(법 제85조), 법원사무관 등이 촉탁하여야 할 등기사항 이외의 등기사항에 관하여는 보전관리인의 신청에 의하여 등기하여야 한다.

② 회생절차개시결정이 있는 때에는 채무자의 업무의 수행과 재산의 관리 및 처분을 하는 권한은 관리인에게 전속하고(법 제56조 제1항), 관리인이 선임되지 아니한 경우에는 채무자의 대표자가 관리인으로 간주되므로(법 제74조 제4항), 법원사무관 등이 촉탁하여야 할 등기사항 이외의 등기사항에 관하여는 관리인 또는 법 제74조 제4항에 의하여 관리인으로 간주되는 자의 신청에 의하여 등기하여야 한다.

③ 파산재단을 관리 및 처분하는 권한은 파산관재인에게 속하므로(법 제384조), 법원사무관 등이 촉탁하여야 할 등기사항 이외의 등기사항에 관하여는 파산관재인의 신청에 의하여 등기하여야 한다.

④ 개인회생재단을 관리하고 처분할 권한은 인가된 변제계획에서 다르게 정한 경우를 제외하고는 개인회생채무자에 속하므로(법 제580조), 법원사무관 등이 촉탁하여야 할 등기사항 이외의 등기사항에 관하여는 채무자의 신청에 의하여 등기하여야 한다.

⑤ 국제도산절차에서 국제도산관리인이 선임된 경우, 채무자의 업무의 수행 및 재산에 대한 관리 및 처분을 하는 권한은 국제도산관리인에게 전속하므로(법 제637조), 법원사무관 등이 촉탁하여야 할 등기사항 이외의 등기사항에 관하여는 국제도산관리인의 신청에 의하여 등기하여야 한다.

제4조(등록면허세 등)

① 법원사무관 등이 회생절차, 파산절차, 개인회생절차, 국제도산절차와 관련하여 법 제24조(🔵 회생절차개시·간이회생절차개시·보전처분의 등기), 제25조 제2항(🔵 회생계획인가 등기), 제3항(🔵 회생계획인가취소 등기) 및 규칙 제10조 제1항에 의한 등기를 촉탁하는 경우 **등록면허세 및 등기신청수수료가 면제**된다. [23 법무사]

② 법 제26조의 규정에 의한 **부인의 등기**는 당사자의 신청에 의한 것이라도 **등록면허세가 면제**된다. [17 법무사] (🔵 **등기신청수수료**는 납부하여야 한다.)

③ 제1항, 제2항의 규정에 의한 등기를 제외하고는 촉탁에 의한 등기라고 하더라도 다른 법령에 특별한 규정이 없으면 등록면허세는 면제되지 아니한다.

제5조(미등기부동산에 대한 보존등기 등)

법원사무관 등이 회생절차, 파산절차, 개인회생절차, 국제도산절차와 관련하여 **미등기부동산**에 대하여 법 제24조의 등기를 촉탁하는 경우 등기관은 이를 수리하여 **직권으로 소유권보존등기**를 한 다음 촉탁에 따른 등기를 하여야 한다(「부동산등기법」 제66조 참조). [17 법무사]

제6조(회생법원의 중지명령 등에 따른 처분제한등기 등의 말소)

① **회생법원**이 법 제44조 제4항, 제45조 제5항의 규정에 의하여 회생채권 또는 회생담보권에 기한 **강제집행**, 가압류, 가처분 또는 담보권실행을 위한 경매절차(이하 "회생채권 또는 회생담보권에 기한 강제집행 등"이라 한다)의 **취소를 명하고**, 그에 기한 **말소등기를 촉탁**한 경우에는 등기관은 이를 수리하여 그 등기를 말소하여야 한다.

② **회생법원**이 법 제58조 제5항의 규정에 의하여 회생채권 또는 회생담보권에 기한 **강제집행 등의 취소** 또는 체납처분의 **취소를 명하고**, 그에 기한 **말소등기를 촉탁**한 경우에는 등기관은 이를 수리하여 그 등기를 말소하여야 한다. [24 법무사]

③ **개인회생법원**이 법 제593조 제5항의 규정에 의하여 개인회생채권에 기한 **강제집행**, 가압류, 가처분 또는 담보권실행을 위한 경매절차의 **취소를 명하고**, 그에 기한 **말소등기를 촉탁**한 경우에는 등기관은 이를 수리하여 그 등기를 말소하여야 한다.

④ 제1항 내지 제3항의 규정에도 불구하고 **집행법원이** 제1항 내지 제3항의 등기를 **말소촉탁**한 경우에 등기관은 이를 수리하여 그 등기를 **말소하여야** 한다. [24 법무사]

제7조(등기의 기록례 등)

① 이 예규에 따른 등기의 기록례는 별지1.과 같다.

② 이 예규에 따른 등기촉탁서의 양식은 별지2.와 같다.

제2장 보전처분

제8조(보전처분 등의 등기촉탁)

① 법 제43조 제1항, 제114조 제1항, 제323조, 제351조에 의하여 채무자(📳 개인) 또는 채무자(📳 법인)의 발기인·이사(상법 제401조의2 제1항의 규정에 의하여 이사로 보는 자를 포함한다)·감사·검사인 또는 청산인(이하 "이사 등"이라 한다)의 부동산 등의 권리(부동산, 선박, 입목, 공장재단, 광업재단 등에 대한 소유권과 담보물권, 용익물권, 임차권 등 소유권 이외의 권리 및 가등기상의 권리와 환매권을 포함한다. 이하 같다)에 관한 **보전처분의 등기는 법원사무관 등의 촉탁**으로 한다. [19 법무사 / 17 등기서기보 / 12 법무사]

② 보전처분의 등기 등의 촉탁서에는 등기의 목적을 "**보전처분**"으로, 등기의 원인을 "○○지방법원의 **재산보전처분**" 또는 "○○지방법원의 임원재산보전처분"으로, 그 일자는 "**보전처분 등의 결정을 한 연월일**"로, 보전처분 등의 결정을 한 법원을 각 기재하고, **결정서의 등본 또는 초본**을 첨부하여야 한다. [19 법무사]

③ 보전처분에 따른 금지사항이 지정되어 촉탁된 경우에는 등기관은 해당 금지사항(예를 들어, 양도, 저당권 또는 임차권의 설정 기타 일체의 처분행위의 금지)을 기록하여야 한다.

제9조(다른 등기와의 관계)

① 보전처분의 등기는 그 등기 이전에 가압류, 가처분, 강제집행 또는 담보권실행을 위한 경매, 체납처분에 의한 압류등기 등 처분제한 등기 및 가등기(이하 "가압류 등"이라 한다)가 되어 있는 경우에도 할 수 있다. [19 법무사 / 12 법무사]

② 보전처분은 채무자 등에 대하여 일정한 행위의 제한을 가하는 것이고 제3자의 권리행사를 금지하는 것은 아니므로, **보전처분등기가 경료된 채무자의 부동산 등에 대하여 가압류, 가처분 등 보전처분, 강제집행 또는 담보권실행을 위한 경매, 체납처분에 의한 압류 등의 등기촉탁이 있는 경우에도 이를 수리하여야 한다.** [17 등기서기보·법원사무관 / 16 법무사 / 14 법무사]

제10조(보전처분 등의 등기의 말소)

① 보전처분이 변경 또는 취소되거나, 보전처분 이후 회생절차개시신청, 파산신청 또는 개인회생절차개시신청의 기각결정, 취하 또는 취하허가 기타 사유로 보전처분이 그 효력을 상실한 경우, **법원사무관 등의 촉탁**으로 보전처분 등기 등을 변경 또는 말소한다. [19 법무사]

② 보전처분 변경이나 말소등기의 촉탁서에는 결정문의 등본(또는 초본)이나 취하서 등의 소명자료를 첨부하여야 한다.

③ 법원사무관 등이 회생절차개시취소, 회생계획불인가, 회생절차폐지, 회생절차종결, 파산취소, 파산폐지 및 파산종결의 등기를 촉탁하거나 파산관재인의 권리포기에 따른 파산등기의 말소등기를 촉탁하면서 동시에 당해 사건의 보전처분등기의 말소등기를 촉탁하면 등기관은 이를 수리하여야 한다.

④ 제3항의 경우 법원사무관 등이 당해 사건의 보전처분등기의 말소등기에 대한 촉탁을 동시에 하지 아니하고 그 이후에 한 경우라도 등기관은 이를 수리하여야 한다.

제11조(부인의 등기신청)

① 등기의 원인인 행위가 부인되거나 등기가 부인된 때에는 관리인, 파산관재인 또는 개인회생절차에서의 부인권자(법 제584조)는 단독으로 부인의 등기를 신청하여야 한다. [19 등기주사보 / 17 등기서기보 / 16 법무사]

② 부인의 등기의 신청서에는 등기원인을 증명하는 서면으로 부인소송과 관련된 청구를 인용하는 판결 또는 부인의 청구를 인용하는 결정을 인가하는 판결의 판결서 등본 및 그 확정증명서 또는 부인의 청구를 인용하는 결정서 등본 및 그 확정증명서를 첨부하여야 한다.

③ 부인의 등기의 신청은 부인권자가 단독으로 행하는 것이므로, 신청인이 관리인, 파산관재인, 개인회생절차에서의 부인권자라는 사실을 소명하는 자료를 함께 제출하여야 한다.

④ 등기원인 행위의 부인등기는, 등기목적을 "○번 등기원인의 채무자 회생 및 파산에 관한 법률에 의한 부인"으로, 등기원인을 "○년 ○월 ○일 판결(또는 결정)"으로 각 기록하되, 그 일자는 판결 또는 결정의 확정일로 한다.

⑤ 등기의 부인등기는, 등기목적을 "○번 등기의 채무자 회생 및 파산에 관한 법률에 의한 부인"으로, 등기원인을 "○년 ○월 ○일 판결(또는 결정)"으로 각 기록하되, 그 일자는 판결 또는 결정의 확정일로 한다. 즉 부인판결에 의한 등기를 신청할 경우 등기원인일자는 판결확정일로 한다. [19 등기주사보]

제12조(다른 등기와의 관계)

① 삭제(2011.10.11. 제1386호)

② 부인등기가 마쳐진 이후에는 당해 부동산 또는 당해 부동산 위의 권리는 채무자의 재산, 개인회생재단 또는 파산재단에 속하고, 등기부상 명의인이 그 부동산 또는 그 부동산 위의 권리를 관리, 처분할 수 있는 권리를 상실하였다는 사실이 공시되었으므로, 부인된 등기의 명의인을 등기의무자로 하는 등기신청이 있는 경우, 등기관은 이를 각하하여야 한다. [21 법원사무관 / 19 등기주사보 / 17 등기서기보 · 법원사무관 / 16 법무사 / 12 법무사]

③ 부인등기가 마쳐진 이후에는 당해 부동산 또는 당해 부동산 위의 권리는 채무자의 재산, 개인회생재단 또는 파산재단에 속한다는 사실이 공시되었으므로, 법원사무관 등은 법 제26조 제3항, 제23조 제1항 제1호 내지 제3호, 제5호의 규정에 의하여 회생절차개시, 회생절차개시결정 취소, 회생절차폐지, 또는 회생계획불인가, 회생계획의 인가, 회생절차의 종결결정, 파산선고, 파산취소, 파산폐지, 파산종결의 등기를 촉탁하여야 하고, 등기관은 이를 수리하여야 한다.

제13조(부인등기 등의 말소)

부인등기가 마쳐진 이후에는 당해 부동산 또는 당해 부동산 위의 권리는 채무자의 재산 또는 파산재단에 속한다는 사실이 공시되었으므로, 관리인 또는 파산관재인이 부인의 등기가 된 재산을 임의매각[19 등기주사보]하거나 민사집행법에 의하여 매각하고 제3자에게 이전등기를 한 때에는, (회생)법원[19 법무사 / 18 등기주사보 / 17 법원사무관 / 14 법무사]은 법 제26조 제4항에 의하여 부인의 등기, 부인된 행위를 원인으로 하는 등기, 부인된 등기 및 위 각 등기의 뒤에 되어 있는 등기로서 회생채권자 또는 파산채권자에게 대항할 수 없는 것의 말소를 촉탁하여야 하고, 등기관은 이를 수리하여야 한다.

제2편 회생절차

제14조(회생절차개시결정 등의 등기)

① 회생절차개시결정의 등기는 법원사무관 등이 촉탁서에 등기의 목적, 등기의 원인 및 그 일자, 결정을 한 법원을 기재하고, 결정서의 등본 또는 초본을 첨부하여 촉탁하여야 한다.

② 회생절차개시결정의 등기는 그 등기 이전에 가압류, 가처분, 강제집행 또는 담보권실행을 위한 경매, 체납처분에 의한 압류등기, 가등기, 파산선고의 등기 등이 되어 있는 경우에도 할 수 있다. [22 법무사 / 17 법무사]

③ 회생절차개시결정의 등기가 된 채무자의 부동산 등의 권리에 관하여 파산선고의 등기, (🌐 또 다른) 회생절차개시의 등기의 촉탁이 있는 경우 등기관은 이를 각하하여야 한다. [22 법무사 / 21 법원사무관 / 16 법무사 / 14 법무사 / 12 법무사]

④ 회생절차개시결정의 등기가 된 채무자의 부동산 등의 권리에 관하여 강제집행, 가압류, 가처분 또는 담보권실행을 위한 경매에 관한 등기촉탁이 있는 경우에 등기관은 이를 수리하여야 한다. [22 법무사]

⑤ 회생절차개시결정이 있는 때에는 채무자의 업무의 수행과 재산의 관리 및 처분을 하는 권한은 관리인에게 전속하고(법 제56조 제1항), 관리인이 선임되지 아니한 경우에는 채무자의 대표자가 관리인으로 간주되므로(법 제74조 제4항), 등기신청권자는 관리인 또는 법 제74조 제4항에 의하여 관리인으로 간주되는 자이지만(표시방법 : ○○○ 관리인○○○), 권리의무의 귀속주체는 채무자 본인이다.

⑥ 관리인이 회생계획에 따라 채무자 명의의 부동산 등을 처분하고 그에 따른 등기를 신청하는 경우에는 회생계획인가결정의 등본 또는 회생계획에 의하지 아니하고 처분한 경우에는 법원의 허가서 또는 법원의 허가를 요하지 아니한다는 뜻의 증명서를 그 신청서에 첨부하여야 한다. [17 법무사] 이 경우 관리인은 당해 부동산 등의 권리에 관한 보전처분의 등기 이후에 그 보전처분에 저촉되는 등기가 경료된 경우에는 그 등기의 말소등기도 동시에 신청하여야 한다.

⑦ 채무자 명의의 부동산 등을 처분하고 제3자 명의의 소유권이전등기를 경료한 경우에는, 법원사무관 등은 직권으로 관할등기소 등기관에게 "매각"을 원인으로 하여 보전처분등기, 회생절차개시등기, 회생계획인가의 등기의 각 말소를 촉탁하여야 하고, 등기관은 이를 수리하여야 한다. [19 법무사]

⑧ 회생계획의 수행이나 법의 규정에 의하여 회생절차가 종료되기 전에 등기된 부동산 등에 대한 권리의 득실이나 변경이 생겨 채무자·채권자·담보권자·주주·지분권자와 신회사를 권리자로 하는 법원의 등기촉탁이 있는 경우, 등기관은 이를 수리하여야 한다.

⑨ 회생절차개시취소의 등기는 법원사무관 등이 결정서의 등본 또는 초본을 첨부하여 촉탁하여야 한다.

⑩ 제9항의 촉탁과 동시에 회생절차개시등기의 말소등기의 촉탁이 있는 경우 등기관은 회생절차개시취소의 등기를 실행하면서 회생절차개시등기를 말소하여야 한다.

제15조(회생계획인가의 등기)

① 회생계획인가의 등기는 법원사무관 등이 촉탁서에 등기의 목적, 등기의 원인 및 그 일자, 결정을 한 법원을 기재하고, 결정서의 등본 또는 초본을 첨부하여 촉탁하여야 한다.

② 회생절차개시결정의 등기가 되어 있지 아니한 부동산에 관하여 회생계획인가의 등기 촉탁이 있는 경우, 부인의 등기가 된 경우를 제외하고는 등기관은 이를 각하하여야 한다. [16 법무사]

③ 회생계획인가의 등기 전에 같은 부동산에 파산등기가 되어 있는 경우(🌐 파산등기가 되어 있는 부동산에 관하여 회생계획인가의 등기촉탁이 있는 경우) 등기관은 회생계획인가등기를 한 후 파산등기를 직권으로 말소하여야 하고, 그 인가취소의 등기를 하는 경우 직권으로 말소한 파산등기를 회복하여야 한다. [12 법무사]

④ 회생계획인가의 결정이 있은 때에는 법 제58조 제2항의 규정에 의하여 중지한 파산절차, 강제집행, 가압류, 가처분, 담보권실행 등을 위한 경매절차는 그 효력을 잃게 되므로(법 제256조), 회생계획인가의 결정을 한 법원은 그 등기와 함께 위 각 절차에 따른 등기의 말소를 함께 촉탁할 수 있으며,

PART 02

가압류 등을 한 집행법원의 말소촉탁에 의하여 말소할 수도 있다. 등기관은 당해 부동산에 회생계획 인가의 등기가 되어 있는지 여부와 관계없이 그 촉탁을 수리하여야 한다. 다만, 회생계획이 인가된 경우에도 회생절차개시결정의 등기 이전에 등기된 가등기(담보가등기 제외) 및 용익물권에 관한 등기, 국세징수법 또는 그 예에 의한 체납처분 및 조세채무담보를 위하여 제공된 부동산 등의 처분에 따른 등기는 말소의 대상이 되지 않는다.

⑤ 회생계획인가의 등기가 된 후, 동 계획의 변경인가에 따른 등기의 촉탁은 이를 수리하여서는 안되며, 「부동산등기법」 제29조 제2호에 의하여 각하하여야 한다.

제16조(회생절차에 있어서 부인등기 등의 말소)

① 부인등기가 마쳐진 후 회생계획 인가결정 전에 다음 각 호의 사유로 회생절차가 종료된 경우에는 부인의 효과는 상실되므로, 등기상 이해관계 있는 제3자가 있는 경우를 제외하고는, 부인의 등기는 법원의 촉탁에 의하여 이를 말소할 수 있다.
   1. 회생절차개시결정을 취소하는 결정이 확정된 때
   2. 회생계획불인가결정이 확정된 때
   3. 회생계획인가결정 전에 회생절차폐지결정이 확정된 때

② 부인등기가 마쳐지고 회생계획인가 결정 이후에 회생절차가 종결되거나 회생절차 폐지결정이 확정된 경우에는 부인의 효과는 확정되므로, 법원사무관 등은 회생절차 종결 또는 회생절차폐지의 등기를 촉탁하여야 하고(법 제26조 제3항, 제1항, 제23조 제1항 제2호, 제3호), 등기관은 이를 수리하여야 한다.

제17조(회생계획불인가, 회생절차폐지의 등기)

① 법원사무관 등이 회생계획불인가나 회생절차폐지의 등기(이하 "회생계획불인가의 등기 등"이라 한다)를 촉탁하는 경우 촉탁서에 등기의 목적, 등기의 원인 및 그 일자, 결정을 한 법원을 기재하고, 결정서의 등본 또는 초본을 첨부하여 촉탁하여야 한다.

② 회생계획불인가 또는 회생절차폐지의 결정이 확정된 때, 법원이 직권으로 파산선고를 하고 회생계획 불인가 등의 등기와 파산등기를 동일한 촉탁서에 의하여 촉탁한 경우, 등기관은 동일한 순위번호로 등기를 하되, 회생계획불인가 등의 등기를 한 후 파산등기를 하여야 한다.

③ 제1항의 촉탁과 동시에 회생절차개시등기의 말소등기의 촉탁이 있는 경우 등기관은 회생계획불인가 등의 등기를 실행하면서 회생절차개시등기를 말소하여야 한다.

제18조(회생절차종결의 등기)

① 회생법원의 법원사무관 등은 회생절차종결결정 즉시 직권으로 관할등기소 등기관에게 회생절차종결 결정을 원인으로 하여 보전처분등기, 회생절차개시등기, 회생계획인가등기의 말소 및 회생절차종결 등기를 촉탁하여야 하고, 촉탁서에는 등기의 목적, 등기의 원인 및 그 일자, 결정을 한 법원을 기재하고, 결정서의 등본 또는 초본을 첨부하여야 한다. 이 경우 회생절차종결결정 시 보전처분등기 후 등기된 권리로 회생계획인가로 소멸된 등기가 남아 있는 경우 회생법원은 그 등기의 말소를 촉탁하여야 한다.

② 회생절차개시 및 회생계획인가의 각 등기가 되어 있지 아니한 부동산 등의 권리에 대한 회생절차종 결등기의 촉탁은, 부인의 등기가 된 경우를 제외하고는 등기관은 이를 각하하여야 한다.

③ 회생절차종결의 등기와 동시에 회생절차와 관련된 등기에 대한 말소를 촉탁하는 경우에 등기관은 이를 수리하여야 한다. 이 경우 등기의 목적은 "○번 ○○등기말소"이고, 등기의 원인은 "회생절차종결"이며, 그 원인일자는 "회생절차종결의 결정이 있는 날"이다.

④ 회생법원의 법원사무관 등은 회생절차종결등기가 경료된 후 채무자 또는 이해관계인(부동산의 신소유자, 용익물권자, 담보물권자 등)의 신청이 있으면 관할등기소 등기관에게 지체 없이 회생절차종결등기의 말소를 촉탁하여야 한다.

⑤ 회생법원의 법원사무관 등은 회생절차종결등기가 마쳐진 날로부터 3월이 경과한 이후에는 채무자또는 이해관계인의 신청이 없는 경우에도 직권으로 관할등기소 등기관에게 회생절차종결등기의 말소를 촉탁할 수 있다.

⑥ 회생절차종결의 등기가 된 이후에 회생절차와 관련된 등기, 회생절차종결의 등기에 대한 말소촉탁이있는 경우 등기관은 이를 수리하여야 한다. 이 경우 등기의 목적은 "ㅇ번 ㅇㅇ등기말소"이고, 등기원인 및 그 원인일자는 기록하지 않는다. 위 촉탁서에는 결정서의 등본은 첨부할 필요가 없다.

⑦ 회생절차종결의 등기가 되고 다른 등기가 모두 말소된 이후에 회생절차종결 등기의 말소촉탁이 있는경우 등기관은 이를 수리하여야 한다. 이 경우 등기의 목적은 "ㅇ번 회생절차종결등기말소"이고, 등기원인 및 그 원인일자는 기록하지 않는다. 위 촉탁서에는 결정서의 등본은 첨부할 필요가 없다.

제18조의2(회생계획불인가등기 등의 말소)
제18조 제4항 내지 제7항의 규정은 회생계획불인가등기 및 회생절차폐지등기에 대하여 준용한다.

제19조(채무자가 법인인 경우의 특례)
법인인 채무자 명의의 부동산 등의 권리에 대해서 **회생절차개시결정, 회생계획인가, 회생절차종결**의등기촉탁이 있는 경우, 등기관은 「부동산등기법」 제29조 제2호에 의하여 이를 **각하하여야 한다**(법 제24조 제1항 제1호)[18 등기주사보 / 17 법원사무관 / 14 법무새]

(그러나 **보전처분**이나 **부인등기**는 **가능**하다.) [18 등기주사보 / 14 법무새]

제3편 파산절차
제20조(파산의 등기)
① 파산선고의 등기는 법원사무관 등이 촉탁서에 등기의 목적, 등기의 원인 및 그 일자, 결정을 한 법원을기재하고, 결정서의 등본 또는 초본을 첨부하여 촉탁하여야 한다.

② 제1항의 경우 등기의 목적은 "파산선고"이고, 등기원인은 "ㅇㅇ지방법원의 파산선고결정"이며, 그원인일자는 "파산선고의 연월일"이다.

③ 파산선고의 등기는 그 등기 이전에 가압류, 가처분, 강제집행 또는 담보권실행을 위한 경매, 체납처분에 의한 압류등기, 가등기가 되어 있는 경우에도 할 수 있다.

④ 파산선고의 등기는 다른 법령 또는 이 예규에 따라 직권으로 등기관이 말소할 수 있는 경우를 제외하고법원사무관 등의 촉탁에 의해 말소하여야 한다.

제21조(파산등기 이후의 등기신청)
① 파산재단을 관리 및 처분하는 권한은 파산관재인에게 속하므로(법 제384조), 파산선고 이후 파산재단과 관련된 등기사항은 파산관재인의 신청에 의하여 등기하여야 한다(표시방법 : ㅇㅇㅇ 파산관재인 ㅇㅇㅇ).

② 파산선고의 등기 후에는 파산재단에 속하는 재산에 대하여 「국세징수법」 또는 「지방세기본법」에 의하여 징수할 수 있는 청구권(국세징수의 예에 의하여 징수할 수 있는 청구권을 포함한다)에 기한 체납처분을 할 수 없으므로(법 제349조 제2항), 파산등기 후에 국세징수법 또는 지방세법에 의하여징수할 수 있는 청구권에 기한 체납처분의 등기촉탁이 있으면 등기관은 이를 각하하여야 한다.

③ 파산선고의 등기가 된 채무자의 부동산 등의 권리에 관하여 강제집행, 가압류, 가처분, 또는 담보권 실행을 위한 경매에 관한 등기촉탁이 있는 경우에 등기관은 이를 수리하여야 한다.

제22조(임의매각에 따른 등기신청)

① 파산관재인이 법 제492조에 따라 부동산에 관한 물권이나 등기하여야 하는 국내선박 및 외국선박을 매각하고, 이에 대한 등기를 신청하기 위하여는 법원의 허가서 등본 또는 감사위원의 동의서 등본을 첨부하여야 한다. 이 경우 당해 부동산 등의 권리에 관한 보전처분의 등기 이후에 그 보전처분에 저촉되는 등기가 경료된 경우에는 그 등기의 말소등기도 동시에 신청하여야 한다.

② 파산선고의 등기가 되어 있는 부동산 등의 권리의 일부지분이 임의매각된 경우에 등기관은 보전처분등기 및 파산선고등기가 나머지 지분에 관하여 존속하는 것으로 직권으로 변경하여야 한다(등기목적 : "○번 보전처분" 또는 "○번 파산선고"를 "○번 ○○○지분 보전처분" 또는 "○번 ○○○지분 파산선고"로 하는 변경).

③ 파산관재인이 제1항의 규정에 의하여 파산선고를 받은 채무자명의의 부동산 등을 처분하고 제3자 명의의 소유권이전등기를 경료한 경우에는, 법원사무관 등은 파산관재인의 신청에 의하여 관할등기소 등기관에게 "매각"을 원인으로 하여 보전처분등기 및 파산선고등기의 각 말소를 촉탁하여야 하고, 등기관은 이를 수리하여야 한다.

④ 파산관재인이 제1항 내지 제3항(🏛 채무자명의 부동산 처분)에 의해 소유권이전등기를 신청하는 경우에는 등기필정보는 제공할 필요가 없다. [21 법원사무관 / 17 법무사]

> **파산관재인이 파산재단에 속한 부동산을 임의매각하여 매수인과 공동으로 소유권이전등기신청을 하는 경우에 제공하여야 하는 인감증명**
> 제정 2018.12.27. [부동산등기선례 제201812-6호, 시행]
> 파산관재인이 파산재단에 속한 부동산을 제3자에게 임의매각하고 이를 원인으로 파산관재인과 매수인이 공동으로 소유권이전등기를 신청할 때에 **파산선고를 받은 채무자가 법인인 경우에는 등기소로부터 발급받은 파산관재인의 법인인감증명**[21 법원사무관]을 제공하여야 하고, **파산선고를 받은 채무자가 개인인 경우에는 「인감증명법」에 따라 발급받은 파산관재인 개인인감증명**을 제공하여야 하는바, 파산법원으로부터 발급받은 파산관재인의 사용인감에 대한 인감증명으로 이를 대신할 수는 없다. [22 법무사]
> 이 경우 등기원인이 "매매"이므로 파산관재인의 인감증명은 **매도용 인감증명**이어야 한다.

제23조(권리포기에 따른 등기신청)

법원사무관 등은 파산관재인이 파산등기가 되어 있는 부동산 등에 대한 권리를 파산재단으로부터 포기하고 파산등기의 말소를 촉탁하는 경우 권리포기허가서의 등본을 첨부하여야 한다.

제24조(파산절차에 있어서 부인등기 등의 말소)

부인등기가 마쳐진 이후 파산선고 취소결정이 확정되거나, 법 제26조 제4항에 의한 임의매각 등에 의하여 제3자에게 이전등기를 하지 아니한 채 파산폐지결정이 확정된 때 또는 파산종결결정이 있는 때에는 부인의 효과는 상실되므로, 등기상 이해관계 있는 제3자가 있는 경우를 제외하고는, 부인의 등기는 법원의 촉탁에 의하여 이를 말소할 수 있다.

제25조(파산취소 등의 등기)

① 법원사무관 등은 파산취소의 등기를 촉탁하는 경우, 결정서의 등본 또는 초본을 첨부하여야 한다.

② 등기의 목적은 "파산취소", 등기의 원인은 "파산취소", 원인일자는 "파산취소가 확정된 날"이다.

③ 파산취소의 등기는 법원사무관 등의 촉탁에 의하여 말소하여야 한다.

제26조(파산폐지 등의 등기)

① 법원사무관 등이 파산폐지의 등기를 촉탁하는 경우, 결정서의 등본 또는 초본을 첨부하여야 한다.

② 등기의 목적은 "파산폐지", 등기의 원인은 "파산폐지", 원인일자는 "파산폐지가 확정된 날"이다.

③ 법원사무관 등은 파산폐지등기가 경료된 후 이해관계인(부동산의 신소유자, 용익물권자, 담보물권자 등)의 신청이 있으면 관할등기소 등기관에게 지체 없이 파산폐지등기의 말소를 촉탁하여야 한다.

④ 법원사무관 등은 파산폐지등기가 마쳐진 날로부터 3월이 경과한 이후에는 이해관계인의 신청이 없는 경우에도 직권으로 관할등기소 등기관에게 파산폐지등기의 말소를 촉탁할 수 있다.

⑤ 제3항, 제4항의 경우 등기의 목적은 "○번○○등기말소"이고, 등기원인 및 그 원인일자는 기록하지 않는다. 위 촉탁서에는 결정서의 등본은 첨부할 필요가 없다.

⑥ 제1항 내지 제5항의 규정은 파산종결등기에 대하여 준용한다. 다만 제2항의 원인일자는 "파산종결이 결정된 날"로 한다.

제27조(기타)

파산등기가 되어 있지 아니한 부동산 등의 권리에 파산취소, 파산폐지, 파산종결 등의 등기촉탁이 있는 경우 등기관은 「부동산등기법」 제29조 제6호에 의하여 이를 각하하여야 한다.

제28조(채무자가 법인인 경우의 특례)

법인인 채무자 명의의 부동산 등의 권리에 대해서 **파산선고의 등기** 등의 촉탁이 있는 경우, 등기관은 「부동산등기법」 제29조 제2호를 적용하여 이를 **각하하여야** 한다(법 제24조 제3항).

제4편 개인회생절차

제29조(보전처분 및 부인의 등기촉탁)

① 개인회생절차에서 채무자 명의의 부동산 등의 권리에 대해서 법원사무관 등으로부터 법 제24조 제6항에 의한 보전처분 및 그 취소 또는 변경의 등기의 촉탁이 있는 경우에는 등기관은 이를 수리하여야 한다.

② 개인회생절차에서 채무자 명의의 부동산 등의 권리에 대해서 법 제26조 제1항, 제584조에 의한 부인등기의 신청 및 그 말소 촉탁이 있는 경우 등기관은 이를 수리하여야 한다.

제30조(개인회생절차개시결정 등의 등기촉탁의 각하)

개인회생절차에서(ⓘ 절차의 간이화를 위해) 개인회생절차개시결정, 변제계획의 인가결정, 개인회생절차폐지결정 등은 등기할 사항이 아니므로, 법원사무관 등으로부터 이러한 등기촉탁이 있는 경우, 등기관은 「부동산등기법」 제29조 제2호에 의하여 이를 **각하하여야** 한다. [22 법무사 / 21 법원사무관]

ⓘ 그러나 **보전처분**과 **부인등기**는 **가능**하다. [21 법원사무관 / 18 등기주사보]

제5편 국제도산

제31조(외국도산절차승인과 등기)

법원은 외국도산절차의 승인신청 후 그 결정이 있을 때까지 또는 외국도산절차를 승인함과 동시에 또는 승인한 후 채무자의 변제금지 또는 채무자 재산의 처분금지 결정을 할 수 있으므로(법 제635조 제1항, 제636조 제1항 제1호 내지 제3호), 등기관은 법원사무관 등의 촉탁에 의하여 채무자에 속하는 권리에 관하여 변제금지 또는 처분금지의 등기를 하여야 한다.

관련 기출지문

1 법원사무관 등이 회생절차, 파산절차, 개인회생절차와 관련하여 보전처분의 등기 등을 촉탁하는 경우에도 등록면허세 및 등기신청수수료를 납부하여야 한다. (×) [23 법무사]

2 회생절차개시 또는 파산선고의 등기촉탁은 법인 또는 법인이 아닌 채무자의 부동산에 대하여 기록할 수 있다. (×) [17 법원사무관]

3 보전처분등기가 마쳐진 채무자의 부동산에 대하여 강제집행 또는 담보권실행을 위한 경매의 촉탁이 있는 경우에는 이를 각하하여야 한다. (×) [17 등기서기보]

4 보전처분 등기가 마쳐진 채무자의 부동산에 대하여 가압류, 가처분 등 보전처분, 강제집행 또는 담보권 실행을 위한 경매, 체납처분에 의한 압류 등의 등기촉탁이 있는 경우 등기관은 이를 수리하여서는 아니 된다. (×) [16 법무사]

5 보전처분의 등기가 마쳐진 이후에 그 보전처분에 저촉되는 근저당권설정등기의 신청이 있는 경우 등기관은 그 신청을 각하하여야 한다. (×) [14 법무사]

6 회생절차상 보전처분의 기입등기는 그 등기 이전에 가압류등기나 경매개시결정등기가 되어 있는 경우에는 할 수 없다. (×) [12 법무사]

7 회생절차상 보전처분의 기입등기는 법원의 촉탁으로 하여야 한다. (×) [12 법무사]

8 관리인이 채무자 명의의 부동산을 처분하여 제3자 명의로의 소유권이전등기를 신청하는 때에는 보전처분의 등기 이후에 마쳐진 보전처분에 저촉되는 등기의 말소를 동시에 신청하여야 하고, 이를 말소한 때에는 해당 보전처분의 등기는 등기관이 직권으로 말소한다. (×) [19 법무사]

9 회생절차상 부인의 등기가 마쳐져 있는 경우라 하더라도 부인된 등기의 명의인을 등기의무자로 한 등기신청은 수리하여야 한다. (×) [12 법무사]

10 부인등기가 마쳐진 경우라 하더라도 부인된 등기의 명의인을 등기의무자로 한 등기신청은 각하할 수 없다. (×) [19 등기주사보]

11 채무자 회생 및 파산에 관한 법률에 따라 등기된 부인등기에 대한 말소는 관리인 또는 파산관재인의 신청에 의하여야 한다. (×) [19 법무사]

12 관리인이 회생계획에 따라 채무자 명의의 부동산 등을 처분하고 그에 따른 등기를 신청하는 경우에는 법원의 허가서 또는 법원의 허가를 요하지 아니한다는 뜻의 증명서를 그 신청서에 첨부하여야 한다. (×) [24 법무사]

13 관리인이 회생계획에 따라 채무자 명의의 부동산을 처분하고 그에 따른 등기를 신청하는 경우에는 법원의 허가서 또는 법원의 허가를 요하지 아니한다는 뜻의 증명서를 그 신청서에 첨부하여야 한다. (×) [17 법무사]

14 개인회생절차에서는 절차의 간이화를 위하여 보전처분, 부인의 등기, 개인회생절차개시결정, 변제계획인가결정 등의 절차에 따른 등기는 하지 않는다. (×) [18 등기주사보]

15 회생절차개시결정의 등기가 된 채무자의 부동산의 권리에 관하여 파산선고의 등기의 촉탁이 있는 경우 등기관은 이를 수리하여야 한다. (×) [22 법무사 / 21 법원사무관]

16 회생절차개시결정의 등기가 된 채무자의 부동산에 관하여 파산선고의 등기촉탁이 있는 경우에는 각하하여야 하지만 또 다른 회생절차개시의 등기의 촉탁이 있는 경우에는 그 촉탁을 수리하여야 한다. (×) [12 법무사]

5. 공무원범죄 몰수 특례법에 따른 등기

(1) 서설

1) 의의

특정공무원범죄를 범한 사람이 그 범죄행위를 통하여 취득한 불법 수익 등을 철저히 추적·환수하기 위하여 몰수 등에 관한 특례를 규정함으로써 공직사회의 부정부패 요인을 근원적으로 제거하고 깨끗한 공직 풍토를 조성함을 목적으로 공무원범죄몰수법이 1995.1.5. 법률 4934호로 제정·시행되고 있다. 또한 공무원범죄몰수법상의 몰수보전명령 및 추징보전명령 등에 따른 부동산등기 사무처리의 기준과 기록례를 정하기 위하여 공무원범죄에 관한 몰수특례법 등의 시행에 따른 등기사무처리지침(예규 1375)이 제정되었다.

이후 마약거래방지법, 불법정치자금법, 범죄수익은닉규제법에서도 마약류 불법거래 등으로 취득한 불법수익 등에 대해 공무원범죄몰수법과 유사한 규정을 두어 이를 환수토록 하고 있다. 이러한 법률들에 따른 몰수보전등기, 부대보전등기, 추징보전등기 및 몰수등기의 사무처리에 관하여서도 예규 1375호가 정하고 있으므로 이하에서는 이 예규를 중심으로 공무원범죄몰수법에 의한 등기절차를 설명하기로 한다.

2) 등기의 유형

공무원범죄몰수법에 의한 등기는 몰수보전등기·부대보전등기·추징보전등기·몰수의 등기로 나눌 수 있는데, 이러한 등기는 원칙적으로 검사가 촉탁하게 된다.

몰수란 불법재산이 범인에게 귀속한 경우에 이를 환수하는 것으로(「공무원범죄몰수법」 제5조 참조), 몰수의 재판에 따른 이전등기를 몰수의 등기라 하고, 이를 보전하기 위한 등기를 몰수보전등기라 한다.

또한 지상권·저당권 또는 그 밖의 권리가 그 위에 존재하는 재산에 대하여 몰수보전명령을 한 경우 또는 하려는 경우 그 권리가 몰수에 의하여 소멸된다고 볼 만한 상당한 이유가 있고, 그 재산을 몰수하기 위하여 필요하다고 인정할 때 또는 그 권리가 가장된 것이라고 볼 만한 상당한 이유가 있다고 인정할 때 법원의 부대보전명령에 의하여 그 권리의 처분을 금지할 수 있는데, 이 명령에 의한 등기를 부대보전등기라 한다. 즉 재산의 몰수에 의하여 소멸되어야 할 권리가 선의의 제3자에게 이전된 경우에는 이를 소멸시킬 수 없기 때문에 그 처분을 금지하기 위한 것이다.

추징보전등기란 추징하여야 할 경우에 해당한다고 판단할 만한 상당한 이유가 있고, 추징 재판을 집행할 수 없게 될 염려가 있거나 집행이 현저히 곤란할 염려가 있다고 인정될 때에 피고인에 대하여 재산의 처분을 금지하기 위하여 촉탁하는 등기를 말한다.

(2) 몰수보전등기

1) 부동산에 대한 경우

가. 몰수보전등기의 촉탁 및 실행 등

부동산에 관한 법원의 몰수보전명령 집행은 몰수보전등기를 하는 방법에 의하며, 등기는 검사가 몰수보전명령의 등본을 첨부하여 촉탁한다. [23 법무사 / 17 등기주사보 · 법무사] 촉탁서에는 등기목적으로서 "몰수보전"을, 등기원인으로서 몰수보전명령을 발한 법원, 사건번호 및 그 연월일을, 등기권리자로서 "국"을 각 기재하여야 한다. [23 법무사 / 19 등기주사보 / 17 법무사]

등기관은 몰수보전등기를 한 후, 그 등기사항증명서를 몰수보전등기를 촉탁한 검사에게 송부하여야 한다.

한편 몰수보전등기가 마쳐진 후에도 몰수보전의 대상이 된 권리에 대한 이전등기 등의 신청이 있는 경우 등기관은 이를 수리하여야 한다. [23 법무사 / 19 등기주사보 / 17 등기주사보 · 법무사]

나. 몰수보전등기의 말소

몰수보전명령이 취소되거나 실효된 경우에는 검사는 몰수보전등기의 말소등기를 촉탁하여야 한다.

몰수보전명령이 취소된 경우에는 취소결정의 등본을 첨부하여 "취소결정"을 등기원인으로 하여 그 말소등기를 촉탁한다.

공무원범죄몰수법 제33조 제1항(몰수선고가 없는 재판이 확정된 때)에 의하여 몰수보전명령이 실효된 경우에는 그 재판의 등본 및 확정증명을 첨부하고, 공무원범죄몰수법 제33조 제2항에 의하여 몰수보전명령이 실효된 경우에는 그 재판이 확정된 날부터 30일 후에 그 재판의 등본, 확정증명 및 공소를 제기하지 아니한 사실을 증명하는 서면을 첨부하여 몰수보전등기의 말소등기를 촉탁한다.

이 경우 등기원인은 "○년 ○월 ○일 실효"로 하되 그 일자는 공무원범죄몰수법 제33조 제1항의 경우는 재판이 확정된 날, 같은 법 제33조 제2항의 경우에는 확정된 날부터 30일이 경과한 다음날로 한다.

2) 저당권부 채권 등에 대한 경우

가. 몰수보전등기의 촉탁 및 실행 등

저당권부 채권 또는 가등기에 의하여 담보되는 채권에 대한 몰수보전명령이 있으면 검사는 몰수보전명령을 발한 법원에 그 등기의 촉탁을 신청할 수 있고, 법원은 저당권부 채권의 압류등기 촉탁의 예에 의하여 그 등기를 촉탁한다. [23 법무사 / 17 법무사] 그 등기의 실행은 위 부동산에 관한 경우의 규정을 준용한다.

등기된 임차권, 환매권, 가등기된 소유권이전청구권 등에 대한 몰수보전등기는 부동산에 대한 몰수보전등기의 예에 따라 처리한다.

나. 몰수보전등기의 말소

몰수보전명령이 취소되거나 실효된 경우에 몰수보전명령을 발한 법원은 위 1) 나.의 절차에 의하여 그 말소등기를 촉탁한다. 또한 금전의 지급을 목적으로 하는 저당권부 채권에 대하여 몰수보전이 된 후 채무자가 채권금액을 공탁한 경우, 공탁사실의 통지를 받은 법원은 그 몰수보전등기의 말소를 촉탁하여야 한다.

3) 강제집행 등과의 관계

가. 몰수보전등기보다 선행하는 강제경매개시결정등기 등이 있는 경우

몰수보전등기보다 강제경매개시결정등기, 근저당권 등 담보물권의 설정등기, 압류등기, 가압류등기 등이 먼저 이루어지고 그 후 집행법원으로부터 매각으로 인한 이전등기 및 몰수보전등기의 말소등기 촉탁이 있는 경우 등기관은 그 등기를 한 후 몰수보전등기가 말소되었다는 뜻을 예규 1368호(가압류등기 등이 말소된 경우의 집행법원에 통지)의 규정에 준하여 몰수보전등기를 촉탁한 법원 또는 검사에게 통지하여야 한다. 몰수보전등기보다 체납처분에 의한 압류등기가 먼저 이루어지고 그 후 공매된 경우도 같다.

나. 몰수보전등기보다 후행하는 강제경매개시결정등기 등이 있는 경우

위 가.와 달리 몰수보전등기 후에 강제경매개시결정등기 등이 이루어진 경우에는 공무원범죄몰수법 제35조에 의하여 그로 인한 경매 또는 공매절차가 진행될 수 없으므로 경매 또는 공매절차가 진행되어 매각 또는 공매로 인한 이전등기의 촉탁이 있더라도 이를 수리하여서는 아니 된다.

4) 처분금지가처분등기와의 관계

처분금지가처분등기 후에 몰수보전등기가 이루어지고 가처분권리자가 본안에서 승소한 경우, **가처분권리자는 그 승소판결에 의한 등기는 신청할 수 있다.** 그러나 **몰수보전등기는 등기관의 직권으로 또는 가처분권리자의 신청에 의하여 말소하여서는 안 되고**, 전술한 1) 나. 몰수보전등기의 말소의 예에 따라 말소되어야 한다. [23 법무사 / 17 등기주사보·법무사]

공무원범죄몰수법은 부동산에 대하여 등기청구권을 보전하기 위한 처분금지가처분의 등기가 된 후 몰수보전등기가 된 경우에 그 가처분채권자가 보전하려는 등기청구권에 따른 등기를 할 때에는 몰수보전등기에 의한 처분의 제한은 그 가처분등기에 의한 권리의 취득 또는 소멸에 영향을 미치지 아니한다고 하여(동법 제27조 제6항), 마치 가처분등기가 몰수보전등기에 우선하는 것처럼 보인다. 그러나 가처분등기는 법원의 촉탁에 의해 말소되는 것이 원칙이라는 점과 범죄행위로 취득한 불법수익을 환수한다는 공무원범죄몰수법의 입법목적에 비추어 몰수보전등기가 가처분등기에 우선하는 것으로 해석하는 것이 타당하다.

(3) 부대보전등기

부대보전등기는 특별한 규정이 있거나 그 성실에 반하지 않는 한 몰수보전등기의 예에 따라 처리한다.

부대보전등기는 검사가 부대보전명령의 등본을 첨부하여 촉탁하되, 몰수보전등기의 촉탁과 동시에 또는 몰수보전등기가 마쳐진 후에 하여야 한다.

부대보전등기가 마쳐진 후에 부대보전의 대상이 된 권리의 이전등기 등의 신청이 있는 경우에도 등기관은 이를 수리하여야 한다.

부대보전명령이 취소되었을 경우에는 몰수보전명령이 취소되었을 경우에 준하여 그 말소등기를 하되, 몰수보전명령이 취소되거나 실효되어 몰수보전등기를 말소한 경우에는 등기관이 직권으로 부대보전등기를 말소하여야 하며 그 등기원인은 "○년 ○월 ○일 실효"로 하되 그 일자는 몰수보전명령이 효력을 잃은 때로 한다.

⑷ 추징보전등기

추징보전명령은 검사의 명령에 따라 집행하며, 이 경우 검사의 명령은 민사집행법에 따른 가압류명령과 동일한 효력을 가진다(「공무원범죄몰수법」 제44조 제1항).

추징보전등기는 검사의 신청에 의하여 **법원이 촉탁**하는데, 등기목적은 "**가압류**"로, 등기원인은 "**○년 ○월 ○일 ○○지방법원의 추징보전명령에 기한 검사의 명령**"으로 하여 촉탁한다. 이때 **검사의 집행명령등본을 첨부한다.** [23 법무사 / 19 등기주사보 / 17 등기주사보·법무사] 추징보전에 대한 다른 등기도 특별한 규정이 없는 한 가압류 등기의 예에 따라 처리한다.

⑸ 몰수의 등기

몰수의 등기는 검사가 몰수재판의 등본을 첨부하여 **이전등기의 형식으로 촉탁**하며, **몰수보전의 등기가 마쳐진 권리에 대하여 몰수의 등기촉탁이 있는 경우, 등기관은 몰수보전등기에 저촉되는 등기를 직권으로 말소**한다. [19 등기주사보] 예컨대 몰수한 재산에 지상권 등의 권리의 등기가 있는 경우 그 권리를 공무원범죄몰수법 제5조 제2항에 의하여 존속시켜야 한다고 판단될 때에는 법원은 몰수를 선고하는 동시에 그 취지를 선고하여야 하는데, 이러한 선고가 없는 때에는 등기관이 그 등기를 직권으로 말소하여야 하는 것이다.

또한 몰수보전, 부대보전의 등기가 있는 부동산에 대하여 몰수의 등기를 한 경우 등기관은 그 몰수보전, 부대보전의 등기를 직권으로 말소한다.

관련 기출지문

1 부동산에 대한 몰수보전등기가 마쳐진 후에 그 대상이 된 권리에 대한 이전등기 등의 신청이 있는 경우에는 등기관은 이를 각하하여야 한다. (×)　　　[23 법무사]

2 몰수보전등기가 마쳐진 후에 몰수보전의 대상이 된 권리에 대한 이전등기의 신청이 있는 경우 등기관은 이를 각하하여야 한다. (×)　　　[19 등기주사보]

3 부동산에 대한 몰수보전등기가 마쳐진 후에 그 대상이 된 권리에 대한 이전등기 등의 신청이 있는 경우에는 등기관은 이를 각하하여야 한다. (×)　　　[17 법무사]

4 처분금지가처분등기 후에 몰수보전등기가 이루어지고 가처분권리자가 본안에서 승소하여 그 승소판결에 의한 등기를 신청하면 등기관은 직권으로 몰수보전등기를 말소하여야 한다. (×)　　　[17 등기주사보]

박문각
법무사

김기찬
부동산등기법

1차 | 기본서

제4판 인쇄 2025. 1. 10. | **제4판 발행** 2025. 1. 15. | **편저자** 김기찬

발행인 박 용 | **발행처** (주)박문각출판 | **등록** 2015년 4월 29일 제2019-0000137호

주소 06654 서울시 서초구 효령로 283 서경 B/D 4층 | **팩스** (02)584-2927

전화 교재 문의 (02)6466-7202

저자와의
협의하에
인지생략

정가 58,000원
ISBN 979-11-7262-346-3

MEMO

MEMO

MEMO